LEGISLACIÓN ALIMENTARIA COSTARRICENSE

Codificación del derecho aplicable a los alimentos en Costa Rica

Tomo I

- Protección del consumidor
- Salud pública e inocuidad de alimentos
- Alimentos de origen animal

LEGISLACIÓN ALIMENTARIA COSTARRICENSE

CODIFICACIÓN DEL DERECHO APLICABLE A LOS ALIMENTOS EN COSTA RICA

TOMO I

- PROTECCIÓN DEL CONSUMIDOR
- SALUD PÚBLICA E INOCUIDAD DE ALIMENTOS
- ALIMENTOS DE ORIGEN ANIMAL

NORMATIVA RECOPILADA, SISTEMATIZADA, ACTUALIZADA Y ANOTADA
POR

HUGO A. MUÑOZ U.

INIDA

DEL MISMO AUTOR / DU MÊME AUTEUR

- Consideraciones sanitarias en el comercio internacional, estudio introductorio, IJSA, 2004
- Código Alimentario con índice analítico, IJSA, 2001

Instituto de Investigación en Derecho Alimentario, 2009

INIDA France
16 Avenue Robert Chasteland,
44700, Orvault
France

INIDA Costa Rica
PO. Box. 161-2400 Desamparados,
San José, Costa Rica

contact@inida.eu

www.inida.eu

Legislación Alimentaria Costarricense

INIDA, Serie de legislación, Vol. I, Tomo I

Primera edición, 2009

ISBN: 978-2-918382-00-3

CONTENIDO DE LA OBRA (TOMOS I Y II)

TOMO I

- Reglamento de estructura interna y funcionamiento del Ente Costarricense de Acreditación

CAPÍTULO III. Normalización y reglamentación técnica

Sección I. Normalización

- Reconoce al Instituto de Normas Técnicas de Costa Rica (INTECO), como ente nacional de normalización durante el período del 2007 al 2012
- Creación del Comité Nacional del CODEX Alimentarius
- Reglamento Interno del Comité Nacional del Codex y los Subcomités Nacionales del Codex Alimentarius en Costa Rica
- Procuraduría General de la República, Dictamen c-140-97, sobre el uso de las normas del Codex Alimentarius

Sección II. Reglamentación técnica

- Reglamento del Órgano de Reglamentación Técnica
- Reglamento para la verificación conjunta del cumplimiento de los Reglamentos Técnicos

CAPÍTULO IV. Metrología

- Reglamento de creación del Laboratorio Costarricense de Metrología
- Reglamento para el reconocimiento de unidades de verificación metrológica

TÍTULO VI. EL COMERCIO INTERNACIONAL Y REGIONAL DE ALIMENTOS

CAPÍTULO I. Acuerdos firmados por la República de Costa Rica

Sección I. Régimen multilateral de la OMC

- Acuerdo sobre Obstáculos Técnicos al Comercio
- Acuerdo sobre la aplicación de Medidas Sanitarias y Fitosanitarias

Sección II. Regímenes bilaterales

- TLC entre Costa Rica y México, capítulos IV y XI
- TLC entre Costa Rica y Canadá, sección II del capítulo IX
- TLC entre Costa Rica y la Comunidad del Caribe (CARICOM), capítulos VII y VIII

CAPÍTULO II. La Unión Aduanera Centroamericana y su comercio con terceros países

Sección I. Unión aduanera centroamericana

- Reglamento Centroamericano de Medidas de Normalizacion, Metrologia y Procedimientos de Autorizacion
- Reglamento Centroamericano sobre Medidas y Procedimientos Sanitarios y Fitosanitarios
- Resolución N° 1-2002, que ratifica los compromisos en la aplicación de medidas sanitarias

- Resolución N° 117-2004 (COMIECO), sobre diversos acuerdos en materia de medidas sanitarias y fitosanitarias
- Resolución N° 219-2007 (COMIECO), aprobación del procedimiento para la autorización del tránsito internacional y regional de envíos y mercancías agropecuarias

Sección II. Tratados entre Centroamérica y otros países

- TLC entre Centroamérica y la República Dominicana, capítulos VI y XIII
- TLC entre Centroamérica y Chile, capítulos 8 y 9
- TLC entre la República Dominicana, Centroamérica y los Estados Unidos De América (CAFTA), capítulos 6 y 7
- TLC entre Centroamérica y Panamá, capítulos 8 y 9

ÍNDICE DEL PRESENTE TOMO

PRESENTACIÓN

Este trabajo es el fruto del estudio permanente de la legislación alimentaria costarricense durante los últimos nueve años. Desde que fuera publicado el "*Código Alimentario con índice analítico*" en el año 2001, esta legislación ha sufrido una renovación considerable. Sin embargo, esta rama del Derecho sigue caracterizándose por su fragmentación y complejidad. El desfase histórico de algunas de sus disposiciones, el encuentro entre normas provenientes de sistemas jurídicos distintos y su alto grado de tecnicidad, dificultan particularmente su aplicación.

Legislación alimentaria costarricense es una obra que ofrece al lector una visión unitaria y sistémica del derecho aplicable a los alimentos. En función de su contenido normativo, los ochenta (80) textos fundamentales de esta rama de la legislación han sido rigurosamente clasificados en categorías y subcategorías, lo que facilita su comprensión y por ende, su aplicación. La normativa se presenta actualizada y se acompaña de numerosas anotaciones y referencias a la jurisprudencia administrativa. La obra ha sido editada en dos tomos:

El Tomo I incluye la legislación relativa a: i) La protección del consumidor; ii) la salud pública y la inocuidad de los alimentos; y iii) los alimentos de origen animal.

El Tomo II contiene la legislación sobre: iv) Los alimentos de origen vegetal; v) la calidad y la normalización; y vi) el comercio internacional y regional de alimentos.

La normativa que se incorpora al texto aparece anotada, revisada, sistematizada y actualizada hasta el 4 de marzo de 2009, sobre la base del estudio cotidiano del Diario Oficial La Gaceta y de la información contenida en el Sistema Nacional de Legislación Vigente (SINALEVI), este trabajo adquiere, por esa razón, un alto grado de certeza.

Conviene aclarar también, que los instrumentos jurídicos aquí reunidos tienen un carácter general, por lo que no se incluyen normas particulares o específicas correspondientes a cada uno de los diversos sectores productivos o a cada uno de los productos alimentarios.

Esta obra persigue el objetivo de contribuir con la tarea de desarrollar el Derecho Alimentario costarricense, mediante su divulgación, sistematización y depuración.

Antes de concluir, debo agradecer al estimable lector por la confianza que me otorga al recurrir a esta obra para estudiar la legislación alimentaria costarricense.

El Compilador
4 de marzo de 2009, Nantes

TÍTULO I.
LA PROTECCIÓN DEL CONSUMIDOR

Capítulo I.
Normativa general

Sección I. Derechos fundamentales del consumidor

CONSTITUCIÓN POLÍTICA: ARTÍCULO 46

(**Constitución Política de la República de Costa Rica, de 7 de noviembre de 1949**)

Artículo 46.- Son prohibidos los monopolios de carácter particular, y cualquier acto, aunque fuere originado en una ley, que amenace o restrinja la libertad de comercio, agricultura e industria.

Es de interés público la acción del Estado encaminada a impedir toda práctica o tendencia monopolizadora.

Las empresas constituidas en monopolios de hecho deben ser sometidas a una legislación especial.

Para establecer nuevos monopolios a favor del Estado o de las Municipalidades se requerirá la aprobación de dos tercios de la totalidad de los miembros de la Asamblea Legislativa.

Los consumidores y usuarios tienen derecho a la protección de su salud, ambiente, seguridad e intereses económicos, a recibir información adecuada y veraz; a la libertad de elección, y a un trato equitativo. El Estado apoyará los organismos que ellos constituyan para la defensa de sus derechos. La ley regulará esas materias.

(Modificado por la Ley N° 7607 de 29 de mayo de 1996)

Sección II. Régimen especial del Derecho del Consumidor

LEY DE PROMOCIÓN DE LA COMPETENCIA Y DEFENSA EFECTIVA DEL CONSUMIDOR

Ley N° 7472

(Publicada en La Gaceta Nº 14 de 19 de enero de 1995)

LA ASAMBLEA LEGISLATIVA DE LA REPÚBLICA DE COSTA RICA,

DECRETA:

LEY DE PROMOCIÓN DE LA COMPETENCIA Y DEFENSA EFECTIVA DEL CONSUMIDOR

CAPITULO I
DISPOSICIONES GENERALES

Artículo 1.- Objetivo y fines. El objetivo de la presente Ley es proteger, efectivamente, los derechos y los intereses legítimos del consumidor, la tutela y la promoción del proceso de competencia y libre concurrencia, mediante la prevención, la prohibición de monopolios, las prácticas monopolísticas y otras restricciones al funcionamiento eficiente del mercado y la eliminación de las regulaciones innecesarias para las actividades económicas.

Artículo 2.- Definiciones. Las expresiones o las palabras, empleadas en esta Ley tienen el sentido y los alcances que, para cada caso, se mencionan en este artículo:

Agente económico En el mercado, toda persona física, entidad de hecho o de derecho, pública o privada, partícipe de cualquier forma de actividad económica, como comprador, vendedor, oferente o demandante de bienes o servicios, en nombre propio o por cuenta ajena, con independencia de que sean importados o nacionales, o que hayan sido producidos o prestados por él o por un tercero.

Consumidor Toda persona física o entidad de hecho o de derecho, que, como destinatario final, adquiere, disfruta o utiliza los bienes o los servicios, o bien, recibe información o propuestas para ello. También se considera consumidor al pequeño industrial o al artesano -en los términos definidos en el Reglamento de esta Ley- que adquiera productos terminados o insumos para integrarlos en los procesos para producir, transformar, comercializar o prestar servicios a terceros.

Comerciante o proveedor Toda persona física, entidad de hecho o de derecho, privada o pública que, en nombre propio o por cuenta ajena, se dedica en forma habitual a ofrecer, distribuir, vender, arrendar, conceder el uso o el disfrute de bienes o a prestar servicios, sin que necesariamente esta sea su actividad principal.

Para los efectos de esta Ley, el productor, como proveedor de bienes, también está obligado con el consumidor, a respetarle sus derechos e intereses legítimos.

Administración Pública Organos y entes públicos de la administración central y descentralizada del Estado, a los que esta Ley y leyes especiales atribuyan competencias en materia de restricciones al ejercicio de las actividades comerciales, la regulación y el control del comercio de determinados bienes o la prestación de servicios, para su expendio en el mercado interno o para su exportación o importación, así como en lo concerniente al registro y la inspección de los productos, la apertura y el funcionamiento de establecimientos relacionados con la protección de la salud humana, vegetal y animal; así como con la seguridad, la protección del medio ambiente y el cumplimiento de estándares de calidad de los productos.

Contrato de adhesión Convenio cuyas condiciones generales han sido predispuestas, unilateralmente, por una de las partes y deben ser adheridas en su totalidad por la otra parte contratante.

Predisponente Sujeto del contrato de adhesión que dispone, por anticipado y unilateralmente, las condiciones generales a las que la otra parte deberá prestar su adhesión total, si desea contratar.

Adherente Sujeto del contrato de adhesión que debe adherirse, en su totalidad, a las condiciones generales dispuestas unilateralmente por el predisponente.

Menor salario mínimo mensual Remuneración que establezca como tal el Poder Ejecutivo, mediante decreto, por recomendación del Consejo Nacional de Salarios del Ministerio de Trabajo y Seguridad Social o de la autoridad competente.

CAPITULO II
DESREGULACION

Artículo 3.- Eliminación de trámites y excepciones. Los trámites y los requisitos de control y regulación de las actividades económicas no deben impedir, entorpecer, ni distorsionar las transacciones en el mercado interno ni en el internacional. La administración pública debe revisar, analizar y eliminar, cuando corresponda, esos trámites y requisitos para proteger el ejercicio de la libertad de empresa y garantizar la defensa de la productividad, siempre y cuando se cumpla con las exigencias necesarias para proteger la salud humana, animal o vegetal, la seguridad, el ambiente y el cumplimiento de los estándares de calidad. Todo ello deberá concordar con lo establecido en leyes especiales y convenios internacionales, así como en las exigencias de la economía en general y una equitativa distribución de la riqueza.

Los estándares de calidad de los productos deben aplicarse a los bienes nacionales y a los importados, según las normas de calidad nacionales e internacionales, establecidas previa audiencia a los interesados.

Los trámites y los requisitos que deban cumplirse para el acceso de bienes producidos en el exterior al mercado nacional, así como las regulaciones al comercio que deban mantenerse, se rigen por el principio de celeridad en el procedimiento administrativo. Cumplidas las formalidades esenciales a cargo del administrado, la Administración Pública debe resolver lo pertinente en un plazo máximo de ocho días, según lo establezca el Reglamento de esta Ley. Vencido ese plazo sin que haya resolución expresa, se tendrá por autorizada la solicitud del interesado.

Un trámite o requisito innecesario es el no esencial o indispensable al acto administrativo. Es necesario el trámite o el requisito que, de acuerdo con el interés público, sea insustituible y consustancial para concretar el acto. En el Reglamento de la presente Ley se deben precisar las características de los requisitos y los trámites esenciales por razones de salud, seguridad pública, medio ambiente y estándares de calidad, a tenor de lo dispuesto en este artículo.

La Comisión de mejora regulatoria, creada en esta Ley, debe velar permanentemente porque los trámites y los requisitos de regulación al comercio cumplan con las exigencias anteriores, mediante su revisión "ex post". Además, debe velar, en particular, para que el principio de celeridad se cumpla y para que las regulaciones y los requisitos, que se mantengan por razones de salud, medio ambiente, seguridad y calidad, no se conviertan en obstáculos para el libre comercio.

Cuando los trámites, los requisitos o las regulaciones sean autorizados mediante silencio administrativo positivo, la Comisión de desregulación escogerá algunos casos utilizando el mecanismo de muestreo al azar para exigir una explicación sobre las razones que motivaron ese silencio a los funcionarios responsables de esos casos. Si se determina una falta grave del funcionario, se procederá conforme a lo establecido en la Ley General de la Administración Pública.

(En el artículo 79 de la Ley N° 8343 de 27 de diciembre del 2002, Ley de Contingencia Fiscal, se cambia la denominación de la "Comisión para Promover la Competencia" por la de la "Comisión de mejora regulatoria.")

Artículo 4.- Racionalización y eliminación de trámites. Todos los entes y los órganos de la Administración Pública deben realizar un análisis costo-beneficio de las regulaciones de las actividades económicas que tengan efectos sobre el comercio, los procedimientos y los trámites establecidos para permitir el acceso al mercado, de bienes producidos y servicios prestados en el país o en el extranjero. En virtud de lo anterior, se deben eliminar todos los procedimientos y los trámites innecesarios de acuerdo con el estudio y racionalizar los que deban mantenerse.

La Comisión de mejora regulatoria goza de plenas facultades para verificar el cumplimiento de estas obligaciones. Los entes y los órganos de la Administración Pública, a los que se refiere este artículo, deben suministrar toda la información que esta requiera para cumplir con su cometido.

Se faculta al Poder Ejecutivo, previa recomendación de la Comisión de mejora regulatoria y el informe técnico-jurídico del órgano o entidad competente de la Administración Pública, cuyo criterio no es vinculante para esa Comisión para modificar, simplificar o eliminar cualquier trámite o requisito para inscribir o registrar productos farmacéuticos, medicinales, alimenticios, agroquímicos y veterinarios, así como para inscribir laboratorios y establecimientos donde se puedan producir o comercializar esos productos. Igualmente, queda facultado el Poder Ejecutivo, previa recomendación de esa misma Comisión en los términos expresados, para sustituir los procedimientos, los trámites y los requisitos de inscripción y registro de esos productos o de los laboratorios y establecimientos mencionados, por otros medios más eficaces, a su juicio, que promuevan la libre competencia y, a su vez, protejan la salud humana, animal y vegetal, el medio ambiente, la seguridad y el cumplimiento de los estándares de calidad.

(En el artículo 79 de la Ley N° 8343 de 27 de diciembre del 2002, Ley de Contingencia Fiscal, se cambia la denominación de la "Comisión para Promover la Competencia" por la de la "Comisión de mejora regulatoria.)

Artículo 5.- Casos en que procede la regulación de precios. La Administración Pública puede regular los precios de bienes y servicios sólo en situaciones de excepción, en forma temporal; en tal caso, debe fundar y motivar apropiadamente esa medida. Esta facultad no puede ejercerse cuando un producto o servicio es vendido o prestado por la Administración Pública, en concurrencia con particulares, en virtud de las funciones de estabilización de precios que expresamente se señalen en la ley.

Para el caso específico de condiciones monopolísticas y oligopolísticas de bienes y servicios, la Administración Pública regulará la fijación de los precios mientras se mantengan esas condiciones. Los bienes y servicios sujetos a la regulación mencionada en el párrafo anterior, deben fijarse por decreto ejecutivo, previo parecer de la Comisión para promover la competencia acerca de la conveniencia de la medida. En ese decreto, se debe establecer el vencimiento de la medida cuando hayan desaparecido las causas que motivaron la respectiva regulación, según resolución fundada de esa Comisión, que debe comunicarse al Poder Ejecutivo para los fines correspondientes. En todo caso, esta regulación debe revisarse dentro de períodos no superiores a seis meses o en cualquier momento, a solicitud de los interesados. Para determinar los precios por regular, deben ponderarse los efectos que la medida pueda ocasionar en el abastecimiento.

Asimismo, la Administración Pública podrá regular y fijar el precio mínimo de salida del banano para la exportación.

La regulación referida en los párrafos anteriores de este artículo, puede realizarse mediante la fijación de precios, el establecimiento de márgenes de comercialización o cualquier otra forma de control.

Los funcionarios del Ministerio de Economía, Industria y Comercio están facultados para verificar el cumplimiento correcto de la regulación de precios mencionada en este artículo.

Artículo 6.- Eliminación de restricciones al comercio. Se eliminan las licencias y toda otra autorización para el ejercicio del comercio, así como las restricciones para ejercer actividades comerciales, en virtud de la nacionalidad y sin perjuicio de la normativa particular en materia laboral y migratoria.

Se eliminan todas las restricciones que no sean arancelarias y cualesquiera otras limitaciones cuantitativas y cualitativas a las importaciones y exportaciones de productos, salvo los casos señalados taxativamente en el artículo 3 de esta Ley y en los términos allí expresados.

La Administración Pública puede establecer, excepcionalmente, mediante decreto ejecutivo y previa recomendación favorable de la Comisión para promover la competencia, licencias de importación o exportación. Esta medida se propone restringir el comercio de productos específicos, cuando existan circunstancias anormales o desórdenes en el mercado interno o externo, debidos a fuerza mayor, caso fortuito y toda situación que genere o pueda generar un problema grave de desabastecimiento en el mercado local, que no pueda satisfacerse acudiendo a los mecanismos del mercado, o cuando estos deban aplicarse en virtud de restricciones negociadas o impuestas por socios comerciales, mientras estas circunstancias excepcionales subsistan, a juicio de esa Comisión, en los términos expresados en el párrafo siguiente. En todo caso, las causas que motivaron la medida deben revisarse dentro de períodos no superiores a seis meses.

En los casos mencionados en el párrafo anterior, la Administración Pública debe realizar un estudio técnico que sustente esa medida; además, debe recabar el parecer de la Comisión para promover la competencia y puede apartarse de ella mediante decisión razonada. Antes de resolver sobre su procedencia, los términos y las condiciones de la restricción, esa Comisión debe conceder una audiencia escrita a los interesados, por un término de cinco días, sobre el citado estudio.

Se reconoce la facultad de las cámaras y las asociaciones privadas para autorregular su actividad económica, para garantizar la prestación eficiente de servicios a la sociedad, con estricta observancia de los principios éticos y de respeto por la libertad de concurrencia de los agentes económicos y para prevenir las conductas que en esta Ley se prohíben y sancionan. La participación de esas entidades no podrá limitar el libre acceso al mercado correspondiente ni impedir la competitividad de nuevos ajustes económicos.

El Poder Ejecutivo reglamentará la presente norma y, en particular, la facultad de esas entidades para establecer registros de personas y empresas que se dediquen a la actividad respectiva.

Artículo 7.- Participación de profesionales y técnicos. La participación de profesionales y técnicos en los trámites o los procedimientos para el acceso al mercado nacional, de bienes producidos en el país o en el exterior, así como en otras regulaciones al comercio, sólo es obligatoria en el cumplimiento de requisitos vinculados con el control de la seguridad, los estándares de calidad y la protección de la salud y del medio ambiente.

Sin embargo, la Comisión para promover la competencia puede dispensar, total o parcialmente, la participación de ellos, cuando la considere innecesaria para lograr esas finalidades. Las personas físicas y las entidades acreditadas en los términos del artículo siguiente pueden participar en esos trámites y procedimientos, para garantizar el cumplimiento de los requisitos que se exijan.

Artículo 8.- Acreditamiento. DEROGADO.

(Derogado por el inciso b) del artículo 50 de la Ley N° 8279 de 2 de mayo del 2002, Ley del Sistema Nacional de Calidad)

CAPITULO III
PROMOCION DE LA COMPETENCIA

Artículo 9.- Campo de aplicación. La normativa de este capítulo se aplica a todos los agentes económicos, con las salvedades y las previsiones indicadas en este capítulo:

Se exceptúan de la aplicación de la normativa de este título:

a) Los agentes prestadores de servicios públicos en virtud de una concesión, en los términos que señalen las leyes para celebrar las actividades necesarias para prestar esos servicios, de acuerdo con las limitaciones establecidas en la concesión y en regulaciones especiales.

b) Los monopolios del Estado creados por ley, mientras subsistan por leyes especiales para celebrar las actividades expresamente autorizadas en ellas., en áreas como: seguros, depósitos bancarios en cuenta corriente o a la vista, destilación de alcohol y comercialización para consumo interno, distribución de combustibles y los servicios telefónicos, de telecomunicaciones, de distribución eléctrica y de agua.

(Modificado por el artículo 73 de la Ley N° 8642 de 4 de junio del 2008, Ley General de Telecomunicaciones)

Artículo 10.- Prohibiciones generales. Se prohíben y deben sancionarse de conformidad con los artículos 24, 25 y 26 de esta Ley, los monopolios públicos o privados y las prácticas monopolísticas que impidan o limiten la competencia, el acceso de competidores al mercado o promuevan su salida de él, con las salvedades indicadas en el artículo 9 de esta Ley.

Artículo 11.- Prácticas monopolísticas absolutas. Las prácticas monopolísticas absolutas son los actos, los contratos, los convenios, los arreglos o las combinaciones entre agentes económicos competidores entre sí, con cualquiera de los siguientes propósitos:

a) Fijar, elevar, concertar o manipular el precio de compra o venta al que son ofrecidos o demandados los bienes o servicios en los mercados o intercambiar información con el mismo objeto o efecto.

b) Establecer la obligación de producir, procesar, distribuir o comercializar solo una cantidad restringida o limitada de bienes o la prestación de un número, un volumen o una frecuencia restringidos o limitados de servicios.

c) Dividir, distribuir, asignar o imponer porciones o segmentos de un mercado de bienes o servicios, actual o futuro mediante la clientela, los proveedores y los tiempos o los espacios determinados o determinables.

d) Establecer, concertar o coordinar las ofertas o la abstención en las licitaciones, los concursos, los remates o las subastas públicas.

Para la aplicación de este artículo, la Comisión para promover la competencia, de oficio o a instancia de parte, ejercerá el control y la revisión del mercado de los productos cuyos suplidores sean pocos.

Los actos a los que se refiere este artículo serán nulos de pleno derecho y se sancionará, conforme a esta Ley, a los agentes económicos que incurran en ellos.

Artículo 12.- Prácticas monopolísticas relativas. Sujeto a la comprobación de los supuestos referidos en los artículos 13, 14 y 15 de esta Ley, se consideran prácticas monopolísticas relativas, los actos, los contratos, los convenios, los arreglos o las combinaciones cuyo objeto o efecto sea o pueda ser el desplazamiento indebido de otros agentes del mercado, el impedimento sustancial de su acceso o el establecimiento de ventajas exclusivas en favor de una o varias personas, en los siguientes casos:

a) La fijación, la imposición o el establecimiento de la distribución exclusiva de bienes o servicios, por razón del sujeto, la situación geográfica o por períodos de tiempo determinados, incluyendo la división, la distribución o la asignación de clientes o proveedores, entre agentes económicos que no sean competidores entre sí.

b) La imposición de precio o las demás condiciones que debe observar un distribuidor o proveedor, al vender o distribuir bienes o prestar servicios.

c) La venta o la transacción condicionada a comprar, adquirir, vender o proporcionar otro bien o servicio adicional, normalmente distinto o distinguible, o sobre la reciprocidad.

d) La venta o la transacción sujeta a la condición de no usar, adquirir, vender ni proporcionar los bienes o servicios disponibles y normalmente ofrecidos a terceros.

e) La concertación entre varios agentes económicos o la invitación a ellos para ejercer presión contra algún cliente o proveedor, con el propósito de disuadirlo de una conducta determinada, aplicar represalias u obligarlo a actuar en un sentido específico.

f) La producción o la comercialización de bienes y servicios a precios inferiores a su valor normal.

g) En general, todo acto deliberado que induzca a la salida de competidores del mercado o evite su entrada.

Artículo 13.- Comprobación. Para considerar violatorias de esta Ley las prácticas mencionadas en el artículo anterior, debe comprobarse que a) el presunto responsable tiene un poder sustancial sobre el mercado relevante y b) se realicen respecto de los bienes o servicios correspondientes o relacionados con el mercado relevante de que se trate.

Artículo 14.- Mercado relevante. Para determinar el mercado relevante, deben considerarse los siguientes criterios:

a) Las posibilidades de sustituir el bien o el servicio de que se trate, por otro de origen nacional o extranjero, considerando las posibilidades tecnológicas, el grado en que los consumidores cuenten con sustitutos y el tiempo requerido para efectuar tal sustitución.

b) Los costos de distribución del bien mismo, sus insumos relevantes, sus complementos y sustitutos, desde otros lugares del territorio nacional y del extranjero; para ello se tendrán en cuenta los fletes, los seguros, los aranceles y las restricciones que no sean arancelarias, así como las limitaciones impuestas por los agentes económicos o sus organizaciones y el tiempo requerido para abastecer el mercado desde otros sitios.

c) Los costos y las posibilidades de los consumidores para acudir a otros mercados.

d) Las restricciones normativas, nacionales o internacionales, que limiten el acceso de los consumidores a las fuentes de abastecimiento alternativas, o el de los proveedores a los clientes alternativos.

Artículo 15.- Poder sustancial en el mercado. Para determinar si un agente económico tiene un poder sustancial en el mercado relevante, debe considerarse:

a) Su participación en ese mercado y su posibilidad de fijar precios unilateralmente o de restringir, en forma sustancial, el abastecimiento en el mercado relevante, sin que los demás agentes económicos puedan, en la actualidad o en el futuro, contrarrestar ese poder.

b) La existencia de barreras a la entrada y los elementos que, previsiblemente, puedan alterar tanto esas barreras como la oferta de otros competidores.

c) La existencia y el poder de sus competidores.

d) Las posibilidades de acceso del agente económico y sus competidores a las fuentes de insumos.

e) Su comportamiento reciente.

f) Los demás criterios análogos que se establezcan en el Reglamento de esta Ley.

Artículo 16.- Concentraciones. Se entiende por concentración la fusión, la adquisición del control o cualquier otro acto en virtud del cual se concentren las sociedades, las asociaciones, las acciones, el capital social, los fideicomisos o los activos en general, que se realicen entre competidores, proveedores, clientes u otros agentes económicos, con el objeto o efecto de disminuir, dañar o impedir la competencia o la libre concurrencia, respecto de bienes o servicios iguales, similares o sustancialmente relacionados.

En la investigación de las concentraciones, deben seguirse los criterios de medición de poder sustancial en el mercado relevante, establecidos en esta Ley, en relación con las prácticas monopolísticas relativas.

Artículo 17.- Competencia desleal. Entre los agentes económicos, se prohíben los actos de competencia contrarios a las normas de corrección y buenos usos mercantiles, generalmente aceptados en el sistema de mercado, que causen un daño efectivo o amenaza de daño comprobados. Esos actos son prohibidos cuando:

a) Generen confusión, por cualquier medio, respecto del establecimiento comercial, los productos o la actividad económica de uno o varios competidores.

b) Se realicen aseveraciones falsas para desacreditar el establecimiento comercial, los productos, la actividad o la identidad de un competidor.

c) Se utilicen medios que inciten a suponer la existencia de premios o galardones concedidos al bien o servicio, pero con base en alguna información falsa o que para promover la venta generen expectativas exageradas en comparación con lo exiguo del beneficio.

d) Se acuda al uso, la imitación, la reproducción, la sustitución o la enajenación indebidos de marcas, nombres comerciales, denominaciones de origen, expresiones de propaganda, inscripciones, envolturas, etiquetas, envases o cualquier otro medio de identificación, correspondiente a bienes o servicios propiedad de terceros.

También son prohibidos cualesquiera otros actos o comportamientos de competencia desleal, de naturaleza análoga a los mencionados, que distorsionen la transparencia del mercado en perjuicio del consumidor o los competidores.

Los agentes económicos que se consideren afectados por las conductas aludidas en este artículo, para hacer valer sus derechos sólo pueden acudir a la vía judicial, por medio del procedimiento sumario establecido en los artículos 432 y siguientes del Código Procesal Civil. Lo anterior, sin perjuicio de los procedimientos administrativos y judiciales, que se realicen para proteger al consumidor, por los efectos reflejos de los actos de competencia desleal, en los términos del inciso b) del artículo 50 de esta Ley.

CAPÍTULO IV

SECCIÓN I
COMISIÓN DE MEJORA REGULATORIA

(Nota del compilador: Sección adicionada por el artículo 80 de la ley N° 8343 de 27 de diciembre del 2002, Ley de Contingencia Fiscal)

Artículo 18.—Creación de la Comisión de mejora regulatoria. Créase la Comisión de mejora regulatoria, como órgano consultivo de la Administración Pública, adscrito al Ministerio de Economía, Industria y Comercio. Estará encargada de:

1. Coordinar y liderar los esfuerzos y las iniciativas de las diferentes instancias en materia de mejora regulatoria.
2. Analizar y evaluar propuestas específicas de su seno o provenientes de otras instancias, tal como, los administrados y las instituciones públicas, para la simplificación y agilización de trámites y regulaciones.
3. Recomendar a las instancias correspondientes y sugerir la implementación, en los casos en que proceda, de medidas correctivas específicas para lograr una mayor eficiencia en trámites y regulaciones concretos.
4. Recomendar la derogación o la modificación de leyes y decretos ejecutivos, así como de normas de rango infralegal, en materia de regulación y tramitología.
5. Constituir comisiones técnicas para estudiar temas específicos.
6. Recomendar al Poder Ejecutivo: modificar, simplificar o eliminar cualquier trámite o requisito para inscribir o registrar productos farmacéuticos, medicinales, alimenticios, agroquímicos y veterinarios, así como para inscribir laboratorios y establecimientos donde puedan producirse o comercializarse esos productos.
7. Recomendar al Poder Ejecutivo sustituir los procedimientos, los trámites y los requisitos de inscripción y registro de esos productos o de los laboratorios y establecimientos mencionados por otros medios más eficaces, a su juicio, que promuevan la libre competencia y, a su vez, protejan la salud humana, animal y vegetal, el medio ambiente, la seguridad y el cumplimiento de los estándares de calidad.

A efecto de las recomendaciones a que se refieren los dos incisos anteriores, la Unidad técnica de la Comisión de mejora regulatoria remitirá el informe técnico jurídico y el estudio de impacto regulador elaborados para fundamentar esta iniciativa.

La Comisión de mejora regulatoria gozará de plenas facultades para verificar el cumplimiento de estas obligaciones.

Las dependencias públicas deberán suministrar, por medio de la Unidad técnica creada en esta Ley, la información que a su juicio sea relevante para el logro de los fines de la instancia por presentar sus iniciativas o inquietudes en esta materia, por medio de la Unidad técnica.

Artículo 19.- Integración de la Comisión y requisitos de sus miembros. La Comisión de mejora regulatoria estará compuesta por quince miembros propietarios, nombrados por acuerdo del Poder Ejecutivo, y serán los siguientes:

1. El ministro o el viceministro de Economía, Industria y Comercio, quien la presidirá, tendrá potestad de dirección y elevará las acciones y recomendaciones de la Comisión a las instancias correspondientes.

2. El ministro, el viceministro o un representante del Ministerio de Salud.

3. El ministro, el viceministro o un representante del Ministerio de Ambiente y Energía.

4. El ministro, el viceministro o un representante del Ministerio de Agricultura y Ganadería.

5. El presidente de la Comisión de Promoción de la Competencia.

6. Un representante de la Cámara de Agricultura.

7. Un representante de la Cámara de Industrias.

8. Un representante de la Cámara de Comercio.

9. Un representante de la Cámara de Exportadores.

10. Un representante de la Cámara de Construcción.

11. Un representante de las cooperativas.

12. Un representante de asociaciones agrarias productivas.

13. Un representante del Movimiento Solidarista.

14. Un representante de la Cámara de Representantes de Casas Extranjeras (CRECEX).

15. Un representante del movimiento sindical.

En el caso de los representantes del sector de economía social, descritos en los incisos 11), 12), 13) y 15) de este artículo, serán nombrados por el Poder Ejecutivo, con base en las ternas que serán enviadas por el Consejo Nacional de Cooperativas, la asamblea de organizaciones agrarias productivas inscritas y con personería jurídica al día y la Asociación Movimiento Solidarista Costarricense, respectivamente.

En el caso de los representantes de los sectores privados, a cada entidad le corresponderá enviar al Poder Ejecutivo una terna al ministro de Economía para su nombramiento.

Artículo 20.- Creación de la Unidad técnica de apoyo. La Comisión de mejora regulatoria contará con la Unidad técnica de apoyo, formada por profesionales de las materias que se disponga en el Reglamento de esta Ley. Sus funciones serán:

1. Proponer la adecuada planificación para el trabajo de la Comisión, así como ejecutar y dar seguimiento a los acuerdos de la Comisión.
2. Procesar la información y las propuestas provenientes de las diferentes instancias, tal como los administrados y las dependencias públicas.
3. Requerir la información que considere necesaria para la realización o cumplimiento de sus funciones.

4. Informar a la Comisión sobre quiénes no suministren la información requerida y recomendar medidas por adoptar al respecto.

5. Investigar, analizar y hacer recomendaciones sobre temas específicos que, de oficio o a solicitud de la Comisión, sean pertinentes.

6. Implementar un catálogo de trámites existentes y de los que se llegue a crear, para ello, cual todas las instituciones públicas estarán obligadas a comunicar sus trámites.

7. Cualquier otra función que le solicite la Comisión.

SECCION II
COMISION PARA PROMOVER LA COMPETENCIA

Comentario del Compilador: Como consequencia de la inclusión de una nueva sección I en este capítulo, el artículo 80 de la ley N° 8343 de 27 de diciembre del 2002, Ley de Contingencia Fiscal, ordenó la modificación de la numeración a partir del siguiente artículo.

Artículo 21.- Creación de la Comisión para promover la competencia. Se crea la Comisión para promover la competencia, como órgano de máxima desconcentración; estará adscrita al Ministerio de Economía, Industria y Comercio. Se encargará de conocer, de oficio o por denuncia, y sancionar, cuando proceda, todas las prácticas que constituyan impedimentos o dificultades para la libre competencia y entorpezcan innecesariamente la fluidez del mercado.

La instancia administrativa ante esta Comisión es obligatoria y de previo agotamiento para acudir a la vía judicial, salvo lo establecido en el artículo 17 de esta Ley.

Artículo 22.- Integración de la Comisión y requisitos de sus miembros. La Comisión para promover la competencia estará compuesta por cinco miembros propietarios y cinco suplentes, nombrados por acuerdo del Poder Ejecutivo, a propuesta del Ministro de Economía, Industria y Comercio.

Deberán ser personas de prestigio, con vasta experiencia en la materia, reconocida ponderación e independencia de criterio. Los miembros de la Comisión deben elegir, de su seno, al Presidente, quien durará en su cargo dos años.

Cuatro miembros de la Comisión para promover la competencia deben ser, necesariamente, un abogado, un economista y dos profesionales con grado universitario en ramas de la ciencia, afines con las actividades de la Comisión. El otro miembro será libremente elegido por el Poder Ejecutivo, pero deberá reunir los requisitos establecidos en este artículo.

Los suplentes ocuparán los cargos de los propietarios, en caso de ausencia temporal, impedimento o excusa, por eso deberán reunir los mismos requisitos que los propietarios. A las sesiones pueden concurrir los propietarios y los suplentes, pero solo los titulares votarán.

Todos los miembros permanecerán en sus cargos por cuatro años y podrán ser reelegidos cuantas veces se disponga. Devengarán una dieta por sesión. El Consejo de Gobierno fijará el monto de las dietas, tomando como referencia los establecidos para las instituciones públicas y determinará el límite de las dietas que pueden pagarse por mes.

Cuando a una sesión asistan el propietario y el suplente, este tendrá derecho a voz y devengará media dieta.

Artículo 23.- Causas de remoción. Son causas justas para destituir a los miembros de la Comisión para promover la competencia las siguientes:

a) Ineficiencia en el desempeño de sus cargos.

b) Negligencia reiterada que atrase la sustanciación de los procesos.

c) Culpabilidad declarada por la comisión de un delito doloso, incluso en grado de tentativa.

d) Falta de excusa en los casos previstos en el artículo 21 de esta Ley.

e) Inasistencia a tres sesiones durante un mes calendario o ausencia del país por más de tres meses sin autorización de la Comisión. En ningún caso los permisos pueden exceder de seis meses.

f) Incapacidad física o mental que les impida desempeñar el cargo por un plazo por lo menos de seis meses.

Este procedimiento de remoción debe tramitarse ante el Consejo de Gobierno, conforme a lo establecido en la Ley General de la Administración Pública.

Artículo 24.- Impedimento, excusa y recusación. Son motivos de impedimento, excusa o recusación los establecidos en el capítulo V del título I del Código Procesal Civil. El procedimiento por observar en estos casos, es el establecido en ese Código.

Artículo 25.- Quórum y votaciones. El quórum estará constituido por cuatro miembros. Las resoluciones deben dictarse con el voto concurrente de por lo menos tres de ellos. Quien no coincida debe razonar su voto.

Artículo 26.- Unidad técnica de apoyo y asesoría externa. La Comisión para promover la competencia debe contar con una Unidad técnica de apoyo, formada por profesionales en las materias que se regulan en esta Ley, según se disponga en su Reglamento. Asimismo, puede contratar a los asesores y los consultores necesarios para el efectivo cumplimiento de las funciones.

Artículo 27.- Potestades de la Comisión. La Comisión para promover la competencia tiene las siguientes potestades:

a) Velar porque los entes y los órganos de la Administración Pública cumplan con la obligación de racionalizar los procedimientos y los trámites que deban mantenerse; además, eliminar los innecesarios, según se dispone en los artículos 3 y 4 de esta Ley. En caso de incumplimiento, le compete recomendar al jerarca imponer las sanciones administrativas correspondientes a los funcionarios que cometan faltas graves en el ejercicio de sus funciones.

b) Recomendar, a la Administración Pública, la regulación de precios y el establecimiento de restricciones que no sean arancelarias, cuando proceda de conformidad con los artículos 5 y 6 de esta Ley.

c) Investigar la existencia de monopolios, carteles, prácticas o concentraciones prohibidas en esta Ley, para lo cual puede requerir a los particulares y los demás agentes económicos, la información o los documentos relevantes y sancionar cuando proceda.

d) Sancionar los actos de restricción de la oferta estipulada en el artículo 33 de esta Ley, cuando lesionen, en forma refleja, la libre competencia en el mercado.

e) Establecer los mecanismos de coordinación para sancionar y prevenir monopolios, carteles, concentraciones y prácticas ilícitas.

f) Cuando lo considere pertinente, emitir opinión, en materia de competencia y libre concurrencia, respecto de las leyes, los reglamentos, los acuerdos, las circulares y los demás actos administrativos, sin que tales criterios tengan ningún efecto jurídico. La Comisión no puede ser obligada a opinar.

A esta Comisión no le corresponde conocer de los actos de competencia desleal en los términos estipulados en el artículo 17 de esta Ley. Estos casos son del conocimiento exclusivo de los órganos jurisdiccionales competentes.

Artículo 28.- Sanciones. La Comisión para promover la competencia puede ordenar, mediante resolución fundada y tomando en consideración la capacidad de pago, a cualquier agente económico que infrinja las disposiciones contenidas en el capítulo III de esta Ley, las siguientes sanciones:

a) La suspensión, la corrección o la supresión de la práctica o concentración de que se trate.

b) La desconcentración, parcial o total, de cuanto se haya concentrado indebidamente, sin perjuicio del pago de la multa que proceda.

c) El pago de una multa, hasta por sesenta y cinco veces el monto del menor salario mínimo mensual, por haber declarado falsamente o haberle entregado información falsa a la Comisión para promover la competencia, con independencia de otras responsabilidades en que incurra.

d) El pago de una multa, hasta por cincuenta veces el monto del menor salario mínimo mensual por retrasar la entrega de la información solicitada por la Comisión para promover la competencia.

e) El pago de una multa, hasta por seiscientas ochenta veces el monto del menor salario mínimo mensual, por haber incurrido en una práctica monopolística absoluta.

f) El pago de una multa, hasta por cuatrocientas diez veces el monto del menor salario mínimo mensual, por haber incurrido en alguna práctica monopolística relativa.

g) El pago de una multa, hasta por cuatrocientas diez veces el monto del menor salario mínimo mensual, por haber incurrido en alguna concentración de las prohibidas en esta Ley.

h) El pago de una multa, hasta por setenta y cinco veces el monto del menor salario mínimo mensual, a las personas físicas que participen directamente en las prácticas monopolísticas o concentraciones prohibidas, en representación de personas jurídicas o entidades de hecho o por cuenta y orden de ellas.

En el caso de las infracciones mencionadas en los incisos del e) al h) de este artículo que, a juicio de la Comisión para promover la competencia, revistan gravedad particular, esta Comisión puede imponer como sanción una multa equivalente al diez por ciento (10%) de las ventas anuales obtenidas por el infractor durante el ejercicio fiscal anterior o una hasta por el diez por ciento (10%) del valor de los activos del infractor. De esas dos multas se impondrá la que resulte más alta.

Para imponer tales sanciones deben respetarse los principios del debido proceso, el informalismo, la verdad real, el impulso de oficio, la imparcialidad y la publicidad, los cuales informan el procedimiento administrativo estipulado en el Libro Segundo de la Ley General de la Administración Pública.

Si el infractor se niega a pagar la suma establecida por la Comisión para promover la competencia, mencionado en los incisos d) a h) de este artículo, la Comisión certificará el adeudo, que constituye título ejecutivo, a fin de que, con base en él, se plantee el proceso de ejecución en vía judicial, en los términos que se dispone en el Código Procesal Civil.

Artículo 29.- Criterios de valoración. Para imponer las multas a que se refiere el artículo anterior, la Comisión para promover la competencia debe tomar en cuenta como criterios de valoración: la gravedad de la infracción, la amenaza o el daño causado, los indicios de intencionalidad, la participación del infractor en el mercado, el tamaño del mercado afectado, la duración de la práctica o concentración, la reincidencia del infractor y su capacidad de pago.

Artículo 30.- Caducidad de la acción. La acción para iniciar el procedimiento con el fin de perseguir las infracciones caduca en un plazo de seis meses, que se debe contar desde que se produjo la falta o desde su conocimiento efectivo por parte del agraviado. Sin embargo para los hechos continuados, comienza a correr a partir del acaecimiento del último hecho.

CAPITULO V
DEFENSA EFECTIVA DEL CONSUMIDOR

Artículo 31.- Sujetos. Los consumidores son beneficiarios de las normas de este capítulo; los productores y los comerciantes, tanto del sector público como del privado, quedan obligados a cumplirlas.

Artículo 32.- Derechos del consumidor. Sin perjuicio de lo establecido en tratados, convenciones internacionales de las que Costa Rica sea parte, legislación interna ordinaria, reglamentos, principios generales de derecho, usos y costumbres, son derechos fundamentales e irrenunciables del consumidor, los siguientes:

a) La protección contra los riesgos que puedan afectar su salud, su seguridad y el medio ambiente.

b) La protección de sus legítimos intereses económicos y sociales.

c) El acceso a una información, veraz y oportuna, sobre los diferentes bienes y servicios, con especificación correcta de cantidad, características, composición, calidad y precio.

d) La educación y la divulgación sobre el consumo adecuado de bienes o servicios, que aseguren la libertad de escogencia y la igualdad en la contratación.

e) La protección administrativa y judicial contra la publicidad engañosa, las prácticas y las cláusulas abusivas, así como los métodos comerciales desleales o que restrinjan la libre elección.

f) Mecanismos efectivos de acceso para la tutela administrativa y judicial de sus derechos e intereses legítimos, que conduzcan a prevenir adecuadamente, sancionar y reparar con prontitud la lesión de estos, según corresponda.

g) Recibir el apoyo del Estado para formar grupos y organizaciones de consumidores y la oportunidad de que sus opiniones sean escuchadas en los procesos de decisión que les afecten.

Artículo 33.- Funciones del Poder Ejecutivo. En los términos establecidos en la presente Ley, son funciones esenciales del Estado las siguientes:

a) Velar porque los bienes y servicios que se vendan y se presten en el mercado, cumplan con las normas de salud, seguridad, medio ambiente y los estándares de calidad.

b) Formular programas de educación e información para el consumidor, con el propósito de capacitarlo para que pueda discernir y tomar decisiones fundadas acerca del consumo de bienes y servicios, con conocimiento de sus derechos.

c) Fomentar y promover las organizaciones de consumidores y garantizar su participación en los procesos de decisión y reclamo, en torno a cuestiones que afectan sus intereses.

d) Garantizar el acceso a mecanismos efectivos y ágiles de tutela administrativa y judicial, para defender los derechos y los intereses legítimos de los consumidores.

e) Estructurar una canasta básica que satisfaga, por lo menos, las necesidades de los costarricenses cuyo ingreso sea igual o inferior al salario mínimo establecido por ley y regular, cuando lo considere necesario, los bienes y servicios que la componen.

Artículo 34.- Obligaciones del comerciante. Son obligaciones del comerciante y el productor, con el consumidor, las siguientes:

a) Respetar las condiciones de la contratación.

b) Informar suficientemente al consumidor, en español y de manera clara y veraz, acerca de los elementos que incidan en forma directa sobre su decisión de consumo. Debe enterarlo de la naturaleza, la composición, el contenido, el peso, cuando corresponda, las características de los bienes y servicios, el precio de contado en el empaque, el recipiente, el envase o la etiqueta del producto y la góndola o el anaquel del establecimiento comercial, así como de cualquier otro dato determinante. Si se trata de productos orgánicos, esta condición deberá indicarse en un lugar visible. Además, la etiqueta del producto deberá indicar cuál es el ente certificador.

De acuerdo con lo dispuesto en el Reglamento de la presente Ley, cuando el producto que se vende o el servicio que se presta se pague al crédito, deben indicarse, siempre en forma visible, el plazo, la tasa de interés anual sobre saldos, la base, las comisiones y la persona, física o jurídica, que brinda el fi nanciamiento, si es un tercero.

(Inciso inicialmente modificado por el artículo 10 de la Ley N° 7623 de 11 de setiembre de 1996. Posteriormente modificado por el artículo 40 de la Ley N° 8542, sobre el "Desarrollo, Promoción y Fomento de la Actividad Agropecuaria Orgánica", de 27 de setiembre de 2006. Finalmente modificado por el artículo 40 de la Ley N° 8591, sobre el "Desarrollo, Promoción y Fomento de la Actividad Agropecuaria Orgánica", de 28 de junio de 2007)

c) Ofrecer, promocionar o publicitar los bienes y servicios de acuerdo con lo establecido en el artículo 34 de esta Ley.

d) Suministrar, a los consumidores, las instrucciones para utilizar adecuadamente los artículos e informar sobre los riesgos que entrañe el uso al que se destinan o el normalmente previsible para su salud, su seguridad y el medio ambiente.

e) Informar al consumidor si las partes o los repuestos utilizados en reparaciones son usados. Si no existe advertencia sobre el particular, tales bienes se consideran nuevos.

f) Informar cuando no existan en el país servicios técnicos de reparación o repuestos para un bien determinado.

g) Garantizar todo bien o servicio que se ofrezca al consumidor, de conformidad con el artículo 40 de esta Ley.

h) Abstenerse de acaparar, especular, condicionar la venta y discriminar el consumo.

i) Resolver el contrato bajo su responsabilidad, cuando tenga la obligación de reparar el bien y no la satisfaga en un tiempo razonable.

j) Fijar plazos prudenciales para formular reclamos.

k) Establecer, en las ventas a plazos, garantías de pago proporcionales a las condiciones de la transacción.

l) Cumplir con los artículos 35, 36, 37, 38, 39, 40, 41 y 41 bis de esta ley.

(Inciso modificado por el artículo 1°, inciso a), de la Ley N° 7854 de 14 de diciembre de 1998)

m) Cumplir con lo dispuesto en las normas de calidad y las reglamentaciones técnicas de acatamiento obligatorio.

n) Mantener en buenas condiciones de funcionamiento y debidamente calibradas las pesas, las medidas, las registradoras, las básculas y los demás instrumentos de medición, que utilicen en sus negocios.

ñ) Extender la factura o el comprobante de compra, donde conste, en forma clara, la identificación de los bienes o servicios, así como el precio efectivamente cobrado. En los casos de ventas masivas, se faculta al Ministerio de Economía, Industria y Comercio para autorizar el establecimiento de otros sistemas mediante los cuales se compruebe la compra.

o) Apegarse a la equidad, los buenos usos mercantiles y a la ley, en su trato con los consumidores.

Toda información, publicidad u oferta al público de bienes ofrecidos o servicios por prestar, transmitida por cualquier medio o forma de comunicación, vincula al productor que la transmite, la utiliza o la ordena y forma parte del contrato.

El incumplimiento de alguna de las obligaciones enumeradas en este artículo, faculta al interesado para acudir a la Comisión nacional del consumidor creada en esta Ley, o a los órganos jurisdiccionales competentes y para hacer valer sus derechos, en los términos que señala el artículo 43 de la presente Ley.

Artículo 35.- Régimen de responsabilidad. El productor, el proveedor y el comerciante deben responder concurrente e independientemente de la existencia de culpa, si el consumidor resulta perjudicado por razón del bien o el servicio, de informaciones inadecuadas o insuficientes sobre ellos o de su utilización y riesgos.

Sólo se libera quien demuestre que ha sido ajeno al daño.

Los representantes legales de los establecimientos mercantiles o, en su caso, los encargados del negocio son responsables por los actos o los hechos propios o por los de sus dependientes o auxiliares. Los técnicos, los encargados de la elaboración y el control responden solidariamente, cuando así corresponda, por las violaciones a esta Ley en perjuicio del consumidor.

Artículo 36.- Prohibiciones. Se prohíben todas las acciones orientadas a restringir la oferta (abastecimiento), la circulación o la distribución de bienes y servicios.

La Comisión nacional del consumidor debe sancionar tales acciones sin perjuicio de las potestades que también tenga la Comisión para promover la competencia, de conformidad con el artículo 24, inciso d) de esta Ley, para conocer y resolver sobre ellas cuando:

a) Se sustraigan, adquieran, almacenen, oculten o retengan bienes intermedios o finales, de uso o consumo interno, superiores a los necesarios para el giro normal de la actividad, con el fin de provocar escasez o alza en el precio, salvo que se trate de insumos requeridos para satisfacer necesidades propias de la empresa o que, por causa ajena al interesado, no se puedan transar (acaparamiento).

b) Se condicione el perfeccionamiento de una venta o la prestación de servicios a la adquisición de otro producto o a la contratación de otro servicio, a menos que así se haya ofrecido, públicamente y de manera inequívoca, a los consumidores (ventas atadas o condicionadas).

c) Se ofrezcan o se vendan bienes o servicios, en los diversos niveles de la comercialización, a precios superiores a los regulados u ofrecidos de conformidad con los artículos 5; 31, inciso b); 34 y 38 de esta Ley (especulación).

d) Se niegue a proveer un producto o prestar un servicio, o cuando lo ofrezca o lo preste en forma irregular o dilatoria, salvo que medie justa causa, debidamente comprobada por el comerciante o el productor (discriminación al consumo).

e) Cualquier otra forma de restricción o manipulación injustificada de la oferta de bienes y servicios.

Artículo 37.- Oferta, promoción y publicidad. La oferta, la promoción o la publicidad de los bienes y servicios debe realizarse de acuerdo con la naturaleza de ellos, sus características, condiciones, contenido, peso cuando corresponda, utilidad o finalidad, de modo que no induzca a error o engaño al consumidor. No pueden omitirse tales informaciones, si de ello puede derivarse daño o peligro para la salud o la seguridad del consumidor.

Deben prevalecer las cláusulas estipuladas en los contratos, si son más beneficiosas que el contenido de la oferta, la promoción o la publicidad de los bienes y servicios.

El empleo de términos comparativos en la oferta, la promoción o la publicidad de los bienes y servicios, sólo se admite respecto a datos esenciales, afines y objetivamente demostrables, siempre que se comparen con otros similares, conocidos o de participación significativa en el mercado. La comparación no es admisible cuando se limite a la proclamación, general e indiscriminada, de la superioridad de los productos propios; se tiene por engañosa la que omita cualquier elemento necesario para determinar el valor real de los productos.

Al productor o al comerciante que, en la oferta, la promoción, la publicidad o la información, incumpla con las exigencias previstas en este artículo, se le debe obligar a rectificar la publicidad, costearla y divulgar la información veraz u omitida, por el mismo medio y forma antes empleados.

Artículo 38.- Indeterminación de la especie y la calidad. Si en la venta no se determinan con precisión, la especie ni la calidad de los productos por entregarse o los servicios por prestarse, el consumidor no puede exigir los mejores, pero tampoco el comerciante puede cumplir entregando los peores. En este caso, el consumidor debe conformarse con los de especie y calidad media.

Artículo 39.- Bienes usados y reconstruidos. Cuando se vendan productos defectuosos, usados o reconstruidos, antes de la compra, el comerciante debe indicar al consumidor, de manera precisa y clara, tales condiciones y dejarse constancia en las facturas o los comprobantes. El comerciante debe advertir los extremos anteriores si anuncia la venta de esos productos usando cualquier medio. Si no existe advertencia sobre el particular, esos bienes se consideran nuevos y en perfecto estado.

Artículo 40.- Ventas a domicilio. En las ventas a domicilio que se lleven a cabo fuera del local o el establecimiento del comerciante o el proveedor, siempre y cuando lo permita la naturaleza del bien, el consumidor, amparado al derecho de retracto, puede rescindir, sin su responsabilidad, el contrato en un plazo de ocho días contados a partir de su perfeccionamiento.

Artículo 41.- Promociones y ofertas especiales. Toda promoción u oferta especial debe indicar el precio anterior del bien o el servicio, el nuevo precio o el beneficio que de aprovecharlas, obtendría el consumidor.

Artículo 41 bis.- Tarjetas de crédito. Además de las disposiciones del artículo 39 de esta ley, los emisores de tarjetas de crédito deberán cumplir con los siguientes requisitos:

a) Entregar, al firmar el contrato, un folleto explicativo que precise el mecanismo para determinar la tasa de interés, los saldos promedios sujetos a interés, la fórmula para calcularlos y los supuestos en los que no se pagará dicho interés.

b) Presentar explícitamente, en los estados de cuenta, el desglose de los rubros que el usuario debe pagar. En rubros separados deben mantenerse el principal, los intereses financieros, los intereses moratorios, los recargos y las comisiones, todos correspondientes al respectivo período del estado de cuenta.

c) Mostrar la tasa de interés cobrada en el período.

d) Informar a sus tarjetahabientes, en el estado de cuenta inmediato posterior, acerca de las modificaciones del contrato original y los adenda o anexos para que puedan determinar si mantienen la relación contractual o no. Si el tarjetahabiente no mantiene la relación contractual, el emisor sólo podrá cobrar el pasivo pendiente con la tasa de interés vigente previa a la modificación propuesta por el emisor.

Conforme a lo dispuesto en el inciso b) del artículo 30 de esta ley, el Ministerio de Economía, Industria y Comercio estará obligado a publicar trimestralmente, en los medios de comunicación colectiva de mayor cobertura, un estudio comparativo de tarjetas de crédito que incluya como mínimo: tasas de interés financieras y moratorias, comisiones y otros cargos, beneficios adicionales, cobertura, plazos de pago y grado de aceptación.

(Artículo adicionado por el artículo 2º, inciso b), de la Ley N° 7854 de 14 de diciembre de 1998)

Artículo 42.- Cláusulas abusivas en los contratos de adhesión. En los contratos de adhesión, sus modificaciones, anexos o adenda, la eficacia de las condiciones generales está sujeta al conocimiento efectivo de ellas por parte del adherente o a la posibilidad cierta de haberlas conocido mediante una diligencia ordinaria.

(Párrafo modificado por el artículo 1° inciso b), de la Ley N° 7854 de 14 de diciembre de 1998)

Son abusivas y absolutamente nulas las condiciones generales de los contratos de adhesión, civiles y mercantiles, que:

a) Restrinjan los derechos del adherente, sin que tal circunstancia se desprenda con claridad del texto.

b) Limiten o extingan la obligación a cargo del predisponente.

c) Favorezcan, en forma excesiva o desproporcionada, la posición contractual de la parte predisponente o importen renuncia o restricción de los derechos del adherente.

d) Exoneren o limiten la responsabilidad del predisponente por daños corporales, cumplimiento defectuoso o mora.

e) Faculten al predisponente para rescindir unilateralmente el contrato, modificar sus condiciones, suspender su ejecución, revocar o limitar cualquier derecho del adherente, nacido del contrato, excepto cuando tal rescisión, modificación, suspensión, revocación o limitación esté condicionada al incumplimiento imputable al último.

f) Obliguen al adherente a renunciar con anticipación a cualquier derecho fundado en el contrato.

g) Impliquen renuncia, por parte del adherente, a los derechos procesales consagrados en el Código Procesal Civil o en leyes especiales conexas.

h) Sean ilegibles.

i) Estén redactadas en un idioma distinto del español.

j) Los que no indiquen las condiciones de pago, la tasa de interés anual por cobrar, los cargos e intereses moratorios, las comisiones, los sobreprecios, los recargos y otras obligaciones que el usuario quede comprometido a pagar a la firma del contrato.

(Inciso adicionado por el artículo 2° inciso a), de la Ley N° 7854 de 14 de diciembre de 1998)

Son abusivas y relativamente nulas, las cláusulas generales de los contratos de adhesión que:

a) Confieran, al predisponente, plazos desproporcionados o poco precisos para aceptar o rechazar una propuesta o ejecutar una prestación.

b) Otorguen, al predisponente, un plazo de mora desproporcionado o insuficientemente determinado, para ejecutar la prestación a su cargo.

c) Obliguen a que la voluntad del adherente se manifieste mediante la presunción del conocimiento de otros cuerpos normativos, que no formen parte integral del contrato.

d) Establezcan indemnizaciones, cláusulas penales o intereses desproporcionados, en relación con los daños para resarcir por el adherente.

En caso de incompatibilidad, las condiciones particulares de los contratos de adhesión deben prevalecer sobre las generales.

Las condiciones generales ambiguas deben interpretarse en favor del adherente.

Artículo 43.- Garantía. Todo bien que se venda o servicio que se preste debe estar implícitamente garantizado en cuanto al cumplimiento de los estándares de calidad y los requerimientos técnicos que, por razones de salud, medio ambiente y seguridad, establezcan las leyes, los reglamentos y las normas respectivas, dictadas por la Administración Pública.

Cuando se trate de bienes muebles duraderos, tales como equipos, aparatos, maquinaria, vehículos y herramientas o de servicios de reparación, montaje o reconstrucción de tales bienes, además de la garantía implícita de calidad mencionada en el párrafo anterior, la garantía debe indicar, por lo menos, el alcance, la duración, las condiciones, las personas físicas o jurídicas que las extienden y son responsables por ellas y los procedimientos para hacerlas efectivas.

Estos extremos de la garantía deben explicitarse claramente, anotarse en la etiqueta o en algún lugar visible de los bienes o emitirse en documento separado o en la factura que debe entregarse al consumidor en el momento de venderle el bien o de prestarle el servicio.

Los consumidores tienen hasta treinta días, contados a partir de la entrega del bien o de la prestación del servicio, para hacer valer la garantía ante la Comisión para promover la competencia. Si se trata de daños ocultos del bien que no se hayan advertido expresamente, el plazo comienza a correr a partir del momento en que se conocieron esos daños.

Si el contrato entre las partes establece plazos mayores, estos prevalecen.

Artículo 44.- Ventas a plazo. Las ventas a plazo de bienes tales como bienes inmuebles, apartamentos y casas, la prestación futura de servicios, tales como las ventas de clubes de viaje, acciones, títulos y derechos que den participación a los consumidores como dueños, socios o asociados y los proyectos futuros de desarrollo, como centros sociales y turísticos, urbanizaciones, explotación de actividades industriales, agropecuarias y comerciales, deben cumplir con lo establecido en este artículo siempre que concurran las siguientes condiciones:

a) Que se ofrezcan públicamente o de manera generalizada a los consumidores.

b) Que la entrega del bien, la prestación del servicio o la ejecución del proyecto constituya una obligación cuya prestación, en los términos ofrecidos o pactados, esté condicionada a un hecho futuro.

c) Que la realización de ese hecho futuro, en los términos ofrecidos y pactados, dependa de la persona física o de la entidad, de hecho o de derecho, según el caso, que debe entregar el bien, prestar el servicio o colocar a los consumidores en ejercicio del derecho en el proyecto futuro.

Antes de su ofrecimiento público o generalizado, los planes de las ventas a plazo, en los términos y condiciones indicados en el párrafo anterior, deben ser autorizados, de acuerdo con la materia de que se trate, por la oficina o la entidad competente que se señale en el Reglamento de esta Ley, según los usos, las costumbres mercantiles y, en particular, la necesidad de proteger al consumidor.

Antes de autorizar la ejecución del plan de ventas a plazo, en los términos expresados en este artículo, aquel debe inscribirse ante las oficinas o las entidades competentes, cumpliendo con los siguientes requisitos:

a) Descripción detallada de las calidades ofrecidas, los plazos de cumplimiento, la naturaleza, la extensión y los beneficios, todo en los términos que se definan en el Reglamento de esta Ley, según los bienes y servicios de que se trate.

b) Comprobación fehaciente de los responsables del cumplimiento de lo ofrecido y lo pactado.

c) Demostración de la solvencia económica de los responsables del plan. Si no se comprueba satisfactoriamente esta solvencia, debe rendirse garantía o caución suficiente para responder, si se incumplen los términos que se expresen en el Reglamento de esta Ley, a juicio de la oficina o ente que inscriba el plan.

Las oficinas o los entes mencionados en los párrafos anteriores deben enviar una copia de los planes autorizados a la Comisión nacional del consumidor.

Las personas o las entidades que se dedican habitualmente a las actividades indicadas en el primer párrafo de este artículo, quedan facultadas para inscribirse, por una sola vez, ante la oficina o la entidad competente. En este caso, deben describir su giro y los planes de venta generales que ejecutan; además, cumplir con lo estipulado en el párrafo tercero de este artículo.

La Administración Pública puede acreditar a organismos privados para inscribir y autorizar diferentes planes futuros, de conformidad con el artículo 8 de esta Ley y las disposiciones que establezca su Reglamento.

Artículo 45.- Verificación en el mercado. La Administración Pública debe revisar, periódica y aleatoriamente, los productos y los servicios ofrecidos en el mercado, para constatar que cumplan con las normas y reglamentaciones relativas a la salud, el medio ambiente, la seguridad y la calidad. En las importaciones, la revisión puede realizarse antes de la nacionalización del producto, pero de manera excepcional, a fin de que la revisión no se convierta en un obstáculo no arancelario a las importaciones.

La Administración Pública puede impedir la importación y la comercialización de productos por razones de seguridad, salud, calidad o conservación del medio ambiente, cuando exista evidencia comprobada de que los bienes no cumplen con los reglamentos técnicos respectivos ni con los estándares de calidad correspondientes.

Estas labores pueden realizarlas las personas o los organismos acreditados en los términos establecidos en el artículo 8 de esta Ley.

Artículo 46.- Acceso a la vía judicial. Para hacer valer sus derechos, el consumidor puede acudir a la vía administrativa o a la judicial, sin que estas se excluyan entre sí, excepto si se opta por la vía judicial.

En la vía judicial debe seguirse el proceso sumario establecido en los artículos 432 y siguientes del Código Procesal Civil. El juez, en los procesos por demandas de los consumidores para hacer valer sus derechos, una vez contestada la demanda y siempre que se trate de intereses exclusivamente patrimoniales, realizará una audiencia de conciliación con el fin de procurar avenir a las partes a un acuerdo. De no lograrse, se continuará con el trámite del proceso.

Los procesos que se entablen para reclamar la anulación de contratos de adhesión o el resarcimiento de daños y perjuicios en virtud de violaciones a esta Ley, para los cuales la Comisión nacional del consumidor no tiene competencia, serán conocidos solo por los órganos jurisdiccionales competentes, de conformidad con este artículo.

CAPITULO VI
COMISION NACIONAL DEL CONSUMIDOR

Artículo 47.- Creación de la Comisión nacional del consumidor. Se crea la Comisión nacional del consumidor, como órgano de máxima desconcentración, adscrita al Ministerio de Economía, Industria y Comercio. Le corresponde velar por el cumplimiento de las disposiciones de los capítulos V y VI de esta Ley y las demás normas que garanticen la defensa efectiva del consumidor, que no se le hayan atribuido, en forma expresa, a la Comisión para promover la competencia.

Artículo 48.- Integración de la Comisión nacional del consumidor y requisitos de sus miembros. La Comisión nacional del consumidor está integrada por tres miembros propietarios y tres suplentes, de nombramiento del Ministro de Economía, Industria y Comercio. Deben ser personas con título de abogado y de reconocida experiencia en la materia. Permanecen cuatro años en sus cargos y pueden ser reelegidos. Devengarán una dieta por sesión. El Consejo de Gobierno fijará el monto de las dietas, tomando como referencia los establecidos para las instituciones públicas y determinará el límite de las dietas que pueden pagarse por mes.

Los miembros de la Comisión deben elegir al Presidente.

Artículo 49.- Quórum y votaciones. Para sesionar, la Comisión nacional del consumidor requiere la presencia de todos sus miembros y las resoluciones pueden tomarse con el voto de dos de ellos. Quien no coincida, debe razonar su voto.

Artículo 50.- Causas de remoción. Son causas justas para remover a los miembros de la Comisión nacional del consumidor las siguientes:

a) Ineficiencia en el desempeño de sus cargos.

b) Negligencia reiterada que atrase la sustanciación de los procesos.

c) Declaratoria de culpabilidad por la comisión de cualquier delito doloso, incluso en grado de tentativa.

d) Falta de excusa en los casos previstos en el artículo 48 de esta Ley.

e) Inasistencia a tres sesiones durante un mes calendario o ausencia del país, por más de tres meses, sin autorización de la Comisión nacional del consumidor. El permiso nunca puede exceder de seis meses.

f) Incapacidad física o mental que les impida desempeñar el cargo por un plazo de seis meses por lo menos.

El procedimiento para remover a los miembros de la Comisión nacional del consumidor debe ajustarse a los trámites y los principios establecidos para estos casos en la Ley General de la Administración Pública.

Artículo 51.- Impedimento, excusa y recusación. Son motivos de impedimento, excusa o recusación los establecidos en el Capítulo V, del Título I del Código de Procedimientos Civiles. El procedimiento por seguir en los casos anteriores es el establecido en ese Código.

Artículo 52.- Unidad técnica de apoyo y asesoría externa. La Comisión nacional del consumidor debe contar con una Unidad técnica de apoyo, integrada por funcionarios de las ramas profesionales y técnicas afines a las materias relacionadas con comercio y el consumidor.

También puede contratar a los asesores y los consultores que estime convenientes para el desarrollo efectivo de sus funciones.

Artículo 53.- Potestades de la Comisión nacional del consumidor. La Comisión nacional del consumidor tiene las siguientes potestades:

a) Conocer y sancionar las infracciones administrativas, los incumplimientos de las obligaciones establecidas en el Capítulo V y, en particular, tutelar los derechos de los consumidores, de acuerdo con el artículo 29 de esta Ley.

b) Sancionar los actos de competencia desleal, mencionados en el artículo 17 de esta Ley cuando, en forma refleja, dañen al consumidor.

c) Ordenar, de acuerdo con la gravedad de los hechos, las siguientes medidas cautelares, según corresponda: el congelamiento o el decomiso de bienes, la suspensión de servicios o el cese temporal de los hechos denunciados que violen lo dispuesto en esta Ley, mientras se dicta resolución en el asunto.

d) Ordenar la suspensión del plan de ventas a plazo o de prestación futura de servicios, cuando se viole lo prescrito en el artículo 41 de esta Ley. La parte dispositiva de la resolución debe publicarse para que sea del conocimiento general.

e) Ordenar, cuando proceda, la devolución del dinero o del producto. Puede fijar, asimismo, un plazo para reparar o sustituir el bien, según corresponda.

f) Trasladar, al conocimiento de la jurisdicción ordinaria, todas las prácticas que configuren los delitos perjudiciales para el consumidor, establecidos en el artículo 60 de esta Ley.

La Comisión nacional del consumidor no tiene competencia para conocer de la anulación de cláusulas abusivas en los contratos de adhesión, conforme al artículo 39 de esta Ley, ni del resarcimiento de daños y perjuicios. Estos casos deben ser conocidos solo por los órganos jurisdiccionales competentes.

Artículo 54.- Legitimación procesal. Las organizaciones de consumidores están legitimadas para iniciar como parte o intervenir, en calidad de coadyuvantes, en los procedimientos ante la Comisión nacional del consumidor y ante los tribunales de justicia, en defensa de los derechos y los intereses legítimos de sus asociados. La coadyuvancia se rige por lo establecido en la Ley General de la Administración Pública y en el Código Procesal Civil.

Artículo 55.- Conciliación. Antes del inicio formal del procedimiento y cuando se trate de intereses puramente patrimoniales, la Unidad técnica de apoyo de la Comisión nacional del consumidor debe convocar a una audiencia de conciliación a las partes en conflicto. En casos extraordinarios y según se autorice en el Reglamento, las partes pueden realizar sus presentaciones por cualquier medio que lo permita.

En la audiencia de conciliación, el funcionario de la Unidad técnica de apoyo de la Comisión nacional del consumidor debe procurar avenir a las partes proponiéndoles un arreglo y sugiriéndoles la conveniencia de él.

En el acta correspondiente, que deben firmar las partes y el funcionario, se debe dejar constancia de todo acuerdo al que lleguen. En el mismo acto, el funcionario debe aprobar el arreglo, salvo cuando sea contrario a la ley. Este arreglo tendrá la misma eficacia de la resolución de la Comisión para promover la competencia en los términos del artículo 61 de esta Ley, pero sin recurso ulterior.

De no lograrse un acuerdo durante la audiencia de conciliación o si las partes no se presentan a ella, se debe iniciar el procedimiento indicado en el artículo 53 de esta Ley.

Nota del compilador: Con motivo de una consulta realizada por el señor Presidente de la Comisión Nacional del Consumidor, la Procuraduría General de la República concluyó en su Dictamen N° C-098-97 de 13 de junio de 1997, que:

"...los acuerdos conciliatorios, al igual que las resoluciones finales de las Comisiones, son ejecutorios y su cumplimiento debe ser exigido por la Administración.

En razón de ello y una vez constatado dicho incumplimiento, la Comisión tiene el poder-deber de lograr la satisfacción de los intereses del consumidor "aún contra la voluntad o resistencia del obligado" (art. 146.1 de la Ley General de la Administración Pública), para lo cual deberá recurrir a los medios de ejecución administrativa que prevé el artículo 149 de la referida Ley General.

Como puede observarse, mediante el auxilio que brinda la propia Administración, el consumidor se asegura el cumplimiento del acuerdo conciliatorio homologado por la Comisión Nacional del Consumidor.

Además, teniendo dicho acuerdo la misma "eficacia" de sus resoluciones, su incumplimiento constituye "la comisión del delito previsto en el artículo 295 del Código Penal. En tales circunstancias, los citados órganos deben proceder a testimoniar piezas, con el propósito de sustentar la denuncia ante el Ministerio Público para los fines correspondientes" (art. 65 *–actual art. 68-* de la Ley nº 7472); lo anterior al menos cuando, constatada la situación por parte de la Comisión e instado el cumplimiento, éste no se produzca.

No es cierto, como erróneamente parece sugerir la asesoría legal del consultante, que la actuación de la Comisión necesariamente deba cesar con la homologación del acuerdo conciliatorio sin poder reaccionar frente a su incumplimiento. En realidad, es parte de las atribuciones propias de tal Comisión velar por la ejecución del acuerdo conciliatorio, como si se tratara de una de sus resoluciones, sin perjuicio de interponer también eventuales denuncias penales."

Artículo 56- Procedimiento. La acción ante la Comisión nacional del consumidor sólo puede iniciarse en virtud de una denuncia de cualquier consumidor o persona, sin que sea necesariamente el agraviado por el hecho que denuncia. Las denuncias no están sujetas a formalidades ni se requiere autenticación de la firma del denunciante. Pueden plantearse personalmente, ante la Comisión nacional del consumidor, por memorial, telegrama u otro medio de comunicación escrita.

La Comisión nacional del consumidor siempre evacuará, con prioridad, las denuncias relacionadas con los bienes y los servicios consumidos por la población de menores ingresos, ya sea los incluidos en la canasta de bienes y servicios establecida por el Poder Ejecutivo o, en su defecto, los considerados para calcular el índice de precios al consumidor. En este caso, se atenderán con mayor celeridad las denuncias de bienes incluidos en los subgrupos alimentación y vivienda de ese índice.

La acción para denunciar caduca en un plazo de dos meses desde el acaecimiento de la falta o desde que esta se conoció, salvo para los hechos continuados, en cuyo caso, comienza a correr a partir del último hecho.

La Unidad técnica de apoyo debe realizar la instrucción del asunto.

Una vez concluida, debe trasladar el expediente a la Comisión nacional del consumidor para que resuelva.

La Comisión nacional del consumidor, dentro de los diez días posteriores al recibo del expediente, si por medio de la Unidad técnica de apoyo, no ordena prueba para mejor resolver, debe dictar la resolución final y notificarla a las partes. Si ordena nuevas pruebas, el término citado correrá a partir de la evacuación de ellas.

Para establecer la sanción correspondiente, la Comisión nacional del consumidor debe respetar los principios del procedimiento administrativo, establecidos en la Ley General de la Administración Pública.

Artículo 57.- Sanciones. La Comisión Nacional del Consumidor debe conocer y sancionar las infracciones administrativas cometidas en materia de consumo, estipuladas en esta ley, sin perjuicio de la responsabilidad penal o civil correspondiente.

Según la gravedad del hecho, las infracciones cometidas en perjuicio de los consumidores deben sancionarse con multa del siguiente modo:

a) De una a diez veces el menor salario mínimo mensual establecido en la Ley de Presupuesto Ordinario de la República, por las infracciones indicadas en los incisos d), e), f), j) y n) del artículo 31 y en el artículo 35 de esta ley.

b) De diez a cuarenta veces el menor salario mínimo mensual fijado en la Ley de Presupuesto Ordinario de la República, por las infracciones mencionadas en los incisos b), h), i), k), l) y m) del artículo 31 de la presente ley.

Debe aplicarse el máximo de la sanción administrativa indicada en el párrafo anterior cuando, de la infracción contra esta ley, se deriven daños para la salud, la seguridad o el medio ambiente, que ejerzan un efecto adverso sobre los consumidores.

(Modificado por el artículo 1°, inciso c), de la Ley N° 7854 de 14 de diciembre de 1998)

Artículo 58.- Arbitraje. En cualquier momento y de común acuerdo, las partes pueden someter su diferendo, de forma definitiva, ante un árbitro o tribunal arbitral, para lo cual deben cubrir los gastos que se originen.

Las partes pueden escoger al árbitro o al tribunal arbitral de una lista-registro que, al efecto, debe llevar la Comisión nacional del consumidor. Los árbitros pueden cobrar honorarios por sus servicios.

Las personas incluidas en la citada lista deben ser de reconocido prestigio profesional y contar con amplios conocimientos en la materia.

Artículo 59.- Criterios de valoración. Para valorar las sanciones por imponer, la calificación debe atender los criterios de riesgo para la salud, la seguridad, el medio ambiente, la gravedad del incumplimiento de estándares de calidad, la posición del infractor en el mercado, la cuantía del beneficio obtenido, el grado de intencionalidad, la gravedad del daño y la reincidencia del infractor.

Artículo 60.- Publicidad de la sanción. La Comisión nacional del consumidor puede informar a la opinión pública u ordenar con cargo al infractor, la publicación en un medio de comunicación social, de la sanción impuesta, el nombre o la razón social del infractor y la índole de la infracción, cuando se produzca cualquiera de las siguientes situaciones: pueda derivarse algún riesgo para la salud o la seguridad de los consumidores, afectarse el medio ambiente, incumplir con los estándares de calidad respectivos, reincidir en las mismas infracciones o lesionar, directa o potencialmente, los intereses de la generalidad de los consumidores.

Artículo 61.- Medidas cautelares. Como medida cautelar, la Comisión nacional del consumidor puede ordenar el congelamiento de bienes o la suspensión de servicios, según corresponda, ante el indicio claro de la existencia de mercadería dañada, adulterada, vencida, ofrecida a un precio superior al permitido o acaparada que, de alguna manera, pueda perjudicar gravemente al consumidor o engañarlo.

Transcurrido el término que se requiere para realizar el estudio técnico en el cual se determine la necesidad de mantener el congelamiento o la suspensión de servicios, debe darse audiencia, por un plazo de tres días, a los particulares afectados con la medida, para que aporten pruebas y aleguen lo que a bien tengan.

Cumplido ese trámite, la Comisión nacional del consumidor, mediante resolución fundada, debe resolver si procede o no el decomiso de los bienes. En el caso de la suspensión de servicios, en el mismo plazo puede ordenar que esta se mantenga hasta que el asunto no se resuelva finalmente en su sede.

Cuando medie resolución que ordene el decomiso, las mercaderías decomisadas deben donarse a una institución de beneficencia o destruirse si son peligrosas.

Artículo 62.- Pago de gastos. Los gastos que origine el congelamiento, el decomiso, el análisis, las pruebas, el transporte y la destrucción de los bienes mencionados en los artículos anteriores, corren por cuenta del infractor. Si no los cubre voluntariamente, la Comisión nacional del consumidor debe certificar el adeudo. Esa certificación constituye título ejecutivo para el cobro coactivo correspondiente.

Artículo 63.- Delitos en perjuicio del consumidor. Las penas de los delitos de "usura", "agiotaje" y "propaganda desleal", indicados en los artículos 236, 238 y 242 del Código Penal, deben duplicarse cuando se cometan en perjuicio de los consumidores, en los términos estipulados en el artículo 2 de esta Ley. Las mismas penas se aplicarán cuando el daño causado exceda el monto equivalente a cincuenta veces el menor de los salarios mínimos mensuales, o cuando el número de productos o servicios transados, en contravención de los citados artículos, exceda de cien.

Se reprimirá con la pena prevista en el artículo 216 del Código Penal, tipificado como "estafa", a quien debiendo entregar un bien o prestar un servicio, ofrecido públicamente en los términos de los artículos 31, 34 y 38 de esta Ley, no lo realice en las condiciones pactadas, sino que se valga de un engaño o cualquier otra acción manipuladora.

En esos casos, la Comisión nacional del consumidor debe remitir el expediente a los órganos jurisdiccionales penales, de conformidad con el inciso f) del artículo 50 de la presente Ley.

CAPITULO VII
DISPOSICIONES FINALES

Artículo 64.- Las resoluciones emanadas de la Comisión para Promover la Competencia y de la Comisión Nacional del Consumidor, deberán reunir los requisitos establecidos en los artículos 128 y siguientes de la Ley general de la Administración Pública. Asimismo, la notificación deberá realizarse en la forma debida, de acuerdo con los artículos 245 y 335 de la misma Ley.

Contra esas resoluciones podrá interponerse el recurso de reposición, según lo dispuesto por el Código Procesal Contencioso-Administrativo.

(Modificado por el artículo 204, inciso 1°, de la Ley N° 8508, Código Procesal Contencioso Administrativo, de 28 de abril de 2006)

Artículo 65.- DEROGADO

(Derogado por el artículo 204, inciso 2°, de la Ley N° 8508, Código Procesal Contencioso Administrativo, de 28 de abril de 2006)

"Artículo 65.- Procedimiento contencioso administrativo abreviado. Se agrega el artículo 83 bis a la Ley Reguladora de la Jurisdicción Contencioso Administrativa, No. 3667 del 12 de marzo de 1966, cuyo texto dirá:

"Articulo 83 bis.- Cuando la impugnación tenga por objeto cualquier acto emanado de la Comisión para promover la competencia o de la Comisión nacional del consumidor, en las materias atribuidas a ellas en la Ley de promoción de la competencia y defensa efectiva del consumidor, el procedimiento se ajustará a lo siguiente:

a) El Tribunal Superior Contencioso Administrativo, Sección segunda, conocerá de esa impugnación.

b) El plazo para interponer la acción será de un mes, contado a partir de la notificación del acto final.

c) El escrito de interposición deberá acompañarse con una copia certificada de la resolución final que se impugna..

d) El expediente administrativo deberá remitirse en el plazo único de cinco días so pena de apercibimiento de apremio corporal.

e) Los plazos de formalización de la demanda y la contestación serán de diez días.

f) Las defensas previas deberán invocarse en el escrito de la contestación de la demanda.

g) El plazo para evacuar la prueba, que habrá de ofrecerse en los escritos de demanda y contestación, será de diez días.

h) Contra las resoluciones del Tribunal Contencioso Administrativo, Sección Segunda, cabrá recurso de segunda instancia ante la Sección Tercera del Tribunal Superior Contencioso Administrativo.""

Artículo 66.- DEROGADO

(Derogado por el artículo 204, inciso 2°, de la Ley N° 8508, Código Procesal Contencioso Administrativo, de 28 de abril de 2006)

"Artículo 66.- Ejecución de sentencia. En la materia de ejecución de sentencias, se observarán las siguientes reglas, según corresponda:

a) Si en la sentencia judicial se condena al Estado al pago de daños y perjuicios, la ejecución respectiva deberá realizarse conforme a los artículos 76 y siguientes de la Ley Reguladora de la Jurisdicción Contencioso Administrativa.

b) Si de la sentencia judicial se deriva la obligación del pago por concepto de daños y perjuicios, cuya satisfacción deba ser realizada por particulares, se ejecutará de conformidad con el Código Procesal Civil y, en particular, de acuerdo con lo dispuesto en los artículos 692 y siguientes de este cuerpo normativo."

Artículo 67.- Documentos e información. Los comerciantes, a requerimiento de la Comisión para promover la competencia, de la Comisión nacional del consumidor y del Ministerio de Economía, Industria y Comercio, están obligados a:

a) Entregar, con carácter de declaración jurada, los informes y los documentos que se consideren necesarios para garantizar el ejercicio de sus funciones. La información suministrada es confidencial y el funcionario que viole el secreto de los datos confidenciales incurre en falta grave en el ejercicio de sus funciones.

b) Permitir, en forma gratuita, la toma de muestras de los productos para verificar la calidad o la exactitud de la información suministrada al consumidor.

La negativa de entrega, la falsedad o la inclusión de datos inexactos o incompletos, en los documentos requeridos, debe ser sancionada como falta grave por las respectivas comisiones, según proceda. Cuando las faltas se cometan en virtud de la solicitud formulada por el Ministerio de Economía, Industria y Comercio, este remitirá esos documentos a la comisión competente para la sanción.

Las facturas de las ventas a mayoristas deben consignar el nombre del vendedor y del comprador, sus respectivos números de cédula, de persona física o jurídica, así como la identificación de los productos o los servicios transados.

Los órganos y los entes de la Administración Pública deben suministrar la información que les solicite la Comisión para promover la competencia y la Comisión nacional del consumidor, para el ejercicio de sus funciones.

Nota del compilador: Con motivo de una consulta realizada por la Comisión para Promover la Competencia, la Procuraduría General de la República concluyó en su Dictamen N° C-344-2001 de 12 de diciembre de 2001, que:
"CONCLUSIÓN: [...]
- La Comisión para Promover la Competencia, como parte de la Administración Pública, se rige por el principio de publicidad. Ello determina que sus actos se expresan por medio de documentos públicos. En consecuencia, tales documentos como las actuaciones de la Comisión constituyen información de interés público. Por lo cual, la Comisión está imposibilitada de restringir al público acceso a esa información.
- El artículo 64 *-actual artículo 67-* de la Ley de Promoción de la Competencia y Defensa Efectiva del Consumidor faculta a la Comisión para solicitar de los comerciantes información necesaria para el cumplimiento de sus competencias. Esta información puede ser solicitada en el curso de un procedimiento administrativo por denuncia pero, también con motivo del ejercicio de las otras competencias de la Comisión.
- En el tanto se trate de información de interés privado, la información se cataloga de confidencial. El carácter confidencial de los documentos privados implica una prohibición de acceso de esos documentos y de suministrarlos o suministrar los datos allí contenidos al público, de manera que terceros puedan identificar a quién corresponda la información, salvo los casos de excepción que encuentren fundamento en el artículo 24 constitucional. Lo que significa una salvaguardia de la esfera privada del particular; en especial, una defensa a su intimidad y al derecho a la vida privada,
- La confidencialidad, empero, es independiente del hecho de quién suministre la información y las razones por las cuales lo haga. Es importante señalar que el acto de entrega de la información no significa una autorización a la Oficina para divulgar la información confidencial. Se requiere una manifestación expresa del interesado para que tal autorización se tenga por acordada.
- Valorar si la información es de interés público o si, por el contrario, se está ante información privada compete a la Administración Pública. Apreciación que se realiza no sólo en los supuestos previstos en el artículo 37 del Reglamento a la Ley de Promoción de la Competencia y Defensa Efectiva del Consumidor,

sino para toda solicitud de información que se solicite y que concierna a particulares.
- El amplio derecho de acceso al expediente y sus piezas por las partes, sus representantes y cualquier abogado, reconocido en el artículo 272, es limitado en el numeral 273 en los casos de información "confidencial " de la contraparte. Por consiguiente, no es posible afirmar que la información confidencial aportada al expediente forma parte de una "información pública de acceso restringido". Precisamente, si se está ante información confidencial no puede catalogarse de "información pública".
- Los terceros pueden consultar los expedientes concluidos, siempre que la publicidad no afecte el derecho de intimidad, el honor o prestigio de las partes.
- Se exceptúan de esa limitación las autoridades judiciales y administrativas que deban conocer el expediente administrativo en ejercicio de sus competencias y a las cuales, por mandato de ley, la Comisión debe remitir el expediente o copia de él, conteniendo tanto los legajos de documentos públicos como aquellos referidos a información privada.
- Por expresa disposición del artículo 274 de la Ley General de la Administración Pública, la decisión que niegue el conocimiento y acceso a una pieza del expediente administrativo tiene los recursos ordinarios regulados en los artículos 342 y siguientes del mismo cuerpo normativo."
A estas conclusiones deben adicionarse las del dictámen N° C-073-2002 de 12 de marzo de 2002, que indican que:
"1-. La declaración de carácter público de una información presentada como confidencial es susceptible de lesionar los derechos fundamentales a la inviolabilidad de los documentos privados y el derecho a la intimidad.
2-. Dicha declaración debe ser adoptada dentro del marco de un procedimiento que satisfaga los principios del debido proceso. Lo anterior incluye el derecho de recurrir el acto administrativo que lesione los derechos fundamentales.
3-. Por consiguiente, la declaración del carácter público de la información presentada por una parte en los procedimientos que tramita la Unidad Técnica de la Comisión para promover la Competencia, debe ser debidamente motivada y contra ella caben los recursos ordinarios establecidos en la Ley General de la Administración Pública. En ese sentido queda adicionado el dictamen N. C-344-2001 de 12 de diciembre de 2001."

Artículo 68.- Desobediencia. Constituyen el delito de desobediencia previsto en el Código Penal las resoluciones o las órdenes dictadas por la Comisión para promover la competencia y por la Comisión Nacional del Consumidor, en el ámbito de sus competencias, que no sean observadas ni cumplidas en los plazos correspondientes establecidos por esos órganos. En tales circunstancias, los órganos citados deben proceder a testimoniar piezas, con el propósito de sustentar la denuncia ante el Ministerio Público, para los fines correspondientes.

(Modificado por el artículo 1°, inciso d), de la Ley N° 7854 de 14 de diciembre de 1998)

Artículo 69.- Transferencias de recursos. Se autoriza a los entes y los órganos de la Administración Pública, cuyas competencias se relacionen con la defensa del consumidor, para transferir fondos de sus presupuestos al Ministerio de Economía, Industria y Comercio, el cual, en coordinación con los Ministerios de Justicia y Gracia y Educación Pública, debe realizar campañas para informar y educar a los consumidores y promover su organización en todo el territorio nacional.

Artículo 70.- Interpretación. Para establecer la verdad real, la Comisión para promover la competencia, la Comisión nacional del consumidor o el tribunal jurisdiccional correspondiente, podrá prescindir de las formas jurídicas adoptadas por los agentes económicos que no correspondan a la realidad de los hechos investigados.

Artículo 71.- Supletoriedad de la Ley General de la Administración Pública. Para lo imprevisto en esta Ley, regirá, supletoriamente, la Ley General de la Administración Pública.

Artículo 72.- Alcance. Esta Ley es de orden público; sus disposiciones son irrenunciables por las partes y de aplicación sobre cualesquiera costumbres, prácticas, usos o estipulaciones contractuales en contrario, especiales o generales.

Asimismo, son nulos los actos realizados como fraude en contra de esta Ley, de conformidad con el artículo 20 del Código Civil.

La presente Ley no será aplicable a las municipalidades, tanto en su régimen interno, como en sus relaciones con terceros.

Artículo 73.- Derogaciones. Quedan sin efecto las funciones y potestades de regulación del comercio y, en particular, para otorgar licencias de importación o exportación, fijar cuotas y otorgar autorizaciones a una actividad económica, en los siguientes casos:

a) Ley de Fomento de la Producción de Cabuya, No. 7153 del 29 de junio de 1993.

b) Ley de Fomento Avícola, No. 4981 del 26 de mayo de 1972 y sus reformas.

c) Ley de Fomento a la Actividad Porcina, No. 6433 del 22 de mayo de 1978 y sus reformas.

d) Ley de Fomento Salinero, No. 6080 del 30 de agosto de 1977.

Además, se derogan las siguientes normas:

a) El inciso a) del artículo 9, los incisos b), j) y k) del artículo 10 y los artículos 32, 33 y 34 de la Ley de Creación de la Oficina del Arroz, No. 7014 del 14 de noviembre de 1985.

b) Los incisos c) y d) del artículo 443 del Código Fiscal, Ley No. 8 del 31 de octubre de 1885 y sus reformas, en lo que a licencias de exportación de alcoholes se refiere.

c) Los incisos a), b) y q) del artículo 4 de la Ley Reguladora de las relaciones entre productores e industriales de tabaco, No. 2072 del 15 de noviembre de 1956 y sus reformas.

d) El párrafo segundo del artículo 7, párrafos 1 y 3 del artículo 8, artículos 9, 11, 12, 13, 14, 15 y 17 -en cuanto a lo que a permisos de exportación se refiere- y el 18 de la Ley de Ganado, No.6247 del 2 de mayo de 1978.

e) El inciso f) del artículo 20 de la Ley de Semillas, No.6289 del 4 de diciembre de 1978.

f) El artículo 32 de la Ley de Salud Animal, No.6243 del 2 de mayo de 1978.

g) Los apartes 8.A y 14.B del anexo 4 y el artículo 10 de la Ley No.7134 del 5 de octubre de 1989, en lo que a licencias de importación de arroz, frijoles y maíz blanco se refiere.

h) El inciso d) y el párrafo segundo in fine del artículo 361 del Código de Comercio, en lo que se refiere a la inscripción de las licencias de representantes de casas extranjeras en el Registro Mercantil y los artículos 362 y 364 del Código de Comercio.

i) Los artículos 2, 6, 7, 8, 9 y 10, en lo que se refiere al título-licencia de la agencia de viajes y los artículos 11, 12, incisos e) y h), 17, 18, 21 in fine, 22, 23 y 24 de la Ley reguladora de las agencias de viajes, del 23 de agosto de 1973.

j) La Ley de Protección al Consumidor, No.5665 del 29 de febrero de 1975.

ARTÍCULO 74.- Reglamentación. El Poder Ejecutivo reglamentará esta Ley dentro del término de seis meses, contado a partir de su vigencia.

ARTÍCULO 75.- Vigencia. Rige a partir de su publicación.

TRANSITORIOS

TRANSITORIO I.- Todos los entes y los órganos de la Administración Pública tienen el plazo de un año, a partir de la vigencia de esta Ley, para realizar los análisis costo-beneficio de los trámites y los requisitos mencionados en el artículo 4, con el fin de eliminar los innecesarios y agilizar los que deban mantenerse.

Dentro del plazo previsto en el párrafo anterior, los jerarcas de los entes y los órganos de la Administración Pública deben comunicar, a la Comisión para promover la competencia, el resultado del estudio y los cambios realizados, so pena de incurrir en falta grave en el desempeño de sus funciones y de ser declarados responsables, de conformidad con los artículos 190 y siguientes de la Ley General de la Administración Pública. Sin embargo, la obligación se mantiene si dentro de ese plazo no se cumple con lo estipulado allí.

TRANSITORIO II.- Unicamente para el primer período, dos de los cinco miembros de la Comisión para promover la competencia cesarán en sus funciones después de dos años de haberlas iniciado, en virtud del sorteo que se realice. A partir de esta misma fecha se procederá a nombrar los dos nuevos propietarios, por el período mencionado en el artículo 19 de esta Ley. Los tres restantes continuarán en sus cargos durante el período para el cual fueron designados. El mismo procedimiento se seguirá para dos de los tres miembros de la Comisión nacional del consumidor, quienes, en la misma fecha, cesarán en sus cargos y deberán nombrarse sus sustitutos. El tercer miembro continuará en funciones durante el período para el cual fue nombrado, de conformidad con el artículo 45 de esta Ley.

TRANSITORIO III.- Se autoriza al Poder Ejecutivo para trasladar personal del Ministerio de Economía, Industria y Comercio y de otras instituciones y ministerios, en este último caso siempre que medie anuencia de los servidores, a fin de integrar las unidades técnicas de apoyo y las áreas administrativas de la Comisión para promover la competencia y la Comisión nacional del consumidor, creadas en esta Ley, quienes conservarán todos sus derechos laborales y las situaciones jurídicas consolidadas.

TRANSITORIO IV.- El Ministerio de Educación Pública, dentro del plazo de un año desde la promulgación de esta Ley, debe adecuar los planes de estudio en el primero, segundo y tercer ciclos, incluyendo como contenido el tema: "Los derechos del consumidor", estipulados en el Capítulo V de esta misma Ley.

TRANSITORIO V.- La Comisión nacional para promover la competencia y la Comisión nacional del consumidor creadas por su orden, en los artículos 18 y 44 de esta Ley, iniciarán funciones a más tardar el 1 de agosto de 1995. En consecuencia, a partir de la vigencia de esta Ley y hasta tanto no entren en funcionamiento ambas Comisiones, el Ministerio de Economía, Industria y Comercio ejercerá las potestades atribuidas a ellas según los artículos 24 y 50 y aplicará las sanciones prescritas en los artículos 25 y 54, todos de la presente Ley. En cada caso, las resoluciones que dicte el Ministro, en el ejercicio de esas potestades, deberán fundamentarse en los informes técnicos que deberá elaborar la Dirección General de Comercio de ese Ministerio.

Para todos los efectos legales, hasta la fecha de inicio de funciones de las Comisiones, esa Dirección asumirá las tareas que esta Ley atribuye a la Unidad técnica de apoyo, citada en los artículos 23 y 49 de esta Ley, sin perjuicio de los asesores y los consultores que se contraten para cumplir con las funciones establecidas en esta Ley, en materia de promoción de la competencia y de defensa efectiva del consumidor.

(Adicionado por el artículo 1º de la Ley Nº 7506 de 9 de mayo de 1995).

ASAMBLEA LEGISLATIVA.- San José, a los diecinueve días del mes de diciembre de mil novecientos noventa y cuatro. Comuníquese al Poder Ejecutivo ALBERTO F. CAÑAS, Presidente.- JUAN LUIS JIMENEZ SUCCAR, Primer Secretario.- MARIO A. ALVAREZ G., Segundo Secretario.

Dado en la Presidencia de la República.- San José, a los veinte días del mes de diciembre de mil novecientos noventa y cuatro. Ejecútese y Publíquese. JOSE MARIA FIGUERES OLSEN. El Ministro de Economía, Industria y Comercio, Marco A. Vargas D.

REGLAMENTO A LA LEY DE PROMOCION DE LA COMPETENCIA Y DEFENSA EFECTIVA DEL CONSUMIDOR

Decreto Ejecutivo N° 25234-MEIC

(Publicado en el Alcance N° 38 a La Gaceta N° 124 de 1° de julio de 1996)

EL PRESIDENTE DE LA REPUBLICA
Y EL MINISTRO DE ECONOMIA, INDUSTRIA Y COMERCIO

En uso de las facultades conferidas en los incisos 3) y 18) del artículo 140 de la Constitución Política, inciso 2.b. del artículo 28 de la Ley General de la Administración Pública y la Ley de Promoción de la Competencia y Defensa Efectiva del Consumidor, Nº 7472 de 20 de diciembre de 1994, decretan el siguiente:

REGLAMENTO A LA LEY DE PROMOCION DE LA COMPETENCIA Y DEFENSA EFECTIVA DEL CONSUMIDOR

CAPITULO I.
Disposiciones generales

Sección Única

Artículo 1º.- Objeto del Reglamento. Este Reglamento tiene por objeto definir las reglas necesarias para la interpretación y aplicación de la Ley de Promoción de la Competencia y Defensa Efectiva del Consumidor, Nº 7472 de 20 de diciembre de 1994.

Artículo 2º.- Definiciones. Además de las definiciones previstas en la Ley de Promoción de la Competencia y Defensa Efectiva del Consumidor, para los efectos de este Reglamento se entenderá por:

Artesano: La persona física o entidad de hecho o de derecho que adquiera productos terminados o insumos para producir, transformar o reparar bienes, mediante un proceso en el que la mano de obra resulta el factor predominante, dando por resultado un producto individualizado, en que quede impreso el sello personal y que no corresponda a la producción industrial mecanizada y en serie. El artesano se considerará como "consumidor" para los efectos de la Ley y este Reglamento.

CNC: La Comisión Nacional del Consumidor.

(Definición modificada por el artículo 1° del Decreto Ejecutivo N° 31700-MEIC de 16 de marzo de 2004)

CPC: La Comisión para Promover la Competencia.

(Definición modificada por el artículo 1° del Decreto Ejecutivo N° 31700-MEIC de 16 de marzo de 2004)

AAC: Área de Apoyo al Consumidor.

(Definición modificada por el artículo 1° del Decreto Ejecutivo N° 31700-MEIC de 16 de marzo de 2004)

Ley: Salvo que del contexto de la norma se desprenda otra cosa, la Ley de Promoción de la Competencia y Defensa Efectiva del Consumidor, N° 7472 de 20 de diciembre de 1994 y sus reformas.

(Definición modificada por el artículo 1° del Decreto Ejecutivo N° 31700-MEIC de 16 de marzo de 2004)

LGAP: La Ley General de la Administración Pública.

(Definición modificada por el artículo 1° del Decreto Ejecutivo N° 31700-MEIC de 16 de marzo de 2004)

MEIC: El Ministerio de Economía, Industria y Comercio.

(Definición modificada por el artículo 1° del Decreto Ejecutivo N° 31700-MEIC de 16 de marzo de 2004)

LACOMET: Laboratorio Costarricense de Metrología.

(Definición modificada por el artículo 1° del Decreto Ejecutivo N° 31700-MEIC de 16 de marzo de 2004)

Pequeño industrial: La persona física o entidad de hecho o de derecho, que adquiera productos terminados o insumos para integrarlos en la producción o transformación de artículos manufacturados y que califique como "pequeño empresario" bajo los criterios establecidos en la Ley de Impuesto sobre la Renta y su reglamento. El pequeño industrial se considerará como "consumidor" para los efectos de la Ley y de este reglamento.

Proveedor: Toda persona natural o jurídica, de carácter público o privado, que desarrolle actividades de producción, fabricación, importación, distribución o comercialización de bienes o de prestación de servicios a consumidores.

Publicidad engañosa: Todo tipo de información o comunicación de carácter comercial en que se utilicen textos, diálogos, sonidos, imágenes o descripciones que directa o indirectamente, e incluso por omisión, puedan inducir a engaño, error o confusión al consumidor, especialmente sobre:

a) El origen geográfico, comercial o de otra índole del bien ofrecido o sobre el lugar de prestación del servicio pactado o la tecnología empleada.

b) Los componentes o integrantes del bien ofrecido, o el porcentaje en que concurren en el mismo.

c) Los beneficios o implicaciones del uso del bien o contratación del servicio.

d) Las características básicas del producto a vender o el servicio a prestar, tales como dimensión, cantidad, calidad, utilidad, durabilidad u otra que sea juzgada razonable e indispensablemente en una normal contratación relativa a tales bienes o servicios.

e) La fecha de elaboración o de vida útil del bien, cuando estos datos se indiquen.

f) Los términos de las garantías que se ofrezcan.

g) Los reconocimientos, aprobaciones o distinciones oficiales o privadas, nacionales o extranjeras, tales como medallas, premios, trofeos o diplomas.

h) Precio del bien o servicio ofrecido, formas de pago y costo del crédito.

Servicios comerciales: Los que preste una empresa o establecimiento mercantil a sus clientes, con o sin una relación personal con éstos.

Servicios de técnicos o profesionales: Los que preste una persona física a sus clientes, mediando una relación personal y de confianza (intuitu personae), para la realización de una labor de carácter técnico o profesional.

Unidad Técnica: Según sea el caso, la Unidad Técnica de Apoyo de la Comisión para Promover la Competencia o de la CNC.

Ventas a domicilio: La compraventa en la que la negociación es efectuada y el contrato perfeccionado fuera del local o establecimiento del comerciante o proveedor, en virtud de la visita que éste o sus dependientes hagan al comprador.

CAPITULO II.
Desregulación

Sección Primera.
Racionalización y eliminación de trámites

Artículo 3°.- Delimitación de los propósitos de la eliminación de trámites. La eliminación de los trámites y los requisitos de control y regulación de las actividades económicas, por parte de la Administración Pública, debe regirse por el propósito fundamental de proteger el ejercicio de la libertad de empresa y garantizar la defensa de la productividad, conforme a la Ley.

La Administración mantendrá una permanente actitud de autoevaluación para la eliminación de trámites y requisitos innecesarios, junto con la simplificación de los que permanezcan, como mecanismo que –aunado a la supresión de otros obstáculos al comercio- servirá para promover la libre competencia y la apertura económica.

Artículo 4º.- Regulaciones aceptables a la actividad económica. Se consideran como únicas regulaciones aceptables a la actividad económica las que sean necesarias para proteger la seguridad nacional, para la prevención de prácticas que puedan inducir a error, la protección de la salud o la seguridad humanas, de la vida o la salud animal o vegetal, o del medio ambiente.

También se consideran aceptables las regulaciones relativas a la promoción de la competencia, destinadas a prevenir las prácticas monopólicas y oligopólicas, según las defina la Ley, y las relativas al cumplimiento de estándares de calidad adoptados oficialmente.

Artículo 5º.- Concordancia con leyes especiales y convenios internacionales. La revisión y eliminación de trámites y requisitos de regulación de las actividades económicas debe concordar con lo establecido en leyes especiales y convenios internacionales. Esto significa que no pueden ser objeto de eliminación por parte de la Administración Pública, los trámites y requisitos que se encuentren expresamente previstos en leyes especiales y convenios internacionales, salvo por instrumentos de ese mismo rango.

Sin embargo, sí deben ser objeto de revisión y, en su caso, de eliminación. Los trámites y requisitos establecidos mediante reglamentos u otros actos administrativos, aunque se funden en disposiciones generales contenidas en leyes especiales y convenios internacionales.

Artículo 6º.- Alcances de la aplicación de estándares de calidad. No podrá restringirse la importación de bienes ni su comercialización en el mercado interno con base en la aplicación de estándares de calidad que no sean los incorporados en los reglamentos técnicos de carácter obligatorio relativos a salud, seguridad pública o medio ambiente, salvo cuando los bienes se presenten u ofrezcan al público haciendo uso de información falsa, o que no corresponda a la verdadera calidad del bien, en cuyo caso se procederá de inmediato a denunciar ante la CNC.

Artículo 7º.- Silencio positivo. Toda solicitud de inscripción, registro, autorización o aprobación presentada ante la Administración Pública, relacionada con el cumplimiento de trámites y requisitos necesarios para el acceso de bienes al mercado nacional o con regulaciones al comercio, debe ser resuelta por el órgano o ente correspondiente de la Administración Pública dentro de los ocho días hábiles. Dicho plazo se contará a partir de la presentación de la solicitud completa en cuanto al cumplimiento de sus formalidades esenciales, entendidas éstas como aquellas cuyo defecto u omisión sería causa de nulidad absoluta.

Transcurrido el plazo sin que haya recaído resolución expresa, la gestión se entenderá aprobada. Para ejercitar los derechos que corresponda, bastará que el interesado exhiba la copia de su solicitud con una razón notarial que certifique que la misma fue presentada en forma completa y que la Administración no la resolvió en tiempo. Las oficinas públicas no podrán rechazar o desconocer la validez legal del derecho así acreditado.

Si la aprobación tácita a que se refiere este artículo implicara vicios de nulidad relativa o absoluta, se deberá proceder conforme a lo dispuesto en la Ley General de la Administración Pública.

Cuando los trámites, los requisitos o las regulaciones sean autorizados mediante silencio administrativo positivo, corresponderá a la CPC, como Comisión encargada de velar por el proceso de desregulación, ejercer las facultades previstas en el párrafo final del artículo 3 de la Ley.

Artículo 8º.- Determinación del carácter esencial de requisitos y trámites. Con el fin de determinar las características de los requisitos y los trámites que deberán mantenerse en virtud de ser esenciales, la CPC establecerá categorías de regulaciones en función de la materia a la que se refieran (salud humana, animal, vegetal, seguridad nacional, protección del ambiente y prevención de prácticas que induzcan en error al consumidor).

Sobre cada categoría de regulaciones dará audiencia a los órganos o entes de la Administración Pública que tengan competencia reguladora en la materia y a los interesados, para que se manifiesten sobre las regulaciones vigentes y los trámites y requisitos que consideran esenciales. El plazo de esta audiencia será no menor a diez días hábiles y no mayor a dos meses.

Una vez analizada la información recibida, la CPC remitirá un informe en cada caso al Poder Ejecutivo, recomendando la eliminación de aquellos trámites que a su criterio no sean esenciales. Este informe podrá ser parte del dictamen que elabore la CPC sobre los análisis costo beneficio que realicen los órganos y entes reguladores conforme a la Ley, o bien podrá rendirse en cualquier otro momento.

Artículo 9º.- Remisión periódica de información de los entes y órganos de la Administración Pública a la CPC. Para efectos de que la CPC pueda ejercer su función de velar porque los trámites y requisitos de regulación al comercio cumplan con las exigencias anteriores, todos los entes y órganos de la Administración Pública deberán remitirle en forma semestral un informe con todas las regulaciones que hayan emitido durante el semestre y aquellas que se encuentren en proceso de elaboración.

Artículo 10.- Criterios y formato de los análisis costo beneficio. La CPC definirá los criterios en los cuales deben basarse los análisis costo-beneficio a que se refiere el párrafo primero del artículo 4 de la Ley, así como el formato al que deben ajustarse. Lo anterior será comunicado por la CPC a todos los entes y órganos de la Administración Pública responsables de elaborar esos análisis. La comunicación se hará al menos tres meses antes del vencimiento del plazo de un año contemplado en el transitorio I de la Ley.

Artículo 11.- Inscripción y registro de productos farmacéuticos, medicinales, alimenticios, agroquímicos y veterinarios. Independientemente de los análisis costo beneficio a que se refiere la Ley, la CPC podrá solicitar en cualquier momento a los órganos y entes de la Administración Pública involucrados en la inscripción o registro de laboratorios o productos farmacéuticos, medicinales, alimenticios, agroquímicos y veterinarios, un informe técnico sobre la procedencia de mantener regulaciones en esas áreas.

Con base en estos informes, la CPC analizará la conveniencia de modificar, simplificar o eliminar cualquier trámite o requisito de inscripción o registro y lo comunicará al Poder Ejecutivo para los efectos pertinentes.

Los informes técnicos que remitan los órganos o entes de la Administración Pública a la CPC no son vinculantes para ésta. Asimismo, la CPC podrá emitir su recomendación al Poder Ejecutivo con base en los elementos técnicos de que disponga y criterios de conveniencia y razonabilidad, en caso de que un informe no le sea remitido dentro del mes siguiente a la fecha en que haya sido formalmente solicitado al órgano o ente respectivo.

Al solicitar los informes técnicos a los órganos o entes de la Administración Pública, la CPC también solicitará el criterio de las entidades representativas de intereses de carácter general o corporativo afectados por la revisión de los trámites y requisitos de inscripción y registro. El plazo será igual al indicado en el párrafo anterior.

Sección Segunda.
Regulación de precios en situaciones de excepción

Artículo 12.- Casos en que procede la regulación de los precios de bienes y servicios. Para lograr el objetivo de un ordenado crecimiento económico, la Administración deberá recurrir, de modo primario, a la aplicación de las medidas de apertura y promoción de la competencia previstas en la Ley, su reglamento y los demás instrumentos legales a su alcance.

Por tanto, la regulación temporal de los precios de bienes y servicios por parte de la Administración Pública se ejercerá preferentemente como mecanismo de última instancia y únicamente en casos de excepción, entendidos éstos como:

a) La existencia de condiciones anormales de mercado incluyendo entre éstas circunstancias de fuerza mayor, desabastecimiento o abuso comprobado en los márgenes de comercialización, O,

b) La existencia de condiciones monopólicas u oligopólicas en la producción o venta de bienes y servicios.

No puede aplicarse la regulación de precios cuando un producto o servicio es vendido o prestado por la Administración Pública, en concurrencia con particulares, en virtud de funciones de estabilización de precios que expresamente se señalen en la ley.

Artículo 13.- Vigencia de las regulaciones. La regulaciones se mantendrán mientras subsistan las condiciones de excepción, determinadas mediante el estudio a que se refieren los artículos siguientes. En todo caso, las regulaciones deben revisarse dentro de períodos no superiores a seis meses, o en cualquier momento a solicitud de los interesados. En este último caso, la solicitud deberá presentarse ante la Comisión para Promover la Competencia, la cual dará audiencia a la Administración Pública y a los interesados. La Comisión emitirá posteriormente una opinión y la hará llegar al jerarca de la Administración correspondiente.

Artículo 14.- Inicio de los procedimientos. La iniciación de procedimientos tendientes al establecimiento de una medida regulatoria de precios deberá ser dispuesta, en todos los casos, por el jerarca de la Administración cuya competencia legal incluya el establecimiento de regulaciones de precios, o mediante el órgano que él designe.

En el caso de la revisión o eliminación de las medidas, la iniciativa corresponderá a dicho jerarca o bien a la CPC.

Artículo 15.- Procedimiento para la regulación de precios en casos de fuerza mayor. Además de comprobar la existencia de la fuerza mayor, y salvo caso de urgencia, la regulación deberá estar precedida de un estudio técnico que, junto a los restantes elementos aplicables al caso, considere la existencia de barreras arancelarias o no arancelarias u otros obstáculos que limiten el abastecimiento en el mercado relevante, fijado conforme a los criterios establecidos en el artículo 14 de la Ley, y valore la posibilidad de removerlas para lograr la normalización del abastecimiento.

Artículo 16.- Procedimiento para la regulación de precios en casos de condiciones monopólicas u oligopólicas. De previo al establecimiento de la medida regulatoria, la Administración otorgará audiencia por diez días hábiles a los interesados, a fin de que suministren la información y aporten los datos que tengan a bien. Vencido el plazo, procederá a realizar un estudio que, junto con la determinación precisa del mercado relevante conforme a los criterios del artículo 14 de la Ley, tome en consideración aspectos tales como:

a) El poder sustancial de un agente económico en dicho mercado según los parámetros del artículo 15 de la Ley.

b) La elasticidad precio de la demanda del bien o servicio.

c) Que no existen barreras arancelarias u otros obstáculos a la entrada al mercado nacional de los bienes o servicios involucrados en la supuesta práctica monopólica u oligopólica, o que existen barreras no arancelarias erigidas por el (los) agente(s) económico(s) con poder sustancial en el mercado relevante, y valore la posibilidad de removerlas para lograr la normalización del abastecimiento.

Artículo 17.- Dictamen de la CPC y resolución. Una vez completado el estudio por parte del órgano técnico competente, éste lo remitirá al jerarca respectivo, quien determinará si en su criterio hay mérito o no para efectuar la fijación correspondiente. Si así fuera, solicitará a la CPC el dictamen a que se refiere el artículo 5 de la Ley; caso contrario, ordenará que se archive la gestión.

La CPC procederá a emitir opinión, en un plazo máximo de quince días hábiles, respecto al establecimiento o supresión de estas regulaciones la cual no tendrá carácter vinculante para la Administración. No obstante, en caso de que el jerarca de la Administración decida apartarse de la opinión de la CPC, deberá hacerlo mediante resolución debidamente fundada.

El dictamen de la CPC tendrá por objeto exclusivo señalar si existen o no las circunstancias que justifican el establecimiento o eliminación de la medida regulatoria, conforme al artículo 12 de este reglamento. La CPC no se pronunciará en torno al monto de los precios o márgenes de utilidad bruta que queda aplicar, pero sí deberá revisar los parámetros del estudio técnico a que se refieren los numerales 15 y 16 anteriores, pronunciándose negativamente hacia la medida regulatoria en caso de que no logre comprobar su fundamento.

No se requerirá del criterio de la CPC para los ajustes puramente cuantitativos en la regulación, los cuales se efectuarán por el mismo órgano que dispuso la medida original.

Artículo 18.- Bienes y servicios de la canasta básica. La regulación y control de los bienes y servicios que componen la canasta básica a que se refiere el inciso e) del artículo 30 de la Ley, se ejercerá mediante: a) el monitoreo y seguimiento periódico por parte del MEIC de los precios de dichos bienes y servicios en el mercado, b) reuniones o conversaciones con los agentes económicos involucrados en caso de que se determinen variaciones de precios anormales o comportamientos irregulares en los precios, a fin de determinar cuáles son las razones o justificaciones para ello, c) análisis y estudios de los mercados.

En caso de que se considere necesario regular los precios de bienes y servicios incluidos en la canasta básica, debido a que se presentan aumentos desproporcionados e injustificados que no reflejen la realidad de los factores económicos y siempre que no se haya podido obtener resultados satisfactorios con base en lo indicado en el párrafo anterior, tal regulación estará sujeta a las condiciones y al procedimiento previstos en la Ley y este Reglamento. En todo caso, el MEIC podrá, en cualquier momento, brindar información y educación al consumidor que le permita mejorar su capacidad para conocer y escoger lo que más le conviene, incluyendo cuadros comparativos de precios que se ofrecen en el mercado, como instrumento también para el control de los precios de los bienes y servicios de la canasta básica.

Artículo 19.- Precio mínimo de salida del banano para la exportación. No es aplicable el procedimiento previsto en el párrafo tercero del artículo 5 de la Ley a la regulación y fijación del precio mínimo de salida del banano para la exportación. Dicho precio se fijará conforme a la normativa legal y reglamentaria aplicable a esa materia.

Artículo 20.- Niveles de la regulación de precios. La regulación de precios puede realizarse en cada uno de los niveles de producción y comercialización, dependiendo del nivel en el cual se determine la existencia de las situaciones de excepción indicadas en el artículo 12.

Artículo 21.- Criterios para la regulación de precios mediante modelos de costos o precios fijos a bienes de producción nacional. En los modelos de costos o fijación de precios de bienes de producción nacional, serán considerados, los siguientes costos, según corresponda:

a) Costos directamente relacionados con la producción: materia prima nacional o importada, materiales de empaque incluyendo etiquetas, envases de todo tipo, excepto aquellos sobre los cuales se deja depósito, mano de obra incluyendo cargas sociales, energía eléctrica, agua, combustibles para plantas energéticas, lubricantes, reparación y mantenimiento de maquinaria y equipo de producción, depreciación de activos, seguros de incendio, gastos de laboratorio para control de calidad, alquileres sobre edificios y maquinaria de producción, impuestos territoriales y municipales.

b) Otros costos: gastos de administración, gastos financieros, gastos de mercadeo y publicidad razonables y gastos de distribución.

Tratándose de materias primas importadas, si hubiere duda en cuanto a su precio real se tomarán como referencia los precios internacionales.

Asimismo, deberán tomarse en cuenta las variaciones que incidan en el precio de venta, provenientes de cambios en los impuestos que recaigan sobre la producción, distribución y consumo de los bienes.

Cuando los costos antes señalados no estén estrictamente relacionados con la producción del bien o servicio de que se trate, la Administración Pública podrá rechazarlos total o parcialmente.

Artículo 22.- Criterios para la determinación del porcentaje máximo de utilidad bruta. Para fijar porcentajes máximos de utilidad bruta se tomarán en cuenta los siguientes aspectos en relación con el bien de que se trate:

a) El bien o los bienes en sí, su naturaleza, necesidad, duración, destino y rotación de inventarios.

b) El mercadeo, canales de distribución y áreas de distribución.

c) El consumidor propiamente dicho; niveles socioeconómicos y consumo generalizado del bien.

d) El tipo de mercado de producción o comercialización de los bienes.

Artículo 23.- Criterios para calcular el costo de los bienes importados para efectos de la verificación del cumplimiento de márgenes máximos de utilidad bruta. En los bienes importados, serán considerados, los siguientes costos, según corresponda:

a) Valor CIF/aduana de destino. El importador deberá desglosar los valores que corresponden a cada uno de sus componentes (valor FOB, seguro, flete).

b) Impuestos a la importación y demás impuestos aplicables.

c) Gastos de la agencia aduanal, incluyendo servicio de desalmacenaje, confección de póliza, timbres, movilización, localización, registro de composición de bultos, acarreos, despacho o nacionalización y comisión, bodegajes y gastos de almacén fiscal por un período máximo de 45 días.

d) Acarreo de aduana a bodega del importador, carga y descarga, de conformidad al precio del mercado, a excepción del mismo sea incluido en los gastos de agencia aduanal, o bien implícito en el valor CIF de la factura.

e) Comisiones y gastos bancarios por la apertura de carta de crédito u otros documentos utilizados como contratación de pago y gastos de cobranza, según lo especificado por el banco.

f) Gastos de etiquetado, timbre de colegios profesionales, si estos no han sido incorporados en la misma póliza.

g) Dos meses de financiamiento a la tasa de interés activa, promedio interbancario. Que se determinará del promedio cobrado, a la fecha de la aceptación de la póliza por los bancos estatales para la actividad; y se aplicará al precio CIF de la mercadería valuada al tipo de cambio de la misma fecha.

Para la conversión a moneda nacional del valor CIF de la mercadería importada se utilizará el tipo de cambio interbancario vigente a la fecha del pago de la obligación, cuando la compra es al contado; y cuando sea al crédito se aceptará una proyección a 90 días máximo, utilizando el promedio de devaluaciones de los 90 días anteriores a la aceptación de la póliza.

El plazo de proyección para el tipo de cambio a aplicar, estará limitado por el que sea menor entre el plazo que se estipule en las condiciones de crédito y la combinación de los plazos de recuperación del crédito por ventas y de rotación de inventarios.

Sección Tercera.
Otras disposiciones

Artículo 24.- Alcances de la eliminación de restricciones no arancelarias a las importaciones y exportaciones. La eliminación de las restricciones no arancelarias a las importaciones y exportaciones de productos, a que se refiere el párrafo segundo del artículo 6 de la Ley, se entiende referida a toda licencia o permiso establecido por ley o reglamento. Se exceptúan los permisos previstos en las regulaciones que se mantengan por ser esenciales para la protección de la seguridad nacional, para la prevención de prácticas que puedan inducir a error, la protección de la salud o la seguridad humanas, de la vida o la salud animal o vegetal, o del medio ambiente. Igualmente, se exceptúan los expresamente previstos en leyes especiales o convenios internacionales, en particular todos aquellos permisos, licencias o contingentes contemplados en los Acuerdos de la Ronda Uruguay de Negociaciones Comerciales Multilaterales y en la Ley de Ejecución de los Acuerdos de la Ronda Uruguay de Negociaciones Comerciales Multilaterales, Nº 7473 de 19 de diciembre de 1994.

En este mismo sentido, las normas administrativas sobre etiquetado de productos importados deberán estructurarse y aplicarse de modo que no puedan llegar a convertirse en una barrera no arancelaria, ya sea por su excesiva complejidad, porque otorguen atribuciones de interpretación discrecional a la Administración u otro motivo semejante. La CPC tendrá competencia para examinar y solicitar la revisión de estas normas cuando, en su criterio, violen lo dispuesto en este artículo, tanto de oficio como a petición de parte interesada.

Artículo 25.- Establecimiento de registros por parte de las cámaras y asociaciones privadas. Las cámaras y asociaciones privadas pueden establecer registros de conformidad con sus normas estatutarias y el régimen jurídico privado que les es aplicable.

A los registros que se establezcan con base en el artículo 6 de la Ley se aplicarán los siguientes principios generales:

a) Sus efectos estarán limitados a los asociados a la respectiva cámara o asociación privada, es decir, los registros no tendrán efectos sobre terceros ajenos a la organización, salvo que voluntariamente se acojan.

b) No podrán basarse en regulaciones discriminatorias.

c) No podrán emitirse regulaciones que constituyan violaciones a las normas sobre competencia y defensa efectiva del consumidor contempladas en la Ley.

d) En ningún caso este tipo de regulaciones podrán constituir, directa o indirectamente, restricciones a la entrada de agentes económicos, afiliados o no afiliados a la respectiva cámara o asociación, al mercado de bienes o servicios de que se trate.

Artículo 26.- Dispensa de profesionales o técnicos. Cualquier persona con interés legítimo y directo podrá solicitar a la CPC que se dispense, total o parcialmente, la participación de profesionales y técnicos en los trámites o los procedimientos para el acceso de bienes al mercado nacional y en otras regulaciones al comercio.

La CPC podrá acordar la dispensa, previa audiencia por diez días al órgano o ente de la Administración Pública que tenga competencia reguladora en el asunto.

No procede dispensar la participación de profesionales y técnicos cuando ésta sea exigida por regulaciones que se hayan mantenido después de los análisis costo beneficio correspondientes, por ser requisitos esenciales en los términos de la Ley y este Reglamento.

Artículo 27.- Acreditamiento. Para el acreditamiento de personas físicas o jurídicas, públicas o privadas, como organismos de certificación y laboratorios de prueba y ensayo o verificación de mercado, se estará a lo dispuesto en los decretos ejecutivos vigentes, emitidos por la Administración correspondiente según la materia de que se trate.

No obstante, dichos decretos ejecutivos deberán ser sometidos al análisis costo beneficio y a revisión según las normas contenidas en la Ley y este Reglamento.

CAPITULO III.
Promoción de la Competencia

Sección Primera.
Disposiciones Generales

Artículo 28.- Principio General. Se prohíben los monopolios públicos o privados, así como las prácticas que impidan o limiten la competencia, impidiendo el acceso de competidores al mercado o promoviendo su salida. La Administración Pública debe proteger el ejercicio de la libertad de empresa y promover la libre competencia.

Artículo 29.- Excepciones al principio general. La únicas excepciones al principio general contenido en el artículo anterior son las siguientes:

a) Servicios públicos sujetos a concesión, regulados por ley especial.

b) Los monopolios del Estado creados por ley especial, mientras subsistan, para celebrar las actividades expresamente autorizadas en dichas leyes, en áreas tales como seguros, depósitos bancarios en cuenta corriente o a la vista, fabricación de alcohol etílico para consumo humano y su comercialización para consumo interno, refinación de petróleo y distribución de combustibles, servicios telefónicos, de telecomunicaciones, de distribución eléctrica y de agua.

Sección Segunda.
Procedimientos ante la Comisión para Promover la Competencia

Artículo 30.- Inicio de los procedimientos. Los procedimientos ante la CPC, que puedan resultar en la imposición de alguna de las sanciones previstas en el artículo 25 de la Ley, se iniciarán por denuncia o de oficio.

La denuncia deberá ser presentada ante la Unidad Técnica de la CPC. Si fuere presentada en otra dependencia del MEIC, el funcionario que la reciba deberá remitirla sin demora a la citada Unidad Técnica.

Los procedimientos se iniciarán de oficio mediante acuerdo de la CPC, debidamente fundamentado.

Artículo 31.- Responsabilidad del denunciante. La responsabilidad del denunciante, en caso de denuncia calumniosa, se regirá por lo previsto en la legislación penal correspondiente.

Artículo 32.- Requisitos. La denuncia ante la CPC deberá constar por escrito, en idioma español y ser firmada por el interesado u otra persona a su ruego. El denunciante también podrá presentarse directamente –ante la CPC o cualquier otra dependencia del MEIC. En este caso, el funcionario correspondiente levantará acta de la denuncia, que suscribirá el interesado, y la remitirá de inmediato a la Unidad Técnica de la CPC.

Artículo 33.- Casos de infracción al artículo 64 de la Ley. En los casos de infracción al artículo 64 de la Ley, que sean competencia de la CPC, se procederá en la misma forma prevista respecto a la CNC en el artículo 48 de este Reglamento.

Artículo 34.- Calificación de admisibilidad. Recibida una denuncia, la Unidad Técnica deberá preparar un informe preliminar para la CPC, incluyendo un análisis de aspectos tales como la legitimación del denunciante, la observancia de los requisitos mínimos previstos en la LGAP y los elementos probatorios existentes.

La Unidad Técnica deberá poner en conocimiento de la CPC la denuncia en la sesión inmediata siguiente a la fecha de presentación de la misma. En dicha sesión la Unidad Técnica presentará el informe preliminar a que se refiere el párrafo anterior, salvo que requiera más tiempo para prepararlo, caso en el cual la CPC podrá acordarlo así.

Al conocer la denuncia, o en cualquier momento antes del acto formal de inicio del procedimiento, la CPC podrá acordar el rechazo de plano de la denuncia, en los supuestos previstos en la LGAP.

Artículo 35.- Inicio del procedimiento. Con base en el informe preliminar presentado por la Unidad Técnica, la CPC, si estimare que hay mérito suficiente y cuando la resolución final pueda resultar en la imposición de alguna de las sanciones previstas en el artículo 25 de la Ley, acordará el inicio formal del procedimiento administrativo.

Si no se diese alguna de las circunstancias indicadas en el párrafo anterior, la CPC acordará el rechazo de la denuncia y el archivo del expediente o, en su caso, la remisión del asunto a la vía que corresponda.

Artículo 36.- Notificaciones por telefacsímil. Las notificaciones del procedimiento podrán enviarse por vía de telefacsímil (fax) a las partes que así lo hayan solicitado expresamente. En estos casos, valdrá como prueba de la notificación la constancia del funcionario encargado de la Unidad Técnica de que envió la notificación. En todos los casos el funcionario encargado deberá corroborar que la notificación fue recibida en forma completa, por la vía telefónica, e incluirá en la constancia el nombre de la persona que haya confirmado la recepción.

Para efectos de lo dispuesto en el párrafo anterior, las partes que soliciten que se les envíen notificaciones por vía de facsímil deberán indicar expresamente tanto el número de facsímil como el número de teléfono y el nombre de la o las personas responsables de confirmar la recepción.

Artículo 37.- Información confidencial. Durante toda la tramitación, el acceso a los expedientes se regulará por lo dispuesto en los numerales 272 a 274 de la LGAP.

La Unidad Técnica de la CPC, como órgano director de los procedimientos, deberá determinar cuál información de la aportada por las partes tiene carácter confidencial, ya sea de oficio o a petición de la parte interesada. La información determinada como confidencial deberá conservarse en legajo separado y a ella sólo tendrán acceso los representantes o personas debidamente autorizadas de la parte que aportó la información.

La Unidad Técnica podrá requerir a la parte que suministró información confidencial, que presente un resumen no confidencial de la misma, el cual pasará a formar parte del expediente.

Nota del compilador: Ver la nota al artículo 67 de la Ley de Promoción de la Competencia y Defensa Efectiva del Consumidor.

Artículo 38.- Resolución final. Una vez cumplidos los trámites procedimentales previstos en este Reglamento y en la LGAP, incluyendo la celebración de la o las comparecencias correspondientes, la Unidad Técnica trasladará el caso a conocimiento de la CPC con su recomendación, para que ésta última proceda a dictar la resolución final.

La Unidad Técnica deberá observar en todo momento los plazos establecidos en la LGAP para el procedimiento administrativo.

Artículo 39.- Contenido de la resolución final. La resolución final podrá imponer la o las sanciones que corresponda según el artículo 25 de la Ley, cuando se haya demostrado fehacientemente en el procedimiento la existencia de prácticas monopólicas absolutas, prácticas monopólicas relativas o concentraciones, en la forma dispuesta en la Ley.

Tratándose de los actos de competencia desleal a que se refiere el artículo 17 de la Ley, se remitirá a las partes a la vía correspondiente.

CAPITULO IV.
Defensa efectiva del consumidor

Sección Primera.
Derechos del consumidor

Artículo 40.- Carácter compulsivo. Los consumidores son beneficiarios de las normas de este capítulo, cuyas disposiciones son irrenunciables por las partes y de aplicación sobre cualesquiera costumbres, prácticas, usos o estipulaciones contractuales en contrario, especiales o generales. Los productores, proveedores de servicios y los comerciantes, tanto del sector público como del privado, quedan obligados a cumplirlas.

Para estos efectos, el término "cliente" y todas sus expresiones equivalentes, empleadas en cualquier rama comercial, técnica o profesional, se considerará equivalente a "consumidor" en cuanto califique como tal conforme a la definición dada para el mismo en este reglamento.

Artículo 41.- Derechos del consumidor. Sin perjuicio de lo establecido en tratados, convenciones internacionales de las que Costa Rica sea parte, legislación interna ordinaria, reglamentos, principios generales de derecho, los usos y costumbres complementarios, son derechos fundamentales e irrenunciables del consumidor, los siguientes:

La protección contra los riesgos que puedan afectar su salud, su seguridad y el medio ambiente.

La protección de sus legítimos intereses económicos y sociales.

El acceso a una información, veraz y oportuna, sobre los diferentes bienes y servicios, con especificación correcta de cantidad, características, composición, calidad y precio.

La educación y la divulgación sobre el consumo adecuado de bienes o servicios, que aseguren la libertad de escogencia y la igualdad en la contratación.

La protección administrativa y judicial contra la publicidad engañosa o abusiva, las prácticas y las cláusulas abusivas, así como los métodos comerciales desleales o que restrinjan la libre elección.

Mecanismos efectivos de acceso para la tutela administrativa y judicial de sus derechos e intereses legítimos, que conduzcan a prevenir adecuadamente, sancionar y reparar con prontitud la lesión de estos, según corresponda.

Recibir el apoyo del Estado para formar grupos y organizaciones de consumidores y la oportunidad de que sus opiniones sean escuchadas en los procesos de decisión que les afecten.

Artículo 42.- Régimen de responsabilidad. El productor, el proveedor de bienes o servicios y el comerciante deben responder concurrente e independientemente de la existencia de culpa, si el consumidor resulta perjudicado por razón del bien o el servicio, de informaciones inadecuadas o insuficientes sobre ellos o de su utilización y riesgos.

Sólo se libera quien demuestre que ha sido ajeno al daño.

Los representantes legales de los establecimientos mercantiles o, en su caso, los encargados del negocio son responsables por los actos o los hechos propios o por los de sus dependientes o auxiliares. Los técnicos, los encargados de la elaboración y el control responden solidariamente, cuando así corresponda, por las violaciones a la Ley en perjuicio del consumidor.

Artículo 43.- Deber de brindar información real al consumidor. Es obligación del comerciante informar, clara, veraz y suficientemente, al consumidor, de todos los elementos que incidan directamente en su decisión de consumo, conforme a las disposiciones siguientes. Todos los datos e informaciones al consumidor mencionados en esta norma, deberán estar expresados en idioma español y mediante una tipografía claramente legible, en cuanto a forma y tamaño.

a) Etiquetado. En aplicación de las normas de etiquetado contenidas en la Ley, este Reglamento y las demás que promulgue el MEIC, se debe informar sobre la naturaleza, la composición, el contenido, el peso cuando corresponda, las características de los bienes y servicios; así como cualquier otro dato determinante.

En la formulación de las normas administrativas obligatorias sobre etiquetado, se procurará exigir únicamente los elementos razonables mínimos para cumplir adecuadamente con el deber de información veraz al consumidor.

b) Precios. En el caso de los bienes, deberá indicarse el precio al contado al menos en el empaque, el recipiente, el envase o la etiqueta del producto, la góndola o el anaquel del establecimiento. Los servicios comerciales deben exhibir sus precios de manera llamativa y fácilmente visibles, mediante listas, carteles, meñúes u otros. Los precios de los bienes y servicios deberán estar indicados de manera que no quede duda del monto final incluyendo todos impuestos cuando correspondan.

En cuanto a la venta con entrega a domicilio y a la prestación de servicios técnicos o profesionales se deberá informar al cliente o consumidor sobre su costo exacto y completo, antes de formalizar la contratación. En cuanto a los servicios técnicos, deberá entregarse una cotización o presupuesto por escrito a solicitud del consumidor.

(Inciso inicialmente modificado por el artículo 1° del Decreto Ejecutivo N° 26962 de 1° de abril de 1998, posteriormente modificado por el artículo 1° del Decreto Ejecutivo N° 30266-MEIC de 28 de febrero de 2002. El texto vigente es el de la modificación hecha por el artículo 4° del del Decreto Ejecutivo N° 31700-MEIC de 16 de marzo de 2004)

c) Venta de bienes y prestación de servicios al crédito. Cuando el producto que se vende se pague al crédito, debe indicarse siempre, en forma claramente visible, ya sea adherido al mismo, por lo menos los datos siguientes:

- El precio de contado.
- El plazo, expresado en meses.
- La tasa de interés anual sobre saldos deudores, expresada en forma porcentual.
- Las comisiones.
- El monto del pago inicial (prima), de haberlo.
- El monto total a pagar al cabo del plazo, y
- La persona física o jurídica que brinda el financiamiento, si es un tercero.

En la publicidad de dichos bienes, deberá indicarse al menos el precio de contado, el plazo expresado en meses, la tasa de interés anual sobre saldos deudores expresada en porcentaje y el monto total a pagar.

Cuando se trate de prestación de servicios, se debe informar ampliamente al cliente acerca de las condiciones del crédito, de previo a la contratación. Una vez concertada ésta, se le deberá entregar constancia escrita, bien sea mediante copia del contrato o –al menos- mediante indicación clara de los términos del crédito en la factura o comprobante.

En ambos casos (venta de bienes o prestación de servicios), de todos los pagos deberá entregarse recibo al cliente o consumidor, informándole del estado de su obligación, particularmente en cuanto al saldo adeudado a la fecha, a la aplicación de los abonos (esto es, las sumas que correspondan a amortización al capital, intereses y demás extremos) y, cuando corresponda, a la fecha y lugar del siguiente pago. Cuando el acreedor insista en el pago de intereses sobre el precio total y no sobre saldos deudores, el deudor queda facultado para consignar judicialmente, sin la formalidad de la oferta real de pago, el monto de lo adeudado a la cuota correspondiente. Las costas de la consignación correrán a cargo del acreedor.

En el caso de cancelación anticipada, el deudor tendrá derecho a una reducción proporcional en el monto a pagar por concepto de intereses.

d) Rectitud en la publicidad y sus efectos. Todos los comerciantes y proveedores de bienes o servicios deben ofrecer, promocionar o publicitar sus bienes y servicios de acuerdo con la naturaleza de ellos, sus características, condiciones, contenido, peso cuando corresponda, utilidad o finalidad, de modo que no induzca a error, abuso o engaño al consumidor. No puede omitirse ninguna información, si de ello puede derivarse daño o peligro para la salud o la seguridad del consumidor.

Toda promoción u oferta especial debe indicar el precio anterior del bien o el servicio, el nuevo precio o el beneficio que de aprovecharlas, obtendría el consumidor y cualquier limitación o restricción que implique la oferta.

Toda información, publicidad u oferta al público de bienes ofrecidos o servicios por prestar, transmitida por cualquier medio o forma de comunicación, vincula al comerciante que la utiliza o la ordena y forma parte del contrato. No obstante, deben prevalecer las cláusulas estipuladas en los contratos, si son más beneficiosas para el consumidor que el contenido de la oferta, la promoción o la publicidad de los bienes y servicios. Si la promoción u oferta está sujeta a limitaciones o restricciones de cualquier índole, así se deberá indicar en la publicidad.

Al productor o al comerciante que, en la oferta, la promoción, la publicidad o la información, incumpla con las exigencias previstas en este artículo o en el numeral 34 de la Ley, deberá ser obligado por la CNC a rectificar la publicidad, costearla y divulgar la información veraz u omitida, por el mismo medio y forma antes empleados.

e) **Instrucciones y advertencias sobre riesgos.** En la venta o arrendamiento comercial de bienes, el comerciante o proveedor debe suministrar a los consumidores las instrucciones para utilizar adecuadamente los artículos, e informarles sobre los riesgos que entrañe el uso al que se destinan o el normalmente previsible para su salud, su seguridad y el ambiente. Tales instrucciones y advertencias deben ir adjuntas o adheridas al artículo y estar escritas en idioma español.

Tratándose de la prestación de servicios comerciales, se deberá informar al consumidor, de previo a la contratación, si de los mismos puede derivar o no un riesgo previsible para su salud, patrimonio, seguridad o para el ambiente. Se podrá brindar esta información verbalmente y mediante avisos colocados en el establecimiento u otro medio escrito.

f) **Advertencia acerca de partes o repuestos usados.** Cuando se vendan u ofrezcan por cualquier medio publicitario productos defectuosos y usados o reconstruidos, el comerciante debe indicar tales condiciones al consumidor. Antes de la compra y de manera precisa y clara. Es obligatorio informar al consumidor, también de previo a la compra, si las partes de los artículos vendidos, o los repuestos utilizados en reparaciones, son usados. Tal advertencia deberá aparecer además en la factura original o comprobante que se entregará al cliente. Si no existe advertencia sobre el particular, los bienes se considerarán nuevos y en perfecto estado.

Cuando en un mismo establecimiento se vendan artículos nuevos, usados o reconstruidos, se deberá mantener a los últimos en un lugar separado de los primeros, claramente identificados de modo que no exista confusión. Esta circunstancia servirá como advertencia suficiente previa a la compra.

Si se venden bienes usados y reconstruidos el comerciante deberá exponer al menos dos rótulos en español, con letra por lo menos de 20 cm de alto, en forma visible al público consumidor, indicando que los bienes que venden son usados o reconstruidos. En su defecto, cada artículo deberá tener una colilla o una pegatina con letras de no menos de 2 cm de alto indicando que el bien es usado o reconstruido.

g) **Inexistencia de servicios de reparación o repuestos.** Es obligatorio informar al consumidor, de previo a la compra, cuando no existan en el país servicios técnicos de reparación o repuestos para un bien determinado. Dicha obligación existirá sólo cuando se trate de servicios especializados de reparación o repuestos que no sean suplidos de manera genérica por el mercado.

Esta advertencia deberá aparecer también en la factura original o comprobante que se entregará al cliente.

Todos los datos e informaciones al consumidor mencionadas en este artículo, deben estar expresados en idioma español y mediante una tipografía claramente legible en cuanto a forma y tamaño.

Artículo 44.- Deberes de los comerciantes. Además de las restantes obligaciones y prohibiciones contenidas en la Ley o en este reglamento, los comerciantes, productores y – en cuanto resulte aplicable- los proveedores de servicios, tendrán las siguientes:

a) Respetar en su integridad las condiciones de la contratación, o reparar los daños y perjuicios en caso contrario, los cuales serán reclamados por la vía correspondiente.

b) Todo bien o servicio que se venda o preste debe estar implícitamente garantizado como mínimo por treinta días hábiles. El bien o el servicio suministrado al consumidor tendrá una garantía implícita que se refiera a la naturaleza, características, condiciones, calidad y utilidad o finalidad previsible para el cual normalmente es adquirido.

El comerciante o proveedor podría limitar esta obligación si es que informa previamente que vende el bien o se presta el servicio al consumidor en condiciones distintas a las que se derivan de la garantía implícita. En este supuesto, responderá en los términos ofrecidos expresamente, siempre y cuando dichos términos y condiciones hayan sido conocidas por el consumidor. Corresponde al comerciante o proveedor demostrar la limitación a la garantía implícita del bien o servicio ofrecido o vendido.

En bienes muebles duraderos, tales como, equipos, aparatos, maquinaria, vehículos y herramientas o de servicios de reparación, montaje o reconstrucción de tales bienes, la garantía debe constar por escrito. Esta debe constar en la etiqueta, en documento separado o en la factura que se le debe entregar al consumidor en el momento de venderle el bien o de prestarle el servicio.

El documento de garantía previsto en el párrafo anterior, deberá contener y comprender, además de lo indicado en la garantía implícita señalada en el inciso b) de este artículo, como mínimo lo siguiente:

1. **Alcance**. Se debe identificar claramente el alcance territorial, el objeto sobre el que recaiga la garantía y detallar claramente los derechos del titular de la misma. La garantía siempre acompañará al bien o servicio mientras permanezca vigente, independientemente de que el titular o propietario del bien o servicio varíe.

2. **Duración**. Se debe establecer un plazo de duración de la garantía, el cual, nunca podrá ser inferior a lo establecido en el artículo primero del inciso b) del presente artículo salvo norma especial en contrario que amplíe este plazo. Si se establece un plazo mayor, este prevalece en beneficio del consumidor.

3. **Condiciones**. Se debe detallar en forma clara y precisa todas las condiciones o limitaciones de la garantía, pero no se puede prescribir condiciones o limitaciones que reduzcan o pretendan desnaturalizar los derechos que legalmente le corresponden al consumidor de conformidad con el artículo 40 de

la Ley de Promoción de la Competencia y Defensa Efectiva del Consumidor y su reglamento.

4. **Personas físicas o jurídicas que las extienden y son responsables**. Se debe identificar claramente la persona y dirección del responsable de hacer efectiva la garantía. El cumplimiento de la garantía es exigible, indistintamente, al productor y al importador del bien o servicio, así como al comerciante o proveedor, salvo en los casos en que alguno de ellos o algún tercero asuma por escrito la obligación. En este último supuesto, si el proveedor o comerciante entrega al consumidor el certificado de garantía a nombre de un tercero éste actúa por cuenta y en representación del tercero y la garantía se integrará como parte del contrato de adquisición del bien.

5. **Procedimiento para hacerla efectiva**. Se debe detallar en forma clara el procedimiento y lugar donde debe hacer efectiva el consumidor la garantía. De no establecerse lugar distinto el cumplimiento de la garantía deberá realizarse en el domicilio en que haya sido adquirido o contratado el bien o el servicio.

Durante el período de vigencia de la garantía, el titular de la misma tendrá derecho como mínimo, y según corresponda, a la:

1. Reparación totalmente gratuita de los vicios o defectos originarios. El tiempo que duren las reparaciones efectuadas al amparo de la garantía no es computable dentro del plazo de la misma ni del término para hacer valer su derecho ante la Comisión Nacional del Consumidor. Cuando el bien haya sido reparado se iniciará la garantía respecto de las piezas repuestas y continuará con relación al resto. La reparación deberá de realizarse en un tiempo razonable no mayor de treinta días a partir del recibo del artículo de conformidad con el inciso d) del artículo 44 del presente Reglamento.

2. Sustitución o reposición del objeto adquirido por otro de idénticas características. Al sustituirse o reponerse el bien se deberá renovar la garantía.

3. Devolución del precio pagado.

En los últimos dos casos el consumidor deberá restituir el bien que se le está sustituyendo con todos sus accesorios y sin más deterioro que el normalmente previsto por el uso o disfrute del mismo.

El comerciante o proveedor que ofrece un bien o servicio queda obligado jurídicamente no sólo a lo establecido en el contrato de garantía, sino también en la oferta, promoción o publicidad que realice de conformidad con el artículo 34 de la Ley de Promoción a la Competencia y Defensa Efectiva del Consumidor. La carga de la prueba referente a la entrega del documento de garantía, la idoneidad y conformidad del bien y servicio corresponde al comerciante o proveedor.

En caso de incumplimiento total o parcial a lo indicado en este artículo se considerará infracción al inciso l) del artículo 31 de la Ley de Promoción de la Competencia y Defensa Efectiva del Consumidor y se le imputará la sanción prevista en el inciso b) del artículo 54 de dicha Ley.

(Inciso modificado por el artículo 1° del Decreto Ejecutivo N° 30267 de 15 de marzo del 2002)

c) Abstenerse de acaparar, especular, condicionar la venta y discriminar el consumo.

d) Resolver el contrato bajo su responsabilidad, cuando tenga la obligación de reparar el bien y no la satisfaga en un tiempo razonable, no mayor de treinta días a partir del recibo del artículo.

e) Fijar plazos prudenciales para formular reclamos, de acuerdo con la naturaleza del bien o servicio. En todo caso el plazo no podrá ser inferior a diez días hábiles.

f) Establecer, en las ventas a plazos, garantías de pago proporcionales a las condiciones de la transacción.

g) Cumplir con lo dispuesto en los artículos 35, 36, 37, 38, 39, 40 y 41 de la Ley.

h) Cumplir con lo dispuesto en las normas de calidad y las reglamentaciones técnicas de acatamiento obligatorio.

i) Mantener en buenas condiciones de funcionamiento, debidamente calibradas y a la vista del consumidor, las pesas, las medidas, las registradoras, las básculas y los demás instrumentos de medición que utilicen en sus negocios, así como efectuar de inmediato, a requerimiento de los funcionarios del MEIC, la reposición o reparaciones de aquellos instrumentos que se encuentren en mal estado.

j) Extender la factura o el comprobante de compra, donde conste, en forma clara, la identificación de los bienes o servicios, así como el precio efectivamente cobrado. Igualmente se deberá indicar si se trata de bienes usados, reconstruidos o cualquier otra condición similar. En los casos de ventas masivas, se faculta al MEIC para autorizar el establecimiento de otros sistemas mediante los cuales se compruebe la compra.

Las facturas de las ventas a mayoristas deben consignar el nombre del vendedor y del comprador, sus respectivos números de cédula, de persona física o jurídica, así como la identificación de los productos o los servicios transados y la unidad de medida utilizada en la transacción. En todos los casos la factura debe indicar la dirección exacta y el teléfono del vendedor.

k) Apegarse a la equidad, los buenos usos mercantiles y a la ley, en su trato con los consumidores.

El MEIC velará por el cumplimiento de estos deberes. La transgresión de cualquiera de las obligaciones enumeradas en este artículo o el anterior, faculta al interesado o a las dependencias del MEIC para acudir a la CNC o a los órganos jurisdiccionales competentes, para hacer valer sus derechos, en los términos que señala el artículo 43 de la Ley.

Artículo 45.- Prohibiciones. Se prohíben todas las acciones orientadas a restringir la oferta (abastecimiento), la circulación o la distribución de bienes y servicios.

La CNC debe sancionar tales acciones sin perjuicio de las potestades que también tenga la Comisión para Promover la Competencia, de conformidad con el artículo 24, inciso d) de la Ley, para conocer y resolver sobre ellas en los casos siguientes:

a) Acaparamiento. Cuando se sustraigan, adquieran, almacenen, oculten o retengan bienes intermedios o finales, de uso o consumo interno, superiores a los necesarios para el giro normal de la actividad, con el fin de provocar escasez o alza en el precio, salvo que se trate de insumos requeridos para satisfacer necesidades propias de la empresa o que, por causa ajena al interesado, no se puedan transar, lo cual debe ser demostrado adecuadamente ante el AAC por el comerciante o proveedor.

b) Ventas atadas o condicionadas. Cuando se condicione el perfeccionamiento de una venta o la prestación de servicios a la adquisición de otro producto o a la contratación de otro servicio, a menos que así se haya ofrecido, públicamente y de manera inequívoca, a los consumidores.

c) Especulación. Cuando se ofrezcan o se vendan bienes o servicios, en los diversos niveles de la comercialización, a precios o con márgenes de utilidad bruta superiores a los regulados u ofrecidos de conformidad con los artículos 5, 31 inciso b), 34 y 38 de la Ley.

d) Discriminación al consumo. Cuando se niegue a proveer un producto o prestar un servicio, o cuando lo ofrezca o lo preste en forma irregular o dilatoria, salvo que medie justa causa, debidamente comprobada por el comerciante o el productor.

e) Otros supuestos. Cualquier otra forma de restricción o manipulación injustificada de la oferta de bienes y servicios.

(Sustituido el acrónimo "ACAC" por "AAC", según el artículo 3° del Decreto Ejecutivo N° 31700-MEIC de 16 de marzo de 2004).

Sección Segunda.
Ventas a domicilio y derecho de retracto

Artículo 47.- Domicilio del vendedor En esta modalidad de venta, la factura que se entregará al comprador deberá indicar el domicilio del vendedor o bien el lugar que éste tenga previsto para la devolución de mercaderías. A falta de dicha indicación, se entenderá como cualquiera de las oficinas o locales que mantenga abiertos al público, o incluso –en última instancia- el domicilio de su representante legal.

Artículo 48.- Plazo y modo de ejercicio del derecho de retracto. Dentro de los ocho días naturales siguientes al perfeccionamiento, el comprador podrá rescindir el contrato sin responsabilidad, bien manifestándolo al vendedor por escrito enviado a la dirección señalada, o presentándose personalmente en ese lugar (con el producto adquirido, si ya lo tuviera en su poder). Se tendrá por bien ejercido el derecho si demuestra que procedió en tiempo y forma, incluso si la manifestación no llegare al vendedor por haber señalado éste en la factura una dirección incierta, errónea o inexistente.

Artículo 49.- Venta de servicios. En la venta de servicios, el retracto sólo procederá en el tanto los mismos no se hubieren prestado efectivamente. Si fueron pactados a tractos, el retracto sólo alcanzará la parte no realizada antes del recibo del aviso de rescisión, debiendo el comprador pagar proporcionalmente por la parte recibida.

Artículo 50.- Obligaciones del comprador. Si el comprador ha recibido ya los efectos comprados, deberá devolverlos sin uso y en las mismas condiciones en que los adquirió, incluyendo sus empaques, accesorios y literatura adjunta.

En todos los casos, se deberá además regresar la factura original.

Artículo 51.- Obligaciones del vendedor. El comerciante o proveedor contará con plazo máximo de ocho días naturales para restituir al comprador todos los importes recibidos, menos lo que corresponda a cualesquiera menoscabos que haya sufrido la mercadería devuelta, incluyendo sus accesorios. Tendrá derecho a exigirle al comprador que extienda constancia de recibo por este concepto, sin la cual el retracto resultará ineficaz. En caso de no existir acuerdo, las partes podrán acudir a la CNC.

El plazo indicado en el párrafo anterior correrá desde el día siguiente a la recepción del aviso de rescisión, salvo que el comprador ya tenga en su poder las mercaderías, en cuyo caso correrá desde el día siguiente a su devolución.

Salvo que las partes acuerden otra cosa, el reintegro se realizará en el domicilio del vendedor (entendido conforme al artículo 47 anterior) y en dinero efectivo.

Artículo 52.- Recibo de los bienes y ratificación de la venta. Salvo caso de error o prueba en contrario, el recibo de los bienes por parte del comprador que ha dado aviso de rescisión hará presumir la definitiva ratificación del negocio, teniéndose a aquél por no puesto.

Artículo 53.- Excepciones al derecho de retracto. No habrá derecho al retracto:

a) Tratándose de bienes que, por su naturaleza, son consumibles, perecederos o que no puedan ser luego revendidos, una vez que hayan sido instalados, usados o sacados de su empaque.

b) Cuando los bienes objeto del contrato deban ser confeccionados o alistados sobre medida, o importados por encargo especial de acuerdo a las necesidades propias del comprador, si el vendedor demuestra que –al recibir el aviso de rescisión- ya había confeccionado o alistado los bienes, o enviado la orden de compra irrevocable al proveedor extranjero.

Si los bienes estuviesen en proceso de fabricación o alistado, o sólo se hubieren realizado estas labores en forma parcial, el comprador podrá ejercer el retracto pagando al vendedor el valor de lo hecho. Por su parte, si la orden de importación es revocable, el comprador deberá sufragar los gastos incurridos tanto en colocar como revocar el pedido.

Los comerciantes que vendan este tipo de bienes deberán advertir al consumidor la limitación para ejercer el derecho de retracto dentro del contrato en caso de existir o en otro documento.

Sección Tercera.
Ventas a plazo y prestación futura de servicios

Artículo 54.- Ventas a futuro. Se entiende por ventas a futuro para la aplicación de la Ley No.7472 y el presente Reglamento:

a) Las ventas de prestación futura de bienes inmuebles en general, tales como apartamentos y casas.

b) La prestación futura de servicios, tales como ventas de clubes de viaje, acciones y cualquier título que dé participación a los consumidores como dueños, socios o asociados en centros sociales y turísticos,

c) Los proyectos futuros de desarrollo, urbanizaciones, explotación de actividades industriales, agropecuarias y comerciales.

En cualquiera de estos casos se debe cumplir con lo establecido este artículo siempre que concurran las siguientes condiciones:

a) Que se ofrezcan públicamente o de manera generalizada a los consumidores.

b) Que la entrega del bien, la presentación del servicio o la ejecución del proyecto constituya una obligación cuya prestación, en los términos ofrecidos o pactados, éste condicionada a un hecho futuro.

c) Que la realización de ese hecho futuro, en los términos ofrecidos y pactados, dependa de la persona física o de la entidad, de hecho o de derecho, según el caso, que debe entregar el bien, prestar el servicio o colocar a los consumidores en ejercicio del derecho sobre el proyecto futuro.

(Modificado por el artículo 2° del Decreto Ejecutivo N° 26962 de 1° de abril de 1998)

Artículo 55.- Registro de comerciantes o proveedores en las ventas a futuro. El comerciante o proveedor que emprenda alguna de las actividades definidas como ventas en el artículo anterior, deberá inscribirse ante el Area de Apoyo al Consumidor del Ministerio de Economía, Industria y Comercio, la cual llevará el registro correspondiente.

Los comerciantes o proveedores que se dedican habitualmente a actividades indicadas como ventas a futuro, quedan facultados para inscribirse por una sola vez. En este caso, deben describir su giro y los planes de venta generales que ejecutan, además de obtener la autorización respectiva para cada plan de ventas a ejecutar.

(Modificado por el artículo 2º del Decreto Ejecutivo N° 26962 de 1º de abril de 1998; también fue sustituido el nombre del "Área de Comercio y Apoyo al Consumidor" por el de "Área de Apoyo al Consumidor", según el artículo 3° del Decreto Ejecutivo N° 31700-MEIC de 16 de marzo de 2004)

Artículo 55 bis- Autorización de los planes de venta a futuro. Antes de su ofrecimiento público o generalizado los planes de venta a futuro, en los términos y condiciones del artículo 47, deben ser autorizados por el Area de Apoyo al Consumidor del Ministerio de Economía, Industria y Comercio, esto de conformidad con los usos, las costumbres mercantiles y, en particular, la necesidad de proteger al consumidor.

Para dicha autorización se debe cumplir con los siguientes requisitos:

a) Descripción detallada de las calidades ofrecidas, los plazos de cumplimiento, la naturaleza, la extensión y los beneficios, todo en los términos que se definan en este Reglamento, según los bienes y servicios de que se trate.

b) Comprobación fehaciente de los responsables del cumplimiento de lo ofrecido y lo pactado.

c) Demostración de la solvencia económica de los responsables del plan. Si no se comprueba satisfactoriamente esta solvencia, según criterio debidamente razonado de la oficina o ente que inscriba el plan, debe rendirse garantía o caución suficiente para responder.

Las oficinas o los entes encargados, deben enviar una copia de los planes autorizados a la Comisión Nacional del Consumidor.

La Administración Pública, puede acreditar organismos privados para inscribir y autorizar diferentes planes futuros, esto de conformidad con el artículo 8 y 41 de la Ley, y las disposiciones que se establezcan este Reglamento.

(Adicionado por el artículo 2º del Decreto Ejecutivo N° 26962 de 1º de abril de 1998; también, modificada su numeración por el artículo 1° del Decreto Ejecutivo N° 31700-MEIC de 16 de marzo de 2004. Asimismo, el artículo 3° del Decreto Ejecutivo N° 31700-MEIC sustituye el nombre del "Área de Comercio y Apoyo al Consumidor" por el de "Área de Apoyo al Consumidor")

Artículo 56.- Inscripción ante organismos o entes privados. Con carácter auxiliar, el MEIC podrá acreditar a organismos o entes privados para inscribir y autorizar diferentes planes futuros. Para este efecto, deberá tratarse de organismos o privados de reconocida seriedad, que demuestren que cuentan con profesionales en Administración de Negocios en las áreas contable o financiera.

Los interesados en ejercer la labor de registro, deberán formular solicitud en este sentido al AAC, que la estudiará y rendirá criterio al Ministro, dentro de los quince días siguientes a su presentación. La gestión deberá ir acompañada de los atestados suficientes para acreditar lo indicado en el párrafo primero, sin perjuicio de los que el AAC pueda requerir adicionalmente.

Dentro de los siguientes quince días, el Ministro aprobará o rechazará la solicitud, y la devolverá al AAC para la comunicación a los interesados.

En su petición, los organismos o entidades deberán indicar que asumen la responsabilidad exclusiva por las autorizaciones futuras que emitirán. Sin embargo, lo anterior no excluirá la potestad del AAC de fiscalizar la actividad de los organismos o entidades registradores, los cuales deberán remitirle –dentro de los quince días siguientes a la resolución- copia completa de todos los planes que aprueben. El AAC podrá, dentro de los quince días naturales siguientes, revisar y modificar lo acordado por aquéllos, de oficio o a solicitud de quien tenga interés legítimo.

(Sustituido el acrónimo "ACAC" por "AAC", según el artículo 3° del Decreto Ejecutivo N° 31700-MEIC de 16 de marzo de 2004).

Artículo 57.- Plazo para la resolución de las solicitudes de registro. Tanto el AAC como los órganos y entidades autorizados deberán resolver sobre las solicitudes de registro de los planes de venta a plazo o prestación futura de servicios, dentro del plazo y con las consecuencias que indican los artículos 3 de la Ley y 7 de este reglamento.

(Sustituido el acrónimo "ACAC" por "AAC", según el artículo 3° del Decreto Ejecutivo N° 31700-MEIC de 16 de marzo de 2004).

Sección Tercera.
Del control institucional sobre infracciones a este capítulo

(Nota del compilador: Esta sección debería ser la Sección Cuarta)

Artículo 58.- De las inspecciones. Para efectos de control y supervisión del cumplimiento de las disposiciones de la Ley y este Reglamento, los funcionarios competentes del MEIC (incluyendo a la CPC y a la CNC) podrán realizar inspecciones administrativas, para lo cual deberán portar y exhibir su correspondiente identificación oficial.

Los funcionarios municipales y miembros de la policía administrativa, debidamente capacitados conforme al programa conjunto que al efecto podrán establecer el MEIC y el (los) municipio(s) o Ministerio(s) correspondiente(s), también podrán efectuar inspecciones, pero únicamente cuando el MEIC, la CPC o la CNC lo soliciten expresamente.

Artículo 59.- Propósito de las inspecciones. Las inspecciones tendrán por objeto:

a) Ejercer un control de precios y porcentajes de utilidad bruta sobre aquellos bienes y servicios afectos a tales medidas, conforme al artículo 5 de la Ley y a este reglamento.

b) Verificar el correcto estado de las pesas, medidas, registradoras y demás instrumentos de medición empleados por los comerciantes, de acuerdo con los procedimientos establecidos por el LACOMET o por la normativa vigente. Al detectar un instrumento defectuoso, alterado o no apto para la actividad comercial correspondiente, el funcionario que realiza la inspección deberá prevenir al comerciante su inmediata reparación o reposición. Si no se atendiera este requerimiento dentro de las siguientes 24 horas, dicho funcionario deberá notificar a la CNC para que ésta acuerde la medida precautoria correspondiente.

(Sustituido el acrónimo "ONNUM" por "LACOMET", según el artículo 5° del Decreto Ejecutivo N° 31700-MEIC de 16 de marzo de 2004)

c) Velar porque todo comerciante exponga los precios debidamente actualizados de los bienes o servicios comerciales ofrecidos, conforme a las reglas previstas en la Ley y este reglamento.

d) Instruir a quienes comercien con bienes y servicios sobre la correcta aplicación de la Ley, su reglamento y demás disposiciones conexas, a fin de favorecer el cumplimiento de sus objetivos.

e) Verificar los productos para constatar que cumplan con las normas y reglamentaciones relativas a la salud, el ambiente, la seguridad y la calidad. Y,

f) Verificar la correcta aplicación y cumplimiento de las disposiciones de la Ley y el reglamento.

g) Ejecutar cualquier otra labor que les asigne la CPC, la CNC o los restantes despachos competentes del MEIC.

Artículo 60.- Constatación de posibles infracciones. Cuando, en el transcurso de una inspección administrativa, se constate una posible infracción a la Ley o a este reglamento, el funcionario deberá levantar un acta en el lugar de los hechos. El acta necesariamente deberá contener lo siguiente:

a) Lugar, fecha y hora; nombre y apellidos, calidades, número de cédula de identidad o documento oficial de identificación y vecindario actual de la autoridad a cargo de la diligencia.

b) Nombre del establecimiento de que se trate, así como la ubicación por provincia, cantón y distrito y dirección exacta en la localidad.

c) Nombre y apellidos, calidades, número de cédula de identidad o documento oficial de identificación y vecindario del propietario, gerente, administrador, encargado o representante del establecimiento.

d) Especificación clara y concreta del hecho.

e) Constataciones realizadas.

f) Qué tipo de infracción se estima cometida. Y,

g) Firma al pie del acta por el funcionario que levanta el acta y al menos un testigo.

Del acta se entregará una copia al propietario, gerente, administrador, encargado o representante del establecimiento investigado, el cual deberá acusar recibo del documento. Si no quiere o no puede hacerlo, se dejará constancia de ello en el mismo.

El documento así completado, junto con cualesquiera muestras y atestados adicionales que corresponda, deberá ser remitido sin dilación a la CNC.

En el evento de que del caso concreto puedan derivar responsabilidades penales o de otra índole, la CNC procederá a testimoniar piezas para su remisión al Ministerio Público o a la autoridad respectiva.

Sección Cuarta.
De los procedimientos ante la Comisión Nacional del Consumidor

(Nota del compilador: Esta sección debería ser la Sección Quinta)

Artículo 61.- Presentación de denuncias. Las denuncias por infracción a la Ley podrán ser presentadas ante la Unidad Técnica de Apoyo de la CNC, o bien ante cualquier oficina del Ministerio de Economía, Industria y Comercio, que deberá remitirla de inmediato y sin más trámite a la primera.

Artículo 62.- Responsabilidad del denunciante. La responsabilidad del denunciante, en caso de denuncia calumniosa, se regirá por lo previsto en la legislación penal correspondiente.

Artículo 63.- Requisitos. Todas las denuncias, gestiones o peticiones de cualquier clase que se formulen a la CNC deberán constar por escrito, en idioma español y aparecer debidamente firmadas por el interesado u otra persona a su ruego. El denunciante también podrá presentarse directamente ante la CNC o cualquier otra dependencia del MEIC. En este caso, los funcionarios correspondientes levantarán acta de la denuncia, que suscribirá el interesado.

Artículo 64.- Casos de infracción al artículo 64 de la Ley. En los casos de infracción al artículo 64 de la Ley, servirá como denuncia la certificación formal que expedirá la dependencia respectiva, indicando: nombre o razón social del denunciado, calidades o datos generales de identificación, dirección exacta del establecimiento, listado preciso de los informes, documentos o muestras que fueron negados por el denunciado, plazo que se le concedió para cumplir, copia de la solicitud con fecha de recibido y constancia de que, vencido el mismo, se incumplió con lo requerido.

Estos casos se tramitarán mediante procedimiento administrativo, sumario, teniéndose el expediente por instruido mediante la mencionada certificación y procediendo directamente a brindar la audiencia del artículo 324 de la LGAP. En el caso de que la CNC tenga por comprobada la infracción, en el acto final deberá ordenar al infractor que cumpla con lo originalmente requerido, dentro del plazo que al efecto se le señalará y que no será menor de ocho días, bajo apercibimiento de que, en caso de incumplimiento, se aplicará lo dispuesto en el numeral 65 de la Ley.

En la valoración del caso, la CNC estará obligada a sopesar la razonabilidad y justificación del requerimiento hecho al denunciado, de manera tal que se le exonere en los casos en que los informes, documentos o muestras solicitadas se consideren excesivos o ajenos a las funciones del MEIC.

Artículo 65.- Calificación de admisibilidad. Recibida una denuncia, la Unidad Técnica deberá proceder a calificar su admisibilidad, en cuanto a:

a) Legitimación del accionante. Tratándose de artesanos o pequeños industriales, el interesado deberá incluir en su memorial una declaración jurada en el sentido de que califica como tal conforme a la Ley y a este reglamento, sin perjuicio de la evidencia que adicional o alternativamente pueda aportar.

b) Observancia de los requisitos mínimos. Si se notare algún defecto y -preferiblemente en el mismo acto de la recepción- se prevendrá al interesado subsanarlo. Y,

c) Caducidad de la acción, conforme al artículo 53 de la Ley.

Artículo 66.- Conciliación. Siempre que la denuncia verse sobre aspectos puramente patrimoniales, y antes del inicio formal del procedimiento, la Unidad Técnica deberá proceder a agotar las posibilidades de conciliación entre las partes. Para ello se procurará contactar a la otra parte inmediatamente después de recibida la denuncia, ya sea telefónicamente o mediante apersonamiento en su domicilio o establecimiento. En casos extraordinarios, las partes podrán realizar sus presentaciones por cualquier medio escrito, incluido el telefacsímil (fax).

En la audiencia de conciliación, el funcionario de la Unidad Técnica debe procurar avenir a las partes proponiéndoles un arreglo y sugiriéndoles la conveniencia de él. De todo se dejará constancia mediante acta, firmada por el o los funcionarios de la Unidad Técnica. Cuando medie arreglo, deberán firmar también las partes. La ausencia de firma lo invalidará.

En el mismo acto, el funcionario debe aprobar el arreglo, salvo cuando sea contrario a la ley. Este arreglo tendrá la misma eficacia de las resoluciones de la Comisión para Promover la Competencia y de la CNC, en los términos del artículo 61 de la Ley, pero sin recurso ulterior.

Ninguno de los funcionarios de la Unidad Técnica que participe en las gestiones de conciliación será luego recusable como integrante del órgano director del procedimiento, por el sólo hecho de haber actuado en esta etapa.

Artículo 67.- Preconstitución de prueba. Desde el momento mismo de la recepción de la denuncia, la Unidad Técnica deberá actuar aceleradamente para recolectar y conservar todos aquellos elementos probatorios de relevancia para el caso, aun cuando no se haya tramitado o agotado la etapa de conciliación.

Artículo 68.- Inicio del procedimiento. Fracasadas las medidas de conciliación o si las partes no se presentan a ella, o bien inmediatamente en aquellos casos en que aquélla no proceda, el Director de la Unidad Técnica y -a su discreción- uno o dos funcionarios más que así designe, se constituirán inmediatamente en órgano director del procedimiento, y procederán a darle trámite con arreglo a lo estipulado en el Libro Segundo de la Ley General de la Administración Pública y este reglamento.

Para efectos de oír notificaciones durante el procedimiento, las partes quedan autorizadas para señalar un número de telefacsímil (fax), en las mismas condiciones del numeral 36 de este reglamento.

Artículo 69.- Medidas cautelares. Después de recibida una denuncia, y aún cuando no se haya tramitado o agotado la etapa de conciliación, la Unidad Técnica podrá solicitar a la CNC (a través del Presidente, o cualquiera otro de sus miembros en caso de ausencia de aquél), la aplicación de medidas cautelares tales como ordenar el congelamiento o decomiso de bines o productos, ordenar la suspensión o cese de los hechos denunciados. En los caos que la CNC considere oportuno, y siempre y cuando el daño al consumidor no sea eminente, la CNC podrá emitir una prevención de suspender, cesar o corregir el hecho denunciado en un plazo no superior a cinco días naturales, o de lo contrario se continuará con el procedimiento sancionatorio.

La medida será acordada en función de la gravedad de las circunstancias. En los casos de mercadería dañada, adulterada, vencida, ofrecida a un precio superior al permitido o acaparada que, de alguna manera, pueda perjudicar gravemente al consumidor o engañarlo, bastará el indicio claro de su existencia.

Al acordar la medida, y salvo que el caso no lo amerite (lo cual deberá quedar razonado en la resolución), la CNC ordenará la inmediata realización de un estudio técnico que determine la necesidad de mantener el congelamiento o la suspensión de servicios. Transcurrido el término que conforme a las reglas de la ciencia, la técnica, la lógica o la conveniencia se requiera para realizarlo y que -salvo casos debidamente calificados- no podrá exceder de dos meses, debe darse audiencia, por un plazo de tres días, a los particulares afectados con la medida, para que aporten pruebas y aleguen lo que a bien tengan.

Cumplido ese trámite, la CNC, mediante resolución fundada, deberá resolver lo que corresponda, incluyendo si procede o no él decomiso de los bienes. En el caso de la suspensión de servicios, en el mismo plazo puede ordenar que ésta se mantenga hasta que el asunto no se resuelva finalmente en su sede. Cuando medie resolución que ordene el decomiso, las mercaderías decomisadas deben donarse a una institución de beneficencia o destruirse si son peligrosas.

Artículo 69 bis.- Medidas cautelares. La C.N.C podrá emitir una prevención para suspender, cesar o corregir el hecho denunciado en un plazo no menor de cinco días hábiles. De cumplirse con lo prevenido, previa verificación se procederá al archivo del expediente administrativo. Caso contrario, se continuará con el procedimiento administrativo. Esta prevención se efectuará únicamente, en aquellos asuntos que reúnan las siguientes características:

a) Que no se haya causado daño individualizado a un consumidor.

b) Que se trate de un asunto subsanable en materia de información básica a la generalidad de los consumidores como es la indicación del precio de los bienes y servicios, la inclusión de los impuestos correspondientes en el precio final y los sistemas de venta a crédito.

En caso de reincidencia, no será aplicable la prevención contemplada en este artículo.

(Artículo adicionado por el artículo 3º del Decreto Ejecutivo N° 26962 de 1º de abril de 1998)

Artículo 70.- Acceso al expediente. Durante toda su tramitación, el acceso a los expedientes se regulará por lo dispuesto en los numerales 272 a 274 de la Ley General de la Administración Pública.

Artículo 71.- Desistimiento de la parte interesada. La CNC aceptará de plano el desistimiento que formule la parte cuando el asunto verse sobre cuestiones puramente patrimoniales. Caso contrario, se estará a lo que señala el numeral 339.3 de la LGAP, teniendo automáticamente al AAC como parte interesada para efectos de continuar los trámites.

(Sustituido el acrónimo "ACAC" por "AAC", según el artículo 3° del Decreto Ejecutivo N° 31700-MEIC de 16 de marzo de 2004)

Artículo 72.- Arbitrajes. Cuando las partes decidan recurrir al arbitraje en los términos del artículo 55 de la Ley, se aplicarán las reglas de la legislación procesal común.

Los órganos y entidades gremiales, representativas del sector, podrán formar sus propios centros de arbitraje y mantener registros de árbitros de reconocido prestigio. Es entendido, en todo caso, que su intervención deberá ser consentida por todas las partes interesadas.

La decisión de someter al arbitraje un caso no impedirá que la CNC conozca o continúe conociendo de sus aspectos no patrimoniales, cuando se estime que está de por medio el interés de la colectividad. En este supuesto, se tendrá automáticamente como parte a la dependencia competente del MEIC, con la que se continuará los trámites.

Sección Quinta.
De las organizaciones de consumidores

(Nota del compilador: Esta sección debería ser la Sección Sexta)

Artículo 73.- Legitimación procesal. Las organizaciones de consumidores están legitimadas para iniciar como parte o intervenir, en calidad de coadyuvantes, en los procedimientos ante la CNC y ante los tribunales de justicia, en defensa de los derechos y los intereses legítimos de sus asociados. La coadyuvancia se rige por lo establecido en la LGAP y en el Código Procesal Civil.

Artículo 74.- Constitución. Las organizaciones de consumidores se constituirán como asociaciones, conforme a la legislación respectiva, y sin que se requiera que la defensa del consumidor sea su objeto exclusivo. Podrán recibir la calificación de utilidad pública una vez cumplidos los requisitos correspondientes.

El Centro de Información Industrial (CIIN) elaborará un registro de organizaciones sociales por tipo de organización, el cual podrá ser accesado por el AAC en cualquier momento, para el cumplimiento de los fines de este capítulo.

(Sustituido el acrónimo "ACAC" por "AAC", según el artículo 3° del Decreto Ejecutivo N° 31700-MEIC de 16 de marzo de 2004)

Artículo 75.- Atribuciones del AAC en organización de consumidores. El AAC tendrá las siguientes atribuciones en la materia:

Fomentar y promover las organizaciones de consumidores y garantizar la participación en los procesos de decisión y reclamo, en torno a cuestiones que afectan sus intereses. Para este efecto, como primera etapa, se tratará de aprovechar las organizaciones sociales ya constituidas y formará en éstas comités de Consumidores.

Proporcionar capacitación y asesoría a las organizaciones de consumidores en el tema del consumo y derechos del consumidor.

Coordinar con otras entidades del sector público y privado con el fin de promover y apoyar la organización y capacitación de consumidores.

Planear y formular proyectos especiales dirigidos a las organizaciones en el tema de consumo.

(Sustituido el acrónimo "ACAC" por "AAC", según el artículo 3° del Decreto Ejecutivo N° 31700-MEIC de 16 de marzo de 2004)

Sección Sexta.
De la educación e información a los consumidores

(Nota del compilador: Esta sección debería ser la Sección Sétima)

Artículo 76.- Atribuciones del AAC en educación en información a consumidores. Formular programas de educación e información para el consumidor con el propósito de capacitarlo para que pueda discernir y tomar decisiones fundadas, acerca del consumo de bienes y servicios con conocimiento de sus derechos. En este sentido, le corresponde al AAC las siguientes atribuciones:

a) Promover y realizar programas educativos y de capacitación de los derechos de los consumidores y en el tema del consumo.

b) Recopilar, elaborar y divulgar información para facilitar a los consumidores el conocimiento de los bienes y servicios que se ofrecen en el mercado.

c) Elaborar un banco de información sobre artículos de consumo masivo que permita brindar asesoría oportuna a los consumidores.

d) Orientar y asesorar a los consumidores a fin de garantizar el acceso a mecanismos ágiles de tutela administrativa y judicial, así como en la prevención de abusos en contra de sus derechos.

(Sustituido el acrónimo "ACAC" por "AAC", según el artículo 3° del Decreto Ejecutivo N° 31700-MEIC de 16 de marzo de 2004)

CAPITULO V.
De las sesiones de la Comisión para Promover la Competencia y de la Comisión Nacional del Consumidor

Sección Única

Artículo 77.- Designación del Presidente. El Presidente será nombrado de entre los miembros de la respectiva Comisión, por la mayoría absoluta de sus miembros, y durará en su cargo dos años, pudiendo ser reelecto.

Artículo 78.- Facultades de los Presidentes de las comisiones. El Presidente tendrá las siguientes facultades y atribuciones:

a) Presidir, con todas las facultades necesarias para ello, las reuniones del órgano, las que podrá suspender en cualquier momento por causa justificada;

b) Velar porque la Comisión cumpla las leyes y reglamentos relativos a su función;

c) Fijar directrices generales e impartir instrucciones en cuanto a los aspectos de forma de las labores del órgano;

d) Convocar a sesiones extraordinarias;

e) Confeccionar el orden del día, teniendo en cuenta, en su caso, las peticiones de los demás miembros formuladas al menos con tres días de antelación;

f) Resolver cualquier asunto en caso de empate, para cuyo caso tendrá voto de calidad;

g) Actuar como vocero de la Comisión ante cualesquier instancia;

h) Ejecutar los acuerdos de la Comisión; y,

i) Las demás que le asignen las leyes y reglamentos.

Artículo 79.- Designación del Secretario. Cada Comisión nombrará un Secretario, quien podrá o no ser uno de sus propios miembros, y que tendrá las siguientes facultades y atribuciones:

a) Levantar las actas de las sesiones del órgano;

b) Comunicar las resoluciones del órgano, cuando ello no corresponda al Presidente; y

c) Las demás que le asignen la ley o los reglamentos.

Artículo 80.- Designación de Presidente o Secretario ad hoc. En caso de ausencia o de enfermedad y, en general, cuando concurra alguna causa justa, el Presidente y el Secretario de la Comisión serán sustituidos por un Presidente o un Secretario ad hoc, designando al primero necesariamente de entre los restantes miembros propietarios o que estén fungiendo como tales en la sesión.

Artículo 81.- Frecuencia de las sesiones. Cada Comisión se reunirá ordinariamente al menos una vez por quincena, en la hora y fecha que se designe, y para lo cual no hará falta convocatoria especial.

Para reunirse en sesión extraordinaria será siempre necesaria una convocatoria por escrito, con una antelación mínima de veinticuatro horas, y acompañando copia del orden del día, salvo los casos de urgencia.

No obstante, quedará válidamente constituida la Comisión, sin cumplir todos los requisitos referentes a la convocatoria o al orden del día, cuando asistan todos sus miembros y así lo acuerden por unanimidad.

Artículo 82.- Quórum de las sesiones. Para sesionar se requiere de la presencia de cuatro miembros propietarios de la CPC, y de todos los miembros propietarios de la CNC.

Artículo 83.- Asistencia y votaciones. Las sesiones de la Comisión serán siempre privadas, pero el órgano podrá disponer, acordándolo así por unanimidad de sus miembros propietarios presentes, que tenga acceso a ella el público en general o bien ciertas personas, concediéndoles o no el derecho de participar en las deliberaciones con voz pero sin voto.

Tendrán derecho a asistir con voz pero sin voto los miembros suplentes de la Comisión, así como el Jefe y el Asesor Legal de la Unidad Técnica, salvo que -en cuanto a los dos últimos- la Comisión disponga lo contrario o bien solicite su retiro momentáneo para la discusión de los asuntos que así lo amerite. Cuando a una sesión asistan el propietario y el suplente, éste devengará media dieta.

Los acuerdos serán adoptados por no menos de tres votos de los miembros propietarios de la CPC, y dos votos en el caso de la CNC. Quien decida salvar su voto, deberá razonarlo en el acta, quedando en tal caso exento de las responsabilidades que, en su caso, pudieren derivarse de los acuerdos.

No podrá ser objeto de acuerdo ningún asunto que no figure en el orden del día, salvo que sea declarada la urgencia del asunto por el voto favorable de todos los miembros.

Artículo 84.- Mociones de revisión de los acuerdos. Caso de que alguno de los miembros del órgano interponga moción de revisión contra un acuerdo, el mismo será resuelto al conocerse el acta de esa sesión, a menos que, por tratarse de un asunto que el Presidente juzgue urgente, prefiera conocerlo en sesión extraordinaria.

La moción deberá ser planteada a más tardar al discutirse el acta y se resolverá en la misma oportunidad.

Las simples observaciones de forma, relativas a la redacción de los acuerdos, no serán consideradas para efectos del inciso anterior, como mociones de revisión.

Artículo 85.- Acta de las sesiones. De cada sesión se levantará un acta, que contendrá la indicación de las personas asistentes, así como las circunstancias de lugar y tiempo en que se ha celebrado, los puntos principales de la deliberación, la forma y resultado de la votación y el contenido de los acuerdos. No será necesario consignar en el acta el texto de los votos tomados en la decisión de expedientes sometidos a conocimiento y resolución de la CNC.

Las actas se aprobarán en la siguiente sesión ordinaria. Antes de esa aprobación, carecerán de firmeza los acuerdos tomados, a menos que se acuerde su firmeza inmediata.

Las actas serán firmadas por el Presidente y el Secretario, así como por aquellos miembros que hubieren hecho constar su voto disidente.

Artículo 86.- Recursos. Contra los acuerdos de las Comisiones sólo cabrá el recurso de reconsideración o reposición en los términos del artículo 31 de la Ley Reguladora de la Jurisdicción Contencioso Administrativa.

Artículo 87.- Votos de la CNC. La CNC decidirá los expedientes sometidos a su consideración en el punto señalado para ese fin dentro del orden del día.

Votado el asunto, la resolución será redactada, por turno riguroso, por el integrante a quien corresponda, salvo que éste haya quedado en minoría en la votación, en cuyo caso redactará uno de los votantes de mayoría. Deberá indicarse en la resolución el nombre del miembro que redactó. El plazo para la redacción no deberá exceder de ocho días, y la demora injustificable en la redacción se considerará como negligencia, para los efectos del artículo 47 inciso b) de la Ley.

Artículo 88.- Integración y funciones de la Unidad Técnica de Apoyo. Los funcionarios de la Unidad Técnica de Apoyo de cada Comisión serán designados por el Ministro del MEIC.

Cada Unidad Técnica será responsable de realizar todos los estudios e investigaciones sobre asuntos que competa resolver a la respectiva Comisión. Su jefatura, en asocio de uno o dos funcionarios más que disponga discrecionalmente, fungirá como órgano director de todos los procedimientos administrativos, salvo que la Comisión disponga otra cosa.

La Unidad Técnica, como órgano director, podrá acordar el rechazo de plano de las acciones cuando así corresponda, pero dicho acto deberá ser elevado de inmediato en consulta a la respectiva Comisión, y se regirá en lo demás por lo dispuesto en el artículo 292 de la LGAP.

CAPITULO VI.
Disposiciones finales y transitorias

Sección Primera.
Disposiciones finales

Artículo 89.- Presentación de informes a la CPC, CNC al MEIC. Al tenor del artículo 64 de la Ley, los comerciantes, a requerimiento de la CPC, de la CNC o del MEIC, están obligados a entregar, con carácter de declaración jurada, los informes y exhibir los documentos que se consideren necesarios para garantizar el ejercicio de sus funciones, así como permitir la toma de muestras en los términos indicados en este reglamento. La información suministrada será estrictamente confidencial y el funcionario que viole el secreto de los datos confidenciales incurre en falta grave en el ejercicio sus funciones. Cuando la información solicitada sea difícil o imposible de enviar dentro del informe por la empresa, ésta estará obligada a permitir que los funcionarios de la CPC, CNC o MEIC puedan accesarla y revisarla en el mismo lugar donde la información se encuentre.

Para el cumplimiento de lo aquí dispuesto, la Comisión o despacho interesado ordenará mediante nota escrita los informes y documentos que requiere, indicándolos expresamente y justificando claramente las razones de su petición. Cuando lo estime necesario, suministrará los formularios correspondientes.

La comunicación al comerciante será entregada o remitida por correo certificado a la persona de que se trate o a su representante legal indicando la forma de presentación de los informes y documentos, así como el plazo conferido para ello, el cual no podrá ser menor a los ocho ni mayor a los quince días hábiles.

Los órganos y los entes de la Administración Pública también deben suministrar la información que les solicite la CPC y la CNC, para el ejercicio de sus funciones. La solicitud será dirigida al titular de la oficina correspondiente, o bien al jerarca del órgano o entidad, quienes deberán atenderla dentro del plazo que se les señale, bajo pena de incurrir en falta grave. La negativa u omisión injustificada será comunicada al respectivo superior, sin perjuicio de las restantes responsabilidades administrativas, civiles o penales.

Artículo 89 bis.—Verificación e Investigación de Mercados. El Área de Apoyo al Consumidor podrá en el ámbito de sus competencias realizar investigaciones y verificaciones de mercado para constatar la información otorgada al consumidor, el cumplimiento de la Ley de Promoción de la Competencia y Defensa Efectiva del Consumidor, las normas de calidad, las reglamentaciones técnicas de acatamiento obligatorio, y las demás normas cuyo objetivo es proteger en forma efectiva los derechos e intereses legítimos de los consumidores. Lo anterior sin perjuicio de los convenios que el MEIC suscriba con otras instituciones, con la finalidad de que efectúen algunas investigaciones y verificaciones de interés para el cumplimiento de sus fines.

En caso de que se detecte alguna irregularidad en la información que no implique un riesgo o eventual daño a la salud, la seguridad o el ambiente, el AAC realizará una prevención al proveedor, distribuidor o fabricante con el propósito de que corrija la irregularidad y le otorgará un plazo razonable e improrrogable de un mes calendario para su cumplimiento.

Para ello se procederá a su respectiva notificación en el lugar y por el medio que conste en la información otorgada al consumidor en el producto. Cuando no conste en el producto tal información, el establecimiento comercial estará en la obligación de dar la información del respectivo proveedor, distribuidor o fabricante al AAC, a fin de que se le pueda notificar. De no ser así, corresponderá al establecimiento comercial diligenciar la respectiva notificación al proveedor en un plazo máximo de tres días. Para estos efectos el AAC deberá también notificar de esta prevención al establecimiento comercial.

Transcurrido el plazo otorgado por la prevención, el AAC realizará una segunda verificación a efecto de comprobar el acatamiento de lo dispuesto en la prevención, en caso de incumplimiento se procederá de inmediato a presentar la denuncia en la CNC.

En caso de que se detecte alguna irregularidad que impliqueriesgo o un eventual daño a la salud, la seguridad o el ambiente, el AAC deberá congelar o decomisar los productos y en el plazo de veinticuatro horas deberá presentar la denuncia respectiva ante la CNC, para que ésta conozca de conformidad con los ordinales 45 y 61 de la Ley en relación con el 69 y 69 bis de este reglamento. La CNC deberá expresar mediante resolución fundada si mantiene o revoca el decomiso o el congelamiento practicado. Procederá el decomiso cuando el daño al consumidor sea evidente y manifiesto.

(Artículo adicionado por el artículo 6° del Decreto Ejecutivo N° 31700-MEIC de 16 de marzo de 2004)

Artículo 90.—Toma de muestras. El MEIC podrá realizar las verificaciones e investigaciones en el mercado para constatar la calidad o exactitud de la información suministrada al consumidor para el cumplimiento de la Ley N° 7472, las normas de calidad, las reglamentaciones técnicas de acatamiento obligatorio y las demás normas cuyo objetivo es proteger en forma efectiva los derechos, prerrogativas e intereses de los consumidores, por medio de muestreos preliminares o estadísticos según sea la irregularidad identificada.

Le corresponderá al Área de Apoyo al Consumidor coordinar y realizar las verificaciones e investigaciones en el mercado mencionadas en el párrafo anterior, a efectos de lograr una tutela efectiva de los derechos e intereses legítimos del consumidor y así cumplir con lo dispuesto en la Ley N° 7472 y este reglamento. Lo anterior sin perjuicio de las atribuciones otorgadas a otro órgano o ente de la Administración Pública para la tutela de los derechos, prerrogativas e intereses del consumidor. Para ello, podrá requerir del apoyo de los demás órganos, oficinas y departamentos del MEIC en forma gratuita. También podrá requerir la colaboración a las entidades públicas, los colegios profesionales, centros de investigación, instituciones de educación superior, dependencias técnicas de los distintos poderes del Estado y de instituciones autónomas, además, de los entes acreditados conforme a la Ley del Sistema Nacional para la Calidad. Todo lo anterior para el cabal desempeño de sus funciones. Las entidades anteriormente indicadas no podrán negar su concurso o colaboración salvo por causa justificada de fuerza mayor debidamente demostrada. Para estos efectos los gastos originados por la aplicación del presente artículo se regirán por lo previsto en el artículo 62 de la Ley N° 7472.

El muestreo preliminar deberá efectuarse cuando la irregularidad detectada en el sitio, por el órgano de la Administración no evidencie afectación, riesgo o eventual daño a la salud, el ambiente o la seguridad de los consumidores, es decir que ésta deberá ser evidente y manifiesta. Las muestras se tomarán de modo razonable y en la cantidad mínima necesaria para garantizar el cumplimiento de los objetivos detallados en el artículo 89 bis, en caso de que proceda.

El muestreo estadístico se realizará cuando sea necesario efectuar un ulterior análisis, en razón del tipo de parámetros que se quieran verificar; o se detecte en forma evidente y manifiesta riesgo o eventual daño a la salud, el ambiente o la seguridad de los consumidores.

El tamaño de muestra se tomará según lo indicado en el reglamento específico del producto, si existiera; o en su defecto lo establecido en el Reglamento Técnico NCR-148:1993 Decreto Nº 22268-MEIC. Las muestras serán tomadas en tres tantos y colocadas en recipientes sellados, sobre los cuales colocarán sus firmas y sellos tanto el funcionario responsable como el representante del establecimiento que asista al acto. Uno de estos tantos será sometido a análisis en las entidades, laboratorios estatales designados al efecto, o en LACOMET según corresponda. El otro tanto deberá quedar en poder del comerciante, quien será responsable de remitir dicha muestra en su custodia al productor, fabricante, importador o distribuidor, según sea el caso, quien podrá someterlo a sus propios análisis. El tercer tanto quedará en custodia del AAC y se empleará para el caso de que surja desacuerdo sobre los resultados de los primeros dos. El AAC deberá notificar al productor, fabricante, importador o distribuidor, para lo cual, el AAC deberá aportar copia del acta de muestreo a efectos de que éste proceda a retirar la muestra que le corresponde y realice sus propios análisis. Con el fin de diligenciar la respectiva notificación se tendrá por lugar cierto y conocido el señalado en la información otorgada al consumidor en el producto. Cuando no conste en el producto tal información, el establecimiento comercial estará en la obligación de dar la información del respectivo proveedor, importador, distribuidor o fabricante al AAC, a fin de que se le pueda notificar. De no ser así corresponderá al establecimiento comercial diligenciar la respectiva notificación al proveedor en un plazo máximo de tres días.

En el caso de que el muestreo lo realice un órgano u oficina de la Administración distinta del AAC, debidamente autorizadas por el MEIC, el tercer tanto deberá ser remitido de inmediato con las firmas y los sellos incólumes sin mayor demora al AAC y deberá acompañar la documentación idónea del cumplimiento del procedimiento anteriormente descrito.

En caso de existir discrepancia entre los resultados de las pruebas realizadas al primer y segundo tanto se ordenará practicar un análisis sobre el tercer tanto cuyo resultado será definitivo. La custodia de las muestras se efectuará de acuerdo con los lineamientos establecidos por AAC, pero en todo caso deberá realizarse de modo tal que garantice la integridad de la muestra para su posterior análisis de ser necesario.

Para el cumplimiento de los objetivos propuestos en el artículo 45 de la Ley N° 7472, y con la finalidad de contar con dictámenes técnicos idóneos, el MEIC podrá requerir la colaboración de las instituciones públicas para la realización de análisis, estudios o dictámenes en forma gratuita. De igual manera podrá suscribir convenios con entidades públicas o privadas para estos efectos. Los entes o laboratorios deberán realizar los análisis a la brevedad posible y devolver del mismo modo su resultado, así como cualquier otra información o documentos que garantice la veracidad del análisis o ensayo practicado. Si la muestra analizada presenta incumplimientos con lo establecido en la regulación pertinente, se tramitará por la vía de denuncia ante la CNC, para que tome la resolución del caso.

En el caso del muestreo estadístico de productos perecederos, esto es, aquellos que se descomponen o deterioran en un período de pocos días, el análisis deberá realizarse en el término máximo de cuarenta y ocho horas, y la custodia no sobrepasará tres días en condiciones adecuadas de refrigeración.

El número de unidades de producto que se tomen para el muestreo estadístico y que consten en el acta respectiva, deberán ser repuestas al comerciante por parte del proveedor. Dicho número será conforme con el tamaño de la muestra establecido en el reglamento específico del producto, si existiera; o en su defecto lo establecido en el Reglamento Técnico NCR- 148:1993 Decreto Nº 22268-MEIC.

Todo dictamen técnico emitido sobre muestras tomadas conforme a este artículo deberá dejar constancia acerca de la integridad de los sellos con que se recibieron. Caso contrario, su valor probatorio quedará reducido al nivel indiciario. Las verificaciones en el campo metrológico serán coordinadas por LACOMET de conformidad con la Ley N° 8279 y los demás reglamentos aplicables".

(Artículo modificado por el artículo 7° del Decreto Ejecutivo N° 31700-MEIC de 16 de marzo de 2004)

Artículo 90 bis.—Toma de Muestras. El Área de Apoyo al Consumidor podrá de oficio impedir la comercialización y uso de los bienes que muestren evidencia de no ser aptos para el consumo o uso humano, tales como productos con podredumbre, con infestación, alterados, vencidos, deteriorados u otros, mediante su congelamiento.

Para tal efecto, el Área de Apoyo al Consumidor, deberá motivar n cada caso en el Acta de Verificación respectiva, las razones que an origen al congelamiento de los bienes, dando audiencia a la arte por un plazo no mayor de 24 horas, a efecto de hacer valer us derechos. Transcurrido dicho plazo, se remitirá a la CNC, l acta, informes de análisis y demás documentos pertinentes; para que ésta, mediante resolución fundada resuelva si procede o no el decomiso de los bienes. Lo anterior sin perjuicio de las atribuciones o potestades otorgadas a otros órganos o entes de la Administración en materia de derechos e intereses legítimos del consumidor.

(Artículo adicionado por el artículo 4° del Decreto Ejecutivo N° 26962 de 1° de abril de 1998; posteriormente modificado por el artículo 8° del Decreto Ejecutivo N° 31700-MEIC de 16 de marzo de 2004)

Artículo 91.- Incumplimiento de los deberes anteriores. En el caso de los dos artículos anteriores, la negativa de entrega, la falsedad o la inclusión de datos inexactos o incompletos, en los documentos requeridos, debe ser sancionada como falta grave por las respectivas comisiones, según proceda. Cuando las faltas se cometan en virtud de la solicitud formulada por el Ministerio de Economía, Industria y Comercio, este remitirá esos documentos a la comisión competente para la sanción.

Artículo 92.- Substracción de formas externas. La CPC, la CNC y los tribunales jurisdiccionales correspondientes podrán prescindir de las formas jurídicas adoptadas por los agentes económicos, cuando no correspondan a la realidad de los hechos investigados. En estos casos, se enderezará los procedimientos contra el establecimiento o persona física o jurídica, de hecho o de derecho, que aparezca externamente como titular de la empresa o actividad económica objeto de indagación. No obstante, en tales supuestos, la notificación inicial deberá efectuarse necesariamente en el propio establecimiento del agente económico en cuestión, entendiendo por tal ya sea su sede principal de negocios, o bien la oficina o local que mantenga abierto al público.

Artículo 93.- Ejecutoriedad de las resoluciones. Las resoluciones de la CPC y CNC serán ejecutadas en los términos del numeral 149 de la LGAP. En particular, las sanciones de multa que imponga la segunda lo serán conforme al inciso l.a. de dicha norma. La certificación será expedida por el Secretario de la CNC o CPC según corresponda, una vez cumplidas las dos intimaciones que menciona el artículo 150.2 de esa ley, y se enviará a la Procuraduría General de la República para su ejecución a nombre del Estado.

En todo caso, una vez notificada la resolución que impone la multa, la parte sancionada deberá hacer el pago correspondiente mediante entero de gobierno dentro del plazo de diez días hábiles y deberá presentar copia del mismo a la Comisión que corresponda. Las Comisiones deben llevar un registro actualizado de las multas impuestas y las pagadas.

Artículo 94.- Contrataciones de asesorías externas y designación de árbitros. La contratación de asesores y consultores que se estime convenientes para el desarrollo efectivo de las funciones de la Comisión para Promover la Competencia o de la CNC, se realizará siguiendo los procedimientos normales de contratación administrativa aplicables a todo el sector público.

La lista-registro de árbitros a que se refiere el numeral 55 de la Ley se integrará mediante concurso de antecedentes.

Artículo 95.- Derogatorias. Se deroga el Reglamento a la Ley de Promoción de la Competencia y Defensa Efectiva del Consumidor, decreto ejecutivo Nº 24553-MEIC del 31 de julio de 1995, y cualquier otra disposición de rango igual o menor que se le oponga.

Artículo 96.- Vigencia. Rige desde su publicación.

Sección Segunda.
Disposiciones transitorias

Transitorio I.- Remisión de primer informe a la CPC. Para efectos de lo dispuesto en el artículo 9 de este reglamento, el primer informe que se remitirá a la CPC será el análisis de costo-beneficio a que se refiere la Ley, el cual debe presentarse dentro del año siguiente a su entrada en vigencia.

Transitorio II.- Integración de las Comisiones. El sorteo a que se refiere el Transitorio II de la Ley deberá ser efectuado en el seno de cada Comisión, no menos de dos meses antes del vencimiento del plazo que allí se señala. El resultado del mismo se comunicará al Ministro de Economía, Industria y Comercio, para la designación de los sustitutos.

Dado en la Presidencia de la República.- San José, a los veinticinco días del mes de enero de mil novecientos noventa y seis.- JOSÉ MARÍA FIGUERES OLSEN.- El Ministro de Economía, Industria y Comercio, Marco A. Vargas Díaz.-

Capítulo II.
Información al consumidor sobre los alimentos

Sección I. Etiquetado de los alimentos

REGLAMENTO DE ETIQUETADO DE LOS ALIMENTOS PREENVASADOS

Decreto Ejecutivo N° 26012-MEIC

(Publicado en La Gaceta N° 91 de 14 de mayo de 1997)

EL PRESIDENTE DE LA REPÚBLICA Y
EL MINISTRO DE ECONOMÍA INDUSTRIA Y COMERCIO

En el uso de las potestades que les confiere el artículo 140, incisos 3 y 18 de la Constitución Política, artículo 28, 2b de la Ley General de la Administración Pública, Ley de Normas Industriales N° 1698 de 26 de noviembre de 1953, la Ley del Sistema Internacional de Unidades de Medida N° 5292 de 9 de agosto de 1973, Ley de la Promoción de la Competencia y Defensa Efectiva del Consumidor N° 7472 de 20 de diciembre de 1994, Ley de Aprobación del Tratado de Libre Comercio de Estados Unidos Mexicanos-Costa Rica N° 7474 de 20 de diciembre de 1994, Ley de Aprobación del Acta Final en que se incorporan los resultados de la Ronda de Uruguay de negociaciones comerciales multilaterales N° 7475 de 20 de diciembre de 1994 y de Ley Orgánica del Ministerio de Economía, Industria y Comercio N° 6054 de 7 de junio de 1977 y sus Reformas

Considerando

1.- Que es función esencial del Estado evitar el que se induzca a error al consumidor, y estar enteramente de acuerdo con la normativa internacional se ha procedido a la homologación, mutatis mutandis, de la Norma general del Codex para el etiquetado de los alimentos preenvasados (Norma mundial),

Decretan

Artículo 1°.- Aprobar el siguiente reglamento técnico:

RTCR-100:1997
ETIQUETADO DE LOS ALIMENTOS PREENVASADOS

1 **ÁMBITO DE APLICACIÓN.** El presente reglamento se aplicará al etiquetado de todos los alimentos preenvasados que se ofrecen como tales al consumidor o para fines de hotelería, y a algunos aspectos relacionados con la presentación de los mismos.

2 **DEFINICIÓN DE LOS TÉRMINOS.** Para los fines de este reglamento se entenderá por:

2.1 declaración de propiedades: cualquier representación que afirme, sugiera o implique que un alimento tiene cualidades especiales por su origen, propiedades nutritivas, naturaleza, elaboración, composición u otra cualidad cualquiera.

2.2 consumidor: las personas y familias que compran o reciben alimento con el fin de satisfacer sus necesidades personales.

2.3 envase: cualquier recipiente que contiene alimentos para su entrega como un producto único, que los cubre total o parcialmente, y que incluye los embalajes y envolturas. Un envase puede contener varias unidades o tipos de alimentos preenvasados cuando se ofrece al consumidor.

2.4 para los fines del "marcado de la fecha de los alimentos preenvasados, se entiende por:

2.5 fecha de fabricación: la fecha en que el alimento se transforma en el producto descrito.

2.6 fecha de envasado: la fecha en que se coloca el alimento en el envase inmediato en que se venderá finalmente.

2.7 fecha límite de venta: la última fecha en que se ofrece el alimento para la venta al consumidor, después de la cual queda un plazo razonable de almacenamiento en el hogar.

2.8 fecha de duración mínima (consumir preferentemente antes de): la fecha en que, bajo determinadas condiciones de almacenamiento, expira el período durante el cual el producto es totalmente comercializable y mantiene cuantas cualidades específicas se le atribuyen tácita o explícitamente. Sin embargo, después de esta fecha, el alimento puede ser todavía enteramente satisfactorio.

2.9 fecha límite de utilización (fecha límite de consumo recomendada) (fecha de caducidad): la fecha en que termina el período después del cual el producto, almacenado en las condiciones indicadas, no tendrá probablemente los atributos de calidad que normalmente esperan los consumidores. Después de esta fecha, no se considerará comercializable el alimento.

2.10 alimento: toda sustancia elaborada, semielaborada o en bruto, que se destina al consumo humano, incluidas las bebidas, el chicle y cualesquiera otras sustancias que se utilicen en la elaboración, preparación o tratamiento de "alimentos", pero no incluye los cosméticos, el tabaco ni las sustancias que se utilizan únicamente como medicamentos.

2.11 por aditivo alimentario: se entiende cualquier sustancia que no se consume normalmente como alimento por sí mismo ni se usa normalmente como ingrediente típico del alimento, tenga o no valor nutritivo, cuya adición intencional al alimento para un fin tecnológico (inclusive organoléptico) en la fabricación, elaboración, tratamiento, envasado, empaquetado, transporte o almacenamiento provoque, o pueda esperarse razonablemente que provoque (directa o indirectamente), el que ella misma o sus subproductos lleguen a ser un complemento del alimento o afecten a sus características. Esta definición no incluye los "contaminantes" ni las sustancias añadidas al alimento para mantener o mejorar las cualidades nutricionales.

2.12 ingredientes: cualquier sustancia, incluidos los aditivos alimentarios, que se emplee en la fabricación o preparación de un alimento y esté presente en el producto final aunque posiblemente en forma modificada.

2.13 etiqueta: cualquier marbete, rótulo, marca, imagen u otra materia descriptiva o gráfica, que se haya escrito, impreso, estarcido, marcado, marcado en relieve o en huecograbado o adherido al envase de un alimento.

2.14 etiquetado: cualquier material escrito, impreso o gráfico que contiene la etiqueta, acompaña al alimento o se expone cerca del alimento, incluso el que tiene por objeto fomentar su venta o colocación.

2.15 lote: una cantidad determinada de un alimento producida en condiciones esencialmente iguales.

2.16 preenvasado: todo alimento envuelto, empaquetado o embalado previamente, listo para ofrecerlo al consumidor o para fines de hotelería.

2.17 coadyuvante de elaboración: toda sustancia o materia, excluidos aparatos y utensilios, que no se consume como ingrediente alimenticio por sí mismo, y que se emplea intencionadamente en la elaboración de materias primas, alimentos o sus ingredientes, para lograr alguna finalidad tecnológica durante el tratamiento o la elaboración pudiendo dar lugar a la presencia no intencionada, pero inevitable, de residuos o derivados en el producto final.

2.18 alimentos para fines de hotelería: aquellos alimentos destinados a utilizarse en restaurantes, cantinas, escuelas, hospitales e instituciones similares donde se preparan comidas para consumo inmediato.

3 PRINCIPIOS GENERALES

3.1 Los alimentos preenvasados no deberán describirse ni presentarse con una etiqueta o etiquetado en una forma que sea falsa, equívoca o engañosa, o susceptible de crear en modo alguno una impresión errónea respecto de su naturaleza en ningún aspecto.

3.2 Los alimentos preenvasados no deberán describirse ni presentarse con una etiqueta o etiquetado en los que se empleen palabras, ilustraciones u otras representaciones gráficas que se refieran a, o sugieran, directa o indirectamente, cualquier otro producto con el que el producto de que se trate pueda confundirse, ni en una forma tal que pueda inducir al comprador o al consumidor a suponer que el alimento se relaciona en forma alguna con aquel otro producto.

4 ETIQUETADO OBLIGATORIO DE LOS ALIMENTOS PREENVASADOS. En la etiqueta de alimentos preenvasados deberá aparecer la siguiente información según sea aplicable al alimento que ha de ser etiquetado, excepto cuando expresamente se indique otra cosa en un reglamento nacional o en una norma del Codex Alimentarius:

4.1 Nombre del alimento.

4.1.1 El nombre deberá indicar la verdadera naturaleza del alimento y, normalmente, deberá ser específico y no genérico:

4.1.1.1 Cuando se hayan establecido uno o varios nombres para un alimento en una Normas Nacional o del Codex Alimentarius, deberá utiliarse por lo menos uno de estos nombres.

4.1.1.2 En otros casos, deberá utilizarse el nombre prescrito por la Legislación Nacional.

4.1.1.3 Cuando no se disponga de tales nombres, deberá utilizarse un nombre común o usual consagrado por el uso corriente como término descriptivo apropiado, que no induzca a error o engaño al consumidor.

4.1.1.4 Se podrá emplear un nombre "acuñado", "de fantasía" o "de fábrica", o una "marca registrada", siempre que vaya acompañado de uno de los nombres indicados en las disposiciones 4.1.1.1 a 4.1.1.3.

4.1.2 En la etiqueta, junto al nombre del alimento o muy cerca del mismo, aparecerán las palabras o frases adicionales necesarias para evitar que se induzca a error o engaño al consumidor con respecto a la naturaleza y condición física auténtica del alimento, que incluyen pero no se limitan al tipo de medio de cobertura, la forma de presentación o su condición o el tipo de tratamiento al que ha sido sometido, por ejemplo, deshidratación, concentración, reconstitución, ahumado.

4.2 Lista de ingredientes.

4.2.1 Salvo cuando se trate de alimentos de un único ingrediente, deberá figurar en la etiqueta una lista de ingredientes.

4.2.1.1 La lista de ingredientes deberá ir encabezada o precedida por un título apropiado que consiste en el término "ingrediente" o lo incluya.

4.2.1.2 Deberán enumerarse todos los ingredientes por orden decreciente de peso inicial (m/m) en el momento de la fabricación del alimento.

4.2.1.3 Cuando un ingrediente sea a su vez producto de dos o más ingredientes (*sic*) dicho ingrediente compuesto podrá declararse como tal en la lista de ingredientes, siempre que vaya acompañado inmediatamente de una lista entre paréntesis de sus ingredientes por orden decreciente de proporciones (m/m). Cuando un ingrediente compuesto, para el que se ha establecido un nombre en una norma nacional o del Codex Alimentarius, constituya menos del cinco por ciento (5%) del alimento, no será necesario declarar los ingredientes, salvo los aditivos alimentarios que desempeñan una función tecnológica en el producto acabado y los ingredientes que puedan causar reacciones alérgicas a personas con hipersensibilidad de conformidad con el punto 4.2.1.4 siguiente.

(Modificado por el Artículo 2° del Decreto Ejecutivo N° 33117-MEIC-S de 6 de abril de 2006. Esta modificación tiene efectos a partir del 23 de marzo de 2007)

4.2.1.4 Se ha comprobado que los siguientes alimentos e ingredientes causan hipersensibilidad (1) y deberán declararse por su nombre:

Cereales que contienen gluten, por ejemplo, trigo, centeno, cebada, avena, espelta o sus cepas híbridas, y productos de éstos,

Crustáceos y sus productos,

Huevos y productos de los huevos,

Pescado y productos pesqueros,

Maní, soja y sus productos,

Leche y productos lácteos (incluida lactosa),

Nueces de árboles y sus productos derivados,

Sulfito en concentraciones de 10mg/kg o más.

Si alguno de los ingredientes o aditivos del punto anterior pudiera estar presente en el producto final aunque sea en forma no intencional y no se menciona en la lista de ingredientes, deberá colocarse luego de la misma una frase que indique claramente la posibilidad de su presencia, por ejemplo: "contiene...", "podría contener...", "podría contener trazas de...", entre otras.

---

(1) La lista de ingredientes y aditivos que puedan causar hipersensibilidad, será actualizada de conformidad a las recomendaciones que el Codex Alimentarius a futuro añada o elimine.

(Adicionado por el Artículo 1° del Decreto Ejecutivo N° 33117-MEIC-S de 6 de abril de 2006. Esta adición tiene efectos a partir del 23 de marzo de 2007)

4.2.1.5 En la lista de ingredientes deberá indicarse el agua añadida, excepto cuando el agua forme parte de ingredientes tales como la salmuera, el jarabe o el caldo empleados en un alimento compuesto y declarados como tales en la lista de ingredientes. No será necesario declarar el agua u otros ingredientes volátiles que se evaporan durante la fabricación.

(Numeración modificada por el Artículo 1° del Decreto Ejecutivo N° 33117-MEIC-S de 6 de abril de 2006. Esta modificación tiene efectos a partir del 23 de marzo de 2007)

4.2.1.6 Como alternativa a las disposiciones generales de esta sección, cuando se trate de alimentos deshidratados o condensados destinados a ser reconstituidos, podrá enumerarse sus ingredientes por orden de proporciones (m/m) en el producto reconstituido, siempre que se incluya una indicación como la que sigue: "ingredientes del producto cuando se prepara según las instrucciones de la etiqueta".

(Numeración modificada por el Artículo 1° del Decreto Ejecutivo N° 33117-MEIC-S de 6 de abril de 2006. Esta modificación tiene efectos a partir del 23 de marzo de 2007)

4.2.2 En la lista de ingredientes deberá emplearse un nombre específico de acuerdo con lo previsto en la subsección 4.1 (nombre del alimento), con la excepción de que:

4.2.2.1 Podrán emplearse los siguientes nombres genéricos para los ingredientes que pertenecen a la clase correspondiente:

Clases de ingredientes	Nombres genéricos
Aceites refinados distintos del aceite de oliva	"Aceite", juntamente con el término "vegetal" o "animal", calificado con el término "hidrogenado" o "parcialmente hidrogenado", según sea el caso.
Grasas refinadas	"Grasas", juntamente con el término "vegetal" o "animal", según sea el caso.
Almidones, distintos de los almidones modificados químicamente	"Almidón"
Todas las especies de pescado, cuando el pescado constituya un ingrediente de otro alimento y siempre que en la etiqueta y la presentación de dicho alimento no se haga referencia a una determinada especie de pescado	"Pescado".
Todos los tipos de carne de aves de corral, cuando dicha carne constituya un ingrediente de otro alimento y siempre que en la etiqueta y la presentación de dicho alimento no se haga referencia a un tipo específico de carne de aves de corral	"Carne de aves de corral"
Todos los tipos de queso, cuando el queso o una mezcla de quesos constituya un ingrediente de otro alimento y siempre que en la etiqueta y la presentación de dicho alimento no se haga referencia a un tipo específico de queso	"Queso"
Todas las especias y extractos de especias en cantidad no superior al 2% en peso, solas mezcladas en el alimento	"Especia", "especias", o "mezclas de especias", o según sea el caso.
Todas las hierbas aromáticas o partes de hierbas aromáticas en cantidad no superior al 2% en peso, solas o mezcladas en el alimento	"Hierbas aromáticas" o "mezclas de hierbas aromáticas", según sea el caso
Todos los tipos de preparados de goma utilizados en la fabricación de la goma de base para la goma de mascar	"Goma de base"
Todos los tipos de sacarosa	"Azúcar"
Dextrosa anhidra y dextrosa monohidratada	"Dextrosa" o "glucosa"
Todos los tipos de caseinatos	"Caseinatos"
Manteca de cacao obtenida por presión o extracción o refinada	"Manteca de cacao"
Todas las frutas confitadas, sin exceder del 10% del peso del alimento	"Frutas confitadas"

4.2.2.2 No obstante lo estipulado en la disposición 4.2.2.1, deberán declararse siempre por sus nombres específicos la grasa de cerdo, la manteca y la grasa de bovino.

4.2.2.3 Cuando se trate de aditivos alimentarios pertenecientes a las distintas clases y que figuran en la lista de aditivos alimentarios cuyo uso se permite en los alimentos en general, podrán emplearse el número de identificación aceptado en la legislación nacional y los siguientes nombres genéricos junto con el nombre específico.

(Modificado por el Decreto Ejecutivo N° 26 829-MEIC de 9 de marzo de 1998)

Acentuador del sabor

Ácido

Agente antiglutinante

Antiaglutinante

Antiespumante

Antioxidante

Colorante

Edulcorante

Emulsionante

Espesante

Espumante

Estabilizador

Gasificante

Gelificante

Humectante

Incrementador del volumen

Propelente

Regulador de la acidez

Sal emulsionante

Sustancia conservadora

Sustancia de retención del color

Sustancia para el tratamiento de harinas

Sustancia para el glaseado

4.2.2.4 Podrán emplearse los siguientes títulos genéricos cuando se trate de aditivos alimentarios que pertenezcan a las respectivas clases y que figuren en las listas de aditivos alimentarios nacionales o del Codex Alimentarius cuyo uso en los alimentos ha sido autorizado:

Aroma(s)y aromatizante (s)

Almidón(es) modificado (s)

La expresión "aromas" podrá estar calificada con los términos "naturales", "idénticos a los naturales", "artificiales" o con una combinación de los mismos.

4.2.3 Coadyuvantes de elaboración y transferencia de aditivos alimentarios.

4.2.3.1 Todo aditivo alimentario que, por haber sido empleado en las materias primas u otros ingredientes de un alimento, se transfiera a este alimento en cantidad notable o suficiente para desempeñar en él una función tecnológica, será incluido en la lista de ingredientes.

4.2.3.2 Los aditivos alimentarios transferidos a los alimentos en las cantidades inferiores a las necesarias para lograr una función tecnológica, y los coadyuvantes de elaboración, estarán exentos de la declaración en la lista de ingredientes. Esta excepción no se aplica a los aditivos alimentarios y coadyuvantes de elaboración mencionados en la sección 4.2.1.4.

(Modificado por el Artículo 2° del Decreto Ejecutivo N° 33117-MEIC-S de 6 de abril de 2006. Esta modificación tiene efectos a partir del 23 de marzo de 2007)

4.3 Contenido neto y peso escurrido.

4.3.1 Deberá declararse el contenido neto en unidades del S. I. ("Système international").

4.3.2 El contenido neto deberá declararse de la siguiente forma:

i) en volumen, para los alimentos líquidos;

ii) en peso, para los alimentos sólidos;

iii) en peso, para los alimentos semisólidos o viscosos.

4.3.3 Además de la declaración del contenido neto, en los alimentos envasados en un medio líquido deberá indicarse en unidades del Sistema Internacional el peso escurrido del alimento. A efectos de este requisito, por medio líquido se entiende agua, soluciones acuosas de azúcar o sal, jugos (zumos) de frutas y hortalizas en frutas y hortalizas en conserva únicamente, o vinagre, solos o mezclados.

4.4 Nombre y dirección. Deberá indicarse el nombre y la dirección del fabricante, envasador, distribuidor, importador, exportador o vendedor del alimento. Para los productos importados debe indicarse el nombre y la dirección del importador o distribuidor del alimento.

(Modificado por el Decreto Ejecutivo N° 26 829-MEIC de 9 de marzo de 1998)

4.5 País de origen.

4.5.1 Deberá indicarse el país de origen.

4.5.2 Cuando un alimento se someta en un segundo país a una elaboración que cambie su naturaleza, el país en el que se efectúe la elaboración deberá considerarse como país de origen para los fines del etiquetado.

4.6 Identificación del lote. Cada envase deberá llevar grabada o marcada de cualquier otro modo, pero de forma indeleble, una indicación en clave o en lenguaje claro, que permita identificar el lote. Puede usarse la fecha de vencimiento como identificación del lote.

4.7 Marcado de la fecha de vencimiento e instrucciones para la conservación

4.7.1 La fecha de vencimiento debe ser colocada directamente por el fabricante y no ser alterada ni estar oculta. En caso de que no se indique esta fecha en las condiciones antes mencionadas, el formato podrá ser ajustado y colocado por el importador, según la información técnica del fabricante o proveedor para la indicación de la fecha de vencimiento. Dicha información será aportada por el importador en caso de que la autoridad competente lo solicite.

Nota del Compilador: El punto 4.7.1 había sido modificado anteriormente por el Decreto Ejecutivo N° 26.829-MEIC de 9 de marzo de 1998.

4.7.2 Regirá el siguiente marcado de la fecha:

i) Se declarará la fecha empleando una de las siguientes frases:

- Fecha de vencimiento

- Consumirse antes de

- Fecha de caducidad
- Expira el
- O cualquier otra frase que indique claramente al consumidor la fecha de vencimiento.

ii) Las frases prescritas en el apartado i) deberán ir acompañadas de:

- La fecha misma; o
- Una referencia al lugar donde aparece la fecha. Esta fecha deberá ser declarada de modo que no induzca a error o confusión al consumidor. Cuando se incluya otra información numérica en el mismo lugar de referencia y la misma induce error al consumidor se deberá expresar con claridad cual de ellas es la fecha de vencimiento. En ese sentido se permitirá el uso de las palabras "vence", "caduca", "expira" entre otras y únicamente se podrá utilizar la abreviatura "Exp" como indicación reconocida la cual se interpretará para todos los efectos legales como "Expira". En todo caso, la fecha deberá expresarse conforme a lo dispuesto en los apartados iii) y iv) siguientes.

iii) Esta constará por lo menos de:

- Día, mes y año para los productos que tengan una fecha de vencimiento no superior a tres meses;
- Mes y año para productos que tengan una fecha de vencimiento de más de tres meses. En este caso deberá indicarse de la siguiente manera: "Al final de..."

iv) El día, mes y año deberán declararse en orden numérico no codificado separado por guiones, punto o barra inclinada, con la salvedad de que podrá indicarse el mes con letras, inclusive en forma abreviada en formato de tres letras.

v) No obstante lo prescrito en la disposición 4.7.1 (i), no se requerirá la indicación de la fecha de vencimiento para:

- frutas y hortalizas frescas, incluidas las patatas, que no hayan sido peladas, cortadas o tratadas de otra forma análoga;
- vinos, vinos de licor, vinos espumosos, vinos aromatizados, vinos de frutas y vinos espumosos de fruta;
- bebidas alcohólicas que contengan 10% o más de alcohol por volumen;
- productos de panadería y pastelería que por la naturaleza de su contenido, se consumen por lo general dentro de las 24 horas siguientes a su fabricación;
- vinagre;
- sal de calidad alimentaria;
- azúcar sólido;
- productos de confitería consistentes en azúcares aromatizados y coloreados;
- goma de mascar;
- productos específicos que han sido eximidos por los Comités sobre Productos, ya sean nacionales o del CODEX.

Además de la fecha de vencimiento o caducidad se indicarán en la etiqueta cualesquiera condiciones especiales que se requieran para la conservación del alimento, si de su cumplimiento depende la validez de la fecha.

(Todo el apartado 4.7 ha sido modificado por el artículo 1° del Decreto Ejecutivo N° 33.180-MEIC de 16 de mayo de 2006. Esta reforma tiene efectos a partir del 28 de setiembre de 2006.)

4.8 Instrucciones para el uso. La etiqueta deberá contener las instrucciones que sean necesarias sobre el modo de empleo, incluida la reconstitución, si es el caso, para asegurar una correcta utilización del alimento.

5 REQUISITOS OBLIGATORIOS ADICIONALES.

5.1 Etiquetado cuantitativo de los ingredientes.

5.1.1 Cuando el etiquetado de un alimento destaque la presencia de uno o más ingredientes valiosos y caracterizantes, o cuando la descripción del alimento produzca el mismo efecto, se deberá declarar el porcentaje inicial del ingrediente (m/m) en el momento de la fabricación.

5.1.2 Asimismo, cuando la etiqueta de un alimento se destaque el bajo contenido de uno o más ingredientes, deberá declararse el porcentaje del ingrediente (m/m) en el producto final.

5.1.3 La referencia en el nombre del alimento, a un determinado ingrediente no implicará , este hecho por sí solo, que se le conceda un relieve especial. La referencia, en la etiqueta del alimento, a un ingrediente utilizado en pequeña cantidad o solamente como aromatizante, no implicará por si sola, que se le conceda un relieve especial.

5.2 Alimentos irradiados.

5.2.1 Todo alimento que haya sido tratado con radiación ionizante deberá llevar una declaración escrita indicativa del tratamiento cerca del nombre del alimento. El uso del símbolo internacional indicativo de que el alimento ha sido irradiado, según se muestra abajo es facultativo, pero cuando se utilice deberá colocarse cerca del nombre del producto.

5.2.2 Cuando un producto irradiado se utilice como ingrediente en otro alimento, deberá declararse esta circunstancia en la lista de ingredientes.

5.2.3 Cuando un producto que consta de un solo ingrediente se prepara con materia prima irradiada, la etiqueta del producto deberá contener una declaración que indique el tratamiento.

6 EXENCIONES DE LOS REQUISITOS DE ETIQUETADO OBLIGATORIOS A menos que se trate de especias y de hierbas aromáticas, las unidades pequeñas en que la superficie más amplia sea inferior a 10 cm2 podrán quedar exentas de los requisitos estipulados en las subsecciones 4.2 y 4.6 al 4.8.

7 ETIQUETADO FACULTATIVO

7.1 En el etiquetado podrá presentarse cualquier información o representación gráfica así como materia escrita, impresa o gráfica, siempre que no esté en contradicción con los requisitos obligatorios del presente reglamento, incluidos los referentes a la declaración de propiedades y al engaño, establecidos en la sección 3 PRINCIPIOS GENERALES.

7.2 Designaciones de calidad. Cuando se empleen designaciones de calidad, estas deberán ser fácilmente comprensibles, y no deberán ser equívocas o engañosas en forma alguna.

8 PRESENTACIÓN DE LA INFORMACIÓN OBLIGATORIA

8.1 Generalidades.

8.1.1 Las etiquetas que se pongan en los alimentos preenvasados deberán aplicarse de manera que no se separen del envase.

8.1.2 Los datos que deben aparecer en la etiqueta, en virtud de este reglamento o de cualquier otro reglamento nacional o del Codex Alimentarius deberán indicarse con caracteres claros, bien visibles, indelebles y fáciles de leer por el consumidor en circunstancias normales de compra y uso.

8.1.3 Cuando el envase esté cubierto por una envoltura, en esta deberá figurar toda la información necesaria, o la etiqueta aplicada al envase deberá poder leerse fácilmente a través de la envoltura exterior o no deberá estar oscurecida por esta.

8.1.4 El nombre y contenido neto del alimento deberán aparecer en un lugar prominente y en el mismo campo de visión.

8.2 Idioma.

8.2.1 Deberán redactarse en idioma español, cuando el idioma en que está redactada la etiqueta original no sea en este idioma, en vez de poner una nueva etiqueta podrá emplearse una etiqueta complementaria, que contenga la información obligatoria en el idioma español.

8.2.2 Cuando se aplique una nueva etiqueta o una etiqueta complementaria, la información obligatoria que se facilite deberá reflejar totalmente y con exactitud la información que figura en la etiqueta original.

9 CORRESPONDENCIA.

Este documento es una homologación de: *ITALIA. Comisión del Codex Alimentarius. Programa Conjunto FAO/OMS sobre Normas Alimentarias. CODEX STAN 1-1985 (Rev. 1-1991) revisada en sus 16° y 19° períodos de sesiones (1985 y 1991), y enmendada en sus 23° y 24° período* (sic) *de sesiones (1999 y 2001). (Norma Mundial).*

(Modificado por el Artículo 2° del Decreto Ejecutivo N° 33117-MEIC-S de 6 de abril de 2006. Esta modificación tiene efectos a partir del 23 de marzo de 2007)

APÉNDICE A.
DIRECTRICES GENERALES SOBRE DECLARACIÓN DE PROPIEDADES

(normativo)

A.1 FINALIDAD Y PRINCIPIOS GENERALES.

A.1.1 Estas directrices tienen por objeto citar ejemplos de declaraciones de propiedades a las que se aplican los siguientes principios:

Ningún alimento se describirá ni presentará en una forma que sea falsa equívoca o engañosa, o susceptible de crear una impresión errónea respecto de su naturaleza en ningún aspecto.

A.1.2 En lo que respecta a los alimentos preenvasados, estas directrices constituyen una ampliación de la Sección 2.l (Principios Generales) de la Norma general para el etiquetado de los alimentos preenvasados.

A.1.3 La persona que comercialice el alimento deberá poder justificar las declaraciones de propiedades hechas en relación con el mismo.

A.2 DEFINICIÓN. A efectos de estas directrices, por declaración de propiedades se entiende cualquier representación que afirme, sugiera o implique que un alimento tiene calidades especiales por su origen, propiedades nutritivas, naturaleza, elaboración, composición u otra calidad cualquiera.

A.3 DECLARACIONES DE PROPIEDADES QUE DEBEN PROHIBIRSE. Se prohiben las siguientes declaraciones de propiedades:

A.3.l Declaraciones de propiedades que afirmen que un alimento determinado constituye una fuente adecuada de todos los nutrientes esenciales, excepto en el caso de productos bien definidos, para los cuales existe una norma del nacional o del Codex que regula las declaraciones admisibles, o en caso de que las autoridades competentes hayan aceptado que el producto es una fuente adecuada de todos los nutrientes esenciales.

A.3.2 Declaraciones que impliquen que una alimentación equilibrada con alimentos ordinarios no pueden suministrar cantidades suficientes de todos los nutrientes.

A.3.3 Declaraciones de propiedades que no pueden comprobarse.

A.3.4 Declaraciones de propiedades sobre la utilidad de un alimento para prevenir, aliviar, tratar o curar una enfermedad, trastorno o estado fisiológico, excepto cuando:

a) Cumplan las disposiciones de las normas o directrices nacionales o del Codex para alimentos para regímenes especiales y se ajusten a los principios establecidos en estas directrices.

b) o bien, a falta de una norma o directriz aplicable del nacional o del Codex, estén permitidas por las leyes del país.

A.3.5 Declaraciones de propiedades que pueden suscitar dudas sobre dudas sobre la inocuidad de alimentos similares o causar o explotar el miedo del consumidor.

A.4 DECLARACIONES DE PROPIEDADES QUE INDUCEN A ERROR. Inducen a error las siguientes declaraciones de propiedades;

A.4.1 Declaraciones de propiedades sin significado, incluso los comparativos y superlativos.

A.4.2 Declaraciones de propiedades respecto a prácticas correctas de higiene, tales como "genuinidad", "salubridad", "sanidad".

A.4.3 Declaraciones de propiedades que afirman la naturaleza u origen o "biológico" de un alimento.

A.5 DECLARACIONES DE PROPIEDADES SUJETAS A CONTROL

A.5.l Deberá controlarse el uso de las siguientes declaraciones de propiedades:

a) Se podrá indicar que un alimento ha adquirido un valor nutritivo especial o superior gracias a la adición de nutrientes no medicamentosos, tan solo si dicha adición ha sido hecha fundándose en consideraciones nutricionales. Las indicaciones de este tipo estarán sujetas a la legislación que promulguen las autoridades competentes.

b) Los términos "natural", "puro", "fresco", y "casero", cuando se utilicen, deberán estar de acuerdo con las prácticas nacionales. El uso de estos términos deberá estar en consonancia con las prohibiciones establecidas en A.3.

c) Preparación ritual o religiosa de un alimento, podrá declararse siempre que el alimento se ajuste a las exigencias de las autoridades competentes religiosas o del ritual.

APÉNDICE B.
DIRECTRICES SOBRE MARCADO DE LA FECHA DE ALIMENTOS PREENVASADOS PARA USO DE LOS COMITÉS NACIONALES DE NORMALIZACIÓN DE ALIMENTOS

(normativo)

B.1 FINALIDAD DEL MARCADO DE LA FECHA. La finalidad del marcado de la fecha es dar a los consumidores una fecha que proporcione información sobre la calidad esperada del producto, suponiendo que el alimento haya estado debidamente almacenado. Esto significa que el marcado de la fecha garantiza una calidad aceptable o la inocuidad del producto.

B.2 ÁMBITO DE APLICACIÓN

B.2.1 Tan sólo el marcado de la fecha en claro, esto es una fecha clara e inconfundible que el consumidor pueda interpretar correctamente, designada de acuerdo con de las definiciones normalizadas que se dan a continuación, constituye "Marcado de la Fecha" en el sentido utilizado en estas directrices.

B.2.2 El marcado de la fecha en código para identificación del lote o cualquier otra finalidad de control no constituye "Marcado de la fecha" en el sentido utilizado en estas directrices. Sin embargo no se excluye el empleo de una fecha en claro, a efectos de control, por ejemplo, para identificación del lote, pero se debe reconocer que dicha fecha no se calificará como "Marcado de la Fecha" a no ser que haya una identificación en claro del tipo de "Marcado de la Fecha" que se define específicamente a continuación , y que el comité nacional o del Codex pertinente haya acordado que dicho "Marcado de la Fecha" es adecuado para el producto en cuestión.

B.3 DEFINICIÓN DE TIPOS DE MARCADO DE LA FECHA.

B.3.l fecha de fabricación: fecha en que el alimento se convierte en el producto descrito.

B.3.2 fecha de envasado: fecha en que el alimento se coloca en el envase en que se venderá finalmente.

Para algunos alimentos estas dos fechas serán idénticas.

B.3.3. fecha límite de venta: la fecha límite de venta es la última fecha en que se ofrece a la venta al consumidor después de la cual queda un plazo razonable de almacenamiento en la casa.

B.3.4 fecha de duración mínima ("consumir preferentemente antes de"): fecha en que, bajo determinadas condiciones de almacenamiento, si las hubiere, expira el período durante el cual el producto es totalmente comercializable y mantiene cuantas calidades específicas se atribuyen tácita o explícitamente al alimento. Sin embargo, después de esta fecha, el alimento puede ser todavía enteramente satisfactorio.

B.3.5 fecha límite de utilización (fecha límite de consumo recomendada) (fecha de caducidad): fecha en que, bajo determinadas condiciones de almacenamiento termina el periodo después del cual el producto no tendrá, probablemente, los atributos de calidad que normalmente esperan los consumidores. después de esta fecha, el alimento no se considera comercializable.

B.4 INSTRUCCIONES PARA LA CONSERVACIÓN.

B.4.1 Además de la fecha, deberán indicarse todas las condiciones especiales para la conservación del producto si depende de ellas la validez de la fecha.

B.4.2 Siempre que sea posible, las instrucciones de conservación deberán estar lo más cerca posible de la marca que indica la fecha.

B.5 INSTRUCCIONES A LOS COMITÉS NACIONALES

B.5.1 Basándose en un estudio sobre la naturaleza del alimento, los comités nacionales determinarán el tipo de Marcado de la Fecha. Deberá considerarse en primer lugar la fecha de duración mínima. Si en opinión de los Comités esta fecha no es apropiada para el producto en cuestión, dichos Comités deberán elegir entre las demás posibilidades indicadas en la sección B.3. En último término, pueden decidir que no se necesita ninguna fecha.

B.5.2 Si el comité nacional decidiera sobre una forma de Marcado de Fecha diferente de la de duración mínima o, de otro modo, que no es necesaria tal marca de fecha, la Oficina Nacional de Normas y Unidades de Medida debe recibir amplia información sobre la justificación.

B.5.3 Si el producto no es duradero en las condiciones ambientales normales se decidirá qué tipo de instrucciones de almacenamiento y conservación formarán parte de los requisitos de etiquetado incluidos en las normas. Para asegurar la validez del marcado de fecha que, en este caso depende de la manipulación del producto, se darán también instrucciones adicionales sobre la manipulación adecuada del producto durante su distribución (en el contenedor exterior).

B.6 PRESENTACIÓN DEL MARCADO DE LA FECHA EN LAS NORMAS NACIONALES

B.6.I. Cuando el comité nacional decida incluir en una Norma alguna disposición sobre la fecha de duración mínima, deberá aparecer como sigue:

La "fecha de duración mínima" (precedida de la expresión "consumir preferentemente antes de"), se declarará por medio del día, mes y año en secuencia numérica no codificada, excepto que para los productos con más de tres meses de duración, el mes y el año serán suficientes. El mes podrá indicarse por medio de letras. En el caso de productos que requieran la declaración de mes y año solamente, y el mes a indicarse sea diciembre, la expresión puede indicarse así: "final de (año de que se trate)".

B.6.2 Cuando un comité nacional decida incluir una disposición sobre Marcado de Fecha diferente de durabilidad mínima, se declarará por medio del día, mes y año, en secuencia numérica no codificada, excepto que para productos cuya duración se estima más de tres meses, el mes y año serán suficientes. El mes podrá indicarse por medio de letras en aquellos países donde tal práctica no confunda al consumidor. En el caso de productos que requieran la declaración de mes y año solamente, y el mes a indicarse sea diciembre, la expresión puede indicarse así; "final de año (año de que se trate)".

Artículo 2°.-. Permisos del Ministerio de Salud. Deberán indicarse en la etiqueta el número de licencia, código y registro del Ministerio de Salud conforme este lo determine.

Artículo 2 bis.-. Se permitirá el uso de los términos puro, natural y casero siempre que cumplan con los siguientes requisitos:

Puro: cuando los productos no contengan aditivos o sustancias extrañas a su composición reconocida y autorizada

Natural: cuando los productos no hayan sido sometidos algún proceso que modifique las características físico químicas autorizadas y reconocida

Casero: cuando los productos hayan sido fabricados de una manera artesanal comprobada.

(Artículo adicionado por el Decreto Ejecutivo N° 26829-MEIC de 9 de marzo de 1998)

Artículo 3º—El Ministerio de Economía, Industria y Comercio será, el organismo señalado para dictaminar cualquier asunto relacionado con el presente reglamento en el ámbito de sus competencias y en concordancia con lo dispuesto por la Ley de Promoción de la Competencia y Defensa Efectiva del Consumidor y su reglamento.

(Modificado por el artículo 9° del Decreto Ejecutivo N° 31700-MEIC de 16 de marzo de 2004)

Artículo 4°.-. Queda prohibido usar con fines propagandísticos y en cualquier medio publicitario, términos que no correspondan a las características y cualidades de los productos alimenticios ni estipularlos en la etiqueta correspondiente.

Artículo 5°.- Cualquier etiqueta adhesiva que se adicione a un producto, no deberá en ningún caso obstruir la información técnica original.

Artículo 6°.- DEROGADO.

(Derogado por el Artículo 3° del Decreto Ejecutivo N° 33117-MEIC-S de 6 de abril de 2006, esta derogatoria tiene efectos a partir del 23 de marzo de 2007).

> "De acuerdo con lo que disponen los artículos 9 y 12 del decreto ejecutivo N° 3892 MEIC del 18 de junio de 1974, la norma oficial a que se refiere este decreto es de cumplimiento obligatorio."

Artículo 7°.- Cualquier indicación falsa que pueda dar lugar a engaño a través de la etiqueta o en cualquier medio publicitario será sancionada por las leyes penales como adulteración o fraude, según sea el caso.

Artículo 8°.- Este decreto deroga el decreto N° 23 870 MEIC publicado en La Gaceta N° 3 del 4 de enero de 1995.

Artículo 9°.- DEROGADO

(Derogado por el Artículo 3° del Decreto Ejecutivo N° 33117-MEIC-S de 6 de abril de 2006, esta derogatoria tiene efectos a partir del 23 de marzo de 2007).

> "A toda persona que haciendo uso de este reglamento, encuentre razón sustentada para pedir su revisión, se le solicita notificarlo a la Oficina Nacional de Normas y Unidades de Medida, sin demora, aportando, de ser posible, la información correspondiente para hacer las investigaciones necesarias y tomar las previsiones del caso."

Artículo 10.- Serán sancionados de acuerdo con las leyes penales quienes incumplan con lo dispuesto en la presente norma.

Artículo 11.- Rige a partir de su publicación.

Transitorio Único. A partir de la publicación de este decreto se dará un plazo de 30 días a los interesados para que presenten a la Oficina Nacional de Normas y Unidades de Medida las etiquetas aprobadas bajo la anterior legislación para las correcciones respectivas. A partir de esa fecha las etiquetas aprobadas que no hayan hecho valer sus intereses quedarán anuladas, sin responsabilidad alguna por parte del Estado.

Dado en la Presidencia de la República, San José, a los qunice días del mes de abril de mil novecientos noventa y siete. Publíquese, JOSÉ MARÍA FIGUERES. El Ministro de Economía, Industria y Comercio. José León Desanti M.

REGLAMENTO DE ETIQUETADO NUTRICIONAL DE LOS ALIMENTOS PREENVASADOS

Decreto Ejecutivo N° 30256-MEIC-S

(Publicado en La Gaceta N° 71 de 15 de abril de 2002)

EL PRESIDENTE DE LA REPÚBLICA
Y LOS MINISTROS DE ECONOMÍA, INDUSTRIA Y COMERCIO Y DE SALUD

Con fundamento en el artículo 140, incisos 3) y 8) de la Constitución Política, artículo 28, inciso 2.b de la Ley General de Administración Pública, Ley del Sistema Internacional de Unidades, Ley N° 5292 del 9 de agosto de 1973, Ley de Promoción de la Competencia y Defensa Efectiva del Consumidor, Ley N° 7472 del 20 de diciembre de 1994, Ley de Aprobación del Acta Final en que se incorporan los Resultados de la Ronda de Uruguay de Negociaciones Comerciales Multilaterales N° 7475 del 20 de diciembre de 1994, Ley de Aprobación Tratado de Libre Comercio de los Estados Unidos Mexicanos-Costa Rica N° 7474 del 20 de diciembre de 1994, Ley General de Salud N° 5412 del 8 de noviembre de 1973 y Ley Orgánica del Ministerio de Economía, Industria y Comercio, Ley N° 6054 del 14 de junio de 1977, reformas y su reglamento.

CONSIDERANDO:

1°—Que mediante Decreto Ejecutivo N° 22646, MEIC-S publicado en La Gaceta N° 216 del 11 de noviembre de 1993, se suspendió temporalmente la eficacia y vigencia del "Reglamento Técnico RTCR: 135:1992 Norma General para el etiquetado y declaración de propiedades de alimentos preenvasados que destaque alguna cualidad nutricional"; en virtud de la necesidad de revisarlo a la luz de las nuevas disposiciones mundiales en este tema, estudio que ha concluido satisfactoriamente.

2°—Que es función del Estado velar porque la información presentada en la etiqueta y en la publicidad de los alimentos no induzca a error o engaño al consumidor.

3°—Que es derecho del consumidor contar con información correcta que le permita discernir entre los diferentes productos que se ofrecen en el mercado, con el fin de proteger su salud y la economía doméstica.

4°—Que la información nutricional incorrecta e incompleta puede inducir a engaño y afectar la salud del consumidor.

5°—Que el etiquetado nutricional es una herramienta útil para la prevención y tratamiento de algunas enfermedades.

6°—Que el etiquetado nutricional debe presentarse en un formato basado en reglamentaciones internacionales para que redunde en beneficio del consumidor y evite obstáculos técnicos al comercio.

7°—Que la Comisión del Codex Alimentarius en los lineamientos para el uso de las declaraciones nutricionales deja a criterio de cada gobierno la adopción total o parcial de los mismos. Por tanto,

DECRETAN:

Artículo 1°—Aprobar el siguiente Reglamento Técnico:

RTCR- 135:2002
ETIQUETADO NUTRICIONAL DE LOS ALIMENTOS PREENVASADOS

1. ÁMBITO DE APLICACIÓN

1.1 El presente reglamento técnico se aplica al etiquetado de todos los alimentos preenvasados únicamente cuando destaquen alguna cualidad nutricional, y a determinados aspectos relativos a la presentación de los mismos y a la declaración de propiedades referentes a dichos alimentos.

1.2 La declaración de nutrientes para los demás alimentos será voluntaria.

2. OBJETIVOS

2.1 Velar para que el etiquetado nutricional:

- facilite al consumidor datos sobre los alimentos, para que pueda discernir en el momento de hacer su elección;
- proporcione un medio eficaz para indicar en la etiqueta datos sobre el contenido de nutrientes del alimento;
- estimule la aplicación de principios nutricionales sólidos, en la preparación de alimentos, en beneficio de la salud pública;
- ofrezca la oportunidad de incluir información nutricional complementaria en la etiqueta.

2.2 Asegurar que el etiquetado nutricional no describa un producto, ni presente información sobre el mismo, que sea de algún modo falsa, equívoca, engañosa o carente de significado en cualquier aspecto.

2.3 Velar por que no se hagan declaraciones de propiedades nutricionales sin un etiquetado nutricional.

3. DEFINICIONES. Para los fines del presente reglamento se entenderá por:

3.1 Ácidos grasos monoinsaturados: son los ácidos grasos con un doble enlace, expresados como ácidos grasos libres.

3.2 Ácidos grasos poliinsaturados: son los ácidos grasos con más de un doble enlace, expresados como ácidos grasos libres.

3.3 Ácidos grasos saturados: son los ácidos grasos sin dobles enlaces, expresados como ácidos grasos libres.

3.4 Alimento de referencia: para los efectos de este reglamento, el alimento de referencia puede ser un alimento similar o diferente, pero siempre incluido dentro de la categoría del producto y que pueda sustituirlo en la dieta; ejemplo "salsa de tomate natural" como referencia para "salsa de tomate preenvasada".

3.5 Alimentos para fines de hostelería: aquellos alimentos destinados a utilizarse en restaurantes, cantinas, escuelas, hospitales e instituciones similares donde se preparan comidas para consumo inmediato.

3.6 Alimentos que destaquen alguna cualidad nutricional: aquellos alimentos preenvasados que en su etiqueta formulen declaraciones de propiedades nutricionales.

3.7 Azúcar agregado: se entiende cualesquier tipo de azúcares agregados a un alimento.

3.8 Azúcares: se entiende todos los mono y disacáridos presentes en un alimento.

3.9 Carbohidratos; hidratos de carbono; glucósidos: compuestos orgánicos de origen natural y de fórmula general Cn(H20)n.

3.10 Declaración de nutrientes o información nutricional: es la información normalizada o el listado del contenido de nutrientes de un alimento.

3.11 Declaración de propiedades comparativas: aquellas que comparan los niveles de nutrientes o el valor energético de dos o más alimentos. Ejemplos: reducido, menos que, incrementado, más que.

3.12 Declaración de propiedades nutricionales o descriptores nutricionales: es cualquier texto o representación que afirme, sugiera o implique que un alimento posee propiedades nutricionales particulares, especialmente, pero no sólo en relación con su valor energético y contenido de proteínas, grasas y carbohidratos, así como con su contenido de vitaminas y minerales. Refiérase a los Apéndices Ay B para las condiciones que se deben y sugieren, respectivamente, cumplir para su aplicación.

No constituirán declaración de propiedades nutricionales, ninguna de las siguientes condiciones:

a) La mención de sustancias en la lista de ingredientes;

b) La mención de nutrientes como parte obligatoria del etiquetado de un reglamento técnico nacional o una norma del Codex.

c) La declaración cuantitativa o cualitativa de algunos nutrientes o ingredientes en la etiqueta, si lo exige la legislación nacional.

3.13 Declaración de propiedades relativas a la función de nutrientes: aquellas que describen la función fisiológica de un nutriente en el crecimiento, el desarrollo y las funciones normales del organismo.

Ejemplos: "El calcio ayuda al desarrollo de dientes y huesos fuertes"; "La proteína ayuda a construir y reparar los tejidos corporales"; "El hierro es un factor en la formación de los glóbulos rojos"; "La vitamina E protege de la oxidación de la grasa de los tejidos corporales"; "Contiene ácido fólico: el ácido fólico contribuye al crecimiento normal del feto".

3.14 Declaración de propiedades relativas al contenido de nutrientes: aquellas que describen el nivel de un determinado nutriente contenido en un alimento.

Ejemplos: "fuente de energía"; "alto en fibra"; "bajo en grasa".

3.15 Etiquetado nutricional: toda descripción destinada, a informar al consumidor sobre las propiedades nutricionales de un alimento; comprende dos componentes: a) declaración de nutrientes. b) la información nutricional complementaria.

3.16 Fibra; fibra dietética; fibra alimentaria: es cualquier material comestible que incluye todos los polisacáridos y la lignina, no hidrolizado por las enzimas endógenas del tracto digestivo humano, determinadas según los métodos descritos en AOAC 985.29 y 991.42

3.17 Grasas: son todos los lípidos, corresponden a la suma de ácidos grasos expresados como equivalentes de triglicéridos.

3.18 Guías alimentarias: son un instrumento que traduce e integra el conocimiento científico y los hábitos alimentarios de una población y que orienta a la selección de un patrón alimentario a fin de promover un estilo de vida saludable.

3.19 Ingrediente: cualquier sustancia, incluidos los aditivos alimentarios, que se emplee en la fabricación o preparación de un alimento y esté presente en el producto final aunque posiblemente en forma modificada.

3.20 Medidas caseras; medidas comunes; medidas de cocina: son la taza, el vaso, la cuchara, la cucharadita, la pieza, la unidad, la tajada, la fracción (ejemplo:

1/4 de pastel) y otras medidas comunes como el tarro y el envase. Cuando se haga uso de estas deberá indicarse la cantidad equivalente en gramos o mililitros.

3.21 Norma general: RTCR 100:1997. Etiquetado de los alimentos preenvasados.

3.22 Nutriente esencial: se entiende toda sustancia normalmente consumida como constituyente de un alimento necesario para el crecimiento y desarrollo y el mantenimiento de una vida sana y que no puede ser sintetizada en cantidades suficientes por el cuerpo.

3.23 Nutriente: es cualquier sustancia consumida normalmente como componente de un alimento, y que:

a) Proporciona energía; o

b) Es necesaria para el crecimiento, el desarrollo y el mantenimiento de la vida; o

c) Cuya carencia hará que se produzcan cambios bioquímicos o fisiológicos característicos.

3.24 Porcentaje del valor de referencia de nutriente (%VRN): es la proporción del contenido de energía o nutrientes por 100 g o 100 mL o por porción, con respecto al VRN.

3.25 Porción: es la cantidad de alimento expresada en g, mL o medida casera que generalmente se acostumbra consumir por tiempo de comida. Refiérase al Apéndice D para cantidades sugeridas de porciones específicas de diferentes alimentos.

3.26 Preenvasado: todo alimento envuelto, empaquetado o embalado previamente, listo para ofrecerlo al consumidor o para fines de hostelería.

3.27 Proteínas: Son polímeros cuyas unidades básicas son amino o iminoácidos. Corresponden al contenido de nitrógeno total (Kjeldhal) multiplicado por el factor correspondiente según tipo de alimento.

3.28 Valor de referencia de nutriente (VRN): cantidad diaria de ingestión de energía o nutrientes recomendadas para mujeres y hombres sanos, dictadas por la FAO/OMS para fines de etiquetado.

4. ETIQUETADO OBLIGATORIO DE LOS ALIMENTOS PREENVASADOS QUE DESTAQUEN ALGUNA PROPIEDAD NUTRICIONAL. Todo alimento que en su etiquetado destaque alguna propiedad nutricional, deberá contener además de la información exigida en la Norma General, el etiquetado nutricional como se establece en el numeral 5 del presente reglamento.

El etiquetado nutricional no deberá describir ni presentar al producto en forma falsa, equívoca o engañosa o susceptible de crear una impresión errónea respecto de su naturaleza, en ninguno de los aspectos, antes bien, deberá dar a conocer las cantidades de nutrientes que contiene el producto. Dicha información no deberá hacer creer al consumidor que se conoce exactamente la cantidad que cada persona debería ingerir para mantener su salud, ni que los alimentos presentados con tal etiquetado tienen necesariamente alguna ventaja nutricional con respecto a los que no se presentan así etiquetados.

5. DECLARACIÓN DE NUTRIENTES

5.1 Nutrientes que deben declararse. Cuando se aplique la declaración de nutrientes, será obligatorio declarar la información cuantitativa siguiente:

- Valor energético

- Proteínas
- Carbohidratos (con exclusión de la fibra dietética)
- Grasas
- Cantidad total de los nutrientes específicos y otros componentes de los cuales se formulen declaraciones de propiedades
- Cualquier otro nutriente que exija la legislación nacional para un producto o grupo de productos.

5.1.1 Cuando se haga una declaración de propiedades con respecto a la cantidad o el tipo de carbohidrato, deberá incluirse la cantidad total de azúcares, además de lo prescrito en la sección 5.1. podrán indicarse también las cantidades de almidón y otros constituyentes de carbohidratos.

5.1.2 Cuando se haga una declaración de propiedades respecto al contenido de fibra dietética, deberá declararse dicha cantidad de fibra dietética.

5.1.3 Cuando se haga una declaración de propiedades respecto a la cantidad o el tipo de ácidos grasos, deberán indicarse las cantidades de ácidos grasos saturados y de ácidos grasos mono y poliinsaturados de conformidad con lo estipulado en la sección 3.14, 3.15, 3.16 y 3.17.

5.1.4 Además de la declaración obligatoria, podrán enumerarse las vitaminas y los minerales de acuerdo a los siguientes criterios:

- Cuando se aplique la declaración de nutrientes, sólo se indicarán las vitaminas y minerales que se hallan presentes en cantidades significativas.
- Como norma, al decidir qué constituye una cantidad significativa, se deberá considerar el 5% del valor de referencia del nutriente aportado a la población pertinente por 100 g o 100 mL o por la porción cuantificada en la etiqueta.

5.1.5 Cuando un producto esté sujeto a los requisitos de etiquetado de un reglamento técnico nacional, las disposiciones para la declaración de nutrientes establecidas en dicha normativa prevalecerán sobre las disposiciones del numeral 4 y de los numerales 5.1 a 5.1.4 de este reglamento, pero no deberán estar en contradicción con ellas.

5.1.6 Cálculo de nutrientes.

5.1.6.1 Cálculo de energía. La cantidad de energía se deberá calcular utilizando el siguientes factor de conversión: (4,189 kJ = 1 kcal).

	kJ/g	**kcal/g**
Carbohidratos	17	4
Proteínas	17	4
Grasas	37	9
Alcohol (Etanol)	29	7
Ácidos orgánicos	13	3

Para efectos de educar al consumidor en el uso del S.I., en la etiqueta deberá aparecer el factor de conversión.

Se permite cualquier otra información que el responsable del producto considere pertinente al respecto.

5.1.6.2 Cálculo de proteína. La cantidad de proteína que ha de indicarse, deberá calcularse utilizando la fórmula siguiente:

Proteína = contenido total de nitrógeno Kjeldahl * 6,25

A no ser que se dé un factor diferente en un reglamento técnico nacional o en el método de análisis nacional para dicho alimento.

5.2 Presentación del contenido de nutrientes.

5.2.1 La declaración del contenido de nutrientes deberá hacerse en forma numérica. Sin embargo, no se excluye el uso de otras formas de presentación.

5.2.2 La información sobre el valor energético (energía) se debe expresar en la unidad del S.I.: el joule, o su múltiplo, el kilojoule (kJ), por 100 g o 100 mL o por porción, si se indica el número de porciones contenidas en el envase. Se permite el uso de la caloría o su múltiplo, la kilocaloría (kcal) (hasta el 2004) conjuntamente con la unidad del S.I.

5.2.3 La información sobre la cantidad de proteínas, carbohidratos y grasas que contienen los alimentos podrá expresarse en gramos por 100 g o 100 mL o por porción si se indica el número de porciones contenidas en el envase.

5.2.4 La información numérica sobre vitaminas y minerales deberá expresarse en unidades del Sistema Internacional o en porcentaje del Valor de Referencia del Nutriente (VRN) de referencia o en ambas, por 100 g o por 100 mL, o por porción, si se indica el número de porciones contenidas en el envase.

La información sobre el valor energético y proteico puede expresarse también en porcentaje del VRN de referencia (%VRN). Cuando se usa el %VRN deberá indicarse el contenido energético de la dieta en que se basó el cálculo.

Cuando se utilizan valores del VRN de referencia, éstos podrán basarse en la dosis diarias de ingestión de energía y nutrientes recomendadas, dictadas por FAO/OMS para fines de etiquetado (estas recomendaciones son para hombres y mujeres adultos, sanos promedio):

Energía	kJ	8 400-10 500
Energía	kcal	2 000-2 500
Proteína	g	50
Vitamina A	µg	800
Vitamina D	µg	5
Vitamina C	mg	60
Tiamina	mg	1,4
Riboflavina	mg	1,6
Niacina	mg	18
Vitamina B6	mg	2
Ácido fólico	µg	200
Vitamina B12	µg	1
Calcio	mg	800
Hierro	mg	14
Magnesio	mg	300
Zinc	mg	15
Yodo	µg	150

Podrán utilizarse otras referencias reconocidas, siempre y cuando se indique la fuente.

5.2.5 La presencia de carbohidratos disponibles deberá declararse en la etiqueta como "carbohidratos". Cuando se declaren los tipos de carbohidratos, tal declaración deberá seguir inmediatamente, en la línea o columna, a la declaración del contenido total de los carbohidratos, puede hacerse de la forma siguiente:

"Carbohidratos, ___g, de los cuales, azúcares, ___g".

Podrá seguir: "X" ___g"

Donde X representa el nombre específico de cualquier otro constituyente de carbohidrato.

5.2.6 Cuando se declare la cantidad y tipo de ácido graso o se haga alguna mención a ellos, esta declaración deberá seguir inmediatamente a la declaración del contenido total de grasas, de conformidad con la sección 5.2.3.

Podrá utilizarse el formato siguiente:

grasas, ___g

de las cuales, ácidos grasos poliinsaturados ___g

ácidos grasos monoinsaturados ____g

y ácidos grasos saturados ___g

5.3 Tolerancias y cumplimiento.

5.3.1 Se tomará una tolerancia de ± 10 % para macronutrientes (carbohidratos, proteína y grasa), ± 20 % para minerales y para vitaminas de 20% a 60%, respecto a los valores declarados en la etiqueta.

5.3.2 Cuando el producto esté sujeto a un reglamento técnico nacional específico sobre el mismo, los requisitos establecidos por la normativa para las tolerancias aplicables a la declaración de nutrientes en la etiqueta deberán tener prioridad con respecto a este Reglamento.

5.3.3 En el Apéndice C se da una referencia para la expresión de los valores en la etiqueta.

6. INFORMACIÓN NUTRICIONAL COMPLEMENTARIA

6.1 La información nutricional complementaria tiene por objeto facilitar la comprensión del consumidor del valor nutritivo del alimento y ayudarle a interpretar la declaración sobre el nutriente. Hay varias maneras de presentar dicha información que pueden utilizarse en las etiquetas de los alimentos, tales como gráficos, cuadros y otros referidos como valores absolutos o como %VRN.

6.2 El uso de información nutricional complementaria en las etiquetas de los alimentos deberá ser facultativo y no deberá sustituir sino añadirse a la declaración de los nutrientes.

6.3 La información nutricional complementaria en las etiquetas puede ir acompañada de programas educativos al consumidor para aumentar su capacidad de comprensión, y lograr que se haga mayor uso de la información.

7. DECLARACIONES DE PROPIEDADES NUTRICIONALES

7.1 El descriptor nutricional o declaración de propiedad nutricional se indicará cerca del nombre del alimento.

7.2 Declaraciones de propiedades relativas al contenido de nutrientes:

7.2.1 Cuando se haga una declaración del contenido nutricional que esté incluida en el Apéndice A, o se haga una declaración sinónima, deberá aplicarse las condiciones especificadas en dicho apéndice para tal declaración. Para proteínas, minerales, vitaminas y fibra se sugiere aplicar las condiciones indicadas en el Apéndice B.

7.2.2. Todo alimento que no haya sido modificado en su composición, pero que por su naturaleza presenta un beneficio nutricional, podrá indicar en la etiqueta utilizando el siguiente texto "este alimento es por su naturaleza X" (X significa la característica distintiva esencial), con la condición de que dicha declaración no induzca a error al consumidor.

7.3 Declaraciones de propiedades comparativas. Se permitirán según las siguientes condiciones y basándose en el alimento tal como se ofrece para la venta, teniendo en cuenta la preparación posterior requerida para su consumo de acuerdo con las instrucciones de uso indicadas en la etiqueta.

7.3.1 Los alimentos comparados deberán ser versiones diferentes de un mismo alimento, o alimentos similares. Los alimentos que se comparan deben ser identificados claramente.

7.3.2 Se deberá indicar la cuantía de la diferencia en el valor energético o el contenido de nutrientes. La información siguiente deberá figurar cerca de la declaración comparativa:

7.3.2.1 La cuantía de la diferencia relativa a la misma cantidad de alimento se podrá expresar en porcentaje, en fracción o en una cantidad absoluta. Se deberán incluir detalles completos de la declaración establecida.

7.3.2.2 La identidad del alimento o alimentos con los cuales se compara el alimento en cuestión. El alimento o alimentos deberán describirse de modo que el consumidor pueda identificarlos fácilmente.

7.3.3 La comparación deberá basarse en una diferencia relativa de al menos 25% en el valor energético o contenido de nutrientes entre los alimentos comparados. Para los micronutrientes se acepta una diferencia del 10% en el VRN siempre que esta cantidad sea mayor al valor absoluto mínimo sugerido para "fuente de" o "bajo contenido" indicado en el Apéndice B.

7.3.4 Los términos "adicionado"; "agregado"; "más"; "extra" pueden ser utilizados en el etiquetado para describir únicamente el nivel de proteína, fibra dietética, vitaminas, minerales, si al alimento le ha sido agregado al menos un 10% del VRN por 100 g, 100 mL, o por porción, si se indica el número de porciones contenidas en el envase.

7.3.5 El uso de los vocablos "ligero" o "liviano" deberá seguir el mismo criterio para "reducido" e incluir una indicación de las características que hacen que el alimento sea "ligero" o "liviano".

7.4 Declaración de propiedades relacionadas con la adición de nutrientes esenciales a los alimentos.

7.4.1 Los términos "fortificado" o "enriquecido" pueden ser utilizados en el etiquetado cuando se adiciona al alimento uno o más nutrientes esenciales, tanto si está como si no está contenido normalmente en él, con el fin de prevenir o corregir una deficiencia demostrada de uno o más nutrientes en la población o en grupos específicos de la población.

7.4.2 El término restitución puede ser utilizado en el etiquetado cuando se adiciona a un alimento, un nutriente o nutrientes, que se hayan perdido durante su fabricación o durante los procedimientos normales de almacenamiento y manipulación, en cantidades tales que den lugar a la presencia en el alimento de las concentraciones de nutriente o nutrientes presentes en la parte comestible antes de su elaboración, almacenamiento o manipulación.

7.4.2.1 Cuando se adicione vitaminas y minerales con el fin de restaurar, restablecer o restituir el nivel de ocurrencia anterior, al tratamiento térmico en el alimento, no se podrá hacer una declaración de "fortificado" o "enriquecido".

7.5 Declaración de propiedades relativas a la función de los nutrientes.

7.5.1 Solamente deberá ser objeto de declaración de propiedades relativas a la función de un nutriente aquellos nutrientes esenciales para los cuales se haya establecido un VRN o aquellos nutrientes que se mencionan en las Guías Alimentarias oficialmente reconocidas por el Ministerio de Salud.

7.5.2 El alimento para el cual se haga una declaración debe constituir una fuente significativa del nutriente en la alimentación de acuerdo al Apéndice B.

7.5.3 La declaración de propiedades relativas a la función del nutriente deberá basarse en consenso científico aprobado por el Ministerio de Salud.

7.5.4 La declaración de propiedades no deberá sugerir o incluir ninguna declaración en el sentido de que el nutriente inducirá cura o tratamiento contra enfermedades.

7.6 Declaración de propiedades relacionadas con alimentación saludable.

7.6.1 Deberán emplearse solamente declaraciones de propiedades relacionadas con el régimen de alimentación contenido en las Guías Alimentarias.

7.6.2 Se admitirá cierta flexibilidad en la enunciación de las declaraciones de propiedades, siempre que se mantengan fieles al régimen de alimentación descrito en las directrices dietéticas.

7.6.3 Las declaraciones de propiedades referentes a "regímenes saludables" o a cualquier expresión equivalente, se considerarán como declaraciones relativas al régimen de alimentación contenido en las directrices dietéticas y deberán adaptarse a ellas.

7.6.4 La descripción de alimentos como parte de un régimen saludable, régimen equilibrado saludable, etc., no se deberá basar solamente en la selección de uno o más aspectos del alimento. Se exigirán ciertos criterios mínimos para otros nutrientes relacionados con las Guías Alimentarias.

7.6.5 No se deberán describir los alimentos como "saludables" ni presentarlos de modo que se pueda suponer que un alimento por sí solo podrá impartir salud.

7.6.6 Podrán describirse los alimentos como integrantes de una alimentación saludable a condición de que aparezca en la etiqueta una declaración que relacione el alimento con la alimentación descrita en las directrices dietéticas.

8. CORRESPONDENCIA. Para la redacción de estas directrices se tomó en cuenta:

Italia FAO/OMS Codex Alimentarius. CODEX STAN 146-1985. Norma general de etiquetado y declaración de propiedades de los alimentos preenvasados para regímenes especiales. (Norma Mundial). Italia: l985.

Italia. FAO/OMS Codex Alimentarius. CAC/GL 2 1985 (Rev.1-1993). Directrices sobre etiquetado nutricional. Italia: l998.

Italia. FAO/OMS Codex Alimentarius. CAC/GL 09-1987 (Rev. 1991). Principios generales para la adición de nutrientes esenciales a los alimentos. Italia: 1992.

Italia. FAO/OMS Codex Alimentarius. CAC/GL 23-1997. Lineamientos para el uso de declaraciones nutricionales. Italia: 1998.

Italia. FAO/OMS Codex Alimentarius. ALINORM 99/26. APÉNDICE II. Italia: 1999.

MERCOSUR-GMC-Res. N° 18/94. Res MS y AS N°3 del 11.01.95. Rotulado nutricional de alimentos envasados.

Ministerio de Salud. Guías Alimentarias para la Educación Nutricional en Costa Rica. San José, Costa Rica. Ministerio de Salud. 1997.

United States. Food and Drug Administration - Center for Food Safety and Applied Nutrition. A Food Labeling Guide. September, 1994 (Editorial revisions, June, 1999).

Apéndice A. Descriptores nutricionales para energía y nutrientes y condiciones que deben cumplirse para su aplicación.

(**Reglamentario**).

Componente	Declaración	Condición que debe cumplir
Energía	Libre	No contiene más de 21 kJ (5 kcal) por porción o por 100 g o 100 mL
	Bajo	No contiene más de 170kJ (40 kcal) por porción o por 100 g o 100 mL
	Reducido, liviano, ligero	Contiene al menos un 25% menos de energía por porción o por 100 g o 100 mL, con respecto al alimento de referencia. El alimento de referencia no debe ser bajo en energía.
Grasa	Libre	Contiene no más de 0,5 g por porción o por100 g o 100 mL
	Bajo	Contiene no más de 3 g por porción o por 100 g o 100 mL
	Reducido, liviano, ligero	Contiene al menos un 25% menos de grasa por porción o por 100 g o 100 mL, con respecto al alimento de referencia. El alimento de referencia no debe ser bajo en grasa.
Grasa saturada	Libre	Contiene no más de 0,5 g de grasa saturada y menos de 0,5 gramos de ácidos grasos trans por porción o por 100 g o 100 mL.
	Bajo	Contiene no más de 1,0 g por porción y la grasa saturada no aporta más del 15% de la energía.

	Reducido	Contiene al menos un 25% menos de grasa saturada por porción o por 100 g o 100 mL, con respecto al alimento de referencia. El alimento de referencia no debe ser bajo en grasa saturada.
Colesterol	Libre	Contiene no más de 2 mg por porción o por 100 o 100 mL. Contiene 2 g o menos de grasa saturada por porción o por 100 g o 100 mL.
	Bajo	Contiene no más de 20 mg por porción por 100 g o 100 mL. Contiene 2 g o menos de grasa saturada por porción o por 100 g o 100 mL.
	Reducido	Contiene al menos un 25% menos de colesterol por porción con respecto al alimento de referencia. El alimento de referencia no debe ser bajo en colesterol. Contiene 2 g o menos de grasa saturada por porción o por 100 g o 100 mL.
Azúcares	Libre	Contiene no más de 0,5 g por porción o por 100 g o 100 mL
	Reducido	Contiene al menos un 25% menos de azúcar por porción por 100 g o 100 mL con respecto al alimento de referencia.
Azúcar, Azúcares 21 CFR 101.60 (c)	"Sin azúcar agregado" y "Sin adición de azúcares"	Declaraciones permitidas si no se ha adicionado durante el procesamiento, azúcar o ingredientes que contengan azúcar. Se declara si el alimento no es bajo o reducido en energía.
Sodio	Libre	Contiene no más de 5mg por porción o por 100 g o 100 mL
	Bajo	Contiene no más de 140 mg por porción o por 100 g o 100 mL
	Muy bajo	Contiene no más de 35 mg por 100 g o por 100 g o 100 mL
	Reducido, liviano, ligero	Contiene al menos un 25% menos de sodio por porción o por 100 g o 100 mL con respecto al alimento de referencia.
	Sin sal	Debe ser libre de sodio

Apéndice B. Descriptores nutricionales para proteínas, fibra, vitaminas,minerales.

(**Informativo**).

Proteína	Fuente	Contiene no menos de 10% del VRN por 100 g, ó Contiene no menos de 5% del VRN por 100 ml, ó Contiene no menos del 5% del VRN por 100 kcal, ó Contiene no menos del 10% del VRN por porción del alimento
	Alto o buena fuente	Contiene dos veces los valores para fuente
Vitaminas y Minerales	Fuente	Contiene no menos del 15% del VRN por 100 g, o contiene no menos del 7,5% del VRN por 100 ml, o contiene no menos del 5% del VRN por 100 kcal, o contiene no menos del 15 del VRN por porción del alimento
	Alto o buena fuente	Contiene dos veces los valores para fuente
Fibra	Fuente	Contiene no menos de 3 g por 100 g, ó Contiene no menos de 1,5 g por 100 kcal o por porción del alimento
	Alto o buena fuente	Contiene dos veces los valores para fuente

Apéndice C. Reglas para el redondeo en la declaración de nutrientes.

(**Informativo**).

Nutriente por 100 g o 100 ml	Unidades	Redondeo
Energía	KJ	< 20 Kj se declara cero ≤ 200 kJ en incrementos de 25 kJ > 200 kJ en incrementos de 50 kJ
	kcal	< 5 kcal se declara cero ≤ 50 kcal en incrementos de 5 kcal > 50 kcal en incrementos de 10 kcal
Grasas, grasa saturada, grasa poliinsaturada y monoinsaturada:	g	≤ 5 g en incrementos de 0,5 g > 5 g en incrementos de 1 g
Colesterol	mg	< 2 mg se declara cero 2 a 5 mg "menos de 5 mg" > 5 mg en incrementos de 5 mg

Sodio y potasio	mg	< 5 mg se declara cero 5 a 140 mg en incrementos de 5 mg > 140 mg en incrementos de 10 mg
Carbohidratos, fibra dietética, fibra soluble e insoluble, azúcares, polialcoholes, otros carbohidratos, proteína	g	< 1 g "contiene menos de 1 g" o "menos de 1 g" ≤ 1 g en incrementos de 1 g
Vitaminas y minerales	%VRN	≤ 10% Vit. y Min. en incrementos de 2% ≤ 50% Vit. y Min. en incrementos de 5% > 50% Vit. y Min. en incrementos de 10%

Apéndice D. Cantidades de referencia para el cálculo de las porciones de productos específicos.

(**Informativo**)

Categoría de producto	Consumida por tiempo de comida	Declaración de la etiqueta
PARA NIÑOS E INFANTES		
1. Cereales secos e instantáneos	15 g	13 g (_ de taza)
2. Cereales preparados y listos para servir	110 g	__ g (__tazas)__
3. Otros cereales y productos de granos, listos para consumir (cereales listos para consumir, galletas, tostadas, galletas para la dentición)	7 g para niños pequeños. 20 g de cereales listo para consumir para infantes.	g (__taza(s) para cereales listos para consumir. __ unidades para los demás.
4. Almuerzos, postres, frutas, vegetales o sopas, mezcla seca	15 g	__ g (__ cucharadas), ó __ g (__ tazas).
5. Almuerzos, postres, frutas, vegetales, o sopas, listos para usar, tipo colado o "strained".	60 g	__ g (__ taza)
6. Almuerzos, postres, frutas, vegetales, o sopas listas para usar, tipo junior	110 g	__ g (__ taza)
7. Almuerzos, estofados, o sopas para niños pequeños, listos para usar	170 g	__ g (__ taza)
8. Frutas para niños pequeños listos para usar	125 g	__ g (__ taza)
9. Vegetales para niños pequeños, listos para usar	70 g	__ g (__ taza)
10. Huevos, yemas de huevo	55 g	
11. Jugos, todas las variedades	125 ml.	

	PRODUCTOS DE PANADERÍA	
1. Queques, cangrejos, tortillas, bolillos, pan de maíz	55 g	__ g (__ unidades)
2. Pan.	50 g	__ g (__ unidades) para pan en tajadas y piezas individuales. 56 g __ tajada de 2,5 cm.
3. Queques con un 35% o más de frutas o semillas vegetales	125 g	__ g (__ unidades) para unidades. __ g (__ unidades fraccionadas) para productos enteros.
4. Queques con menos del 35% de frutas o semillas o vegetales	80 g	__ g (__ unidades) para unidades. __ g (__ unidades fraccionadas) para productos enteros.
5. Queques sin relleno ni lustre	55 g	__ g (__ unidades) para unidades. __ g (__ unidades fraccionadas) para productos enteros.
6. Galletas	30 g	__ g (__ unidades).
7. Tostada francesa, panqueques	110 g preparados 40 g para la mezcla.	__ g (__ unidades). __ g (__ tazas) para la mezcla.
	BEBIDAS	
1. Carbonatadas y no carbonatadas, wine coolers y agua	250 ml	250 ml (1 vaso)
2. Café, té, endulcorado y saborizado	250 ml preparado	250 ml (1 vaso)
	CEREALES Y OTROS PRODUCTOS DE GRANOS	
1. Cereales para el desayuno	40 g de cereal, 55 g de cereal edulcorado y saborizado, 1 taza preparado	__ g (__ taza (s))
2. Cereales para el desayuno (inflados), que pesan 20 g o menos por taza	15 g	__ g (__ taza (s))
3. Cereales para el desayuno que pesan 20 g o más pero menos de 43 g por taza; cereales altos en fibra que contiene 28 g o más por 100 g.	30 g	__ g (__ taza (s))
4. Cereales para el desayuno (inflados), que pesan 43 g o más por taza	55 g	__ g (__ taza (s))
5. Germen de trigo, afrecho.	15 g	__ g (__ cucharadas) __ g (__ taza (s))
6. Harinas, harina de maíz	30 g	__ g (__ cucharadas)
7. Granos, arroz, cebada	45 g secos 140 g preparados	__ g (__ taza (s))

8. Pastas	55 g secos 140 g preparados	__ g (__ taza (s)), unidades para piezas grandes (caracoles, ravioles).
9. Almidones, almidón de yuca, de maíz, de papa	15 g	__ g (__ cucharadas)

PRODUCTOS LÁCTEOS

1. Queso colage	110 g	105 g (½ taza) para masa fina 113 g (½ taza) para masa gruesa, bajo en grasa y con frutas. __ g (½ taza) para todos los otros.
2. Queso usado principalmente como ingrediente	55 g	48 g (1/3 taza) para colage seco 62 g (¼ taza) para ricota seco.
3. Queso duro rallado, parmesano, bagaces, romano	5 g	5 g (1 cucharadita)
4. Queso, todos los demás, incluidos los quesos crema y los para untar	30 g	
5. Crema y sustitutos de la crema, fluida	15 ml	15 ml (1 cucharada)
6. Crema y sustitutos de la crema, en polvo	2 g	2 g (1 cucharadita)
7. Rompope	125 ml	125 ml (½ taza)
8. Leche condensada (sin diluir)	30 ml	30 ml (2 cucharadas)
9. Leche evaporada (sin diluir)	30 ml	30 ml (2 cucharadas)
10. Leche y bebidas cuya base es la leche, desayunos instantáneos, chocolate, leches malteadas	250 ml	250 ml (1 taza)
11. Natilla	30 g	30 ml (2 cucharadas)
12. Yogur	225 g	225 g (1 taza).

POSTRES

1. Helados cuya base es la crema, yogur congelado, conos, emparedados de helado	½ taza, incluido el barquillo y la cobertura	__ pieza(s), para productos empacados. __ g (½ taza) para los demás.
2. Helados de agua, jugos de frutas	85 g	__ pieza(s), para productos empacados. __ g (½ taza) para los demás.
3. Gelatinas, flanes, pudines	½ taza	__ pieza(s), para productos empacados. __ g (½ taza) para los demás.

HUEVOS Y SUSTITUTOS DE LOS HUEVOS

1. Mezclas de huevos,	110 g	__ g (__ piezas)

omeletes, picados.		
2. Huevos, todos los tamaños	50 g	__ g (1 grande, 1 mediano, etc)
3. Sustitutos de los huevos	50 g (cantidad para hacer un huevo grande)	__ g (__ taza(s))
ACEITES Y GRASAS		
1. Mantequilla, manteca, aceite, margarina	1 cucharada	14 g (1 cucharada para margarina, mantequilla y aceite) 13 g (1 cucharada) para manteca.
2. Aderezos para ensalada	30 g	30 g (2 cucharadas)
3. Mayonesa, untos para emparedados, aderezos tipo mayonesa.	15 g	15 ml (1 cucharada)
4. Aerosoles	0.25 g	0,25 g (apretar el botón __ segundos)
PESCADO, CARNES, AVES, CAZA Y SUSTITUTOS		
1. Sustitutos de tocineta, anchoas enlatadas, pasta de anchoas, caviar	15 g	__ g (__ piezas para productos en piezas discretas) __ g (__ cucharadita) para los demás.
2. Carnes secas	30 g	__ g (__ piezas)
3. Entradas con salsa, camarones en salsa de langosta.	140 g cocinado	__ g (__ taza)
4. Entradas sin salsa, cebiche, pescado frito	85 g cocinado 110 g crudo	__ g (__ taza)
5. Pescados, mariscos y caza enlatados	55 g	__ g (__ taza)
6. Paté, embutidos.	55 g	__ g (__ piezas) para productos discretos. __ g (__ taza) para los otros.
7. Pescado, mariscos y caza, ahumados o en salmuera	55 g	__ g (__ piezas) para productos discretos. __ g (__ taza) para los otros.
FRUTAS Y JUGOS DE FRUTAS		
1. Frutas confitadas y adobadas	30 g	__ g (__ piezas)
2. Frutas deshidratadas	40 g	__ g (__ piezas) para piezas grandes: higos, ciruelas __ g (__ tazas) para piezas pequeñas: pasas.
3. Frutas para adorno, por ejemplo cerezas	4 g	__ g (1 cereza)
4. Jugos, néctares y bebidas de frutas	250 ml	250 ml (1 vaso)
5. Jugos usados como ingrediente (jugo de limón)	5 ml	5 ml (1 cucharadita)
LEGUMBRES		
1. Frijoles, solos o en salsa	85 g	__ g (½ taza)
MISCELÁNEOS		
1. Polvo de hornear, pectina	1 g	¼ cucharadita

2. Decorado para queques, azúcar coloreado, confitillos	¼ cucharadita	__ g (¼ cucharadita)
3. Vino para cocinar	30 ml	30 ml (2 cucharadas)
4. Ligas para tragos sin alcohol	Cantidad para hacer 250 ml	__ ml (__ vaso)
5. Goma de mascar	3 g	__ g (__ piezas)
6. Sustitutos de la tocineta	7 g	__ g (__ cucharadita)
7. Sal, sustitutos de la sal, sales sazonadoras (sal de ajo)	1 g	__ g (__ cucharadita)
8. Especias y hierbas	¼ cucharadita 0,5 g si no es medible	__ g (¼ cucharadita) __ g (__piezas) si no es medible, ejemplo hojas de laurel.
	PLATOS PREPARADOS	
1. Medibles por taza, cacerolas macarrones, espaguetti en salsa, estofados	1 taza	__ g (1 taza)
2. No medibles por tazas, buratos, enchiladas, pizzas, quiche, emparedados de todo tipo.	150 g adicione 55 g para productos con salsas acompañantes (enchiladas con queso, crepas en salsa)	__ g (__ piezas) para productos de piezas discretas. __ g (__ fracción de tajada) para unidades discretas grandes.
	NUECES Y SEMILLAS	
1. Nueces y semillas de todo tipo o partidas	30 g	__ g (piezas) para piezas grandes (nueces sin pelar) __ g (__ cucharaditas) (__ taza) para piezas pequeñas.
2. Mantequillas, pastas o cremas de nueces y semillas	2 cucharaditas	__ g (2 cucharaditas)
	PAPAS	
1. Papas a la francesa, palillos	70 g preparadas. 85 g congelados. 85 g sin preparar.	70 g preparados.
2. Puré	140 g	__ g (__ taza)
3. Enteras, frescas o enlatadas	100 g frescas. 160 g enlatadas en líquido.	__ g (__ piezas) para piezas discretas. __ g (__ taza) para producto picado o tajadeados.
	ENSALADAS	
1. Papa o pasta	140 g	__ g (__ taza)
2. Otras ensaladas: frijoles, frutas, huevos, pescado, vegetales.	100 g	__ g (__ taza)
	SALSAS, "DIPS"	
1. Salsa barbecue, holandesa, tártara, salsa de natilla para untar	2 cucharadas	__ g (2 cucharadas)
2. Salsa para plato principal (salsa para espaguetti)	125 g	__ g (½ taza)
3. Otras salsas, pesto, salsa de pizza, salsa de queso.	¼ taza	__ g (¼ taza)

4. Condimentos mayores, catsup, salsa de soya, vinagre, salsa para cocteles	1 cucharada	__ g (1 cucharada)
SNACKS		
1. Todas las variedades, papas tostadas, palomitas de maíz, extruidos y soplados	30 g	__ g (__ taza). __ g (__ piezas) para productos grandes.
SOPAS		
1. Todas las variedades	250 ml	__ g (1 taza)
AZÚCARES		
1. Confites duros (para el aliento tipo menta)	2 g	__ g (__ piezas)
2. Confites duros en tubos o en mini dispensadores	5 g	__ g (__ piezas)
3. Otros confites duros	15 g	__ g (__ piezas) para piezas grandes. __ g (__ cucharadita) para piezas pequeñas.
4. Azúcar para repostería	30 g	30 g (¼ taza)
5. Miel, jaleas, mermeladas, melazas	1 cucharadita	__ g (1 cucharadita)
6. Marsmelos	30 g	__ g (__ taza)
7. Azúcar	4g	__ g (1 cucharadita)
8. Sustitutos del azúcar	Cantidad equivalente a 1cucharadita de azúcar	__ g (__ cucharadita) Para sólidos. __ g (__ gotas) para líquidos.
9. Siropes y jaleas	30 ml	30 ml (2 cucharadas)
PRODUCTOS VEGETALES		
1. Vegetales usados para decorar o dar sabor: perejil, chile dulce	15 g	__ g (__ cucharadas) para producto picado. __ g (__ piezas)
2. Cebolla, chile dulce	30 g	__ g (__ piezas) (__ taza)
3. Otros vegetales sin salsa, frescos, enlatados o congelados	85 g frescos o congelados. 95 g envasados al vacío. 130 g enlatados con líquido.	___ g (__ piezas) (__ taza)
4. Otros vegetales sin salsa, frescos, enlatados o congelados.	110 g	___ g (__ piezas) (__ taza)
5. Jugo de vegetales	250 ml	250 ml (1 vaso)
6. Aceitunas	15 g	__ g (__ piezas)
7. Encurtidos de todo tipo	30 g	30 g medida visual.
8. Pasta de vegetales, pasta de tomate	30 g	33 g (2 cucharadas) para pasta de tomate. __ g (__ cucharadas) para todos los demás.
9. Salsas o purés de vegetales ejemplo salsa de tomate, puré de tomate.	60 g	61 g (¼ taza) para salsa de tomate. 63 g (¼ de taza) para puré de tomate. __ g (¼ de taza) para los demás.

Artículo 2º—Deróguense los Decretos Ejecutivos N° 21481-MEIC-S publicado en La Gaceta N° 247 del 24 de diciembre de 1992 y el N° 22646-MEIC-S publicado en La Gaceta N° 216 del 11 de noviembre de 1993.

Artículo 3º—Para el uso de descriptores no comprendidos en esta normativa regirá el criterio del Ministerio de Salud.

Artículo 4º—Será el Ministerio de Salud el encargado de velar por el cumplimiento del presente reglamento.

Artículo 5º—A toda persona que haciendo uso de este reglamento, encuentre errores tipográficos, ortográficos, inexactitudes o ambigüedades, se le solicita notificarlo al Ministerio de Salud, sin demora, aportando, si es posible, la información correspondiente, para hacer las investigaciones necesarias y tomar las previsiones del caso.

Artículo 6º—Serán sancionados de acuerdo con las leyes penales quienes incumplan con lo dispuesto en el presente reglamento.

Artículo 7º—Rige 6 meses después de su publicación.

Dado en la Presidencia de la República. San José, a los quince días del mes de enero del dos mil dos. MIGUEL ÁNGEL RODRÍGUEZ ECHEVERRÍA. Los Ministros de Economía, Industria y Comercio, Gilberto Barrantes Rodríguez y de Salud, Rogelio Pardo Evans.

REGLAMENTO SOBRE INDICACIONES GEOGRÁFICAS Y DENOMINACIONES DE ORIGEN

Decreto Ejecutivo Nº 33743-COMEX-J

(Publicado en La Gaceta Nº 94 de 17 de mayo de 2007)

EL PRESIDENTE DE LA REPÚBLICA
LA MINISTRA DE JUSTICIA Y EL MINISTRO DE COMERCIO EXTERIOR

En uso de las facultades y atribuciones que les confieren los artículos 140, incisos 3), 18) y 20) y 146 de la Constitución Política; y con fundamento en los numerales 25, 27; párrafo primero y 28; párrafo 2, inciso b) de la Ley General de la Administración Pública, Ley Nº 6227 del 2 de mayo de 1978; y el artículo 96 de la Ley de Marcas y otros Signos Distintivos, Ley Nº 7978 del 6 de enero del 2000, y

Considerando:

I.– Que la Ley de Marcas y otros Signos Distintivos, Ley Nº 7978 del 6 de enero del 2000, contiene en su Título VIII, disposiciones concernientes a las indicaciones geográficas y denominaciones de origen, mismas que no fueron desarrolladas en el Reglamento a dicha Ley, emitido mediante el Decreto Ejecutivo Nº 30233-J del 20 de febrero de 2002, publicado en el Diario Oficial *La Gaceta* Nº 65 del 4 de abril de 2002.

II.– Que para aprovechar las ventajas competitivas que ofrecen las indicaciones geográficas y denominaciones de origen para productos y servicios propios, se requiere contar con una regulación reglamentaria particular que permita su adecuada promoción, protección y administración.

III.– Que es necesario contar con un Reglamento que regule los aspectos específicos relativos al reconocimiento y protección de indicaciones geográficas y denominaciones de origen, nacionales y extranjeras. **Por tanto,**

DECRETAN:

El siguiente,

REGLAMENTO DE LAS DISPOSICIONES RELATIVAS A LAS INDICACIONES GEOGRÁFICAS Y DENOMINACIONES DE ORIGEN, CONTENIDAS EN LA LEY DE MARCAS Y OTROS SIGNOS DISTINTIVOS, LEY Nº 7978 DEL 6 DE ENERO DEL 2000

CAPÍTULO I
Disposiciones comunes

Artículo 1º– Objeto. El presente Reglamento tiene por objeto desarrollar los preceptos contenidos en la Ley de Marcas y otros Signos Distintivos, Ley N° 7978 del 6 de enero del 2000, relativas a las indicaciones geográficas y denominaciones de origen, en particular lo referente al reconocimiento, protección y mantenimiento de las mismas, así como las funciones del Registro de la Propiedad Industrial como autoridad nacional competente en la materia de concesión e inscripción de las indicaciones geográficas y denominaciones de origen.

Artículo 2º– Definiciones. Son aplicables al presente Reglamento las siguientes definiciones:

a) *Ley de Marcas*: Ley de Marcas y otros Signos Distintivos, Ley Nº 7978 del 6 de enero del 2000 y sus reformas.

b) *Normativa de uso y administración*: conjunto de normas internas que regulan los requisitos, derechos, obligaciones, mecanismos de control, procedimientos y sanciones de los sujetos que utilizarán la indicación geográfica o la denominación de origen.

c) *Consejo regulador*: el encargado de la dirección, administración, fomento, así como de supervisar y controlar el cumplimiento de las condiciones de uso de una denominación de origen conforme a las disposiciones de la Ley de Marcas, este Reglamento, el pliego de condiciones y la normativa de uso de la misma.

d) *Pliego de condiciones*: documentación que especifica las características del producto o servicio que será designado con una indicación geográfica o denominación de origen.

e) *Reglamento*: el presente Reglamento de las Disposiciones relativas a las Indicaciones Geográficas y Denominaciones de Origen, contenidas en la Ley de Marcas y otros Signos Distintivos.

f) *Reglamento de la Ley de Marcas*: Reglamento de la Ley de Marcas y otros Signos Distintivos, Decreto Ejecutivo Nº 30233-J del 20 de febrero de 2002 y sus reformas.

g) *Registro*: el Registro de la Propiedad Industrial, dependencia del Registro Nacional.

Artículo 3º– Normas aplicables a las solicitudes. Sin perjuicio de lo previsto en la Ley de Marcas y las disposiciones contenidas en este Reglamento, en lo que corresponda, son aplicables a las solicitudes relativas a indicaciones geográficas y denominaciones de origen los artículos 3, 4, 5, 6, 7, 8, 12, 13, 14 y 15 del Reglamento de la Ley de Marcas.

CAPÍTULO II
Recepción, verificación y admisión administrativa de solicitudes

Artículo 4º– Solicitantes. Podrá solicitar el registro uno o varios productores, fabricantes o artesanos que tengan su establecimiento de producción o de fabricación en la región o en la localidad a la cual corresponde la solicitud y que su actividad este vinculada al producto o servicio que se identifica con esa denominación de origen o indicación geográfica, de conformidad con las disposiciones establecidas en el respectivo pliego de condiciones. También podrá solicitar el registro una entidad que agrupe y represente a esos productores, fabricantes o artesanos, o una autoridad pública competente. Tratándose de una autoridad pública, la solicitud deberá ser presentada por el respectivo titular o representante, de conformidad con la legislación que la regule.

Para efectos de lo previsto en el párrafo anterior, la entidad que agrupe y represente a los productores, fabricantes o artesanos podrá adoptar cualquier forma jurídica. Otros interesados podrán formar parte de esa entidad siempre y cuando cumplan con las mismas condiciones.

Artículo 5º– Impedimentos para el registro. En aplicación de los artículos 3 y 75 de la Ley de Marcas, no se concederá el registro en los siguientes casos:

a) cuando la denominación de origen sea idéntica o semejante a una marca que se hubiese registrado o cuyo registro se hubiese solicitado previamente y de buena fe en el país para distinguir productos o servicios iguales o vinculados a los que la denominación de origen designa; y

b) cuando, atendiendo a los productos designados por la denominación de origen, ésta entre en conflicto con el nombre de una variedad vegetal o de una raza animal y, por dicho motivo, pueda inducir a error al público por lo que se refiere al verdadero origen del producto.

Sin embargo, podrá registrarse una indicación geográfica o denominación de origen y permitirse su coexistencia en el mercado si el Registro considera que puede evitarse el riesgo de confusión en el público y cualquier perjuicio para la capacidad distintiva de la marca mediante el uso en el etiquetado o en la presentación de los respectivos productos de indicaciones aclaratorias suficientes. A estos efectos el Registro podrá dictar las disposiciones que fuesen necesarias para regular el uso de los signos coexistentes, previa consulta con los titulares de los mismos.

Artículo 6º– Pliego de Condiciones. A los efectos del artículo 2 y el inciso e) del artículo 76 de la Ley de Marcas, la solicitud de registro se acompañará de un pliego de condiciones técnicamente fundamentado que contendrá, según corresponda por su naturaleza, la siguiente información:

a) los productos o servicios designados con la solicitud, con indicación de sus características generales, reputación o cualidades especiales, tales como las morfoagronómicas, físico-químicas y microbiológicas que se deban exclusiva o esencialmente al medio geográfico en el cual se producen, incluyendo factores naturales y humanos;

b) mapas que delimiten la zona geográfica de producción de los productos o de la prestación de los servicios designados y los criterios seguidos para tal delimitación;

c) descripción del proceso o método de producción, elaboración, extracción, u obtención del producto, o de prestación del servicio, con indicación de sus características generales y especiales, o de sus insumos, detallando los elementos que incidan de forma directa en las cualidades o características del producto o servicio de que se trate, incluyendo los factores naturales y humanos;

d) descripción de los controles y la trazabilidad empleada para asegurar que el producto producido cumple con el pliego de condiciones;

e) los análisis o estudios técnicos que acrediten el vínculo entre los productos o servicios y el territorio, incluyendo los factores naturales y humanos, o bien, aquellos aspectos socioculturales e históricos o prácticas culturales gestores o aplicables a esos productos o servicios.

Artículo 7º– Normativa de uso y administración. La solicitud de registro deberá llevar adjunto la respectiva normativa de uso y administración, la cual deberá contener, según corresponda:

a) los requisitos que los productores, fabricantes o artesanos deben cumplir para obtener la autorización de uso y el procedimiento aplicable a las solicitudes respectivas;

b) los derechos y las obligaciones de las personas autorizadas para utilizar la indicación geográfica o la denominación de origen;

c) los mecanismos de control que se aplicarán para asegurar el uso debido;

d) la designación del consejo regulador;

e) el logotipo oficial a ser usado;

f) el procedimiento para modificar el pliego de condiciones y la normativa de uso; y

g) las sanciones aplicables por incumplimiento de las obligaciones que deben observar quienes estuvieren autorizados para usar la indicación geográfica o la denominación de origen, incluyendo las causas por las cuales procede la suspensión y la cancelación de la autorización de uso otorgada.

CAPÍTULO III
Del procedimiento

Artículo 8º– Examen de la solicitud. Recibida una solicitud, el Registro procederá a examinar si la misma cumple los requisitos de forma previstos en la Ley de Marcas y del presente Reglamento, para lo cual tendrá un plazo de quince días hábiles contados a partir de la fecha de recepción de la solicitud. De no haberse cumplido alguno de los requisitos de forma, el Registro notificará al solicitante para que subsane el error o la omisión dentro del plazo de quince días hábiles a partir de la notificación correspondiente, bajo apercibimiento de considerarse abandonada la solicitud. El Registro examinará si la solicitud entra en alguno de los casos de prohibición contemplados en el artículo 75 de la Ley de Marcas. En caso que la solicitud esté comprendida en alguna de las prohibiciones referidas, el Registro notificará al solicitante, indicándole, las objeciones que impiden el registro y dándole un plazo de treinta días hábiles, a partir de la notificación correspondiente, para que conteste. Transcurrido el plazo señalado sin que el solicitante haya contestado, o si aún habiendo respondido, el Registro estima que subsisten las objeciones planteadas, se denegará el registro mediante resolución fundamentada, para lo cual cuenta también con quince días hábiles.

Artículo 9º– Publicación. Realizado el examen de la solicitud conforme al artículo anterior, el Registro ordenará que se publique por tres veces consecutivas un aviso en el Diario Oficial *La Gaceta*, por cuenta del o los solicitantes. Dicha publicación deberá contener la siguiente información:

a) el nombre y domicilio del o los solicitantes;

b) el número de la solicitud;

c) la indicación geográfica o denominación de origen cuyo registro se solicita;

d) los productos o servicios que identifica; y

e) el contenido de la reseña de cualidades o características de conformidad con el artículo 6 de este Reglamento.

A partir de la fecha de publicación del primer aviso, cualquier persona podrá acceder al expediente para fines de información y obtener copias de los documentos contenidos en él.

Artículo 10.– Oposiciones a la solicitud. Cualquier persona interesada podrá presentar oposición contra el registro de una indicación geográfica o denominación de origen, aplicándose al efecto los procedimientos y plazos previstos en el artículo 16 de la Ley de Marcas y en las disposiciones correspondientes del Reglamento de la Ley de Marcas, en lo pertinente.

Artículo 11.– Requerimiento de criterios técnicos. Cumplidos los requisitos de forma y vencido el plazo para la presentación de oposiciones y su respectiva contestación, el Registro procederá a determinar la procedencia o no del registro, para lo cual deberá requerir el criterio técnico de fondo de centros oficiales, de educación superior, científicos, tecnológicos o profesionales, o en su defecto, de expertos independientes en la materia, atendiendo a la naturaleza del producto o servicio, a los que dará traslado del expediente completo. También, y en atención a la complejidad de la solicitud, el Registro podrá conformar un grupo de peritos de diferentes áreas para que rindan el dictamen técnico.

Los centros o expertos requeridos deberán rendir su criterio en un plazo de tres meses, prorrogable hasta por tres meses más, dependiendo de la complejidad del asunto.

El costo correspondiente a los criterios técnicos correrá por cuenta del solicitante.

No se podrá requerir el criterio técnico a quien figure como solicitante de la denominación de origen.

CAPÍTULO IV
Del reconocimiento

Artículo 12.– Resolución. Con vista en el examen efectuado, con las oposiciones y contestaciones que se hubieren presentado, los criterios técnicos vertidos, el Registro procederá a dictar la resolución de fondo. Si se resuelve declarar protegida la indicación geográfica o la denominación de origen, se ordenará su inscripción, observando, en lo que corresponda, lo previsto en el artículo 78 de la Ley de Marcas, según corresponda.

En la misma resolución se ordenará la publicación por cuenta del interesado de un aviso en el Diario Oficial *La Gaceta* y se aprobará la normativa de uso y administración.

Sobre las resoluciones definitivas del Registro se procederá de conformidad con los procedimientos establecidos en el artículo 25 de la Ley de Procedimientos de Observancia de los Derechos de Propiedad Intelectual, Ley Nº 8039 del 12 de octubre de 2000, publicada en el Diario Oficial *La Gaceta* Nº 206 del 27 de octubre de 2000.

Artículo 13.– Inscripción. La indicación geográfica y la denominación de origen reconocida se inscribirá en un registro especial, en el que figurarán tanto las nacionales y extranjeras, los números de las solicitudes, los nombres de quienes integran su consejo regulador y, si fuere el caso, su respectivo logotipo oficial.

Artículo 14.– Modificaciones al registro. Los productores, fabricantes o artesanos que tienen el derecho de usar la indicación geográfica o la denominación de origen registrada, o la entidad que los agrupe y represente, podrá solicitar al Registro la inscripción de cualquier modificación del registro, incluyendo el pliego de condiciones y la normativa de uso y administración de la denominación, según lo establecido en el artículo 7 inciso f) de este Reglamento.

Artículo 15.– Supletoriedad. Para los procedimientos relativos al examen y registro regirá supletoriamente las disposiciones sobre el registro de las marcas establecido en la Ley de Marcas y el Reglamento a la Ley de Marcas.

CAPÍTULO V
De la gestión

Artículo 16.– Funciones del Consejo Regulador. El consejo regulador podrá estar constituido o ser designado por la entidad que agrupa y representa a los productores, fabricantes o artesanos que tienen el derecho de usar la indicación geográfica o la denominación de origen registrada.

El consejo regulador, verificará que los productos y servicios que se identifiquen con una indicación geográfica o denominación de origen cumplan con los requisitos del pliego de condiciones y de la normativa de uso y administración en forma continua y permanente, sin menoscabo de la verificación que el Estado pueda realizar.

El consejo regulador deberá realizar sus funciones en forma ágil, transparente, objetiva e imparcial respecto de todos los productos o servicios sometidos a su control y podrá recurrir a los expertos y medios necesarios para tales fines.

El consejo regulador concederá las autorizaciones de uso de conformidad con el artículo 19 de este Reglamento.

Artículo 17.– Suspensión o cancelación de uso. A pedido de cualquier persona interesada o autoridad competente, el consejo regulador podrá suspender o cancelar la autorización de uso que hubiese concedido cuando alguno de sus beneficiario usara de una manera contraria a la normativa de uso y administración de la indicación geográfica o denominación de origen, o de modo que infrinja alguna norma legal. El consejo regulador tomará además las medidas que fuesen necesarias para evitar o corregir las eventuales consecuencias de uso cuya autorización se hubiese cancelado, en cuanto pudieran perjudicar la indicación geográfica o la denominación de origen, a los otros usuarios autorizados o al público.

El interesado podrá accionar en la vía judicial para determinar su derecho a uso de la indicación geográfica o denominación de origen.

Artículo 18.– Uso irregular. Los productores, fabricantes, artesanos que tienen el derecho de usar la indicación geográfica o la denominación de origen, o la entidad que los agrupa y representa, que se consideren afectados por el uso irregular de la indicación geográfica o la denominación de origen, para hacer valer sus derechos deben acudir a la vía judicial, por medio del procedimiento sumario establecido en los artículos 432 y siguientes del Código Procesal Civil. Lo anterior, sin perjuicio de los procedimientos administrativos y judiciales, que se realicen para proteger al consumidor, por los efectos reflejos de los actos de competencia desleal, en los términos del inciso d) del artículo 17 e inciso b) del artículo 53 de la Ley de Promoción de la Competencia y Defensa Efectiva del Consumidor.

CAPÍTULO VI
De las autorizaciones de uso

Artículo 19.– Autorización de uso. Las personas interesadas en utilizar una indicación geográfica o una denominación de origen deberán solicitar al consejo regulador la respectiva autorización, de conformidad con los requisitos y el procedimiento establecido en la normativa de uso y administración.

Para los efectos consiguientes, el consejo regulador deberá llevar un control de las autorizaciones de uso que conceda y de las que suspenda o cancele.

El consejo regulador deberá remitir al Registro la información sobre las autorizaciones, suspensiones y cancelaciones de uso que determine, dentro de los diez días siguientes a su determinación.

CAPÍTULO VII
Procedimiento de anulación del Registro

Artículo 20.– Procedimiento de Anulación. Todo interesado podrá denunciar al Registro cuando la indicación geográfica o la denominación de origen se encuentre comprendida en alguna de las prohibiciones previstas en la Ley de Marcas. El Registro deberá solicitar opinión tanto al consejo regulador como a la entidad o entidades que estime oportuno, los que deberán rendir dentro de los quince días siguientes contados a partir del día siguiente de la notificación.

Con vista en las opiniones recabadas, el Registro procederá a resolver sobre la procedencia o no de la anulación de conformidad con lo establecido en el artículo 81 de la Ley de Marcas.

Al proceso de anulación le serán aplicables las disposiciones establecidas en los artículos 48 y 49 del Reglamento a la Ley de Marcas y el artículo 84 de la Ley de Marcas.

CAPÍTULO VIII
Del Registro de Indicaciones Geográficas y Denominaciones de Origen Extranjeras

Artículo 21.– Indicaciones geográficas y denominaciones de origen extranjeras. Sin perjuicio de lo establecido en acuerdos internacionales de los que Costa Rica sea parte, a solicitud de la persona legitimada el Registro inscribirá las indicaciones geográficas y las denominaciones de origen de productos y servicios de otros países, sujeto a lo dispuesto en los párrafos 4, 5 y 9 del artículo 24 del Acuerdo sobre los Aspectos de los Derechos de Propiedad Intelectual relacionados con el Comercio, Anexo 1C del Acta Final en que se incorporan los Resultados de la Ronda Uruguay de Negociaciones Comerciales Multilaterales, Ley de Aprobación Nº 7475 del 20 de diciembre de 1994 y a las disposiciones pertinentes de la Ley de Marcas y otros Signos Distintivos y este Reglamento.

No obstante lo dispuesto en el párrafo final del artículo 76 de la Ley de Marcas, la exención del pago de la tasa establecida se aplicará a las autoridades públicas de todos los países miembros de la Organización Mundial del Comercio.

(Artículo modificado por el artículo 1° del Decreto Ejecutivo N° 34756 del 17 de setiembre de 2008)

Artículo 22.– Protección en el país de origen. El o los solicitantes del registro de una indicación geográfica o denominación de origen deberán acreditar mediante certificación, constancia o documento análogo la protección de la misma en su país de origen.

CAPÍTULO IX
De las Indicaciones Geográficas y Denominaciones de Origen Homónimas

Artículo 23.– Indicaciones geográficas y denominaciones de origen homónimas. En el caso de indicaciones geográficas y denominaciones de origen homónimas legítimas, el registro se condicionará a que el etiquetado o presentación de los productos permitan diferenciar cada denominación, teniendo en cuenta los usos locales y tradicionales, que los productores reciban un trato equitativo y principalmente la necesidad de eliminar los eventuales o potenciales riesgos de confusión al consumidor.

CAPÍTULO X
Garantías y protección

Artículo 24.– Protección. Sin perjuicio de lo previsto en el Acuerdo sobre los Aspectos de los Derechos de Propiedad Intelectual relacionados con el Comercio y otros acuerdos internacionales de los que Costa Rica sea parte, las indicaciones geográficas y las denominaciones de origen registradas de conformidad con la Ley de Marcas y este Reglamento quedan protegidas contra:

a) la utilización comercial, directa o indirecta, de la denominación para los productos o servicios indicados en el registro, o para productos o servicios distintos, en la medida en que tal utilización se aprovechara de la reputación de la indicación geográfica o la denominaciones de origen;

b) la usurpación, imitación, o evocación, aunque se indique el origen verdadero del producto o servicio, o si la indicación o denominación se traduce o va acompañada de una expresión aclaratoria o desvinculante tal como: “género”, “tipo”, “método”, “estilo”, “imitación”, u otra similar;

c) el uso de cualquier tipo de indicación falsa o falaz relativa a la procedencia, el origen, la naturaleza o las características esenciales de productos o servicios iguales o del mismo tipo que los designados por la indicación geográfica o denominación de origen, en el envase o en el embalaje, en la publicidad o en los documentos relativos a los productos o servicios de que se trate, así como la utilización de envases que por su presentación puedan causar un riesgo de confusión o de asociación con la indicación geográfica o la denominación de origen protegida, o un aprovechamiento indebido de la reputación o prestigio; y

d) cualquier otra práctica que pueda inducir a error a los consumidores sobre el verdadero origen del producto o servicio. Una indicaciones geográfica o denominación de origen extranjera registrada no podrá considerarse como una denominación genérica mientras esté vigente la protección en el país de origen.

CAPÍTULO XI
Disposiciones finales

Artículo 25.– Disposiciones supletorias. Para resolver cualquier situación no prevista, será aplicable en forma supletoria la Ley de Marcas y su Reglamento.

Artículo 26.– Derogatoria. Se derogan los artículos 46 y 47 del Reglamento de la Ley de Marcas y otros Signos Distintivos, Decreto Ejecutivo Nº 30233-J del 20 de febrero de 2002, publicado en el Diario Oficial La Gaceta Nº 65 del 4 de abril de 2002.

Artículo 27.– Vigencia. Este Reglamento rige a partir de la fecha de su publicación.

Dado en la Presidencia de la República.– San José, a los catorce días del mes de marzo del dos mil siete. ÓSCAR ARIAS SÁNCHEZ.- El Ministro de Comercio Exterior Marco Vinicio Ruiz y la Ministra de Justicia, Laura Chinchilla Miranda

Sección II. Publicidad de los alimentos

REGLAMENTO PARA EL CONTROL DE LA PUBLICIDAD DE ALIMENTOS

Decreto Ejecutivo N° 30094-S

(Publicado en La Gaceta N° 14 de 21 de enero de 2002)

EL PRESIDENTE DE LA REPÚBLICA
Y EL MINISTRO DE SALUD

En uso de las facultades que les confieren los artículos 140, incisos 3) y 18) de la Constitución Política; 4, 206 y 258 de la Ley General de Salud; y el 6 de la Ley Orgánica del Ministerio de Salud,

Considerando:

1°—Que es función del Estado velar por la protección de la salud de población.

2°—Que la publicidad de alimentos y bebidas requiere de un control cecial que asegure la protección de la salud de la población.

3°—Que el Estado tiene la responsabilidad de contribuir con la competitividad económica del país, evitando cualquier obstáculo técnico innecesario.

4°—Que la difusión de propaganda o publicidad comercial de - picos referentes a los alimentos son regulables en la medida en que se tr ate de proteger los derechos de terceros y el orden público y en general; sin embargo se requiere que las disposiciones reglamentarias que se dicten al respecto sean conformes con los criterios de racionalidad, razonabilidad y proporcionalidad, para que sean coherentes con el – ordenamiento jurídico y legalmente viables. Por tanto,

Decretan:

El siguiente:

REGLAMENTO PARA EL CONTROL DE LA PUBLICIDAD DE ALIMENTOS

Artículo 1°—Objetivo. El presente reglamento tiene por objeto establecer los lineamientos a seguir en cuanto a publicidad de alimentos se refiere, en materia de salud.

Artículo 2°—Ámbito de aplicación. El presente reglamento rige para todo tipo de publicidad de alimentos que se divulgue o trasmita desde y para el territorio nacional.

Artículo 3°—Definiciones. Para efectos del presente reglamento se entenderá por:

Agencia de Publicidad: Persona física o jurídica que se encarga del diseño de publicidad para productos comercializados por terceras personas.

Alimento o producto alimenticio: Toda sustancia o producto natural o elaborado, que al ser ingerido por el hombre proporcione al organismo los elementos necesarios para su mantenimiento, desarrollo o actividad y todo aquel que sin tener tales propiedades, se consuma por hábito o agrado. También se consideran alimentos a los aditivos alimentarios.

Anunciante: Persona física o jurídica que se encarga del diseño de publicidad para los productos que comercializa.

Dirección: Dirección de Registros y Controles.

Ministerio: Ministerio de Salud.

Publicidad de alimentos: Todo material empleado para divulgar, ofrecer o promocionar un alimento o producto alimenticio, incluyendo la propaganda trasmitida en radio, televisión, periódico, revistas, afiches, folletos y otros.

Responsable: Agencia de publicidad y anunciante.

Artículo 4°—Corresponde a la Dirección de Registros y Controles del Ministerio de Salud, el control en materia de salud, de la publicidad de alimentos, sin perjuicio de las atribuciones que correspondan a otras dependencias o instituciones del país, en materia de su propia competencia.

Artículo 5°—La publicidad de alimentos no requiere autorización previa por parte del Ministerio y estará sujeta al control a posterior!. Quedan a salvo aquellos productos regulados por leyes o normativa especial.

Artículo 6°—La publicidad de alimentos se ajustará a las disposiciones de la Ley General de Salud, la Ley de Promoción de la Competencia y Defensa Efectiva del Consumidor y de la normativa vigente en cuanto a etiquetado, sin perjuicio de cualquier otra normativa de carácter legal en la materia.

Artículo 7°—La Dirección podrá solicitar al responsable, cualquier información o material que considere necesario para comprobar la veracidad del material publicitario. Además los medios de comunicación tendrán a disposición del Ministerio, el material publicitario del último mes.

Artículo 8°—La Dirección queda autorizada para ordenar la suspensión y el retiro inmediatos de la publicidad de alimentos que violen las disposiciones legales y reglamentarias vigentes en la materia. Además tendrá facultad de presentar la denuncia ante la Comisión de Defensa Efectiva del Consumidor y en los Tribunales de Justicia correspondientes.

Artículo 9°—Deróguese el Decreto Ejecutivo No 20098-S del 5 de diciembre de 1990.

Artículo 10.—Rige a partir de su publicación.

Dado en la Presidencia de la República.- San José, a los dieciocho días del mes de diciembre del dos mil uno. MIGUEL ÁNGEL RODRÍGUEZ ECHEVERRÍA.- El Ministro de Salud, Dr. Rogelio Pardo Evans.

TÍTULO II. LA SALUD PÚBLICA Y LA INOCUIDAD DE LOS ALIMENTOS

CAPÍTULO I. NORMATIVA GENERAL

Sección I. Derechos y prescripciones generales sobre la salud de las personas

Sección II. Agua Potable

Sección III. Manipulación y otras disposiciones sobre los alimentos

Sección IV. Sanciones penales

CAPÍTULO II. COMECIALIZACIÓN DE LOS ALIMENTOS

Section I. Autorización de venta e importación de alimentos procesados (Registro)

Sección II. Ferias del Agricultor

Capítulo I. Normativa general

Sección I. Derechos y prescripciones generales sobre la salud de las personas

LEY GENERAL DE SALUD

Ley N° 5395
(Publicada en el Alcance N° 172 a La Gaceta N° 222 de
24 de noviembre de 1973)

LA ASAMBLEA LEGISLATIVA DE LA REPÚBLICA DE COSTA RICA

Decreta:

La siguiente:

LEY GENERAL DE SALUD

DISPOSICIONES GENERALES

Artículo 1º.- La salud de la población es un bien de interés público tutelado por el Estado.

Artículo 2º.- Es función esencial del Estado velar por la salud de la población. Corresponde al Poder Ejecutivo por medio del Ministerio de Salubridad Pública, al cual se referirá abreviadamente la presente ley como "Ministerio", la definición de la política nacional de salud, la formación, planificación y coordinación de todas las actividades públicas y privadas relativas a salud, así como la ejecución de aquellas actividades que le competen conforme a la ley. Tendrá potestades para dictar reglamentos autónomos en estas materias.

Artículo 3º.- Todo habitante tiene derecho a las prestaciones de salud, en la forma que las leyes y reglamentos especiales determinen y el deber de proveer a la conservación de su salud y de concurrir al mantenimiento de la de su familia y la de la comunidad.

Artículo 4º.- Toda persona, natural o jurídica, queda sujeta a los mandatos de esta ley, de sus reglamentos y de las órdenes generales y particulares, ordinarias y de emergencia, que las autoridades de salud dicten en el ejercicio de sus competencias orgánicas y tiene derecho a ser informada debidamente por el funcionario competente sobre las normas obligatorias vigentes en materias de salud.

Artículo 5º.- Toda persona física o jurídica, está obligada a proporcionar de manera cierta y oportuna los datos que el funcionario de salud competente le solicite para los efectos de la elaboración, análisis y difusión de las estadísticas vitales y de salud y demás estudios especiales de administración, para la evaluación de los recursos en salud y otros estudios especiales que sea necesario hacer para el oportuno conocimiento de los problemas de salud y para la formulación de las medidas de soluciones adecuadas.

Artículo 6°.- Todo habitante del país que no esté justamente impedido, tiene la obligación de concurrir al llamamiento de las autoridades sanitarias para declarar en cualquier asunto relacionado con la salud pública. Asimismo debe prestarles auxilio cuando fuere requerido por la autoridad competente.

Artículo 7°.- La presente y demás leyes, reglamentos y disposiciones administrativas relativas a la salud son de orden público y en caso de conflicto prevalecen sobre cualesquiera otras disposiciones de igual validez formal, sin perjuicio de las atribuciones que la ley confiere a las instituciones autónomas del sector salud.

Queda salvo lo dispuesto en los convenios y tratados internacionales.

Nota del compilador: Con motivo de una consulta realizada por la señora Ministra de Salud, la Procuraduría General de la República concluyó en su Dictamen N° C-160-2002 de 18 de junio de 2002, que "...**j-** El rango de la ley es determinado por la Constitución Política y deriva del rango de la función legislativa. No es posible diferenciar entre diversas clases de ley para efectos de establecer un distinto rango. Por consiguiente, no es posible establecer una jerarquía entre la Ley General de Salud y la Ley del Sistema de Calidad, por el hecho de que la primera haya sido emitida por el Pleno de la Asamblea y sea una ley de orden público. Empero, es claro que en caso de antinomia normativa, debe privilegiarse la Ley General de Salud por ser una norma de orden público."

Artículo 8°.- Los términos técnicos que se emplean en esta ley y en cualesquiera otras disposiciones de salud se entenderán en el sentido que usualmente tengan conforme a las ciencias y disciplinas a que pertenecen, a menos que se definan expresamente, de un modo especial en la ley o en los reglamentos. En caso de duda se estará administrativamente a lo que resuelva el Ministerio o el Organismo competente en su caso.

LIBRO I
DE LOS DERECHOS Y DEBERES DE LOS INDIVIDUOS CONCERNIENTES A SU SALUD PERSONAL Y DE LAS RESTRICCIONES A QUE QUEDAN SUJETAS TODAS LAS PERSONAS EN CONSIDERACIÓN A LA SALUD DE TERCEROS Y DE LA CONSERVACIÓN Y MEJORAMIENTO DEL MEDIO AMBIENTE

TITULO I.
DERECHOS Y DEBERES CONCERNIENTES A LA SALUD PERSONAL

Artículo 9°.- Toda persona debe velar por el mejoramiento, la conservación y la recuperación de su salud personal y la salud de los miembros de su hogar, evitando acciones y omisiones perjudiciales y cumpliendo las instrucciones técnicas y las normas obligatorias que dicten las autoridades competentes.

CAPITULO I.
De los derechos y deberes relativos a la promoción y conservación de la salud personal y familiar

Artículo 10. - Toda persona tiene derecho a obtener de los funcionarios competentes la debida información y las instrucciones adecuadas sobre asuntos, acciones y prácticas conducentes a la promoción y conservación de su salud personal y de la de los miembros de su hogar, particularmente, sobre higiene, dieta adecuada, orientación psicológica, higiene mental, educación sexual, enfermedades transmisibles, planificación familiar, diagnóstico precoz de enfermedades y sobre prácticas y el uso de elementos técnicos especiales.

Artículo 11.- Toda persona y en particular quienes vayan a contraer matrimonio podrán solicitar de los servicios de salud competentes, y obtener prontamente, los certificados de salud en que se acredite, mediante los exámenes que sea menester, que no padece de enfermedad transmisible o crónica o condiciones especiales que puedan poner en peligro la salud de terceras personas o de la descendencia.

Artículo 12.- Toda madre gestante tiene derecho a los servicios de información materno-infantil, al control médico durante su embarazo; a la atención médica del parto y a recibir alimentos para completar su dieta, o la del niño, durante el período de lactancia.

Artículo 13.- Los niños tienen derecho a que sus padres y el Estado velen por su salud y su desarrollo social, físico y psicológico.

Por tanto, tendrán derecho a las prestaciones de salud estatales desde su nacimiento hasta la mayoría de edad.

Los niños que presenten discapacidades físicas, sensoriales, intelectuales y emocionales gozarán de servicios especializados.

(Reformado por el artículo 74 de la Ley sobre Igualdad de Oportunidades para las Personas con Discapacidad, Nº 7600 de 2 de mayo de 1996)

Artículo 14.- Es obligación de los padres cumplir con las instrucciones y controles médicos que se les imponga para velar por la salud de los menores a su cargo y serán responsables del uso de los alimentos que reciban como suplementos nutritivos de su dieta.

Artículo 15.- Queda prohibido a toda persona comerciar con los alimentos que entreguen las instituciones estatales o privadas como complementos de dieta.

Artículo 16.- Todo escolar deberá someterse a los exámenes médicos y dentales preventivos y participar en los programas de educación sobre salud y en nutrición complementaria que deberán ofrecer los establecimientos educacionales públicos y privados.

Artículo 17.- Toda persona tiene derecho a exámenes preventivos de salud y a los servicios de diagnóstico precoz de las enfermedades crónicas debiendo en todo caso, someterse a ellos cuando la autoridad de salud así lo disponga.

Artículo 18.- Es obligación de toda persona evitar, diligentemente, los accidentes personales y los de las personas a su cargo, debiendo, para tales efectos, cumplir las disposiciones de seguridad, especiales o generales, que dicten las autoridades competentes y ceñirse a las indicaciones contenidas en los rótulos o a las instrucciones que acompañen al agente riesgoso, o peligroso, sobre su preservación, uso, almacenamiento y contraindicaciones.

Artículo 19.- Toda persona tiene derecho a solicitar de los servicios de salud, información y medios para prevenir o evitar los efectos de la dependencia personal, o de las personas a su cargo, de drogas u otras sustancias, debiendo seguir las medidas técnicas especiales que la autoridad de salud le señale para tales efectos.

CAPITULO II.
De los derechos y deberes relativos a la recuperación de la salud personal

Artículo 20.- Las personas deben proveer al restablecimiento de su salud y la de los dependientes de su núcleo familiar y tienen derecho a recurrir a los servicios de salud estatales; para ello contribuirán económicamente, en la forma fijada por las leyes y los reglamentos pertinentes.

(Reformado por el artículo 74 de la Ley sobre Igualdad de Oportunidades para las Personas con Discapacidad, Nº 7600 de 2 de mayo de 1996)

Artículo 21.- Podrá también conforme a disposiciones legales y reglamentarias recibir medicamentos, alimentos de uso terapéutico, elementos de uso médico y otros medios que fueren indispensables para el tratamiento de su enfermedad y para su rehabilitación personal o para las personas de su dependencia.

Artículo 22.- Ninguna persona podrá ser sometida a tratamiento médico o quirúrgico que implique grave riesgo para su integridad física, su salud o su vida, sin su consentimiento previo o el de la persona llamada a darlo legalmente si estuviere impedido para hacerlo. Se exceptúa de este requisito las intervenciones de urgencia.

Artículo 23.- Los trasplantes de órganos vitales sólo podrán efectuarse en establecimientos de atención médica que hayan sido especialmente autorizados por el Ministerio para tales efectos, después de comprobar que disponen de elementos profesionales especializados, de instalaciones y equipos adecuados, debiéndose cumplir, además las exigencias reglamentarias pertinentes.

Artículo 24.- Ninguna persona podrá ser sujeta a tratamiento terapéutico por persona no habilitada legalmente para hacerlo. Asimismo queda prohibido el ejercicio de toda práctica de hipnotismo que tenga por objeto el tratamiento de enfermedades de cualquier orden a quien no tenga la autorización legal correspondiente, otorgada por el Colegio de Médicos y Cirujanos de la República.

Artículo 25.- Ninguna persona podrá ser objeto de experimentación para la aplicación de medicamentos o técnicas sin ser debidamente informada de la condición experimental de éstos, de los riesgos que corre y sin que medie su consentimiento previo, o el de la persona llamada legalmente a darlo si correspondiere o estuviere impedida para hacerlo.

Artículo 26.- En ningún caso se permitirá ninguna investigación clínica terapéutica o científica peligrosa para la salud de los seres humanos.

Artículo 27.- Los padres, depositarios y representantes legales de los menores e incapaces no podrán negar su consentimiento para someter a sus representados a prácticas o tratamientos cuya omisión implique peligro inminente para su vida o impedimento definitivo, según dictamen de dos médicos.

Artículo 28.- Salvo con receta médica y para fines terapéuticos o con autorización expresa del Ministerio, queda prohibido el uso personal de sustancias estupefacientes, y de tranquilizantes, estimulantes y alucinógenos, declarados de uso restringido en convenciones internacionales, en leyes o en disposiciones dictadas por el Poder Ejecutivo.

Artículo 29.- Las personas con trastornos emocionales severos así como las personas con dependencia del uso de drogas u otras sustancias, incluidos los alcohólicos, podrán someterse voluntariamente a tratamiento especializado ambulatorio o de internamiento en los servicios de salud y deberán hacerlo cuando lo ordene la autoridad competente, por estimarlo necesario, según los requisitos que los reglamentos pertinentes determinen.

(Reformado por el artículo 74 de la Ley sobre Igualdad de Oportunidades para las Personas con Discapacidad, Nº 7600 de 2 de mayo de 1996).

Artículo 30.- Cuando la internación de personas con trastornos emocionales severos o deficiencias, toxicómanos y alcohólicos, no es voluntaria ni judicial, deberá ser comunicada por el director del establecimiento al juzgado de familia de su jurisdicción, en forma inmediata y deberá cumplir con las obligaciones y los requisitos de la curatela.

(Reformado por el artículo 74 de la Ley sobre Igualdad de Oportunidades para las Personas con Discapacidad, Nº 7600 de 2 de mayo de 1996)

Artículo 31.- Las personas con trastornos emocionales severos, los toxicómanos y los alcohólicos que no se encuentren internados en un hospital por orden judicial, podrán salir del establecimiento de conformidad con las disposiciones reglamentarias pertinentes, por egreso médico o por alta exigida a petición del paciente o de sus familiares, cuando su salida no involucre peligro para la salud o la vida del paciente o de terceros.

(Reformado por el artículo 74 de la Ley sobre Igualdad de Oportunidades para las Personas con Discapacidad, Nº 7600 de 2 de mayo de 1996)

Artículo 32.- Queda prohibido mantener a personas con trastornos emocionales severos y a toxicómanos en establecimientos públicos o privados que no estén autorizados para tal efecto por el Ministerio.

(Reformado por el artículo 74 de la Ley sobre Igualdad de Oportunidades para las Personas con Discapacidad, Nº 7600 de 2 de mayo de 1996)

Artículo 33.- Los familiares de la persona con trastornos emocionales severos o con deficiencia intelectual, física y sensorial o los familiares del toxicómano sometido a tratamiento, podrán requerir atención médico- social de los servicios de salud, con sujeción a las normas reglamentarias para los miembros del hogar del paciente.

(Reformado por el artículo 74 de la Ley sobre Igualdad de Oportunidades para las Personas con Discapacidad, Nº 7600 de 2 de mayo de 1996)

Artículo 34.- Se prohíbe a las personas comerciar con los medicamentos y otros bienes que las instituciones entreguen.

(Reformado por el artículo 74 de la Ley sobre Igualdad de Oportunidades para las Personas con Discapacidad, Nº 7600 de 2 de mayo de 1996)

Artículo 35.- Queda prohibido el comercio de los órganos o tejidos del cuerpo humano que pueda poner en peligro la salud o la vida de las personas.

Traspasos a cualquier título de órganos y tejidos del cuerpo humano sólo podrán ser efectuados con sujeción estricta a las disposiciones reglamentarias pertinentes.

Artículo 36.- Queda prohibido proceder a la sepultación o incineración de cadáveres humanos sin previo certificado de defunción otorgado en las fórmulas oficiales y de conformidad a las disposiciones reglamentarias pertinentes.

TITULO II.
DE LOS DEBERES Y RESTRICCIONES A QUE QUEDAN SUJETAS LAS PERSONAS EN CONSIDERACIÓN A LA SALUD DE TERCEROS

CAPITULO I.
Disposiciones preliminares

Artículo 37.- Ninguna persona podrá actuar o ayudar en actos que signifiquen peligro, menoscabo o daño para la salud de terceros o de la población y deberá evitar toda omisión en tomar medidas o precauciones en favor de la salud de terceros.

Artículo 38.- Las personas naturales o jurídicas que se ocupen en actividades directamente relacionadas con la salud de los individuos o que puedan influir en ella o afectarla, ya sea por la naturaleza del producto de tales actividades, de su destino o uso, o del proceso o sistema para obtenerlo, suministrarlo o para eliminar sus desechos, según proceda, deberán condicionar tales actividades a las disposiciones de la presente ley, de sus reglamentos o de las normas generales y particulares que la autoridad de salud dicte a fin de proteger la salud de la población.

Artículo 39.- El propietario y el encargado de bienes muebles o inmuebles deberán evitar las molestias y daños que puedan derivarse, para la salud de terceros, de la mala calidad o mal estado de conservación o de higiene de tales bienes.

Del mismo modo el propietario y el encargado de animales deberán evitar las molestias o daños que puedan afectar la salud ajena como consecuencia del estado de salud o de la falta de control de esos animales.

En ambos casos tales propietarios y encargados deberán tomar las medidas que la autoridad sanitaria ordene dentro del plazo que el efecto se fije, sin perjuicio de las providencias que la autoridad pueda tomar según la peligrosidad o gravedad del caso.

CAPITULO II.
De los deberes de las personas que actúan en materias directamente ligadas con la salud de las personas y de las restricciones a que quedan sujetas en el ejercicio de tales actividades

Sección I.
De los deberes y restricciones en el ejercicio de las profesiones y oficios en ciencias de la salud

Artículo 40.- Se considerarán profesionales en Ciencias de la Salud quienes ostenten el grado académico de licenciatura o uno superior en las siguientes especialidades: Farmacia, Medicina, Microbiología Química Clínica, Odontología, Veterinaria, Enfermería, Nutrición y Psicología Clínica.

(Reformado por el artículo 1° de la Ley N° 8423 de 7 de octubre 2004)

Nota del Compilador: Esta reforma además de incluir dentro de la categoría de profesiones en Ciencias de la Salud a la "Nutrición" y a la "Psicología Clínica", eliminó la segunda oración del antiguo numeral 40, la que decía:
"Sin perjuicio de las exigencias que leyes especiales y los colegios o asociaciones profesionales hagan a sus afiliados respecto a los requisitos para ejercer esas profesiones o cualesquiera otras u oficios relacionados de manera principal, incidental o auxiliar con la salud de las personas y sobre la forma honorable y acuciosa en que deben ejercerlos, limitándose al área técnica que el título legalmente conferido o la autorización pertinente les asigna, tales profesionales se entienden obligados colaboradores de las autoridades de salud, particularmente en aquellos períodos en que circunstancias de emergencia o de peligro para la salud de la población requieran de medidas extraordinarias dictadas por esa autoridad."

Artículo 41.- En todo caso, los profesionales a quienes se refiere el artículo anterior, deberán colaborar, dentro de su área de acción, en las campañas y programas del Ministerio cumpliendo y haciendo cumplir las medidas que la autoridad disponga y denunciando todo hecho o práctica que atente en contra de la salud pública.

Artículo 42.- Todo médico, en caso de epidemia, de emergencia o de desastre nacional, hasta tanto no intervenga la autoridad de salud, estará investido de autoridad suficiente para tomar las primeras medidas y requerir la colaboración obligada de las autoridades locales para hacerlas cumplir.

Artículo 43.- Sólo podrán ejercer las profesiones a que se refiere el artículo 40, las personas que tengan el título o licencia que los habilite para ese ejercicio y que estén debidamente incorporados al correspondiente colegio o inscritos en el Ministerio si ése no se hubiere constituido para su profesión.

Artículo 44.- Quedan exceptuadas de la prohibición anterior las personas que estén realizando, de conformidad a las disposiciones reglamentarias, el servicio obligatorio médico y los servicios obligatorios que se establezcan para otras profesiones de común acuerdo con los colegios respectivos, la Universidad y el Ministerio como requisito previo para la habilitación en el ejercicio de alguna de las profesiones en ciencias de la salud.

Artículo 45.- Se entiende que una persona ejerce ilegalmente una profesión u oficio en ciencias de la salud cuando provista de un título o certificado que lo habilita legalmente para su ejercicio excede las atribuciones que el correspondiente colegio profesional o el Ministerio según corresponda, hayan fijado para ese ejercicio.

Artículo 46.- Los profesionales debidamente especializados e inscritos como tales en sus respectivos colegios, podrán ejercer actividades propias de su especialidad.

Artículo 47.- Se presume de derecho que una persona ejerce ilegalmente las profesiones a que se refiere el artículo 40 cuando sin estar incorporado al respectivo colegio o careciendo de la licencia, en su caso, tenga en su poder instrumental, equipo o material requerido para el ejercicio de las profesiones aludidas, salvo que pruebe con las correspondientes patentes o permisos vigentes que se dedica al comercio legal de tales bienes. Se presume de derecho, asimismo, que una persona ejerce ilegalmente las profesiones citadas cuando careciendo del correspondiente título se anuncie o se haga pasar ostensiblemente como profesional en ciencias de la salud.

Artículo 48.- Los profesionales en Ciencias de la Salud, a que se refiere el artículo 40, sólo podrán delegar, o asociarse para delegar algunas de sus funciones a personas debidamente capacitadas, lo cual harán en todo caso bajo su responsabilidad, y conforme a lo reglamentos de esta ley y el del respectivo colegio.

Artículo 49.- Queda prohibido a todo profesional, comerciante o distribuidor, suministrar o vender aparatos, equipos, instrumental o sustancias o materiales que sean de uso exclusivo para el ejercicio de las profesiones, a que se refiere esta sección, o que están incluidos en listas restrictivas del Ministerio a personas no habilitadas legalmente para ese ejercicio.

Artículo 50.- Los profesionales o personas autorizadas para ejercer en ciencias de la salud responsables, en razón de su profesión, por la dirección técnica o científica de cualquier establecimiento de atención médica, farmacia y afines, serán responsables solidariamente con el propietario de dicho establecimiento, por las infracciones legales o reglamentarias que se cometieren en dicho establecimiento.

Artículo 51.- Se declara incompatible el ejercicio simultáneo de dos o más de las profesiones de la salud mencionadas en el artículo 40.

Artículo 52.- Sólo los médicos y los odontólogos, en ejercicio legal de sus profesiones podrán certificar el estado de salud de las personas, siempre que les conste personalmente en virtud de ese ejercicio.

Artículo 53.- Corresponde a los médicos tratantes y a los médicos oficiales la certificación de la muerte de las personas y de sus causas empleando para tal fin las fórmulas oficiales sujetas a las convenciones internacionales, salvo las excepciones reglamentarias pertinentes en caso de inopia.

Artículo 54.- Sólo podrán prescribir medicamentos los médicos. Los odontólogos, veterinarios y obstétricas, sólo podrán hacerlo dentro del área de su profesión.

Artículo 55.- Los profesionales autorizados legalmente para prescribir medicamentos y los autorizados para despacharlos, deberán atenerse a los términos de las farmacopeas declaradas oficiales por el poder Ejecutivo y quedan, en todo caso, sujetos a las disposiciones reglamentarias y a las órdenes especiales que dicho Poder dicte, para el mejor control de los medicamentos y el mejor resguardo de la salud y seguridad de las personas.

Artículo 56.- Sólo los farmacéuticos podrán despachar recetas de medicamentos, y en todo caso están en la obligación de rechazar el despacho de toda receta que no se conforme a las exigencias científicas, legales y reglamentarias.

Artículo 57.- Queda prohibida la regencia profesional de más de un establecimiento farmacéutico.

Artículo 58.- Los propietarios y regentes de toda farmacia y laboratorio clínico, quedan sujetos a la obligación de servicio nocturno y en días feriados de conformidad con las disposiciones reglamentarias pertinentes y las necesidades de la población a la cual deriven.

Artículo 59.- Los médicos están obligados a informar al Ministerio los casos de adicción a drogas que conozcan con ocasión de su ejercicio profesional y sólo podrán recetar medicamentos estupefacientes en formularios y en dosis terapéuticas oficiales para ser usadas dentro de las setenta y dos horas siguientes.

La dosis mayores y por un período más prolongado podrán ser prescritas bajo su responsabilidad, sujetándose a las disposiciones reglamentarias vigentes.

Artículo 60.- Los odontólogos y veterinarios, podrán recetar estupefacientes dentro del ejercicio de su profesión en dosis terapéuticas oficiales y para ser usadas en las setenta y dos horas siguientes como máximo.

Artículo 61.- Los mecánicos dentales limitarán su trabajo profesional a las solicitudes e instrucciones del odontólogo con quien trabajen, quedándoles prohibido ejecutar otras trabajos de odontología.

Artículo 62.- Queda prohibido el despacho de lentes graduados en dioptrías para la corrección de defectos visuales sin prescripción de un médico oftalmólogo u optometrista debidamente autorizados para el ejercicio de su profesión. Asimismo queda prohibido el despacho de dichos anteojos en establecimientos que no cuentan con la regencia de un optometrista acreditado.

Artículo 63.- Los profesionales que usen material natural o artificialmente radioactivos o aparatos diseñados para emitir radiaciones ionizantes deberán inscribirse en el Ministerio y sólo podrán actuar en establecimientos especialmente autorizados por esa administración para tales efectos.

Artículo 64.- Los profesionales en ciencias de la salud que intervengan en investigaciones experimentales científicas que tengan como sujeto a seres humanos, deberán inscribirse en el Ministerio declarando la naturaleza y fines de la investigación y el establecimiento en que se realizará.

Artículo 65.- La investigación experimental científica que tenga como sujeto a seres humanos, sólo podrá ser realizada por profesionales especialmente calificados, quienes asumirán la absoluta responsabilidad de las experiencias, en establecimientos que el Ministerio haya autorizado para tales efectos.

Artículo 66.- La investigación experimental clínica en pacientes, deberá sujetarse a las normas del Código de Moral Médica.

Artículo 67.- Ningún profesional podrá someter a un enfermo a experimentación clínica terapéutica sin informar debidamente sobre la necesidad, interés y riesgos que el experimento tiene para el paciente a fin de que éste, o la persona llamada legalmente a dar el consentimiento, lo otorguen previamente con debido conocimiento de causa.

Artículo 68.- Ningún profesional podrá someter a una persona a experimentación clínica con fines científicos sin que haya antecedentes acumulados por experiencias previas con animales y sin que el sujeto otorgue previamente su consentimiento.

Sección II.
De los deberes de las personas que operan establecimientos dedicados a la atención médica y de las restricciones a que quedan sujetas tales actividades

Artículo 69.- Son establecimientos de atención médica, para los efectos legales y reglamentarios, aquellos que realicen actividades de promoción de la salud, prevención de enfermedades o presten atención general o especializada, en forma ambulatoria o interna, a las personas para su tratamiento y consecuente rehabilitación física o mental.

Se incluyen en esta consideración, las maternidades, las casas de reposo para convalecientes y ancianos, las clínicas de recuperación nutricional, los centros para la atención de toxicómanos, alcohólicos o pacientes con trastornos de conducta y los consultorios profesionales particulares.

(Reformado por el artículo 74 de la Ley sobre Igualdad de Oportunidades para las Personas con Discapacidad, N° 7600 de 2 de mayo de 1996)

Artículo 70.- Todo establecimiento de atención médica deberá reunir los requisitos que dispongan las normas generales que el Poder Ejecutivo dicte para cada categoría de éstos, en especial, normas técnicas de trabajo y organización; tipo de personal necesario; planta física, instalaciones; equipos; sistemas de saneamiento y de eliminación de residuos y otras especiales que procedan atendiendo a la naturaleza y magnitud de la operación del establecimiento.

Artículo 71.- Toda persona natural o jurídica de derecho público o privado, propietaria o administradora de establecimientos destinados a la prestación de servicios de atención médica a las personas, deberá obtener autorización previa del Ministerio para proceder a su instalación y operación, debiendo acompañar a su solicitud los antecedentes en que se acredite que el establecimiento reúne los requisitos generales y particulares fijados por el Reglamento correspondiente y la declaración de aceptación de la persona que asumirá la responsabilidad técnica de su dirección.

Las autorizaciones serán concedidas por cinco años y toda modificación en el establecimiento requerirá, también, de autorización previa.

Artículo 72.- Los propietarios, directores o administradores de los establecimientos en que se utilice material, natural y artificialmente radioactivo o aparatos diseñados para la emisión de radiaciones ionizantes con fines de diagnóstico, de terapia médica u odontológica o de investigación científica, en forma principal o incidental a las actividades generales del establecimiento, deberán solicitar además autorización especial para cada tipo de operación.

La autorización de funcionamiento será concedida por el Ministerio una vez aprobadas las condiciones especiales de las instalaciones; cada aparato o unidad de los equipos; los medios de control, conservación y mantenimiento de los materiales; los sistemas de protección para el personal, y para terceros si procediere y cuando las instalaciones permitan por su estructura cumplir con las normas de seguridad reglamentarias y cuando cada unidad de equipo reúna las exigencias reglamentarias particulares a su tipo y período de uso.

Artículo 73.- Del mismo modo el permiso de funcionamiento de los establecimientos en que se hagan trasplantes de órganos vitales se concederá por el Ministerio, una vez que se compruebe que éste dispone de las instalaciones y equipos necesarios, y que se haya presentado declaración de los profesionales especializados que tendrán la responsabilidad técnica de tales operaciones.

Artículo 74.- Los directores y administradores de los establecimientos de atención médica deberán velar por el correcto y acucioso funcionamiento del sistema de ingresos y egresos de pacientes y por el correspondiente archivo de expedientes clínicos, debiendo entregar al Ministerio, en la oportunidad y dentro del plazo que determinen el reglamento o la autoridad de salud competente, las informaciones estadísticas requeridas.

Artículo 75.- Los directores de establecimientos de atención médica deberán informar, dentro de las veinticuatro horas siguientes, a la autoridad competente los nacimientos y defunciones ocurridos en éstos y los casos de toxicomanías atendidos.

Artículo 76.- Los directores y administradores de los establecimientos de atención médica velarán por el estricto cumplimiento de las medidas y órdenes destinadas a impedir la difusión de enfermedades transmisibles dentro del establecimiento y a la comunidad.

Artículo 77.- Todo establecimiento de atención médica, similares y afines podrá ser intervenido o clausurado, según la gravedad del caso, por la autoridad de salud competente cuando se observare un incremento en la tasa de infecciones que a su juicio pudiere constituir peligro para la salud de los pacientes, de su personal o de terceros.

Artículo 78.- Todo establecimiento de atención médica similares o afines podrá ser clausurado temporal o definitivamente cuando funcione en forma antirreglamentaria o con peligro para la salud de los pacientes, del personal o de terceros, a juicio del Ministerio.

Artículo 79.- Podrán ser dedicados a fines de investigación científica y estudios anatomopatológicos los cadáveres de las personas fallecidas en establecimientos asistenciales que no hayan sido reclamados dentro del plazo reglamentario.

Artículo 80.- Nadie podrá oponerse a las autopsias que se practiquen de conformidad con las disposiciones reglamentarias correspondientes. El embalsamiento de cadáveres humanos solamente podrá ser realizado por anatomopatólogos debidamente registrados en el Colegio de Médicos y Cirujanos.

Sección III.
De los deberes de las personas que operan establecimientos dedicados a las acciones auxiliares, complementarias o de apoyo a la atención médica y de las restricciones a que quedan sujetas tales actividades

Artículo 81.- Son establecimientos auxiliares, complementarios o de apoyo de las acciones de salud aquellos que proporcionan servicios o suministran bienes materiales especiales, necesariamente requeridos para la consecución de tales acciones.

Artículo 82.- La producción, abastecimiento y suministro adecuado y oportuno de medicamentos de pureza, potencia, eficacia y seguridad técnicamente requeridas, así como la validez de los análisis y la bondad de artefactos e instrumentos de uso médico, son elementos básicos para una prevención y terapia eficaz de las enfermedades y para la rehabilitación del paciente. En consecuencia, las personas naturales o jurídicas que se ocupen de tales actividades deberán poner la mayor acuciosidad en sus tareas y el máximo de su diligencia en evitar omisiones en el cumplimiento de las disposiciones legales o reglamentarias pertinentes o de las órdenes que el Poder Ejecutivo dicte regulando tales actividades en resguardo del interés público.

Párrafo I.
De los requisitos para operar Laboratorios de Salud y de las restricciones a que quedan sujetas tales actividades

Artículo 83.- Los laboratorios de Microbiología y Química Clínica son:

a. **Laboratorios de Análisis Químico-Clínicos**: Todos aquellos que ofrezcan sus servicios para efectuar tomas de muestra o análisis comprendidos en las materias citadas en la Ley Constitutiva y Reglamento del Colegio de Microbiólogos Químicos Clínicos de Costa Rica o en cualesquiera de su ramas o especialidades;

b. **Bancos de Sangre**: Todo establecimiento en que se obtenga, conserve, manipule y se suministre sangre humana y sus derivados; y

c. **Laboratorios de Biológicos**: Aquellos que para la elaboración de su productos utilicen microorganismos o sus toxinas, o sangre y sus derivados.

Tales establecimientos deberán funcionar bajo la regencia de un profesional, incorporado al Colegio de Microbiólogos Químicos Clínicos, que será responsable de la operación del establecimiento. El reglamento indicará en cuáles casos se requerirá la regencia de un profesional microbiólogo químico clínico especializado. Será solidario en tal responsabilidad el propietario del establecimiento.

Artículo 84.- Para establecer y operar laboratorios de microbiología y química clínica, patológicos y de cualquier otro tipo que sirva para el diagnóstico, prevención o tratamiento de enfermedades o que informe sobre el estado de salud de las personas, ya sean de carácter público, privado, institucional, o de otra índole, necesitan, el inscribirse en el Ministerio, presentar los antecedentes, certificados por el Colegio respectivo, en que se acredite que el local, sus instalaciones, el personal profesional y auxiliar y la dotación mínima de equipo, materiales y reactivos de que disponen, aseguran la correcta realización de las operaciones en forma de resguardar la calidad y validez técnica de los análisis y de evitar el desarrollo de los riesgos para la salud del personal o de la comunidad, particularmente, los derivados del uso de materiales radioactivos o de especímenes de enfermedades transmisibles y de su consecuente eliminación.

Artículo 85.- La autorización de funcionamiento u operación se concederá una vez que el interesado acredite haber cumplido con todas las exigencias reglamentarias o las que se le puedan haber hecho especialmente, con motivo de su solicitud de instalación y durará dos años a menos que la falta de un profesional responsable, las infracciones que se cometan, o la evidencia de riesgos para las personas, ameriten la clausura temporal del establecimiento o la cancelación definitiva de la autorización. La fiscalización de estos establecimientos será hecha por el Colegio respectivo, sin perjuicio de las facultades de control y vigilancia del Ministerio.

Artículo 86.- Todo cambio en la regencia, propiedad del establecimiento o en sus operaciones o instalaciones requerirá, previa autorización del Colegio respectivo, la inscripción en el Ministerio.

Artículo 87.- La persona responsable de la dirección técnica de un laboratorio queda obligada a declarar al Ministerio, el origen de los materiales que se utilicen en los procedimientos y los medios de que dispone para su conservación y producción de los reactivos.

Artículo 88.- Toda persona autorizada que practique análisis o pruebas especiales en laboratorios privados, deberá ajustar su trabajo a las normas y pautas que fije el Laboratorio Oficial y quedará sujeta a la supervisión de este organismo.

Artículo 89.- El director de todo laboratorio queda obligado a denunciar a la autoridad sanitaria competente, de conformidad con las disposiciones reglamentarias, la presencia de agentes causales de enfermedades declaradas de denuncia obligatoria o de interés sanitario por el Ministerio.

Párrafo II.
De los requisitos para operar bancos de sangre y de las restricciones a quedan sujetas tales actividades

Artículo 90.- Toda persona natural o jurídica que desee instalar y operar un Banco de Sangre, necesita, previa autorización del Colegio de Microbiólogos Químicos Clínicos, la inscripción en el Ministerio. Los servicios de transfusión, requerirán una autorización especial del Ministerio.

Artículo 91.- Para establecer y operar bancos de sangre los interesados deben declararla al inscribirse en el Ministerio, la naturaleza y técnica de los procesos que proponen realizar y acompañar los antecedentes certificados por el Colegio de Microbiólogos Químicos Clínicos, en que se acredite que el establecimiento reúne las condiciones reglamentarias exigidas para su buen funcionamiento, esencialmente en cuanto a la persona que responderá técnicamente de la operación; a las instalaciones y equipos adecuados para su elaboración, manipulación, clasificación y conservación de la sangre y de sus derivados, así como la identificación, estado de salud y registro de los donadores de sangre.

La fiscalización de estos establecimientos quedará a cargo del Colegio de Microbiólogos Químicos Clínicos, sin perjuicio de las facultades de control y vigilancia del Ministerio.

Artículo 92.- Los cambios en la regencia profesional, actividades o instalación de los bancos de sangre requerirán, previa autorización del Colegio de Microbiólogos Químicos Clínicos, la inscripción en el Ministerio.

Artículo 93.- La sangre humana, plasma o sus derivados podrán utilizarse sólo para fines terapéuticos médico-quirúrgicos y bajo prescripción médica.

En caso de desastre nacional o de emergencia el Ministerio podrá hacer uso de las reservas de sangre o de sus derivados existentes en los bancos de sangre públicos o privados.

Artículo 94.- Queda prohibido a los establecimientos privados la exportación de sangre humana, plasma y sus derivados, salvo en casos de emergencia calificados a juicio del Ministerio.

Párrafo III.
De los medicamentos, de los requisitos para operar establecimientos farmacéuticos y de las restricciones a que quedan sujetas tales actividades

Artículo 95.- Los establecimientos farmacéuticos son:

a. **Farmacia**, aquel que se dedica a la preparación de recetas y al expendio y suministro directo al público de medicamentos.

b. **Droguería**, aquel que opera en la importación, depósito, distribución y venta al por mayor de medicamentos, quedando prohibido realizar en éstos el suministro directo al público y la preparación de recetas.

c. **Laboratorio Farmacéutico o Fábrica Farmacéutica**: aquel que se dedica a la manipulación o elaboración de medicamentos, de materias primas cuyo destino exclusivo sea la elaboración o preparación de los mismos y a la manipulación o elaboración de cosméticos; y

d. **Botiquín**, el pequeño establecimiento destinado, en forma restringida, únicamente al suministro de medicamentos que el Ministerio autorice, oyendo previamente el criterio del Colegio de Farmacéuticos. En el caso de medicamentos para uso veterinario, será necesario además, oír previamente el criterio del Colegio de Médicos Veterinarios.

Artículo 96.- Todo establecimiento farmacéutico requiere de la regencia de un farmacéutico para su operación, a excepción de los botiquines y de los laboratorios farmacéuticos que se dediquen exclusivamente a la fabricación de cosméticos que no contengan medicamentos. Los establecimientos exclusivamente de medicamentos para uso veterinario, en casos especiales, pueden ser regentados por un Médico Veterinario. Para tales efectos se considera regente al profesional que de conformidad con la ley y los reglamentos respectivos, asume la dirección técnica y científica de cualquier establecimiento farmacéutico. Tal regente es responsable de cuanto afecte la identidad, pureza y buen estado de los medicamentos que se elaboren, preparen, manipulen, mantengan y se suministren, así como de la contravención a las disposiciones legales y reglamentarias que se deriven de la operación de los establecimientos.

Es solidario en esta responsabilidad el dueño del establecimiento.

Artículo 97.- La instalación y operación de los establecimientos farmacéuticos necesitan de la inscripción en el Ministerio, previa autorización y registro en el Colegio de Farmacéuticos. En el caso de establecimientos farmacéuticos de medicamentos para uso veterinario será necesario además, la autorización y registro en el Colegio de Médicos Veterinarios.

Las personas naturales y jurídicas que deseen instalar un establecimiento farmacéutico deberán acompañar a su solicitud los antecedentes sobre las instalaciones, equipos y el profesional que asumirá la regencia, según corresponde reglamentariamente.

Artículo 98.- Para la instalación y operación de laboratorios o de fábricas de medicamentos los interesados deberán acreditar, además de lo estipulado en el artículo anterior, que la planta física, las instalaciones, los equipos y las materias primas y el personal, son adecuadas para la operación y que ésta se hará con estricto cumplimiento de las normas de calidad y control de los medicamentos.

Artículo 99.- Los propietarios o administradores de los laboratorios que se dediquen a la elaboración o manipulación de medicamentos de origen biológico o inyectables deberán acreditar, también, que disponen de los elementos necesarios para realizar todas las pruebas que aseguren la identidad, eficacia, seguridad y esterilidad del producto, según corresponda y que existen los medios adecuados para la seguridad de su personal y los de conservación de los cultivos y de los animales que se utilicen.

Artículo 100.- El permiso de operación que se conceda a los establecimientos farmacéuticos será válido por dos años a menos que la falta de regente o las infracciones que se cometan ameriten su clausura por el Colegio de Farmacéuticos o por el Ministerio. La fiscalización de estos establecimientos será hecha por el Colegio de Farmacéuticos sin perjuicio de las facultades de control y vigilancia del Ministerio.

Artículo 101.- La elaboración, manipulación, venta, expendio, suministro y depósito de los medicamentos sólo podrán hacerse en establecimientos farmacéuticos debidamente autorizados y registrados.

Artículo 102.- La importación de medicamentos y su distribución sólo serán permitidas a las personas jurídicas o físicas inscritas en el Ministerio, previa autorización y registro en el Colegio de Farmacéuticos, de conformidad con las disposiciones legales y reglamentarias correspondientes.

Artículo 103.- En todo caso, el Gobierno Central y las instituciones públicas con funciones de salud podrán, directamente importar, elaborar, manipular, almacenar, vender o suministrar medicamentos, materias primas o materiales médico-quirúrgicos, cuando el cumplimiento de sus programas o situaciones de emergencia lo requieran, con la sola aprobación del Ministerio, conforme al Reglamento respectivo.

Artículo 104.- Se considera medicamento, para los efectos legales y reglamentarios, toda sustancia o productos naturales, sintéticos o semi-sintéticos y toda mezcla de esas sustancias o productos que se utilicen para el diagnóstico, prevención, tratamiento y alivio de las enfermedades o estados físicos anormales, o de los síntomas de los mismos y para el restablecimiento o modificación de funciones orgánicas en las personas o en los animales.

Se incluyen en la misma denominación y para los mismos efectos los alimentos dietéticos y los alimentos y cosméticos que hayan sido adicionados con sustancias medicinales.

No se consideran medicamentos las sustancias referidas en el párrafo primero cuando se utilizaren para análisis químicos y químico-clínicos, o cuando sean usadas como materia prima en procesos industriales.

Todo medicamento deberá ajustarse a las exigencias reglamentarias particulares que por su naturaleza les son exclusivamente aplicables, además de las generales que se establecen para todo medicamento en la presente ley.

Artículo 105.- Los medicamentos pueden ser presentados para su uso, comercio, distribución y suministro con nombre genérico o con nombre registrado.

Son de nombre genérico aquellos medicamentos puros, presentados en fórmula farmacéutica o singularmente, designados con un nombre técnico general reconocido por las farmacopeas oficiales o por obras técnicas de reconocida autoridad. El medicamento de nombre genérico puede ser simple o puede ser una fórmula constituida por dos o más medicamentos de nombre genérico.

Son medicamentos de nombre registrado aquellos que se entregan al comercio y uso bajo un nombre particular de invención y bajo marca de fábrica registrada.

Para los efectos legales y reglamentarios se considerarán medicamentos los cosméticos que, presentados bajo nombre genérico o registrado tengan actividad medicamentosa o tóxica y se destinen a la preservación o modificación de la apariencia personal mediante la alteración o su influencia en la estructura o función de cualquier organismo o tejido del cuerpo humano.

Artículo 106.- Se considera que un medicamento puede, legalmente, ser destinado al comercio, al uso y consumo públicos, cuando satisfaga las exigencias reglamentarias, o de la farmacopea declarada oficial por el Poder Ejecutivo en cuanto a su identidad y calidades, seguridad y eficacia para los fines que se lo use, consuma o prescriba y en cuanto a que las personas naturales o jurídicas responsables que se ocupan de su importación, comercio, manipulación, distribución y prescripción, hayan cumplido con los requisitos legales y reglamentarios pertinentes a cada una de estas acciones.

Artículo 107.- Queda prohibido la importación, elaboración, comercio, distribución o suministro a cualquier título, manipulación, uso, consumo y tenencia para comerciar, de medicamentos deteriorados, adulterados o falsificados.

Artículo 108.- Queda prohibido la importación, comercio, uso o suministro de medicamentos que se encuentran en proceso de experimentación, salvo en las condiciones y circunstancias y por el tiempo que el Ministerio lo autorice.

Artículo 109.- Se entiende por medicamento deteriorado, para los efectos legales y reglamentarios, aquel que por cualquier causa ha perdido o disminuido su seguridad, potencia o pureza.

Se presume de pleno derecho el deterioro, en aquellos medicamentos que se comercien, distribuyan o suministren vencido el plazo de duración que señala su envase o envoltura.

Artículo 110.- Es medicamento adulterado, para los efectos legales y reglamentarios:

a. El que se venda bajo designación aceptada por la farmacopea oficial y no corresponda a su definición o identidad ni satisfaga las características que la farmacopea le atribuye en cuanto a sus cualidades.

b. El que se venda bajo denominación no incluida en la farmacopea oficial y no corresponda en identidad, pureza, potencia y seguridad al nombre y a las calidades con que se anuncia en su rotulación o en la propaganda.

c. El que se presente en envases o envolturas no permitidas reglamentariamente por estimarse que pueden adicionar sustancias peligrosas al medicamento o que pueden reaccionar con éste de manera que alteren sus propiedades.

d. El que contenga colorantes u otros aditivos estimados técnicamente peligrosos para ser agregados a ese tipo particular de medicamento.

e. El que haya sido elaborado, manipulado o almacenado en establecimientos no autorizados o en condiciones antirreglamentarias.

Artículo 111.- Se considerará falsificado, para los efectos legales y reglamentarios, todo medicamento:

a. Que se venda en un envase o envoltura original o bajo nombre que no le corresponde.

b. Cuando en su rotulación o etiqueta no se incluya el contenido obligatorio reglamentario.

c. Cuando su rotulación, o la información que lo acompaña, contenga menciones falsas, ambiguas o engañosas respecto de su identidad, composición, cualidades, utilidad o seguridad.

Artículo 112.- Toda persona física o jurídica sólo podrá importar, fabricar, manipular, comerciar o usar medicamentos registrados en el Ministerio y cuyo registro haya satisfecho las exigencias reglamentarias, en especial las relativas a: la naturaleza y cantidad de la información requerida sobre el medicamento o producto sometido a registro; la entrega de muestras necesarias para practicar los análisis que haya menester, a las pertinentes al nombre con que se identificará el producto; al contenido de la rotulación; al tipo de envases o envolturas que se usarán y al pago de las tasas que indique el arancel pertinente.

Artículo 113.- El registro de todo medicamento se hará ante el Ministerio donde se practicará la inscripción cuando proceda según las disposiciones reglamentarias correspondientes.

Dicha inscripción estará a cargo de un Organismo Técnico cuya integración y funciones serán determinadas por la Ley Orgánica del Ministerio y el Reglamento respectivo.

Artículo 114.- El registro de todo medicamento durará cinco años, salvo que las infracciones en la elaboración, comercio o uso en que haya incurrido su titular, o experiencias demostrativas de que el productores inseguro o ineficaz en los términos en que fue autorizado y registrado, hagan procedente su cancelación o la modificación que corresponda.

Artículo 115.- Toda modificación en el nombre de un medicamento, en su fórmula, en la forma de su dosificación, en el envase y contenido de la rotulación que le acompaña, o en la publicidad, requerirá de permiso previo del Ministerio.

Artículo 116.- Los medicamentos de nombre registrado, para los efectos de su importación, comercio y distribución en el país, requieren para su inscripción comprobante de registro sanitario en el país de origen y comprobante de análisis correspondientes al producto, extendido por un laboratorio nacional o extranjero, que a juicio del Ministerio, garantice su identidad y su calidad, de acuerdo a la farmacopea oficial o textos técnicos de reconocida autoridad; este último comprobante puede ser también extendido por el laboratorio de control de productos químicos y farmacéuticos de la propia casa fabricante.

Los medicamentos de nombre genérico requieren para su inscripción y para los mismos efectos señalados en el párrafo anterior, comprobante de análisis que garantice su identidad y calidad, de acuerdo a la farmacopea oficial o textos técnicos de reconocida autoridad, extendido este comprobante en la misma forma y condiciones indicadas en el párrafo anterior.

El Ministerio podrá exonerar de las pruebas citadas anteriormente, cuando se trate de un producto conocido y que por su propia naturaleza haga innecesario aquellos requisitos; o bien, en el caso de medicamentos no descritos en la farmacopea oficial o textos técnicos de reconocida autoridad, sean productos farmacéuticos de marca registrada o medicamentos de nombre genérico, podrá exigir las pruebas que sean necesarias para la comprobación de identidad, de la calidad y de la eficacia terapéutica y biofarmacéutica del producto.

Artículo 117.- El Ministerio de Salud, la Caja Costarricense de Seguro Social y cualquier otra entidad estatal, con funciones de salud pública o seguridad social, podrán adquirir medicamentos no registrados, en cualquier momento o circunstancia. En caso de urgencia o de necesidad pública, ese Ministerio podrá autorizar la importación de medicamentos no registrados.

Para fines exclusivos de investigación, podrá autorizarse la importación, producción y uso de medicamentos no registrados, de conformidad con las disposiciones reglamentarias correspondientes.

(Reformado por el artículo 7 de la Ley N° 6577 de 6 de mayo de 1981).

Artículo 118.- Las autoridades aduaneras no podrán autorizar el desalmacenaje de medicamentos sin la previa autorización del Ministerio.

Artículo 119.- La importación, venta, expendio, manipulación y almacenamiento de todo medicamento queda sujeto a las exigencias generales legales y reglamentarias y a las restricciones que el Ministerio decrete para cada medicamento en particular, entre otros, la obligatoriedad de la prescripción médica cuando proceda.

Artículo 120.- Son de venta libre los medicamentos que el Ministerio declare como tales en el correspondiente decreto, oyendo previamente el criterio del Colegio de Farmacéuticos. En el caso de medicamentos para uso veterinario será también consultado el Colegio de Médicos Veterinarios.

Artículo 121.- Toda persona que elabore, manipule, comercie o distribuya medicamentos, deberá utilizar envases, material de acondicionamiento y empaques adecuados de acuerdo con las disposiciones reglamentarias a fin de impedir el deterioro, o la alteración del medicamento, así como el desarrollo de condiciones riesgosas para el consumidor.

Artículo 122.- Se entiende por envase, todo recipiente destinado a contener sustancias o mezcla de sustancias en cualquier estado y por empaques o embalaje todos los materiales que se empleen para proteger el medicamento envasado en su manejo y transporte.

Son materiales de acondicionamiento los que protegen interiormente al medicamento y los elementos que se puedan acompañar, para facilitar su aplicación.

Artículo 123.- Toda persona que mantenga o almacene medicamentos, como actividad principal o incidental, deberá utilizar lugares, procedimientos, envases y embalajes adecuados que impidan el deterioro, la adulteración, la falsificación de los medicamentos así como el desarrollo de condiciones riesgosas para la salud de las personas.

Artículo 124.- La rotulación o etiquetaje de todo envase o embalaje de medicamentos o productos medicinales sólo podrá ser hecha en establecimientos y por las personas autorizadas y deberá incluir el contenido reglamentario y las menciones especiales que el Ministerio ordene en resguardo de la seguridad y salud de las personas. Tanto la rotulación indicada como la literatura anexa deberán estar escritas en idioma español.

Párrafo IV.
De los deberes y restricciones de las personas con relación a estupefacientes y otros

Artículo 125.- La producción de materias primas y la elaboración, tráfico, suministro y uso de drogas estupefacientes y de otras capaces de producir por su uso dependencia física o psíquica en las personas, constituye materia de especial interés público y, por consiguiente, las personas, profesionales en ciencias médicas o no profesionales, que intervengan en tales actividades, deberán cumplir estrictamente las disposiciones legales y reglamentarias pertinentes y respetar las restricciones a que quedan sujetas.

Artículo 126.- Para los efectos legales y reglamentarios, son estupefacientes las drogas incluidas en la Convención Unica sobre estupefacientes de 1961 de las Naciones Unidas y todas las que queden sujetas a control internacional en el futuro y los que a juicio del Ministerio se declaren como tales.

Artículo 127.- Queda prohibido y sujeto a destrucción, por la autoridad competente el cultivo, de la adormidera (papaver somniferum) de la coca (erythroxilon coca) y del cáñamo o marihuana (cannabis índica y cannabis sativa) y de toda otra planta de efectos similares así declarado por el Ministerio.

Queda asimismo prohibida la importación, exportación, tráfico y uso de las plantas antes mencionadas, así como sus semillas cuando tuvieren capacidad germinadora.

Artículo 128.- Se prohíbe a toda persona la importación de cualquier droga estupefaciente y del los medicamentos, que por uso puedan producir dependencia física o psíquica en las personas, incluidos en el correspondiente decreto restrictivo que dicte el Poder Ejecutivo.

Tal importación será de atribución exclusiva del Ministerio y la ejercerá directamente libre de todo impuesto, carga y gravamen, limitando el monto de las importaciones a las necesidades médicas y a la investigación científica del país y, en todo caso, de acuerdo con las convenciones internacionales que el Gobierno haya suscrito o ratificado.

Artículo 129.- No obstante lo dispuesto en el artículo anterior, las personas jurídicas y naturales registradas como importadores y especialmente autorizadas por el Ministerio, podrán importar medicamentos de nombre registrado que contengan drogas estupefacientes sujetos a las restricciones legales y reglamentarias.

Artículo 130.- Queda prohibida la venta o suministro al público de drogas estupefaciente o sustancias y productos psicotrópicos capaces de producir dependencia física o psíquica en las personas.

Artículo 131.- Solamente los médicos, odontólogos y veterinarios, en ejercicio legal de sus profesiones podrán prescribir y administrar con sujeción a las exigencias reglamentarias pertinentes, drogas estupefacientes y sustancias o productos psicotrópicos, anestésicos y similares declarados de prescripción restringida por el Ministerio.

La administración personal de tales drogas sólo podrá ser hecha por los profesionales mencionados o por personal autorizado bajo la responsabilidad del profesional que se prescribe.

Artículo 132.- Sólo los establecimientos farmacéuticos debidamente regentados podrán obtener estupefacientes y sustancias o productos psicotrópicos declarados de uso restringido por el Ministerio de conformidad con las disposiciones reglamentarias pertinentes y deberán llevar un estricto control del movimiento de tales medicamentos.

Artículo 133.- El depósito y la manipulación de estupefacientes y de sustancias o productos psicotrópicos declarados del uso restringido por el Ministerio y el despacho de las recetas en que se prescriban, corresponderá personal y exclusivamente a los farmacéuticos.

Artículo 134.- Quedan prohibidos la elaboración, el tránsito por la República, el tráfico o comercio, la tenencia para comerciar o distribuir y el suministro y administración, a cualquier título, de sustancias o productos estupefacientes y psicotrópicos declarados de uso restringido por el Ministerio, en contravención a los términos de la presente ley y de sus reglamentos, o de las órdenes especiales que el Ministerio dicte para un mejor control de éstos.

Artículo 135.- Los regentes farmacéuticos quedan especialmente obligados a la exhibición de la documentación correspondiente que la autoridad de salud requiera para el mejor control del comercio, suministro y uso de las sustancias y productos citados en el artículo anterior y responderá personal y solidariamente con el propietario del establecimiento por las infracciones que ahí se cometieren.

Artículo 136.- Toda persona queda obligada a permitir la entrada inmediata de los funcionarios del Ministerio, debidamente identificados, a su establecimiento industrial, comercial o de depósito y a los inmuebles de su cuidado con el fin de tomar las muestras que haya menester y para controlar las condiciones de la producción, tráfico, tenencia, almacenamiento o suministro de medicamentos y especialmente de estupefacientes y sustancias o productos psicotrópicos, declarados de uso restringido.

Artículo 137.- Serán objeto de decomiso:

a. Los estupefacientes, las sustancias y productos psicotrópicos declarados de uso restringido por el Ministerio, cuando se elaboren, comercien, se posean o se suministren en forma ilegal o antirreglamentaria.

b. Los medicamentos deteriorados, adulterados y falsificados.

c. Los medicamentos que se elaboren, comercien, almacenen, distribuyan o suministren en forma ilegal o antirreglamentaria.

d. Los cultivos y plantas a que se refiere el artículo 127 y las semillas cuando posean capacidad germinadora lo que, además, serán objeto de destrucción por la autoridad competente.

Párrafo V.
De los deberes y restricciones relativas a productos de higiene, cosméticos no médicos y otros

Artículo 138.- Toda persona natural o jurídica necesita permiso previo del Ministerio para la importación y elaboración de sustancias o productos para la higiene y aseo personal, de perfumería y cosméticos que no contengan medicamentos y que se destinen sólo a la modificación y embellecimiento de la apariencia personal, debiendo sujetarse a las disposiciones reglamentarias pertinentes para este tipo de operaciones y en caso de los cosméticos, también a lo estipulado en el artículo 97 de esta ley.

Tales personas responderán, en todo caso de que las sustancias o productos, sus condiciones de elaboración, envases y suministro y la forma de administración indicada no constituyan un riesgo para la salud de las personas.

Artículo 139.- Queda prohibida la elaboración, comercio, distribución y suministro al público de productos para el aseo o higiene personal, perfumes y cosméticos que contengan elementos radioactivos artificiales, sustancias venenosas, peligrosas, de uso prohibido o en proporción superior a los límites permitidos por el Ministerio.

Queda prohibido asimismo, la venta y distribución al público de las productos a que se alude en el párrafo anterior en envases inadecuados o peligrosos o que no contengan información suficiente sobre la administración y uso del producto y los riesgos que envuelve.

Párrafo VI.
De las restricciones a la promoción y propaganda de medicamentos y similares

Artículo 140.- Queda prohibida la venta y comercio de las muestras médicas o gratuitas y su tenencia en farmacias, botiquines, o establecimientos de comercio al por menor.

En todo caso la entrega de muestras, como propaganda o promoción de medicamentos sólo podrá ser hecha a los profesionales en ciencias de la salud por visitadores médicos debidamente acreditados y quienes deberán ser miembros incorporados al Colegio de Médicos y Cirujanos o al de Farmacéuticos. Asimismo, en cuanto a los medicamentos para uso veterinario deberá ser efectuada por miembros incorporados al Colegio de Médicos Veterinarios o al de Farmacéuticos. La información sobre su suministro deberá contener por lo menos la lista completa de ingredientes activos, su forma de administración adecuada y sus contra indicaciones.

Artículo 141.- Queda prohibida la promoción o propaganda de medicamentos y cosméticos dirigida al público, cuando induzca a error; cuando sea hecha en contravención a las disposiciones reglamentarias, a las autorizaciones obtenidas si se trata de medicamentos o a las restricciones que el Poder Ejecutivo imponga, teniendo en vista la naturaleza del medicamento y el tipo de enfermedad, desorden físico y síntomas para los cuales se usa.

Párrafo VII.
De las restricciones a que quedan sujetas las actividades relativas a equipos y aparatos médicos y similares

Artículo 142.- Las personas que importen, manufacturen, vendan o reparen instrumentos, aparatos, equipos o materiales que se utilicen en el tratamiento de los enfermos, en la corrección de defectos físicos, en la modificación de funciones orgánicas y en odontología, deberán cumplir las disposiciones reglamentarias pertinentes y sujetarse a las restricciones correspondientes que el Ministerio dicte en resguardo de la salud de las personas.

Artículo 143.- Queda prohibida la importación, comercio y suministro de aparatos, equipos, instrumentos, o materiales médicos u odontológicos que por su mala calidad, mal estado de conservación o defectos de funcionamiento, no cumplan con las especificaciones reglamentarias exigidas, teniendo en consideración el fin para que se usan, o si involucran un riesgo para la salud de las personas.

Artículo 144.- Toda persona natural o jurídica que se ocupe de la importación, manufactura, reparación o venta de instrumentos ópticos, anteojos y lentes de contacto deberán solicitar permiso previo al Ministerio para actuar e instalar los establecimientos en que se realicen tales actividades.

Los interesados deberán indicar en su solicitud la persona capacitada que tendrá bajo su responsabilidad la operación técnica del establecimiento.

Artículo 145.- En todo caso, la utilización, manipulación, aplicación y administración, según proceda, de materiales, aparatos, equipos o instrumentos que, por su naturaleza, puedan significar riesgo para la salud de las personas que los manejan o utilizan, o para el paciente, o que sean declarados riesgosos por el Ministerio, deberán ser operados, administrados y utilizados por personas capacitadas en tales actividades y en las condiciones reglamentarias que eviten o disminuyan el riesgo para las personas.

Artículo 146.- La importación y traspaso, a cualquier título, de material natural o artificialmente radioactivo y de aparatos y equipos diseñados para la emisión de rayos X, para la diagnosis o terapia médica, odontológica y veterinaria o para la investigación médica científica, deberá ser autorizada y registrada en el Ministerio, oyendo a la Comisión de Energía Atómica cuando se estime necesario.

CAPITULO III .
De los deberes y restricciones a que quedan sujetas las personas que por acciones o actividades puedan afectar la salud de terceros

Sección I.
De los deberes y restricciones de las personas relativos al control nacional e internacional de las enfermedades transmisibles

Artículo 147.- Toda persona deberá cumplir con las disposiciones legales o reglamentarias y las prácticas destinadas a prevenir la aparición y propagación de enfermedades transmisibles.

Queda especialmente obligada a cumplir:

a. Las disposiciones que el Ministerio dicte sobre notificación de enfermedades declaradas de denuncia obligatoria.

b. Las medidas preventivas que la autoridad de salud ordene cuando se presente una enfermedad en forma esporádica, endémica o epidémica.

c. Las medidas preventivas que la autoridad sanitaria ordene a fin de ubicar y controlar focos infecciosos, vehículos de transmisión, huéspedes y vectores de enfermedades contagiosas o para proceder a la destrucción de tales focos y vectores, según proceda.

Artículo 148.- Toda persona deberá, asimismo, ser diligente en el cumplimiento de las prácticas de higiene personal destinadas a prevenir la aparición y propagación de enfermedades transmisibles; en prevenir la contaminación de bienes muebles e inmuebles y la formación de focos de infección.

Artículo 149.- Toda persona deberá someterse a los exámenes de salud que el Ministerio ordene por estimarlos técnicamente necesarios.

Artículo 150.- Son obligatorias la vacunación y revacunación contra las enfermedades transmisibles que el Ministerio determine.

Los casos de excepción, por razón médica, serán autorizados sólo por la autoridad de salud correspondiente.

Artículo 151.- Los padres, tutores, curadores, depositarios y encargados, son responsables por la vacunación obligatoria oportuna de los menores e incapaces a su cargo.

Toda persona podrá solicitar de los servicios de salud la administración de vacunas discrecionales, en la forma que determine el reglamento.

Artículo 152.- Toda persona está obligada a mostrar los certificados de vacunación y de salud de conformidad con los reglamentos respectivos y, en todo caso, cuando la autoridad sanitaria así lo requiera.

Ninguna autoridad podrá retener los certificados válidos de vacunación de una persona.

Artículo 153.- Será requisito para la matrícula anual de los escolares la presentación de certificados de vacunación y revacunación obligatorias y cualesquiera otros que la autoridad sanitaria disponga.

Los directores de los centros de enseñanza, públicos y privados, serán responsables del estricto cumplimiento de esta disposición.

Artículo 154.- Los certificados de vacunación, para ser válidos, deberán ser otorgados por funcionarios de servicios de salud, públicos o privados o por médicos en ejercicio en las fórmulas oficiales.

Queda prohibido a toda persona el uso indebido de tales fórmulas oficiales.

Artículo 155.- Queda prohibido a las personas afectadas por enfermedades transmisibles incluidas en la lista oficial, asistir a establecimientos educacionales, de trabajo y de recreo o a lugares de reunión públicos o privados durante el período de transmisibilidad, a criterio de las autoridades de salud.

Los padres, tutores, curadores y depositarios son responsables de esta obligación en cuanto a los menores o incapaces a su cargo.

Los directores de establecimientos educacionales y los dueños o administradores o encargados de locales o centros de trabajo y recreo, velarán por el cumplimiento de esta disposición y exigirán la presentación del certificado médico que autorice el retorno del individuo a sus actividades habituales cuando proceda.

Artículo 156.- Los dueños, administradores y encargados de establecimientos de atención al público tales como hoteles, piscinas, baños, hospederías y otros similares están obligados a impedir la asistencia de personas afectadas por enfermedades transmisibles y parasitarias en la oportunidad que la autoridad sanitaria indique y ciñéndose a sus instrucciones.

Artículo 157.- Todo propietario o encargado de hoteles, hospederías, internados de colegios y similares, donde se alojen varias personas deberá dar parte a la autoridad de salud correspondiente de la localidad, de todo caso de enfermedad transmisible o sospechosa de serlo, que haya en sus establecimientos, sin atención médica.

Artículo 158.- El Ministerio decretará cuáles son las enfermedades de denuncia obligatoria y quedan especialmente obligados a denunciar dentro de las veinticuatro horas siguientes al diagnóstico cierto o probable de la enfermedad.

a. Los profesionales que asistan al enfermo y los que por razón de sus funciones conozcan el caso.

b. El Director o persona responsable del laboratorio que haya establecido el diagnóstico.

c. Los funcionarios de los servicios de salud.

d. Toda persona a quien la ley, el reglamento, o la autoridad sanitaria le imponga expresamente tal obligación.

Artículo 159.- Los médicos tratantes podrán solicitar la colaboración de los servicios de salud para el oportuno y rápido diagnóstico de las enfermedades transmisibles de declaración obligatoria.

Artículo 160.- En caso de sospecha o confirmación de un caso de enfermedad transmisible de denuncia obligatoria, el médico tratante deberá ordenar las medidas necesarias para evitar la propagación de la enfermedad, de acuerdo con las normas fijadas por las autoridades sanitarias.

Artículo 161.- Las personas afectadas por enfermedades transmisibles de denuncia obligatoria, deberán someterse a las medidas de aislamiento cuando y en la forma que la autoridad lo disponga.

Se entiende por aislamiento, la separación del o los pacientes, durante el período de transmisibilidad, en lugares y bajo condiciones que eviten la transmisión directa o indirecta del agente infeccioso a personas o animales que sean susceptibles o que puedan transmitir la enfermedad a otros.

En los casos que la autoridad de salud ordene, la internación del paciente en establecimientos de atención médica, públicos o privados, éstos no podrán negarse a prestar tal servicio.

Artículo 162.- Las personas afectadas por enfermedades transmisibles están obligadas a someterse al tratamiento correspondiente, pudiendo utilizar para tal efecto los servicios públicos de salud en la forma que el reglamento lo determine.

Los pacientes de lepra, tuberculosis y enfermedades venéreas, quedan especialmente obligados a someterse al tratamiento, gratuito de su enfermedad o continuarlo si lo hubieren suspendido, salvo que acrediten debidamente, ante la autoridad sanitaria correspondiente, que están siendo tratados en instituciones privadas o por un médico particular.

Artículo 163.- Las personas que hayan estado en contacto directo o indirecto con personas que padezcan de enfermedad transmisible de denuncia obligatoria, serán considerados para los efectos de ésta ley y sus reglamentos como contactos y deberán someterse a las medidas de observación y control que la autoridad sanitaria indique.

Deberán asimismo informar de manera veras y facilitar la acción de la autoridad sanitaria, cuando se trate de establecer la cadena epidemiológica de las enfermedades transmisibles, especialmente la de las enfermedades venéreas.

Artículo 164.- Toda persona queda obligada a la ejecución de las obras o prácticas necesarias para precaver o combatir la infestación o contaminación y la formación de focos de infección en los inmuebles o muebles de su propiedad o a su cuidado.

Artículo 165.- Las sustancias u objetos considerados peligrosos por favorecer la propagación de enfermedades, deberán ser esterilizados o destruidos por sus dueños o encargados, siguiendo las instrucciones de la autoridad sanitaria y sus desechos sólo podrán ser aprovechados cuando ésta lo autorice.

Artículo 166.- Los propietarios y representantes, administradores y encargados de empresas de transportes deberán mantener los vehículos y las estaciones terminales en buenas condiciones de aseo y procederán a su conveniente desinfección, desinsectización, desratización y a la destrucción de otros animales nocivos y al cumplimiento de las medidas especiales que la autoridad de salud competente ordene a fin de evitar la aparición y la difusión de enfermedades y la diseminación de vectores, dentro y fuera del país.

Artículo 167.- El propietario, administrador o encargado responsable de todo establecimiento de atención médica, casas de reposo y similares deberá cumplir estrictamente las medidas destinadas a precaver la propagación de enfermedades transmisibles dentro del establecimiento y hacia la comunidad y estará especialmente obligado a disponer de los equipos y suministros para evitar la propagación de infecciones.

Artículo 168.- Queda prohibido la internación, cultivo o manutención de microorganismos, cultivos bacterianos, virus y hongos patógenos, sin permiso especial del Ministerio.

Artículo 169.- En caso de peligro de epidemia, o de epidemia declarados por el Poder Ejecutivo, toda persona queda obligada a colaborar activamente con las autoridades de salud y, en especial, los funcionarios de la administración pública y los profesionales en ciencias de la salud y oficios de colaboración.

Artículo 170.- Toda persona deberá permitir la entrada de los funcionarios de salud, debidamente identificados, a su domicilio o a los inmuebles de su propiedad o a su cuidado, para que realicen desinsectizaciones y los controles y prácticas que sean necesarias para evitar la aparición, o difusión de enfermedades posibles de denuncia obligatoria, absteniéndose de interferir en tales acciones.

Artículo 171.- Toda persona física o jurídica, deberá evitar omisiones perjudiciales y pondrá el máximo de su diligencia en el cumplimiento de las disposiciones obligatorias y de las prácticas, medidas y obras que la autoridad de salud ordene para evitar la difusión internacional de enfermedades transmisibles, de acuerdo con los preceptos del Código Sanitario Panamericano, el Reglamento de Salud Internacional y los convenios y tratados que le Gobierno suscriba o ratifique.

Artículo 172.- Los extranjeros que soliciten su permanencia en el país, deberán acompañar a su solicitud los certificados válidos de vacunación o los de salud que el Ministerio requiera, quedando sujetas a las exigencias y restricciones que los reglamentos de migración contemplen, a fin de proteger la salud de la población.

Artículo 173.- Toda persona al ingresar al territorio nacional, en forma transitoria o permanente deberá acreditar, mediante certificado válido, que ha sido sometida a las vacunaciones obligatorias.

Si no pudiere acreditarlo, será vacunada en el puerto de entrada y si rehusare será sometida a aislamiento o vigilancia, según proceda y en forma que determine la autoridad sanitaria.

Artículo 174.- El capitán de toda nave o aeronave queda obligado a su arribo, a presentar la documentación sanitaria correspondiente y a informar sobre todo caso de enfermedad de su conocimiento, así como de las condiciones de sanidad de abordo durante el viaje.

Artículo 175.- Todo vehículo de transporte, podrá ser objeto a la llegada de un viaje internacional de la inspección médica que, de acuerdo con el reglamento practique la autoridad de salud y, por lo tanto, la persona responsable del vehículo y los pasajeros deberán someterse y cooperar con la autoridad de salud para realizar tal práctica.

Artículo 176.- El capitán de la nave, aeronave y los propietarios, administradores y encargados de los vehículos de transporte, según corresponda, cumplirán las medidas especiales que la autoridad de salud ordene tomar, practicar o efectuar, considerados, el estado sanitario del lugar de procedencia, las circunstancias producidas durante el viaje y el estado de la nave o vehículo de transporte de la carga y del equipaje.

Artículo 177.- Las personas infectadas o portadoras de parásitos que lleguen en viaje internacional, serán atendidas en el lugar y forma que la autoridad de salud determine y podrán ser sujetas a aislamiento, vigilancia o medidas especiales de profilaxis, según corresponda, a juicio de la autoridad sanitaria.

Del mismo modo los casos sospechosos quedarán sujetos a vigilancia en la forma y por el tiempo que la autoridad de salud determine.

Artículo 178.- Todo aeropuerto, puerto marítimo o fluvial y puestos fronterizos terrestres abiertos al tráfico internacional, deberán contar con recursos médicos y sanitarios para prevenir la difusión de enfermedades. Deberán asimismo, reunir condiciones de saneamiento básico y quedarán sujetos al control sanitario del Ministerio.

Artículo 179.- Los propietarios, administradores o encargados de la empresa que transporte a un viajero, fuera del país, deberán exigir que acredite, previamente mediante certificado válido, el haber recibido las vacunas obligatorias o que, por razones médicas, ha estado exento de hacerlo.

Artículo 180.- Las personas que deseen salir del país y vivan en áreas infectadas por enfermedades transmisibles sujetas al reglamento internacional, o que padezcan de éstas, podrán ser sometidas a las medidas de prevención que procedan, incluida la inhibición de viajar por el tiempo que la autoridad sanitaria determine.

Artículo 181.- Las personas naturales y los responsables, administradores y encargados de empresas que se ocupen de manera transitoria o permanente en el transporte internacional de personas, animales o cosas, están obligados a mantener los vehículos de transporte que usen, en estado sanitario, debiendo proceder a su desinfección, desinsectización, desratización y destrucción de otros animales nocivos en los términos y forma que determine el reglamento.

Las prácticas citadas en el párrafo anterior deberán ser efectuadas con elementos y procedimientos aprobados por la autoridad sanitaria.

Artículo 182.- Queda prohibido a toda persona transportar carga, equipaje o cualquier bien mueble que pueda constituir vehículo de difusión de enfermedades transmisibles sin cumplir las órdenes o instrucciones que la autoridad de salud haya impartido para prevenir tal difusión.

Artículo 183.- El transporte internacional de cadáveres, deberá hacerse con autorización de la autoridad de salud y sujeto a las condiciones, requisitos y restricciones que determine el reglamento.

El traslado de personas que hubieren muerto de enfermedades transmisibles o que hubieren sido afectadas por radiaciones ionizantes deberá ser autorizado por la autoridad de salud competente con sujeción a las exigencias reglamentarias.

Sección II.
De los deberes y restricciones de las personas relativos al control de la zoonosis

Artículo 184.- Todo propietario o poseedor de animales, a cualquier título, deberá ser diligente en el cumplimiento de las disposiciones legales y reglamentarias y en tomar las medidas necesarias o especiales para evitar la transmisión de zoonosis a las personas. Estarán, asimismo, obligados a vacunar a los animales, de su pertenencia o cuidado, contra las enfermedades que las autoridades competentes especifiquen.

Artículo 185.- Quedan obligados a denunciar las zoonosis que el Ministerio declare como de denuncia obligatoria:

a. El veterinario que conoció el caso.

b. El laboratorio que haya establecido el diagnóstico.

c. Cualquiera persona que haya sido atacada por el animal enfermo o sospechosos de estarlo, o que sea afectada por la enfermedad y su médico tratante.

Artículo 186.- El dueño o poseedor de animales enfermos, o sospechosos de estarlo, deberá someterlos a observación, aislamiento y cuidado en la forma que la autoridad de salud determine. Igual medida se aplicará a los animales de sangre caliente que han mordido o rasguñado a una persona.

La autoridad sanitaria podrá ordenar el decomiso o sacrificio de los animales, según proceda cuando a su juicio fuese necesario.

Artículo 187.- Toda persona mordida o rasguñada o que pudiera haber sido infectada por animal enfermo, o sospechoso de tener rabia, deberá someterse a tratamiento y aislamiento en la forma que la autoridad de salud determine, pudiendo ésta decretar su internación si lo estimara necesario.

Artículo 188.- Los propietarios, administradores o encargados de establecimientos o lugares en que hayan permanecido animales enfermos o sospechosos de padecer de enfermedades transmisibles al hombre, de denuncia obligatoria, estarán obligados a proceder a su desinfección o desinfestación, según proceda, debiendo observar, además, las prácticas que la autoridad de salud ordene.

Artículo 189.- Toda persona queda obligada a permitir la entrada a su domicilio o a los lugares cerrados de su propiedad o cuidado, a los funcionarios competentes debidamente identificados para los efectos del examen, tratamiento, captura o decomiso de animales enfermos o sospechosos de estarlo.

Los propietarios o encargados de animales quedan en la obligación de sacrificarlos siguiendo las instrucciones de la autoridad de salud o de entregarlos, para su sacrificio, a los funcionarios competentes, cuando así lo ordene el Ministerio.

Artículo 190.- El transporte de animales enfermos y la disposición de cadáveres de animales que hubieren padecido de zoonosis, serán hechos en forma sanitaria y ciñéndose a las instrucciones de las autoridades competentes.

Artículo 191.- Queda prohibido conservar, distribuir o entregar, a cualquier título, la carne o sub-productos de animales muertos o sacrificados por haber padecido de zoonosis.

Queda prohibido, asimismo, la industrialización de cadáveres de animales que hubieren padecido de zoonosis salvo que la autoridad de salud lo autorice expresamente, por estimar que técnicamente no constituye peligro para la salud humana.

Artículo 192.- Las personas que internen animales al país deberán cumplir con todas las exigencias reglamentarias pertinentes y en especial las que se refieren a los certificados que las autoridades de salud exijan. En todo caso la internación de animales procedentes de países donde existen estados enzooticos o epizooticos que los Ministerios de Agricultura y Ganadería y de Salubridad Pública señalan sólo podrá hacerse con autorización escrita de dichos Ministerios otorgada de acuerdo a las disposiciones reglamentarias.

Artículo 193.- Queda prohibida la entrada al país de animales afectados por enfermedades directa o indirectamente transmisibles al hombre, o sospechosos de estarlo, o si son portadores aparentes de parásitos cuya diseminación pueda constituir peligro para la salud de las personas o de otros animales.

Artículo 194.- Las personas naturales o jurídicas que se ocupen del transporte internacional de animales serán responsables del cumplimiento de las disposiciones reglamentarias pertinentes y si éstas no fueren cumplidas, estarán obligados a reembarcarlos de vueltas al lugar de partida por su cuenta o a sufragar los gastos de cuarentena o de otras medidas que la autoridad de salud ordene tomar, sin perjuicio de las sanciones a que hubiere lugar por las infracciones correspondientes.

En todo caso los animales enfermos podrán ser objeto de decomiso y sacrifico por la autoridad de salud si fuere técnicamente necesario para proteger la salud de las personas.

Artículo 195.- La tenencia de animales sólo será permitida cuando no amenace la salud o la seguridad de las personas y cuando el lugar en que se mantienen reúna las condiciones de saneamiento que exija el reglamento, a fin de que no constituya foco de infección, criadero de vectores de enfermedades transmisibles o causa de molestias o de insalubridad ambiental.

Nota del compilador: En respuesta a una consulta realizada por la Sra. Ministra de Salud, sobre cuál es la autoridad competente para regular la tenencia de animales, la Procuraduría General de la República emitió el dictamen vinculante N° C-88-2007 de 23 de marzo de 2007. En dicho dictamen, la Procuraduría concluye que:
"De la lectura del título III del la Ley General de Servicio Nacional de Salud Animal se desprende que, lejos de contradecir el citado numeral, la nueva normativa viene a reforzar y complementar el fin buscado por el legislador en la norma que está en la Ley de General de Salud, ya que tiene como propósito la protección y control de la salud animal en pos de resguardar la salud humana. No está de por demás precisar que, conforme a lo dispuesto en los artículos 56 y 103 de la Ley n.° 8495, la potestad reglamentaria del Poder Ejecutivo a que se refiere el artículo 195 de la ley n.° 5395 debe ser entendido, a partir de la vigencia de la primera, como la reglamentación que debe emitir ese Poder para dar cabal cumplimiento a la Ley General de Servicio Nacional de Salud Animal; en consecuencia, el Poder Ejecutivo, cuando dicte el reglamento de esta ley, debe necesariamente determinar las condiciones de saneamiento de los lugares de tenencia de animales. Lo anterior no significa, que el Ministerio de Salud pierda la competencia que le atribuye el numeral 195 de la Ley de Salud y que, en caso de verificar el supuesto de hecho que prevé esa norma legal, ni que pueda ejercer las atribuciones que le otorga el numeral 356 de ese mismo cuerpo normativo; así como podría también ejercerlas el SENASA de conformidad con el numeral 89 de su ley. Estamos, pues, ante una competencia concurrente que pueden ejercer dos órganos del Poder Ejecutivo tendente a garantizar el derecho fundamental a la salud.
[...]
III - CONCLUSIONES. En razón de lo expuesto esta Procuraduría llega a las siguientes conclusiones:
[...]
4.- La tenencia de animales está regida por lo dispuesto por el título III de la Ley General de Servicio Nacional de Salud Animal y por el artículo 195 de la Ley General de Salud, toda vez que, entre esa normativa, no hay contradicción."
Asimismo, debe observarse el artículo 37 del Reglamento General para el otorgamiento del Certificado Veterinario de Operación, Decreto Ejecutivo N° 34859-MAG (LG N° 230 de 27-11-2008), que establece que "Todos los establecimientos indicados en el artículo 56 de la Ley N° 8495 quedan exceptuados de la aplicación del Decreto N° 33240-MS del 30 de junio del 2006, Reglamento General para el otorgamiento de Permisos Sanitarios de Funcionamiento del Ministerio de Salud."

Sección III.
De los alimentos, de los deberes de las personas que operan en materia de alimentos y de las restricciones a que quedan sujetas tales actividades.

Artículo 196.- La nutrición adecuada y la ingestión de alimentos de buena calidad y en condiciones sanitarias, son esenciales para la salud y por lo tanto, las personas naturales y jurídicas que se ocupen en actividades relacionadas con alimentos, destinados al consumo de la población, deberán poner el máximo de su diligencia y evitar omisiones en el cumplimiento de las disposiciones legales y reglamentarias pertinentes y de las órdenes especiales que la autoridad de salud pueda dictar, dentro de sus facultades, en resguardo de la salud.

Artículo 197.- Se entiende por alimento y por producto alimenticio, para los efectos legales y reglamentarios, toda sustancia o producto natural o elaborado, que al ser ingerido por el hombre proporcione al organismo los elementos necesarios para su mantenimiento, desarrollo y actividad y todo aquel, que sin tener tales propiedades, se consuma por hábito o agrado.

Se consideran alimentos, para los mismos efectos, los aditivos alimentarios tendiéndose por tal, toda sustancia o producto natural o elaborado, que, poseyendo o no cualidades nutritivas, se adicione a los alimentos para coadyuvar, modificar o conservar su propiedades.

Artículo 198.- Se entenderá por alimento enriquecido todo aquel al cual se le han adicionado sustancias en las cantidades recomendadas por los reglamentos a las normas nutricionales con el objeto de reforzar su valor nutritivo.

Artículo 199.- Para los efectos legales y reglamentarios se estimará que un alimento es legalmente susceptible de ser destinado y entregado al consumo de la población cuando corresponda a la designación, a la definición y a las características generales, organolépticas, físicas, químicas, microbiológicas y microscópicas que le den y asignen, respectivamente, el reglamento o las normas sanitarias y de calidad de alimentos aprobadas por el Ministerio o suscritas por el Gobierno en virtud de convenciones internacionales.

La carne, de todas las especies, que se destine al consumo de la población y sus subproductos deberán, además, provenir únicamente de animales sacrificados de conformidad con las normas reglamentarias y en establecimientos autorizados por los Ministerios de Agricultura y Ganadería y de Salubridad Pública.

Artículo 200.- Queda estrictamente prohibido importar, elaborar, usar, poseer para vender, comerciar, traspasar a título gratuito, manipular, distribuir y almacenar alimentos alterados o deteriorados, contaminados, adulterados o falsificados.

Artículo 201.- Se entiende por alimento alterado o deteriorado, para los efectos de esta ley y sus reglamentos, aquel que por cualquier causa natural ha sufrido perjuicio o cambio en su características básicas, químicas o biológicas.

Artículo 202.- Se considera alimento contaminado, para los efectos legales y reglamentarios, aquel que contenga microorganismos patógenos, toxinas o impurezas de origen orgánico o mineral repulsivas, inconvenientes o nocivas para la salud.

Se presumirá contaminado el alimento que sea producto de una elaboración, envase o manipulación realizados en condiciones sanitarias defectuosas o en contravención a las disposiciones legales o reglamentarias.

Artículo 203.- Se considera adulterado, para los efectos legales y reglamentarios, todo alimento:

a. Que contenga una o varias sustancias extrañas a su composición reconocida y autorizada.

b. Al que se le haya extraído parcial o totalmente cualesquiera de sus componentes haciéndoles perder o disminuir su valor nutritivo.

c. Al que se le haya adicionado, coloreado o encubierto en forma de ocultar sus impurezas o disimular su inferior calidad.

d. Al que se le haya agregado un aditivo alimentario no autorizado por el Ministerio.

Artículo 204.- Se estimará falsificado, para los efectos legales y reglamentarios, todo alimento:

a. Que se designe o expenda bajo nombre o calificativo que no le corresponda.

b. Cuyo envase o rotulación contenga cualquier diseño o indicación ambigua o falsa que induzca a error al público, respecto de su calidad, ingredientes o procedencia.

c. Que se comercie o distribuya sin haber sido registrado debidamente, cuando esto corresponda reglamentariamente, o cuando habiendo sido registrado, ha sufrido modificaciones no autorizadas.

Artículo 205.- Queda permitida la elaboración y comercio de alimentos artificiales, entendiéndose por tal aquellos que imitan un alimento natural, siempre que los fabricantes, vendedores y expendedores cumplan estrictamente las exigencias reglamentarias pertinentes y expresen en la correspondiente rotulación del envase o envoltura en forma clara y precisa su condición de artificial o imitación, a fin de no inducir a error o engaño al consumidor.

Artículo 206.- Toda persona física o jurídica que se ocupe de la importación, elaboración o comercio de alimentos de nombre determinado y bajo marca de fábrica deberá solicitar, previamente, el permiso del Ministerio y la inclusión del producto alimenticio en el correspondiente registro sujetándose a las disposiciones reglamentarias pertinentes, en especial, a aquellas que digan relación con el análisis previo del producto, el pago del arancel correspondiente, el tipo de envase que se utilizará y el contenido obligatorio de la rotulación que lo acompaña.

Artículo 207.- El Registro de los productos alimenticios citados en el artículo anterior, sólo podrá ser practicado cuando los análisis previos, que realice el laboratorio oficial, tenga resultado favorable y se haya acreditado debidamente por el interesado que el producto proviene de establecimientos autorizados y en operación aprobada por el Ministerio o que ha obtenido el correspondiente certificado consular costarricense de que el producto tiene venta, uso y consumo permitidos en el país de origen, si fuere importado.

Artículo 208.- La rotulación de todo producto envasado deberá contener, por lo menos, el nombre o tipo de alimento, la lista de ingredientes, su origen y las particularidades que importen a la salud del consumidor tales como el enriquecimiento, el haber sido tratado con radiación ionizante u otras que la autoridad de salud exija.

Artículo 209.- El registro de alimentos tendrá validez por cinco años, salvo que los titulares hayan cometido infracciones que ameriten la cancelación anticipada de la inscripción o que el alimento registrado constituya peligro para la salud del público.

Artículo 210.- Toda persona natural o jurídica que importe alimentos, o materias primas para su elaboración, deberá obtener el correspondiente permiso del Ministerio y registrar tales bienes, cuando fuere procedente, reglamentariamente.

Artículo 211.- Se prohibe la importación de todo alimento cuyo comercio, distribución y consumo no esté autorizado en el país de origen.

Queda prohibido a los administradores de aduana permitir el desalmacenaje de productos alimenticios de uso humano sin autorización previa del Ministerio.

Artículo 212.- Los alimentos deben ser producidos, manipulados, transportados, conservados, almacenados, expendidos y suministrados al público por las personas que se ocupen de ello, en condiciones higiénicas y sanitarias y con sujeción estricta a los requisitos y exigencias legales y reglamentarias, generales y específicas, pertinentes a cada tipo de acciones u operaciones.

Artículo 213.- Toda persona, natural o jurídica, que se ocupe en producir alimentos, deberá hacerlo en condiciones ambientales sanitarias y empleando técnicas de defensa o conservación aprobadas por la autoridad de salud, a fin de evitar, principalmente, la contaminación de tales productos y su peligrosidad debida a la presencia de residuos tóxicos proveniente de su tratamiento con plaguicidas u otros sistemas de defensa o conservación.

Artículo 214.- La recolección y almacenamiento de los productos aludidos en el artículo anterior, deberá ser hecha mediante técnicas y equipos sanitarios y adoptando las precauciones necesarias que el Ministerio disponga para evitar la contaminación de los productos o materias primas, según sea la naturaleza de éstos y el sistema de recolección que se emplee.

Artículo 215.- Se entiende por establecimiento de alimentos de cualquier clase para los efectos de esta ley y de sus reglamentos, todo lugar o local permanente, o de temporada, destinados a la elaboración, manipulación, tenencia, comercio y suministro de alimentos.

Artículo 216.- Toda persona natural o jurídica que desee instalar un establecimiento de alimentos deberá obtener el correspondiente permiso del Ministerio, debiendo acreditar que cuenta con condiciones de ubicación, de instalación y de operación sanitariamente adecuadas. Cuando se tratare de fábricas de productos alimenticios, de establecimientos industriales de alimentos, tales como plantas elaboradoras, mataderos, frigoríficos, o mercados públicos o privados y similares, los interesados deberán acompañar a su solicitud el plano de la planta física del local, de sus instalaciones de operación y la especificación de los equipos y procedimientos que se emplearán en la ejecución de las faenas correspondientes; todos previamente aprobados por el o los profesionales competentes incorporados al Colegio respectivo según lo establezca el Reglamento.

Artículo 217.- Los dueños o encargados de establecimientos de alimentos, instalados y en operación, deberán solicitar permiso para proceder a la modificación de su establecimiento.

Artículo 218.- Queda prohibido a las autoridades competentes otorgar patentes comerciales o industriales o cualquier clase de permiso a establecimientos de alimentos que no hayan obtenido previamente la correspondiente autorización sanitaria de instalación extendida por le Ministerio.

Queda prohibido el establecimiento de puestos fijos o transitorios de elaboración o venta de alimentos en calles, parques o aceras, u otros lugares públicos, con excepción de las ventas en ferias debidamente autorizadas de conformidad con las disposiciones reglamentarias correspondientes.

Nota del compilador: Con motivo de una consulta realizada por el Concejo Municipal de Esparza, la Procuraduría General de la República concluyó en su Dictamen N° C-014-2000 de 27 de enero de 2000, que:

"1.- La venta ambulante de alimentos, salvo que se realicen en ferias debidamente autorizadas, es una actividad prohibida por nuestro ordenamiento jurídico.

2.- Los permisos o licencias otorgados por las Municipalidades para llevar a cabo esa actividad -aparte de ilegales- deben considerarse otorgados a título precario, pues versan sobre la utilización de bienes de dominio público. En virtud de ello, tales permisos o licencias son revocables en cualquier momento, de conformidad con lo previsto en el artículo 154 de la Ley General de la Administración Pública.

3.- En los casos en que no se cuente con título alguno para dedicarse a la venta ambulante de alimentos, las Municipalidades están legitimadas para suprimir esa actividad, sin necesidad de cumplir procedimiento administrativo alguno.
4.- Si hubiere resistencia de los interesados al momento de ejecutar las decisiones adoptadas sobre esta materia por el Gobierno Municipal, debe acudirse al cumplimiento forzoso regulado en el artículo 149 de la Ley General de la Administración Pública, para lo cual se puede solicitar el concurso de la fuerza pública."

Artículo 219.- Los propietarios o administradores de establecimientos de alimentos, que hayan obtenido el permiso de instalación podrán iniciar la operación de éstos una vez que acrediten ante el Ministerio que han cumplido con las exigencias impuestas para conceder tal permiso y deberán indicar la persona que será responsable de la operación sanitaria del establecimiento y del control de la salud del personal.

Dicha persona será responsable solidariamente con el propietario por las infracciones legales y reglamentarias que se cometan en el establecimiento. Las fábricas de alimentos deberán contar con los profesionales idóneos, incorporados al Colegio respectivo, con el objeto de garantizar la pureza, el control del proceso y el control de calidad de los productos elaborados conforme al correspondiente reglamento.

Nota del compilador: Con motivo de una consulta realizada por el señor Viceministro de Agricultura y Ganadería, la Procuraduría General de la República concluyó en su Dictamen N° C-116-2001 de 18 de abril de 2001, que "...1) Para el caso concreto de los establecimientos que empacan productos de origen pesquero, el profesional idóneo para cumplir la regencia de que hablan los artículos 219 y 220 de la Ley General de Salud, lo determina el Ministerio de Salud *en forma discrecional* a partir de las funciones que las leyes definen como propias de las respectivas profesiones, sin que sea obligatorio que dicha función lo cumpla un médico veterinario, aunque puede hacerlo."
- La Procuraduría General de la República confirmó el criterio anterior en su Dictamen N° C-071-2006 de 24 de febrero de 2006, que da respuesta a una consulta realizada por el señor Presidente del Colegio de Médicos Veterinarios: "...1.- De conformidad con los artículos 219 y 220 de la Ley General de Salud, el profesional idóneo para cumplir la regencia de las plantas que procesa productos de origen animal, lo determina el Ministerio de Salud *en forma discrecional* a partir de las funciones que las leyes definen como propias de las respectivas profesiones, sin que sea obligatorio que dicha función lo cumpla un médico veterinario, aunque puede hacerlo."

Artículo 220.- Toda persona física o jurídica que importe, elabore, empaque, manipule o envase alimentos deberá contar con una persona idónea a juicio de la autoridad de salud que será responsable solidariamente con aquélla, de la identidad, pureza, buena preparación, dosificación y conservación de los alimentos.

Nota del compilador: Con motivo de una consulta realizada por el señor Presidente del Colegio Federado de Químicos y de Ingenieros Químicos de Costa Rica, la Procuraduría General de la República concluyó en su Dictamen N° C-101-99 de 26 de mayo de 1999, que:
"1.- No se encuentran dentro de las facultades de la Procuraduría General de la República, determinar quién es esa persona idónea de quien se tenga que acompañar la persona física o jurídica que se dedique a la industria de alimentos o tenga de alguna manera que ver con ellos, pues sería legislar contra legem.

2.- El legislador, otorgó la potestad de determinar quién era esa persona idónea, al Ministerio de Salud como Autoridad de Salud, el cual ha determinado que le corresponde a la Dirección de Registros y Controles de ese Ministerio.
3.- El numeral 220 de la Ley General de Salud, al contener la frase "la persona idónea a juicio de la autoridad de salud", establece un límite para la Autoridad de Salud, en el sentido de que el término idóneo señala que no puede ser cualquier persona, sino aquella que califique como apta y con conocimientos profesionales suficientes. En relación con el caso concreto, persona idónea es entendida según lo que quiso el legislador en el texto normativo, como aquella persona, con aptitud legal para realizar, certificar, declarar, que los alimentos que se importan, elaboran, empacan, manipulan o envasan poseen identidad, pureza, buena preparación, dosificación y conservación, en fin reunir los méritos, cualidades y conocimientos que la función demande, acreditando de manera fehaciente el cumplimiento de requisitos legales para el ejercicio de esa labor."
- Ver igualmente la nota al artículo 219 anterior.

Artículo 221.- Los establecimientos dedicados al sacrificio o destace de animales y a la industrialización de alimentos cárneos de las diferentes especies, destinados al consumo de la población, deberán contar, además, con inspección médica veterinaria aprobada por el Ministerio.

Quedan sujetos a la misma exigencia las fábricas y plantas elaboradoras de productos de origen animal.

Nota del compilador: Con motivo de una consulta realizada por el señor Viceministro de Agricultura y Ganadería, la Procuraduría General de la República concluyó en su Dictamen N° C-116-2001 de 18 de abril de 2001, que "...los establecimientos que empacan productos de origen pesquero deberán de ser inspeccionados por un médico veterinario, aunque no haya sacrificio de animales, de conformidad con lo que establece el artículo 221, párrafo segundo, de la Ley General de Salud."
La Procuraduría confirmó el criterio anterior en su Dictamen N° C-071-2006 de 24 de febrero de 2006, que da respuesta a una consulta realizada por el señor Presidente del Colegio de Médicos Veterinarios, al concluir que "En cuanto a los establecimientos que empacan productos de origen animal deberán de ser inspeccionados por un médico veterinario, aunque no haya sacrificio de animales, de conformidad con lo que establece el artículo 221 de la Ley General de Salud."
- En respuesta a otra consulta realizada por la Sra. Ministra de Salud, sobre el otorgamiento del permiso sanitario de funcionamiento por parte del Ministerio de Salud, en relación a las competencias del Servicio Nacional de Salud Animal (SENASA, creado mediante la Ley N° 8495 de 6 de abril de 2006), la Procuraduría General de la República emitió el dictamen vinculante N° C-88-2007 de 23 de marzo de 2007. En dicho dictamen, la Procuraduría concluye que:
"...a partir de la entrada en vigencia de la Ley Nº 8495, los establecimientos indicados en el artículo 56 de este cuerpo legal no tienen que solicitar al Ministerio de Salud el permiso de funcionamiento, si no que deben pedir al SENASA el certificado veterinario de funcionamiento, por lo que ha quedado derogada tácitamente la competencia del Ministerio de Salud únicamente en lo relativo al otorgamiento de los permisos de funcionamiento de estos establecimientos.
[...]
III - CONCLUSIONES. En razón de lo expuesto esta Procuraduría llega a las siguientes conclusiones:

[...]
3.- Corresponde al SENASA el otorgar los certificados veterinarios de funcionamiento, derogando la competencia del Ministerio de Salud en esta materia." (El subrayado no es del original)
Asimismo, debe observarse el artículo 37 del Reglamento General para el otorgamiento del Certificado Veterinario de Operación, Decreto Ejecutivo Nº 34859-MAG (LG N° 230 de 27-11-2008), que establece que "Todos los establecimientos indicados en el artículo 56 de la Ley Nº 8495 quedan exceptuados de la aplicación del Decreto Nº 33240-MS del 30 de junio del 2006, Reglamento General para el otorgamiento de Permisos Sanitarios de Funcionamiento del Ministerio de Salud."

———

Artículo 222.- El permiso para operar un establecimiento de alimentos será válido por un año, salvo que las condiciones de éste, o de su funcionamiento, o las infracciones que se cometan, ameriten la cancelación anticipada del permiso o la clausura del establecimiento para resguardar la salud del público o de los empleados.

———

Nota del compilador: Ver la nota al artículo 221 precedente.

———

Artículo 223.- Todo fabricante de productos alimenticios deberá emplear en la elaboración de éstos, materias primas que reúnan condiciones sanitarias.

Queda prohibido, por tanto, el uso de materias, productos o subproductos, que contengan sustancias descompuestas, tóxicas o entrañas no susceptibles de ser eliminadas, de las carnes y subproductos que provengan de animales sacrificados en lugares no autorizados y en forma antirreglamentaria y, en especial, la reincorporación a la producción de alimentos añejos, adulterados, contaminados o sospechosos de estarlo o que hayan sido devueltos por el comercio.

Artículo 224.- Los fabricantes o industriales de productos alimenticios quedan obligados a declarar el origen de las materias primas que emplean en la fabricación o industrialización de sus productos cuando el reglamento lo indique o el Ministerio así lo requiera.

Artículo 225.- Las operaciones preparatorias y de elaboración del producto alimenticio, así como las de envase, conservación, transporte y almacenamiento del producto terminado deberán ser hechas higiénicamente y en forma de asegurar la protección de éste de la contaminación, infestación o deterioro y del desarrollo de riesgos para la salud de las personas, entre otros la presencia de residuos tóxicos o peligrosos provenientes de las distintas operaciones a que fue sometido.

Artículo 226.- Todo productor o fabricante de alimentos deberá cumplir con las disposiciones que el Ministerio decrete ordenando el enriquecimiento o equiparación de determinados alimentos a fin de suplir la ausencia o insuficiencia de alimentos nutrientes en la alimentación habitual de la población.

Artículo 227.- Los productores y fabricantes de alimentos, sólo podrán usar aditivos que hayan sido autorizados por el Ministerio, en cantidades que no excedan a los máximos de tolerancia permitidos y siempre que sean necesarios para la adecuada técnica de elaboración o conservación.

No se incluyen en la presente disposición los ingredientes usuales que se emplean en la preparación de los alimentos.

Artículo 228.- Las personas interesadas en utilizar nuevos aditivos en la producción o elaboración de alimentos, deberán solicitar autorización al Ministerio, cumpliendo con las exigencias reglamentarias y en todo caso tal autorización no podrá concederse cuando el aditivo posea toxicidad actual o potencial o cuando interfiera en forma importante y desfavorable con el valor nutritivo de los alimentos.

Artículo 229.- Todo alimento elaborado que se venda, distribuya o almacene en el país deberá provenir de un establecimiento de alimentos legalmente autorizado y en operación aprobada por la autoridad de salud.

Queda especialmente prohibido el comercio o distribución de carnes y derivados provenientes de locales o establecimientos no autorizados por la autoridad de salud o que funcionen sin inspección veterinaria.

Artículo 230.- Las autoridades competentes y las personas naturales y jurídicas que ordenen una subasta de alimentos, deberán solicitar permiso previo a la autoridad de salud y este permiso se otorgará únicamente cuando la naturaleza y estado de los alimentos y las condiciones en que se realice la subasta no impliquen peligro para la salud de los adquirentes o de terceros.

Artículo 231.- Los establecimientos educacionales, hospitales, asilos y similares, públicos o privados, quedan sujetos al control del Ministerio en cuanto a las instalaciones y procedimientos que utilicen para la preparación y suministro de alimentos y respecto de la calidad de la dieta suministrada a sus consumidores.

Artículo 232.- Los manipuladores de alimentos, deberán observar una esmerada limpieza personal y para poder trabajar en establecimientos de alimentos deberán someterse a los exámenes de salud y medidas preventivas y profilácticas que el Ministerio declare necesarias.

Artículo 233.- Se entiende por manipulador de alimentos, para los efectos legales y reglamentarios, a toda persona que aplique su trabajo manual directamente o por medio de instrumentos o artefactos a la preparación, conservación, envase, distribución, expendio o suministro de alimentos.

Artículo 234.- Se entiende por envase, para los efectos legales y reglamentarios, todo recipiente utilizado para contender alimentos destinados a la venta o distribución, incluidos los materiales empleados para envolver. Se entiende por rótulo o etiqueta cualquier marbete, inscripción gráfica o escrita descriptiva, relativa al alimento contenido en el envase al que acompaña.

Artículo 235.- Los materiales que se utilicen para envasar alimentos, no deberán transmitir al producto sustancias desagradables o peligrosas más allá de los límites tolerados reglamentariamente ni ser susceptibles de ser afectados por el producto que contienen.

Artículo 236.- Toda persona física o jurídica que almacene o transporte materias primas destinadas a la elaboración de alimentos o productos alimenticios, sea como actividad principal, incidental o como parte de sus actividades productoras o comerciales, deberá cuidar que los envases sean adecuados y que tanto el almacenamiento como el transporte se hagan evitando la contaminación, alteración o infestación de las materias primas y de los productos alimenticios, precaviendo su adulteración y previniendo el deterioro de los envases o embalajes.

Artículo 237.- Queda prohibida toda propaganda que atribuya propiedades terapéuticas a los alimentos o que induzca a error o engaño al público en cuanto a la naturaleza, calidad, propiedades u origen de los alimentos.

Artículo 238.- Los propietarios, administradores, encargados y responsables de establecimientos de alimentos deberán permitir a cualquier hora la entrada de los funcionarios de salud, debidamente identificados, para realizar las inspecciones que haya menester de practicar a fin de controlar el estado higiénico y sanitario del local; de sus instalaciones y equipos; el estado de salud e higiene del personal y las condiciones en que se realizan las distintas operaciones. Deberán, asimismo, permitir la toma de muestras necesarias para establecer la identidad, calidad y estado de los alimentos o productos alimenticios con derecho a exigir del funcionario el correspondiente recibo y la contramuestra cuando fuere procedente.

Quedan sujetos a estas disposiciones, en los mismos términos, las personas que transporten alimentos en cuanto a sus vehículos y lugares de almacenamiento transitorio.

Sección IV.
De los deberes y restricciones a que quedan sujetas las personas en sus acciones y operaciones relativas a sustancias tóxicas y peligrosas

Artículo 239.- Ninguna persona natural o jurídica podrá importar, fabricar, manipular, almacenar, vender, transportar, distribuir o suministrar sustancias o productos tóxicos y sustancias, productos u objetos peligrosos de carácter radioactivo, comburente, inflamable, corrosivo, irritante u otros declarados peligrosos por el Ministerio, con riesgo o daño para la salud o la vida de las personas y sin sujeción estricta a las exigencias reglamentarias o a las especiales que el Ministerio pueda dictar para precaver tal riesgo o peligro.

Artículo 240.- Toda persona natural o jurídica que se ocupe de la importación, fabricación, manipulación, almacenamiento, venta, distribución y transporte y suministro de sustancias o productos tóxicos, sustancias peligrosas o declaradas peligrosas por el Ministerio deberá velar porque tales operaciones se realicen en condiciones que eliminen o disminuyan en lo posible el riesgo para la salud y seguridad de las personas y animales que quedan expuestos a ese riesgo o peligro con ocasión de su trabajo, tenencia, uso o consumo, según corresponda.

Artículo 241.- Queda prohibido el expendio y suministro de sustancias o productos tóxicos o de sustancias o productos u objetos peligrosos u otros declarados como tales por el Ministerio sin cumplir estrictamente las disposiciones reglamentarias pertinentes y en especial las que digan relación con el registro obligatorio cuando proceda y con el contenido obligatorio de la rotulación que deberá acompañar al producto mismo, a sus envases y empaquetaduras y en el que se deberá indicar en español y con la simbología pertinente, la naturaleza del producto, sus riesgos, sus contraindicaciones y los antídotos correspondientes si procedieren.

Artículo 242.- Se prohíbe vender o suministrar, a cualquier título, sustancias, mezclas de sustancias, productos u objetos tóxicos, de carácter peligroso o declarados peligrosos por el Ministerio, a menores de edad o a personas incapacitadas mentalmente.

(Reformado por el artículo 1° de la Ley N° 6430 de 15 de mayo de 1980).

Artículo 243.- Queda prohibida la importación y adquisición de explosivos a personas que no justifiquen su uso y en todo caso se prohíbe su almacenamiento en viviendas particulares o en lugares que no reúnan las condiciones de seguridad requeridas reglamentariamente o por disposición del Ministerio.

Artículo 244.- Las personas naturales y jurídicas que importen, fabriquen, manipulen, almacenen, transporten, comercien, suministren o apliquen sustancias, mezclas de sustancias o productos denominados plaguicidas por la ley de sanidad vegetal, quedarán sujetas a las disposiciones reglamentarias que el Ministerio dicte de común acuerdo con el Ministerio de Agricultura para el resguardo de la salud de las personas de conformidad con esa ley, los interesados deberán registrar todo pesticida o producto destinado al control o exterminio de las infestaciones y solicitar permiso previo para operar cuando tales sustancias, mezclas de sustancias o productos que por su naturaleza o uso no queden incluidos en la ley mencionada fueren capaces de algún modo de producir intoxicaciones o daños serios a la salud de las personas o de los animales útiles o inofensivos al hombre.

Artículo 245.- Las personas naturales o jurídicas que se dediquen al control de plagas, podrán operar sólo con permiso del Ministerio utilizando las sustancias, mezclas de sustancias, los productos y mezclas de productos autorizados por el Ministerio y con sujeción a las normas técnicas procedentes, a fin de evitar accidentes o daños a la salud de las personas que realicen tales tareas o de terceros.

Artículo 246.- Toda persona natural o jurídica de derechos público o privado, quedará sujeta al control del Ministerio y a las medidas y prácticas que éste ordene, dentro de su competencia, a fin de proteger a las personas, de la contaminación proveniente de la luz ultravioleta y de las radiaciones ionizantes emitidas por aparatos especialmente diseñados para producirlas o de sustancias naturales o artificiales radiactivas a que queden expuestas con ocasión de sus actividades profesionales y ocupaciones; como resultado de tratamientos médicos; accidentalmente, o por vivir en las cercanías de un establecimiento que utilice sustancias radiactivas en sus operaciones.

Artículo 247.- Sin perjuicio de las atribuciones de otras autoridades competentes en la materia, toda persona que se ocupe de la importación, instalación, manufactura o reparación de aparatos o equipos diseñados para emitir radiaciones y de la importación, comercio, manipulación y uso de sustancias natural o artificialmente radioactivas destinadas ambas para la industria o la investigación industrial, o científica no médica deberá inscribirse en el registro respectivo del Ministerio.

Artículo 248.- Ninguna persona podrá instalar o utilizar aparatos o equipos destinados a la producción de luz ultravioleta y de radiaciones ionizantes o sustancias, naturales o artificialmente radiactivas, en la industria o en la investigación industrial o científica no médica sin obtener licencia de la Comisión de Energía Atómica previa aprobación del Ministerio, la que será otorgada sólo una vez que acredite que el establecimiento en que se operará cuenta con las condiciones de instalación y medio de seguridad adecuados al tipo y magnitud de la operación para proteger la salud de su personal; evitar la difusión de tales radiaciones al exterior; precaver los accidentes y para descargar sus desechos o residuos de modo que no constituyan fuente directa o indirecta de contaminación atmosférica, del agua o del suelo, ni elementos de riesgos para la población vecina.

Artículo 249.- Las personas naturales o jurídicas que transporten sustancias radiactivas en forma principal o incidental a sus actividades, deberán realizarlo en envases, embalajes y vehículos apropiados, utilizando el símbolo internacional que advierte la presencia de sustancias radiactivas o ionizantes y cumpliendo estrictamente las exigencias reglamentarias o las que el Ministerio imponga a fin de proteger la salud de los operarios y prevenir accidentes que pongan en peligro a la comunidad o que produzcan la contaminación de otros bienes transportados simultáneamente.

Artículo 250.- Las personas naturales o jurídicas que importen, comercien, distribuyan, transporten o utilicen aparatos, equipos e instrumentos que produzcan radiaciones secundarias o incidentalmente, quedarán sujetas a las disposiciones de control y restrictivas respecto de aquellos que el Ministerio determine, en decreto razonado por estimarlos peligrosos, para la salud de las personas, en consulta con la Comisión de Energía Atómica.

Artículo 251.- Los fabricantes e importadores de prendas para vestir, de adornos u otros objetos que entren en contacto directo con el cuerpo humano; de materiales de construcción, de aparatos o utensilios para el hogar y materiales de limpieza y juguetes u objetos que sirvan para el cuido de los niños, quedan obligados a velar porque tales bienes no constituyan peligro para la salud de las personas, tanto por su estructura y forma de funcionamiento, como por las materias que se empleen en su fabricación y, en todo caso, deberán acompañar las informaciones necesarias respecto de su naturaleza, de los posibles riesgos que puedan involucrar y las instrucciones de buen uso y almacenamiento a fin de evitar accidentes o daños a la salud de las personas derivados del uso de tales productos.

Artículo 252.- En todo caso, el Ministerio, en resguardo de la salud de las personas, podrá negar el permiso para importar, fabricar, comerciar, o suministrar sustancias, mezclas de sustancias, productos o mezclas de productos excesivamente tóxicos o capaces de causar daños serios a las personas o animales útiles o inofensivos al hombre u objetos o bienes que pudieren causar accidentes repetidos o que hayan sido declarados peligrosos por el Ministerio. Podrá, asimismo, ordenar un decomiso o el retiro de la circulación; prohibir la continuación de su importación, comercio, aplicación o distribución u ordenar, cuando procediere, cambios en su composición o estructura o en el uso de ciertas materias primas causantes de la peligrosidad de tales bienes.

Sección V.
De los requisitos para la operación de establecimientos en que prestan servicios personales de embellecimiento, gimnasios y otros similares y de las restricciones a tales actividades

Artículo 253.- Los propietarios o administradores de establecimientos destinados a la prestación de servicios de embellecimiento, higiene o limpieza personal tales como peluquerías, barberías, salones de belleza, gimnasios y otros similares deberán obtener permiso previo para su instalación del Ministerio y éste será concedido sólo cuando los interesados acrediten haber dado cumplimiento a las exigencias reglamentarias que dicho Ministerio dicte en resguardo de la salud de las personas que requieren tales servicios y del personal de esos establecimientos. Ninguna autoridad podrá conceder patente o permisos de instalación a estos establecimientos sin que el interesado acredite haber obtenido la correspondiente aprobación de la autoridad de salud.

Artículo 254.- Toda persona que opere cualesquiera de los establecimientos citados en el artículo anterior, deberá mantener el lugar, las instalaciones, los equipos y utensilios en condiciones de higiene y limpieza a fin de evitar que puedan constituir foco de infección o criaderos de vectores de enfermedades transmisibles.

Artículo 255.- Queda prohibido utilizar en los servicios a que alude la presente sección, sustancias, productos o cosméticos tóxicos o peligrosos o cosméticos medicamentosos no registrados y autorizados por la autoridad de salud.

Artículo 256.- El personal de los establecimientos a que se refiere esta sección deberá tener el certificado de salud reglamentario y deberá disponer de las medidas de protección personal durante su trabajo.

Artículo 257.- Todo establecimiento en que se presten servicios de belleza, limpieza o higiene corporal podrá ser clausurado temporal o definitivamente por el Ministerio cuando funcione en forma antirreglamentaria o constituya foco de infección de enfermedades transmisibles o en caso de accidentes personales repetidos en sus operaciones.

Sección VI .
De los deberes de las personas naturales y jurídicas que se ocupan de la difusión de información y propaganda y de las restricciones a que quedan sujetas materias de salud

Artículo 258.- Las personas naturales o jurídicas que hagan difusión o propaganda sobre tópicos referentes a la salud de las personas o que puedan influir en ésta o afectarla, deberán someter el contenido del texto a consideración del Ministerio para su autorización, previa a la difusión.

Las comunicaciones científicas y difusiones al respecto que emanen de las Instituciones Autónomas del Sector Salud o de los Colegios Profesionales, están exentos de esta autorización.

Artículo 259.- En caso de peligro de epidemia o de epidemia declarada, la prensa, la radio, la televisión y todo otro medio de comunicación colectiva deberá colaborar, con la autoridad de salud en la forma que el Poder Ejecutivo disponga.

Queda prohibido a los propietarios o administradores de medios de comunicación colectiva, propagar noticias inexactas o que puedan causar alarma o pánico en la población. Para estos efectos se presumen noticias inexactas aquellas que no hayan sido suministradas o confirmadas por la autoridad de salud competente.

Artículo 260.- Queda prohibida toda propaganda o publicidad engañosa o ambigua que pueda ser perjudicial para la salud de las personas, o que pueda inducir a error al público en asuntos relativos a su conservación o recuperación.

Se estima especialmente engañosa y perjudicial, para los efectos de esta ley y sus reglamentos, la propaganda hecha por cualquier medio de comunicación sobre:

a. La curación de enfermedades mediante tratamientos secretos, rituales, infalibles, de plazo cierto o de panaceas para el objeto.

b. La calidad, potencia o eficacia curativa de medicamentos o la calidad nutritiva de alimentos de uso común o médico, sin la debida autorización o en disconformidad a la autorización obtenida o aduciendo encuestas o informes de autoridades o de centros de investigación falsos.

c. La capacidad o potencia de cosméticos o de sistemas de operaciones especiales para modificar o mantener la apariencia física de las personas, sin la debida autorización o en disconformidad a la autorización obtenida.

d. El ofrecimiento de servicios profesionales en ciencias de la salud por personas sin título para hacerlo, o no autorizadas debidamente para ejercer tales profesiones, especialidades u oficios.

Artículo 261.- Todo establecimiento de educación primaria y media público o privado, deberá destinar horas de sus programas, para la enseñanza de tópicos y normas obligatorias relativas a la salud personal y de trascendencia para la salud de terceros.

Asimismo los medios de comunicación colectiva (prensa, radio, televisión y otros medios no convencionales) quedan obligados a destinar el espacio necesario para incluir programas referentes a la enseñanza de tópicos y normas obligatorias relativas a la salud personal y de trascendencia para la salud de terceros.

Las autoridades de salud y educación elaborarán y revisarán anualmente los programas de enseñanza a fin de que se incluyan en éstos los tópicos de salud cuya enseñanza y divulgación se estimen necesarias y de actualidad científica.

TITULO III.
DE LOS DEBERES DE LAS PERSONAS PARA LA CONSERVACIÓN Y ACONDICIONAMIENTO DEL AMBIENTE Y DE LAS RESTRICCIONES A QUE QUEDAN SUJETAS SUS ACTIVIDADES EN BENEFICIO DE SU PRESERVACIÓN

Artículo 262.- Toda persona natural o jurídica está obligada a contribuir a la promoción y mantenimiento de las condiciones del medio ambiente natural y de los ambientes artificiales que permitan llenar las necesidades vitales y de salud de la población.

Artículo 263.- Queda prohibida toda acción, práctica u operación que deteriore el medio ambiente natural o que alterando la composición o características intrínsecas de sus elementos básicos, especialmente el aire, el agua y el suelo, produzcan una disminución de su calidad y estética, haga tales bienes inservibles para algunos de los usos a que están destinados o cree éstos para la salud humana o para la fauna o la flora inofensiva al hombre.

Toda persona queda obligada a cumplir diligentemente las acciones, prácticas u obras establecidas en la ley y reglamentos destinadas a eliminar o a controlar los elementos y factores del ambiente natural, físico o biológico y del ambiente artificial, perjudiciales para la salud humana.

CAPITULO I.
Del agua para el uso y consumo humano y de los deberes y restricciones a que quedan sujetas las personas en la materia

Artículo 264.- El agua constituye un bien de utilidad pública y su utilización para el consumo humano tendrá prioridad sobre cualquier otro uso.

Artículo 265.- Se entiende por agua potable para los efectos legales y reglamentarios, la que reúne las características físicas, químicas y biológicas que la hacen apta par el consumo humano de acuerdo con los patrones de potabilidad de la Oficina Panamericana Sanitaria aprobados por el Gobierno.

Artículo 266.- Los abastecimientos de agua del país deberán llenarlos requisitos de estructura y funcionamiento fijados por las normas y especificaciones técnicas que el Poder Ejecutivo dicte, en consulta con el Servicio Nacional de Acueductos y Alcantarillado.

Artículo 267.- Todo sistema de abastecimiento de agua destinada al uso y consumo de la población, deberá suministrar agua potable, en forma continua, en cantidad suficiente para satisfacer las necesidades de las personas y con presión necesaria para permitir el correcto funcionamiento de los artefactos sanitarios en uso.

Artículo 268.- Todo abasto de agua potable, sin excepción, queda sujeto al control del Ministerio en cuanto a la calidad del agua que se suministre a la población y para velar porque los elementos constitutivos del sistema, su funcionamiento y estado de conservación garanticen el suministro adecuado y seguro, pudiendo ser intervenido por el Ministerio si hubiera peligro para la salud de los habitantes.

Artículo 269.- Los administradores o encargados de todo abasto de agua potable deberán permitir la toma de muestras de agua y las inspecciones que realicen los funcionarios del Ministerio, debidamente identificados.

Artículo 270.- La construcción de pozos privados y la utilización de sistemas privados de abastecimientos de agua para el uso y consumo humano en las áreas del país donde existe acueducto público en funciones, deberá ser autorizado por el Ministerio conforme al reglamento respectivo.

Los pozos existentes al entrar en vigencia esta ley, podrán ser clausurados, sellados y mantenidos en reserva cuando así lo determine el Ministerio de común acuerdo con la administración del Servicio Nacional de Acueductos y Alcantarillado.

Artículo 271.- En las regiones del país donde no hubiere abastos públicos de agua potable y en tanto éstos se establecen, los habitantes deberán utilizar los sistemas de abastecimiento de agua para el consumo y uso doméstico que el Ministerio señale y las autoridades locales deberán colaborar en difundir la información sobre los métodos para obtener purificar el agua que se destine a la bebida.

Artículo 272.- Las personas o empresas particulares que se ocupen de abastecer de agua para la bebida o para usos domésticos a una población residencias aisladas, a establecimientos mineros o industriales o a cualquier lugar o local destinado a la permanencia transitoria de personas, en lugares donde no hubiere abastecimientos públicos, deberá solicitar permiso del Ministerio sometiéndose a las disposiciones reglamentarias y a las exigencias especiales que esa administración pudiere hacer en cada caso.

Artículo 273.- Se prohíbe contaminar los abastos de agua, así como dañar, obstruir parcial o totalmente, los sistemas de abastecimiento de agua potable destinada a la población. Se presume de pleno derecho la contaminación del agua por el simple hecho de agregarle cualquier cosa o elemento extraño, excepto aquellos que mejoren la calidad del agua en proporciones científicamente aceptables y con fines específicos en la prevención de enfermedades.

Artículo 274.- Las personas naturales o jurídicas deberán utilizaren los establecimientos de su propiedad, administración u operación, agua que reúna las calidades exigidas por el Ministerio para el tipo específico de actividades que desarrollan, especialmente las que digan relación con la producción de alimentos o de materias primas para alimentos; la elaboración de alimentos; la operación de balnearios, establecimientos crenoterápicos, piscinas y de establecimientos similares.

Artículo 275.- Queda prohibido a toda persona natural o jurídica contaminar las aguas superficiales, subterráneas y marítimas territoriales, directa o indirectamente, mediante drenajes o la descarga o almacenamiento, voluntario o negligente, de residuos o desechos líquidos, sólidos o gaseosos, radiactivos o no radiactivos, aguas negras o sustancias de cualquier naturaleza que, alterando las características físicas, químicas y biológicas del agua la hagan peligrosa para la salud de las personas, de la fauna terrestre y acuática o inservible para usos domésticos, agrícolas, industriales o de recreación.

Artículo 276.- Sólo con permiso del Ministerio podrán las personas naturales o jurídicas hacer drenajes o proceder a la descarga de residuos o desechos sólidos o líquidos u otros que puedan contaminar el agua superficial, subterránea, o marítima, ciñéndose estrictamente a las normas y condiciones de seguridad reglamentarias y a los procedimientos especiales que el Ministerio imponga en el caso particular para hacerlos inocuos.

Artículo 277.- Se prohíbe a toda persona natural o jurídica las acciones que puedan producir la contaminación o deterioro sanitario de las cuencas hidrográficas que sirvan a los establecimientos de agua para el consumo y uso humano.

CAPITULO II.
De las obligaciones y restricciones relativas a la recolección y eliminación de residuos sólidos

Artículo 278.- Todos los desechos sólidos que provengan de las actividades corrientes personales, familiares o de la comunidad y de operaciones agrícolas, ganaderas, industriales o comerciales, deberán ser separados, recolectados, acumulados, utilizados cuando proceda y sujetos a tratamiento o dispuestos finalmente, por las personas responsables a fin de evitar o disminuir en lo posible la contaminación del aire, del suelo o de las aguas.

Artículo 279.- Queda prohibido a toda persona natural o jurídica arrojar o acumular desechos sólidos en lugares no autorizados para el efecto, utilizar medios inadecuados para su transporte y acumulación y proceder a su utilización, tratamiento o disposición final mediante sistemas no aprobados por el Ministerio.

Artículo 280.- El servicio de recolección, acarreo y disposición de basuras, así como la limpieza de caños, acequias, alcantarillas, vías y parajes públicos estará a cargo de las municipalidades las cuales podrán realizarlo por administración o mediante contratos con empresas o particulares, que se otorgarán de acuerdo con las formalidades legales y que requieran para su validez la aprobación del Ministerio.

Toda persona queda en la obligación de utilizar dicho servicio público y de contribuir económicamente a su financiamiento de conformidad con las disposiciones legales y reglamentarias pertinentes.

Artículo 281.- Las empresas agrícolas, industriales y comerciales, deberán disponer de un sistema de separación y recolección, acumulación y disposición final de los desechos sólidos provenientes de sus operaciones, aprobado por el Ministerio cuando por la naturaleza, o cantidad de éstos, no fuere sanitariamente aceptable el uso del sistema público o cuando éste no existiere en la localidad.

Artículo 282.- Los propietarios de terrenos desocupados en áreas urbanas están obligados a mantenerlos cerrados y en buenas condiciones higiénicas.

Quedarán obligados, asimismo, a realizar las prácticas u obras, dentro del plazo que la autoridad de salud les ordene, cuando tales terrenos constituyen un foco de contaminación ambiental.

Artículo 283.- Queda prohibida la recuperación de desechos y residuos sólidos en lugares no aprobados por la autoridad de salud para tales efectos.

Las personas naturales o jurídicas que se ocupen de la recuperación, aprovechamiento, comercio o industrialización de tales materias, deberán solicitar permiso previo a la autoridad de salud y ésta podrá otorgarlo cuando se compruebe que los trabajos de selección, recolección y aprovechamiento de los desechos y residuos no impliquen peligro de contaminación del ambiente o riesgos para la salud de las personas que trabajan en tales faenas o de terceros.

Artículo 284.- La autorización a que se refiere el artículo anterior durará un año y podrá ser cancelada en cualquier tiempo cuando el titular no cumpliere las disposiciones reglamentarias pertinentes o no realizare las prácticas y obras especiales que la autoridad de salud le imponga como requisitos necesarios para resguardar la salud de las personas, o el saneamiento de la operación.

CAPITULO III.
De las obligaciones y restricciones para la evacuación sanitaria de excretas y aguas servidas y negras

Artículo 285.- Las excretas, las aguas negras, las servidas y las pluviales, deberán ser eliminadas adecuada y sanitariamente a fin de evitar la contaminación del suelo y de las fuentes naturales de agua para el uso y consumo humano, la formación de criaderos de vectores y enfermedades y la contaminación del aire mediante condiciones que atenten contra su pureza o calidad.

Artículo 286.- Toda persona natural o jurídica está obligada a realizar las obras de drenaje que la autoridad de salud ordene a fin de precaver la formación de focos insalubres y de infección, o de sanear los que hubiere en predios de su propiedad.

Si el propietario fuere renuente en el cumplimiento de tales órdenes, la autoridad de salud podrá hacerlos a costa del omiso.

En los casos en que el interés público, la naturaleza y envergadura de las obras de drenaje lo justificare, todo propietario de inmueble está obligado a constituir servidumbre en favor del Estado para que la autoridad de salud construya, tales obras pudiendo decretarse la expropiación del terreno cuando la servidumbre fuere incompatible con su utilización.

El mantenimiento y operación, si procedieren, estará a cargo de los beneficiarios de tales obras.

Artículo 287.- Toda persona natural o jurídica propietaria de viviendas o de establecimientos o edificios en que las personas desarrollen sus actividades, responderá de que tales bienes dispongan de un sistema de disposición de excretas y de aguas negras y servidas aprobado por el Ministerio y los usuarios de viviendas, establecimientos o edificios estarán obligados a mantener dicho sistema en buenas condiciones de funcionamiento.

Artículo 288.- Todo propietario queda obligado a conectar el sistema de eliminación de excretas de aguas negras y servidas de su propiedad al alcantarillado sanitario en los lugares en que éste estuviera en funcionamiento, salvo en los casos de excepción que los reglamentos pertinentes reconozcan como procedentes.

Artículo 289.- Todo sistema de alcantarillado quedará bajo el control técnico del Ministerio y del Servicio Nacional de Acueductos y Alcantarillado y las personas de derecho privado o público que los construyan, administren y operen se sujetarán a las normas que el Poder Ejecutivo, en consulta con el Servicio Nacional de Acueductos y Alcantarillado, dicte para condicionar su construcción, funcionamiento y la evacuación y tratamiento final de los fluentes.

Artículo 290.- Se prohíbe a toda persona destruir o dañar los sistemas de desagües públicos o privados u obstruir su funcionamiento.

Artículo 291.- Queda prohibido descargar residuos industriales y de establecimientos de salud en el alcantarillado sanitario sin autorización previa de la autoridad de salud y sin cumplir las instrucciones que ésta pueda ordenar para hacerlos inocuos, a fin de precaver cualquier daño al sistema de desagüe, o evitar la contaminación de las fuentes o cursos de agua; del suelo y del aire, o cualquier otro riesgo para la salud humana que se derive de la evacuación final inadecuada de los desagües.

Artículo 292.- Queda prohibido en todo caso la descarga de las aguas negras, de las aguas servidas y de residuos industriales al alcantarillado pluvial. El Ministerio que da facultado para restringir, regular, o prohibir la eliminación de productos sintéticos no biodegradables a través de los sistemas de recolección de excretas, aguas negras y servidas.

CAPITULO IV.
De los deberes y restricciones a que quedan sujetas las personas para evitar la contaminación del ambiente

Artículo 293.- Toda persona natural o jurídica queda obligada a emplear el máximo de su diligencia en el cumplimiento de las disposiciones legales y reglamentarias o de los pedidos especiales que ordene la autoridad competente, a fin de evitar o controlar la contaminación atmosférica y del ambiente de los lugares destinados a la vivienda, trabajo o recreación.

Artículo 294.- Se entiende por contaminación de la atmósfera para los efectos legales y reglamentarios, el deterioro de su pureza por la presencia de agentes de contaminación, tales como partículas sólidas, polvo, humo, vapor, gases, materias radiactivas y otros, que el Ministerio defina como tales, en concentraciones superiores a las permitidas por las normas de pureza del aire aceptadas internacionalmente y declaradas oficiales por el Ministerio.

Se estima contaminación del aire, para los mismos efectos, la presencia de emanación o malos olores que afecten la calidad del ambiente, perjudicando el bienestar de las personas.

Será asimismo considerada como contaminación atmosférica la emisión de sonidos que sobrepasen las normas aceptadas internacionalmente y declaradas oficiales por el Ministerio.

Artículo 295.- Queda prohibido a toda persona física o jurídica la descarga, emisión o emanación de contaminantes atmosféricos de naturaleza y en proporciones prohibidas, resultantes de sus actividades personales, domésticas, industriales, comerciales o de cualquier otra índole que cause o contribuya a la contaminación atmosférica.

Artículo 296.- Todo propietario o administrador de una construcción o edificio será responsable de que el inmueble cuente con los medios y sistemas para evitar descargas, emisiones o emanaciones que causen o contribuyan a la contaminación atmosférica.

Los fabricantes y vendedores de bienes muebles o artefactos que por su naturaleza, construcción o uso puedan producir descargas o emanaciones que causen contribuyan a la contaminación del aire, deberán incluir en esos bienes muebles un sistema específicamente diseñado para el control de emisiones, de acuerdo con las normas aceptadas internacionalmente.

En todo caso, en tanto los fabricantes como los importadores de tales bienes quedan sujetos al cumplimiento de las exigencias y restricciones que el Ministerio imponga, a fin de evitar o reducir la contaminación atmosférica.

Del mismo modo los propietarios de tales bienes muebles en especial vehículos automotores quedan obligados a mantenerlos y usarlos de modo de evitar o reducir la contaminación del aire.

Para el cabal cumplimiento de las disposiciones de este artículo el Ministerio hará determinaciones periódicas de calidad de los combustibles cuyo uso pueda producir o contribuir a la contaminación atmosférica.

Artículo 297.- Queda prohibido el funcionamiento de toda fábrica o establecimiento industrial o comercial en edificios que no dispongan de los elementos o sistemas necesarios para evitar que las descargas, emisiones, emanaciones o sonidos producto de tales actividades industriales o comerciales, causen o contribuyan a la contaminación atmosférica de la región en que se encuentran ubicados y que no dispongan en la organización de sus actividades o faenas, de elementos o sistemas para evitar la contaminación del ambiente interior con riesgo o peligro para la salud y el bienestar de su personal y de terceros.

CAPITULO V.
De los deberes y restricciones a que quedan sujetas las actividades industriales

Artículo 298.- Toda persona que opere establecimientos industriales deberá obtener la correspondiente autorización del Ministerio para su instalación y la debida aprobación de éste para iniciar su funcionamiento, así como para ampliar o variar, o modificar en cualquier forma la actividad original para la que fue autorizado.

Artículo 299.- Ninguna autoridad podrá conceder patentes o permisos para el funcionamiento de establecimientos industriales sin que medie la previa autorización de funcionamiento del Ministerio.

Artículo 300.- Para obtener autorización de instalación, los interesados deberán acreditar ante el Ministerio, que el sitio elegido se encuentra en zona permitida según la correspondiente reglamentación vigentes, que cuenta con los elementos de saneamiento básico y que dispone de los elementos o sistemas sanitarios adecuados para la eliminación de desechos, residuos, o emanaciones, a fin de no causar o contribuir a la contaminación del suelo y del agua destinada al uso y consumo humanos, ni del aire y para no constituir problema sanitario o de molestia para la población.

A falta de un plan regulador de desarrollo urbano el Ministerio determinará las zonas permitidas para los establecimientos industriales, la autorización a que se refiere el presente artículo, podrá ser cancelada, suspendida o modificada, según el caso, temporal o definitivamente, cuando varíen las condiciones existentes al concederla.

Artículo 301.- Se entiende por establecimiento industrial, para los efectos de la presente ley y su reglamentación, todo lugar descubierto o cubierto destinado a la transformación, manipulación o utilización de productos naturales, o a la elaboración, manipulación, transformación o utilización de productos artificiales mediante tratamiento físico, químico o biológico, manualmente o por medio de máquinas o instrumentos.

Quedan incluidos en tal consideración para los mismos efectos antes aludidos, los sitios destinados a recibir o almacenar los artefactos, instrumentos o utensilios, materiales y materias primas que se emplearán en las tareas o faenas y todos los anexos de la fábrica o taller. Igualmente se considerarán como tales las estaciones y terminales de transporte.

Artículo 302.- Ningún establecimiento industrial podrá funcionar si constituye un elemento de peligro, insalubridad o incomodidad para la vecindad, ya sea por las condiciones de manutención del local en que funciona, por la forma o sistemas que emplea en la realización de sus operaciones, por la forma o sistema que utiliza para eliminar los desechos, residuos o emanaciones resultantes de sus faenas, o por los ruidos que produce la operación.

Artículo 303.- Los propietarios o administradores de establecimientos industriales deberán cumplir diligentemente todas las normas técnicas que el Ministerio por sí o de acuerdo con el Ministerio de Trabajo dicten para proteger la salud de su personal.

Artículo 304.- Los establecimientos industriales que funcionen antirreglamentariamente que constituyan peligro, incomodidad o insalubridad para su personal o la vecindad, podrán ser clausurados por la autoridad de salud y en todo caso, sus propietarios y administradores quedan obligados a cumplir las órdenes o instrucciones que la autoridad de salud les ordene para poner fin o mitigar la insalubridad o molestia que producen a causa de su operación, debiendo suspender tal operación hasta tanto no hayan cumplido los requisitos reglamentarios o los exigidos por el Ministerio.

Artículo 305.- Todo campamento de trabajo y finca rural deberá estar provisto de los elementos de saneamiento básico para proteger la salud y bienestar de sus trabajadores y para evitar la constitución de focos de infección, o de contaminación del ambiente.

Artículo 306.- Se entiende por campamento de trabajo toda instalación destinada a albergar a los trabajadores de explotaciones agrícolas, mineras o ganaderas o de obras públicas o privadas en construcción.

Artículo 307.- Toda persona natural o jurídica queda sujeta a las normas técnicas que el Ministerio dicte, estableciendo las condiciones de saneamiento básico de los campamentos de trabajo y fincas agrícolas. En todo caso, ninguna persona podrá iniciar la construcción de instalaciones destinadas a ser utilizadas como campamentos de trabajo sin la autorización del Ministerio.

CAPITULO VI.
De los deberes y restricciones relativos a las urbanizaciones y salubridad de la vivienda

Artículo 308.- En la formación de nuevas ciudades o poblaciones y apertura de nuevas calles, no se podrán trazar ni orientar éstas sin la aprobación del Ministerio.

No se podrá tampoco construir edificios en las nuevas calles si no se han hecho previamente los trabajos necesarios de saneamiento, como la construcción desagües, alcantarillados, instalación de cañerías de agua potable y los rellenos o nivelación de los terrenos para evitar los estancamientos de agua y cualquier clase.

Sin perjuicio de las facultades de otras autoridades o entidades competentes en la materia, toda persona que se ocupe de la urbanización de terrenos y de la construcción de edificios para la vivienda, deberá cumplir las disposiciones de las normas sanitarias que sobre la materia dicte el Ministerio en resguardo de la salud de las personas.

Artículo 309.- Las personas naturales y jurídicas que se ocupen de la urbanización de terrenos deberán presentar a la de salud competente para su estudio previo el anteproyecto correspondiente y sólo podrán iniciar sus trabajos una vez aprobado el proyecto definitivo.

La aprobación será concedida si el proyecto de urbanización está ubicado en área permitida por la reglamentación vigente o en su defecto por el Ministerio y dispone de sistemas sanitarios adecuados de suministro de agua potable, de desagüe de aguas pluviales, de disposición de excretas, aguas negras y aguas servidas.

Artículo 310.- Queda prohibida la construcción de viviendas en nuevas urbanizaciones o lotes de predios mayores cuyos servicios y sistemas sanitarios no cumplan con las disposiciones legales y reglamentos vigentes.

Artículo 311.- Las mismas reglas establecidas en los artículos anteriores, se aplicarán a la formación de nuevas ciudades o poblaciones.

Artículo 312.- Toda persona requerirá permiso del Ministerio para proceder a la construcción, reparación o modificación de cualquier edificación destinada a la vivienda permanente o transitoria de las personas y tal permiso sólo le será concedido cuando acredite, con los planos respectivos, que dará cumplimiento a las normas sanitarias dictadas por el Poder Ejecutivo, respecto de los requisitos que la edificación deberá llenar, según su naturaleza y destino, a fin de resguardar la seguridad y la salud de sus habitantes.

Las edificaciones a que este artículo se refiere no podrán ser ocupadas, en parte o totalmente, sin la previa autorización del Ministerio.

Artículo 313.- Toda vivienda individual, familiar o multifamiliar, deberá cumplir con los siguientes requisitos sanitarios:

1. Localización en áreas que no ofrezcan peligro para la salud y el bienestar de los ocupantes.
2. Orientación adecuada, a fin de aprovechar las circunstancias naturales y artificiales del ambiente, en beneficio de la salud bienestar de los ocupantes.
3. Construcción con materiales adecuados que ofrezcan estabilidad, seguridad y buenas condiciones sanitarias.
4. Distribución interior adecuada, a fin de hacerla funcional y conforme al uso para el cual se destine.
5. Dimensiones mínimas y áreas adecuadas de compartimentos.
6. Iluminación natural y artificial adecuadas.
7. Ventilación natural o artificial adecuadas.
8. Medios de saneamiento básico:
   - **a.** Abastecimiento continuo de agua potable, en cantidad y presión suficientes, accesibles a todos los ocupantes.

b. Sistemas adecuados de eliminación de excretas, de aguas negras, servidas y pluviales aprobados por la autoridad de salud.

c. Artefactos sanitarios primarios mínimos.

Artículo 314.- Toda persona tiene obligación de velar por la higiene y seguridad de su vivienda personal o familiar y deberá realizar las prácticas especiales de limpieza, desinfección y desinsectización que haya menester cuidando de cumplir las instrucciones y órdenes que para tales efectos imparta la autoridad de salud.

Podrá por tanto, recurrir a los servicios especializados de salud para solicitar información acerca de los sistemas y medios más apropiados para proceder en buena forma y sin peligro para las personas, o pedir, cuando sea prudente, que la desinfección, desinsectización o destrucción de roedores u otros animales dañinos sea practicada por los servicios aludidos.

Toda persona, además deberá mantener en forma higiénica las basuras en su casa hasta que sean entregadas a los servicios de recolección y deberá cuidar que los servicios de agua potable y disposición de aguas negras y servidas de ésa, se mantengan en buenas condiciones de funcionamiento.

Artículo 315.- Los propietarios y administradores de viviendas y locales de alquiler, están en la obligación de dotar a sus inmuebles de las condiciones, instalaciones y servicios exigidos por las normas sanitarias reglamentarias a fin de ofrecer a los arrendatarios y ocupantes, condiciones de sanidad y seguridad adecuados.

Artículo 316.- Cuando la autoridad de salud lo ordene, los propietarios, administradores o encargados, procederán a la desinfección, desinsectización, desratización o reparación, según proceda, de los edificios destinados a vivienda permanente o transitoria, incluidos anexos y patios interiores, que por su estado o condición amenacen la salud o seguridad de sus habitantes. El inmueble afectado por cualesquiera de estas medidas sanitarias ordenadas, no podrá ser ocupado hasta que no se hayan remediado sus defectos o haya desaparecido el riesgo para la salud y la seguridad de los ocupante y podrá ser clausurado por la autoridad de salud si el peligro fuere inminente.

Artículo 317.- Ninguna autoridad podrá conceder permiso o patente a los propietarios o administradores de cualquier local o establecimiento destinado a la vivienda transitoria o permanente de personas, tales como hoteles, pensiones, hospederías, internados y similares que no reúnan los requisitos exigidos por las normas sanitarias que dicte el Poder Ejecutivo.

Los administradores o encargados deberán mantener el edificio en buenas condiciones de seguridad y saneamiento y tales establecimientos no podrán funcionar si no cumplen con los requisitos mínimos establecidos para la vivienda.

Artículo 318.- Todo arrendatario o usuario de un inmueble a cualquier título, responderá de su estado de limpieza, evitando que se convierta en fuente de infección o en criadero o albergue de fauna nociva y está en la obligación de cuidar y hacer buen uso de las instalaciones y servicios sanitarios del inmueble ocupado.

Artículo 319.- Cuando un inmueble se constituyere, por su condición o estado, en peligro para la salud o seguridad de los ocupantes o de los vecinos, la autoridad sanitaria podrá ordenar al dueño que realice las obras necesarias o tome las medidas que hubiere menester dentro del plazo perentorio que fije y si el responsable no lo hiciere, la autoridad sanitaria podrá ejecutar directamente la acción correctiva a costa del causante.

Artículo 320.- Serán declarados inhabitables por la autoridad de salud las habitaciones y edificios que por su estado ruinoso o que por existir en ellos seguridad de sus moradores o sus vecinos. De igual manera serán declaradas insalubres las que no reúnan los requisitos que indican los reglamentos sanitarios y de construcciones.

Artículo 321.- Calificada de inhabitable o de insalubre una habitación o edificio, se comunicará al propietario o encargado, fijándole un plazo dentro del cual debe proceder al desalojamiento, demolición o reparación, según el caso. Si no se cumpliere la orden dada se procederá a desalojar, por medio de la guardia civil si fuere necesario, a los moradores o a quienes permanezcan en la casa, edificio o local y se dispondrá que se clausuren éstos por la misma guardia, o que se practiquen las reparaciones o demolición por el Ministerio.

CAPITULO VII.
Requisitos y restricciones para la construcción y operación de otros establecimientos de interés sanitario

Sección I

Artículo 322.- Los edificios o instalaciones, no destinados a la vivienda, pero que sean ocupados por personas en forma permanente, como en el caso de oficinas u otros similares o en forma transitoria, como en el caso de iglesias, lugares de recreación, esparcimiento o diversión y otros similares, deberán disponer de las condiciones sanitarias y de seguridad reglamentarias que garanticen la salud y bienestar de sus asistentes u ocupantes y del vecindario.

Artículo 323.- Toda empresa particular o pública o persona que desee iniciar una edificación de las aludidas en el artículo anterior o que desee destinar para los mismos fines una ya construida, deberá solicitar permiso previo al Ministerio.

Al terminar la obra y antes de ocuparla o de entrar en funciones, deberá acreditar ante la autoridad de salud que ésta dispone de todos los requisitos exigidos por las normas técnicas dictadas por el Ministerio.

Las personas responsables deberán mantenerlas en buenas condiciones de seguridad y saneamiento mientras esté en funciones.

Artículo 324.- Toda persona natural o jurídica que opere piscinas, sitios de recreación, similares, bajo techo o al aire libre, baños públicos o establecimientos, crenoterápicos, deberá requerir permiso previo del Ministerio para su instalación.

Sin esta autorización ninguna autoridad podrá otorgar patente comercial u otros permisos requeridos para su funcionamiento. No podrá permitirse tampoco su apertura al servicio público sin la debida aprobación para operar, otorgada por el Ministerio.

La autorización se concederá por dos años a menos que defectos de funcionamiento o repetidas infracciones que hagan peligrar la salud de los concurrentes o que les conviertan en focos de infección, ameriten su clausura o la suspensión temporal de sus actividades.

Quedan excluidas de esta obligación únicamente las piscinas ubicadas en casas particulares para el uso de los miembros del hogar.

Artículo 325.- En todo caso la autoridad sanitaria podrá clausurar cualquier edificación o instalación de las aludidas en el presente capítulo, cuando constituyere peligro para la salud pública o el bienestar de sus ocupantes, visitantes o vecinos.

Artículo 326.- Son responsables de las infracciones sanitarias que se cometan, los propietarios o administradores de tales edificaciones, instalaciones o establecimientos, quienes están obligados a cumplir con las medidas técnicas especiales que la autoridad de salud les señale, a fin de impedir que esas edificaciones, instalaciones o establecimientos se conviertan en fuente de infección o de insalubridad ambiental o de peligro para la salud de los que concurren a trabajar en ellos.

Sección II.
De los cementerios, inhumaciones y exhumaciones de cadáveres

Artículo 327.- Los propietarios y administradores de cementerios quedan obligados a mantenerlos en condiciones de higiene y salubridad y a cumplir con las disposiciones reglamentarias pertinentes.

Artículo 328.- Las personas naturales y jurídicas que operen funerarias deberán solicitar permiso a la autoridad de salud para los efectos de su instalación y operación.

Artículo 329.- La inhumación y cremación de cadáveres y de restos humanos sólo podrá efectuarse en cementerios y crematorios, respectivamente, autorizados por la administración de salud y previo cumplimiento de todas las exigencias reglamentarias.

Las exhumaciones de cadáveres, deberán asimismo, ser autorizadas por la autoridad de salud competente salvo cuando se debe proceder por orden judicial.

Artículo 330.- Ningún cadáver podrá permanecer insepulto por más de treinta y seis horas contadas a partir del deceso a menos que la autoridad de salud lo autorice u ordene, o que haya necesidad de realizar alguna diligencia judicial, o que se encuentre en instalaciones debidamente acondicionadas para su conservación.

La autoridad de salud podrá ordenar la inhumación dentro de un plazo menor cuando las circunstancias y la causa de muerte lo haga procedente.

CAPITULO VIII.
De los deberes de las personas relativos al control de la fauna nociva para el hombre

Artículo 331.- Toda persona queda obligada a evitar o eliminar las condiciones favorables para la persistencia o reproducción de las especies de la fauna nociva para el hombre en los bienes de su propiedad o a su cuidado.

Deberá asimismo proceder al exterminio de esos animales ciñéndose alas normas que el Ministerio ordene y utilizando los productos aprobados o los servicios de personas autorizadas por la autoridad de salud para tales efectos.

Artículo 332.- Sólo las personas físicas o jurídicas, debidamente autorizadas por la autoridad de salud podrán dedicarse al exterminio comercial de la fauna nociva al hombre y para obtener tal autorización deberán acreditar que o mezclas de productos y los métodos que utilicen sean los aprobados por el Ministerio, asegurando la protección de su personal.

Artículo 333.- La autorización que el Ministerio conceda durará un año al cabo del cual los interesados podrán renovarla, salvo que las infracciones que hayan cometido o accidentes repetidos ameriten la cancelación de ésta en cualquier tiempo.

Artículo 334.- Toda persona queda obligada a permitir la en entrada de los funcionarios de salud debidamente identificados a su domicilio o edificio de su propiedad o cuidado, para verificar si hay animales nocivos, o condiciones para su reproducción y persistencia, o para proceder a su exterminio si los hubiere.

Queda asimismo obligada, al cumplimiento de las prácticas o a la ejecución de las obras que el Ministerio ordene para evitar la presencia y persistencia de especímenes nocivos.

Artículo 335.- Todo propietario o administrador de fincas agropecuarias en zonas rurales deberá disponer de suero antiofídico en la forma y condiciones que determine el Ministerio.

Artículo 336.- Toda persona que da obligada a obtener el correspondiente permiso del Ministerio para mantener viveros o criaderos de animales con fines experimentales o científicos o para cualquier otro propósito para lo cual deberá acreditar que el local dispone de condiciones sanitarias y de seguridad adecuadas.

LIBRO II
DE LAS AUTORIDADES DE SALUD, DE SUS ATRIBUCIONES Y CIERTAS MEDIDAS ESPECIALES

CAPITULO I.
De las autoridades de salud y de sus atribuciones

Sección I.
De las autoridades de salud y de sus atribuciones ordinarias

Artículo 337.- Corresponderá privativamente a las autoridades de salud la aplicación y el control del cumplimiento de las disposiciones de la presente ley y de su reglamentación, sin perjuicio de las facultades y obligaciones que leyes esenciales otorguen e impongan a otros organismos públicos dentro de sus respectivos campos de acción.

Artículo 338.- Para todos los efectos de la aplicación de esta ley y de otras leyes pertinentes a salud o sanitarias y sus reglamentos, se considerarán autoridades de salud: el Ministro de Salubridad Pública y los funcionarios de su dependencia en posiciones de Dirección General, de Dirección o Jefatura de Divisiones o Departamentos Médicos o Técnicos de Salud o de área geográfica de salud, así como aquellos que por leyes especiales tengan tal calidad y atribuciones.

Artículo 338 bis.- Coordinación entre las autoridades sanitarias

Los funcionarios del Ministerio de Salud y las demás autoridades sanitarias deberán ejecutar las actividades de control y protección sanitaria de manera coordinada, bajo pena de despido sin responsabilidad patronal.

(Adicionado por el inciso f) del artículo 102 de la Ley General del Servicio Nacional de Salud Animal, Nº 8495 de 6 de abril de 2006).

Artículo 339.- Las autoridades mencionadas, podrán delegar en funcionarios de su dependencia, para el mejor servicio y aplicación de las disposiciones de esta ley y sus reglamentos, atribuciones específicas atingentes a su cargo.

Artículo 340.- Las autoridades y salud dentro de las atribuciones que les confiere esta ley y su reglamentación y de acuerdo con la competencia y jurisdicción que les asigne el reglamento orgánico del Ministerio podrán dictar resoluciones ordenando medidas de carácter general o particular, según corresponda, para la mejor aplicación y cumplimiento.

Artículo 341.- Podrán, asimismo, dentro de las atribuciones y jurisdicciones mencionadas, ordenar y tomar las medidas especiales que habilita esta ley para evitar el riesgo o daño a la salud de las personas o que éstos se difundan o se agraven y para inhibir la continuación o reincidencia en la infracción de los particulares.

Artículo 342.- Corresponderá asimismo, el Ministro dictar las normas técnicas de salud a que deberán ceñirse las personas físicas o jurídicas de derecho privado o público en las materias que esta ley lo requiera.

Artículo 343.- Toda institución o establecimiento público, semipúblico o privado que realice acciones de salud sean éstas de promoción, conservación o recuperación de la salud en las personas o de rehabilitación del paciente queda sujeto a las normas técnicas que el Ministerio dicte dentro de sus atribuciones y al control y supervigilancia técnica de las autoridades de salud.

Artículo 344.- Quedan, asimismo, sujetos a las normas y al control y supervigilancia, aludidos en el artículo anterior, los organismos públicos o semipúblicos de administración descentralizada o desconcentrada en cualquier grado que administren servicios de interés público tales como el abastecimiento del agua potable, alcantarillado y recolección de residuos sólidos u otros que por la naturaleza de sus funciones puedan afectar o dañar gravemente la salud de la población, por ineficiencia técnica o insuficiencia de sus servicios.

Artículo 345.- Sin perjuicio de las demás atribuciones inherentes a su cargo, corresponde especialmente al Ministro en representación del Poder Ejecutivo:

1. Declarar el estado de peligro de epidemia y fijar las zonas de endemia o infectadas por enfermedades transmisibles en el país.
2. Declarar cuáles enfermedades transmisibles y zoonosis son de denuncia obligatoria.
3. Declarar obligatorios la vacunación contra ciertas enfermedades así como ciertos exámenes o prácticas que se estimen necesarios para prevenir o controlar enfermedades.
4. Declarar de venta libre o sujetos a restricción en su importación, venta, administración, prescripción, rotulación o propaganda los medicamentos que estime convenientes.
5. Autorizar las importaciones de estupefacientes y de sustancias psicotrópicas capaces de producir dependencia física o psíquica en las personas y limitar sus cantidades de acuerdo con las necesidades del país y los convenios internacionales ratificados o suscritos por el Gobierno.
6. Declarar adoptadas las normas sanitarias internacionales cuando no requieran aprobación legislativa.
7. Declarar tóxicos o peligrosos y sujetos a restricción, sustancias, productos o bienes materiales que constituyen riesgo o peligro para la salud de las personas.
8. Dictar de común acuerdo con el Ministerio de Agricultura las normas de protección contra los peligros para la salud de las personas y de los animales no perjudiciales al hombre y contra la contaminación del ambiente que se deriven del uso, en sanidad vegetal, de sustancias tóxicas o que se declaren peligrosas.
9. Dictar las normas de protección contra la contaminación de radiaciones ionizantes de las personas y del ambiente con el asesoramiento de la Comisión de Energía Atómica.
10. Determinar con el Ministerio de Trabajo las normas técnicas sobre enfermedades ocupacionales de protección de la salud de los trabajadores.
11. Determinar de común acuerdo con los Colegios Profesionales correspondientes y la Universidad de Costa Rica normas para el ejercicio de las profesiones en ciencias de la salud, para el servicio médico obligatorio u otros que se establezcan y para la investigación médica clínica terapéutica y científica en seres humanos.
12. Determinar de común acuerdo con los organismos correspondientes la política de nutrición de la población y las medidas necesarias para suplementar la dieta cuando sea procedente.
13. Dictar, oyendo el criterio del Instituto Nacional de Vivienda y Urbanismo, las normas sanitarias para la vivienda y otros establecimientos de habitación y trabajo.

Sección II.
De las inspecciones y otras diligencias

Artículo 346.- Para los efectos de llevar a cabo el efectivo control del cumplimiento de las disposiciones de esta ley y de sus reglamentos, de resoluciones complementarias que las autoridades de salud dicten dentro de sus competencias, podrán los funcionarios dependientes del Ministerio, debidamente identificados, hacer inspecciones o visitas para practicar operaciones sanitarias, recoger muestras o recolectar antecedentes o pruebas, en edificios, viviendas y establecimientos industriales, de comercio y en cualquier lugar en el que pudieran perpetrarse infracciones a las leyes y reglamentos y resoluciones aludidos.

Tales diligencias deberán practicarse durante el día, entre las seis y dieciocho horas y los particulares están en la obligación de facilitarles de inmediato. La limitación horaria no regirá para las inspecciones relativas al control de alimentos, de estupefacientes, alucinógenos y sustancias psicotrópicas capaces de producir por su uso, dependencia psíquica o física.

Artículo 347.- En el caso que las personas físicas o jurídicas impidieren la entrada o acceso a los lugares o inmuebles o interfirieren con la actuación de los funcionarios o se negaren a la entrega demuestras y antecedentes, podrá la autoridad de salud solicitar de la autoridad judicial la orden de allanamiento, la que deberá ser dictada dentro de las veinticuatro horas naturales de solicitada.

Los funcionarios del Ministerio a quien se les encomiende tal diligencia, practicarán el allanamiento debiendo sujetarse a las disposiciones legales pertinentes y a las disposiciones administrativas y técnicas de procedimientos del Ministerio.

El allanamiento tendrá por objeto realizar únicamente la diligencia específica para la que ha sido solicitada por la autoridad de salud y los funcionarios que la cumplan responderán de todo perjuicio innecesario causado por su actuación o por la extralimitación en sus funciones.

Artículo 348.- Las autoridades de salud podrán solicitar el auxilio de la fuerza pública y de las otras autoridades administrativas para llevar a cabo las actuaciones inherentes a su cargo para las cuales hayan sido especialmente comisionados.

Artículo 349.- Tendrán carácter de autoridad de salud los funcionarios del Ministerio que desempeñen cargos de inspección que hayan sido especialmente comisionados para la comprobación de infracciones a esta ley o a sus reglamentos, tendrán fe pública en cuanto a las denuncias que se formulen contra personas físicas o jurídicas por hechos o actos que involucren infracción a tales disposiciones o que constituyen delito. Tendrán este mismo carácter los Inspectores de Cuarentena Agropecuaria del Ministerio de Agricultura y Ganadería.

Sección III.
De la toma de muestras

Artículo 350.- Los funcionarios del Ministerio y los Inspectores de Cuarentena Agropecuaria del Ministerio de Agricultura y Ganadería, debidamente identificados, ciñéndose a las normas administrativas y operaciones vigentes y tratando, en todo caso, de evitar perjuicio o molestias innecesarias, podrán retirar de los lugares inspeccionados las muestras necesarias, bajo recibo, para el control del cumplimiento de las disposiciones de la presente ley y de sus reglamentos.

Artículo 351.- Toda persona está obligada a entregar, en la forma que establezcan los reglamentos pertinentes, las muestras necesarias para realizar los análisis que técnicamente se requieran para el adecuado resguardo de la salud de las personas y como elementos de prueba para el juzgamiento de las infracciones a las leyes de salud y de sus reglamentos.

Artículo 352.- Las personas naturales y jurídicas para obtener permisos de importación, venta o distribución de alimentos y de medicamentos u otros, que para su concesión requieran de un análisis previo, deberán entregar las muestras que sean técnicamente necesarias para realizar tales análisis, en la forma y a quien la autoridad de salud determine.

Sección IV.
De los laboratorios y análisis oficiales

Artículo 353.- Se declaran laboratorios oficiales para los efectos de practicar los análisis que técnicamente hubiere menester, los del Ministerio. Estos laboratorios pueden a su vez utilizar previo permiso correspondiente las facilidades de equipo, personal y consejo técnico de otros laboratorios, cuando así lo consideren conveniente.

Los resultados de los análisis dados por laboratorios oficiales serán definitivos para la concesión y cancelación de permisos, autorizaciones y registros y en materia judicial constituyan pruebas conforme a las leyes pertinentes.

Artículo 354.- El laboratorio oficial fijará las normas y pautas mínimas de los procedimientos técnicos a que deberán ceñirse los laboratorios clínicos y bromatológicos del país. Le corresponde, asimismo, fijar las normas y procedimientos mínimos para asegurar una toma de muestras correcta, pudiendo rechazar toda muestra que se les someta para su análisis si ésta no diere seguridad de su calidad o fuere insuficiente para practicar el análisis o si se hubiere tomado en disconformidad a las normas técnicas.

CAPITULO II.
De las medidas especiales

Artículo 355.- Teniendo en vista una efectiva protección de la salud de la población y los individuos, las autoridades de salud competentes podrán decretar por propia autoridad medidas cuya finalidad tiendan a evitar la aparición de peligros y la agravación o difusión del daño, o la continuación o reincidencia en la perpetración de infracciones legales o reglamentarias que atenten contra la salud de las personas.

Artículo 356.- Se declaran medidas especiales, para los efectos señalados en el artículo anterior, la retención, el retiro del comercio o de la circulación, el decomiso, la desnaturalización y la destrucción de bienes materiales, la demolición y desalojo de viviendas y de otras edificaciones destinadas a otros usos, la clausura de establecimientos; la cancelación de permisos; la orden de paralización, destrucción o ejecución de obras, según corresponda; el aislamiento, observación e internación de personas afectadas o sospechosas de estarlo por enfermedades transmisibles; de denuncia obligatoria; el aislamiento o sacrificio de animales afectados o sospechosos de estarlo por epizootias de denuncia obligatoria.

Artículo 357.- Las medidas a que se refiere el artículo anterior podrán ser ordenadas directamente por las autoridades de salud o podrán sobrevenir como accesorias de las sanciones que se apliquen por la infracción y sin perjuicio de las responsabilidades civiles o penales de los responsables.

Artículo 358.- La retención consiste en mantener bajo prohibición de traslado, uso o consumo, en condiciones de seguridad y bajo sellos de la autoridad de salud, bienes de dudosa naturaleza o condición respecto de los cuales haya antecedentes para estimar su uso o consumo nocivos o peligrosos para la salud en tanto se realizan las pruebas correspondientes para determinar su naturaleza o condición.

Igual medida podrán aplicarse a los bienes que hayan servido de instrumentos o medio para acciones o hechos que puedan constituir infracción, en tanto se resuelve sobre su comprobación.

Artículo 359.- El decomiso consiste en la pérdida de la propiedad que experimenta el dueño en favor del Estado de los bienes materiales que han sido causa o instrumento de una infracción sanitaria o que sean nocivos o peligrosos por la salud de las personas.

Las autoridades de salud procederán, por propia autoridad, al decomiso de los alimentos y medicamentos ostensiblemente deteriorados, contaminados, adulterados o falsificados. Igual decomisarán los estupefacientes, alucinógenos y las sustancias o productos psicotrópicos capaces de producir dependencia en las personas, así como sustancias tóxicas o peligrosas, así declarados por la autoridad de salud cuando su tenencia y uso sean ilegales o antirreglamentarias.

Artículo 360.- El decomiso podrá ir seguido de la desnaturalización o destrucción de los bienes, que según corresponda, de acuerdo a la naturaleza y gravedad de la infracción o del peligro que tales bienes entrañen para la salud y seguridad de las personas.

La desnaturalización procederá sólo cuando sometidos los bienes al proceso que la autoridad de salud determine y realizado éste, por cuenta del propietario y bajo la vigilancia de la autoridad, puedan destinarse aun uso diferente del original sin que haya peligro alguno para la salud de las personas.

Artículo 361.- Si los bienes decomisados fueren útiles, serán entregados a los establecimientos de salud del Estado, previa las formalidades del caso.

Artículo 362.- El retiro del comercio o de la circulación de bienes materiales, consiste en el retiro oportuno y completo que el dueño, administrador o representante legal de la empresa deberá hacer del total de las series o partidas de mercaderías o bienes o de alguna parte de éstas, si fueren identificables, cuando se haya comprobado que no reúnen los requisitos reglamentarios requeridos para circular en el comercio, o que su uso o consumo constituyen un peligro para la salud pública.

Artículo 363.- La clausura consiste en el cierre con formal colocación de sellos, que la autoridad competente haga de un establecimiento, edificio, vivienda, instalación o similares, inhibiendo su funcionamiento.

La clausura podrá ser total o parcial, temporal o definitiva, según lo exijan las circunstancias del caso.

Procede la clausura, especialmente, respecto de todo establecimiento que debiendo ser autorizado por la autoridad de salud funciones sin dicha autorización; de los establecimiento que debiendo tener regente o profesional responsable técnico estén funcionando sin tenerlo; de los establecimientos de atención médica, de educación, comercio, industriales, de recreación, de diversión u otros cuyo estado o condición involucren peligro para la salud de la población, de, su personal o de los individuos que los frecuenten y de la vivienda que se habite sin condiciones de saneamiento básico.

Artículo 364.- La cancelación o suspensión de permisos consiste en revocatoria definitiva o temporal de la autorización de instalación o funcionamiento de un establecimiento o de una actividad para la cual fue otorgada o inhibiendo el uso y al exhibición del documento que la acredite.

Artículo 365.- El aislamiento de una persona o grupo de personas significa su separación de todas las demás, con excepción del personal encargado de su atención durante el período de transmisibilidad o su ubicación en lugares y bajo condiciones que eviten la transmisión directa o indirecta del agente infeccioso o personas o animales que sean susceptibles o que puedan transmitir la enfermedad a otros según sea la gravedad del caso.

Artículo 366.- La cancelación del registro consiste en la eliminación del nombre de la persona, producto o bien del correspondiente registro poniéndose fin a las actividades que requerían de tal registro para realizarse.

CAPITULO III.
De las facultades y atribuciones extraordinarias

Artículo 367.- En caso de peligro de epidemia, el Ministerio podrá declarar como epidémica sujeta al control sanitario, cualquier zona del territorio nacional y determinará las medidas necesarias y las facultades extraordinarias que autorice totalmente a sus delegados para extinguir o evitar la propagación de la epidemia. Salvo declaración en contrario, las facultades y medidas extraordinarias se entenderán caducas treinta días después de presentarse el último caso epidémico de la enfermedad.

Artículo 368.- En caso de peligro, amenaza o de invasión de epidemia y de desastre provocados por inundaciones, terremotos u otra calamidad y en casos de emergencia nacional, el Ministerio podrá tomar a su cargo: la protección de cualquier planta de agua potable; el saneamiento de pantanos; la destrucción de animales o insectos propagadores de la enfermedad o cualquier otro agente de propagación de enfermedades, aun cuando tales actividades estuvieren encomendadas a otras autoridades.

Podrá asimismo disponer de edificios u hospitales públicos o privados, por el tiempo que el Poder Ejecutivo decrete.

Artículo 369.- En caso de contaminación radioactiva atmosférica podrá el Ministerio oyendo a la Comisión de Energía Atómica ordenar la desocupación de edificios o de un área poblada pudiendo, para los efectos del traslado de las personas solicitar la inmediata colaboración de otras autoridades y de los particulares.

Podrá ordenar, asimismo, que las personas se sometan a las prácticas de descontaminación procedentes.

LIBRO III

TITULO I.
DE LAS SANCIONES

CAPITULO I.
Delitos contra la salud

Artículo 370.- Será reprimido con prisión de seis meses a tres años, el que de conformidad con esta ley, ejerciere ilegalmente la medicina, la odontología, la farmacia, la veterinaria, la microbiología-química clínica, la enfermería u otras profesiones o actividades afines o de colaboración, aunque lo hiciere a título gratuito.

Igual pena sufrirá el que estando o no legalmente autorizado para el ejercicio de las profesiones anteriormente citadas, anunciare o permitiere la curación de enfermedades, a término fijo, por medios secretos o supuestamente infalibles, así como el que prestare su nombre a otro que no tuviere título o la autorización correspondiente, para que ejerza las profesiones señaladas, aunque lo hiciere a título gratuito.

Artículo 371.- Sufrirá prisión de seis a doce años, el que, a cualquier título, cultivare plantas de adormidera (papaver somniferum), de coca (erythroxilon coca) de cáñamo o marihuana (canabis indica y canabis sativa), o cualesquiera otras plantas o semillas de efectos similares, cuyo cultivo, tenencia o tráfico hayan sido declarados prohibidos o restringidos por el Ministerio de Salud.

(Modificado por el artículo 4º de la Ley Nº 5789 de 1º de setiembre de 1975). (*)

Igual pena sufrirá el propietario, o usufructuario o arrendatario o poseedor a cualquier título del inmueble donde se halle la plantación, si enterado del destino que se le da a los terrenos, no presenta de inmediato la denuncia ante los tribunales comunes o ante las autoridades de policía correspondientes o no destruyere las mencionadas plantas, así como el que exportare, importare, traficare o poseyere para estos fines, las plantas mencionadas en este artículo y sus semillas cuando tuvieren propiedad germinadora.

Cuando el propietario, o usufructuario o arrendatario lo fuere una persona jurídica, responderá el administrador de dicha persona, que conociendo el destino que se le daba al terreno no hiciere la correspondiente denuncia u ordenare la destrucción de la mencionada planta.

Será sancionado como cómplice el que laborare cultivando plantas de las previstas en el párrafo primero de este artículo, cuando conociere la naturaleza de ellas.

(*) Nota del compilador: La Ley No. 5789 (de 1º de septiembre de 1975) reformaba el Código de Procedimiento Penales (ley No. 5377 de 19 de octubre de 1973). Este Código fue derogado junto con las leyes que lo reformaron y modificaron por el artículo 470 del actual Código Procesal Penal (ley No. 7594 de 10 de abril de 1996). Al respecto caben dos posibles interpretaciones: La primera, nos lleva a considerar que al derogarse la reforma se derogó también el artículo reformado, en cuyo caso pierde vigencia el numeral. La segunda hipótesis interpretativa, consiste en que al derogarse la reforma el texto previo a la misma recupera su vigencia. En nuestra opinión, la primera interpretación favorece la seguridad jurídica y además, se apoya en la norma del artículo 8, párrafo 2º del Código Civil.

Artículo 372.- DEROGADO.

(Derogado por el artículo 5º de la Ley Nº 7233 de 8 de mayo de 1991).

"Artículo 372.- Sufrirá prisión de cinco a diez años el que exportare, importare, vendiere, elaborare, distribuyere, suministrare, transportare, traficare en cualquier forma, o poseyere para estos fines, drogas estupefacientes o sustancias psicotrópicas cuyo uso pueda producir dependencia física o síquica en las personas, cuando ello ocurra sin las previas autorizaciones legales o reglamentarias correspondientes."

CAPITULO II.
De las contravenciones contra la salud

Artículo 373.- El que vendiere o en cualquier forma comerciare con medicamentos, alimentos, equipos o aparatos que hubiere recibido gratuitamente para su propio uso, de entidades públicas o privadas de salud, sufrirá pena de tres a veinte días multa.

La pena será de cinco a cuarenta días multa, si el hecho fuere cometido por el padre, la madre, tutor, curador, depositario o encargado, con relación a los mismos bienes indicados en el párrafo anterior, que hubiere recibido para uso del menor, enfermo o desvalido a su cargo.

Artículo 374.- Sufrirá la pena de diez a sesenta días multa, el que vendiere a persona no autorizada, aparatos, equipos, instrumentos, sustancias o materiales que sean de uso exclusivo para el ejercicio de las profesiones indicadas en el artículo 370 ó de uso restringido por las autoridades de salud.

Artículo 375.- Será reprimido con diez a sesenta días multa el que importaré a sabiendas, elaborare, comerciare, distribuyere o suministrare a cualquier título, manipulare o tuviere para esos mismos fines, medicamentos o alimentos deteriorados, contaminados, adulterados o falsificados, cuando el hecho no constituya delito.

Igual pena sufrirá el que conservare, distribuyere, entregare o comerciare en cualquier forma, la carne o subproductos de animales afectados de zoonosis, si no hubiere autorización previa y expresa del Ministerio, cuando el hecho no constituya delito.

Artículo 376.- El que importare, exportare, vendiere, elaborare, suministrare o traficare en cualquier forma, o poseyere para esos fines, medicamentos que contengan drogas estupefacientes de libre venta o de venta restringida por las autoridades de salud, sin las debidas autorizaciones y licencias previas que señale la ley o el reglamento respectivo, sufrirá pena de treinta a ciento veinte días multa, cuando el hecho no constituya delito.

Artículo 377.- El propietario, administrador, encargado o responsable que denegare o retardare injustificadamente el permiso para ingresar a su establecimiento, a las autoridades de salud, debidamente identificadas, para el cumplimiento de sus funciones, sufrirá la pena de tres a treinta días multa.

Igual pena sufrirá el que interfiriere el cabal cumplimiento de sus funciones a las autoridades de salud.

Artículo 378.- El omiso en el cumplimiento de las órdenes o medidas especiales o generales dictadas por las autoridades de salud, sufrirá la pena de cinco a treinta días multa, si el hecho no constituye delito.

Artículo 379.- La violación a las prohibiciones contenidas en el artículo 94, serán sancionadas:

1. Con una multa equivalente a diez veces el valor del material exportado. Dicho valor se determinará con base en los precios internacionales o en el dictamen pericial de expertos en materia.

2. En caso de reincidencia, además de la multa determinada en el inciso anterior, se impondrá la suspensión del ejercicio de la profesión hasta por un lapso de cinco años tratándose de una persona física y la cancelación de la respectiva licencia o permiso de funcionamiento, si se tratare de personas jurídicas.

Artículo 380.- Serán reprimidos con veinte a sesenta días multa las autoridades y funcionarios públicos que concedieren permisos para hacer, reparar o modificar construcciones, así como los que otorgaren patentes o licencias para operar o instalar establecimientos de cualquier naturaleza, sin que exista aprobación o autorización previa del Ministerio, cuando tal requisito sea obligatorio conforme a la ley o los reglamentos.

Igual pena sufrirán los administradores de aduanas que permitieren el desalmacenaje de alimentos, medicamentos, drogas, equipos y cualquier otra clase de productos o mercaderías, sin la previa aprobación o autorización del Ministerio, cuando tal requisito sea obligatorio conforme a la ley o reglamentos.

Artículo 381.- Será reprimido de quince a noventa días multa, el que importare, fabricare, manipulare, almacenare, vendiere, transportare, distribuyere o suministrare sustancias o productos tóxicos y sustancias, productos u objetos peligrosos de carácter radiactivo, comburente, inflamable, explosivo, corrosivo o irritante o declarados peligros por el Ministerio con riesgo o daño para la salud o la vida de las personas y sin sujetarse a las exigencias legales y reglamentarias o a las especiales que el Ministerio dicte para precaver tal riesgo o peligro, amenos que el hecho constituya delito.

Artículo 382.- Será reprimido de veinte a sesenta días multa el que hiciere publicidad o propaganda engañosa o ambigua que pueda ser perjudicial para la salud de las personas o que pueda inducir a error al público en asuntos relativos a la conservación o recuperación de la salud, a menos que el hecho constituya delito.

Artículo 383.- Sufrirá de diez a treinta días multa el que de palabra o por cualquier medio de comunicación colectiva propagare noticias inexactas o alarmantes referentes a la salud pública, especialmente en cuanto a la existencia de epidemias o peligro de epidemias en el territorio nacional.

Artículo 384.- Cuando la infracción haya sido cometida en un establecimiento, empresa o negocio que sea propiedad o que explote o administre a cualquier título una entidad jurídica, serán responsables penalmente los administradores, gerentes o representantes legales que por razón de su cargos de administración o representación estuvieren en obligación de acatar o hacer acatar, las leyes, reglamentos y disposiciones generales o particulares referentes a la instalación, operación y funcionamiento del establecimiento o que por negligencia u omisión en su gestión hayan permitido que la infracción se cometa. Lo anterior sin perjuicio de la responsabilidad penal personal, a cargo del Director o responsables técnico o profesional del establecimiento en lo que a sus funciones profesionales y técnicas concierna.

En todo caso la entidad jurídica responderá solidariamente con quien resultare responsable, por la indemnización civil que se derive de la infracción cometida en el establecimiento que sea de su propiedad o que explote o administre a cualquier título.

TITULO II.
DE LOS PROCEDIMIENTOS Y COMPETENCIAS

CAPITULO UNICO

Artículo 385.- El procedimiento para conocer, tramitar y resolverlos juicios derivados de la comisión de los delitos y contravenciones creados por esta ley, serán los que señale el Código de Procedimientos Penales o en su defecto la ley que regule esta materia.

Artículo 386.- Los delitos contra la salud, creados por esta ley o por leyes especiales, serán de conocimiento de los Tribunales Penales correspondientes, según las reglas que sobre jurisdicción y competencias en materia penal contengan las leyes respectivas.

Las contravenciones contra la salud creadas por esta ley o leyes especiales serán de conocimiento de las autoridades que señale la ley y su jurisdicción será señalada por la Corte Suprema de Justicia dentro de los treinta días siguientes a la promulgación de esta ley.

Artículo 387.- DEROGADO.

(Derogado por el artículo 37 de Ley Nº 7093 de 22 de abril de 1988)

> "Artículo 387.- Los que consumieren el producto de las plantas citadas en el artículo 371, o drogas estupefacientes o sustancias psicotrópicas, serán sometidos a una medida de seguridad en centros de tratamiento y rehabilitación médica.
> Estos centros deberán ser autorizados y supervisados por el Ministerio, el que nombrará una Comisión compuesta de tres especialistas en la materia, que decidirá sobre las condiciones y oportunidades del tratamiento y de la rehabilitación."

Artículo 388.- Los Proyectos de Reglamento a esta ley deben hacerse en consulta con la Federación de Colegios Profesionales Universitarios de Costa Rica.

TITULO III.
DEROGATORIAS Y REFORMAS

Artículo 389.- Refórmase el artículo 16 de la ley Nº 4383 del 18 de agosto de 1969, Ley Básica de Energía Atómica para Usos Pacíficos, para que se lea así:

"Artículo 16.- El Ministerio de Salubridad Pública, tendrá a su cargo la ejecución de los programas de protección contra radicaciones ionizantes, de acuerdo con las recomendaciones de la Comisión.
El Ministerio deberá actuar de acuerdo con la Comisión e informarle periódicamente sobre las actividades realizadas."

Artículo 390.- Derógase las disposiciones legales y reglamentarias que se oponen a la presente ley. Se derogan expresamente los artículos siguientes del Código Sanitario: 1 - 2 - 4 - 56 - 57 - 58 - 59 -60 - 61 - 62 - 63 - 64 - 65 - 70 - 71- 72 - 73 - 74 - 75 - 76 - 77 - 78 - 79 - 80 - 81 - 82 - 83 - 84 - 85 -86 - 87 - 88 - 89 - 90 - 91 - 92 - 93 - 94 - 95 - 96 - 97 - 98 - 99 - 100- 101 - 102 - 103 - 104 - 106 - 107 - 114 - 115 - 120 - 121 - 122 - 123 -124 - 125 - 126 - 134 - 135 - 136 - 137 - 138 - 139 - 140 - 141 - 142 -143 - 144 - 145 - 149 - 150 - 151 - 152 - 153 - 154 - 155 - 156 - 157 -158 - 159 - 160 - 161 - 162 - 163 - 164 - 165 - 166 - 167 - 168 - 169 -170 - 171 - 172 - 174 - 175 - 176 - 177 - 178 - 179 - 180 - 181 - 183 -184 - 188 - 189 - 190 - 191 - 199 - 203 - 207 - 208 - 211 - 212 - 213 -214 - 215 - 216 - 217 - 218 - 234 - 235 - 236 - 238 - 239 - 240 - 241 -242 - 243 - 244 - 245 - 246 - 247 - 248 - 249 - 250 - 251 - 252 - 253 -254 - 255 - 256 - 257 - 258 - 259 - 270 - 271 - 272 - 273 - 274 - 275 -278 - 279 - 281 - 282 y su transitorio, 283 - 284 - 285 - 286 - 287 - 288- 289 - 290 - 291 - 293 - 294 - 295 - 296 - 297 - 298 - 299 - 300 - 301 -302 - 303 - 304 - 305 - 306 - 309 - 310 - 313 - 314 - 315 - 316 - 317 -318 - 319 - 320 - 323 - 324 - 326 - 328 - 329 - 330 - 342 - 343 - 345 -346 - 347 - 348 - 349 - 350 - 351 - 352 - 353 - 354 - 355 - 356 - 357 -358 - 359 - 360 - 362 - 363 - 365 - 366 y el artículo 269 del Código Penal.

Artículo 391.- Los artículos del Código Sanitario no derogados, se considerarán para todos los efectos legales como Ley Orgánica del Ministerio de Salubridad Pública, en tanto esa ley no sea derogada.

Artículo 392.- Se mantienen las derogatorias contenidas en el Código Sanitario.

Artículo 393.- Se mantienen en vigencia los reglamentos y decretos dictados al amparo del Código Sanitario y la legislación anterior, en tanto no se opongan a la presente ley.

Las atribuciones y funciones que por esta ley se confieren al Ministerio no son excluyentes, sino concurrentes con las que otras leyes otorgan a otros organismos públicos en sus respectivas competencias.

Artículo 394.- Esta ley rige tres meses después de su publicación.

DISPOSICIONES TRANSITORIAS

Transitorio I.- Se mantiene en vigencia el transitorio de la ley 2653 del primero de noviembre de mil novecientos sesenta.

Transitorio II.- Lo dispuesto en el artículo 102 de esta ley no se aplicará a las personas físicas o jurídicas que estén debidamente autorizadas como representantes de casas extranjeras y registradas a la fecha en el Ministerio de Economía, Industria y Comercio y que tengan actualmente representación de productos farmacéuticos.

Comuníquese al Poder Ejecutivo

Asamblea Legislativa.- San José, a los veintitrés días del mes de octubre de mil novecientos setenta y tres.- Luis Alberto Monge Alvarez, Presidente.- Angel Edmundo Solano Calderón, Primer Secretario.- Oscar Campos Orozco, Segundo Prosecretario.

Casa Presidencial.- San José, a los treinta días del mes de octubre de mil novecientos setenta y tres. Ejecútese y publíquese. JOSÉ FIGUERES.- El Ministro de Salubridad Pública, José Luis Orlich Bolmarcich.-

Sección II. Agua Potable

LEY GENERAL DE AGUA POTABLE

Ley N° 1634

(Publicada en La Gaceta N° 223 de octubre de 1953)

LA ASAMBLEA LEGISLATIVA DE LA REPÚBLICA DE COSTA RICA

Decreta:

La siguiente:

LEY GENERAL DE AGUA POTABLE

Artículo 1.- Se declaran de utilidad pública el planeamiento, proyección y ejecución de las obras de abastecimiento de agua potable en las poblaciones de la República.

Artículo 2.- Son del dominio público todas aquellas tierras que tanto el Ministerio de Obras Públicas como el Ministerio de Salubridad Pública, consideren indispensables para construir o para situar cualquiera parte o partes de los sistemas de abastecimiento de aguas potables, así como para asegurar la protección sanitaria y física, y caudal necesario de las mismas. Corresponde al Ministerio de Salubridad Pública conocer de las solicitudes formuladas para construcción, ampliación y modificación de los sistemas de agua potable y recomendar al Ministerio de Obras Públicas y Transportes la construcción, ampliación o modificación de aquellas de mayor necesidad, previo estudio de índices de mortalidad, parasitismo y otros.

Artículo 3.- Corresponde al Ministerio de Salubridad Pública seleccionar y localizar las aguas destinadas al servicio de cañería, tipo de tratamiento de las mismas y tipo de sistema de agua potable a construir. Tendrá además la responsabilidad por las recomendaciones que se deban impartir desde el punto de vista sanitario comprendiendo el diseño, construcción, operación y mantenimiento de los sistemas de agua potable.

Artículo 4.- Corresponde al Ministerio de Obras Públicas, por medio del Departamento de Obras Hidráulicas, la construcción de los nuevos sistemas de agua potables, así como realizar las reparaciones y extensiones que fuere necesario hacer en la ya existentes, siempre y cuando las respectivas Municipalidades no estén técnica y administrativamente capacitadas para efectuar tales trabajos por sí mismas. El Ministerio de Obras Públicas, o la Municipalidad en su caso, llevará a cabo estos trabajos acatando las indicaciones de carácter sanitario que indique el Ministerio de Salubridad Pública, según el artículo 3o.

Artículo 5.- Las Municipalidades tendrán a su cargo la administración plena de los sistemas de abastecimiento de aguas potables que están bajo su competencia.

Artículo 6.- Las Municipalidades respectivas estarán obligadas a acatar todas aquellas recomendaciones técnicas de construcción, operación y mantenimiento de los sistemas de abastecimiento de aguas potables a su cargo, que indiquen los Ministerios de Obras Públicas y Salubridad Pública, a través de sus Departamentos especializados. Igualmente quedan facultados los Ministerios citados para vigilar la operación de todas las obras de abastecimiento de agua potable y para recomendar las adiciones, instalaciones y adaptaciones necesarias para garantizar el mejor servicio de agua, tanto en calidad como en cantidad, cuando se trata de obras construidas total o parcialmente con fondos del Erario u otra forma de garantía del Gobierno de la República.

Artículo 7.- El Ministerio de Obras Públicas, por medio del Departamento de Obras Hidráulicas, o la respectiva Municipalidad en su caso, podrán construir fuentes públicas en los sistemas de abastecimiento de aguas potables a fin de ofrecer un servicio gratuito al público.

Artículo 8.- DEROGADO

(Derogado por el artículo 68 de Ley N° 7593 del 9 de agosto de 1996)

> "Artículo 8.- Solamente en los lugares donde exista servicio de fuentes públicas, las Municipalidades pueden ordenar la suspensión de los servicios de aguas potables por demora en el pago, previa notificación y plazo de cancelación de quince días. "

Artículo 9.- Por ningún concepto los propietarios de casas o locales podrán privar del servicio de agua potable a sus inquilinos.

Artículo 10.- Los dineros que perciba cada Municipalidad por concepto de los servicios de cañería, deberán destinarse exclusivamente a la operación, mantenimiento y mejoramiento del sistema de abastecimiento de aguas potables. Quedan obligadas las Municipalidades a llevar cuenta separada de estos fondos, que en ningún caso se emplearán en objeto distinto.

Artículo 11.- Cada Municipalidad, de acuerdo con los Ministerios de Salubridad Pública y de Obras Públicas, fijarán las tarifas tomando en cuenta los recursos locales que aseguren el valor, depreciación, operación y mantenimiento del sistema de abastecimiento de aguas potables bajo su competencia.

Artículo 12.- La deuda proveniente del servicio de cañerías impone hipoteca legal sobre el bien o bienes en que recae la obligación de pagarlo.

Artículo 13.- Todo atraso en el pago de los servicios de agua potable, tendrá una multa de 2% mensual sobre el monto de la deuda.

Artículo 14.- Será reprimido con multa de diez a trescientos colones o arresto de cinco a ciento ochenta días, aquel que haga uso indebido o desperdicio de agua potable de las cañerías de cualquier localidad del país. La infracción será del conocimiento de los Agentes Judiciales de Policía, y en los cantones menores que no tuvieren tales funcionarios, de los Jefes Políticos respectivos, de acuerdo con lo dispuesto por el Código Sanitario.

Artículo 15.- Con igual pena serán reprimidas aquellas personas que en alguna forma perturben el buen funcionamiento del sistema de abastecimiento de aguas potables en cualquier lugar del territorio nacional.

Artículo 16.- Se prohíben las instalaciones, edificaciones, o labores comprendidas en las zonas cercanas a fuentes de abastecimiento, plantas purificadoras o cualquiera otra parte del sistema, que perjudique en forma alguna los trabajos de operación o distribución, o bien las condiciones físicas, químicas o bacteriológicas del agua; estas zonas serán fijadas por los Ministerios de Obras Públicas y Salubridad Pública.

Artículo 17.- En los lugares donde se suministra agua potable controlando el consumo con medidores, el arrendante o propietario queda facultado para cobrar a quien disfrute directamente del servicio, cualquier cantidad que exceda de la cuota básica que fijen los reglamentos municipales.

Artículo 18.- Deróganse los artículos 261 a 268 inclusive, del Código Sanitario, y la ley No. 52 de 3 de febrero de 1927.

Artículo 19.- Esta ley rige desde su publicación.

Comuníquese al Poder Ejecutivo

Dado en el Salón de Sesiones de la Asamblea Legislativa.- Palacio Nacional.- San José, a los catorce días del mes de setiembre de mil novecientos cincuenta y tres.- A. Bonilla B., Presidente.- Álvaro Rojas E., Primero Secretario- Mario Fernández Alfaro, Segundo Secretario.

Casa Presidencial.- San José, a los dieciocho días del mes de setiembre de mil novecientos cincuenta y tres.- Ejecútese.- OTILIO ULATE.- El Ministro de Salubridad Pública, - J. Cabezas D.- El Ministro de Obras Públicas,- Carlos Ml. Rojas.

REGLAMENTO PARA LA CALIDAD DEL AGUA POTABLE

Decreto Ejecutivo Nº 32327-S

(Publicado en La Gaceta N° 84 de 3 de mayo de 2005)

EL PRESIDENTE DE LA REPÚBLICA
Y LA MINISTRA DE SALUD

En ejercicio de las facultades que les confieren los artículos 140 incisos 3), 18) y 146) de la Constitución Política; 28 inciso b) de la Ley General de Administración Pública; 1, 2, 4, 7, 264, 265, 266, 267 y siguientes y concordantes de la Ley General de Salud (Ley Nº 5395 del 30 de octubre de 1973).

Considerando:

I.—Que es deber del Estado, a través de sus instituciones, de velar por la salud pública.

II.—Que por tal razón se hace necesario y oportuno, dictar las normas relacionadas con la calidad del agua de consumo humano.

III.—Que las entidades públicas y privadas, que funjan como operadores de acueductos de agua potable, deberán sujetarse a lo establecido en el presente reglamento a fin de garantizar la calidad del agua.

IV.—Que el Ministerio de Salud, al tener como misión velar por la salud pública, debe regular vía reglamento, la calidad del agua y así prevenir enfermedades en los seres humanos originadas por contaminación del agua. Por tanto:

DECRETAN:

REGLAMENTO PARA LA CALIDAD DEL AGUA POTABLE

CAPÍTULO I
De las disposiciones generales y definiciones

Artículo 1º—Objetivo y Alcances. El presente reglamento tiene por objetivo establecer los niveles máximos que deben tener aquellos componentes o características del agua que pueden representar un riesgo para la salud de la comunidad e inconvenientes para la preservación de los sistemas de abastecimiento de agua en beneficio de la salud pública.

Artículo 2º—Definiciones y Unidades. Para una mejor comprensión del presente reglamento, se establecen las siguientes definiciones y tabla de unidades:

a) **Acreditación:** Procedimiento por el cual un ente autorizado otorga reconocimiento formal de que un organismo o persona es competente para llevar a cabo tareas específicas.

b) **Agua potable:** Agua tratada que cumple con las disposiciones de valores recomendables o máximos admisibles estéticos, organolépticos, físicos, químicos, biológicos y microbiológicos, establecidos en el presente reglamento y que al ser consumida por la población no causa daño a la salud.

c) **Agua superficial:** La que se origina a partir de precipitaciones atmosféricas, afloración de aguas subterráneas (ríos, manantiales, lagos, quebradas).

d) **Agua subterránea:** La que se origina de la infiltración a través de formaciones de una o más capas subterráneas de rocas o de otros estratos geológicos que tienen la suficiente permeabilidad para permitir un flujo significativo aprovechable sosteniblemente para su extracción.

e) **Agua tratada:** Agua subterránea o superficial cuya calidad ha sido modificada por medio de procesos de tratamiento que incluyen como mínimo a la desinfección en el caso de aguas de origen subterráneo. Su calidad debe ajustarse a lo establecido en el presente reglamento.

f) **Control de calidad del agua potable:** evaluación continua y sistemática de la calidad del agua desde la fuente, planta de tratamiento, sistemas de almacenamiento y distribución, según programas específicos que deben ejecutar los organismos operadores a fin de cumplir las normas de calidad.

g) **Desinfección del agua:** corresponde a un proceso físico químico unitario cuyo objetivo es garantizar la inactivación o destrucción de los agentes patógenos en el agua a utilizar para consumo humano. El proceso químico de la desinfección no corresponde a una esterilización.

h) **Inspección sanitaria:** corresponde a las visitas, como componente de la vigilancia de la calidad del agua potable, para la aplicación de fichas de campo que permitan revisar el estado de las diferentes estructuras (captaciones, almacenamiento, distribución) de un sistema de suministro de agua para consumo humano y de las áreas de influencia a las captaciones, para identificar los riesgos que pueden afectar su calidad.

i) **Muestra de agua:** Es una porción de agua que se recolecta de tal manera que resulte representativa de un volumen mayor de líquido.

j) **OPS / OMS:** Organización Panamericana de la Salud / Organización Mundial de la Salud.

k) **Entes operadores:** instituciones, empresas, asociaciones administradoras o entidades en general públicas o privadas, directamente encargadas de la operación, mantenimiento y administración de sistemas de suministro de agua potable.

l) **Redesinfección del agua:** aplicación de un desinfectante al agua en uno o varios puntos del sistema de distribución tales como: red, almacenamiento y estación de bombeo después de un tratamiento previo con el desinfectante para cumplir con los valores establecidos en el en el cuadro del artículo 12 del capítulo V.

m) **Valor máximo admisible:** corresponde a aquella concentración de sustancia o densidad de bacterias a partir de la cual existe rechazo del agua por parte de los consumidores o surge un riesgo inaceptable para la salud. El sobrepasar estos valores indicados en las tablas contenidas en el Anexo 1 implica la toma de acciones correctivas inmediatas.

n) **Valor recomendado:** corresponde a aquella concentración de sustancia o densidad de bacterias que implica un riesgo mínimo o aceptable para la salud de los consumidores del agua potable.

ñ) **Vigilancia de la calidad del agua potable:** es la evaluación permanente desde el punto de vista de salud pública, efectuada por el Ministerio de Salud, sobre los organismos operadores, a fin de garantizar la seguridad, inocuidad y aceptabilidad del suministro de agua potable desde el área de influencia de la fuente hasta el sistema de distribución.

mg/L	Miligramos por litro
ppm	Partes por millón
µg/L	Microgramos por litro
µS/cm	Micro siemens por centímetros
PH	Potencial de iones hidrógeno
U Pt-Co	Unidades de platino cobalto (para Color)
UNT	Unidades Nefelométricas de Turbiedad

°C	Grados Celsius
NMP/100mL	Número más Probable de bacterias en 100 mililitros de agua, por el método de tubo múltiples de fermentación
UFC/100mL	Unidades formadoras de colonias en 100 mililitros de agua, por el método de membrana filtrante
UFC/ mL	Unidades formadoras de colonias en un mililitro de agua

Artículo 3º— Para efectos del ámbito de aplicación de este reglamento, se establece que el nivel de vigilancia de la calidad del agua potable, corresponde al Ministerio de Salud y los niveles de administración, control y ejecución a los organismos operadores.

Artículo 4º— En este reglamento se establecen los requisitos básicos que debe contener el agua potable que suministran los entes operadores.

CAPÍTULO II
Del ámbito de aplicación

Artículo 5º—Para todos los efectos de regulaciones en la calidad del agua potable abastecida, los organismos operadores se sujetarán a este reglamento que contiene los valores para los parámetros físicos, químicos, biológicos y microbiológicos en sus aspectos estéticos, organolépticos y de significado para la salud establecidos en los cuadros 1, 2, 3, 4, 5, 6 y 7 del anexo 1.

Artículo 6º—En este reglamento se establecen cuatro niveles de Control de Calidad del Agua (ver Anexo 2 cuadro A):

6.1 Nivel Primero (N1): corresponde al programa de control básico junto con la inspección sanitaria, para evaluar la operación y mantenimiento en la fuente, el almacenamiento y la distribución del agua potable. Los parámetros en este nivel son: coliformes termotolerantes (fecales), Escherichia coli, color aparente, turbiedad, olor, sabor, temperatura, pH, conductividad, y cloro residual libre o combinado. Los valores recomendados y máximos admisibles se indica en el cuadro1 del anexo 1. Si la inspección sanitaria establece otros riesgos de contaminación, deberán adicionarse al programa de control básico, los parámetros necesarios.

6.2 Nivel Segundo (N2): corresponde al programa de control básico ampliado (N1), el análisis de tendencias temporales de variaciones de calidad en las fuentes de abastecimiento, a ser aplicado en muestras de agua potable en la fuente, su almacenamiento y distribución. Los parámetros en esta etapa de control son todos los establecidos en el nivel N1, ampliados con: dureza total, cloruro, fluoruro, nitrato, sulfato, aluminio, calcio, magnesio, sodio, potasio, hierro, manganeso, zinc, cobre, plomo. Los valores recomendados y admisibles se indican en el cuadro 2 del anexo 1.

6.3 Nivel Tercero (N3): corresponde al programa de control avanzado del agua potable. Comprende la ejecución de los parámetros del nivel N2 ampliados con: nitrito, amonio, arsénico, cadmio, cromo, mercurio, níquel, antimonio, selenio y residuos de plaguicidas. Los valores recomendados y máximos admisibles se indican en los cuadros 3 y 4 del anexo 1.

6.4 Nivel Cuarto (N4): corresponde a programas ocasionales ejecutados por situaciones especiales, de emergencia o porque la inspección sanitaria identifica un riesgo inminente de contaminación del agua. Los parámetros a analizar según sea la situación identificada pueden ser: sólidos totales disueltos, sulfuro de hidrógeno, cianuros, sustancias orgánicas de significado para la salud, desinfectantes y subproductos de la desinfección. Los valores recomendados y máximos admisibles se indican en los cuadros 5, 6 y 7 del anexo 1. Otros parámetros como: Siguella sp, Salmonella sp., Estreptococos fecales, Vibrio cholerae 01 toxigénico,Aeromonas hydrophila, nemátodos, Entamoeba hystolytica, Cryptosporidium, Virus de Hepatitis A,. Enterovirus y cianobacterias tóxicas, deben estar ausentes en las muestras analizadas. Como indicadores e vulnerabilidad de un sistema pueden utilizarse los coliformes totales.

El Ministerio de Salud o el ente operador, podrán ampliar los parámetros de control requeridos para cada situación. El ente operador enviará los resultados del control de calidad del agua potable al Ministerio de Salud.

Artículo 7º—Las entidades públicas y privadas que fungen como operadores de servicios públicos, deben tomar las acciones requeridas para que se cumpla:

7.1 El programa de control hasta el nivel primero en todos los acueductos del país

7.2 El programa de control hasta nivel segundo en todos los acueductos con población abastecida superior a 10.000 habitantes

7.3 El programa de control hasta el nivel tercero en todos los acueductos con población abastecida superior a 50.000 habitantes

Artículo 8º—De los Métodos de Análisis y Laboratorios.

8.1 Preferiblemente los métodos de referencia para análisis son los indicados en la última edición de los Standard Methods for the Examination of Water and Wastewater y los métodos de ensayos acreditados conforme lo establece la ley Nº 8279 de 2 de mayo del 2002, (Sistema Nacional para la Calidad) Publicado en el Diario Oficial La Gaceta Nº 96 de 21 de mayo del 2002.

8.1 (*Sic*) Los laboratorios que realicen análisis de agua contemplados en este reglamento deberán tener permiso de funcionamiento otorgado por el Ministerio de Salud según Decreto 30465-S. (Reglamento General para el Otorgamiento de Permisos de Funcionamiento por parte del Ministerio de Salud) del nueve de mayo del dos mil dos, publicado en el Diario Oficial La Gaceta Nº 102 del día 29 de mayo del dos mil dos.

Artículo 9º—Cuando se sobrepase el valor máximo admisible es necesario que el ente operador proceda a:

9.1 Efectuar una inspección sanitaria con remuestreo, para identificar las causas del cambio de calidad y ejecutar las acciones correctivas.

9.2 Consultar a las autoridades nacionales responsables: Ministerio de Salud, A y A, para que proporcionen asesoramiento sobre el grado de riesgo y la prioridad de las acciones correctivas.

9.3 Las entidades públicas y privadas que funjan como operadores, de acuerdo con el grado de riesgo, deben presentar ante el Ministerio de Salud, el informe de acciones correctivas ejecutadas y un plan de actividades para evitar que el evento no vuelva a ocurrir.

CAPÍTULO III
Del programa de control de calidad

Artículo 10.—Para implementar el Programa de Control de Calidad del Agua, el ente operador debe cumplir como mínimo con:

10.1 Identificar la zona de abastecimiento.

10.1a La zona de abastecimiento corresponde al área geográfica del sistema, de características homogéneas en relación con la fuente y sus componentes relacionados: almacenamiento y sector de la red de distribución.

10.1b En sistemas con más de una fuente, la recolección de muestras debe ser realizada teniendo en cuenta el número de habitantes abastecido con cada fuente.

10.2 Puntos de recolección de muestras.

10.2a Los puntos de recolección de muestras deben ser seleccionados de modo que sean representativos de las zonas de abastecimiento; iniciando con la fuente, almacenamiento y terminando en la red de distribución. El grifo de muestreo debe estar ubicado lo más próximo a la conexión domiciliaria controlada por el operador, libre de la influencia de la cisterna, tanque elevado o cualquier otro tipo de almacenamiento intradomiciliar de agua.

10.2b Deben ser uniformemente distribuidos en cada zona de abastecimiento.

10.2c El número de muestras bacteriológicas y físico-químicas, en la red de distribución, debe ser proporcional al número de habitantes atendidos en cada zona de abastecimiento. 10.2d Deben ser ubicados: a la salida de la planta de tratamiento, salida de tanques de almacenamiento, salida de las fuentes subterráneas (pozos, manantiales, galerías de infiltración, etc.), en la red primaria y secundaria de distribución.

10.3 Frecuencia de recolección de muestras Con la finalidad de asegurar que el agua de abastecimiento satisface los requisitos de este Reglamento, es necesario recolectar las muestras con la periodicidad que establece el cuadro B del anexo 2.

10.4 Programa de control de riesgo y vulnerabilidad.

10.4a Realizar la inspección sanitaria, a cada uno de los elementos del acueducto, una vez al año, durante una recolección de muestras del programa de control de calidad.

10.4b Evaluar los resultados de la inspección sanitaria, en conjunto con el último año de datos de análisis, obtenidos en el programa de control de calidad.

10.4c Definir el grado de riesgo para la salud, en cada uno de los elementos del sistema, así como la priorización de acciones correctivas.

CAPÍTULO IV
Del programa de vigilancia sanitaria de la calidad del agua

Artículo 11.—Corresponde al Ministerio de Salud, a través de los diferentes niveles de gestión, efectuar la evaluación del ente operador, desde el punto de vista operativo y su capacidad para implementar mejoras, con el fin de disminuir el grado de riesgo, para la salud de la población '79 la vulnerabilidad de los sistemas.

CAPÍTULO V
Desinfección

Artículo 12.—Utilización de la desinfección. El proceso de desinfección se utiliza como parte de una serie de operaciones y procesos de tratamiento unitario en una planta. En su forma mas simple se aplica como único tratamiento de aguas naturales de excelente calidad (aguas subterráneas o de manantial) para garantizar ausencia de indicadores de contaminación fecal entre el punto de aplicación y el punto de entrega al usuario. La desinfección deberá aplicarse además para mantener un nivel residual, según lo indicado en el artículo 13, que garantice la calidad del agua de contaminaciones eventuales a través de todo el sistema de distribución.

Artículo 13.—Dosis de desinfectante. La dosis de desinfectante corresponde a la cantidad en partes por millón (mg/L) que se aplica al agua. La dosis que debe aplicarse varía con la demanda de cada agua en particular.

13.1 Desinfección con cloro. Es función del tipo de residual que se tenga. Se recomienda, para la destrucción de bacterias indicadoras el mínimo de cloro, en la red de distribución, dependiendo del pH del agua y tiempo mínimo de contacto dado en el siguiente cuadro.

Valor del pH	Cloro residual libre (mg/L) Tiempo mínimo de Contacto de 20 minutos	Cloro residual combinado (mg/L) Tiempo mínimo de Contacto de 60 minutos
6.0 – 7.0	0.3	1.0
7.1 – 8.0	0.5	1.5
8.1 – 9.0	0.6	1.8

13.2 Desinfección con ozono. Para desinfectar un metro cúbico de agua se utiliza en la práctica, de 0.5 a 2 gramos de ozono, dependiendo de la calidad del agua tratada. El residual en el punto de aplicación debe ser de 0.3 a 0.4 mg/L, durante 3 a 4 minutos de tiempo de contacto mínimo.

Artículo 14.—Puntos de dosificación

14.1 Los puntos de adición de los desinfectantes son a la salida de los procesos de tratamiento de las plantas, asegurándose que exista el periodo de contacto adecuado antes de que el agua entre al sistema de distribución.

14.2 Puntos de redesinfección: Estos puntos de aplicación pueden ser:

14.2a Al final de una línea larga de alimentación dentro del sistema de distribución.

14.2b En un punto donde una tubería principal deriva agua hacia otra comunidad próxima.

14.2c En un punto del sistema donde exista una estación de bombeo, en el tanque de almacenamiento.

CAPÍTULO VI
De las disposiciones finales

Artículo 15.—Todo ente operador, de sistemas de abastecimiento de agua, está obligado a entregar copia de los informes de su programa de Control de la Calidad del Agua al Ministerio de Salud.

Artículo 16.—En caso de emergencia calificada como tal por las autoridades sanitarias de acuerdo con el presente reglamento, el ente operador debe:

16.1 Suspender el servicio de abastecimiento.

16.2 Asegurar el suministro de agua por otra vía.

16.3 Aplicar las acciones correctivas correspondientes.

16.4 Entrar a operar el sistema, una vez asegurada la calidad del agua.

Artículo 17.—No se debe introducir agua superficial, sin tratamiento respectivo, en los sistemas de abastecimiento de agua potable. El ente operador debe asegurar la calidad sanitaria del agua dentro del sistema de almacenamiento y distribución, durante todo el año.

Artículo 18.—Los Anexos 1 y 2 a que se hace alusión en artículos anteriores forman parte integral del presente reglamento.

Artículo 19.—Este reglamento entrará en vigencia ocho días después de la fecha de su publicación en el Diario Oficial La Gaceta.

Artículo 20.—El presente Decreto deroga el Decreto Ejecutivo Nº 25991-S, del 14 de abril de 1997, publicado en La Gaceta el 27 de mayo de 1997.

Dado en la Presidencia de la República.—San José, a los diez días del mes de febrero del dos mil cinco. ABEL PACHECO DE LA ESPRIELLA.- La Ministra de Salud, María del Rocío Sáenz Madrigal.

ANEXO 1

CUADRO 1. PARÁMETROS DE CALIDAD DEL AGUA - PRIMER NIVEL DE CONTROL - N1			
Parámetro	**Unidad**	**Valor Recomendado**	**Valor Máximo Admisible**
Coliforme fecal	NMP/100 mL o UFC/100 mL	Ausente	Ausente
Escherichia coli (a)	NMP/100 mL o UFC/100 mL	Ausente	Ausente
Color aparente	mg/L (U - Pt-Co)	5	15 (b)
Turbiedad	UNT	<1	5 (b)
Olor	--	Debe ser aceptable	Debe ser aceptable
Sabor	--	Debe ser aceptable	Debe ser aceptable
Temperatura	°C	18	30
pH (c)	Valor pH	6,5	8,5
Conductividad	µS/cm	400	
Cloro Residual Libre	mg/L	0,3	0,6
Cloro Residual Combinado	mg/L	1,0	1,8

(a) El indicador bacteriológico más preciso de contaminación fecal es la Escherichia coli.
(b) VMA en no más del 10% de las muestras analizadas durante el año.
(c) Las aguas deben ser estabilizadas de manera que no produzcan efectos corrosivos ni incrustantes en los acueductos o en los utensilios domésticos, utilizados para calentar o hervir el agua.

CUADRO 2. PARÁMETROS DE CALIDAD DEL AGUA - SEGUNDO NIVEL DE CONTROL - N2			
Parámetro	**Unidad**	**Valor Recomendado**	**Valor Máximo Admisible**
Dureza Total	mg/L CaCO3	400	500
Cloruro	mg/L Cl-	25	250

Fluoruro	mg/L F-		0,7 a 1,5 (a)
Nitrato	mg/L N03-	25	50
Sulfato	mg/L S04 -2	25	250
Aluminio	mg/L Al+3	0,2	
Calcio	mg/L Ca+2	100	
Magnesio	mg/L Mg+2	30	50
Sodio	mg/L Na+	25	200
Potasio	mg/L K+		10
Hierro	mg/L Fe		0,3
Manganeso	mg/L Mn	0,1	0,5
Zinc	mg/L Zn		3,0
Cobre	mg/L Cu	1,0	2,0
Plomo	mg/L Pb		0,01

(a) 1,5 mg/L para temperaturas de 8 a 12 °C y 0,7 mg/L para temperaturas de 25 a 30 °C

CUADRO 3. PARÁMETROS DE CALIDAD DEL AGUA -TERCER NIVEL DE CONTROL- N3

Parámetro	Unidad	Valor Recomendado	Valor Máximo Admisible
Nitrito	mg/L NO2		0,1 o 3,0 (a)
Amonio	mg/L NH4	0,05	0,5
Arsénico	mg/L As		0,01
Cadmio	mg/L Cd		0,003
Cromo	mg/L Cr		0,05
Mercurio	mg/L Hg		0,001
Níquel	mg/L Ni		0,02
Antimonio	mg/L Sb		0,005
Selenio	mg/L Se		0,01

(a) __ VMA de 0.1, si el nitrito se evalúa en forma independiente del nitrato.

___ VMA de 3.0, cuando el nitrito se evalúa en conjunto con el nitrato. En este caso, la suma de la razón de concentración de cada uno respecto a su valor máximo admisible no debe ser superior a 1,0.

$$\frac{[NO_3]^{-1}}{V.M.A.NO_3^{-1}} + \frac{[NO_2]^{-1}}{V.M.A.NO_2^{-1}} \leq 1$$

Nota: V.M.A. = Valor Máximo Admisible.

CUADRO 4. PARÁMETROS DE CALIDAD PARA RESIDUOS DE PLAGUICIDAS - TERCER NIVEL DE CONTROL- N3

Parámetro Ingrediente activo ISO, BSI, ANSI	Nombre Químico IUPAC	Valor Máximo Admisible µg/L
Alachlor	2–cloro-2,6-dietil-N- (metoximetil)acetanilida	20
Aldicarb	2–metil–2–(metiltio)propionaldehído-O-(metilcarbamoil) oxima.	10
Aldrin/dieldrin	(1R,4S,4aS,5S,8R,8aR)–1,2,34,10,10–hexacloro–1,4,4a,5,8,8a–hexahidro–1,4:5,8 –dimetanonaftaleno	0,03
Atrazine	6-cloro-N2-etil-N4-isopropil-1,3,5-triazina-2,4-	2

	diamina	
Bentazone	3-isopropil-1H-2,1,3-benzotiadiazin-4(3H)- ona-2,2-dióxido.	300
Carbofuran	2,3–dihidro-2,2–dimetil–7–benzofuranil-metil-carbamato.	7
Chlordane	1,2,4,5,6,7,8,8-octacloro-2,3,3ª,4,7,7a-hexahidro-4,7-metanoindeno	0,2
2,4-D	Ácido–2,4–diclorofenoxiacético.	30
2,4-DB	Ácido–4–(2,4–diclorofenoxi)butírico.	90
DDTa	Dicloro–difenil–tricloroetano	2
Dibromocloropropano	1,2–dibromo–3–cloropropano.	1
Dichloropropene	1,3–dicloropropeno	20
Dichlorprop	Ácido (RS)–2–(2,4–diclorofenoxi)propiónico	100
Heptachlor + epoxide	1,4,5,6,7,8,8–heptacloro-3a,4,7,7a-tetrahidro- 4,7-metanoindeno	0,03
Isoproturon	3–(4–isopropilfenil)–N´,N´-dimetilurea	9
Lindane	Isómero gama de 1,2,3,4,5,6-hexacloro–ciclohexano	2
MCPA	Ácido (4–cloro–2–metilfenoxi)acético	2
Mecroprop	Ácido (RS)–2–(4–cloro–2–metilfenoxi)propiónico	10
Methoxychlor	2,2–bis(p–metoxifenil)-1,1,1–tricloroetano	20
Metolachlor	2–cloro–N–(2–etil–6–metilfenil)–N–(2– metoxi–1–metiletil) acetamida.	10
Molinate	S–etil hexahidro–1H–azepina–1–carbiotiota	6
PCP	Pentaclorofenol	9
Pendiméthaline	N–(1–etilpropil)–3,4-dimetil–2,6–dinitobenzamina	20
Permethrin	3–fenoxibenzil (1RS)–cis, trans–3–(2,2–diclorovinil)– 2,2 dimetilciclopropanocarboxilato	20
Propanil	N–(3,4 diclorofenil)propionamida	20
Pyridate	O–(6–cloro–3–fenil–4–piridazin) S–octil carbono tiota	100
Simazine	2–cloro–4,6–bis(etilamino)–s–triazina.	2
2,4,5-T	Ácido–2,4,5–triclorofenoxi–acético	9
Trifluraline	α,α,α–Trifluoro–2,6–dinitro–N,N–dipropil–p–toluidina	20

(a) Corresponde a la suma de todos los isómeros.

CUADRO 5 PARÁMETROS DE CALIDAD PARA SUSTANCIAS ORGÁNICAS DE SIGNIFICADO PARA LA SALUD, EXCEPTO PLAGUICIDAS PARA EL CUARTO NIVEL: N4

Parámetro	Valor Máximo Admisible, µg/L
Alcanos Clorados	
Tetracloruro de carbono	2
Diclorometano	20
1,2-dicloroetano	30
1,1,1-tricloroetano	2000
Etenos Clorados	
Cloruro de Vinilo	5
1,1-dicloroeteno	30
1,2-dicloroeteno	50
Tricloroeteno	70
Tetracloroeteno	40

Hidrocarburos Aromáticos	
Tolueno	700
Xilenos	500
Etilbenceno	300
Estireno	20
Benzo-alfa-pireno	0,7
Bencenos Clorados	
Monoclorobenceno	300
1,2-diclorobenceno	1000
1,4-diclorobenceno	300
Triclorobencenos	20
Otros Compuestos Orgánicos	
di (2-etilhexil) adipato	80
di (2-etilhexil) ftalato	8
Acrilamida	0,5
Epiclorohidrino	0,4
Hexaclorobutadieno	0,5
EDTA	200
Acido nitriloacético	200
Oxido de tributilestaño	2
Hidrocarburos policíclicos aromáticos totales	0,2
Bifenilos policlorados totales	0,5

CUADRO 6. PARÁMETROS DE CALIDAD DEL AGUA - CUARTO NIVEL - N4

Parámetro	Unidad	Valor Recomendado	Valor Máximo Admisible
Sólidos totales			
disueltos	mg/L		1000
Amonio	mg/L NH4+	0,05	0,5
Sulfuro de Hidrógeno	mg/L H2S		0,05

CUADRO 7. PARÁMETROS PARA DESINFECTANTES Y SUBPRODUCTOS DE LA DESINFECCIÓN PARA EL CUARTO NIVEL: N4

Parámetro		Valor Máximo Admisible, µg/L
Desinfectantes		
	Monocloramina	4000
Subproductos de la desinfección		
	Bromato	25
	Clorito	200
a- Clorofenoles		
	2,4,6-triclorofenol	200
	Formaldehido	900
b- Trihalometanos		
	Bromoformo	100

	Dibromoclorometano	100
	Bromodiclorometano	60
	Cloroformo	200
c- Ácidos Acético Clorados		
	Ác. Dicloroacético	50
	ác. Tricloroacético	100
	tricloracetaldehído/ cloralhidrato	100
d-Haloacetonitrilos		
	Dicloroacetonitrilo	90
	Dibromoacetonitrilo	100
	Tricloroacetonitrilo	11
e- Cloruro de cianógeno (como CN-)		70

ANEXO 2

NIVELES DE CONTROL, FRECUENCIA Y NÚMERO DE MUESTRAS

CUADRO A. NIVELES DE CONTROL Y PARÁMETROS (1)				
Parámetros a incluir	**Nivel Primero (N 1)**	**Nivel Segundo (N 2)|**	**Nivel Tercero (N 3)**	**Nivel Cuarto (N 4)**
a. Parámetros Organolépticos	- Color Aparente - Turbiedad - Olor (2) - Sabor (2)	Análisis (N1) +	Análisis (N2) +	
b. Parámetros físico-químicos	-Temperatura (3) - pH - Conductividad - Cloro residual libre (4) - Cloro residual Combinado (4)	Dureza total - - Cloruro - Nitrato - Sulfato - Aluminio - Calcio - Magnesio - Sodio - Potasio - Zinc - Cobre		- Sólidos totales - disueltos

-c. Parámetros para sustancias inorgánicas con significado a la salud y plaguicidas		- Hierro - Manganeso - Fluoruro	- Amonio - - Nitrito -	- Sulfuro de hidrógeno
d. Parámetros Tóxicos(orgánicos e inorgánicos).		- Nitrato - Plomo	- Arsénico - Cadmio - Cromo - Mercurio - Níquel - Antimonio - Selenio - Residuos de plaguicidas	- Subproductos de la desinfección - Cianuros - Desinfectantes - Sustancias orgánicas con significado para la salud
e.Parámetros biológicos y microbiológicos	-Coliforme fecal - E. Coli (5)			Los indicados, en el inciso 6.4, del artículo 6.

RECOMENDACIÓN: Se recomienda adicionar un análisis (llamado primer análisis), que sobre todo ha de llevarse a cabo antes de la puesta en marcha del sitio de muestreo. Los parámetros a tomar en cuenta serían los del análisis de control normal, a los cuales podrían agregarse, entre otros, con base en el riesgo detectado por la inspección sanitaria, diferentes sustancias tóxicas no deseadas. La lista será definida por el Ministerio de Salud, en consulta con el Instituto Costarricense de Acueductos y Alcantarillados.

NOTAS:

(1) El Ministerio de Salud y el A y A podrán utilizar otros parámetros diferentes a los mencionados en el Anexo si es que surgen situaciones especiales o de emergencia, o debido a factores que incidan negativamente sobre la calidad del agua potable suministrada.

(2) Valoración cualitativa.

(3) Excepto para agua en depósitos cerrados.

(4) U otras sustancias, en caso de tratamiento con cloro.

(5) Confirmación en caso de que se detecte la presencia de Coliforme Fecal.

CUADRO B. FRECUENCIA MÍNIMA DE ANÁLISIS Y NÚMERO DE MUESTRAS (1)				
Población abastecida (base del cálculo: 200 litros por habitante y por día)	**Análisis N1 (a) Frecuencia / N° de muestras en**		**Análisis N2 (b) Frecuencia / N° de muestras**	**Análisis N3 (c) Frecuencia / N° de muestras**
	Fuentes	Redes		
Menos de 2 000	Semestral	Semestral / 3	Anual / 1	Anual / 1
2 001 a 5 000	trimestral	Trimestral / 3	Anual / 1	Anual / 1
5 001 a 10 000	Mensual	Mensual / 3	Semestral / 1	Anual / 1
10 001 a 15 000	Mensual	Quincenal / 3	Semestral / 1	Anual / 1
15 001 a 20 000	Mensual	Quincenal / 6	Semestral / 1	Anual / 1
Más de 20 000	Mensual	Quincenal/ (d)	Trimestral / 1	Semestral / 1
Más de 100 000	Mensual	Diario/ (e)	Trimestral / 1	Semestral / 1

----

(1) La frecuencia y número de muestras para los análisis del nivel 4, serán establecidos de acuerdo a cada situación particular (brotes de enfermedades de origen hídrico, contaminaciones accidentales, otros).

(a) En cada visita, se deberá recolectar muestras bacteriológicas en las fuentes y el almacenamiento y la red de distribución. Los puntos de análisis físico-químicos, en la red de distribución, son los mismos de los bacteriológicos, pero con frecuencia semestral o trimestral, cuando se tenga identificada la línea base de calidad. El procedimiento de recolección de muestras en estructuras de almacenamiento debe asegurar la representatividad de la muestra.
(b)(c) En estos niveles solamente, se recolectan muestras en las fuentes de abastecimiento, a no ser que la inspección sanitaria lo establezca, para la red de distribución.
(d) una muestra adicional, por cada 5 000 habitantes.
(e) una muestra adicional por cada 10 000 habitantes

Sección III. Manipulación y otras disposiciones sobre los alimentos

REGLAMENTO GENERAL DE HIGIENE PARA LOS MANIPULADORES DE ALIMENTOS

Decreto Ejecutivo N° 34745-S

(Publicado en La Gaceta N° 184 de 24 de setiembre de 2008)

EL PRESIDENTE DE LA REPÚBLICA
Y LA MINISTRA DE SALUD

En uso de las facultades que les confieren los artículos 140 incisos 3) y 18) de la Constitución Política; 25 inciso 1), y 28 párrafo segundo inciso b), de la Ley N ° 6227 del 2 de mayo de 1978 "Ley General de la Administración Pública"; la Ley N ° 5395 del 30 de octubre de 1973 "Ley General de Salud"; 2 y 6 de la Ley N 5412 del 8 de noviembre de 1973 "Ley Orgánica del Ministerio de Salud".

Considerando:

1º– Que corresponde al Ministerio de Salud velar porque las personas naturales y jurídicas dedicadas a actividades relacionadas con alimentos y su manipulación, observen las disposiciones legales y reglamentarias pertinentes, con el fin de eliminar o minimizar el riesgo para la salud de las personas.

2º– Que en el Decreto Ejecutivo N° 24798-S del 13 de noviembre de 1995, publicado en el Diario Oficial *La Gaceta* Nº 8 del 11 de enero de 1996, se estableció la obligatoriedad del carné de manipulador, para quienes laboran en el ámbito nacional en establecimientos de alimentos y los requisitos para obtenerlo.

3º– Que los requisitos establecidos en el decreto mencionado, son los mismos para quienes laboran en actividades de manipulación de alimentos en servicios de alimentación al público y en industrias de alimentos.

4º– Que las labores de manipulación de alimentos en industrias de alimentos se rigen por el Reglamento Técnico de Buenas Prácticas de Manufactura acordado por la Unión Aduanera Centroamérica (UAC) y aprobado mediante Decreto Ejecutivo Nº RTC 33724 publicado en el Diario Oficial *La Gaceta* Nº 82 el 30 de abril del 2007.

5º– Que en virtud de los cambios en la reglamentación de las actividades de manipulación de alimentos, el Decreto Ejecutivo N° 24798-S, resulta inaplicable, por lo que considera necesario y oportuno dictar un nuevo reglamento que comprenda específicamente a la personas que realizan labores de manipulación de alimentos en los servicios de alimentación al público. **Por tanto,**

DECRETAN:

El siguiente,

REGLAMENTO GENERAL DE HIGIENE PARA LOS MANIPULADORES DE ALIMENTOS

CAPÍTULO I
De las disposiciones generales

Artículo 1°– Será obligatorio para trabajar en un establecimiento en el que se manipule alimentos, que los manipuladores de los mismos, cuenten con un carné que los acredite como tales, expedido por las autoridades sanitarias de las Áreas Rectoras de Salud de Ministerio de Salud. Esta obligación es extensiva a los propietarios o administradores del establecimiento en caso de que intervengan directa o indirectamente en el proceso, cualquiera que sea la actividad desarrollada dentro de este.

No será requisito indispensable aportar el carné de manipulador de alimentos, en el procedimiento de reclutamiento y selección de personas disponibles para prestar servicios en Centros de CEN CINAI, que al efecto realiza el Ministerio de Salud.

No obstante lo anterior, dicho requisito se constituye en obligatorio, en el momento en que se formalice el procedimiento de contratación como servidor de la institución, mediante el nombramiento respectivo.

Artículo 2°– Para la obtención del carné al que se hace mención en el artículo anterior, los interesados deberán presentar al Área Rectora de Salud, el certificado de aprobación del Curso de manipulación higiénica de alimentos expedido por la entidad o persona física autorizada y registrada ante el Ministerio de Salud para impartir los cursos, de conformidad con el Decreto Nº 30082-S. publicado en el Diario Oficial *La Gaceta* el 17 de enero del 2002 (Reglamento de Registro de personas dedicadas a la Capacitación Sanitaria para Manipulación de Alimentos).

Artículo 3°– Que en el Área Rectora de Salud correspondiente, se debe de verificar que el certificado de aprobación del curso de manipuladores de alimentos cumple con lo dispuesto en el artículo 2° del presente reglamento.

Artículo 4°– El carné de manipulador es un documento de uso personal mediante el cual el Ministerio de Salud, habilita a su portador para el desempeño en labores de manipulación de alimentos según lo estipulado en el artículo 1º de este reglamento y puede ser sustituido en caso de pérdida o extravío en cualquier Área Rectora de Salud, presentando el certificado original de aprobación del curso de manipulación higiénica de alimentos otorgado por la persona o la entidad reconocida por el Ministerio de Salud para tales propósitos.

Artículo 5°– El Ministerio de Salud, podrá exigir los exámenes clínicos o complementarios de acuerdo con el riesgo epidemiológico de los alimentos o bien que las condiciones sanitarias existentes así lo exijan. Asimismo podrá cancelar anticipadamente el carné de manipulador de alimentos mientras el portador del carné presente enfermedades transmitidas por éstos o se compruebe que ha incurrido en faltas a las buenas prácticas de manipulación de alimentos.

Artículo 6°– El carné de acreditación como manipulador de alimentos tendrá validez por cinco años y deberá ser renovado dentro de los 30 días anteriores a su vencimiento, para esto deberá llevar un curso de refrescamiento en ternas de manipulación de alimentos en el Instituto Nacional de Aprendizaje (INA), será válido llevar cursos atinentes a la materia, tales como manejo de grasas y aceites, buenas prácticas de manufactura que comporta el análisis de riesgo en la manipulación de alimentos.

Artículo 7º– Derogaciones. Derogúese el Decreto Ejecutivo N° 24798-S del 13 de noviembre de 1995, publicado en el Diario Oficial La Gaceta Nº 8 del 11 de enero de 1996.

Artículo 8º– Rige a partir de su publicación en el Diario Oficial.

Dado en la Presidencia de la República.– San José, a los treinta días del mes de mayo de dos mil ocho. ÓSCAR ARIAS SÁNCHEZ.– La Ministra de Salud, María Luisa Ávila Agüero.

MEDIDAS SANITARIAS PARA EVITAR SE DESTINEN AL CONSUMO HUMANO ALIMENTOS PARA ANIMALES

Decreto Ejecutivo N° 10786-SPPS

(Publicado en La Gaceta N° 215 de 15 de noviembre de 1979)

EL PRESIDENTE DE LA REPÚBLICA
Y EL MINISTRO DE SALUD,

En ejercicio de la facultad que les confieren los incisos 3 y 18 de la Constitución Política y de conformidad con lo dispuesto en los artículos 1°, 2°, 4°, 355, 356, 357, 360 y demás pertinentes de la Ley General de Salud No. 5395 de 20 de octubre de 1973,

Considerando:

1°- Que los alimentos para animales constituyen una fuente de riesgos para la salud de los habitantes del país, por el peligro de que se usen para el consumo humano.

2°- Que dicho riesgo es evitable, aplicando las atribuciones otorgadas por la Ley General de Salud, mediante el mecanismo de desnaturalizar los productos respectivos y sin afectar la alimentación animal.

3°- Que la desnaturalización, por las sustancias que se emplean para producirlas, que le cambian el aspecto físico a los productos o le introducen color u olor, mantiene su aptitud para consumo animal, pero los diferencia claramente de aquellos para consumo humano.

Por tanto,

Decretan

Las siguientes

MEDIDAS SANITARIAS PARA EVITAR SE DESTINEN AL CONSUMO HUMANO ALIMENTOS PARA ANIMALES

Artículo 1°.- Los alimentos destinados a alimentación animal que, por sus características, puedan confundirse con los alimentos de consumo humano, deberán ser desnaturalizados.

Artículo 2°.- Todos aquellos productos originalmente destinados a consumo humano pero que, por cualquier causa, se han tornado inaptos para dicho fin, siendo susceptibles de ser aprovechados en la alimentación animal, deben ser desnaturalizados.

Artículo 3°.- No se permitirá el ingreso al país de alimentos para animales que, por sus características, puedan confundirse con alimentos para consumo humano, y no hayan sido previamente desnaturalizados. Las autoridades aduaneras no permitirán su desalmacenamiento, salvo que el Ministerio de Salud otorgue una autorización de excepción, adoptando todas las medidas protectoras necesarias para que se aseguren que se realizará posteriormente, la respectiva desnaturalización.

Artículo 4°.- Las sustancias o métodos físicos que ordene utilizar el Ministerio de Salud para efectuar las desnaturalizaciones, deberán contar con la aprobación del Departamento de Sanidad Animal del Ministerio de Agricultura y Ganadería.

Artículo 5°.- Los alimentos que resulten inaptos tanto para el consumo humano como para destinarlos a los animales y que deban ser destruidos por decomiso, podrán ser previamente desnaturalizados, como medida de seguridad. En estos casos se emplearán sustancias que produzcan repulsión tanto a los animales como al hombre, especialmente derivados del petróleo como la carbolina, el aceite diesel etc.

Artículo 6º.- Los productos que no cumplan con las medidas dispuestas en el presente Decreto podrán ser desnaturalizados o decomisados, por determinación de las autoridades de salud, sin perjuicio de las sanciones penales que puedan ser aplicables.

Artículo 7º.- Rige a partir de su publicación en el Diario Oficial,

Dado en la Casa Presidencial.- San José, a los cinco días del mes de noviembre de mil novecientos setenta y nueve. RODRIGO CARAZO. El Ministro de Salud, Carmelo Calvosa Chacón.-

Sección IV. Sanciones penales

CÓDIGO PENAL: ARTÍCULOS 261, 263 Y 270

Ley N° 4573 (de 4 de mayo de 1970)

(Publicada en el Alcance N° 120 a La Gaceta N° 257 de 15 de noviembre de 1970)

Sección IV.
Delitos contra la salud pública

Corrupción de sustancias alimenticias o medicinales

Artículo 261.- Será reprimido con prisión de tres a diez años, el que envenenare, contaminare o adulterare, de modo peligroso para la salud, aguas o sustancias alimenticias o medicinales, destinadas al uso público o de una colectividad.

Si el hecho fuere seguido de la muerte de alguna persona, la pena será de ocho a dieciocho años de prisión.

(La numeración de este artículo fue modificada por la Ley N° 7732 de 17 de diciembre de 1997)

Circulación de sustancias envenenadas o adulteradas

Artículo 263.- Las penas de los dos artículos precedentes serán aplicables en su caso, al que vendiere, pusiere en venta, entregare o distribuyere las sustancias o cosas peligrosas para la salud a sabiendas de su carácter nocivo.

(La numeración de este artículo fue modificada por la Ley N° 7732 de 17 de diciembre de 1997)

Violación de medidas sanitarias y violación de medidas para la prevención de epizootias o plagas vegetales

Artículo 270.- Será reprimido con prisión de uno a tres años, o cincuenta a doscientos días multa el que violare las medidas impuestas por la ley o por las autoridades competentes para impedir la introducción o propagación de una epidemia, y con prisión de uno a seis meses o de veinte a cien días multa, el que violare las medidas impuestas por la ley o por las autoridades competentes para impedir la introducción o propagación de una epizootia o de una plaga vegetal.

(La numeración de este artículo fue modificada por la Ley N° 7732 de 17 de diciembre de 1997)

Capítulo II.
Comecialización de los alimentos

Section I. Autorización de venta e importación de alimentos procesados (Registro)

REGLAMENTO DE NOTIFICACIÓN DE MATERIAS PRIMAS, REGISTRO SANITARIO, IMPORTACIÓN, DESALMACENAJE Y VIGILANCIA DE ALIMENTOS

Decreto Ejecutivo Nº 31595-S

(Publicado en La Gaceta N° 16 de 23 de enero de 2004)

EL PRESIDENTE DE LA REPÚBLICA
Y LA MINISTRA DE SALUD

En uso de las facultades que les confieren los artículos: 140 incisos 3) y 18), y 146 de la Constitución Política; 206, 207, 210, 211 siguientes y concordantes, 352 y 355 de la Ley Nº 5395, Ley General de Salud; y la Ley Nº 7472, Ley de la Promoción de la Competencia y Defensa Efectiva del Consumidor.

Considerando:

1°—Que es función esencial del Estado, velar por la protección de la salud de la población.

2°—Que el Estado tiene también la responsabilidad de garantizar el bienestar de los ciudadanos, sin que por ello se obstaculicen innecesariamente las condiciones de competitividad para el desenvolvimiento de la actividad económica del país.

3°—Que para garantizar a la población la ingestión de alimentos de buena calidad y en condiciones sanitarias óptimas, se hace imprescindible regular formalmente el registro de alimentos y la notificación de materias primas.

4°—Que la obligación de este Ministerio es proteger la Salud Pública; deber que en el caso específico de los alimentos, se debe cumplir mediante la vigilancia de la calidad sanitaria de los productos de este tipo que se comercialicen en el país.

5°—Que la Ley de la Promoción de la Competencia y Defensa Efectiva del Consumidor, establece la obligación de la Administración Pública de revisar, analizar y simplificar los trámites, sin dejar de cumplir con las exigencias necesarias para proteger la salud humana. Por tanto:

DECRETAN:

El siguiente,

REGLAMENTO DE NOTIFICACIÓN DE MATERIAS PRIMAS, REGISTRO SANITARIO, IMPORTACIÓN, DESALMACENAJE Y VIGILANCIA DE ALIMENTOS

Artículo 1º— Objetivo y ámbito de aplicación. El objetivo de este reglamento es establecer las condiciones y los requisitos para el Registro Sanitario de los Alimentos, en adelante Registro, y para la notificación de las materias primas alimentarias, su importación, desalmacenaje y vigilancia.

Este reglamento se aplicará a todos los alimentos de nombre determinado y marca de fábrica y materias primas alimentarias que se comercialicen en el territorio nacional

Artículo 2º— Definiciones. Para la aplicación del presente Reglamento se entenderá por:

Aditivo alimentario: cualquier sustancia que no se consume normalmente como alimento por sí mismo ni se usa normalmente como ingrediente propio del alimento, tenga o no valor nutritivo, cuya adición intencional al alimento por un fin tecnológico (inclusive organoléptico) durante la fabricación, elaboración, tratamiento, envasado, empaquetado, transporte o almacenamiento, provoque o pueda esperarse razonablemente que provoque (directa o indirectamente), el que ella misma o sus subproductos lleguen a ser un componente del alimento o afecten sus características. Esta definición no incluye "contaminantes" ni las sustancias añadidas al alimento para mantener o mejorar las cualidades nutricionales.

Alerta sanitaria internacional: Comunicación oficial de organismos sanitarios internacionales, o de autoridades sanitarias de países miembros de tales organismos, que indique que un producto alimentario o materia prima presenta un riesgo para la salud de la población.

Alimento: toda sustancia o producto, elaborado, semielaborado o crudo que, al ser ingerido por los humanos le proporciona al organismo los elementos necesarios para su mantenimiento, desarrollo y actividad, incluyendo las bebidas, las gomas de mascar y cualquiera otra sustancia que se utilicen en la elaboración, preparación o tratamiento de dichos productos, con exclusión de los cosméticos, el tabaco, productos naturales y los medicamentos.

Alimento enriquecido o fortificado: es aquel alimento que ha sido adicionado de uno o más nutrientes esenciales, tanto si está o no está contenido normalmente en el alimento, en las cantidades fijadas por los reglamentos técnicos, con el fin de prevenir o corregir una deficiencia demostrada en la alimentación habitual de la población.

Alimento importado temporalmente: aquel alimento que se importa por una sola vez, en cantidades limitadas, para fines de exposiciones, ferias comerciales y otras actividades especiales.

Alimentos para regímenes especiales: son aquellos elaborados o preparados especialmente para satisfacer necesidades particulares de alimentación determinadas por condiciones físicas o fisiológicas particulares y enfermedades o trastornos específicos.

Arancel: Tarifa oficial establecida en la normativa vigente que establece los derechos que deben cancelarse como requisito para el acto administrativo de registro.

Autoridad de salud: Se consideran autoridades de salud: el Ministro, el Viceministro y el Director General de Salud; los directores regionales y de áreas de salud del Ministerio; el Director de Registros y Controles y los jefes de unidad de la Dirección y todos los funcionarios del Ministerio u otras instituciones públicas, debidamente autorizados y acreditados para fungir como tales, dentro de su respectiva jurisdicción.

También se entiende por autoridad de salud a los funcionarios de los ministerios o entidades oficiales de otros países, que ejercen esta competencia.

Certificado de Libre Venta y Consumo: Es el documento expedido por la autoridad competente del país de origen, en el cual se indica que el producto tiene su registro vigente y que su venta para consumo humano está autorizada legalmente en ese país.

Codex Alimentarius: Comisión del Codex Alimentarius de la Organización para la Alimentación y la Agricultura (FAO) y la Organización Mundial de la Salud (OMS).

Decomiso: Pérdida de la propiedad a favor del Estado que experimenta el dueño de los productos alimenticios que han sido causa o instrumento de una infracción sanitaria o que sean nocivos o peligrosos para la salud de las personas. Las autoridades de salud procederán por propia autoridad, al decomiso de los alimentos ostensiblemente deteriorados, contaminados, adulterados o falsificados.

Desalmacenaje: Autorización que otorga la Dirección para permitir la nacionalización de alimentos.

Dirección: Dirección de Registros y Controles del Ministerio de Salud.

FEMA: Asociación Internacional de Fabricantes de Extractos y Saborizantes.

Fabricación: aplicación de operaciones unitarias para elaborar a partir de materias primas productos alimenticios preempacados que se venden bajo nombre y marca determinada.

(Párrafo adicionado mediante el artículo 1° del Decreto Ejecutivo N° 31968-S, de 11 de junio de 2004)

Materia prima alimentaria: Todas las sustancias que se emplean en el proceso de fabricación de alimentos, tanto si permanecen inalteradas, como si experimentan modificación o son eliminadas durante el proceso de fabricación.

(Párrafo modificado mediante el artículo 1° del Decreto Ejecutivo N° 31968-S, de 11 de junio de 2004)

Medidas sanitarias especiales: Son medidas que pueden adoptar las autoridades de salud y que tienen como finalidad la efectiva protección de la salud pública con el objetivo de evitar la aparición de peligros y la agravación o difusión del daño, la continuación o reincidencia en la perpetración de infracciones legales o reglamentarias que atenten contra la salud de las personas. Se consideran medidas especiales la retención, el retiro del comercio o de la circulación, el decomiso, la desnaturalización y la destrucción de bienes materiales, la clausura de establecimientos, la cancelación de permisos y de registros.

Ministerio: Ministerio de Salud.

Muestreo: Procedimiento para la toma de muestras de productos alimenticios necesarias para el control del cumplimiento de las disposiciones de las normas sanitarias y del presente reglamento.

Muestra sin valor comercial: Se consideran muestras sin valor comercial los materiales o productos que no excedan el monto aduanero de importación total estipulado en la legislación aduanera vigente, que actualmente equivale a $200 (doscientos dólares americanos).

Normas de inocuidad de alimentos: Son todas aquellas normas establecidas por el Ministerio o el Codex Alimentarius, necesarias para garantizar la inocuidad de los alimentos en todas sus fases: cultivo y producción, manufactura, distribución y consumo.

Normas calidad nutricional: Son todas aquellas normas que regulan la composición nutricional de los alimentos para regímenes especiales o los alimentos fortificados o enriquecidos de manera obligatoria.

Notificación: Acto administrativo mediante el cual se comunica al interesado que la materia prima para elaboración de alimentos ha cumplido o no con los requisitos del presente reglamento y puede ser utilizada o no para ese fin.

Permiso sanitario: Es la autorización administrativa previa que otorga el Ministerio de Salud a toda persona física o jurídica que realice la importación, elaboración o comercio de alimentos de nombre determinado y bajo marca de fábrica en el territorio nacional, de conformidad con lo que se establece en la Ley General de Salud y los reglamentos vigentes para las diversas actividades económicas.

Precursores y sustancias químicas esenciales: Sustancias o productos químicos utilizados en la producción de alimentos, que también pueden ser utilizados en la fabricación ilícita de drogas, por lo que están regulados por legislación especial.

Registro: Acto administrativo mediante el cual el Ministerio, después de analizar el cumplimiento de los requisitos establecidos y evaluar un producto alimenticio, acepta que un producto alimenticio sea comercializado en el país.

Retención: Medida que consiste en mantener bajo prohibición de traslado, uso o consumo, en condiciones de seguridad y bajo sellos de la autoridad de salud, productos alimenticios de dudosa naturaleza o condición, respecto de los cuales haya antecedentes para estimar que su uso o consumo pueden ser nocivos o peligrosos para la salud, en tanto se realizan las pruebas correspondientes para determinar su naturaleza o condición.

Retiro del comercio o de la circulación: Consiste en el retiro oportuno y completo que el dueño, administrador o representante legal de la empresa deberá hacer del total de las series o partidas de mercaderías o bienes o de alguna parte de éstas, si fueren identificables, cuando se haya comprobado que no reúnen los requisitos reglamentarios requeridos para circular en el comercio, o que su uso o consumo constituyen peligro para la salud pública.

Requisitos: Son los establecidos a partir de criterios emitidos por las autoridades de salud para la aprobación de la comercialización de productos alimenticios y que busca proteger la salud pública.

Artículo 3º—De la administración del Registro Sanitario de los Alimentos. La Dirección de Registros y Controles, en lo sucesivo Dirección, es la dependencia del Ministerio encargada de otorgar, denegar o cancelar el registro de los productos alimenticios.

Artículo 4º—Aspectos generales sobre el registro de alimentos y la notificación de materias primas.

a) Para comercializar, importar y distribuir los alimentos a que se refiere el artículo 1° del presente reglamento, se debe obtener previamente su Registro, de acuerdo con los requisitos establecidos en este reglamento. Solo podrán registrarse los alimentos que hayan sido elaborados en establecimientos que cuenten con su permiso de funcionamiento al día o en caso de ser importados que sean de libre venta en el país de origen. La inscripción no excluirá la responsabilidad plena de las personas físicas o jurídicas que hayan fabricado, elaborado o importado el alimento en cuanto a su garantía sanitaria, calidad nutritiva e inocuidad. El Ministerio podrá condicionar el registro de un alimento al análisis de la información técnica y científica que en cada caso se requiera.

b) Se exceptúan del registro los alimentos importados temporalmente, las muestras sin valor comercial, las materias primas y los aditivos alimentarios; sin perjuicio de los controles que ejercen las autoridades de salud sobre este tipo de productos. Sin embargo, aquellos productos que se clasifiquen como precursores o sustancias químicas esenciales, deberán acatar la normativa vigente para este tipo de producto.

c) Los productores, importadores y comercializadores de materias primas y aditivos alimentarios deberán notificarlos a la Dirección, por una sola vez, mediante los formularios oficiales correspondientes, para su autorización. En el caso de los aditivos, solamente se permitirán los incluidos en las listas del Codex Alimentarius y del Código Federal de Regulaciones de los Estados Unidos de América; además, para los compuestos aromatizantes, se permitirán todos aquellos incluidos en las listas FEMA. La presentación de estos formularios deberán acompañarse con el recibo del pago del arancel establecido por el Ministerio.

Artículo 5º—Requisitos para el registro de productos alimenticios. Para el registro de productos alimenticios el interesado deberá presentar a la Dirección la siguiente información, en un fólder identificado, con índice y páginas numeradas:

Para productos de fabricación nacional

a) Formulario de solicitud de registro completo y legible, firmado por el representante legal de la empresa.

b) Permiso de funcionamiento vigente.

c) Etiqueta original o proyecto de etiqueta para aquellos productos que no hayan salido al mercado. Las etiquetas de los alimentos para regímenes especiales deben presentar la declaración del valor nutritivo del producto.

d) Concesión otorgada por la Fábrica Nacional de Licores para bebidas alcohólicas elaboradas en el país.

e) Pago del arancel fijado para el registro, según lo establece la normativa vigente.

f) Certificación vigente de personería jurídica en caso de personas jurídicas.

Para productos importados.

a) Formulario de solicitud de registro completo y legible, firmado por el representante legal de la empresa.

b) Certificado de la autoridad de salud o autoridad competente, que el producto tiene libre venta y uso en el país de origen, debidamente consularizado por la respectiva autoridad consular costarricense. Podrá incluir uno o varios productos y no deberá tener una antigüedad superior a dos años desde su emisión. En caso de que el certificado venga en idioma diferente al español debe venir acompañado de la respectiva traducción oficial.

c) Etiqueta original. Si la etiqueta se encuentra en un idioma diferente al español, además debe presentar la traducción oficial de la etiqueta. El etiquetado de los alimentos para regímenes especiales también deben presentar la declaración del valor nutritivo del producto. En caso de que la etiqueta esté impresa directamente sobre el envase, se debe presentar el original y una copia.

d) Pago del arancel fijado para el registro, según lo establece la normativa vigente.

e) Certificación vigente de personería jurídica en caso de personas jurídicas

La solicitud de registro será resuelta por la Dirección de Registros y Controles en el término de cinco días hábiles.

(Artículo modificado mediante el artículo 2° del Decreto Ejecutivo N° 31968-S, de 11 de junio de 2004)

Artículo 6º—Registro de importadores de alimentos. En caso de productos que ya se encuentran registrados ante la Dirección vayan a ser importados por personas físicas o jurídicas distintas al titular de dicho registro, el interesado deberá registrarse como importador de alimentos, presentando el formulario oficial y el pago del arancel de cada producto establecido para el respectivo registro.

Los distribuidores autorizados por el titular registral debidamente inscrito, quedan exentos de este requisito, siempre que dicho titular haya indicado previa y expresamente, ante la Dirección, las personas físicas y/o jurídicas, que ostenten tal calidad.

(Artículo modificado mediante el artículo 2° del Decreto Ejecutivo N° 31968-S, de 11 de junio del 2004)

Artículo 7º—Modificación de la información presentada ante la Dirección. Cualquier cambio en la información o condiciones bajo las cuales se otorgó el registro de un alimento, debe ser comunicado previamente a la Dirección, la cual, en un plazo no mayor a cinco días hábiles, notificará al interesado la aceptación del cambio o la necesidad de efectuar un nuevo trámite.

Artículo 8º—De la asignación y uso del número de registro.

a) El Ministerio asignará un número de registro a los productos alimenticios que declaren que cumplan con la normativa vigente y con todos los requisitos establecidos en este reglamento, el cual deberá ser consignado obligatoriamente por el productor o distribuidor en el etiquetado del producto.

b) A los productos de la misma marca y con la misma formulación pero con diferentes saborizantes, colorantes artificiales o diferentes tamaños de presentación, se les asignará un mismo número de registro.

Artículo 9º—De la vigencia del registro. El registro tendrá una vigencia de cinco años, salvo que los titulares hayan cometido infracciones que ameriten la cancelación anticipada de la inscripción o que el alimento registrado, a criterio de la autoridad de salud, constituya un peligro para la salud pública.

Artículo 10.—Del desalmacenaje de alimentos y materias primas.

a) El desalmacenaje de alimentos en aduanas sólo se podrá realizar mediante la verificación por parte de las autoridades aduaneras de que el alimento se encuentra debidamente registrado en el Ministerio. Lo anterior mediante el procedimiento que de común acuerdo establezcan el Ministerio y la Dirección General de Aduanas.

b) Las materias primas y los aditivos podrán desalmacenarse presentando el formulario oficial correspondiente, autorizado por el Ministerio.

c) Los alimentos importados temporalmente y las muestras sin valor comercial podrán ser desalmacenadas por el interesado, presentando la documentación que avale esta situación y el formulario de desalmacenaje debidamente lleno y autorizado por el Ministerio.

Artículo 11.—Muestreo de productos para verificar el cumplimiento con la legislación vigente.

La verificación del cumplimiento de las normas de inocuidad de alimentos y de la calidad nutricional será realizada en el mercado, las aduanas y las plantas de producción e industrialización mediante inspección, muestreo y análisis por parte de las autoridades de salud.

Artículo 12.—De la aplicación de medidas especiales por incumplimiento de la normativa.

En el caso de demostrarse el incumplimiento de las normas de inocuidad de alimentos o de la calidad nutricional, o la falsedad de lo declarado en el registro ante la Dirección, se retendrá, decomisará, o retirará de circulación el producto respectivo o se cancelará su registro según corresponda, previa notificación a la empresa, quien deberá asumir los costos de la medida sanitaria aplicada. Lo anterior sin perjuicio de otras sanciones que establezca la Ley de Promoción de la Competencia y Defensa Efectiva del Consumidor y otra legislación relacionada con la materia.

El Ministerio, siguiendo el derecho y los principios constitucionales conformantes de la garantía fundamental del debido proceso, podrá cancelar el registro o la autorización de desalmacenaje, especialmente en caso de:

a) Existencia de alertas sanitarias internacionales que así lo justifiquen.

b) Uso indebido o prohibido de aditivos y materias primas según lo establecido en las normas sanitarias nacionales, en las normas Codex Alimentarius para aditivos, o en el Código Federal de Regulaciones de los Estados Unidos en lo relativo a aditivos.

c) Reincidencia en el incumplimiento de las normas sobre: contaminantes físicos, químicos y microbiológicos; etiquetado general y nutricional; y códigos y directrices en materia de higiene y de calidad nutricional.

d) Cuando se demuestre el incumplimiento de las normas sanitarias vigentes. La autoridad de salud procederá a la aplicación de estas medidas especiales con fundamento en lo establecido en el artículo 386 de la Ley General de Salud, sin menoscabo de la responsabilidad civil o penal en que hayan incurrido las personas físicas o jurídicas responsables de tal incumplimiento; y sin perjuicio de cualquier otra sanción que proceda de conformidad con la legislación vigente.

Artículo 13.—Acceso público a las normas obligatorias de inocuidad. El Ministerio pondrá a disposición para consulta de todos los interesados, el conjunto de normas obligatorias de inocuidad de alimentos y de calidad nutricional.

Artículo 14.—Este decreto deroga los Decretos Ejecutivos Nº 26725-S del 17 de febrero de 1998, publicado en *La Gaceta* Nº 52 del 16 de marzo de 1998; el Nº 26817-S del 17 de marzo de 1998, publicado en *La Gaceta* Nº 85 del 5 de mayo de 1998; y cualquier otra disposición de igual o inferior rango que se le oponga.

Artículo 15.—Rige a partir de los dos meses posteriores a su publicación.

Dado en la Presidencia de la República.—San José, a los dos días del mes de diciembre del dos mil tres. ABEL PACHECO DE LA ESPRIELLA.- La Ministra de Salud, María del Rocío Sáenz Madrigal.

RESOLUCIÓN N° 121-2004 (COMIECO), SOBRE EL REGISTRO, LA VIGILANCIA Y EL COMERCIO DE ALIMENTOS

Decreto Ejecutivo Nº 32121-COMEX-S

(Publicado en La Gaceta N° 235 de 1° de diciembre de 2004)

EL PRESIDENTE DE LA REPÚBLICA,
EL MINISTRO DE COMERCIO EXTERIOR Y LA MINISTRA DE SALUD

De conformidad con las atribuciones que les conceden los incisos 3) y 18) del artículo 140 y 146 de la Constitución Política; el artículo 28, párrafo 2, inciso b) de la Ley Nº 6227, Ley General de la Administración Pública del 2 de mayo de 1978; los artículos 1º, 15, 26, 30, 36, 37, 38, 39 y 55 del Protocolo al Tratado General de Integración Económica Centroamericana, Ley Nº 7629 del 26 de setiembre de 1996.

Considerando:

1º—Que el Consejo de Ministros de Integración Económica, mediante Resolución Nº 121-2004 (COMIECO) de fecha 29 de julio del 2004 aprobó, en el marco del proceso de establecimiento de la Unión Aduanera, acuerdos en materia reconocimiento de mutuo de los registros sanitarios de alimentos y bebidas procesados.

2º—Que en cumplimiento del ordinal anterior, debe ponerse en vigencia la citada resolución en los países centroamericanos. **Por tanto:**

DECRETAN:

Artículo 1º—Póngase en vigencia la Resolución Nº 121-2004 (COMIECO), que a continuación se transcribe:

RESOLUCIÓN Nº 121-2004 (COMIECO)
EL CONSEJO DE MINISTROS DE INTEGRACIÓN ECONÓMICA

Considerando:

Que este foro, mediante Resolución Nº 80-2001 (COMIECOXVII), adoptada durante su XVII Reunión, celebrada en Guatemala, el 24 de octubre del 2001, aprobó para El Salvador, Guatemala, Honduras y Nicaragua, en el marco del proceso de establecimiento de la Unión Aduanera, una serie de acuerdos en materia de registros de medicamentos y productos afines y de registros de alimentos y bebidas.

Que mediante Resolución Nº 92-2002 (COMIECO-XXIV), adoptada el 27 de setiembre del 2002, este foro aprobó la adopción por parte de Costa Rica de la Resolución Nº 80-2001.

Que los Estados Parte han comunicado a este órgano regional que, en el marco del proceso de establecimiento de la Unión Aduanera, han alcanzado importantes acuerdos en materia de registros de alimentos y bebidas que requieren la modificación de la Resolución Nº 80-2001 (COMIECO-XVII).

Que mediante Resolución Nº 120-2004 (COMIECO), adoptada el 28 de junio de 2004, este foro aprobó la resolución con importantes acuerdos en materia de registros sanitarios. **Por tanto:**

Con fundamento en lo dispuesto en los artículos 1º, 15, 26, 30, 36, 37, 38, 39 y 55 del Protocolo al Tratado General de Integración Económica Centroamericana (Protocolo de Guatemala).

RESUELVE:

1. Modificar la Resolución Nº 120-2004 (COMIECO) adoptada el 28 de junio del 2004, y sustituirla de manera íntegra por la presente resolución.

2. Mantener el reconocimiento de los registros sanitarios de alimentos y bebidas procesados y producidos en el territorio de los Estados Parte.

3. Adoptar, para el reconocimiento mutuo de los registros sanitarios de alimentos y bebidas procesados y producidos en el territorio de los Estados Parte, las disposiciones que aparecen en el Anexo 1 de esta Resolución.

4. Aplicar las Buenas Prácticas de Manufactura en la Industria de Alimentos, de conformidad con los siguientes criterios de gradualidad establecidos por el número de empleados de la industria:

TABLA DE PLAZOS PERSONAS/MESES	
1. 1-25 personas:	30 meses
2. 26-50 personas:	24 meses
3. 51-100 personas:	18 meses
4. Más de 100 personas:	12 meses

5. La aplicación de las pruebas analíticas se realizarán según el Cuadro de determinaciones analíticas para registro sanitario por grupo de alimentos, que aparece como Anexo 2 y el Cuadro de determinaciones analíticas para vigilancia por grupo de alimentos, que aparece como Anexo 3.

6. Adoptar el Formato de Certificado de Libre Venta de Alimentos y Bebidas, que aparece como Anexo 4 de esta Resolución.

7. Los Anexos de la presente Resolución forman parte integrante de la misma.

8. Se derogan las disposiciones en materia de registros de alimentos y bebidas que se opongan a la presente Resolución.

9. Los puntos 1 al 8 de esta Resolución sólo aplica para El Salvador, Guatemala, Honduras y Nicaragua.

10. No obstante que existe reconocimiento de los registros de alimentos y bebidas entre El Salvador, Guatemala, Honduras y Nicaragua, los cinco países se comprometen a iniciar de inmediato el proceso de elaboración de reglamentos técnicos centroamericanos de alimentos y bebidas, como instrumento de homologación, lo que permitirá que posteriormente los cinco países se otorguen reconocimiento de registros, de conformidad con dichos reglamentos.

11. La presente Resolución entrará en vigor treinta (30) días después de la presente fecha y será publicada por los Estados Parte.

San Salvador, El Salvador, 29 de julio de 2004.- Alberto Trejos, Ministro de Comercio Exterior de Costa Rica; Yolanda Mayora de Gaviria, Ministra de Economía de El Salvador; Marcio Cuevas Quezada, Ministro de Economía de Guatemala; Norman García, Ministro de Industria y Comercio de Honduras; Mario Arana Sevilla, Ministro de Fomento, Industria y comercio de Nicaragua

ANEXO Nº 1
RECONOCIMIENTO ÁGIL DE LOS REGISTROS SANITARIOS DE ALIMENTOS Y BEBIDAS PROCESADOS

1. **Ámbito de aplicación**. Este procedimiento de reconocimiento de productos alimenticios será aplicable únicamente a los productos originarios de los países miembros de la Unión Aduanera.

2. **Definición**. Con fines de reconocimiento para alimentos, se entenderá por:

   Reconocimiento: trámite mediante el cual cada país acepta que un producto que ha sido registrado en otro de la Unión Aduanera Centroamericana, pueda comercializarse en su territorio con el número de registro original.

3. **Requisitos**:

   a) Original y fotocopia del Certificado de Libre Venta en el formato unificado para la Unión Aduanera, sin consularizar y firmado por la autoridad sanitaria que extiende los registros.

   b) Pago para la vigilancia sanitaria derivado del reconocimiento de registros, el cual será equivalente al costo del registro de alimentos según lo establece el país que reconoce el registro.

4. **Mecanismo de reconocimiento ágil**:

   a) El interesado presenta ante la autoridad sanitaria los requisitos establecidos en el numeral 3. El Certificado de Libre Venta se exigirá una sola vez.

   b) La autoridad sanitaria verifica los requisitos presentados, firma y sella el original y copia del Certificado de Libre Venta para el reconocimiento, en un plazo no mayor de 24 horas, y entrega la copia firmada al interesado, que deberá contener la siguiente información:

   Registro Sanitario reconocido por (país).

   Fecha.

   Nombre y firma autorizada.

   c) Se ingresa los datos del producto reconocido al sistema de información.

   d) El reconocimiento del registro de alimentos, no será otorgado cuando no se cumpla con los requisitos establecidos.

5. **Vigencia del reconocimiento del registro**: La vigencia del Reconocimiento de registro será la misma que el período de vigencia que se indique en el Certificado del Libre Venta y que corresponde a la vigencia del registro del país de origen.

6. **Renovación del reconocimiento de registro**: La renovación del reconocimiento del registro de alimentos, se realizará con los mismos requisitos y trámites de los numerales 3 y 4.

ANEXO Nº 2
CUADRO DE DETERMINACIONES ANALÍTICAS PARA REGISTRO SANITARIO POR GRUPO DE ALIMENTOS

CLASIFICACIÓN POR CRITERIO DE RIESGO

Alimentos clasificados en Riesgo A: Son aquellos alimentos que por su naturaleza, composición, proceso, manipulación y población a la que se dirige, tienen una mayor probabilidad de causar daño a la salud.

Alimentos clasificados en Riesgo B: Son aquellos alimentos que por su naturaleza, composición, proceso, manipulación y población a la que se dirige, tienen una mediana probabilidad de causar daño a la salud.

Alimentos clasificados en Riesgo C: Son aquellos alimentos que por su naturaleza, composición, proceso, manipulación y población a la que se dirige, tienen una baja probabilidad de causar daño a la salud.

Clave: A = Alto Riesgo; B = Mediano Riesgo; C = Bajo Riesgo

GRUPO	DETERMINACIONES PARA REGISTRO	CLASIFICACION POR RIESGO
1. Aderezos y Mayonesa	Colesterol (en mayonesa) Antioxidantes Colorantes Recuento mohos y levaduras (en aderezos) Salmonella sp Staphylococcus aureus	**B**
2. Aceites y grasas	Índice de peroxido Perfil cromatográfico de ácidos grasos Antioxidantes	**C**
3. Margarina	Preservantes Vitamina A (cuando se declare) Recuento de Mohos y levaduras (cuando contenga especies)	**C**
4. Bebidas alcohólicas: licores, aguardiente, vinos, cervezas	Grado alcohólico Metanol (no aplica cerveza) Colorantes (artificiales)	**B**
5. Refrescos en polvo	Colorantes artificiales Preservantes Edulcorantes Vitamina C y minerales (cuando se declare)	**C**
6. Refrescos carbonatados	Preservantes Edulcorantes Colorantes artificiales	**C**
7. Carnes curadas (embutidos)	Nitritos y/o nitratos Almidón o espesantes Colorantes artificiales Recuento Coliformes fecales o E. coli Salmonella sp Staphylococcus aureus	**A**
8. Productos cárnicos cocidos (productos como Pierna de cerdo, pollo, pavo.... que pueden estar ahumado)	Nitritos, nitratos Colorantes artificiales Salmonella sp Staphylococcus aureus	**A**
9. Productos	Bisulfito de sodio	**A**

cárnicos crudos (que solo van empacados)	E coli O157 H-7 Salmonella sp Staphylococcus aureus	
10. Carnes enlatadas	Nitritos y Nitratos Colorantes artificiales Esterilidad comercial	A
11. Conservas vegetales y fruta enlatada	pH Preservantes colorantes Esterilidad comercial	C
12. Semillas y nueces	Materias extrañas Aflatoxinas Recuento Mohos y levaduras	B
13. Cereales en grano	Humedad Aflatoxinas Materias extrañas	C
14. Cereales para desayuno	Materias extrañas Colorantes artificiales Humedad Recuento Coliformes totales	C
15. Avena en hojuela y en polvo	Colorantes artificiales Materias extrañas Humedad Recuento de Coliformes fecales	C
16. Productos de confitería, gomas de mascar, caramelos	Colorantes artificiales Edulcorantes Preservantes (para semisolidos)	C
17. Dulces Típicos	Colorantes artificiales Coliformes fecales o E. coli Staphylococcus aureus (productos con leche) Salmonella (productos con huevo)	C
18. Chocolates y derivados	Colorantes artificiales Perfil de ácidos grasos Staphylococcus aureus Salmonella sp	C
19. Encurtidos	pH Colorantes artificiales Materias extrañas Preservantes	C
20. Especias, hierbas desecadas y condimentos	Elementos histologicos Colorantes artificiales Glutamato monosódico (cuando aplique) Materias extrañas Recuento Coliformes fecales o E coli Recuento de Mohos y levaduras Salmonella sp	C
21. Consomé: de carne, pollo y camarón.	Proteínas (cuando aplique) Colorantes artificiales Preservante Recuento Coliformes fecales Recuento de Mohos y levaduras Salmonella sp	C
22. Sopas y	Materias extrañas	C

cremas deshidratadas	Preservantes Colorantes artificiales Recuento de Mohos y levaduras Recuento de Coliformes totales Salmonella sp	
23. Frituras Snack	Colorantes artificiales Antioxidantes Rancidez Recuento Mohos y levaduras	**C**
24. Gelatinas en polvo y preparadas	Proteínas Colorantes artificiales Preservantes	**C**
25. Harinas de trigo y maíz	Humedad Gluten (solo para harina de trigo) Materias extrañas Elementos histológicos Minerales: hierro y calcio Bromato de potasio (solo para harina de panificación) Acido fólico Vitamina B1 Vitamina B2 Niacina Recuento total de bacterias Recuento de Coliformes totales Recuento de Mohos y levaduras Salmonella sp	**B**
26. Azúcar	Determinacion de sacarosa Vitamina A	**B**
27. Sal	Humedad Materias extrañas Cloruro de sodio Yodo	**B**
28. Huevos	Deshidratados y líquido Coliformes totales (líquido) Staphylococcus aureus Salmonella sp	**A**
29. Jugos	pH Preservantes Colorantes Elementos histológicos (cuando aplique) Recuento total de bacterias Recuento de Coliformes totales Recuento de Mohos y levaduras	**C**
30. Néctares	Grados Brix pH Elementos histologicos Preservantes Colorantes Recuento total de bacterias Recuento de Coliformes totales Recuento de Mohos y levaduras Esterilidad comercial (enlatados)	**C**
31. Jaleas y mermeladas	Elementos histologicos Colorantes artificiales Preservantes	**C**

	pH Perfil de Azucares Recuento Mohos y levaduras	
32. Helados paletas y Helado de leche	Perfil de ácidos grasos Colorantes artificiales Preservantes Salmonella sp Coliformes fecales o E coli Staphylococcus aureus (para productos c/leche) Listeria (para productos c/leche)	B
33. Leches en polvo	Perfil de ácidos grasos Humedad Proteína Coliformes fecales E coli Staphylococcus aureus Salmonella sp	A
34. Leche fluida, pasteurizada y UHT	Proteinas Perfil de ácidos grasos Colorantes artificiales (cuando sean de sabores) Coliformes fecales o E. coli Staphylococcus aureus Salmonella sp Listeria monocytogenes (leche fluida pasteurizada)	A
35. Leche Condensada y Evaporada	Proteinas Perfil de ácidos grasos Esterilidad comercial	C
36. Quesos	Perfil de ácidos grasos Proteínas Colorantes artificiales (cuando se requiera) Coliformes totales (solo para pasteurizados) Coliformes fecales o E coli Staphylococcus aureus Salmonella sp Listeria monocytogenes	A
37. Crema, mantequilla y Natillas	Perfil de ácidos grasos Espesantes Coliformes fecales o E coli Staphylococcus aureus Salmonella sp	A
38. Yogurt	Perfil de ácidos grados Grasa (según indique la etiqueta) Colorantes artificiales Coliformes fecales o E coli Recuento de Mohos y levaduras (cuando declare presencia de frutas)	A
39. Miel de abeja	Perfil de azucares Hidroximetil furfural	B
40. Pastas, macarrones, espaguetis	Colorantes artificiales Recuento de Mohos y levaduras	C
41. Salsas para sazonar	Preservantes Colorantes artificiales	C

	Elementos histológicos Recuento Mohos y levaduras Coliformes fecales o E coli	
42. Salsa de Tomates	pH Colorantes artificiales Elementos histológicos Preservantes Coliformes fecales o E coli Recuento de Mohos y levaduras (Howard) (***sic***)	**C**
43. Bebidas no carbonatadas envasadas	pH Preservantes Colorantes artificiales Edulcorantes Coliformes fecales o E coli	**C**
44. Té y café	Humedad Cafeína Materias extrañas	**C**
45. Vinagre	Acidez (en ác. Acético) Perfil de Azúcares Colorantes artificiales	**C**
46. Agua envasada	Dureza Hierro Recuento total de bacterias Coliformes totales Recuento de Coliformes fecales o E coli Pseudomona aeruginosa	**A**
47. Hielo	Dureza Hierro Recuento total de bacterias Recuento Coliformes totales Recuento Coliformes fecales o E coli	**A**
48. Moluscos bivalvos frescos (empacados y en conserva)	Organolépticos Esterilidad comercial (para conservas)	**A**
49. Pescados y crustáceos, crudos y congelados empacados	Preservantes Organolépticos Recuento de Coliformes fecales o E coli Staphylococcus aureus Salmonella sp	**A**
50. Pescados y crustáceos precocidos, cocidos, salados y ahumados.	Colorantes artificiales Organolépticos Preservantes Recuento Coliformes fecales o E coli Staphylococcus aureus	**A**
51. Alimentos listos para consumir	Salmonella sp Coliformes fecales o E coli Staphylococcus aureus	**A**
52. Tortillas (harina, maíz, etc.)	Preservantes	**C**
53. Tamales	Preservantes Coliformes fecales o E coli	**B**

ANEXO No 3
CUADRO DE DETERMINACIONES ANALÍTICAS PARA VIGILANCIA POR GRUPO DE ALIMENTOS

GRUPO	DETERMINACIONES PARA VIGILANCIA	CLASIFICACION POR RIESGO
1. Aderezos y Mayonesa	Rancidez Colesterol (en mayonesa) Preservantes Colorantes artificiales Recuento de Coliformes fecales (en aderezos con especies) Recuento mohos y levaduras (en aderezos) Salmonella sp Staphylococcus aureus	B
2. Aceites y grasas	Rancidez Perfil cromatográfico de ácidos grasos Colorantes artificiales Antioxidantes	C
3. Margarina	Índice de peróxido Preservantes Sólidos no grasos Vitamina A (cuando se declare) Recuento de Mohos y levaduras Coliformes totales (cuando contenga especies)	C
4. Bebidas alcohólicas: licores, aguardiente, vinos, cervezas	Metanol Extracto seco Grado alcohólico Alcoholes superiores Colorantes	B
5. Refrescos en polvo	Colorantes artificiales Preservantes Edulcorantes Vitamina C y minerales (cuando se declare) Recuento de Mohos y levaduras	C
6. Refrescos carbonatados	Preservantes Edulcorantes Colorantes artificiales	C
7. Carnes curadas (embutidos)	Nitritos, nitratos Otros aditivos Colorantes artificiales Almidón Coliforme fecal o E coli Salmonella sp Staphylococcus aureus	A
8. Productos cárnicos cocidos (productos como Pierna de cerdo, pollo, pavo.... que pueden estar ahumado)	Nitritos, nitratos Colorantes artificiales Coliformes fecales o E coli Salmonella sp Staphylococcus aureus	A
9. Productos cárnicos crudos	Bisulfito de sodio Coliformes fecales o E coli	A

(que solo van empacados)	Salmonella sp Staphylococcus aureus Listeria monocitogenes	
10. Carnes enlatadas	Nitritos y Nitratos Colorantes artificiales Esterilidad comercial	A
11. Conservas vegetales y fruta enlatada	pH Preservantes Colorantes artificiales Esterilidad comercial	C
12. Semillas y nueces	Materias extrañas Aflatoxinas Rancidez Recuento Mohos y levaduras	C
13. Cereales en grano	Humedad Aflatoxinas Materias extrañas	C
14. Cereales para desayuno	Humedad Elementos histológicos Materias extrañas Colorantes artificiales Evaluacion de nutrientes que se declaren Recuento total de bacterias Coliformes totales Recuento de Mohos y levaduras	C
15. Avena en hojuela y en polvo	Humedad Colorantes artificiales Materias extrañas Elementos histologicos Coliformes fecales Recuento de Mohos y levaduras Salmonella sp	C
16. Productos de confitería, gomas de mascar, caramelos	Colorantes artificiales Edulcorantes Preservantes (para semisolidos) Recuento de Mohos y levaduras	C
17. Dulces Típicos	Colorantes artificiales Coliformes fecales o E. coli Staphylococcus aureus (productos con leche) Salmonella (productos con huevo)	C
18. Chocolates y derivados	Colorantes artificiales Recuento Mohos y levaduras Staphylococcus aureus Salmonella sp	C
19. Encurtidos	pH Colorantes artificiales Preservantes Materias extrañas Recuento de Mohos y levaduras	C
20. Especias, hierbas desecadas y condimentos	Elementos histologicos Colorantes artificiales Glutamato monosódico (cuando aplique) Materias extrañas Recuento de Mohos y levaduras Coliformes fecales o E coli	C

	Salmonella	
21. Consomé: de carne pollo y camarón.	Humedad Proteínas(cuando aplique) Colorantes artificiales Cloruro de sodio Preservante Recuento de Coliformes fecales Salmonella sp. Recuento de Mohos y levaduras	C
22. Sopas y cremas deshidratadas	Humedad Colorantes artificiales Glutamato monosódico Cloruro de sodio Recuentos de Mohos y levaduras Salmonela sp Coliformes totales Staphylococcus aureus (cremas cuando declare leche) Bacillus cereus (arroz)	C
23. Frituras Snack	Humedad Colorantes artificiales Rancidez Antioxidantes Coliformes fecales o E coli Recuento Mohos y levaduras	C
24. Gelatinas en polvo y preparadas	Humedad (cuando sea en polvo) Proteínas Colorantes artificiales Preservantes Recuento Mohos y levaduras Coliformes fecales o E. coli	C
25. Harinas de trigo y maiz	Todo lo que establece el Reglamento técnico Centroamericano .... para Harina de trigo Fortificada ***(sic)*** para ambos tipos de harina exceptuando determinación de Gluten y Bromato de potasio para la harina de maiz.	B
26. Azúcar	Humedad Vitamina A Materias extrañas	B
27. Sal	Humedad Materias extrañas Fluor Impurezas	B
28. Huevos Deshidratados y líquido	Humedad (deshidratado) Coliformes totales (líquido) Staphylococcus aureus Salmonella sp	A
29. Jugos	Acidez titulable expresada en el ácido predominante Preservantes Colorantes artificiales pH Azucares Grados Brix	C

	Recuento total de bacterias Recuento de Mohos y levaduras	
30. Néctares	Grados Brix Azucares pH Elementos histologicos Acidez titulable expresada en el ácido predominante Preservantes Colorantes artificiales Recuento total de bacterias Recuento Mohos y levaduras	C
31. Jaleas y mermeladas	Colorantes artificiales Preservantes Acidez en el Acido predominante) Grados Brix Recuento Mohos y levaduras	C
32. Helados paletas y Helado de leche	Perfil de acidos grasos Colorantes artificiales Preservantes Coliformes fecales o E coli Salmonella Staphylococcus aureus (para productos c/leche) Listeria monocytogenes	B
33. Leches en polvo	Determinación de Vitaminas y Minerales de acuerdo a etiqueta. Proteína Grasa total Preservantes Coliformes fécales o E coli Staphylococcus aureus Recuento de Mohos y levaduras Salmonella	A
34. Leche fluida pasteurizada y UHT	Determinación de Vitaminas y Minerales de acuerdo a etiqueta. Acidez Proteinas Perfil de ácidos grasos Preservantes Coliformes fecales o E coli Listeria monocytogenes Staphylococcus aureus Salmonella	A
35. Leche Condensada y Evaporada	Extracto seco Proteinas Perfil de ácidos grasos Esterilidad comercial	C
36. Quesos	Acidez Grasa Proteínas Colorantes artificiales (cuando se requiera) Metales pesados Staphylococcus aureus Listeria monocytogenes	A

	Salmonella Coliformes totales(solo para pasteurizados) Coliformes fecales o E coli	
37. Crema, mantequilla y Natillas	Perfil de ácidos grasos Espesantes u otros aditivos Acidez Coliformes fecales o E coli Staphylococcus aureus Salmonella Listeria monocytogenes	**A**
38. Yogurt	Grasa Colorantes artificiales Coliformes fecales o E coli Recuento de Mohos y levaduras (cuando declare presencia de frutas) Bacterias lácticas (presencia, ausencia)	**A**
39. Miel de abeja	Elementos histológicos Hidroximetil furfural Humedad Azúcar invertida	**B**
40. Pastas, macarrones, espaguetis	Humedad Colorantes artificiales Vitaminas y minerales (cuando declare) Recuento de Mohos y levaduras Salmonella (cuando declare huevo)	**C**
41. Salsas para sazonar	Preservantes Colorantes artificiales Elementos histológicos Recuento Mohos y levaduras Coliformes fecales o E coli	**C**
42. Salsa de Tomates	pH Colorantes artificiales Elementos histológicos Preservantes Coliformes fecales o E coli Recuento de Mohos y levaduras.	**C**
43. Bebidas no carbonatadas envasadas	pH Preservantes Colorantes artificiales Edulcorantes Recuento de Mohos y levaduras Coliformes fecales o E coli	**C**
44. Té y café	Humedad Cafeína Elementos histológicos Materias extrañas Ocratoxina A Recuento de Mohos y levaduras	**C**
45. Vinagre	Acidez (en ác. Acético) Azúcares Colorante artificial Recuento de Mohos y levaduras	**B**
46. Agua envasada	Dureza Cloro residual Hierro Recuento total de bacterias	**A**

	Coliforme totales Coliformes fecales o E coli Pseudomona aeruginosa	
47. Hielo	Dureza Cloro residual Hierro Recuento total de bacterias Coliformes totales Coliformes fecales o E coli Salmonella	A
48. Moluscos bivalvos frescos (empacados y en conserva)	Vibrio cholerae Saxitoxina Coliformes fecales o E coli Salmonella Esterilidad comercial (para conservas)	A
49. Pescados y crustáceos, crudos y congelados empacados	Preservantes Bases volátiles totales Meltil mercurio Coliformes fecales o E coli Staphylococcus aureus Salmonella V. cholerae O1 V. parahemolyticus	A
50. Pescados y crustáceos precocidos, cocidos, salados y ahumados.	Colorantes artificiales Preservantes Bases volátiles totales Coliformes fecales o E coli Staphylococcus aureus Recuento de Mohos y levaduras Salmonella sp	A
51. Alimentos listos para consumir	Salmonella sp Coliformes fecales o E coli Staphylococcus aureus	A
52. Tortillas (harina, maíz, etc.)	Preservantes Materias extrañas Coliformes fecales o E coli Recuento de Mohos y levaduras	C
53. Tamales	Preservantes materias extrañas Coliformes fecales o E coli	B

Cada país hará de este cuadro de referencia de determinaciones analíticas para vigilancia, las que considere pertinentes, en caso de que exista la necesidad de una determinación extra desde el punto de vista sanitario o de inocuidad podrá realizar el análisis, debiendo informar a cada estado parte con el objetivo de tomar acciones conjuntas para la protección inmediata de toda la región.

CLASIFICACION POR CRITERIO DE RIESGO.

Alimentos clasificados en Riesgo A: Son aquellos alimentos que por su naturaleza, composición, proceso, manipulación y población a la que se dirige, tienen una mayor probabilidad de causar daño a la salud.

Alimentos clasificados en Riesgo B: Son aquellos alimentos que por su naturaleza, composición, proceso, manipulación y población a la que se dirige, tienen una mediana probabilidad de causar daño a la salud.

Alimentos clasificados en Riesgo C: Son aquellos alimentos que por su naturaleza, composición, proceso, manipulación y población a la que se dirige, tienen una baja probabilidad de causar daño a la salud

ANEXO N° 4
CERTIFICADO DE LIBRE VENTA DE ALIMENTOS Y BEBIDAS
UNION ADUANERA

El Infrascrito(a) Jefe del Departamento de Control de Alimentos, concede el presente CERTIFICADO DE LIBRE VENTA

a:____

Con destino a:____de los siguientes productos:

Nombre del Producto	Marca	País de origen	Fabricante o Distribuidor	No. de Registro	Vigencia

Así mismo, CERTIFICO que el citado establecimiento reúne los requisitos legales establecidos, contando con Licencia Sanitaria de Funcionamiento vigente.

Los productos listados cuentan con la autorización para su libre venta en todo el territorio de la Unión Aduanera, y son aptos para el consumo humano.

(Lugar y fecha)

______________________________ ______________________

Nombre Firma y Sello

Artículo 2º—Rige a partir de su publicación.

Dado en la Presidencia de la República, San José, a los trece días del mes de julio del dos mil cuatro. ABEL PACHECO DE LA ESPRIELLA. La Ministra de Salud, María del Rocío Sáenz Madrigal; el Ministro de Comercio Exterior, Alberto Trejos Zúñiga.

RESOLUCIÓN Nº 176-2006 (COMIECO), QUE APRUEBA DIVERSOS REGLAMENTOS SOBRE LOS ALIMENTOS Y LAS BEBIDAS PROCESADOS

Decreto Ejecutivo Nº 33724-COMEX-MEIC-SALUD

(Publicado en La Gaceta N° 82 de 30 de abril de 2007)

EL PRESIDENTE DE LA REPÚBLICA
Y LOS MINISTROS DE COMERCIO EXTERIOR, SALUD
Y ECONOMÍA, INDUSTRIA Y COMERCIO

De conformidad con las atribuciones que les confieren los incisos 3) y 18) del artículo 140 y el artículo 146 de la Constitución Política; el artículo 28, párrafo 2, inciso b) de la Ley 6227, Ley General de la Administración Pública del 2 de mayo de 1978; artículos 1, 7, 15, 26, 36, 37, 38, 46, 52 y 55 del Protocolo al Tratado General de Integración Económica Centroamericana, Ley 7629 del 26 de setiembre de 1996.

Considerando:

1º—Que el Consejo de Ministros de Integración Económica, mediante resolución Nº 176-2006 (COMIECO- XXXVIII) de fecha 5 de octubre de 2006, acordó aprobar los siguientes reglamentos técnicos centroamericanos: a) RTCA 67.01.30:06 Alimentos Procesados. Procedimiento para otorgar la Licencia Sanitaria a Fábricas y Bodegas; b) RTCA 67.01.31:06 Alimentos Procesados. Procedimientos para otorgar el Registro Sanitario y la Inscripción Sanitaria; c) RTCA 67.01.32:06 Requisitos para la Importación de Alimentos Procesados con Fines de Exhibición y Degustación; y d) RTCA 67.01.33:06 Industria de Alimentos y Bebidas Procesados. Buenas Prácticas de Manufactura. Principios Generales.

2º—Que en cumplimiento del ordinal anterior, debe publicarse la citada resolución. Por tanto:

DECRETAN:

Artículo 1º- Publíquese la Resolución 176-2006 (COMIECO- XXXVIII), que a continuación se transcribe:

RESOLUCIÓN Nº 176-2006 (COMIECO-XXXVIII)

EL CONSEJO DE MINISTROS DE INTEGRACIÓN ECONÓMICA

Considerando:

Que de conformidad con el Protocolo al Tratado General de Integración Económica Centroamericana -Protocolo de Guatemala-, el Consejo de Ministros de Integración Económica (COMIECO) tiene bajo su competencia los asuntos de la Integración Económica Centroamericana y como tal, le corresponde aprobar los actos administrativos del Subsistema Económico;

Que de conformidad con el artículo 15 de ese mismo instrumento jurídico regional, los Estados Parte tienen el compromiso de constituir una Unión Aduanera entre sus territorios, la que se alcanzará de manera gradual y progresiva, sobre la base de programas que se establezcan al efecto, aprobados por consenso;

Que en el marco del proceso de conformación de una Unión Aduanera, los Estados Parte han alcanzado importantes acuerdos en materia de alimentos procesados, sus requisitos y buenas prácticas de manufactura, que requieren la aprobación del Consejo;

Que los Estados Parte, en su calidad de Miembros de la Organización Mundial del Comercio (OMC), notificaron al Comité de Obstáculos Técnicos al Comercio, de conformidad con lo establecido en el Acuerdo sobre Obstáculos Técnicos al Comercio, los Proyectos de Reglamentos Técnicos Centroamericanos (RTCA) siguientes: a) RTCA 67.01.30:06 Alimentos Procesados. Procedimiento para otorgar la Licencia Sanitaria a Fábricas y Bodegas; b) RTCA 67.01.31:06 Alimentos Procesados. Procedimientos para otorgar el Registro Sanitario y la Inscripción Sanitaria; c) RTCA 67.01.32:06 Requisitos para la Importación de Alimentos Procesados con Fines de Exhibición y Degustación; y d) RTCA 67.01.33:06 Industria de Alimentos y Bebidas Procesados. Buenas Prácticas de Manufactura. Principios Generales;

Que los Estados Parte, concedieron un plazo prudencial a los Estados Miembros de la OMC para hacer observaciones a los proyectos de reglamentos notificados tal y como lo exige el numeral 4), párrafo 9 del artículo 2° del Acuerdo sobre Obstáculos Técnicos al Comercio, observaciones que, en su caso, fueron debidamente analizadas y atendidas en lo pertinente;

Que según el párrafo 12 del artículo 2° del Acuerdo sobre Obstáculos Técnicos al Comercio, interpretado por el numeral 5.2, de la Decisión del 14 de noviembre de 2001 emanada de la Conferencia Ministerial de la OMC de esa fecha, los Miembros preverán un plazo prudencial, no inferior a seis meses, entre la publicación de los reglamentos técnicos y su entrada en vigor, con el fin de dar tiempo a los productores para adaptar sus productos o sus métodos de producción a las prescripciones de los reglamentos, Por tanto,

Con fundamento en lo dispuesto en los artículos 1°, 3°, 7°, 15, 26, 30, 36, 37, 38, 46, 52 y 55 del Protocolo de Guatemala:

RESUELVE:

1°- Aprobar los Reglamentos Técnicos Centroamericanos siguientes:

a) RTCA 67.01.30:06 Alimentos Procesados. Procedimiento para otorgar la Licencia Sanitaria a Fábricas y Bodegas.

b) RTCA 67.01.31:06 Alimentos Procesados. Procedimientos para otorgar el Registro Sanitario y la Inscripción Sanitaria.

c) RTCA 67.01.32:06 Requisitos para la Importación de Alimentos Procesados con Fines de Exhibición y Degustación.

d) RTCA 67.01.33:06 Industria de Alimentos y Bebidas Procesados. Buenas Prácticas de Manufactura. Principios Generales.

2°- Los Reglamentos Técnicos Centroamericanos aprobados aparecen como Anexos de esta Resolución y forman parte integrante de la misma.

3°- La presente Resolución entrará en vigencia seis meses después de la presente fecha y será publicada por los Estados Parte.

San José, Costa Rica, 5 de octubre de 2006.- Marco Vinicio Ruiz, Ministro de Comercio Exterior de Costa Rica; Eduardo Ayala Grimaldi, Viceministro, en representación de la Ministra de Economía de El Salvador; Enrique Lacs, Viceministro, en representación del Ministro de Economía de Guatemala; Jorge Rosa Viceministro, en representación de la Ministra de Industria y Comercio de Honduras; Julio Terán Murphy, Viceministro, en representación del Ministro de Fomento, Industria y Comercio de Nicaragua.

Artículo 2°- De conformidad con las disposiciones de la Resolución 121-2004 (COMIECO) de fecha 29 de julio de 2004, publicada mediante Decreto Ejecutivo 32121-COMEX-Salud del 13 de julio de 2004. La aplicación de la normativa establecida en el inciso d) literal 1 de la Resolución 176-2006 COMIECO, que corresponde al RTCA 67.01.33:06 Industria de Alimentos y Bebidas Procesados. Buenas Prácticas de

Manufactura. Principios Generales; se realizará de conformidad con los siguientes criterios de gradualidad, a partir de la entrada en vigencia de la Resolución 176-2006 (COMIECO-XXXVIII).

Número de empleados	Plazo
1 – 25	30 meses
26 – 50	24 meses
51-100	18 meses
Más de 100	12 meses

Artículo 3°- Rige a partir del 5 de abril de 2007.

Dado en la Presidencia de la República.—San José, a los ocho días del mes de enero de dos mil siete. Publíquese.-ÓSCAR ARIAS SÁNCHEZ.-Marco Vinicio Ruiz Gutiérrez, Ministro de Comercio Exterior.—María Luisa Ávila Agüero, Ministra de Salud.—Alfredo Volio Pérez, Ministro de Economía, Industria y Comercio.

Anexo 1 de la Resolución N° 176-2006 (COMIECO-XXXVIII)
RTCA 67.01.30:06, REGLAMENTO TÉCNICO CENTROAMERICANO
ALIMENTOS PROCESADOS
PROCEDIMIENTO PARA OTORGAR
LA LICENCIA SANITARIA A FÁBRICAS Y BODEGAS.

Correspondencia: Este Reglamento Técnico es una adaptación de la Legislación de los Países Centroamericanos en materia de Licencias Sanitarias o Permisos de Funcionamiento.

ICS 67.020 - RTCA 67.01.30:06

Reglamento Técnico Centroamericano, editado por:

- Ministerio de Economía, MINECO
- Consejo Nacional de Ciencia y Tecnología, CONACYT
- Ministerio de Fomento, Industria y Comercio, MIFIC
- Secretaría de Industria y Comercio, SIC
- Ministerio de Economía, Industria y Comercio, MEIC

INFORME: Los respectivos Comités Técnicos de Normalización o Reglamentación Técnica a través de los Entes de Normalización o Reglamentación Técnica de los países centroamericanos o sus sucesores, son los organismos encargados de realizar el estudio o la adopción de los Reglamentos Técnicos. Están conformados por representantes de los sectores Académico, Consumidor, Empresa Privada y Gobierno.

Este documento fue aprobado como Reglamento Técnico Centroamericano, RTCA 67.01.30:06, Alimentos Procesados. Procedimiento para otorgar la licencia sanitaria a fábricas y bodegas, por el Subgrupo de Alimentos y Bebidas y el Subgrupo de Medidas de Normalización. La oficialización de este reglamento técnico, conlleva la aprobación por el Consejo de Ministros de Integración Económica (COMIECO).

MIEMBROS PARTICIPANTES

Por Guatemala: Ministerio de Salud Pública y Asistencia Social

Por El Salvador: Ministerio de Salud Pública y Asistencia Social

Por Nicaragua: Ministerio de Salud

Por Honduras: Secretaría de Salud

Por Costa Rica: Ministerio de Salud

1°- Objeto. El presente reglamento tiene por objeto establecer el procedimiento para otorgar la licencia sanitaria a fábricas y bodegas de alimentos procesados.

2°- Ámbito de aplicación. Las disposiciones de este reglamento se aplican a las fábricas de los Estados Parte en donde se producen alimentos procesados y a las bodegas de almacenamiento de los mismos. Estas disposiciones no se aplican a los alimentos no procesados.

3°- Documentos a consultar. RTCA 67.01.33:06, Industria de Alimentos y Bebidas Procesados. Buenas Prácticas de Manufactura. Principios Generales.

4°- Definiciones

4.1 Alimento: es toda sustancia procesada, semiprocesada o no procesada, que se destina para la ingesta humana, incluidas las bebidas, goma de mascar y cualesquiera otras sustancias que se utilicen en la elaboración, preparación o tratamiento del mismo, pero no incluye los cosméticos, el tabaco ni los productos que se utilizan como medicamentos.

4.2 Alimento procesado: es el alimento que ha sido sometido a un proceso tecnológico adecuado para su conservación y consumo ulterior.

4.3 Alimento no procesado: es el alimento que no ha sufrido modificaciones de origen físico, químico o biológico, salvo las indicadas por razones de higiene o por la separación de partes no comestibles.

4.4 Alimento semiprocesado: es el alimento que ha sido sometido a un proceso tecnológico adecuado para su conservación y que requiere de un tratamiento previo a su consumo ulterior.

4.5 Buenas prácticas de manufactura: condiciones de infraestructura y procedimientos establecidos para todos los procesos de producción y control de alimentos, con el objeto de garantizar la calidad e inocuidad de dichos productos según normas aceptadas internacionalmente.

4.6 Estado Parte: cada uno de los países centroamericanos.

4.7 Fábrica de alimentos: es aquel establecimiento que produce alimentos por procesos tecnológicos de preparación, conservación y envasado que lo hacen adecuado para su consumo ulterior.

4.8 Licencia sanitaria, licencia sanitaria de funcionamiento, permiso de funcionamiento o permiso de instalación y funcionamiento: es la autorización para operar un establecimiento donde se producen alimentos procesados, o donde se almacenan dichos alimentos, extendida por la autoridad sanitaria de cada uno de los Estado Parte, de acuerdo a lo establecido en el presente procedimiento.

4.9 Bodega de alimentos: es el establecimiento que se utiliza para almacenar y distribuir alimentos procesados, empacados o a granel.

5°- Requisitos y mecanismos para otorgamiento y renovación de la licencia sanitaria.

5.1 Requisitos para otorgamiento y renovación de la licencia sanitaria para fábricas y bodegas de alimentos.

a) Solicitud que contenga los siguientes aspectos:

1. Nombre o razón social de la fábrica o bodega.
2. Nombre del propietario o del representante legal (Para personas jurídicas).
3. Dirección exacta de la fábrica o bodega.
4. Teléfonos, fax y correo electrónico de la fábrica o bodega.
5. Dirección exacta de las oficinas centrales en el caso que sean diferentes de la fábrica o bodega.
6. Teléfonos, fax y correo electrónico de las oficinas centrales.
7. Número de empleados, excluyendo administrativos.
8. Tipos de alimentos que se producen o almacenan.

b) Autorización para ubicación y construcción de la fábrica o bodega otorgada por la autoridad competente. (Este requisito solo aplica para el otorgamiento de la licencia sanitaria)

c) Cumplir con los requisitos establecidos en materia ambiental de acuerdo a la legislación vigente de cada Estado Parte. (cuando aplique).

d) Croquis y distribución de la fábrica.

e) Constitución legal de la empresa, cuando se trate de personas jurídicas.

f) Lista de productos a ser elaborados en la fábrica.

g) Cumplir las Buenas Prácticas de Manufactura para fábricas en funcionamiento, de acuerdo al reglamento centroamericano.

Nota 1: Mientras no entre en vigencia el Reglamento Técnico Centroamericano de Buenas Prácticas de Manufactura, cada Estado Parte aplicará las normativas vigentes.

5.2 Mecanismo

a) Para obtener la licencia sanitaria de las fábricas y bodegas de alimentos, el interesado presenta la solicitud ante la autoridad sanitaria del Estado Parte donde se ubica la fábrica o bodega. La cual no será recibida, si no se acompaña de toda la documentación requerida.

b) La autoridad sanitaria revisa la documentación y verifica su cumplimiento.

c) La autoridad sanitaria procede a realizar la inspección para verificar el cumplimiento de las Buenas Prácticas de Manufactura (BPM). La licencia sanitaria está sujeta al cumplimiento de las BPM.

5.3 Si la fábrica o bodega cambia de ubicación deberá solicitar nuevamente la licencia sanitaria. Cuando la bodega esté ubicada dentro de la fábrica no se requerirá licencia sanitaria adicional.

5.4 Para emitir la licencia sanitaria y su renovación se aplicarán los plazos establecidos en las legislaciones de cada Estado Parte.

6º—Vigencia. La licencia sanitaria para fábricas y bodegas de alimentos tendrán una vigencia de conformidad con la legislación interna de cada Estado Parte.

7º—Costo. Cada Estado Parte establecerá las tarifas por emisión de licencia sanitaria o renovación.

8º—Vigilancia y verificación. Corresponde la vigilancia y verificación de este reglamento técnico a las autoridades sanitarias competentes de cada Estado Parte centroamericano.

—FIN DEL REGLAMENTO—

Anexo 2 de la Resolución Nº 176-2006 (COMIECO-XXXVIII)
RTCA 67.01.31:07, REGLAMENTO TÉCNICO CENTROAMERICANO
ALIMENTOS PROCESADOS.
PROCEDIMIENTO PARA OTORGAR EL REGISTRO SANITARIO Y LA INSCRIPCIÓN SANITARIA.

(El RTCA 67.01.31:06, Reglamento Técnico Centroamericano "Alimentos Procesados. Procedimiento para Otorgar el Registro Sanitario y la Inscripción Sanitaria", correspondía inicialmente al Anexo 2 de la Resolución Nº 176-2006 (COMIECO-XXXVIII) del 5 de octubre de 2006. Este fue sustituido integralmente por el anexo de la Resolución N° 216-2007 (COMIECO-XLVII) de 11 de diciembre de 2007. Esta Resolución fue aprobada mediante el Decreto Ejecutivo N° 34490-COMEX-S-MEIC, publicado en La Gaceta N° 86 de 6 de mayo de 2008. Esta modificación rige a partir de la publicación)

CORRESPONDENCIA: Este Reglamento Técnico es una adaptación de la Legislación de los Países Centroamericanos en materia de Registro Sanitario.

ICS 67.020 RTCA 67.01.31:07

Reglamento Técnico Centroamericano, editado por:

- Ministerio de Economía MINECO
- Consejo Nacional de Ciencia y Tecnología, CONACYT
- Ministerio de Fomento, Industria y Comercio, MIFIC
- Secretaría de Industria y Comercio, SIC
- Ministerio de Economía, Industria y Comercio, MEIC

INFORME: Los respectivos Comités Técnicos de Normalización o Reglamentación Técnica a través de los Entes de Normalización o Reglamentación Técnica de los países centroamericanos o sus sucesores, son los organismos encargados de realizar el estudio o la adopción de los Reglamentos Técnicos. Están conformados por representantes de los sectores Académico, Consumidor, Empresa Privada y Gobierno.

Este documento fue aprobado como Reglamento Técnico Centroamericano, RTCA 67.01.31:07, Alimentos procesados. Procedimiento para otorgar el registro sanitario y la inscripción sanitaria, por el Subgrupo de Alimentos y Bebidas y el Subgrupo de Medidas de Normalización. La oficialización de este reglamento técnico, conlleva la aprobación por el Consejo de Ministros de Integración Económica Centroamericana (COMIECO).

MIEMBROS PARTICIPANTES: Por Guatemala, Ministerio de Salud y Asistencia Social. Por El Salvador, Ministerio de Salud Pública y Asistencia Social. Por Nicaragua, Ministerio de Salud. Por Honduras, Secretaria de Salud. Por Costa Rica, Ministerio de Salud

1. Objeto. El presente Reglamento Técnico, establece el procedimiento para otorgar el registro sanitario y la inscripción sanitaria de alimentos, procesados.

2. Ámbito de aplicación. Las disposiciones de este procedimiento:

2.1 Se aplica a los alimentos procesados comercializados en los Estado Parte.

2.2 No aplica a los alimentos no procesados, materias primas, y aditivos alimentarios.

3. Definiciones. En la aplicación de este procedimiento se utilizarán las definiciones siguientes:

3.1 Alimento: es toda sustancia procesada, semiprocesada y no procesada, que se destina para la ingesta humana, incluidas las bebidas, goma de mascar y cualesquiera otras sustancias que se utilicen en la elaboración, preparación o tratamiento del mismo, pero no incluye los cosméticos, el tabaco ni los productos que se utilizan como medicamentos.

3.2 Alimento no procesado: es el alimento que no ha sufrido modificaciones de origen físico, químico o biológico, salvo las indicadas por razones de higiene o por la separación de partes no comestibles.

3.3 Alimento procesados *(sic)*: el alimento que ha sido sometido a un proceso tecnológico adecuado para su conservación.

3.4 Alimento semiprocesado: es el alimento que ha sido sometido a un proceso tecnológico adecuado para su conservación y que requiere de un tratamiento previo a su consumo ulterior.

3.5 Certificado de Libre Venta: documento emitido por la entidad responsable que indique que el producto es de libre venta y consumo en el país de procedencia o de origen según la legislación de cada país.

3.6 Estado Parte o Parte: cada uno de los países centroamericanos

3.7 Evaluación de la conformidad: todo procedimiento utilizado, directa o indirectamente, para determinar que se cumplen las especificaciones pertinentes de los reglamentos técnicos.

3.8 Inscripción sanitaria: es la autorización para la comercialización que se le otorga a un importador o distribuidor de un producto que ya ha sido registrado previamente.

3.9 Licencia Sanitaria, Licencia Sanitaria de Funcionamiento, Permiso de Funcionamiento o Permiso de Instalación y Funcionamiento: es la autorización para operar un establecimiento donde se producen alimentos procesados, o donde se almacenan dichos alimentos, extendida por la autoridad sanitaria de cada uno de los Estado Parte, de acuerdo a lo establecido en el presente procedimiento.

3.10 Materia prima: es toda sustancia o mezcla de sustancia que para ser utilizada como alimento procesado, requiere sufrir alguna transformación de naturaleza química, física o biológica.

3.11 Número de registro: es el Código alfanumérico asignado por la autoridad sanitaria a un producto.

3.12 Procesamiento de alimentos: son todas o cualquiera de las operaciones que se efectúan sobre la materia prima hasta el alimento terminado.

3.13 Registro sanitario: procedimiento establecido, por el cual los alimentos procesados son aprobados por la autoridad sanitaria de cada Estado Parte para su comercialización.

3.14 Renovación de registro e inscripción sanitaria: es el acto por medio del cual la autoridad sanitaria extiende la vigencia del registro sanitario o inscripción sanitaria.

3.15 Titular: Es la persona que responde legalmente por el producto registrado, puede ser una persona natural o jurídica.

4. Requisitos y mecanismos para el otorgamiento del registro sanitario

4.1 Requisitos para registro. Los trámites de registro sanitario, inscripción sanitaria, renovación o reconocimiento del registro ante la autoridad competente, podrán ser realizados por cualquier persona natural o jurídica. No necesariamente debe ser un profesional de derecho.

Para la obtención del Registro Sanitario se deberá presentar ante la autoridad sanitaria del Estado Parte lo siguiente:

a) Solicitud conteniendo la información indicada a continuación:

Datos del titular

-Nombre del titular

-Número del documento de identificación

-Nombre del representante legal

-Número del documento de identificación

-Dirección exacta del solicitante

-Teléfono(s), fax, correo electrónico

-Dirección exacta de la bodega o distribuidora, teléfono, fax, correo electrónico

-Firma del titular de la empresa solicitante.

Datos del fabricante

-Nombre de la fábrica (tal como aparece en la licencia) indicar si es nacional o extranjera

-Número de licencia o permiso y vigencia de la licencia o permiso de la fábrica o bodega

-Dirección exacta de la fábrica, teléfono, fax, correo electrónico.

Datos del producto

-Nombre del producto a registrar

-Marca del producto

-Tipo de producto

-Contenido neto del producto

-Nº de Registro Sanitario, en caso de renovación.

-País de procedencia.

b) Todos los productos que soliciten el Registro Sanitario deberán cumplir con lo especificado en la reglamentación técnica o las fichas técnicas aprobadas por El Salvador, Guatemala, Honduras y Nicaragua a excepción de Costa Rica que no aplicará las fichas técnicas.

c) Copia de la licencia sanitaria o permiso de funcionamiento vigente para la fábrica, para productos de fabricación nacional o de la bodega para productos de fabricación en el extranjero.

d) Certificado de libre venta de origen o de procedencia, según la legislación de cada país, para productos importados de terceros países.

e) Etiqueta original para los productos importados y nacionales que ya estén en el mercado, (proyecto o bosquejo de etiqueta para los productos de primer registro) en caso de que la etiqueta se encuentre en un idioma diferente al español está deberá presentar su traducción. Deberá cumplir con la reglamentación centroamericana (Nota 1).

Nota 1: Mientras no entre en vigencia el Reglamento Técnico Centroamericano de Etiquetado de Alimentos Preenvasados, cada país aplicará las normativas vigentes.

f) Comprobante de pago.

g) Muestra del producto, cuando se realicen análisis previos al Registro Sanitario según la establece la legislación de cada país.

h) Adicionalmente en El Salvador se solicitará información sobre el material (es) del que está fabricado el envase(s).

4.2 Mecanismo para registro

a) El interesado presenta ante la autoridad sanitaria los requisitos completos establecidos en el numeral 5, del presente procedimiento.

b) La autoridad sanitaria verifica el cumplimiento de la documentación presentada.

c) La autoridad sanitaria ingresa los expedientes con documentación completa.

d) Cuando corresponda, serán remitidas las muestras al laboratorio para su respectivo análisis, según lo establecido en el cuadro de determinaciones analíticas (resolución COMIECO 121-2004).

e) Como constancia de que un producto ha sido registrado, la autoridad sanitaria extenderá una certificación o resolución en la que constará el número de registro sanitario.

f) A los productos de un mismo fabricante, que tienen la misma fórmula y que varían únicamente su forma, presentación, nombre o marca, se le asignará un único número de registro.

5. Requisitos y mecanismos para la inscripción sanitaria

5.1 Requisitos para la inscripción sanitaria. Para la inscripción de un producto alimenticio que ya tiene registro sanitario deberá cumplir con los siguientes aspectos:

a) Solicitud con los datos siguientes:

-Lugar y fecha de presentación de la solicitud de inscripción sanitaria

-Número de registro sanitario del producto

-Identificación de la empresa que inscribe el producto

-Nombre de la empresa

-Nombre del propietario o representante legal de la empresa

-Dirección exacta de la empresa

-Teléfonos, fax y correo electrónico de la empresa

-Número de licencia sanitaria y fecha de vencimiento

-Firma del importador.

Identificación y caracterización del producto

-Nombre del fabricante o productor

-Nombre del país en donde es fabricado el producto

-Nombre comercial del producto sujeto de inscripción

-Marca del producto

b) Licencia sanitaria de la bodega de almacenamiento del producto.

c) Comprobante de pago.

5.2 Mecanismo para inscripción sanitaria

a) El interesado presenta ante la autoridad sanitaria los requisitos establecidos en el numeral 5.1 respectivamente.

b) La autoridad sanitaria verificará que el producto se encuentre debidamente registrado y que ha cumplido con los requisitos.

c) La autoridad sanitaria extenderá una certificación o resolución de inscripción sanitaria del producto donde especifica la fecha de vencimiento de la inscripción.

d) Se inscribe como responsable del producto al importador o distribuidor del mismo.

6. Renovación del registro sanitario y la inscripción sanitaria. El registro y la inscripción podrán ser renovados, presentando los requisitos establecidos en el numeral 4 y 5 respectivamente. La inscripción solo podrá renovarse si el producto tiene vigente el registro.

7. Modificaciones después de otorgado el registro sanitario. Los cambios en la información o condiciones bajo las cuales se otorgó el registro de un alimento, la inscripción sanitaria, deben ser notificados a las autoridades competentes, y presentar según el caso la siguiente documentación:

7.1 Cambio de razón social del solicitante:

a) Solicitud del cambio

b) Documento Legal que certifica el cambio

c) Certificado original del registro

d) Personería jurídica original, o escritura pública de la nueva razón social del solicitante.

7.2 Cambio de casa fabricante:

a) Solicitud el cambio

b) Verificación de la vigencia de la licencia sanitaria del nuevo fabricante.

c) Si el producto es fabricado en el extranjero presentar el Certificado de Libre Venta.

d) Certificados original del registro

e) Nuevo proyecto de etiquetado o etiqueta original

f) Muestras para análisis, cuando aplique.

7.3 Cambio en la lista de ingredientes:

a) Solicitud del cambio

b) Nuevo proyecto de etiquetado o etiqueta original.

c) Muestras para análisis, cuando aplique.

7.4 Traspaso del registro:

a) Solicitud del cambio

b) Documento legal que certifique el traspaso

c) Certificado original del registro

7.5 Cambio o ampliación de marca o de nombre del producto

a) Solicitud del cambio

b) Certificado original del registro

c) Nuevo proyecto de etiquetado o etiqueta original.

8. Vigencia del registro y la inscripción sanitaria. El registro sanitario tendrá vigencia por un período de cinco años. La inscripción sanitaria tendrá el tiempo de vigencia que le quede al registro, en el momento de inscribirse el producto.

9. Costo del registro, renovacion e inscripción sanitaria. Cada Estado Parte establecerá las tarifas por derecho a registro, inscripción, renovación modificaciones después de otorgado el registro y vigilancia sanitaria.

10. Vigilancia y verificación. Corresponde la vigilancia y verificación de este Reglamento Técnico a los Ministerios o Secretarías de Salud de cada Estado Parte.

—FIN DEL REGLAMENTO—

Anexo 3 de la Resolución Nº 176-2006 (COMIECO-XXXVIII) RTCA 67.01.32:06, REGLAMENTO TÉCNICO CENTROAMERICANO REQUISITOS PARA LA IMPORTACIÓN DE ALIMENTOS PROCESADOS CON FINES DE EXHIBICIÓN Y DEGUSTACIÓN

Correspondencia: Este reglamento no tiene correspondencia con ninguna normativa internacional.

ICS 67.040 - RTCA 67.01.32:06

Reglamento Técnico Centroamericano, editado por:

- Ministerio de Economía, MINECO
- Consejo Nacional de Ciencia y Tecnología, CONACYT
- Ministerio de Fomento, Industria y Comercio, MIFIC
- Secretaría de Industria y Comercio, SIC
- Ministerio de Economía, Industria y Comercio, MEIC

INFORME: Los respectivos Comités Técnicos de Normalización o Reglamentación Técnica, a través de los Entes de Normalización o Reglamentación Técnica de los países centroamericanos o sus sucesores, son los organismos encargados de realizar el estudio o la adopción de las normas. Están integrados por representantes de la Empresa Privada, Gobierno, Organismos de Protección al Consumidor y Académico Universitario.

Este documento fue aprobado como Reglamento Técnico Centroamericano RTCA 67.01.31:06 Procedimiento para la Importación de Alimentos Procesados con fines de Exhibición y Degustación, por el Subgrupo de Medidas de Normalización y el Subgrupo de Alimentos y Bebidas. La oficialización de este Reglamento Técnico, conlleva la aprobación por el Consejo de Ministros de Integración Económica (COMIECO).

MIEMBROS PARTICIPANTES

Por Guatemala: Ministerio de Salud Pública y Asistencia Social

Por El Salvador: Ministerio de Salud Pública y Asistencia Social

Por Nicaragua: Ministerio de Salud

Por Honduras: Secretaría de Salud

Por Costa Rica: Ministerio de Salud

1°- Objeto. Este reglamento tiene por objeto establecer los requisitos para autorizar las importaciones de alimentos procesados que no cuenten con registro sanitario, para la exhibición y algunos casos para la degustación de los mismos.

2°- Ámbito de aplicación. Este reglamento técnico se aplica a toda importación de alimentos procesados que no cuenten con registro sanitario para fines de exhibición y degustación.

3°- Definiciones:

3.1 Alimento: es toda sustancia procesada, semiprocesada o no procesada, que se destina para la ingesta humana, incluidas las bebidas, goma de mascar, cualesquiera otras sustancias que se utilicen en la elaboración, preparación o tratamiento del mismo pero no incluye los cosméticos, el tabaco ni las sustancias que se utilizan como medicamentos.

3.2 Inocuidad de los alimentos: la garantía de que los alimentos no causarán daño al consumidor cuando se preparen y/o consuman de acuerdo con el uso a que se destinan.

4°- Requisitos. Para la autorización de la importación de los alimentos descrito se deberá cumplir con los siguientes requisitos:

4.1 Presentar la solicitud en el formulario respectivo (Anexo A), en original y copia, con los datos requeridos, adjuntando el certificado de libre venta de los productos.

4.2 Los productos importados con fines de exhibición y degustación deberán llevar en su empaque una etiqueta que indique la siguiente leyenda: "Prohibida su venta".

4.3 Los locales donde se expongan los alimentos deberán cumplir con las condiciones higiénicas sanitarias que garanticen la inocuidad de los mismos.

4.4 En ningún caso se podrá comercializar los alimentos internados al país para fines de exhibición y degustación.

4.5 La autorización de la importación de alimentos para los fines establecidos en este procedimiento, no eximen del cumplimiento de los requisitos sanitarios y fitosanitarios cuando procedan. Dicha autorización será resuelta en un plazo máximo de diez días hábiles.

5°—Vigilancia y verificación. Corresponde la vigilancia y la verificación de este Reglamento Técnico a las Autoridades Competentes de los países Centroamericanos.

ANEXO A
(Normativo)
FORMULARIO DE SOLICITUD PARA IMPORTACIÓN DE ALIMENTOS CON FINES DE EXHIBICIÓN Y DEGUSTACIÓN.

Solicitud N°_____

Yo,____
Con número de identificación:____

En calidad de propietario o representante legal de: _______________
Ubicada en:____
Con teléfono N°____, fax_____ y correo electrónico ________________
Solicito me sea autorizada la importación de los productos alimenticios siguientes:

nombre del producto	marca	cantidad	procedencia

Dicha importación es para efectos de exhibición degustación
Y se realizará en las instalaciones de________________________ ubicadas en la ciudad de:________ en la siguiente dirección
____
Durante las fechas comprendidas del:________al________ ______
Día / mes Día / mes Año
Comprometiéndome a no comercializar dichos productos.
________________________ ____/___/
Firma del solicitante fecha

—FIN DEL REGLAMENTO—

Anexo 4 de la Resolución N° 176-2006 (COMIECO-XXXVIII)
RTCA 67.01.33:06, REGLAMENTO TÉCNICO CENTROAMERICANO
INDUSTRIA DE ALIMENTOS Y BEBIDAS PROCESADOS.
BUENAS PRÁCTICAS DE MANUFACTURA.
PRINCIPIOS GENERALES.

Correspondencia: Este reglamento técnico es una adaptación de CAC/RCP-1-1969. rev. 4-2003. Código Internacional Recomendado de Prácticas de Principios Generales de Higiene de los Alimentos.

ICS 67.020 - RTCA 67.01.33:06

Reglamento Técnico Centroamericano, editado por:

- Ministerio de Economía, MINECO
- Consejo Nacional de Ciencia y Tecnología, CONACYT
- Ministerio de Fomento, Industria y Comercio, MIFIC
- Secretaría de Industria y Comercio, SIC
- Ministerio de Economía, Industria y Comercio, MEIC

INFORME: Los respectivos Comités Técnicos de Normalización o Reglamentación Técnica a través de los Entes de Normalización o Reglamentación Técnica de los países centroamericanos o sus sucesores, son los organismos encargados de realizar el estudio o la adopción de Reglamentos Técnicos. Están conformados por representantes de los sectores Académico, Consumidor, Empresa Privada y Gobierno.

Este documento fue aprobado como Reglamento Técnico Centroamericano, RTCA 67.01.33:06, Industria de Alimentos y Bebidas Procesados. Buenas Prácticas de Manufactura. Principios Generales, por el Subgrupo de Alimentos y Bebidas y Subgrupo de Medidas de Normalización. La oficialización de este reglamento técnico, conlleva la aprobación por el Consejo de Ministros de Integración Económica (COMIECO).

MIEMBROS PARTICIPANTES

Por Guatemala: Ministerio de Salud Pública y Asistencia Social

Por El Salvador: Ministerio de Salud Pública y Asistencia Social

Por Nicaragua: Ministerio de Salud

Por Honduras: Secretaría de Salud

Por Costa Rica: Ministerio de Salud

1.- Objeto y ámbito de aplicación. El presente reglamento tiene como objetivo establecer las disposiciones generales sobre prácticas de higiene y de operación durante la industrialización de los productos alimenticios, a fin de garantizar alimentos inocuos y de calidad.

Estas disposiciones serán aplicadas a toda aquélla industria de alimentos que opere y que distribuya sus productos en el territorio de los países centroamericanos. Se excluyen del cumplimiento de este reglamento las operaciones dedicadas al cultivo de frutas y hortalizas, crianza y matanza de animales, almacenamiento de alimentos fuera de la fábrica, los servicios de la alimentación al público y los expendios, los cuales se regirán por otras disposiciones sanitarias.

2º- Documentos a consultar. Para la interpretación de este reglamento no se requiere de ningún otro documento.

3º- Definiciones. Para fines de este reglamento se contemplan las siguientes definiciones:

3.1 Adecuado: se entiende suficiente para alcanzar el fin que se persigue.

3.2 Alimento: es toda sustancia procesada, semiprocesada o no procesada, que se destina para la ingesta humana, incluidas las bebidas, goma de mascar y cualesquiera otras sustancias que se utilicen en la elaboración, preparación o tratamiento del mismo, pero no incluye los cosméticos, el tabaco ni los productos que se utilizan como medicamentos.

3.3 Buenas prácticas de manufactura: condiciones de infraestructura y procedimientos establecidos para todos los procesos de producción y control de alimentos, bebidas y productos afines, con el objeto de garantizar la calidad e inocuidad de dichos productos según normas aceptadas internacionalmente.

3.4 Croquis: esquema con distribución de los ambientes del establecimiento, elaborado por el interesado sin que necesariamente intervenga un profesional colegiado. Debe incluir los lugares y establecimientos circunvecinos, así como el sistema de drenaje, ventilación, y la ubicación de los servicios sanitarios, lavamanos y duchas, en su caso.

3.5 Curvatura sanitaria: curvatura cóncava de acabado liso de tal manera que no permita la acumulación de suciedad o agua.

3.6 Desinfección: es la reducción del número de microorganismos presentes en las superficies de edificios, instalaciones, maquinarias, utensilios, equipos, mediante tratamientos químicos o métodos físicos adecuados, hasta un nivel que no constituya riesgo de contaminación para los alimentos que se elaboren.

3.7 Inocuidad de los alimentos: la garantía de que los alimentos no causarán daño al consumidor cuando se consuman de acuerdo con el uso a que se destinan.

3.8 Lote: es una cantidad determinada de producto envasado, cuyo contenido es de características similares o ha sido fabricado bajo condiciones de producción presumiblemente uniformes y que se identifican por tener un mismo código o clave de producción.

3.9 Limpieza: la eliminación de tierra, residuos de alimentos, suciedad, grasa u otras materias objetables.

3.10 Planta: es el edificio, las instalaciones físicas y sus alrededores; que se encuentren bajo el control de una misma administración.

3.11 Procesamiento de alimentos: son las operaciones que se efectúan sobre la materia prima hasta el alimento terminado en cualquier etapa de su producción.

3.12 Superficie de contacto con los alimentos: todo aquello que entra en contacto con el alimento durante el proceso y manejo normal del producto; incluyendo utensilios, equipo, manos del personal, envases y otros.

4º—Símbolos y abreviaturas

4.1 cm. = centímetros

4.2 lux = candelas por pie cuadrado

4.3 pH= potencial de Hidrógeno

5º—Condiciones de los edificios

5.1 Alrededores y Ubicación

5.1.1 Alrededores. Los alrededores de una planta que elabora alimentos se mantendrán en buenas condiciones que protejan contra la contaminación de los mismos. Entre las actividades que se deben aplicar para mantener los alrededores limpios se incluyen pero no se limitan a:

a) Almacenamiento en forma adecuada del equipo en desuso, remover desechos sólidos y desperdicios, recortar la grama, eliminar la hierba y todo aquello dentro de las inmediaciones del edificio, que pueda constituir una atracción o refugio para los insectos y roedores.

b) Mantener patios y lugares de estacionamiento limpios para que estos no constituyan una fuente de contaminación.

c) Mantenimiento adecuado de los drenajes para evitar contaminación e infestación.

d) Operación en forma adecuada de los sistemas para el tratamiento de desechos.

5.1.2 Ubicación: Los establecimientos deben:

a) Estar situados en zonas no expuestas a contaminación física, química y biológica y a actividades industriales que constituyan una amenaza grave de contaminación de los alimentos.

b) Estar delimitada por paredes de cualquier ambiente utilizado como vivienda.

c) Contar con comodidades para el retiro de los desechos de manera eficaz, tanto sólidos como líquidos.

d) Contar con vías de acceso y patios de maniobra pavimentados, adoquinados, asfaltados o similares, a fin de evitar la contaminación de los alimentos con polvo.

Los establecimientos deben estar situados en zonas no expuestas a cualquier contaminación física, química y biológica y a actividades industriales que constituyan una amenaza grave de contaminación de los alimentos, además de estar libre de olores desagradables y no expuestas a inundaciones, separadas de cualquier ambiente utilizado como vivienda, contar con comodidades para el retiro de manera eficaz de los desechos, tanto sólidos como líquidos. Las vías de acceso y patios de maniobra deben encontrarse pavimentados, adoquinados, asfaltados o similares, a fin de evitar la contaminación de los alimentos con polvo.

Además, su funcionamiento no debe ocasionar molestias a la comunidad, todo esto sin perjuicio de lo establecido en la normativa vigente en cuanto a planes de ordenamiento urbano y legislación ambiental.

5.2 Instalaciones Físicas del Área de Proceso y Almacenamiento

5.2.1 Diseño

a) Los edificios y estructuras de la planta serán de un tamaño, construcción y diseño que faciliten su mantenimiento y las operaciones sanitarias para cumplir con el propósito de la elaboración y manejo de los alimentos, protección del producto terminado, y contra la contaminación cruzada.

b) Las industrias de alimentos deben estar diseñadas de manera tal que estén protegidas del ambiente exterior mediante paredes. Los edificios e instalaciones deben ser de tal manera que impidan que entren animales, insectos, roedores y/o plagas u otros contaminantes del medio como humo, polvo, vapor u otros.

c) Los ambientes del edificio deben incluir un área específica para vestidores, con muebles adecuados para guardar implementos de uso personal.

d) Los ambientes del edificio deben incluir un área específica para que el personal pueda ingerir alimentos.

e) Se debe disponer de instalaciones de almacenamiento separadas para: materia prima, producto terminado, productos de limpieza y sustancias peligrosas.

f) Las instalaciones deben permitir una limpieza fácil y adecuada, así como la debida inspección

g) Se debe contar con los planos o croquis de la planta física que permitan ubicar las áreas relacionadas con los flujos de los procesos productivos.

h) Distribución: Las industrias de alimentos deben disponer del espacio suficiente para cumplir satisfactoriamente con todas las operaciones de producción, con los flujos de procesos productivos separados, colocación de equipo, y realizar operaciones de limpieza. Los espacios de trabajo entre el equipo y las paredes deben ser de por lo menos 50 cm. y sin obstáculos, de manera que permita a los empleados realizar sus deberes de limpieza en forma adecuada.

i) Materiales de Construcción: Todos los materiales de construcción de los edificios e instalaciones deben ser de naturaleza tal que no transmitan ninguna sustancia no deseada al alimento. Las edificaciones deben ser de construcción sólida, y mantenerse en buen estado. En el área de producción no se permite la madera como material de construcción.

5.2.2 Pisos

a) Los pisos deben ser de materiales impermeables, lavables y antideslizantes que no tengan efectos tóxicos para el uso al que se destinan; además deben estar construidos de manera que faciliten su limpieza y desinfección.

b) Los pisos no deben tener grietas ni irregularidades en su superficie o uniones.

c) Las uniones entre los pisos y las paredes deben ser redondeadas para facilitar su limpieza y evitar la acumulación de materiales que favorezcan la contaminación.

d) Los pisos deben tener desagües y una pendiente, que permitan la evacuación rápida del agua y evite la formación de charcos.

e) Según el caso, los pisos deben construirse con materiales resistentes al deterioro por contacto con sustancias químicas y maquinaria.

f) Los pisos de las bodegas deben ser de material que soporte el peso de los materiales almacenados y el tránsito de los montacargas.

5.2.3 Paredes

a) Las paredes exteriores pueden ser construidas de concreto, ladrillo o bloque de concreto y de estructuras prefabricadas de diversos materiales.

b) Las paredes interiores en particular en las áreas de proceso deben ser construidos o revestidos con materiales impermeables, no absorbentes, lisos, fáciles de lavar y desinfectar, pintadas de color claro y sin grietas.

c) Cuando amerite por las condiciones de humedad durante el proceso, las paredes deben estar recubiertas con un material lavable hasta una altura mínima de 1.5 metros.

d) Las uniones entre una pared y otra, así como entre éstas y los pisos, deben tener curvatura sanitaria.

5.2.4 Techos

a) Los techos deben estar construidos y acabados de forma que reduzcan al mínimo la acumulación de suciedad, la condensación, y la formación de mohos y costras que puedan contaminar los alimentos, así como el desprendimiento de partículas.

b) Cuando se utilicen cielos falsos deben ser lisos, sin uniones y fáciles de limpiar.

5.2.5 Ventanas y Puertas

a) Las ventanas deben ser fáciles de limpiar, estar construidas de modo que impidan la entrada de agua, plagas y acumulación de suciedad, y cuando el caso lo amerite estar provistas de malla contra insectos que sea fácil de desmontar y limpiar.

b) Los quicios de las ventanas deben ser con declive y de un tamaño que evite la acumulación de polvo e impida su uso para almacenar objetos.

c) Las puertas deben tener una superficie lisa y no absorbente y ser fáciles de limpiar y desinfectar. Deben abrir hacia afuera y estar ajustadas a su marco y en buen estado.

d) Las puertas que comuniquen al exterior del área de proceso, deben contar con protección para evitar el ingreso de plagas.

5.2.6 Iluminación

a) Todo el establecimiento estará iluminado ya sea con luz natural o artificial, de forma tal que posibilite la realización de las tareas y no comprometa la higiene de los alimentos.

b) Las lámparas y todos los accesorios de luz artificial ubicados en las áreas de recibo de materia prima, almacenamiento, preparación, y manejo de los alimentos, deben estar protegidas contra roturas. La iluminación no debe alterar los colores. Las instalaciones eléctricas en caso de ser exteriores deben estar recubiertas por tubos o caños aislantes, no permitiéndose cables colgantes sobre las zonas de procesamiento de alimentos.

5.2.7 Ventilación

a) Debe existir una ventilación adecuada, que evite el calor excesivo, permita la circulación de aire suficiente y evite la condensación de vapores. Se debe contar con un sistema efectivo de extracción de humos y vapores acorde a las necesidades, cuando se requiera.

b) La dirección de la corriente de aire no deben ir nunca de una zona contaminada a una zona limpia y las aberturas de ventilación estarán protegidas por mallas para evitar el ingreso de agentes contaminantes.

5.3 Instalaciones Sanitarias. Cada planta estará equipada con facilidades sanitarias adecuadas incluyendo, pero no limitado a lo siguiente:

5.3.1 Abastecimiento de agua

a) Debe disponerse de un abastecimiento suficiente de agua potable.

b) El agua potable debe ajustarse a lo especificado en la normativa específica de cada país.

c) Debe contar con instalaciones apropiadas para su almacenamiento y distribución de manera que si ocasionalmente el servicio es suspendido, no se interrumpan los procesos.

d) El agua que se utilice en las operaciones de limpieza y desinfección de equipos debe ser potable.

e) El vapor de agua que entre en contacto directo con alimentos o con superficies que estén en contacto con ellos, no debe contener sustancias que puedan ser peligrosas para la salud.

f) El hielo debe fabricarse con agua potable, y debe manipularse, almacenarse y utilizarse de modo que esté protegido contra la contaminación.

g) El sistema de abastecimiento de agua no potable (por ejemplo para el sistema contra incendios, la producción de vapor, la refrigeración y otras aplicaciones análogas en las que no contamine los alimentos) deben ser independiente. Los sistemas de agua no potable deben estar identificados y no deben estar conectados con los sistemas de agua potable ni debe haber peligro de reflujo hacia ellos.

5.3.2 Tubería. La tubería estará pintada según el código de colores y será de un tamaño y diseño adecuado e instalada y mantenida para que:

a) Lleve a través de la planta la cantidad de agua suficiente para todas las áreas que se requieren.

b) Transporte adecuadamente las aguas negras o aguas servidas de la planta.

c) Evite que las aguas negras o aguas servidas constituyan una fuente de contaminación para los alimentos, agua, equipos, utensilios, o crear una condición insalubre.

d) Proveer un drenaje adecuado en los pisos de todas las áreas, donde están sujetos a inundaciones por la limpieza o donde las operaciones normales liberen o descarguen agua, u otros desperdicios líquidos.

e) Las tuberías elevadas se colocarán de manera que no pasen sobre las líneas de procesamiento, salvo cuando se tomen las medidas para que no sean fuente de contaminación.

f) Prevenir que no exista un retroflujo o conexión cruzada entre el sistema de tubería que descarga los desechos líquidos y el agua potable que se provee a los alimentos o durante la elaboración de los mismos.

5.4 Manejo y disposición de desechos líquidos

5.4.1 Drenajes. Debe tener sistemas e instalaciones adecuados de desagüe y eliminación de desechos. Estarán diseñados, construidos y mantenidos de manera que se evite el riesgo de contaminación de los alimentos o del abastecimiento de agua potable; además, deben contar con una rejilla que impida el paso de roedores hacia la planta.

5.4.2 Instalaciones Sanitarias. Cada planta debe contar con el número de servicios sanitarios necesarios, accesibles y adecuados, ventilados e iluminados que cumplan como mínimo con:

a) Instalaciones sanitarias limpias y en buen estado, separadas por sexo, con ventilación hacia el exterior, provistas de papel higiénico, jabón, dispositivos para secado de manos, basureros, separadas de la sección de proceso y poseerán como mínimo los siguientes equipos, según el número de trabajadores por turno.

1. Inodoros: uno por cada veinte hombres o fracción de veinte, uno por cada quince mujeres o fracción de quince.

2. Orinales: uno por cada veinte trabajadores o fracción de veinte.

3. Duchas: una por cada veinticinco trabajadores, en los establecimientos que se requiera.

4. Lavamanos: uno por cada quince trabajadores o fracción de quince.

b) Puertas adecuadas que no abran directamente hacia el área de producción. Cuando la ubicación no lo permita, se deben tomar otras medidas alternas que protejan contra la contaminación, tales como puertas dobles o sistemas de corrientes positivas.

c) Debe contarse con un área de vestidores, separada del área de servicios sanitarios, tanto para hombres como para mujeres, y estarán provistos de al menos un casillero por cada operario por turno.

El número de trabajadores indicado en los incisos anteriores se debe contabilizar respecto del número de trabajadores presentes en cada turno de trabajo, y no sobre el número total de trabajadores de la empresa.

5.4.3 Instalaciones para lavarse las manos. En el área de proceso, preferiblemente en la entrada de los trabajadores, deben existir instalaciones para lavarse las manos, las cuales deben:

a) Disponer de medios adecuados y en buen estado para lavarse y secarse las manos higiénicamente, con lavamanos no accionados manualmente y abastecidos de agua potable.

b) El jabón debe ser líquido, antibacterial y estar colocado en su correspondiente dispensador.

c) Proveer toallas de papel o secadores de aire y rótulos que le indiquen al trabajador como lavarse las manos.

5.5 Manejo y disposición de desechos sólidos

5.5.1 Desechos sólidos

a) Debe existir un programa y procedimiento escrito para el manejo adecuado de desechos sólidos de la planta.

b) No se debe permitir la acumulación de desechos en las áreas de manipulación y de almacenamiento de los alimentos o en otras áreas de trabajo ni zonas circundantes.

c) Los recipientes deben ser lavables y tener tapadera para evitar que atraigan insectos y roedores.

d) El depósito general de los desechos, deben ubicarse alejado de las zonas de procesamiento de alimentos. Bajo techo o debidamente cubierto y en un área provista para la recolección de lixiviados y piso lavable.

5.6 Limpieza y desinfección

5.6.1 Programa de limpieza y desinfección:

a) Las instalaciones y el equipo deben mantenerse en un estado adecuado de limpieza y desinfección, para lo cual deben utilizar métodos de limpieza y desinfección, separados o conjuntamente, según el tipo de labor que efectúe y los riesgos asociados al producto. Para ello debe existir un programa escrito que regule la limpieza y desinfección del edificio, equipos y utensilios, el cual debe especificar lo siguiente:

1. Distribución de limpieza por áreas.
2. Responsable de tareas específicas.
3. Método y frecuencia de limpieza.
4. Medidas de vigilancia.
5. Ruta de recolección y transporte de los desechos.

b) Los productos utilizados para la limpieza y desinfección deben contar con registro emitido por la autoridad sanitaria correspondiente. Deben almacenarse adecuadamente, fuera de las áreas de procesamiento de alimentos, debidamente identificados y utilizarse de acuerdo con las instrucciones que el fabricante indique en la etiqueta.

c) En el área de procesamiento de alimentos, las superficies, los equipos y utensilios deben limpiarse y desinfectarse según lo establecido en el programa de limpieza y desinfección. Debe haber instalaciones adecuadas para la limpieza y desinfección de los utensilios y equipo de trabajo, debiendo seguir todos los procedimientos de limpieza y desinfección a fin de garantizar que los productos no lleguen a contaminarse.

d) Cada establecimiento debe asegurar su limpieza y desinfección. No utilizar en área de proceso, almacenamiento y distribución, sustancias odorizantes o desodorantes en cualquiera de sus formas. Se debe tener cuidado durante la limpieza de no generar polvo ni salpicaduras que puedan contaminar los productos.

5.7 Control de plagas

5.7.1 La planta debe contar con un programa escrito para controlar todo tipo de plagas, que incluya como mínimo:

a) Identificación de plagas,

b) Mapeo de Estaciones,

c) Productos o Métodos y Procedimientos utilizados,

d) Hojas de Seguridad de los productos (cuando se requiera).

5.7.2 Los productos químicos utilizados dentro y fuera del establecimiento, deben estar registrados por la autoridad competente.

5.7.3 La planta debe contar con barreras físicas que impidan el ingreso de plagas.

5.7.4 La planta debe inspeccionarse periódicamente y llevar un control escrito para disminuir al mínimo los riesgos de contaminación por plagas.

5.7.5 En caso de que alguna plaga invada la planta deben adoptarse las medidas de erradicación o de control que comprendan el tratamiento con agentes químicos, biológicos y físicos autorizados por la autoridad competente, los cuales se aplicarán bajo la supervisión directa de personal capacitado.

5.7.6 Sólo deben emplearse plaguicidas si no pueden aplicarse con eficacia otras medidas sanitarias. Antes de aplicar los plaguicidas se debe tener cuidado de proteger todos los alimentos, equipos y utensilios para evitar la contaminación.

5.7.7 Después del tiempo de contacto necesario los residuos de plaguicidas deben limpiarse minuciosamente.

5.7.8 Todos los plaguicidas utilizados deben almacenarse adecuadamente, fuera de las áreas de procesamiento de alimentos y mantenerse debidamente identificados.

6º- Condiciones de los equipos y utensilios

6.1 El equipo y utensilios deben estar diseñados y construidos de tal forma que se evite la contaminación del alimento y facilite su limpieza. Deben:

a) Estar diseñados de manera que permitan un rápido desmontaje y fácil acceso para su inspección, mantenimiento y limpieza.

b) Funcionar de conformidad con el uso al que está destinado.

c) Ser de materiales no absorbentes ni corrosivos, resistentes a las operaciones repetidas de limpieza y desinfección.

d) No transferir al producto materiales, sustancias tóxicas, olores, ni sabores.

6.2 Debe existir un programa escrito de mantenimiento preventivo, a fin de asegurar el correcto funcionamiento del equipo. Dicho programa debe incluir especificaciones del equipo, el registro de las reparaciones y condiciones. Estos registros deben estar actualizados y a disposición para el control oficial.

7º- Personal. En toda la industria alimentaria todos los empleados, deben velar por un manejo adecuado de los productos alimenticios y mantener un buen aseo personal, de forma tal que se garantice la producción de alimentos inocuos.

7.1 Capacitación

7.1.1 El personal involucrado en la manipulación de alimentos, debe ser previamente capacitado en Buenas Prácticas de Manufactura.

7.1.2 Debe existir un programa de capacitación escrito que incluya las buenas prácticas de manufactura, dirigido a todo el personal de la empresa.

7.1.3 Los programas de capacitación, deben ser ejecutados, revisados, evaluados y actualizados periódicamente.

7.2 Practicas higiénicas:

7.2.1 El personal que manipula alimentos debe presentarse bañado antes de ingresar a sus labores.

7.2.2 Como requisito fundamental de higiene se debe exigir que los operarios se laven cuidadosamente las manos con jabón líquido antibacterial:

a) Al ingresar al área de proceso.

b) Después de manipular cualquier alimento crudo o antes de manipular alimentos cocidos que no sufrirán ningún tipo de tratamiento térmico antes de su consumo.

c) Después de llevar a cabo cualquier actividad no laboral como comer, beber, fumar, sonarse la nariz o ir al servicio sanitario.

7.2.3 Toda persona que manipula alimentos debe cumplir con lo siguiente:

a) Si se emplean guantes no desechables, estos debe estar en buen estado, ser de un material impermeable y cambiarse diariamente, lavar y desinfectar antes de ser usados nuevamente. Cuando se usen guantes desechables deben cambiarse cada vez que se ensucien o rompan y descartarse diariamente.

b) Las uñas de las manos deben estar cortas, limpias y sin esmaltes.

c) No deben usar anillos, aretes, relojes, pulseras o cualquier adorno u otro objeto que pueda tener contacto con el producto que se manipule.

d) Evitar comportamientos que puedan contaminarlos, por ejemplo:

1. Fumar

2. Escupir

3. Masticar o comer

4. Estornudar o toser

5. Conversar en el área de proceso

e) El bigote y barba deben estar bien recortados y cubiertos con cubre bocas.

f) El cabello debe estar recogido y cubierto por completo por un cubre cabezas.

g) No debe utilizar maquillaje, uñas o pestañas postizas.

h) Utilizar uniforme y calzado adecuados, cubrecabezas y cuando proceda ropa protectora y mascarilla.

7.2.4 Los visitantes de las zonas de procesamiento o manipulación de alimentos, deben seguir las normas de comportamiento y disposiciones que se establezcan en la organización con el fin de evitar la contaminación de los alimentos.

7.3 Control de Salud

7.3.1 Las personas responsables de las fábricas de alimentos debe llevar un registro periódico del estado de salud de su personal.

7.3.2 Todo el personal cuyas funciones estén relacionadas con la manipulación de los alimentos debe someterse a exámenes médicos previo a su contratación, la empresa debe mantener constancia de salud actualizada, documentada y renovarse como mínimo cada seis meses.

7.3.3 Se debe regular el tráfico de manipuladores y visitantes en las áreas de preparación de alimentos.

7.3.4 No debe permitirse el acceso a ninguna área de manipulación de alimentos a las personas de las que se sabe o se sospecha que padecen o son portadoras de alguna enfermedad que eventualmente pueda transmitirse por medio de los alimentos. Cualquier persona que se encuentre en esas condiciones, debe informar inmediatamente a la dirección de la empresa sobre los síntomas que presenta y someterse a examen médico, si así lo indican las razones clínicas o epidemiológicas.

7.3.5 Entre los síntomas que deben comunicarse al encargado del establecimiento para que se examine la necesidad de someter a una persona a examen médico y excluirla temporalmente de la manipulación de alimentos, cabe señalar los siguientes:

a) Ictericia

b) Diarrea

c) Vómitos

d) Fiebre

e) Dolor de garganta con fiebre

f) Lesiones de la piel visiblemente infectadas (furúnculos, cortes, etc.)

g) Secreción de oídos, ojos o nariz.

h) Tos persistente.

8º—Control en el proceso y en la producción

8.1 Materias primas:

a) Se debe controlar diariamente el cloro residual del agua potabilizada con este sistema y registrar los resultados en un formulario diseñado para tal fin, en el caso que se utilice otro sistema de potabilización también deben registrarse diariamente. Evaluar periódicamente la calidad del agua a través de análisis físico-químico y bacteriológico y mantener los registros respectivos.

b) El establecimiento no debe aceptar ninguna materia prima o ingrediente que presente indicios de contaminación o infestación.

c) Todo fabricante de alimentos, debe emplear en la elaboración de éstos, solamente materias primas que reúnan condiciones sanitarias que garanticen su inocuidad y el cumplimiento con los estándares establecidos, para lo cual debe contar con un sistema documentado de control de materias primas, el cual debe contener información sobre: especificaciones del producto, fecha de vencimiento, número de lote, proveedor, entradas y salidas.

8.2 Operaciones de manufactura: Todo el proceso de fabricación de alimentos, incluyendo las operaciones de envasado y almacenamiento deben realizarse en condiciones sanitarias siguiendo los procedimientos establecidos. Estos deben estar documentados, incluyendo:

a) Diagramas de flujo, considerando todas las operaciones unitarias del proceso y el análisis de los peligros microbiológicos, físicos y químicos a los cuales están expuestos los productos durante su elaboración.

b) Controles necesarios para reducir el crecimiento potencial de microorganismos y evitar la contaminación del alimento; tales como: tiempo, temperatura, pH y humedad.

c) Medidas efectivas para proteger el alimento contra la contaminación con metales o cualquier otro material extraño. Este requerimiento se puede cumplir utilizando imanes, detectores de metal o cualquier otro medio aplicable.

d) Medidas necesarias para prever la contaminación cruzada.

8.3 Envasado:

a) Todo el material que se emplee para el envasado debe almacenarse en lugares adecuados para tal fin y en condiciones de sanidad y limpieza.

b) El material debe garantizar la integridad del producto que ha de envasarse, bajo las condiciones previstas de almacenamiento.

c) Los envases o recipientes no deben ser utilizados para otro uso diferente para el que fue diseñado.

d) Los envases o recipientes deben inspeccionarse antes del uso, a fin de tener la seguridad de que se encuentren en buen estado, limpios y desinfectados.

e) En los casos en que se reutilice envases o recipientes, estos deben inspeccionarse y tratarse inmediatamente antes del uso.

f) En la zona de envasado o llenado solo deben permanecer los recipientes necesarios.

8.4 Documentación y registro:

a) Deben mantenerse registros apropiados de la elaboración, producción y distribución.

b) Establecer un procedimiento documentado para el control de los registros.

c) Los registros deben conservarse durante un período superior al de la duración de la vida útil del alimento.

d) Toda planta debe contar con los manuales y procedimientos establecidos en este reglamento así como mantener los registros necesarios que permitan la verificación de la ejecución de los mismos.

8.5 Almacenamiento y Distribución

8.5.1 La materia prima, productos semiprocesados, procesados deben almacenarse y transportarse en condiciones apropiadas que impidan la contaminación y la proliferación de microorganismos y los protejan contra la alteración del producto o los daños al recipiente o envases.

8.5.2 Durante el almacenamiento debe ejercerse una inspección periódica de materia prima, productos procesados y de las instalaciones de almacenamiento, a fin de garantizar su inocuidad:

a) En las bodegas para almacenar las materias primas, materiales de empaque, productos semiprocesados y procesados, deben utilizarse tarimas adecuadas, que permitan mantenerlos a una distancia mínima de 15 cm. sobre el piso y estar separadas por 50 cm como mínimo de la pared, y a 1.5 m del techo, deben respetar las especificaciones de estiba. Debe existir una adecuada organización y separación entre materias primas y el producto procesado. Debe existir un área específica para productos rechazados.

b) La puerta de recepción de materia prima a la bodega, debe estar separada de la puerta de despacho del producto procesado, y ambas deben estar techadas de forma tal que se cubran las rampas de carga y descarga respectivamente.

c) Debe establecer el Sistema Primeras Entradas Primeras Salidas (PEPS), para que haya una mejor rotación de los alimentos y evitar el vencimiento de los mismos.

d) No debe haber presencia de químicos utilizados para la limpieza dentro de las instalaciones donde se almacenan productos alimenticios.

e) Deben mantener los alimentos debidamente rotulados por tipo y fecha que ingresan a la bodega. Los productos almacenados deben estar debidamente etiquetados.

8.5.3 Los vehículos de transporte pertenecientes a la empresa alimentaria o contratados por la misma deben ser adecuados para el transporte de alimentos o materias primas de manera que se evite el deterioro y la contaminación de los alimentos, materias primas o el envase. Estos vehículos deben estar autorizados por la autoridad competente.

8.5.4 Los vehículos de transporte deben realizar las operaciones de carga y descarga fuera de los lugares de elaboración de los alimentos, debiéndose evitar la contaminación de los mismos y del aire por los gases de combustión.

8.5.5 Los vehículos destinados al transporte de alimentos refrigerados o congelados, deben contar con medios que permitan verificar la humedad, y el mantenimiento de la temperatura adecuada.

9º- Vigilancia y verificación

9.1 Para verificar que las fábricas de alimentos y bebidas procesados cumplan con lo establecido en el presente reglamento, la autoridad competente del país centroamericano en donde se encuentre ubicada la misma, aplicara la ficha de inspección de buenas prácticas de manufactura para fábrica de alimentos y bebidas procesados aprobada por los países centroamericanos. Esta ficha debe ser llenada de conformidad con la Guía para el Llenado de la Ficha de Inspección de Buenas Prácticas de Manufactura para Fábricas de Alimentos y Bebidas Procesados.

9.2 Las plantas que soliciten licencia sanitaria o permiso de funcionamiento a partir de la vigencia de este reglamento, cumplirán con el puntaje mínimo de 81, de conformidad a lo establecido en la Guía para el Llenado de la Ficha de Inspección de Buenas Prácticas de Manufactura para Fábricas de Alimentos y Bebidas Procesados.

10.- Concordancia

10.1 CAC/RCP-1-1969. rev. 4-2003. Código Internacional Recomendado de Prácticas de Principios Generales de Higiene de los Alimentos.

11.- Bibliografía

11.1 Food and Agriculture Organization of the United Nations, World Health Organization. *CAC/RCP-1-1969. rev. 4-2003. Código Internacional Recomendado de Prácticas de Principios Generales de Higiene de los Alimentos*, 3º Edición, FAO, Roma Italia, 2004, p. 68.

11.2 Instituto de Normas Técnicas de Costa Rica. *Principios Generales de Buenas Prácticas de Manufactura de Alimentos.* INTECO, San José Costa Rica, 2003. p. 27.

11.3 U.S. Department of Health and Human Services. *Food Code*, Washington, DC, Estados Unidos de América, 2001.

11.4 Departamento de Sanidad Pesquera de Chile, *Pauta de Inspección de Infraestructura y Manejo sanitario para Plantas de Exportación de Productos Pesqueros Destinados al Consumo Humano*, Semapesca, Santiago, Chile 2002, p. 14.

11.5 Canadian Food Inspection Agency. *Processed Products establishment. Inspection Manual.* Canadian Food Inspection Agency, Otawa, Canadá, 2000, p. 21.

12.- Anexos

Anexo A Ficha de inspección de buenas prácticas de manufactura para fábricas de alimentos y bebidas, procesados.

Anexo B Guía para el llenado de la ficha de inspección de las buenas prácticas de manufactura para las fábricas de alimentos y bebidas, procesados.

Anexo A
(Normativo)
Ficha de Inspección de Buenas Prácticas de Manufactura para Fábricas de Alimentos Procesados

Ficha No. _________

INSPECCIÓN PARA: Licencia nueva Renovación Control Denuncia

NOMBRE DE LA FÁBRICA

____

DIRECCIÓN DE LA FÁBRICA

____

TELÉFONO DE LA FÁBRICA ____________ FAX ____________

CORREO ELECTRÓNICO DE LA FÁBRICA ________________

DIRECCIÓN DE LA OFICINA ADMINISTRATIVA______________

____

TELÉFONO DE LA OFICINA ___________ FAX ___________

CORREO ELECTRÓNICO DE LA OFICINA _________________

LICENCIA SANITARIA No. ______ FECHA DE VENCIMIENTO ____

OTORGADA POR LA OFICINA DE SALUD RESPONSABLE:

____

NOMBRE DEL PROPIETARIO REPRESENTANTE LEGAL

____

RESPONSABLE DEL AREA DE PRODUCCIÓN________________

NÚMERO TOTAL DE EMPLEADOS ___________________

TIPO DE ALIMENTOS PRODUCIDOS__________________

FECHA DE LA 1ª. INSPECCIÓN _______ CALIFICACIÓN ______ /100

FECHA DE LA 1ª. REINSPECCIÓN _______ CALIFICACIÓN ______ /100

FECHA DE LA 2ª. REINSPECCIÓN _______ CALIFICACIÓN ______ /100

Hasta 60 puntos: Condiciones inaceptables. Considerar cierre. 61 – 70 puntos: Condiciones deficientes. Urge corregir. 71 – 80 puntos: Condiciones regulares. Necesario hacer correcciones. 81 – 100 puntos: Buenas condiciones. Hacer algunas correcciones	1ª. Inspección	1ª. Reinspección	2ª. Reinspección
1. EDIFICIO			
1.1 Alrededores y ubicación			
1.1.1 Alrededores			
a) Limpios			
b) Ausencia de focos de contaminación			

Hasta 60 puntos: Condiciones inaceptables. Considerar cierre. 61 – 70 puntos: Condiciones deficientes. Urge corregir. 71 – 80 puntos: Condiciones regulares. Necesario hacer correcciones. 81 – 100 puntos: Buenas condiciones. Hacer algunas correcciones	1ª. Inspección	1ª. Reinspección	2ª. Reinspección
SUB TOTAL			
1.1.2 Ubicación			
a) Ubicación adecuada			
SUB TOTAL			
1.2 Instalaciones físicas			
1.2.1 Diseño			
a) Tamaño y construcción del edificio			
b) Protección contra el ambiente exterior			
c) Áreas específicas para vestidores, para ingerir alimentos y para almacenamiento			
d) Distribución			
e) Materiales de construcción			
SUB TOTAL			
1.2.2 Pisos			
a) De materiales impermeables y de fácil limpieza			
b) Sin grietas ni uniones de dilatación irregular			
c) Uniones entre pisos y paredes con curvatura sanitaria			
d) Desagües suficientes			
SUB TOTAL			
1.2.3 Paredes			
a) Paredes exteriores construidas de material adecuado			
b)Paredes de áreas de proceso y almacenamiento revestidas de material impermeable, no absorbente, lisos, fáciles de lavar y color claro			
SUB TOTAL			
1.2.4 Techos			
a) Construidos de material que no acumule basura y anidamiento de plagas y cielos falsos lisos y fáciles de limpiar			
SUB TOTAL			
1.2.5 Ventanas y puertas			
a) Fáciles de desmontar y limpiar			
b) Quicios de las ventanas de tamaño mínimo y con declive			

Hasta 60 puntos: Condiciones inaceptables. Considerar cierre. 61 – 70 puntos: Condiciones deficientes. Urge corregir. 71 – 80 puntos: Condiciones regulares. Necesario hacer correcciones. 81 – 100 puntos: Buenas condiciones. Hacer algunas correcciones	1ª. Inspección	1ª. Reinspección	2ª. Reinspección
c) Puertas en buen estado, de superficie lisa y no absorbente, y que abran hacia afuera			
SUB TOTAL			
1.2.6 Iluminación			
a) Intensidad de acuerdo a manual de BPM			
b) Lámparas y accesorios de luz artificial adecuados para la industria alimenticia y protegidos contra ranuras, en áreas de: recibo de materia prima; almacenamiento; proceso y manejo de alimentos			
c) Ausencia de cables colgantes en zonas de proceso			
SUB TOTAL			
1.2.7 Ventilación			
a) Ventilación adecuada			
b) Corriente de aire de zona limpia a zona contaminada			
SUB TOTAL			
1.3 Instalaciones sanitarias			
1.3.1 Abastecimiento de agua			
a) Abastecimiento suficiente de agua potable			
b) Sistema de abastecimiento de agua no potable independiente			
SUB TOTAL			
1.3.2 Tubería			
a) Tamaño y diseño adecuado			
b) Tuberías de agua limpia potable, agua limpia no potable y aguas servidas separadas			
SUB TOTAL			
1. 4 Manejo y disposición de desechos líquidos			
1.4.1 Drenajes			
a) Sistemas e instalaciones de desagüe y eliminación de desechos, adecuados			
SUB TOTAL			
1.4.2 Instalaciones sanitarias			
a) Servicios sanitarios limpios, en buen estado y separados por sexo			
b) Puertas que no abran directamente hacia el área de proceso			

Hasta 60 puntos: Condiciones inaceptables. Considerar cierre. 61 – 70 puntos: Condiciones deficientes. Urge corregir. 71 – 80 puntos: Condiciones regulares. Necesario hacer correcciones. 81 – 100 puntos: Buenas condiciones. Hacer algunas correcciones	1ª. Inspección	1ª. Reinspección	2ª. Reinspección
c) Vestidores debidamente ubicados			
SUB TOTAL			
1.4.3 Instalaciones para lavarse las manos			
a) Lavamanos con abastecimiento de agua potable			
b) Jabón líquido, toallas de papel o secadores de aire y rótulos que indican lavarse las manos			
SUB TOTAL			
1.5 Manejo y disposición de desechos sólidos			
1.5.1 Desechos Sólidos			
a) Manejo adecuado de desechos sólidos			
SUB TOTAL			
1.6 Limpieza y desinfección			
1.6.1 Programa de limpieza y desinfección			
a) Programa escrito que regule la limpieza y desinfección			
b) Productos para limpieza y desinfección aprobados			
c) Instalaciones adecuadas para la limpieza y desinfección.			
SUB TOTAL			
1.7 Control de plagas			
1.7.1 Control de plagas			
a) Programa escrito para el control de plagas			
b) Productos químicos utilizados autorizados			
c) Almacenamiento de plaguicidas fuera de las áreas de procesamiento			
SUB TOTAL			
2. EQUIPOS Y UTENSILIOS			
2.1 Equipos y utensilios			
a) Equipo adecuado para el proceso			
b) Programa escrito de mantenimiento preventivo			
SUB TOTAL			
3. PERSONAL			
3.1 Capacitación			
a) Programa de capacitación escrito que			

Hasta 60 puntos: Condiciones inaceptables. Considerar cierre. 61 – 70 puntos: Condiciones deficientes. Urge corregir. 71 – 80 puntos: Condiciones regulares. Necesario hacer correcciones. 81 – 100 puntos: Buenas condiciones. Hacer algunas correcciones	1ª. Inspección	1ª. Reinspección	2ª. Reinspección
incluya las BPM			
SUB TOTAL			
3.2 Prácticas higiénicas			
a) Prácticas higiénicas adecuadas, según manual de BPM			
SUB TOTAL			
3.3 Control de salud			
a) Control de salud adecuado			
SUB TOTAL			
4. CONTROL EN EL PROCESO Y EN LA PRODUCCIÓN			
4.1 Materia prima			
a) Control y registro de la potabilidad del agua			
b) Registro de control de materia prima			
SUB TOTAL			
4.2 Operaciones de manufactura			
a) Controles escritos para reducir el crecimiento de microorganismos y evitar contaminación (tiempo, temperatura, humedad, actividad del agua y pH)			
SUB TOTAL			
4.3 Envasado			
a) Material para envasado almacenado en condiciones de sanidad y limpieza y utilizado adecuadamente			
SUB TOTAL			
4.4 Documentación y registro			
a) Registros apropiados de elaboración, producción y distribución			
SUB TOTAL			
5. ALMACENAMIENTO Y DISTRIBUCIÓN			
5.1 Almacenamiento y distribución.			
a) Materias primas y productos terminados almacenados en condiciones apropiadas			
b) Inspección periódica de materia prima y productos terminados			
c) Vehículos autorizados por la autoridad competente			

Hasta 60 puntos: Condiciones inaceptables. Considerar cierre. 61 – 70 puntos: Condiciones deficientes. Urge corregir. 71 – 80 puntos: Condiciones regulares. Necesario hacer correcciones. 81 – 100 puntos: Buenas condiciones. Hacer algunas correcciones	1ª. Inspección	1ª. Reinspección	2ª. Reinspección
d) Operaciones de carga y descarga fuera de los lugares de elaboración			
e) Vehículos que transportan alimentos refrigerados o congelados cuentan con medios para verificar y mantener la temperatura.			
SUB TOTAL			

Anexo B
(Normativo)
Guía para el Llenado de la Ficha de Inspección de las Buenas Prácticas de Manufactura para las Fábricas de Alimentos y Bebidas, Procesados

ASPECTO	REQUERIMIENTOS		CUMPLIMIENTO	PUNTOS
1 EDIFICIO				
1.1 ALREDEDORES Y UBICACIÓN				
1.1.1 ALREDEDORES				
a) Limpios.	i)	Almacenamiento adecuado del equipo en desuso.	Cumple en forma adecuada los requerimientos i), ii) y iii)	1
	ii)	Libres de basuras y desperdicios.	Cumple adecuadamente únicamente dos de los requerimientos i, ii, y iii).	0.5
	iii)	Áreas verdes limpias	No cumple con dos o más de los requerimientos	0
b) Ausencia de focos de contaminación.	i)	Patios y lugares de estacionamiento limpios, evitando que constituyan una fuente de contaminación.	Cumple adecuadamente los requerimientos i), ii), iii) y iv)	1
	ii)	Inexistencia de lugares que puedan constituir una atracción o refugio para los insectos y roedores.		
	iii)	Mantenimiento adecuado de los drenajes de la planta para evitar contaminación e infestación.	Sólo incumple con el requisito ii)	0.5

	iv)	Operación en forma adecuada de los sistemas para el tratamiento de desperdicios.	Incumple alguno de los requisitos i), iii) o iv)	0
1.1.2 UBICACIÓN				
a) Ubicación adecuada. i) Ubicados en zonas no expuestas a cualquier tipo de contaminación física, química o biológica. Cumple con los requerimientos i), ii) , iii) y iv) 1				
1.2 INSTALACIONES FÍSICAS	ii)	Estar delimitada por paredes separadas de cualquier ambiente utilizado como vivienda.	Incumplimiento severo de uno de los requerimientos	0.5
	iii)	Contar con comodidades para el retiro de los desechos de manera eficaz, tanto sólidos como líquidos.	Si incumple con dos o más de los requerimientos	0
	iv)	Vías de acceso y patios de maniobra deben encontrarse pavimentados a fin de evitar la contaminación de los alimentos con el polvo.		
1.2.1 DISEÑO				
a) Tamaño y construcción del edificio. i) Su construcción debe permitir y facilitar su mantenimiento y las operaciones sanitarias para cumplir con el propósito de elaboración y manejo de los alimentos, así como del producto terminado, en forma adecuada. Cumplir con el requisito				1
b) Protección contra el ambiente exterior.	i)	El edificio e instalaciones deben ser de tal manera que impida el ingreso de animales, insectos, roedores y plagas.	No cumple con el requisito	0
			Cumplir con los requerimientos i) y ii)	2
c) Áreas específicas para vestidores, para ingerir alimentos y para almacenamiento.	ii)	El edificio e instalaciones deben de reducir al mínimo el ingreso de los contaminantes del medio como humo, polvo, vapor u otros.	Cuando uno de los requerimientos no se cumplan.	1
			Cuando los requerimientos i) y ii) no se cumplen y existe alto riesgo de contaminación.	
	i)	Los ambientes del	Cumplir con los	0

		edificio deben incluir un área específica para vestidores, con muebles adecuados para guardar implementos de uso personal.	requerimientos i), ii) y iii).	
	ii)	Los ambientes del edificio deben incluir un área específica para que el personal pueda ingerir alimentos.	Con el incumplimiento de un requisito solamente.	1
	iii)	Se debe disponer de instalaciones de almacenamiento separadas para: materia prima, producto terminado, productos de limpieza y sustancias peligrosas.	Con incumplimiento de dos o mas requisitos	5
				0

ASPECTO	REQUERIMIENTOS		CUMPLIMIENTO	PUNTOS
d) Distribución	i)	Las industrias de alimentos deben disponer del espacio suficiente para cumplir satisfactoriamente con todas las operaciones de producción, con los flujos de procesos productivos separados, colocación de equipo, y realizar operaciones de limpieza. Los espacios de trabajo entre el equipo y las paredes deben ser de por lo menos 50 cm. y sin obstáculos, de manera que permita a los empleados realizar sus deberes de limpieza en forma adecuada.	Cumple con el requisito	1
			No cumple con el requisito	0
e) Materiales de construcción	i)	Todos los materiales de construcción de los edificios e	Cumple con el requisito	1

		instalaciones deben ser de naturaleza tal que no transmitan ninguna sustancia no deseada al alimento. Las edificaciones deben ser de construcción sólida, y mantenerse en buen estado. En el área de producción no se permite la madera como material de construcción.	No cumple con el requisito	0
1.2.2 PISOS				
a) De material impermeable y de fácil limpieza.	i)	Los pisos deberán ser de materiales impermeables, lavables e impermeables que no tengan efectos tóxicos para el uso al que se destinan.	Cumplir con los requerimientos i) y ii)	1
			Incumplimiento de uno de los requisitos	0.5
	ii)	Los pisos deberán esta construidos de manera que faciliten su limpieza y desinfección.	Con el incumplimiento de los requerimientos	0
b) Sin grietas.	i)	Los pisos no deben tener grietas ni irregularidades en su superficie o uniones.	Cumplir con el requerimiento i)	1
			Incumplimiento del requisito i)	0
c) Uniones redondeadas.	i)	Las uniones entre los pisos y las paredes deben tener curvatura sanitaria para facilitar su limpieza y evitar la acumulación de materiales que favorezcan la contaminación.	Cumplir con el requerimiento i)	1
			Incumplimiento del requisito i)	0
d) Desagües suficientes.	i)	Los pisos deben tener desagües y una pendiente adecuados, que permitan la evacuación rápida del agua y evite la formación de charcos.	Cumplir con el requerimiento i)	1
			Incumplimiento del requisito i)	0
1.2.3 PAREDES				
a) Exteriores	i)	Las paredes	Cumple el requisito	

construidas de material adecuado.		exteriores pueden ser construidas de concreto, ladrillo o bloque de concreto y aun en de estructuras prefabricadas de diversos materiales.		1
			Incumple el requisito	0
b) De áreas de proceso y almacenamiento revestidas de material impermeable.	i)	Las paredes interiores, en particular en las áreas de proceso se deben revestir con materiales impermeables, no absorbentes, lisos, fáciles de lavar y desinfectar, pintadas de color claro y sin grietas.	Cumplir con los requerimientos i), ii) y iii).	1
	ii)	Cuando amerite por las condiciones de humedad durante el proceso, las paredes deben estar recubiertas con un material lavable hasta una altura mínima de 1.5 metros.	No Cumple con uno de los requerimientos.	0.5
	iii)	Las uniones entre una pared y otra, así como entre éstas y los pisos, deben tener curvatura sanitaria.	No cumple con dos de los requerimientos i), ii) y iii)	0
1.2.4 TECHOS				
a) Construidos de material que no acumule basura y anidamiento de plagas.	i)	Los techos deberán estar construidos y acabados de forma que reduzca al mínimo la acumulación de suciedad y de condensación, así como el desprendimiento de partículas.	Con el cumplimiento de los requisitos i) y ii).	1
	ii)	Cuando se utilicen cielos falsos deben ser lisos, sin uniones y fáciles de limpiar.	Incumplimiento de cualquier de los requisitos i) y ii).	0
ASPECTO	REQUERIMIENTOS		CUMPLIMIENTO	PUNTOS

1.2.5 VENTANAS Y PUERTAS				
a) Fáciles de desmontar y limpiar.	i)	Las ventanas deben ser fáciles de limpiar.	Cumplimiento de los requisitos i) y ii).	1
	ii)	Las ventanas deberán ser fáciles de limpiar, estar construidas de modo que impidan la entrada de agua, plagas y acumulación de suciedad , y cuando el caso lo amerite estar provistas de malla contra insectos que sea fácil de desmontar y limpiar.	Incumplimiento de cualquier requerimiento i) y ii).	0
b) Quicios de las ventanas de tamaño mínimo y con declive.	i)	Los quicios de las ventanas deberán ser con declive y de un tamaño que evite la acumulación de polvo e impida su uso para almacenar objetos.	Cumplimiento de los requisitos i).	1
			Al no cumplir con el requisito i).	0
c) Puertas en buen estado, de superficie lisa y no absorbente, y que abran hacia afuera.	i)	Las puertas deben tener una superficie lisa y no absorbente y ser fáciles de limpiar y desinfectar.	Cumplimiento de los requisitos i) y ii).	1
	ii)	Las puertas es preferible que abran hacia fuera y que estén ajustadas a su marco y en buen estado.	Incumplimiento del requisito ii)	0.5
			Al no cumplir con el requisito i) y ii).	0
1.2.6 ILUMINACIÓN				
a) Intensidad de acuerdo al manual de BPM.	i)	Todo el establecimiento estará iluminado ya sea con luz natural o artificial, de forma tal que posibilite la realización de las tareas y no comprometa la higiene de los alimentos.	Cumple el requisito	1
			Incumplimiento del requisito	0

b) Lámparas y accesorios de luz artificial adecuados.	i)	Las lámparas y todos los accesorios de luz artificial ubicados en áreas de recibo de materia prima, almacenamiento, preparación y manejo de los alimentos, deben estar protegidos contra roturas.	Cumplimiento en su totalidad de los requisitos i) y ii).	1
	ii)	La iluminación no deberá alterar los colores.	Incumplimiento de cualquiera de los requisitos i) y ii).	0
c) Ausencia de cables colgantes en zonas de proceso.	i)	Las instalaciones eléctricas en caso de ser exteriores deberán estar recubiertas por tubos o caños aislantes.	Al cumplir con los requerimientos i) y ii).	1
	ii)	No deben existir cables colgantes sobre las zonas de procesamiento de alimentos.	Con el incumplimiento de cualquier de los requerimientos i) y ii).	0
1.2.7 VENTILACIÓN				
a) Ventilación adecuada.	i)	Debe existir una ventilación adecuada, que evite el calor excesivo, permita la circulación de aire suficiente y evite la condensación de vapores.	Cumplimiento de los requisitos i) y ii)	2
	ii)	Se debe contar con un sistema efectivo de extracción de humos y vapores acorde a las necesidades, cuando se requiera.	Incumplimiento de uno de los requisitos	1
			Incumplimiento de los requisitos i) y ii).	0
b) Corriente de aire de zona limpia a zona contaminada.	i)	El flujo de aire no deberá ir nunca de una zona contaminada hacia una zona limpia.	Cumplimiento de los requisitos i) y II)	1
			Incumplimiento de uno de los requisitos	0.5
	ii)	Las aberturas de	Incumplimiento de los	

		ventilación estarán protegidas por mallas para evitar el ingreso de agentes contaminantes.	requisitos i) y ii)	0
1.3	INSTALACIONES SANITARIAS			
1.3.1	ABASTECIMIENTO DE AGUA			
a) Abastecimiento.	i)	Debe disponerse de un abastecimiento suficiente de agua potable.	Cumplimiento de los requisitos i), ii), iii) y iv)	6
	ii)	El agua potable debe ajustarse a lo especificado en la Normativa de cada país.	Incumplimiento de cualquiera de los requisitos	0
	iii)	Debe contar con instalaciones apropiadas para su almacenamiento y distribución de manera que si ocasionalmente el servicio es suspendido, no se interrumpan los procesos.		
	iv)	El agua que se utilice en las operaciones de limpieza y desinfección de equipos debe ser potable.		
ASPECTO	REQUERIMIENTOS		CUMPLIMIENTO	PUNTOS
b) Sistema de abastecimiento de agua no potable independiente.	i)	Los sistemas de agua potable con los de agua no potable deben ser independientes (sistema contra incendios, producción de vapor).	Cumplimiento efectivo de los requerimientos i), ii) y iii).	2
	ii)	Sistemas de agua no potable deben de estar identificados.	Incumplimiento de cualquiera de los requerimientos.	0

	iii)	El Sistema de agua potable diseñado adecuadamente para evitar el reflujo hacia ellos (contaminación cruzada).		
1.3.2 TUBERIAS				
a) Tamaño y diseño adecuado.	i)	El tamaño y diseño de la tubería debe ser capaz de llevar a través de la planta la cantidad de agua suficiente para todas las áreas que los requieran.	Cumplimiento de los requisitos i) y ii)	1
	ii)	Transporte adecuadamente las aguas negras o aguas servidas de la planta.	Incumplimiento de uno de los requisitos	0.5
			Incumplimiento de los requisitos i) y ii).	0
b) Tuberías de agua limpia potable, agua limpia no potable, y aguas servidas separadas.	i)	Transporte adecuado de aguas negras y servidas de la planta.	Cumplimiento con los requerimientos i), ii), iii) y iv).	1
	ii)	Las aguas negras o servidas no constituyen una fuente de contaminación para los alimentos, agua, equipo, utensilios o crear una condición insalubre.		
	iii)	Proveer un drenaje adecuado en los pisos de todas las áreas, sujetas a inundaciones por la limpieza o donde las operaciones normales liberen o descarguen agua u otros desperdicios líquidos.	Con el incumplimiento de cualquier de los requerimientos i), ii), iii) y iv).	0

	iv)	Prevención de la existencia de un retroflujo o conexión cruzada entre el sistema de la tubería que descarga los desechos líquidos y el agua potable que se provee a los alimentos o durante la elaboración de los mismos.		
1.4	MANEJO Y DISPOSICIÓN DE DESECHOS LÍQUIDOS			
1.4.1	DRENAJES			
a) Instalaciones de desagüe y eliminación de desechos, adecuadas.	i)	Sistemas e instalaciones adecuados de desagüe y eliminación de desechos, diseñados, construidos y mantenidos de manera que se evite el riesgo de contaminación.	Cumplimiento de los requisitos i) y ii)	2
	ii)	Deben contar con una rejilla que impida el paso de roedores hacia la planta.	Incumplimiento de cualquiera de los requisitos i) y ii)	0
1.4.2	INSTALACIONES SANITARIAS			
a) Servicios sanitarios limpios, en buen estado y separados por sexo.	i)	Instalaciones sanitarias limpias y en buen estado, con ventilación hacia el exterior.	Cumplimiento de los requisitos i9, II), III) Y IV)	2
	ii)	Provistas de papel higiénico, jabón, dispositivos para secado de manos, basurero.	Incumplimiento de alguno de los requisitos	1
	iii)	Separadas de la sección de proceso.		
	iv)	Poseerán como mínimo los siguientes equipos, según el número de trabajadores por turno.	Incumplimiento de dos requisitos	0

		Inodoros: uno por cada veinte hombres o fracción de veinte, uno por cada quince mujeres o fracción de quince. Orinales: uno por cada veinte trabajadores o fracción de veinte. Duchas: una por cada veinticinco trabajadores, en los establecimientos que se requiera Lavamanos: uno por cada quince trabajadores o fracción de quince.		
b) Puertas que no abran directamente hacia el área de proceso.	i)	Puertas que no abran directamente hacia el área donde el alimento esta expuesto cuando se toman otras medidas alternas que protejan contra la contaminación (Ej. Puertas dobles o sistemas de corrientes positivas).	Cumple con el requisito i).	2
			No cumple con el requisito	0
c) Vestidores debidamente ubicados.	i)	Debe contarse con un área de vestidores, separada del área de servicios sanitarios, tanto para hombres como para mujeres.	Cumple con los requisitos i) y ii).	1
			Incumplimiento del requisito ii)	0.5
	ii)	Provistos de al menos un casillero por cada operario por turno.	Incumplimiento de los requisitos i) y ii).	0

ASPECTO	REQUERIMIENTOS	CUMPLIMIENTO	PUNTOS
1.4.3	INSTALACIONES PARA LAVARSE LAS MANOS		

a) Lavamanos con abastecimiento de agua potable.	i)	Las instalaciones para lavarse las manos deben disponer de medios adecuados y en buen estado para lavarse y secarse las manos higiénicamente, con lavamanos no accionados manualmente y abastecimiento de agua caliente y/o fría.	Cumplimiento con los requerimientos i).	2
			Incumplimiento con el requerimiento i).	0
b) Jabón líquido, toallas de papel o secadores de aire y rótulos que indiquen lavarse las manos.	i)	El jabón debe ser líquido, antibacterial y estar colocado en su correspondiente dispensador.	Cumplimiento con los requerimientos establecidos en i) y ii) .	2
		Uso de toallas de papel o secadores de aire.	Incumplimiento de no de los requisitos	1
	ii)	Deben de haber rótulos que indiquen al trabajador que debe lavarse las manos después de ir al baño, o se haya contaminado al tocar objetos o superficies expuestas a contaminación.	Incumplimiento con los requisitos i) y ii)	0
1.5	MANEJO Y DISPOSICIÓN DE DESECHOS SÓLIDOS			
1.5.1	DESECHOS SÓLIDOS			
i) Manejo adecuado de desechos sólidos.	i)	Deberá existir un programa y procedimiento escrito para el manejo adecuado de desechos sólidos de la planta.	Cumplimiento de los requisitos i), ii), ii) y iv)	4
			Incumplimiento del requisito i)	2
			Incumplimiento de alguno de los requisitos ii), iii) y iv)	3
	ii)	No se debe permitir la disposición de desechos en las áreas de recepción y de almacenamiento de los alimentos o en otras áreas de trabajo ni zonas circundantes.	Incumplimiento de dos de los requisitos ii), iii) o iv)	2

	iii)	Los recipientes deben ser lavables y tener tapadera para evitar que atraigan insectos y roedores.	Incumplimiento de tres de los requisitos i), ii), iii) o iv)	1
	iv)	El de los desechos, deberá ubicarse alejado de las zonas de procesamiento de alimentos. Bajo techo o debidamente cubierto y en un área provista para la recolección de lixiviados y piso lavable.	Incumplimiento de los requisitos i), ii), iii) y iv)	0
1.6 LIMPIEZA Y DESINFECCIÓN				
1.6.1 PROGRAMA DE LIMPIEZA Y DESINFECCIÓN				
a) Programa escrito que regule la limpieza y desinfección. i) Debe existir un programa escrito que regule la limpieza y desinfección del edificio, equipos y utensilios, el cual deberá especificar: Cumplimiento correcto del requerimiento i) 2				
		- Distribución de limpieza por áreas; - Responsable de tareas específicas; - Método y frecuencia de limpieza; - Medidas de vigilancia.	Incumplimiento del requisito	0
b) Productos para limpieza y desinfección aprobados.	i)	Los productos utilizados para la limpieza y desinfección deben contar con registro emitido por la autoridad sanitaria correspondiente.	Cumplimiento de los requisitos i) y ii)	2

c) Instalaciones adecuadas para la limpieza y desinfección.	ii)	Deben almacenarse adecuadamente, fuera de las áreas de procesamiento de alimentos, debidamente identificados y utilizarse de acuerdo con las instrucciones que el fabricante indique en la etiqueta.	Incumplimiento de alguno de los requisitos	0
	i)	Debe haber instalaciones adecuadas para la limpieza y desinfección de los utensilios y equipo de trabajo.	Cumplimiento del requisito	2
			Incumplimiento del requisito	0

ASPECTO		REQUERIMIENTOS	CUMPLIMIENTO	PUNTOS
1.7	CONTROL DE PLAGAS			
1.7.1	CONTROL DE PLAGAS			
a) Programa escrito para el control de plagas.	i)	La planta deberá contar con un programa escrito para todo tipo de plagas, que incluya como mínimo: - Identificación de plagas; - Mapeo de estaciones; - Productos aprobados y procedimientos utilizados; - Hojas de seguridad de las sustancias a aplicar.	Cuando se cumplan efectivamente los requisitos i), ii), iii), iv) y v).	2
	ii)	El programa debe contemplar si la planta cuenta con barreras físicas que impidan el ingreso de plagas.		

	iii)	Contempla el período que debe inspeccionarse y llevar un control escrito para disminuir al mínimo los riesgos de contaminación por plagas.	Cuando se cumpla únicamente con los requisitos i), iii) y v).	1
	iv)	El programa debe contemplar medidas de erradicación en caso de que alguna plaga invada la planta.	Al incumplir con uno de los requisitos i), iii) y v).	0
	v)	Deben de existir los procedimientos a seguir para la aplicación de plaguicidas.		
b) Productos químicos utilizados autorizados.	i)	Los productos químicos utilizados dentro y fuera del establecimiento, deben estar registrados por la autoridad competente para uso en planta de alimentos.	Cumplimiento correcto de los requisitos i) y ii).	2
			Incumplimiento de alguno de los requisitos	1
	ii)	Deberán utilizarse plaguicidas si no se puede aplicar con eficacia otras medidas sanitarias.	Incumplimiento de los requisitos i) y ii).	0
c) Almacenamiento de plaguicidas fuera de las áreas de procesamiento.	i)	Todos los plaguicidas utilizados deberán guardarse adecuadamente, fuera de las áreas de procesamiento de alimentos y mantener debidamente identificados.	Cumplimiento correcto del requisito i).	2
			Incumplimiento del requerimiento i).	0
2	**EQUIPOS Y UTENSILIOS**			
2.1	EQUIPOS Y UTENSILIOS			

a) Equipo adecuado para el proceso.	i)	Estar diseñados de manera que permitan un rápido desmontaje y fácil acceso para su inspección, mantenimiento y limpieza.	Cumplimiento correcto del requisito i)., ii) iii) y iv)	2
	ii)	Ser de materiales no absorbentes ni corrosivos, resistentes a las operaciones repetidas de limpieza y desinfección.	Incumplimiento de cualquier de los requisitos i9, ii), iii) y iv)	1
	iii)	Funcionar de conformidad con el uso al que está destinado.	Incumplimiento de dos de los requisitos.	0.5
	iv)	No transferir al producto materiales, sustancias tóxicas, olores, ni sabores.	incumplimiento de más de dos requisitos	0
b) Programa escrito de mantenimiento preventivo.	i)	Debe existir un programa escrito de mantenimiento preventivo, a fin de asegurar el correcto funcionamiento del equipo. Dicho programa debe incluir especificaciones del equipo, el registro de las reparaciones y condiciones. Estos registros deben estar actualizados y a disposición para el control oficial.	Cumplimiento del requisito	1
			Incumplimiento del requisito	0
3 PERSONAL				
3.1 CAPACITACIÓN				

a) Programa por escrito que incluya las Buenas Prácticas de Manufactura (BPM).	i)	El personal involucrado en la manipulación de alimentos, debe ser previamente capacitado en Buenas Prácticas de Manufactura.	Cumplimiento efectivo de los requisitos i), ii) y iii).	3
	ii)	Debe existir un programa de capacitación escrito que incluya las buenas prácticas de manufactura, dirigido a todo el personal de la empresa.	Incumplimiento del requisito iii)	2
	iii)	Los programas de capacitación, deberán ser ejecutados, revisados, evaluados y actualizados periódicamente.	Incumplimiento de alguno de los requisitos i o ii)	0
ASPECTO	REQUERIMIENTOS		CUMPLIMIENTO	PUNTOS
3.2	PRÁCTICAS HIGIÉNICAS			
a) Prácticas higiénicas adecuadas, según manual de BPM.	i)	Debe exigirse que los operarios se laven cuidadosamente las manos con jabón líquido antibacterial: ▪ Al ingresar al área de proceso. ▪ Después de manipular cualquier alimento crudo y/o antes de manipular cocidos que sufrirán ningún tipo de tratamiento térmico antes de su consumo; ▪ Después de llevar a cabo cualquier actividad no laboral como comer, beber, fumar, sonarse la nariz o ir al servicio sanitario, y otras.	Cumplimiento real y efectivo de los requisitos i), ii); iii), iv), v) y vi).	6

	ii)	Si se emplean guantes no desechables, estos deberán estar en buen estado, ser de un material impermeable y cambiarse diariamente, lavar y desinfectar antes de ser usados nuevamente. Cuando se usen guantes desechables deben cambiarse cada vez que se ensucien o rompan y descartarse diariamente.	Incumplimiento de uno de los requisitos	5
	iii)	▪ Uñas de manos cortas, limpias y sin esmalte. ▪ Los operarios no deben usar anillos, aretes, relojes, pulseras o cualquier adorno u otro objeto que pueda tener contacto con el producto que se manipule. ▪ El bigote y barba deben estar bien recortados y cubiertos con cubre bocas ▪ El cabello debe estar recogido y cubierto por completo por un cubre cabezas. ▪ No utilizar maquillaje, uñas y pestañas postizas.	Incumplimiento de dos de los requisitos	4

	iv)	Los empleados en actividades de manipulación de alimentos deberán evitar comportamientos que puedan contaminarlos, tales como: fumar, escupir, masticar goma, comer, estornudar o toser; y otras.	Incumplimiento de tres de los requisitos	3
	v)	Utilizar uniforme y calzado adecuados, cubrecabezas y cuando proceda ropa protectora y mascarilla.	Incumplimiento de cuatro de los requisitos	2
	vi)	Los visitantes de las zonas de procesamiento o manipulación de alimentos, deben seguir las normas de comportamiento y disposiciones que se establezcan en la organización con el fin de evitar la contaminación de los alimentos.	Incumplimiento de más de cuatro requisitos	0
3.3	CONTROL DE SALUD			
a) Control de salud adecuado	i)	Las personas responsables de las fábricas de alimentos deben llevar un registro periódico del estado de salud de su personal.	Cumplimiento de los requisitos i), ii), iii), iv) y v)	6

	ii)	Todo el personal cuyas funciones estén relacionadas con la manipulación de los alimentos debe someterse a exámenes médicos previo a su contratación., la empresa debe mantener constancia de salud actualizada, documentada y renovarse como mínimo cada seis meses.	Incumplimiento de uno de los requisitos ii), iv) y v)	4
	iii)	Se deberá regular el tráfico de manipuladores y visitantes en las áreas de preparación de alimentos.	Incumplimiento de dos de los requisitos iii), iv) o v)	2

	iv)	No deberá permitirse el acceso a ninguna área de manipulación de alimentos a las personas de las que se sabe o se sospecha que padecen o son portadoras de alguna enfermedad que eventualmente pueda transmitirse por medio de los alimentos. Cualquier persona que se encuentre en esas condiciones, deberá informar inmediatamente a la dirección de la empresa sobre los síntomas que presenta y someterse a examen médico, si así lo indican las razones clínicas o epidemiológicas.	Incumplimiento de alguno de los requisitos i) o ii)	0
ASPECTO	REQUERIMIENTOS		CUMPLIMIENTO	PUNTOS
	v	Entre los síntomas que deberán comunicarse al encargado del establecimiento para que se examine la necesidad de someter a una persona a examen médico y excluirla temporalmente de la manipulación de alimentos cabe señalar los siguientes: Ictericia, Diarrea, Vómitos, Fiebre, Dolor de garganta con fiebre, Lesiones de la piel, visiblemente infectadas (furúnculos, cortes, etc.) Secreción de oídos, ojos o nariz, Tos persistente.		
4	**CONTROL EN EL PROCESO Y EN LA PRODUCCIÓN**			

4.1	MATERIA PRIMA			
a) Control y registro de la potabilidad del agua.	i)	Registro de resultados del cloro residual del agua potabilizada con este sistema o registro de los resultados, en el caso que se utilice otro sistema de potabilización.	Cumplimiento efectivo de los requisitos i) y ii)	3
			Incumplimiento de uno de los requisitos	1
			Incumplimiento de los requisitos i) y ii)	0
	ii)	Evaluación periódica de la calidad del agua a través de análisis físico-químico y bacteriológico y mantener los registros respectivos.		
b) Registro de control de. materia prima	i)	Contar con un sistema documentado de control de materias primas, el cual debe contener información sobre: especificaciones del producto, fecha de vencimiento, número de lote, proveedor, entradas y salidas.	Cumplimiento apropiado del requisito i)	1
			Incumplimiento del requisito i)	0
4.2	OPERACIONES DE MANUFACTURA			
a) Procedimientos de operación documentados	i)	Diagramas de flujo, considerando todas las operaciones unitarias del proceso y el análisis de los peligros microbiológicos, físicos y químicos a los cuales están expuestos los productos durante su elaboración.	Cumpliendo efectivamente con los requerimientos solicitados en i), ii), iii) y iv).	5
			Incumplimiento del requisito ii)	0

	ii)	Controles necesarios para reducir el crecimiento potencial de microorganismos y evitar la contaminación del alimento; tales como: tiempo, temperatura, pH y humedad.	Incumplimiento de alguno de los requisitos i), iii) o iv)	3
	iii)	Medidas efectivas para proteger el alimento contra la contaminación con metales o cualquier otro material extraño. Este requerimiento se puede cumplir utilizando imanes, detectores de metal o cualquier otro medio aplicable.	Incumplimiento de dos de los requisitos i), iii) o iv)	1
	iv)	Medidas necesarias para prever la contaminación cruzada.		
4.2 ENVASADO				
a) Material para envasado almacenado en condiciones de sanidad y limpieza y utilizado adecuadamente.	i)	Todo el material que se emplee para el envasado deberá almacenarse en lugares adecuados para tal fin y en condiciones de sanidad y limpieza.	Cumplimiento correcto de los requisitos i), ii), iii), iv), v) y vi).	4
			Incumplimiento de alguno de los requisitos	3
	ii)	El material deberá garantizar la integridad del producto que ha de envasarse, bajo las condiciones previstas de almacenamiento.		
	iii)	Los envases o recipientes no deben utilizarse para otro uso diferente para el que fue diseñado.	Incumplimiento de dos de los requisitos	2

	iv)	Los envases o recipientes deberán inspeccionarse antes del uso, a fin de tener la seguridad de que se encuentren en buen estado, limpios y desinfectados.		
	v)	En los casos en que se reutilice envases o recipientes, estos deberán inspeccionarse y tratarse inmediatamente antes del uso.	Incumplimiento de más de dos requisitos	
	vi)	En la zona de envasado o llenado solo deberán permanecer los recipientes necesarios.		
ASPECTO	REQUERIMIENTOS		CUMPLIMIENTO	PUNTOS
4.3	DOCUMENTACIÓN Y REGISTRO			
a) Registros apropiados de elaboración, producción y distribución.	i)	Procedimiento documentado para el control de los registros.	Cumplimiento del los requisitos i) y ii)	2
			Incumplimiento de uno de los requisitos	1
	ii)	Los registros deben conservarse durante un período superior al de la duración de la vida útil del alimento.	Incumplimiento de ambos requisitos	0
	5	**ALMACENAMIENTO Y DISTRIBUCIÓN**		
5.1	ALMACENAMIENTO Y DISTRIBUCIÓN			
a) Materias primas y productos terminados almacenados en condiciones apropiadas.	i)	Almacenarse y transportarse en condiciones apropiadas que impidan la contaminación y la proliferación, y los protejan contra la alteración del producto o los daños al recipiente o envases.	Cumplimiento del requisito	1
			Incumplimiento del requisito	0

b) Inspección periódica de materia prima y productos terminados.	i)	Tarimas adecuadas, a una distancia mínima de 15 cm. sobre el piso y estar separadas por 50 cm como mínimo de la pared, y a 1.5 m del techo. Respetar las especificaciones de estiba. Adecuada organización y separación entre materias primas y el producto procesado. Área específica para productos rechazados.	Cumplimiento de los requisitos i), ii), iii), iv) y v)	1
	ii)	Puerta de recepción de materia prima a la bodega, separada de la puerta de despacho del producto procesado. Ambas deben estar techadas de forma tal que se cubran las rampas de carga y descarga respectivamente.	Incumplimiento de alguno de los requisitos	0
	iii)	Sistema Primeras Entradas Primeras Salidas (PEPS).		
	iv)	Sin presencia de químicos utilizados para la limpieza dentro de las instalaciones donde se almacenan productos alimenticios.		
	v)	Alimentos que ingresan a la bodega debidamente etiquetados, y rotulados por tipo y fecha.		
c) Vehículos autorizados por la autoridad competente.	i)	Vehículos adecuados para el transporte de alimentos o materias primas y autorizados.	Cumplimiento del requisito	1
			Incumplimiento del requisito	0

d) Operaciones de carga y descarga fuera de los lugares de elaboración.	i)	Deben efectuar las operaciones de carga y descarga fuera de los lugares de elaboración de los alimentos, evitando la contaminación de los mismos y del aire por los gases de combustión.	Cumplimiento del requisito	1
			Incumplimiento del requisito	0
e) Vehículos que transportan alimentos refrigerados o congelados cuentan con medios para verificar y mantener la temperatura.	i)	Deben contar con medios que permitan verificar la humedad, y el mantenimiento de la temperatura adecuada.	Cumplimiento del requisito	1
			Incumplimiento del requisito	0

FINAL DE LA GUÍA

Para la Primera Inspección: La suma total para aprobación debe ser igual o mayor a 81 puntos, de los cuales, se tiene que cumplir en los siguientes numerales con la puntuación listada a continuación:

Numeral	Puntaje mínimo
1.3.1	8
1.6.1	3
2	2
3.1	2
3.2	5
4.1	3
4.2	3
4.3	2
5	3

—FIN DEL REGLAMENTO—

Sección II. Ferias del Agricultor

LEY DE REGULACIÓN DE LAS FERIAS DEL AGRICULTOR

Ley N° 8533

(Publicada en La Gaceta N° 159 de 18 de agosto de 2006)

LA ASAMBLEA LEGISLATIVA DE LA REPÚBLICA DE COSTA RICA

DECRETA:

REGULACIÓN DE LAS FERIAS DEL AGRICULTOR

CAPÍTULO I
Disposiciones generales

Artículo 1.- Créase el Programa Nacional de Ferias del Agricultor, como programa de mercadeo de carácter social, de uso exclusivo para los pequeños y medianos productores nacionales de los sectores de la producción agrícola, pecuaria y forestal, pesca y acuicultura, avicultura, agroindustria y artesanía, en forma individual u organizada con el objeto de poner en relación directa a consumidores y productores, de manera tal que los primeros obtengan mejor precio y calidad, y los segundos incrementen su rentabilidad, al vender de modo directo al consumidor.

Artículo 2.- Para los efectos de la presente Ley se define:

a) Junta Nacional de Ferias: ente rector y fiscalizador del Programa Nacional de Ferias del Agricultor en el ámbito nacional; integrado por los representantes de los comités regionales del país.

b) Comités regionales de ferias del agricultor: organizaciones que velarán por que en su región se apliquen adecuadamente la presente Ley y su Reglamento.

c) Entes administradores de ferias: organizaciones de productores, preferiblemente participantes en la feria respectiva, legalmente constituidas y autorizadas por el respectivo comité regional de ferias del agricultor, para administrar las ferias asignadas.

d) Entes emisores de carnés: organizaciones de productores debidamente autorizadas por el comité regional de ferias del agricultor correspondiente, encargadas de emitir carnés de participación en las ferias.

e) Organizaciones de consumidores (ODEC): asociaciones de consumidores dedicadas a velar por la defensa de los derechos de los consumidores, constituidas de conformidad con la Ley N.° 7472, Promoción de la competencia y defensa efectiva del consumidor, de 20 de diciembre de 1994, y su Reglamento, y registradas en el Ministerio de Economía, Industria y Comercio (MEIC); estas podrán solicitar formar parte de los comités regionales de su comunidad.

f) Participantes: pequeños y medianos productores agrícolas, pecuarios, pesqueros y acuicultores, forestales, avícolas, agroindustriales y artesanos que comercializan sus productos en las ferias, ya sea individualmente o como organización sin fines de lucro legalmente constituida.

Artículo 3.- Corresponderá a la Comisión Nacional del Consumidor (CNC) velar por el cumplimiento de la Ley N.º 7472, Promoción de la competencia y defensa efectiva del consumidor, de 20 de diciembre de 1994, y su Reglamento, y ejercer las acciones legales correspondientes, en resguardo de los intereses y derechos de los consumidores en las ferias del agricultor.

El Ministerio de Seguridad Pública ejecutará la vigilancia y el control policial en las ferias del agricultor. Asimismo, el Ministerio de Obras Públicas y Transportes fiscalizará el tránsito de vehículos, en la zona donde se realiza la feria del agricultor y ejercerá el control sobre él.

Las municipalidades, en su condición de gobiernos locales, coadyuvarán en la promoción y el desarrollo de las ferias del agricultor, así como en la búsqueda de soluciones que garanticen el espacio físico adecuado para el buen desarrollo comercial de las ferias. Las municipalidades que presten el servicio de policía municipal podrán colaborar, en coordinación con las autoridades nacionales, a fin de garantizar la seguridad en las ferias del agricultor.

Artículo 4.- El Reglamento de la presente Ley establecerá las normas específicas que deberá cumplir el Programa Nacional de Ferias del Agricultor para los efectos de control sanitario, fitosanitario, de calidad, inocuidad y presentación adecuada de los productos comercializados. También este Programa cumplirá lo dispuesto en las normas sanitarias y nutricionales contenidas en la Ley general de salud, los reglamentos técnicos y demás normativa que regula la materia. El Ministerio de Salud velará por el acatamiento efectivo de estas disposiciones.

Todos los productos deberán ser nacionales y reunir las condiciones sanitarias ambientales aceptables, a fin de evitar su deterioro y contaminación; deberán presentarse limpios, libres de enfermedades, plagas y residuos químicos, clasificados por la calidad, y con el precio y la unidad de medida en que se venden visibles. Además, los participantes deberán mantener los instrumentos de medición que utilicen en buenas condiciones de funcionamiento y debidamente calibrados.

Artículo 5.- En las ferias únicamente se permitirá que vendan los productores y las organizaciones de productores participantes que cumplan los siguientes requisitos:

a) Vendan sus productos al consumidor directamente en la feria.

b) Califiquen además como pequeños o medianos productores, de acuerdo con los parámetros establecidos para tal efecto por el Ministerio de Agricultura y Ganadería (MAG), previa consulta al Consejo Nacional de la Producción (CNP) y las organizaciones que integran el Programa Nacional de Ferias del Agricultor.

c) Los demás requisitos establecidos en el Artículo anterior y en el Reglamento de esta Ley.

Artículo 6.- Los pequeños y medianos productores que no puedan asistir directamente a comercializar sus productos a las ferias del agricultor, podrán hacerlo por medio de una organización de productores sin fines de lucro, de la zona, autorizada previamente para tales efectos por el respectivo ente emisor de carnés.

Artículo 7.- Prohíbese la instalación de ventas ambulantes, estacionarias o miniferias en áreas públicas, a menos de 500 m del sitio donde se realice una feria del agricultor, durante los días y las horas en los que estas se lleven a cabo. El cumplimiento de esta medida será responsabilidad del ente administrador de la feria, en coordinación con la municipalidad respectiva, la cual, a su vez, podrá autorizar excepciones a dicha medida, atendiendo criterios de interés comunal.

Artículo 8.- La denominación "ferias del agricultor" se reserva para los mercados establecidos de conformidad con la presente Ley; por lo tanto, se prohíbe a personas o entidades no autorizadas utilizarla y explotarla para promocionar sus actividades. Las municipalidades no otorgarán permisos de funcionamiento a establecimientos que incumplan esta disposición.

Asimismo, la utilización de dicha denominación para promocionar actividades que no formen parte del Programa Nacional de Ferias del Agricultor se considerará una infracción contra lo dispuesto en el inciso b) del Artículo 34 de la Ley N.° 7472, Promoción de la competencia y defensa efectiva del consumidor, de 20 de diciembre de 1994, en relación con el deber de brindar al consumidor información veraz. Dicho incumplimiento será sancionado de conformidad con el Artículo 57 de la citada normativa.

Artículo 9.- Declárase de interés público y de atención prioritaria del Estado el Programa Nacional de Ferias del Agricultor.

CAPÍTULO II
Funciones y atribuciones del CNP

Artículo 10.- El CNP será el ente técnico y asesor del Programa Nacional de Ferias del Agricultor, y tendrá las siguientes funciones:

a) Elaborar los formatos para solicitar la información económica y estadística de las ferias, que deberán suministrarle los respectivos entes administradores de ferias y los emisores de carnés, en lo que a cada uno le compete. Asimismo, deberá procesar la información recibida.

b) Llevar un historial de precios y volúmenes, con fines estadísticos.

c) Asesorar y capacitar a los entes administradores y a los comités regionales de ferias, en el cumplimiento de las competencias asignadas en la presente Ley.

d) Promocionar y divulgar el Programa Nacional de Ferias del Agricultor.

e) Capacitar a los participantes en las ferias, en aspectos propios de mercadeo, agroindustria, manejo poscosecha, inocuidad de alimentos, calidad agrícola y buenas prácticas agrícolas, entre otros.

f) Promover el mejoramiento de las condiciones de infraestructura de las ferias del agricultor.

g) Fiscalizar el desempeño de los integrantes del Programa Nacional de Ferias del Agricultor, en al ámbito de mercadeo, agroindustria, manejo poscosecha, inocuidad de alimentos, calidad agrícola y buenas prácticas agrícolas. En esta materia, las directrices del CNP serán vinculantes para los integrantes del Programa.

h) Verificar, en coordinación con los demás entes competentes en la materia, que se cumplan las normas establecidas para la comercialización de productos en las ferias del agricultor, en aspectos como inocuidad, manejo poscosecha, calidad agrícola y buenas prácticas agrícolas, entre otros.

Artículo 11.- Facúltase al CNP para que asista a las sesiones de la Junta Nacional de Ferias del Agricultor y de los comités regionales, mediante el representante que designe, a efecto de que asesore la labor que se lleva a cabo. En tales casos, tendrá derecho a voz, pero no a voto.

El CNP podrá solicitar la convocatoria a sesión de cualquiera de las instancias indicadas en el presente artículo.

Artículo 12.- Los precios de venta de los productos agropecuarios contemplados en la lista de precios de referencia para ferias, serán publicados semanalmente por el CNP. La metodología para elaborar esta lista será establecida por el CNP para cada producto. Esta lista de referencia regirá para todas las ferias del país.

Artículo 13.- El CNP, por medio del Programa de Reconversión Productiva, previa autorización de su Junta Directiva, y de conformidad con la normativa que rige la materia, podrá financiar a las organizaciones participantes en el Programa Nacional de Ferias del Agricultor, con la exclusiva finalidad de mejorar dichas ferias.

CAPÍTULO III
Junta Nacional de Ferias del Agricultor

Artículo 14.- La Junta Nacional de Ferias del Agricultor será el ente rector y fiscalizador del Programa Nacional de Ferias del Agricultor; no tendrá fines de lucro y se regirá por el Derecho privado. Estará conformada por un representante y el respectivo suplente de cada uno de los comités regionales del país y por un fiscal. Asimismo, estará integrada por un representante de las organizaciones de consumidores debidamente registradas ante el MEIC, elegido democráticamente por estas, según el procedimiento establecido en el Reglamento de esta Ley; y por un representante del CNP, con derecho a voz, pero no a voto.

Para efectos de su constitución y actuación legal, inscripción, organización interna y régimen de fiscalización, en lo no previsto en esta Ley y en tanto sea compatible con sus fines, la Junta se regirá por la Ley de centros agrícolas cantonales, Ley N.º 4521, de 26 de diciembre de 1969, reformada integralmente por la Ley N.º 7932, de 28 octubre de 1999; sin embargo, su ámbito de acción y sus competencias se limitarán estrictamente a las establecidas en esta Ley. En tanto administre fondos públicos, la Junta estará sujeta a las regulaciones del Derecho público que le sean aplicables.

La Junta estará facultada para determinar su propia regulación interna; se reunirá al menos una vez al mes y, extraordinariamente, cuando lo requieran las instancias facultadas para ello. Sus miembros serán nombrados por un plazo de dos años y podrán ser reelegidos por una única vez, en forma sucesiva. La representación judicial y extrajudicial corresponderá a su presidente.

Artículo 15.- La Junta Nacional de Ferias del Agricultor se constituirá mediante la celebración de una asamblea general constitutiva, conformada por dos representantes de cada uno de los comités regionales del país; en ella se aprobarán sus estatutos y se elegirá a su junta directiva.

Una vez efectuada la asamblea constitutiva, se levantará un acta, la cual deberá contener:

a) El nombre completo y el número de cédula de los asistentes a la asamblea y organización a la que representan; así como el nombre, el cargo y las demás calidades de los miembros de la Junta.

b) Los acuerdos tomados por la Asamblea.

c) Los demás elementos establecidos vía reglamento.

Constituida la Junta Nacional de Ferias del Agricultor, se procederá inscribirla en el Registro de Organizaciones Sociales, del Ministerio de Trabajo y Seguridad Social.

Artículo 16.- Serán deberes y atribuciones de la Junta Nacional de Ferias del Agricultor:

a) Evaluar la gestión de todos los integrantes del Programa Nacional de Ferias del Agricultor.

b) Resolver los cuestionamientos, los planteamientos y las apelaciones que le sean elevados por los comités regionales.

c) Dictar las políticas, las directrices y los lineamientos para administrar y mejorar el Programa Nacional de Ferias del Agricultor, y trasladarles las directrices técnicas emitidas por el CNP a los demás componentes del Programa, así como dar seguimiento a su ejecución.

d) Solicitar a los comités regionales los reportes de las actividades, el informe contable, el plan de presupuesto, los análisis estadísticos, el plan anual de trabajo, así como otras informaciones referentes a la actividad.

e) Revisar los acuerdos tomados por los comités regionales cuando contradigan las directrices emitidas.

f) Velar por la adecuada ejecución de las disposiciones de la presente Ley y su Reglamento, atendiendo las denuncias presentadas en relación con las anomalías detectadas en la ejecución del Programa Nacional de Ferias del Agricultor, canalizándolas ante las instancias correspondientes o resolviendo lo que sea de su competencia. Además, la Junta quedará facultada para actuar de oficio cuando lo considere necesario, a fin de mantener el buen funcionamiento del Programa.

g) Elaborar los carnés de participación en las ferias del agricultor y distribuirlos a los comités regionales.

h) Velar por que los entes administradores y los comités regionales utilicen adecuadamente los recursos provenientes del cobro de cuotas para el mejoramiento de las ferias. Para estos efectos, la Junta podrá efectuar las auditorías que considere necesarias y convenientes a los comités regionales, los entes administradores de ferias y los entes emisores de carnés autorizados, así como solicitar toda la información que requiere para tal propósito.

i) Suspender y sustituir temporalmente en el ejercicio de sus funciones, a los comités regionales que en su desempeño incurran en anomalías graves, de conformidad con la presente Ley y su Reglamento, así como el previo seguimiento del debido proceso.

j) Llevar un registro actualizado, en el ámbito nacional, con las calidades de los entes administradores de las ferias del agricultor y los agricultores participantes.

k) Convocar la realización de dos asambleas anuales, con la participación de todos los miembros de las juntas directivas de los comités regionales del país y definir la agenda de dichas asambleas, en las que se revisarán las políticas seguidas, a efecto de determinar los planes, los proyectos y los aspectos relevantes para el desarrollo del Programa Nacional de Ferias del Agricultor. Con el objetivo de coadyuvar en la definición de políticas de carácter general para el Programa, en estas asambleas podrán participar, con voz pero sin voto, representantes del Estado, las municipalidades y el CNP.

Artículo 17.- La Junta Nacional de Ferias del Agricultor no podrá estar integrada por personas que tengan entre sí parentesco, por consanguinidad o afinidad, incluso hasta el tercer grado; tampoco, por empleados de la Junta, quienes sean familiares de los miembros, por consanguinidad o afinidad, incluso hasta el segundo grado.

Ningún miembro de la Junta podrá ser, a la vez, empleado de dicha entidad, ni recibir dádivas, directa ni indirectamente. Además, se les prohíbe venderle servicios a la Junta.

Artículo 18.- Las decisiones que la Junta adopte en materia de ferias del agricultor, dentro del marco de la presente Ley, serán vinculantes para los comités regionales, los entes administradores y los entes emisores de carnés. La Junta, otorgando el debido proceso, podrá suspender la ejecución de los actos contrarios a la normativa vigente y las directrices emitidas, para asegurar su implementación.

CAPÍTULO IV
Comités regionales

Sección I
Funciones y atribuciones

Artículo 19.- Los comités regionales son entidades privadas, sin fines de lucro, regidas por el Derecho privado, ubicadas en cada una de las regiones geográficas del país que el CNP determine técnicamente; dichos comités se crean con el propósito de que ejecuten, en la respectiva zona, el Programa Nacional de Ferias del Agricultor, según la presente Ley y su Reglamento.

Para efectos de la constitución y actuación legal, inscripción, organización interna y régimen de fiscalización, para lo no previsto en la presente Ley y en tanto sea compatible con sus fines, los comités regionales se regirán por la Ley de centros agrícolas cantonales, N.º 4521, de 26 de diciembre de 1969, reformada integralmente por la Ley N.º 7932, de 28 de octubre de 1999. Sin embargo, su ámbito de acción y sus competencias se limitarán, estrictamente, a las establecidas en esta Ley.

Artículo 20.- Los comités regionales estarán integrados por los siguientes miembros:

a) Los entes administradores de feria de la región.

b) Los entes emisores de carnés de cada región donde existan ferias.

c) Un representante de organizaciones de consumidores donde existan ferias.

d) Un representante del CNP, con derecho a voz pero no a voto.

Los miembros mencionados en los incisos a) y b) anteriores, ejercerán su participación mediante la designación de un representante y su respectivo suplente, por cada uno de los entes, quienes podrán ser removidos de su cargo en cualquier momento.

En el supuesto de que la figura del ente administrador coincida con la del ente emisor de carnés, su participación estará limitada solo a un representante.

Artículo 21.- Créase un comité regional por cada región. Su constitución se efectuará mediante la celebración de una asamblea general constitutiva, en la que se aprobarán los estatutos del comité regional y se elegirá a su junta directiva.

Una vez efectuada la asamblea, constituido el comité regional y nombrada su junta directiva, se levantará un acta, de conformidad con el Artículo 15 de la presente Ley, y se procederá a la inscripción en el Registro de Organizaciones Sociales, del Ministerio de Trabajo y Seguridad Social.

Artículo 22.- Los comités regionales contarán con una junta directiva, la cual estará encargada de velar por el adecuado funcionamiento del comité. La junta quedará facultada para dictar su propia regulación interna, que deberá considerar, como mínimo, los aspectos referentes a convocatorias, la elaboración de la agenda, comunicación de los acuerdos y mecanismos para realizar las votaciones, así como la distribución de funciones entre sus miembros, quienes permanecerán en sus cargos por un período de dos años y podrán ser reelegidos.

La junta directiva estará integrada por un mínimo de siete miembros y en ella deberán estar representados todos los sectores que forman parte del comité regional. La representación judicial y extrajudicial le corresponderá al presidente.

Artículo 23.- A los miembros de las juntas directivas de los comités regionales y a sus familiares, les serán aplicables las prohibiciones y limitaciones señaladas en el artículo 17 de la presente Ley.

Artículo 24.- Serán funciones de la junta directiva de los comités regionales:

a) Supervisar y controlar, en el ámbito de su competencia, la aplicación de la presente Ley, su Reglamento y las leyes conexas.

b) Autorizar la apertura de nuevas ferias del agricultor en la región, en coordinación con la Junta Nacional de Ferias.

c) Solicitar, a los entes administradores de ferias, el reporte de actividades, los informes contables, el plan de presupuesto, los análisis estadísticos, el plan anual de trabajo, así como otras informaciones referentes a la actividad.

d) Designar a los entes emisores de carnés en su respectiva región. El comité regional deberá llevar un registro, con las calidades y las firmas de los funcionarios designados por los entes emisores existentes para emitir los carnés; esta información deberá ser suministrada a los otros comités regionales, por medio de la Junta Nacional de Ferias del Agricultor.

e) Fiscalizar y evaluar, permanentemente, la gestión administrativa de las ferias y las entregas de carnés, inspeccionando las fincas cuando las situaciones así lo ameriten. Además, llevar un listado de los carnés emitidos por los entes emisores de carnés.

f) Velar por la adecuada utilización para el mejoramiento de las ferias de los recursos que los entes administradores recauden mediante el cobro de las cuotas correspondientes.

g) Canalizar, a los entes administradores de ferias, los lineamientos dictados por la Junta Nacional de Ferias del Agricultor y las directrices técnicas emitidas por el CNP.

h) Presentar, al CNP y a la Junta Nacional de Ferias del Agricultor, los informes que le sean requeridos.

i) Promover, capacitar, asesorar y apoyar a los entes administradores de ferias, para lo cual deberá elaborar un plan de trabajo.

j) Suspenderle o revocarle la autorización para la administración de la feria al ente administrador que incurra en anomalías en el ejercicio de sus funciones, de conformidad con la presente Ley y su Reglamento.

k) Suspenderle o revocarle la autorización para la emisión de carnés, a la organización que incurra en anomalías en el desempeño de sus funciones.

l) Nombrar al representante ante la Junta Nacional de Ferias del Agricultor y a su suplente.

m) Aprobar el reglamento interno de cada feria bajo su jurisdicción.

Artículo 25.- Las organizaciones de productores que deseen la apertura y administración de una feria, deberán presentar una solicitud al comité regional, a la cual deberá adjuntarse un estudio técnico que demuestre la viabilidad de la feria, el acuerdo municipal firme donde se asigne o se dé el visto bueno al lugar para ubicarla y el permiso sanitario de funcionamiento del lugar, extendido por la oficina local de Salud; para obtener este último, deberán cumplirse requisitos que determine la ley en la materia.

Una vez cumplidos los requisitos mencionados, el comité regional tendrá la facultad de aprobar o rechazar la solicitud mediante resolución fundada, según su viabilidad. De existir más de una organización interesada, deberá brindarles igualdad de trato y escoger a la entidad que mejor reúna los requisitos para cumplir los fines de la presente Ley.

Artículo 26.- El comité regional podrá intervenir cualquier feria de su respectiva región cuando se determinen anomalías graves en su administración; además, cuando las circunstancias lo ameriten, previo cumplimiento de los principios del debido proceso, podrá revocar la autorización para administrar la feria y asignar su administración a otro ente administrador.

Sección II
Cuotas de participación en ferias del agricultor e inspección a fincas

Artículo 27.- Con el asesoramiento del CNP y la Junta Nacional de Ferias del Agricultor, el comité regional correspondiente establecerá el monto de la cuota que los entes administradores de ferias podrán cobrar por concepto de participación en las ferias. Para fijarla, únicamente se tomarán en cuenta los siguientes rubros, con base en los estudios que, para tales efectos, deberán presentar los entes administradores:

a) Los costos operativos y administrativos por la operación de la feria.

b) Las necesidades inmediatas de inversión para el mejoramiento y la modernización del Programa, de conformidad con el respectivo plan de inversión.

Una vez liquidados los gastos operativos, los recursos provenientes de las cuotas deberán destinarse, única y exclusivamente, a reinvertirse en el mejoramiento y la modernización de las ferias que los generan, salvo lo dispuesto en el Artículo siguiente; se prohíbe a los entes administradores asignarlos a fines distintos de los establecidos en esta Ley. El incumplimiento de esta disposición será causal de revocatoria de la administración de la feria, previa aplicación del debido proceso.

La cuota se revisará anualmente con el fin de determinar si es necesario modificarla; pero, extraordinariamente podrá ser estudiada cuando las circunstancias así lo ameriten.

Asimismo, los comités regionales, con el asesoramiento del CNP y la Junta Nacional de Ferias del Agricultor, establecerán, bajo parámetros técnicos y económicos, el monto que los entes emisores podrán cobrar para cubrir los costos de la emisión del carné respectivo y de las inspecciones a las fincas.

Artículo 28.- De los ingresos brutos mensuales que genere cada feria del agricultor, el ente administrador trasladará directamente a la Junta Nacional de Ferias del Agricultor un cinco por ciento (5%) para cubrir los gastos administrativos, operativos y de inversión.

Asimismo, de la cuota por concepto de participación referida en el Artículo anterior, la Junta Nacional de Ferias, de conformidad con los estudios que le presente cada región, asignará un monto por participante que el ente administrador deberá trasladar al comité regional respectivo, que con base en un presupuesto preparado para ello lo destinará a cubrir los gastos operativos, así como a cumplir las tareas de fiscalización del funcionamiento del Programa. Igualmente, la Junta Nacional de Ferias del Agricultor determinará y autorizará el porcentaje de la cuota que, por concepto de inspección a finca y emisión de carnés, los entes acreditados para tal efecto deberán trasladarle al comité regional, para los propósitos indicados.

Artículo 29.- Los agricultores que participen en el Programa tendrán derecho a ser informados, por escrito, por los entes administradores y los comités regionales, sobre la recaudación de las cuotas de participación en sus respectivas ferias, así como sobre la asignación realizada de los recursos recaudados, de conformidad con la presente Ley.

Asimismo, estarán legitimados para plantear denuncias en relación con el manejo de los recursos de las ferias y su funcionamiento, así como para solicitar la revisión de las cuotas de participación, ante el comité regional y la Junta Nacional de Ferias del Agricultor, según sea el caso.

CAPÍTULO V
Emisores de carnés

Artículo 30.- Los carnés de participación en las ferias del agricultor serán otorgados por las organizaciones de productores del respectivo sector, legalmente constituidas y debidamente autorizadas por el comité regional competente.

Los carnés serán elaborados y distribuidos por la Junta Nacional de Ferias del Agricultor; para ello, contarán con la firma y el sello respectivos.

Los comités regionales deberán fiscalizar el cumplimiento de los requisitos estipulados en esta Ley y su Reglamento para la emisión de los carnés, por lo tanto, estarán facultados para retirar la autorización, en caso de incumplimiento por parte de los entes emisores, y para asumir temporalmente la emisión de carnés de la zona de que se trate, ante la eventualidad de que no existan otras organizaciones interesadas en hacerlo.

Artículo 31.- Para obtener el carné, toda organización de productores o productor individual deberá presentar su solicitud ante cualquiera de los entes emisores de su región y sector productivo.

Los carnés de identificación para cada participante serán entregados previa inspección de la finca y pago de la cuota respectiva por concepto de dicha inspección, así como la correspondiente emisión del carné.

Cuando se trate de individuos solicitantes se exigirán los requisitos necesarios para determinar que verdaderamente sean productores de la zona; en caso contrario, la solicitud será denegada. De la misma manera se procederá cuando se demuestre la falta de veracidad en la información suministrada.

Artículo 32.- Los carnés se extenderán conforme a la estacionalidad y el ciclo de los cultivos. Sin embargo, en ningún caso, el carné se otorgará con una vigencia superior a seis meses, y podrá ser renovado por un período similar.

Artículo 33.- Si la producción lo amerita, podrán extenderse hasta dos carnés de vendedor auxiliar por finca, que los faculten para participar en un solo espacio por feria; sin embargo, podrán asistir a diferentes ferias.

Artículo 34.- La obtención del carné respectivo facultará a su portador para que participe en cualquier feria del país, respetando los requisitos establecidos por cada ente administrador, así como las limitaciones bajo las cuales se le otorga la autorización respectiva, las cuales estarán indicadas en el carné.

CAPÍTULO VI
Participación de organizaciones de productores en las ferias

Artículo 35.- Autorízase a las organizaciones de pequeños y medianos productores, legalmente constituidas y definidas de conformidad con el Artículo 5 de esta Ley, para que participen en las ferias del agricultor y coadyuven en su fiscalización.

Artículo 36.- Cumplidos por parte de las organizaciones los requisitos establecidos en el Reglamento de la presente Ley, podrán otorgárseles los carnés de vendedores auxiliares a los cuales se hagan acreedores.

Sin embargo, a una misma organización, solo se le permitirá participar hasta en un máximo del veinte por ciento (20%) del total de ferias del agricultor existentes en el territorio nacional, ello de acuerdo con su capacidad de producción y comercialización.

Para la asignación de estos carnés, deberá dárseles prioridad a las organizaciones que integran a productores que, por condiciones socioeconómicas o de difícil acceso poblacional, se encuentren imposibilitadas para vender sus productos directamente en las ferias del agricultor.

Los carnés únicamente podrán ser usados por asociados o empleados de la organización.

CAPÍTULO VII
Entes administradores

Artículo 37.- El ente administrador de ferias será la organización de productores, legalmente constituida, designada por el comité regional para que se encargue de la administración de una feria determinada. La vigencia del nombramiento será de dos años, y podrá renovarse a criterio del comité regional, previa evaluación del desempeño.

Artículo 38.- El ente administrador será totalmente responsable del funcionamiento de la feria a su cargo, así como de hacer cumplir la presente Ley; además, de coordinar con las instituciones respectivas la aplicación de las leyes y disposiciones conexas. Asimismo, deberá nombrar a un administrador de la feria y, para el desempeño de sus funciones, le proporcionará a un cuerpo de inspectores dotados de conocimientos básicos de la actividad agropecuaria, cuyas funciones serán las propias de la operatividad de la feria, de conformidad con la asignación de funciones que realice el administrador.

Artículo 39.- Serán funciones del ente administrador:

a) Determinar el orden en la ubicación de los participantes, según sus productos y conforme el Reglamento de la presente Ley, y velar por él.

b) Aplicar la normativa vigente en aspectos sanitarios y fitosanitarios, de calidad e inocuidad, pesas, medidas, precios y empaques de los productos por vender en las ferias, en coordinación con las autoridades respectivas, y velar por que dicha normativa se cumpla.

c) A fin de velar por el orden y la seguridad ciudadana, queda autorizado para que solicite, cuando sea necesario, la intervención de las autoridades policiales.

d) Suministrar los informes económicos y estadísticos del movimiento semanal de la feria, así como cualquier otro solicitado por el CNP, el comité regional y la Junta Nacional de Ferias del Agricultor.

e) Coordinar, con el CNP y el comité regional, el asesoramiento técnico a los agricultores, en cuanto a la comercialización de los productos agropecuarios.

f) Mantener un registro actualizado de productores y de productos de venta en la feria.

g) Definir los mecanismos que permitan reintegrar a la feria a los productores que, por motivos de la estacionalidad de la producción, se ausenten obligatoriamente.

h) Aportar, en forma semanal, el monto recaudado por concepto de la tarifa que se establezca por participante a favor del comité regional.

i) Realizar mejoras en las ferias que administra y coordinar, con el comité regional, cualquier acción en procura de una constante modernización de las ferias.

j) Elaborar planes de trabajo anuales, apoyados en el correspondiente presupuesto de ingresos y egresos.

k) Levantar boletas por las infracciones cometidas por quienes participen en las ferias y trasladarlas al comité regional, para su conocimiento y los trámites pertinentes.

l) Elaborar un plan de manejo de desechos orgánicos, en coordinación con el Ministerio de Salud, y velar por la adecuada recolección de basura y la limpieza.

m) Asignar al CNP un espacio estratégico en las ferias del agricultor, el cual será utilizado con fines demostrativos, promocionales, informativos o en situaciones críticas de comercialización, de conformidad con el Reglamento de la presente Ley. Igualmente, podrá ser utilizado por otras entidades estatales, para desarrollar actividades afines al Programa.

CAPÍTULO VIII
Otros sectores participantes en las ferias

Artículo 40.- El Reglamento de la presente Ley definirá los requisitos específicos que los sectores productivos definidos en el Artículo 1 de esta Ley deberán cumplir para poder participar en las ferias del agricultor; esos requisitos deberán ser concordantes con lo dispuesto en el Artículo 5. No podrá prohibirse la participación de ninguno de estos sectores.

CAPÍTULO IX
Infracciones y sanciones disciplinarias para los participantes

Artículo 41.- Cualquier violación de las normas estipuladas en la Ley N.º 7472, Promoción de la competencia y defensa efectiva del consumidor, de 20 de diciembre de 1994, obligará a los entes administradores o a los comités regionales, según el caso, a plantear la denuncia respectiva ante las autoridades competentes, sin perjuicio de la aplicación de los procedimientos y las sanciones disciplinarias que establecen la presente Ley y su Reglamento.

Artículo 42.- El Reglamento de la presente Ley regulará las infracciones en que incurran los distintos participantes del Programa.

Corresponderá a los comités regionales aplicar, en su jurisdicción, las sanciones y correcciones disciplinarias, siguiendo el debido proceso.

Los infractores podrán ser suspendidos de su participación en las ferias, desde un mes, como mínimo, hasta dos años, como máximo, de conformidad con la reincidencia y la gravedad de la falta de que se trate.

CAPÍTULO X
Disposiciones finales y transitorias

Artículo 43.- Esta Ley es de orden público y deroga todas las que se le opongan.

Transitorio I.- El Poder Ejecutivo reglamentará la presente Ley treinta días hábiles después de su publicación.

Transitorio II.- Dentro de los sesenta días calendario contados a partir de la entrada en vigencia de la presente Ley, a sus disposiciones deberán ajustarse las ferias del agricultor establecidas y los entes autorizados para entregar carnés.

Transitorio III.- Todas las autorizaciones otorgadas para operar ferias, así como los carnés que hayan sido emitidos con anterioridad a la promulgación de la presente Ley, continuarán vigentes, siempre que se hayan otorgado conforme a la normativa que se encontraba vigente. No obstante, para renovarlos deberán ajustarse a lo aquí estipulado.

Transitorio IV.- La Junta Nacional de Ferias del Agricultor y los comités regionales existentes dispondrán de un plazo de noventa días naturales, a partir de la publicación del Reglamento de la presente Ley, para adecuar sus estatutos a la nueva normativa y registrarse en el Departamento de Organizaciones Sociales del Ministerio de Trabajo y Seguridad Social.

Rige a partir de su publicación.

Comisión Legislativa Plena Segunda.- Aprobado el anterior proyecto a los siete días del mes de junio de dos mil seis. Óscar Eduardo Núñez Calvo, Presidente; Sandra Quesada Hidalgo, Secretaria. ASAMBLEA LEGISLATIVA.- San José, a los veintisiete días del mes de junio de dos mil seis.

Comunícase al Poder Ejecutivo.

Francisco Antonio Pacheco Fernández, Presidente; Clara Zomer Rezler, Primera Secretaria; Guyón Massey Mora, SEGUNDO SECRETARIO

Dado en la Presidencia de la República.- San José, a los dieciocho días del mes de julio del dos mil seis. Ejecútese y publíquese. Óscar Arias Sánchez. Alfredo Volio Pérez, Ministro de Agricultura y Ganadería.

REGLAMENTO A LA LEY DE REGULACIÓN DE FERIAS DEL AGRICULTOR

Decreto Ejecutivo Nº 34726-MAG-MTSS

(Publicado en La Gaceta N° 180 de 18 de setiembre de 2008)

EL PRESIDENTE DE LA REPÚBLICA,
EL MINISTRO DE AGRICULTURA Y GANADERÍA Y EL MINISTRO DE TRABAJO Y SEGURIDAD SOCIAL

En el ejercicio de las facultades que le confieren los artículos 140, 141, incisos 3), 18) y 20) y 146 de la Constitución Política, y con fundamento en los numerales 25, 27, 28, 111 y 112 de la Ley General de la Administración Pública y los artículos 15 y 21 de la Ley 8533 del 18 de julio de 2006 de la Regulación de las Ferias del Agricultor.

Considerando:

1º– Que la regulación del sistema de Ferias del Agricultor se encuentra concebido en la ley Nº 8533 "Regulación de Ferias del Agricultor" publicada en el Diario Oficial *La Gaceta* Nº 159 del día 18 de agosto del 2006.

2º– Que las Ferias del Agricultor nacieron con la finalidad de convertirse en un Programa de Mercadeo restringido de productores y productos agropecuarios de origen nacional.

3º– Que con la promulgación de esta Ley se han redefinido las funciones fundamentales a cumplir por los diferentes entes y órganos que la conforman, siendo que la Ley establece la necesidad de emitir una Reglamentación a la misma, que permita brindar mayor especificidad técnica y jurídica a sus alcances, y que a su vez regule el Programa en forma más eficiente en concordancia con sus objetivos y funciones.

4º– Que la Ley trasladó al Departamento de Organizaciones Sociales, del Ministerio de Trabajo y Seguridad Social, el Registro de la Junta Nacional de Ferias del Agricultor y de los Comités Regionales, que anteriormente se regulaban por la Ley Nº 218, del 8 de enero de 1939 y sus reformas, según se desprende del contenido del Decreto Ejecutivo 28699-MAG, del 5 de junio de 2000. **Por tanto,**

DECRETAN:

El siguiente:

REGLAMENTO A LA LEY DE REGULACIÓN DE FERIAS DEL AGRICULTOR

CAPÍTULO I
Disposiciones Generales

Artículo 1º– Se establece un Programa de Mercadeo que se denominará Ferias del Agricultor, para uso exclusivo, en forma individual u organizada, de los pequeños y medianos agricultores nacionales de los sectores de la producción agrícola, pecuaria, forestal, pesca y acuicultura, avícola, agroindustria y artesanía, con el objeto de poner en relación directa a consumidores y productores, de manera que los primeros obtengan mejor precio y calidad y los segundos incrementen su rentabilidad al vender directamente al consumidor.

Artículo 2º– Únicamente se permitirá la venta en las ferias, a los productores y organizaciones que comercialicen productos de origen Nacional y que cumplan con los requisitos mencionados en el presente Reglamento, prohibiéndose la participación de intermediarios.

Artículo 3º– Los pequeños y medianos productores, ya sean individuales o personas jurídicas, que no puedan asistir directamente a comercializar sus productos a las ferias del agricultor, podrán realizarlo por medio de una Organización de Productores de la zona, previamente autorizada para tales efectos por el Ente Emisor respectivo.

Para tales efectos deberá extenderse a su favor una autorización especial, la cual deberá indicar el nombre del productor o de la Organización a la cual le acopiará, y la cantidad y tipos de productos que podrá comercializar y la fecha o período de vigencia de dicho permiso.

Dicha autorización le permitirá a la Organización acopiadora de pequeños y medianos agricultores, asistir a cuantas ferias esté facultada, de conformidad con lo dispuesto en el Capítulo X Sección II del presente Reglamento.

Artículo 4º– Se autorizará la instalación en la Feria de una venta de comida por cada cien vendedores que participen en el evento.

Las ventas de comida, deberán contar con los permisos sanitarios de funcionamiento otorgados por el Ministerio de Salud, dichos permisos deberán ser ubicados en un lugar visible y encontrarse en buen estado. Además deberán ajustarse a las normas vigentes que contempla la Ley General de Salud, así mismo el personal que labora en la venta de comida deberá contar con el curso de manipulación de alimentos impartido por el Ministerio de Salud o por los entes acreditados por este para tales efectos, cual es el caso del Consejo Nacional de Producción y el Instituto Nacional de Aprendizaje.

El Ente Administrador será el legitimado para autorizar la instalación de las ventas de comida.

Artículo 5º– Las Ferias del Agricultor, tomando en consideración su origen y naturaleza, podrán funcionar en las vías públicas debidamente autorizadas para ello, hasta tanto se desarrolla el proceso de modernización que permita su ubicación en otro tipo de espacios. Queda prohibida la instalación de ventas ambulantes, estacionarias o mini ferias a menos de 500 metros de donde se celebre una Feria del Agricultor, siendo responsable del cumplimiento de esta medida el Ente Administrador de la Feria en coordinación con la Municipalidad respectiva.

CAPÍTULO II
De los participantes

Sección I
De las funciones y atribuciones de los Entes Públicos

Artículo 6º– El Consejo Nacional de Producción (CNP) será el ente estatal encargado de la asesoría y la fiscalía técnica en el ámbito de mercadeo, agroindustria, manejo poscosecha, inocuidad de alimentos, calidad agrícola y buenas prácticas agrícolas y deberá emitir lineamientos sobre esta materia.

Tendrá las siguientes funciones:

1) Mantener información económica y estadística actualizada de las ferias del Agricultor, que deberá ser suministrada por los respectivos Entes Administradores de Ferias y los Emisores de Carnés, en lo que a cada uno le compete.

2) Elaborar semanalmente una lista de precios de referencia para las ferias del Agricultor.

3) Elaborar planes de asesoría y capacitación a los Entes Administradores y a los Comités Regionales de Ferias, en el cumplimiento de las competencias asignadas en la presente Ley.

4) Capacitar a los participantes en las ferias, en aspectos propios de mercadeo, agroindustria, manejo poscosecha, inocuidad de alimentos, calidad agrícola y buenas prácticas agrícolas, entre otros; para lo cual se apoyará en la estructura organizativa del Programa Nacional de Ferias del Agricultor.

5) Promover el mejoramiento de las ferias del agricultor mediante el diseño de propuestas de ferias modelo, considerando aspectos administrativos, organizativos y de gestión comercial e infraestructura.

6) Elaborar una metodología para evaluar el desempeño del Programa Nacional de Ferias del Agricultor, en al ámbito de mercadeo, agroindustria, manejo poscosecha, inocuidad de alimentos, calidad agrícola y buenas prácticas agrícolas.

7) Preparar un plan de acción en coordinación con los entes competentes, para verificar el cumplimiento de las normas establecidas para la comercialización de productos en las ferias del agricultor, en aspectos como inocuidad, manejo poscosecha, calidad agrícola y buenas prácticas agrícolas, entre otros.

8) Participar en las sesiones ordinarias y extraordinarias de la Junta Nacional de Ferias y Comités Regionales, cuando así se requiera, teniendo derecho a voz, pero no a voto.

Artículo 7º– El Ministerio de Trabajo y Seguridad Social a través del Departamento de Organizaciones Sociales será la Institución encargada de registrar como personas jurídicas a la Junta Nacional de Ferias y a los Comités Regionales.

Sección II
De las funciones y atribuciones de los Entes Privados

Artículo 8º– La Junta Nacional de Ferias del Agricultor será el Ente Rector y Fiscalizador del Programa Nacional de Ferias del Agricultor con ámbito nacional y estará integrado por los representantes de los Comités Regionales del país.

Artículo 9º– Los Comités Regionales serán las Organizaciones que velarán por la aplicación adecuada de la Ley de Ferias del Agricultor y el presente Reglamento en la región o jurisdicción de acuerdo a su ámbito de acción.

Artículo 10.– Los Entes Administradores serán las organizaciones encargadas de administrar la o las ferias del agricultor asignadas a su cargo y deberán estar legalmente constituidos y autorizados por el Comité Regional respectivo para dicha función.

Artículo 11.– Los Entes Emisores de Carnés serán las organizaciones encargadas de la emisión de los carnés para la participación en las ferias del Agricultor, los cuáles deberán estar legalmente constituidos como tales y autorizados para ejecutar tal función por parte del Comité Regional de Ferias del Agricultor respectivo.

Artículo 12.– Las Organizaciones de Consumidores que serán aquellas Asociaciones que velan por la defensa de los consumidores y que podrán solicitar formar parte de los Comités Regionales en su respectiva localidad.

Artículo 13.– Los Participantes serán los productores agrícolas, pecuarios, pesqueros, acuicultores, forestales, avícolas, agroindustriales y artesanos, autorizados a comercializar sus productos en las ferias, ya sea como organizaciones legalmente constituidas o en forma individual.

CAPÍTULO III
De la operación de las ferias

Sección I
Infraestructura

Artículo 14.– Todo lugar destinado a Ferias del Agricultor, debe contar con los servicios mínimos que permitan mantener las condiciones básicas de accesibilidad, seguridad y equipo para la adecuada comercialización de los productos.

Artículo 15.– Los locales de venta deben estar distribuidos de manera tal que permitan un flujo adecuado para los visitantes a la Feria y deberán estar agrupados por tipo de producto que se venda. Deberá existir en cada campo ferial un sector destinado para productos de alto riesgo de contaminación (pescado, pollo, huevos, comidas, lácteos, otras carnes, embutidos y otros), de acuerdo a lo dispuesto por el Ministerio de Salud.

Artículo 16.– Cada local de venta deberá disponer de infraestructura de exhibición adecuada para los productos, como: tarimas, mesas, vitrinas u otros materiales que permitan mantener los productos alejados del suelo, así mismo debe estar protegido por infraestructuras que eviten el daño de los productos por exposición al sol o lluvia (toldos o techos individuales).

El techo debe ser alto y con estructuras metálicas o de otro material que sea el idóneo de acuerdo con las condiciones de la zona, con el fin de ofrecer mejores condiciones operativas y proteger los productos.

Artículo 17.– Se debe disponer de abastecimiento suficiente de agua potable, con instalaciones apropiadas para su almacenamiento y distribución de modo que puedan ser utilizadas en las áreas donde se requiera, con el fin de asegurarse la inocuidad de los productos alimenticios vendidos en la Feria.

Artículo 18.– Las Ferias del Agricultor (campo ferial) debe disponer de una batería de servicios sanitarios, construidos bajo la normativa para este fin. Los mismos deberán contar con las siguientes características:

a.- Estar disponibles para los participantes (vendedores, consumidores y personal administrativo),

b.- Estar equipados con papel higiénico, lavamanos, jabón antibacterial, toallas desechables, basureros con tapa; rotulados con leyendas de “servicios para hombres” y “servicios para mujeres”.

c.- Estar ubicados a una distancia tal que sean accesibles para los participantes y no presenten problemas de contaminación en los puntos de venta.

d.- Tener ventilación adecuada de modo que no se acumulen malos olores y que no haya exceso de calor.

Sección II
Transporte y manejo de recipientes

Artículo 19.– Los medios de transporte deberán acondicionarse para proteger los productos de posibles fuentes de contaminación y de daños que puedan hacerlos no aptos para el consumo.

Se deberá proporcionar un ambiente que permita controlar eficazmente el crecimiento de microorganismos, patógenos o de descomposición y la producción de toxinas.

Artículo 20.– Los vehículos utilizados para el transporte de productos deberán tener las condiciones adecuadas para evitar daños por contaminación y mecánicos.

Artículo 21.– Los productos deben estar debidamente protegidos durante el transporte y los recipientes requeridos para su almacenamiento dependerán de la clase de productos y de las condiciones en que se deban transportar y deberán cumplir lo siguiente:

1) Que no contaminen los productos o el empaque.

2) Limpiarse eficazmente y en caso necesario desinfectarse.

3) Permitir una separación eficaz entre los distintos productos y entre otros productos no alimentarios, cuando sea necesario;

4) Proporcionar una protección eficaz contra la contaminación, incluidos el polvo y el humo.

5) Cuando se utilicen recipientes para diferentes productos o para productos no alimentarios, éste debe limpiarse a fondo y cuando aplique, desinfectarse entre las distintas cargas.

6) Particularmente en el transporte a granel, los recipientes deberán rotularse para el uso exclusivo de productos y utilizarse solo para ese propósito.

Sección III
Higiene de los productos y de los participantes

Artículo 22.– El lugar destinado a las Ferias del Agricultor, deberá disponer de las condiciones básicas de higiene para el adecuado manejo y comercialización de los productos, de conformidad con lo siguiente:

a) Higiene del campo ferial: La Administración de cada Feria deberá tener un plan de higiene del campo ferial y será la responsable de las operaciones de limpieza, desinfección y recolección de basura.

b) Higiene de infraestructura de exhibición: La infraestructura de exhibición y las cajas de empaque de plástico deben estar limpias y desinfectadas antes de su uso. No deberán mantenerse nunca en el puesto de venta artículos ajenos a la manipulación y comercialización de alimentos, tales como ropas, calzados, pañales, productos químicos etc, para evitar fuentes adicionales de contaminación de los productos.

Los alrededores del puesto de venta deberán permanecer libres de focos de contaminación; como aguas estancadas, restos de productos, empaques, etc. de modo que se evite la presencia de insectos, roedores y microorganismos.

c) Manejo de desechos: Cada Administración de Ferias deberá disponer de un programa de recolección de desechos con el objetivo de prevenir la proliferación de microorganismos riesgosos para la salud de los usuarios y participantes.

Artículo 23.– Queda terminantemente prohibida la presencia de animales en el puesto de venta o cerca de él.

Artículo 24.– Los participantes deberán cumplir de las siguientes prácticas de higiene:

a) Personal que manipula y comercializa productos de alto riesgo:

i.- Deberá estar en condiciones de salud aptas para la manipulación de alimentos.

ii.- Deberá usar una gabacha y protector de cabello. La gabacha debe ser de color claro y mantenerse limpia y en buen estado. El cobertor de cabello puede ser una gorra convencional o una elaborada que tenga elástico y que cubra todo el cabello.

iii.- Deberá lavarse las manos con agua y jabón antes de manipular cualquier producto

iv.- Le será prohibido fumar dentro del área del local de venta.

v.- Le será prohibido recibir el dinero si le corresponde tocar los productos que vende.

vi.- No podrá consumir alimentos o bebidas sobre los productos que están en venta.

vii.- Deberá aprobar el Curso de Manipulación de Alimentos impartido por un ente oficial.

b) Personal que manipula y comercializa productos no calificados de alto riesgo:

i.- Deberá estar en condiciones de salud aptas para la manipulación de alimentos.

ii.- Le será prohibido fumar dentro del área del local de venta.

iii.- Le será prohibido el consumo de alimentos o bebidas sobre los productos que están en venta.

iv.- Deberá aprobar el Curso de Manipulación de Alimentos impartido por un ente oficial.

CAPÍTULO IV
De la junta nacional de ferias del agricultor

Sección I
Disposiciones Generales

Artículo 25.– La Junta Nacional de Ferias del Agricultor, será el máximo órgano del Programa Nacional de Ferias del Agricultor en el ámbito nacional, en su papel de Rector y Fiscalizador deberá emitir las políticas que regirán a dicho programa.

Artículo 26.– La Junta Nacional estará conformada por:

a) Un representante de cada uno de los Comités Regionales existentes en el país, con su respectivo suplente.

b) Un representante de las organizaciones de consumidores.

c) Un fiscal.

d) Un representante del Consejo Nacional de Producción, con derecho a voz pero no a voto.

Artículo 27.– El representante de los consumidores será nombrado por el Ministerio de Economía, Industria y Comercio, de acuerdo a sus registros y conforme a la solicitud de la Junta Nacional de Ferias. Si a los quince días hábiles posteriores a la nota de solicitud el Ministerio (MEIC) no ha realizado la designación respectiva, la Junta Directiva de la Junta Nacional podrá conformarse sin la participación de dicho representante.

Artículo 28.– A efecto de definir políticas de carácter general, también podrán participar en estas reuniones, representantes de los diferentes Ministerios y Municipalidades involucrados en el Programa con derecho a voz pero no a voto.

Sección II
Constitución

Artículo 29.- La Junta Nacional de Ferias del Agricultor se constituirá mediante la celebración de una Asamblea General que estará conformada por dos representantes con derecho a voz y voto de cada uno de los Comités Regionales del país, quienes a su vez deberán ser miembros de la Junta Directiva de los Comités Regionales que representan.

Corresponderá a la Junta Nacional de Ferias del Agricultor, efectuar los procesos de acreditación correspondientes de los Comités Regionales.

Para tal efecto se levantará un acta que será debidamente protocolizada ante notario público y deberá contener:

a) El nombre completo y el número de cédula de cada uno de los asistentes y el nombre de la organización a la que representan. Además, el notario público deberá autenticar las firmas de todos y cada uno de los asistentes a la Asamblea Ordinaria.

b) La aprobación de sus estatutos y la elección de la Junta Directiva, en la que deberá señalarse el nombre completo y calidades personales de cada uno de los integrantes propietarios, suplentes y un fiscal.

Artículo 30.- Los miembros de la Junta Directiva de la Junta Nacional de Ferias del Agricultor serán nombrados por un plazo de dos años y podrán ser reelectos por una única vez en forma sucesiva. La representación judicial y extrajudicial corresponderá a su Presidente.

Artículo 31.- Constituida la Junta Nacional de Ferias del Agricultor, se procederá a inscribirla en el Departamento de Organizaciones Sociales, del Ministerio de Trabajo y Seguridad Social y formará parte del Registro de Organizaciones Sociales de dicho Ministerio.

Artículo 32.- La Junta Nacional de Ferias del Agricultor, deberá tramitar en el Registro todos los cambios sujetos a inscripción que se susciten, cumpliendo las mismas formalidades de su inscripción original.

Artículo 33.- La Junta Nacional de Ferias del Agricultor se reunirá ordinariamente al menos dos veces por mes y de manera extraordinaria cuando lo requieran las circunstancias y a través de las instancias facultadas para ello, convocatoria que deberá realizarse con al menos cinco días de anticipación y por escrito.

Artículo 34.- Deberá llevar al día y custodiar los siguientes libros legales: De Actas de Asambleas, de Actas de Junta Directiva y de Registro de Afiliados, consignando la razón de apertura y cierre por parte el Presidente y Secretario de la Junta Directiva de la Junta Nacional de Ferias del Agricultor. Asimismo, llevarán Libro Diario, Mayor y de Inventarios y Balances, legalizados por la Contraloría General de la República.

Artículo 35.- Las convocatorias a Asambleas Ordinarias se realizarán al menos con quince días naturales de anticipación y serán dirigidas a todos los involucrados en el proceso, a través de invitación personal debidamente notificada.

Artículo 36.- La Junta Nacional de Ferias de conformidad con lo dispuesto en el artículo 16 inciso k) de la Ley, celebrará dos Asambleas Ordinarias anuales en los meses de marzo y setiembre y los Comités Regionales una Asamblea ordinaria al año en el mes de Febrero. Podrán celebrar las Asambleas Extraordinarias que fueran necesarias para su adecuado funcionamiento.

Artículo 37.- La Asamblea Ordinaria o Extraordinaria se constituirá legalmente, en primera convocatoria, cuando estén presentes al menos la mitad más uno de sus miembros. De no existir el quórum requerido a la hora señalada, podrá constituirse en segunda convocatoria una hora después, con la asistencia de al menos cinco Comités Regionales en el caso de la Junta Nacional de Ferias del Agricultor y de un 25% de las organizaciones que lo integran en el caso de los Comités Regionales. En aquellos casos en los que la Asamblea del Comité Regional no cuente con un número de al menos cinco organizaciones, la convocatoria será válida cuando comparezcan al menos cuatro de ellas.

Artículo 38.– Ninguna persona podrá ser designada en un puesto si no está presente en el momento de la elección.

Artículo 39.– En las Asambleas únicamente podrán participar las organizaciones que se encuentren al día en el pago de sus obligaciones con el Programa, de acuerdo con lo que establece la Ley y el presente Reglamento.

Artículo 40.– Una vez electos los miembros de la Junta Directiva, estos se reunirán en sesión aparte para la designación de sus puestos en un plazo no mayor de ocho días naturales, posterior a la celebración de la Asamblea. La misma deberá quedar integrada por un Presidente, Vicepresidente, Secretario, Tesorero y Vocales.

Artículo 41.– En caso de ausencia temporal simultánea del Presidente y del Vicepresidente, la Junta Directiva nombrará un Presidente interino. En caso de ausencia definitiva, se hará la designación que corresponda, tomando también en cuenta para tal efecto a los miembros suplentes.

Artículo 42.– La Junta Directiva tendrá las funciones que señalan la Ley, el presente Reglamento y sus respectivos Estatutos.

Sección III
Atribuciones y deberes

Artículo 43.– Las decisiones que la Junta Nacional de Ferias del Agricultor adopte en materia de Ferias del Agricultor, serán vinculantes para todos los participantes en el Programa Nacional de Ferias del Agricultor.

Artículo 44.– La Junta Nacional de Ferias del Agricultor podrá, otorgando de previo el debido proceso, acordar la suspensión de la ejecución de los actos contrarios a las directrices que hayan sido emitidas de su parte, en los ámbitos propios de su competencia.

Artículo 45.– La Junta Nacional de Ferias del Agricultor queda facultada para asistir a las sesiones de los Comités Regionales cuando así lo considere conveniente, en su condición de rector y fiscalizador del Programa, teniendo derecho a voz, pero no a voto, para lo cual la Junta designará a un representante debidamente acreditado de manera escrita.

Artículo 46.– Serán funciones de la Junta Nacional de Ferias del Agricultor:

1) Evaluar la gestión de todas las partes integrantes del Programa Nacional.

2) Velar por el cumplimiento de la Ley N°8533 y el presente Reglamento.

3) Resolver cuestionamientos, planteamientos, incumplimientos presentados con relación a la aplicación de la Ley y el presente Reglamento y las apelaciones que le sean elevadas por los Comités Regionales en atención a asuntos propios de su competencia.

4) Solicitar al Consejo Nacional de Producción el asesoramiento técnico respectivo en atención a lo estipulado en la Ley de Ferias del Agricultor y el presente Reglamento.

5) Solicitar a los Comités Regionales cualquier información referida a la actividad que se desarrolla en su área de influencia.

6) Verificar que los acuerdos emitidos por los Comités Regionales se ajusten a las políticas emitidas de su parte.

7) Elaborar los formatos de carnés de participación para las Ferias del Agricultor, con su respectivo sello y firma, además efectuar su cobro y distribución a través de los Comités Regionales.

8) Oficializar los carnés de autorización de ventas en las ferias del agricultor por medio de la firma del Presidente o quién ésta designe para tal efecto y el sello respectivo. Se entenderá no válido el carné que no cuente con estos requisitos.

9) Atender las denuncias que le sean presentadas con respecto a anomalías detectadas en la ejecución del Programa de Ferias del Agricultor, canalizándolas ante las instancias correspondientes o resolviendo lo que pueda ser de su competencia.

10) Llevar a cabo las acciones correctivas correspondientes, en caso de que algún Comité Regional no cumpla con las disposiciones establecidas en la Ley y el presente Reglamento.

11) Intervenir un Comité Regional cuando existan denuncias por anomalías o irregularidades en el ejercicio de las funciones de este y cuando la situación así lo amerite. En caso de intervención de un Comité Regional, la Junta coordinará con el Comité Regional más cercano a su jurisdicción, con la finalidad de que asuma temporalmente las funciones que le competen al primero, mientras se resuelve la intervención.

12) Realizar las auditorias que considere necesarias a los Comités Regionales, Entes Administradores de Ferias y Entes Emisores de Carnés, así como solicitar toda la información que sea requerida para tal propósito.

13) Otorgar el aval a los proyectos de inversión que los entes involucrados en el Programa Nacional de Ferias del Agricultor pretendan presentar a entidades financieras en general, cuyo objetivo sea el mejoramiento de este Programa.

14) Asistir a las sesiones de las Juntas Directivas de las organizaciones integrantes del Programa Nacional de Ferias del Agricultor, cuando se traten asuntos relacionados con este Programa.

15) Realizar al menos una vez al año un censo en el campo ferial de cada una de las Ferias del Agricultor a nivel nacional, para verificar cantidad de espacios, supervisión administrativa, transformación del campo Ferial, entre otros.

16) Convocar y aportar la agenda para la realización de al menos una Asamblea anual, con la participación de todos los miembros de la Junta Directiva de cada uno de los Comités Regionales, donde se revisarán las políticas a seguir para determinar su aplicabilidad y forma de evaluación; así como los planes, proyectos y otros aspectos relevantes en las actividades desarrolladas en el Programa Nacional de Ferias del Agricultor.

17) Preparar un plan de capacitación y su correspondiente implementación a los entes involucrados en el Programa Nacional de Ferias del Agricultor, de acuerdo a los planes de los Comités Regionales.

CAPÍTULO V
De los comités regionales

Sección I
Disposiciones Generales

Artículo 47.– Los Comités Regionales serán los máximos representantes del Programa Nacional de Ferias en su ámbito regional y velarán para que en su región se aplique adecuadamente la Ley de Ferias del Agricultor y el presente Reglamento. Estos Comités deberán estar debidamente constituidos y serán los encargados en su zona respectiva de la ejecución del Programa Nacional de Ferias del Agricultor, según las políticas y directrices que al efecto dicte la Junta Nacional de Ferias del Agricultor.

Artículo 48.– Los Comités Regionales estarán integrados por:

a) Un representante de cada uno de los Entes Administradores de Ferias

b) Un representante de las Organizaciones Emisoras de Carnés de cada región

c) Un representante de Organizaciones de Consumidores cuya designación se solicitará al Ministerio de Economía, Industria y Comercio, siendo que si en un plazo de quince días hábiles contados a partir de la solicitud esta no se ha realizado, la Junta Directiva del Comité Regional podrá integrarse sin la participación del representante de los consumidores.

Artículo 49.– La ubicación de los Comités Regionales y su cobertura, se determinará utilizando como referencia la división territorial utilizada por el Ministerio de Agricultura y Ganadería.

Artículo 50.– Corresponderá a cada Comité Regional mediante Asamblea, la elección de una Junta Directiva cuyos integrantes deberán contar con su respectivo suplente, su nombramiento será por un período de dos años y podrán ser reelegidos.

Artículo 51.– En el supuesto de que coincida la figura del Ente Administrador con la del Ente Emisor de Carnés, estará limitada su participación a una sola representación.

Artículo 52.– A las sesiones del Comité Regional podrá asistir un representante del Consejo Nacional de Producción en condición de observador, con derecho a voz, pero no a voto.

Sección II
Constitución

Artículo 53.– Créase un Comité Regional para cada región técnicamente establecida según lo dispuesto por el presente Reglamento. Su constitución se efectuará mediante la celebración de una Asamblea General Constitutiva, en la que se aprobarán los estatutos del Comité Regional y se elegirá a su Junta Directiva.

Artículo 54.– La Asamblea General de los Comités Regionales estará integrada por:

1) Los entes administradores de feria de la región;

2) Los entes emisores de carnés de cada región,

3) Un representante de las organizaciones de consumidores y

4) Un representante del CNP, con derecho a voz pero no a voto.

Contarán con un representante que deberá ser miembro de la Junta Directiva de la Organización que representa y su respectivo suplente, este último con derecho a voto únicamente en ausencia del titular.

En el supuesto de que la figura del ente administrador coincida con la del ente emisor de carnés, su participación estará limitada a una sola representación.

Artículo 55.– Una vez efectuada la Asamblea constitutiva, se levantará un acta que se remitirá para efectos de inscripción al Registro de Organizaciones Sociales, del Ministerio de Trabajo y Seguridad Social.

Artículo 56.– El Comité Regional deberá llevar al día y custodiar los siguientes libros legales: De Actas de Asambleas, de Actas de Junta Directiva y de Registro de Afiliados, consignando la razón de apertura y cierre por parte el Presidente y Secretario de la Junta

Directiva de la Junta Nacional de Ferias del Agricultor. Asimismo, llevarán Libro Diario, Mayor y de Inventarios y Balances, legalizados por la Contraloría General de la República.

Artículo 57.– Las convocatorias a Asambleas Ordinarias se realizarán al menos con quince días naturales de anticipación y serán dirigidas a todos los involucrados en el proceso a través de invitación personal debidamente notificada.

Artículo 58.– Los Comités Regionales de conformidad con lo dispuesto en la Ley, celebrarán una Asamblea Ordinaria al año en el mes de Febrero. Podrán celebrar las Asambleas Extraordinarias que fueran requeridas para su adecuado funcionamiento.

Artículo 59.– La Asamblea Ordinaria o Extraordinaria se constituirá legalmente en primera convocatoria cuando estén presentes al menos la mitad más uno de sus miembros. De no existir el quórum requerido a la hora señalada, podrá constituirse en segunda convocatoria una hora después, con la asistencia de un 25% de las organizaciones que lo integran. En aquellos casos en los que la Asamblea del Comité Regional no cuente con un número de al menos cinco organizaciones, la convocatoria será válida cuando comparezcan al menos cuatro de ellas.

Artículo 60.– Ninguna persona podrá ser designada en un puesto si no está presente en el momento de la elección.

Artículo 61.– En las Asambleas únicamente podrán participar las organizaciones que se encuentren al día en el pago de sus obligaciones con el Programa, de acuerdo con lo que establece la Ley y el presente Reglamento.

Artículo 62.– Una vez electos los miembros de la Junta Directiva, estos se reunirán en sesión aparte para la designación de sus puestos en un plazo no mayor de ocho días naturales posterior a la celebración de la Asamblea. La misma deberá quedar integrada por un Presidente, Vicepresidente, Secretario, Tesorero y Vocales.

Artículo 63.– En caso de ausencia temporal simultánea del Presidente y del Vicepresidente, la Junta Directiva nombrará un Presidente interino. En caso de ausencia definitiva, se hará la designación que corresponda, tomando también en cuenta para tal efecto a los miembros suplentes.

Artículo 64.– La Junta Directiva tendrá las funciones que señalan la Ley, el presente Reglamento y sus respectivos Estatutos.

Sección III
Atribuciones y Funciones

Artículo 65.– Para su adecuado funcionamiento la Asamblea de cada Comité Regional designará su Junta Directiva, quedando facultados para darse su propia regulación interna, que deberá considerar aspectos referidos a: convocatorias, elaboración de la agenda, comunicación de acuerdos, mecanismo para realizar las votaciones, distribución de funciones entre los miembros de Junta Directiva, entre otros.

Artículo 66.– El Comité Regional podrá intervenir cualquier Feria y Ente Emisor de Carnés, cuando se determinen anomalías en su Administración o cuando las circunstancias lo ameriten. Previo cumplimiento de los principios del debido proceso, el Comité Regional podrá asignar la Administración de la Feria a otro Ente Administrador y la Emisión de Carnés a otro Ente Emisor, que se ajusten a las normativas establecida en la Ley de Ferias del Agricultor y su Reglamento.

Artículo 67.– Serán funciones de los Comités Regionales, las siguientes:

1) Supervisar y controlar la aplicación de la Ley N°8533, su Reglamento y leyes conexas.

2) Evaluar la gestión de los Entes Administradores de Ferias y Entes Emisores de Carnés de su Región.

3) Solicitar a los Entes Administradores de Ferias y Entes Emisores de Carnés de su región un reporte de actividades, informes contables, plan anual de trabajo, presupuesto, análisis estadísticos, así como otras informaciones referidas a la actividad. La información se solicitara idealmente cada seis meses, y como mínimo anualmente.

4) Atender consultas de las ferias de las diferentes regiones.

5) Fiscalizar y conocer de los procesos de inspección de fincas y entrega de carnés, con el apoyo de Junta Nacional de Ferias del Agricultor.

6) Autorizar a organizaciones de productores legalmente constituidas a efecto de que emitan carnés.

7) Velar por la adecuada utilización de los recursos que, mediante el cobro de las cuotas correspondientes, son manejados por los Entes Administradores.

8) Canalizar a los Entes Administradores de Ferias y a los Agricultores participantes cuando así lo amerite, las políticas emitidas por la Junta Nacional de Ferias del Agricultor.

9) Presentar a la Junta Nacional de Ferias del Agricultor y al Consejo Nacional de Producción, los informes que le sean requeridos en el plazo establecido.

10) Autorizar la apertura de nuevas Ferias del Agricultor en la Región, labor que deberá hacerse en coordinación con la Junta Nacional de Ferias del Agricultor.

11) Suspender de la Administración de la Feria, al Ente Administrador que incurra en anomalías durante el desempeño de sus funciones de conformidad con lo dispuesto en el presente Reglamento.

12) Suspender al Ente Emisor de Carnés que incurra en anomalías durante el desempeño de sus funciones de conformidad con lo dispuesto en el presente Reglamento.

13) Elaborar un Plan de Trabajo para promover, capacitar, asesorar y apoyar a los Entes Emisores de Carnés y Entes Administradores de Ferias del Agricultor. Dicho plan deberá ser presentado a la Junta Nacional de Ferias.

14) Mantener un registro actualizado de los agricultores que se le emiten carnés y un listado de los agricultores que participan en las Ferias del Agricultor, mismo que deberán hacerlo de conocimiento de la Junta Nacional de Ferias del Agricultor, con el propósito de llevar una base de datos nacional. El mismo debe actualizarse al menos dos veces al año o cuantas veces considere el Comité.

15) Realizar inspecciones en fincas o en Ferias del Agricultor en otras jurisdicciones, en casos calificados, previa autorización de la Junta Nacional de Ferias del Agricultor.

16) Solicitar a la Junta Nacional de Ferias del Agricultor por escrito los formatos de los carnés de participación en las Ferias del Agricultor y realizar la respectiva cancelación de su costo.

17) Designar su representante y el suplente ante la Asamblea de la Junta Nacional de Ferias del Agricultor, mediante acuerdo de su Junta Directiva, que deberá ser presentado formalmente a efecto de hacer valer la correspondiente acreditación.

Artículo 68.– El Comité Regional tendrá la facultad de aprobar o rechazar la apertura de una feria del agricultor y la administración de la misma de conformidad con su viabilidad. Para tal efecto la Organización de Agricultores que desee dicha apertura y administración, deberá presentar la solicitud ante el Comité Regional, la que deberá estar acompañada de un estudio técnico que demuestre la viabilidad de la misma, del acuerdo Municipal firme donde se avale o autorice su desarrollo, o se dé el Visto Bueno del lugar para ubicar la feria y el permiso sanitario de funcionamiento de la Feria, extendido por la Oficina local del Ministerio de Salud y los requisitos que determine la Ley Nº 8533 del 18 de julio de 2006, Ley de la Regulación de las Ferias del Agricultor, además del compromiso que garantice que los recursos generados en la Feria serán reinvertidos en el mejoramiento de la misma.

Para efectos de determinar la conveniencia de instalar o modernizar una Feria del Agricultor en alguna localidad, el Comité Regional deberá tomar en consideración, de previo a emitir la resolución correspondiente, las recomendaciones técnicas que al efecto hayan sido emitidas por el Consejo Nacional de Producción.

Artículo 69.– El Comité Regional deberá llevar un registro con las calidades y la firma de los funcionarios designados por cada Ente Emisor de Carnés para emitir los mismos; información que deberá hacerla de conocimiento de la Junta Nacional de Ferias del Agricultor y de los demás Comités Regionales. Esta información debe mantenerse actualizada, por lo que cada vez que sucedan cambios deberá informarlo a los destinatarios antes indicados

Artículo 70.– El Comité Regional hará de conocimiento de la Junta Nacional de Ferias del Agricultor, los acuerdos emitidos por dicho órgano que puedan resultar de su interés, así mismo deberá informarle de posibles infracciones al Reglamento o mal manejo del Programa Nacional de Ferias del Agricultor, donde se requiera la participación de la Junta Nacional de Ferias del Agricultor.

CAPÍTULO VI
Del registro de la junta nacional de ferias y de los comités regionales

Sección I
De la Junta Nacional de Ferias

Artículo 71.– El presente capítulo desarrolla las disposiciones de la Ley Nº 8533, de 18 de julio de 2006, en relación con la inscripción de la Junta Nacional de las Ferias del Agricultor y de los Comités Regionales que formará parte del Registro de Organizaciones Sociales Ministerio de Trabajo y Seguridad Social.

Artículo 72.– El Registro tendrá las siguientes funciones:

a) Calificar, inscribir y certificar los actos jurídicos que según la Ley consten en dicho Registro;

b) Calificar e inscribir las modificaciones estatutarias y los nombramientos de directores y órgano fiscalizador;

c) Resolver las consultas en materia propia de su competencia.

Artículo 73.– El Registro será público y certificará los datos que aparezcan en la inscripción correspondiente a quien lo solicite. Una vez inscrita la Junta Nacional de Ferias del Agricultor, deberá tramitarse en este mismo Registro, todos los cambios sujetos a inscripción que se susciten cumpliendo las mismas formalidades de su inscripción original.

Cuando existieren defectos de fondo en los documentos presentados, el registrador lo comunicará a los interesados para que sean subsanados y los defectos de forma serán corregidos de oficio por el registrador.

Artículo 74.– La Junta Nacional de Ferias del Agricultor debe presentar al Registro, para el reconocimiento de su personería jurídica y para que sea autorizado el inicio de sus actividades, los siguientes documentos:

a) Solicitud escrita de reconocimiento e inscripción de personería jurídica.

b) Copia del Acta de la Asamblea Constitutiva, con indicación de la integración de su Junta Directiva, suplentes y fiscal, y de los Estatutos debidamente aprobados.

c) Nombre, apellidos y número de cédula de identidad de los asistentes a la Asamblea; así como nombre, cargo y demás calidades de los miembros de la Junta Directiva, suplentes y fiscal.

Artículo 75.– Una vez inscrita la constitución y para efectos de renovación de su personería jurídica, la Junta debe remitir al Registro los siguientes documentos:

a) Copia del Acta de la Asamblea en que se efectuaron los nombramientos;

b) Nombres, apellidos, número de cédula y demás calidades de las personas elegidas para integrar la Junta Directiva, de los suplentes y del Fiscal,

c) En caso de reforma estatutaria, deben remitir el texto completo reformado, junto con solicitud de inscripción.

Todos los documentos deberán presentarse en original debidamente suscritos por el Presidente.

Sección II
De Los Comités Regionales

Artículo 76.– Efectuada la Asamblea constitutiva se levantará un acta que se remitirá para efectos de inscripción al Registro de Organizaciones Sociales, del Ministerio de Trabajo y Seguridad Social, la cual deberá contener:

a) Nombre, apellidos y número de cédula de identidad de los asistentes a la Asamblea,

b) Aprobación de Estatutos,

c) Nombramiento de Junta Directiva con un mínimo de siete miembros propietarios y dos suplentes que sustituirán a los propietarios en casos de ausencias temporales o definitivas, con sus mismas facultades y cargo, a excepción del Presidente que será sustituido por el Vicepresidente y nombramiento de Fiscal.

El Acta deberá ser suscrita en original por el Presidente y Secretario que hayan resultado electos.

Artículo 77.– Los Comités Regionales contarán con una Junta Directiva, además de un fiscal, quiénes permanecerán en sus cargos por un período de dos años y podrán ser reelectos. La representación judicial y extrajudicial le corresponderá al Presidente y en el estatuto le serán establecidas sus facultades. En caso de ausencia del Presidente este será sustituido por el Vicepresidente.

Artículo 78.– Una vez constituido e inscrito el Comité Regional en el Departamento de Organizaciones Sociales del Ministerio de Trabajo y Seguridad Social, toda modificación de estatutos y cambio y/o renovación de su Junta Directiva y Fiscal, deberán ser debidamente acreditados con las formalidades establecidas.

Sección III
Del Fiscal

Artículo 79.– La vigilancia en la Junta Nacional estará a cargo de un Fiscal que permanecerá en su cargo por un período dos años, pudiendo ser reelecto por una única vez de forma sucesiva. En el caso del Fiscal del Comité Regional podrá ser reelecto indefinidamente. Serán responsables personalmente por el cumplimiento de sus funciones, siendo sus facultades y obligaciones las siguientes:

a) Asistir a las reuniones de Junta Directiva con voz pero sin voto.

b) Vigilar y fiscalizar que la Junta Nacional de Ferias actúe conforme con el ordenamiento jurídico y los estatutos que la rigen.

c) Comprobar que se lleven actas de las reuniones de la Junta Directiva y de las Asambleas.

d) Vigilar por el cumplimiento de las resoluciones tomadas en las Asambleas.

e) Revisar el balance anual y examinar las cuentas y estados de liquidación de operaciones al cierre de cada ejercicio fiscal.

f) Convocar a Asambleas Ordinarias y Extraordinarias, en caso de omisión de la Junta Directiva.

g) Las demás que señalen la Ley y el Estatuto.

Artículo 80.– Se aplicará supletoriamente al presente Capítulo los principios de Derecho Registral, la Ley General de la Administración Pública y la Ley N° 7932 Ley de Centros Agrícolas Cantonales en cuanto se refiere a la inscripción y registro.

CAPÍTULO VII
De los entes emisores de carnés

Artículo 81.– Los Entes Emisores de Carnés serán autorizados por el Comité Regional que corresponde a su jurisdicción y serán Organizaciones de Productores legalmente constituidas.

Artículo 82.– Los espacios del carné deberán ser escritos a máquina y contendrán la firma del funcionario autorizado para ello y el sello del Emisor correspondiente. No se aceptan si tienen tachaduras o borrones que limiten o cuestionen su autenticidad.

Artículo 83.– Para la emisión del carné, los entes administradores deberán considerar la estacionalidad y ciclo de los cultivos. Cuando se trate de productos de ciclo largo, el carné se otorgará con una vigencia no mayor de 6 meses, pudiendo renovarse por un período similar.

Para extender un carné o proceder a su renovación, el Ente Emisor procederá a realizar nuevamente la inspección en la finca del interesado, o en el lugar o medio de desarrollo de la actividad que fuere.

Artículo 84.– Los Entes Emisores autorizados, deberán comunicar al Comité Regional respectivo, el listado de carnés emitidos, detallando sus especificaciones.

Artículo 85.– El Ente Emisor, para los casos en que la producción lo amerite, podrá extender un máximo de dos carnés de vendedor auxiliar por finca, que los faculte para participar en un solo espacio por Feria, pudiendo sin embargo asistir a diferentes Ferias. Podrán hacer uso de estos carnés auxiliares los hermanos, hijos, padres y el cónyuge del o de la participante, con excepción de lo regulado expresamente para las Organizaciones de Productores.

Artículo 86.– La obtención del carné respectivo facultará a su portador para participar en cualquier feria del país, respetando los requerimientos que sean establecidos por cada Ente Administrador y las limitaciones bajo las cuales se le otorga la autorización respectiva y que estarán indicadas en el carné.

Artículo 87.– Para obtener el carné, toda Organización de Productores o Productor Individual, deberá llenar una solicitud ante el Ente Emisor adscrito a la localidad donde se encuentra la producción. Los carnés de identificación para cada participante serán entregados previa inspección y pago de la cuota respectiva por concepto de dicha inspección.

Artículo 88.– El Ente Emisor de Carné contará con un plazo máximo de un mes para la inspección y emisión del carné. Dicho plazo correrá a partir de la solicitud y una vez que hayan sido cumplidos los requisitos establecidos para ello.

CAPÍTULO VIII
De los entes administradores

Sección I
Disposiciones Generales

Artículo 89.– El Ente Administrador de Ferias será la Organización de Productores legalmente constituida que ha sido designada por el Comité Regional, para que se encargue de la administración de la feria o ferias.

La vigencia de su nombramiento será de dos años, debiendo suscribirse un contrato entre partes mediante el cual se establecerán las obligaciones del Ente Administrador frente al Programa Nacional de Ferias del Agricultor, conforme a lo estipulado en la Ley N°8533 del 18 de julio de 2006, Ley de la Regulación de las Ferias del Agricultor y el presente Reglamento. El Comité Regional estará facultado para la renovación del contrato respectivo por períodos iguales, previa evaluación del desempeño del Ente Administrador.

Artículo 90.– Será de total responsabilidad del Ente Administrador el funcionamiento de la feria a su cargo, así como hacer cumplir el presente Reglamento y coordinar con las entidades respectivas la aplicación de la Ley N° 8533 y sus disposiciones conexas.

El Ente Administrador deberá contar con un Reglamento interno sobre procedimientos y normas administrativas para el manejo de la feria a su cargo, el cual no deberá oponerse a lo que dictado por la Ley de Ferias del Agricultor y el presente Reglamento. El mismo deberá ser aprobado por el Comité Regional respectivo de previo a su aplicación.

Artículo 91.– El Ente Administrador de una feria deberá designar un Administrador el cual será el responsable directo de la misma. Adicionalmente deberá designar un cuerpo de Inspectores con conocimientos básicos de la actividad agropecuaria y cuyas funciones serán las propias de la operatividad de la feria de conformidad con la asignación que haga el Administrador. El Administrador y los Inspectores deberán ser capacitados a efecto de hacer cumplir las normas generales de calidad e inocuidad.

Artículo 92.– Queda totalmente prohibido a los Administradores e Inspectores, aceptar o recibir dádivas de cualquier tipo, por parte de los agricultores que participen en la Feria. De constatarse la conducta indicada y previa implementación del debido proceso, podrán ser sancionados de conformidad con las disposiciones establecidas en la legislación laboral, pudiendo según la gravedad de la falta, aplicarse en su contra el despido sin responsabilidad patronal.

Artículo 93.– Serán funciones del Ente Administrador las que se detallan seguidamente:

1) Determinar y velar por el orden en la ubicación de los participantes de acuerdo con sus productos. Para tales efectos contará con un sistema rotativo donde cada participante podrá permanecer únicamente dos semanas en el puesto asignado.

2) Aplicar las disposiciones vigentes en aspectos sanitarios y fitosanitarios, de calidad e inocuidad, pesas, medidas, precios y empaques de los productos a vender en las ferias, en coordinación con las autoridades respectivas.

3) Velar por el orden y la seguridad ciudadana. Para ello, quedan autorizados para solicitar la intervención de las autoridades policiales cuando ello sea necesario.

4) Suministrar los informes económicos y estadísticos del movimiento semanal de la feria, así como cualquier otro informe solicitado por el Comité Regional y la Junta Nacional de Ferias del Agricultor.

5) Coordinar con la Junta Nacional de Ferias del Agricultor y el Comité Regional, el asesoramiento técnico a los agricultores, en lo que respecta a la comercialización de los productos agropecuarios.

6) Mantener un registro actualizado de agricultores con sus calidades y el detalle de los productos que expenden en la feria.

7) Definir los mecanismos que permitan la reincorporación a la feria, de aquellos productores que por motivos de la estacionalidad de la producción, o que por enfermedad o accidente, se ausenten obligatoria y justificadamente.

8) Aportar en forma semanal, el monto recaudado por concepto de la cuota que se establezca por participante a favor del Comité Regional y la Junta Nacional de Ferias del Agricultor.

9) Realizar mejoras en las ferias que administra y coordinar con el Comité Regional cualquier acción en procura de una constante modernización de la misma.

10) Elaborar planes de trabajo anuales apoyados en el correspondiente presupuesto de ingresos y egresos.

11) Levantar boletas por las infracciones cometidas por los participantes en las ferias y trasladarlas al Comité Regional para su conocimiento y trámites pertinentes.

12) Elaborar un plan de manejo de desechos orgánicos y velar por una adecuada recolección de basura y limpieza.

13) Proporcionar a los vendedores participantes en la Feria del Agricultor, los toldos, tarimas y otros servicios básicos para la operación de la feria.

CAPÍTULO IX
De la participación en ferias del agricultor

Sección I
De las cuotas de participación en ferias del agricultor e inspección a fincas

Artículo 94.– De conformidad con lo dispuesto en el artículo Nº 27 de la Ley Nº 8533 del 18 de julio de 2006, Ley de la Regulación de las Ferias del Agricultor, el Consejo Nacional de Producción y la Junta Nacional de Ferias del Agricultor, asesorarán a los Comités Regionales, revisando que los rubros y montos considerados para el establecimiento de la cuota de participación en cada feria, se fundamente y responda a los siguientes aspectos:

a) Los costos operativos y administrativos directos generados por la operación de la feria, que deberán guardar proporción y ser razonables con relación a la ubicación, tamaño, infraestructura y servicios entre otros.

b) La proporción de los costos indirectos que se haya demostrado razonable y fehacientemente, que son indispensables para la administración y operación de la feria.

c) Las necesidades inmediatas de inversión para el mejoramiento y la modernización de la Feria, de conformidad con el respectivo plan de inversión, las cuales serán valoradas conforme a los principios de razonabilidad y proporcionalidad.

d) Una estimación del 5% de los ingresos brutos mensuales previstos, que deberán trasladarse directamente a la Junta Nacional de Ferias del Agricultor para cubrir los gastos administrativos, operativos y de inversión, mismos que deberán ser depositados el día lunes siguiente de cada semana después de la realización de la Feria, sin excepción alguna.

e) Un monto por participante, previamente definido por la Junta Nacional de Ferias del Agricultor, que el Ente Administrador deberá trasladar al Comité Regional respectivo para cubrir los gastos operativos, así como las tareas de fiscalización.

f) Un porcentaje de utilidad en la cuantificación de la cuota el que será definido dependiendo de los costos operativos en que incurra el ente administrador de que se trate.

Artículo 95.– Queda prohibido a los Entes Administradores, cobrar sumas adicionales a la suma o cuota fijada. El monto de la cuota será informado a los participantes por escrito y a la Junta Nacional de Ferias del Agricultor. La cuota se revisará anualmente, con el fin de determinar si es necesaria su modificación, pero podrá ser estudiada extraordinariamente cuando las circunstancias así lo ameriten.

Artículo 96.– El Consejo Nacional de Producción y la Junta Nacional de Ferias del Agricultor, asesorarán al Comité Regional con respecto al procedimiento para la fijación del monto, que los Entes Emisores de Carnés podrán cobrar por dicha labor, monto que deberá cubrir los costos de la emisión del documento y de la correspondiente inspección a la finca o al sitio donde ocurra la producción. Para tales efectos el análisis correspondiente deberá ajustarse a los siguientes parámetros técnicos y económicos:

a) Sector de la producción donde participa el productor.

b) Condición particular del productor (pequeño o mediano)

c) Costos operativos y administrativos por la emisión del carné y la inspección de finca.

d) Planes de inversión para mejoramiento del servicio

e) Un porcentaje de utilidad en la cuantificación de la cuota el que será definido dependiendo de los costos operativos en que incurra el ente administrador de que se trate.

Artículo 97.– Las cuotas recaudadas por los Entes Emisores de Carnés y Entes Administradores de Ferias del Agricultor; podrán ser verificadas por el Comité Regional y de encontrarse alguna anomalía, se realizará el debido proceso para el descargo de los involucrados, valorándose la procedencia o no de la imposición de sanciones según la prueba recopilada al efecto.

Artículo 98.– De los ingresos brutos que genere cada Feria del Agricultor, el Ente Administrador trasladará directamente a la Junta Nacional de Ferias del Agricultor un cinco por ciento (5%), para cubrir los gastos administrativos, operativos y de inversión.

Así mismo, con fundamento en los estudios técnicos que sean presentados por el Comité Regional, la Junta Nacional de Ferias del Agricultor asignará un monto por participante, que el Ente Administrador deberá trasladar al Comité Regional de la zona, el cual no deberá sobrepasar un máximo de un quince por ciento (15%) y que será destinado para cubrir los costos operativos y del cumplimiento de las labores de fiscalización a ser ejecutadas por el Comité Regional.

Igualmente con relación a la cuota que será cobrada por los Entes Emisores de Carné, la Junta Nacional de Ferias del Agricultor definirá el porcentaje de dicha cuota, que deberá ser trasladada al Comité Regional para los propósitos dichos.

Sección II
De la participación de organizaciones de productores en las ferias

Artículo 99.– Quedan autorizadas para participar en las Ferias del Agricultor de conformidad con lo establecido en el artículo N° 5 de la Ley Nº 8533, las Organizaciones de Productores legalmente constituidas.

Artículo 100.– Para obtener los derechos que otorga el presente Reglamento, las Organizaciones que desean participar en las Ferias del Agricultor, deberán presentar una solicitud escrita ante el Ente Emisor con copia al Comité Regional respectivo, adjuntando certificación actualizada de su personería jurídica, cédula jurídica, lista de socios o asociados autorizados como vendedores, orden patronal de los vendedores, especificaciones de su actividad, permisos del Ministerio de Salud en los casos en que corresponda y la lista detallada de los productos que van a comercializar.

Artículo 101.– Una vez que estas Organizaciones hayan cumplido con los requisitos descritos en el artículo anterior, se les otorgará el carné de vendedor auxiliar a que se hagan acreedores según la siguiente consideración: permiso de participación hasta en un máximo del veinte por ciento (20 %) del total de ferias del agricultor existentes en el territorio nacional, ello de acuerdo a su capacidad de producción y comercialización y partiendo del concepto de "grupo de interés económico", condiciones que deberán ser valoradas por el Ente Emisor del lugar en donde se encuentre ubicada la actividad principal de la Organización, quién determinará el número exacto de los carnés a otorgar con base en los parámetros indicados.

Artículo 102.– Los Entes Emisores de carnés estarán obligados a comunicar al Comité Regional, la lista de las Organizaciones de Productores que han sido autorizadas para participar en las Ferias del Agricultor.

Artículo 103.– Para la asignación de este tipo de carnés, deberá darse prioridad a las Organizaciones que integran a productores que por condiciones socioeconómicas o de difícil acceso poblacional, se encuentren imposibilitadas para vender sus productos directamente en las Ferias del Agricultor. Igualmente las Organizaciones de Productores debidamente acreditadas, quedarán facultadas para vender en las ferias, los productos de pequeños y medianos productores que aún no siendo sus agremiados, estén imposibilitados para asistir directamente a comercializar sus productos, ello previa autorización para tales efectos por parte del Ente Emisor de carnés.

Artículo 104.– Estos carnés sólo podrán ser usados por asociados o empleados de la Organización, cuya comprobación se hará por medio de la orden patronal extendida por la Caja Costarricense de Seguro Social, el Contrato de Trabajo o Contrato de Servicios correspondiente o la certificación respectiva emitida por la agrupación de que se trate. Cada una de las Organizaciones podrá identificar su puesto con emblemas, colores y/o distintivos. Únicamente participarán con un puesto de venta por feria.

Sección III
De los productores individuales

Artículo 105.– Para que un productor individual pueda obtener el carné, deberá solicitarlo a la oficina correspondiente adjuntando tres fotografías recientes y una fotocopia del plano catastrado o en su defecto fotocopia de la escritura de la finca.

En caso de ser agricultor arrendante, deberá presentar el respectivo Contrato de Arrendamiento debidamente suscrito por las partes interesadas y con la firma de dos testigos que den fe de la identidad de los suscribientes y del contenido de lo indicado en el documento, al cual se le adjuntarán copias fotostáticas de las cédulas de identidad de todas las partes involucradas, o contrato de arrendamiento extendido ante Notario Público.

Dicho contrato deberá ser aportado al inicio de la siembra y verificado por el Ente Emisor en el lugar, al momento mismo de la cosecha. Este contrato estará sujeto al período del cultivo.

De existir otro tipo de tenencia de la tierra, la solicitud correspondiente será analizada por la entidad emisora respectiva, para lo cual el interesado debe presentar una declaración jurada debidamente protocolizada ante notario público sobre su condición posesoria, indicando además los productos que cultiva o elabora, el lugar y período en que lo hace y que es productor de la zona.

Artículo 106.– Será denegado el carné, cuando el solicitante no sea productor en la zona o por falta de veracidad en la información suministrada. De constatar que el inspector de la finca ha entregado un carné a un solicitante que no sea agricultor, de constatarse la conducta indicada y previa implementación del debido proceso, podrán ser sancionados de conformidad con las disposiciones establecidas en la legislación laboral, pudiendo según la gravedad de la falta, suspender de su cargo, igualmente se procederá, de resultar necesario, con la investigación respectiva a efecto de aplicar las sanciones que pudieran recaer sobre el Ente Emisor, por incumplimiento a la normativa vigente.

CAPÍTULO X
De los otros sectores participantes en las ferias

Sección I
Sector Pesquero

Artículo 107.– El Comité Regional de la zona, será el encargado de delegar la emisión de carnés en materia pesquera, al Ente Emisor respectivo. Se otorgará el carné a vendedores relacionados con la actividad pesquera, con fundamento en el informe que sobre el particular será emitido por el Instituto Costarricense de Pesca y Acuicultura.

Artículo 108.– El Instituto Costarricense de Pesca y Acuicultura, será el ente fiscalizador en la materia, remitiendo los informes correspondientes al Comité Regional respectivo a efecto de que se tomen las acciones correspondientes. Para tales efectos estará facultado a participar en las reuniones de la Junta Nacional de Ferias del Agricultor, cuando así lo considere oportuno, contando con derecho a voz pero no voto.

Artículo 109.– Tendrán opción para contar con carnés del Sector Pesquero, únicamente los pequeños y medianos pescadores y criadores, pudiendo extenderse hasta dos carnés auxiliares cuando la cantidad de producción lo justifique. En lo que respecta a la participación de personas jurídicas, esta deberá ajustarse a lo dispuesto para los efectos en el presente reglamento en el Capítulo X Sección II.

Artículo 110.– Los requisitos para obtener el carné correspondiente serán los siguientes:

a) Ser mediano y pequeño pescador y acuicultor de conformidad con las normas establecidas por el Instituto Costarricense de Pesca y Acuicultura.

b) Llenar la solicitud ante el Emisor de Carnés.

c) Contar con permiso de pesca al día o acreditación como acuicultor.

d) Presentar tres fotografías y fotocopia de cédula de identidad o cédula jurídica en caso de Organizaciones.

e) Contar con el seminario- taller de buenas prácticas de manejo y aseguramiento de calidad impartido por el Consejo Nacional de Producción.

f) Contar con Permiso de Transporte de productos pesqueros al día, extendido por el Ministerio de Salud.

Artículo 111.– Si la producción lo amerita, podrán extenderse un total de hasta dos carnés de vendedor auxiliar de conformidad con lo dispuesto en el artículo 33 de la Ley N° 8533 del 18 de julio de 2006, Ley de la Regulación de las Ferias del Agricultor.

Artículo 112.– Las Organizaciones de Pescadores que deseen participar en las ferias, deberán ajustarse a lo establecido en Capítulo X Sección II del presente Reglamento. Los carnés emitidos en favor de Organizaciones de Pescadores sólo podrán ser utilizados por asociados de la Organización.

Artículo 113.– Los carnés serán extendidos por un período no mayor de seis meses, al término del cual deberán presentarse de nuevo los requisitos que se mencionan en el presente Reglamento a efecto de obtener su renovación.

Artículo 114.– EL Comité Regional y el Instituto Costarricense de Pesca y Acuicultura, estarán facultados para realizar visitas cuando lo consideren necesario, a los criadores o pescadores registrados a fin de corroborar la información por ellos suministrada ante el Ente Emisor.

Sección II
Sector Avícola

Artículo 115.– Los carnés para el Sector Avícola (pollos, otras aves de explotación doméstica como patos, codornices, gansos etc. y huevos), serán otorgados por el Ente Emisor de Carnés designado por el Comité Regional de la zona.

En caso de que la producción lo sea de otro tipo de aves, los parámetros de valoración para la emisión de los carnés serán fijados por la Junta de Fomento Avícola según las consideraciones técnicas específicas para caso concreto.

Artículo 116.– Los carnés para productores de huevos, pollos, otras aves de explotación doméstica como patos, codornices y gansos, se extenderán únicamente al propietario de la granja, quién deberá cumplir con los siguientes requisitos:

a) Ser productor pequeño o mediano.

b) Contar con el Permiso de Funcionamiento emitido por el Ministerio de Salud en aquellos casos en que este sea requerido.

c) Contar con la Boleta de Inspección otorgada por el Ente Emisor de Carnés, con su respectivo sello y firma.

d) Contar con el Permiso Sanitario de funcionamiento del vehículo que transporta el producto, extendido por el Ministerio de Salud.

e) Aprobar el curso de manipulación de alimentos de vendedor, extendido por el Ministerio de Salud o el Consejo Nacional de Producción.

f) Presentar tres fotografías y fotocopia de cédula de identidad o cédula jurídica en caso de Organizaciones.

Artículo 117.– Se extenderán carnés auxiliares para el Sector Avícola, únicamente si la producción lo amerita y solamente a familiares en primer grado de consanguinidad y afinidad del productor.

Artículo 118.– Las Organizaciones de pequeños y medianos avicultores, podrán participar en las Feria del Agricultor, previo cumplimiento de los requisitos establecidos para ello en el presente Reglamento y los siguientes:

a) Aportar certificación de personería jurídica.

b) Presentar copia del Permiso Sanitario de funcionamiento vigente para la planta procesadora.

c) Presentar el Permiso Sanitario de funcionamiento del vehículo que transporta el producto, extendido por el Ministerio de Salud.

d) Aprobación del curso de manipulación de alimentos por parte de quiénes hayan sido designados como vendedores, extendido por el Ministerio de Salud o por el Consejo Nacional de Producción.

Artículo 119.– Los carnés serán emitidos por períodos no mayores de doce meses y para su renovación se deberá contar con la boleta de inspección aprobada y firmada por el Ente Emisor de Carnés. Cada vez que se solicite la renovación de un carné, el productor u Organización estarán sujetos a un estudio de verificación de los datos anteriormente suministrados, pudiendo el carné ser retenido o retirado de no cumplir con los requisitos establecidos o por falta de veracidad en la información suministrada.

Artículo 120.– El Comité Regional en coordinación con el Ente Emisor, quedan facultados para realizar las investigaciones, inspecciones o solicitar la información que respalde el otorgamiento de los carnés.

Artículo 121.– En los casos de venta de huevos, estos deberán de venderse secos y limpios, respetando las normativas del Ministerio de Salud y contar con un recipiente con tapa para desechar los que se quiebran. Estará prohibida la venta de huevos dedicados a la reproducción.

Artículo 122.– De conformidad con lo que establece el Decreto Ejecutivo Nº 26980-S, publicado en *La Gaceta* Nº 98 del día 22 de mayo de 1998, se prohibe la reutilización de separadores de huevos de material de cartón. En el caso de separadores plásticos podrán ser reutilizados previo lavado y desinfección.

Sección III
De la pequeña agroindustria y artesanía

Artículo 123.– Los pequeños y medianos agroindustriales y artesanos deben solicitar al Ente Emisor de Carné de la zona, la evaluación sobre su proceso de producción. Una vez concluida dicha valoración y según el resultado de la misma, se les entregará el carné respectivo. La valoración del proceso de producción y la clasificación correspondiente se hará con base en los parámetros que al efecto define el Ministerio de Economía, Industria y Comercio.

Los carnés de participación en las ferias para el Sector de la Pequeña Agroindustria y Artesanía serán extendidos por un período máximo de seis meses.

Artículo 124.– Cada pequeño artesano o agroindustrial tendrá derecho a carnés auxiliares, únicamente si la producción lo amerita y exclusivamente en favor de familiares en primer grado de consanguinidad y afinidad.

Artículo 125.– Todos los productos alimenticios, envasados o empacados deberán ajustarse a las disposiciones del Ministerio de Salud y contar con el "Permiso de Funcionamiento y Registro del Producto", que debe aparecer en la correspondiente etiqueta. Además deberá cumplir con las regulaciones de Registros y Controles del Ministerio de Salud y el curso de manipulación de alimentos impartido por el Ministerio de Salud o por los entes acreditados por este para tales efectos, cual es el caso del Consejo Nacional de Producción y el Instituto Nacional de Aprendizaje.

Artículo 126.– Podrán participar en las ferias los artesanos y pequeños agroindustriales que elaboren los siguientes artículos, los cuales deberán ser de producción nacional:

a) Café molido (con el permiso de venta correspondiente del Instituto del Café).

b) Envasado de frutas, legumbres y otros productos agrícolas (jugos, mermeladas, encurtidos, productos deshidratados).

c) Productos de panadería (panes, bizcochos, galletas) debidamente empacados.

Productos de molinería (cereales, preparados, productos a base de cereales).

d) Condimentos, especias, vinagres, salsas.

e) Subproductos de yute, cabuya, bambú, bejuco y otras fibras naturales.

f) Artículos de madera, cuero y caña (palma, carrizos, mimbre, talla de madera).

g) Objetos de barro, lozas, cerámica, yeso y porcelana nacional.

h) Tes medicinales de hierbas.

i) Productos metálicos estructurales, carretillas, palas para basura.

j) Escobas de fibras naturales.

k) Bebidas fermentadas a partir de frutas y vegetales debidamente envasadas y etiquetadas.

Artículo 127.– Queda terminantemente prohibida la venta de cualquier artículo o producto de orden artesanal o agroindustrial, que no se encuentre expresamente autorizado en el presente Reglamento de conformidad con lo indicado en el artículo anterior.

CAPÍTULO XI
De las infracciones y sanciones disciplinarias para los participantes

Artículo 128.– Cualquier violación a las normas estipuladas en la "Ley de Promoción de la Competencia y Defensa Efectiva del Consumidor", obligará a los Entes Administradores o en su defecto a los Comités Regionales, a aplicar los procedimientos establecidos en el presente Reglamento, sin perjuicio de que el afectado plantee la denuncia ante las autoridades competentes.

Artículo 129.– En caso de que se estableciera que El Ente Emisor de Carnés se encuentra especulando en el cobro de Inspección en Finca o Emisión de Carnés, el Comité Regional quedará facultado para realizar la investigación correspondiente y de ser necesario a la aplicación de la sanción que se considere procedente en atención a la falta en que se haya incurrido.

Artículo 130.– Si un Ente Administrador recibe denuncia o detecta que un Administrador o Inspector ha recibido alguna dádiva o bien que permita la permanencia de vendedores sin carné de identificación; podrá previa instauración del debido proceso, aplicar la sanción que corresponda de conformidad con las disposiciones establecidas en la legislación laboral, caso contrario, el Comité Regional podrá suspenderle la Administración de la Feria de conformidad con lo dispuesto en este Reglamento.

Artículo 131.– Al funcionario del Comité Regional, que valiéndose de sus facultades otorgue algún beneficio de manera irregular, previa comprobación del hecho e instauración del debido proceso; se hará acreedor a las sanciones laborales pertinentes de conformidad con la gravedad del hecho ocurrido, lo cual podría inclusive llegar a catalogarse como "falta grave".

Artículo 132.- Serán consideradas como faltas por parte de los productores participantes las siguientes:

1) Especular con los precios en productos regulados por el Ministerio de Economía, Industria y Comercio y/o prácticas engañosas de mercado.

2) Alterar las romanas.

3) Vender productos no incluidos en el carné.

4) Vender en la feria antes y después de las horas establecidas.

5) Vender bajo los efectos del licor.

6) Agredir verbal o físicamente a funcionarios del Ente Administrador, de los Entes Públicos participantes o a consumidores.

7) Facilitar el carné a otra persona.

8) Alterar el carné o el permiso provisional.

9) No ajustarse a las disposiciones sanitarias y de calidad establecidas

10) Inducir a error a los compradores respecto a la calidad de los productos.

11) No portar el carné o negarse a presentar el mismo a las autoridades correspondientes.

12) No acatar las disposiciones administrativas en cuanto al ordenamiento de puestos en las ferias.

13) No mantener los precios visibles durante el funcionamiento de la feria.

14) No obedecer las disposiciones administrativas en cuanto a la hora de salida de la feria.

15) Intercambiar o negociar la ficha asignada por la Administración.

16) Otorgar dádivas a quiénes realizan la inspección o supervisión de las Ferias.

17) Amparar a cualquier persona que pretenda participar en la Feria sin cumplir con los requisitos correspondientes.

18) Cualquier forma de intermediación, incluida la reventa de productos.

19) Incurrir en cualquier acción ilícita o prestar colaboración o facilitar el que terceros incurran en acciones de este tipo en la Feria.

20) No obedecer las directrices administrativas en materia de limpieza en su área trabajo dentro de lo que se incluye el no aportar recipiente para los desechos (bolsas o sacos de basura).

21) Robo de mercadería.

22) Violar las disposiciones que hayan sido establecidas en materia de calidad e inocuidad de alimentos según lo indicado en Capítulo II Sección I del presente Reglamento.

Artículo 133.- El Administrador de la Feria será el encargado de levantar las "Boletas de Prevención" a los participantes que incurran en cualesquiera de las anomalías mencionadas. El original de la Boleta deberá ser trasladado al Comité Regional correspondiente. De constatarse la existencia de la falta, el Comité Regional será el encargado de aplicar las sanciones y correcciones que se generen en aplicación de la normativa establecida en el presente Capítulo.

Dependiendo de la falta en que se incurra, el infractor podrá ser suspendido de su participación en las Ferias, desde un mes como mínimo hasta dos años como máximo, de conformidad con la reincidencia y la gravedad de la falta de que se trate.

Artículo 134.– Si durante el proceso de verificación de cumplimiento de los Reglamentos Técnicos, Normas de Calidad, Normas de pesos y medidas, etiquetado, granel, etc; se determina la existencia de alguna violación de las disposiciones en la materia, podrá requerirse al productor u Organización de Productores participante, lo siguiente:

1) La reclasificación el producto.

2) El retiro del producto y/o,

3) La entrega del carné de participación, acción que será ejecutada por el Ente Administrador de la Feria.

Artículo 135.– En caso de eliminarse o suspenderse un carné de participación, se suspenderá la participación de la Unidad Productiva, no pudiendo participar el vendedor ni sus auxiliares, hasta tanto no se obtenga de nuevo la autorización, función que realizará el Comité Regional respectivo.

Artículo 136.– El incumplimiento de las disposiciones de este Reglamento en lo que compete a los Entes Emisores de Carnés y Entes Administradores, facultará al respectivo Comité Regional para sustituir al Emisor de Carnés y al Administrador de la Feria o inclusive hasta su clausura. Para tal efecto, se levantará el proceso respectivo, siendo que la decisión del Comité Regional tendrá recurso de revocatoria y de apelación en subsidio en los mismos términos señalados en el artículo siguiente.

Artículo 137.– La resolución del Comité Regional aplicando las sanciones estipuladas en el presente Reglamento, tendrá recurso de revocatoria el cual deberá ser presentado ante la instancia que emitió la resolución que se esté recurriendo, dentro del quinto día hábil siguiente contado a partir de su notificación. Cabrá recurso de apelación ante la Junta Nacional de Ferias del Agricultor, en el término de diez días hábiles contados a partir del día de la notificación de la resolución que emita el inferior.

Artículo 138.– Para el cumplimiento de las disposiciones que establece el presente Reglamento, los Administradores de Ferias, los funcionarios del Consejo Nacional de Producción, de la Junta Nacional de Ferias del Agricultor y del Comité Regional que estén debidamente identificados, podrán coordinar y solicitar la colaboración de los cuerpos de Seguridad Pública y Municipal y del Ministerio de Obras Públicas destacados en el lugar a cada uno de ellos según el ámbito de sus competencias y facultades.

Artículo 139.– El presente Reglamento rige a partir de su publicación en el Diario Oficial.

Dado en la Presidencia de la República.– San José, a los dieciséis días del mes de mayo del año dos mil ocho. ÓSCAR ARIAS SÁNCHEZ.– El Ministro de Agricultura y Ganadería, Javier Flores Galarza.– El Ministro de Trabajo y Seguridad Social, Francisco Morales Hernández.

TÍTULO III.
ALIMENTOS DE ORIGEN ANIMAL

CAPÍTULO I. NORMATIVA GENERAL

Sección I. Salud animal e inocuidad de alimentos de origen animal

Sección II. Organización institucional y de los laboratorios

CAPÍTULO II. CONTROL SANITARIO DE LOS ALIMENTOS DE ORIGEN ANIMAL

Sección I. Producción nacional

Subsección I. Normativa general

Subsección II. Alimentos originados en la pesca, la caza y la acuacultura

Sección II. Importación

CAPÍTULO III. ALIMENTACIÓN ANIMAL Y MEDICAMENTOS VETERINARIOS

Sección I. Alimentación animal

Sección II. Medicamentos veterinarios

Capítulo I.
Normativa general

Sección I. Salud animal e inocuidad de alimentos de origen animal

LEY GENERAL DEL SERVICIO NACIONAL DE SALUD ANIMAL

Ley N° 8495

(Publicada en La Gaceta N° 93 de 16 de mayo de 2006)

LA ASAMBLEA LEGISLATIVA DE LA REPÚBLICA DE COSTA RICA

DECRETA:

LEY GENERAL DEL SERVICIO NACIONAL DE SALUD ANIMAL

TÍTULO I.
CONSIDERACIONES GENERALES

CAPÍTULO I.
Disposiciones Generales

Artículo 1°.- Objeto. La presente Ley regula la protección de la salud animal, la salud pública veterinaria y el funcionamiento del Servicio Nacional de Salud Animal (Senasa).

Artículo 2°.- Objetivos de la Ley. La presente Ley tiene como objetivos:

a) Conservar, promover, proteger y restablecer la salud de los animales, a fin de procurarles mayor bienestar y productividad, en armonía con el medio ambiente.

b) Procurar al consumidor la seguridad sanitaria de los alimentos de origen animal y, con ello, la protección de la salud humana.

c) Regular y controlar la seguridad sanitaria e inocuidad de los alimentos de origen animal en forma integral, a lo largo de la cadena de producción alimentaria.

d) Ejecutar las medidas necesarias para el control veterinario de las zoonosis.

e) Vigilar y regular el uso e intercambio de los animales, sus productos y subproductos.

f) Regular y supervisar el uso e intercambio del material genético de origen animal, así como determinar el riesgo sanitario que ese material pueda representar para la salud pública veterinaria o animal.

g) Registrar, regular y supervisar los medicamentos veterinarios y los alimentos para consumo animal, de manera que no representen un peligro para la salud pública veterinaria, la salud animal y el medio ambiente.

h) Procurar el respeto y la implementación de los diferentes acuerdos internacionales, suscritos por Costa Rica en materia de su competencia, según los fines y objetivos de esta Ley.

i) Establecer los mecanismos de coordinación entre las diferentes instituciones nacionales y los organismos internacionales involucrados con la materia de esta Ley.

j) Establecer los mecanismos de participación de los grupos organizados y los usuarios de los servicios que brinda el Senasa en los planes y las acciones de su competencia.

Artículo 3°.- Interés público. Decláranse de interés público la salud de los animales domésticos, silvestres, acuáticos y cualesquiera otros; su material genético, sus productos, subproductos, derivados, desechos; las sustancias peligrosas, los alimentos y los medicamentos para animales; la prevención, la erradicación y el control veterinario de las zoonosis, y de aquellas enfermedades que por sus características puedan poner en riesgo la salud animal y la economía pecuarias del país; el control y la prevención de los riesgos del uso, la liberación y la comercialización de organismos genéticamente modificados de origen animal, destinados al consumo humano o animal, y que puedan afectar la salud humana, animal o su entorno.

Lo indicado en el párrafo anterior deberá considerarse sin perjuicio de lo establecido en la Ley de biodiversidad, Nº 7788, de 30 de abril de 1998.

Artículo 4°.- Interpretación de esta Ley. La presente Ley será interpretada en beneficio de la salud humana, la salud animal y el medio ambiente, y para la protección de cada uno de ellos.

La jurisprudencia, la doctrina y los principios generales del Derecho servirán para interpretar, integrar y delimitar el campo de aplicación del ordenamiento escrito, y tendrán el rango de la norma que interpretan, integran o delimitan. Sin perjuicio de otros principios, se considerarán los siguientes: el principio precautorio o de cautela, el principio de análisis de riesgos, el principio de protección de los intereses del consumidor, el principio de equivalencia y el principio de transparencia e información.

Las definiciones que se emplean en esta Ley y en cualquier otra disposición del Senasa, se entenderán en el sentido que usualmente tengan conforme a las ciencias a que pertenecen y según lo han definido los organismos internacionales de referencia de los cuales la República de Costa Rica sea miembro.

Dentro del ámbito de sus competencias, el Senasa podrá interpretar la presente Ley.

Artículo 5°.- Órgano competente. Corresponderá al Ministerio de Agricultura y Ganadería (MAG), mediante el Senasa, la reglamentación, planificación, administración, coordinación, ejecución y aplicación de las actividades oficiales con carácter nacional, regional e internacional, relativas a la salud de la población animal, los residuos, la salud pública veterinaria, el control veterinario de la zoonosis, la trazabilidad/rastreabilidad, la protección y la seguridad de los alimentos de origen animal, los alimentos para los animales, los medicamentos veterinarios, el material genético animal, los productos y los subproductos, la producción, el uso, la liberación o la comercialización de los organismos genéticamente modificados que puedan afectar la salud animal o su entorno, y las sustancias peligrosas de origen animal.

Artículo 6°.- Competencias. El Senasa tendrá las siguientes competencias:

a) Administrar, planificar, dirigir y tomar medidas pertinentes en todo el país, para cumplir con sus servicios, programas y campañas, en materia de prevención, control y erradicación de plagas y enfermedades de los animales.

b) Administrar, planificar, dirigir y tomar las medidas veterinarias o sanitarias pertinentes sobre el control de la seguridad e inocuidad de los productos y subproductos de origen animal, en las etapas de captura, producción, industrialización y comercialización, considerando aditivos alimentarios, residuos de medicamentos veterinarios, plaguicidas y otros contaminantes químicos, biológicos o de origen biotecnológico.

c) Establecer, planificar, ejecutar y evaluar las medidas necesarias para llevar a cabo el control veterinario de las zoonosis

d) Proponer al Poder Ejecutivo que dicte las normas reglamentarias sobre las materias de salud animal y salud pública veterinaria.

e) Dictar las normas técnicas pertinentes, elaborar los manuales de procedimientos, así como ejecutar y controlar las medidas de bienestar animal, inspección veterinaria, desplazamiento interno, importación, exportación, tránsito, cordones sanitarios, prohibición de desplazamiento a zonas o locales infectados, prohibición o uso controlado de medicamentos veterinarios y reactivos de laboratorio veterinario, vigilancia e investigación epidemiológica y medidas sanitarias y veterinarias en general, de todo animal doméstico, silvestre, acuático u otros, su material genético, sus productos, subproductos, derivados, sus desechos, las sustancias peligrosas y los alimentos para animales. Se incluye en esta Ley, la competencia para conocer y regular cualquier otra medida o producto que la tecnología desarrolle y afecte la salud o la producción animal.

f) Implantar las medidas necesarias para el tránsito e intercambio nacional e internacional de los animales domésticos, acuáticos, silvestres u otros, su material genético o biotecnológico, sus productos, subproductos, derivados, sus desechos, las sustancias peligrosas, los alimentos para animales y los medicamentos veterinarios; a fin de evitar brotes de plagas o enfermedades que por sus características, pongan en riesgo la salud pública veterinaria o la salud animal. En la ejecución de esta competencia, el Senasa deberá respetar las disposiciones de la Convención sobre el comercio internacional de especies amenazadas de flora y fauna silvestres (Cites), ratificada mediante la Ley N.º 5605, de 30 de octubre de 1974, la Ley de conservación de la vida silvestre, N.º 7317, de 21 de octubre de 1992, y la demás normativa relacionada.

g) Prohibir la importación de animales domésticos, acuáticos, silvestres u otros, su material genético o biotecnológico, sus productos, subproductos, y derivados; sus desechos, las sustancias peligrosas, los alimentos para animales y los medicamentos veterinarios, cuando constituyan un riesgo no aceptable para el ambiente, la salud pública veterinaria o la salud animal.

h) Establecer y ejecutar las medidas necesarias sobre la producción, el uso, la liberación o la comercialización de organismos genéticamente modificados que sean animales, sus productos, sus subproductos de origen animal, los agentes de control biológico u otros que puedan representar cualquier tipo de riesgo no aceptable en el ambiente, la salud humana, animal o biológica del entorno. Para estos efectos, el Senasa contará con las mismas competencias y potestades establecidas en los artículos 41 y 42 de la Ley N.º 7664, de 8 de abril de 1997, y sus reformas. La Comisión Técnica de Bioseguridad, creada en el artículo 40 de dicho cuerpo normativo, fungirá como órgano asesor del Senasa en el ámbito de su competencia.

i) Establecer y hacer cumplir las regulaciones de control de calidad, monitoreo, registro, importación, desalmacenamiento, control sanitario de la producción nacional, almacenamiento, transporte, redestino, tránsito, comercialización, medios de transporte, retención y decomiso, y el uso de medicamentos veterinarios, sustancias peligrosas, material genético, material biotecnológico, agentes patógenos de origen animal, aditivos alimentarios y alimentos para animales domésticos, acuáticos, silvestres u otros.

j) Controlar y garantizar la salud de los animales domésticos, acuáticos, silvestres u otros de las diferentes especies, así como la inocuidad de los productos, subproductos y derivados para consumo humano o animal, así como establecer controles sanitarios en todas las plantas de sacrificio, proceso e industrialización.

k) Establecer el sistema nacional de trazabilidad/rastreabilidad de animales, sus productos y subproductos, y de los insumos utilizados en la producción animal.

l) Promover, realizar y comunicar la investigación en el campo de la salud pública veterinaria y la salud animal.

m) Establecer y supervisar las regulaciones, las normas y los procedimientos sanitarios, así como la trazabilidad/rastreabilidad en la producción e industrialización pecuaria orgánica.

n) Prestar servicios de calidad y brindar asistencia técnica y capacitación, en el ámbito de su competencia, prioritariamente a los pequeños y medianos productores del país, de conformidad con los planes y las prioridades definidos por el MAG. El Senasa contribuirá a que los usuarios de sus servicios incrementen sus conocimientos, habilidades y destrezas, para generar en ellos aptitudes y actitudes que les permitan su incorporación en el proceso de desarrollo.

ñ) Establecer criterios de autorización de personas físicas y jurídicas para cada actividad específica, las responsabilidades asumidas y sus limitaciones.

o) Establecer procedimientos de control de calidad y auditoría técnica, tanto para el propio Senasa como para las personas físicas y jurídicas oficializadas o autorizadas; asimismo, velar por la administración, el control y el uso de los recursos obtenidos al aplicar esta Ley.

p) Tramitar y resolver las denuncias ciudadanas que se presenten de conformidad con los términos de esta Ley y sus Reglamentos.

q) Desarrollar convenios, acuerdos interinstitucionales y las bases de coordinación en materia de su competencia. Además, podrá gestionar el apoyo técnico y financiero de organismos nacionales e internacionales para fortalecer el Senasa.

r) Evaluar los servicios veterinarios oficiales extranjeros, para, aplicando el principio precautorio, tomar decisiones relativas a la salud pública veterinaria y la salud animal, que deban aplicarse para el comercio internacional de animales domésticos, acuáticos, silvestres u otros, su material genético o biotecnológico, sus productos, subproductos, derivados, sus desechos, las sustancias peligrosas, los medicamentos veterinarios y los alimentos para animales.

s) Declarar libres o con escasa prevalencia de plagas o enfermedades, las fincas, granjas, zonas, regiones o la totalidad del territorio nacional, así como establecer las medidas necesarias para mantener esa condición sanitaria.

t) Autorizar, suspender o desautorizar el funcionamiento de los establecimientos indicados en el artículo 56 de esta Ley, de conformidad con los criterios sanitarios definidos en ese sentido.

______

Nota del compilador: En respuesta a una consulta realizada por la Sra. Ministra de Salud, sobre el otorgamiento del permiso sanitario de funcionamiento por parte del Ministerio de Salud, en relación a las competencias del Servicio Nacional de Salud Animal (SENASA, creado mediante la Ley N° 8495 de 6 de

abril de 2006), la Procuraduría General de la República emitió el dictamen vinculante N° C-88-2007 de 23 de marzo de 2007. En dicho dictamen, la Procuraduría concluye que:
"...a partir de la entrada en vigencia de la Ley Nº 8495, los establecimientos indicados en el artículo 56 de este cuerpo legal no tienen que solicitar al Ministerio de Salud el permiso de funcionamiento, si no que deben pedir al SENASA el certificado veterinario de funcionamiento, por lo que ha quedado derogada tácitamente la competencia del Ministerio de Salud únicamente en lo relativo al otorgamiento de los permisos de funcionamiento de estos establecimientos.
[...]
III - CONCLUSIONES. En razón de lo expuesto esta Procuraduría llega a las siguientes conclusiones:
[...]
3.- Corresponde al SENASA el otorgar los certificados veterinarios de funcionamiento, derogando la competencia del Ministerio de Salud en esta materia." (El subrayado no es del original)

______

u) Asesorar al Poder Ejecutivo, así como difundir permanentemente información en materia de su competencia, a las instituciones y organismos interesados.

v) Respaldar con resultados de pruebas del laboratorio oficial, la eficacia de los programas, las campañas y del sistema de inspección, control y evaluación. El laboratorio oficial podrá utilizar laboratorios oferentes, de referencia y debidamente oficializados.

w) Garantizar el funcionamiento de su cadena de frío, para conservar muestras y reactivos de laboratorio, así como de medicamentos veterinarios.

x) Instituir y organizar programas de formación en el campo de su competencia, para su personal técnico, con la finalidad de satisfacer las necesidades de capacitación; lo anterior se hará en concordancia con lo que establece esta Institución al respecto. También se incentivará al personal para que publique los resultados de sus investigaciones en revistas científicas reconocidas. El Senasa está facultado para que brinde capacitación y asesoramiento en materia de su competencia.

y) Las demás competencias que señalen las leyes y los tratados internacionales aprobados por Costa Rica.

Cuando en el ejercicio de las competencias señaladas en los incisos anteriores, se involucren aspectos relacionados con la protección de la salud pública, el Senasa deberá actuar en estricta colaboración y coordinación con el Ministerio de Salud.

Para los efectos de esta Ley, el Senasa se considerará una autoridad en salud; por ello, toda persona, natural o jurídica, queda sujeta a los mandatos de esta Ley, sus Reglamentos y a las órdenes generales y particulares, ordinarias y de emergencia, que esta autoridad dicte en el ejercicio de sus competencias.

Artículo 7°.- Ejecución de los actos. En la ejecución de los actos administrativos derivados de la aplicación de esta Ley, el Senasa contará con un equipo de funcionarios y profesionales calificados, quienes actuarán con fundamento en criterios técnicos.

CAPÍTULO II.
Organización administrativa

Artículo 8°.- Régimen administrativo. El Senasa será un órgano con desconcentración mínima y personalidad jurídica instrumental para realizar las competencias previstas en esta Ley. En su calidad de órgano técnico, gozará de independencia de criterio en el desempeño de sus atribuciones de ley.

Artículo 9°.- Director general. El director general tendrá a su cargo el Senasa, y será el responsable directo ante el ministro y el viceministro de Agricultura y Ganadería, en los asuntos que le competen; esta relación jerárquica directa no podrá ser debilitada ni limitada por ninguna disposición organizativa ni administrativa.

Serán funciones del director general, la dirección, coordinación, implementación, supervisión y evaluación de las actividades técnicas, científicas y administrativas que se ejecuten en el cumplimiento de esta Ley, y que se desarrollarán en su Reglamento.

Artículo 10.- Estructura orgánica. Para cumplir lo establecido en esta Ley, el Senasa contará con los funcionarios necesarios para el cumplimiento de sus funciones. La estructura técnica y administrativa del Senasa será definida en el Reglamento de esta Ley, de acuerdo con la legislación vigente.

Artículo 11.- Auditoría interna. El Senasa tendrá una auditoría interna, de conformidad con lo dispuesto en la Ley general de control interno, Nº 8292, de 31 de julio de 2002.

Artículo 12.- Órganos asesores. El Senasa establecerá órganos asesores de consulta, coordinación y evaluación, integrados por representantes propios, de instituciones académicas e investigación, así como de organizaciones de productores pecuarios, corporaciones profesionales y otros representantes del Sector Público o Privado relacionados con el objeto de la presente Ley. Dentro de estos, al menos conformará el Consejo Nacional Asesor de Salud Animal cuyo acrónimo será Conasa, cuyos integrantes funcionarán en forma "ad honoren".

Artículo 13.- Coordinación de entidades. Las dependencias y entidades de la Administración Pública, centralizada y descentralizada, las universidades y las municipalidades, así como todas las organizaciones públicas y privadas relacionadas con lo establecido en la presente Ley, deberán colaborar y coordinar sus actividades con el Senasa.

Los funcionarios del Senasa y las demás autoridades sanitarias deberán ejecutar las actividades de control y protección sanitaria de manera coordinada, bajo pena de despido sin responsabilidad patronal.

TÍTULO II.
RECURSOS FINANCIEROS, HUMANOS Y MATERIALES

CAPÍTULO I.
Recursos financieros

Artículo 14.- Recursos financieros. El Senasa contará con los siguientes recursos financieros:

a) Las partidas que se le asignen anualmente en los presupuestos ordinarios y extraordinarios de la República.

b) Los ingresos percibidos por concepto de venta de servicios, refrendo de documentos, fumigación, autorizaciones, certificaciones, inscripciones y registros, e inscripciones por actividades educativas; todas estas actividades serán realizadas por el Senasa.

c) El treinta por ciento (30%) de la totalidad de los ingresos percibidos por la aplicación del artículo 6 de la Ley para el control de la elaboración y expendio de alimentos para animales, N.º 6883, de 25 de agosto de 1983, y sus reformas, el cual será destinado, exclusivamente, a los fines establecidos en esa Ley.

d) Los legados y las donaciones de personas físicas o jurídicas, organizaciones nacionales o internacionales, privadas o públicas, y los aportes del Estado o de sus instituciones.

e) La reasignación del superávit de operación en lo que corresponda, de conformidad con la Ley de administración financiera de la República y presupuestos públicos, N° 8131, de 18 de setiembre de 2001.

f) Cualquier otro ingreso que se adquiera por rendimiento de los recursos y disposición o aplicación de esta Ley o de cualquier otra.

Artículo 15.- Autorización para recibir donaciones. Autorízase a las instituciones, las corporaciones y los poderes del Estado para que otorguen donaciones a favor del Senasa y para que este las reciba de ellos, así como de otras personas e instituciones privadas, nacionales, internacionales o extranjeras, por cualquier suma o concepto.

Artículo 16.- Administración de recursos. El Senasa podrá administrar los recursos financieros mediante un contrato de fideicomiso que suscribirá con un banco público del Sistema Bancario Nacional.

Dentro de las medidas de control interno por tomar, será posible que, después de realizar la debida programación financiera y una vez definidas las necesidades de administrar recursos líquidos para enfrentar las obligaciones a corto plazo, el patrimonio deba ser invertido en carteras compuestas por títulos del Sector Público con riesgo soberano, bajo el principio de la sana administración de los fondos públicos, velando en todo momento por la seguridad, rentabilidad y liquidez de dichos recursos.

Para estos efectos y previo a realizar las inversiones establecidas en este artículo, el Senasa deberá contratar una auditoría externa, con el fin de garantizar y supervisar el manejo adecuado de los recursos, sin detrimento de la revisión y el control posterior de la administración y el manejo de los recursos, que estarán a cargo de la Contraloría General de la República.

Artículo 17.- Fiduciario. El fiduciario será un banco público, seleccionado de acuerdo con la mejor oferta entre las recibidas, a partir de la invitación que realice el fideicomitente a los bancos comerciales del Estado.

El fiduciario, además de las obligaciones que las disposiciones legales vigentes y aplicables al contrato de fideicomiso le imponen, tendrá las obligaciones establecidas en el correspondiente contrato.

Artículo 18.- Fideicomitente. En los contratos de fideicomiso, el fideicomitente será el Estado, representado por el MAG.

Serán obligaciones del fideicomitente:

a) Fiscalizar que los recursos asignados al fideicomiso sean destinados al cumplimiento de los fines y objetivos de esta Ley.

b) Presentar al fiduciario un flujo de caja sobre las necesidades de efectivo, para que programe los plazos de las inversiones.

c) Las demás obligaciones que la Ley y el contrato respectivo indiquen.

Artículo 19.- Fideicomisario. El fideicomisario será el Senasa del MAG.

Artículo 20.- Prohibición de nombramiento. Ningún nombramiento de personal o contratación de servicios profesionales, con cargo a los recursos del fideicomiso podrá recaer en cónyuges o parientes del director general del Senasa, hasta el tercer grado de parentesco por consanguinidad o afinidad.

Artículo 21.- Rubros de inversión. El Senasa utilizará los recursos del fideicomiso para cubrir los gastos operativos y logísticos que le permitan cumplir los objetivos dispuestos en esta Ley.

Se respetarán los destinos específicos establecidos para las distintas fuentes de ingreso del Senasa.

Se prohíbe utilizar los recursos del fideicomiso para pagar sobresueldos a los funcionarios del Senasa, contratar personal a plazo indefinido, así como para financiar rubros presupuestarios que no estén comprendidos estrictamente dentro de los objetivos de esta Ley.

Las contrataciones que se realicen con cargo a los recursos del fideicomiso, quedarán sometidas al régimen de prohibiciones y sanciones que establece la Ley de contratación administrativa.

Artículo 22.- Patrimonio del fideicomiso. El fideicomiso se financiará con los siguientes recursos:

a) Los ingresos percibidos por concepto de registro, inscripciones, refrendo de documentos, fumigación, autorizaciones, certificaciones, inscripciones por actividades educativas y por la venta de servicios que brinda el Senasa.

b) El treinta por ciento (30%) de la totalidad de los ingresos percibidos por la aplicación del artículo 6 de la Ley para el control de la elaboración y expendio de alimentos para animales, Nº 6883, de 25 de agosto de 1983, y sus reformas.

Estos recursos solo podrán destinarse al cumplimiento de dicha Ley.

c) Los legados y las donaciones de personas físicas o jurídicas, organizaciones nacionales o internacionales, privadas o públicas y los aportes del Estado o de sus instituciones.

d) La reasignación del superávit de operación.

e) La tasa del cero coma cinco por ciento (0,5%) sobre el valor CIF, establecida en el artículo 100 de esta Ley.

Artículo 23.- Exoneración. Decláranse de interés público las operaciones del fideicomiso regulado en esta Ley; por tanto, se exoneran de todo pago por concepto de timbres, impuestos de inscripción de la constitución, endoso, cancelación de hipotecas, impuestos de contratos de prenda, pago por avalúos, así como del pago de derechos de registro.

Artículo 24.- Plazo del fideicomiso. El plazo del fideicomiso regulado en esta Ley será determinado en los contratos correspondientes, y podrá renovarse según lo establezca el mismo contrato. No obstante, el fideicomitente se reserva el derecho de revocar, en cualquier tiempo, el fideicomiso, previa notificación al fiduciario con noventa días de anticipo sin incurrir por ello en responsabilidad alguna para con él.

Una vez terminado el contrato de fideicomiso, por cualquier causa o en caso de no renovarse, los activos pasarán directamente al MAG a fin de que los destine, en forma exclusiva, a cumplir las labores del Senasa.

Los recursos del fideicomiso estarán sujetos al control y la fiscalización de la Contraloría General de la República y de la auditoría interna del Senasa.

Artículo 25.- Reservas monetarias. Autorízase al Senasa para que establezca reservas monetarias acumulativas para efectos de lo siguiente:

a) Emergencias en materia de su competencia.

b) Reposición y mantenimiento de maquinaria, vehículos y equipo.

Artículo 26.- Facultad de donar. Autorízase al Senasa para que done, a los colegios técnicos agropecuarios, los colegios universitarios, las demás instituciones de educación superior pública y otras organizaciones de interés social sin fines de lucro cuyo giro ordinario esté acorde con los fines y objetivos de esta Ley, los bienes decomisados o declarados en abandono, una vez que haya comprobado que estos no constituyen ningún riesgo para la salud humana, la salud animal y el medio ambiente, y que de esos bienes no puede resultar ninguna utilidad para él. Si se trata de bienes inscribibles, la donación se hará por medio de escritura pública; para los demás será suficiente dejar constancia escrita.

Para tales efectos, el Senasa deberá acatar las disposiciones del Reglamento para el registro y control de bienes de la Administración Central, emitidos por los órganos competentes.

CAPÍTULO II.
Recursos humanos

Artículo 27.- Idoneidad profesional del Director y Subdirector General. El Director General y el Subdirector General del Senasa serán nombrados y podrán ser destituidos por el Ministro de Agricultura y Ganadería.

Para ser director general o subdirector deberán cumplirse los siguientes requisitos:

a) Ser costarricense en ejercicio de sus derechos civiles y políticos.

b) Ser graduado universitario y poseer el grado mínimo de licenciatura en Medicina Veterinaria, debidamente reconocido por las instancias correspondientes, en la República de Costa Rica.

c) Tener reconocida honorabilidad.

d) Poseer al menos cinco años de experiencia comprobada en el campo, con posterioridad a la obtención del título universitario de licenciatura.

La remuneración de ambos funcionarios deberá adecuarse a las escalas salariales definidas por el Área de Recursos Humanos. Por ninguna circunstancia, el pago de estos funcionarios podrá superar lo establecido, en razón de su cargo y calificación, por la Dirección General del Servicio Civil.

Artículo 28.- Recursos humanos. El Senasa contará, entre su recurso humano, con un equipo de funcionarios dedicado a su servicio. Esto no excluye la posibilidad de contrataciones eventuales. Todas las categorías de empleados estarán sometidas a las normas de disciplina y contratación vigentes.

Toda contratación de servicios profesionales que realice el Senasa deberá llevarse a cabo por medio de los procedimientos establecidos en el artículo 64 y siguientes de la Ley de contratación administrativa.

Para la firma de estos contratos, será requisito que los profesionales contratados se encuentren asegurados de conformidad con el régimen de la Caja Costarricense de Seguro Social para trabajadores independientes y reporten a esta Institución los ingresos percibidos por concepto de dichas contrataciones, de conformidad con el transitorio XII de la Ley de protección al trabajador, Nº 7983, de 16 de febrero de 2000.

Artículo 29.- Contratos con funcionarios. El Senasa podrá establecer contratos de dedicación exclusiva con sus funcionarios.

Artículo 30.- Régimen de prohibición. El Senasa determinará cuáles cargos requerirán la prohibición absoluta del ejercicio liberal de la profesión, con el objetivo de garantizar la objetividad en el desempeño de las funciones oficiales asignadas a los servidores públicos. Para tal efecto, el Área de Recursos Humanos coordinará con la Dirección General del Servicio Civil.

Artículo 31.- Vacantes. Autorízase al Senasa para que ocupe y disponga de la manera más apropiada, para alcanzar los fines de esta Ley, las vacantes producto de renuncias, pensiones, despidos, permisos sin goce de salario y fallecimientos; estas vacantes serán ocupadas conforme a los procedimientos establecidos por el Estatuto del Servicio Civil.

CAPÍTULO III.
Recursos materiales

Artículo 32.- Plan vehicular. Autorízase al Senasa para que defina un plan vehicular que permita la existencia, el mantenimiento y la continuidad de medios de transporte fiables, con cargo al presupuesto nacional o a sus propios recursos. Igualmente, podrá diseñar medidas opcionales o accesorias para enfrentar sus necesidades y competencias.

El reglamento de los vehículos propiedad del Senasa no considerará el uso discrecional y deberá contemplar las excepciones de uso requeridas para asegurarle al país las garantías que esta Ley ofrece y los casos de emergencia.

El plan vehicular deberá contar con la aprobación de la Contraloría General de la República.

CAPÍTULO IV.
Servicios

Artículo 33.- Derecho de los administrados a los servicios. Toda persona tendrá derecho al acceso de los servicios que el Estado brinda por medio del Senasa, conforme a la naturaleza de la actividad que desarrolla. Igualmente, toda persona estará legitimada para impugnar los actos de la administración en esta materia.

Artículo 34.- Monto de los servicios y las tarifas. El monto de las tarifas por los servicios que brinde el Senasa se fijará mediante Decreto Ejecutivo, según estudios técnicos y con base en el principio de servicio al costo, previa consulta a los usuarios. Los ingresos percibidos deberán ser reinvertidos de conformidad con la presente Ley.

Artículo 35.- Exoneración de pago. El Poder Ejecutivo podrá autorizar la exoneración parcial o total del pago de servicios que presta esta Institución mediante un decreto ejecutivo. Para ello, seguirá los criterios de interés público, científico o de fomento al sector productivo. El acto mediante el cual se autorice deberá estar motivado.

Los colegios técnicos agropecuarios quedarán exonerados del pago por los servicios que soliciten al Senasa, para el desarrollo de sus actividades académicas.

Artículo 36.- Suspensión de los servicios por falta de pago. El pago de las tarifas por los servicios deberá ser cancelado por el interesado en el momento de requerir el servicio o inmediatamente después de que este sea brindado.

Cuando por el carácter propio de la actividad comercial no se permita el pago inmediato, el Senasa quedará autorizado para que establezca otros mecanismos con plazos máximos de quince días naturales sujetos a una garantía satisfactoria, de acuerdo con las disposiciones reglamentarias que serán establecidas al efecto.

La no cancelación de los montos correspondientes facultará al Senasa para cancelar el trámite respectivo y no prestar servicios adicionales, hasta tanto el interesado no realice el pago total de lo adeudado.

TÍTULO III.
PROTECCIÓN DE LA SALUD ANIMAL, CONTROL VETERINARIO DE LAS ZOONOSIS E INOCUIDAD DE LOS ALIMENTOS DE ORIGEN ANIMAL

Nota del compilador: En respuesta a una consulta realizada por la Sra. Ministra de Salud, sobre cuál es la autoridad competente para regular la tenencia de animales, la Procuraduría General de la República emitió el dictamen vinculante N° C-88-2007 de 23 de marzo de 2007. En dicho dictamen, la Procuraduría concluye que:
"De la lectura del título III del la Ley General de Servicio Nacional de Salud Animal se desprende que, lejos de contradecir el citado numeral, la nueva normativa viene a reforzar y complementar el fin buscado por el legislador en la norma que está en la Ley de General de Salud, ya que tiene como propósito la protección y control de la salud animal en pos de resguardar la salud humana. No está de por demás precisar que, conforme a lo dispuesto en los artículos 56 y 103 de la Ley n.º 8495, la potestad reglamentaria del Poder Ejecutivo a que se refiere el artículo 195 de la ley n.º 5395 debe ser entendido, a partir de la vigencia de la primera, como la reglamentación que debe emitir ese Poder para dar cabal cumplimiento a la Ley General de Servicio Nacional de Salud Animal; en consecuencia,. el Poder Ejecutivo, cuando dicte el reglamento de esta ley, debe necesariamente determinar las condiciones de saneamiento de los lugares de tenencia de animales. Lo anterior no significa, que el Ministerio de Salud pierda la competencia que le atribuye el numeral 195 de la Ley de Salud y que, en caso de verificar el supuesto de hecho que prevé esa norma legal, ni que pueda ejercer las atribuciones que le otorga el numeral 356 de ese mismo cuerpo normativo; así como podría también ejercerlas el SENASA de conformidad con el numeral 89 de su ley. Estamos, pues, ante una competencia concurrente que pueden ejercer dos órganos del Poder Ejecutivo tendente a garantizar el derecho fundamental a la salud.
[...]
III - CONCLUSIONES. En razón de lo expuesto esta Procuraduría llega a las siguientes conclusiones:
[...]
4.- La tenencia de animales está regida por lo dispuesto por el título III de la Ley General de Servicio Nacional de Salud Animal y por el artículo 195 de la Ley General de Salud, toda vez que, entre esa normativa, no hay contradicción."

CAPÍTULO I.
Potestades especiales

Artículo 37.- Potestades de policía sanitaria. El Senasa queda autorizado para ordenar y ejecutar las medidas sanitarias necesarias, en materia de la aplicación de medicamentos veterinarios, el sacrificio de los animales afectados, los sospechosos de estarlo o los que han estado en contacto con ellos; la retención, el decomiso, la desinsectación, la desinfección, la devolución al país de origen, cuarentena, desnaturalización, destrucción de productos, subproductos y derivados de origen animal; así como el material genético y biotecnológico sometido a tecnologías de ingeniería genética y otros.

De todo lo actuado habrá constancia en un acta que se levantará en el lugar de los hechos; para ello, bastarán la fe pública de la autoridad del Senasa y la debida motivación del acto.

Para el ejercicio de las competencias que esta Ley le confiere, el Senasa contará con las potestades que ostenta el Servicio Fitosanitario del Estado, establecidas en la Ley Nº 7664, de 8 de abril de 1997.

Artículo 38.- Medidas sanitarias. Los funcionarios del Senasa y los que este designe, quedan facultados para que realicen inspecciones o visitas, así como para que apliquen las medidas sanitarias dentro de la propiedad privada o pública, en caso de que las mercancías pongan en riesgo la salud pública veterinaria o la salud animal.

Artículo 39.- Certificaciones oficiales y equivalencia. El Senasa podrá certificar el cumplimiento que hagan los administrados de los controles veterinarios, las normas técnicas, las condiciones de producción y cualquier otra actividad que esté bajo su supervisión y control.

De igual manera, el Senasa podrá determinar y acordar la aplicación del principio de equivalencia de las medidas y garantías sanitarias que consten en los certificados emitidos por las autoridades de otros países.

Artículo 40.- Certificados veterinarios. El Senasa dictará las normas sobre los requisitos y los procedimientos administrativos necesarios para emitir los certificados, las constancias, las guías veterinarias, los reportes de laboratorio y equivalentes.

CAPÍTULO II.
Plagas y enfermedades

Artículo 41.- Clasificación de plagas y enfermedades. El Senasa clasificará las plagas y enfermedades que afectan a los animales; asimismo, determinará las que serán de combate estatal obligatorio, particular obligatorio y particular voluntario. Además, establecerá las medidas para combatirlas o prevenirlas.

Artículo 42.- Declaración de plagas o enfermedades de combate obligatorio. El Poder Ejecutivo, previa recomendación del Senasa declarará las plagas o enfermedades de combate obligatorio, estatal o particular, cuando se conozcan y puedan determinarse los procedimientos y las medidas por aplicar.

Artículo 43.- Obligación del combate particular obligatorio. Los propietarios o encargados de animales estarán en la obligación de combatir, por su cuenta, las plagas o enfermedades declaradas de combate particular obligatorio. Si no lo hacen, el Senasa lo hará por cuenta de ellos y el comprobante de egresos que emita la Contraloría General de la República constituirá título ejecutivo.

Artículo 44.- Deberes del administrado. Los administrados deberán contribuir a la conservación de la salud de la población animal, la protección y la seguridad de los alimentos de origen animal, así como al control de la zoonosis, la protección de la comunidad y el ambiente.

Toda persona estará obligada a denunciar, ante las autoridades competentes, cualquier sospecha o indicio sobre la contaminación en los alimentos de origen animal o sobre la existencia de plaga o enfermedad exótica o epidémica, que se presente en los animales propios o ajenos. Además, deberá aplicar las medidas sanitarias obligatorias establecidas para prevenir, luchar, controlar y erradicar las enfermedades de los animales, o consentir su aplicación, así como facilitar a las autoridades la realización y aplicación de las debidas medidas de seguridad tanto para los animales como para el personal que las ejecute. El administrado que incumpla los deberes mencionados anteriormente, será sujeto, entre otras, de las sanciones administrativas establecidas en la presente Ley.

Artículo 45.- Bienestar animal. Los propietarios o encargados de un animal estarán en la obligación de proporcionarle bienestar para conservarlo en buenas condiciones de salud, y deberán respetar las normas legales, técnicas, éticas y profesionales vigentes.

CAPÍTULO III.
Laboratorios

Artículo 46.- Laboratorio oficial y autorizados. El laboratorio oficial del Senasa será el Laboratorio Nacional de Servicios Veterinarios (Lanaseve).

Sin perjuicio de lo anterior, el Senasa podrá oficializar los servicios de laboratorios de referencia, públicos o privados, nacionales o extranjeros, debidamente autorizados o reconocidos por la autoridad competente. Además, podrá establecer cualquier otra disposición que considere necesaria para el buen funcionamiento del laboratorio y satisfacer el interés público.

Artículo 47.- Resultados del laboratorio oficial. Los resultados de los análisis brindados por el laboratorio oficial serán definitivos para la concesión y cancelación de permisos, autorizaciones y registros. En materia contenciosa, sea en sede administrativa o judicial, estos resultados constituyen plena prueba, de conformidad con las leyes pertinentes.

CAPÍTULO IV
Intercambio comercial y tránsito de animales, productos y subproductos de origen animal

Artículo 48.- Análisis de riesgos. El Senasa considerará realizar el análisis de riesgos, a fin de determinar las condiciones sanitarias a las que se supeditará la importación o el tránsito de un animal o mercancía, o para comprobar la seguridad sanitaria de los productos y subproductos que ingresen o se comercialicen en el territorio nacional y que son objeto de su control, de conformidad con las competencias señalados en la presente Ley.

Según lo determine, el Senasa podrá evaluar el sistema del servicio veterinario del país exportador o de origen, así como su estado sanitario, de conformidad con las normas vigentes. Asimismo, podrá realizar análisis de riesgos para los productos de origen local destinados a la comercialización interna.

Artículo 49.- Requisitos para la importación. Para la importación de todo animal doméstico, silvestre, acuático u otro, su material genético, sus productos, subproductos, derivados, sus desechos, las sustancias peligrosas, los alimentos para animales y los medicamentos veterinarios o el material biotecnológico de origen animal o que pueda afectar el ambiente, la salud de los animales o la salud humana, deberá contarse con el permiso sanitario previo de importación y deberá cumplirse con la legislación vigente. En todo momento, deberán observarse las disposiciones de la Convención sobre el comercio internacional de especies amenazadas de flora y fauna silvestres (Cites), ratificada mediante la Ley Nº 5605, de 30 de octubre de 1974, y la Ley de conservación de la vida silvestre, Nº 7317, de 21 de octubre de 1992.

No obstante, en el momento de arribo al país el embarque presenta síntomas y condiciones morbosos o condiciones organolépticas anormales o adulteradas, el funcionario autorizado podrá actuar de conformidad con las disposiciones previstas en esta Ley y su Reglamento.

Artículo 50.- Permiso de importación. Prohíbese la importación, el tránsito o el desplazamiento de animales domésticos, silvestres, acuáticos u otros, de su material genético, sus productos, subproductos, derivados, sus desechos, las sustancias peligrosas, los medicamentos veterinarios, los alimentos para animales, los productos biotecnológicos de origen animal o destinados al uso o consumo de los animales, así como del material de otra índole que puedan ser potenciales portadores o vehículos de agentes infecciosos, parasitarios o tóxicos, que pongan en riesgo el ambiente, la salud pública veterinaria o la salud animal. En caso de poner en riesgo la salud humana, el Senasa deberá informarlo al Ministerio de Salud.

Asimismo, se prohíbe la entrada de animales, productos y subproductos que no vayan acompañados del permiso sanitario previo de importación y del certificado veterinario internacional u oficial del país de origen y no cumplan la legislación vigente. También, se prohíbe la importación de los animales y productos objeto de regulación de esta Ley en contravención a las disposiciones de la Convención sobre el comercio internacional de especies amenazadas de flora y fauna silvestres (Cites), ratificada mediante la Ley Nº 5605, de 30 de octubre de 1974, la Ley de conservación de la vida silvestre, Nº 7317, de 21 de octubre de 1992, y la demás normativa relacionada.

Artículo 51.- Documentación para transportar. Las personas físicas o jurídicas, así como las compañías dedicadas al transporte internacional, nacional y en tránsito, estarán obligadas a requerir, de los interesados, los documentos y requisitos que imponen la presente Ley y su Reglamento, antes de recibirlos a bordo.

De no portar esos documentos, el Senasa podrá disponer el sacrificio de los animales, la desnaturalización de los productos, o bien, la devolución al país o lugar de origen, según proceda, sin perjuicio de cualquier otra medida que la legislación disponga.

Los gastos por la aplicación de las medidas anteriores correrán por cuenta del importador, del particular interesado o de su representante.

Artículo 52.- Importación ilegal. Los animales domésticos, silvestres, acuáticos u otros, su material genético, sus productos, subproductos, derivados, sus desechos, las sustancias peligrosas, los alimentos para animales y medicamentos veterinarios importados en contravención de la legislación, serán sacrificados, destruidos, decomisados o reembarcados inmediatamente, a su país de origen, según proceda.

Los animales sacrificados y los productos o subproductos que se destruyan, deberán desecharse de conformidad con las normas técnicas que se emitan al respecto, de manera que no dañen la salud pública ni el medio ambiente.

Los gastos por la aplicación de las medidas anteriores, correrán por cuenta del importador o su representante.

Artículo 53.- Inspecciones por parte del Senasa. Cuando se pretenda introducir al país, en importación, redestino o tránsito, animales, productos y subproductos de origen animal, sus derivados, sus desechos, sustancias peligrosas, alimentos para animales y medicamentos veterinarios, o material biotecnológico de origen animal, el Senasa deberá inspeccionarlos según los procedimientos técnicos establecidos en esta Ley y su Reglamento, y recomendar las medidas sanitarias correspondientes.

El Senasa determinará, mediante la evaluación de los requisitos aportados por el país de origen, el análisis de riesgos correspondiente y la aplicación del principio precautorio, si procede o no la aplicación del principio de equivalencia, en cualquiera de los diferentes niveles, ya sea sobre productos, normas concretas, sistemas, acuerdos o sobre cualquier otro que el Senasa considere pertinente evaluar.

Artículo 54.- Medidas de control. Si una vez autorizada la importación de algún producto o subproducto de origen animal, se determina que este puede representar un riesgo grave para la salud humana, la salud animal o el medio ambiente, y que las medidas sanitarias adoptadas no pueden controlarlo de forma satisfactoria, el Senasa podrá ejecutar las siguientes medidas:

a) Suspender la circulación del producto y aplicar las medidas sanitarias correspondientes.

b) Establecer las condiciones especiales para que el producto pueda circular dentro del país, ser devuelto o redestinado.

Artículo 55.- Colaboración del Ministerio de Hacienda. El Ministerio de Hacienda colaborará con el Senasa en la vigilancia de las restricciones en materia veterinaria, en el ámbito aduanero.

A su vez, el Senasa colaborará con la Dirección General de Aduanas del Ministerio de Hacienda, en la fiscalización y el control de los internamientos de las mercancías o los productos de origen animal.

Para tales efectos, ambas entidades intercambiarán información y pondrán a disposición sus respectivas bases de datos, a fin de facilitar el establecimiento de controles cruzados.

CAPÍTULO V.
Control veterinario en establecimientos

Artículo 56.- Establecimientos sujetos a control. El Senasa otorgará o retirará el certificado veterinario de operación a los siguientes establecimientos:

a) Aquellos donde se concentren y comercialicen animales, así como las unidades de producción pecuaria que el Senasa catalogue de riesgo veterinario o epidemiológico.

b) Los que elaboren, importen, desalmacenen, fraccionen, almacenen, transporten y vendan productos y subproductos de origen animal.

c) Los destinados al sacrificio de animales o que industrialicen, empaquen, refrigeren, procesen o expendan, en el nivel mayorista, productos, subproductos o derivados de animales, para consumo humano o animal.

d) Los que elaboren, importen, desalmacenen, fraccionen, almacenen, transporten y vendan medicamentos veterinarios, sustancias peligrosas para la salud animal y químicos para los alimentos de origen animal.

e) Los laboratorios que presten servicios veterinarios.

f) Los que elaboren, importen, desalmacenen, fraccionen, almacenen, transporten y vendan alimentos para animales.

g) Los que elaboren, importen, almacenen, desalmacenen, fraccionen, transporten y vendan material genético o biotecnológico de origen animal o destinado al consumo o uso animal.

h) Los establecimientos autorizados y acreditados para la exportación.

i) Los zoológicos y demás centros donde se concentren animales silvestres en cautiverio.

Las características y especificaciones que deberán reunir dichos establecimientos, se dispondrán en el Reglamento de esta Ley.

Nota del compilador: Ver la nota al artículo 6 inciso t) precedente.

Artículo 57.- Certificado veterinario de operación. Por certificado veterinario de operación se entenderá el documento otorgado por el Senasa, mediante el cual se hará constar la autorización, a fin de que la persona física o jurídica solicitante se dedique a una o varias actividades de las mencionadas en el artículo 56 de esta Ley.

En un solo certificado podrá indicarse la autorización para ejercer diferentes actividades; será solicitado y otorgado por una única vez y no será necesario renovarlo, mientras se cumpla, constantemente, con los requisitos sanitarios.

Dicha autorización implicará cumplir los requisitos sanitarios establecidos por el Senasa, para llevar a cabo la actividad.

Artículo 58.- Retiro del certificado veterinario de operación. El Senasa podrá retirar el certificado veterinario de operación, si determina, previa inspección, que el establecimiento no cumple los requisitos sanitarios fijados para las actividades autorizadas. En caso de que el certificado se retire, el interesado deberá solicitarlo de nuevo.

Artículo 59.- Controles. El Senasa deberá realizar, periódicamente, las inspecciones y demás actividades de control a los establecimientos, con el fin de verificar el cumplimiento de los requisitos sanitarios.

Artículo 60.- Registro de establecimientos. Todo establecimiento autorizado a ejercer una o más actividades de las indicadas en el artículo 56 de esta Ley, deberá estar inscrito en el registro que para tal efecto creará y administrará el Senasa.

Artículo 61.- Símbolo de sanidad. El Senasa creará un programa voluntario de fincas, empresas productoras o comercializadoras de productos y subproductos de origen animal producidos en Costa Rica, que cumplan lo estipulado en la presente Ley. Se considerará, entre otros aspectos, lo que respecta a las buenas prácticas pecuarias, control de enfermedades de animales de combate particular obligatorio; la regulación de residuos de medicamentos veterinarios y plaguicidas, las buenas prácticas de transporte, así como cualquier otra medida sanitaria tendiente a proteger la salud humana y el medio ambiente.

Además, el Senasa establecerá el procedimiento, la clasificación y el logotipo mediante el cual las empresas se harán acreedoras del reconocimiento oficial de sanidad. Dicho reconocimiento será certificado.

Artículo 62.- Publicación oficial de los establecimientos autorizados y registrados. Una vez al año, el Senasa publicará en La Gaceta la lista de los establecimientos dedicados a las actividades mencionadas en el artículo 56 de esta Ley; dichos establecimientos deberán estar registrados y debidamente autorizados.

Artículo 63- Retiro de circulación de productos. De oficio y en cualquiera de las fases de la cadena alimentaria, el Senasa deberá retirar de circulación los productos o subproductos de origen animal que representen riesgo no aceptable para el ambiente, la salud de las personas y los animales. De igual manera, el productor o intermediario que intervenga en cualquiera de las fases de la cadena alimentaria, tendrá la obligación de comunicar al Senasa y retirar de circulación los productos o subproductos de origen animal que representen riesgo no aceptable para el ambiente, la salud de las personas y los animales.

CAPÍTULO VI.
Seguridad y trazabilidad/rastreabilidad

Artículo 64.- Seguridad de los productos y subproductos de origen animal. El Senasa, en conjunto y coordinación con el Ministerio de Salud, determinará las medidas sanitarias necesarias para garantizar la seguridad de los productos y subproductos de origen animal destinados al consumo humano. De igual manera, velará por la idoneidad de los insumos utilizados en su elaboración.

Se prohíbe la producción, transformación y distribución de productos o subproductos de origen animal o de alimentos para animales que no sean seguros para el ambiente o el consumo humano o animal.

Artículo 65.- Programa nacional de trazabilidad/rastreabilidad. El Senasa establecerá, reglamentará y aplicará el Programa nacional de trazabilidad/rastreabilidad para todos los animales, productos y subproductos de origen animal, así como para los insumos y materias primas bajo su tutela. Este Programa estará constituido por varios sistemas de trazabilidad/rastreabilidad.

Artículo 66.- Sistemas de trazabilidad/rastreabilidad. Con el asesoramiento técnico del Senasa, el Poder Ejecutivo decretará los diversos sistemas de trazabilidad/rastreabilidad bajo su tutela, los cuales serán establecidos mediante los Reglamentos de esta Ley. Los sistemas de trazabilidad/rastreabilidad aplicados, vigilados y supervisados por el Senasa deberán ser compatibles con los sistemas complementarios desarrollados e implementados por otras autoridades sanitarias de nuestro país.

Cada sistema deberá constituirse como un mecanismo adecuado de gestión de los respectivos riesgos sanitarios y respetar la aplicación del principio del trato nacional.

Para el diseño de los sistemas, se tomarán en cuenta, entre otras, las particularidades de cada uno de los siguientes:

a) La especie animal.

b) La etapa de la cadena productiva.

c) El tipo de explotación.

d) Los medios de transporte.

e) El producto o subproducto.

f) El usuario o consumidor meta.

Artículo 67.- Ejecución de los sistemas de trazabilidad/rastreabilidad. Los sistemas de trazabilidad podrán ser puestos en práctica de manera paulatina y progresiva, asegurando siempre la adecuada gestión de los riesgos sanitarios.

El Senasa deberá destinar los recursos necesarios para desarrollar las capacidades que le permitan aplicar, dentro de sus competencias, los sistemas de trazabilidad/rastreabilidad, así como supervisarlos y vigilarlos adecuadamente.

Para la efectiva ejecución de los sistemas de trazabilidad/rastreabilidad, los administrados tendrán la obligación de suministrar la información requerida. De forma correlativa, el Senasa deberá verificar la información suministrada.

Los diversos agentes económicos y productivos estarán obligados a aplicar los sistemas de trazabilidad/rastreabilidad, dentro de los plazos y las condiciones que se estipulen, para cada caso, en el respectivo Reglamento de esta Ley.

Artículo 68.- Productos sujetos a la trazabilidad/rastreabilidad. El Senasa velará por la creación, ejecución y verificación de los sistemas de trazabilidad/rastreabilidad de lo siguiente:

a) Los animales vivos.

b) Los productos, subproductos o derivados de animales, destinados al consumo humano o animal.

c) Los medicamentos veterinarios.

d) Las sustancias peligrosas para la salud animal.

e) Los químicos, aditivos o cualquier otra sustancia utilizada para la fabricación de los alimentos de origen animal.

f) Los productos de origen animal destinados a alimentación humana, que sean, contengan o estén compuestos de organismos genéticamente modificados o sean producto de la ingeniería genética.

g) Los alimentos destinados al consumo animal, determinados en los Reglamentos de esta Ley.

h) El material genético animal.

i) El material biotecnológico de origen animal o para su uso.

j) Los desechos de las actividades productivas reguladas por el Senasa que, a criterio de este, presenten un riesgo epidemiológico o veterinario.

k) Cualquier otro que el Senasa considere pertinente establecer.

Los sistemas de trazabilidad/rastreabilidad vigilados y supervisados por el Senasa comprenderán todas las etapas de producción, transformación, transporte, importación, exportación y distribución mayorista, de los productos indicados anteriormente.

Artículo 69.- Actividades de trazabilidad/rastreabilidad ejecutadas por los administrados. Las personas físicas y jurídicas dedicadas a las actividades indicadas en el artículo 56 de esta Ley deberán:

a) Mantener debidamente identificados los animales de su propiedad o los que estén bajo su cuidado, en la forma y las condiciones que establezca el Reglamento de esta Ley.

b) Identificar el producto del que se trata, utilizando el medio de identificación correspondiente, de acuerdo con la legislación vigente.

c) Conservar la información relativa a la procedencia del animal o producto, así como los demás datos que determinen los Reglamentos de esta Ley, durante los períodos que definan esos Reglamentos.

d) Facilitar a la autoridad sanitaria, debidamente identificada, toda la información requerida para la operatividad de los sistemas de trazabilidad/rastreabilidad.

El Registro de establecimientos creado en esta Ley formará parte del Programa nacional de trazabilidad/rastreabilidad.

Artículo 70.- Sistema Oficial de Información. Créase el Sistema Oficial de Información, administrado por el Senasa, con el fin de facilitar la aplicación de los sistemas de trazabilidad/rastreabilidad de los animales, productos y subproductos contemplados en esta Ley. La información que será incluida en el Sistema se definirá en el Reglamento de esta Ley.

Artículo 71.- Control. El Senasa dictará y determinará las medidas pertinentes para lograr el control y la vigilancia de la aplicación de los sistemas de trazabilidad/rastreabilidad de los animales y productos regulados en esta Ley. Para tal fin, mantendrá un sistema de controles oficiales y llevará a cabo otras actividades oportunas, incluida la información al público sobre la seguridad, inocuidad y los riesgos que acarrean los animales, los productos y subproductos de origen animal, los alimentos para animales y los medicamentos e insumos de uso veterinario.

Asimismo, el Senasa podrá regular y ejercer cualquier otro tipo de actividades de control sobre las diferentes etapas de producción, transporte, importación, exportación, transformación y la distribución mayorista de los animales y productos bajo su tutela.

Artículo 72.- Certificado de trazabilidad/rastreabilidad. Facúltase al Senasa para que emita certificados de cumplimiento de los sistemas de trazabilidad/rastreabilidad, de acuerdo con las disposiciones del Reglamento de esta Ley.

Dicho certificado podrá ser emitido únicamente cuando el Senasa haya constatado el cumplimiento reiterado, durante el plazo mínimo definido en el Reglamento de esta Ley, de la totalidad de las disposiciones que tutelan el sistema de trazabilidad que regula el producto específico. Asimismo, cuando constate el incumplimiento de esas disposiciones, cancelará el certificado y ordenará el retiro del mercado de los productos en los que conste el distintivo de la certificación.

También, el Senasa queda facultado para inscribir libre de derechos de inscripción, en el Registro de la Propiedad Industrial, los distintivos que considere necesarios para desarrollar esta actividad certificadora. Estos distintivos podrán ser incluidos únicamente en las etiquetas y los empaques de los productos certificados.

CAPÍTULO VII.
Vigilancia, control veterinario y erradicación de las zoonosis

Artículo 73.- Vigilancia de las zoonosis y de los agentes zoonóticos. El Senasa llevará a cabo las actividades de vigilancia veterinaria de las zoonosis y los agentes zoonóticos, la vigilancia de la resistencia terapéutica a los medicamentos veterinarios y el intercambio de información sobre el tema; para ello, implementará un sistema de recolección, análisis y difusión de datos.

Artículo 74.- Vigilancia en la cadena de producción alimentaria. La vigilancia se llevará a cabo en las fases de la cadena alimentaria más apropiadas para su control, según las zoonosis o el agente zoonótico en cuestión.

Artículo 75.- Criterios para llevar a cabo la vigilancia veterinaria de la zoonosis. El Senasa ejercerá el control veterinario de la zoonosis, según los siguientes criterios:

a) La gravedad de los efectos en las personas.

b) Las consecuencias económicas para la atención sanitaria de los animales y las empresas del sector alimentario.

c) Las tendencias epidemiológicas en la población animal y los alimentos para animales.

d) La incidencia en la población animal y los alimentos destinados a su consumo.

Artículo 76.- Programas coordinados de vigilancia. El Senasa podrá establecer programas coordinados de vigilancia con otras instituciones públicas y del Sector Privado, en especial cuando existan necesidades específicas para evaluar riesgos o fijar valores de referencia en relación con las zoonosis o los agentes zoonóticos.

CAPÍTULO VIII.
Producción pecuaria orgánica

Artículo 77.- Producción pecuaria orgánica. El Senasa regulará lo relativo a las normas y los procedimientos sanitarios sobre producción pecuaria orgánica.

CAPÍTULO IX
Infracciones y sanciones

Artículo 78.- Infracciones. Infringen la presente Ley, los siguientes:

a) Quienes no cuenten con el certificado veterinario de operación.

b) Quienes carezcan de un asesor profesional, cuando la presente Ley y sus Reglamentos lo determinen.

c) Quienes incurran en la omisión o falta de comunicación en caso de enfermedades de los animales, cuando se trate de zoonosis o de enfermedades que se presenten con carácter epizoótico, siempre que tengan especial virulencia y rápida difusión. Asimismo, quienes no notifiquen la existencia de una plaga o enfermedad declarada de denuncia obligatoria o no combatan una plaga o enfermedad declarada de combate obligatorio.

d) Quienes importen animales domésticos, silvestres, acuáticos u otro, su material genético, sus productos, subproductos, derivados, sus desechos, las sustancias peligrosas, los alimentos para animales y medicamentos veterinarios o el material biotecnológico de origen animal, sin contar con el previo permiso sanitario de importación.

e) Quien importe, transite o desplace animales domésticos, silvestres, acuáticos u otros, su material genético, sus productos, subproductos, derivados, sus desechos, las sustancias peligrosas, los medicamentos veterinarios, los alimentos para animales, los productos biotecnológicos de origen animal o destinados al uso o consumo de los animales, así como material de otra índole que ponga en riesgo el ambiente, la salud pública veterinaria o la salud animal.

f) Quienes incurran en la fabricación no autorizada, la falsificación, manipulación o utilización fraudulenta de las marcas animales o de los documentos de identificación que los amparan.

g) Quienes transporten animales, productos y subproductos, sustancias peligrosas, medicamentos veterinarios, alimentos para animales, productos biotecnológicos, sin los documentos y requisitos que impone la presente Ley, antes de recibirlos a bordo, cuando se trate de personas físicas o jurídicas y compañías dedicadas al transporte internacional, nacional y en tránsito.

h) Quienes suministren a las autoridades documentación falsa o la utilicen para el movimiento o transporte de animales.

i) Quienes etiqueten, de manera insuficiente o no aprobada, mezclas, premezclas, aditivos, materias primas, sustancias y productos empleados en la alimentación animal, de conformidad con lo establecido en la Ley N.º 6883, de 25 de agosto de 1983.

j) Quienes comercialicen medicamentos veterinarios, sustancias peligrosas y reactivos de laboratorio veterinario al margen de las normas vigentes.

k) Quienes comercialicen animales domésticos, silvestres y acuáticos, su material genético, sus productos, subproductos, sus derivados, los productos biotecnológicos de origen animal o que puedan afectar los animales, los desechos de animales y los alimentos para animales, al margen de las normas vigentes.

l) Quienes produzcan, transformen y distribuyan productos o subproductos de origen animal o de alimentos para animales que no sean seguros para el ambiente o el consumo humano o animal.

m) Quienes incumplan las disposiciones, debidamente promulgadas, establecidas en materia de trazabilidad/rastreabilidad.

n) Quienes transporten animales enfermos o sospechosos de estarlo, que puedan difundir enfermedades de alto riesgo.

ñ) Quienes irrespeten las cuarentenas internas o externas de animales o productos, establecidas por el Senasa.

o) Quienes incurran en la violación de sellos, marchamos y otros documentos similares del Senasa.

p) Quienes denieguen o retarden, injustificadamente, el ingreso de las autoridades del Senasa al establecimiento u obstaculicen el desarrollo de las actividades de investigación, inspección, prevención o combate de plagas y enfermedades animales.

q) Quienes emitan certificados, constancias, guías veterinarias, reportes de laboratorios y equivalentes que no se ajusten a criterios técnicos y veraces.

r) Quienes no procuren el bienestar animal, de acuerdo con las normas legales, técnicas, éticas y profesionales vigentes.

s) Quienes incumplan las medidas sanitarias establecidas por el Senasa, de conformidad con el artículo 89 de esta Ley.

t) Quienes incurran en la violación de cualquier disposición de la presente Ley.

u) Quienes utilicen, comercialicen o liberen al ambiente organismos genéticamente modificados de origen animal, sin la debida autorización de las autoridades competentes.

Artículo 79.- Criterios para la aplicación de las sanciones. Quienes infrinjan la presente Ley, serán sancionados considerando el riesgo sanitario que su actuación u omisión pueda representar para la salud pública, la salud animal o el medio ambiente, así como la gravedad de la infracción y los antecedentes del infractor.

Artículo 80.- Sanciones administrativas. Las infracciones señaladas en el artículo 78 de esta Ley, serán sancionadas con multa de uno a cinco salarios base de un profesional licenciado universitario.

Si la infracción ocasiona un riesgo o produce daños al ambiente, la salud de los animales o la salud de las personas, la sanción pecuniaria por imponer será la siguiente:

a) Para los incisos a), b), h), i), n) y ñ), de cinco a veinte salarios base de un profesional licenciado universitario.

b) Para los incisos c), d), e), f), g), j), k), l), m), o), p), q), r), s), t), y u), de siete a cincuenta salarios base de un profesional licenciado universitario.

Para la aplicación de estas sanciones, el Senasa deberá conceder previa audiencia al interesado, en los términos que señale el Reglamento de esta Ley.

Artículo 81.- Aumento de la sanción. Cuando se trate de un infractor reincidente, la sanción podrá aumentarse en un tercio.

Para lo anterior, deberán considerarse las circunstancias del responsable, las características de la explotación o del sistema de producción, el grado de dolo o culpa, el beneficio obtenido o el que se esperaba obtener, el número de animales afectados, el daño o riesgo en que se haya puesto a las personas o al patrimonio pecuario, así como el incumplimiento de las advertencias previas y la alteración social que pueda provocarse.

Artículo 82.- Límites de las sanciones administrativas. El Senasa deberá considerar la situación económica del infractor. En todo caso, el límite superior de las multas previstas anteriormente podrá superarse hasta en el doble del beneficio obtenido por el infractor, cuando dicho beneficio exceda la cuantía máxima de la multa.

Artículo 83.- Principios de legalidad y del debido proceso. El Senasa deberá aplicar las medidas establecidas en esta Ley o en sus Reglamentos, con apego a los principios de legalidad y al debido proceso. En materia de procedimientos, a falta de norma expresa en esta Ley, deberán aplicarse las disposiciones generales del procedimiento administrativo de la Ley general de Administración Pública.

Artículo 84.- Prescripción. La potestad de imponer las sanciones administrativas contempladas en la presente Ley, prescribirán a los cuatro años de cometido el hecho o la omisión.

Artículo 85.- Actuación indebida de funcionarios públicos. Las sanciones estipuladas en este capítulo se aplicarán aumentadas en un tercio, si quien resulte responsable por acción u omisión es un funcionario público o de hecho. Además, se podrá imponer la inhabilitación especial, consistente en la pérdida del cargo público y la imposibilidad de ser nombrado nuevamente en cualquier cargo público durante cinco años. Lo anterior, sin perjuicio de las sanciones penales y civiles aplicables.

Artículo 86.- Responsabilidad penal y civil. Las sanciones señaladas en este capítulo, se aplicarán sin perjuicio de la responsabilidad penal o civil que resulte.

Artículo 87.- Responsabilidad profesional. Las sanciones que se señalan en este capítulo, se aplicarán sin perjuicio de la responsabilidad y sanción que resulte según la normativa del colegio profesional correspondiente.

Artículo 88.- Procedimiento. Las resoluciones del Senasa, emitidas en un proceso sancionatorio, tendrán el recurso de revocatoria que será resuelto por el órgano que dictó el acto y, el de apelación, por el ministro de Agricultura y Ganadería. El trámite de estos recursos se regirá por lo dispuesto en el título VIII del libro II de la Ley general de la Administración Pública.

CAPÍTULO X.
Aplicación de medidas sanitarias

Artículo 89.- Medidas sanitarias. El Senasa deberá llevar a cabo las medidas sanitarias que considere pertinentes, a fin de cumplir los objetivos de la presente Ley.

Se considerarán medidas sanitarias, las siguientes:

a) El cierre temporal de los establecimientos indicados en el artículo 56 de esta Ley.

b) La cancelación o suspensión del certificado veterinario de operación, con el respectivo cierre del establecimiento.

c) Los decomisos.

d) La retención.

e) La desnaturalización.

f) Las cuarentenas, tanto las internas como las externas.

g) La destrucción.

h) La devolución o el redestino.

i) La medicación.

j) El sacrificio.

k) La anulación de los trámites o documentos autorizados por el Senasa.

l) La cancelación de las autorizaciones y las inscripciones.

m) Cualquier otra medida sanitaria debidamente justificada que el Senasa considere pertinente aplicar.

Artículo 90.- Prevalencia de criterios técnicos. Las medidas sanitarias se fundamentarán en criterios técnicos, científicos y profesionales.

Artículo 91.- Obligatoriedad de las medidas sanitarias. Por razones de interés público y con la finalidad de proteger el ambiente, la salud de las personas y los animales, las medidas indicadas en esta Ley son de aplicación obligatoria por parte del Senasa y de acatamiento obligatorio por parte de los administrados. Se establecerán en razón de los criterios técnicos correspondientes.

TÍTULO IV.
DISPOSITIVO DE EMERGENCIAS

Artículo 92.- Declaración de emergencia. En caso de emergencia regional o nacional en esta materia, el Senasa solicitará al Poder Ejecutivo declarar emergencia regional o nacional, según el caso.

Artículo 93.- Comisión ad hoc de emergencia. El Senasa integrará una comisión ad hoc que actuará como órgano asesor y de consulta para cada emergencia nacional o regional.

Artículo 94.- Autorización a entes autónomos. Facúltase a los entes autónomos para que dispongan de las partidas y de otros recursos que consideren necesarios para auxiliar al Senasa, cuando se declare emergencia nacional o regional.

Artículo 95.- Fondo acumulativo para emergencias. El Senasa dispondrá y administrará un fondo acumulativo para atender emergencias exclusivamente. Los recursos del fondo provendrán de empréstitos, donaciones, asignaciones, multas o de cualquier otra fuente legal de financiamiento. Se faculta al Poder Ejecutivo para que negocie empréstitos internacionales con entes internacionales bilaterales, plurilaterales o multilaterales, siempre y cuando dichos fondos sean destinados, única y exclusivamente, a la atención de una emergencia regional o nacional debidamente declarada, según el artículo 92 de esta Ley. Dicho fondo podrá ser administrado en un fideicomiso que se constituirá de conformidad con el título II de esta Ley.

Asimismo, el Senasa deberá presentar la liquidación a la fecha de los gastos efectuados, tres meses después de que se haya declarado la emergencia. Si esta no ha finalizado, deberá presentar el presupuesto del monto por gastar durante los siguientes seis meses, para la respectiva aprobación ante la Contraloría General de la República. En caso de que la emergencia subsista, deberá presentarse el presupuesto respectivo para los tres meses siguientes.

Artículo 96.- Excepción al ordenamiento fiscal. Los gastos por insumos y personal o ambos, en que incurra el Senasa, provenientes del fondo para emergencias, no estarán sometidos a las leyes de ordenamiento fiscal.

Artículo 97.- Investidura de autoridad. En caso de emergencia o ante una situación de alto riesgo sanitario, todo médico veterinario, en el ejercicio legal de su profesión, estará investido de suficiente autoridad suficiente para tomar las primeras medidas sanitarias y requerir la colaboración obligada de las autoridades locales para hacerlas cumplir, hasta que intervenga la autoridad del Senasa; todo ello, sin perjuicio de las responsabilidades civiles o penales que le correspondan por el incumplimiento de esas funciones o por abuso en el ejercicio de estas.

La investidura de autoridad no implica que cualquier médico veterinario sea considerado médico veterinario oficial del Senasa, aun cuando se encuentre en el ejercicio legal de su profesión ante una emergencia.

Artículo 98.- Fondos especiales para indemnización en casos de emergencia. Para cubrir las indemnizaciones en casos de emergencia, los productores podrán crear un fondo para ese fin, según las características y posibilidades de cada sector.

En caso de emergencia o ante una situación de alto riesgo sanitario debidamente calificada por el Senasa, el Ministerio de Agricultura y Ganadería podrá establecer una tabla de porcentajes de indemnización a los productores.

TÍTULO V.
DISPOSICIONES FINALES Y TRANSITORIAS

Artículo 99.- Control de alimentos para consumo animal. La Ley para el control de la elaboración y expendio de alimentos para animales, N° 6883, de 25 de agosto de 1983, continuará vigente en lo que no se oponga a esta Ley.

Artículo 100.- Tasa. Establécese una tasa de un cero coma cinco por ciento (0,5%) sobre el valor CIF declarado por cada importación de medicamentos veterinarios y sus materias primas, destinados a uso animal, que se cancelarán, ante el Senasa, en cada solicitud de autorización de desalmacenaje. Dichos fondos serán utilizados, únicamente, como recursos financieros para el Senasa y deberán ser administrados en el fideicomiso autorizado por esta Ley para ser destinados a la fármaco vigilancia veterinaria.

Artículo 101.- Derogaciones. Deróganse las siguientes disposiciones:

a) La Ley sobre salud animal, Nº 6243, de 2 de mayo de 1978, y sus reformas.

b) La Ley N° 1207, de 9 de octubre de 1950, que declara de utilidad pública la campaña contra la tuberculosis bovina.

Artículo 102.- Modificaciones. Modifícanse las siguientes disposiciones:

a) El párrafo inicial del artículo 3 del contrato de préstamo N.º 439/SF-CR suscrito entre el Gobierno de Costa Rica y el Banco Interamericano de Desarrollo para un Programa de desarrollo ganadero y sanidad animal (Progasa), Ley N.º 7060, de 31 de marzo de 1987. El texto es el siguiente:

"Artículo 3.-
La Dirección de Salud Animal del Ministerio de Agricultura y Ganadería, creada mediante la Ley N° 6243, de 2 de mayo de 1978, se denominará en lo sucesivo el Servicio Nacional de Salud Animal. Este, en coordinación con los organismos del subsector pecuario, será el responsable de ejecutar el Progasa, el cual será dirigido por una junta administrativa adscrita al Ministerio de Agricultura y Ganadería.
[...] "

b) Los incisos 1) y 4) del artículo 3 del contrato de Préstamo N.º 439/SF-CR suscrito entre el Gobierno de Costa Rica y el Banco Interamericano de Desarrollo para un Programa de desarrollo ganadero y sanidad animal (Progasa), Ley N.º 7060, de 31 de marzo de 1987. El texto es el siguiente:

"Artículo 3.-
[...]
1) Los objetivos y las funciones del Servicio Nacional de Salud Animal serán los establecidos en su Ley de creación.
[...]
4) El director general de Salud Animal será el director ejecutivo de la Junta. Este funcionario, junto con cada uno de los directores de las dependencias del Ministerio de Agricultura y Ganadería, coordinará lo referido a sus propias funciones. El director ejecutivo no podrá ser miembro de la Junta; asistirá a las sesiones y tendrá voz pero no voto; asimismo, no devengará dietas y estará

sujeto a la reglamentación vigente para este tipo de órganos. [...] "

c) El artículo 2 de la Ley N° 5346, de 10 de setiembre de 1973. El texto es el siguiente:

"Artículo 2.-
Los animales a que se refiere el artículo anterior serán recogidos o sacrificados por las autoridades de los Ministerios de Gobernación y Policía, de Agricultura y Ganadería y de las municipalidades respectivas. Cuando proceda, tendrán la colaboración de los funcionarios del Ministerio de Obras Públicas y Transportes.
De ser sacrificados, los productos derivados del animal serán entregados a una institución de beneficencia, si su consumo no representa riesgo para la salud humana o animal."

d) El artículo 3 de la Ley N° 5346, de 10 de setiembre de 1973. El texto es el siguiente:

"Artículo 3.-
La infracción al artículo 1 de la presente Ley constituye una infracción contra la salud pública veterinaria y el propietario del animal será sancionado con una multa de entre uno y veinte salarios base de un profesional licenciado universitario. El monto será fijado por el Servicio Nacional de Salud Animal, tomando en consideración las disposiciones contenidas en su ley de creación."

e) El párrafo final del artículo 4 de la Ley N° 5346, de 10 de setiembre de 1973. El texto dirá:

"Artículo 4.-
[...]
Los montos de los gastos de aprehensión serán fijados en el Reglamento de esta Ley; para tales efectos, el ministro del ramo será el titular del Ministerio de Agricultura y Ganadería."

f) Adiciónase un nuevo artículo 338 bis a la Ley general de salud, N° 5395, de 30 de octubre de 1973. El texto dirá:

"Artículo 338 bis.- Coordinación entre las autoridades sanitarias
Los funcionarios del Ministerio de Salud y las demás autoridades sanitarias deberán ejecutar las actividades de control y protección sanitaria de manera coordinada, bajo pena de despido sin responsabilidad patronal."

g) El artículo 9 de la Ley N.º 7451, de 17 de noviembre de 1994, Ley de bienestar de los animales, cuyo texto dirá:

"Artículo 9.- Trato para los animales utilizados en deportes o espectáculos públicos
Los animales utilizados en deportes o espectáculos públicos no deberán someterse, a la disciplina respectiva, bajo el efecto de ninguna droga o medicamento perjudicial para su salud e integridad; tampoco deberán ser forzados más allá de su capacidad ni deberán utilizarse objetos que puedan dañar su integridad física.

Artículo 103.- Reglamentación. El Poder Ejecutivo reglamentará la presente Ley dentro de los sesenta días siguientes a su publicación, pero la falta de reglamentación no impedirá que esta se aplique.

Nota del compilador: Ver la nota al Título III de esta ley.

TRANSITORIOS

Transitorio I.- En el término de seis meses contados a partir de la publicación de la presente Ley, el Ministerio de Agricultura y Ganadería, por medio del Senasa, comunicará al Poder Ejecutivo cuáles decretos ejecutivos y reglamentos se oponen a la presente Ley, a fin de que este proceda a derogarlos según corresponda.

Transitorio II.- Los funcionarios que forman parte del Programa de erradicación del gusano barrenador y que actualmente son pagados mediante ese convenio, en adelante podrán ser incluidos en la planilla del Ministerio de Agricultura y Ganadería y pagados con fondos del Presupuesto Nacional.

Nota del compilador: Con motivo de una consulta realizada por el señor Ministro de Agricultura y Ganadería, la Procuraduría General de la República concluyó en su Dictamen N° C-141-2007 de 7 de mayo de 2007, que:
1- El personal contratado por el Ministerio de Agricultura y Ganadería a través de los recursos generados por el acuerdo de cooperación para el establecimiento y operación de un Servicio Nacional e Internacional de Fumigación, así como el personal contratado a raíz del convenio para la erradicación del gusano barrenador son funcionarios públicos, por lo que deben estar sometidos a una relación de empleo público, y cubiertos por el Régimen de Servicio Civil.
2- Las personas a que se refiere el punto anterior deben ser catalogados como funcionarios públicos desde el momento en que iniciaron el ejercicio de funciones públicas.
3- El mecanismo para incluir a ese personal dentro del Régimen de Servicio Civil, es el previsto en el artículo 11 del Reglamento al Estatuto de Servicio Civil.

Transitorio III.- El Senasa sustituirá en sus funciones, obligaciones y atribuciones a la Dirección de Salud y Producción Pecuaria, creada por medio de la Ley general de salud animal, Nº 6243, de 2 de mayo de 1978. Los contratos, convenios y los demás acuerdos en los que la Dirección de Salud y Producción Pecuaria sea parte, a la entrada en vigencia de esta Ley, seguirán vigentes.

Transitorio IV.- Los funcionarios que laboraban para la Dirección de Salud Animal y Producción Pecuaria, en el momento de entrada en vigencia de esta Ley, pasarán a laborar para el Senasa, y conservarán todos y cada uno de los derechos y las condiciones laborales adquiridos previamente.

Rige a partir de su publicación.

Comuníquese al Poder Ejecutivo. ASAMBLEA LEGISLATIVA.- San José, a los veintiocho días del mes de marzo de dos mil seis.- Gerardo González Esquivel, Presidente.- Daisy Serrano Vargas, Primera Secretaria.- Carlos Luis avendaño Calvo, Segundo Prosecretario.

Dado en la Presidencia de la República.- San José, a los seis días del mes de abril del dos mil seis. Ejecútese y publíquese. ABEL PACHECO DE LA ESPRIELLA.- El Ministro de Agricultura y Ganadería, Rodolfo Coto Pacheco; y la Ministra de Salud, María del Rocío Sáenz Madrigal.

REGLAMENTO DE DEFENSA SANITARIA ANIMAL

Decreto Ejecutivo N° 14584-A

(Publicado en La Gaceta N° 120 de 24 de junio de 1983)

EL PRESIDENTE DE LA REPÚBLICA
Y EL MINISTRO DE AGRICULTURA Y GANADERÍA

De conformidad con el artículo 140 de la Constitución Política y los artículos 2º, incisos c) y d); 3º, incisos a), c) y d), 4º, 5º, 6º, 7º, 8º, 11 y 29 de la Ley General de Salud Animal Nº 6243 de 2 de mayo de 1978, y

Considerando:

1º.- Que la ganadería constituye uno de los pilares fundamentales en que descansa parte de la economía del país y que por lo tanto conviene protegerla contra las enfermedades que disminuyen la producción o alteran la calidad de los productos.

2º.- Que en otras partes del mundo se han localizado enfermedades en animales inexistentes en el país, cuya introducción causaría incalculables daños a las especies domésticas provocando la ruina de la economía pecuaria.

3º.- Que debido a las facilidades modernas de comunicación, se ha fomentado considerablemente el intercambio de personas y productos entre los distintos países, y entre otras cosas, la propagación de enfermedades que afectan a los animales.

4º.- Que como un acto de solidaridad entre los países miembros del Organismo Internacional Regional de Sanidad Agropecuaria (OIRSA), en observación de las resoluciones adoptadas en el Segundo Convenio de San Salvador, es conveniente ejercer un mejor control sobre los animales, sus productos y subproductos que se importen o exporten.

5º.- Que en los Congresos Mundiales de Salud celebrados por los países miembros de las Naciones Unidas en La Haya, Holanda, en 1950 y en Roma, Italia en 1951, se consideró unánimemente la necesidad de fiscalizar dentro de cada uno de los países, las enfermedades de los animales que afecten el desarrollo de la producción pecuaria, así como aquellas que causan serias pérdidas en los programas de fomento y mejoramiento ganadero.

Por tanto,

DECRETAN:

El siguiente

REGLAMENTO DE DEFENSA SANITARIA ANIMAL

CAPITULO I.
Disposiciones generales

Artículo 1º.- Este reglamento tiene por objeto establecer las disposiciones de protección sanitaria para los recursos pecuarios del país a través del control de tráfico internacional y nacional de animales, vegetales y materia inerte, productos y subproductos, los medios de transporte y de personas capaces de causar problemas que afecten el bienestar y seguridad de la pecuaria nacional en lo concerniente a los animales beneficiosos para el hombre.

Artículo 2º.- El Ministerio de Agricultura y Ganadería a través de la División de Salud Animal, tendrá a su cargo la aplicación del presente reglamento para impedir la invasión de enfermedades exóticas y enzoóticas con el fin de controlar la diseminación de las enfermedades que aparezcan en el país y las ya existentes.

Artículo 3º.- Toda persona tiene la obligación de brindar la máxima colaboración que las autoridades del Ministerio de Agricultura y Ganadería demanden para el buen funcionamiento de sus actividades y para efectos de este reglamento, especialmente las autoridades de Aviación Civil, Ministerio de Hacienda y Ministerio de Seguridad Pública, así como JAPDEVA y otras instituciones públicas, autónomas y semiautónomas cuya colaboración les sea aplicada.

Artículo 4º.- Para los efectos del presente reglamento, se establecen las siguientes definiciones:

Acariasis: Infestación con ácaros.

Acción larvicida: Efecto letal de compuestos químicos orgánicos e inorgánicos, usados como insecticida sobre la fase larvaria de los insectos.

Acción ovicida: Efecto letal de ciertas sustancias usadas o no como insecticidas sobre el embrión contenido en el huevo de los insectos y ácaros.

Acción residual: Efecto letal de los insecticidas, que persiste por un cierto tiempo después de la aplicación de los mismos.

Aislamiento: Confinamiento de los animales enfermos o sospechosos de estarlo, existentes en un área declarada infectada.

Animal enfermo: Aquel que presenta sintomatología referible a una enfermedad.

Animal infectado: Se designa así, además de los animales enfermos a los que no presentan manifestación clínica.

Animal sospechoso: Aquel que presenta síntomas dudosos de una enfermedad o un complejo sintomático y que no permite tomarlo como sano.

Animales domésticos: Aquellos animales pertenecientes a las grandes y pequeñas especies, útiles al hombre.

Animales: Se refiere a todas las especies del reino animal.

Animales exóticos: Son aquellas especies silvestres que no viven permanente o temporalmente, en el territorio nacional.

Anuario de Sanidad Animal: Designa el anuario redactado cada año conjuntamente por la FAO (Organización de las Naciones Unidas para la Agricultura y la Alimentación), la OMS (Organización Mundial de la Salud), y la OIE (Oficina Internacional de Epizootias), en el cual describe la incidencia de las enfermedades animales y las medidas de lucha emprendidas en cada país contra dichas enfermedades.

Areas de división territorial zoosanitarias: Provincia, cantón, distrito, poblados.

Barrera natural: Accidente topográfico o ecológico que limita la propagación de una enfermedad a nuevas localidades.

Biológicas: Cualquier preparado en cuya composición figuren microorganismos, o células vivas o muertas, virus vivos, modificados, muertos o atenuados, productos del metabolismo de los mismos, tejidos, plasma sanguíneo, exudados y hormonas naturales.

Boletines zoosanitarios: Designa a los informes periódicos elaborados por las dependencias de salud animal nacionales o agencias internacionales, en donde figura la evolución de la situación zoosanitaria semanal, quincenal o mensual, observada en el país o regiones durante el transcurso o del período correspondiente.

Brote: Foco primario y los focos o rebaños que se afectan como consecuencia de aquél.

Caldo de carne: Es el caldo de carne concentrado, de consistencia pastosa, además, será designado extracto de carne. Cuando se le agregan otros ingredientes se llamará de carne compuesto.

Canal: Es la parte de un animal sacrificado exprofeso para la alimentación, constituida por los músculos y huesos del mismo con excepción de la cabeza.

Carne: Se entiende por carne al conjunto de la parte comestible de los músculos de los animales domésticos y salvajes adheridos o no al esqueleto y los demás tejidos que los acompañan.

Carne ahumada: Son aquellos productos cárnicos que posteriormente al proceso de cura, se ahuman para darles color, sabor y aroma característicos para permitirles un mayor plazo de vida comercial por ese proceso.

Carnes saladas: Productos preparados con carne, tratados con cloruro de sodio o mezclas de sales, azúcar, nitratos, nitritos y condimentos, como agentes de la conservación de las características organolépticas propias de este tipo de carnes.

Cesina, tasajo o charquí: El término se refiere, sin cualquier especificación a carne bovina salada o desecada. Cuando la carne empleada no sea de bovino, después de la palabra "charquí" se debe especificar la especie utilizada. El tasajo no debe contener más de 35% de humedad, no más de 15% de residuo mineral total.

Centígrado: (°C) escala de temperaturas en las que el punto de congelación del agua corresponde a 0°C y el punto de ebullición a los 100°C a nivel del mar.

Cera de abejas: Cera secretada de las glándulas situadas en la parte baja del abdómen de las abejas, que éstas amasan para construir los panales de consistencia plástica y de color amarillento, Cera de abeja, sea cual fuese su calidad, debe ser casi insoluble en alcohol frío, parcialmente soluble en alcohol hirviendo y soluble en cloroformo y benzol. Se incluyen dentro de esta definición:

a) Cera bruta, cuando no ha sufrido proceso de purificación.

b) Cera blanca, cuando ha sido decolorada por acción de la luz o procesos químicos.

Certificado de enfriamiento: El documento por medio del cual se da constancia de que determinado producto o material, incluyendo su empaque, ha sido sometido en forma apropiada a las temperaturas que a continuación se describen.

Temperaturas:

Tempartura (sic) de ebullición del agua: 100°C al nivel del mar.

Temperatura ambiente: es la temperatura prevaleciente en una estación dada del año y lugar.

Refrigeración: 0°C a 7°C.

Congelamiento rápido: -28°C a -40°C.

Para productos:

Carne fresca: + 3 a + 7°C.

Pescado: ± 0°C.

Leche: ± 4°C a 8°C.

Huevos: + 3°C a + 7°C.

Queso: + 10°C.

Mantequilla: -2°C a + 7°C.

Aves: -5°C a 0°C.

Certificado de fumigación: El documento por medio del cual se da fe que determinado núcleo de transporte, material, animal o vegetal, producto o subproducto, incluyendo su empaque, ha sido sometido a la acción de sustancias químicas, en forma de gas o vapores adecuados para exterminar a los organismos y capaces de originar en enfermedades, sin alterar sus condiciones organolépticas.

Certificado de salud animal: El documento por medio del cual se da fe del estado de salud de uno o varios animales conjuntamente, expedido en un momento dado por un funcionario autorizado de acuerdo con el artículo 65 inciso 2) de la ley Nº 6227 de 2 de mayo de 1978. Ley General de la Administración Pública.

Certificado de sanidad para productos y subproductos de origen animal: Es el documento que expresa las condiciones organolépticas sus génesis del producto en referencia, expedido por un funcionario autorizado acorde con la ley Nº 6227, artículo 65, inciso 2).

Colonia de abejas: Comunidad social de abejas obreras general mente incluyendo una reina con o sin zánganos, capaz de desarrollar, producir y multiplicarse.

Comercio internacional pecuario: El movimiento de animales y sus productos derivados, de importación y exportación.

Comercio interno pecuario: El movimiento de animales y sus productos dentro del país.

Contaminación: Acto por el cual una persona, animal u objeto se convierte en vehículo de diseminación de un determinado agente patógeno.

Contaminados o sospechosos de contaminación: Son aquellos animales, personas u objetos, que han estado en contacto o se presume que estuvieran en contacto por vía directa o indirecta con el agente causal de una enfermedad transmisible.

Convenio: contrato, convención, pacto, ajuste o tratado bilateral o multilateral con uno o varios países.

Cremas: Es una parte de los elementos figurados de la leche, que contiene no menos del 20% de grasa láctea. Puede ser dulce como la recién separada de la leche, o ácida cuando el contenido de ácido láctico sobrepasa arriba del 0,20%.

Crust: Proceso en el cual los cueros son ya curtidos, secos y ablandados, con un 75-80% de elaboración, faltando sólo el acabado (pintura final).

1) A partir del WET-BLEU: a) Se mete en una máquina de escurrir; b) Luego a una máquina de rebajar (espesor deseado); c) Proceso de neutralización con sales básicas tipo bicarbonato de sodio; d) Luego es teñido, recurtido (con curtientes minerales, vegetales, sintéticos o mezcla de todos); e) Engrasado y luego para secar quedando con un 18-20% de humedad; y f) se ablanda.

2) Curtido con taninos vegetales llamándose cuero al vegetal.

Cuajo: Es el extracto enzimático que se destina para la coagulación de la leche.

Cuarentena: Es el tiempo de aislamiento y observación a que son sometidos los animales debiendo abarcar el período máximo de incubación para cada enfermedad.

Cuero curtido: El cuero o piel sometido a tratamiento químico (sales y cortezas de plantas), en tal forma que se elimine el proceso de descomposición mientras esté húmedo, y resulte flexible una vez seco.

Cuero en bruto: Se le llama también cuero verde, un cuero o piel que no ha sido sometido a ningún tratamiento.

Cuero salado: Es aquel en estado natural que solamente ha sido sometido a una aplicación simple de cloruro de sodio.

Decomiso: Aprobación o confiscación por parte de las autoridades sanitarias oficiales, de animales, productos y subproductos y materiales adheridos a los mismos que no pueden ingresar al país por no cumplir con los requisitos que establece este reglamento que deben ser destruidos.

Decreto de cuarentena: Conjunto de disposiciones jurídico-técnico- administrativas en virtud del cual se establecen medidas sanitarias externas o internas sobre aislamiento, tratamiento, tránsito, permanencia o transporte de animales o de sus respectivos productos o subproductos u otro tipo de materiales adherido a los animales.

Denuncia: Notificación escrita o verbal a las autoridades sanitarias más próximas de la sospecha de aparición de una enfermedad.

Departamento: Departamento de Cuarentena Animal.

Despojos: Los órganos y vísceras de los animales que pueden ser utilizados en la alimentación humana, incluyendo, las patas y la columna vertebral.

División: División de Salud Animal del Ministerio de Agricultura y Ganadería.

Embriones: Células reproductivas en desarrollo extraídas del vientre materno.

Embutidos: Es todo aquel producto elaborado con carne u órganos comestibles curados o no, condimentado, cocido o no, ahumado, secado o no, que tiene como envoltorio tripa, vejiga o cualquier otra membrana animal o sintética.

Enfermedades de los animales: Cualquier condición morbosa que se presente en los seres vivos, causada por insectos, moluscos, virus, bacterias, ricketsias, nemátodos, hongos, parásitos, toxícos, forma de organismos similares o de naturaleza especial.

Enfermedades infecciosas: Cualquier enfermedad de los animales, consecutiva a una infección.

Enfermedad transmisible: Cualquier enfermedad debida a un agente infeccioso específico o a sus productos, de un reservorio a un hospedador susceptible ya sea directamente de un animal a otro o indirectamente mediante huéspedes intermediarios, vectores o del ambiente mismo cuando está contaminado.

Fibra: Conjunto de filamento en forma de haces o manojos que pueden ser de origen animal, vegetal, mineral o sintéticos.

Foco de una enfermedad: Episodio de enfermedad ocurrido en un rebaño en el cual todos sus individuos están igualmente expuestos.

Gelatina animal (comestible): Aplícase al producto obtenido por hidrólisis en agua hirviendo de tejidos ricos en sustancias colágenas (cartílagos, tendones, ligamentos, huesos, residuos de piel) concentrado y seco.

Harina de carne-harina de carne y hueso: Entiéndase por harina de carne el subproducto derivado del cocimiento de piezas o partículas de carne en tanques abiertos o digestores a presión, que posteriormente es secado a una temperatura de 105°C por un período de 30 minutos y finalmente triturado. La adición a las partículas o partes de carne en este proceso, de vísceras, tendones o ligamentos, fascias y huesos se le denomina tankage.

Harina de hígado: Es el subproducto obtenido por el cocimiento del hígado a temperatura no mayor de 100°C secado y triturado.

Harina de huesos: Entiéndase por harina de huesos, el subproducto resultante del cocimiento de los huesos en tanques abiertos o digestores a presión, secado, sometido en esta fase a una temperatura no menor de 105°C, por 30 minutos y finamente triturado.

Harina de sangre: Entiéndase por harina de sangre, el subproducto industrial obtenido por la coagulación de la sangre mediante el empleo de vapor, exento de residuos de origen animal, separación de la parte líquida, prensado, secado y triturado.

Heno: Forraje verde estabilizado por desecación, que se obtiene de algunas plantas forrajeras.

Higiene animal: Parte de la ciencia veterinaria que promueve la aplicación y estudios necesarios para indagar los factores inherentes a reforzar y conservar la salud de los animales.

Huevos: Por la simple designación de huevos, se entiende aquellos puestos por aves domésticas y como huevos frescos, aquellos que han sido sometidos a métodos o procesos de conservación especiales y con menos de una semana de puestos.

Inspector de cuarentena agropecuaria: Funcionario del Ministerio de Agricultura y Ganadería, encargado de dar fiel cumplimiento a la aplicación de las medidas preventivas y cuarentenarias establecidas, para el campo de la salud agropecuaria.

Jamón: Se refiere a la pierna o espalda curada del cerdo, puede ser ahumado, cocido, esterilizado o deshuesado.

Leche con sabores: Es la leche entera o parcialmente descremada, a la cual se le agregan esencias, azúcares, sabores y estabilizadores.

Leche cruda para consumo: Se entiende la leche procedente de vacas sanas, sin tratamiento alguno, ordeñadas con toda limpieza y propiedad, filtrada y enfriada, envasada en recipientes limpios y mantenida a baja temperatura hasta su entrega al consumidor.

Leche descremada: Es aquella a la cual se le ha extraído por lo menos el 95% de agua.

Leche fresca: La denominación de leche se reserva exclusivamente al producto de la secreción mamaria normal de la vaca, obtenida por uno o varios ordeños sin adición ni substracción alguna.

No obstante las disposiciones de este inciso, la denominación "leche" puede ser utilizada para la leche que haya sufrido un tratamiento que no lleve consigo modificación alguna en su constitución o para la leche cuya riqueza grasa se haya normalizado de acuerdo con la legislación del país.

Asimismo la denominación leche puede ser utilizada también, conjuntamente con una o varias palabras para designar el tipo, la clase, el origen o la utilización prevista para esta leche; o para describir el tratamiento físico al cual se ha sometido o las modificaciones que ha sufrido en su composición siempre que tales modificaciones se hayan circunscrito a agregar y sustraer algún constituyente natural de la leche.

Leche higienizada: Es la que ha sido sometida a tratamientos térmicos apropiados según proceso (pasteurización, preesterilización, uperización, esterilización, enfriada hasta 4°C y envasada en recipientes adecuados aprobados por la autoridad sanitaria.

Leche homogeneizada: Es aquella leche que por medio de procesos de calentamiento y presión apropiados, los glóbulos de grasa se han fragmentado hasta el punto que, dejada la leche en reposo posteriormente por el término de 48 horas, la emulsión no permite apreciar una separación visible de la crema.

Leche esterilizada: Es aquella que ha sufrido un tratamiento térmico, que asegura la destrucción total de gérmenes, (formas vegetativas, forma esporuladas, de toxinas microbianas, de enzinas lácteas y microbianas).I Se usan temperaturas de 115 a 120°C durante 10 a 20 minutos.

Se toleran esporas del género Bacillaceae inerte o patógeno, no toxicógeno, incapaz de desarrollarse a toda temperatura inferior a 52°C.

Esterilización UHT: 140 a 150°C durante 10 a 15". Esto permite conseguir un producto de gusto intercambiable y de conservación ilimitada.

a) Se realiza mediante una mezcla íntima del vapor de agua y leche, y luego se enfría inmediatamente por medio del vacío a 40°C durante 5" esto cuando se usa en pasteurizadores grandes.

b) La leche se lleva a 140°C 5", se mantiene 10" y se enfría a 40°C y se introduce asépticamente en cajas metálicas.

Leche uperizada: Es la leche que ha sido inyectada con vapor de agua a UHT 2 segundos a 150°C; es precalentada a 70° C y sin aire, enviada al tupo de uperización o inyectando el vapor de agua bajo una presión elevada a 13 atmósferas, de suerte que un efecto ultrasónico se añade a éste de la temperatura, luego la leche pasa a recipiciente (sic) al vacío donde es homogenizada y desposeída del agua y se realiza en un aparato de tipo pasteurizador tubular.

Leche normalizada: Es la leche cuyo contenido de grasa normal de leche de vaca, ha sido uniformado a un porcentaje no menor de 3%. Deberá ser pasteurizada, preesterilizada o esterilizada, antes de su venta.

Leche pasteurizada: Es aquella que ha sido sometida a tratamiento térmico en cada partícula de sus elementos figurados, a una temperatura de 62°C, durante un tiempo continuo de 30 minutos o a una temperatura mínima de 72°C durante un tiempo continuo de 15 segundos, en equipos aprobados y técnicamente operados.

Leche reconstituida: Es el producto que resulta de agregar la proporción adecuada de agua y grasa natural de la leche, a los elementos constituyentes de la leche deshidratada y descremada.

Ley: Ley General de Salud Animal y leyes conexas.

Mantequilla: Es un producto graso, exclusivamente derivado de la leche y que debe contener como mínimo un 80% en peso de materia grasa de la leche y como máximo un 2% en peso de extracto seco magro procedente de la leche: no debe contener más de 16% de agua en peso. Puede ser adicionada con cloruro sódico, levaduras lácticas, materias colorantes vegetales.

Material de empaque: Se refiere a cualquier material que se usa como relleno, envoltura, amarras, forro, retenedor de humedad o protección de mercaderías o para cualquier otro fin. La palabra empaque, como es usada en materiales de embalaje, incluirá la presencia de tales materiales dentro de, en contacto, con o acompañando la mercancía.

Medidas cuarentenarias: Medida sanitaria que implica: a) La prohibición de mover o trasladar por cualquier razón el o los animales enfermes o sospechosos de estarlo; b) La prohibición al personal de custodia de tener contacto con animales sanos, propios o de otros, con el personal de custodia de otros establos y de sacar forrajes, arneses, estiércol y otras materias y objetos aptos a la propagación de la enfermedad; y c) Prohibición absoluta del acceso tanto del ganado de otros estables, como de personas extrañas que puedan constituir causa de difusión. La cuarentena puede ser de rigor o fiduciaria.

Medicamentos: Es toda sustancia o productos naturales, sintéticos o semisintéticos y toda mezcla de esas sustancias o productos que se aplican para el diagnóstico, prevención, tratamiento y alivio de las enfermedades o estados físicos anormales o de los síntomas de los mismos y para el establecimiento o modificación de funciones orgánicas en los animales. Se incluyen alimentos dietéticos y los alimentos y cosméticos que hayan sido adicionados con sustancias medicinales.

No se consideran medicamentos las sustancias referidas en el párrafo primero cuando se utilizaron para análisis químicos y químico- clínicos, o cuando sean usadas como materia prima en procesos industriales importadas con previa autorización del Ministerio de Agricultura y Ganadería.

Ministerio: Ministerio de Agricultura y Ganadería.

OIRSA: Organismo Internacional Regional de Sanidad Agropecuaria, creado en el II Convenio de San Salvador, suscrito por los países de Centro América, Panamá y México.

Paja: Refiérase a los tallos secos de gramíneas o despojos de los granos.

Pasta de carne: Es aquel producto elaborado con carne cocida u órganos, reducido a masa, condimentado, integrado con grasas y harinas, enlatado y esterilizado.

Pescado y mariscos: La denominación genérica de pescado comprende todas las especies de peces y la de mariscos, los crustáceos, moluscos, quelónidos y mamíferos de agua dulce y salada, utilizados para la alimentación humana.

Portador: Es una persona o animal infectado que alberga un agente infeccioso específico; es una condición biológica de parasitismo posterior a una infección, con síntomas manifestados o sin ellos. El estado de portador puede ocurrir durante todo el curso de infecciones inapetentes (portador sano) y durante el período de incubación, convalecencia de enfermedad y clínicamente identificable (portadores en período de incubación y en períodos de convalecencia, siendo el estado de portador en cualquiera de ambos casos breve o prolongado llamándose portadores temporales o crónicos).

Producto alimenticio: Cualquier producto o sustancia destinado o apto para ser empleado como alimento humano o animal.

Producto derivado: Cualquier parte comestible o no, que no sea propiamente carne, derivado de uno o más animales, destinado para uso animal o humano.

Pupa: En los insectos holometábolos, el estado intermediario entre larva y adulto.

Queso: Es el producto fresco o fermentado obtenido por separación del suero después de la coagulación de la leche, crema, leche total o parcialmente desnatada, suero de mantequilla o de todos estos productos.

Las denominaciones utilizadas para designar las distintas variedades de que sólo podrán aplicarse a aquellos productos que se ajustan a la definición de queso dada en el párrafo anterior, y que poseen las características atribuidas normalmente a tal variedad; podrán añadírsele sustancias a condición de que ellas, al agregarlas, no sustituyen parcial o totalmente, ninguno de los componentes de la leche y estas sustancias podrán ser:

a) Sustancias no peligrosas pero necesarias para la fabricación.

b) Sustancias aromatizantes y colorantes naturales que no proceden de la leche, tales como las especias, en proporción tal que sólo puedan considerarse como aromatizantes y siempre que el queso siga siendo el componente esencial y que en la denominación del producto se declare la presencia de la sustancia añadida, a menos que la presencia de especias sea una característica tradicional del queso de que se trate.

Requesón: Es el producto obtenido por la fusión de mezclas de crema con masa de cuajada descuerada y lavada.

Sacrificio sanitario: Designa a la operación de profilaxis zoosanitaria que consiste en sacrificar, al amparo de todas las garantías sanitarias precisas, a los animales atacados por una enfermedad epizoótica, sospechosos de contaminación o sencillamente amenazados de contaminación al aparecer un foco nuevo de epizootia.

Sección: Sección de Cuarentena.

Semen: Producto de la eyaculación de los órganos reproductores masculinos que contiene espermatozoos. Se distingue el semen líquido y el semen congelado.

Tankage: (Desperdicio de mataderos y plantas de procesamiento de animales). Entiéndase el residuo de cocimiento de materias primas procesadas en digestores a presión, seco y triturado.

Tocino: Es la acumulación de tejido adiposo que recubre todo el cuerpo del cerdo, especialmente la región dorsal.

Vehículo: Refiérese a todo medio de transporte por tierra, mar o aire, que se emplea para el traslado de animales y sus productos derivados.

Wet-Blue: Proceso para curtidumbre de pieles en el cual la piel cruda, salada o seca, es reverdecida y lavada. Después es pasada por un baño de sulfuro de sodio y cal para depilarla y hacerla idónea para las sucesivas elaboraciones, de nuevo es lavada, descalcinada con ácidos y macerada con enzimas para obtener la suavidad deseada. Sucesivamente es pasada por un baño de curtimiento a base de sales básicas de Cromo III. Contiene entre el 30-40% de agua. Tales pieles son expedidas con certificado sanitario y dicho proceso asegura la destrucción del virus de la fiebre aftosa y otros vigentes.

CAPITULO II

Sección I.
De la defensa sanitaria de los animales

Artículo 5º.- (Enfermedades de declaración obligatoria) **DEROGADO**

(Derogado por el artículo 8° del Decreto Ejecutivo N° 34669-MAG del 8 de julio de 2008)

Artículo 6º.- DEROGADO

(Derogado por el artículo 8° del Decreto Ejecutivo N° 34669-MAG del 8 de julio de 2008)

Artículo 7º.- DEROGADO

(Derogado por el artículo 8° del Decreto Ejecutivo N° 34669-MAG del 8 de julio de 2008)

Artículo 8º.- En el momento en que la autoridad reciba la denuncia o tenga conocimiento de la existencia de la enfermedad, procederá a asegurarse del cumplimiento de las medidas prescritas en el artículo 7º. En todo caso, el Servicio Médico Veterinario Oficial estará revestido de los poderes legales que se establecen en el artículo 3º, inciso c) y artículo 7º de la ley Nº 6243.

Artículo 9º.- El hecho será además puesto por la misma autoridad en conocimiento del Poder Ejecutivo, inmediatamente.

Artículo 10.- Si de acuerdo con las informaciones rendidas por las autoridades del Poder Ejecutivo, resultare que la enfermedad de que se trate es una enfermedad exótica, el Poder Ejecutivo podrá declarar infectada la propiedad, la circunscripción o la provincia entera, varias provincias o el país, según la gravedad del caso y estará autorizado para aislar, retener, establecer cordones sanitarios y prohibir el tránsito de los animales de las zonas afectadas, para desinfectar y aun destruir los animales y las cosas que puedan ser vehículo de contagio y para adoptar las medidas que en cada caso aconsejen la naturaleza y carácter de la epizootia, según el artículo 7º de la ley Nº 6243.

Artículo 11.- La declaración de infección determinará la extensión del territorio que comprenderá y dará lugar a la aplicación de las medidas sanitarias siguientes:

1) Colocar bajo la vigilancia de las autoridades de salud animal, Guardia Rural y civil, el tránsito de las personas y animales y el transporte de los objetos dentro de los límites de la propiedad, región, provincia o provincias infectadas y prohibida la comunicación con las demás regiones no infectadas.

2) Aislamiento, vigilancia, retención, tratamiento, marcación y recuento de los animales y rebaños comprendidos dentro de los límites de la zona infectada.

3) Aislamiento completo o parcial de la zona declarada infectada con prohibición en el primer caso, de comunicación de personas o transporte de cosas cuando sin desinfección previa puedan ser vehículo de contagio.

4) Prohibición absoluta o condicional de celebrar exposiciones y ferias y del transporte y circulación del ganado.

5) Destrucción por el fuego o desinfección por otros agentes, según las enfermedades y objetos de que se trate, de los establos galpones o caballerizas, vehículos, corrales y de todo objeto que haya estado en contacto con animales enfermos o sospechosos o que puedan servir de vehículos de contagio.

6) Desocupación por tiempo determinado de potreros o campos y sus instalaciones, desinfección de los mismos por los medios que la autoridad sanitaria determine.

7) Prohibición de la venta, consumo o aprovechamiento en cualquier forma, de animales enfermos o sospechosos, como también de sus productos o despojos sin previo permiso de la autoridad sanitaria correspondiente.

8) Inmunización preventiva o infección provocada de los animales, cuando las circunstancias lo requieran.

Artículo 12.- Toda vez que se declare infectada una propiedad o región, los inspectores veterinarios deberán proceder a la separación de los animales enfermos o sospechosos, de los de su especie y de otras susceptibles de contraer el contagio.

Artículo 13.- Cuando se trate de animales atacados de alguna enfermedad exótica, el aislamiento será completo, ordenándose la retención de los animales y colocándolos bajo la vigilancia del personal de la División de Salud Animal. Si la circunstancia lo aconsejase, la División podrá ordenar en este caso, el sacrificio de los animales enfermos.

Artículo 14.- Los propietarios colindantes deberán impedir, bajo la dirección de la dependencia de salud animal, que los animales de la propiedad infectada y los de la indemne se aproximen a la línea divisoria, debiendo determinarse en cada caso la distancia a dicha línea a que podrá llegar el ganado. Los gastos que demande esta operación serán por cuenta de los respectivos propietarios.

Artículo 15.- El Ministerio de Agricultura y Ganadería dispondrá que las autoridades no expidan guías de tránsito mientras dure la declaración de infección y si esta declaración no fuere cumplida, declarará infectada la provincia o región que creyese necesario, prohibiendo en absoluto el transporte interprovincial o a otros lugares del territorio nacional.

Artículo 16.- Es obligatoria la desinfección de todo sitio o lugar, persona o cosa que pueda albergar gérmenes o ser vehículo de contagio. La División de Salud Animal ordenará en cada caso la forma en que la operación debe efectuarse.

Artículo 17.- Las empresas de transporte que acarrean ganado están obligadas a facilitar la necropsia de los animales muertos y a disponer de los elementos necesarios para su destrucción en la forma que las instrucciones sanitarias de la División de Salud Animal indiquen.

Artículo 18.- Los empresarios portadores y acarreadores, están obligados a desinfectar antes de las 24 horas de haber descargado los animales, y en la forma establecida en el artículo 18, todo vapor buque o vehículo de cualquier clase, que haya servido para transportar animales por la vía terrestre, fluvial o marítima y en ningún caso podrán emplearlos para transportar animales, antes de efectuada la desinfección.

Artículo 19.- Queda terminantemente prohibido el pastorear libremente animales en las carreteras, procediendo en el caso que así fuere, conforme con lo establecido en la ley N° 5346 del 10 de setiembre de 1973.

Artículo 20.- Los puestos fronterizos y las estaciones de cuarentena permanentes y temporales, deberán disponer de un servicio veterinario integrado por el personal, el material y los locales precisos, según el caso y principalmente los medios para:

a) Detectar y aislar los animales atacados o sospechosos de padecer una enfermedad epizoótica.

b) Efectuar la desinfección y eventualmente la desinfección de los vehículos que sirven para el transporte de los animales y productos animales.

c) Proceder a exámenes clínicos y a toma de material diagnóstico en los animales o cadáveres de animales atacados o sospechosos de estar afectados por una enfermedad epizoótica; a la toma de muestras de productos y subproductos animales, sospechosos de contaminación y a cualquier otra prueba que se considere indispensable.

Artículo 21.- Los puertos, aeropuertos y fronteras abiertos al tráfico internacional que cuenten con control sanitario deberán disponer de medios de esterilización o de incineración de los desperdicios y decomisos, así como de cualquier producto que pueda ser peligroso para la salud animal o humana.

Artículo 22.- En caso de que los productos importados que se presentan para la inspección, puedan poner en peligro la salud de las personas o de los animales o si los certificados sanitarios internacionales no están conforme con los requisitos previos de importación, o no se aplican a los productos, en encargado de la División de Salud Animal o Cuarentena, está facultado para proceder ya sea al rechazo o a someterlos a un tratamiento eficaz, para garantizar la inocuidad del producto. En caso de rechazo, deberá darse aviso a los servicios veterinarios del país exportador para hacerles valer sus derechos a efectuar una prueba pericial en contrario, o regularizar el certificado.

Artículo 23.- Por motivo zoosanitario, puede rechazarse el acceso de un buque o aeronave a un puerto o aeropuerto; en caso de ingresos por fuerza mayor, el buque o la aeronave ha de someterse a cuantas medidas zoosanitarias estimen oportunas las autoridades de Salud Animal del puerto o aeropuerto

Artículo 24.- Todo vehículo de transporte procedente de un país donde existen enfermedades animales transmisibles por los insectos, deberá someterse a la desinfección inmediatamente después de su arribo; en el caso de aviones se permitirá que se efectúe a la salida del país de origen o durante el vuelo.

Sección II.
Medidas especiales para algunas enfermedades

Artículo 25.- Peste bovina: Para los efectos del presente reglamento el período máximo de incubación de la peste bovina es de 21 días.

Inmediatamente después de comprobada la existencia de la peste bovina se declarará infectada la circunscripción o la región, según el caso y se aplicarán las siguientes medidas:

1) Aislamiento absoluto de la circunscripción o región declarada infectada y aplicación dentro de ella de las medidas establecidas en los artículos 10, 11, 12, 13, 14, 15 y 103.

2) Los animales pertenecientes a cualquier especie, no podrán salir bajo pretexto alguno, de la zona comprendida en el aislamiento, pero los que no sean rumiantes podrán en caso necesario, ser introducidos a ella.

3) El aislamiento a que se refiere el inciso 1), de este artículo, revestirá la forma de confiscación. No se permitirá sin embargo, ni aun con desinfección, la salida de personas o la extracción de objetos y vehículos de la zona infectada, salvo que la enfermedad sea transmisible a los humanos en cuyo caso se someterán a cuarentena.

4) Los animales enfermos, los contaminados y también en ciertos casos, los sospechosos, serán sacrificados y sus cadáveres quemados o enterrados en el lugar y forma que se determine.

5) Todos los sitios y objetos en que se presumen la presencia de gérmenes de contagio, serán clausurados hasta pasado seis meses después de producido el último caso y desinfectado en la forma que determinen las autoridades de Salud Animal.

6) Cumplir con lo estipulado en el artículo 64 de este reglamento, en el entendido de que para considerar a un país libre de esta enfermedad, deberá haber estado ausente de casos durante los últimos cinco años y no poseer fronteras comunes con países afectados.

Artículo 26.- Pleuroneumonía contagiosa bovina: Para los efectos del presente reglamento, el período máximo de incubación de la pleuroneumonía contagiosa bovina, es de 180 días.

Comprobada la existencia de la enfermedad, se procederá de acuerdo con lo dispuesto en los artículos 25 y 103 debiendo persistir la clausura durante un período de 280 días después de haber realizado el "sacrificio sanitario", para considerar al país libre de la enfermedad, después del reporte del último caso.

Artículo 27.- Fiebre aftosa: Para los efectos del presente reglamento, el período máximo de incubación de la fiebre aftosa es de 21 días.

Inmediatamente después de comprobada la existencia de la fiebre aftosa en el país, se procederá de acuerdo con los dispuesto en los artículos 10, 11, 12, 13, 14, 15 y 103 del presente reglamento.

Se puede considerar que una "zona infectada" de fiebre aftosa está de nuevo libre de la enfermedad, cuando hayan transcurrido por lo menos 90 días después del sacrificio sanitario y ninguno de los animales testigos, presenten síntomas de la enfermedad.

A los efectos del presente reglamento, para considerar a un país libre de fiebre aftosa, se seguirán los criterio establecidos en el artículo 38 del reglamento.

Artículo 28.- Dermatosis nodular contagiosa: Para los efectos del presente reglamento, el período máximo de incubación de la dermatosis nodular contagiosa, es de 28 días.

Inmediatamente después de comprobada la existencia de la dermatosis nodular se procederá de acuerdo con lo dispuesto en los artículos 10, 11, 12, 13, 14, 15 y 103 del presente reglamento.

Artículo 29.- Muermo: Para los efectos del presente reglamento, el período máximo de incubación del muermo es de 6 meses.

Inmediatamente después de comprobada la existencia del muermo se declarará infectada la circunscripción y se aplicarán las siguientes medidas:

1) Las prescritas en los incisos 1) y 3) del artículo 25.

2) Los animales pertenecientes a los ganados caballar, asnal y mular no podrán entrar ni salir bajo pretexto alguno de las zonas comprendidas en el aislamiento.

3) Los animales enfermos serán sacrificados y sus cadáveres quemados o enterrados en el lugar en que se encuentre y en la forma que dispongan las autoridades sanitarias.

4) Los animales contaminados o sospechosos, serán confiscados separadamente y sometidos a maleinización, sacrificándose todos los que den una reacción diagnostica positiva.

5) El campo y cualquier sitio donde se hubiere comprobado el muermo, será cerrado par el tránsito y estadía de animales hasta pasados tres meses de ocurrido el último caso.

Artículo 30.- Peste porcina africana: Para los efectos del presente reglamento el período máximo de incubación de la peste porcina africana es de 42 días, pudiéndose considerar que una zona de un país está libre de esta enfermedad cuando han transcurrido por lo menso 40 días después de haberse realizado el "sacrificio sanitario" y la desinfección. Para considerar al país libre de la enfermedad no debe haberse presentado ningún caso durante los últimos 3 años.

Inmediatamente después de comprobada la existencia de la enfermedad, se procederá a declarar infectada la circunscripción o región y se aplicarán las medidas establecidas en los artículos 10, 11, 12, 13, 14, 15 y 103 del presente reglamento.

CAPITULO III.
De la importación y exportación de animales sus productos y subproductos

Disposiciones Generales

Artículo 31.- La importación y exportación de animales, sus productos y subproductos y el tránsito de los mismos por el territorio nacional, además de las disposiciones vigentes, estarán sujetos a los requisitos generales siguientes:

El interesado solicitará, en papel sellado de ¢ 1,00 a la Oficina Central de la Dirección de Salud Animal, el permiso de importación o tránsito y en el caso de exportación el certificado de salud o de sanidad correspondiente.

La solicitud deberá contener los siguientes datos:

a) Nombres y direcciones del consignador y el consignatario.

b) País de origen.

c) Cantidad y características de los animales con especificación de especie, raza, sexo, edad aproximada y uso a que serán destinados.

d) Destino de los animales, con indicación del establecimiento o ubicación del matadero en el caso de que los animales sean destinados al destace.

e) Cuando se trate de productos y subproductos de origen animal indicar la cantidad, empaque y características comérciale y su peso en kilos.

f) Vía de transporte y puerto de entrada o de salida.

g) Fecha aproximada de arribo o salida.

h) Para obtener el certificado sanitario de exportación de animales silvestres deberá presentarse con anterioridad el permiso de exportación expedido por el Departamento de Vida Silvestre de la Dirección General Forestal del Ministerio de Agricultura y Ganadería.

Artículo 32.- Los animales, productos y subproductos de origen animal, que sean importados, deberán venir amparados por un certificado sanitario, expedido por la autoridad sanitaria competente del país de origen, cuyo sistema de inspección veterinaria, deberá estar regido por normas equivalentes a las que regulen el sistema de inspección veterinaria de Costa Rica, en cuanto a la organización administrativa, en lo técnico y en lo jurídico.

(Modificado por el artículo 1° del Decreto Ejecutivo N° 21534 de 5 de agosto de 1992)

Artículo 33.- Todos los documentos a que se refieran los numerales anteriores, expedidos para amparar a los animales, productos y subproductos de los mismos en importación y con procedencia de países afectados o libres de fiebre aftosa y otras enfermedades exóticas, deberán ser legalizados por la respectiva autoridad diplomática o consular de Costa Rica acreditada en el país exportador. Si no lo tuviere la importación no podrá hacerse efectiva salvo que el país interesado corra con los gastos del o los técnicos oficiales de Costa Rica.

Artículo 34.- :

a) El permiso que se conceda para la importación de animales o productos y subproductos de los mismos, en una sola partida, será válido por 30 días naturales a partir de su fecha de emisión.

b) El certificado sanitario oficial que se conceda para la exportación de productos y subproductos de origen animal, en una sola partida, será válida durante 22 días naturales a partir de su fecha de emisión.

c) El interesado deberá avisar a la Oficina de Cuarentena Animal 72 horas antes del arribo o salida de los animales o del puerto correspondiente, con el fin de que sean inspeccionados por la autoridad sanitaria oficial.

d) Las autorizaciones de importación, tránsito y los certificados sanitarios o de salud serán retirados por el usuario 48 horas hábiles después de la presentación de la solicitud correspondiente presentada a la Dirección de Salud Animal.

Sección I.
De los países y territorios libres de enfermedades exóticas

Artículo 35.- Para la importación, exportación y tránsito de animales, sus productos y subproductos y de productos medicinales para uso animal, el usuario deberá cumplir con los dispuesto en el Decreto Ejecutivo Nº 12244-A de 7 de enero de 1981.

Artículo 36.- Se consideran libres de:

I.- Fiebre aftosa y peste bovina los siguientes países: Australia, Nueva Zelandia, territorios de las islas de Pacífico en fideicomiso por los Estados Unidos, Islas Fidji, Japón, Finlandia, Irlanda, Irlanda del Norte, Islandia Suecia, Noruega Canadá, Estados Unidos (incluyendo Hawai, Alaska y Puerto Rico), Groenlandia, Islas Bahamas, Barbados, Bermuda, Haití, Jamaica, República Dominicana, Granada, Trinidad y Tobago, México, Guatemala, Belice, El Salvador, Honduras, Dinamarca, Nicaragua, Costa Rica y Panamá.

Se prohíbe la entrada de carne fresca, refrigerada congelada de los siguientes países: Japón, Noruega, Suecia, Islas Bahamas Finlandia; debido a que los mismos se abastecen de carne fresca, refrigerada y congelada de países infectados por el virus de la fiebre aftosa y peste bovina. Se prohibirá también de cualquier otro país que se aprovisione con esas características.

Esta lista es susceptible de variación, quedando a criterio del ministerio de agricultura y Ganadería la inclusión o exclusión de países.

II.- Peste porcina africana: Todos los países a excepción de Portugal, España, Francia, (estados vecinos al territorio español), Cuba, Brasil, República Dominicana y Haití, todos los países de Africa, Malta, Italia y Cerdeña.

Esta lista es susceptible de variación, quedando a criterio del Ministerio de Agricultura y Ganadería la exclusión o inclusión de países.

Artículo 37.- La lista de los países incluida en el artículo anterior, es susceptible de alterarse cuando hubiere cambio zoosanitario de un país determinado, a juicio del Ministerio de Agricultura y Ganadería y cuando así se considere pertinente con base en información oficial internacional.

Artículo 38.- Se consideran libres de la fiebre aftosa y peste bovina cuando la autoridad oficial del país que tenga la responsabilidad con respecto a asuntos de sanidad animal, ha declarado al citado país libre de peste bovina y de fiebre aftosa, declarando que tal país ha estado libre de ambas enfermedades durante 5 años.

El país tiene un servicio veterinario capaz de efectuar la pronta detección de peste bovina o de fiebre aftosa, este servicio está integrado por médicos veterinarios que:

i) Son empleados del gobierno del país.

ii) Son egresados de una facultad reconocida de Medicina Veterinaria.

iii) Son suficientes en número y están destinados y distribuidos de tal manera con respecto a la población ganadera del país que pueden reconocer con prontitud la existencia de la peste bovina o de la fiebre aftosa.

Existe un laboratorio capacitado para diagnosticar la peste bovina y la fiebre aftosa, que está al servicio del país.

No se permite la vacunación contra la peste bovina o la fiebre aftosa o cualquier otra enfermedad no reconocida oficialmente en Costa Rica.

Utilice la política de sacrificio sanitario.

Es obligatorio el porte de peste bovina o de fiebre aftosa y cualquier otra enfermedad no reconocida oficialmente en Costa Rica a las autoridades veterinarias del país, por parte de cualquier persona que sepa de la existencia de estas enfermedades.

Los animales introducidos al país provenientes de países afectados por peste bovina o fiebre aftosa, se importan a través de una estación cuarentenaria y de acuerdo con condiciones aceptables, condiciones que incluyan pero no se limitan a:

i) Pruebas consideradas necesarias para la detección de la peste bovina o de la fiebre aftosa.

ii) Cuarentena necesaria para la detección de peste bovina y fiebre aftosa.

El país realizará una inspección "en sitio", a través de un representante oficial de los servicios veterinarios debidamente acreditado, para determinar si se cumplen los criterio aquí establecidos, antes de efectuar una decisión definitiva en relación con el estado del país que se trate.

Sección III.
Observaciones generales para la importación de bovinos, equinos, porcinos, ovinos y caprinos

(Nota del compilador: Esta sección debería ser la Sección II)

Artículo 39.- Cuando los animales importados o en tránsito, amparados por el certificado de salud correspondiente, muestren a su arribo cualquier sintomatología de enfermedad infecto-transmisible, o que a juicio de la Oficina de Cuarentena Animal representen riesgo y peligro para el patrimonio pecuario nacional el médico veterinario comisionado por el departamento ordenará la cuarentena de rigor a bordo del transporte que los conduce, destrucción o devolución al país de origen de los animales, enfermos y los sospechosos de serlo, además de lo observado en el capítulo III, sección II, artículos 192 y 194, Ley General de Salud.

Artículo 40.- En el caso de que los animales durante el transporte o tránsito por el territorio nacional tengan manifestaciones de enfermedades infecciosas u orgánicas que no tengan prohibición de importación, el encargado del transporte deberá comunicarse con la Sección de Cuarentena Animal o con la agencia de extensión agrícola más cercana para que el médico veterinario oficial tome las medidas pertinentes.

Artículo 41.- El permiso de importación podrá autorizar la entrada de un lote de animales o de productos en general pero las importaciones parciales del mismo lote, transportados en diferentes vehículos terrestres, vagones ferroviarios, barcos o naves aéreas, deberán entrar amparados a permisos de importación individuales, por la cantidad asignada en cada transporte.

Artículo 42.- La importación de animales cuyas especies no están comprendidas en el presente reglamento, estará sujeta a un permiso especial extendido por el encargado de Salud Animal, siempre que técnicamente, dicha importación no represente peligro para la ganadería nacional y salud del hombre.

CAPITULO IV.
De las disposiciones sobre inspección sanitaria de animales, productos y subproductos de origen animal, procedentes del área del OIRSA y otros países libres de Fiebre Aftosa y Peste Bovina.

Artículo 43.- Queda establecida la obligatoriedad de inspeccionar y fiscalizar desde un punto de vista sanitario, todos los animales y productos derivados de los mismos importados del área del OIRSA (Centroamérica, México y Panamá) y otros países libres de fiebre aftosa y peste bovina, comestibles o no, destinados al consumo o la industria, preparados y transformados para importación directa. Los productos de origen para consumo o materia prima para industria, quedan exentos de la visita sanitaria cuando se transportan en carros o vagones, herméticos o vayan con destino directo a otro país, provistos de documentación respectiva en orden.

Artículo 44.- Quedan sujetas a fiscalización sanitaria las siguientes importaciones:

I Grupo: Animales domésticos para fines de reproducción sacrificio, ceba, guardia, deporte y ornamento.

II Grupo: Animales silvestres para cotos de caza, ornamento, parques zoológicos, circos, ecuestres y bioterios.

III Grupo: Carnes (bovinas, caprinas, porcinas, ovinas equinas y leporinas), peces y productos derivados. Entre los peces se consideran los crustáceos, moluscos y quelónidos.

IV Grupo: Leche y derivados.

V Grupo: Otros productos y subproductos de origen animal, vegetal y sus empaques.

VI Grupo: Productos biológicos para uso veterinario.

VII Grupo: Productos farmacéuticos para uso veterinario.

VIII Grupo: Excreciones de origen animal para fines de fertilización.

IX Grupo: Residuos de matadero para alimentación animal.

X Grupo: Raciones alimenticias y materias primas para preparación de concentrados para alimentación animal.

I Grupo: El Grupo comprende los animales hembras y machos pertenecientes a las siguientes especies:

a) Aves
b) Asnales
c) Bovinos
d) Caprinos
e) Caninos
f) Equinos
g) Apidos
h) Leporinos
i) Mulares
j) Ovinos
k) Suinos

II Grupo: El grupo está comprendido por los animales pertenecientes a la fauna silvestre comúnmente reportada en el área del OIRSA y principalmente aquellos que con frecuencia transitan interpaíses.

Tomando en consideración la peligrosidad que representa la fauna silvestre como reservorio de agentes patógenos tanto para los animales domésticos como para el hombre y que grupos de animales selváticos se han identificado como portadores mecánicos y biológicos de ciertas zoonosis, el Ministerio fiscalizará, desde un punto de vista cuarentenario, las importaciones de dicha fauna.

III Grupo: Carne fresca en canal o cuartos:

Carne refrigerada

Carne congelada

Carne salada

Carne seca

Carne ahumada

Carne enlatada

Carne prensada

Carne curada

Carne (harina de)

Carne embutida (butifarras, morcillas, salchichas salchichones, mortadela, Choricitos tipo vienés y chacinas en general)

Pescado fresco

Pescado seco

Pescado salado

Pescado helado

Pescado congelado

Pescado ahumado

Pescado enlatado

Pescado cocido embutido

Pescado vivo (para repoblar aguas nacionales o formar criaderos o para ornato).

Los peces vivos, crustáceos, moluscos y quelónidos, serán considerados, en las listas especiales que publicará el Ministerio de Agricultura y Ganadería, a fin de facilitar la interpretación técnica y comercial a nivel de puertos, aeropuertos y fronteras.

El pescado y los otros productos alimenticios de la pesca, frescos, congelados refrigerados se admitirán dentro del movimiento de importación, siempre que al momento de la inspección sanitaria a nivel de puerto se obtengan los resultados favorables.

Bajo las mismas condiciones entrará el pescado seco, salado y ahumado.

La carne, el pescado y los otros productos alimenticios conservados en latas o cualquier otro recipiente hermético, entrarán previa inspección favorable por parte de las autoridades sanitarias respectivas. Los envases o recipientes deberán ostentar las etiquetas o marcas correspondientes de fábrica y estar amparados por el respectivo certificado de origen y elaboración de la planta responsable, con el refrendo de salud pública.

Los certificados deberán especificar que los productos fueron elaborados en condiciones de salud y sometidos a eficaces procesos de conservación.

La carne y sus productos, los productos de la pesca, grasas y concentrados de leche importada para consumo humano y rechazados a nivel fronterizo por resultados negativos al momento de la inspección por haber perdido sus propiedades organolépticas y estado de conservación podrán destinarse a uso industrial zootécnico, siempre que las partidas y cargamentos se contramarquen en el certificado de origen y salud especificando su lugar de destino y finalidad industrial.

IV Grupo: Leche y sus derivados, con excepción de las leches modificadas (maternizadas) enlatadas o envasadas, consideradas como medicamentos por el Ministerio de Salud.

(Modificado por el artículo 2º del Decreto Ejecutivo N° 27200-MAG de 29 de julio de 1998)

Nota del compilador: El texto que se transcribe de seguido era el que tenía vigencia antes de la reforma:
"IV Grupo Leche pasteurizada, uperizada, esterilizada, cocida preesterilizada, otros. Leche fluida cruda refrigerada:
Leche fluida descremada refrigerada, leche con sabores, leche ácidas (yogurt), leche evaporada, leche deshidratada (entera y descremada), leche maternizada, producto dietético maternizado, mantequilla blanca lavada, mantequilla blanca salada, crema dulce, queso fresco, requesón, quesillo, queso de pasta dura, queso de pasta blanda, suero de mantequilla, suero de queso, caseína de leche, lactosa o azúcar de leche, natilla.
Leche fluida cruda entera o descremada, leche con sabores, crema dulce, natilla crema pasteurizada, mantequilla amarilla y blanca, suero de mantequilla (buttermilk) para consumo humano y leches ácidas tipo yogurt, deberán importarse en recipientes y envases convencionales que aseguran la naturaleza conservación, higiene y genuinidad de los productos arriba mencionados.
Las exigencias de orden sanitario y de origen para los productos lácteos se establecen en los artículos 68 y 73 inclusive.
Los quesos, quesillos y requesones se importarán en recipientes de metal, madera, cartón o material plástico o cualquier otro material a juicio de la dirección a fin de asegurar su naturaleza, conservación e higiene."

V Grupo: Manteca de cerdo fundida:

Chicharrones

Sebo fundido

Margarina

Sangre y derivados (harina de sangre)

Huesos secos y desgrasados (harina de huesos finamente pulverizada, libre de malos olores)

Pezuñas cascos y cuernos secos, libres de malos olores, preparados para ornamento.

Cabezas y cráneos para trofeos y museos

Cueros y pieles en bruto (verdes) especificando en el certificado sanitario el matadero de origen

Cueros y pieles curtidas tales como badana, baqueta, gamuza, tafilete, cabritilla, oscaria, vitela clarol, dorepergamino, Córdoba, suela, otros.

Productos industrializados con cueros y pieles de animales domésticos y silvestres

Lana cruda lavada, peinada y teñida

Crín, pelos, cerdas y plumas

Organos y glándulas para uso opoterárico

Secreciones glandulares internas (bilis, semen, óvulos)

Cola, de origen animal

Rumen o intestinos lavados o salados

Tripas secas o conservadas en salmuera

Vísceras refrigeradas o congeladas (hígado, corazón, riñones, bazo, ubre, testículos, lengua y músculos)

Las pieles secas o saladas, los intestinos o tripas y vejiga secas, los cuajos secos o salados, la sangre, las pezuñas, huesos y desperdicios cárnicos en general en estado completamente seco, lana lavada, harina harina (sic) de pescado, grasas fundidas para uso industrial y no alimenticio, se admitirán dentro del movimiento regular de importación, previa inspección regular de fiscalización sanitaria con resultados favorables a nivel del puerto de entrada.

Las pieles, los intestinos y las vejigas conservadas en salmuera, se podrán importar acompañadas del certificado de origen y salud en el cual se haga constar que los productos han sido sometidos, por lo menos durante 30 días a salazón húmeda.

Las cerdas, crines, pelos, plumas, harina de carne harina de huesos para uso zootécnico, se permitirá su importación y se exigirá el certificado de origen y salud solamente cuando los productos mencionados no se encuentren en completo estado de sequedad.

VI Grupo: La importación de cepas microbianas y virus vivos, atenuados, modificados o muertos; productos del metabolismo de los mismos; tejidos, plasma sanguíneo exudados y otros productos biológicos en general, con fines profilácticos o terapéuticos en el campo médico veterinario, quedará condicionada a un permiso especial de importación autorizado por la División de Salud Animal sin el cual no podrán entrar al país o serán devueltos al país de origen o destruidos.

VII Grupo: Será permitida la importación de productos farmacéuticos de uso veterinario cumpliendo con lo estipulado en los artículos 49 y 47 de este reglamento y con lo especificado en el capítulo II sección III, párrafo III, artículos 102 y 103 de la Ley General de Salud.

VIII Grupo:

1) Orina mezclada con estiércol y tierra.

2) Estiércol de mamíferos incluyendo el de los quirópteros.

3) Estiércol de aves marinas (guano)

4) Estiércol mezclado con material de origen vegetal (heno, paja fibras y residuos de forrajes crudos).

La importación queda sujeta a que el certificado especifique que el material ha sufrido procesos de fermentación y descomposición por un tiempo superior a los 30 días.

IX Grupo: Los productos y subproductos derivados de la matanza o sacrificio de animales pertenecientes a las especies bovina, porcina, equina, ovina, caprina, bufalina, tales como cabezas, pieles de cerdo, patas, huesos, sangre, residuos cárnicos de la limpieza del canal y vísceras de las cavidades craneanas, toráxica, pélvica y gastroentérica, podrán importarse frescos, refrigerados o congelados, siempre que el certificado de origen y salud especifique que la ubicación del matadero, fecha de matanza y haga constar que dichos animales tuvieron inspección sanitaria ante y postmorten, por un médico veterinario autorizado.

X Grupo: Este grupo comprende todos los elementos y mezclas de los mismos elaborados para la alimentación de animales domésticos y pueden estar constituidos por:

1) Un solo elemento vegetal animal o mineral, cuyo estado natural haya sido modificado por acción física, química o biológica.

2) Mezclas de dos o más elementos vegetales, animales o minerales en estado natural o modificado.

3) Derivados y deshechos industriales, que sena de utilidad en la alimentación de los animales domésticos ya sea como complementos, correctores o vehículos modificadores.

4) Las raciones y elementos necesarios para la preparación de concentrados podrán importarse con el certificado de origen y salud en donde se debe hacer constar su lugar de procedencia y la pureza del producto.

Todos los animales, productos y subproductos de los que habla el artículo 44 de este reglamento se someterán a una cuarentena en nuestro país por el tiempo que se considere pertinente. Si apareciere un brote se procederá a su destrucción o sacrificio sin responsabilidad para el Estado.

Artículo 45.- Serán autoridades competentes para realizar la fiscalización las siguientes: El Ministerio de Agricultura y Ganadería por medio de dependencias específicas; a saber:

a) La Dirección de Salud y Producción Pecuaria.

b) Médicos veterinarios oficiales que laboren para el Estado.

c) Personal nacional especial adscrito a los programas de Salud y Cuarentena Animal.

d) Personal internacional extranjero especializado, estrictamente en calidad de asesores.

Artículo 46.- No se podrán descargar loa animales o sus productos y subproductos derivados sin antes tener el visto bueno del médico veterinario o Inspector de Cuarentena y Salud Animal sobre la póliza de desalmacenaje.

Artículo 47.- Corresponde a las dependencias específicas del Ministerio de Agricultura y Ganadería, fiscalizar, restringir o prohibir desde el punto de vista sanitario la importación de animales, sus productos, subproductos y materias primas de origen animal o vegetal en los puertos aéreos, marítimos fluviales y confines de frontera, siempre que se destinen al comercio internacional o interno.

Artículo 48.- Las autoridades de salud pública en su función de vigilar y supervisar los alimentos de origen animal destinados al consumo humano comunicarán a las autoridades de cuarentena del Ministerio de Agricultura y Ganadería los resultados de loa análisis bromatológicos practicados en productos importados particularmente y que resulten negativos para el consumo humano y condenados por su mal estado de conservación y pureza, procediendo a su decomiso y destrucción.

CAPITULO V.
Disposiciones específicas de importación y exportación de animales, sus productos y subproductos

Artículo 49.- Los animales procedentes de países libres de las enfermedades enumeradas en el artículo 5° y de otras enfermedades exóticas podrán importarse al territorio nacional, bajo las siguientes condiciones: siempre y cuando cumplan con los requisitos que establecen los artículos 32 y 44 de este reglamento.

a) Los animales a importarse deberán ser negativos a la prueba de brucelosis, realizada por un laboratorio oficial, dentro de los 30 días anteriores al embarque. Sin embargo las novillas de menos de 30 meses de edad, que han sido vacunadas oficialmente siendo terneras de 3-6 meses de edad, con una dosis estándar de vacuna Cepa-19 y que se puedan identificar como tales, podrán ser admitidas al país sin el examen requerido. Deberán venir de hatos libres de leucosis bovina y negativos a la prueba de mínima difusión.

b) Los animales (machos enteros y hembras mayores de 6 meses) a importarse deberán haber sido sometidos a la prueba alérgica para la tuberculosis con resultado negativo. Dicha prueba debe de haberse practicado dentro de un plazo no mayor de 30 días anteriores al embarque; y

c) Todos los animales deben venir acompañados del certificado oficial sanitario en el que se haga constar que dichos animales han sido sometidos a la prueba diagnostica de leptospirosis con resultados negativos.

Artículo 50.- Se permitirá la importación de bovinos que hayan cumplido cuarentena en las estaciones cuarentenarias de Saint Piere et Miguelon, Grosse Isle, entre los gobiernos de Francia y Canadá y Fleming Key, Centro de Importación Animal, Estados Unidos de América aun siendo originarios de países considerados afectados por la fiebre aftosa y otras enfermedades exóticas.

Artículo 51.- A juicio de la División de Salud Animal, los ganados importados para fines de sacrifico inmediato, podrán entrar al país, prescindiendo de las pruebas reveladoras para brucelosis y tuberculosis.

Artículo 52.- Importación de equinos: En el certificado a que se refiere el artículo 32, se hará constar además:

a) Que hayan sido sometidos a las pruebas diagnosticas para el muermo y la durina, con resultados negativos, cuando los animales procedan de países donde exista dicha enfermedad.

b) Proceder de áreas libres de anemia infecciosa equina, y venir amparados a un certificado negativo a la prueba de Cojín.

c) Que están libres de metritos equina contagiosa con cultivo negativo de microorganismos.

d) Haber sido vacunados contra la encefalomielitis infecciosa equina tipo venezuela (sic), dentro de un lapso no mayor de 12 meses anteriores al embarque.

e) Caballos, asnos y mulares procédenos de países aftosos deberán traer certificado oficial de proceder de países que no hayan presentado fiebre aftosa en un radio de 50 kilómetros por lo menos durante los seis meses anteriores a su importación; haber sido desinfectados en sus extremidades, casco (previo raspado) y región ventral del cuerpo, con carbonato de sodio al 4%, estar desprovistos de herraduras y ser sometidos nuevamente a desinfección con el mismo compuesto químico, antes de desembarcar y bajo la vigilancia de un médico veterinario oficial. Los aperos, restos alimenticios heno y deyecciones deberán permanecer en el transporte y ser regresados a su país de origen o incinerados.

Artículo 53.- Importación de porcinos:

Erisipela: Presentar certificado de vacunación indicando tipo de vacuna y ser vacunados en un plazo no menor de 15 días ni mayor de 30 días antes de su llegada.

Leptospirosis: Certificado oficial de la prueba de microaglutinación negativa 1/400 para L. Ponona, L. Interohaemorhageae, L. Hardjo, L. Canícula, L. Gripotyphona o que los animales han sido vacunados contra esta enfermedad dentro de los 90 días anteriores a la importación y que procedan de piaras libres de la enfermedad.

Rinitis atrófica: Certificado oficial de que en el explotación de donde provienen no se ha presentado evidencia clínica de la enfermedad durante los 30 días anteriores a la fecha de importación.

Certificado oficial de prueba negativa de seroneutralización a esta enfermedad de la piara o individual, del animal o animales que se van a importar.

Gastroenteritis transmisible viral: Certificado oficial de que los animales proceden de granjas en donde no se ha presentado evidencia clínica de la enfermedad durante los 30 días anteriores a su importación. Deberán presentar prueba negativa individual de seroneutralización 1/8 para esta enfermedad, realizada dentro de los 30 días anteriores a su importación.

Artículo 54.- Importación de ovinos. Se permitirá la importación de ovinos, siempre y cuando procedan de áreas libres de lengua azul, hidatodosis, kickettsiosis, viruela ovina, ectima contagioso y sarna y haber sido sometidos con resultados negativos a las pruebas reveladoras de brucelosis y tuberculosis por un laboratorio oficial dentro de los 30 días anteriores al embarque.

Artículo 55.- Para la importación y exportación de caninos y felinos, además de las disposiciones sanitarias obligatorias para la defensa sanitaria animal, deberán acatarse las disposiciones que establece el Ministerio de Salud.

Artículo 56.- Importación de aves y huevos para incubación. Se permitirá la importación de pollitos recién nacidos y de huevo fértil, cuando procedan de granjas libres de pullorosis, mycoplasmosis, debiéndose agregar al certificado el resultado de la pruebas negativa, y haciendo constar que en el término de tres meses anteriores al embarque no ha habido brote en dichas granjas, de las siguientes enfermedades: New castle, bronquitis infecciosa aviar, peste aviar psitacosis, ornitosis y laringo-traqueítis, pullorosis, tifoidea y encefalitis aviar.

Sección I.
De la importación de animales exóticos

Artículo 57.- Se permitirá la importación de animales exóticos y silvestres, procedentes de países afectados por la fiebre aftosa, peste porcina africana peste bovina, peste equina africana y otras enfermedades exóticas que a juicio de la autoridad sanitaria, no pongan en peligro las especies ya existentes en el territorio nacional:

a) Los animales exóticos que se importen deberán entrar con los requisitos de los artículos 31 y 44 ay amparados con un certificado de origen y salud, firmado por un médico veterinario oficial. El documento de salud animal en importación, será válido por 30 días a partir de su emisión.

b) La importación y exportación de animales silvestres en peligro de extinción de acuerdo con la Convención sobre el Comercio Internacional de Especies Amenazadas, de Fauna y Flora Silvestre, firmada el 3 de marzo de 1973, requerirá la presentación previa del permiso de importación o exportación de las autoridades científicas y administrativas de Costa Rica y de las autoridades científicas y administrativas del país de origen.

Sección II.
De la importación de peces/moluscos y crustáceos

Artículo 58.- Se podrán importar peces, cuando cumplan con los requisitos del capítulo III y además un certificado sanitario que haga constar que los criaderos o depósitos han sido reconocidos como salubres y que en el término de un año no se han constatado enfermedades tales como lipoidosis hepática, botricefalosis, plerocercosis mixoboliosis, coccidiosis y micosis.

Artículo 59.- La importación de moluscos y crustáceos para los mismos fines indicados en el artículo anterior será otorgada siempre y cuando el certificado especifique que provienen de criaderos, aguas o estanques salubres y libres de enfermedades infecciosas y parasitarias propias de la especie.

Para los efectos de la comprobación sanitaria que exige este reglamento, los crustáceos y moluscos deberán estar libres de las siguientes enfermedades: Tifus de las ostras, peste de las ostras, hepatitis, raquitismo, peste de los cangrejos, atrofia del pie y saculinosis del cangrejo.

No se permitirá la importación de peces, moluscos y crustáceos tóxicos incluyendo aquellos dañinos a la salud pública, excepto cuando sean para fines científicos que a juicio de la autoridad sanitaria no pongan en peligro las especies existentes en el territorio nacional.

Sección III.
De la importación de conejos, aves silvestres y abejas

Artículo 60.- La importación de conejos domésticos y silvestres, se permitirá toda vez que el certificado de origen y salud especifique que provienen de granjas libres de mixomatosis y coccidiosis u otras enfermedades enzoóticas. Igualmente ocurrirá con sus productos y subproductos.

Artículo 61.- Las aves silvestres para caza, de pluma, tales como gallos de bosque, pavos silvestres, pavos reales, palomas, patos, codornices, faisanes, gallinas de guinea, ocas, estrucoideos, avestruces, tórtolas tordos, alondras, calandrias, psitácidas y otras destinadas a la repoblación de áreas de reserva, cotos de caza, guarderías y parques nacionales zoológicos, podrán importarse toda vez que el certificado de origen y salud haga constar que el país de origen está indemne de new castle y otras enfermedades transmisibles a la especie, deberán asimismo, pasar con éxito la visita sanitaria en el puerto de entrada, serán sometidos a una cuarentena por 30 días, y su respectiva inspección al final de la misma por un médico veterinario oficial, si se detectare alguna enfermedad serán devueltas a su país de origen o destruidas.

Artículo 62.-

a) Se podrá importar abejas (celonias) cuando el certificado de origen y salud expedido por un médico veterinario, declare que en el radio de 5 kilómetros del apiario de procedencia, no se han constatado enfermedades de las abejas por el término de seis meses anteriores al embarque, tales como acariasis (acarapis woodi), nosemiasis (nosema apis), peste americana (bacillus larvae) peste europea (putrificatio palybacteritica larvae), baillus alvei, varosis (varroa jacobsonii), piojo de la abeja (mosca caxca).

b) Queda terminantemente prohibida la importación al país de la abeja africana (apis mellifera andasonnii).

Además se aplicarán las especificaciones de los artículos 28, 29 y 30 de la Ley General de Salud Animal y artículos 43 al 48 del presente reglamento.

CAPITULO IV.
De las prohibiciones y restricciones para la importación de animales productos y subproductos de origen animal

(Nota del compilador: Este capítulo debería ser el Capítulo VI)

Artículo 63.- Queda prohibida la importación de animales, productos y subproductos de origen animal procedentes de países afectados por la fiebre aftosa, peste bovina u otras enfermedades.

Artículo 63 bis.- DEROGADO

(Derogado por el artículo 8° del Decreto Ejecutivo N° 31105-MAG de 9 de diciembre de 2002)

Nota del Compilador: El texto derogado había sido adicionado por el artículo 1° del Decreto N° 21534 del 5 de agosto de 1992, y decía:
"Solamente podrá importarse productos y subproductos de origen animal que provengan de países cuyos sistemas de inspección veterinaria hayan sido previamente evaluados y aprobados por Costa Rica. Además los animales, productos y subproductos deberán ser sacrificados y procesados en establecimientos registrados y aprobados por nuestro país."

Artículo 64.- Las normas prohibitivas y de cuarentena serán aplicadas a los grupos de animales, productos y subproductos y empaques especificados en los artículos subsiguientes:

Artículo 65.- La prohibición es absoluta para los animales productos y subproductos clasificados en los grupos desde la "A" a la "G" salvo aquellos que se excluyen en los incisos de cada uno de dichos grupos.

A) Animales:

1) Animales susceptibles a al fiebre aftosa:

a) Domésticos: Vacunos, carabaos, ovinos, caprinos, porcinos, camellos dromedarios, llamas, alpaca, vicuñas y guanacos.

b) Salvajes: A la solicitud de importación, deberá agregársele a su nombre vulgar, el nombre científico. Búfalo bisontes, renos, ciervos, gacelas, gamuzas, jirafas, jabalíes, puerco espín, chiguirres y en general, cualquier animal de pezuña hundida (biungulados) así como elefantes y dantas y toda aquella especie de la fauna silvestre, clasificada según estudios como susceptibles de infectarse naturalmente con virus de la fiebre aftosa.

2) Animales que por naturaleza no son susceptibles a al fiebre aftosa:

Podrán entrar al país cumpliendo con los requisitos del presente reglamento caballos, asnos, mulos, zebras y aves en general, o cualquier animal no incluido en los incisos a) y b) del acápite 1, siempre que al desembarcar se sometan al siguiente tratamiento: Lavado y desinfección de extremidades, vientres y picos con una solución de carbonato de sodio al 4% u otro desinfectante adecuado.

Además, el estiércol, paja, heno, alimentos o cualquier otro producto que acompañe a los animales deberán ser incinerados en el lugar, o conducidos a incineradores en recipientes herméticos, en el caso de bajarlos.

Las monturas, riendas o cualquier otro arnés, que acompañe a los animales, serán desinfectados por cualquiera de los siguientes métodos:

a) Inmersión en solución de carbonato sódico al 4% por 15 minutos a temperatura ambiente.

b) Inmersión en fluorosilicato sódico al 17 por mil por 30 minutos.

c) Fumigación con gas de formaldehído (producido al mezclar formalina y permanganato de potasio). Para 300 metros cúbicos de espacio de aire se recomiendan, 475 cc de formalina y 567 g de permanganato potásico. El local debe permanecer hermético por lo menos durante 24 horas.

Se obligará al personal que acompañe los animales a desinfectar el calzado y a cambiarse de indumentaria que no podrá ser usada sin previa desinfección de nuevo.

B. Productos y subproductos de origen animal:

1) Carnes: No se permitirá la entrada de carne fresca refrigerada, congelada, ahumada, curada, seca y salada, de animales susceptibles a la fiebre aftosa, peste porcina africana, pleuroneumonía contagiosa y peste bovina procedente de países afectados o considerados por esas enfermedades, a excepción de pastas y conservas de carnes enlatadas, cubos, caldos y extractos de carne. Se permitirá la entrada de otras carnes y sus derivados que reúnan los siguientes requisitos:

Estar cocidas, sin huesos herméticamente selladas o enlatadas y no necesitar refrigeración.

2) Harina de carne: No se permitirá la importación procedente de países con fiebre aftosa u otras enfermedades exóticas.

3) Jamones: Se permitirá la importación de jamones procedentes de países afectados por la fiebre aftosa, de la siguiente forma:

a) Estén cocidos, deshuesados, herméticamente enlatados y que no necesiten refrigeración.

b) Esterilizados por calor, deshuesados, herméticamente enlatados y que no necesiten refrigeración.

4) Embutidos: Será permitida la importación de embutidos de países aftosos, solamente si han sido cocidos debidamente, enlatados herméticamente al vacío y que no necesitan refrigeración.

5) Tocino: Se prohibe la entrada de tocino proveniente de países afectados por la fiebre aftosa.

6) Manteca y derivados:

a) Se permitirá la entrada de manteca fundida para consumo humano y productos y subproductos derivados de la fabricación de la manteca fundida.

b) Queda prohibida la entrada de manteca en rama.

7) Grasas y derivados:

a) Se permitirá la entrada de grasas, bajo las mismas condiciones exigidas para la manteca (sebo).

b) Se permitirá la entrada de grasa láctea procedente de países libres de enfermedades exóticas.

8) Sangre y derivados:

a) Se prohíbe la importación de sangre fresca, refrigerada, congelada oxalatada o separada de sus elementos líquidos o figurados.

b) No se permitirá la entrada de harina de sangre ni de albúmina de sangre.

9) Huesos y harina de huesos: No se permitirá la importación de países afectados por enfermedades exóticas.

10) Pezuñas, cascos y cuernos: No se permitirá la importación procedente de países afectados por enfermedades exóticas.

11) Pezuña, cascos, huesos: (Cráneo, cuernos y cabezas para trofeos o museos). No se permitirá la entrada procedente de países con aftosa u otras enfermedades exóticas.

12) Cueros:

a) No se permitirá la importación de cueros verdes o frescos salados y secos sin procesar procedentes de países afectados por la fiebre aftosa.

b) Se permitirá la entrada de cueros tratados con los métodos siguientes:

1) Inmersión de los cueros por 24 horas en una solución de cloruro de sodio al 3% a la temperatura de 24°C y sucesivamente 48 horas en una solución de cloruro de sodio al 10% más ácido clorhídrico al 2% a la temperatura de 28°C.

2) Método Wet Blue (ver artículo 4º, inciso 98).

3) Método Crust (ver artículo 4º, inciso 37).

4) Se permitirá la entrada de cueros curtidos, tales como badana, vaqueta, gamuza, tafilete, cabritilla, oscaria, vitela, charol, doré pergamino, cordobán, suela y otros.

13) Pieles:

a) No se permitirá la importación de pieles frescas, saladas o dulces de países afectados por la fiebre aftosa.

b) Se permitirá la importación de pieles curtidas, de animales susceptibles a la fiebre aftosa, previo tratamiento con formaldehído en el puerto de entrada del país importador.

c) Se permitirá la importación de pieles curtidas tales como: marta, bisón, zorro, armiño, conejo, caracul y otros.

14) Productos nuevos, industrializados con cueros y pieles:

Se permitirá la importación de los productos industrializados nuevos como: carteras, gantés, monturas, riendas, valijas, látigos, maletas, cinchos, portafolios, calzado, pelotas para deporte, bolsos recipientes para líquidos y sólidos y cubiertas para equipos de precisión.

15) Lana: Se permitirá la importación de países afectados por la fiebre aftosa, de lana bajo cualesquiera de las siguientes condiciones:

Que haya sido sometida a procesos de lavado en el país de origen en un establecimiento aprobado por el Gobierno exhortador, hecho que deberá ser certificado por la autoridad sanitaria correspondiente. Deberá ser peinada y teñida.

16) Crin, cerdas, pelos y plumas: No se permitirá la importación proveniente de países con enfermedades exóticas.

17) Organos y glándulas: No se permitirá la importación de estos productos de países afectados por la fiebre aftosa.

18) Semen, embriones: La importación de semen y embriones de las diferentes especies de animales, sólo se permitirán cuando sean originarios y procedentes de países libres de fiebre aftosa y otras enfermedades exóticas. En el caso de que las importaciones pretendan realizarse de otros países distintos a los señalados, la Dirección analizará cada solicitud en particular determinando lo procedente o improcedente de la importación y señalando los requisitos sanitarios a cumplirse.

I.- Cuando el semen y los embriones procedan de los países libres de fiebre aftosa y otras enfermedades exóticas su importación estará sujeta a los siguientes requisitos:

Certificado expedido por un médico veterinario oficial, indicando que en el momento de la obtención del semen embriones, los animales donadores se encontraron clínicamente sanos y que los mismos fueron alojados en centros apropiados por las autoridades sanitarias del país de origen y que la obtención de dichos productos se realizó cumplimiento con las técnicas adecuadas para evitar su contaminación.

II.- Para la importación de semen y embriones bovinos deberá presentarse un certificado oficial que indique:

a) Que proceden de animales que en el lugar de producción, han pasado con resultados negativos las pruebas diagnosticas de brucelosis, tuberculosis, leptospirosis, vibriosis, trichomoniasis, debiendo señalarse las fechas en que dichas pruebas fueron realizadas (mínimo un mes antes de la colecta y procesamiento).

b) Que el semen y embriones procedan de donadores de hatos en los que en el momento de la obtención, no se encontró evidencia clínica de vibriosis, tricomoniasis, rinotraqueítis infecciosa bovina (IBR) diaria vírica bovina (BOD) y parainfluenza 3 (PI3).

c) Para la importación de semen, se requerirá un certificado que indique que 90 días antes de obtenerse éste, no se encontró ningún síntoma o evidencia clínica de leucosis bovina o de lengua azul en los donadores, o en cualquiera de los animales alojados en el centro, y para ello deben ser realizadas 2 pruebas en ese período de 90 días con un lapso de tres meses entre uno y otro, una de ellas 1 semana antes de la obtención del semen.

d) En el caso de embriones, la certificación del estado de salud de los animales, así como de las pruebas diagnosticas y requisitos indicados en los incisos a), b) y c) de este artículo, se exigirán tanto para los donadores de los que se haya obtenido el semen como para las hembras donadoras.

III.- Para la importación de semen y embriones ovinos deberá presentarse un certificado que indique que:

Dichos productos proceden de animales que en el lugar de producción en el momento de haberse obtenido el semen o embriones pasaron las pruebas diagnosticas con resultados negativos, de vibrosis (cultivo), brucelosis, tuberculosis, listeriosis y enfermedad de bordes o hipomielinogenesis congénita.

IV.- Para la importación de semen y embriones que porcinos deberá presentarse un certificado que indique que:

Dichos productos proceden de animales que en el lugar de producción en el momento de haberse obtenido el semen o embriones, pasaron las pruebas diagnosticas con resultados negativos de vibrosis, brucelosis y tuberculosis.

V.- Para la importación de semen y embriones de porcinos deberá presentarse un certificado que indique que:

Dichos productos proceden de animales que en el lugar de producción en el momento de haberse obtenido el semen o embriones, pasaron las pruebas diagnosticas con resultados negativos de las siguientes enfermedades: (PPA, cólera porcina, pseudorabia o enfermedad de aujesky, exantema vesicular, leptospirosis, brucelosis y otras que se consideran a juicio de la autoridad sanitaria correspondiente. Además de lo estipulado en el artículo 53 del presente reglamento.

VI.- Para la importación de semen y embriones de equinos deberá presentarse un certificado que indique que:

Dichos productos proceden de animales que en el lugar de producción en el momento de hacerse obtenido el semen o embriones, pasaron las pruebas diagnosticas con resultados negativos de brucelosis, metritis contagiosa equina (CEM) (con cultivo de microorganismos negativos) y durina y otras que se consideran a juicio de la autoridad sanitaria correspondiente. Además de lo estipulado en el artículo 52 del presente reglamento.

VII.- Para la importación de semen y embriones de especies diferentes de bovinos, ovinos, caprinos, porcinos, etc., la Dirección definirá para cada caso los requisitos sanitarios que deben aplicarse.

19) Bilis: No se permitirá la importación procedente de países con enfermedades exóticas.

20) Gelatina de origen animal:

a) Se permitirá la importación de gelatina extraída de productos animales, tales como articulaciones, tendones y ligamentos de animales susceptibles a la fiebre aftosa, siempre y cuando en el país de origen dicho producto haya sido sometido a procesos de acidulación o de inmersión en lechadas de cal; también cuando se haya sometido a la desecación y alcance un grado de dureza semejante al cuero secado al sol.

b) El cargamento deberá venir acompañado de un certificado oficial en el que se haga constar cualquiera de los procesos de los procesos indicados.

21) Estómagos o intestinos: No se permitirá la importación procedente de países afectados con fiebre aftosa y otras enfermedades exóticas.

22) Leche y sus derivados:

a) Queda prohibida la entrada de leches en polvo, fluidas y evaporadas y de todo producto que contenga leche proveniente de países afectados por la fiebre aftosa u otras enfermedades exóticas.

b) Se permitirá la importación de leches maternizadas, evaporadas o condensadas y esterilizadas, siempre que se importen en recipientes debidamente sellados, solamente para consumo humano y bajo supervisión oficial.

c) Se permitirá también la importación de leche fermentada y cultivo de leche para los diferentes procesos de maduración en la elaboración de otros productos lácteos.

23) Mantequilla: No se permitirá la importación procedente de países afectados por la fiebre aftosa u otras enfermedades exóticas.

24) Mantequilla artificial o margarina:

Toda vez que la elaboración de la margarina haya requerido el agregado de leche para darle sabor, olor y sustancias emulgentes, la importación quedará sujeta a un certificado en donde se especifique que la leche utilizada fue esterilizada.

25) Caseína de leche:

No se permitirá la importación procedente de países afectados por la fiebre aftosa u otras enfermedades exóticas.

26) Lactosa o azúcar de leche:

Puede permitirse su entrada para la preparación fabricación de medicamentos y como materia prima para la industria de conservas.

27) Quesos: Se permitirá la importación de cualquier tipo de queso, con la excepción de los llamados quesos frescos, así como los quesos Mozzarella, Chedar y Camembert.

28) Suero de queso: Se prohibe la importación de suero de queso.

29) Requesón: Se prohibe la importación de requesón.

30) Huevos de gallina: Se permitirá la importación:

Tanto para consumo (frescos, refrigerados, conservados), como para reproducción. La importación será permitida si dichos productos avícolas vienen limpios y en envases de primer uso que no contengan residuos de estiércol, heno o paja.

31) Miel: No hay restricciones de importación procedentes de países afectados por la aftosa y peste bovina, siempre que esté amparada por un certificado que haga constar que procede de apiarios localizados en áreas libres de peste americana y peste europea y esté dentro de la lista de países libres de enfermedades autorizada por el Ministerio de Agricultura y Ganadería, además de lo estipulado en el decreto Nº 12483-A-SPPS de 11 de marzo de 1981.

C. Productos para la aplicación en la agricultura:

1) Abonos orgánicos:

a) Queda prohibida la importación de estiércol de cualquier animal, a excepción del procedente de aves marinas (guano).

b) Queda prohibida la importación de abonos orgánicos que traigan residuos de estiércol, desperdicios de origen animal heno o paja entre sus componentes.

D. Productos y materiales utilizados para embalar mercadería y para otros fines:

1) Heno y paja:

Se prohíbe la entrada de heno y paja usados como embalaje para cama de animales, como alimento animal o para cualquier otro propósito. Se permitirá la entrada de artículos manufacturados con paja o heno alfombras, canastas, souvenirs).

2) Sacos usados y envolturas:

Queda prohibida la entrada de sacos usados y envolturas hechas de sacos usados.

E. Productos industrializados:

1) Harina de pescado:

Se permitirá su entrada, siempre y cuando vengan en sacos nuevos con doble empaque, debiéndose incinerar la envoltura exterior al momento del desembarque.

2) Tortas oleganinosas para alimentación animal:

Se permitirá la entrada de tortas de semillas de aceites vegetales.

3) Mezclas minerales:

Se permitirá la entrada de mezclas minerales excepto las mezclas minerales con harina de hueso, sujetas a las recomendaciones hechas para este producto.

4) Mezclas alimenticias para animales:

En caso de que las mezclas alimenticias contengan subproductos de origen animal, tales como carne, hueso, sangre y otros, se permitirá la entrada toda vez que hayan sido sometidas a temperaturas que garanticen la destrucción del virus aftoso (80°C durante 30 minutos).

5) Aceites vegetales:

Se permitirá la entrada de todo aceite de origen vegetal.

F. Tierra:

Cuando se está interesado en hacer análisis de tierras para apreciar su riqueza en ciertos metales, (bauxita, cobre, otros) si la tierra procede de un país afectado por la fiebre aftosa, se exigirá que sea esterilizada en el país de origen, viniendo acompañada de su respectivo certificado oficial que lo acredite de conformidad con lo establecido en la Ley de Sanidad Vegetal.

G. Productos biológicos para uso veterinario:

a) Queda prohibida la importación de productos biológicos a partir de animales susceptibles a la fiebre aftosa, tales como sueros, antígenos, hormonas y fermentos (enzimas)

b) Los productos biológicos para uso humano, elaborados a partir de animales susceptibles a la fiebre aftosa, podrán ser importados únicamente de países no aftosos.

c) Cumplir con lo estipulado en el Decreto Ejecutivo Nº 5781-A del 13 de febrero de 1976.

CAPITULO VII.
De las obligaciones del cuerpo diplomático acreditado en países declarados aftosos

Artículo 66.- Todas las importaciones de animales, materiales productos que no representan riesgo para la seguridad sanitaria del patrimonio zootécnico nacional y que procedan de países declarados aftosos, deberán cumplir con lo estipulado en el artículo 32 de este reglamento.

Además los documentos ostentarán el visto bueno del funcionario consular acreditado por el país o por quien legalmente lo represente.

Queda claramente entendido que para los efectos de este reglamento, los documentos sanitarios y de adquisición correspondientes a todas las importaciones de animales, productos y subproductos de los mismos, con destino al territorio nacional, o que se transporte a través del área del OIRSA, con fines únicamente de tránsito, procedentes de países libres de fiebre aftosa, peste porcina africana, peste bovina y pleuroneunomía contagiosa bovina, quedarán exentos del visto bueno consular pero no de las formalidades administrativas y sanitarias que exige el presente reglamento.

CAPITULO VIII.
De la importación de leche y sus derivados

Artículo 67.- La leche podrá importarse para consumo directo o como materia prima para diversas industrias, toda vez que reúna los requisitos mínimos de higiene, conservación manipuleo y transporte.

Artículo 68.- Las partidas de leche cruda entrarán amparadas por un certificado de origen otorgado por las autoridades de salud de la División de Salud Animal del país exportador especificando la salud del hato o hatos productores y las condiciones higiénicas de producción de la misma.

Artículo 69.- Las leches higienizadas e industrializadas (leches pasteurizadas, uperizadas, preesterilizadas, aromatizadas, deshidratadas, acidificadas, reconstituidas y homogeneizadas), cumplirán con lo establecido en el artículo 32 de este reglamento. Las disposiciones de este reglamento no serán aplicables a la importación de leches modificadas (maternizadas) enlatadas o envasadas, consideradas como medicamentos por el Ministerio de Salud.

(Modificado por el artículo 2º del Decreto Ejecutivo N° 27200-MAG de 29 de julio de 1998)

Artículo 70.- Serán requisitos a nivel de puerto o de frontera, aquellas leches crudas que por su falta de pureza se consideran impropias para el consumo y la industria, se prohibe la entrada de leches que resulten positivas a tres pruebas de rutina y una de precisión.

Artículo 71.- Se consideran pruebas de rutina:

1) Pruebas sensoriales (organolépticas):

a) Color (leches coloreadas por procesos patológicos, azules rojas y amarillas).

b) Sabor (leches ácidas, arriba del 23°Dornic, leches saladas).

c) Olor (nauseabundo, repugnante, rancio, fermentado, podrido)).

d) Aspecto (acuoso, viscoso, grumoso, floculento, sucio).

2) Pruebas físicas: (pruebas de plataforma):

a) Lacto-sedimentación (exenta de sedimento microscópico)

b) Coagulación por etano (acidez arriba de 20°C).

c) Lacto-decímetro (normal 1029-1033 para leches mezcladas a 15°C).

3) Pruebas químicas: (pruebas de laboratorio).

a) Análisis para presencia de nitratos y nitritos.

b) Análisis para determinar sustancias preservativas (formalina bicarbonato, ácido bórico, almidón, otros).

Artículo 72.- Se consideran pruebas de precisión:

1) Determinación del índice de refracción.

2) Determinación del índice crioscópico.

CAPITULO IX.
De la importación de carne y sus derivados

Artículo 73.- La carne podrá importarse para consumo directo o como materia prima para industria siempre que reúna los requisitos mínimos de higiene, conservación, manipuleo y transporte.

Artículo 74.- Se permitirá la entrada de carnes de carnes frescas, refrigeradas, congeladas, saladas, ahumadas, curadas y embutidas.

Artículo 75.- Las importaciones de carnes frescas, refrigeradas, saladas y congeladas, entrarán cumpliendo con los requisitos establecidos en el artículo 32 de este reglamento.

Artículo 76.- Las carnes industrializadas (carnes enlatadas, embutidas, prensadas, concentradas) entrarán amparadas con el respectivo permiso de importación y un certificado de origen y elaboración otorgado por la planta productora y el refrendo de la autoridad sanitaria correspondiente.

Artículo 77.- Serán confiscadas a nivel de puerto o de frontera aquellas carnes que por falta de pureza y mal estado de conservación se consideran impropias para el consumo y la industria.

Artículo 78.- Será prohibida la importación de carnes que al momento de la inspección resulten:

a) Cansadas

b) Caquécticas

c) Edematosas

d) Fementidas

e) Putrefactas

f) Repugnantes

g) Hemorrágicas

h) Tóxicas

Artículo 79.- Se prohibe la importación de los derivados de la carne tales como embutidos, cuando al momento de la inspección se encuentre como sigue:

a) Superficie húmeda, pegajosa y exuden líquido a la presión digital.

b) Cuando a la palpación se verifiquen áreas flácidas.

c) Cuando se encuentren indicios de fermentación pútrida.

d) Cuando la masa tenga coloraciones verdosas o la coloración no sea normalmente uniforme.

e) Cuando la grasa del embutido esté rancia.

f) Cuando el material usado como envoltorio aparezca perforado por artrópodos.

g) Cuando se constaten gérmenes patógenos responsables de entero toxemias.

h) Cuando presenten olor y sabor anormales o se sospeche otro tipo de alteración, deberá además cumplir con las estipulaciones del artículo 32 de este reglamento.

CAPITULO X.
De la importación de huevos

Artículo 80.- Será permitida la importación de huevos para reproducción, consumo e industria, siempre que cumpla con los requisitos enumerados en el artículo 32 de este reglamento y en el cual se haga constar que los destinados a "reproducción", provienen de granjas aprobadas y libres de pullorosis y mycoplamosis y en el término de (3) tres meses antes de la importación no hayan tenido brotes de salmonelosis, newcastle, laringotraqueítis, enfermedades crónicas respiratorias y bronquitis infecciosa, encefalitis aviar, tifosis y parasifosis.

Artículo 81.- Los huevos que después de la inspección a nivel de puerto o de frontera, no reúnan las características y requisitos mínimos de importación, serán regresados al lugar de origen o llevados a destrucción sin responsabilidad alguna por parte de este Ministerio.

Artículo 82.- Serán requisitos y características de importación las siguientes:

a) Condiciones generales de empaque, limpieza de los huevos e higiene de las cajas.

b) Apreciación general del cargamento en cuanto a la integridad de la cáscara.

c) Naturaleza, higiene y condiciones de las cajas y material de empaque. Deben cumplir con lo establecido en el artículo 32 de este reglamento.

CAPITULO XI.
Del servicio de inspección de cuarentena y sanidad animal

Artículo 83.- Los límites territoriales de suelo, mar o espacio aéreo serán custodiados desde un punto de vista cuarentenario-sanitario, por el sistema de Cuarentena Agropecuaria vigente.

Dicho servicio de cuarentena y salud animal, con su cuerpo ejecutivo, depende técnicamente de la División de Salud y Producción Pecuaria del Ministerio de Agricultura y Ganadería y deben estar debidamente identificados.

Artículo 84.- Los inspectores desarrollarán sus funciones con apego a las medidas legislabas vigentes y mantendrán estricta vigilancia de que se observen las prohibiciones sobre la importación procedente de los países vedados, de animales vivos y productos derivados de los mismos u otros posibles portadores para uso científico o comercial, potencialmente capaces de introducir gérmenes causantes de enfermedades infecto-transmisibles o parasitarias.

Artículo 85.- Las funciones del inspector en relación con su vigilancia sobre vehículos marítimos, aéreos y terrestres, se cumplirán en la siguiente forma:

a) Abordaje de los vehículos tan pronto estos lleguen a las terminales de los puertos de arribo, en compañía del grupo oficial correspondiente, debidamente identificados.

b) En el caso particular de vehículos marítimos, se abordan cuando están anclados en bahía o inmediatamente después que hayan atracado en los muelles.

c) Serán objeto de inspección especialmente, aquellos vehículos con rutas internacionales, destinados al transporte de carga seca, granos, carnes, frutas, petróleo, mezclas minerales, animales, vegetales y pasajeros. Los barcos de cabotaje también serán abordados con el propósito de comprobar por medio de la inspección en los depósitos y bodegas de los mismos, cualquier medida de seguridad que pueda haber sido impuesta en otros puertos.

d) Durante la visita, el inspector requerirá en la Oficina del capitán del vehículo los siguientes documentos:

1) Itinerario del vehículo

2) Manifiesto de carga

3) Lista de rancho

4) Lista de tripulación

5) Lista de pasajeros

6) Declaración del equipaje de los pasajeros

7) Certificado de desinfección y fumigación otorgados en otros puertos

e) Todos aquellos productos, artículos y carga restringidos o prohibidos que aparezcan al revisar los documentos anteriores deberán ser asentados en el formulario que el inspector debe llenar después de cada visita oficial, no permitiéndose su desembarque. El inspector de cuarentena o cualquier funcionario debidamente autorizado en los puertos, aeropuertos y fronteras para ordenar que bajen o no del vehículo, animales, productos y subproductos.

f) Al llenar el formulario referido en el inciso anterior, el inspector asentará también la siguiente información:

1) Marca y naturaleza de los productos

2) Cantidad de kilos o toneladas y número de piezas

3) Origen (animal o vegetal, mineral u otros)

4) País de origen

5) Finalidad de la importación

6) Importador

g) El inspector requerirá los servicios del mayordomo del vehículo para en conjunto revisar e inspeccionar las cámaras de refrigeración y bodegas donde se almacenan las provisiones tanto frescas, secas o conservadas para alimentación de tripulación y pasajeros.

h) Si después de interrogar al mayordomo se comprueba por medio de facturas de adquisición y sellos sanitarios, que los productos alimenticios de origen animal, proceden de países afectados por enfermedades exóticas, el inspector procederá de la siguiente forma:

1) Las carnes ya sean frescas, refrigeradas, congeladas, saladas ahumadas, curadas embutidas, prensadas, concentradas y todos sus derivados, deberán ser guardadas en las cámaras de refrigeración, debiendo el inspector agropecuario del Ministerio de Agricultura y Ganadería sellar la puerta hasta el momento de zarpar y llenar la fórmula correspondiente y su firma con el conocimiento del capitán.

2) Si el vehículo, por razones inesperadas o caso fortuito, debe permanecer más tiempo en el puerto, de lo establecido en la ruta, el inspector accederá a la solicitud del mayordomo de retirar las provisiones necesarias de refrigeradoras y bodegas para alimentación de la tripulación, asegurándose de que los desperdicios de la cocina se mantengan en receptáculos herméticos.

3) Los desperdicios y basura del barco no podrán ser desechados en aguas territoriales. En casos que por demoras inesperadas en el puerto, el vehículo acuse acumulación de desperdicios y por mediadas de higiene y sanidad, tengan que ser removidas mientras todavía se encuentra en puerto, se hará bajo la supervisión del inspector, para su inmediata incineración.

4) La comprobación, tanto en los documentos, como durante la inspección de carga, cuya introducción es prohibida debido al peligro de infiltración de enfermedades, ya sea esta representada por animales, vegetales productos o subproductos de los mismos o partículas que por su naturaleza o procedencia puedan ser fuente de contagio, dará origen a que el funcionario retenga la carga a bordo y notifique de inmediato la prohibición de desembarque al responsable del navío. Comunicación especial y urgente será enviada al encargado de Salud Animal, con copia al Administrador de Aduana y al capitán del puerto.

5) Si durante la visita, el inspector comprueba plagas e insectos nocivos en el cargamento y de consecuencia, la correspondiente infestación de los depósitos y bodegas del vehículo, ordenará la retención de la carga y prohibirá el desembarque hasta conocer las disposiciones finales del encargado de Salud Animal del Ministerio de Agricultura y Ganadería.

6) Los métodos de desinfestación y fumigación serán aquellos ordenados por las autoridades del Ministerio de Agricultura y Ganadería, asimismo los materiales, dosis y tiempo de tratamiento.

7) En el caso de que el inspector compruebe que un vehículo ha entrado al puerto llevando animales a bordo, que están incluidos dentro de las prohibiciones, reportará inmediatamente por la vía más rápida a la Dirección, para que sin demora se tomen las medidas por medio de las cuales se obligue al vehículo a salir de los límites territoriales del país.

8) Atención particular dará el inspector al revisar los manifiestos para determinar la naturaleza de la carga seca y comprobar los materiales de empaques, tales como heno, paja, fibras de origen animal o vegetal, especialmente cuando el cargamento procede de países afectados por plagas y enfermedades exóticas.

9) El inspector permitirá la entrada de productos y artículos empacados con el material mencionado en el inciso anterior, previa limpieza y despojamiento del heno, paja, fibra o cualquier otro material considerando peligroso los cuales inmediatamente serán incinerados bajo la supervisión de éste.

10) El inspector solicitará la cooperación de los inspectores de la Aduana, en el sentido de que le reporten la presencia de cualquier material sospechoso con el fin de decomisar cualquier producto de origen animal, que pudiera aparecer entre los efectos personales de los pasajeros o tripulación y que por su naturaleza, fuera potencialmente capaz de permitir la infiltración de plagas o enfermedades de señalada importancia económica, en consecuencia, el inspector de cuarentena está facultado para abrir bultos y equipajes en su inspección rutinaria.

i) En el caso de naves en travesía, de guerra o barcos escuela se extenderá la "cortesía de puerto". Los procedimientos de inspección sanitaria animal rutinarios, se harán del conocimiento del capitán del navío, con el objeto de solicitarle su cooperación sobre el particular.

j) El inspector de aeropuertos internacionales y puestos fronterizos seguirá los procedimientos anteriores pero con las líneas de navegación aérea, solicitará el documento preparado por la compañía aérea que en este caso específico se denomina "Guía Aérea", en donde se indica la descripción general de la carga, naturaleza de la misma, nombre del importador y país exportador.

En los puertos fronterizos donde el movimiento de carga está representado principalmente por auto-carros de gran capacidad (remolques, camiones), el inspector requerirá del conductor, las "Guías Comerciales de Transporte" o la inspección de rutina a los vehículos particulares.

Artículo 86.- Los inspectores de Cuarentena y Sanidad Animal en particular y otros empleados que sean nombrados para los fines indicados en este reglamento, llevarán consigo y en todo momento, la credencial que los identifique como titulares del cargo, y quedan facultados para permanecer y movilizarse dentro de las instalaciones aduanales.

Artículo 87.- Los inspectores de Cuarentena y Sanidad Animal, quedan facultados para inspeccionar, examinar, interceptar, desinfectar, fumigar, confiscar, retener y denunciar la carga a los respectivos vehículos motorizados y no motorizados, aéreos y marítimos a su llegada a cualquier puerto del territorio nacional, de conformidad con lo dispuesto en este reglamento.

CAPITULO XII.
Del tránsito internacional de ganado, productos y subproductos de origen animal

Artículo 88.- La llegada a puertos marítimos, terrestres o aéreos de animales pertenecientes a las especies bovina, ovina, caprina, porcina, equina, bufalina, aves de coral, animales de exhibición, ornamento y otros, procedentes de países centroamericanos, México y Panamá, en tránsito por Costa Rica, de punto a punto fronterizo estará sujeta a las siguientes disposiciones técnico-administrativas:

a) Deberán presentar solicitud de permiso de tránsito y cumplir con lo establecido en el decreto N° 10121-A de 14 de mayo de 1979, Reglamento de Transporte Interno de Animales.

b) Se exigirá el certificado oficial del país de origen de los animales, productos y subproductos y el permiso de importación del país de destino.

c) El inspector hará una inspección detenida sobre el lote o lotes de animales, los cuales no deberán presentar en conjunto o individualmente, sintomatología referible a enfermedades infecciosas o parasitarias u otras.

d) En caso de no tener un resultado favorable después de la inspección, el inspector retendrá la(s) partida(s) hasta oír el dictamen del médico veterinario oficial.

e) En caso de encontrar el médico veterinario oficial, animales afectados con dolencias de naturaleza no transmisible expedirá la certificación respectiva.

f) Contrariamente a lo expuesto en el inciso anterior, si el médico veterinario encuentra animales con sintomatología referible a enfermedades epizoóticas, prohibirá el tránsito por el territorio nacional y ordenará el regreso de la nave o vehículo, a su país de origen.

g) En el caso de expedición de animales que tengan procedencia de zonas infectadas, zonas de protección, zonas de evacuación y tenga como finalidad el sacrificio de dichos animales y destinado directamente a mataderos públicos o privados, la importación deberá acompañarse de una autorización sanitaria oficial.

h) El médico veterinario o el inspector requerirá de parte del consignado del lote de animales, la información pertinente a la normalidad del viaje efectuado, a fin de asegurarse que durante el trayecto entre el país de origen y el territorio nacional no han sucedido accidentes o incidentes relacionados con la salud de los animales.

i) Que el tránsito por el territorio nacional sea efectuado en medios de transporte adecuados y no represente en lo más mínimo, riesgo para diseminar enfermedades infecto-transmisibles, durante el trayecto. Los funcionarios podrán tomar las medidas que consideren pertinentes para evitar el riesgo.

Artículo 89.- Autorizado el permiso de tránsito por el territorio nacional según los artículos 31, 32, 33 de este reglamento, el consignador del cargamento cumplirá con los siguientes trámites técnico- administrativos:

a) Seguir y respetar la guía de tránsito que se le conceda.

b) No cargar ni descargar durante el trayecto entre puerto y puerto, animales, productos o subproductos ajenos a los que especifica el documento.

c) Salir del territorio nacional dentro del tiempo especificado.

d) En caso de accidente o caso fortuito, reportarse a la División de Salud Animal del Ministerio de Agricultura y Ganadería y no proseguir en medios de transporte que no sean aprobados por la división.

e) Proveer a los animales en los medios de transporte de camas apropiadas de paja o de cualquier otra fibra vegetal y que las raciones alimenticias para la duración del traslado queden previstas.

f) Que los vehículos tengan accesibilidad para abrevar el ganado durante el transporte.

g) Que los forrajes que acompañan el ganado no provengan de países y territorios infectados por plagas y enfermedades (de naturaleza peligrosa), se especificará el estado de ellos en el certificado respectivo.

h) Que los encargados de los animales y transportistas mantengan una vigilancia estricta del ganado que se les ha confiado, a fin de evitar la contaminación recíproca de los animales embarcados, con los animales del territorio en donde se efectúe el tránsito.

Artículo 90.- Queda prohibido el movimiento interfronteras de partidas de ganado arreado, o el transporte de productos y subproductos de origen animal en medios inadecuados para el servicio que se persigue.

Artículo 91.- En casos inesperados, cuando el cargamento durante su ruta en tránsito sufra demoras involuntarias y los animales se enfermen o los productos y subproductos pierdan su pureza y normal estado de conservación, el médico veterinario procederá conforme con lo siguiente:

a) Animales con enfermedades infecto-transmisibles de gran riesgo sanitario, se podrán desembarcar sacrificar y destruir.

b) Si hay sospecha de enfermedad transmisible, se desembarcarán los animales y se colocarán en rigurosa observación, aislados en un sitio adecuado hasta que se solucione la situación o se tome una decisión al respecto, dentro de las 24 horas de iniciada la acción.

c) Si son animales se enviarán de ser posible al matadero más próximo y se sacrificarán.

d) Cuando se trate de animales para reproducción, se les enviará hacia un establecimiento de cuarentena o se aislarán bajo cuarentena, en la que se someterán a un período de observación durante el cual se practicarán los medios diagnósticos y tratamientos respectivos y pruebas reveladoras, exigidas por la legislación de (país importador o las) de Costa Rica.

Artículo 92.- En relación con el tránsito internacional de productos y subproductos de origen animal, tales como carnes, leche pescado, abejas y productos derivados, raciones concentradas para animales y otros, serán aplicados los mismos procedimientos de fiscalización para revisar los documentos y guías de traslado de los productos; el inspector exigirá de parte del consignador los certificados de fumigación en el caso de que el cargamento provenga de países o territorios infestados por plagas de importancia económica o que hayan tenido que atravesar áreas cuarentenadas. Los productos y subproductos están exentos de la visita de inspección cuando se transportan en vagones o carros herméticos y vayan con destino directo a otros países.

Los vehículos serán examinados para comprobar la hermeticidad de los depósitos o la aplicación de sellos que deberán respetarse mientras dure el tránsito por el territorio nacional. La naturaleza, cantidad y serie de los sellos será señalada en el certificado expedido en el puerto de entrada.

En el caso de que durante el tránsito por territorio nacional surjan en los animales, productos o subproductos de los mismos, infecciones o infestaciones, el médico veterinario o el inspector de cuarentena ordenará la desinfección, desinfestación o fumigación, inmediatamente que el cargamento llegue a la aduana.

Artículo 93.- Todos los gastos que ocasionen las fumigaciones, desinfecciones, desinfestaciones, destrucciones, tratamientos y cuarentenas, correrán por cuenta y riesgo del interesado.

CAPITULO XIII.
Importación de medicamentos para uso veterinario

Artículo 94.- La importación de medicamentos para uso veterinario procedentes de diferentes países, podrán ingresar al país cumpliendo los siguientes requisitos, además de los estipulados en el decreto Nº 5781-A de 13 de febrero de 1976.

a) Solicitar en papel sellado de décima clase a la Dirección de Salud Animal el permiso de importación, especificando en la solicitud la cantidad y clase de producto, casa productora, tipo de presentación del producto, fecha de vencimiento, uso o finalidades para las cuales se importa y número de registro de especies farmacéuticas del Ministerio de Salud.

b) Los productos o medicamentos deberán entrar amparados por un certificado de origen y sanidad, extendido por las autoridades veterinarias competentes del país de origen. El importador deberá presentar del Departamento de Cuarentena Animal las facturas de productos o medicamentos para uso veterinario aprobadas por el Departamento de Controles y Registro del Ministerio de Salud.

c) Los productos que requieran refrigeración deberán tener trato especial y no sufrir largas permanencias en las bodegas de aduana aun cuando estas oficinas estatales o privadas tengan facilidades de almacenaje y refrigeración. Además se deberá observar lo establecido en el capítulo II, sección III, artículos 102, 103, 107, 108, 112, 116, 117, 118, 119 y 120, de la Ley General de Salud.

Es obligación de los importadores conocer la lista de medicamentos prohibidos y restringidos y los autorizados.

Queda prohibida la importación la importación de productos biológicos de origen animal para uso humano y para uso veterinario, procedentes de países afectados por la fiebre aftosa y otras enfermedades exóticas.

CAPITULO XIV.
De las materia primas y productos para la alimentación animal

Artículo 95.- A los efectos de este reglamento se entienden por materias primas y productos para alimentación animal, los productos alimenticios de origen vegetal, animal y mineral, incluyendo aquellos químicos que su preparación no constituya peligro.

Se permitirá la importación de los productos para la alimentación animal, toda vez que procedan de países libres de fiebre aftosa y peste bovina y otras enfermedades exóticas excluyendo aquellos químicos industriales que no constituyan peligro para la salud animal.

En la solicitud de importación se especificará el tipo de producto alimenticio como sigue:

a) Producto alimenticio simple de origen vegetal, fresco o conservado.

b) Producto alimenticio simple de origen animal, fresco o conservado.

c) Producto alimenticio simple integrado de origen animal o vegetal.

d) Producto alimenticio compuesto integrado de origen animal o vegetal.

e) Producto alimenticio compuesto concentrado.

f) Integrantes para raciones alimenticias (vitaminas, antibióticos, sales de elementos oligodinámicos u otras).

Las raciones alimenticias compuestas concentradas o integradas deberán importarse debidamente empacadas y traer lugar visible sobre la bolsa de cartón o lata con letras indelebles, el contenido analítico en porcentaje de cada pieza o porción, indicaciones para uso de fecha aproximada en que expira el período de validez alimenticia, especie y clase de animal a que se destina. Los que vengan abiertos no se admitirán para evitar que los productos sean alterados o practiquen con ellos fraudes y adulteraciones. Estos serán destruidos o devueltos al país de origen. Además se dará a conocer en la misma solicitud de importación lo siguiente:

a) Nombre de la firma o casa productora.

b) Sede del establecimiento.

c) Indicaciones acerca del tipo de producto a importarse (simple o compuesto, integrado, concentrado, de origen animal, vegetal o ambos) y otros.

CAPITULO XV.
De los puertos legalmente autorizados

Artículo 96.- Serán áreas sanitarias restringidas en prevención al ingreso y diseminación de enfermedades exóticas.

a) Puestos fronterizos: Hasta 500 metros dentro del territorio nacional.

b) Puertos marítimos: Muelles, patios de ferrocarril y áreas de aduana.

c) Aeropuertos: Toda el área de rampas, pistas, edificios, mangas de abordaje área de pasajeros, aduana y aduanas auxiliares de sistema de transporte aéreo.

Artículo 97.- Las importaciones procedentes de países libres de las enfermedades mencionadas en el artículo 5° se podrán efectuar por los siguientes puertos:

Aéreos: Aeropuerto Internacional Juan Santamaría.

Aeropuerto Tobías Bolaños (mediante permiso especial)

Puertos marítimos en el Océano Pacífico

Aduana Postal (mediante permiso y control especial)

Marítimos:

a) Puntarenas (mediante permiso y control especial)

b) Golfito (mediante permiso y control especial)

c) Caldera

Puerto marítimo en el Océano Atlántico: Limón

Puesto fronterizo con Nicaragua: Peñas Blancas.

Puesto fronterizo con Panamá:

a) Paso Canoas

b) Sixaola (mediante permiso y control especial) y cualquier otro que en el futuro reúna los requisitos que exige este reglamento.

CAPITULO XVI.
De la disposición de los desperdicios alimenticios procedentes de vehículos aéreos marítimos y terrestres

Artículo 98.- Las compañías de navegación aérea, terrestre y marítima tendrán la obligación de mantener la basura o desperdicios de que se trate en receptáculos bien tapados, a fin de que puedan ser descargados en el puerto de destino para la incineración enfosamiento o desnaturalización, bajo la vigilancia del inspector de Cuarentena y Salud Animal destacado en el puerto.

En el caso específico de los vehículos marítimos que entren en aguas territoriales, se les prohibe que boten basura y desperdicios. Estos materiales de desecho se deben guardar en recipientes de metal o con tapa (tapadera) y mantenidos dentro de la borda.

En el caso de que por la cantidad de desperdicios acumulados necesiten ser removidos mientras la nave permanece atracada en el muelle, éstos podrán ser removidos únicamente con el permiso y supervisión del inspector.

Los contraventores a las medidas expresadas en este artículo, serán sancionados de conformidad con lo establecido en el artículo 33 de la Ley de Salud Animal.

El inspector, con hechos probatorios y mediante levantamiento de un acta, hará la denuncia ante las autoridades competentes.

Los representantes de las compañías de navegación, aérea, terrestres y marítimas establecidas en el país serán responsables de velar porque se cumplan las disposiciones establecidas en este reglamento bajo pena de sanción.

Artículo 99.- Para efectos de transporte fluvial se aplicarán las mismas disposiciones que para transporte marítimo, con las modificaciones que en determinados casos señale el Ministerio de Agricultura y Ganadería.

Artículo 100.- En el caso de que se declare emergencia nacional debido a un brote de fiebre aftosa u otra enfermedad exótica, o epidemia de enfermedades endémicas; se procederá de acuerdo con las normas dictadas por la Comisión Nacional de Emergencia y de la siguiente forma:

a) Denuncia y declaración oficial de la zona o territorio del país afectado como zona de emergencia y cuarentenada.

b) Establecimiento de la zona infectada, previa visita y reconocimiento límites geográficos de la zona infectada, previa visita y reconocimiento por los médicos veterinarios de la División de Salud Animal.

El ancho y el largo de la zona sospechosa, alrededor de la "zona infectada", será en relación directa con la enfermedad diagnosticada y la intensidad comercial pecuaria.

c) Establecimiento de la "zona de protección". Esta abarcará en circunferencia, a la zona sospechosa con un límite mínimo de 5 kilómetros de radio.

d) En el caso de que focos de epizootia se presentaren a la vez en varios lugares separados, unos de otros por distancias no mayores de 10 kilómetros, el área quedará delimitada por líneas que una dichos puntos dentro de la cual quedarán comprendidos todos los predios que se hayan diagnosticado o sospechado, casos de enfermedad. La zona sospechosa y de protección en este caso, será como se ha señalado en los incisos anteriores.

e) Aislamiento y cuarentena: La separación de animales enfermos o sospechosos de los sanos se practicará dentro de la misma finca, predio o hacienda en que aparezca la epizootia cuando así lo aconseje la técnica; los médicos veterinarios procurarán que en los lugares que se destinen para el aislamiento del ganado, existan el agua y los forrajes necesarios para todo el tiempo que los animales se encuentren bajo vigilancia y observación.

f) Asimismo se procederá a tomar los datos de los animales, aislados o cuarentenados, así como a marcarlos con el objeto de evitar sustracciones e impedir la entrada de otros animales a los predios destinados para el aislamiento y cuarentena.

g) Queda estrictamente prohibida la entrada, tanto de personas como de animales, a los corrales, establos, potreros de aislamiento y cuarentena; con excepción de los médicos veterinarios, propietarios de los animales enfermos y personal encargado; quedando obligadas las personas mencionadas, a tomar las medias técnicas para evitar que por su medio se propague la enfermedad.

h) El movimiento de productos animales en forma centrífuga y centrípeta, de las zonas infectadas o sospechosas de estarlo, solo podrá efectuarse bajo la vigilancia de los médicos veterinarios del Ministerio de Agricultura y Ganadería.

i) Queda asimismo, entendido y prohibido, el libre tránsito dentro de las zonas infectadas, sospechosas y de protección, de gato, perros, aves de corral animales de ornamento y otros animales domésticos que sin ser receptivos a la enfermedad pueden propagarla como portadores mecánicos.

j) Los animales aislados permanecerán en cuarentena por un período de tiempo variable, según la naturaleza de la enfermedad.

Durante el período de cuarentena, la Comisión de Emergencia, prohibirá los movimientos de ganado de la zona infectada, a zonas sanas; la celebración de ferias y exposiciones pecuarias, ventas y subastas de animales en mercados dentro y cerca de las zonas infectadas, mientras no se levante completamente la cuarentena y cualquier otra medida que sea técnica y administrativa pertinente.

k) Los mataderos, plantas empacadoras frigoríficos, plantas lácteas, tenerías y curtiembres, etc., que se encuentran dentro de la zona infectada y sospechosa, quedarán cerrados automáticamente, hasta el levantamiento de la cuarentena.

l) La introducción de nuevos animales en carácter de reemplazos a las zonas infectadas y sospechosas, será precedida de la desinfección de los lugares que hayan ocupado los animales enfermos o sospechosos. La desinfección y desinfestación serán aplicados de acuerdo con las indicaciones de los médicos veterinarios del Ministerio de Agricultura y Ganadería y será practicada en los establos, potreros, corrales, pesebres, abrevaderos, útiles para el manejo de los animales, útiles de limpieza, vagones de ferrocarril, autotransporte y en general, en todos los objetos que hayan estado en contacto con los animales enfermos.

ll) La introducción a dichas zonas, de animales de contacto, será con el juicio y criterio de la Dirección; serán de la misma especie o especies distintas susceptibles y permanecerán en observación por un tiempo igual al período máximo de incubación de la enfermedad y deberán ser originarios y procedentes de un país libre de la enfermedad de que se trate.

m) Los sacrificios y reemplazos de los animales a las zonas afectadas por la enfermedad, se harán de acuerdo con las determinaciones establecidas en el presente reglamento y por la Comisión Nacional de Emergencia.

n) Una vez realizado el diagnóstico y tratándose de una enfermedad exótica de gran peligrosidad para la economía ganadera nacional y del área del OIRSA, se procederá al sacrificio y a la inmediata destrucción de los cadáveres de los animales afectados y de los contactos, si se considera necesario.

CAPITULO XVII.
Procedimientos para la operación de enfermedades de emergencia en plazas de ganado

Artículo 101.- Especies afectadas: Bovina, ovinos, caprinos, suinos, venados y otros animales de pezuña hendida, silvestres y domésticos.

Artículo 102.- La forma de operación de un caso sospechoso será la siguientes:

a) Aislamiento del lote.

b) Notificación a la autoridad sanitaria oficial y tomar otras medidas indicadas.

c) Investigación por el especialista en enfermedades exóticas.

d) Con base en los procedimientos establecidos, recolectar muestras y remitirlas al Convenio Antiaftosa Bilateral.

e) Determinación del origen del animal sospechoso y su posible exposición.

f) Determinación del área expuesta a riesgo y vehículos expuestos.

g) Establecer puestos de desinfección temporales a la entrada de

la plaza (alfombra sanitaria, baldes de desinfección y cepillos).

h) Un mínimo de 2 kilogramos de hidróxido de sodio (NaOH) para ser usado inicialmente en el puesto de desinfección temporal.

Artículo 103.- Las operaciones en la plaza serán:

a) Restricción de movimiento alrededor del lote infectado o sospechosos.

b) Registros de control muy estrictos del movimiento en la plaza (destinos).

c) Notificar a la autoridad sanitaria correspondiente en caso de movimiento de animales a otro lugar que no sea el matadero ya que el traslado se hará bajo medidas de cuarentena por la posibilidad de eliminación de enfermedades exóticas.

Tiempo de diagnóstico:

a) Temprano 24 a 48 horas en fijación de complemento.

b) Puede extenderse 3 a 4 días en inoculación de animales.

Artículo 104.-

1°.- En caso de enfermedad diagnosticada en la plaza el manejo de un caso confirmado será el siguiente:

a) Detener las actividades de la plaza.

b) Traslado de animales infectados y expuestos en vehículos cerrados y seguros (biológicamente) de la plaza a un predio aislado para se sacrificados, incinerados y enterrados o lo que a juicio de la autoridad sanitaria oficial convenga.

c) Iniciar el control de vectores y roedores.

2°.- Limpieza y desinfección:

a) Quemar o enterrar todo el material o equipo contaminado que no fue posible limpiar o desinfectar adecuadamente, como alimentos, cama de animales y otros materiales.

b) Raspar y limpiar todo artículo, incluyendo cercas, abrevaderos vehículos, romanas, rampas, mangas, etc.

c) Remoción de materia orgánica del suelo de cada aparto y callejones y llevarla a un área aislada para ser dispuesta. (Debe cercarse el área y agregársele cal viva).

d) Aplicar el desinfectante recomendado.

e) La plaza permanecerá vacía por un período de treinta días, posterior a ese período se instalarán animales centinelas por un período de noventa días.

f) Establecer puestos de desinfección en la entrada y salida de la plaza para lavado y desinfección de vehículos que entran y salen de la plaza.

g) Alfombra sanitaria para el personal que entra y sale del establecimiento.

3°.- Reinicio de operaciones en la plaza: depende de la ubicación de la plaza en el área (área de cuarentena). Si no está en el área de cuarentena, se pueden reiniciar las operaciones normales después de haber concluido las pruebas con los animales centinelas.

4°.- Alimentos al alcance: No deberá acumularse materias primas para alimentación. Si se necesita para los animales centinelas, se traerá de áreas libres.

5°.- Desinfectantes: No debe mantenerse acumulado en bodega. Se deberá obtener conforme se va necesitando.

Artículo 105.-

1°.- El procedimiento de operación de una plaza de ganado no infectada dentro de un área cuarentenada será el siguiente:

a) Se permitirán animales sólo con permiso oficial. Animales originarios del área deberán ser trasladados sólo con permiso especial; aquellos que están fuera del área pueden obtener permiso de la estación cuarentenaria del área.

b) Aceptar animales solo para sacrificio.

c) Inspección ocular de los animales antes de que se descubra su origen.

d) No deberán permanecer animales en la plaza después de la venta.

e) Establecer identificación y registros estrictos de movimiento de animales (origen y destino).

2º.- Limpieza y desinfección:

a) Limpiar y desinfectar la plaza completa a partir de establecida el área de cuarentena.

b) Deberán limpiarse y desinfectarse todos los vehículos.

c) Establecer (baños de patas) en rampas para animales que entren o salgan.

d) Mantener constante "limpieza" de callejones y aparatos.

e) Establecer alfombra sanitaria para el personal.

Artículo 106.- La peste porcina africana sólo afecta suinos. Para otras especies animales puede permitirse un movimiento más elástico comparado con las restricciones de cuarentena que se establecen para fiebre aftosa.

La sospecha de PPA puede ser manejada de la misma forma que los procedimientos utilizados para FA (fiebre aftosa). La Dirección definirá los procedimientos administrativos y técnicos que considere indispensables para evitar la propagación de la enfermedad.

Artículo 107.-

1º.- Especificaciones del manejo de casos confirmados:

a) Para todas las operaciones en suinos y restricción del movimiento de otras especies para eliminar la trasmisión (sic) mecánica (baño de patas para otras especies antes de abandonar la plaza, limpieza y desinfección de los vehículos, embarque restringido de otras especies a puntos de destino donde no existan cerdos.

b) Sacrificio incineración o quema de los animales infectados o expuestos. El virus de PPA sobrevive en los subproductos de la carne por extensos períodos de tiempo.

c) Iniciar el control de vectores y roedores.

2º.- Limpieza y desinfección: Posterior a la salida de todas las especies animales de la plaza, debe limpiarse y desinfectarse ésta completamente.

3º.- Reinicio de operaciones en la plaza:

a) Posterior a las acciones de limpieza y desinfección, la plaza puede reiniciar labores con las diferentes especies animales, exceptuando suinos. Baños de patas, limpieza y desinfección de vehículos pueden continuar hasta que se reinicien labores con suinos.

b) Las instalaciones de la plaza utilizadas para suinos deben permanecer cerradas por un término de 30 días seguidos de una completa limpieza y desinfección. Animales centinelas deberán permanecer por un lapso de 90 días en estas instalaciones. Si todo es normal en ese lapso, la plaza podrá reiniciar labores al final de ese período.

Artículo 108.- Operación de una plaza de ganado no infectado dentro de un área cuarentenada en caso de peste porcina africana.

a) Se permitirá la entrada de otras especies animales que procedan de predios donde no han tenido contacto con suinos.

b) Se permitirá la entrada de cerdos procedentes de granjas inspeccionadas oficialmente y exclusivamente para la matanza.

c) Limpieza y desinfección de todo vehículo que entre o salga de la plaza; alfombra sanitaria para el personal y baño de patas para el ganado que entre o salga de la plaza.

Artículo 109.- La peste bovina afecta todos los rumiantes (bovinos, caprinos, ovinos, etc.) y fue reportada afectando cerdos y pueden usarse los mismos procedimientos utilizados para la FA.

Los 120 días requeridos de cierre de operaciones en la plaza de ganado pueden alterarse de acuerdo con las recomendaciones de la autoridad sanitaria correspondiente. Factores a considerarse para ello:

1°.- Localización de los animales afectados dentro de la plaza de ganado

2°.- Número de animales afectados.

3°.- Organización específica de la plaza.

4°.- Facilidades físicas; ejemplo: pisos de concreto.

5°.- Capacidad de limpieza y desinfección de toda la plaza.

6°.- Incidencia de la enfermedad fuera de la plaza.

7°.- Adecuar el área y facilitar la disposición de desechos, materiales y animales.

8°.- Tipo y clase de ganadería que se maneja.

CAPITULO XVIII.
De las sanciones

Las sanciones serán aplicadas en relación directa con la gravedad del caso y la infracción cometida.

Serán las que se establecen en los artículos 13 y 14 de la ley N° 6243 y artículos 268 y 305 del Código Penal.

Artículo 110.- Deróguese el artículo 9° del decreto N° 7 del 27 de setiembre de 1951 y los decretos N° 7 de 25 de mayo de 1964, N° 14 del 27 de mayo de 1952 y N° 2554-A del 8 de agosto de 1972 y las demás que se le opongan.

Artículo 111.- Rige a partir de su publicación.

Dado en la Presidencia de la República.- San José a los dieciséis días del mes de mayo de mil novecientos ochenta y tres.- LUIS ALBERTO MONGE- El Ministro de Agricultura y Ganadería, Francisco Morales Hernández.-

LISTADO DE ENFERMEDADES ANIMALES DE DECLARACIÓN OBLIGATORIA

Decreto Ejecutivo Nº 34669-MAG

(Publicado en La Gaceta Nº 156 de 13 de agosto de 2008)

EL PRESIDENTE DE LA REPÚBLICA
Y EL MINISTRO DE AGRICULTURA Y GANADERÍA

En uso de las facultades que les confieren los artículos 140, incisos 3), 8), 18) y 20) y 146 de la Constitución Política, los artículos 25, 27.1, 28.2b de la Ley Nº 6227 del 2 de mayo de 1978, Ley General de Administración Pública, la Ley Nº 7064 del 29 de abril de 1987, Ley de Fomento a la Producción Agropecuaria, que incorpora la Ley Orgánica del Ministerio de Agricultura y Ganadería, la Ley Nº 8495 del 6 de abril del 2006, Ley del Servicio Nacional de Salud Animal y la Ley número 7475 del 20 de diciembre de 1994, Ley de Ejecución de los Acuerdos de la Ronda Uruguay de Negociaciones Comerciales Multilaterales.

Considerando:

1º– Que Costa Rica debe adoptar las resoluciones aprobadas por el Comité Internacional de la Organización Mundial de Salud Animal (OIE), tendientes a elaborar una lista única de enfermedades de declaración obligatoria para animales terrestres y acuáticos.

2º– Que el país debe poner a disposición de los demás países miembros, por mediación de la OIE, la información necesaria para detener la propagación de las enfermedades animales importantes y permitir un mejor control de dichas enfermedades a nivel mundial.

3º– Que la información transmitida a la OIE debe ser clara y concisa, por lo tanto, el país deberá seguir con la mayor exactitud posible al modelo oficial de declaración de enfermedades a la OIE.

4º– Que es función esencial del Estado prevenir la introducción o difusión en el territorio nacional de enfermedades de los animales de declaración obligatoria previstas en el Código Sanitario para los Animales Terrestres y Acuáticos de la Organización Mundial de la Sanidad Animal (OIE) en especial de aquellas de alta difusión, o para prevenir la extensión de tales enfermedades en caso de existencia de casos sospechosos o confirmados o de grave riesgo sanitario.

5º– Que la Ley Nº 8495 del 6 de abril del 2006, Ley General del Servicio Nacional de Salud Animal, faculta al SENASA para clasificar las plagas y enfermedades que afectan a los animales; Por tanto:

DECRETAN:

El siguiente

LISTADO DE ENFERMEDADES ANIMALES DE DECLARACIÓN OBLIGATORIA

Artículo 1º– Objetivo. Este decreto tiene por objeto la determinación de las enfermedades de los animales sujetas a declaración obligatoria en el ámbito del territorio costarricense, así como los requisitos y mecanismos para su notificación.

Artículo 2º– Definiciones. Para los efectos de este decreto, serán aplicables las siguientes definiciones:

2.1. Autoridad Veterinaria: Funcionarios del SENASA que tienen la responsabilidad y la capacidad de aplicar o de supervisar la aplicación de las medidas de protección de la salud y el bienestar de los animales, los procedimientos internacionales de certificación veterinaria y las demás normas y directrices del Código Terrestre en todo el territorio del país.

2.2. Código Terrestre y Acuático: el Código Sanitario para los Animales Terrestres y el Código Sanitario para los Animales Acuáticos de la OIE.

2.3. Enfermedad: la manifestación clínica y/o patológica de una infección.

2.4. Enfermedad de declaración obligatoria: una enfermedad inscrita en una lista por la Autoridad Veterinaria y cuya presencia debe ser señalada a esta última en cuanto se detecta o se sospecha, de conformidad con la reglamentación nacional.

2.5. Medida sanitaria: toda medida aplicada para proteger la salud o la vida de los animales y de las personas en el territorio del país miembro contra la entrada, radicación o propagación de un peligro. Considérese además lo establecido de la Ley SENASA Nº 8495, capítulo X, Aplicación de Medidas Sanitarias, artículos 89, 90 y 91.

2.6. OIE: Organización Mundial de Sanidad Animal.

2.7. SENASA: Servicio Nacional de Salud Animal, creado por la Ley Nº 8495, del 6 de abril del 2006.

Serán aplicables supletoriamente las definiciones contenidas en el capítulo 1.1.1 del Código Sanitario para los Animales Terrestres de la Organización Mundial para la Sanidad Animal y en el capítulo 1.1.1 del Código Sanitario para los Animales Acuáticos de dicha Organización Mundial.

Artículo 3º– Son enfermedades de los animales de declaración obligatoria ante el SENASA las siguientes enfermedades:

3.1. Enfermedades comunes a varias especies

3.1.1 Brucelosis (*Brucella abortus*)

3.1.2 Brucelosis (*Brucella melitensis*)

3.1.3 Brucelosis (*Brucella suis*)

3.1.4 Carbunco bacteridiano

3.1.5 Cowdriosis

3.1.6 Encefalitis japonesa

3.1.7 Enfermedades clostridiales (*Clostridium tetani,*

Clostridium chauvoei)

3.1.8 Enfermedad de Aujeszky

3.1.9 Equinococosis/hidatidosis

3.1.10 Estomatitis vesicular

3.1.11 Fiebre aftosa

3.1.12 Fiebre del Nilo Occidental

3.1.13 Fiebre del Valle del Rift

3.1.14 Fiebre hemorrágica de Crimea-Congo

3.6.6 Enfermedad de Newcastle

3.6.7 Hepatitis viral del pato

3.6.8 Influenza aviar altamente patógena e influenza aviar levemente patógena en aves de corral de acuerdo con el capítulo 2.7.12, del Código Sanitario para los Animales Terrestres

3.6.9 Laringotraqueítis infecciosa aviar

3.6.10 Micoplasmosis aviar (*M. gallisepticum*)

3.6.11 Micoplasmosis aviar (*M. synoviae*)

3.6.12 Pulorosis

3.6.13 Rinotraqueítis del pavo

3.6.14 Tifosis aviar

3.6.15 Tuberculosis aviar

3.7. Enfermedades de los lagomorfos

3.7.1 Enfermedad hemorrágica del conejo

3.7.2 Mixomatosis

3.8. Enfermedades de las abejas

3.8.1 Acarapisosis de las abejas melíferas

3.8.2 Infestación de las abejas melíferas por los ácaros Tropilaelaps

3.8.3 Infestación por el escarabajo de las colmenas (*Aethina tumida)*

3.8.4 Loque americana de las abejas melíferas

3.8.5 Loque europea de las abejas melíferas

3.8.6 Varroosis de las abejas melíferas

3.9. Enfermedades de los peces

3.9.1 Necrosis hematopoyética epizoótica

3.9.2 Necrosis hematopoyética infecciosa

3.9.3 Viremia primaveral de la carpa

3.9.4 Septicemia hemorrágica viral

3.9.5 Anemia infecciosa del salmón

3.9.6 Síndrome ulcerante epizoótico

3.9.7 Girodactilosis (*Gyrodactylus salaris*)

3.9.8 Iridovirosis de la dorada japonesa

3.9.9 Herpesvirosis de la carpa koi

3.10. Enfermedades de los moluscos

3.10.1 Infección por *Bonamia ostreae*

3.10.2 Infección por *Bonamia exitiosa*

3.10.3 Infección por *Marteilia refringens*

3.10.4 Infección por *Perkinsus marinus*

3.10.5 Infección por *Perkinsus olseni*

3.10.6 Infection por *Xenohaliotis californiensis*

3.10.7 Mortalidad viral de los abalones

3.11. Enfermedades de los crustáceos

3.11.1 Síndrome de Taura

3.11.2 Enfermedad de las manchas blancas

3.11.3 Enfermedad de la cabeza amarilla

3.11.4 Baculovirosis tetraédrica (*Baculovirus penaei*)

3.11.5 Baculovirosis esférica (*baculovirus de tipo Penaeus monodon)*

3.11.6 Necrosis hipodérmica y hematopoyética infecciosa

3.11.7 Plaga del cangrejo de río (*Aphanomyces astaci*)

3.12. Otras enfermedades

3.12.1 Leishmaniosis

3.12.2 Viruela del camello.

Artículo 4º– Información que debe tener el reporte de enfermedades de declaración obligatoria:

4.1. Datos generales:

4.1.1 Fecha del informe

4.1.2 Datos del responsable del informe

4.1.3 Nombre del responsable del informe

4.1.4 Dirección

4.1.5 Número de teléfono

4.1.6 Número de fax

4.1.7 Correo electrónico

4.2. Ubicación espacial del evento:

4.2.1 Provincia

4.2.2 Cantón

4.2.3 Distrito

4.2.4 Caserío

4.2.5 Dirección detallada

4.2.6 Coordenadas (latitud, longitud)

4.3. Datos de la enfermedad:

4.3.1 Nombre de la enfermedad

4.3.2 Identificación del agente causal de la enfermedad (incluye cepa, serotipo u otros cuando aplique)

4.4. Cronología del evento:

4.4.1 Fecha de inicio

4.4.2 Fecha de denuncia

4.4.3 Fecha de atención

4.4.4 Fecha de confirmación

4.5. Datos del diagnóstico

4.5.1 Pruebas de laboratorio usadas

4.5.2 Nombre del laboratorio que emitió el resultado

4.6. Población afectada

4.6.1 Especie

4.6.2 Población expuesta

4.6.3 Número de animales enfermos

4.6.4 Número de animales muertos

4.6.5 Número de animales sacrificados

4.6.6 Número de animales destruidos

4.7. Medidas sanitarias establecidas

Artículo 5º– Toda persona está obligada a denunciar, ante el SENASA, cualquier sospecha, indicio, diagnóstico o existencia de las citadas enfermedades, que se presenten en animales propios o ajenos, vivos o muertos dentro de un plazo no mayor a veinticuatro horas a partir del momento en que tuvo conocimiento de la sospecha, indicio, diagnóstico o existencia de la enfermedad. Quedan especialmente obligados los profesionales en medicina veterinaria que asistan al animal enfermo y los que por razones de sus funciones conozcan del caso y el director o responsable del laboratorio que haya establecido un diagnóstico. Esta denuncia será obligatoria, no solamente cuando los animales se encuentran evidentemente afectados de alguna de las enfermedades mencionadas en el artículo anterior, sino también cuando la morbilidad o mortalidad sea mayor a lo considerado como normal o se dé por causas desconocidas. Además, deberá aplicar las medidas sanitarias obligatorias establecidas para prevenir, luchar, controlar y erradicar las enfermedades de los animales, o consentir su aplicación, así como facilitar a las autoridades veterinarias la realización y aplicación de las debidas medidas de seguridad tanto para los animales como para el personal que las ejecute.

Artículo 6º– Sin perjuicio de esta declaración y aún antes de que la Autoridad Veterinaria haya intervenido, desde el momento en que el propietario o su encargado, haya notado los síntomas primeros de alguna enfermedad de las antes señaladas, deberá proceder al aislamiento del animal enfermo, separándolo de los sanos en cuanto sea posible. La misma declaración y aislamiento son obligatorios respecto a los animales muertos o que se suponga han muerto de alguna de dichas enfermedades, debiendo ser enterrados o cremados sus despojos.

Artículo 7º– El administrado que incumpla los deberes mencionados anteriormente, será sujeto, entre otras, de la sanción administrativa procedente, luego de un debido proceso, conforme a las determinaciones establecidas al respecto por la Ley del Servicio Nacional de Salud Animal, Nº 8495 del 16 de abril del 2006.

Artículo 8º– Deróguense los artículos 5, 6 y 7 del Decreto Ejecutivo Nº 14584-A del 16 de mayo de 1983, publicado en La Gaceta Nº 120 de 24 de junio de 1983.

Artículo 9º– Rige a partir de su publicación.

Dado en la Presidencia de la República.– San José, a los ocho días del mes de julio del dos mil ocho. ÓSCAR ARIAS SÁNCHEZ.– El Ministro de Agricultura y Ganadería, Javier Flores Galarza.

Sección II. Organización institucional y de los laboratorios

REGLAMENTO DE LA ESTRUCTURA ORGANIZATIVA DEL SERVICIO NACIONAL DE SALUD ANIMAL

Decreto Ejecutivo Nº 34319-MAG

(Publicado en La Gaceta Nº 41 de 27 de febrero de 2008)

EL PRESIDENTE DE LA REPÚBLICA
Y EL MINISTRO DE AGRICULTURA Y GANADERÍA

En uso de las facultades que les confieren los artículos 140, incisos 3), 8), 18) y 20) y 146 de la Constitución Política, los artículos 25, 27.1, 28.2b de la Ley Nº 6227 del 2 de mayo de 1978, Ley General de Administración Pública, la Ley Nº 7064 del 29 de abril de 1987, Ley de Fomento a la Producción Agropecuaria, que incorpora la Ley Orgánica del Ministerio de Agricultura y Ganadería y la Ley Nº 8495 del 6 de abril del 2006, Ley del Servicio Nacional de Salud Animal.

Considerando:

1º-Que la Ley Orgánica del Ministerio de Agricultura y Ganadería faculta para que mediante Decreto Ejecutivo se reglamente la organización funcional y administrativa de aquellas estructuras y órganos institucionales creados por leyes especiales.

2º-Que el Servicio Nacional de Salud Animal (SENASA), conforme a lo dispuesto por la Ley Nº 8495 del 6 de abril del 2006, es un órgano de desconcentración mínima del Ministerio de Agricultura y Ganadería, el cual cuenta con personería jurídica instrumental y tiene dentro de sus competencias administrar, planificar, dirigir y tomar medidas pertinentes en todo el país para cumplir con sus servicios, programas y campañas en materias de prevención, control y erradicación de plagas y enfermedades de los animales; controlar y garantizar la salud de los animales domésticos, acuáticos, silvestres u otros de las diferentes especies, así como la inocuidad de los productos, subproductos y derivados para consumo humano o animal, así como establecer controles sanitarios en todas las plantas de sacrificio, proceso e industrialización de dichos productos, entre otras.

3º-Que este Ministerio a través de un continuo proceso de reorganización ha venido haciendo los ajustes necesarios a la estructura organizacional y funcional para hacer frente a la demanda del desarrollo productivo que le exigen las condiciones actuales del mercado interno y externo y de la sociedad costarricense.

4º-Que conforme a lo establecido por el Decreto Ejecutivo Nº 33713-MP-PLAN-MTSS, las Administraciones Públicas, en ejercicio de su potestad de autoorganización, están facultadas para disponer la reestructuración administrativa de las diversas dependencias que las componen, debiendo cada reorganización administrativa ser aprobada por el respectivo jerarca institucional, requiriendo un visado por parte del Ministro Rector del sector al que pertenece la entidad, como requisito previo para su aprobación.

5º-Que mediante Oficio DM - 1010 del 6 de diciembre del 2007, el Despacho del Señor Ministro de Agricultura y Ganadería en su condición de Jerarca Institucional y Rector del Sector Agropecuario, otorgó el correspondiente visado a la propuesta de reorganización institucional del Servicio Nacional de Salud Animal (SENASA). Por tanto:

DECRETAN:

El siguiente;

REGLAMENTO DE LA ESTRUCTURA ORGANIZATIVA DEL SERVICIO NACIONAL DE SALUD ANIMAL

CAPÍTULO I
Objetivo

Sección Única
Disposiciones Generales

Artículo 1º.- Objetivo del Reglamento. El presente Reglamento tiene por objeto establecer la estructura organizativa del Servicio Nacional de Salud Animal (SENASA) para el mejor cumplimiento de las competencias y funciones encomendadas en la Ley del Servicio Nacional de Salud Animal, Nº 8495 del 6 de abril del 2006, Convenios Internacionales y otras leyes conexas.

Artículo 2º.- Dicha estructura deberá tender a:

2.1 Ordenar el Servicio Veterinario Oficial de acuerdo a la creciente demanda por productos en materia de Salud Animal y Salud Pública Veterinaria, para satisfacer los requisitos para el comercio de animales, sus productos y subproductos, de acuerdo con la normativa nacional e internacional vigente.

2.2 Fomentar el mejoramiento continuo del Servicio Veterinario Oficial en busca de satisfacer los estándares de calidad que se exigen actualmente.

2.3 Adecuar el Servicio Veterinario Oficial de Costa Rica, a las recomendaciones de la Organización Mundial de Sanidad Animal (OIE) y lograr así una más sencilla aceptación en el ámbito internacional.

2.4 Establecer la base estructural para la prestación de servicios ordinarios y especializados, indispensables para cumplir con la misión y objetivos del SENASA.

2.5 Facilitar al ciudadano el acceso a la información y los servicios, con base en el principio de servicio al costo preferentemente y garantizando la eficiencia y eficacia en las decisiones tomadas y las acciones que se implementen.

2.6 Conformar las unidades asesoras profesionales, polifuncionales e interdisciplinarias que desarrollen el trabajo conjunto de apoyo directo tanto a nivel superior como a toda la organización, (finanzas, recursos humanos, planificación, apoyo legal, capacitación, información, control de calidad y certificación, acreditación) entre otras.

2.7 Ordenar el Servicio Veterinario Oficial de conformidad y para el cumplimiento de la legislación vigente.

Artículo 3º.- Misión. El SENASA tendrá como misión brindar servicios de calidad que permitan al sector pecuario integrarse al plan de desarrollo del país, facilitar el comercio de animales, productos y subproductos pecuarios en los mercados internacionales; vigilar, operar y negociar políticas en materia de su competencia, en la importación y comercio nacional; mediante una organización armonizada y equivalente, que asegure que las medidas veterinarias se basan en evaluación de riesgos para la salud animal y la salud pública veterinaria; gozando así del respeto y confianza de la comunidad nacional e internacional.

Artículo 4º.- Visión. El SENASA será un servicio oficial que brinde confianza y credibilidad, ofreciendo capacidad de organización y gestión, contando con infraestructura administrativa con soporte legal; todo dentro del ámbito de su competencia en medicamentos veterinarios, alimentos para animales, inocuidad de alimentos de origen animal, cuarentena interna y externa, salud animal, salud pública veterinaria, ensayos de laboratorio y salud reproductiva; con independencia en el ejercicio de funciones y la existencia de programas y campañas de prevención control y erradicación de enfermedades y plagas de los animales.

CAPÍTULO II
Organización

Sección Única
Generalidades

Artículo 5º.- Estructura Organizacional. El Servicio Nacional de Salud Animal contara con la siguiente estructura organizacional:

5.1 La Dirección General. La Dirección General y Subdirección cuentan con:

5.1.1 Órganos de apoyo (staff): CONASA, auditoría Interna, Asesoría Jurídica, Contraloría de Servicios, Planificación y Control Interno y Epidemiología,

5.1.2 Órganos operativos: La Dirección Administrativa Financiera, Departamento de Tecnología Informática, Unidad de Respeto Ambiental y Gestión de la Calidad, Unidad de Cooperación y Protocolo, Unidad de Comunicación y Notificación y Unidad de Equivalencia,

5.1.3 y los Programas Nacionales que conjuntan, conducen y le dan seguimiento temático al accionar de la Dirección General, actuando en calidad de nexo entre los distintos componentes que ejecutan diferentes órganos, y la Dirección General en su rol técnico-político.

5.2 Las Direcciones Técnicas con Ámbito Nacional

El SENASA cuenta con:

5.2.1 Dirección de Laboratorio de Servicios Veterinarios (LANASEVE)

5.2.2 Dirección de Cuarentena Animal

5.2.3 Dirección de Inocuidad de Productos de Origen Animal

5.2.4 Dirección de Medicamentos Veterinarios

5.2.5 Dirección de Alimentos para Animales

5.2.6 Dirección de Salud Reproductiva

5.2.7 Dirección de Operaciones

5.3 Las Direcciones con Ámbito Regional

5.3.1 Dirección Región Brunca

5.3.2 Dirección Región Chorotega

5.3.3 Dirección Región Huetar Atlántica

5.3.4 Dirección Región Huetar Norte

5.3.5 Dirección Región Pacífico Central

5.3.6 Dirección Región Central Sur

5.3.7 Dirección Región Central Occidental

5.3.8 Dirección Región Central Oriental

5.4 Las Unidades Periféricas

5.4.1 Puestos de Cuarentena Animal (Puesto de Ingreso Fronterizo (PIF) y Puesto de Control Interno)

5.4.2 Plantas Exportadoras de productos de origen animal con Personal Oficial

5.4.3 Laboratorios Regionales

CAPÍTULO III
De la Dirección General del SENASA

Sección Primera

Artículo 6º.- Competencia. Es la instancia técnica y administrativa de más alto nivel en el SENASA. Estará a cargo de un Director General y un Subdirector, quien será el inmediato colaborador. Le corresponde velar por la ejecución de las acciones que conlleven al cumplimiento de la política, los planes, programas y proyectos en el ámbito de su competencia. La naturaleza de las actividades son de: rectoría, dirección, conducción, integración, regulación, investigación, vigilancia, asesoría, además controla y brinda servicios. Dependerá jerárquicamente del Ministro de Agricultura y Ganadería

Artículo 7º.- Organización Interna. Para el cumplimiento de sus funciones, la Dirección General contará con un equipo de profesionales y técnicos quienes apoyarán directamente su labor. Tendrá además las funciones y atribuciones que el Ministro de Agricultura y Ganadería le señale.

Artículo 8º.- La Dirección General, contará con las siguientes dependencias asesoras, técnicas y administrativas auxiliares y de apoyo:

A) ÓRGANOS DE APOYO (STAFF).

1. AUDITORÍA INTERNA

1.1 Objetivo. Asesorar, evaluar y mejorar la calidad, la efectividad de la administración del riesgo, del control y de los procesos de dirección en el SENASA, garantizando razonablemente que la actuación del superior jerárquico y de los titulares subordinados se ajustan al marco legal y técnico y a las prácticas sanas.

1.2 Competencia. Es la instancia asesora de todos los órganos sujetos a la jurisdicción del SENASA, tanto de la Dirección General como de todas las instancias técnicas y administrativas, nacionales y regionales, que proporciona calidad y seguridad en el accionar ya que facilita la validación y el mejoramiento de las operaciones.

1.3 Funciones

1. Realizar auditorías o estudios especiales semestralmente, en relación con los fondos públicos asignados y administrados por el SENASA ya sea directamente o por medio de Fideicomisos.

2. Verificar el cumplimiento, la validez y la suficiencia del sistema de control interno del SENASA e informar de ello y proponer las medidas correctivas que sean pertinentes.

3. Verificar que la administración activa tome las medidas de control interno señaladas en la Ley General de Control Interno Nº 8292, en los casos de desconcentración de competencias o en la contratación de servicios de apoyo a terceros, y examinar regularmente la operación efectiva de los controles críticos en esas unidades desconcentradas o en la prestación de tales servicios.

4. Asesorar en materia de su competencia al Director General, así como advertir a los órganos pasivos que fiscaliza sobre las posibles consecuencias de determinadas conductas o decisiones, cuando sean de su conocimiento.

5. Autorizar mediante razón de apertura, los libros de contabilidad y de actas que debe llevar los diversos órganos del SENASA, así como otros libros que a criterio del auditor interno sean necesarios para el fortalecimiento del sistema de control interno.

6. Preparar los planes de trabajo, por lo menos de conformidad con los lineamientos que establece la Contraloría General de la República.

7. Elaborar un informe anual de ejecución del plan de trabajo y del estado de las recomendaciones de la auditoría interna, de la Contraloría General de la República y de los despachos de contadores públicos, en los últimos dos casos cuando sean de su conocimiento, sin perjuicio de que se elaboren informes y se presenten al jerarca cuando las circunstancias lo ameriten.

8. Mantener debidamente actualizado el reglamento de organización y funcionamiento de la auditoría interna.

2. ASESORIA JURÍDICA

2.1 Objetivo. Su objetivo es brindar asesoría legal a la Dirección General de SENASA y a todas sus dependencias, con el fin de colaborar para que las actuaciones de los funcionarios sean acordes con el ordenamiento jurídico y el principio de legalidad que impera en la función pública.

2.2 Competencia. Está a cargo de brindar el asesoramiento jurídico a la Dirección General de SENASA y a las instancias técnicas, administrativas, asesoras y de apoyo del SENASA.

2.3 Organización Interna. La Asesoría Jurídica estará a cargo de un Director, quien contará con el apoyo de personal técnico y profesional jurídico con roles específicos y generales, que trabaja en forma coordinada, para cumplir con el objetivo general de ésta.

2.4 Funciones.

1. Apoyar y brindar asesoría legal a la Dirección General y a las instancias del SENASA, para mejorar el desempeño de sus funciones.

2. Revisar aquellos instrumentos legales requeridos por el SENASA para la buena marcha del Servicio y del cumplimiento de sus fines, tales como proyectos de ley, reglamentos, decretos, acuerdos, convenios, resoluciones, contratos y otros.

3. Atender los problemas de índole legal que se presenten al SENASA, así como intervenir en la atención de oficios y cualquier otra comunicación dispuesta por autoridades judiciales, administrativas y legislativas.

4. Organizar y mantener actualizado un registro de leyes, normas, dictámenes y fallos jurisprudenciales vinculados a la materia de competencia del Servicio

5. Mantener un archivo actualizado de los convenios, contratos, permisos, acuerdos, y resoluciones dictadas por el SENASA en el marco de sus competencias con sujetos y organismos nacionales e internacionales.

6. Dictaminar sobre cuestiones jurídicas que se sometan a su consideración y asistir en la redacción de instrumentos de carácter jurídico competencia del Servicio.

7. Supervisar la ejecución de los servicios jurídicos que se le brinden al Servicio, para garantizar su eficacia y continuidad

8. Otras funciones relacionadas con su especialidad que le encargue el Director General de SENASA

3. CONTRALORÍA DE SERVICIOS

3.1 Objetivo. Velar por el buen funcionamiento de los servicios que brinda el SENASA y garantizar la comunicación fluida y directa en la toma de decisiones para la mejor atención al usuario.

3.2 Competencia. Es la instancia que permite y facilita la comunicación entre los ciudadanos/usuarios y el SENASA, generando a partir de esta relación la información necesaria para la gestión de sugerencias e ideas innovadoras, para la corrección de inconformidades tendiente a garantizar la mejora en la prestación de servicios a la ciudadanía.

3.3 Funciones:

1. Velar por que se establezcan indicadores de gestión para identificar las diferentes tendencias en los servicios con el fin de disminuir reclamos y futuras quejas.

2. Emitir recomendaciones para elevar la imagen de la prestación de servicios del SENASA.

3. Coadyuvar el control interno sobre la prestación de todos los servicios que brinda el SENASA, intercediendo a favor de los usuarios.

4. Promover que las unidades técnicas apliquen acciones correctivas en los servicios que presentan dificultades.

5. Discriminar entre las diferentes quejas para elevar al jerarca, aquellas que ameritan su intervención.

6. Impulsar el establecimiento de instrumentos de información y procedimientos accesibles para formular quejas.

7. Propiciar encuestas que permitan consultar en forma regular y sistemática, el punto de vista de los usuarios acerca de los servicios que presta la institución.

8. Presentar propuestas ante el jerarca para que se adopten políticas, normas y procedimientos en procura de una prestación de servicios oportuna y eficaz.

9. Servir de enlace y coordinación, a nivel institucional, entre MIDEPLAN, la Defensoría de los Habitantes y la Sociedad Civil, en materia de la calidad, eficiencia y eficacia de los servicios que brinda el SENASA.

10. Establecer un sistema de control, seguimiento, resolución y respuesta oportuna de los reclamos, quejas y sugerencias presentadas por los clientes.

11. Promover procesos de modernización e implementación de ideas innovadoras, en la prestación de servicios.

12. Promover la creación de funciones contraloras en las dependencias físicamente desconcentradas.

13. Establecer mecanismos de coordinación institucional que faciliten la resolución de quejas.

4. UNIDAD DE EQUIVALENCIA

4.1 Objetivo. Determinar las equivalencias de medidas sanitarias específicas o de todo un sistema de sanidad animal, de sectores de comercio específico, de mercancías o en general, de acuerdo a las recomendaciones emitidas por la Organización Mundial de Sanidad Animal (OIE) y la Comisión del Codex Alimentarius.

4.2 Competencia. Es la instancia que asiste al Director General en la evaluación de la equivalencia de las medidas sanitarias de los servicios veterinarios de los países socios y en la demostración de la equivalencia de los servicios veterinarios nacionales respecto al sistema de otros países.

4.3 Organización Interna. La Unidad de Equivalencia está a cargo de un Jefe y contará con el personal de apoyo necesario a la función de este.

4.4 Funciones

1. Elaborar las normativas y procedimientos que permitan determinar y evaluar la equivalencia de las medidas sanitarias de los países importadores y efectuar los estudios pertinentes de acuerdo a la reglamentación de la OIE.

2. Elaborar y presentar las solicitudes de equivalencia de medidas sanitarias de Costa Rica a los países socios.

3. Evaluar las solicitudes de equivalencia de manera coherente, transparente y objetiva y de acuerdo con los principios de evaluación y gestión del riesgo.

4. Facilitar el acceso a la información a fin de permitir que los procedimientos o sistemas que son objeto de la determinación de equivalencia sean evaluados.

5. Proponer a la Dirección General la conformación de los equipos evaluadores de los servicios veterinarios de los países socios, para el reconocimiento de la equivalencia.

6. Velar por el cumplimiento de la normativa de equivalencia del Código Sanitario para los animales terrestres de la OIE y el Codex Alimentarius.

7. Justificar las medidas sanitarias que se establezcan como protección y para contrarrestar el riesgo sanitario.

5. UNIDAD DE PLANIFICACIÓN Y CONTROL INTERNO

5.1 Objetivo. Asesorar y colaborar con el Director General de SENASA en materia de planificación y control interno, apoyando en el desarrollo de los planes y políticas del servicio y en la implementación del sistema de control interno como principio administrativo y como una herramienta fundamental para la rendición de cuentas en el sector público.

5.2 Competencia. La Unidad de Planificación y Control Interno es el órgano encargado del planeamiento estratégico y operativo de todas las unidades que conforman el SENASA, de forma tal que se mantenga visión de conjunto, mediante la programación de actividades en concordancia con el Sistema Nacional de la Planificación del Ministerio de Planificación y Política Económica. De igual forma se encarga de velar por el desarrollo e implementación del sistema de control interno a fin de garantizar el mejoramiento continuo de la gestión y el logro de los objetivos.

5.3 Organización Interna. El Departamento de Planificación y Control Interno, está a cargo de un Jefe de Planificación y Control Interno con conocimiento y experiencia en la materia. Además contará con el personal de apoyo necesario.

5.4 Funciones Generales

1. Asistir a la Dirección General de SENASA y a todas sus instancias en la formulación y planificación de la política en salud animal y salud pública veterinaria.
2. Generar informes y datos de carácter estratégico que sirvan de base para la formulación de las políticas públicas relacionadas con el accionar del SENASA.
3. Elaborar las pautas y normas para la metodología a seguir en la confección de los planes que concreten las políticas públicas.
4. Mantener una base de datos que permita dar seguimiento o monitoreo a las actividades que desarrolla su institución para cumplir con sus objetivos programáticos (evaluación y seguimiento).
5. Coordinar con los organismos de planificación nacional y con las distintas instituciones del sector, para que se formule el Plan Nacional de Salud Animal y Salud Pública Veterinaria.
6. Colaborar en el diseño y evaluación del desarrollo de los planes, programas y proyectos del SENASA.
7. Evaluar, verificar, organizar, dirigir y planear el Sistema de Control Interno dentro del SENASA.
8. Asesorar a la Dirección General del SENASA en la implementación de las políticas y procedimientos de control interno, que permitan obtener la seguridad de que llevan a cabo las disposiciones emitidas por la Contraloría General de la República y que posibilitan la consecución de los objetivos del servicio.
9. Realizar dentro del campo de su competencia, los demás actos y funciones que el Director General de SENASA le encomiende.

6. UNIDAD DE EPIDEMIOLOGÍA

6.1 Objetivos. Establecer las directrices sanitarias de vigilancia epidemiológica y control de enfermedades en las poblaciones animales de interés económico y de la salud pública, mediante la investigación, captación y análisis de la información necesaria en forma oportuna, uniforme, completa y confiable derivada de las notificaciones de los diferentes sectores de SENASA, para ser utilizados en la planeación estratégica y evaluación de las actividades de vigilancia epidemiológica, diagnóstico, prevención, control y erradicación de las enfermedades y plagas.

6.2 Competencia. Se encarga de guiar los esfuerzos de los actores involucrados en el proceso de producción social en los ejes de la salud animal y la salud pública veterinaria, por medio de la vigilancia epidemiológica, el procesamiento de datos, el análisis de la información y la investigación epidemiológica, que permite comprender la situación en los individuos y su entorno y promueve investigaciones puntuales que permiten llenar vacíos de conocimiento en el perfil epidemiológico.

6.3 Organización Interna. La Unidad Técnica de Epidemiología estará a cargo de un Director Técnico, y tendrá un equipo de profesionales especialistas, con competencia técnica, integridad y aptitud científica.

6.4 Funciones

1. Establecer las directrices, criterios y procedimientos en materia de vigilancia epidemiológica, prevención, control y erradicación de las enfermedades de interés económico, de salud pública veterinaria, así como para la inocuidad de los alimentos según las regulaciones nacionales e internacionales vigentes que deban aplicar las demás dependencias del SENASA.

2. Analizar y proponer los planes nacionales de vigilancia epidemiológica para las enfermedades de interés nacional según la situación sanitaria del país y acorde con las normas internacionales vigentes.

3. Asesorar a la Dirección General, autoridades superiores y otras instancias del SENASA, en materia de normas sanitarias y estrategias de vigilancia epidemiológica para la protección del estado sanitario del país.

4. Evaluar y analizar el comportamiento de las enfermedades y eventos sanitarios que se registran en el país, en cuanto a cambios, ocurrencias, magnitud y frecuencia, así como emitir y notificar los informes requeridos por las autoridades nacionales y organismos internacionales.

5. Elaborar los estudios de análisis de riesgo a fin de determinar las condiciones sanitarias a las que se supeditara la importación o el tránsito de un animal o mercancía o para comprobar la seguridad sanitaria de los productos o subproductos que se comercialicen en el territorio nacional y que son objeto de control.

6. Dictar los criterios y estrategias para el abordaje de eventuales situaciones de emergencia derivados del ingreso de enfermedades exóticas al territorio nacional, o por la diseminación o reemergencia de enfermedades endémicas o cualquier situación que afecte o ponga en riesgo la salud de los animales o de las personas.

7. Recomendar los análisis de laboratorio que sea necesario efectuar a poblaciones animales, para determinar su dinámica y los factores de riesgo asociados, así como ausencia, presencia y distribución de las enfermedades.

8. Operar el Sistema Nacional de Rastreabilidad, con el fin de determinar el origen, distribución y destino de animales, sus productos y subproductos, portadores potenciales de agentes etiológicos, residuos tóxicos y otros capaces de afectar la salud animal o pública, a través de la captura de información generada por los sistemas de control de movilización de bienes pecuarios y de laboratorios.

9. Administrar y dar seguimiento a la operación del Sistema de Vigilancia Epidemiológica (SIVE), en el que se realiza la captura de información epidemiológica a nivel nacional.

10. Recomendar a la Dirección General, cuando corresponda, la declaración de país, zona o región libre de enfermedades o cualquier cambio en el estatus sanitario.

11. Evaluar, en condiciones de campo, los mecanismos de protección sanitaria en cada área libre para asegurar que las mismas estén en condiciones de preservar su estado sanitario, así como para la obtención de información necesaria para la elaboración de los expedientes técnicos, documentación de

soporte e información adicional que permite el reconocimiento nacional e internacional de dichas áreas.

12. Definir la dinámica espacial y temporal de las enfermedades de los animales de importancia económica y de salud pública.

13. Promover, coordinar y negociar con entes especializados públicos y privados, nacionales y externos el desarrollo de investigaciones y tecnologías en salud animal y salud pública veterinaria.

14. Investigar, generar y proponer las normas y reglamentos técnicos con el fin de definir los criterios para el intercambio comercial de productos y subproductos de origen animal, así como para la vigilancia epidemiológica de las enfermedades de interés nacional.

15. Elaborar los informes técnicos y de información que las autoridades superiores requieran.

B) ÓRGANOS OPERATIVOS. La Dirección Administrativa Financiera, Departamento de Tecnología Informática, Unidad de Respeto Ambiental y Gestión de la Calidad, Unidad de Cooperación y Protocolo, Unidad de Comunicación y Notificación y Unidad de Equivalencia.

7. LA DIRECCIÓN ADMINISTRATIVA FINANCIERA

7.1 Objetivo. Su objetivo es satisfacer los requerimientos administrativos y financieros identificados por las áreas sustantivas, brindando un servicio facilitador, constructivo, de apoyo y auxiliar a la gestión, para que SENASA alcance sus metas y objetivos con mayor eficiencia, economía y eficacia, proporcionándole en forma oportuna insumos, servicios, información, análisis, evaluación, comentarios y recomendaciones pertinentes sobre los aspectos administrativos de las operaciones.

7.2 Competencia. La Dirección Administrativa y Financiera está a cargo de las operaciones contables, financieras, presupuestarias y de ingresos, así como de los procesos y aspectos administrativos relacionados con el recurso humano, la contratación administrativa para la adquisición de bienes, servicios, materiales y suministros y la administración de los bienes y servicios generales de vigilancia, construcción, mantenimiento y aseo de instalaciones, así como del mantenimiento y reparación del equipo técnico, de producción, operación y de transporte. Le corresponde de igual forma las acciones propias de los procesos de archivo y gestión de documentos.

7.3 Organización Interna. La Dirección Administrativa Financiera, estará a cargo de un Director Administrativo Financiero. Para el cumplimiento de sus funciones contará con tres Departamentos: Recursos Financieros, Recursos Humanos y Recursos Materiales y Servicios Generales.

Cada una de estos Departamentos estará compuesto por unidades, tal y como se detalla:

Departamento de Recursos Financieros:

- Unidad de Contabilidad

- Unidad de Tesorería

- Unidad de Presupuesto

- Unidad de Control de Ingresos

- Unidad de Ejecución de Proyectos

Departamento de Recursos Materiales y Servicios Generales

- Unidad de Proveeduría
- Unidad de Control de Bienes y Servicios
- Unidad de Archivo Administrativo
- Unidad de Servicios Generales

Departamento de Recursos Humanos

- Unidad de Gestión y Dotación de Recursos Humanos
- Unidad de Análisis Ocupacional
- Unidad de Salud Ocupacional
- Unidad de Desarrollo del Talento Humano

Cada una de estos Departamentos estará a cargo de un profesional con formación y experiencia en los procesos de trabajo bajo su responsabilidad y contará con el personal profesional, técnico y de apoyo necesario, para cumplir sus funciones. Además la Dirección Administrativa Financiera contará con la Unidad de Gestión de la Calidad.

7.3.1 Departamento de Recursos Financieros: Funciones:

1. Coordinar, supervisar y evaluar la ejecución de las labores financieras, contables, control de ingresos y presupuestarias de los recursos financieros del SENASA.
2. Coordinar y supervisar la formulación de los anteproyectos de los presupuestos ordinarios, extraordinarios; de recursos generados por el SENASA, los asignados por Presupuesto Nacional, los Recursos Externos, y de cualquier otro recurso económico asignado, conjuntamente con las Direcciones respectivas y someterlos a consideración de las instancias correspondientes.
3. Garantizar la eficiencia del sistema de información contable, control de ingresos y presupuestario de los recursos financieros internos y externos, mediante la formulación y puesta en práctica de métodos, procedimientos y técnicas de registro de probada eficiencia.
4. Velar por el cumplimiento de la Ley de Administración Financiera de la República y las normas de ejecución establecidos por los organismos controladores nacionales e internacionales, en el caso de recursos externos, en los aspectos financieros, contables y presupuestarios.
5. Verificar que el uso de los fondos sea correcto y oportuno de conformidad con las directrices, normas e instrucciones establecidas por el Ministerio de Hacienda, la Contraloría General de la República y organismos internacionales, cuando por ley corresponda.
6. Asesorar en la ejecución de las labores financiero-contable y presupuestaria de todas las Direcciones que cuenten con recursos internos y externos y la legislación que los rija.
7. Garantizar la adecuada administración, custodia, uso oportuno y adecuado de los fondos destinados a las cajas chicas, así como de recursos financieros internos y externos, mediante registros y procedimientos eficaces, de acuerdo con la legislación vigente.

8. Conservar un adecuado y oportuno registro y control de los activos, pasivos, ingresos y egresos que surjan a la luz de las diversas transacciones y gestiones que realiza el SENASA.

9. Realizar el registro de la ejecución presupuestaria de conformidad con las disposiciones legales y administrativas establecidas por el órgano competente, de manera que este se convierta en un efectivo instrumento para garantizar el cumplimiento de las normativas aplicables.

10. Garantizar la preparación de los estados financieros que sean requeridos según la normativa vigente, coordinando su pronta y oportuna presentación ante las instancias internas del SENASA, así como con las entidades fiscalizadoras de recursos que se encuentra en el ambiente externo del SENASA.

11. Efectuar conciliaciones bancarias y elaborar arqueos cuando corresponda, según las cuentas corrientes que se administren en el SENASA, en estricto apego a las normativas que regulan el uso de los recursos financieros públicos.

12. Efectuar los pagos que correspondan con los recursos financieros del SENASA, de conformidad con las normas existentes y procedimientos que se establezcan al efecto.

13. Asegurar que los recursos financieros que ingresan al SENASA sean depositados en las cuentas bancarias correspondientes seguidos del registro necesario para su control en esa cuenta

14. Dar a conocer a las autoridades superiores el estado actual de los recursos financieros.

15. Registrar y actualizar en forma continua, eficiente y eficaz la información en los sistemas de información internos y externos dispuestos para el control de los recursos.

16. Revisar, actualizar y divulgar las tarifas de cada uno de los servicios que brinda el SENASA, mediante el establecimiento y evaluación del sistema de costos.

17. Asesorar a los Directores del SENASA, sobre la necesidad de efectuar modificaciones en los programas de los presupuestos.

18. Cualquier otra función que la Dirección Administrativa u otra autoridad, ley o reglamento le asignen.

7.3.2 Departamento de Recursos Materiales y Servicios Generales. Funciones:

1. Gestionar en forma eficiente y oportuna los procedimientos de contratación administrativa, de almacenamiento, control y distribución de bienes y de levantamiento y confección del inventario permanente de todos sus bienes.

2. Recibir, tramitar y custodiar toda clase de documentos y expedientes relacionados con sus funciones y proceder a su archivo cuando corresponda.

3. Elaborar los carteles o pliego de condiciones necesarios para las licitaciones y compras directas y tramitar el procedimiento hasta la emisión del pedido y el recibo de las mercancías en el Almacén de Suministros.

4. Desarrollar los criterios con los que se dará la evaluación y seguimiento de los servicios subcontratados.

5. Mantener, evaluar y actualizar el registro de proveedores del SENASA.

6. Llevar el control de los bienes adquiridos y realizar inventarios periódicos de las existencias, estado de los bienes y disposición de los bienes en desuso y registro de donaciones de materiales y equipos.

7. Distribución y registro de salida de materiales con base en la demanda de las diferentes instancias administrativas.

8. Asegurar las condiciones adecuadas y necesarias para el mantenimiento y control de los insumos, suministros, reactivos, químicos, biológicos etc. que ingresen al Almacén de Suministros.

9. Administrar, custodiar y distribuir los cupones de combustible de la Institución y conciliar las facturas que se deriven de la utilización del mismo

10. Coordinar y administrar los servicios de seguridad y vigilancia de las oficinas centrales

11. Administrar y controlar los servicios mensajeros, conductores y cafetería de la Institución.

12. Registrar y actualizar en forma continua, eficiente y eficaz la información en los sistemas de información internos y externos dispuestos para el control de bienes.

13. Coordinar y administrar los servicios de aseo del SENASA.

14. Aplicar los lineamientos generales para la aplicación de las disposiciones relativas al control y uso de vehículos oficiales.

15. Conocer para su análisis, registro y evaluación los accidentes de vehículos automotores del SENASA.

16. Llevar un inventario permanente y actualizado de la flotilla vehículos y demás activos de la Institución y verificar el estado y uso de los mismos.

17. Llevar un registro de las reparaciones y de los cambios de piezas de repuestos de los vehículos de la Institución.

18. Montar sistemas de renovación y mantenimiento preventivo de la flotilla vehicular y vigilar porque éstos se cumplan.

19. Gestionar y coordinar el desarrollo de las obras de construcciones de bienes inmuebles.

20. Conocer para su análisis, registro y evaluación el trámite de placas por inscripción y renovación.

21. Tramitar las solicitudes de exoneración para vehículos donados por Organismos Internacionales.

7.3.3 Departamento de Recursos Humanos. Funciones:

1. Generar las políticas institucionales en materia de los Recursos Humanos, relacionadas con la gestión y dotación de recursos humanos, análisis ocupacional, salud ocupacional y desarrollo del talento humano.

2. Promover y coordinar los procesos científicos de reclutamiento y selección para la dotación del recurso humano, requerido por el SENASA.

3. Promover y establecer directrices para estimular la Carrera Administrativa.

4. Coordinar el diseño e implementación de instrumentos que permiten la evaluación periódica y eficaz del desempeño del personal.

5. Mantener actualizados las descripciones de cargos, diseños y clasificación de puestos.

6. Desarrollar los mecanismos y herramientas necesarias que garanticen la correcta elaboración de la planilla, la administración de las deducciones y la transferencia de la información de la composición de los pagos de salarios y su seguimiento.

7. Registrar, mantener el control y aprobar todo tipo de movimientos de personal que se de en el SENASA, en coordinación con las instancias administrativas correspondientes.

8. Procurar que el personal de la Institución cuente con una adecuada atención en salud y condiciones ocupacionales adecuadas.

9. Promover el desarrollo de las capacidades reales y potenciales de los servidores, para aumentar su eficiencia y efectividad en el desempeño de sus labores a través de la planificación, coordinación y administración de planes de capacitación, desarrollo, motivación y bienestar del recurso humano y mejorar el clima laboral de la Institución.

10. Establecer, nombrar y ejecutar planes de inducción del nuevo empleado de la Institución.

11. Controlar y dictar las normas para la actualización y custodia de los expedientes de los funcionarios y funcionarias de la Institución.

12. Elaborar el presupuesto para el pago de salarios y pluses de los funcionarios y funcionarias de la Institución e informar a los Directores lo correspondiente.

13. Brindar asesoría técnica y legal en materia de talento humano.

14. Promover la implementación y funcionamiento de la comisión de becas y ascensos del SENASA.

7.3.4 Unidad de Gestión de Calidad. Funciones:

1. Implementar, mantener y asegurar la mejora continua del Sistema de Gestión de Calidad en la Dirección, de conformidad con la normativa nacional e internacional.

2. Colaborar en la implementación y seguimiento de los sistemas de control interno en la Dirección, bajo sistema de calidad.

3. Elaborar y dar a conocer documentación del Sistema de Gestión de Calidad propia de la Dirección, así como velar y supervisar porque se ponga en ejecución y se cumpla.

4. Revisar, registrar y custodiar toda la documentación original de Gestión de Calidad procedente de todos los departamentos que conforman la Dirección.

5. Realizar cambios o ajustes necesarios en la documentación y supervisar porque esos cambios se den.

6. Controlar y supervisar que no esté en funcionamiento documentación obsoleta del Sistema de Calidad.

7. Distribuir y llevar control de todas las copias controladas que se generan de la documentación original de Gestión de Calidad.

8. Revisar y dar seguimiento al desarrollo del Plan de Capacitación del personal en todo lo relacionado con el Sistema de Gestión de Calidad.

9. Planificar y organizar reuniones y actividades diversas relacionadas con el funcionamiento del sistema de gestión de calidad en conjunto con la Dirección.

10. Planificar y llevar a cabo auditorías internas en la Dirección, analizar los resultados de las mismas y supervisar que esos cambios se ejecuten.

8. DEPARTAMENTO DE TECNOLOGÍA DE INFORMACIÓN

8.1 Objetivo. Promover, coordinar y colaborar en la articulación y óptimo funcionamiento de las tecnologías de información del SENASA y sus procesos permanentes de captura, diseño, validación, selección, manipulación, procesamiento, conservación, aseguramiento y comunicación de la información, mediante la utilización de hardware y software, a partir de las demandas y necesidades de los usuarios del sistema, con el fin de mejorar el proceso de toma de decisiones.

8.2 Competencia. Le corresponde al Departamento de Tecnología de Información coordinar los esfuerzos para que se cuente con información adecuada, confiable, verás y oportuna en poyo al proceso de toma de decisiones y cumplimiento de acciones en SENASA, en todos los niveles de gestión.

8.3 Organización Interna. El Departamento de Tecnología de Información, se compone del puesto de Jefe de Tecnología de Información y un equipo de profesionales y técnicos para el apoyo a la función de éste.

8.4 Funciones Generales

1. Generar y administrar las tecnologías de información necesarias para la modernización y sistematización del funcionamiento del SENASA acordes con las tendencias y avances más actualizados del mundo.

2. Coordinar el proceso de diseño, desarrollo y fortalecimiento de los subsistemas de información nacional, regional y local, a fin de lograr una articulación sistémica de las diferentes áreas de SENASA.

3. Coordinar y supervisar el estudio, diseño, desarrollo, ejecución, mantenimiento, seguridad y documentación de los sistemas de información y sus equipos.

4. Elaborar y coordinar la implementación y desarrollo del Plan de Tecnología de la Información a fin de lograr un sistema de información que apoye la formulación de políticas y estrategias, la planeación, la administración, la vigilancia epidemiológica, la investigación y la toma de decisiones.

5. Coordinar y orientar oportunamente en materia de información y tecnología computacional para la contratación externa, total o parcial de un sistema de información de aplicación institucional, cuando se requiera.

6. Coordinar junto con los responsables del proceso de informática de cada Dirección el plan de trabajo para definir los cronogramas de actividades a realizar para el desarrollo del Sistema de Información, acorde con el Plan de Tecnología de la Información.

7. Diseñar, proponer y coordinar la implantación de normas, estándares, lineamientos y procedimientos relacionados con los elementos de hardware, software, redes y comunicaciones de la plataforma técnica y tecnologías relacionadas con la gestión informática.

8. Diseñar e implementar tecnologías de información que permitan el desarrollo administrativo en las áreas: Recursos Humanos, Recursos Financieros y Recursos Materiales y de Servicios.

9. Promover el desarrollo y la coordinación de los sistemas de información, así como su confidencialidad, confiabilidad, exactitud y oportunidad de los datos, recomendando procedimientos y tecnologías apropiadas y eficientes.

10. Realizar los demás actos y funciones que el Director General de SENASA le encomiende.

9. UNIDAD DE RESPETO AMBIENTAL Y GESTIÓN DE CALIDAD

9.1 Objetivo. Implementar los sistemas de gestión de la calidad, que garanticen la competencia técnica, la transparencia, la integridad y el buen funcionamiento del SENASA, acorde con la normativa nacional e internacional.

9.2 Competencia. Es el órgano encargado de coordinar, asesorar y colaborar en la implementación de los diversos subsistemas de gestión de calidad y lograr la coherencia con el sistema integrado de gestión de la calidad del SENASA, con un enfoque de respeto al ambiente.

9.3 Organización Interna. La Unidad de Gestión de la Calidad, estará a cargo de un Coordinador y tendrá el apoyo de los Gestores de Calidad destacados en cada Dirección.

9.4 Funciones Generales

1. Orientar, dirigir, apoyar y dar seguimiento a los gestores de calidad de cada Dirección.

2. Implementar, coordinar y mantener el sistema integrado de gestión de la calidad del SENASA.

3. Vigilar por el cumplimiento de las Normas Internacionales de calidad aplicables a SENASA.

4. Programar y dar seguimiento a las auditorías internas de calidad; así como proponer nombres para la elección de auditores a la Dirección General.

5. Establecer y dar seguimiento a las acciones correctivas y preventivas, con relación a los resultados obtenidos en auditorías internas y externas.

6. Proponer y llevar a cabo las mejoras del sistema de calidad y procesos operativos del SENASA.

7. Elaborar, controlar y actualizar los documentos del sistema de calidad.

8. Establecer las pautas, convocar, conservar registro de las conclusiones y dar seguimiento a las revisiones por la dirección.

9. Participar en la elaboración y aprobación del Plan Anual de Capacitación junto con la Dirección Administrativa Financiera.

10. Crear y mantener actualizado el directorio de auditores del SENASA, asignándole a cada uno un número de identificación.

11. Apoyar y fortalecer la cultura organizacional del SENASA, bajo los principios de transparencia, confianza y competencia técnica.

12. Fortalecer la cultura de respeto al ambiente

13. Vigilar que todos los procesos de servicios establecidos incorporen una visión sistémica y de respeto ambiental.

10. UNIDAD DE COOPERACIÓN Y PROTOCOLO

10.1 Objetivo. Su objetivo es complementar el esfuerzo de planificar, organizar, dirigir, coordinar y ejecutar todas las operaciones necesarias para la consecución y cumplimiento de los convenios, proyectos de cooperación y acuerdos internacionales del SENASA.

10.2 Competencia. Esta Unidad asiste al Director General de SENASA en la formulación de convenios, proyectos y asuntos internacionales en salud animal y salud pública veterinaria, así como la atención de las relaciones internacionales y protocolarias que se deriven del quehacer del servicio.

10.3 Organización Interna. La Unidad de Cooperación y Protocolo, se compone de una Jefatura y un equipo de profesionales que apoyan la función de ésta.

10.4 Funciones Generales:

1. Asesorar al Director en materia de negociaciones comerciales internacionales.

2. Apoya el cumplimiento de los proyectos y acuerdos internacionales en los que está involucrado el SENASA.

3. Velar por una adecuada implementación de los principios del Acuerdo MSF/OMC, maximizando los beneficios derivados de los mismos, en concordancia con los intereses del país.

4. Participar como punto de enlace de la Dirección General para las diferentes negociaciones de los tratados y negociaciones en las que tiene responsabilidad el SENASA.

5. Apoyar reuniones, charlas, talleres, seminarios nacionales e internacionales para efectos de negociaciones comerciales, tratados, comercio internacional o para divulgar información técnica sobre la información nacional e internacional.

6. Promover e informar al personal del SENASA sobre las diversas fuentes de financiamiento, sus mecanismos, políticas, modalidades de cooperación, información general, para los proyectos que se requieran en el SENASA.

7. Contribuir a la implementación institucional adecuada de los acuerdos bilaterales y multilaterales.

8. Apoyar la gestión de los fondos de contrapartida a nivel institucional necesarios para el desarrollo de proyectos de cooperación con agencias y organismos internacionales, de manera tal que se le de sostenibilidad a las iniciativas desarrolladas.

9. Asesorar en la formación e identificación de propuestas y proyectos de cooperación presentados ante agencias y organizaciones internacionales que destinan recursos al desarrollo de iniciativas en el campo de medidas sanitarias.

10. Preparar y coordinar el protocolo de atención de las misiones, auditores y evaluadores nacionales e internacionales que reciba el SENASA.

11. Participar y apoyar la organización y ejecución de las auditorías internas y externas del SENASA.

12. Otras funciones que asignen autoridades superiores en materia de su competencia.

11. UNIDAD DE COMUNICACIÓN Y NOTIFICACIÓN

11.1 Objetivo. Dar a conocer las actividades del SENASA, informando a los medios de comunicación, funcionarias y funcionarios, entidades públicas y privadas sobre los aportes y quehacer del SENASA.

11.2 Competencia. Esta Unidad asiste a la Dirección General en el manejo de la información y comunicación oficial del SENASA, relacionada con los servicios y el quehacer del ente.

11.3 Organización interna. La Unidad de Comunicación y Notificación, se compone de una Jefatura y un equipo de profesionales que apoyan la función de ésta.

11.4 Funciones:

1. Identificar las necesidades de información y comunicación de los usuarios interno y externos del SENASA a nivel central, regional y cantonal.

2. Diseñar, programar y ejecutar el plan de ejecución de información y comunicación dirigido a los usuarios internos y externos del SENASA.

3. Diseñar e implementar las estrategias de comunicación para el desarrollo del SENASA con su respectivo plan operativo anual.

4. Capacitar al personal del SENASA en técnicas y metodologías de comunicación, que permitan la divulgación adecuada de los diferentes servicios y funciones.

5. Fortalecer los procesos de comunicación para una mayor apropiación del conocimiento del los servicios del SENASA por parte de los productores, comercializadores y usuarios en general.

6. Producir material didáctico, audiovisual y escrito dirigidos a los usuarios internos y externos del SENASA.

7. Realizar las actividades de prensa, tales como elaboración de material divulgativo para la prensa escrita radio y televisión, y difundir la información institucional hacia medios públicos externos.

8. Efectuar las notificaciones sobre las reglamentaciones sanitarias de Costa Rica que emanen de las área técnicas y enlaces con COMEX, así mismo recibir de OMC las notificaciones de los países miembros divulgarlas y dar respuestas a las consultas sobre medidas sanitarias o asuntos conexos.

9. Administrar el servicio de información sobre las reglamentaciones sanitarias públicas o privadas de Costa Rica o de consultas para los países miembros de la OMC conforme al Acuerdo de Medidas Sanitarias y Fitosanitarias.

10. Elaborar materiales divulgativos (escritos radiales, televisivos y cibernéticos) y producir boletines, fichas técnica, afiches y material audiovisual sobre temas sanitarios, comercio intencional, productos pecuarios, a solicitud y en coordinación con las diferentes direcciones del SENASA.

11. Dar a conocer las actividades del SENASA, informando a los medios de comunicación, funcionarios y funcionarias, entidades públicas y privadas y público en general sobre el quehacer del SENASA.

C) DE LOS PROGRAMAS NACIONALES

12. UNIDAD DE PROGRAMAS NACIONALES

12.1 Objetivo. Su objetivo es integrar los distintos elementos para coordinar el trabajo a lo largo de procesos complejos con entidades internas y externas; para conducir, dar seguimiento, capacitar, reglamentar, auditar y evaluar cada Programa Nacional de Salud Animal.

12.2 Competencia. Ofrece a través de cada programa, una respuesta organizativa y coordinada a un problema o necesidad nacional en el ámbito del Servicio Nacional de Salud Animal, minimizando el riesgo, reduciendo la incertidumbre y la causa que le dio origen y definiendo las consecuencias de una acción administrativa determinada.

12.3 Organización interna. La Unidad de Programas Nacionales, estará a cargo de un Director de Programas Nacionales y cada programa estará bajo la responsabilidad de un Coordinador de Programa.

Los programas de SENASA los crea y elimina el Director General, indicando:

1.- Naturaleza

2.- Objetivos

3.- Coordinador

4.- Principales funciones

12.4 Funciones Generales:

1. Orientar y dirigir para que cada Programa, elabore los lineamientos, políticas, métodos e información necesaria para su funcionamiento y cumplimiento de la legislación vigente tanto nacional como internacionalmente.

2. Efectuar las acciones pertinentes para facilitar la implementación de los métodos, instrumentos y procedimientos establecidos por cada Programa Nacional a nivel cantonal, regional y nacional en coordinación con la Dirección de Operaciones y demás dependencias del SENASA.

3. Coordinar la ejecución de acciones científicas, técnicas y administrativas de un programa especializado de lucha contra enfermedades animales.

4. Fomentar y orientar a cada programa en el planeamiento y desarrollo de las actividades de capacitación, asesoría y coordinación con los diferentes actores involucrados en el Programa.

5. Velar por que cada programa audite, vigile, controle, evalúe y supervise la ejecución y cumplimiento del plan y acciones de trabajo encomendado.

6. Velar por que cada programa asesore, colabore, comunique y coordine con la Dirección General, con la Unidad de Epidemiología y cualquier otro órgano que se requiera, todo lo relacionado con la información oportuna, coherente y consistente que generan los programas nacionales.

CAPÍTULO IV
De las direcciones técnicas con ámbito nacional

Artículo 9º.- Las Direcciones Técnicas con ámbito nacional son aquellas encargadas de establecer los aspectos de política, dirección, regulación, auditorías, seguimiento y supervisión de la estructura departamental, periférica (estaciones de cuarentena, laboratorios regionales, plantas exportadoras con personal oficial), y de los niveles regional y cantonal.

Artículo 10.- El Servicio Nacional de Salud Animal contará con las siguientes Direcciones Técnicas con Ámbito Nacional: Dirección del Laboratorio Nacional de Servicios Veterinarios, Dirección de Cuarentena Animal, Dirección de Operaciones, Dirección de Inocuidad de Productos de Origen Animal, Dirección de Medicamentos Veterinarios, Dirección de Alimentos para Animales, Dirección de Salud Reproductiva.

Sección Primera
De la Dirección Laboratorio Nacional de Servicios Veterinarios (LANASEVE)

Artículo 11.- La Dirección Laboratorio Nacional de Servicios Veterinarios (LANASEVE) se encarga de brindar el apoyo de laboratorio necesario para el resto de los órganos que ejecutan, analizan o evalúan acciones en salud animal y salud pública veterinaria: constatación de calidad de medicamentos veterinarios, apoyo diagnóstico, oficialización de laboratorios, determinación de inocuidad y residuos en alimentos.

11.1 Objetivo. Respaldar y apoyar con análisis, diagnósticos e investigaciones las acciones del SENASA, brindando transparencia, confianza, imparcialidad, calidad e integridad en los servicios que presta.

11.2 Competencia. Se encarga de brindar el apoyo de laboratorio necesario para usuarios externos y para los órganos internos que ejecutan, analizan o evalúan acciones en salud animal y salud pública veterinaria: constatación de calidad de medicamentos veterinarios, diagnóstico, oficialización de laboratorios, determinación de inocuidad y residuos en alimentos. Le corresponde generar los lineamientos, políticas y realizar auditoría de los laboratorios periféricos.

11.3 Organización Interna. La Dirección de Laboratorio estará a cargo de un Director. Contará con tres Departamentos cada uno de ellos a cargo de un Jefe de Departamento y tres Unidades a saber, la Unidad de Servicios Generales, la Unidad de Gestión de la Calidad y la Unidad de Oficialización de Laboratorios, cada una de ellas a cargo de un Coordinador.

Además tendrá una Unidad de Apoyo Administrativo a la Dirección.

11.3.1 Departamento Diagnóstico Veterinario. Funciones:

1. Apoyar el diagnóstico clínico y epidemiológico de las diferentes enfermedades que se encuentran bajo programa nacional, de interés en el intercambio comercial o las que determine la Dirección, mediante la utilización de diferentes pruebas inmunológicas, bacteriológicas, virológicas, parasicológicas y moleculares.

2. Desarrollar e implementar nuevas técnicas de laboratorio para el diagnóstico de enfermedades tales como aislamiento viral en tejido celular, secuenciación de ADN, uso de enzimas de restricción, Western Blot, dot blot, Elisas y cualquier otra que sea necesaria.

3. Coordinar con otras Direcciones y Departamentos, Programas, Instituciones y Organismos Nacionales e Internacionales, las acciones para el diagnóstico de las enfermedades evaluadas.

4. Velar por la obtención oportuna y el mantenimiento adecuado de los reactivos, materiales y equipo necesario para las pruebas de laboratorio.

5. Atender consultas y visitas de inspectores y expertos internacionales con interés en conocer sobre los alcances del diagnóstico de las enfermedades limitantes del comercio internacional.

6. Implementar, controlar y mejorar el sistema de calidad del Departamento en coordinación con la Unidad de Gestión de Calidad.

7. Establecer un sistema de control de calidad de los análisis realizados y dar seguimiento a las medidas que se deriven de este control.

11.3.2 Departamento de Inocuidad de Alimentos. Funciones

1. Realización de los análisis microbiológicos de los productos y subproductos de origen animal y vegetal y frutas para la determinación de la presencia de residuos de plaguicidas, de medicamentos veterinarios y microorganismos patógenos de importancia en la Salud Pública.

2. Efectuar los análisis de frescura y características organolépticas de los productos de origen animal con fines de exportación, importación y consumo nacional y verificar el cumplimiento del Programa de Reducción de Patógenos/ HACCP.

3. Mantener el control de calidad de los medios de cultivo preparados por la Unidad de Medios de Cultivo de la Sección Servicios Generales, así como el análisis microbiológico del agua destilada utilizada para la preparación de estos medios.

4. Realizar análisis fisicoquímicos y microbiológicos para determinar la calidad del agua, que se usa en la industria de alimentos.

5. Diseñar, dirigir e implementar la investigación de nuevos métodos de análisis químicos o microbiológicos requeridos.

6. Verificar los resultados de análisis de residuos e informar de posibles violaciones a los límites máximos.

7. Emitir los resultados de los análisis realizados.

8. Velar por la obtención oportuna y el mantenimiento adecuado de los reactivos, materiales y equipo necesario para las pruebas de laboratorio.

9. Implementar, controlar y mejorar el sistema de calidad del Departamento en coordinación con la Unidad de Gestión de Calidad.

11.3.3 Departamento Control de Insumos Veterinarios. Funciones:

1. Verificar la calidad de los medicamentos de uso veterinario alimentos para animales y constatar que la fórmula cuali-cuantitativa declarada en el etiquetado coincida con los resultados obtenidos en el laboratorio mediante los análisis correspondientes.

2. Comprobar la calidad y efectividad de los medicamentos veterinarios, productos biológicos y alimentos para animales que se usan en la industria pecuaria y que se registran para su comercialización, conforme a las normas internacionales

reconocidas por el país, utilizando diferentes metodologías químicas, microbiológicas y biológicas.

3. Emitir los resultados de los análisis realizados.

4. Verificar la calibración del equipo analítico de trabajo, para asegurar la repetibilidad, precisión y exactitud de los resultados obtenidos.

5. Implementar, controlar y mejorar el sistema de calidad del Departamento en coordinación con la Unidad de Gestión de Calidad.

6. Velar por la obtención oportuna y el mantenimiento adecuado de los reactivos, materiales y equipo necesario para las pruebas de laboratorio.

11.3.4 Unidad de Servicios Generales. Funciones:

1. Atender y gestionar las solicitudes o demandas de servicio del LANASEVE que presente a los clientes.

2. Ejecutar los procesos de autoclave e incineración de material de desecho biopeligroso que se genera por el quehacer del LANASEVE.

3. Lavar, empaquetar y esterilizar la cristalería utilizada por las diferentes secciones que conforman los departamentos del LANASEVE, garantizando que estos procesos se ajusten a los requisitos de calidad establecidos.

4. Garantizar la oportuna elaboración y preparación de los medios de cultivo requeridos por los diferentes secciones que conforman los departamentos.

5. Organizar, ejecutar, dirigir y supervisar el programa de limpieza de los edificios y áreas aledañas que conforman el LANASEVE.

6. Coordinar las gestiones correspondientes a fin de que se brinden oportunamente los servicios de mensajería que requieren los diferentes departamentos que conforman el LANASEVE.

7. Implementar, controlar y mejorar el sistema de calidad en coordinación con la Unidad de Gestión de Calidad del LANASEVE.

8. Establecer y controlar el registro recepción de muestras, asegurándose que al momento de recibo de la misma se haya efectuado la respectiva cancelación del servicio.

9. Recibir y preparar las muestras que trae el usuario o recoger las muestras que envían por encomiendas.

10. Entregar controladamente los resultados de los análisis realizados a los usuarios.

11. Gestionar y coordinar el envío de muestras a laboratorios externos sean nacionales e internacionales.

11.3.5 Unidad de Oficialización de Laboratorios. Funciones:

1. Planear, organizar, dirigir y controlar las actividades propias del proceso de oficialización de los laboratorios que brindan servicios veterinarios de interés para el SENASA, así como las evaluaciones de seguimiento, los controles interlaboratoriales y la vigilancia del cumplimiento con los requisitos para optar por la oficialización.

2. Recibir, procesar y resolver las solicitudes de oficialización y que se tramiten en el LANASEVE.

3. Coordinar las visitas de evaluación con los grupos auditores de acuerdo a la especialidad de ensayo a oficializar.
4. Coordinar los diferentes comités que se originen a partir del proceso de oficialización de laboratorios.
5. Apoyar a la Dirección en la organización, promoción de los análisis interlaboratoriales entre los diferentes laboratorios oficializados.
6. Apoyar a la Dirección en la creación, mantenimiento, promoción y mejoramiento de la red de laboratorios oficializados.
7. Implementar, controlar y mejorar el sistema de calidad en coordinación con la Unidad de Gestión de Calidad del LANASEVE.
8. Recibir y atender las denuncias de incumplimiento de los requisitos establecidos para los laboratorios oficializados.
9. Mantener actualizado el registro de laboratorios oficializados.
10. Archivar y custodiar la documentación emanada del proceso de oficialización de laboratorios.

11.3.6 Unidad de Gestión de Calidad. Funciones:

1. Implementar, mantener y asegurar la mejora continua del Sistema de Gestión de Calidad en la Dirección, de conformidad con la normativa nacional e internacional.
2. Colaborar en la implementación y seguimiento de los sistemas de control interno en la Dirección, bajo sistema de calidad.
3. Elaborar y dar a conocer documentación del Sistema de Gestión de Calidad propia de la Dirección, así como velar y supervisar porque se ponga en ejecución y se cumpla.
4. Revisar, registrar y custodiar toda la documentación original de Gestión de Calidad procedente de todos los departamentos y unidades que conforman la Dirección.
5. Realizar cambios o ajustes necesarios en la documentación y supervisar porque esos cambios se den.
6. Controlar y supervisar que no esté en funcionamiento documentación obsoleta del Sistema de Calidad.
7. Distribuir y llevar control de todas las copias controladas que se generan de la documentación original de Gestión de Calidad.
8. Revisar y dar seguimiento al desarrollo del Plan de Capacitación del personal en todo lo relacionado con el Sistema de Gestión de Calidad.
9. Planificar y organizar reuniones y actividades diversas relacionadas con el funcionamiento del sistema de gestión de calidad en conjunto con la Dirección.
10. Planificar y llevar a cabo auditorías internas en la Dirección, analizar los resultados de las mismas y supervisar que esos cambios se ejecuten.

11.3.7 Unidad de apoyo administrativo. Funciones:

1. Apoyar los procesos de planificación, administración y seguimiento de las gestiones de la Dirección.

2. Apoyar a la Dirección en los procesos de formulación y ejecución del presupuesto de la Dirección.

3. Gestionar las solicitudes de bienes, servicios y suministros requeridos por la Dirección y coordinar su entrega.

4. Velar por el buen uso y custodia de los recursos y bienes materiales asignados a la Dirección para el cumplimiento de sus fines.

5. Fungir como enlace de la Dirección, en el proceso de montaje y mantenimiento del Archivo Central del SENASA.

6. Colaborar en la planeación y ejecución de las actividades de capacitación de la Dirección en coordinación con la Dirección Administrativa Financiera.

7. Brindar el apoyo logístico a la Dirección en las diversas actividades que desarrolle.

8. Participar y apoyar a la Dirección en la elaboración y presentación de diversos informes.

Sección Segunda
De la Dirección de Cuarentena Animal

Artículo 12.- La Dirección de Cuarentena Animal se encarga de establecer las restricciones a la importación, exportación y tránsito de animales, productos y subproductos con criterio veterinario en los diferentes puestos de ingreso y salida del país; en amparo a los tratados, convenios y las leyes vigentes, generando así una barrera que limita la propagación de agentes causales de enfermedades.

12.1 Objetivo. Garantizar la aplicación de medidas sanitarias que deben cumplir los animales de importación y exportación, como también de los productos y subproductos, derivados, sus desechos, sustancias peligrosas y material genético y biotecnológico de origen animal destinados al consumo humano, consumo animal y uso industrial, evitando la introducción de enfermedades que puedan constituir un riesgo sanitario para el país y la salud pública.

12.2 Competencias. Se encarga de establecer y aplicar las regulaciones a la importación, exportación y tránsito de animales, productos y subproductos, material genético o biotecnológico animal, con criterio veterinario; en amparo a los tratados, convenios y las leyes vigentes, generando así una barrera que limita la propagación de agentes causales de enfermedades que por sus características, pongan en riesgo la salud pública veterinaria o la salud animal.

12.3 Organización Interna. La Dirección de Cuarentena Animal estará a cargo de un Director y contará con tres Departamentos cada uno de ellos cargo de un Jefe de Departamento.

Además tendrá una Unidad de Gestión de la Calidad y una Unidad de Apoyo Administrativo a la Dirección.

2.3.1 (*sic*) Departamento Registro de Importadores. Funciones:

1. Planear, dirigir, coordinar, organizar, evaluar y controlar la implementación de las políticas y estrategias del departamento.

2. Aplicar la normativa, reglamentación y legislación relacionada con el registro de importadores.

3. Crear, mantener, actualizar y dar seguimiento al Registro de importadores de animales, productos, subproductos y derivados de origen animal, frescos o congelados, sin procesar o mínimamente procesados destinados para consumo humano y/o uso industrial.

4. Elaborar y actualizar toda la documentación y procedimientos necesarios para el cumplimento de los requisitos de inscripción para el Registro de importadores.

5. Aprobar o rechazar las solicitudes de inscripción en el registro de importadores que se presenten por los interesados.

6. Difundir, capacitar informar a los usuarios sobre toda la documentación relacionada con los requisitos de inscripción para el Registro de Importadores

7. Elaborar y establecer las obligaciones y directrices que deben cumplir los establecimientos inscritos en el Registro de importadores.

8. Planear y coordinar con las Direcciones Regionales correspondientes, las auditorías de los establecimientos inscritos en el Registro de Importadores, realizar los informes correspondientes y dar seguimiento al levantamiento de las no conformidades.

9. Ejecutar y coordinar en la Dirección Regional correspondiente, las acciones administrativas y la aplicación de sanciones en caso de incumplimiento por parte de los usuarios.

10. Realizar el control de los establecimientos registrados y los productos importados por ellos.

11. Evaluar los establecimientos en el exterior que exportan a Costa Rica, productos y subproductos de origen animal.

12. Determinar las condiciones sanitarias a las que se supeditaran las importaciones, el transito de un animal o mercancía.

12.3.2 Departamento Regulatorio. Funciones:

1. Planear, dirigir, coordinar, organizar, evaluar y controlar la implementación de las políticas y estrategias del departamento.

2. Establecer las medidas sanitarias y los procedimientos de control que deben aplicarse en la importación, exportación y tránsito de animales, productos y subproductos.

3. Dictar y velar por la aplicación las normas técnicas y administrativas que deben implementar los puestos cuarentenarios.

4. Diseñar, elaborar y aprobar las normativas, procedimientos y requisitos que deben cumplir los exportadores e importadores de animales, productos y subproductos de origen animal, de acuerdo a la normativa internacional y nacional.

5. Diseñar, elaborar y aprobar los manuales de inspección que deban aplicarse en el desarrollo de dicha actividad.

6. Difundir, capacitar y coordinar la implementación de la normativa técnica en el cumplimento de las medidas zoosanitarias.

7. Actualizar y modificar las normativas vigentes de acuerdo a los cambios exigidos en el entorno nacional e internacional.

8. Elaborar, sistematizar y actualizar los diseños de informe de importaciones y exportaciones, así como efectuar su análisis.

9. Regular y supervisar el uso e intercambio del material genético de origen animal; así como determinar el riesgo sanitario que ese material pueda representar para la salud pública veterinaria o animal.

10. Elaborar, actualizar, difundir, publicar y dar seguimiento a la lista de los aeropuertos de Costa Rica y puestos de cuarentena, mataderos y almacenes autorizados para el comercio Internacional.

11. Solicitar los análisis de riesgo que se requieran para la determinación de las medidas sanitarias, normas, procedimiento y requisitos y en general para la toma de decisiones en relación con la importación, exportación y tránsito de animales, productos y subproductos de origen animal.

12.3.3 Departamento de Auditoría de Puestos Cuarentenarios. Funciones:

1. Planear, dirigir, coordinar, organizar, evaluar y controlar la implementación de las políticas y estrategias del departamento.
2. Fiscalizar, evaluar, controlar y dar seguimiento a los puestos cuarentenarios en puertos marítimos, aeropuertos, fronteras y móviles.
3. Auditar, controlar y supervisar la aplicación de las normativas vigentes, disposiciones legales que norman los puestos cuarentenarios en puertos marítimos, aeropuertos, fronteras y móviles.
4. Elaborar los informes de las auditorías realizadas.
5. Vigilar, dar seguimiento y establecer control del levantamiento de las no conformidades en los puestos cuarentenarios.
6. Verificar la documentación exigida por el departamento regulatorio para la importación y exportación de animales, productos y subproductos.
7. Controlar el uso de los procedimientos, métodos, reglamentos y formularios en las diferentes áreas y asegurar la aplicación de un ordenamiento y clasificación adecuado.

12.3.4 Unidad de Gestión de Calidad. Funciones:

1. Implementar, mantener y asegurar la mejora continua del Sistema de Gestión de Calidad en la Dirección, de conformidad con la normativa nacional e internacional.
2. Colaborar en la implementación y seguimiento de los sistemas de control interno en la Dirección, bajo sistema de calidad.
3. Elaborar y dar a conocer documentación del Sistema de Gestión de Calidad propia de la Dirección, así como velar y supervisar porque se ponga en ejecución y se cumpla.
4. Revisar, registrar y custodiar toda la documentación original de Gestión de Calidad procedente de todos los departamentos que conforman la Dirección.
5. Realizar cambios o ajustes necesarios en la documentación y supervisar porque esos cambios se den.
6. Controlar y supervisar que no esté en funcionamiento documentación obsoleta del Sistema de Calidad.
7. Distribuir y llevar control de todas las copias controladas que se generan de la documentación original de Gestión de Calidad.

8. Revisar y dar seguimiento al desarrollo del Plan de Capacitación del personal en todo lo relacionado con el Sistema de Gestión de Calidad.

9. Planificar y organizar reuniones y actividades diversas relacionadas con el funcionamiento del sistema de gestión de calidad en conjunto con la Dirección.

10. Planificar y llevar a cabo auditorías internas en la Dirección, analizar los resultados de las mismas y supervisar que esos cambios se ejecuten.

12.3.5 Unidad de apoyo administrativo. Funciones:

1. Apoyar los procesos de planificación, administración y seguimiento de las gestiones de la Dirección.

2. Apoyar a la Dirección en los procesos de formulación y ejecución del presupuesto de la dirección.

3. Gestionar las solicitudes de bienes, servicios y suministros requeridos por la Dirección y coordinar su entrega.

4. Velar por el buen uso y custodia de los recursos y bienes materiales asignados a la Dirección para el cumplimiento de sus fines.

5. Fungir como enlace de la Dirección, en el proceso de montaje y mantenimiento del Archivo Central del SENASA.

6. Colaborar en la planeación y ejecución de las actividades de capacitación de la Dirección en coordinación con la Dirección Administrativa Financiera.

7. Brindar el apoyo logístico a la Dirección en las diversas actividades que desarrolle.

8. Participar y apoyar a la Dirección en la elaboración y presentación de diversos informes.

Sección Tercera
De la Dirección de Inocuidad de Productos de Origen Animal

Artículo 13.- La Dirección de Inocuidad de Productos de Origen Animal se encarga de regular y controlar la seguridad sanitaria e inocuidad de los alimentos de origen animal en forma integral, a lo largo de la cadena de producción alimentaria para la protección de la salud humana, para lo cual verifica infraestructura, procesos y resultados; en concordancia con la legislación nacional y del país de destino.

13.1 Objetivo. Garantizar la calidad y seguridad sanitaria de los productos y subproductos de origen animal destinados al consumo nacional e internacional, en aplicación de las normas y requisitos establecidos, sea para el consumo nacional o por los países de destino.

13.2 Competencia. Se encarga de regular y controlar la seguridad sanitaria e inocuidad de los alimentos de origen animal en forma integral, a lo largo de la cadena de producción alimentaria para la protección de la salud humana, para lo cual verifica infraestructura, procesos y resultados; en concordancia con la legislación nacional y del país de destino, logrando el reconocimiento de la competencia técnica nacional e internacional.

13.3 Organización Interna. La Dirección de Inocuidad de Productos de Origen Animal, estará a cargo de un Director y contará con tres Departamentos cada uno de ellos a cargo de un Jefe de Departamento.

Además tendrá una Unidad de Gestión de la Calidad y una Unidad de Apoyo Administrativo a la Dirección.

13.3.1 Departamento de Registro. Funciones:

1. Planificar, dirigir, coordinar, organizar, evaluar y controlar la implementación de las políticas y estrategias del Departamento.
2. Establecer los requisitos, procedimientos e instrumentos necesarios para el registro de establecimientos procesadores de productos y subproductos de origen animal.
3. Difundir, capacitar e informar a los usuarios y dependencias del SENASA, sobre la documentación relacionada con los requisitos de inscripción de establecimientos procesadores de productos y subproductos de origen animal.
4. Establecer, actualizar y controlar el registro de los establecimientos procesadores de productos y subproductos de origen animal.
5. Planear y coordinar con las Direcciones Regionales correspondientes, las auditorías de los establecimientos inscritos en el Registro de Establecimientos procesadores de productos de origen animal y realizar los informes correspondientes y dar seguimiento al levantamiento de las no conformidades.
6. Ejecutar y coordinar en la Dirección Regional correspondiente, las acciones administrativas y la aplicación de sanciones en caso de incumplimiento por parte de los usuarios.
7. Coordinar con otros entes públicos y privados las actividades relacionadas a la certificación de productos, subproductos y derivados de origen animal para consumo humano.
8. Fomentar la capacitación continua del personal del Departamento así como de los usuarios internos y externos, en materia de registro y control de establecimientos procesadores de productos y subproductos de origen animal e inocuidad de alimentos.

13.3.2 Departamento Regulatorio. Funciones:

1. Planear, dirigir, coordinar, organizar, evaluar y controlar la implementación de las políticas y estrategias del departamento.
2. Diseñar, elaborar y aprobar la normativa, procedimientos y requisitos, que deben cumplir los establecimientos procesadores de productos y subproductos de origen animal y sus derivados, tanto para la exportación como el consumo local.
3. Elaborar y establecer las normas y los procedimientos que deben aplicarse para la exportación de productos y subproductos de origen animal para el consumo humano y sus derivados, según el país de destino.
4. Difundir, capacitar, asesorar y apoyar la implementación de la normativa técnica, procedimientos e instrumentos relacionados con la inocuidad de los productos y subproductos derivados de origen animal, en coordinación con las Direcciones Regionales y demás órganos del SENASA.
5. Diseñar, divulgar y apoyar la implementación de los procedimientos para la inspección y auditoría de los establecimientos exportadores de productos y subproductos y derivados de origen animal.
6. Actualizar y modificar las normativas vigentes de acuerdo a los cambios exigidos en el entorno nacional e internacional.

7. Elaborar, actualizar, difundir, publicar y dar seguimiento a la lista de los establecimientos procesadores de productos y subproductos de origen animal y sus derivados para el consumo humano.

8. Elaborar, sistematizar y actualizar el diseño de informe que deben presentar las Direcciones Regionales, sobre las inspecciones y condiciones de las plantas procesadoras y exportadoras de productos y subproductos de origen animal y sus derivados, para el consumo humano.

13.3.3 Departamento de Auditoría. Funciones:

1. Planear y ejecutar las auditorías del sistema de inspección de inocuidad de productos y subproductos de origen animal y sus derivados, para el consumo humano, en coordinación con las diversas instancias del SENASA.

2. Coordinar con otros entes públicos y privados las actividades relacionadas con la auditoría de los establecimientos y plantas procesadoras de productos, subproductos y derivados de origen animal para consumo humano.

3. Elaborar los informes de auditorías realizadas y hacerlos del conocimiento de las instancias correspondientes.

4. Vigilar, dar seguimiento y establecer el control del levantamiento de las no conformidades establecidas en las auditorías.

5. Verificar la documentación exigida por el Departamento Regulatorio para la exportación de producto y subproductos de origen animal, establecimientos e inspectores regionales y de planta.

6. Fomentar y mantener el reconocimiento de la competencia técnica nacional e internacional así mismo como velar por el cumplimiento de los procedimientos exigidos por los mismos.

13.3.4 Unidad de Gestión de Calidad. Funciones:

1. Implementar, mantener y asegurar la mejora continua del Sistema de Gestión de Calidad y Normalización en la Dirección, de conformidad con la normativa nacional e internacional.

2. Colaborar en la implementación y seguimiento de los sistemas de control interno en la Dirección, bajo sistema de calidad.

3. Elaborar y dar a conocer documentación del Sistema de Gestión de Calidad propia de la Dirección, así como velar y supervisar porque se ponga en ejecución y se cumpla.

4. Revisar, registrar y custodiar toda la documentación original de Gestión de Calidad procedente de todos los departamentos que conforman la Dirección.

5. Realizar cambios o ajustes necesarios en la documentación y supervisar porque esos cambios se den.

6. Controlar y supervisar que no esté en funcionamiento documentación obsoleta del Sistema de Calidad.

7. Distribuir y llevar control de todas las copias controladas que se generan de la documentación original de Gestión de Calidad.

8. Revisar y dar seguimiento al desarrollo del Plan de Capacitación del personal en todo lo relacionado con el Sistema de Gestión de Calidad.

9. Planificar y organizar reuniones y actividades diversas relacionadas con el funcionamiento del sistema de gestión de calidad en conjunto con la Dirección.

10. Planificar y llevar a cabo auditorías internas en la Dirección, analizar los resultados de las mismas y supervisar que esos cambios se ejecuten.

13.3.5 Unidad de Apoyo Administrativo. Funciones:

1. Apoyar los procesos de planificación, administración y seguimiento de las gestiones de la Dirección.

2. Apoyar a la Dirección en los procesos de formulación y ejecución del presupuesto de la dirección.

3. Gestionar las solicitudes de bienes, servicios y suministros requeridos por la Dirección y coordinar su entrega.

4. Velar por el buen uso y custodia de los recursos y bienes materiales asignados a la Dirección para el cumplimiento de sus fines.

5. Fungir como enlace de la Dirección, en el proceso de montaje y mantenimiento del Archivo Central del SENASA.

6. Colaborar en la planeación y ejecución de las actividades de capacitación de la Dirección en coordinación con la Dirección Administrativa Financiera.

7. Brindar el apoyo logístico a la Dirección en las diversas actividades que desarrolle.

8. Participar y apoyar a la Dirección en la elaboración y presentación de diversos informes.

Sección Cuarta
De la Dirección de Medicamentos Veterinarios

Artículo 14.- La Dirección de Medicamentos Veterinarios se encarga de registrar, controlar, regular y supervisar los medicamentos veterinarios de manera que no representen un peligro para la salud pública veterinaria, la salud animal y el medio ambiente. Trasciende a los establecimientos relacionados con éstos, por medio de su registro y controles, según las prioridades definidas por el nivel de riesgo.

14.1 Objetivo. Garantizar que los productos, las sustancias farmacológicas, medicamentos biológicos de uso animal cumplan con la legislación vigente para el control de calidad, tolerancias, residuos, efectividad, toxicidad, presentación, registro y uso.

14.2 Competencia. Se encarga de registrar, controlar, regular y supervisar los medicamentos veterinarios de manera que no representen un peligro para la salud pública veterinaria, la salud animal y el medio ambiente. Trasciende a los establecimientos relacionados con éstos, por medio de su registro y controles, según las prioridades definidas por el nivel de riesgo.

14.3 Organización interna. La Dirección de Medicamentos Veterinario estará a cargo de un Director y contará con cuatro Departamentos cada uno de ellos cargo de un Jefe de Departamento.

Además tendrá una Unidad de Gestión de la Calidad y una Unidad de Apoyo Administrativo a la Dirección.

14.3.1 Departamento de Registro. Funciones:

1. Planear, dirigir, coordinar, orientar, auditar, supervisar y evaluar los procesos para la inclusión en el registro de establecimientos y productos farmacológicos, biológicos, sanitarios, plaguicidas y de origen biotecnológico de uso veterinario.

2. Aprobar o rechazar razonadamente las solicitudes de registro, renovación o modificación de registro de medicamentos veterinarios, de laboratorios fabricantes, droguerías veterinarias y botiquines veterinarios que se presenten por los interesados.

3. Efectuar los estudios e investigaciones correspondientes cuando se detecten dudas o se reciban denuncias.

4. Emitir certificaciones, constancias y autorizaciones sobre registro de medicamentos y otros.

5. Extender las autorizaciones para el desalmacenaje o exportación de medicamentos veterinarios.

6. Colaborar en los cursos de capacitación al personal de droguerías y farmacias veterinarias con el fin de mejorar la manipulación de los medicamentos veterinarios y la información técnica que dichos establecimientos transmiten al usuario.

7. Solicitar informes técnicos a la Comisión Nacional de Medicamentos Veterinarios sobre aquellos asuntos que considere ameritan el dictamen facultativo no vinculante de la Comisión.

8. Dar publicidad oportuna a los cambios que se establezcan en la clasificación de medicamentos veterinarios, así como inclusiones de nuevos principios activos.

9. Colaborar y participar en el proceso de armonización internacional de registro y control de productos veterinarios.

14.3.2 Departamento Regulatorio. Funciones:

1. Planear, dirigir, coordinar, organizar, evaluar y controlar la implementación de las políticas y estrategias del departamento.

2. Elaborar y establecer las normas y los procedimientos de inspección, fiscalización, fármaco-vigilancia, registro y pruebas de eficacia y seguridad de medicamentos veterinarios y productos afines, de conformidad con las regulaciones nacionales e internacionales.

3. Diseñar, elaborar y aprobar la normativa, procedimientos y requisitos, que deben cumplir las droguerías, farmacias y establecimientos donde se elabore, formulen, almacenen, comercialicen o transporten medicamentos veterinarios o productos afines.

4. Difundir, capacitar, asesorar y apoyar la implementación, en coordinación con las Direcciones Regionales de la normativa técnica, procedimientos e instrumentos relacionados con la inspección y fiscalización, fármaco-vigilancia, registro y pruebas de eficacia y seguridad de medicamentos veterinarios y productos afines.

5. Diseñar, divulgar y apoyar la implementación de los procedimientos para la inspección y auditoría de las droguerías, farmacias y establecimientos donde se elabore, formulen, almacenen, comercialicen o transporten medicamentos veterinarios o productos afines.

6. Dar publicidad oportuna a los cambios que se establezcan en la clasificación de los medicamentos veterinario, así como inclusiones de nuevos principios activos.

7. Colaborar y participar en el proceso de armonización internacional de registro y control de productos veterinarios.

8. Actualizar y modificar las normativas vigentes de acuerdo a los cambios exigidos en el entorno nacional e internacional.

9. Solicitar informes técnicos a la Comisión Nacional de Medicamentos Veterinarios sobre aquellos asuntos que ameritan el dictamen facultativo no vinculante de la Comisión.

14.3.3 Departamento de Auditoría. Funciones:

1. Planear y ejecutar las auditorías de los procesos de inspección, fiscalización y fármaco-vigilancia de las droguerías, farmacias y establecimientos donde se elaboren, formulen, almacenen, comercialicen o transporten medicamentos veterinarios o productos afines, realizados por las Direcciones Regionales.

2. Verificar la documentación exigida por el Departamento Regulatorio para la inspección, fiscalización y fármaco-vigilancia de establecimientos donde se elaboren, formulen, almacenen, comercialicen o transporten medicamentos veterinarios o productos afines

3. Coordinar con otros entes públicos y privados las actividades relacionadas con la auditoría de los establecimientos, farmacias y droguerías donde se elaboren, formulen, almacenen, comercialicen o transporten medicamentos veterinarios o productos afines.

4. Elaborar los informes de auditorías realizadas y hacerlos del conocimiento de las instancias correspondientes.

5. Vigilar, dar seguimiento y establecer el control del levantamiento de las no conformidades establecidas en las auditorías.

6. Fomentar y mantener el reconocimiento de la competencia técnica nacional e internacional así mismo como velar por el cumplimiento de los procedimientos exigidos por los mismos.

14.3.4 Departamento Fármaco-vigilancia. Funciones:

1. Planear, dirigir, coordinar, orientar, auditar, supervisar y evaluar los procesos relacionados con el establecimiento y seguimiento del sistema de vigilancia y control de los productos veterinarios de uso restringido y la correcta comercialización y uso de los medicamentos veterinarios en el territorio nacional.

2. Verificar y dar seguimiento a los productos de uso veterinario que incumplen la legislación sanitaria

3. Asegurar que los productos de uso veterinario garanticen su calidad y eficacia según el registro del medicamento.

4. Vigilar, verificar y dar seguimiento a las reacciones adversas en seres humanos y en animales relacionadas con el mal uso de los medicamentos veterinarios.

5. Verificar y dar seguimiento a los productos de uso veterinario que incumplen la legislación sanitaria.

6. Verificar y dar seguimiento a las violaciones de los límites máximos de residuos aceptados. (LMR)

7. Vigilar, verificar y dar seguimiento a las inconformidades detectadas en el uso no autorizado o extra etiqueta de medicamentos y a los problemas medioambientales producidos por el uso de medicamentos veterinarios

8. Establecer y dar seguimiento al sistema de trazabilidad/ rastreabilidad de lotes de productos veterinarios importados o elaborados en el país con apoyo del personal de otras Direcciones y personal externo a la institución.

9. Vigilar y dar seguimiento a la resistencia terapéutica a los medicamentos veterinarios y el intercambio de información sobre el tema.

10. Elaborar los reportes respectivos de las revisiones y del seguimiento de casos de fármaco-vigilancia y presentarlos a la Dirección y Departamentos involucrados.

11. Impartir, coordinar y participar en la capacitación a los diferentes usuarios del sistema de fármaco-vigilancia.

12. Otras funciones que las autoridades superiores, leyes y reglamentos le asignen en su área de competencia.

14.3.5 Unidad de Gestión de Calidad. Funciones:

1. Implementar, mantener y asegurar la mejora continua del Sistema de Gestión de Calidad en la Dirección, de conformidad con la normativa nacional e internacional.

2. Colaborar en la implementación y seguimiento de los sistemas de control interno en la Dirección, bajo sistema de calidad.

3. Elaborar y dar a conocer documentación del Sistema de Gestión de Calidad propia de la Dirección, así como velar y supervisar porque se ponga en ejecución y se cumpla.

4. Revisar, registrar y custodiar toda la documentación original de Gestión de Calidad procedente de todos los departamentos que conforman la Dirección.

5. Realizar cambios o ajustes necesarios en la documentación y supervisar porque esos cambios se den.

6. Controlar y supervisar que no esté en funcionamiento documentación obsoleta del Sistema de Calidad.

7. Distribuir y llevar control de todas las copias controladas que se generan de la documentación original de Gestión de Calidad.

8. Revisar y dar seguimiento al desarrollo del Plan de Capacitación del personal en todo lo relacionado con el Sistema de Gestión de Calidad.

9. Planificar y organizar reuniones y actividades diversas relacionadas con el funcionamiento del sistema de gestión de calidad en conjunto con la Dirección.

10. Planificar y llevar a cabo auditorías internas en la Dirección, analizar los resultados de las mismas y supervisar que esos cambios se ejecuten.

14.3.6 Unidad de apoyo administrativo. Funciones:

1. Apoyar los procesos de planificación, administración y seguimiento de las gestiones de la Dirección.

2. Apoyar a la Dirección en los procesos de formulación y ejecución del presupuesto de la dirección.

3. Gestionar las solicitudes de bienes, servicios y suministros requeridos por la Dirección y coordinar su entrega.

4. Velar por el buen uso y custodia de los recursos y bienes materiales asignados a la Dirección para el cumplimiento de sus fines.

5. Fungir como enlace de la Dirección, en el proceso de montaje y mantenimiento del Archivo Central del SENASA.

6. Colaborar en la planeación y ejecución de las actividades de capacitación de la Dirección en coordinación con la Dirección Administrativa Financiera.

7. Brindar el apoyo logístico a la Dirección en las diversas actividades que desarrolle.

8. Participar y apoyar a la Dirección en la elaboración y presentación de diversos informes.

Sección Quinta
De la Dirección de Alimentos para Animales

Artículo 15.- La Dirección de Alimentos para Animales se encarga de registrar, controlar, regular y supervisar los alimentos para consumo animal, de manera que no representen un peligro para la salud pública veterinaria, la salud animal y el medio ambiente, conforme al marco legal vigente.

15.1 Objetivos. Garantizar que los alimentos para animales cumplan con la legislación vigente para el control de calidad, tolerancias, residuos, efectividad, toxicidad, presentación y registro.

15.2 Competencia. Se encarga del registrar, controlar, regular y supervisar los alimentos para consumo animal, de manera que no representen un peligro para la salud pública veterinaria, la salud animal y el medio ambiente, conforme al marco legal vigente.

15.3 Organización Interna. La Dirección de Registro y Control de Alimentos estará a cargo de un Director y contará con dos Departamentos cada uno de ellos cargo de un Jefe de Departamento.

Además tendrá una Unidad de Gestión de la Calidad y una Unidad de Apoyo Administrativo a la Dirección.

15.3.1 Departamento de Registro. Funciones:

1. Planificar, dirigir, coordinar, organizar, evaluar y controlar la implementación de las políticas y estrategias del Departamento.

2. Establecer los requisitos, procedimientos e instrumentos necesarios para el registro de las empresas importadoras, exportadoras o distribuidoras de productos para la nutrición animal, y de las materias primas y premezclas utilizadas en la fabricación de alimentos para animales.

3. Establecer, mantener y actualizar el registro de las empresas importadoras, exportadoras o distribuidoras de productos para la nutrición animal, y de las materias primas y premezclas utilizadas en la fabricación de alimentos para animales.

4. Recibir, analizar y gestionar la documentación relativa a los trámites de registro de empresas elaboradoras, importadoras, exportadoras o distribuidoras de productos para la nutrición animal.

5. Recibir, analizar y gestionar la documentación relativa a los trámites de registro de productos destinados a la nutrición animal y al etiquetado de los productos a registrarse para comprobar que se ajuste a la información legal requerida en cuanto a niveles nutricionales, ingredientes, garantías de inocuidad y otra.

6. Realizar el proceso de inspección previa, con fines de registro, a aquellos interesados en producir y comercializar productos para la nutrición animal.

7. Asesorar en materia de etiquetado de productos para la nutrición animal al sector involucrado e interesado.

8. Brindar asesoría e información técnica a los usuarios en materia de registro de empresas y productos para la nutrición animal, así como para los servicios de análisis químico y microbiológico.

9. Analizar y elaborar la clasificación de los productos destinados a la nutrición animal.

15.3.2 Departamento Regulatorio. Funciones:

1. Planear, dirigir, coordinar, organizar, evaluar y controlar la implementación de las políticas y estrategias del departamento.

2. Elaborar y establecer las normas y los procedimientos de inspección, fiscalización de todo lugar y establecimiento que se dedique a la producción, elaboración, almacenamiento, fraccionamiento y distribución de productos destinados a la producción animal.

3. Diseñar, elaborar y aprobar la normativa, procedimientos y requisitos, que deben cumplir las empresas importadoras, exportadoras o distribuidoras de productos para la nutrición animal, y de las materias primas y premezclas utilizadas en la fabricación de alimentos para animales.

4. Difundir, capacitar, asesorar y apoyar la implementación, en coordinación con las Direcciones Regionales de la normativa técnica, procedimientos e instrumentos relacionados con la inspección y fiscalización de las empresas importadoras, exportadoras o distribuidoras de productos para la nutrición animal, y de las materias primas y premezclas utilizadas en la fabricación de alimentos para animales.

5. Diseñar, divulgar y apoyar la implementación de los procedimientos para la inspección y auditoría de todo lugar y establecimiento que se dedique a la producción, elaboración, almacenamiento, fraccionamiento y distribución de productos destinados a la producción animal.

6. Capacitar a las Direcciones Regionales en la implementación de los procedimientos de inspección y fiscalización de empresas y establecimientos dedicados a producción, elaboración, almacenamiento, fraccionamiento y distribución de productos destinados a la nutrición animal.

7. Participar en actividades de capacitación a nivel nacional o internacional, para mantener actualizados los criterios de regulación y nutrición animal.

8. Actualizar y modificar las normativas vigentes de acuerdo a los cambios exigidos en el entorno nacional e internacional.

9. Establecer las regulaciones que debe cumplir la industria extranjera interesada en exportar a Costa Rica, productos destinados a la nutrición animal.

10. Atender en coordinación con las Direcciones Regionales, las misiones internacionales que nos visitan para certificar los establecimientos nacionales exportadores.

11. Evaluar y aprobar proyectos de investigación en el área de nutrición animal, en coordinación con el Centro de Investigación en Nutrición Animal (CINA-UCR).

12. Publicar información técnica concerniente a la fabricación, importación y venta de alimentos para animales y materias primas, así como los resultados de los análisis de las muestras oficiales tomadas.

13. Coordinar con el Centro de Investigación en Nutrición Animal (CINA) y otros laboratorios, la realización de los análisis correspondientes al muestreo oficial, así como la interpretación de los resultados y la evaluación del nivel de cumplimiento de respecto a la legislación.

14. Establecer el sistema de trazabilidad/rastreabilidad de los alimentos de uso animal.

15.3.3 Departamento de Auditoría. Funciones:

1. Planear y ejecutar las auditorías de los procesos de inspección, fiscalización de empresas y establecimientos dedicados a producción, elaboración, almacenamiento, comercialización y fraccionamiento y distribución de productos destinados a la nutrición animal.

2. Auditar las condiciones sanitarias y de cumplimiento de requisitos de los productos importados destinados a la nutrición animal.

3. Verificar la documentación exigida por el Departamento Regulatorio para la inspección, fiscalización de las empresas importadoras, exportadoras o distribuidoras de productos para la nutrición animal, y de las materias primas y premezclas utilizadas en la fabricación de alimentos para animales.

4. Auditar que las industrias certificadas para la exportación cumplan con los requisitos sanitarios del país de destino.

5. Coordinar con otros entes públicos y privados las actividades relacionadas con la auditoría de los establecimientos, empresas importadoras, exportadoras o distribuidoras de productos para la nutrición animal, y de las materias primas y premezclas utilizadas en la fabricación de alimentos para animales.

6. Elaborar los informes de auditorías realizadas y hacerlos del conocimiento de las instancias correspondientes.

7. Vigilar, dar seguimiento y establecer el control del levantamiento de las no conformidades establecidas en las auditorías.

8. Fomentar y mantener el reconocimiento de la competencia técnica nacional e internacional así mismo como velar por el cumplimiento de los procedimientos exigidos por los mismos.

15.3.4 Unidad de Gestión de Calidad. Funciones:

1. Implementar, mantener y asegurar la mejora continua del Sistema de Gestión de Calidad en la Dirección, de conformidad con la normativa nacional e internacional.

2. Colaborar en la implementación y seguimiento de los sistemas de control interno en la Dirección, bajo sistema de calidad.

3. Elaborar y dar a conocer documentación del Sistema de Gestión de Calidad propia de la Dirección, así como velar y supervisar porque se ponga en ejecución y se cumpla.

4. Revisar, registrar y custodiar toda la documentación original de Gestión de Calidad procedente de todos los departamentos que conforman la Dirección.

5. Realizar cambios o ajustes necesarios en la documentación y supervisar porque esos cambios se den.

6. Controlar y supervisar que no esté en funcionamiento documentación obsoleta del Sistema de Calidad.

7. Distribuir y llevar control de todas las copias controladas que se generan de la documentación original de Gestión de Calidad.

8. Revisar y dar seguimiento al desarrollo del Plan de Capacitación del personal en todo lo relacionado con el Sistema de Gestión de Calidad.

9. Planificar y organizar reuniones y actividades diversas relacionadas con el funcionamiento del sistema de gestión de calidad en conjunto con la Dirección.

10. Planificar y llevar a cabo auditorías internas en la Dirección, analizar los resultados de las mismas y supervisar que esos cambios se ejecuten.

15.3.5 Unidad de apoyo administrativo. Funciones:

1. Apoyar los procesos de planificación, administración y seguimiento de las gestiones de la Dirección.

2. Apoyar a la Dirección en los procesos de formulación y ejecución del presupuesto de la dirección.

3. Gestionar las solicitudes de bienes, servicios y suministros requeridos por la Dirección y coordinar su entrega.

4. Velar por el buen uso y custodia de los recursos y bienes materiales asignados a la Dirección para el cumplimiento de sus fines.

5. Fungir como enlace de la Dirección, en el proceso de montaje y mantenimiento del Archivo Central del SENASA.

6. Colaborar en la planeación y ejecución de las actividades de capacitación de la Dirección en coordinación con la Dirección Administrativa Financiera.

7. Brindar el apoyo logístico a la Dirección en las diversas actividades que desarrolle.

8. Participar y apoyar a la Dirección en la elaboración y presentación de diversos informes.

Sección Sexta
De la Dirección de Salud Reproductiva

Artículo 16.- La Dirección de Salud Reproductiva se encarga de promover la salud reproductiva del hato nacional, con énfasis en la ganadería vacuna; mediante el diagnóstico andrológico, la selección genética, la promoción de tecnologías reproductivas, colaborando así con la eficacia y eficiencia del productor pecuario. Además de regular y supervisar el uso e intercambio del material genético de origen animal.

16.1 Objetivo. Garantizar, promover y velar por la eficiencia y la productividad del hato nacional, fomentando el mejoramiento genético con el uso de tecnologías reproductivas, asegurando el estado sanitario y la capacidad reproductiva.

16.2 Competencia. Promueve y estimula la inseminación artificial como una herramienta para el mejoramiento genético y la prevención de enfermedades de la ganadería nacional con el uso de material genético de calidad; seleccionado, producido, procesado, almacenado y comercializado por la Dirección de Salud Reproductiva o por particulares de conformidad con las normas técnicas que emita esta Dirección al respecto.

16.3 Organización Interna. La Dirección de Salud Reproductiva, estará a cargo de un Director y contará con tres Departamentos cada uno de ellos a cargo de un Jefe de Departamento.

Además tendrá una Unidad de Gestión de la Calidad y una Unidad de Apoyo Administrativo a la Dirección.

16.3.1 Departamento de selección de animales superiores. Funciones:

1. Seleccionar, evaluar (genética, sanitaria y clínicamente) y dar seguimiento a los sementales nacionales e importados que se incorporen a las instalaciones de la Dirección de Salud Reproductiva.

2. Coordinar la realización del diagnostico de la capacidad reproductiva bovina del país.

3. Promover y ejecutar el uso de exámenes andrológicos y ginecológicos a los animales superiores a nivel nacional.

4. Analizar y extender constancia según corresponda sobre la condición sanitaria y reproductiva del hato nacional.

5. Recomendar al productor medidas preventivas sanitarias para la adquisición de nuevos sementales.

6. Contribuir con la prevención y control de las enfermedades que pueden transmitirse y adquirirse en el proceso reproductivo.

7. Tramitar póliza de aseguramiento a los sementales que se encuentren bajo la custodia de la Dirección de Salud Reproductiva.

8. Establecer y firmar convenio entre el propietario y el SENASA para la incorporación de sementales a las instalaciones de la Dirección.

9. Preparar y capacitar al semental para la recolecta de semen.

10. Realizar cuarentena profiláctica a los sementales antes de incorporarlos al proceso de recolecta de semen.

11. Controlar y monitorear los sementales, alimentaria, clínica y sanitariamente, así como determinar y supervisar la nutrición adecuada de los mismos.

12. Sembrar, fertilizar, renovar y cosechar forrajes de alta calidad conforme a necesidades nutricionales de los sementales

13. Velar porque el alojamiento de los animales en las instalaciones de la Dirección se de en condiciones sanitarias apropiadas según la especie, asegurando su bienestar.

14. Cumplir con la aplicación de la normativa nacional e internacional relacionada con la salud reproductiva y la inseminación artificial.

15. Recopilar, procesar y poner a disposición la información necesaria para conocer el estado reproductivo del hato nacional.

16.3.2 Departamento de Material Genético Animal. Funciones:

1. Dictar las normas técnicas pertinentes, elaborar los manuales de procesamientos, así como ejecutar y controlar las medidas de control sanitario del material genético animal.

2. Mantener actualizado y vigente el Reglamento de Recolección, Procesamiento y Congelamiento de Semen y Embriones.

3. Garantizar la calidad biológica del semen nacional e importado, mediante análisis de laboratorio.

4. Velar por la producción y disponibilidad permanente de nitrógeno líquido para la conservación de semen congelado.

5. Recolectar, evaluar, procesar y congelar semen de los animales que se encuentran en las instalaciones de la Dirección de Salud Reproductiva.

6. Atender solicitudes de productores para congelamiento de semen en finca.

7. Brindar el servicio de almacenamiento de semen a productores.

8. Llevar un registro de personas físicas o jurídicas que se dediquen a la producción, recolección, procesamiento, congelamiento o cualquier actividad comercial relacionada con la recolección de semen, inseminación artificial, clonación y transplante de embriones.

9. Controlar periódicamente cada centro o establecimiento de inseminación artificial y/o trasplante de embriones registrado.

10. Mantener un banco de semen de distintas razas que asegure el suministro del mismo mediante la venta a productores nacionales e internacionales.

11. Evaluar periódicamente una muestra del semen congelado, para mantener el control de calidad requerido.

12. Evaluar macro y microscópicamente el semen de casas comerciales importadoras, ganaderos y otros.

13. Velar y supervisar el buen uso y mantenimiento de los insumos y equipos de laboratorio.

14. Brindar el servicio de identificación de pajillas para congelamiento de semen a profesionales en campo conforme a lo reglamentado.

15. Cumplir con la aplicación de la normativa nacional relacionada con la salud reproductiva y la inseminación artificial.

16.3.3 Departamento de Promoción de Tecnologías Reproductivas. Funciones:

1. Promover la implementación de modernas tecnologías reproductivas.

2. Promover la organización de productores en núcleos de tecnologías reproductivas como la inseminación artificial, para que de forma colectiva se utilicen dichas técnicas.

3. Brindar asesoría y capacitación con énfasis en tecnologías reproductivas a productores agrupados en núcleos.

4. Impartir charlas de tecnologías reproductivas a nivel de campo y en la Dirección de Salud Reproductiva, sobre el uso de la técnica de inseminación artificial.

5. Planear y ejecutar programas de capacitación especiales para la formación de técnicos independientes.

6. Atender las solicitudes de capacitación e información de los productores o de organizaciones interesados en utilizar e implementar tecnologías reproductivas.

7. Asesorar y orientar a los productores, sobre parámetros reproductivos del hato nacional.

8. Facilitar equipo en calidad de préstamo y bajo acuerdos escritos, en las etapas iníciales del montaje e implementación de las técnicas reproductivas.

9. Proyectar la demanda de semen por parte de de los núcleos de inseminación artificial y otros usuarios.

10. Capacitar a los productores en el uso de los catálogos de sementales de la Dirección de Salud Reproductiva.
11. Cumplir con la aplicación de la normativa nacional relacionada con la salud reproductiva y la inseminación artificial
12. Elaborar, implementar y supervisar los protocolos, procedimientos y registros del sistema de salud reproductiva, bajo normas de calidad.

16.3.4 Unidad de Gestión de Calidad. Funciones:

1. Implementar, mantener y asegurar la mejora continua del Sistema de Gestión de Calidad en la Dirección, de conformidad con la normativa nacional e internacional.
2. Colaborar en la implementación y seguimiento de los sistemas de control interno en la Dirección, bajo sistema de calidad.
3. Elaborar y dar a conocer documentación del Sistema de Gestión de Calidad propia de la Dirección, así como velar y supervisar porque se ponga en ejecución y se cumpla.
4. Revisar, registrar y custodiar toda la documentación original de Gestión de Calidad procedente de todos los departamentos que conforman la Dirección.
5. Realizar cambios o ajustes necesarios en la documentación y supervisar porque esos cambios se den.
6. Controlar y supervisar que no esté en funcionamiento documentación obsoleta del Sistema de Calidad.
7. Distribuir y llevar control de todas las copias controladas que se generan de la documentación original de Gestión de Calidad.
8. Revisar y dar seguimiento al desarrollo del Plan de Capacitación del personal en todo lo relacionado con el Sistema de Gestión de Calidad.
9. Planificar y organizar reuniones y actividades diversas relacionadas con el funcionamiento del sistema de gestión de calidad en conjunto con la Dirección.
10. Planificar y llevar a cabo auditorías internas en la Dirección, analizar los resultados de las mismas y supervisar que esos cambios se ejecuten.

16.3.5 Unidad de apoyo administrativo. Funciones:

1. Apoyar los procesos de planificación, administración y seguimiento de las gestiones de la Dirección.
2. Apoyar a la Dirección en los procesos de formulación y ejecución del presupuesto de la dirección.
3. Gestionar las solicitudes de bienes, servicios y suministros requeridos por la Dirección y coordinar su entrega.
4. Velar por el buen uso y custodia de los recursos y bienes materiales asignados a la Dirección para el cumplimiento de sus fines.
5. Fungir como enlace de la Dirección, en el proceso de montaje y mantenimiento del Archivo Central del SENASA.
6. Colaborar en la planeación y ejecución de las actividades de capacitación de la Dirección en coordinación con la Dirección Administrativa Financiera.

7. Brindar el apoyo logístico a la Dirección en las diversas actividades que desarrolle.

8. Participar y apoyar a la Dirección en la elaboración y presentación de diversos informes.

Sección Sétima
De la Dirección de Operaciones

Artículo 17.- Se encarga de ejecutar en terreno las acciones que disponen el resto de los órganos: visitas a establecimientos comerciales (centros de acopio, veterinarias, etc.), programa de vigilancia de enfermedades, visitas a fincas y granjas, toma de muestras, verificación de información epidemiológica, declaración de finca libre, auditoría y supervisión de las personas oficializadas y demás acciones que deben de realizarse a nivel regional. Cuenta con una estructura operativa, compuesta por regiones y cantones.

17.1 Objetivo. Dirigir, coordinar, planificar y dar seguimiento a los procesos de salud animal y salud pública veterinaria a nivel regional en cumplimiento de las políticas, lineamientos y procedimientos emanados por las Direcciones y Programas Nacionales.

17.2 Competencia. Le corresponde la planificación, coordinación, integración y conciliación de las acciones regionales de salud animal y salud pública veterinaria, con el sistema nacional del SENASA.

17.3 Organización interna. Para el desempeño de sus funciones la Dirección de Operaciones, estará a cargo de un Director y contará con Direcciones Regionales, cada una de ellas a cargo de un Director Regional. Tendrá dos unidades técnicas, denominadas: Unidad de Certificados Veterinarios de Operación y Unidad de Oficialización de Personas. Además tendrá una Unidad de Gestión de la Calidad y una Unidad de Apoyo Administrativo a la Dirección.

17.3.1 Unidad de Certificados Veterinarios de Operación. Funciones:

1. Autorizar, suspender o desautorizar el funcionamiento de los establecimientos indicados en el artículo 56 de la Ley N° 8495, de conformidad con los criterios sanitarios definidos en ese sentido.

2. Establecer la normativa, requisitos generales, procedimientos, trámites y exigencias en el ámbito sanitario, de ubicación y de condiciones físicas, que en armonía con el medio ambiente, deben de cumplir los establecimientos, su actividad, procesos y los productos finales que en ellos se realice.

3. Establecer las bases de coordinación entre el SENASA y las dependencias y entidades de la Administración Pública, centralizada y descentralizada, las universidades y las municipalidades, así como todas las organizaciones públicas y privadas relacionadas con el otorgamiento y vigencia del Certificado Veterinario de Operación.

4. Reforzar las buenas prácticas veterinarias y la bioseguridad, con énfasis en las zoonosis, para promover que los alimentos de origen animal destinados al consumo de las personas, satisfagan requisitos sanitarios, y por lo tanto, que sean inocuos, sin contaminantes y sin residuos.

5. Establecer las regulaciones generales de capacitación de los trabajadores, las responsabilidades de las empresas y las modalidades para la verificación de los requisitos de aprendizaje.

6. Establecer las obligaciones a los establecimientos veterinarios con relación a los requisitos sanitarios establecidos.

7. Realizar asesoría a todos los actores involucrados en el sistema de Servicios veterinarios de operaciones

8. Ejecutar las auditorías, evaluaciones y seguimiento a las no conformidades y levantamiento de las mismas a los diferentes actores del sistema se servicios veterinarios de operaciones.

9. Implementar el servicio de certificado veterinario de operaciones bajo criterios de calidad.

10. Coordinar muy especialmente con la Dirección de Operaciones la implementación del servicio de Certificado Veterinario de Operaciones.

17.3.2 Unidad de Oficialización de Personas. Funciones:

1. Planear, organizar, dirigir y controlar las actividades propias del proceso de oficialización de personas que brindan servicios veterinarios de interés para el SENASA, así como de las evaluaciones de seguimiento, controles y vigilancia del cumplimiento con los requisitos para optar por la oficialización.

2. Coordinar con las Direcciones Regionales el seguimiento, supervisión y auditoría del personal oficializado.

3. Coordinar con la organización e instituciones tanto nacionales como internacionales, relacionadas con el proceso de oficialización de personas.

4. Recibir, procesar y resolver las solicitudes de oficialización y/o subcontratación que se tramiten en la Dirección.

5. Coordinar las visitas de evaluación con los grupos auditores de acuerdo a la oficialización que se evalúe.

6. Impulsar la creación, mantenimiento y promoción de la red de personas oficializadas por SENASA.

7. Implementar, controlar y mejorar el sistema de calidad en coordinación con la Unidad de Gestión de Calidad, de tal forma que brinde confianza, seguridad y transparencia al servicio.

8. Recibir y atender las denuncias de incumplimiento de los requisitos establecidos para las personas oficializadas.

9. Mantener actualizado el registro de personas oficializadas.

10. Archivar y custodiar la documentación emanada del proceso de oficialización.

11. Cualquier otro que le asigne la Dirección de Operaciones, o la Dirección General del SENASA.

17.3.3 Unidad de Gestión de Calidad. Funciones:

1. Implementar, mantener y asegurar la mejora continua del Sistema de Gestión de Calidad en la Dirección, de conformidad con la normativa nacional e internacional.

2. Colaborar en la implementación y seguimiento de los sistemas de control interno en la Dirección, bajo sistema de calidad.

3. Elaborar y dar a conocer documentación del Sistema de Gestión de Calidad propia de la Dirección, así como velar y supervisar porque se ponga en ejecución y se cumpla.

4. Revisar, registrar y custodiar toda la documentación original de Gestión de Calidad procedente de todos los departamentos que conforman la Dirección.

5. Realizar cambios o ajustes necesarios en la documentación y supervisar porque esos cambios se den.
6. Controlar y supervisar que no esté en funcionamiento documentación obsoleta del Sistema de Calidad.
7. Distribuir y llevar control de todas las copias controladas que se generan de la documentación original de Gestión de Calidad.
8. Revisar y dar seguimiento al desarrollo del Plan dc Capacitación del personal en todo lo relacionado con el Sistema de Gestión de Calidad.
9. Planificar y organizar reuniones y actividades diversas relacionadas con el funcionamiento del sistema de gestión de calidad en conjunto con la Dirección.
10. Planificar y llevar a cabo auditorías internas en la Dirección, analizar los resultados de las mismas y supervisar que esos cambios se ejecuten.

17.3.4 Unidad de apoyo administrativo. Funciones:

1. Apoyar los procesos de planificación, administración y seguimiento de las gestiones de la Dirección.
2. Apoyar a la Dirección en los procesos de formulación y ejecución del presupuesto de la dirección.
3. Gestionar las solicitudes de bienes, servicios y suministros requeridos por la Dirección y coordinar su entrega.
4. Velar por el buen uso y custodia de los recursos y bienes materiales asignados a la Dirección para el cumplimiento de sus fines.
5. Fungir como enlace de la Dirección, en el proceso de montaje y mantenimiento del Archivo Central del SENASA.
6. Colaborar en la planeación y ejecución de las actividades de capacitación de la Dirección en coordinación con la Dirección Administrativa Financiera.
7. Brindar el apoyo logístico a la Dirección en las diversas actividades que desarrolle.
8. Participar y apoyar a la Dirección en la elaboración y presentación de diversos informes.

Artículo 18.- La Dirección de Operaciones tendrá las siguientes Direcciones Regionales:

1. Dirección Región Brunca
2. Dirección Región Chorotega
3. Dirección Región Huetar Atlántica
4. Dirección Región Huetar Norte
5. Dirección Región Pacífico Central
6. Dirección Región Central Sur
7. Dirección Región Central Occidental
8. Dirección Región Central Oriental

18.1 Objetivo. Ejecutar las acciones inherentes a todos los servicios de salud animal y salud pública veterinaria que a nivel regional y local correspondan, en coordinación con todas las dependencias y programas del SENASA.

18.2 Competencia. Representación del SENASA a nivel regional, por lo que le corresponde la gestión, planificación y ejecución de todas las acciones relacionados con los servicios que brinda el SENASA, en coordinación con las diferentes dependencias externas e internas.

18.3 Organización interna. Las Direcciones Regionales estarán a cargo de un Director Regional y contarán con dos Departamentos, cada uno de ellos a cargo de un Jefe de Departamento y oficinas cantonales y subcantonales. Tendrán bajo su autoridad y responsabilidad los puestos de cuarentena y laboratorios oficiales que estén en su circunscripción territorial. Además contarán con una Unidad de Apoyo Administrativo a la Dirección.

Las Oficinas Cantonales y Subcantonales de SENASA las define el Director General en coordinación con el Director Regional y con quien él considere pertinente, con base en dos criterios generales:

1. Riesgo epidemiológico.
2. Indicador de presencia de establecimientos sujetos a control veterinario.

Los cantones se toman como referencia de una forma flexible, pues de acuerdo a los criterios anteriores un cantón podrá tener una o más oficinas, o una oficina podrá cubrir dos o tres cantones.

18.3.1 Departamento de vigilancia y control veterinario

1. Inspeccionar y fiscalizar productos y establecimientos donde se elaboren, procesen, almacenen, distribuyan y comercialicen alimentos de origen animal para el consumo humano, alimentos para animales, medicamentos veterinarios y productos afines, de conformidad con los lineamientos emanados por la Dirección General y las Direcciones Nacionales.
2. Inspeccionar y certificar el estado sanitario de los animales para transacciones comerciales, exportaciones, exposiciones, ferias, deporte y otros.
3. Inspeccionar y auditar las explotaciones pecuarias de interés epidemiológico y establecimientos sujetos a control veterinario.
4. Ejecutar las actividades tendientes a la prevención del ingreso al país de enfermedades exóticas, así como el control y erradicación de enfermedades endémicas según la política, lineamientos y normativa existente aplicable a cada caso.
5. Planear, implementar y supervisar el establecimiento de puestos cuarentenarios móviles.
6. Establecer las cuarentenas domiciliarias de animales importados y aquellas que se considere deban establecerse para evitar o controlar la diseminación de enfermedades.
7. Realizar las inspecciones o visitas y aplicar las medidas sanitarias dentro de la propiedad privada o pública, en caso de que las mercancías pongan en riesgo la salud pública veterinaria o la salud animal.
8. Emitir los certificados veterinarios de operación (CVO) solicitados por los usuarios en el ámbito regional, de conformidad con los procedimientos y lineamientos emitidos para tal fin.

9. Emitir los certificados libre de enfermedades de las diferentes especies, en coordinación con los médicos veterinarios oficializados.

10. Inspeccionar los diversos pasos de la cadena de procesamiento de productos, subproductos y derivados de origen animal para el consumo humano.

11. Emitir los certificados relacionados con la inocuidad de los productos, subproductos y derivados de origen animal para consumo humano, tanto a nivel nacional como internacional.

12. Ejecutar los muestreos requeridos por los Programas Nacionales y Direcciones Nacionales del SENASA, de conformidad con los lineamientos, normativas y procedimientos emitidos por la instancia técnica competente en cada caso.

13. Recibir, atender y resolver las denuncias ciudadanas que se presenten en las oficinas del SENASA, relacionadas con los servicios, competencias y fines del SENASA.

14. Coordinar con la autoridad correspondiente la emisión de la guía de movilización de animales.

15. Emitir los permisos de importación de productos y subproductos de origen animal y exportación e importación de animales.

16. Ejecutar medidas especiales sanitarias, tales como la retención, retiro del comercio o de circulación, decomiso, desnaturalización y destrucción de alimentos que no cumplan la normativa vigente.

17. Coordinar el desecho cuando corresponda o entrega de los bienes decomisados que fueren útiles, a instituciones de interés social sin fines de lucro, mediante las formalidades del caso.

18. Formular las respectivas denuncias ante las autoridades competentes de personas físicas o jurídicas cuando se compruebe infracciones a la legislación vigente

19. Ejecutar y verificar los sistemas de trazabilidad/rastreabilidad de animales, productos, subproductos y de los insumos utilizados en la producción animal en el ámbito regional.

18.3.2 Departamento de Registro.

1. Establecer, mantener y actualizar el registro de los establecimientos ubicados en la circunscripción territorial de la región, sujetos a control del SENASA según lo indicado en el artículo 56 de la Ley.

2. Establecer, mantener y actualizar el registro de los medicamentos de uso veterinario, materias primas y alimentos para animales.

3. Recibir, analizar y gestionar la documentación relativa a los trámites de registro que presenten los usuarios.

4. Recopilar y actualizar en el sistema automatizado, la información sobre la caracterización de la población animal en el ámbito regional así como cualquier otro dato que se requiera.

5. Emitir los certificados libre venta de los alimentos para animales, cuando corresponda.

6. Emitir certificaciones y constancias que soliciten los usuarios sobre mercancías registradas.

7. Estudiar, rechazar o autorizar las solicitudes para el reenvase o reempaque de los medicamentos veterinarios y alimentos para animales así como cambios en las instrucciones de las etiquetas cuando proceda.

8. Extender las autorizaciones para la liberación de alimentos, materias primas y mezclas para consumo animal.

9. Realizar otras labores que la Dirección Regional le asigne.

18.3.3 Puestos de Cuarentena Animal (Puestos de Ingreso Fronterizo (PIF) y Puestos de Control Interno). Funciones:

1. Desarrollar las actividades de primera barrera de defensa sanitaria, para la prevención del ingreso y diseminación de enfermedades exóticas al país.

2. Coordinar las cuarentenas internas de animales, productos, subproductos, biológicos, alimentos para uso animal y para consumo humano que se importen.

3. Recibir, analizar, emitir la documentación y realizar las acciones correspondientes, para la autorización de importación de productos y subproductos de origen animal y el tránsito de esos productos por el territorio nacional.

4. Tomar y enviar para el análisis respectivo las muestras de los animales, productos y subproductos, biológicos y medicamentos que se importan.

5. Determinar y efectuar las medidas y tratamientos cuarentenarios que correspondan aplicar a los diversos animales, productos y subproductos importados y en tránsito, en los puestos de cuarentena animal, para minimizar el riesgo de introducción de enfermedades exóticas y mantener la salud pública veterinaria y la salud animal.

6. Desarrollar los puestos de cuarentena móviles para atender las rutas críticas o situaciones especiales que se consideren en de riesgo para la salud animal y la salud pública veterinaria.

7. Coordinar y colaborar con los involucrados en el establecimiento de medidas de vigilancia epidemiológica de las enfermedades cuarentenarias, así como en la creación y ejecución de los planes de emergencia de enfermedades exóticas y endémicas.

8. Analizar y emitir la documentación necesaria para la exportación de animales en pie, domésticos y selváticos, sus productos y subproductos, secreciones, excreciones y desechos, huevos para reproducción, animales acuáticos y animales exóticos para exhibición, de acuerdo con la normativa legal vigente a nivel nacional e internacional.

9. Enviar a la Unidad de Epidemiología, en coordinación con la Dirección de Cuarentena Animal, las consultas técnicas relacionadas con el análisis de riesgo de las importaciones de animales, productos y subproductos, que ingresen por primera vez al territorio nacional y que puedan representar un peligro para la producción animal nacional o para la salud pública, así como de los países cuyo estado zoosanitario se modifique.

10. Colaborar en la elaboración y promulgación de manuales e instrumentos legales que se requieran para el mejor logro de los objetivos de la Cuarentena Animal.

11. Coordinar con las demás Direcciones las acciones necesarias para el cumplimiento de los objetivos.

18.3.4 Laboratorios Regionales. Funciones:

1. Recibir, registrar y procesar las muestras que ingresan a nivel regional, ya sea para análisis y diagnóstico en el Laboratorio Regional o para envío al Laboratorio Central.
2. Planificar, coordinar, programar y dirigir los diversos tipos de análisis microbiológico y diagnóstico que se realizan en nuestro laboratorio regional.
3. Coordinar con el personal de la región el muestreo anual para los diferentes análisis realizados en la Dirección Regional, para obtener una visión tentativa de la cantidad de muestras y definir la capacidad de análisis del laboratorio y para tener una planificación ordenada de los análisis.
4. Analizar las muestras recibidas mediante la aplicación de métodos inmunológicos.
5. Realizar el diagnóstico de enfermedades en apoyo a la vigilancia epidemiológica, prevención, control y erradicación de las mismas
6. Coordinar con la Dirección de Laboratorio Nacional de Servicios Veterinarios (LANASEVE), todas las acciones técnicas y administrativas del Laboratorio Regional.
7. Implementar, controlar y mejorar el sistema de calidad del Departamento en coordinación con la Unidad de Gestión de Calidad.
8. Velar por la obtención oportuna y el mantenimiento adecuado de los reactivos, materiales y equipo necesario para los ensayos de laboratorio.
9. Coordinar e informar al Director Regional, a la Dirección de Operaciones al LANASEVE y a los Jefes de Programas Nacionales respectivos, sobre los resultados diagnósticos reactores, en forma inmediata, para toma de decisiones.
10. Detectar las necesidades diagnósticas en la región para la implementación de nuevos métodos diagnósticos.

18.3.5 Unidad Regional de Apoyo Administrativo

1. Apoyar los procesos de planificación, administración y seguimiento de las gestiones de la Dirección.
2. Apoyar a la Dirección en los procesos de formulación y ejecución del presupuesto de la dirección.
3. Gestionar las solicitudes de bienes, servicios y suministros requeridos por la Dirección y coordinar su entrega.
4. Velar por el buen uso y custodia de los recursos y bienes materiales asignados a la Dirección para el cumplimiento de sus fines.
5. Fungir como enlace de la Dirección, en el proceso de montaje y mantenimiento del Archivo Central del SENASA.
6. Colaborar en la planeación y ejecución de las actividades de capacitación de la Dirección en coordinación con la Dirección Administrativa Financiera.
7. Brindar el apoyo logístico a la Dirección en las diversas actividades que desarrolle.
8. Participar y apoyar a la Dirección en la elaboración y presentación de diversos informes.

CAPÍTULO V
Disposiciones Finales

Sección Única

Artículo 19.- Derogaciones. Se derogan los artículos 22, 23, 24, 25, 27 y 27 bis del Decreto Ejecutivo Nº 26431-MAG del 2 de octubre de 1997, publicado en *La Gaceta* Nº 213 del 5 de noviembre del 1997, modificado por Decreto Ejecutivo Nº 28861-MAG del 12 de agosto del 2000, publicado en *La Gaceta* Nº 161 del 23 de agosto del 2000 y Decreto Ejecutivo Nº 29252-MAG del 11 de enero del 2001, publicado en *La Gaceta* Nº 25 del 5 de febrero del 2001.

De conformidad con el artículo 10 y Transitorio III de la Ley N° 8495 del 6 de abril de 2006, ténganse por modificados en lo conducente a lo dispuesto en el presente Reglamento todos aquellos decretos ejecutivos que se refieran a la estructura y sus correspondientes funciones de la anterior Dirección de Salud y Producción Pecuaria del Ministerio de Agricultura y Ganadería.

Artículo 20.- Rige a partir de su publicación

Transitorio Único.- Los procesos administrativos que deban ser trasladados de la Dirección Administrativa Financiera del Ministerio de Agricultura y Ganadería a la Dirección Administrativa y Financiera del Servicio Nacional de Salud Animal se harán en un plazo no mayor a seis meses conforme a cronograma que deberá establecerse entre ambas Direcciones.

Dado en la Presidencia de República.- San José, a los diez días de diciembre del año dos mil siete. ÓSCAR ARIAS SÁNCHEZ.-El Ministro de Agricultura y Ganadería, Javier Flores Galarza.

REGLAMENTO DE CREACIÓN Y FUNCIONAMIENTO DEL CONSEJO NACIONAL ASESOR DE SALUD ANIMAL

Decreto Ejecutivo Nº 34148-MAG

(Publicado en La Gaceta N° 1 de 2 de enero de 2008)

EL PRESIDENTE DE LA REPÚBLICA
Y EL MINISTRO DE AGRICULTURA Y GANADERÍA

En ejercicio de las facultades que les confieren el artículo 140, incisos 3), 8), 18) y 20), 146 y 50 de la Constitución Política, artículos 25, 27. 1, 28.2b de la Ley Nº 6227 del 2 de mayo del 1978, Ley General de la Administración Pública y la Ley Nº 8495 del 6 de abril del 2006, Ley General del Servicio Nacional de Salud Animal.

Considerando:

1º– Que el artículo 12 de la Ley General del Servicio Nacional de Salud Animal (SENASA) dispone la creación de órganos asesores de consulta, coordinación y evaluación. Asimismo, indica ese mismo artículo que al menos se conformará el Consejo Nacional Asesor de Salud Animal.

2º– Que es la voluntad del Estado promover en forma eficaz y transparente la participación de los representantes de los productores pecuarios en el quehacer del Servicio Nacional de Salud Animal, con el fin de conseguir reforzamientos mutuos. Por tanto,

DECRETAN:

REGLAMENTO DE CREACIÓN Y FUNCIONAMIENTO DEL CONSEJO NACIONAL ASESOR DE SALUD ANIMAL

CAPÍTULO I
De la Conformación y los Nombramientos

Artículo 1º– Créase el Consejo Nacional Asesor de Salud Animal, cuyo acrónimo será CONASA, el cual será un órgano asesor de consulta, coordinación y evaluación del Servicio Nacional de Salud Animal.

Artículo 2º– El CONASA estará conformado por dos miembros, un propietario y un suplente, de cada una de las siguientes organizaciones y que aglutinan a su alrededor las inquietudes e intereses del Sector Privado Pecuario:

a. Cámara Costarricense de Porcicultores

b. Cámara Nacional de Productores de Leche

c. Corporación Ganadera

d. Cámara Nacional de Avicultores

e. Cámara Nacional de Apicultores

f. Cámara Nacional de Insumos Agropecuarios

g. Cámara Nacional de Exportadores de Productos Pesqueros

h. Cámara Nacional de Agricultura y Agroindustria

i. Cámara de Industriales de Alimentos Balanceados

j. Cámara Nacional de Productores de Genéricos

Los nombramientos no serán a título personal del representante, por lo que, la organización podrá en cualquier momento cambiar al mismo y para lo cual bastará una nota de su Junta Directiva al SENASA, con la comunicación de la nueva designación. Asimismo, el nombramiento será por tiempo indefinido.

Por parte de SENASA participarán el Director General, en calidad de propietario y el Subdirector General, en calidad de suplente.

Artículo 3º– Los miembros que representan la parte privada del sector pecuario de este Consejo, fungirán en forma ad honorem y no tendrán dependencia jerárquica con el SENASA o el Ministerio de Agricultura y Ganadería.

Artículo 4º– El Director General de SENASA solicitará las postulaciones a las organizaciones mencionadas en el artículo anterior, en un plazo no mayor a ocho días hábiles desde la publicación del presente Decreto o cada vez que ocurra una vacante. Una vez recibidas las postulaciones y en un plazo máximo de un mes, procederá a su designación por medio de acuerdo de nombramiento, que se publicará en el Diario Oficial La Gaceta.

CAPÍTULO II
De sus Facultades y Funcionamiento

Artículo 5º– El CONASA estará facultado para:

a) Asesorar en materia de implementación de servicios, programas y planes operativos, presupuestos y sus modificaciones, proyectos financiados por el Fideicomiso, reformas a la Ley SENASA y sus reglamentos;

b) Crear subcomisiones sectoriales específicas, con las facultades y alcance que el CONASA determine;

c) Fungir como evaluador de los servicios prestados, cumplimiento de la ley y la ejecución del Plan Anual Operativo y su presupuesto;

d) Emitir recomendaciones en coordinación con la Dirección General del SENASA, al Ministro o Viceministro del MAG; y

e) Aquellas otras tareas y facultades que le sean asignadas por la Dirección General del SENASA, el Ministro o Viceministro del MAG.

Artículo 6º– El CONASA se reunirá ordinariamente como mínimo una vez al mes y de manera extraordinaria cuando sea convocada por al menos dos de sus miembros o la Dirección General del SENASA.

El Director General del SENASA deberá participar en las sesiones del Consejo y será parte de él, con derecho a voz y voto. También podrá participar, con derecho a voz, aquellos funcionarios públicos que se convoquen para el conocimiento de un tema en particular.

Artículo 7º– El quórum para sesionar válidamente lo formaran cuatro representantes, pudiendo contarse al Director General del SENASA para estos efectos.

Artículo 8º– El CONASA elegirá de entre sus miembros a un Coordinador, quien moderará las sesiones.

Artículo 9º– Los acuerdos y recomendaciones serán adoptados por mayoría simple de los presentes.

Artículo 10.– Para poder ejercer las facultades que la ley y este reglamento indican, los funcionarios del SENASA estarán obligados a colaborar con el CONASA y brindarles la información que estos requieran, de una manera ágil y transparente.

Artículo 11.– Rige a partir de su publicación.

Dado en la Presidencia de la República.– San José, a los doce días del mes de noviembre del dos mil siete. ÓSCAR ARIAS SÁNCHEZ.– El Ministro de Agricultura y Ganadería, Javier Flores Galarza.

REGLAMENTO DE FONDO DE CAJA CHICA DEL SERVICIO NACIONAL DE SALUD ANIMAL

Decreto Ejecutivo Nº 34923-MAG

(Publicado en La Gaceta N° 246 de 19 de diciembre de 2008)

EL PRESIDENTE DE LA REPÚBLICA
Y EL MINISTRO DE AGRICULTURA Y GANADERÍA

En uso de las facultades que les confieren los incisos 3) y 18) del artículo 140, artículos 146, 185 siguientes y concordantes de la Constitución Política, artículos 25, 27 y el acápite b) del inciso 2) del artículo 28 de la Ley General de Administración Pública, Ley Nº 6227 del 2 de mayo de 1978, los artículos 1 incisos a) y b), 61 inciso h) y 66 de la Ley de la Administración Financiera de la República y Presupuestos Públicos, Ley Nº 8131 del 18 de setiembre del 2001 y los artículos 79, 82 siguientes y concordantes de su Reglamento, Decreto Ejecutivo Nº 30058-H-MP-PLAN del 9 de abril del 2002 y el artículo 8 de la Ley General del Servicio Nacional de Salud Animal -SENASA-, Nº 8495 del 6 de abril del 2006.

Considerando:

1º– Que mediante el Decreto Ejecutivo Nº 32988-H-MP-PLAN publicado en el Diario Oficial *La Gaceta* Nº 74 del 18 de abril del año 2006, entró en vigencia el nuevo Reglamento de la Ley de Administración Financiera y Presupuestos Públicos Nº 8131 el cual establece la normativa y los procedimientos específicos para regular la operación de los Fondos de Caja Chica por medio de la Tesorería Nacional.

2º– Que la Ley 8495 del 6 de abril de 2006, Ley General del Servicio Nacional de Salud Animal (SENASA), establece que éste es un órgano de desconcentración mínima del Ministerio de Agricultura y Ganadería, con personería jurídica instrumental, y por ello facultado para administrar los recursos financieros que forman parte de su patrimonio, y para establecer los procedimientos que mejor convengan para el cumplimiento de sus competencias y objetivos de interés público.

3º– Que el artículo 8, del Decreto 32874-H del 31 de enero del 2006, Reglamento General del Fondo Cajas Chicas, establece que los entes adscritos y otras entidades sujetas al principio de Caja Única deberán diseñar su propio Reglamento de Caja Chica, según su ámbito de acción.

4º– Que se hace necesario adaptar las disposiciones de los decretos ejecutivos que regulan en forma particular la operación del Fondo Fijo de Caja Chica en Ministerios y Poderes del Gobierno Central, para dictar normas para el funcionamiento de una Caja Chica en el SENASA, que establezcan los procedimientos y mecanismos de control necesarios para su utilización.

5º– Que mediante Oficio TN-1256-08 del 13 de agosto del 2008 la Tesorería Nacional manifestó su conformidad con el presente Decreto. **Por tanto,**

DECRETAN:

El siguiente:

REGLAMENTO DE FONDO DE CAJA CHICA DEL SERVICIO NACIONAL DE SALUD ANIMAL (SENASA)

CAPÍTULO I
Disposiciones generales

Artículo 1º– Ámbito de aplicación. El presente Reglamento establece las disposiciones generales que regulan la asignación, operación y control de los Fondos Fijos de Caja Chica para el SENASA, de conformidad con lo dispuesto en la Ley de Administración Financiera de la República y Presupuestos Públicos Nº 8131, en el Reglamento para el Funcionamiento de Caja Única, Decreto Ejecutivo Nº 33950-H y en el Reglamento General del Fondo de Cajas Chicas.

Artículo 2º– Definición del Fondo Fijo Caja Chica. Para los efectos del presente Reglamento, el Fondo Fijo de Caja Chica lo constituyen la asignación de recursos de la Cuenta Especial del Servicio Nacional de Salud Animal, para realizar gastos menores, atender situaciones no previsibles oportunamente y para adquirir bienes y servicios de carácter indispensable y urgente, según las partidas, grupos y subpartidas del clasificador del gasto del Sector Público autorizadas por la Tesorería Nacional.

Artículo 3º– Normativa aplicable. La operación del Fondo Fijo de Caja Chica del SENASA, se sujetará a las disposiciones del presente Reglamento, la Ley de Administración Financiera de la República y Presupuestos Públicos y su Reglamento, a la Ley General de la Administración Pública, Ley General del Servicio Nacional de Salud Animal, el Reglamento para el funcionamiento de la Caja Única, el Reglamento General del Fondo Cajas Chicas, de el Reglamento de Gastos de Viaje y de Transporte para Funcionarios Públicos de la Contraloría General de la República, a los lineamientos de la Tesorería Nacional, Circular DFC-319-06 del 28 de marzo del 2006, así como cualquier otra normativa vigente sobre la materia.

Artículo 4º– Naturaleza. La ejecución del gasto mediante el Fondo Fijo de Caja Chica es un procedimiento de excepción y por consiguiente limitado a la atención de gastos menores indispensables y urgentes, según el criterio justificado de las unidades funcionales del SENASA. Con cargo a dicho fondo, se podrán realizar gastos correspondientes a las subpartidas presupuestarias consideradas para tal efecto en el clasificador del gasto para compras por Caja Chica.

Artículo 5º– Gastos Menores indispensables y urgentes. Se considerarán Gastos Menores aquellos que no excedan el monto máximo fijado por la Dirección General del SENASA de conformidad con lo dispuesto por la Tesorería Nacional y que corresponden a la adquisición de bienes, de los cuales no se encuentre existencia en las Bodegas del SENASA y servicios, ya sea porque no se ha llevado a cabo o está en proceso la correspondiente contratación administrativa o que por su naturaleza no pueden mantenerse en existencias en bodegas. Además entre los denominados Gastos Menores se consideran los viáticos y gastos de transporte, tanto al interior como al exterior del país, incluyendo pago de timbres de salida, uso de aeropuertos y pagos por lavado de ropa, pago de tarifas por uso de estacionamientos, los gastos de desalmacenaje de mercancías, envío de encomiendas y muestras por transporte nacional, envío de muestras al exterior para realización de ensayos de laboratorio, pago por alquiler de equipo pesado (retroexcavadora, vagoneta, tractor de orugas, camión de adrales de más de media tonelada y similares) que sea necesario para ejecutar medidas sanitarias, compra de semovientes cuando se trate de una emergencia, equipo sanitario de laboratorio e investigación cuando sea requerido por alguna emergencia, alimentos y productos agropecuarios, así como otros gastos menores; todos estos gastos deberán estar contemplados en el Clasificador por Objeto del Gasto del Sector Público para Compras por Fondo Fijo de Caja Chica, lo anterior siempre que se atiendan las restricciones establecidas en este Reglamento.

Los Ejecutores del Presupuesto y la Dirección Administrativa y Financiera del SENASA deberán organizarse y planificar adecuadamente las compras de materiales y suministros que el SENASA necesite utilizando los diferentes procesos de Contratación Administrativa con el fin de utilizar lo menos posible el fondo de caja chica autorizado.

Artículo 6º– Contenido presupuestario y económico. Todas las compras o pagos que se realicen por medio de Caja Chica, deberán contar con el debido contenido presupuestario y económico autorizado por la Dirección Administrativa y Financiera del SENASA y será responsabilidad de las jefaturas y funcionarios autorizados velar por el fiel cumplimiento de esta disposición.

Artículo 7º– Registro de nombres y firmas. El responsable del Fondo de Caja Chica, constituirá un registro actualizado con el nombre, número de cédula de identidad y registro de firmas de los funcionarios autorizados por unidad funcional para realizar las gestiones de compra y uso del fondo de Caja Chica.

Artículo 8º– Responsable. El responsable del Fondo Fijo de Caja Chica en la Institución, será el Jefe del Departamento de Recursos Financieros de la Dirección Administrativa Financiera del SENASA o en quién se delegue el cumplimiento de las funciones atinentes a su cargo, relacionadas con la operación de la Caja Chica. Asimismo, comunicará al Director General del SENASA con copia a la Auditoría Interna y a la Tesorería Nacional, el registro de firmas autorizadas para operar la cuenta corriente respectiva. A la Dirección Administrativa y Financiera se le hará entrega de los recursos para una adecuada disposición y correcta administración del efectivo, valores y documentos bajo su custodia.

CAPÍTULO II
Asignación de recursos

Artículo 9º– Asignación del monto de Caja Chica. El monto inicial del Fondo de Caja Chica del SENASA, será del 1% de la programación de gasto que se establezca en el Presupuesto de la Cuenta Especial, autorizado por la Contraloría General de la República, para el ejercicio económico que corresponda, para las partidas incluidas en el Clasificador por Objeto del Gasto del Sector Público para Compras por Fondo Fijo Caja Chica, previo a la autorización del Director General del SENASA deberá contar con el visto bueno de la Tesorería Nacional según lo establecido en el Artículo 10 del Decreto Nº 32874-H Reglamento General del Fondo Cajas Chicas.

Artículo 10.– Cajas auxiliares. El Director General del SENASA, autorizará de acuerdo a solicitud debidamente justificada del Jefe del Departamento de Recursos Financieros la creación y funcionamiento de cajas auxiliares en efectivo o a través de cuentas bancarias en un banco estatal en las Direcciones Técnicas y Regionales del SENASA a fin de satisfacer las necesidades que requieran urgente atención.

10.1. El monto autorizado para estas cajas auxiliares será por un monto de ¢150.000,00 (ciento cincuenta mil colones exactos) con un límite de gasto de veintidós mil quinientos colones exactos, el cual podrá ser aumentado de ser necesario por el Director General previa justificación del Jefe Financiero del SENASA.

10.2. En casos debidamente justificados por el Departamento de Recursos Financieros, la Dirección General del SENASA, podrá autorizar cajas auxiliares en efectivo con un monto mayor a ¢150.000,00 (ciento cincuenta mil colones exactos), previo deberán informar a la Tesorería Nacional para el correspondiente visto bueno.

10.3. Las cajas auxiliares estarán bajo la responsabilidad del Director de la Dirección Técnica Regional correspondiente, pudiendo delegar el manejo en otro funcionario, lo cual deberá ser informado al Director General y Jefe del Departamento de Recursos Financieros de la Dirección Administrativa Financiera del SENASA.

10.4. El fondo fijo de las cajas auxiliares se regirá por las disposiciones del presente reglamento y las instrucciones que dicte la Dirección Administrativa y Financiera del SENASA por medio de la Jefatura del Departamento de Administración de Recursos Financieros.

Artículo 11.– Ampliaciones temporales o permanentes. La Dirección General de SENASA podrá solicitar a la Tesorería Nacional ampliaciones temporales o permanentes para el Fondo de Caja Chica por razones de conveniencia, oportunidad e interés público de acuerdo con los siguientes procedimientos: el traslado de recursos o la autorización

11.1. Documentar con solicitud del responsable ante la Dirección Administrativa Financiera, solicitando una ampliación del Fondo Fijo Caja Chica o caja auxiliar temporal o permanente, indicando la finalidad o uso que se dará a los recursos solicitados, la composición del fondo o el estado actual de los recursos autorizados al cierre del último trimestre, el saldo de la cuenta corriente al último día del mes anterior, el flujo de efectivo de los últimos tres meses; para ampliaciones temporales se debe señalar la fecha del reintegro del monto solicitado.

11.2. Realizar el trámite de reintegro de los recursos económicos a la cuenta corriente exclusiva del Fondo Fijo de Caja Chica del SENASA.

11.3. Acatar las disposiciones que por medio de lineamientos emite la Tesorería Nacional relacionado con la Caja Única.

Artículo 12.– Transferencias electrónicas de fondos. El monto aprobado solicitado por la Dirección General del SENASA para el Fondo de Caja Chica, así como los aumentos permanentes o temporales se harán efectivos por medio de transferencias electrónicas de fondos a la cuenta corriente exclusiva para la Caja Chica del SENASA. La Caja Chica de SENASA a su vez podrá realizar transferencias vía electrónica a las cuentas corrientes de las cajas chicas auxiliares.

Artículo 13.– Responsabilidades del Encargado del Fondo. Corresponderá al responsable del Fondo Fijo de Caja Chica y cajas chicas auxiliares:

13.1. Establecer póliza de fidelidad de acuerdo con el artículo 13 de la Ley de Administración Financiera y Presupuestos Públicos,

13.2. Recibir los fondos autorizados,

13.3. Custodiar los fondos y los documentos relacionados,

13.4. Efectuar los registros del gasto en el sistema correspondiente,

13.5. Pagar con cargo al Fondo, los bienes o servicios recibidos a satisfacción, de acuerdo con el procedimiento establecido en este Reglamento y el Manual de Procedimientos para la Operación de la Caja Chica del SENASA, que al efecto emita la Dirección Administrativa y Financiera del SENASA, en concordancia con los lineamientos que establezca la Tesorería Nacional.

13.6. Gestionar los reintegros respectivos de conformidad con lo dispuesto en el presente Reglamento.

De requerirse la delegación de funciones, ésta deberá ajustarse a lo ordenado por el numeral 89, siguientes y concordantes de la Ley General de la Administración Pública.

CAPÍTULO III
Funcionamiento

Artículo 14.– Manual de Procedimientos para la Operación de la Caja Chica. La Dirección Administrativa y Financiera del SENASA, por medio del Responsable del Fondo

Fijo de Caja Chica, emitirá y mantendrá actualizado el manual de procedimientos, para el buen funcionamiento del Fondo de Caja Chica, el cual se oficializará a través de resolución administrativa, que se dictará con el visto bueno de la Tesorería Nacional.

Artículo 15.– Clasificador por el Objeto del Gasto del Sector Público. Las partidas, grupos y subpartidas presupuestarias autorizadas para realizar gastos por Fondo Fijo de Caja Chica, serán de conformidad con lo indicado en el Clasificador por el Objeto del Gasto del Sector Público para compra por Caja Chica emitido por la Tesorería Nacional, de acuerdo con el ámbito de aplicación establecido en el Reglamento General del Fondo Cajas Chicas y las indicadas en el artículo 5 del presente Reglamento, dada la naturaleza del SENASA.

Artículo 16.– Límite de gasto. Para incurrir en gastos por medio del Fondo Fijo de Caja Chica, debidamente autorizados, se deberá acatar los límites económicos establecidos por la Tesorería Nacional, por lo que el Responsable del Fondo al inicio de cada periodo presupuestario y de acuerdo al presupuesto anual en las partidas autorizadas para compras por Caja Chica, deberá efectuar el cálculo correspondiente y solicitar la aprobación a la Dirección General del SENASA, previo visto bueno de la Dirección Administrativa y Financiera del SENASA.

Para las compras de bienes o servicios por montos superiores al límite de gasto establecido, deberá existir autorización previa por parte del Director General o Subdirector General del SENASA. Los gastos por concepto de viáticos y transporte dentro y fuera del país que sobrepasen el límite, serán autorizados por el Director Administrativo Financiero del SENASA, de acuerdo con la normativa establecida para ese efecto por la Contraloría General de la República y por el Reglamento General Fondo Fijo de Caja Chica.

Artículo 17.– Formularios de compras. Para efectuar compras por medio del Fondo de Caja Chica, se utilizarán los siguientes formularios elaborados y aprobados por la Tesorería Nacional:

17.1. Solicitud pedido de compra por Fondo Caja Chica.

17.2. Pedido de compra por Fondo Caja Chica.

Estos formularios se regirán por el procedimiento y los lineamientos que establezca el ente Rector; su uso es exclusivo de la Dirección Administrativa y Financiera del SENASA. Estos documentos se conservarán y custodiarán de manera ordenada en esta unidad, y los mismos podrán ser modificados por el SENASA, previa autorización de la Tesorería Nacional.

Artículo 18.– Prohibiciones. Se le prohíbe al Responsable del Fondo de Caja Chica y Cajas Chicas Auxiliares:

18.1. Mezclar dinero, documentos, cheques, valores particulares u otros documentos que no tengan relación alguna con el Fondo.

18.2. Efectuar pagos de sueldos o salarios.

18.3. Cambiar cheques personales.

18.4. Cualquier cambio de valores o dinero a funcionarios del SENASA o particulares.

18.5. Realizar operaciones diferentes para las cuales fue creado el Fondo.

18.6. Emitir cheques al portador.

Artículo 19.– Pagos mediante cheque. Si una erogación se realiza por medio de cheque, este deberá expedirse:

19.1. A nombre de la persona física o jurídica que brindará el bien o servicio.

19.2. En el caso de adelanto o la liquidación de viáticos al interior o exterior del país a nombre del funcionario que originalmente solicitó el trámite.

Artículo 20.– Ausencia del Encargado del Fondo de Caja Chica o Caja Chica Auxiliar. En ausencia del encargado del Fondo de Caja Chica o Caja Chica Auxiliar, se procederá a designar a un sustituto y el traspaso del Fondo se realizará mediante una acta y un arqueo, que efectuará un funcionario designado por la Dirección Administrativa y Financiera del SENASA y deberán estar presentes tanto el responsable del Fondo de Caja Chica y la persona que recibe el fondo, quienes firmarán conjuntamente el documento del arqueo y el acta respectiva. En caso de que el Encargado del Fondo de Caja Chica o Caja Auxiliar, no pueda estar presente será necesaria la presencia de un abogado del SENASA y en su defecto con la presencia de dos funcionarios como testigos, que den fe de los términos en que realizó el acto.

CAPÍTULO IV
Adquisición de bienes y servicios por Caja Chica

Artículo 21.– Formularios de compras. Toda solicitud de dinero por Caja Chica, para las compras de bienes y servicios, deberá realizarse mediante los formularios autorizados por la Tesorería Nacional, a saber:

1. Solicitud de pedido de compra por Fondo de Caja Chica.

2. Pedido de compra por Fondo de Caja Chica, cuyo uso es exclusivo del Departamento de Recursos Financieros.

Artículo 22.– Pagos en efectivo. Para los pagos en efectivo del Fondo Fijo de Caja Chica, se utilizará el formulario denominado “Vale de Dinero”, el cual será utilizado de forma excepcional y en atención a urgencia declarada por la Jefatura correspondiente. Mediante éste mecanismo de pago se podrán realizar erogaciones que no superen el monto que autorice el Director General del SENASA. La Jefatura que solicita el vale de dinero es responsable del uso del dinero otorgado y de completar los trámites de reembolso y cancelación de dicho documento.

Artículo 23.– Requisitos para compras, pago de viáticos y transporte, sujetos a liquidación. En atención a las erogaciones autorizadas por el Fondo Fijo de Caja Chica, tanto para compras como para viáticos y transportes al interior y al exterior del país, los funcionarios responsables y autorizados dependiendo de las particularidades institucionales, deberán observar los siguientes requisitos sin perjuicio de otros establecidos en la normativa vigente sobre la materia:

23.1. Para compras:

23.1.1. Evaluar la necesidad de urgencia de realizar compras por Fondo de Caja Chica.

23.1.2. Que el bien o servicio solicitado corresponda a las subpartidas presupuestadas y autorizadas a realizar erogaciones por Caja Chica.

23.1.3. Seleccionar el proveedor de los bienes o servicios en procura del mayor beneficio institucional en cuanto a precio y calidad.

23.1.4. Para las compras de bienes superiores a un monto mínimo que defina la Dirección Financiera del SENASA atendiendo las orientaciones que establezca la Tesorería Nacional, se requerirá constancia de la Proveeduría Institucional incluida en el formulario Solicitud de Pedido de Compra por Fondo de Caja Chica, indicando que el bien solicitado no existe en bodega.

23.1.5. Solicitar a los proveedores, cotizaciones del bien o servicio a comprar sin impuestos.

23.1.6. Verificar que los proveedores comerciales a los cuales se les solicita bienes y servicios con cargo al Fondo de Caja Chica se encuentran registrados como tales, de lo contrario, la Dirección Administrativa-Financiera del SENASA deberá llevar registros propios de proveedores comerciales ocasionales hasta que se puedan registrar en el sistema correspondiente. En caso de ser un proveedor habitual, deberá solicitar ser registrado en dicho sistema a la Dirección Administrativa-Financiera del SENASA.

23.1.7. Para la compra de un bien o servicio, el solicitante deberá presentar adjunto a la Solicitud de Pedido de Compra las cotizaciones que se requieran de acuerdo al monto de la compra a fin de que el responsable pueda autorizar que el trámite se realice considerando la cotización de menor precio, no fraccionando la compra en dos facturas diferentes.

23.1.8. Las compras de bienes y servicios se realizarán de acuerdo con el formulario denominado Solicitud de Pedido de Compra por Fondo Fijo de Caja Chica, documento que respalda el proceso de compra ante la Dirección Administrativa y Financiera del SENASA.

23.1.9. En caso del uso y registro de formularios estandarizados y pre-enumerados, si son generados por un sistema informático, éste deberá asignar un número consecutivo que los identifique individual y específicamente.

23.1.10. El Pedido de Compra por Fondo Fijo de Caja Chica, deberá ser confeccionado de forma electrónica por el funcionario autorizado por el ejecutor presupuestario y aprobado por el responsable del Fondo, encargado de medir la urgencia y necesidad de compra, así como de verificar el cumplimiento de lo estipulado en este Reglamento.

23.1.11. El funcionario encargado de realizar la gestión de compra será el responsable de entregar el Pedido de Compra por Fondo Fijo de Caja Chica, al proveedor comercial y efectuar la rendición de cuentas a más tardar cinco días después de emitido el documento ante el Departamento de Recursos Financieros del SENASA.

23.1.12. Se deberá verificar por parte del Responsable del Fondo de Caja Chica, la veracidad de los datos consignados en los documentos, la correspondencia del importe y el límite de gasto; el disponible del contenido presupuestario y autorizaciones correspondientes.

23.1.13. La Dirección Administrativa y Financiera del SENASA efectuará la retención en el Sistema correspondiente del 2% por concepto del impuesto sobre la renta, de conformidad con la normativa que al efecto emita la Dirección General de Tributación Directa.

23.1.14. En razón de la inmunidad fiscal del Estado, las compras que se realicen deberán estar exentas del Impuesto General de Ventas, salvo situaciones especiales extremadamente urgentes y autorizadas por el Responsable, en las que se podrán aceptar facturas o comprobantes de caja con el impuesto de venta incluido a fin de efectuar el pago y reintegro correspondiente.

23.1.15. Recepción a conformidad de los bienes o servicios por parte de los ejecutores del presupuesto o el que éste designe.

23.1.16. Los documentos de recibo, emisión y registro, según corresponda, son responsabilidad del Departamento de Recursos Financieros de la Dirección Administrativa Financiera. Toda compra deberá quedar respaldada por:

23.1.16.1. Una reserva de recursos para Caja Chica,

23.1.16.2. La factura comercial debidamente emitida por el proveedor respectivo,

23.1.16.3. Las facturas proforma,

23.1.16.4. La Solicitud de Pedido de Compra por Caja Chica,

23.1.16.5. El Pedido de Compra, la copia del cheque o copia del comprobante de pago si se ha usado una transferencia o cancelado en efectivo.

23.1.17. Registro detallado por parte de los responsables de los vales tramitados y archivo de documentos de respaldo que permitan la fácil localización e identificación del proceso efectuado.

23.1.18. Para compras imprevistas de suma urgencia, se podrán autorizar gastos con proveedores inscritos o no inscritos en el registro correspondiente, asegurándose que existe contenido presupuestario para ser cancelados directamente por los funcionarios autorizados previamente, reembolsándole el monto por medio de cheque, transferencia o efectivo según sea el caso. Las facturas o comprobantes deberán estar debidamente autorizadas y firmadas al reverso por el funcionario autorizado para que el Departamento de Recursos Financieros, las registre donde corresponda.

23.2. Para viáticos:

23.2.1. El Director de la dependencia respectiva, evaluará la necesidad y urgencia de realizar una gira, tanto al interior como al exterior del país, e informará formalmente por escrito el motivo de su aprobación, al responsable del Fondo Fijo de Caja Chica.

23.2.2. En el caso de los adelantos de viáticos para gastos de viaje y transporte tanto al interior como al exterior del país, deberán indicar claramente la fecha de inicio y fin de la gira, los lugares a visitar y el motivo del viaje, que deberá estar acorde con las funciones que el servidor realiza, utilizando los formularios establecidos por la Contraloría General de la República o los que se establezcan para dicho fin, por la Tesorería Nacional.

23.2.3. Llenar la solicitud de adelanto de viáticos por Fondo Fijo de Caja Chica, la cual deberá ser debidamente justificada, autorizada y firmada por la Jefatura respectiva.

23.2.4. Presentar la solicitud de adelanto de viáticos en el Departamento de Recursos Financieros, solicitando la transferencia de fondos a la cuenta personal del funcionario asignado o efectuar esta transacción mediante cheque.

23.2.5. Cuando la Contraloría General de la República autorice un aumento en el tope de viáticos, se podrá aumentar automáticamente, previo conocimiento de la directriz por parte de la Dirección General del SENASA.

23.2.6. Previo a la autorización de los adelantos de viáticos y transportes al exterior del país, se deberá contar con el debido Acuerdo de Viaje, firmado por el Ministro de Agricultura y Ganadería. La Dirección Administrativa y Financiera del SENASA deberá verificar que la información sea correcta y cuente con los Vistos Buenos correspondientes, y concuerden con las tarifas establecidas en el Reglamento de Gastos de Viaje y de Transporte para Funcionarios Públicos emitido por la Contraloría General de la República.

23.2.7. El funcionario que ha realizado una gira, deberá presentarse al Departamento de Recursos Financiero del SENASA para la liquidación correspondiente dentro de los siete días hábiles posteriores al regreso de la gira, de no ser así, se procederá conforme lo dispuesto el Artículo 37 de este Reglamento.

23.2.8. El sobrante que resulte de una liquidación, deberá ser depositado por el funcionario preferiblemente mediante depósito en la cuenta bancaria de la Caja Chica del SENASA o entregado contra recibo al Responsable del Fondo Fijo de Caja Chica, en caso contrario se le aplicará lo establecido en el Artículo 37 de este Reglamento.

23.2.9. El responsable del Fondo de Caja Chica, depositará en la cuenta corriente del servidor vía electrónica o se le pagará por medio de cheque o en efectivo, de acuerdo a la liquidación y de los respectivos comprobantes, el exceso en los gastos en la gira realizada.

23.2.10. El funcionario encargado de revisar las liquidaciones de viáticos, deberá verificar que dentro del formulario correspondiente no se incluyan facturas por otros servicios o bienes, tales como lavado de vehículo, cambios de aceite, arreglos de llantas entre otros.

23.2.11. En caso de que los gastos por concepto de transporte y gastos de viaje al exterior del país, sobrepase el límite establecido para gastos por caja chica, se requerirá la autorización del la Dirección Administrativa Financiera, para lo que deberá atender lo estipulado en este Reglamento, lo establecido en el Reglamento de Gastos de Viaje y de Transporte para Funcionarios Públicos emitido por la Contraloría General de la República y los lineamientos que al efecto emita la Tesorería Nacional.

23.2.12. La liquidación de viáticos al exterior se deberá realizar en el formulario denominado "Liquidación de Gastos de Viaje en el Exterior", incorporando la información referida a la gira realizada, a saber: viáticos, tiquete aéreo, traslados, tasas e impuestos y al pago de la cuota por inscripción en la actividad a la que se asiste, considerando la subpartida correspondiente y las disposiciones normativas correspondientes.

23.2.13. La liquidación de viáticos y transportes al exterior del país, deberá adjuntar el respectivo Acuerdo de Viaje de acuerdo con los incisos 23.2.6 y 23.2.7 de este artículo y los documentos que respalden la liquidación de gastos de viaje o transporte.

23.2.14. La formalización correspondiente para gastos de viáticos y transporte al interior como al exterior del país, deberá realizarse previo a la gira autorizada.

23.2.15. El Jefe del Departamento de Recursos Financieros, deberá rendir un informe mensual a la Dirección Administrativa Financiera con copia a la Dirección General y a la Tesorería Nacional, de los viáticos y transporte autorizados tanto al interior como al exterior del país.

23.2.16. Dentro de los gastos de viaje al exterior, no se pagarán seguros de viaje a los funcionarios, tampoco se le cancelarán gastos por concepto de llamadas telefónicas internacionales.

Artículo 24.- Gastos de representación. Con cargo al Fondo Fijo de Caja Chica, se podrán realizar pagos por concepto de gastos de representación, únicamente en los casos que a continuación se especifican:

24.1. Gastos originados en la celebración de recepciones oficiales con carácter institucional, de conformidad con lo establecido en el Reglamento para el Pago de Gastos de Representación en el Gobierno de la República y sus Órganos Adscritos N° 32031H.

24.2. Los adelantos para Gastos de Representación Ocasionales en el Exterior estarán sujetos a las disposiciones establecidas en el Reglamento de Gastos de Viaje y de Transporte para Funcionarios Públicos, emitido por la Contraloría General de la República, a los lineamientos de este Reglamento y a las disposiciones que emita la Tesorería Nacional.

No podrán realizarse pagos con cargo al Fondo Fijo de Caja Chica, por concepto de gastos de representación fijos, ni de gastos de representación correspondientes a actividades personales sujetos a liquidación.

Artículo 25.– Liquidaciones. Para las Direcciones Técnicas con ubicación en las oficinas centrales de SENASA la liquidación de los anticipos para compras deberá realizarse al tercer día hábil siguiente al del día del retiro de dinero. Para las Direcciones Técnicas ubicadas fuera de las oficinas centrales de SENASA y para las Direcciones Regionales, el plazo para liquidar los adelantos de dinero será cinco días hábiles.

Artículo 26.– Liquidación pendiente. No se autorizará un vale de dinero por caja chica o adelanto de viáticos a un funcionario que tenga una liquidación previa pendiente, debiendo en tal caso el responsable de Fondo Fijo de Caja Chica solicitar al funcionario la presentación de la liquidación pendiente. El incumplimiento de esta disposición hará incurrir en lo dispuesto en el artículo 37 de este Reglamento.

Artículo 27.– Devolución por sobrantes de adelanto de Caja Chica. Todo sobrante de dinero originado en la liquidación de un vale de dinero de caja chica deberá ser devuelto al momento de liquidar la factura correspondiente; en el caso de adelanto de viáticos, el sobrante deberá ser devuelto conjuntamente con la liquidación. Si la liquidación no la efectúa el funcionario en el tiempo establecido se procederá con lo indicado en el artículo 38 de este Reglamento y con las disposiciones que sobre el particular contempla el Reglamento de Gastos de Viaje y de Transporte para Funcionarios Públicos emitido por la Contraloría General de la República. En caso de que el gasto presentado sea superior al adelanto de caja originalmente emitido, el funcionario responsable deberá adjuntar a la liquidación una justificación firmada por el jefe inmediato y el monto será girado a la cuenta personal del funcionario, mediante cheque, transferencia o se le pagará en efectivo.

Artículo 28.– Uso de medios electrónicos. La ejecución de las operaciones de Caja Chica y los trámites de reintegro se podrán realizar por medios electrónicos, en el tanto que se disponga por parte de la institución y del correspondiente Banco de un sistema de información computadorizado que garantice la adecuada funcionalidad y seguridad. De igual forma, se podrán realizar dichas transacciones electrónicas por medio de las cuentas de Caja Única en las que se administren recursos del fondo de caja chica, según las disposiciones de la Tesorería Nacional.

Artículo 29.– Condiciones de pago a proveedores. Todo pago realizado a los proveedores por parte del responsable del Fondo Fijo – Caja Chica, deberá quedar registrado en el sistema electrónico vigente y contar con el respaldo de una Solicitud de Pedido de Compra por Caja Chica, original o copia del Pedido de Compra, Original de la factura comercial, tiquete o comprobante y cumplir con los siguientes requisitos para su cancelación:

29.1. Factura confeccionada en original a nombre del SENASA, indicando los bienes o servicios adquiridos y la fecha de adquisición. Asimismo, la factura deberá cumplir con las disposiciones establecidas por la Dirección General de Tributación Directa.

29.2. En caso de pérdida de la factura original, se podrá aceptar una copia o fotocopia que deberá estar sellada y firmada por el encargado de la empresa responsable de estos trámites, haciendo constar que es copia fiel de la factura original. El ejecutor deberá dar el visto bueno para que el funcionario a su cargo presente dicho documento en sustitución de la factura original ante el Departamento de Recursos Financieros, para que éste pueda realizar el trámite de pago.

29.3. Toda factura deberá contar con sello de cancelación y contener la siguiente información: nombre de la Institución, fecha, número de cédula jurídica, monto y nombre comercial de la casa proveedora e indicar si el pago se realizó en efectivo, por medio de cheque o transferencia electrónica. Para los casos de un tiquete de caja u otro tipo de comprobante que sustituya a la factura estos deberán cumplir con los requisitos establecidos por la Dirección General de Tributación. El monto límite para este gasto será aprobado por el responsable del Fondo Fijo, esto por cuanto los tiquetes de caja tienen incluido el IVA (Impuesto de Ventas) y el SENASA está eximido del pago de impuestos. Si se presenta un tiquete de caja para liquidar un adelanto de dinero que incluye el impuesto de ventas, el responsable de la compra deberá cancelar la cantidad correspondiente al porcentaje de impuesto que le fue cobrado a la Institución de acuerdo con lo estipulado en este Reglamento.

29.4. Toda factura, tiquete o comprobante deberá indicar sólo bienes o servicios de la misma subpartida presupuestaria.

29.5. No se admitirán facturas modificadas o corregidas con enmiendas, raspaduras, tachaduras, deterioro o ilegibilidad.

29.6. Las facturas deberán estar aprobadas por el Responsable del Fondo Fijo de Caja Chica, por la persona autorizada para estos efectos en la Dirección Administrativa y Financiera del SENASA o por los responsables de las cajas auxiliares.

29.7. La recepción de conformidad de los bienes o servicios, se efectuará con indicación expresa del nombre, la firma y el número de cédula de la persona autorizada que los recibió a satisfacción.

29.8. Para su liquidación todas las facturas deberán tramitarse dentro del año en el que estén fechadas, sea durante el periodo presupuestario vigente. No se podrá cancelar ninguna factura de un periodo presupuestario anterior con cargo al presupuesto vigente, salvo las que se encuentran en el compromiso no devengado que permite pagar facturas con cargo al presupuesto del año siguiente, siempre y cuando existan las reservas respectivas y con un tiempo no mayor al 31 enero del nuevo periodo presupuestario.

29.9. Otras disposiciones que la Tesorería Nacional considere necesarias para un adecuado uso de los recursos.

Artículo 30.– Reintegro al Fondo de Caja Chica. El responsable del Fondo de Caja Chica deberá procurar una adecuada rotación del mismo a fin de que éste se mantenga con la liquidez suficiente permitida. El monto mínimo estimado que deberá mantenerse en el fondo para solicitar los reintegros, será de un 10% del total asignado.

El responsable del Fondo Fijo de Caja Chica y cajas auxiliares deberá tramitar con la diligencia y frecuencia debida, los reintegros de las sumas pagadas, de conformidad con el procedimiento y los requerimientos presupuestarios y de pago que establezca el Ministerio de Hacienda y la Tesorería Nacional, la cual procederá a depositar desde la cuenta de Caja Única de la Institución vía transferencia a la cuenta del Fondo Fijo de Caja Chica del SENASA, el reintegro solicitado.

CAPÍTULO V
Mecanismos de control

Artículo 31.– Responsable del Control Interno. Corresponderá al Responsable del Fondo Fijo – Caja Chica, evaluar y mantener un adecuado sistema de control del fondo autorizado, en concordancia con las sanas prácticas de control interno, establecidas en la Ley General de Control Interno, en el Manual de Normas Generales de Control Interno para la Contraloría General de la República y demás Órganos sujetos a su fiscalización, en este

Reglamento y en los lineamientos que al efecto emita la Dirección Administrativa y Financiera del SENASA.

Artículo 32.– Sistemas de archivo. El sistema de control de la administración del Fondo Fijo Caja Chica, deberá garantizar la custodia y el buen uso de estos recursos y el registro de datos necesarios para disponer de información confiable y oportuna, para lo cual el respectivo responsable dispondrá de un sistema de archivo que permita la fácil localización de documentos y otros fines que se estimen convenientes.

Artículo 33.– Documentos de respaldo. Los documentos de respaldo de operaciones de Caja Chica, así como los arqueos sorpresivos y mensuales que se hayan practicado deberán mantenerse en el Departamento de Recursos Financieros de la Dirección Administrativa y Financiera y a disposición de otras dependencias e instancias de control para posibles revisiones, sin detrimento de las regulaciones establecidas en la Ley y en el Reglamento General de Archivo y en las directrices que sobre esta materia hayan girado otros órganos de fiscalización y control.

Artículo 34.– Montos asignados. Todos los fondos de dinero establecidos al amparo de este Reglamento operarán por medio del sistema de Fondo Fijo, lo que implica que el encargado del fondo tendrá en todo momento la suma total asignada, representada por efectivo en caja o bancos y los documentos que respaldan las operaciones.

Artículo 35.– Informes de arqueos. El responsable del Fondo Fijo de Caja Chica, en consideración de las particularidades institucionales realizará un programa de revisiones, conciliaciones bancarias y arqueos internos, para el Fondo Fijo de Caja Chica, remitiendo a la Dirección Administrativa Financiera la siguiente información:

35.1. Programa de arqueos del año siguiente, el cual deberá ser entregado a la Dirección General con copia a la Auditoría Interna del SENASA en el mes de diciembre de cada año, que incluya las Cajas Auxiliares.

35.2. Informe trimestral con arqueos mensuales con los anexos correspondientes, el cual deberá remitirse a la Auditoría con copia a la Dirección General del SENASA por medio de oficio, firmado por el Responsable del Fondo Fijo de Caja Chica y el Jefe del Departamento de Recursos Financieros y el coordinador del Área de Contabilidad.

35.3. La información detallada en los documentos elaborados por funcionarios del Área de Contabilidad del Departamento de Recursos Financieros, para ser usados en los arqueos, deberá contar con el nombre, firma y sello de la dependencia y serán los mismos que se utilicen en las cajas auxiliares por los responsables de éstas.

35.4. Se deberá mantener en custodia en el Departamento de Recursos Financieros, copia del informe equivalente al enviado a la Auditoría, a fin de que pueda ser revisado por otros entes u órganos de fiscalización y control.

Artículo 36.– Auditoría del Fondo. El Director General del SENASA deberá solicitar a la Auditoría Interna, incluir en el programa de trabajo de esa dependencia, como mínimo, la realización de una auditoría anual al Fondo Fijo de Caja Chica autorizado, así como la revisión del arqueo trimestral y otros, que lleven a garantizar el buen uso y custodia de los recursos asignados al Fondo Fijo de Caja Chica de la Institución. Asimismo, con el fin de evaluar la suficiencia y la efectividad del control interno establecido. Del informe que se emita se deberá enviar una copia a la Tesorería Nacional para lo que corresponda.

Artículo 37.– Faltantes y sobrantes en las operaciones ordinarias del Fondo Fijo Caja Chica. Los faltantes que resulten de las operaciones ordinarias de la Caja Chica y sean debidamente comprobados luego de efectuado el debido proceso deberán ser cubiertos por el responsable del Fondo, una vez establecida su responsabilidad.

En caso que se determine un sobrante, éste lo deberá depositar a más tardar dos días hábiles después de efectuado el arqueo a la cuenta del Fondo General de Gobierno, caso contrario se procederá con el debido proceso a fin de establecer responsabilidades.

Artículo 38.– Procesos administrativos por actos delictivos. En caso de que se detecten sustracciones en perjuicio del Fondo de Caja Chica, el respectivo responsable deberá comunicar al superior jerárquico y a las instancias judiciales correspondientes para que procedan con la investigación respectiva. En el caso de las diligencias realizadas en sede administrativa, el Superior Jerárquico, de conformidad con los resultados de la indicada investigación ordenará la apertura de los procedimientos administrativos tendientes a determinar la verdad real de los hechos y a establecer según sea el caso, la responsabilidad disciplinaria, administrativa o civil. En el caso de esta última, una vez establecida la misma deberá procederse a realizar las diligencias de cobro respectivas.

Al detectarse las irregularidades a las que se ha hecho referencia, el SENASA no autorizará la compensación de los montos sustraídos, ni autorizará aumentos permanentes al Fondo Fijo de Caja Chica, hasta tanto se cumpla con los trámites indicados y se produzca la declaratoria de incobrabilidad por parte del ente respectivo. Entre tanto, la información relacionada con estos actos deberá ser reflejada en los arqueos y en los informes respectivos.

Artículo 39.– Procedimiento a seguir al detectarse otras irregularidades. El Responsable del Fondo Fijo de Caja Chica, los entes fiscalizadores y de control pondrán en conocimiento del superior administrativo de la Institución, los hechos irregulares en que incurran los servidores, relacionados en el manejo de los recursos del Fondo Fijo de Caja Chica, para que inicie el procedimiento disciplinario que corresponda, garantizando en todo caso el debido proceso al funcionario, bajo pena de responsabilidad, sin perjuicio de la responsabilidad civil y penal de que pudiera ser objeto.

Artículo 40.– Depósito de intereses. Los intereses devengados por los saldos en la cuenta bancaria de los Fondos de Caja Chica, deberán ser depositados al Fondo General de Gobierno, dentro de un plazo de ocho días hábiles después de vencido el respectivo mes, de lo contrario se procederá de conformidad con lo establecido en el artículo 37 de este Reglamento.

El Departamento de Recursos Financieros deberá comunicar formalmente a la Dirección Administrativa Financiera con copia a la Dirección General y a la Tesorería Nacional el detalle correspondiente y adjuntará el respectivo comprobante y el estado bancario. Alternativamente podrá adjuntar las copias en el informe de arqueo trimestral a que hace referencia el Artículo 34 de este Reglamento, o bien por medio de los mecanismos que al efecto determine la Tesorería Nacional.

Artículo 41.– Revisión de los fondos de cajas chicas. Periódicamente y sin previo aviso, la Auditoría Interna del SENASA, otros entes y órganos de control como la Contraloría General de la República, y las Unidades de Fiscalización y Control autorizadas, podrán efectuar revisiones parciales o totales del Fondo Fijo de Caja Chica, y a sus Cajas Auxiliares, de acuerdo con su competencia e informarán de los resultados al respectivo responsable y a las autoridades superiores de la Institución. La Tesorería Nacional podrá solicitar a los entes antes citados copia del informe de los estudios realizados.

Artículo 42.– Cierre del Fondo Fijo Caja Chica. Será la Dirección General de SENASA quien proceda a la suspensión temporal o definitiva, sin previo aviso, del Fondo de Caja Chica, o Fondo de Caja Chica Auxiliar en el caso de que este Órgano Superior detecte incumplimiento de las disposiciones contenidas en el artículo 3 de este Reglamento, que hagan evidente un manejo irregular de los fondos autorizados, de conformidad con los lineamientos que para tal efecto emita. Lo anterior, sin perjuicio de las sanciones disciplinarias administrativas, civiles o penales correspondientes a los servidores responsables. Además deberá informar a la Tesorería Nacional sobre el particular.

Artículo 43.– Procedimiento de cierre del Fondo Fijo de Caja Chica por parte de la Institución. En caso de que el Responsable del Fondo Fijo de Caja Chica, considere pertinente el cierre, procederá de acuerdo con los lineamientos que establezca la Dirección Administrativa Financiera, aprobados de la Dirección General del SENASA e informará a la Tesorería Nacional al respecto.

CAPÍTULO VI
Disposiciones finales

Artículo 44.– Erogaciones con fondos propios. Las erogaciones que realicen las jefaturas departamentales u otros funcionarios no autorizados con su peculio personal, para pagar materiales y suministros del Estado y aquellas erogaciones que incumplen con las estipulaciones de este Reglamento o con los lineamientos emanados por la Dirección Administrativa Financiera y por algún otro ente u órgano de control autorizado, serán de responsabilidad exclusiva del funcionario que las realizó y no le serán reintegradas por medio del Fondo Fijo de Caja Chica, salvo que excepcionalmente hubieran sido autorizadas previamente por Dirección Administrativa Financiera.

Artículo 45.– Procedimiento disciplinario. Se impondrá sanción disciplinaria, según la gravedad del caso y previa sustanciación del procedimiento administrativo, que corrobore la existencia de cualquiera de los supuestos que se dirán, al funcionario responsable en el proceso de administración, control y correcta utilización de los Fondos de Caja Chica, si:

45.1. Liquida extemporáneamente los vales de caja chica o adelantos de viáticos.

45.2. Liquidado el respectivo vale con cheque y que este sea rechazado por el Banco.

45.3. No ejecute la retención del 2% del impuesto de renta y no ejecuta el trámite adecuado para su oportuno depósito.

45.4. No realiza los arqueos necesarios y prudentes.

45.5. No cubre los faltantes en el tiempo reglamentado, verificados en el cierre diario.

45.6. No reporta a las instancias ya definidas, la eventual mediación de eventos delictivos con perjuicio del Fondo Fijo de Caja Chica y no promover su investigación.

45.7. No acata el Artículo 16 de este Reglamento.

45.8. Designa un nuevo responsable del fondo de Caja Chica sin realizar el arqueo previo.

Artículo 46.– Normativa aplicable. Para todo aquello no previsto en el presente Reglamento se aplicarán supletoriamente la Ley de Administración Financiera de la República y Presupuestos Públicos y su Reglamento, la Ley General de Administración Pública, el Reglamento General del Fondo Cajas Chicas emitido por la Tesorería Nacional, el Reglamento de Gastos de Viaje y de Transporte para Funcionarios Públicos de la Contraloría General de la República, el Reglamento de la Ley de Contratación Administrativa y demás normativa que resulte, así como a los lineamientos que emita la Tesorería Nacional.

Artículo 47.– Vigencia. Rige a partir de su publicación en el Diario Oficial *La Gaceta*.

Dado en la Presidencia de la República.– San José, a los veinte días del mes de octubre del año dos mil ocho. ÓSCAR ARIAS SÁNCHEZ.– El Ministro de Agricultura y Ganadería, Javier Flores Galarza.

REGLAMENTO PARA LABORATORIOS OFERENTES, DE REFERENCIA Y CON ENSAYOS OFICIALIZADOS POR SENASA

Decreto Ejecutivo Nº 34493-MAG

(Publicado en La Gaceta Nº 88 de 08 de mayo de 2008)

EL PRESIDENTE DE LA REPÚBLICA
Y EL MINISTRO DE AGRICULTURA Y GANADERÍA

En uso de las facultades que les confieren los artículos 140, incisos 3), 8), 18) y 20) y 146 de la Constitución Política, los artículos 25, 27.1, 28.2b de la Ley Nº 6227 del 2 de mayo de 1978, Ley General de Administración Pública, la Ley Nº 7064 del 29 de abril de 1987, Ley de Fomento a la Producción Agropecuaria, que incorpora la Ley Orgánica del Ministerio de Agricultura y Ganadería, Ley Nº 8495 del 6 de abril del 2006, Ley del Servicio Nacional de Salud Animal; Ley 8279 del 21 de mayo del 2002, Ley del Sistema para la Calidad.

Considerando:

1º-Que conforme a la Ley del Servicio Nacional de Salud Animal, Nº 8495 de 16 de mayo del 2006 y en aras de satisfacer el interés público, se deben establecer disposiciones de carácter general que coadyuven en la protección de la salud animal, la salud pública veterinaria, el ambiente y el funcionamiento del SENASA (Servicio Nacional de Salud Animal).

2º-Que conforme a la Ley General del Servicio Nacional de Salud Animal Nº 8495 del 16 de mayo del 2006, el LANASEVE (Laboratorio Nacional de Servicios Veterinarios) del SENASA es el laboratorio oficial que en materia de salud animal y de la salud pública veterinaria, emite los resultados de las pruebas de laboratorio que diferentes autoridades sanitarias nacionales e internacionales exigen y reconocen; como tal posee la competencia para supervisar a otros actores, privados o públicos y con ello aumentar la oferta de servicios de laboratorio para el funcionamiento del SENASA (Servicio Nacional de Salud Animal).

3º-Que el SENASA está facultado a oficializar laboratorios públicos y privados para atender la demanda de servicios de laboratorio para la protección de la salud animal, la salud pública veterinaria y su propio funcionamiento.

4º-Que Costa Rica como miembro de la OMC (Organización Mundial del Comercio) y de la OIE (Organización Mundial de Sanidad Animal) está comprometida a brindar información confiable, técnicamente válida y bajo procedimientos verificables.

5º-Que mediante oficio número MRRT-004-2008 suscrito por la Licenciada Isabel Cristina Araya, Directora de Mejora Regulatoria y Reglamentación Técnica del Ministerio de Economía Industria y Comercio, de fecha 8 de enero de 2008, informó que al haberse concluido la consulta pública nacional del presente Reglamento no se recibieron comentarios ni observaciones. Por tanto,

DECRETAN:

El siguiente

REGLAMENTO PARA LABORATORIOS OFERENTES, DE REFERENCIA Y CON ENSAYOS OFICIALIZADOS POR SENASA

CAPÍTULO I
De las Disposiciones Generales

Artículo 1°.- Alcance. Las disposiciones del presente reglamento serán el marco regulador de los laboratorios que ofrezcan pruebas o ensayos oficializados, sean estos públicos o privados, nacionales o extranjeros, en las modalidades de oferentes, de referencia, y que respaldan los programas, las campañas y el sistema de inspección, control y evaluación del SENASA.

Artículo 2°.- Objetivos. El reglamento para laboratorios oferentes, de referencia y con ensayos oficializados, tendrá como objetivos:

2.1.) Ofrecer certeza jurídica al administrado en general y a los laboratorios del sector privado en particular, con relación a la competencia del Servicio Nacional de Salud Animal de oficializar ensayos, determinar laboratorios de referencia y oferentes que coadyuvarán en la protección de la salud animal, la salud pública veterinaria, el ambiente y el funcionamiento del SENASA.

2.2.) Conformar una red de laboratorios con ensayos oficializados, para respaldar con resultados de ensayos de laboratorio los programas, las campañas y el sistema de inspección, control y evaluación del SENASA.

2.3.) Establecer los requisitos de control de calidad y procedimientos de auditoría técnica para los laboratorios con ensayos oficializados.

2.4.) Establecer procedimientos para definir laboratorios con ensayos oficializados, oferentes y de referencia.

Artículo 3°.- Definiciones. Para los efectos del presente reglamento, las palabras, nombres, términos, acrónimos y frases, se entenderán de la siguiente forma:

3.1.) Acreditación: Procedimiento mediante el cual el ECA reconoce de manera formal que un laboratorio es competente para ejecutar un ensayo de acuerdo con los requisitos de una norma internacional.

3.2.) Auditoría: Procedimiento sistemático, independiente y documentado para verificar el cumplimiento de requisitos previamente establecidos.

3.3.) ECA: Ente Costarricense de Acreditación, creado por la Ley del Sistema Nacional para la Calidad, N° 8279.

3.4.) Ensayo: Prueba de laboratorio.

3.5.) Ensayo oficializado: Prueba de laboratorio autorizada por SENASA para apoyar los programas, las campañas y el sistema de inspección, control y evaluación del SENASA.

3.6.) Laboratorio oferente: Laboratorio oficializado que brinda servicios de ensayo a solicitud de LANASEVE, pueden ser de primera o segunda parte.

3.7.) Laboratorio de primera parte con ensayos oficializados: Corresponde a la unidad de laboratorio de la industria o empresa, y que realiza uno o más ensayos oficializados por SENASA.

3.8.) Laboratorio de segunda parte con ensayos oficializados: Corresponde a laboratorios independientes que venden servicios a la industria, empresa o productor, y que realiza uno o más ensayos oficializados por SENASA.

3.9.) Laboratorio de tercera parte: es el laboratorio oficial del SENASA, Laboratorio Nacional de Servicios Veterinarios (LANASEVE).

3.10.) Laboratorio de referencia: Laboratorio de reconocida experiencia para un ensayo en particular por tener al menos la capacidad para caracterización y asignación de valores a reactivos y muestras. Deseablemente reconocidos por organismos internacionales como la OIE (Organización Mundial de Sanidad Animal) o la OMS (Organización Mundial de la Salud).

3.11.) LANASEVE: Laboratorio Nacional de Servicios Veterinarios del SENASA.

3.12.) Muestra ciega: Muestra remitida por LANASEVE a un laboratorio oferente, la que se encuentra identificada con un código, a fin de asegurar la confidencialidad del cliente o usuario.

3.13.) OIE: Organización Mundial de Sanidad Animal.

3.14.) Reporte: Informe de resultado de un ensayo.

3.15.) RELEO: Acrónimo para Red de Laboratorios con Ensayos Oficializados.

3.16.) Rondas interlaboratorios: Procedimiento mediante el cual se comparan resultados de ensayos entre laboratorios, también llamados evaluación del desempeño o ensayos pro-eficiencia.

3.17.) SENASA: Servicio Nacional de Salud Animal, creado mediante Ley Nº 8495 del 6 de abril del 2006.

CAPÍTULO II
De los Laboratorios de Referencia

Artículo 4º.- Laboratorios de Referencia. La Dirección General de SENASA señalará en su portal electrónico, cuales serán los laboratorios de referencia para cada ensayo.

Además se considerarán laboratorios de referencia, aquellos que la OIE los acoja como colaboradores. Solamente serán oficiales los resultados de las muestras remitidas por el LANASEVE.

Artículo 5º.- Oficialidad de Lanaseve. La utilización de laboratorios de referencia, no afectará la oficialidad de los resultados de LANASEVE, según lo establece el artículo 47 de la Ley SENASA, Nº 8495.

Artículo 6º.- Lanaseve como Referencia. Cuando corresponda, LANASEVE deberá constituirse en laboratorio de referencia.

CAPÍTULO III
De los Requisitos para la Oficialización

Artículo 7º.- Oficialización de Ensayos. Los ensayos de laboratorio que se utilicen para apoyar los programas, las campañas y el sistema de inspección, control y evaluación del SENASA; deberán ser oficiales o estar oficializados según corresponda.

Artículo 8º.- Requisitos para la Oficialización. El SENASA aplicará el siguiente orden de prioridades:

8.1.) Los laboratorios que se encuentren acreditados ante el ECA para el ensayo solicitado.

8.2.) Los que se encuentren acreditados ante el ECA para otros ensayos diferentes al requerido.

8.3.) Los laboratorios que estén en proceso de acreditar un ensayo ante el ECA.

8.4.) En ausencia de laboratorios que no cumplan con los requisitos señalados, o bien en los casos de una oferta insuficiente o inconveniente al interés público, el SENASA podrá oficializar ensayos en otros laboratorios nacionales o internacionales, conforme a los requisitos que se establecerán mediante resolución administrativa dictada por la dirección general del SENASA y debidamente publicada en el Diario Oficial.

Artículo 9°.- Lineamientos Internacionales. Los ensayos oficializados deben someterse a los lineamientos de LANASEVE, preferiblemente basados en guías internacionales a las cuales Costa Rica se ha comprometido a cumplir, especialmente normas de calidad y directrices de la OIE.

CAPÍTULO IV
De las Obligaciones de los Laboratorios con Ensayos Oficializados

Artículo 10.- Obligaciones. Los laboratorios con ensayos oficializados deberán someterse a los siguientes procedimientos:

10.1.) Auditorías de control ordinarias y extraordinarias que realizará el LANASEVE. Para el caso de los laboratorios que tienen ensayos acreditados, las auditorías de control podrán prescindir de los temas valorados por el ECA; para ello el SENASA deberá solicitarle a esta entidad la documentación correspondiente. En estos casos, las auditorías del SENASA harán énfasis en la equivalencia de los ensayos y la verificación del cumplimiento de los deberes que establece este reglamento para los laboratorios con ensayos oficializados. Cuando se trate de laboratorios sin ensayos acreditados, las auditorías de control valorarán además aspectos técnicos, de manera tal que se pueda comprobar la competencia técnica del laboratorio en ese ensayo oficializado. Como resultado de las auditorías de control el SENASA de acuerdo con los hallazgos y observaciones, solicitará un plan de medidas correctivas, el cual deberá ejecutarse en un plazo máximo de seis meses. Cuando el hallazgo comprometa la calidad del resultado, la medida correctiva debe implementarse de inmediato. Si fuera del caso, motivando el acto, se eliminará de la lista de laboratorios con ensayos oficializados.

10.2.) El laboratorio que desee oficializar un ensayo deberá contar con representación legal, con una instalación física definida, equipo adecuado al ensayo a oficializar y profesional responsable del ensayo.

10.3.) El laboratorio con ensayos oficializados debe presentar al SENASA un informe consolidado semanal de los análisis realizados y reportar diariamente los resultados positivos. En caso de laboratorios de diagnóstico enfermedades de declaración obligatoria, los informes serán semanales. En los resultados positivos de enfermedades exóticas y de combate estatal o particular obligatorio, establecidas como tales por la normativa del SENASA, deberá proceder a informar inmediatamente, para que la autoridad sanitaria del SENASA, pueda tomar las medidas correspondientes en protección de la salud pública, animal y el ambiente. Los laboratorios con ensayos oficializados no podrán ofrecer, ni por escrito ni verbalmente, ningún resultado, hasta tanto no obtenga la autorización correspondiente del SENASA.

10.4.) Los laboratorios oferentes deben reportar diariamente al LANASEVE los resultados de los ensayos realizados y deben abstenerse de hacer entrega del resultado a otras instancias.

10.5.) Los laboratorios con ensayos oficializados participarán en la RELEO, cuya coordinación recaerá en LANASEVE. También deberán participar y asistir a las reuniones virtuales o físicas a las que se les convoque.

10.6.) Los laboratorios con ensayos oficializados y los oferentes estarán obligados a participar en el programa de rondas interlaboratorio que se organicen a través de la RELEO.

10.7.) Los laboratorios deberán pagar en el mes de abril de cada año las tarifas que se establezcan por decreto ejecutivo por cada ensayo oficializado, para cubrir al SENASA los costos de las auditorías de control, las rondas interlaboratorio y las capacitaciones.

10.8.) Los laboratorios con ensayos oficializados deberán mantener un archivo único con toda la información de los análisis realizados del ensayo oficializado, así como una copia del informe enviado a LANASEVE. La documentación relacionada debe mantenerse durante un período que establecerá SENASA mediante resolución administrativa dictada por la Dirección General, este período será determinado en concordancia con lo que establece la Ley del Sistema Nacional de Archivos y con los requerimientos internacionales cuando se trate de resultados que tengan que ver con exportaciones.

10.9.) Los formularios para recibir la muestra y reportar un ensayo oficializado seguirán el diseño aprobado por SENASA, el cual los hará de conocimiento público. En todo caso siempre se indicará si se trata de un laboratorio de primera o segunda parte y quien fue responsable de la toma y custodia de la muestra.

10.10.) Contar con Certificado Veterinario de Operación, según lo establece la Ley SENASA, Nº 8495 en sus artículos 6 inciso t), 56 y 57.

CAPÍTULO V
Del Procedimiento de Inscripción de los Laboratorios

Artículo 11.- Trámite de la inscripción. Las personas físicas o jurídicas interesadas en solicitar la oficialización de uno o más ensayos deben presentar ante LANASEVE la solicitud que deberá contener:

11.1.) Nombre completo, domicilio físico, correo electrónico, números de teléfono y fax del laboratorio. Cuando se trate de personas jurídicas aportar la correspondiente certificación de personería que acredite la condición legal y facultades del solicitante, con una antigüedad no mayor a tres meses, copia de la cédula jurídica o de identidad según se trate de una persona jurídica o física. Si el trámite no lo realiza directamente el interesado o su representante legal, aquel debe otorgar autorización autenticada o poder especial que le otorgue poder suficiente para que se realicen en su nombre aquellas gestiones necesarias para su inscripción en el Registro.

11.2.) Indicación exacta del ensayo o ensayos en que solicita tener carácter de laboratorio con ensayo oficializado y la condición: primera o segunda parte.

11.3.) Indicación expresa de estar dispuesto a respetar las directrices y regulaciones vigentes.

11.4.) Indicar si se encuentra con algún ensayo acreditado ante el ECA. En tal caso únicamente debe presentar copia del certificado de acreditación con el anexo técnico donde se especifique el alcance. Si los ensayos que ofrece el laboratorio para ser oficializados están en proceso de ser acreditados por el ECA, el laboratorio únicamente debe presentar una certificación del estado de avance en que se encuentra dicho proceso. Cuando el laboratorio tenga ensayos acreditados o en proceso de acreditación, el SENASA solicitará y el ECA suministrará la información necesaria. De no contar con ninguna de las dos categorías anteriores deberá de aportar además la siguiente información:

11.5.) Nombre y calidades del personal a cargo de realizar los análisis solicitados.

11.6.) Área física designada para tal fin.

11.7.) Equipo con que cuenta para realizar este tipo de ensayo, con las especificaciones del mismo. Todo laboratorio con ensayo oficializado deberá reportar al SENASA cualquier circunstancia que cambie o modifique los datos ofrecidos en el trámite de inscripción.

Artículo 12.- Análisis de la Información. Recibida la información, el LANASEVE verificará que la documentación presentada cumpla con los requisitos establecidos en el Reglamento y ordenará una auditoría inicial. Para el caso de los laboratorios que tienen ensayos acreditados, la auditoría inicial podrá prescindir de los temas valorados por el ECA. Una vez realizada la auditoría inicial, en un plazo no mayor a ocho días hábiles, el grupo auditor le emitirá a LANASEVE un informe en el que se hará constar su recomendación. LANASEVE analizará el informe y si corresponde podrá solicitar ampliación o aclaraciones sobre el contenido del mismo. Una vez solventadas dichas aclaraciones, éste elaborará un proyecto de resolución administrativa, que deberá presentar ante la Dirección General del SENASA y mediante la cual se aceptará o rechazará la solicitud presentada. En caso de ser negativa la resolución dictada, contra la misma cabe el recurso de revocatoria que será resuelto por el órgano que dictó el acto y, el de apelación, por el Ministro de Agricultura y Ganadería. El trámite de estos recursos se regirá por lo dispuesto en el título VIII del libro II de la Ley General de la Administración Pública.

Artículo 13.- Métodos de Ensayo. Solo se oficializarán ensayos con métodos aceptados por SENASA, los cuales estarán publicados en el portal electrónico.

Artículo 14.- Aplicación de Muestras Ciegas. Las muestras ciegas las aplicará la RELEO en las rondas interlaboratorio que organice y el LANASEVE a los laboratorios oferentes.

Artículo 15.- Cobro de los Servicios. Los laboratorios con ensayos oficializados, podrán usar como referencia las tarifas establecidas por el SENASA.

Artículo 16.- Expediente. El SENASA mantendrá un expediente administrativo digital de cada uno de los laboratorios con ensayos oficializados, en el que constarán todas aquellas incidencias, actuaciones y otros trámites que se realicen. El expediente físico estará en custodia cada uno de los laboratorios y podrá ser cotejado con el digital en las visitas de control que se realicen.

Artículo 17.- Duración de la Oficialización. Una vez que tenga carácter de laboratorio con ensayo oficializado, este mantendrá su condición mientras cumpla con todos los requisitos establecidos para este fin. El reconocimiento se suspenderá si se incumple con los requisitos establecidos en el presente reglamento o de encontrarse no conformidades durante las auditorías, hasta que los mismos sean corregidos a satisfacción del LANASEVE.

Artículo 18.- Registro de Laboratorios con Ensayos Oficializados. El SENASA mantendrá un registro de laboratorios con ensayos oficializados en el portal electrónico.

CAPÍTULO VI
De la Coordinación con Otras Entidades

Artículo 19.- Coordinación. Según lo establece el artículo 338 bis de la Ley General de Salud, Nº 5395, los artículos 2, 5, 6, 9, 12, 13, 30, 64, 76, 102 siguientes y concordantes de la Ley SENASA Nº 8495, el Servicio Nacional de Salud Animal y el artículo 8 de la Ley de Protección al Ciudadano del Exceso de Requisitos y Trámites Administrativos Nº 8220, el SENASA coordinará las acciones de su competencia, además coordinará con aquellas instituciones, organismos o entes que concurran en la ejecución del objetivo de este Reglamento.

Artículo 20.- Actos adicionales. Cuando una entidad considere que se requiere por parte del LANASEVE de un acto administrativo en particular para la consecución de lo establecido de este reglamento, deberá dirigirse al SENASA con las motivaciones del caso, quien actuará en consecuencia.

CAPÍTULO VII
De las Infracciones y Sanciones

Artículo 21.- Infracciones y Sanciones. El incumplimiento a las distintas obligaciones establecidas en el presente Reglamento, tendrá como consecuencia la pérdida de la oficialización otorgada, una vez tenida por comprobada la falta a través de un debido proceso, en el cual la parte incumpliente hubiese podido ejercer una adecuada defensa. Cuando se esté en presencia de la comisión de alguna de las acciones tipificadas en el artículo 78 de la Ley Nº 8495 del 6 de abril del 2006 y por ello de una "infracción sanitaria", se impondrá sanción de multa de entre uno a cinco salarios bases de un profesional licenciado universitario, pudiendo agravarse tal multa, si la infracción ocasiona un riesgo o produce un daño en el ambiente, la salud de los animales o la salud de las personas en concordancia con lo que establecen los artículos 79 y 80 de dicha Ley.

Artículo 22.- Debido proceso. Las sanciones anteriores se aplicarán con respeto al debido proceso, mediante la formación de un expediente administrativo levantado al efecto y otorgándole al interesado la posibilidad de una adecuada defensa de sus intereses.

Artículo 23.- Responsabilidad Penal y Civil. La sanción de multa impuesta, se aplicará sin perjuicio de la responsabilidad penal o civil que resulte del hecho ilícito.

Artículo 24.- Responsabilidad Profesional. Igualmente se aplicará sin perjuicio de la responsabilidad y sanción que resulte según la normativa del Colegio Profesional correspondiente, ante quien se impondrá conocimiento para los respectivos efectos.

CAPÍTULO VIII
De las Disposiciones Finales

Artículo 25.- Apoyo de Organismos no Estatales. Los organismos no gubernamentales como: Ente Costarricense de Acreditación, Colegio de Médicos Veterinarios, Colegio de Microbiólogos y Químicos Clínicos, Colegio Federado de Químicos e Ingenieros Químicos, Colegio de Ingenieros Agrónomos, entre otros; quedarán autorizados para colaborar en la aplicación del presente reglamento, lo que harán en coordinación con SENASA.

Artículo 26.- Ensayos Limitados. Los ensayos para documentar diagnósticos de plagas y enfermedades de combate estatal obligatorio o particular obligatorio solo podrán ser efectuados por laboratorios con ensayos oficializados. El SENASA no podrá recurrir a laboratorios de primera o segunda parte para certificar mercancías de exportación cuando el país receptor así lo solicite.

Artículo 27.- Laboratorios de primera parte. Los laboratorios de primera parte, deberán proceder a la oficialización de los ensayos requeridos por SENASA.

Artículo 28.- Documentos de Consulta. El SENASA, mediante resolución administrativa, que se publicitará en el portal electrónico, emitirá los requisitos que debe de cumplir el laboratorio que no cuenta con ensayos acreditados ante la entidad competente, en relación a: instalaciones, equipo, personal, sistema de calidad, manual de calidad, documentación, informe de ensayos, registros de recepción de muestras y manejo de las muestras, reactivos y estándares o patrones de referencia, que serán documentos de consulta para la aplicación de este Reglamento.

Artículo 29.- Vigencia. Rige a partir de su publicación.

Dado en la Presidencia de la República.-San José, a los diez días del mes de enero del dos mil ocho. ÓSCAR ARIAS SÁNCHEZ.-El Ministro de Agricultura y Ganadería, Javier Flores Galarza.

Capítulo II.
Control sanitario de los alimentos de origen animal

Sección I. Producción nacional

Subsección I. Normativa general

REGLAMENTO GENERAL PARA EL OTORGAMIENTO DEL CERTIFICADO VETERINARIO DE OPERACIÓN

Decreto Ejecutivo Nº 34859-MAG

(Publicado en La Gaceta N° 230 de 27 de noviembre de 2008)

EL PRESIDENTE DE LA REPÚBLICA
Y EL MINISTRO DE AGRICULTURA Y GANADERÍA

En uso de las facultades que les confieren los artículos 140, incisos 3), 8), 18) y 20) y 146 de la Constitución Política, los artículos 25, 27.1, 28.2b de la Ley Nº 6227 del 2 de mayo de 1978, Ley General de la Administración Pública, la Ley Nº 7064 del 29 de abril de 1987, Ley de Fomento a la Producción Agropecuaria, que incorpora la Ley Orgánica del Ministerio de Agricultura y Ganadería, la Ley Nº 8495 del 6 de abril del 2006, Ley General del Servicio Nacional de Salud Animal.

Considerando:

1º–Que corresponde al SENASA, conservar, promover, proteger y restablecer la salud de los animales, a fin de procurarles mayor bienestar y productividad, en armonía con el medio ambiente.

2º–Que corresponde al SENASA, procurar al consumidor la seguridad sanitaria de los alimentos de origen animal y, con ello, la protección de la salud humana.

3º–Que corresponde al SENASA, regular y controlar la seguridad sanitaria e inocuidad de los alimentos de origen animal en forma integral, a lo largo de la cadena de producción alimentaria.

4º–Que corresponde al SENASA, ejecutar las medidas necesarias para el control veterinario de las zoonosis.

5º–Que corresponde al SENASA, vigilar y regular el uso e intercambio de los animales, sus productos y subproductos.

6º–Que corresponde al SENASA, regular y supervisar el uso e intercambio del material genético de origen animal; así como determinar el riesgo sanitario que ese material pueda representar para la salud pública veterinaria o animal.

7º–Que corresponde al SENASA, registrar, regular y supervisar los medicamentos veterinarios y los alimentos para consumo animal, de manera que no representen un peligro para la salud pública veterinaria, la salud animal y el medio ambiente.

8º–Que corresponde al SENASA, establecer los mecanismos de coordinación entre las diferentes instituciones nacionales y los organismos internacionales en el ámbito que le otorga su Ley Orgánica, Nº 8495.

9º–Que corresponde al SENASA, establecer los mecanismos de participación de los grupos organizados y los usuarios de los servicios que brinda, en los planes y las acciones de su competencia.

10.–Que la Ley SENASA en su artículo 57 estableció la creación del Certificado Veterinario de Operación (CVO) como un instrumento otorgado al Servicio Nacional de Salud Animal mediante el cual se autoriza a los establecimientos señalados en el artículo 56 de la referida ley a dedicarse a una o varias de las actividades ahí referidas.

11.–Que la Ley SENASA en su artículo 6 t) le otorgó a este Servicio la competencia de "autorizar, suspender o desautorizar el funcionamiento de los establecimientos indicados en el artículo 56 de la Ley Nº 8495, de conformidad con los criterios sanitarios definidos en ese sentido".

12.–Que la Procuraduría General de la República mediante Pronunciamiento Número C-088-2007 del 23 de marzo del 2007 estableció que "corresponde al SENASA el otorgar los certificados veterinarios de operación a los establecimientos señalados en el artículo 56 de la Ley Nº 8495, derogando la competencia del Ministerio de Salud para regularlos a través del Permiso Sanitario de Funcionamiento".

13.–Que es necesario establecer una serie de regulaciones generales para el otorgamiento del Certificado Veterinario de Operación (CVO), que permitan asegurar la obtención de dicha autorización a cualquier administrado que así lo requiera, con un mínimo de requisitos pero garantizando el respeto y protección a la salud humana, la salud animal y el medio ambiente.

14.–Que a lo largo y ancho del territorio nacional existen una serie de realidades que es necesario que la Autoridad Sanitaria deje de invisibilizar y las reconozca como tales y las inserte dentro de sus programas a los efectos de poder girar órdenes sanitarias para proteger la salud pública, sin que ese reconocimiento sanitario genere dentro del sistema jurídico derechos oponibles frente a regulaciones de carácter civil o administrativas de otras autoridades en el campo de sus competencias. **Por tanto,**

DECRETAN:

El siguiente,

REGLAMENTO GENERAL PARA EL OTORGAMIENTO DEL CERTIFICADO VETERINARIO DE OPERACIÓN

CAPÍTULO I
De las disposiciones generales

Artículo 1º–Objetivo. El presente reglamento tiene como propósito:

1.1 Establecer los requisitos generales en el ámbito sanitario, de ubicación y de condiciones físicas, que con respeto ambiental, deben de cumplir los establecimientos, su actividad, procesos y los productos finales que en ellos se realice.

1.2 Establecer los procedimientos para el otorgamiento, renovación y cancelación de los certificados veterinarios de operación.

1.3 Establecer las bases de coordinación entre el SENASA y las dependencias y entidades de la Administración Pública, centralizada y desconcentrada, las universidades y las municipalidades, así como todas las organizaciones públicas y privadas relacionadas con el otorgamiento y vigencia del CVO.

1.4 Reforzar las buenas prácticas pecuarias y veterinarias, la bioseguridad, con énfasis en la prevención de las zoonosis, para proteger la salud pública, la salud animal, y el ambiente.

1.5 Promover que los alimentos de origen animal destinados al consumo de las personas, y, los piensos, satisfagan requisitos sanitarios, de manera que sean inocuos, sin contaminantes y sin residuos.

1.6 Determinar procedimientos generales de seguimiento a los establecimientos.

Artículo 2º– Ámbito de aplicación. Estas disposiciones reglamentarias se aplicarán a los establecimientos, asesores permanentes y regentes:

2.1 Aquellos donde se concentren y comercialicen animales, así como las unidades de producción pecuaria que el SENASA catalogue de riesgo veterinario o epidemiológico.

2.2 Los que elaboren, importen, desalmacenen, fraccionen, almacenen, transporten y vendan productos y subproductos de origen animal.

2.3 Los destinados al sacrificio de animales o que industrialicen, empaquen, refrigeren, procesen o expendan, en el nivel mayorista, productos, subproductos o derivados de animales, para consumo humano o animal.

2.4 Los que elaboren, importen, desalmacenen, fraccionen, almacenen, transporten y vendan medicamentos veterinarios, sustancias peligrosas para la salud animal y químicos para los alimentos de origen animal.

2.5 Los laboratorios que presten servicios veterinarios.

2.6 Los que elaboren, importen, desalmacenen, fraccionen, almacenen, transporten y vendan alimentos para animales.

2.7 Los que elaboren, importen, almacenen, desalmacenen, fraccionen, transporten y vendan material genético o biotecnológico de origen animal o destinado al consumo o uso animal.

2.8 Los establecimientos autorizados y acreditados para la exportación de productos agropecuarios.

2.9 Los zoológicos y demás centros donde se concentren animales silvestres en cautiverio.

Artículo 3º– Definiciones. Para los efectos del presente reglamento, se establecen las siguientes definiciones:

3.1 Asesor Permanente: Profesional competente contratado voluntariamente por el propietario de un establecimiento de los regulados en la Ley SENASA, que se comprometen solidariamente, a prestar el primero y recibir el segundo, asesoría profesional en forma sistemática.

3.2 Autoridad de Salud: En concordancia con el artículo seis de la Ley General del Servicio Nacional de Salud Animal, Nº 8495, se considerarán autoridades de salud a los profesionales y técnicos designados por SENASA, por ello, toda persona, natural o jurídica, queda sujeta a las órdenes generales y particulares, ordinarias y de emergencia, que esta Autoridad dicte en el ejercicio de sus competencias. Por extensión, también a los Médicos Veterinarios del Ministerio de Salud.

3.3 Autorización de conexión al alcantarillado sanitario: Trámite que se debe efectuar ante el administrador de un sistema de alcantarillado sanitario, cuando el establecimiento genera aguas residuales que descargan directamente a ese Sistema.

3.4 Bienestar Animal: Serie de condiciones normadas por la Organización Mundial de Sanidad Animal, basados en criterios científicos y relacionados con el animal, su ambiente, su alojamiento, trato, cuidado, nutrición, prevención de enfermedades, transporte, sacrificio y eutanasia cuando corresponda, según sea el caso.

3.5 **Buenas prácticas veterinarias y pecuarias (BPVPS):** Procedimientos, disposiciones y sana práctica profesional sobre manejo y programas de promoción, prevención, recuperación y rehabilitación de las enfermedades de los animales, en especial zoonóticas (administración, examen clínico, tratamiento, terapia con drogas, prescripción, administración y dispensación de drogas, fármacovigilancia, procedimientos quirúrgicos, responsabilidad legal), bienestar animal, control de medicamentos (pedido, recibo, almacenamiento, entrega, administración, dispensación, destrucción), inocuidad de los productos derivados de los animales, entrenamiento del personal, así como de la sostenibilidad ambiental.

3.6 **Certificado veterinario de operación (CVO):** Certificado que emite el SENASA, mediante el cual se hará constar la autorización, a fin de que el establecimiento se dedique a una o varias actividades de las enumeradas en el artículo 56 de la Ley SENASA, Nº 8495.

Este documento no otorga, reconoce, ni resuelve derechos de propiedad o titularidad sobre bienes inmuebles.

3.7 **Certificado veterinario de operación en precario (CVO Precario):** Documento otorgado por el SENASA para identificar y registrar la operación de establecimientos que por diferentes causas mantiene inconformidades civiles o administrativas que le impiden la obtención inmediata del CVO pero que son realidades existentes y que afectan o pueden afectar la salud pública, la salud animal o el ambiente y sobre los cuales es necesario dictar órdenes sanitarias, permitiendo con ello un funcionamiento en precario de forma controlada.

Este documento no otorga, reconoce, ni resuelve derechos de propiedad o titularidad sobre bienes inmuebles.

3.8 **Comprobante:** Documento que acredita el depósito o transferencia mediante la cual se pagó en una cuenta de SENASA, la inscripción del CVO, CVO Precario o su registro anual.

3.9 **Declaración jurada:** Manifestación por escrito que emite el Administrado, legitimado para actuar en nombre del establecimiento, mediante la cual declara bajo fe de juramento que este cumple con los requisitos y las condiciones necesarias para su operación; que conoce y cumple con la normativa específica vigente y leyes conexas para su tipo de establecimiento; y que la información suministrada en el formulario aprobado por SENASA es verídica y vigente. Lo anterior bajo las sanciones administrativas establecidas en la Ley General del Servicio Nacional de Salud Animal, Nº 8495, sin perjuicio de la responsabilidad profesional, civil y penal. Dicha declaración debe ser autenticada por un Abogado, salvo que el Administrado o interesado la presente personalmente.

3.10 **Enfermedad de declaración obligatoria:** Designa una enfermedad inscrita en una lista por SENASA y cuya presencia debe ser señalada a esta última en cuanto se detecta o se sospecha, de conformidad con la reglamentación nacional.

3.11 **Establecimiento:** De acuerdo con lo establecido con el artículo 56 de la Ley SENASA, Nº 8495 son:

3.11.1 Aquellos donde se concentren y comercialicen animales, así como las unidades de producción pecuaria que el SENASA catalogue de riesgo veterinario o epidemiológico.

3.11.2 Los que elaboren, importen, desalmacenen, fraccionen, almacenen, transporten y vendan productos y subproductos de origen animal.

3.11.3 Los destinados al sacrificio de animales o que industrialicen, empaquen, refrigeren, procesen o expendan, en el nivel mayorista, productos, subproductos o derivados de animales, para consumo humano o animal.

3.11.4 Los que elaboren, importen, desalmacenen, fraccionen, almacenen, transporten y vendan medicamentos veterinarios, sustancias peligrosas para la salud animal y químicos para los alimentos de origen animal.

3.11.5 Los laboratorios que presten servicios veterinarios.

3.11.6 Los que elaboren, importen, desalmacenen, fraccionen, almacenen, transporten y vendan alimentos para animales.

3.11.7 Los que elaboren, importen, almacenen, desalmacenen, fraccionen, transporten y vendan material genético o biotecnológico de origen animal o destinado al consumo o uso animal.

3.11.8 Los establecimientos autorizados y acreditados para la exportación de productos agropecuarios.

3.11.9 Los zoológicos y demás centros donde se concentren animales silvestres en cautiverio.

3.12 Formulario unificado: Documento oficial formulado por el SENASA, que debe utilizar el usuario cuando requiere solicitar el Certificado Veterinario de Operación (CVO) y el Certificado Veterinario de Operación Precario (CVO PRECARIO).

3.13 Inconformidad civil o administrativa: Circunstancia por la cual un administrado no puede cumplir con un requisito solicitado para el otorgamiento de CVO. La misma puede derivar por un hecho establecido en resolución administrativa o por hecho que se discute administrativa o judicialmente.

3.14 Instalaciones: Toda infraestructura que requiera un establecimiento para satisfacer las necesidades de la actividad o las actividades que allí se realicen.

3.15 Ley SENASA: Ley General del Servicio Nacional de Salud Animal, Nº 8495, del 6 de abril del 2006, publicada en *La Gaceta* Nº 93 del 16 de mayo del 2006.

3.16 Ley Nº 8220: Ley de Protección al Ciudadano del Exceso de Requisitos y Trámites Administrativos, del 4de marzo del 2002, publicada en *La Gaceta* Nº 49, Alcance Nº 22 del 11 de marzo del 2002.

3.17 MAG: Ministerio de Agricultura y Ganadería.

3.18 Medidas sanitarias: Aquellas acciones impuestas por el SENASA, entre las que se encuentran las contempladas en al artículo 89, siguientes y concordantes de la Ley SENASA, dirigidas a proteger, preservar y restituir la salud de las personas, de los animales y el Ambiente. Son de acatamiento obligatorio y se sustentarán en criterios profesionales, científicos y técnicos.

3.19 Orden sanitaria: Acto administrativo mediante el cual la Autoridad de Salud del SENASA, en su calidad de policía sanitaria, hace del conocimiento del administrado, de una resolución o disposición particular o especial en resguardo de la salud de las personas, de los animales o del ambiente, la cual es de acatamiento obligatorio y debe ser ejecutada en el plazo que se indique. Contra la misma caben los recursos ordinarios de revocatoria y apelación.

3.20 Plan de manejo de desechos: Proceso implementado de actividades y operaciones técnicas empleadas en un establecimiento, para un adecuado manejo y disposición final de los desechos que genera la actividad.

3.21 Plan de emergencias sanitarias: Proceso implementado de las fases de prevención, mitigación, preparación, respuesta y rehabilitación en casos de situaciones de emergencias sanitaria.

3.22 Emergencia sanitaria: Situación excepcional a nivel regional o nacional, que amerita una declaratoria por parte del Poder Ejecutivo, de conformidad con el ámbito de aplicación de la Ley Nº 8495, y su artículo 92.

3.23 Regente: Profesional debidamente autorizado por el colegio profesional respectivo, que asume la dirección técnica y científica de un establecimiento.

3.24 Riesgo sanitario y/o ambiental: Condición que hace que una o varias actividades desarrolladas en un establecimiento tengan un impacto negativo sobre la salud de las personas, animales y/o ambiente.

3.25 SENASA: Acrónimo de Servicio Nacional de Salud Animal.

3.26 Uso de suelo: Certificación emitida por la municipalidad respectiva por la cual se hace constar el uso autorizado del suelo en la zona donde se ubicará el establecimiento.

3.27 Viabilidad ambiental: Resolución emitida por la Secretaría Técnica Ambiental-SETENA-mediante la cual se aprueba el proceso de Evaluación de Impacto Ambiental.

Artículo 4º–Principios. El otorgamiento del CVO se regirá por los principios que rigen la administración pública, y esencialmente por los siguientes:

4.1 Principio de reglas claras y objetivas.

4.2 Principio de cooperación institucional dentro de las oficinas de la misma institución y de cooperación interinstitucional que rige las relaciones entre los órganos y entes que conforman la Administración Pública.

4.3 Principios de legalidad, presunción de buena fe, transparencia, economía procesal, publicidad, celeridad, eficiencia y eficacia de la actividad administrativa

Artículo 5º–Reglamentación específica. Adicionalmente a las condiciones y requisitos establecidos en el presente Reglamento, los establecimientos que cuenten con regulación específica deberán cumplir con los requisitos sanitarios y ambientales específicos allí señalados.

CAPÍTULO II
De la Inscripción y Registro de los Certificados Veterinarios de Operación

Artículo 6º–Establecimientos sujetos a control. Todo establecimiento enumerado en el artículo 56 de la Ley SENASA, Nº 8495, requerirá un CVO y someterse a las inspecciones sanitarias y ambientales que realice la autoridad sanitaria.

Para los presentes efectos el expediente físico que se levante, será custodiado por el propietario o interesado y deberá mantenerlo a la disposición de la autoridad sanitaria en el lugar en el cual se desarrollen las actividades. La Administración como respaldo, mantendrá una copia digital de dicho expediente.

Artículo 7º–Requisitos. Todos los establecimientos, mediante su representante legal o persona autorizada, deberán hacer su solicitud en el formulario unificado y aportar una Declaración Jurada para solicitar un CVO, la que debe reunir la siguiente información:

7.1 Que conoce la legislación y las medidas sanitarias y ambientales aplicables a la actividad o actividades solicitadas que desarrollará el establecimiento.

7.2 Que la información que contiene el formulario unificado es verdadera.

7.3 Que cuenta con procesos implementados de Emergencias Sanitarias y de Manejo de Desechos, de acuerdo a la reglamentación específica.

7.4 Además declarar que cuenta con los siguientes permisos al día:

7.4.1 Permiso de uso de suelo, emitido por la municipalidad correspondiente o concesión de uso emitido por la autoridad competente.

7.4.2 La Viabilidad Ambiental emitido por SETENA a las actividades que se encuentren enlistadas en el Anexo 1 y 2 del DE- 31849 MINAE-S-MOPT-MAG-MEIC del 24 de mayo del 2004, "Reglamento General sobre los Procedimientos de Evaluación del Impacto Ambiental (EIA)", y que fueren posteriores a la publicación de la Ley Orgánica del Ambiente, Nº 7574 del 13 de noviembre de 1995.

7.4.3 De igual manera solo se solicitará autorización de descarga al Sistema de Alcantarillo Sanitario a las actividades que viertan al alcantarillado sanitario aguas residuales y no estén exonerados de la presentación del reporte operacional, conforme el artículo 59 del Decreto Ejecutivo 33601-MINAE-S del 9 de agosto del 2006, "Reglamento de Vertido y Reuso de Aguas Residuales".

Además:

7.5 Comprobante de pago por concepto de solicitud de CVO. Este pago se realizará conforme con lo que establezca el Reglamento de Tarifas vigente del SENASA. En el caso de un establecimiento donde se llevan a cabo varias actividades, el SENASA otorgará un CVO por cada actividad.

7.6 Designar cuando la legislación aplicable a la actividad así lo ordene, un asesor permanente o regente.. La frecuencia, el tipo y otras características del servicio serán definidas de mutuo acuerdo entre las partes y comunicadas al SENASA.

7.7 Copia de la cédula de identidad. En caso de persona jurídica debe aportar certificación registral o notarial de la personería y copia de cédula jurídica.

Además de los requisitos anteriores, en el caso que el establecimiento se ubique en una propiedad de un tercero, el interesado deberá demostrar mediante contrato de arrendamiento o declaración jurada del solicitante, en la cual se indique bajo que título posee, la autorización para operar la actividad o actividades sujetas al CVO.

Artículo 8º–Vigencia del CVO y registro de establecimientos. El Certificado Veterinario de Operación tendrá una vigencia indefinida siempre y cuando el establecimiento cumpla con los requisitos sanitarios, ambientales y administrativos establecidos en este Reglamento.

Todo establecimiento autorizado a ejercer una o más actividades de las indicadas en el artículo 56 de la Ley Nº 8495, deberá estar inscrito en el Registro de Certificados Veterinarios de Operación y Certificados Veterinarios de Operación en Precario. Dicho registro deberá renovarse y pagar anualmente el canon que se establezca en el Reglamento de Tarifas vigente del SENASA. A los presentes efectos deberá actualizarse la información del establecimiento.

Transcurrido tres meses sin que se haya procedido a renovar el Registro anual antes indicado, para todos los efectos y sin especial declaración por parte de la Administración se tendrá el CVO por vencido.

Una vez acaecido ese hecho, el administrado deberá solicitar a la Administración la emisión de un nuevo Certificado Veterinario de Operación.

Artículo 9º–Cancelación del CVO. El SENASA cancelará el CVO, si determina que el establecimiento incumple las medidas que dispone este Reglamento o aquellos que se dicten para regular actividades específicas, como participación en programas de enfermedades de combate obligatorio, de monitoreo, de vigilancia, de aplicación de buenas prácticas veterinarias, bienestar animal y reporte de enfermedad de denuncia obligatoria.

La cancelación del CVO no excluye de las responsabilidades administrativas, penales, civiles o de cualquier otra naturaleza que se puedan derivar para el administrado, asesor permanente o regente.

CAPÍTULO III
Categorización, Criterios, Clasificación y Calificación de los Establecimientos Sujetos a un CVO

Artículo 10.–Clasificación. Para efectos del presente reglamento, el SENASA establecerá cuatro categorías de establecimiento, considerando criterios como tipo de actividad, extensión, ubicación, volumen de producción, población animal, entre otros.

Para la clasificación sanitaria y ambiental, se utilizará una guía, según el tipo de actividad específica, la cual calificará cuantitativamente al establecimiento con criterios técnicos y científicos. Las cifras obtenidas deberán establecer una escala que elimine las interpretaciones subjetivas y hacer posible que se efectúen comparaciones entre las diferentes situaciones temporales del mismo establecimiento, para apreciar sus avances y retrocesos. Lo anterior permitirá determinar el resultado del esfuerzo que se aplica en el perfil sanitario y ambiental de cada uno de los establecimientos, según lo determina el siguiente cuadro:

1 (Riesgo Bajo): Establecimientos que por sus características, ubicación, materia prima, procesos, productos y servicios, no representan una amenaza significativa a la salud de las personas, los animales y presentan bajo impacto al ambiente, o cuando las medidas de mitigación son suficientes.

2 (Riesgo Moderado): Establecimientos que por sus características representan un peligro potencial moderado para la salud de las personas, los animales o el ambiente; ya sea por su naturaleza, materias primas, productos intermedios o finales, almacenamiento, maquinaria, equipos y sistemas empleados en sus faenas, así como por sus procesos, desechos o número de trabajadores, de animales o por áreas de extensión o cobertura, y que las medidas de mitigación son parcialmente suficientes.

3 (Riesgo Alto): Establecimientos que por sus características representan un riesgo potencial en forma permanente a la salud de las personas, los animales o al ambiente; ya sea por su naturaleza, materias primas, productos intermedios o finales, almacenamiento, maquinaria, equipos y sistemas empleados en la faena, así como por sus procesos, desechos o número de trabajadores, de animales o por áreas de extensión o cobertura, y que las medidas de mitigación son insuficientes.

4 (Riesgo sin evaluar): Establecimientos no evaluados, y que por lo tanto no se han determinado sus riesgos sanitarios y/o ambientales.

Artículo 11.– Reconocimiento al esfuerzo. Los establecimientos que voluntariamente logren disminuir su riesgo sanitario y ambiental, a través de acciones más allá de las exigidas por SENASA, serán merecedores de un reconocimiento público, que evidencie el esfuerzo por proteger la salud humana, animal y el medio ambiente.

Artículo 12.– Código de identificación de los establecimientos. El SENASA identificará a los establecimientos con un código único cuya conformación se utilizará en todo el país.

CAPÍTULO IV
Del Procedimiento para Solicitar Modificaciones a un CVO

Artículo 13.– Establecimientos con varias actividades. En el caso de un establecimiento donde se llevan a cabo varias actividades, el SENASA otorgará un CVO por cada actividad, no obstante, para efectos de pago, se cobrará un solo registro basado en la actividad principal.

Artículo 14.– Modificación de condiciones del CVO. Sin excepción, todos los establecimientos, independientemente del tamaño o grupo de riesgo al que su establecimiento pertenezca, que cambien la actividad para la cual fue otorgado el CVO o incorporen otra actividad, deberán solicitar un nuevo CVO.

En el caso que un establecimiento requiera ampliar, variar o cambiar las condiciones originales bajo las cuales se otorgó el CVO, y que traen implícito un cambio de grupo de riesgo, deberá reportar por escrito al SENASA las variaciones o cambios.

Artículo 15.– Traslado del establecimiento. La movilización física de un establecimiento no otorga derecho a trabajar con el mismo CVO. Para la apertura del mismo establecimiento en otro lugar se deberá tramitar un nuevo CVO y cumplir con los requisitos que exige el presente reglamento. Los documentos y requisitos que conserven vigencia y que dieron soporte al otorgamiento del CVO anterior, serán aplicables a la nueva solicitud, en concordancia con el artículo 2 de la Ley de Protección al Ciudadano del exceso de requisitos y trámites administrativos, N° 8220 del 4 de marzo del 2002.

Artículo 16.– Cambios en el representante y regente. En aquellos casos en que un establecimiento, por distintas razones, cambie de representante o regentes, o sus calidades tales como la razón social, el número de cédula jurídica, la dirección de la empresa, deberá presentar ante el SENASA por escrito los cambios realizados en los siguientes 10 días hábiles. Para estos efectos se deberá adjuntar a la solicitud fotocopia de la cédula jurídica y personería jurídica notarial o registral vigente.

Artículo 17.– Cambio de propietario. En aquellos casos donde el establecimiento al cual le fue otorgado el CVO cambie de dueño o propietario, el interesado o nuevo propietario deberá presentar ante el SENASA una carta indicando el cambio realizado y solicitando su corrección en el registro del SENASA, a fin de solicitar la emisión de un nuevo documento en donde conste dicha corrección.

En caso de fallecimiento del propietario original, el albacea provisional o propietario o sus herederos declarados, podrán solicitar el cambio mediante una carta debidamente autenticada, aportando documentación que acredite su condición.

CAPÍTULO V
De los requisitos sanitarios y de operación

Artículo 18.– Requisitos sanitarios. Para ciertos establecimientos, que por su volumen o condiciones especiales de producción de modo especial, puedan impactar la salud pública, la salud animal y el medio ambiente se establecerán requisitos especiales de carácter sanitario y ambientales tales como medidas de bioseguridad, capacitaciones, retiros u obras, necesarias para el otorgamiento del CVO, las cuales serán emitidas mediante resolución administrativa que dictará la Dirección General del SENASA y que serán publicadas en el Diario Oficial La Gaceta.

Artículo 19.– Guías de inspección. Todo establecimiento al cual se le otorgue Certificado Veterinario de Operación deberá ser sometido a evaluación conforme a la Guía Oficial de Evaluación.

CAPÍTULO VI
Del certificado veterinario de operación precario

Artículo 20.– Incorformidad civil o administrativa. Todo establecimiento que desarrolle actividades de las señaladas en el artículo 56 de la Ley Nº 8495, y que por alguna razón mantenga inconformidad civil o administrativa y que por ello no pueda acreditar el cumplimiento de los requisitos exigidos para el otorgamiento de un CVO, podrá solicitar al SENASA, se le extienda por una única vez un Certificado Veterinario de Operación Precario (CVO Precario).

Artículo 21.– Reconocimiento de realidades sanitarias. El CVO Precario bajo ninguna circunstancia implicará la resolución de conflictos, reconocimiento de derechos, ni titularidad alguna sobre bienes inmuebles y tendrá como único objetivo reconocer realidades sanitarias existentes y que constituyen riesgo a la salud pública y el ambiente.

Artículo 22.– Constancia expresa. Para los efectos anteriores y valoración del SENASA deberá hacerse constar expresamente en el expediente que se levante al efecto la inconformidad civil o administrativa que impide al establecimiento ser sujeto de CVO.

Artículo 23.– Cumplimiento de disposiciones. La autorización en precario que se otorgue mediante un CVO de esta naturaleza, necesariamente implicará la aceptación por parte del administrado de ajustarse en un todo a las disposiciones de carácter sanitario que para ese tipo de establecimientos haya establecido el SENASA en protección a la salud pública, salud animal y el ambiente, e igualmente la presentación de un Plan de Mejoras, que permita que el establecimiento se mantenga abierto o pueda operar sin daño a la salud pública, salud animal o al ambiente.

El incumplimiento al Plan de Mejoras implicará necesariamente el retiro del CVO Precario y el cierre inmediato y definitivo del establecimiento como orden sanitaria.

Todo lo anterior sin perjuicio de las sanciones civiles, administrativas y penales que pudieran caber.

Artículo 24.– Renuncia expresa. Cuando por la emisión de una sentencia u acto administrativo, válido, firme y eficaz, dictado por alguna autoridad diferente al SENASA, deba cesar la actividad del establecimiento al cual se le haya otorgado CVO Precario, el administrado no podrá reclamar daños y perjuicios por las inversiones realizadas dentro del Plan de Mejoras y para lo cual renunciará en forma expresa en documento que firmará al efecto.

Artículo 25.– Trámites. Para la solicitud de un CVO Precario se deberán seguir los trámites y confeccionarse en los documentos que al efecto disponga el SENASA mediante resolución administrativa.

Artículo 26.– Control y seguimiento. Los establecimientos a los cuales se les otorgue CVO Precario serán de especial control y seguimiento por parte de la autoridad sanitaria.

Artículo 27.– Aplicación de otras disposiciones. En lo no regulado especialmente en este tipo de establecimientos, se le aplicará las disposiciones generales contenidas en el presente Reglamento.

CAPÍTULO VII
De las disposiciones administrativas

Artículo 28.– Conflictos por ubicación. Los funcionarios del SENASA, del Instituto de Vivienda y Urbanismo y de las municipalidades respectivas, velarán por el estricto cumplimiento de las presentes disposiciones ante un posible desarrollo habitacional, comercial o industrial en el lindero o colindancia de un establecimiento, manteniendo los derechos del productor establecido que cuenten con el respectivo CVO y que operen bajo las normas correspondientes y sustentando lo anterior en el artículo 34 de la Constitución Política; salvo que el CVO hubiera sido otorgado en contra legem, en cuyo caso se deberá seguir el debido proceso para su respectiva revocatoria, con amplias oportunidades de defensa y audiencia a los interesados.

Artículo 29.– Suministro de información. El SENASA, limitará la entrega de la información relacionada con los CVO respetando el principio de inviolabilidad de los documentos privados o en su caso, por el derecho a la intimidad, caso de las personas físicas o del derecho al honor objetivo o prestigio, personas jurídicas, por lo que la información, deberá garantizar que un tercero no pueda identificar a quien corresponde.

Artículo 30.– Publicación de los establecimientos autorizados y registrados. En marzo de cada año, el SENASA dará aviso en el Diario Oficial La Gaceta de la actualización realizada en su portal electrónico de los establecimientos, sus actividades, ubicación y nivel de riesgo, sujetos a su control, de conformidad con el artículo 56 de la Ley SENASA.

Artículo 31.– Plazo de resolución del trámite del CVO. El SENASA deberá resolver la solicitud del CVO dentro del plazo de quince días naturales a partir del día de recepción de los documentos.

En caso que habiéndose presentado la solicitud de CVO y cumplidos los requisitos señalados en el presente Reglamento, el SENASA por alguna razón objetiva no pudiera antes del plazo antes señalado emitir el CVO, deberá mediante nota escrita dirigida al solicitante, dentro de tercer día hábil señalarle la o las razones para el atraso. Cumplido el trámite anterior el SENASA dispondrá de otros quince días naturales para el otorgamiento del CVO. Vencido este último plazo, el administrado podrá en forma inmediata, requerir se le emita el respectivo CVO.

Artículo 32.– Trámite para interponer denuncias contra el SENASA. Las denuncias podrán presentarse ante cualquier oficina del SENASA en forma escrita, dirigidas al Director General y deberán contener la siguiente información:

32.1 Nombre completo de la persona denunciante, número de cédula de identidad y lugar para atender notificaciones.

32.2 Nombre completo del funcionario denunciado y lugar de trabajo.

32.3 Detalle de los hechos u omisiones denunciadas, con indicación de las personas y órganos involucrados en la queja.

32.4 Referencia específica o comprobante cuando la denuncia se refiere a servicios por los cuales se emite comprobante o documentos similares.

32.5 Firma de la persona denunciante y de quien recibe la denuncia.

Cuando la denuncia se interpone verbalmente la autoridad deberá registrar la información señalada en este artículo en un acta que firmará conjuntamente con la persona denunciante.

Asimismo la autoridad deberá tomar nota de las denuncias anónimas que se interpongan y verificar por los medios que tenga a disposición, sobre la veracidad de lo denunciado.

CAPÍTULO VIII
Verificación, control y vigilancia

Artículo 33.– Inspecciones de control y vigilancia. Salvo lo establecido para los establecimiento definidos como de riesgo alto o de riesgo sin evaluar, el SENASA efectuará inspecciones de monitoreo, que serán al azar a los establecimientos que se les ha otorgado un CVO, indistintamente del grupo al que pertenezcan. En caso de encontrarse una no conformidad, estos establecimientos se someterán a vigilancia mediante inspecciones dirigidas. Una vez que se implementen y verifiquen las medidas correctivas, el establecimiento en particular volverá a pasar al plan de monitoreo.

Para otorgar el CVO no será necesario realizar una inspección in situ previa. No obstante lo anterior, la Autoridad Sanitaria que otorgue el correspondiente CVO, emitirá una valoración provisional clasificando el establecimiento como de bajo, moderado o alto riesgo.

Artículo 34.– Prevención única. Cuando por producto de una inspección de control o vigilancia, se comprueba que el establecimiento no se ajusta a lo requerido por este reglamento y ese hallazgo no represente un riesgo inminente para la salud pública, la salud animal o el ambiente, se procederá a emitir en forma escrita una prevención única, en la cual se indicará al interesado que en el plazo de 10 días hábiles a partir de su notificación, debe presentar un plan de acciones correctivas, que deberá implementarse en un plazo no mayor a treinta días naturales.

Cuando la magnitud o complejidad de las medidas establecidas en el plan de acciones correctivas lo amerite, y a solicitud del interesado, dicho plazo de treinta días naturales se podrá prorrogar hasta por seis meses.

CAPÍTULO IX
De la coordinación con otras entidades

Artículo 35.– Coordinación institucional. Según lo establece el artículo 338 bis de la Ley General de Salud, Nº 5395, y los artículos 2, 5, 6, 9, 12, 13, 30, 64, 76, 102 siguientes y concordantes de la Ley SENASA Nº 8495, el Servicio Nacional de Salud Animal coordinará las acciones de su competencia con aquellas instituciones, organismos o entes que compartan responsabilidades en la ejecución del objetivo de este reglamento.

Artículo 36.– Solicitudes de otras instituciones. Cuando una entidad considere que se requiere un estudio adicional, la cancelación o suspensión de un CVO u otra acción, deberá dirigirse al SENASA con las motivaciones del caso. El SENASA actuará en consecuencia.

CAPÍTULO X
De las modificaciones y reformas a otros reglamentos

Artículo 37.– Modificaciones. Todos los establecimientos indicados en el artículo 56 de la Ley Nº 8495 quedan exceptuados de la aplicación del Decreto Nº 33240-MS del 30 de junio del 2006, Reglamento General para el otorgamiento de Permisos Sanitarios de Funcionamiento del Ministerio de Salud.

CAPÍTULO XI
De las disposiciones finales

Transitorio I.– Aquellos establecimientos que actualmente cuenten con un Permiso Sanitario de Funcionamiento vigente emitido por el Ministerio de Salud antes del 16 de mayo del 2006, fecha de entrada en vigencia de la Ley Nº 8495, seguirán funcionando al amparo del mismo, hasta la expiración otorgada o el incumplimiento de la normativa vigente. Una vez vencido o cancelado, deberán solicitar el CVO ante el SENASA.

Transitorio II.– Todo establecimiento que a la fecha de entrada en vigencia del presente Reglamento, considere ajustarse a las disposiciones relativas al otorgamiento de un CVO Precario deberá presentarse ante el SENASA en un plazo no mayor a un año a solicitar la correspondiente autorización. Todos aquellos establecimientos que transcurrido dicho plazo no se presentaren a formalizar su condición y ser reconocidos sanitariamente, serán cerrados de oficio por el SENASA.

Transitorio III.– El SENASA en un plazo no mayor a tres meses a partir de la publicación del presente Reglamento, mediante resolución administrativa que dictará al efecto establecerá los mecanismos y procedimientos administrativos para la implementación del Registro de CVO y CVO Precarios.

Transitorio IV.– En un plazo no mayor a doce meses a partir de la publicación del presente Reglamento el SENASA dictará las resoluciones administrativas a las que se refiere el artículo 18 del presente Decreto y mediante las cuales se establecerán para ciertos establecimientos procedimientos especiales de carácter sanitario y ambiental. Mientras dichas disposiciones no se dicten, se aplicarán en lo que correspondan los decretos del Ministerio de Salud que haya emitido en relación a los establecimientos regulados en el artículo 56 de la Ley Nº 8495.

Transitorio V.– Para efectos de clasificar a los distintos establecimientos por riesgo sanitario y ambiental, el SENASA no podrá variar la clasificación provisional a la que se refiere el artículo 33 del presente Decreto hasta tanto no emita mediante resolución administrativa, publicada en el Diario Oficial La Gaceta, la Guía Oficial de Evaluación a la que se refiere este Decreto.

Artículo 38.– Sobre la vigencia. Rige a partir de su publicación.

Dado en la Presidencia de la República.–San José, a los veinte días del mes de octubre del dos mil ocho. ÓSCAR ARIAS SÁNCHEZ.–El Ministro de Agricultura y Ganadería, Javier Flores Galarza.

REGLAMENTO SOBRE EL CONTROL DE LA APLICACIÓN DE LOS SISTEMAS DE "HACCP", EN LOS ALIMENTOS, PRODUCTOS Y SUBPRODUCTOS DESTINADOS A LA EXPORTACIÓN

Decreto Ejecutivo N° 26559-MAG-S

(Publicado en La Gaceta N° 13 de 20 de enero de 1998)

EL PRIMERVICEPRESIDENTE
EN EJERCICIO DE LA PRESIDENCIA DE LA REPÚBLICA Y LOS MINISTROS DE AGRICULTURA Y GANADERÍA Y DE SALUD,

En uso de las facultades establecidas en el artículo 140, incisos 3) y 18) de la Constitución Política, la ley N° 7064 del 29 de abril de 1987, la ley N° 5395 del 30 de octubre de 1973, Ley General de Salud, la ley N° 6243 del 2 de mayo de 1978, Ley de Salud Animal, la ley N° 7475 del 20 de diciembre de 1994 de Aprobación del Acta Final en que se incorporan los resultados de la Ronda Uruguay de Negociaciones Comerciales Multilaterales, la ley N° 7474 del 20 de diciembre de 1994 de Aprobación del Tratado de Libre Comercio entre el Gobierno de la República de Costa Rica y el Gobierno de los Estados Unidos Mexicanos y la ley N° 7472 del 19 de diciembre de 1994, Ley de Promoción de la Competencia y Defensa Efectiva del Consumidor.

Considerando:

1°—Que es deber del Estado como parte de una estrategia integral de promoción de las exportaciones costarricenses garantizar el que las mismas cumplan con los requisitos sanitarios relativos a la inocuidad de los alimentos exigidos en los mercados de destino de dichos productos, de conformidad con los nuevos parámetros de evaluación definidos para el comercio internacional, en particular, los que devienen de la observancia del Acuerdo sobre la Aplicación de Medidas Sanitarias y Fitosanitarias negociado en conjunto con el Acuerdo Constitutivo de la Organización Mundial de Comercio.

2°—Que de conformidad con el artículo 3° y el Anexo A del Acuerdo sobre la Aplicación de Medidas Sanitarias y Fitosanitarias los países miembros del mismo deberán basar la aplicación de tales medidas, normas o directrices internacionales cuando existan, entendiendo como tales aquellas emitidas por los organismos internacionales de referencia, entre ellos el Codex Alimentarius de la Organización Mundial para la Alimentación y la Agricultura (FAO) de las Naciones Unidas.

3°—Que el Codex Alimentarius ha procedido a emitir una serie de directrices y normativa relacionada al control del procesamiento de los alimentos con el fin de garantizar un riesgo mínimo a la salud humana por la vía de la ingestión de los mismos y que dicha normativa compilada bajo el sistema de Análisis de Riesgo y Control de Puntos Críticos (SARCPC o HACCP por sus siglas en inglés) constituyen en la actualidad por lo tanto normativa amparada al Acuerdo sobre la Aplicación de Medidas Sanitarias y Fitosanitarias y a la Organización Mundial de Comercio.

4°—Que la tendencia generalizada en los mercados meta de las exportaciones costarricenses de productos y subproductos de origen animal es hacia la adopción del sistema SARCPC como medida legítima de evaluación de los procesos productivos en los países exportadores con el fin de garantizar niveles aceptables de inocuidad en los productos procesados que no pongan en riesgo la salud de los consumidores; siendo por lo tanto imperativo para los sectores productivos y el Estado adecuar sus acciones en ese sentido para que las exportaciones costarricenses no vean menoscabo su posicionamiento en dichos mercados.

5°—Que el Ministerio de Agricultura y Ganadería, a través del Departamento de Servicios Zoosanitarios Internacionales es de conformidad con la Ley de Salud Animal, N°

6243 del 2 de mayo de 1978, la autoridad sanitaria competente a nivel nacional, respecto de la inspección de procesos productivos y productos y subproductos de origen animal en establecimientos o plantas de sacrificio, procesamiento y empaque. Por tanto,

Decretan:

Artículo 1°—Todas aquellas empresas o plantas procesadoras de alimentos, productos y subproductos de origen animal, específicamente de origen pesquero, bovino, porcino, y aviar, que establezcan el Sistema de Análisis de Riesgo y Control de Puntos Críticos (SARCPC) como método para garantizar niveles adecuados de inocuidad en sus procesos productivos a los efectos específicos de exportación, quedarán sometidas a la auditoría, inspección y control del mismo por parte del Ministerio de Agricultura y Ganadería a través del Departamento de Servicios Zoosanitarios Internacionales de la Dirección de Salud Animal, como Autoridad Sanitaria Nacional competente en la materia.

Artículo 2°—Para efectos de los procedimientos de auditoría, inspección y control mencionadas en el artículo anterior, los funcionarios del Departamento de Servicios Zoosanitarios Internacionales harán uso como referencia de los principios normativos, incluidas sus definiciones, del Sistema de Análisis de Riesgo y Control de Puntos Críticos (SARCPC), establecidos y reconocidos por la Comisión del Codex Alimentarius/OMS de la Organización Mundial para la Alimentación y la Agricultura (FAO) y de la Organización Mundial de la Salud de las Naciones Unidas.

No obstante lo anterior, los procedimientos indicados podrán ser ajustados cuando así se amerite ante requerimientos específicos en los mercados de exportación, para efectos de la autorización de la empresa o planta procesadora o la certificación del lote exportado.

Artículo 3°—Las empresas o plantas procesadoras indicadas en el artículo primero estarán obligadas a facilitar al Ministerio de Agricultura y Ganadería y sus funcionarios acreditados en cumplimiento de sus funciones, todas las facilidades necesarias relativas a la inspección, auditoría y control de los procesos productivos relacionados con el cumplimiento del sistema SARCPC.

A los efectos de la autorización correspondiente por parte de las autoridades sanitarias del Ministerio, referente al cumplimiento del sistema SARCPC, las empresas o plantas deberán obligatoriamente cumplir con las recomendaciones o directrices que dichas autoridades les establezcan.

Artículo 4°—Las acciones de inspección, control o auditoria por parte de las autoridades del Ministerio de Agricultura y Ganadería, podrán ser ejecutadas de oficio o a solicitud de la empresa interesada con el fin de acreditar el cumplimiento del sistema SARCPC y obtener la autorización respectiva. La autorización no tendrá plazo de vigencia y se mantendrá vigente salvo revocatoria o suspención declarada por la autoridad competente en uso de las potestades de verificación y control que le competen.

Cada lote o exportación de productos provenientes de plantas o empresas autorizadas por las autoridades sanitarias, deberá acompañarse necesariamente cuando así le sea requerido en el mercado meta, de un certificado que acredite la condición de la planta o empresa como autorizada.

Artículo 5°—Del análisis y control que el Ministerio de Agricultura y Ganadería realice con relación .a la observancia y cumplimiento del sistema SARCPC, se aplicarán las siguientes acciones administrativas en caso de incumplimiento:

a- Otorgamiento al interesado, empresa o planta procesadora de un plazo de quince días hábiles para la corrección de aquellos puntos necesarios para la observancia del sistema SARCPC, de conformidad con el resultado de las auditorias e inspecciones efectuadas en la misma y de cuyo resultado se dará comunicación en el mismo acto de su expedición mediante entrega de su original al interesado, propietario, representante o encargado.

b- Vencido el plazo citado sin que se hubieren practicado efectivamente las correcciones establecidas a satisfacción de las autoridades sanitarias, las mismas no emitirán ningún certificado que ampare exportaciones de la planta o empresa bajo sistema SARCPC.

c- Transcurrido un plazo de treinta días hábiles desde el vencimiento del plazo citado en el punto a) del presente artículo, el Ministerio de Agricultura y Ganadería podrá revocar o suspender la autorización de la planta o empresa, previa notificación a la misma.

La revocatoria o suspensión decretada no impedirá el que la planta o empresa pueda ser nuevamente autorizada, cuando acredite a satisfacción de las autoridades sanitarias, el cumplimiento de las directrices y recomendaciones que las mismas le hubieren emitido en ejercicio de su competencia y así lo soliciten por escrito al Ministerio de Agricultura y Ganadería.

Artículo 6°—Ninguna planta o empresa no autorizada podrá procesar productos para otras empresas o plantas autorizadas con el fin de la exportación de dichos productos.

Aquellas plantas aprobadas que incumplan dicha disposición, quedarán sujetas a la aplicación del procedimiento y medidas establecidas en el artículo anterior.

Artículo 7°—El Ministerio de Agricultura y Ganadería, dispondrá dentro de sus competencias, los medios necesarios para la implementación y aplicación de las regulaciones establecidas en este decreto, pudiendo solicitar la colaboración de otros Entes Públicos de competencia a fin en la materia, en particular, el Ministerio de Salud.

Artículo 8°—Los recursos generados y obtenidos por el Ministerio por la venta de servicios en aplicación de lo dispuesto por el presente decreto, deberán ser destinados a la Dirección de Salud Animal, Departamento de Servicios Zoosanitarios Internacionales, para ser invertidos en el mejoramiento de los mismos servicios.

Artículo 9°—El Ministerio de Agricultura y Ganadería, a través de sus instancias y funcionarios competentes, mantendrá el nivel de confidencialidad necesaria y requerida de la información, datos y conocimientos de que fueran impuestos en razón del ejercicio de las competencias por la aplicación del sistema SARCPC.

Artículo 10.—Rige a partir de su publicación.

Transitorio único.—Las disposiciones del presente decreto serán de aplicación inmediata para los efectos de la industria procesadora de exportación de productos pesqueros. En los demás casos de las actividades indicadas en el artículo primero, las disposiciones serán aplicables conforme así sea requerido según los calendarios establecidos para cada actividad en los mercados específicos de exportación; en ese sentido el Ministerio de Agricultura y Ganadería dará seguimiento a la evolución de tales requerimientos y elaborará, de ser necesario, planes concretos de divulgación sobre los mismos entre los sectores involucrados, con el fin de que estos puedan tomar las acciones pertinentes de conformidad con lo dispuesto en este decreto.

Dado en la Presidencia de la República.-San José, a los nueve días del mes de diciembre de mil novecientos noventa y siete. RODRIGO OREAMUNO BLANCO.- Los Ministros de Agricultura y Ganadería a.i., Gilberto Araya Soto y de Salud, Herman Weinstok Wolfowics.

REGLAMENTO SANITARIO Y DE INSPECCIÓN VETERINARIA DE MATADEROS, PRODUCCIÓN Y PROCESAMIENTO DE CARNES

Decreto Ejecutivo Nº 29588-MAG-S

(Publicado en La Gaceta N° 120 de 22 de junio de 2002)

EL PRESIDENTE DE LA REPÚBLICA
Y LOS MINISTROS DE AGRICULTURA Y GANADERÍA, Y DE SALUD

En ejercicio de las facultades que les confieren los artículos 140 incisos 3) y 18) de la Constitución Política; 27.1 de la Ley Nº 6227, Ley General de la Administración Pública; 2º, 4º, 7º, 184 y siguientes; y 196 y siguientes de la Ley Nº 5395 Ley General de Salud; la Ley Nº 6243, Ley General de Salud Animal, la Ley Nº 7060, Ley de Ratificación del Contrato Préstamo, suscrito entre el Gobierno de Costa Rica y el Banco Interamericano de Desarrollo, para un Programa de Desarrollo Ganadero y Sanidad Animal (PROGASA), la Ley Nº 3455, Ley Orgánica del Colegio de Médicos Veterinarios y la Ley Nº 7451, Ley de Bienestar de los Animales.

Considerando:

1º—Que es función del Estado establecer medidas higiénicas, sanitarias y veterinarias para el sacrificio, deshuese, almacenamiento, procesamiento, transporte y comercialización de los productos cárnicos provenientes de las diferentes especies para el mercado nacional o internacional.

2º—Que la legislación sanitaria inherente a los establecimientos y los alimentos de origen animal aquí regulados requiere ser actualizada en función con los acuerdos internacionales firmados por Costa Rica.

3º—Que el alto grado de desarrollo industrial alcanzado por el país en lo relacionado a la carne y sus derivados, incide fuertemente en la salud pública, la economía nacional y el desarrollo social.

4º—Que es responsabilidad de los establecimientos que los productos sean de óptima calidad sanitaria, a fin de proteger el mercado nacional e internacional y al consumidor.

5º—Que es importante que las autoridades sanitarias y veterinarias de los Ministerios de Salud y Agricultura y Ganadería mantengan una supervisión sobre los sistemas de control e inspección veterinaria de las carnes y de vigilancia epidemiológica nacional. **Por tanto;**

Decretan:

El siguiente,

REGLAMENTO SANITARIO Y DE INSPECCIÓN VETERINARIA DE MATADEROS, PRODUCCIÓN Y PROCESAMIENTO DE CARNES

CAPÍTULO I
Propósito y ámbito

Artículo 1º—El presente Reglamento tiene por objeto establecer los requisitos físicos-sanitarios, de operación y protección al ambiente que deben reunir los establecimientos dedicados al sacrificio de animales, deshuese, plantas de embutidos, frigoríficos, así como los correspondientes al transporte, almacenamiento de productos cárnicos, expendio y el ordenamiento jurídico de tales actividades.

Artículo 2º—Este Reglamento rige en todo el territorio nacional y obliga a las personas naturales y jurídicas, que en uso de las autorizaciones reglamentarias concedidas por los organismos competentes, se ocupan del sacrificio de los animales, aquellos que manipulan, expendan, almacenan y transportan productos cárnicos de las especies bovina, caprina, equina, ovina, porcina y otras que autoricen el MS y MAG.

CAPÍTULO II
Definiciones

Artículo 3º—Las palabras, nombres, términos y frases que se emplean en las disposiciones de este reglamento se entenderán de la siguiente forma:

Aditivo alimentario: Toda sustancia o producto natural o elaborado, que, poseyendo o no cualidades nutritivas, se adicione a los alimentos para coadyuvar, modificar o conservar sus propiedades.

Agua potable: Es toda agua que, empleada para ingesta humana, no causa daño a la salud y cumple con las disposiciones de valores recomendables o máximos admisibles estéticos, organolépticos, físicos, químicos, biológicos y microbiológicos emitidos en el Decreto Nº 25991-S (Reglamento para la Calidad del Agua Potable).

Aguas residuales: Agua que ha recibido un uso y cuya calidad ha sido modificada por la incorporación de agentes contaminantes.

Animales de matanza: Animales de las especies bovina, caprina, equina, ovina, porcina y otras que se autoricen para el sacrificio en un matadero y que cumplan con lo establecido en el presente Reglamento.

Área limpia: Área o local que está diseñado para el proceso de productos comestibles.

Área sucia: Área o local destinado a la manipulación de productos no comestibles, incluyendo los corrales, taller de mantenimiento, sistema de tratamiento de aguas residuales y otros a juicio del médico veterinario inspector.

APPCC (Análisis de Peligros y Puntos Críticos de Control): Enfoque científico y sistemático para asegurar la inocuidad de los alimentos desde la producción primaria hasta el consumo, por medio de la identificación, evaluación y control de los peligros significativos para la inocuidad del alimento. Se conoce también por las siglas en inglés como HACCP.

Auxiliar de Inspección: Funcionario calificado en inspección de carnes, el cual estará bajo la supervisión del Médico Veterinario Inspector.

Bitácora: Cuaderno debidamente numerado, foliado e inscrito y registrado en el Colegio de Médicos Veterinarios de Costa Rica, donde el Médico Veterinario Inspector, anotará las observaciones de acuerdo a las instrucciones de la fiscalía del Colegio y de los Ministerios de Salud y Agricultura y Ganadería, y aquellas que a su criterio considere importantes consignar.

Buenas Prácticas de Manufactura (BPM): Requerimientos establecidos para la fabricación, producción y procesamiento de alimentos, que garanticen en forma permanente la inocuidad de un alimento.

Cámaras Frigoríficas: Son los establecimientos dotados de instalaciones y equipos de refrigeración para la conservación, mantenimiento, congelamiento, almacenamiento y distribución de carnes y sus derivados.

Canal: Es la unidad cárnica primaria que resulta de la insensibilización, desangrado, descuerado, eviscerado, con la cabeza cortada a nivel de la articulación atlanto-occipital, sin órganos genitales externos, los miembros anteriores y posteriores estarán cortados a nivel de las articulaciones carpo-metacarpo y tarso-metatarso.

Carne: Parte muscular comestible de los animales de matanza sacrificados y procesados en un matadero aprobado, se incluyen porciones de grasas, hueso, cartílago, piel, tendones, aponeurosis, nervios, vasos sanguíneos y linfáticos que normalmente acompañan al tejido muscular y que no son separados de éste durante el procesamiento.

Carne aprobada: Toda aquella que haya sido aprobada por un médico veterinario inspector como inocua y sana y por lo tanto apta para el consumo.

Carne congelada: Se denomina carne congelada a aquella que además de las manipulaciones propias de la fresca ha sido sometida a la acción del frío industrial hasta conseguir en el centro de la masa muscular una temperatura de -18° C como mínimo.

Carne decomisada: Es la carne, inspeccionada y condenada, o determinada oficialmente de alguna otra forma, como inadecuada para el consumo humano y que es necesario destruir. "Decomiso total", cuando se decomisan la canal entera y las vísceras comestibles. "Decomiso parcial", cuando solo se decomisan ciertas partes del animal sacrificado mientras que otras son objeto de aprobación o retención para una decisión posterior.

Carne de desecho: Producto que por su naturaleza no es apto para consumo humano, pero podría ser aprovechable industrialmente para consumo animal.

Carne fresca: Se denomina carne fresca a aquella que solamente ha sufrido las manipulaciones propias de sacrificio y oreo refrigerado, o los cortes empacados al vacío con o sin atmósfera modificada y que su temperatura de conservación oscile entre -1° C y 7° C.

Carne inocua y sana: Aquella que ha sido aprobada como apta para el consumo humano de conformidad con los siguientes criterios:

a) Que no causará una infección ni intoxicación transmitida por los alimentos, siempre que se haya manipulado y preparado correctamente para los fines a que está destinada.

b) Que no contiene residuos que excedan los límites establecidos por el Códex Alimentarius.

c) Que está exenta de contaminación visible.

d) Que está exenta de defectos generalmente reconocidos por el consumidor como objetables.

e) Que se ha producido con un control higiénico adecuado.

f) Que no se ha tratado con sustancias declaradas como ilícitas por la legislación nacional.

Carne no comestible: producto inspeccionado y dictaminado por el Médico Veterinario como inadecuado para el consumo humano pero que no es necesario destruir.

Contaminación: Es la transmisión directa o indirecta de materias indeseables, incluida la transmisión de sustancias y/o microorganismos que hacen que las carnes no sean inocuas y/o sanas.

Cuarto de canal: Partes anteriores (craneal) y posterior (caudal) resultantes de la subdivisión de la media canal en dos partes.

Departamento: Departamento de Servicios Zoosanitarios Internacionales de la Dirección de Salud Animal del Ministerio de Agricultura y Ganadería.

Derivados de carne: Productos elaborados a base de carne, vísceras y subproductos autorizados por el MAG y MS, crudos, cocinados, ahumados o no.

Descongelación: Proceso que se lleva a cabo en cámara refrigerada a una temperatura inferior a 7º C con la finalidad de facilitar el fraccionamiento o la elaboración derivados cárnicos.

Desinfección: La reducción al mínimo, del número de microorganismos sin menoscabo de la calidad de la carne y mediante agentes químicos o métodos físicos higiénicamente satisfactorios.

Deshuesadora: Establecimiento que tiene como actividad principal la separación de la carne de los huesos que conforman una canal, la preparación y empaque de los diferentes cortes.

Deshuese: Es la separación de determinadas partes anatómicas de la canal, en base a divisiones establecidas por intereses comerciales.

Desoye: Eliminar la piel del cuerpo de un animal de matanza.

DPAH: Dirección de Protección al Ambiente Humano del Ministerio de Salud.

DSA: Dirección de Salud Animal del Ministerio de Agricultura y Ganadería

Establecimiento: Todo local incluyendo matadero, que haya sido aprobado y registrado por el Ministerio de Agricultura y Ganadería y el Ministerio de Salud; donde se sacrifiquen animales, deshuesen, embuten, procesen, empaquen o almacenen las carnes y sus derivados, en concordancia con el artículo 199 de la Ley General de Salud.

Enfermedad: Estado patológico o anormalidad que presenta un animal, canal u órgano.

Expendio o carnicería: Establecimiento autorizado por el MS para el expendio de carnes y sus derivados.

Fileteado: Se entiende por filetear la operación que consiste en fraccionar una pieza o trozo de carne en fragmentos de mayor longitud y anchura que espesor.

Guía sanitaria: Certificado emitido por el médico veterinario inspector donde se consigna la calidad sanitaria de la carne y el establecimiento de procedencia.

Guía de transporte: Documento oficial emitido por la autoridad correspondiente, donde se consignan las características individuales de cada animal, los fierros o marcas, procedencia y propietario.

Inspección ante-mortem: Reconocimiento clínico practicado por un Médico Veterinario Inspector a los animales de matanza, antes de ser sacrificados.

Inspección post-mortem: Procedimientos técnicos que se practican a los animales de matanza durante el procesamiento y que permiten al Médico Veterinario dictaminar si una carne es apta o no para el consumo humano.

Inspeccionado y aprobado: Indica que los productos cárnicos y sus derivados que han sido marcados con esa leyenda son aptos para consumo humano.

Inspeccionado y condenado: Indica que los productos cárnicos que han sido marcados con esa leyenda deben ser destruidos o destinados a consumo animal previo tratamiento térmico.

INA: Instituto Nacional de Aprendizaje.

Jefe del Departamento: Médico Veterinario Oficial responsable del Departamento del Servicios Zoosanitarios Internacionales de la Dirección de Salud Animal del Ministerio de Agricultura y Ganadería.

Limpieza: La supresión de toda materia, residuo o impurezas objetables que se encuentran en las superficies de contacto y no contacto de la carne.

MAG: Ministerio de Agricultura y Ganadería.

Marca: Sello o distintivo que deberá aplicarse a las canales y vísceras inspeccionadas y aprobadas.

Matadero: Todo establecimiento dotado de equipo e instalaciones higiénicas, aprobado por las autoridades competentes, para el sacrificio, sangrado, descuerado y eviscerado de todos los animales de matanza.

Matanza: Sacrificio, sangrado, descuerado y eviscerado de un animal de las especies autorizadas para fines de consumo humano.

Material resistente a la corrosión: Material impermeable, liso, no absorbente y resistente a la acción de los químicos y abrasivos utilizados en los procedimientos de limpieza.

Materiales de empaque: Todos los materiales como láminas de plástico, papel encerado, cajas de cartón y otros utilizados para cubrir y proteger los productos cárnicos y derivados y que han sido aprobados por el Ministerio de Salud.

MS: Ministerio de Salud.

Media canal: Cada una de las dos partes en que se divide longitudinalmente el canal.

Médico Veterinario Inspector: Profesional en Medicina Veterinaria incorporado al Colegio de Médicos Veterinarios, que tiene bajo su responsabilidad la dirección técnica y sanitaria de los establecimientos aquí regulados, abarcando las funciones que este reglamento y otras que la legislación relacionada le asigne.

Médico Veterinario Oficial: Médico Veterinario funcionario del MAG o del MS.

Pediluvio: Pileta dotada de una solución desinfectante utilizada para desinfección de botas.

Permiso Sanitario de Funcionamiento: Certificado que emite el Ministerio de Salud, autorizando el funcionamiento de aquellos establecimientos que sacrifiquen animales, procesen, embuten, empaquen, almacenen y expendan carnes y productos cárnicos.

(Reformado por el artículo 77 del Decreto Ejecutivo N° 33240-S de 30 de junio de 2006)

Nota del Compilador: El texto anterior a la modificación decía:
"Permiso Sanitario de Funcionamiento: Documento oficial emitido conjuntamente por el MAG y MS autorizando el funcionamiento u operación de aquellos establecimientos que sacrifiquen, procesen, embutan, empaquen o almacenen productos cárnicos."
Debe tenerse en cuenta igualmente que, en respuesta a una consulta realizada por la Sra. Ministra de Salud, sobre el otorgamiento del permiso sanitario de funcionamiento por parte del Ministerio de Salud, en relación a las competencias del Servicio Nacional de Salud Animal (SENASA, creado mediante la Ley N° 8495 de 6 de abril de 2006), la Procuraduría General de la República emitió el dictamen vinculante N° C-88-2007 de 23 de marzo de 2007. En dicho dictamen, la Procuraduría concluye que:
"...a partir de la entrada en vigencia de la Ley Nº 8495, los establecimientos indicados en el artículo 56 de este cuerpo legal no tienen que solicitar al Ministerio de Salud el permiso de funcionamiento, si no que deben pedir al SENASA el certificado veterinario de funcionamiento, por lo que ha quedado

derogada tácitamente la competencia del Ministerio de Salud únicamente en lo relativo al otorgamiento de los permisos de funcionamiento de estos establecimientos.
[...]
III - CONCLUSIONES. En razón de lo expuesto esta Procuraduría llega a las siguientes conclusiones:
[...]
3.- Corresponde al SENASA el otorgar los certificados veterinarios de funcionamiento, derogando la competencia del Ministerio de Salud en esta materia." (El subrayado no es del original)
Asimismo, debe observarse el artículo 37 del Reglamento General para el otorgamiento del Certificado Veterinario de Operación, Decreto Ejecutivo Nº 34859-MAG (LG N° 230 de 27-11-2008), que establece que "Todos los establecimientos indicados en el artículo 56 de la Ley Nº 8495 quedan exceptuados de la aplicación del Decreto Nº 33240-MS del 30 de junio del 2006, Reglamento General para el otorgamiento de Permisos Sanitarios de Funcionamiento del Ministerio de Salud."

Producto cárnico: Carne y sus derivados.

Propietario o administrador: En relación con los establecimientos, aquí regulados, es toda persona que sea responsable legal del establecimiento.

Rendering: Conjuntos de instalaciones y equipos utilizados para el aprovechamiento industrial de decomisos y desechos destinados a la alimentación animal.

Retenido: Producto cárnico o parte de éste, así identificado y que es separado para una inspección posterior y dictamen final.

Residuos: Residuos de medicamentos veterinarios, residuos de plaguicidas y contaminantes tal como están definidos en el Códex Alimentarius.

Ropa protectora: Prendas especiales exteriores usadas por las personas que trabajan en un matadero o establecimiento, destinadas a evitar la contaminación de las carnes, incluidas el uniforme, prendas para cubrir la cabeza, delantales y botas de hule.

Sacrificio de emergencia: El sacrificio necesario e inmediato de cualquier animal de matanza que haya sufrido daño traumático o sufra una afección que no impida su aptitud para consumo humano.

Salmuera: Una solución de sal de calidad alimentaria (cloruro de sodio) en agua potable, que se emplea en la conservación de los productos cárnicos.

SETENA: Secretaría Técnica Nacional Ambiental.

Sistema de control e inspección: Sistema diseñado y ejecutado por la Dirección de Salud Animal y la DPAH para el control y la higiene de las carnes y sus derivados, incluida la inspección y las pruebas químicas, físicas y microbiológicas de la misma, para cumplir con los requisitos establecidos para el mercado interno y por los países importadores.

Sistema de tratamiento: Conjunto de procesos físicos, químicos o biológicos cuya finalidad es mejorar la calidad del agua residual a la que se aplica.

Subproducto: Son aquellas materias que se obtienen de los animales de matanza y que no están comprendidos en los conceptos de canal o de vísceras comestibles.

Tiempo de conservación o vida útil: El tiempo que el producto se mantendrá sano y aceptable como alimento para el consumo humano.

Vísceras: Órganos de las cavidades toráxica y abdominal de los animales sacrificados.

Vísceras comestibles: En relación con los animales sacrificados, todos los órganos que hayan sido aprobados como aptos para el consumo humano.

CAPÍTULO III
Disposiciones generales

Artículo 4º— La autoridad competente que ejecutará lo dispuesto en el presente reglamento será el Ministerio de Salud a través de las Áreas Rectoras de Salud.

(Reformado por el artículo 77 del Decreto Ejecutivo N° 33240-S de 30 de junio de 2006)

Nota del Compilador: El texto anterior a la modificación decía: "Las autoridades competentes que ejecutarán lo dispuesto en el presente reglamento serán el MAG y el MS a través de las Direcciones de Salud Animal y de Protección al Ambiente Humano."
Debe tenerse en cuanta que, en respuesta a una consulta realizada por la Sra. Ministra de Salud, sobre el otorgamiento del permiso sanitario de funcionamiento por parte del Ministerio de Salud, en relación a las competencias del Servicio Nacional de Salud Animal (SENASA, creado mediante la Ley N° 8495 de 6 de abril de 2006), la Procuraduría General de la República emitió el dictamen vinculante N° C-88-2007 de 23 de marzo de 2007. En dicho dictamen, la Procuraduría concluye que:
"...a partir de la entrada en vigencia de la Ley Nº 8495, los establecimientos indicados en el artículo 56 de este cuerpo legal no tienen que solicitar al Ministerio de Salud el permiso de funcionamiento, si no que deben pedir al SENASA el certificado veterinario de funcionamiento, por lo que ha quedado derogada tácitamente la competencia del Ministerio de Salud únicamente en lo relativo al otorgamiento de los permisos de funcionamiento de estos establecimientos.
[...]
III - CONCLUSIONES. En razón de lo expuesto esta Procuraduría llega a las siguientes conclusiones:
[...]
3.- Corresponde al SENASA el otorgar los certificados veterinarios de funcionamiento, derogando la competencia del Ministerio de Salud en esta materia." (El subrayado no es del original)
Asimismo, debe observarse el artículo 37 del Reglamento General para el otorgamiento del Certificado Veterinario de Operación, Decreto Ejecutivo Nº 34859-MAG (LG N° 230 de 27-11-2008), que establece que "Todos los establecimientos indicados en el artículo 56 de la Ley Nº 8495 quedan exceptuados de la aplicación del Decreto Nº 33240-MS del 30 de junio del 2006, Reglamento General para el otorgamiento de Permisos Sanitarios de Funcionamiento del Ministerio de Salud."

Artículo 5º—Únicamente se podrán comercializar los productos cárnicos procesados en los establecimientos aprobados para dicho fin, conforme a lo dispuesto en el presente reglamento.

Artículo 6º—Todos los productos cárnicos, que ingresen a los establecimientos aprobados y todos los productos procesados total o parcialmente en el mismo serán transportados, manipulados, reinspeccionados, marcados y rotulados en la forma en que se establece en el presente Reglamento.

Artículo 7º—Los establecimientos que quedarán sujetos a las disposiciones del presente reglamento son: los que se dediquen al sacrificio, deshuese, embutido, empaque, almacenamiento, proceso, expendio, así como los vehículos de transporte de las carnes provenientes de las especies bovina, caprina, equina, ovina, porcina y otras autorizadas por el MAG y MS.

Artículo 8º—Para vigilar la inocuidad de los productos cárnicos, estos se someterán a exámenes organolépticos realizados por el Médico Veterinario Inspector y su equipo de auxiliares de inspección, a pruebas físicas, químicas y microbiológicas realizadas in situ ó en laboratorios oficiales o bien laboratorios debidamente acreditados para dicho fin.

Artículo 9º—Los propietarios o administradores responsables de los establecimientos aquí regulados, deberán permitir a cualquier hora la entrada de los funcionarios del MAG y MS, debidamente identificados para realizar las inspecciones sanitarias del local, de sus instalaciones y equipos, del estado de salud e higiene del personal, registros y controles que lleva el Medico Veterinario Inspector y las condiciones en las que se realizan las distintas operaciones. Deberán asimismo, permitir la toma de muestras necesarias para establecer la identidad, calidad y estado de los productos, con derecho a exigir al funcionario el correspondiente recibo y la contramuestra cuando fuese procedente.

Los propietarios o administradores están en la obligación de proporcionar al MAG y MS las informaciones, datos y registros que se soliciten verbalmente o por escrito relacionadas con las operaciones que lleva a cabo el establecimiento.

Artículo 10.—Ningún establecimiento puede exceder la capacidad de sus instalaciones y equipos.

CAPÍTULO IV
De las autorizaciones y competencias

Artículo 11.— Las solicitudes de permiso sanitario de funcionamiento por primera vez o de renovación deberán presentarse en el formulario unificado que para tal fin entrega el Ministerio de Salud. El permiso sanitario de funcionamiento tendrá una validez de cinco años. La solicitud de renovación deberá presentarse un mes antes de su vencimiento.

(Reformado por el artículo 77 del Decreto Ejecutivo N° 33240-S de 30 de junio de 2006)

Nota del Compilador: El texto anterior a la modificación decía: "Las solicitudes de permiso de funcionamiento por primera vez o de renovación deberá presentarse en el formulario unificado que para tal fin entregan el MS o el MAG. El permiso sanitario de funcionamiento tiene una validez de un año. La solicitud para renovación debe presentarse un mes antes de su vencimiento."
Ver la nota al artículo 4 precedente.

Artículo 12.—Los Ministerios de Salud o de Agricultura y Ganadería quedan facultados para emitir dictámenes favorables o desfavorables a las solicitudes de aprobación o de permisos de funcionamiento.

Artículo 13.—Todo establecimiento regulado por el presente Reglamento será sujeto de aplicación de lo establecido en la Ley General de Salud, Ley General de Salud Animal, Ley de Conservación de Vida Silvestre, Ley Orgánica del ambiente, la Ley Nº 7060 Ley de Ratificación del Contrato Préstamo, Suscrito entre el Gobierno de Costa Rica y el Banco Interamericano de Desarrollo, para un Programa de Desarrollo Ganadero y Sanidad Animal (PROGASA), la Ley Nº 3455, Ley Orgánica del Colegio de Médicos Veterinarios y la Ley Nº 7451 Ley de Bienestar de los Animales, Reglamento de Vertido y Reuso de Aguas Residuales Decreto Nº 26042-S-MINAE; las Normas de Ubicación de Sistemas de Tratamiento de Aguas Residuales Decreto 21518-S; así como cualquier otra norma aplicable a la materia.

Artículo 14.—Los mataderos, plantas de deshuese y fábricas de embutidos, deberán contar con un plan documentado de manejo de desechos sólidos, aprobado por la DPAH, según lo dispuesto por los artículos 278, 279, 281, 283, y 284 de la Ley General de Salud.

Artículo 15.—La construcción de nuevos mataderos, deberá cumplir con lo establecido en el Reglamento Sobre Procedimientos de la Setena. (Decreto Nº 25705-MINAE y sus modificaciones, Decreto Nº 26228-MINAE).

Artículo 16.—Todo matadero, planta de deshuese y embutidora deberá contar con un sistema de tratamiento de aguas residuales.

Artículo 17.—El permiso de ubicación deberá ser solicitado ante la DPAH aportando la información que para ese efecto se establece en el protocolo correspondiente.

Artículo 18.—Para la aprobación de proyectos de sistemas de tratamiento de aguas residuales para mataderos, deshuesadoras, empacadoras, embutidoras y frigoríficos se deberá presentar ante la DPAH los siguientes documentos:

a) Planos constructivos del sistema de tratamiento

b) Memoria de cálculo

c) Manual de operación y mantenimiento, debe cumplir con lo dispuesto en el Decreto Nº 26042- S-MINAE, Reglamento de vertido y reuso de aguas residuales y el Reglamento de ubicación de sistemas de tratamiento de aguas residuales.

Artículo 19.—Como requisito para construir y operar el sistema de tratamiento de aguas residuales y demás obras civiles deberán contarse con los siguientes permisos:

a) Visto bueno del uso del suelo extendido por la Municipalidad respectiva.

b) Permiso de ubicación extendido por la DPAH.

c) Aprobación de planos de construcción por la DPA.

Artículo 20.—Todo matadero, fábrica de embutidos y planta deshuesadora deberá cumplir con los siguientes requisitos:

a) Contar con médico veterinario inspector autorizado por el Colegio de Médicos Veterinarios y aprobado por el MS y MAG.

b) Plan APPCC aprobado conjuntamente por ambos Ministerios, con sus prerrequisitos, Buenas Prácticas de Manufactura y Procedimientos de Limpieza y Desinfección.

Artículo 21.—Aquellas actividades industriales que utilicen calderas en su proceso o cuenten con un sistema de rendering deberán presentar ante la DPAH, la descripción de los sistemas de control de contaminantes atmosféricos y la respectiva autorización del Ministerio de Trabajo.

Artículo 22.—La evaluación físico sanitaria, de proceso y de la salud pública veterinaria de los mataderos, plantas de deshuese, empacadoras y embutidoras será competencia de los médicos veterinarios oficiales del MAG y MS.

Artículo 23.—Los establecimientos dedicados al expendio de carnes, vísceras, embutidos y los vehículos destinados para su transporte deberán ser autorizados para su operación por el MS a través de las Áreas de Salud.

Artículo 24.—Los mataderos dedicados al sacrificio de equinos serán autorizados exclusivamente para esa especie, no pudiendo en ningún caso tener líneas de sacrificio para otros animales.

Artículo 25.—Los establecimientos dedicados al sacrificio de animales de matanza, deberán contar con auxiliares de inspección de carnes, debidamente capacitados que asistirán al médico veterinario durante la jornada, cuando así lo determinen el MAG y MS.

CAPÍTULO V
Numeración oficial de los establecimientos

Artículo 26.—Los números de identificación de los establecimientos, con excepción de los expendios y vehículos de transporte, serán asignados por la Dirección de Salud Animal del MAG.

No se asignará más de un número a cada establecimiento aprobado, los números que ya fueron usados no volverán a asignarse.

Artículo 27.—Cuando un establecimiento aprobado cuente con diferentes secciones de procesamiento, cada sección recibirá el mismo número oficial, a éste se le agregará una letra para identificar la sección.

CAPÍTULO VI
De las condiciones estructurales de los establecimientos

Artículo 28.—Los establecimientos donde se sacrifiquen, deshuesen, preparen, embuten, elaboren, empaquen, almacenen y se manipulen productos cárnicos y derivados destinados al consumo humano deberán cumplir con los siguientes requisitos básicos:

a) Disponer de un espacio adecuado que permita la ejecución satisfactoria de todas las operaciones.

b) Ser de construcción sólida y tener un diseño que permita llevar a cabo su limpieza y desinfección con facilidad y mantenerse en todo momento en buen estado de mantenimiento.

c) Todo establecimiento deberá tener una iluminación natural o artificial, la iluminación no deberá alterar los colores, cuya intensidad no deberá ser menor de:

540 lux (50 bujías pie) en todos los puntos de inspección.

220 lux (20 bujías pie) en las salas de trabajo.

110 lux (10 bujías pie) en otras áreas.

Las lámparas y otras estructuras aéreas no deberán pasar sobre las líneas de proceso sino discurrir paralelas a ella. Los fluorescentes, bombillos o luminarias estarán protegidos para evitar la contaminación de los alimentos en caso de rotura o cualquier tipo de accidente, con cobertores hechos de materiales aprobados para tal fin.

d) Deberá proveerse una ventilación adecuada, si fuese del caso artificial, para permitir un ambiente fresco, evitar el calor excesivo y la condensación del vapor. La dirección de la corriente de aire no deberá ir nunca de un área sucia a un área limpia.

Las aberturas de ventilación provistas de cedazo malla 16, dispuesto en marcos, que deberán retirarse fácilmente para su limpieza.

e) Estar diseñados y equipados de modo que se facilite un adecuado proceso y la supervisión de la higiene e inspección de la carne.

f) Estar diseñados y construidos de modo tal que se restrinja al máximo el acceso o anidamiento de plagas.

g) Tener una separación física entre las áreas donde se manipulan productos comestibles y las áreas reservadas para el manejo de productos no comestibles.

h) Tener pisos lisos impermeables, antideslizantes, construidos con materiales no tóxicos, sin grietas y con una inclinación del 2% para permitir el desagüe de los líquidos a colectores protegidos por una rejilla.

i) Paredes con una altura apropiada para facilitar las operaciones, construidas de material impermeable, no tóxico, de superficie lisa, las cuales podrán estar carentes de pintura, o de estarlo, la pintura deberá ser no tóxica, resistente para evitar desprendimientos y mantenerse en buenas condiciones o en su defecto estar recubiertas con materiales que reúnan las características antes indicadas.

j) Los ángulos que forman las paredes entre sí y con respecto al piso deben ser de forma cóncava, para evitar el acumulo de agua y facilitar la limpieza.

k) Los techos se mantendrán en buen estado de conservación, libres de hongos y suciedad, asimismo se tomarán las medidas necesarias para evitar la condensación. Con excepción de las salas de matanza, el establecimiento contará con cielo raso, en buen estado físico y pintado con pintura atóxica y resistente para evitar el desprendimiento.

Artículo 29.—En el caso de los mataderos, deshuesadoras y embutidoras deberán contar con un sistema apropiado de tratamiento de aguas residuales, en buen estado de funcionamiento, cuyos conductos, incluidos los de desagüe, tengan la capacidad suficiente para soportar cargas máximas y dispongan de los necesarios sedimentadores, trampas y respiraderos. Los sifones y sumideros para residuos aprovechables estarán totalmente separados de áreas donde se prepare, manipule, empaque o almacene carne, vísceras o sus derivados. Asimismo, la eliminación de aguas residuales se efectuará de tal modo que se evite la contaminación del suministro de agua potable y que no confluyan con las aguas provenientes del servicio sanitario.

Artículo 30.—Deben disponer de un número adecuado de tomas de agua potable para llevar a cabo la limpieza y desinfección.

El sistema de abastecimiento de agua no potable (por ejemplo para el sistema contra incendios, la producción de vapor, la refrigeración y otras aplicaciones); deberán ser independientes, estos sistemas estarán identificados y no deberán estar conectados con los sistemas de agua potable ni deberá haber peligro de reflujo hacia ellos.

Con excepción de los frigoríficos y expendios, los restantes establecimientos dispondrán de un suministro de agua caliente a 82° C.

Artículo 31.—Disponer de un número adecuado de lavamanos accionados por pedales, rodilla o fotocelda o por cualquier otro medio no manual, distribuidos estratégicamente y contar con dispensadores de jabón líquido y de un recipiente con solución desinfectante y equipados con toallas desechables o secadores de aire.

Artículo 32.—Contar con esterilizadores, distribuidos estratégicamente con agua caliente a 82° C y accesibles en todo momento para la limpieza y desinfección de cuchillos, chairas y otros utensilios.

CAPÍTULO VII
De las condiciones para el personal de inspección

Artículo 33.—Los propietarios o administradores de los establecimientos aprobados deben brindar, al médico veterinario inspector y sus auxiliares las siguientes condiciones, para facilitar las labores de inspección:

a) Una oficina, convenientemente iluminada, segura, ventilada y en buenas condiciones sanitarias. Además contarán con servicios sanitarios, lavamanos, ducha, guardarropas y vestidor. Asimismo los uniformes, cascos, redecillas, delantales, botas y el equipo necesario o de seguridad para ejecutar la inspección.

b) Los establecimientos deberán estar diseñados y equipados de tal forma que las áreas de inspección y la inspección misma no se vean obstaculizada por el tránsito de personal o equipo. Deberá contar con lavamanos y esterilizadores.

c) Los propietarios o administradores notificarán verbalmente o por escrito al médico veterinario inspector y a los auxiliares de inspección cualquier cambio en el horario de trabajo con veinticuatro horas de anticipación.

CAPÍTULO VIII
Instalaciones y facilidades para el personal

Artículo 34.—Las instalaciones tales como: vestidores, guardarropas, duchas, servicios sanitarios, lavamanos y comedor deben tener un tamaño proporcional al número de empleados, con iluminación y ventilación adecuadas.

Artículo 35.—El área destinada a servicios sanitarios y lavamanos debe estar completamente separada del área para vestidores y guardarropa, contar con puertas de acceso independientes, con mecanismos de cierre automático, las que deben abrir hacia fuera.

Artículo 36.—Cada empleado debe tener asignado un guardarropa, con aberturas para facilitar la ventilación y evitar olores desagradables, deben estar colocados sobre patas a 30 cm del piso para facilitar la limpieza. Estos no deben ser construidos de madera. Contar con bancas para facilitar el cambio de ropa de uso diario por el uniforme.

Artículo 37.—Deberá contar con servicios sanitarios independientes para cada sexo. De acuerdo al siguiente cuadro:

Personas de un mismo sexo:

a) 1 a 15 inclusive 1

b) 16 a 35 inclusive 2

c) 36 a 55 inclusive 3

d) 56 a 80 inclusive 4

e) 81 o más se continua con la misma proporción.

En el caso de los hombres hasta 1/3 de los inodoros pueden ser sustituidos por orinales. Deben estar dotados permanentemente de papel higiénico.

Contar con lavamanos accionados por mecanismos de pedal, rodilla o fotocelda, estar provistos de dispensadores de jabón líquido u otro agente para la limpieza de las manos y equipados de un medio higiénico y adecuado para el secado de manos.

Artículo 38.—El área de vestidores y servicios sanitarios deberá estar ubicada en un local completamente separado de las áreas de proceso.

CAPÍTULO IX
Del suministro de agua y calidad del agua

Artículo 39.—Disponer de un abastecimiento de agua potable con un volumen y presión suficientes, con instalaciones apropiadas para su almacenamiento y distribución. El agua potable deberá ajustarse a lo especificado en el Reglamento para la Calidad del Agua, Decreto Nº 25991-S y sus reformas.

Artículo 40.—El agua proveniente de los acueductos públicos puede ser aceptada si previamente ha sido tratada y examinada física, química y microbiológicamente y declarada como potable. El agua proveniente de pozos perforados dentro del establecimiento debe estar certificada mediante exámenes microbiológicos y físico químicos.

Los pozos deben estar protegidos de la contaminación y los tanques de captación de agua, deben contar con brocal, tapa y sistema de seguridad para evitar la contaminación del agua.

Artículo 41.—El agua debe ser clorada en el momento que ingresa a los tanques de captación. Se debe contar con sistemas automáticos de cloración, dotados de un sistema de alarma que le indique al médico veterinario inspector, a los auxiliares de inspección y al personal de mantenimiento del establecimiento que la cloración del agua ha dejado de funcionar.

Artículo 42.—El vapor utilizado para calentar agua o el utilizado durante las operaciones de limpieza no deberá contener ninguna sustancia que pueda poner en peligro la salud o contaminar los productos cárnicos o sus derivados. La temperatura del agua caliente para la esterilización de cuchillos, chairas, ganchos u otros utensilios debe ser al menos de 82º C.

La identificación de las tuberías de conducción de vapor, agua caliente, fría o electricidad se ajustará a la Norma Internacional de Simbología y Colores.

CAPÍTULO X
Del almacenamiento de materiales de empaque y otros

Artículo 43.—El establecimiento debe contar con bodegas completamente aisladas del exterior que prevengan el ingreso de plagas o contaminantes. El techo y sus estructuras deben estar diseñados de tal forma que se evite el acumulo de polvo, mantenerse limpias y en perfecto estado de conservación, preferiblemente sin cielo raso. Las paredes y el piso deberán ser lisas e impermeables. La puerta de acceso estará diseñada para cerrar herméticamente.

Artículo 44.—La bodega de material de empaque debe contar con tarimas de 30 cm de altura con relación al piso, separadas 50 cm de la pared, dejando pasillos entre sí para facilitar la limpieza.

Artículo 45.—El material de empaque deberá estar cubierto con láminas plásticas u otro material apropiado que cumpla con el mismo fin, para evitar su posible contaminación.

Artículo 46.—El establecimiento debe contar con bodegas separadas para el almacenamiento de productos químicos.

Esta bodega estará debidamente rotulada y dividida en dos secciones que se mantendrán cerradas con candado. En una sección se almacenarán los productos de uso interno tales como: detergentes, desinfectantes, jabón líquido, grasas y lubricantes grado alimentario y otros que puedan utilizarse con propósitos similares. En la otra sección se almacenarán los insecticidas, rodenticidas, aditivos para calderas y otros.

Esta bodega contará con lavaojos y un lavamanos con su respectiva jabonera.

Artículo 47.—Se debe disponer de una bodega separada para almacenar materiales de uso general, como papel higiénico, toallas de papel, esponjas abrasivas, cepillos, ropa, botas, cascos nuevos, repuestos y otros. Utilizar tarimas o estanterías a 30 cm con relación al piso y separados a 50 cm de la pared.

Artículo 48.—Los establecimientos que utilicen condimentos, aditivos de uso restringido u otros ingredientes usuales en la preparación de derivados de la carne, contarán con una bodega separada para su almacenamiento. Los aditivos de uso restringido se almacenarán en un gabinete con un sistema de seguridad para evitar que sean manipulados por personal no autorizado, se llevará al día, un inventario de los mismos, con entradas, salidas y saldo.

CAPÍTULO XI
De las cámaras de refrigeración y congelación

Artículo 49.—El establecimiento debe contar con las áreas refrigeradas necesarias, de acuerdo con su clasificación, para asegurar el mantenimiento de los productos cárnicos y su inocuidad, cuya temperatura no deberá exceder los cinco grados centígrados.

Artículo 50.—Los cielos y paredes deberán estar hechos de materiales impermeables, lisos, no absorbentes y fácilmente lavables. Los pisos deberán estar hechos de concreto, reunir los mismos requisitos establecidos para las paredes, tener un desnivel con un rango comprendido ente 0,5 y 2% para que el agua fluya hacia los drenajes. Contar con tomas de agua potable para efectuar la limpieza.

Artículo 51.—Las cámaras deberán contar con termómetros de carátula tanto externa como internamente y termógrafos para controlar y registrar las temperaturas.

Artículo 52.—Las cámaras de refrigeración deberán contar con dispositivos para evitar que los productos cárnicos entren en contacto con el piso y almacenarse de tal manera que se deje espacio para la circulación de aire frío a lo largo de las paredes y del piso.

Artículo 53.—Las puertas de acceso directo o indirecto a las cámaras deberán ser de materiales impermeables, lisos, no absorbentes y fácilmente lavables, se mantendrán con empaques en buen estado para evitar fugas de frío y condensación. Deberán contar con ductos para el ingreso o egreso de los productos cárnicos empacados.

Artículo 54.—Los establecimientos deben designar un área refrigerada específica para el almacenamiento de las vísceras, recortes u otras partes comestibles.

Artículo 55.—La carne o derivados que vayan a ser congelados deben estibarse en el congelador de tal forma que permita la circulación del frío entre las cajas, recipientes, bolsas o cualquier otra forma de empaque aprobada y sobre las tarimas o estanterías. La congelación completa deberá alcanzarse en un periodo no mayor a las setenta y dos horas y alcanzar una temperatura interna igual o inferior a menos veintiocho grados centígrados. La temperatura del congelador oscilará entre menos treinta y menos cuarenta grados centígrados. Los productos congelados deben mantenerse a menos dieciocho grados centígrados o a una temperatura menor.

CAPÍTULO XII
De las condiciones físico sanitarias de los mataderos

Artículo 56.—Los mataderos deberán tener las siguientes instalaciones:

a) Corrales para el alojamiento y reconocimiento del ganado independiente para cada especie, en número y dimensiones de acuerdo con la capacidad de matanza del establecimiento. Debe tener un andén que facilite la inspección ante mortem.

b) El piso de los corrales debe ser de concreto, asfalto o al menos empedrado con uniones cementadas y un declive mínimo del 2% hacia el desagüe, deben estar techados.

Artículo 57.—Las estructuras de los corrales estarán construidas de tal forma que sus características no den lugar a posibles lesiones de los animales y operarios durante la movilización o estadía de los mismos.

Artículo 58.—Los corrales contarán con tomas de agua, ubicadas estratégicamente para facilitar su limpieza y con abrevaderos construidos de cemento u otro material semejante.

Artículo 59.—Los mataderos deben tener un corral para el aislamiento de los animales enfermos o sospechosos, que pueda mantenerse cerrado mediante dispositivos de seguridad (candado u otro similar) y contar con iluminación adecuada y sistemas de contención (cepo) para sujetar e inmovilizar los animales, para facilitar el examen clínico.

El piso de este corral debe estar separado del piso de los corrales adyacentes mediante un muro y deberá tener desagües independientes, que no estén conectados con los desagües de los otros corrales, para evitar la posible transmisión de enfermedades. Contar con abrevadero.

Artículo 60.—Los corrales deben tener iluminación artificial o natural suficiente para facilitar la inspección ante-mortem de los animales.

Artículo 61.—Todos los establecimientos deberán tener en las áreas de ingreso, filtros sanitarios los que debe contar con:

a) Pasadizo de ingreso con puerta externa, al final de éste una segunda puerta, las que deberán abrir hacia fuera para que sirvan como trampa contra insectos voladores.

b) Pila para el lavado de botas, agua en suficiente cantidad, cepillos y detergente.

c) Pediluvio que debe contener una solución desinfectante activa y aprobada por el MS y el MAG, para que todas las personas que entren al local, obligatoriamente, tengan que desinfectar las botas.

d) Rótulos que le indiquen al personal o a los visitantes que deben cumplir con los procedimientos de lavado, desinfección y otras que se estimen necesarias.

Artículo 62.—La sala de sacrificio deberá estar diseñada de tal manera que las operaciones de matanza y proceso se puedan realizar en condiciones que reduzcan al máximo la contaminación de la carne y contar con todos los equipos necesarios para realizar una operación higiénica incluida la inspección de la carne y con el área necesaria para que el personal pueda trabajar holgadamente y con seguridad.

Artículo 63.—El equipo para el sacrificio, desollado y eviscerado deberá estar construido con materiales impermeables, resistentes a la corrosión, fácilmente lavables y estar diseñado, construido e instalado de modo tal que la carne no entre en contacto con el piso o las paredes.

Artículo 64.—Destinar un local independiente para el sacrificio exclusivo de los cerdos, cuando éstos se sacrifiquen al mismo tiempo que otras especies, dotado de una área para el escaldado y pelado.

Artículo 65.—Destinar un local independiente para el lavado y limpieza de los aparatos digestivos y el equipo necesario para la preparación ulterior de los mismos, cuando éstos se destinen al consumo humano o industrial.

Artículo 66.—Contar con instalaciones externas para el aprovechamiento industrial o para el almacenamiento temporal, de patas, desechos y decomisos, garantizando la eliminación sanitaria de los mismos.

Artículo 67.—Contar con local independiente para el almacenamiento temporal de cueros.

Artículo 68.—Contar con jaula para retención de carne en canal y para retención de carne empacada, que puedan mantenerse con dispositivos de seguridad para el almacenamiento de carnes "retenidas", que estén construidas y ubicadas de tal forma que se impida todo riesgo de contaminar otras carnes, así como el riesgo que puedan sustituirse unas por otras.

Artículo 69.—Contar con una red de suspensión aérea, instalada de tal forma que las canales no entren en contacto con el piso y se impida la contaminación de la carne durante la operación. Los rieles deben estar como mínimo a sesenta y un centímetros de distancia de los equipos de refrigeración, paredes, columnas y otras partes fijas del edificio. Los rieles deben esta ubicados a tres metros treinta centímetros de altura para colgar canales de bovino, dos metros setenta y cinco centímetros para canales de cerdo, un metro noventa y cinco centímetros para canales de ovejas y cabras y tres metros setenta y cinco centímetros para equinos.

Artículo 70.—Los establecimientos donde se deshuese la carne deberán estar provistos de un local materialmente separado de otras áreas y cuya temperatura se pueda regular y exista una separación entre esta área y el lugar donde se realiza el empaque final.

Artículo 71.—Los recipientes utilizados para los productos comestibles, no comestibles o condenados deberán identificarse claramente de la siguiente forma:

Comestible franja de color verde

No comestible franja de color amarillo

Condenado con la palabra "CONDENADO" en letras de color rojo, claramente visibles.

CAPÍTULO XIII
Del transporte del ganado en pie

Artículo 72.—Los animales destinados al matadero se deberán transportar evitando al máximo los traumatismos o posibles muertes y acompañados de la respectiva guía de transporte de animales según Decreto Ejecutivo Nº 25353-MAG-SP que garantice su procedencia.

Artículo 73.—Los vehículos utilizados para el transporte de ganado deberán cumplir con los siguientes requisitos:

a) Contar con barandas, vallas o divisiones para separar físicamente las diferentes especies animales.

b) La carrocería destinada al transporte de animales deberá ser lisa y sin objetos punzocortantes.

c) Tener el piso en perfecto estado de conservación y sin objetos que causen lesiones en las extremidades, con un enrejado (petatillo) cubierto con una capa de material antideslizante.

d) Contar con espacio mínimo de 1,3 a 1,5 metros cuadrados por equino o bovino adulto de acuerdo con el tamaño.

e) Contar con dos o tres divisiones o compartimientos, en el caso de camiones grandes.

f) Disponer sanitariamente de los desechos que se generen.

g) Mantenerse limpios, para evitar la diseminación de enfermedades.

CAPÍTULO XIII
Del transporte de la carne y derivados

Artículo 74.—Los vehículos destinados al transporte de carne y derivados deberán construidos, diseñados y equipados de modo que se impida la contaminación de los productos cárnicos, para reducir el desarrollo de los microbios. Deben estar autorizados por el Ministerio de Salud y cumplir con los siguientes requisitos:

a) Ser de uso exclusivo para el transporte de carne y derivados y permanentemente identificados con la leyenda "transporte exclusivo de carne". Las letras del rótulo serán de un tamaño mínimo de 10 cm de altura. Por lo tanto es terminantemente prohibido transportar productos de otra naturaleza.

b) La carrocería de carga no permitirá la entrada de insectos, polvo, suciedad o cualquier otro contaminante externo, ni la salida al exterior de líquidos residuales.

c) Las superficies internas deberán ser resistentes físicamente, impermeables, lisas, de fácil limpieza y desinfección, con uniones cóncavas en todos sus ángulos. Los elementos que puedan entrar en contacto con los productos cárnicos serán de materiales resistentes a la corrosión, atóxicos e incapaces de alterar sus características organolépticas o transmitirles sustancias nocivas o ajenas a su composición.

d) Tendrá unas instalaciones de rieles colocados a una altura adecuada con ganchos para medias y/o cuartos de canal de las reses o cerdos, deberán estar suspendidas de tal forma que no entren en contacto con las paredes o con el piso.

e) Las vísceras u otros subproductos comestibles deberán colocarse en recipientes con tapa, construidos de materiales sanitarios y exclusivos para ese fin. Deberán estar rotulados con la leyenda "Producto comestible".

f) Contar con unidades de refrigeración capaces de mantener la carne y derivados a las temperaturas requeridas de acuerdo con la naturaleza del producto fresco o congelado. Deberán mantenerse en funcionamiento durante el trayecto y en perfecto estado de conservación.

g) El personal encargado del transporte deberá usar gabacha de color claro, cubrepelo y botas de hule, otros implementos tales como delantales deberán ser lisos, impermeables, atóxicos y fáciles de lavar y desinfectar.

h) Los recipientes empleados para el transporte de sangre que será utilizada para la elaboración de alimentos para el consumo humano estarán claramente identificados, deben contar con tapa, estar hechos de materiales resistentes a la corrosión, atóxicos e incapaces de alterar sus características organolépticas o transmitirles sustancias nocivas o ajenas a su composición.

Artículo 75.—Los vehículos destinados al transporte de canales de equino deberán ser de uso exclusivo y estar rotulados con la leyenda "Transporte exclusivo de carne equina". Las letras del rótulo serán de un tamaño mínimo de15 cm de altura.

Artículo 76.—Las empresas de transportes deberán brindar rápidamente cualquier información sobre la carne y derivados que transporten y poner a la vista los documentos que acrediten su procedencia. Deberán prestar la colaboración necesaria para facilitar la inspección de los productos transportados y para la recolección de las muestras en caso necesario.

CAPÍTULO XIV
Del personal

Artículo 77.—Toda persona que entre en contacto directo con los productos cárnicos como parte de su trabajo deberá someterse a reconocimiento médico previo a iniciar funciones y tener aprobado el curso de manipulación de alimentos impartido por el INA, MS u otro ente acreditado por el MS.

El reconocimiento médico podrá ser público o privado, conforme el Decreto Nº 24798-S y sus reformas, y deberá incluir:

a) Examen médico general.

b) Análisis químico clínico de coprocultivo en serie y cultivo de esputo.

c) Constancia emitida por el médico en la que se estipula que el trabajador no presenta signos o síntomas de enfermedades susceptibles de ser transmitidas por alimentos.

Artículo 78.—El médico veterinario inspector será responsable, solidariamente, con el propietario o administrador de la operación sanitaria del establecimiento y del control de la salud del personal, en concordancia con el artículo 50 de la Ley General de Salud. El médico veterinario inspector queda autorizado para reubicar a cualquier trabajador que presente heridas en las manos, resfríos o cualquier otra condición que comprometa la inocuidad de los productos que se procesan.

Artículo 79.—Todo el personal, antes de ingresar a las diferentes áreas de proceso del establecimiento, deberá obligatoriamente lavarse, desinfectarse manos, uñas, brazos y antebrazos. Si para manipular los alimentos se emplean guantes, éstos se mantendrán en condiciones perfectas, limpios e higiénicos. El uso de guantes no eximirá al operario de la obligación de lavarse las manos cuidadosamente. Deberán proceder de igual forma después haber hecho uso de los servicios sanitarios, después de cada vez en que puedan haberse contaminado y en cualquier otra oportunidad que se considere necesario. Se colocan avisos que indiquen la obligación de lavarse las manos. Deberá haber una supervisión adecuada para garantizar el cumplimiento de este requisito.

Artículo 80.—En los establecimientos todo el personal de las diferentes áreas de proceso o almacenamiento observará en todo momento la máxima pulcritud en su aseo personal y usará uniforme limpio de color claro, de uso exclusivo para su trabajo consistente de: botas de hule, casco, cobertores para el cabello, guantes y cobertor nasobucal en las áreas en que se estime necesario. Se exigirán similares requisitos a todas las personas que ingresen a las diferentes áreas.

Artículo 81.—Se prohíbe el uso de relojes, anillos, pulseras, aretes, cadenas u otros de uso personal. Las uñas deberán usarse recortadas y sin esmalte.

Artículo 82.—Queda prohibido comer, fumar, masticar chicle, introducirse los dedos en boca, nariz u oídos o escupir, o cualquier otra actividad o hábito no higiénico en todas las áreas de trabajo. Comer o fumar queda restringido a las áreas destinadas para ese fin.

Artículo 83.—Es responsabilidad del médico veterinario inspector y sus auxiliares de inspección hacer cumplir lo dispuesto en este capítulo.

Artículo 84.—Todo operario que utilice chairas, cuchillos, portacuchillos u otros instrumentos de trabajo, deberá mantenerlos en perfecto estado de conservación e higiénicos.

Artículo 85.—El operario destacado en las áreas limpias no podrá ingresar a las áreas sucias o viceversa durante el proceso.

CAPÍTULO XV
De la limpieza y desinfección

Artículo 86.-El propietario o administrador de un matadero o establecimiento deberá establecer un programa escrito de limpieza y desinfección, que garantice que las instalaciones y servicios, el equipo, accesorios, utensilios y otros se mantienen limpios, desinfectados en todo momento y en buen estado de conservación.

Artículo 87.-Los productos cárnicos no deben contaminarse con los agentes químicos usados durante las operaciones de limpieza y desinfección.

Artículo 88.-Antes de utilizar sustancias químicas para el control de plagas, los productos cárnicos, materiales de empaque o condimentos, deberán almacenarse en áreas donde no se contaminen durante las operaciones de control.

Artículo 89.—Los establecimientos deberán contar con un programa escrito, para el control de plagas. Se consideran plagas a los insectos, aves, roedores, murciélagos y otra fauna indeseable. Para el control de plagas, los establecimientos, deberán contar con:

a) Documentación detallada del programa.

b) Locales separados o armarios exclusivos para el almacenamiento de los plaguicidas o sustancias tóxicas, con sistema de seguridad, a los que sólo tenga acceso el personal autorizado y debidamente capacitado que actúe de acuerdo con el programa de control y erradicación de las plagas.

c) Control directo del programa por un representante del gerente que esté debidamente capacitado para realizar esta tarea.

d) Inspección regular de las zonas adyacentes para detectar posibles indicios de invasión de plagas.

e) Método para determinar si existen indicios de plagas, para aplicar medidas de erradicación bajo una supervisión competente y con conocimiento del inspector oficial.

f) Utilización exclusiva de insecticidas y rodenticidas aprobados por la Dirección de Registros y Controles del Ministerio de Salud y el Ministerio de Agricultura y Ganadería.

g) Garantía de que las sustancias químicas utilizadas en la lucha contra las plagas no contaminan la carne.

h) Empleo de insecticidas solamente cuando no puedan utilizarse con eficiencia otros métodos de combate.

i) Retirar toda la carne de las salas que vayan a ser tratadas antes de utilizar los insecticidas.

j) Lavado cuidadoso de todo el equipo y utensilios que se encuentren en la sala que haya sido tratada con insecticidas antes de utilizarlos de nuevo.

CAPÍTULO XVI
De las operaciones de sacrificio y proceso

Artículo 90.—Cada fase del proceso de producción de carne deberá ser objeto de un programa eficaz de control sanitario y específico para cada operación de forma que se ajuste a las disposiciones del presente reglamento, así como a cualquier otro requisito técnico que establezca la autoridad correspondiente.

Artículo 91.—Se permitirá el sacrificio de animales destinados al consumo de grupos sociales, étnicos o religiosos particulares, que lo requieran, siempre y cuando cumplan con las normas sanitarias establecidas en este reglamento.

Artículo 92.—Los locales, equipo y utensilios para el sacrificio y el proceso de la carne deberán utilizarse exclusivamente con ese fin.

Artículo 93.—Los animales se izarán a la red de suspensión por medios mecánicos, después de izados se procederá a realizar las incisiones necesarias para llevar a cabo el sangrado, rápida y eficazmente.

Artículo 94.—Las operaciones de insensibilización y sangrado de los animales deberán llevarse a cabo de tal forma, que el flujo se suceda ininterrumpidamente y se eviten pausas que produzcan aglomeraciones en fases posteriores del proceso.

Artículo 95.—La insensibilización deberá efectuarse de tal forma, que se eviten sufrimientos innecesarios al animal y que garanticen un buen sangrado.

Artículo 96.—El sangrado deberá ser lo más completo posible. Si se destina la sangre para la preparación de alimentos, esta deberá recolectarse y manipularse higiénicamente. Solo se permitirá el uso de la sangre, cuando el médico veterinario inspector haya declarado el o los animal(es) como apto(s) para el consumo humano.

Artículo 97.—Una vez iniciado el desoye, las canales deberán estar separadas unas de otras para evitar el contacto entre ellas y el riesgo de contaminación mutua.

Artículo 98.—La cabeza deberá presentarse a inspección sin cuernos, pelo o cualquier otro material extraño, limpias y lavadas cuidadosamente.

Articulo 99.—Los animales deberán desollarse antes de la evisceración a excepción de la especie porcina, en cuyo caso deberá de limpiarse de cerdas, costras o suciedad mediante procedimientos higiénicos y adecuados de depilación.

Artículo 100.—El insuflado de aire o gas entre la piel y la canal para facilitar el desoye, solo se autorizará en aquello casos en que se garantice la inocuidad del proceso.

Artículo 101.—Finalizadas las operaciones necesarias para la formación de las canales, se procederá al lavado y escurrido de la misma, en el área destinada para este propósito.

Artículo 102.—El agua en los tanques utilizados para escaldar, deberá cambiarse tan frecuentemente como sea necesario a juicio del médico veterinario inspector. El tanque deberá tener en el fondo un enrejado (petatillo) y contar con sistema de rebalse entubado que conduzca el agua hacia los drenajes.

Artículo 103.—Las ubres de animales lactantes y las que presenten evidentes alteraciones patológicas, deberán separarse de la canal, lo antes posible durante el proceso, para evitar que sus secreciones puedan contaminarla.

Artículo 104.—La evisceración deberá realizarse inmediatamente después de efectuarse el sangrado, desollado y demás operaciones preliminares.

Artículo 105.—La descarga de cualquier material procedente del esófago, los estómagos, los intestinos o el recto, de la vesícula biliar, de la vejiga urinaria, del útero o de las ubres deberán prevenirse. El esófago debe atarse y el recto atarse y embolsarse, para evitar que su contenido se derrame y pueda ser causa de contaminación.

Artículo 106.—Los intestinos no deberán ser cortados o separados, del estómago durante la evisceración, sino en el área destinada para el propósito, tan pronto como lo permita el procedimiento de inspección.

Artículo 107.—El estómago, los intestinos y todo material no comestible deberán retirarse de la sala de matanza, tan pronto como lo permita el procedimiento de inspección y procesarse en el área destinada para tal fin.

Artículo 108.—Las canales que durante el procesamiento, se hayan contaminado con contenido gastrointestinal, pus, orina u otro contaminante, se les eliminarán los tejidos impregnados con el material contaminante mediante recorte del tejido afectado. De igual se procederá con hematomas, contusiones, traumatismos, ectoparásitos y otros.

Artículo 109.—Cuando el médico veterinario inspector considere que la forma en que se sacrifican y procesan los animales, o que la forma en que manipulan y preparan las carnes o las canales puedan afectar la calidad sanitaria y la inspección de la carne, tendrá la autoridad para ordenar la reducción en el ritmo del proceso o aún suspender dichas operaciones hasta que se tomen las medidas correctivas para subsanar el problema.

Artículo 110.—La carne y derivados aprobados para el consumo humano, una vez colocadas en cámaras de refrigeración, deberán ubicarse de tal forma que permitan una adecuada circulación del aire a su alrededor.

Artículo 111.—Las cámaras y sus unidades de refrigeración deberán mantenerse en buen estado de conservación y operación, de tal forma que eviten la condensación.

Artículo 112.—La carne y derivados, una vez empacados en bolsas plásticas, cajas o por otros medios, deberán mantenerse en tarimas o estanterías adecuadas para este propósito. Las tarimas o estanterías deben tener una altura mínima de treinta centímetros con respecto al piso.

Artículo 113.—Todas las áreas, equipos, recipientes o utensilios, deberán mantenerse limpios, antes, durante y después del proceso.

Artículo 114.—Los recortes comestibles de carne, vísceras y otras partes comestibles deberán trasladarse y almacenarse de tal forma que se garantice su rápido enfriamiento.

Artículo 115.—Las salas destinadas al deshuese o preparación de pastas contarán con sistemas de refrigeración y mantenerse a temperaturas que no excedan los diez grados centígrados.

Artículo 116.—El deshuese en caliente podrá llevarse a cabo una vez que el médico veterinario inspector haya dado la autorización respectiva.

CAPÍTULO XVIII
De la inspección ante-morten

Artículo 117.—Todos los animales que arriben a un matadero deberán llegar acompañados de la respectiva guía de transporte de animales según Decreto Ejecutivo Nº 25353-MAG-SP para establecer su origen.

Artículo 118.—El propietario o administrador brindará toda la ayuda necesaria para que el médico veterinario inspector pueda efectuar una inspección ante-mortem adecuada.

Artículo 119.—La inspección ante-mortem deberá efectuarse con pleno conocimiento del origen de los animales, información que deberá ser suministrada por el propietario o administrador, para realizar, en caso necesario, el rastreo de enfermedades o de residuos.

Artículo 120.—La inspección ante-mortem deberá efectuarse de modo sistemático, de conformidad con los procedimientos oficiales y los establecidos por el médico veterinario inspector.

Artículo 121.—No se sacrificarán ni procesarán animales en un matadero cuando el médico veterinario inspector se encuentre ausente. El sacrificio podrá llevarse a cabo una vez que el médico veterinario inspector haya practicado la inspección ante-mortem y aprobado su matanza.

Podrán hacerse excepciones, para el sacrificio de urgencia cuando un retraso de la inspección ante-mortem redundara en sufrimientos innecesarios, en este caso la canal y las vísceras se identificarán como "Retenido", manteniéndose como tal, hasta que el médico veterinario inspector haya realizado una minuciosa inspección post-mortem.

Artículo 122.—Los animales que lleguen al matadero deberán someterse a un periodo de ayuno y reposo de doce horas antes del sacrificio a fin de que sus condiciones fisiológicas sean óptimas y se asegure que no queden ocultos signos o síntomas de enfermedades. El periodo de reposo podrá ser reducido cuando el tiempo de viaje de los animales no sea superior a dos horas, y cuando procedan de plazas o subastas bajo control Médico Veterinario permanente, pero el reposo nunca podrá ser menor a seis horas. No se permitirán ayunos superiores a 48 horas.

Artículo 123.—El resultado de la inspección ante-mortem deberá de notificarse de acuerdo con el procedimiento establecido a los auxiliares de inspección, quienes realizan la inspección post-mortem.

Artículo 124.—Los animales deberán inspeccionarse de manera que el médico veterinario inspector pueda reconocer las desviaciones con respecto a la condición normal, ya sea en el porte, conducta u otros signos clínicos capaces de indicar una enfermedad, condición o defecto que exijan una manipulación especial o un examen más detenido.

Artículo 125.—Si durante la inspección ante-mortem se observan, en los animales, signos o síntomas de enfermedades, intoxicaciones, tratamientos u otras anormalidades, estos serán considerados sospechosos e identificados como tales, los que serán enviados al corral de aislamiento para efectuarles un examen clínico minucioso para emitir un dictamen.

Artículo 126.—Los animales identificados como sospechosos serán excluidos de la matanza normal y se sacrificarán al final del proceso, previa autorización del médico veterinario inspector. Se llevará a cabo una detallada inspección post-mortem, después de la cual, el médico veterinario inspector emitirá un dictamen final.

Artículo 127.—Cuando los animales presenten signos evidentes de enfermedad, infección generalizada, intoxicación, condición anormal, o que estén moribundos serán identificados como condenado, procediendo a su destrucción o aprovechamiento industrial para la elaboración de harina para la alimentación animal, de acuerdo con las facilidades del establecimiento.

Artículo 128.—Si durante la inspección ante-mortem se encontraran animales muertos en los corrales, los cadáveres deberán trasladarse a otro lugar para su destrucción, donde se procederá a enterrar y cubrir con cal sus restos, asegurándose que se tomen las precauciones suficientes para impedir un empleo indebido y evitar riesgos para la salud humana y animal. Igual procedimiento se aplicará a los animales que se encuentren muertos en los vehículos de transporte.

Artículo 129.—Los animales que hayan muerto accidentalmente dentro de las dependencias del matadero deberán ser inmediatamente procesados y a juicio del médico veterinario inspector podrán ser destinados al consumo humano.

Artículo 130.—Para evitar que se produzcan lesiones en la piel o musculatura de los animales, durante su descarga o movilización dentro de los corrales se utilizarán instrumentos adecuados, se evitará en todo momento el uso de dispositivos puntiagudos.

Se prohíbe usar instrumentos puntiagudos o cualquier otro que pueda lesionar la piel o la musculatura de los animales en el momento de desembarcarlos o durante el movimiento de los animales.

CAPÍTULO XX
De la inspección post-mortem

Artículo 131.—La inspección post-mortem deberá efectuarse tan pronto como lo permita el sacrificio y desoye metódico del animal y sin demora.

Artículo 132.—La cabeza, órganos o las vísceras deberán estar identificados con el mismo número que se le asignó a la canal, de esta forma se pone en evidencia la canal a la que pertenecen. Esta identificación deberá conservarse hasta que la inspección post-mortem haya concluido y emitido el dictamen. La numeración de las canales será consecutiva.

Artículo 133.—Nadie podrá retirar de las áreas de inspección de un matadero ninguna parte de una canal, órganos o vísceras mientras el inspector no haya terminado la inspección y se haya adoptado una decisión.

Artículo 134.—Los procedimientos para la inspección de las cabezas deberán contemplar las siguientes etapas:

a) Examinar visualmente las superficies externas para determinar la presencia de restos de piel, pelo, contenido ruminal, abscesos, anormalidades óseas u otras patologías.

b) Practicar incisiones múltiples en los linfonodos atlantales, retrofaríngeos, submaxilares y parotídeos.

c) Practicar dos incisiones en los músculos maseteros externo e interno.

d) Examinar visualmente y palpar la lengua, previo a este procedimiento, deberá extraerse y quedar colgada de la sínfisis mandibular, en caso necesario se practicarán incisiones.

e) Remover las amígdalas para dar por aprobada la cabeza. Las amígdalas se manejarán como material no comestible.

Artículo 135.—Los procedimientos para la inspección de las vísceras deberán contemplar las siguientes etapas:

a) Examen visual de los ganglios linfáticos bronquiales y mediastínicos, practicando incisiones múltiples, se palpará el parénquima pulmonar y se abrirá la tráquea y los bronquios.

b) Examen visual y palpación del corazón después de haber retirado el pericardio, se realizará incisión de ambos ventrículos e incisiones finas o delgadas en el septum.

c) Examen visual y palpación del hígado, incisiones en las vías biliares y en los ganglios hepáticos.

d) Examen visual y palpación de los riñones después de retirar la cápsula renal.

e) Examen visual y palpación del bazo.

f) Examen visual y palpación de los testículos.

g) Examen visual del aparato gastrointestinal, palpación de la unión ruminoreticular y de los ganglios linfáticos mesentéricos e incisión de los mismos si se encuentran de mayor tamaño que el normal o si se detectan cambios en su consistencia.

h) Examen visual y palpación del esófago.

Artículo 136.—La inspección de las canales deberá incluir: el examen visual de toda la canal, palpación de los ganglios linfáticos: preescapulares, precrurales, inguinales superficiales, iliacos internos y externos, renales y cervicales, e incisión de los mismos si se encuentran de mayor tamaño al normal o si detectan cambios en su consistencia. Se realizará un examen más detallado de los músculos y se practicarán incisiones de los mismos cuando el inspector lo estime necesario.

Artículo 137.—Si el resultado de la inspección post-mortem no es suficiente para emitir el dictamen final sobre el destino de la canal y sus vísceras, se realizarán las pruebas de laboratorio que se estimen necesarias. Dichas canales y vísceras se mantendrán separadas de otras en una cámara frigorífica en condición de retenido, hasta conocer el resultado de las pruebas y proceder de acuerdo con lo dispuesto en este reglamento. Si no se pudieran efectuar las pruebas de laboratorio o el matadero no cuenta con las facilidades requeridas para su retención la canal y sus vísceras serán decomisadas.

Artículo 138.—Si durante el sacrificio y proceso se observan lesiones patológicas que puedan constituir riesgo para la salud pública o animal, de contaminación del equipo, se procederá a retirar la canal, cabeza, vísceras de la línea de matanza y serán condenadas e identificadas como tal, enviadas directamente al "rendering" o enterradas y encaladas dentro de una fosa ubicada dentro del perímetro del matadero o por otro método que garantice una correcta disposición sanitaria.

Artículo 139.—Los decomisos y desechos que no constituyan un riesgo para la salud pública o animal, podrán ser enviados sin tratamiento previo, en vehículos y recipientes exclusivos para ese fin, debidamente marchamados, acompañados de una guía sanitaria, por cada envío, emitida por el médico veterinario inspector a los siguientes destinos:

a) centros de aprovechamiento industrial para la elaboración de alimentos para animales, o en el caso del cebo para la elaboración de jabón.

b) centros de enseñanza e investigación.

c) alimentación directa de animales en zoológicos u otros.

Artículo 140.—Podrá extraerse sangre fetal, a aquellos fetos, cuyas madres hayan sido dictaminadas como aptas para el consumo humano.

Artículo 141.—La carne de los animales sacrificados, una vez concluidas las inspecciones ante y post-mortem recibirá los siguientes dictámenes:

a) inocua y sana, por consiguiente apta para el consumo humano.

b) condicionada para el consumo humano. Se identificará como "retenida", en cuyo caso se deberá someter a tratamiento según corresponda (congelamiento, cocimiento u otro). Además deberá quedar bajo control del médico veterinario inspector hasta que se haya concluido el tratamiento requerido.

c) Totalmente inadecuada para el consumo humano, por lo tanto deberá ser decomisada y enviada al "rendering" o destruida según corresponda previa desnaturalización.

CAPÍTULO XX
Del destino y marcado de las carnes

Artículo 142.—Cuando se haya tomado una decisión, las canales deberán marcarse para indicar su dictamen. Para el marcado de las canales deben usarse tintas aprobadas por el MAG y MS.

Artículo 143.—Los sellos podrán ser eléctricos o de tinta de materiales resistentes, no absorbentes, que permitan su fácil limpieza y desinfección. Las marcas de identificación que se aplicarán a las canales y sus partes tendrán las siguientes características:

a) Inspeccionado y Aprobado: marca circular de 20 mm de diámetro con la Leyenda "INSP Y APROB" en letras mayúsculas de 3 mm de alto, describiendo un círculo sobre la parte interna de la circunferencia. En el centro se leerá el número de establecimiento con la abreviatura C.R. Esta marca se aplicará a cortes diversos, colas, costillas de cerdo, lomos a canales de ovinos y caprinos. Se utilizará además para identificar los materiales de empaque de acuerdo a la norma vigente.

b) Inspeccionado y Aprobado: marca circular de 32 mm de diámetro con la leyenda "INSP Y APROB" en letras mayúsculas de 4 mm de alto, describiendo un círculo sobre la parte interna de la circunferencia.

En el centro se leerá el número del establecimiento con la abreviatura C.R. Esta marca se aplicará a canales de terneros, ovinos, caprinos y a empaques grandes de embutidos.

c) Inspeccionado y Aprobado: marca circular de 40 mm de diámetro con la leyenda "INSP Y APROB" en letras mayúsculas de 6 mm de alto, describiendo un círculo sobre la parte interna de la circunferencia.

En el centro se leerá el número del establecimiento con la abreviatura C.R. Esta marca se aplicará a canales de bovino, porcino y cortes de las mismas, además se aplicará al hígado, bazo, lengua y corazones de bovino. En el caso del hígado y la lengua puede usarse este mismo sello en caliente.

d) Inspeccionado y Aprobado: marca circular de 55 mm de diámetro con la leyenda "INSP Y APROB" en letras mayúsculas de 7 mm de alto, describiendo un círculo sobre la parte interna de la circunferencia.

En el centro se leerá el número del establecimiento con la abreviatura C.R. Esta marca se aplicará a materiales aprobados que envuelvan las canales o sus partes.

e) Cuando se trate de carne de equino se deberá agregar la leyenda "Carne de equino".

Artículo 144.—Las canales, carnes, cabezas, órganos y vísceras que requieran un tratamiento térmico o de congelación a fin de ser aprobadas como aptas para el consumo humano deberán identificarse adecuadamente, marcarse como tales y mantenerse bajo la supervisión de un inspector hasta que el tratamiento necesario haya sido completado. Las partes, aquí descritas se mantendrán en la jaula de retenido.

Artículo 145.—Las canales, partes de canales, órganos, vísceras, que como resultado de la inspección post-mortem hayan sido declarados no aptos para el consumo humano, deberán marcarse en forma inmediata con la leyenda condenado, los que deben ser retirados de la sala de sacrificio, desnaturalizados o destruidos de algún modo con el objeto de quedar excluidos de la cadena de alimentación humana.

Artículo 146.—Las marcas y sellos que lleven el distintivo de la inspección deberán mantenerse limpios y desinfectados. Deberán guardarse bajo el control de un inspector y utilizarse únicamente bajo supervisión de éste.

CAPÍTULO XXI
De las causas de decomiso

Artículo 147.—Toda canal, partes de canal y órganos con lesiones, anormalidades o contaminaciones serán condenados total o parcialmente de acuerdo con los siguientes criterios:

a) Síndrome febril, debilidad y síntomas generales que indican una enfermedad infecciosa aguda; estado moribundo o comatoso indicado por temperatura subnormal (hipotermia); pulso lento y sensorio deprimido; estados generales crónicos como anemia, caquexia, emaciación, degeneración de los órganos; signos de infección aguda, provocada por hemoparásitos, tales como hemoglobinuria, anemia o debilidad; septicemia, piemia o toxemia, color y olor anormales asociados a enfermedades crónicas, tratamientos con medicamentos o por la ingesta de alimentos, estados edematosos generalizados, animales asfixiados o muertos por cualquier causa; serán decomisados en su totalidad.

b) Enfermedades o estados patológicos por región anatómica tales como: Infección umbilical con efecto sistémico; enfermedades agudas del sistema nervioso; comportamiento anormal asociado a infecciones o intoxicaciones, pericarditis aguda asociada a estos febriles; neumonías agudas, abscesos pulmonares múltiples, pleuresía fibrinosa difusa serofibrinosa, pleuresía supurativa o gangrenosa; enteritis séptica o hemorrágica; necrosis miliar del hígado en terneros, nefritis acompañada de olor a orina, uremia o edema; nefritis supurativa y embólica; cistitis exudativa acompañada de fiebre, olor de orina o pielonefritis; ruptura de la vejiga asociada con peritonitis, metritis aguda (necrótica, séptica y presencia de fetos putrefactos -maceración-); retención de placenta acompañada de fiebre o peritonitis; mastitis séptica gangrenosa o con signos de efectos sistémicos; fracturas infectadas o acompañadas de efectos generalizados; osteomielitis gangrenosa supurativa o acompañada de metástasis; poliartritis en terneros, heridas acompañadas de fiebre, traumatismos generalizados, serán decomisados en su totalidad.

c) Estados patológicos por agente etiológico:

Actinomicosis y actinobacilosis: limitada a la cabeza o a lesiones leves en los pulmones, decomiso de los órganos y partes afectadas de la canal. Si hay lesiones en la cabeza y lesiones extensas en los pulmones decomiso total.

Anaplasmosis: en estado febril, decomiso total.

Anemia infecciosa equina: con manifestación clínica, decomiso total.

Ántrax o carbón bacteriano: decomiso total. Los animales enfermos no deberán admitirse en el matadero, en el caso que la enfermedad se descubra durante la inspección ante-mortem o post-mortem, desinfección total de los locales de acuerdo a los procedimientos emitidos por el M.A.G. Los animales encontrados muertos por ántrax deberán enterrarse agregando cal viva.

Babesiosis: en estado febril, decomiso total.

Botulismo: decomiso total.

Brucelosis: animales reactores positivos, decomiso de ubres, órganos genitales y ganglios linfáticos relacionados.

Carbón sintomático: decomiso total.

Cetosis: decomiso total.

Cisticercosis: infestación grave (cuatro o más quistes vivos, se suman los encontrados en cabeza, vísceras y canal) se procede al decomiso total; menos de cuatro quistes vivos o muertos, la carne se somete a un tratamiento de congelación a una temperatura de menos 18º C o inferior por un período no menor a10 días.

Coccidioidomicosis: Lesiones considerables en los pulmones, decomiso total; lesión localizada, decomiso de los tejidos u órganos afectados.

Coccidiosis: con estado febril, decomiso total. Sin estado febril, decomiso del sistema gastrointestinal.

Colibacilosis: onfaloflebitis, poliartritis y otros estados septicémicos de los animales recién nacidos, decomiso total.

Edema maligno: decomiso total.

Erisipela: aguda con eritema o erisipela cutánea, decomiso total. Si el hallazgo es en la inspección ante-mortem siempre que sea posible el sacrificio deberá aplazarse hasta después del tratamiento y recuperación.

Estomatitis vesicular: sin curso febril, decomiso de las partes afectadas. Estado febril, decomiso total.

Estrongilosis pulmonar y gastrointestinal: decomiso de las vísceras afectadas.

Fasciolasis: decomiso del hígado en su totalidad.

Fiebre de leche (paresia post-parto): decomiso total.

Gastrófilos: decomiso de las vísceras.

Intoxicaciones: decomiso total.

Ictericia: si es por causa hemolítica o tóxicas decomiso total, si es obstructiva, decomiso total.

Lesiones corinebacterianas: en los ganglios linfáticos submaxilares del cerdo, decomiso de la cabeza.

Lesiones parasitarias en el hígado: decomiso de la parte afectada del hígado si la lesión está localizada, de no ser así se decomisa el órgano en su totalidad.

Leucosis bovina: lesiones múltiples macroscópicas, decomiso total.

Listeriosis: decomiso total.

Leptospirosis: aguda, decomiso total.

Mucormicosis: Cuando las lesiones son extensas, acompañadas de manifestaciones sistémicas, decomiso total; lesión localizada, decomiso de los tejidos u órganos afectados.

Otras patologías: tumores benignos circunscritos, decomisos de los órganos o partes afectadas de la canal; teleangiectasis decomiso del hígado , tumores múltiples, metástasis en diferentes órganos, decomiso total; tumores malignos, decomiso total. Olor sexual, se procede al decomiso total si después de transcurridos tres días en refrigeración permanece este olor. Traumatismos localizados decomiso de la partes afectadas, traumatismos múltiples decomiso de la canal y sus partes.

Papera equina: (Streptococcus equi) decomiso de las partes afectadas de la canal.

Paratuberculosis: decomiso de los intestinos.

Peste porcina clásica: decomiso total.

Rabia: decomiso total.

Rinitis atrófica: decomiso de las partes afectadas.

Salmonelosis: decomiso total.

Sarcosporidiosis: infestación grave, decomiso total; infestación leve, decomiso de los órganos y las partes de la canal afectada.

Sarna del cerdo: localizada y sin efectos sistémicos, decomiso de la piel. Con lesiones extensas y con efectos sistémicos o lesiones supurativas, decomiso de canal y vísceras.

Tétanos: decomiso total.

Tripanosomiasis: decomiso de las vísceras.

Toxoplasmosis: signos clínicos con efecto sistémico, decomiso total.

Tuberculosis: lesiones en más de un órgano o lesiones miliares, decomiso total. Animales reactores positivos, sin lesiones se aprueban para consumo humano; reactores positivos con lesiones, decomiso total.

Artículo 148.—De los fetos: queda prohibido el almacenamiento de terneros de vientre, así como el empleo de su carne para consumo humano.

Artículo 149.—Toda glándula mamaria portadora de mastitis o de vacas en producción lechera siempre será decomisada.

CAPÍTULO XXII
De los equinos

Artículo 151.—El sacrificio de equinos únicamente podrá efectuarse en establecimientos, de uso exclusivo para esta especie, que reúnan las mismas condiciones sanitarias exigidas para las otras especies y autorizados por los Ministerios de Salud y de Agricultura y Ganadería.

Artículo 152.—La carne de equinos y productos con ella elaborados, ya sea en forma parcial o total deberá presentarse en rótulos visibles, leyendas como: "Carne de equino" o "Preparado con carne de equino" o "Contiene carne de equino".

Artículo 153.—En los establecimientos en donde se procese, manipule o expenda carne de equinos, se tendrán letreros visibles, cuyas letras y dimensiones no podrán ser menores a las de cualquier otro rótulo del establecimiento, aclarando "Matadero de equinos" o "carnicería de equinos".

CAPÍTULO XXIII
De los establecimientos exportadores

Artículo 154.—El Departamento de Servicios Zoosanitarios Internacionales del MAG de común acuerdo con el MS será responsable de:

a) Mantener un estricto control y supervisión permanente de los establecimientos y los procesos de sacrificio, deshuese y cocción de todos aquellos productos destinados a la exportación, a través del personal oficial que se designe, para asegurarle a los socios comerciales que se cumple con los principios de equivalencia.

b) Otorgar o denegar las certificaciones para exportación para lo cual los Médicos Veterinarios Oficiales quedan facultados para emitir y firmar dichas certificaciones. Se denegarán las certificaciones para exportación cuando se infrinjan las disposiciones de este Reglamento.

c) Mantener bajo la custodia de los Médicos Veterinarios Oficiales, los certificados y marchamos para exportación, en los establecimientos exportadores. El jefe del Departamento de Servicios Zoosanitarios Internacionales del MAG será el responsable del control y mantenimiento de los certificados de exportación que este en su poder.

d) Establecer los controles necesarios sobre los materiales de empaque que se utilice en los establecimientos para cumplir con los requisitos de inocuidad relacionados con estos materiales y que son solicitados por los socios comerciales.

e) Elaborar los cronogramas para determinación de residuos de medicamentos, plaguicidas o contaminantes ambientales y velar por su cumplimiento.

f) Mantener el nivel de organización y administrar la inspección de carnes para exportación y consumo nacional.

g) Capacitar y mantener el personal idóneo para realizar la inspección ante y post-mortem y del establecimiento.

h) Ejecutar cualquier otra disposición que sea necesaria para cumplir con los requisitos establecidos por los socios comerciales para mantener los principios de equivalencia.

i) Queda expresamente prohibido romper marchamos o abrir contenedores sin la presencia del médico veterinario oficial o Auxiliar de inspección.

Artículo 155.—El diseño de plantas o las remodelaciones que se hagan en los establecimientos existentes estarán sujetos a la aprobación del MAG y el MS.

Artículo 156.—Los establecimientos dedicados al sacrificio, deshuese o procesamiento de productos cárnicos, serán supervisados al menos una vez al mes. Los médicos veterinarios oficiales deberán ir acompañados de personal oficial del Ministerio de Salud responsable de evaluar otros puntos de interés como los sistemas de tratamiento de desechos sólidos y líquidos.

Artículo 157.—Después de cada supervisión el médico veterinario oficial deberá remitir al médico veterinario inspector a cargo del establecimiento y al propietario o administrador una copia del informe de evaluación o bien ser notificado mediante orden sanitaria.

Artículo 158.—Ningún establecimiento (exportación o consumo nacional) podrá exceder las capacidades para los que fueron autorizados, o en cuanto a sacrificio, deshuese, almacenamiento o cocción.

Artículo 159.—Sólo podrán exportar carne y productos cárnicos, aquellos establecimientos que hayan sido expresamente aprobados por el Departamento de Servicios Zoosanitarios Internacionales del MAG y por el MS. Toda persona física o jurídica que exporte deberá estar registrada ante la DSA.

Artículo 160.—Los establecimientos aprobados, de conformidad con el artículo 159, podrán intercambiar carne y productos cárnicos, los que deben llegar acompañados por su respectivo resumen de embarque, no podrán deshuesar o cocinar productos cárnicos procedente de establecimientos no aprobados.

Artículo 161.—Los médicos veterinarios inspectores y sus auxiliares de inspección, serán los responsables de ejecutar las labores de inspección ante y post-mortem, enfriamiento, deshuese, empaque, almacenamiento, procedimientos de cargado de los contenedores.

CAPÍTULO XXIV
De la ejecución del sistema de análisis de peligros y puntos críticos de control

Artículo 162.—Todo establecimiento deberá contar con un Manual de Buenas Prácticas de Manufactura (BPM), Procedimientos de Limpieza y Desinfección (PLD) así como un manual para el control de plagas, aprobados por el MAG y MS.

Artículo 163.—El sistema de Análisis de Peligros y Puntos Críticos de Control (APPCC) será desarrollado por un equipo técnico del establecimiento, y será aprobado conjuntamente por el MAG y el MS.

Artículo 164.—La auditoría interna del APPCC será realizada por el médico veterinario inspector que está a cargo del establecimiento, o por el supervisor, la auditoría externa será realizada por el Médico Veterinario Oficial, en cualquier caso los registros deben estar asociados a cada lote de producción.

Artículo 165.—El Médico Veterinario, el propietario o administrador del establecimiento, están obligados a suministrar al MAG y al MS, toda la información relacionada con el APPCC u otras que se consideren necesarias, además de brindar todas las facilidades necesarias para la inspección.

Artículo 166.—El MAG y el MS a través de sus funcionarios competentes, mantendrán el nivel de confidencialidad necesaria y requerida de la información, datos y conocimientos de que fueran impuestos en razón del ejercicio de las competencias por la aplicación del APPCC.

CAPÍTULO XXV
De la clasificación de los mataderos

Artículo 167.—Los mataderos se clasificarán de acuerdo con las siguientes categorías:

Mataderos clase A: Incluye aquellos establecimientos aprobados por el MAG y por el MS, para exportar carnes y sus derivados y que cumplen con los requisitos de los países importadores, además deberán cumplir con los siguientes requisitos:

a) Estar completamente separados de los establecimientos no autorizados para exportación.

b) No exceder el volumen sacrificio de acuerdo a lo autorizado por el MAG y MS.

c) Contar con al menos un médico veterinario inspector y un número adecuado de auxiliares de inspección de acuerdo con el volumen de sacrificio.

d) Cumplir con las normas técnicas de inspección sanitaria de la carne de acuerdo con las leyes y reglamentos nacionales y en equivalencia con las leyes y reglamentos de los países importadores.

e) Cumplir con el cronograma de muestreo, diseñado por el MAG para determinar la posible presencia de residuos tóxicos en las carnes, así como de otros tipos de análisis que sea necesario realizar para mantener el principio de equivalencia.

f) Tener en plena ejecución el sistema de análisis de peligros y puntos críticos de control

g) Contar con las siguientes áreas o secciones:

– Corrales para el alojamiento de los animales de acuerdo con su volumen de operación.

– Corral de aislamiento.

- Sala de sacrificio.
- Cámara para enfriamiento de canales.
- Cámara para enfriamiento de vísceras.
- Jaula para retención de canales.
- Sala para deshuese.
- Área de empaque.
- Cámaras para mantenimiento de carne fresca empacada al vacío.
- Cámaras para congelamiento de carne empacada (fresca o congelada).
- Cámaras para mantenimiento de carne congelada empacada y jaula para carne retenida empacada.
- Área de empaque de productos cárnicos.
- Área para embarque de productos cárnicos.
- Área separada para limpieza y preparación de vísceras verdes.
- Área separada para limpieza y preparación de vísceras rojas.
- Área para procesamiento de subproductos comestibles.
- Local para almacenamiento de cueros.
- Área para procesamiento de desechos ("rendering").
- Área de vestidores completamente separada de los servicios y con entrada independiente.
- Servicios sanitarios y lavamanos, accionados mecánicamente.
- Lavandería y comedor.
- Bodega para almacenamiento de materiales de empaque.
- Bodegas para productos químicos.
- Bodegas para repuestos y otros materiales usados para mantenimiento.
- Taller de mantenimiento.
- Oficina equipada para los inspectores auxiliares y el Médico Veterinario.
- Tanque de captación de agua suficiente para terminar el proceso, la capacidad debe ser el doble del agua necesaria para concluir el proceso de las canales que están en la línea desde el punto de sacrificio hasta el lavado de canales.

Mataderos clase B: Incluye los mataderos aprobados por el MS y el MAG, que únicamente están autorizados para el consumo nacional. Deberán reunir los siguientes requisitos:

a) No exceder el volumen sacrificio de acuerdo a lo autorizado por el MAG y MS.

b) Contar con un equipo de inspección dirigido por un médico veterinario inspector y un número adecuado de auxiliares de inspección de acuerdo con el volumen de sacrificio.

c) Cumplir con las normas técnicas de inspección sanitaria de la carne de acuerdo con las leyes y reglamentos vigentes.

d) Tener en plena ejecución el sistema de análisis de peligros y puntos críticos de control.

e) Contar con las siguientes áreas o secciones:

- Corrales para el alojamiento de los animales de acuerdo con su volumen de operación.
- Corral de aislamiento.
- Salas de sacrificio para bovinos y cerdos., debidamente separadas.
- Cámara para enfriamiento de canales y vísceras.
- Área de embarque de productos cárnicos.
- Área separada para limpieza y preparación de vísceras verdes.
- Área separada para limpieza y preparación de vísceras rojas.
- Área para procesamiento de subproductos comestibles.
- Local para almacenamiento de cueros.
- Área para procesamiento de desechos ("rendering"), o un local para almacenamiento de los desechos.
- Área de vestidores completamente separada de los servicios y con entrada independiente.
- Servicios sanitarios y lavamanos, accionados mecánicamente.
- Comedor.
- Bodegas para productos químicos y equipos de limpieza.
- Bodegas para repuestos y otros materiales usados para mantenimiento.
- Taller de mantenimiento.
- Oficina equipada para los auxiliares de inspección y el médico veterinario.
- Tanque de captación de agua suficiente para terminar el proceso, la capacidad debe ser el doble del agua necesaria para concluir el proceso de las canales que están en la línea desde el punto de sacrificio hasta el lavado de canales.

Mataderos de clase C: Incluye los mataderos rurales, que están autorizados por el MS y el MAG para operar únicamente en el área que comprende su distrito, pudiendo en casos especiales extender su radio de operación a otros distritos previa autorización del MS y MAG.

Deberán reunir los siguientes requisitos:

a) No exceder el volumen sacrificio de acuerdo a lo autorizado por el MAG y MS.

b) Contar con un médico veterinario inspector.

c) Cumplir con las normas técnicas de inspección sanitaria de la carne de acuerdo con las leyes y reglamentos vigentes.

d) Tener en plena ejecución los prerrequisitos del APPCC, Buenas Prácticas de Manufactura y Procedimientos de Limpieza y Desinfección

e) Contar con las siguientes áreas o secciones:

- Corrales para el alojamiento de los animales de acuerdo con su volumen de operación.

- Corral de aislamiento.
- Salas de sacrificio para bovinos y cerdos.
- Sala para el oreo de canales.
- Área de embarque de productos cárnicos.
- Área separada para limpieza y preparación de vísceras verdes.
- Área separada para limpieza y preparación de vísceras rojas.
- Local para almacenamiento de cueros.
- Local para almacenamiento de los desechos.
- Área de vestidores, duchas, servicios sanitarios y lavamanos, accionados mecánicamente.
- Comedor.
- Bodegas para productos químicos y equipos para la limpieza.
- Bodegas para repuestos y otros materiales.
- Oficina equipada para el Médico Veterinario Inspector.
- Tanque de captación de agua suficiente para terminar el proceso, la capacidad debe ser el doble del agua necesaria para concluir el proceso de las canales que están en la línea desde el punto de sacrificio hasta el lavado de canales.

Las canales y vísceras en estos mataderos no deberán permanecer a temperatura ambiente por más de dos horas, tiempo que comienza a transcurrir desde que la canal o las vísceras llegan a la sala de oreo.

CAPÍTULO XXVI
De las responsabilidades y funciones de los médicos veterinarios inspectores

Artículo 168.—El médico veterinario inspector será la única autoridad que determine si un animal es apto para el sacrificio y posterior consumo de la población, así como de los productos elaborados con carne y destinados al consumo humano.

Artículo 169.—Además de lo previsto en el presente Reglamento, el médico veterinario inspector tendrá entre sus funciones las siguientes:

a) Vigilar que todas las operaciones se realicen dentro de las más estrictas normas de higiene y con apego a los manuales de procedimiento y de Buenas Prácticas de Manufactura recomendadas por el Códex Alimentarius y APPCC, siendo responsable de que se subsanen las deficiencias que puedan presentarse.

b) Llevar el control de los documentos de origen y sanidad de los animales que ingresen al matadero.

c) Realizar la inspección ante y post-mortem.

d) Custodiar los sellos o marcas que tengan que implantarse en las canales y vísceras y disponer el marcado de las mismas.

e) Controlar el aprovechamiento industrial o destrucción de las carnes o productos decomisados.

f) Controlar y supervisar la limpieza y desinfección de las instalaciones, vehículos de transporte de los animales vivos, así como los destinados al transporte de canales, vísceras comestibles o productos cárnicos.

g) Realizar auditorías internas al APPCC.

h) Cumplir con las disposiciones emanadas por el Departamento de Cuarentena Animal, cuando se reciban animales importados para sacrificio.

i) Preparar los informes que le sean solicitados por el MAG o MS.

j) Otros que el MAG o MS estimen necesarios.

Artículo 170.—Cuando se disponga de personal auxiliar de inspección, entre sus labores estarán:

a) Cumplir con las funciones que expresamente le asigne el médico veterinario inspector, relacionadas con el proceso de inspección.

b) Comunicar al médico veterinario inspector cualquier anormalidad que observe.

El personal auxiliar estará bajo las órdenes del medico veterinario inspector u oficial.

Artículo 171.—Los certificados oficiales para exportación serán firmados por los médicos veterinarios oficiales. Para su emisión es necesario contar y revisar el Resumen de Embarque para exportación. Los certificados y marchamos estarán bajo la custodia del médico veterinario oficial.

CAPÍTULO XXVII
De las condiciones físico sanitarias de las salas de deshuese expendios y frigoríficos

Artículo 172.—Las salas de deshuese deben cumplir con lo establecido en los capítulos VI, VIII, IX, X, XI, XV, XVI y en el artículo 113 y otros que le sean aplicables del presente Decreto.

Artículo 173.—Las plantas de deshuese se proveerán de carne y vísceras procedentes de mataderos legalmente autorizados.

Artículo 174.—Todo expendio de carnes o carnicerías deberá reunir los siguientes requisitos:

a) Paredes impermeables, lisas y de fácil limpieza.

b) Pisos impermeables, resistentes y con un desnivel mínimo del uno por ciento.

c) Las uniones piso-pared, pared-pared serán cóncavas.

d) Cielo rasos lisos, impermeables y de fácil limpieza.

e) Mesas y utensilios lisos, de material resistente, impermeables, atóxico, inoxidable y con un diseño que permita su fácil limpieza.

f) Equipo de refrigeración en óptimas condiciones higiénicas y de funcionamiento acorde con el volumen de carne a comercializar.

g) Recipientes de uso exclusivo para disposición de desechos, lisos, impermeables, resistentes, con tapa ajustada y de fácil limpieza.

h) La carne, vísceras y embutidos no deberán estar expuestos al medio, sino en cámaras a una temperatura máxima de siete grados centígrados.

i) Pileta en material resistente, inoxidable, de fácil limpieza para la limpieza de los utensilios.

j) Lavamanos, provisto de jabón líquido, toallas desechables.

k) Servicios sanitarios de acuerdo con lo establecido en el Reglamento de Seguridad e Higiene Industrial.

l) El personal debe usar uniforme de color claro, consistente en gabacha y cobertor para el cabello.

m) Los manipuladores deben observar buenos hábitos de higiene y usar el cabello, la barba, las uñas cortas y sin esmalte, sin alhajas, aretes o reloj.

n) Local de despiece, separado del área de ventas.

o) El local deberá estar protegido contra contaminantes ambientales y contar con un plan para el control de plagas.

Artículo 175.—Todo expendio de carne y derivados deberá contar con una persona dedicada exclusivamente al manejo del dinero. Queda terminantemente prohibido que un mismo trabajador desempeñe simultáneamente las funciones de cajero y manipulador.

Artículo 176.—Almacenar separadamente las carnes y derivados de otros alimentos que se expendan. Los productos cárnicos cocidos deben almacenarse separadamente de las carnes crudas.

Artículo 177.—Todo establecimiento dedicado al almacenamiento de carne en canal lo hará en cámaras frigoríficas independientes para cada especie, con una temperatura no mayor a siete grados centígrados y deberán cumplir los siguientes requisitos:

a) Área para recepción de canales, la debe ajustar completamente con el vehículo de transporte.

b) Red aérea para la suspensión de las canales.

c) Termómetros calibrados y en perfecto estado de funcionamiento.

d) Rampas de recepción y despacho.

e) Dispositivos que protejan a las lámparas en caso de rupturas.

f) El agua procedente de los difusores deberá ser canalizada mediante tubos hacia los desagües.

g) Las cámaras estarán construidas con materiales resistentes, inoxidables y mantenerse en buen estado.

Artículo 178.—Cuando se almacenen carnes empacadas deberán mantenerse en estantes o tarimas para permitir una adecuada circulación del frío. Carne empacada de diferentes especies se almacenará en estantes o tarimas separadas.

Artículo 179.—Cuando se trate de carnes congeladas, las cámaras deberán mantenerse a una temperatura de menos dieciocho grados centígrados o menor.

CAPÍTULO XXVIII
De las plantas de embutidos

Artículo 180.—Toda planta que se dedique a la elaboración de embutidos contará con áreas o salas, con completa independencia unas de otras, permitiendo el paso de las materias primas o productos elaborados en un solo sentido, con la finalidad de reducir, al mínimo, la contaminación cruzada.

Artículo 181.—Las plantas dedicadas a la fabricación de embutidos, deberán cumplir con las condiciones generales relacionadas con la actividad, señaladas en los capítulos anteriores de este reglamento. Además deberán contar con las siguientes áreas, secciones o salas:

a) Sección de recepción de materias primas, independiente para cada producto, de acuerdo a su naturaleza, una para las carnes y otra para ingredientes, aditivos, fundas y demás materiales de empaque.

b) Sección para despiece, selección y clasificación de carnes climatizada a una temperatura máxima de 10° C.

c) Sección o área para el descongelamiento de carnes.

d) Sección para elaboración de producto, climatizada.

e) Cámara de refrigeración independientes para materias primas y producto terminado, acorde con la capacidad de producción.

f) Si la industria elabora productos congelados, deberá contar con un sistema de congelación.

g) Instalaciones para el ahumado de productos.

h) Sala para cocción dotada de elementos y equipos necesarios, según el caso, para escaldado, cocción, pasteurización o esterilización.

i) Área para el enfriamiento de producto recién cocinado.

j) Área acondicionada para el depósito de huesos y desechos.

k) Área para el almacenamiento de materias primas o ingredientes no cárnicos.

l) Sala para rebanado y empaque, refrigerada a una temperatura máxima de 10° C.

m) Equipo y cámara para la fabricación y almacenamiento de hielo.

n) Área para despacho de productos terminados.

o) Las bodegas cumplirán con lo dispuesto en el presente Reglamento.

p) Cuando el proceso de fabricación, por el volumen de producción, o por otros aspectos técnicos, no requiera el cumplimiento de alguno de los incisos anteriores, podrá eximirse de su cumplimiento, previa aprobación de la autoridad sanitaria.

Artículo 182.—Toda la maquinaria o equipo estará construido e instalado de tal forma que facilite su limpieza y desinfección.

Artículo 183.—Toda superficie que entre en contacto con la carne, ingredientes o derivados de la carne estará construido de material liso, inocuo, resistente a la corrosión, de fácil limpieza y desinfección. No se permitirá el uso de madera.

CAPÍTULO XXIX
De las disposiciones finales

Artículo 184.—Todo establecimiento aprobado deberá cumplir las indicaciones o instrucciones que del Médico Veterinario Oficial.

Artículo 185.—Los establecimientos que incumplan con lo dispuesto en el APPCC contarán con un plazo de 15 días naturales para la corrección de las desviaciones en los puntos críticos de control o en sus registros.

Los productos procesados fuera de los parámetros especificados en los límites críticos deberán ser reinspeccionados, reprocesados o decomisados.

Artículo 186.—Las normas Códex se aplicarán complementariamente a este Reglamento en caso de no estar contempladas en el mismo.

Artículo 187.—En caso de incumplimiento de lo dispuesto en el presente Reglamento, con relación a deficiencias estructurales, el propietario o administrador del establecimiento deberá someter a consideración del MAG y el MS un plan de mejoras, indicando los plazos de cumplimiento, mismos que podrán ser disminuidos por las autoridades sanitarias con la finalidad de garantizar la inocuidad de los alimentos y la protección del medio ambiente. Las deficiencias observadas en los diferentes pasos del proceso serán de corrección inmediata.

CAPÍTULO XXX
De las sanciones

Artículo 188.—Del análisis y control que el MAG y el MS, efectúen con relación a los requerimientos del presente Reglamento, se aplicarán las siguientes acciones administrativas, en caso de incumplimiento por parte del administrado, específicamente en lo relativo a obras:

a) Otorgamiento al interesado, de un plazo de ocho a quince días hábiles, para la corrección de aquellos puntos necesarios, de conformidad con el resultado de las auditorías e inspecciones efectuadas en la misma y de cuyo resultado se dará comunicación en el mismo acto de su expedición, mediante entrega de copia al interesado, propietario, representante o encargado.

b) Vencido el citado plazo, sin que se hubieren practicado efectivamente las correcciones establecidas, a satisfacción de las autoridades, se suspenderá el permiso de funcionamiento otorgado por un plazo de hasta por seis meses.

c) Transcurrido el plazo de suspensión temporal sin que se hayan realizado las correcciones requeridas se procederá a declarar de oficio la cancelación definitiva del permiso otorgado.

Artículo 189.—La cancelación antes dicha, no impedirá que la planta o empresa pueda ser nuevamente autorizada, para lo cual deberá acreditar a satisfacción de las autoridades, el cumplimiento de todas las regulaciones establecidas en el presente Decreto y las otras disposiciones conexas que rigen la materia.

Artículo 190.—Cuando la anomalía presentada, se trate del acatamiento de un procedimiento y no implique la realización de alguna obra, el interesado deberá ajustar su proceder en un plazo máximo de tres días; si no lo hiciera, las autoridades correspondientes podrán proceder de conformidad con lo dispuesto en los incisos b) y c) del artículo 188 del presente Reglamento, según el caso.

Artículo 191.—Las sanciones establecidas en este capítulo podrán aplicarse independientemente de las acciones civiles o penales que puedan establecerse contra quién o quienes hayan incurrido en la falta.

Artículo 192.—Podrán además las autoridades competentes, aplicar las disposiciones sancionatorias establecidas en los distintos instrumentos con carácter legal que regulan la materia.

CAPÍTULO XXXI
Derogatorias y vigencia

Artículo 193.—Se deroga el Decreto Nº 2 del 10 de marzo de 1969 y sus reformas "Reglamento Sanitario de Mataderos, Plantas Procesadoras de Productos Cárneos, Plantas Procesadoras de Grasa Animal, Expendios de Carne, Plantas Procesadoras de Pescado y Mariscos, Transporte de Carnes y Derivados" y toda otra disposición de carácter reglamentario que se oponga al presente Decreto Ejecutivo.

Artículo 194.—Rige a partir de los seis meses después de su publicación.

Dado en la Presidencia de la República.— San José, a los veintiocho días del mes de mayo del dos mil uno. MIGUEL ÁNGEL RODRÍGUEZ ECHEVERRÍA.—Los Ministros de Agricultura y Ganadería, Alberto Dent Zeledón; y de Salud, Rogelio Pardo Evans.

Subsección II. Alimentos originados en la pesca, la caza y la acuacultura

LEY DE PESCA Y ACUICULTURA

Ley N° 8436

(Publicada en La Gaceta N° 78 de 25 de abril de 2005)

LA ASAMBLEA LEGISLATIVA DE LA REPÚBLICA DE COSTA RICA

DECRETA:

LEY DE PESCA Y ACUICULTURA

TÍTULO I
DISPOSICIONES GENERALES

CAPÍTULO I
PRINCIPIOS RECTORES

Artículo 1.- La presente Ley tiene por objeto fomentar y regular la actividad pesquera y acuícola en las diferentes etapas, correspondientes a la captura, extracción, procesamiento, transporte, comercialización y aprovechamiento sostenible de las especies acuáticas. Se garantizan la conservación, la protección y el desarrollo sostenible de los recursos hidrobiológicos, mediante métodos adecuados y aptos que aseguren su permanencia para el uso de las generaciones actuales y futuras y para las relaciones entre los diversos sujetos o agentes vinculados con la actividad.

CAPÍTULO II
DEFINICIONES

Artículo 2.- Para los efectos de la presente Ley, se definen los siguiente términos:

1. **Actividad acuícola:** Cultivo y producción de organismos acuáticos, sea flora o fauna, mediante el empleo de métodos y técnicas para su desarrollo controlado; abarca su ciclo biológico completo o parcial, en ambientes hídricos naturales o controlados, en aguas tanto marinas como continentales.
2. **Actividad pesquera:** Serie de actos relacionados con la pesca científica, comercial, deportiva o de acuicultura, así como los procesos de aprovechamiento, extracción, transporte, comercialización e industrialización y la protección de los recursos acuáticos pesqueros.
3. **Acuicultura**: Producción comercial en cautividad de animales y de plantas acuáticas en condiciones controladas. La acuicultura comercial implica la propiedad individual o colectiva de los organismos cultivados, así como los procesos de transporte, industrialización y comercialización de esos organismos.
4. **Acuicultor:** Persona física y jurídica que habitualmente se dedica a la producción de organismos de flora y fauna en medios acuáticos, bajo condiciones controladas.
5. **Aguas continentales e insulares**: Aguas que conforman los lagos, las lagunas, los embalses o ríos, dentro del territorio nacional continental o insular.

6. **Aguas jurisdiccionales o patrimoniales**: Todas las aguas donde ejerce la soberanía, el control, la administración y la vigilancia el Estado costarricense, el cual ejerce, además, la jurisdicción en el mar hasta las doscientas millas marítimas.

7. **Aguas marinas interiores:** Aguas marinas situadas en el interior de la línea de base del mar territorial y hasta donde el agua marina puede ingresar, tales como dársenas (puertos), manglares, esteros, lagunas costeras, golfos, bahías, desembocaduras o deltas comunicados permanente e intermitentemente con el mar, siempre que sean accesibles o navegables para buques de navegación marítima.

8. **Armador:** Quien realiza por cuenta propia el aprestamiento de un barco para su navegación en su avituallamiento y contratación de pescadores. Puede ser o no el propietario de la embarcación.

9. **Aprovechamiento sostenible de la pesca y la acuicultura:** Protección, aprovechamiento y uso racional del recurso pesquero y acuícola, ejercidas con criterios científicos, a efecto de lograr que permanezcan en el tiempo de las especies de agua dulce y de agua salada.

10. **Autorización:** Acto administrativo mediante el cual el Instituto Costarricense de Pesca y Acuicultura (INCOPESCA) habilita a personas físicas o jurídicas para que desarrollen la actividad acuícola y de pesca en los términos indicados en esta Ley.

11. **Autoridad Ejecutora**: Instituto Costarricense de Pesca y Acuicultura (INCOPESCA).

12. **Biomasa pesquera:** Materia total de los seres que viven en un lugar determinado del mar o el océano, expresada en peso por unidad de área o de volumen.

13. **Concesión:** Acto jurídico mediante el cual el MINAE confiere a personas físicas y jurídicas un derecho limitado de aprovechamiento sostenible sobre las aguas para el desarrollo de las actividades acuícolas para la producción y el aprovechamiento de determinadas especies, en los términos y las condiciones expresamente establecidos en dicho contrato.

14. **Desembocadura**: Sitio o lugar donde un río, un estero o laguna confluye con el mar o el océano, y cuya área de influencia acuática se extiende a un semicírculo de un kilómetro de radio, a partir del centro de dicha boca.

15. **Especie exótica:** Especie de flora, fauna o microorganismo, cuya área natural de dispersión geográfica no corresponde al territorio nacional y se ha introducido al país como producto de actividades humanas, voluntarias o no, así como por la actividad de la propia especie.

16. **Evaluación de impacto ambiental:** Procedimiento científico-técnico que permite identificar y predecir los efectos que ejercerá sobre el ambiente una acción o un proyecto específico realizado por el ser humano. Incluye los efectos específicos al sitio del proyecto y a sus áreas de influencia; su evaluación global, las alternativas de mayor beneficio ambiental, un programa de control y minimización de los efectos negativos, un programa de monitoreo, un programa de recuperación, así como la garantía de un cumplimiento ambiental.

17. **Flota pesquera nacional:** Conjunto de embarcaciones nacionales inscritas en el Registro Público de la Propiedad y utilizadas para los tipos de pesca que establece esta Ley.

18. **Humedales**: Ecosistemas con dependencia de regímenes acuáticos, permanentes o temporales, lénticos o lóticos, dulces, salobres o salados, incluso las extensiones marinas hasta el límite posterior de fanerógamas marinas o arrecifes de coral, o en su ausencia, hasta seis metros de profundidad en marea baja.

19. **Infraestructura pesquera:** Conjunto de obras e instalaciones necesarias para desarrollar la actividad pesquera.

20. **Licencia:** Acto administrativo mediante el cual el INCOPESCA le confiere a una persona física o jurídica el derecho para que realice en una determinada embarcación, en los términos y las condiciones establecidos en dicho acto, la extracción y el aprovechamiento sostenible de recursos marinos, pesqueros e hidrobiológicos en aguas marinas y continentales.

21. **Mar territorial:** Anchura hasta un límite que no exceda de doce millas marinas medidas a partir de líneas de bajamar, a lo largo de las costas, donde el Estado costarricense ejerce su soberanía completa y exclusiva.

22. **Manglar:** Comunidad boscosa, de tierras anegadas o humedales, con plantas y árboles cuyo hábitat especial sea la ciénaga pantanosa, localizada particularmente en las desembocaduras de los ríos al mar o al océano; regularmente inundado por el efecto de las mareas.

23. **Marisma:** Terreno bajo, anegadizo, con fango arenoso, situado a la orilla del mar y de los estuarios, con comunidades vegetales muy características y productivas.

24. **Patrón de pesca o capitán**: Persona a bordo de la embarcación responsable de dirigir las faenas de pesca y la navegación.

25. **Permiso:** Acto administrativo especial, mediante el cual se autoriza a personas físicas o jurídicas, públicas o privadas, para que ejerzan actividades pesqueras y acuícolas de fomento, didáctica y con fines investigativos, en los términos indicados en esta Ley.

26. **Pesca artesanal:** Actividad de pesca realizada en forma artesanal por personas físicas, con uso de embarcación, en las aguas continentales o en la zona costera y con una autonomía para faenar, hasta un máximo de cinco millas náuticas del litoral que se realiza con propósitos comerciales.

27. **Pesca comercial:** La pesca comercial se realiza para obtener beneficios económicos y se clasifica así:

    a) **Pequeña escala:** Pesca realizada en forma artesanal por personas físicas, sin mediar el uso de embarcación, en las aguas continentales o en la zona costera, o la practicada a bordo de una embarcación con una autonomía para faenar hasta un máximo de tres millas náuticas del mar territorial costarricense.

    b) **Mediana escala:** Pesca realizada por personas físicas o jurídicas, a bordo de una embarcación con autonomía para faenar hasta un máximo de cuarenta millas náuticas.

    c) **Avanzada:** Pesca que realizan, por medios mecánicos, personas físicas o jurídicas, a bordo de una embarcación con autonomía para faenar superior a las cuarenta millas náuticas, orientada a la captura de especies pelágicas con palangre, y de otras especies de importancia comercial.

    d) **Semiindustrial:** Pesca realizada por personas físicas o jurídicas, a bordo de embarcaciones orientadas a la extracción del camarón con red de arrastre, de la sardina y del atún con red de cerco.

    e) **Industrial:** Pesca e industrialización efectuadas por personas físicas o jurídicas, con embarcaciones capacitadas para efectuar a bordo labores de pesca, congelamiento, empaque e industrialización de sus capturas.

28. **Pesca científica:** Actividad de pesca con propósitos de investigación científica, protección de especies acuáticas, experimentación, exploración, prospección, desarrollo, aprovechamiento y manejo sostenible.

29. **Pesca didáctica:** Actividad pesquera que realizan las instituciones educativas o de investigación oficialmente reconocidas, para impartir un programa de enseñanza y capacitación en pesca o acuicultura.

30. **Pesca deportiva:** La pesca deportiva es una actividad de pesca que realizan personas físicas, nacionales o extranjeras, con el fin de capturar, con un aparejo de pesca personal apropiado para el efecto, especies acuáticas en aguas continentales, jurisdiccionales o en la zona económica exclusiva, sin fines de lucro y con propósito de deporte, distracción, placer, recreo, turismo o pasatiempo.

31. **Pesca de fomento:** Pesca cuyo propósito es el estudio, la investigación científica, la experimentación, la exploración, la prospección, el desarrollo, la captura de ejemplares vivos para la investigación, la repoblación o conservación de los recursos acuáticos pesqueros y para la experimentación de equipos y métodos destinados a dicha actividad.

32. **Pesca pelágica:** Actividad pesquera ejercida mediante el empleo de un arte de pesca selectivo que utiliza una línea madre, en la cual se colocan reinales con anzuelos debidamente encarnados, para capturar especies pelágicas y demersales.

33. **Pesca:** Acto que consiste en capturar, cazar y extraer animales acuáticos por métodos o procedimientos aprobados por la autoridad competente.

34. **Pescador:** Persona física o jurídica dedicada a la actividad de la pesca.

35. **Plan de manejo en un área silvestre**: Conjunto de normas técnicas y científicas que regulan las actividades por desarrollar en el área silvestre y su entorno.

36. **Productos pesqueros:** Productos o derivados provenientes de la captura de la flora y la fauna marinas, o bien, de la cosecha de la acuicultura.

37. **Recurso hidrobiológico**: Recurso equivalente a biomasa pesquera.

38. **Recursos marinos pesqueros:** Todos los organismos vivos cuyo medio y ciclo de vida total, parcial o temporal se desarrolle dentro del medio acuático marino, y que constituyan flora y fauna acuáticas susceptibles de ser extraídas sosteniblemente.

39. **Recursos marinos costeros:** Los recursos marinos costeros son las aguas del mar, las playas, los playones y la franja del litoral, las bahías, las lagunas costeras, los manglares, los arrecifes de coral, los pastos marinos, es decir, las praderas de fanerógamas marinas, los estuarios, las bellezas escénicas, los seres vivos y su entorno, contenidos en el agua del mar u océano territorial y patrimonial, la zona económica exclusiva y su zócalo insular.

40. **Sector pesquero**: El sector pesquero es el conjunto de personas físicas o jurídicas dedicadas a la pesca y la acuicultura como una actividad de desarrollo sostenible, económica y productiva.

41. **TED:** Dispositivo excluidor de tortugas.

42. **Veda:** Período establecido por la autoridad competente durante el cual se prohíbe extraer los recursos marinos o una especie en particular, en un espacio, área, zona y tiempo determinados.

43. **Zona económica exclusiva (ZEE):** Jurisdicción especial que el Estado costarricense ejerce sobre los mares adyacentes a su territorio, en una extensión que no se extenderá más allá de doscientas millas marinas contadas desde las líneas de base a partir de las cuales se mide la anchura del mar territorial. Asimismo, según lo establecido en la Convención de las Naciones Unidas sobre el Derecho del Mar, corresponde al área situada más allá del mar territorial y adyacente a este; está sujeta al régimen jurídico específico, según el cual los derechos y la jurisdicción del Estado ribereño, así como los

derechos y las libertades de los demás Estados se rigen por las disposiciones pertinentes de esta Convención. En esta zona, el Derecho internacional y la Constitución Política reconocen y dan al Estado costarricense una jurisdicción especial, a fin de proteger, conservar y aprovechar sosteniblemente todos los recursos y las riquezas naturales existentes en las aguas, el suelo y el subsuelo.

44. Zócalo insular: Base constituida por las islas costarricenses.

Artículo 3.- El Estado elaborará el Plan de Desarrollo Pesquero y Acuícola, basado en las siguientes disposiciones:

a) La protección efectiva de los intereses nacionales relacionados con la pesca.

b) El aprovechamiento responsable de los recursos acuáticos pesqueros, que optimice los beneficios económicos en armonía con la preservación del ambiente y de la salud de las personas y con la conservación de la biodiversidad.

c) El fomento del desarrollo de los procesos industriales sanitariamente inocuos, ambientalmente apropiados, que promuevan la obtención del máximo valor agregado y el mayor empleo de mano de obra costarricense.

d) El establecimiento de las condiciones que propicien el desarrollo de la flota pesquera nacional, previo estudio técnico, científico y económico.

e) La promoción de un régimen administrativo de los recursos pesqueros, que evite concentraciones monopólicas y estimule la libre competencia, sin perjuicio de lo dispuesto en el artículo 46 de la Constitución Política.

f) El fomento de las organizaciones de productores pesqueros y acuícolas para la producción y comercialización del recurso marino y acuícola.

g) El fortalecimiento de los instrumentos y canales de comercialización para el fomento de la competencia en los mercados del sector pesquero y de la acuicultura.

h) El desarrollo de canales de comunicación e información.

i) El fomento de la investigación tecnológica para la utilización de los recursos acuáticos.

j) El establecimiento de zonas de reserva para la pesca deportiva.

k) La creación de la infraestructura pesquera necesaria para el desarrollo del sector.

l) La promoción de programas de investigación, información y capacitación para el desarrollo y fortalecimiento de la pesca y la acuicultura.

m) La promoción de zonas de excepción en las zonas costeras del país para que desarrollen actividades de avituallamiento, reparación y construcción de embarcaciones de todo tipo.

n) La promoción de legislación que contribuya con el pesquero en los campos laboral y de regulación de la zona marítimo terrestre y beneficie su desarrollo; lo anterior en el tanto no se perjudique el derecho a un ambiente sano y ecológicamente equilibrado, dispuesto en el segundo párrafo del artículo 50 de la Constitución Política, ni el dominio que, por disposición constitucional y legal, posee el Estado sobre el territorio nacional y sus aguas.

o) El fomento de programas a favor de los pescadores y sus familias, en las áreas de capacitación, formación y apoyo, por medio de instituciones públicas, para mejorar sus condiciones de vida y de trabajo.

p) La protección de los intereses nacionales marinos en el área del océano Pacífico comprendida por el afloramiento marino denominado “domo térmico”.

q) La protección de la biomasa pesquera, para determinar el uso, el aprovechamiento sostenible, la ordenación, el manejo y la protección de las especies de fauna y flora acuáticas, así como de las aguas marinas.

Artículo 4.- Autorízase al Sistema Bancario Nacional para que implemente el establecimiento de crédito diferenciado, o bien, servicios bancarios complementarios que impliquen un fácil acceso al crédito, para el sector pesquero y acuícola costarricense, según la disponibilidad del recurso pesquero y los períodos de veda. Podrán financiarse las actividades de captura, conservación, procesamiento, transporte y comercialización de los productos de pesca marina y acuícola, así como la cría y el engorde de especies acuícolas. Las entidades bancarias podrán recibir, como garantía de las líneas de crédito antes mencionadas, las respectivas embarcaciones y los equipos de los barcos, cuando se encuentren debidamente asegurados ante el Instituto Nacional de Seguros (INS) y cuenten con el respectivo permiso de pesca al día, emitido por la autoridad competente.

Artículo 5.- Declárase de utilidad pública e interés social, la actividad pesquera y se declaran de interés nacional el fomento y desarrollo de esa actividad y de la industria afín. Se entiende por actividad pesquera la que se practica con fines científicos, académicos, comerciales o de acuicultura, así como los procesos de extracción, transporte y comercialización de los recursos acuáticos pesqueros; por industria afín se entienden los procesos de industrialización de dichos recursos. Esta actividad estará sujeta a los tratados y convenios internacionales que el país haya suscrito sobre pesca, acuicultura, recurso hídrico y materia ecológica, así como a las leyes nacionales sobre las mismas materias, a la presente Ley y a sus disposiciones reglamentarias.

Artículo 6.- El Estado costarricense ejercerá dominio y jurisdicción exclusivos sobre los recursos marinos y las riquezas naturales existentes en las aguas continentales, el mar territorial, la zona económica exclusiva y las áreas adyacentes a esta última, sobre las que exista o pueda llegar a existir jurisdicción nacional, de acuerdo con las leyes nacionales y los tratados internacionales.

Artículo 7.- La actividad pesquera cerquera de atún por parte de embarcaciones extranjeras dentro de la zona económica exclusiva, pero fuera del mar territorial, estará sujeta a los tratados y acuerdos internacionales de los que Costa Rica sea parte, así como a las leyes especiales creadas para el efecto. Se prohíbe cualquier otra actividad pesquera por parte de embarcaciones extranjeras, que no sea cerquera de atún. Para el ejercicio de esta actividad, dichas embarcaciones requerirán una licencia, cuyo otorgamiento se regirá por lo dispuesto en la presente Ley.

Artículo 8.- La pesca y la acuicultura deberán practicarse sin producir daños irreparables a los ecosistemas, sin entorpecer la navegación, la utilización y el curso natural de las aguas. Asimismo, deberán realizarse respetando los derechos de terceros legítimamente adquiridos, en forma tal que en caso de ser lesionados por razones de seguridad, policiales o por cualquier otra causa, se indemnice debidamente al titular.

Artículo 9.- Prohíbense el ejercicio de la actividad pesquera con fines comerciales y la pesca deportiva en parques nacionales, monumentos naturales y reservas biológicas.

El ejercicio de la actividad pesquera en la parte continental e insular, en las reservas forestales, zonas protectoras, refugios nacionales de vida silvestre y humedales, estará restringido de conformidad con los planes de manejo, que determine para cada zona el Ministerio de Ambiente y Energía (MINAE), en el ámbito de sus atribuciones. Para crear o ampliar zonas protegidas que cubran áreas marinas, salvo las que apruebe la Asamblea Legislativa de conformidad con las leyes vigentes, el Ministerio deberá consultar el criterio del INCOPESCA, acerca del uso sostenible de los recursos biológicos en estas zonas.

La opinión que el INCOPESCA externe deberá estar fundamentada en criterios técnicos, sociales y económicos, científicos y ecológicos, y ser emitida dentro del plazo de treinta días naturales, contados a partir de la fecha de recibida la consulta.

La vigilancia de la pesca en las áreas silvestres protegidas indicadas en este artículo, le corresponderá al MINAE, que podrá coordinar los operativos con el Servicio Nacional de Guardacostas.

Se permitirá a las embarcaciones permanecer en las áreas protegidas con porción marina o sin ella, en los supuestos de caso fortuito y fuerza mayor, mientras duren tales situaciones.

El MINAE y el INCOPESCA podrán autorizar, conjuntamente, el tránsito o fondeo de embarcaciones en áreas protegidas, cuando las condiciones naturales estrictamente lo requieran.

Artículo 10.- La autoridad ejecutora de esta Ley, debidamente fundamentada en criterios técnicos, científicos, económicos, sociales o ambientales, podrá limitar la extracción pesquera en áreas y especies determinadas de pesca dentro de la jurisdicción nacional, por razones de interés nacional en la conservación de la especie o el recurso acuático.

Toda persona física o jurídica deberá respetar los períodos, las áreas y las especies de veda fijados por el órgano competente.

Artículo 11.- Los permisionarios estarán obligados a comunicar al INCOPESCA sobre las embarcaciones con licencia que dejen de laborar, por caso fortuito o fuerza mayor. Comunicado el suceso, deberán cumplir los plazos y las condiciones establecidos por la autoridad ejecutora.

CAPÍTULO III
AUTORIDAD EJECUTORA

Artículo 12.- El INCOPESCA será la autoridad ejecutora de esta Ley y del Plan de Desarrollo Pesquero y Acuícola que dicte el Poder Ejecutivo, sin perjuicio de las atribuciones otorgadas por ley a otras instituciones del Estado, las cuales necesariamente deberán coordinar con este Instituto lo referente al sector pesquero y de acuicultura.

Artículo 13.- El INCOPESCA ejercerá el control de la actividad pesquera y acuícola que se realice en aguas marinas e interiores y brindará asistencia técnica a la actividad acuícola en aguas continentales y marinas. En aguas continentales, la protección de los recursos acuáticos le corresponderá al MINAE. Dentro de estas últimas estarán comprendidos los ríos y sus desembocaduras, los lagos, las lagunas y los embalses, incluso las áreas declaradas como reservas forestales, zonas protectoras, parques nacionales, manglares, humedales, reservas biológicas, refugios nacionales de vida silvestre y monumentos naturales, con apego a la legislación vigente y a lo dispuesto en los tratados internacionales ratificados, en especial en el RAMSAR.

Se faculta al MINAE y al INCOPESCA para que, de común acuerdo, establezcan y aprueben planes de manejo conjunto de recursos marinos de los humedales para el aprovechamiento racional de los recursos acuáticos, excepto en los comprendidos en parques nacionales y reservas biológicas.

Artículo 14.- Las atribuciones del INCOPESCA, además de las ordenadas en la Ley N.º 7384, Creación del Instituto Costarricense de Pesca y Acuicultura, serán las siguientes:

a) Ejecutar las políticas relativas a las investigaciones científicas y técnicas de los recursos pesqueros y acuícolas, de acuerdo con las necesidades nacionales.

b) Establecer e implementar los sistemas de control necesarios y suficientes para determinar, fehacientemente, los datos de captura, esfuerzo pesquero, captura por unidad de esfuerzo y su desembarque en los puertos nacionales.

c) Realizar campañas de divulgación e información de los programas de desarrollo en ejecución en el sector pesquero.

d) Coordinar con el Ministerio de Relaciones Exteriores y el Ministerio de Comercio Exterior para promover la comercialización de los productos de la industria pesquera nacional.

e) Aplicar, respetando el debido proceso, las sanciones administrativas establecidas en la presente Ley.

CAPÍTULO IV
INVESTIGACIÓN

Artículo 15.- La pesca de fomento tiene como propósitos el estudio, la investigación científica, la experimentación, la exploración, la prospección, el desarrollo, la captura de ejemplares vivos para la investigación, la repoblación o la conservación de los recursos acuáticos pesqueros y la experimentación de equipos y métodos para tal actividad.

Artículo 16.- La pesca de fomento realizada por personas físicas o jurídicas costarricenses o extranjeras, o por organismos internacionales con barcos de bandera nacional o extranjera, requerirá un permiso extendido por la autoridad ejecutora.

La autoridad ejecutora deberá designar a un representante, con el carácter de observador, para barcos de bandera extranjera y, discrecionalmente, para barcos de bandera nacional, para que fiscalice los trabajos de investigación y verifique que se ajusta a las condiciones y los límites que fije el INCOPESCA.

Artículo 17.- El INCOPESCA promoverá la pesca de fomento y podrá permitirla a científicos, técnicos e instituciones de investigación científica, tanto nacionales como extranjeras, debidamente acreditadas como tales. Para ello, deberán aportar a esta Institución un plan de actividades, conforme a las disposiciones reglamentarias de la presente Ley.

Artículo 18.- El permiso para este tipo de pesca no podrá comprender la comercialización de las capturas obtenidas, salvo en el caso de los permisos otorgados a las universidades y los colegios universitarios, ambos nacionales estatales y al Instituto Nacional de Aprendizaje (INA), instituciones a las que se les permitirá comercializar las capturas únicamente para cubrir algunos costos de la investigación, con los límites y las condiciones establecidos en el permiso, siempre que se cumplan los objetivos de los programas y se entreguen al INCOPESCA los informes finales. En caso de que el producto se comercialice o se done, deberá hacerse por medio del INCOPESCA y los excedentes producidos por la comercialización pasarán a su fondo.

Las demás entidades o empresas nacionales o extranjeras a las cuales se les otorgue el permiso de pesca con fines exploratorios, deberán rendir garantía económica suficiente, de conformidad con el Reglamento de esta Ley; asimismo, deberán presentar al INCOPESCA un informe final. De existir captura, deberá ser entregada a la autoridad ejecutora para que la comercialice o la done y los fondos producidos por la venta pasarán a ser patrimonio de esa autoridad.

Si se incumplen las disposiciones del permiso de pesca o no se entrega el informe final, el INCOPESCA, con respeto al debido proceso, procederá a ejecutar la garantía rendida.

Las instituciones académicas extranjeras que soliciten permiso de pesca para investigación científica y estén debidamente acreditadas como tales ante la autoridad competente nacional, deberán presentar al INCOPESCA el informe final de su investigación, el cual de conformidad con el estudio del plan de actividades indicado en el artículo anterior, debidamente fundamentado, podrá exigirles a estas instituciones la rendición de la garantía económica referida en este artículo.

Las atribuciones aquí otorgadas al INCOPESCA, serán sin detrimento de la autonomía de que gozan por mandato constitucional las universidades estatales.

Artículo 19.- Cuando las universidades nacionales o los colegios universitarios, ambos estatales y el INA, desarrollen la pesca de fomento, estas instituciones podrán disponer de los productos pesqueros obtenidos durante el desarrollo de tal actividad, en las condiciones que determine la autoridad ejecutora.

Artículo 20.- Para desarrollar las actividades de investigación científica y tecnológica, el INCOPESCA contará con el apoyo de las instituciones públicas y las privadas, nacionales o extranjeras, que voluntariamente lo ofrezcan y tengan capacidad para desarrollar investigaciones científico-tecnológicas o de los recursos acuáticos pesqueros y las comunidades pesqueras y acuícolas.

Artículo 21.- El INCOPESCA definirá los objetivos, las políticas y los requerimientos de las investigaciones científicas y técnicas referidas a los recursos vivos marinos y acuícolas, que comprenderán la flora y fauna acuáticas, la evaluación de impactos de origen terrestre sobre las zonas costeras, la tecnología de pesca acuática marina, los ecosistemas costeros y cualquier otro recurso importante en el área de investigación. Para tales efectos, coordinará con las instituciones universitarias, los colegios universitarios y otras instancias que tengan la experiencia, el conocimiento y la tecnología de pesca acuática necesarios para realizar esas investigaciones.

Artículo 22.- El INCOPESCA deberá solicitar, a toda persona física o jurídica dedicada a la pesca de fomento, que antes de realizar la investigación de los recursos acuáticos suministre la información requerida referente a la ejecución de la investigación.

CAPÍTULO V
CAPACITACIÓN DEL SECTOR PESQUERO Y ACUÍCOLA

Artículo 23.- La autoridad ejecutora coordinará con el INA el desarrollo, el diseño y la planificación de las acciones formativas para el sector pesquero y acuícola, sea en la formación inicial, la habilitación, el aprendizaje, la complementación, o el asesoramiento y la asistencia en materia de pesca a personas físicas o jurídicas.

Artículo 24.- Entiéndese por pesca didáctica la actividad pesquera que realizan las instituciones educativas o de investigación oficialmente reconocidas, para impartir programas de enseñanza y capacitación en pesca o acuicultura. Para ejercer este tipo de pesca, los interesados deberán acreditar el permiso otorgado por la autoridad ejecutora.

Artículo 25.- La capacitación en el sector pesquero y acuícola deberá vincularse con la extracción, la comercialización y el procesamiento de recursos pesqueros, la producción, en particular la de alimentos de origen acuático para el consumo humano. El propósito esencial será incrementar la capacidad para identificar, cuantificar, aprovechar, administrar, transformar, conservar, proteger e incrementar la flora y fauna acuáticas en cualquiera de sus estados.

Artículo 26.- Corresponderá al INCOPESCA recomendar, en el Plan Nacional de Desarrollo Pesquero y Acuícola, las políticas generales de capacitación e investigación y las prioridades de capacitación de los subsectores de la pesca y la acuicultura.

El Plan Nacional de Desarrollo Pesquero y Acuícola deberá contemplar la formación de profesionales en el campo de la pesca.

Artículo 27.- El INCOPESCA coordinará con las instituciones de los sectores público y privado lo referente a la capacitación y docencia en las áreas de pesca y acuicultura.

Artículo 28.- El presupuesto del INCOPESCA deberá contener, anualmente, los recursos económicos necesarios para desarrollar la investigación y capacitación pesquera y acuícola, de acuerdo con su plan anual operativo, y para implementar los alcances que le competen por esta Ley.

Artículo 29.- Para promover y allegar recursos económicos para el desarrollo científico y tecnológico de la actividad pesquera y acuícola, el INCOPESCA podrá recibir donaciones o celebrar convenios de cooperación con personas físicas o jurídicas y con instituciones nacionales e internacionales.

Artículo 30.- Las instituciones de enseñanza o investigación que desarrollen programas educativos afines a la actividad pesquera y acuícola, deberán aportar al INCOPESCA un plan anual operativo de actividades, para articular las acciones por seguir.

Artículo 31.- El permiso para la pesca didáctica podrá comprender la comercialización de las capturas que se obtengan, con los límites y las condiciones que se dispongan en el permiso y las leyes reguladoras de la institución dedicada a la pesca didáctica.

CAPÍTULO VI
CONSERVACIÓN, PROTECCIÓN Y ADMINISTRACIÓN DE LOS RECURSOS MARINOS VIVOS

Artículo 32.- La pesca es el acto de extraer, capturar y colectar los recursos acuáticos pesqueros, en cualquier etapa de su desarrollo, en su medio natural de vida, sea continental o marino, así como los actos previos o posteriores relacionados con ella.

El acto de pescar deberá realizarse en forma responsable para asegurar la conservación y gestión efectiva de los recursos acuáticos vivos, con el fin de evitar la explotación excesiva y prevenir efectos dañinos sobre el entorno y el sistema ecológico.

Artículo 33.- Prohíbese la pesca comercial con cualquier tipo de arte de pesca, en las desembocaduras de los ríos y esteros del país, sin detrimento de las restricciones que esta Ley establece en su artículo 9. Estas zonas de pesca serán definidas por el INCOPESCA, el cual deberá coordinar con el Instituto Geográfico Nacional, la determinación geográfica y demarcación de dichas zonas.

Artículo 34.- El INCOPESCA establecerá, conforme a criterios técnicos, científicos, económicos y sociales, las zonas o épocas de veda, sea por áreas o por especies determinadas. La información relativa a las vedas que se establezcan para las distintas especies hidrobiológicas y para cualquier tipo de arte de pesca que se determine, así como las cuotas, las zonas de pesca y las artes de pesca permitidas para explotar la flora y fauna acuáticas, serán objeto de amplia difusión. Con la debida antelación, se les comunicará a los pescadores, los permisionarios, los concesionarios y las autoridades competentes para ejercer el control y la inspección.

Artículo 35.- Al establecerse una veda, se precisará su carácter temporal o indefinido, así como la denominación común y científica de las especies vedadas y cualquier otra información conveniente para identificar la veda. Durante este período, el INCOPESCA ejercerá el monitoreo de las especies vedadas, ya sea él mismo o por medio de las universidades estatales.

Artículo 36.- El Poder Ejecutivo podrá autorizar el destino de fondos del Presupuesto Nacional a favor de INCOPESCA para la realización de los estudios sobre vedas, y a favor del Instituto Mixto de Ayuda Social (IMAS), con el propósito de desarrollar programas de asistencia socioeconómica diseñados especialmente con tal propósito, a favor de los pescadores que se vean afectados en los períodos de veda, siempre que se compruebe que no tienen otras fuentes de ingresos y se encuentran en condición de pobreza. Estos programas implicarán necesariamente servicios de trabajo comunal por parte de los beneficiarios, conforme al reglamento correspondiente o para la realización de estudios sobre la materia.

Artículo 37.- Las especies y áreas vedadas no podrán ser objeto de pesca, excepto los volúmenes que el INCOPESCA autorice, mediante permisos o autorizaciones específicas y temporales, para fines científicos y de investigación para la actividad pesquera.

Artículo 38.- La autoridad ejecutora de la presente Ley determinará los métodos, las técnicas, los equipos y las artes de pesca prohibidos. En las aguas jurisdiccionales del Estado costarricense, se prohíbe lo siguiente:

a) Utilizar o llevar a bordo de una embarcación artes de pesca no autorizados por la autoridad ejecutora.

b) Usar explosivos de cualquier naturaleza, dirigidos a la actividad pesquera.

c) Emplear equipos acústicos como artes de pesca y sustancias tóxicas en las embarcaciones.

d) Impedir el desplazamiento de los peces en sus migraciones naturales.

e) Interceptar peces en los cursos de agua mediante instalaciones, atajos y otros procedimientos que atenten contra la flora y fauna acuáticas.

f) Introducir especies vivas declaradas por el Estado como perjudiciales para los recursos pesqueros.

g) Arrojar a las aguas superficiales, subterráneas y marítimas territoriales, directa o indirectamente, residuos o desechos líquidos, sólidos, gaseosos, radiactivos o no radiactivos, aguas negras, combustibles en cualquier estado, hidrocarburos, desechos tóxicos, desechos biológicos producto de la utilización de extractos de plantas para cegar peces y otros organismos acuáticos, sustancias químicas o sustancias de cualquier naturaleza, que alteren las características físicas, químicas y biológicas del agua y, consecuentemente, la hagan peligrosa para la salud de las personas, la fauna y flora terrestre y acuática, o la tornen inservible para usos domésticos, agrícolas, industriales o de recreación.

h) Capturar ejemplares de especies de talla inferior a la autorizada.

i) Utilizar dimensiones y materiales no autorizados para las mallas, los anzuelos, las redes y las artes de pesca en general que, en función del tipo de barco, maniobra de pesca o especie, no sean los fijados para las capturas.

j) Emplear redes agalleras y redes de arrastre pelágicas de altura.

k) Realizar toda práctica que atente contra la sustentabilidad del recurso pesquero.

l) Utilizar embarcaciones sin su correspondiente licencia de pesca al día y que no estén debidamente identificadas con nombre, bandera y número de matrícula por ambos lados de la proa.

Artículo 39.- Prohíbense la caza marítima, la captura de cetáceos, pinnípedos y quelonios, así como el aprovechamiento de sus lugares de cría, salvo lo establecido en los convenios o tratados internacionales debidamente ratificados por Costa Rica.

Artículo 40.- El INCOPESCA ejercerá el control sobre las embarcaciones nacionales y extranjeras que se dediquen a la pesca del tiburón y podrá coordinar con las autoridades competentes la realización de los operativos.

Solo se permitirá la pesca del tiburón cuando las especies se desembarquen en los sitios de descargue con las respectivas aletas adheridas al vástago.

El descargue in situ será supervisado por el INCOPESCA. Podrán presentarse en el sitio de descarga las autoridades del Ministerio de Seguridad Pública, el Servicio Nacional de Guardacostas y el MINAE. El ingreso a estos sitios o lugares de descarga se realizará atendiendo el principio jurídico de fondos públicos o bienes patrimoniales. Asimismo, el INCOPESCA ejercerá el control en el mar territorial y en la zona económica exclusiva, sobre aquellas embarcaciones nacionales o extranjeras, a efectos de determinar que los tiburones capturados conserven sus respectivas aletas.

El Poder Ejecutivo, en coordinación con el INCOPESCA determinará, por medio del Reglamento de esta Ley, las especies de tiburón carentes de valor comercial y establecerá su aprovechamiento para otros fines de la actividad pesquera.

Artículo 41.- Toda persona física o jurídica que se dedique a la pesca, caza marítima, acuicultura, transporte, conservación, procesamiento o comercialización de sus productos, deberá inscribirse en los registros que llevará el INCOPESCA.

Los personas inscritas estarán obligadas a lo siguiente:

a) Llevar y exhibir los libros y documentos que determinen los reglamentos respectivos relacionados con la pesca y acuicultura.

b) Suministrar la información requerida por las autoridades pesqueras dentro del ámbito de su competencia, fijada por esta Ley y su Reglamento.

c) Facilitar el acceso de funcionarios autorizados para el cumplimiento de sus tareas de fiscalización y control, de conformidad con el ordenamiento jurídico vigente.

d) Cuando la actividad se desarrolle en bienes de dominio público, proveerse de un permiso o una autorización, según corresponda, otorgado por el INCOPESCA y, en el caso de la acuicultura, proveerse de una concesión para realizar las actividades de uso de aguas otorgada por el MINAE.

Artículo 42.- Por la importancia del domo térmico del océano Pacífico para el desarrollo sostenible de la actividad pesquera, el Estado velará por la protección, el aprovechamiento y el manejo sostenible de los recursos marinos en las aguas jurisdiccionales, las cuales comprenden el afloramiento del domo térmico.

El Estado promoverá internacionalmente la importancia de manejar los recursos marinos del domo térmico como recurso vital para la humanidad.

TÍTULO II
TIPOS DE PESCA

CAPÍTULO I
Definición y clases

Artículo 43.- La pesca comercial se realizará para obtener beneficios económicos y se clasificará en:

a) Pequeña escala: Pesca realizada artesanalmente por personas físicas, sin mediar el uso de embarcación, en las aguas continentales o en la zona costera, o la pesca practicada a bordo de una embarcación con una autonomía para faenar hasta un máximo de tres millas náuticas del mar territorial costarricense.

b) Mediana escala: Pesca realizada por personas físicas o jurídicas a bordo de una embarcación con autonomía para faenar hasta un máximo de cuarenta millas náuticas inclusive.

c) Avanzada: Pesca realizada por personas físicas o jurídicas, a bordo de una embarcación con autonomía para faenar superior a las cuarenta millas náuticas, orientada a la captura de especies pelágicas con palangre, y otras especies de importancia comercial, realizada por medios mecánicos.

d) **Semiindustrial:** Pesca realizada por personas físicas o jurídicas, utilizando embarcaciones orientadas a la extracción del camarón con red de arrastre, la sardina y el atún con red de cerco.

e) **Industrial:** Pesca e industrialización efectuada por personas físicas o jurídicas, con embarcaciones capacitadas para efectuar a bordo labores de pesca, congelamiento, empaque e industrialización de sus capturas.

Prohíbese la operación, en el mar territorial y en la zona económica exclusiva, de los barcos que califiquen como fábricas o factorías.

CAPÍTULO II
PESCA COMERCIAL

Artículo 44.- Tanto la tripulación como las personas costarricenses o extranjeras que realicen la pesca comercial a bordo de una embarcación, incluso quienes efectúen la pesca comercial subacuática, deberán portar el respectivo carné de pesca comercial.

CAPÍTULO III
Pesca del camarón

Artículo 45.- El INCOPESCA podrá autorizar la captura y comercialización de camarón blanco (*Litopenaeus stylirostris, Litopenaeus vannamel, Litopenaeus occidentalis), camarón (Café californiens*) con fines comerciales, camarón "pink" (*Penaeus brevirostris*), camarón fidel (*Solenocera agassizi),* camarón tití, camarón camello y camello real (*Heterocarpus sp*), así como de otras especies cuyo aprovechamiento comercial sea determinado por la autoridad ejecutora previo estudio técnico-científico. El tamaño y peso proporcionales de cada especie de camarón por capturar será establecido en el Reglamento de esta Ley.

Artículo 46.- Prohíbese dentro de los esteros del país la pesca de camarones en cualquiera de sus estados biológicos.

Artículo 47.- Las licencias para capturar camarones con fines comerciales en el océano Pacífico, únicamente se otorgarán a las embarcaciones de bandera y registro nacionales; asimismo, a las personas físicas o jurídicas costarricenses, las cuales se clasifican en tres categorías:

a) **Categoría A:** Embarcaciones con licencias o permisos de pesca de camarón que utilizan como artes de pesca, redes de arrastre por el fondo; estas podrán capturar recursos camaroneros únicamente en el litoral pacífico, con la condición de que no sean áreas restringidas durante época de veda.

b) **Categoría B:** Embarcaciones con licencias o permisos de pesca, para la captura de camarón fidel *(Solenocera agassizi)*, camello real *(Heterocarpus sp)* y otras especies de este recurso, que se pesquen en aguas de profundidad igual o mayor que las especies anteriores, utilizando como artes de pesca, redes de arrastre por el fondo, únicamente en el litoral pacífico.

El camarón fidel solamente podrá ser capturado en las áreas donde no se encuentre mezclado con especies de menor profundidad, tales como camarón blanco, camarón café, camarón rosado y camarón tití.

c) **Categoría C:** Permisionarios con licencia o permiso de pesca con embarcaciones artesanales en pequeña escala, autorizadas únicamente para capturar camarones con redes de enmalle.

Artículo 48.- Las licencias para capturar camarones con fines comerciales en el mar Caribe, serán permitidas de conformidad con los criterios técnicos y científicos que emita la autoridad ejecutora. No se darán licencias para la captura en los parques nacionales y otras áreas protegidas.

CAPÍTULO IV
PESCA DEL ATÚN

Artículo 49.- Los cánones por concepto de registro y licencias de pesca para los barcos atuneros de cerco con bandera extranjera, serán fijados por el INCOPESCA, tomando en consideración los cánones establecidos por los países ribereños para este tipo de flota; el tonelaje neto, según haya sido comprobado por la dirección correspondiente del Ministerio de Obras Públicas y Transportes, comprobación que habrá de renovarse anualmente; la eslora total; la potencia de motor; el tipo y número de aparejos de pesca a bordo; los equipos de navegación; las modalidades de pesca previstas; la zona de pesca donde realizarán las operaciones y especies por capturar; las necesidades de materia prima de las plantas procesadoras nacionales, así como las políticas de conservación y preservación de recurso.

Artículo 50.- Todo barco atunero de bandera nacional o extranjera, deberá registrarse ante el INCOPESCA y cumplir los requisitos ordenados en esta Ley.

Artículo 51.- Del producto que se obtenga por los cánones por concepto de registro y licencia de pesca de los barcos atuneros con bandera extranjera, así como de las multas y los comisos generados por la pesca que realicen esos barcos en aguas de jurisdicción costarricense, le corresponderá:

a) Un veinticinco por ciento (25%) a la Universidad de Costa Rica (UCR), para financiar el funcionamiento, la docencia, la acción social y la investigación del Centro Regional Universitario con sede en Puntarenas.

b) Un veinticinco por ciento (25%) a la Universidad Nacional (UNA), para financiar el funcionamiento de la carrera de Biología Marina de su Escuela de Ciencias Biológicas, cuya sede estará en la ciudad de Puntarenas o sus alrededores; también para el establecimiento, el desarrollo y la protección de un sistema de reservas científicas, marinas y terrestres en el Golfo de Nicoya y las zonas adyacentes.

c) Un diez por ciento (10%) para el Servicio Nacional de Guardacostas.

d) Un veinte por ciento (20%) para el INCOPESCA.

e) Un diez por ciento (10%) para distribuir, por partes iguales, entre los colegios universitarios y las sedes de la UCR para financiar docencia, acción social, investigación en el desarrollo de la pesca, la acuicultura y la industrialización de esos productos en la provincia de Limón.

f) Un diez por ciento (10%) para distribuir, por partes iguales, entre los colegios universitarios y las sedes de la UCR para financiar docencia, acción social, investigación en el desarrollo de la pesca, la acuicultura y la industrialización de esos productos en la provincia de Guanacaste.

Artículo 52.- Los dineros obtenidos por las multas, los comisos y cualquier otro ingreso a favor del INCOPESCA previsto en la presente Ley, constituirán un fondo especial administrado por esta Institución. La Contraloría General de la República fiscalizará el manejo de los fondos y anualmente aprobará los programas de inversión.

En igual forma el INCOPESCA podrá otorgarles a las municipalidades fondos provenientes de la recolección de las multas establecidas en el artículo 151, por incurrir en la prohibición establecida en el inciso g) del artículo 38, para el desarrollo de programas de educación ambiental y de limpieza de mares, ríos, lagos y playas; lo anterior, sin perjuicio de lo dispuesto en el artículo 136 de esta Ley.

Artículo 53.- Los barcos atuneros de bandera extranjera equipados con red de cerco, que dispongan del registro anual respectivo y deseen pescar dentro de la zona económica exclusiva del país y en las áreas adyacentes a esta última sobre las que exista o pueda llegar a existir jurisdicción nacional de acuerdo con las leyes y los tratados internacionales, según se determine por la Ley, deberán obtener una licencia de pesca por viaje hasta por sesenta días naturales. Se considerará como viaje de pesca, desde la fecha de obtención de la licencia hasta la descarga, en cualquier país, de cualquier cantidad del producto obtenido o al vencimiento de los sesenta días.

Artículo 54.- Las naves atuneras que, por caso fortuito o fuerza mayor, deban realizar un arribo forzoso a puerto costarricense antes del vencimiento del plazo estipulado en la licencia o el permiso de pesca, deberán comunicarlo al INCOPESCA de ser posible antes del arribo o en las veinticuatro horas siguientes a este y deberán justificar los motivos del arribo, los cuales serán estudiados y valorados conforme al Reglamento de esta Ley.

Si, por caso fortuito o fuerza mayor, la nave atunera debe arribar a otro puerto del Pacífico Oriental, deberá comunicarlo al INCOPESCA, de ser posible antes del arribo o en las veinticuatro horas siguientes a este. Asimismo, deberá aportar a la autoridad ejecutora los documentos probatorios, debidamente autenticados por el cónsul de Costa Rica acreditado en el país del puerto de arribo, que comprueben los motivos que la llevaron a arribar a otro puerto; estos serán analizados y valorados de conformidad con el Reglamento de esta Ley.

Artículo 55.- Los barcos atuneros con red de cerco que gocen de registro anual y de licencia de pesca vigente otorgados por INCOPESCA, que descarguen la totalidad de su captura para compañías enlatadoras o procesadoras nacionales, siempre que la cantidad no sea inferior a trescientas toneladas métricas, tendrán derecho a prórrogas consecutivas de una nueva licencia de pesca por sesenta días naturales sin pago adicional, siempre y cuando la descarga se efectúe en dicho plazo.

Igualmente, tendrán los beneficios mencionados en el párrafo anterior, los barcos atuneros con red de cerco que gocen de registro anual y de licencia de pesca vigente otorgados por INCOPESCA, cuya capacidad de acarreo sea inferior a trescientas toneladas métricas, siempre y cuando descarguen dentro de los sesenta días naturales, la totalidad de la captura y esta no sea inferior a cincuenta toneladas métricas.

Podrá gozar de una licencia de pesca gratuita por sesenta días naturales durante el año calendario para el que fue otorgado el registro, el barco atunero con red de cerco de bandera extranjera con registro anual vigente, que entregue la totalidad de su captura a compañías enlatadoras o procesadoras nacionales, siempre y cuando la cantidad no sea inferior a trescientas toneladas de atún capturado fuera de las aguas jurisdiccionales de Costa Rica.

Las licencias gratuitas deberán utilizarse únicamente dentro del año calendario para el que se otorgó el registro.

Para gozar de los beneficios regulados en este artículo, las embarcaciones atuneras extranjeras interesadas deberán encontrarse al día en el pago de multas, cánones correspondientes por registro y licencias, así como en las demás obligaciones contraídas con el Estado costarricense.

Corresponderá al INCOPESCA velar por el cumplimiento de esta disposición, así como de las leyes y los reglamentos aplicables en general.

Artículo 56.- Para todos los efectos, se considerará como captura de origen nacional, el producto de la captura en aguas de la zona económica exclusiva de la República y en las áreas adyacentes a esta última, sobre las que exista o pueda llegar a existir jurisdicción nacional, según las leyes y los tratados internacionales, realizada por barcos de bandera nacional y por naves de bandera extranjera, que pesquen debidamente amparados a las licencias y registros mencionados en la presente Ley. Asimismo, el proceso de la materia prima, nacional o no, consignará la norma de origen, siempre que el producto final implique un cambio en la partida arancelaria.

Artículo 57.- Los barcos atuneros de bandera extranjera que utilizan red de cerco, fletados o arrendados por una compañía costarricense, a los que se les haya otorgado bandera nacional temporal, deberán cumplir todos los requisitos dispuestos por esta Ley para el otorgamiento de licencias a barcos extranjeros. Para todos los efectos, se entiende que los barcos de bandera nacional temporal deberán cumplir y acatar la legislación costarricense.

Asimismo, para tal efecto dichos barcos deberán tener un contrato previamente firmado entre el dueño del barco y la compañía costarricense, donde se manifieste que todo el producto pescado durante el término del contrato se utilizará para abastecer la industria nacional.

Artículo 58.- Prohíbese a los barcos atuneros con red de cerco, nacionales y extranjeros, descargar, por cualquier título, otros productos pesqueros distintos de los autorizados por la licencia de pesca correspondiente, para satisfacer las necesidades de abastecimiento de las plantas procesadoras de atún, excepto cuando dichos productos vayan a ser donados a instituciones de bienestar social, previa autorización del INCOPESCA. La inobservancia de esta disposición acarreará la suspensión inmediata de la licencia o el permiso de pesca, previo debido proceso, durante el año de vigencia del registro anual de pesca. Por reincidencia contra esta normativa, se suspenderá, de conformidad con el debido proceso, el otorgamiento de la licencia de pesca durante dos años calendario.

Artículo 59.- El INCOPESCA establecerá un sistema de seguimiento satelital, para fiscalizar y controlar el ejercicio de la actividad pesquera de las embarcaciones atuneras con red de cerco, en la zona económica exclusiva.

Para poder desarrollar dicha actividad, estas embarcaciones atuneras deberán portar los equipos satelitales requeridos y autorizados por el INCOPESCA y tenerlos en buen funcionamiento. Se le cancelará la licencia de pesca, sin indemnización alguna, a la persona física o jurídica titular o adjudicataria de la licencia que incumpla lo establecido en este artículo.

La determinación de tal sistema satelital no podrá diseñarse en forma que se produzcan discriminaciones arbitrarias, en cuanto a los proveedores o las marcas de los equipos requeridos.

Artículo 60.- Los barcos atuneros cerqueros de bandera nacional o extranjera no podrán ejercer actividades pesqueras dentro de las doce millas del mar territorial; lo anterior, sin perjuicio de lo establecido en las leyes nacionales vigentes y en los tratados internacionales.

Artículo 61.- Los barcos de bandera y registro extranjeros que empleen como arte de pesca la red de cerco y se dediquen a la captura de atún, o los barcos de bandera nacional de las mismas características, que deseen pescar en la zona económica exclusiva de la República y las áreas adyacentes a esta última, sobre las que exista o pueda llegar a existir jurisdicción nacional, según las leyes y los tratados internacionales o los que deseen descargar en la República el atún capturado en las áreas antes señaladas, pero fuera de las aguas jurisdiccionales costarricenses, deberán aceptar y cumplir las disposiciones, nacionales e internacionales, sobre la protección de los recursos pesqueros, suscritas y ratificadas por Costa Rica. No se permitirá la descarga de otras especies aparte del atún por parte de estas embarcaciones, sin perjuicio de las excepciones previstas en el artículo 58 y en el inciso b) del artículo 112 de esta Ley.

CAPÍTULO V
PESCA PELÁGICA

Artículo 62.- El INCOPESCA podrá autorizar la pesca con palangre únicamente a las embarcaciones de bandera y registro nacionales. Se define el palangre como el arte de pesca selectivo que utiliza una línea madre en la cual se colocan reinales con anzuelos debidamente encarnados, para capturar especies pelágicas y demersales.

El Reglamento de la presente Ley establecerá tanto los requisitos de sustitución, construcción e importación de las embarcaciones palangreras, como las dimensiones y los sistemas o artes de pesca.

Artículo 63.- Prohíbese la pesca de especies pelágicas con red agallera de altura.

Artículo 64.- Podrá autorizarse la pesca con red agallera o de enmalle únicamente para las embarcaciones de bandera y registro nacionales.

Artículo 65.- El INCOPESCA podrá autorizar la pesca de calamar con poteras para carnada, únicamente para las embarcaciones artesanales de pequeña y mediana escala, así como las catalogadas como pesca palangrera costarricense.

En el caso de la pesca de calamar para el consumo humano solo podrá realizarse previo permiso del INCOPESCA a la embarcación que lo solicite. Para tales efectos, el INCOPESCA deberá efectuar estudios técnicos para determinar los ciclos biológicos en que exista abundancia o escasez de dicho recurso.

CAPÍTULO VI
PESCA DE SARDINA

Artículo 66.- El INCOPESCA podrá autorizar la pesca de sardina únicamente para ser utilizada para el consumo humano o como carnada. Los desechos de sardina, producto de la industrialización para el consumo humano, podrán ser aprovechados para otros fines.

Artículo 67.- El titular de la licencia de las embarcaciones sardineras con red de cerco que, por caso fortuito o fuerza mayor, dejen de laborar, estará obligado a comunicarlo al INCOPESCA, dentro del plazo máximo de treinta días naturales, contados a partir del acaecimiento del hecho y deberá justificar los motivos ante este Instituto, los cuales serán estudiados y valorados conforme al Reglamento de esta Ley. Asimismo, en el plazo de los ciento ochenta días naturales siguientes, deberá formalizar la gestión de sustitución o reparación definitiva de la nave, según el caso, conforme a los requisitos y las condiciones fijados por el INCOPESCA.

El INCOPESCA dará un plazo de dieciocho meses para que la embarcación sea sustituida. Con base en un estudio técnico presentado por el interesado, el INCOPESCA podrá otorgar una prórroga única por un período similar. Transcurrido este tiempo, se cancelará definitivamente la licencia o el permiso de pesca respectivo, sin responsabilidad de la administración.

CAPÍTULO VII
PESCA DEPORTIVA

Artículo 68.- La pesca deportiva es la actividad pesquera que realizan personas físicas, nacionales o extranjeras, con el fin de capturar, con un aparejo de pesca personal apropiado para el efecto, recursos acuáticos pesqueros en aguas continentales, jurisdiccionales o en zona económica exclusiva, sin fines de lucro y con propósito de deporte, recreo, turismo o pasatiempo.

El INCOPESCA fomentará la práctica y el desarrollo de la pesca deportiva, en coordinación con las demás autoridades competentes y los sectores interesados, e impulsará la práctica de liberar las especies capturadas vivas.

Artículo 69.- El INCOPESCA regulará los torneos de pesca deportiva nacionales e internacionales realizados en aguas costarricenses, en coordinación con el Instituto Costarricense de Turismo (ICT) o las asociaciones de pesca deportiva debidamente inscritas en el Registro Nacional. Asimismo, propiciará la celebración de convenios con organizaciones y prestadores de servicios, para que los pescadores deportivos protejan las especies.

Artículo 70.- La pesca deportiva podrá efectuarse:

a) Desde tierra.

b) A bordo de alguna embarcación.

c) De manera subacuática.

Artículo 71.- Los propietarios o permisionarios de embarcaciones utilizadas para la pesca deportiva, independientemente de los deberes que les impongan otras leyes o reglamentos, deberán cumplir las siguientes obligaciones:

a) Poseer licencia vigente de pesca deportiva.

b) Cumplir las tallas mínimas, los límites de captura y las vedas que el INCOPESCA señale.

c) Verificar que las personas a quienes les presten los servicios cumplan las disposiciones legales de la materia.

d) Instruir acerca de la forma en que debe desarrollarse la pesca deportiva.

e) Apoyar los programas de repoblación y mejoramiento de los lugares donde llevan a cabo su actividad y participar en ellos; asimismo, contribuir al mantenimiento y la conservación de las especies y su hábitat.

Artículo 72.- La autoridad ejecutora de esta Ley impulsará la conservación de especies de interés deportivo, realizando estudios técnicos y científicos y promoviendo políticas de manejo sostenible.

Artículo 73.- El INCOPESCA establecerá los cánones, las épocas, las zonas y las tallas mínimas, así como el número máximo de ejemplares que pueda capturar un pescador deportista, de acuerdo con las condiciones del recurso de que se trate y las características particulares del lugar donde se desarrolle la actividad.

Artículo 74.- Las capturas obtenidas de la pesca deportiva, según la cantidad autorizada de ejemplares, se destinarán a la taxidermia o al consumo de quienes las realicen, bajo los términos y las condiciones que determine el INCOPESCA.

Artículo 75.- Tanto la tripulación como quienes practiquen la pesca deportiva a bordo de una embarcación o de manera subacuática, deberán portar el respectivo carné de pesca deportiva extendido por el INCOPESCA.

Artículo 76.- Decláranse el pez vela *(Istiophorus albidius)*, *marlin* azul *(Makaira nigrioans)*, *marlin* negro *(Makaira* indica), *marlin* rallado *(Tetrapturas audaz)* y sábalo *(Melaops atlanticus)*, como especies de interés turístico-deportivo.

CAPÍTULO VIII
PESCA PARA EL CONSUMO DOMÉSTICO

Artículo 77.- Entiéndese como pesca para el consumo doméstico la que se efectúa desde tierra o en embarcaciones pequeñas, únicamente mediante el uso de cañas, carretes o cuerdas de mano, sin propósito de lucro y con el único objeto de consumir el producto para la subsistencia propia o de la familia.

Artículo 78.- La pesca para el consumo doméstico no requiere autorización; pero el interesado deberá respetar las vedas, las cuotas máximas de captura y las demás normas que emita el INCOPESCA.

CAPÍTULO IX
PESCA TURÍSTICA

Artículo 79.- Entiéndese como pesca turística la actividad pesquera que realizan personas físicas, nacionales o extranjeras, con el fin de capturar, con un aparejo de pesca personal apropiado para el efecto, recursos acuáticos pesqueros en aguas continentales, jurisdiccionales o en la zona económica exclusiva, con fines comerciales y propósitos exclusivamente turísticos, llevados a cabo en forma permanente; asimismo, a la pesca turística le serán aplicables, por analogía, las disposiciones establecidas en los artículos 69 a 76 de la presente Ley.

Las embarcaciones dedicadas a esta actividad, deberán estar registradas en el ICT y contarán con una licencia especial otorgada por el INCOPESCA para este propósito. Dicha licencia podrá ser prorrogada mediante autorización del INCOPESCA, previo estudio y revisión anual, a fin de determinar que la embarcación esté siendo utilizada para tal propósito.

Además, el INCOPESCA establecerá diferentes tipos de carnés de pesca turística, los cuales serán utilizados en todo el territorio nacional, tomando en consideración el tiempo de su uso.

El INCOPESCA fomentará la práctica y el desarrollo de la pesca turística, en coordinación con el ICT y los demás sectores interesados. También velará porque su personal reciba la capacitación necesaria para el cumplimiento de los fines propuestos; impulsará la práctica de liberar las especies capturadas vivas y establecerá pautas y normas que garanticen la sostenibilidad de las especies prioritarias para esta actividad.

TÍTULO III
ACUICULTURA

CAPÍTULO I
FOMENTO ACUÍCOLA

Artículo 80.- El Estado fomentará la diversificación del esfuerzo pesquero fortaleciendo el desarrollo de la actividad acuícola y otorgándole los incentivos y beneficios especiales previstos en esta o en otras leyes de incentivos a las actividades no tradicionales, excepto los combustibles.

Artículo 81.- La actividad acuícola consiste en el cultivo y la producción de organismos acuáticos, sean flora o fauna, mediante el empleo de métodos y técnicas para su desarrollo controlado; abarca su ciclo biológico completo o parcial, en ambientes hídricos naturales o artificiales, tanto en aguas marinas como continentales.

Artículo 82.- Para desarrollar proyectos de acuicultura, la persona física o jurídica deberá obtener:

a) Una autorización otorgada por el INCOPESCA para el cultivo de organismos acuáticos en las aguas marinas o en aguas continentales.

b) Una concesión de uso y aprovechamiento de aguas otorgada por el MINAE.

Lo anterior sin perjuicio de los demás requisitos establecidos en otras leyes.

La concesión y la autorización confieren a su titular los derechos de uso de agua y aprovechamiento de los recursos acuáticos pesqueros directamente relacionados con la actividad en forma temporal. El plazo de la concesión será de conformidad con lo dispuesto en el artículo 19 de la Ley de Aguas y el plazo de la autorización será hasta de diez años prorrogables mediante acto expreso.

En el contrato respectivo serán definidos los derechos y deberes, los cánones anuales, las garantías y las limitaciones, relativos a las autorizaciones y las concesiones para el desarrollo de la acuicultura.

Las prórrogas se regirán por el Reglamento de esta Ley.

Artículo 83.- Para solicitar la autorización acuícola y la concesión para el uso de aguas, los interesados deberán aportar los respectivos proyectos de acuicultura, junto con una evaluación de impacto ambiental.

La evaluación de impacto ambiental deberá ser resuelta por la Secretaría Técnica Nacional Ambiental (SETENA) del MINAE, dentro del plazo de sesenta días naturales. La concesión no podrá aprobarse sin dicho criterio, el cual será vinculante para las partes. La SETENA está obligada a pronunciarse en el plazo señalado; en caso contrario, el funcionario correspondiente incurrirá en responsabilidad disciplinaria o civil.

La disposición contenida en esta norma no aplica para las actividades acuícolas de consumo doméstico; tampoco para las actividades acuícolas de pequeña escala dedicadas a la recreación. Para estos casos, los interesados están obligados a aportar una carta de compromiso ambiental, de conformidad con lo establecido por la SETENA.

El incumplimiento de este requerimiento legal o sus compromisos acarreará el cierre de la actividad y la reparación del daño ocasionado.

Artículo 84.- Podrán otorgarse concesiones para el uso de aguas en proyectos acuícolas en el mar, porciones de agua y fondo, rocas, dentro y fuera de bahías o golfos, y autorizaciones de acuicultura para desarrollar la actividad en aguas continentales, naturales o artificiales.

Las concesiones sobre el aprovechamiento de las aguas y los proyectos acuícolas en aguas marinas, no podrán impedir ni restringir el libre acceso a las playas; tampoco podrá realizarse el vaciado de desechos que en alguna forma contaminen, limiten, restrinjan o imposibiliten ese acceso.

Corresponderá al MINAE normar la forma, el modo, los requisitos y los procedimientos aplicables para su respectivo otorgamiento, en consulta previa y con las consideraciones pertinentes al Servicio Nacional de Riego y Avenamiento (SENARA) o a cualquier otro organismo encargado de los usos alternativos de esos terrenos o aguas.

El criterio emitido por el MINAE será vinculante para las partes y para el INCOPESCA.

Artículo 85.- Cuando el titular de un proyecto acuícola desee introducir una o más especies diferentes de las concedidas inicialmente, ampliar o modificar el área autorizada, deberá presentar la solicitud de autorización ante el INCOPESCA mediante el trámite dispuesto en el Reglamento de la presente Ley. Para estos efectos, el interesado deberá presentar el correspondiente estudio de impacto ambiental debidamente aprobado por SETENA.

Artículo 86.- En el área de la concesión, los concesionarios podrán realizar todas las obras materiales, inversiones e instalaciones, previa evaluación y autorización de los organismos competentes, siempre y cuando cumplan lo establecido en el artículo 45 de la Ley Orgánica del Ambiente, N.° 7554, y en el segundo párrafo del artículo 1 de la Ley Forestal, N.° 7575. Las mejoras introducidas en bienes del Estado, que no puedan ser retiradas sin detrimento de ellas al término de la concesión, quedarán en beneficio del Estado; las demás deberán ser retiradas al término de los noventa días naturales siguientes a la fecha en que se produzca la caducidad. Adicionalmente, las mejoras existentes quedarán como garantía de pago contra posibles créditos del Sistema Bancario Nacional, deudas de patentes, rentas, tarifas, indemnizaciones, intereses o cualquier otro derecho establecido en esta Ley y su Reglamento. Si la infraestructura construida no resulta de interés para el Instituto, deberá ser demolida o retirada por el concesionario.

Artículo 87.- De morir el titular de una autorización o de un derecho de concesión acuícola, quienes reclamen este derecho en calidad de herederos podrán pretender que se les asigne como titulares por el resto del plazo de vigencia de la concesión o de la autorización. Con tal propósito, deberán demostrar su calidad de herederos legítimos del causante. Comprobada fehacientemente esa calidad, se conferirá el derecho de concesión o autorización según se trate, hasta el vencimiento del plazo correspondiente. Vencido ese período, los interesados deberán gestionar el otorgamiento del derecho de concesión o autorización a su nombre.

Artículo 88.- Las concesiones y autorizaciones para acuicultura finalizan por las siguientes causas:

a) El vencimiento del plazo.

b) La imposibilidad de realización del objeto como consecuencia de medidas adoptadas por una autoridad pública.

c) El acuerdo mutuo de la Administración concedente y el beneficiario.

d) El incumplimiento de los términos del contrato.

Artículo 89.- Cualquier actividad de cultivo y manejo, independientemente del nivel y estadio de desarrollo de especies de flora y fauna acuáticas, para fines productivos o de investigación por parte de instituciones públicas o privadas, deberá cumplir los lineamientos de la presente Ley y su Reglamento.

Artículo 90.- La actividad de cultivo que requiera el uso de aguas marinas o el uso de aguas continentales, además de contar con la concesión otorgada por el MINAE, deberá tener también la autorización del INCOPESCA. Asimismo, la actividad de cultivo en ríos, lagos o semejantes, deberá contar con las concesiones o las autorizaciones correspondientes, previo dictamen afirmativo de las instituciones competentes.

Artículo 91.- El INCOPESCA, en coordinación con las demás autoridades competentes, vigilará la calidad de las aguas procedentes de los sistemas productivos a los cuerpos de aguas naturales. El MINAE podrá revocar la concesión, en caso de que el productor acuícola incumpla los requisitos de la presente Ley y su Reglamento, previo el debido proceso.

CAPÍTULO II
USO, SANIDAD, DESARROLLO Y MEJORAMIENTO DE ESPECIES ACUÍCOLAS

Artículo 92.- El INCOPESCA podrá otorgar autorizaciones para la recolecta del medio natural de reproductores, larvas, poslarvas, crías, huevos, semilla o alevines, solamente a propietarios de laboratorios e investigadores. La autoridad ejecutora determinará el canon que se pagará por la respectiva autorización.

Artículo 93.- Cuando el INCOPESCA requiera análisis de laboratorio de las instalaciones acuícolas, podrá avalar las certificaciones de sanidad de organismos acuícolas emitidas por laboratorios debidamente acreditados y registrados ante el Instituto.

Artículo 94.- El INCOPESCA, en coordinación con las autoridades nacionales competentes, determinará los medicamentos, las hormonas y los insumos prohibidos para el uso en la actividad acuícola.

Artículo 95.- Para introducir especies foráneas acuáticas de flora y fauna en cualquier fase del ciclo biológico destinadas al cultivo, se requiere la autorización del Ministerio de Agricultura y Ganadería (MAG). Dicha autorización únicamente será otorgada previo análisis técnico realizado por autoridades públicas o privadas competentes en su especialidad. Además, deberá justificarse la factibilidad biológica y técnica para la introducción de las especies exóticas que no afecten en ninguna forma, no perjudiquen el desarrollo ni el entorno de las especies nacionales de flora y fauna silvestres, ni ocasionen problemas de salud pública.

Solo será permitida la importación de aquellas especies de flora y fauna silvestres que no estén contenidas en los apéndices I, II y III de la Convención sobre el Comercio Internacional de Especies Amenazadas de Fauna y Flora Silvestres, Ley N.º 5605, de 22 de octubre de 1974.

Artículo 96.- Prohíbese el vertimiento fuera del área de desarrollo del proyecto de acuicultura de productos, especies o alimentos requeridos para el manejo y aprovechamiento sostenible de especies bajo cultivo en aguas marinas y continentales.

En el área del proyecto de acuicultura únicamente podrán ser utilizados los productos, las especies o los alimentos expresamente autorizados por INCOPESCA.

Los productores deberán mantener controles y aplicar medidas eficaces para que no puedan escapar de las instalaciones de cultivo, los animales, las especies ni sus productos sexuales o en alguna fase del ciclo de vida, especialmente si se trata de especies exóticas.

Artículo 97.- Los requisitos y las condiciones de traslado de especies acuáticas, nativas o exóticas, de un cuerpo de agua a otro del país, serán regulados por el Reglamento de esta Ley.

TÍTULO IV
COMERCIALIZACIÓN E INDUSTRIALIZACIÓN DE PRODUCTOS MARINOS PESQUEROS Y ACUÍCOLAS

CAPÍTULO ÚNICO

Artículo 98.- La comercialización es la fase de la actividad pesquera consistente en la compra, la venta y el transporte de los recursos marinos y acuícolas, con el fin de hacerlos llegar a los mercados internos y externos. La industrialización es la fase de la actividad pesquera que consiste en el procesamiento o la transformación de los recursos marinos y acuícolas de su estado natural en productos con características diferentes, con el propósito de adecuarlos para el consumo.

Artículo 99.- Quienes comercialicen e industrialicen los recursos marinos, pesqueros y acuícolas, deberán sujetarse a las normas de comercialización, sanidad, calidad e inspección que fijen sobre la materia las autoridades competentes.

Artículo 100.- Para lograr la competitividad en el mercado, el INCOPESCA deberá:

a) Fomentar las organizaciones de pescadores y acuicultores.

b) Establecer, fomentar o incentivar la creación de canales de comercialización, lonjas y centros de acopio adecuados, que garanticen el control de todas las etapas de la comercialización, desde la extracción hasta la venta al consumidor.

c) Coordinar, con el INA, la capacitación de los productores pesqueros para convertirlos en productores-comercializadores.

d) Fomentar y realizar campañas de divulgación que permitan mejorar los procesos de manipulación, consumo y comercialización de los recursos marinos pesqueros y acuícolas.

TÍTULO V
LICENCIAS, PERMISOS, CONCESIONES Y AUTORIZACIONES

CAPÍTULO I
LICENCIAS O PERMISOS

Artículo 101.- Para los efectos de esta Ley se definen los siguientes términos:

Autorización: Acto administrativo mediante el cual el INCOPESCA habilita a personas físicas o jurídicas para que desarrollen la actividad acuícola y de pesca, en los términos indicados en esta Ley.

Concesión: Acto jurídico mediante el cual el MINAE confiere a personas físicas y jurídicas un derecho limitado de aprovechamiento sostenible sobre las aguas, para el desarrollo de las actividades acuícolas para la producción y el aprovechamiento de determinadas especies, en los términos y las condiciones expresamente establecidos en dicho contrato.

Licencia: Acto administrativo mediante el cual el INCOPESCA le confiere a una persona física o jurídica el derecho para que realice, en una determinada embarcación, en los términos y las condiciones establecidos en dicho acto, la extracción y el aprovechamiento sostenible de recursos marinos, pesqueros e hidrobiológicos en aguas marinas y continentales.

Permiso: Acto administrativo especial mediante el cual se autoriza a personas físicas o jurídicas, públicas o privadas, para que ejerzan actividades pesqueras y acuícolas de fomento, didácticas y con fines investigativos, en los términos indicados en esta Ley.

Artículo 102.- Toda persona física o jurídica, costarricense o extranjera, que se dedique a la actividad pesquera según las modalidades autorizadas en esta Ley, requerirá de licencia de pesca para cada embarcación.

Para ejercer la actividad acuícola en bienes de dominio público, se requerirá una concesión para el uso de aguas, otorgada por el MINAE.

Artículo 103.- El otorgamiento de la licencia, la autorización o el permiso estará condicionado a la disponibilidad y conservación del recurso hidrobiológico de que se trate y a las necesidades de desarrollo y sostenibilidad del sector pesquero, lo cual deberá estar debidamente fundamentado en los resultados de los estudios científicos, técnicos, económicos o sociales.

Las licencias de pesca clasificadas de pequeña escala, únicamente se otorgarán a una por persona física, salvo en el caso de personas en condición de pobreza debidamente comprobada o cuando se trate de asociaciones de pescadores legalmente constituidas o de cooperativas de pescadores. En tales casos, el INCOPESCA, mediante resolución fundamentada, podrá otorgar un número mayor. Cuando se trate de asociaciones y/o de cooperativas, tal asignación se realizará en forma proporcional entre ellas.

Artículo 104.- Los permisos y las autorizaciones referidos en esta Ley, no son negociables y tienen el carácter de intransferibles. Las licencias de pesca *y* las autorizaciones acuícolas serán transferibles, previo estudio y autorización de INCOPESCA, exigiendo para ello los mismos requisitos establecidos en la presente Ley para su otorgamiento original.

Las licencias se otorgarán por seis años y serán prorrogables por plazos iguales a los concedidos originalmente.

Las autorizaciones se otorgarán por un plazo de diez años y serán prorrogables por plazos iguales a los concedidos originalmente, a menos que la autorización requiera de un plazo menor.

Los permisos se otorgarán por cinco años y serán prorrogables por plazos iguales a los concedidos originalmente.

Las concesiones se otorgarán de conformidad con lo dispuesto en el artículo 19 de la Ley de Aguas. Dichas concesiones podrán transferirse, previa autorización del MINAE; para ello, deberán cumplirse los requisitos fijados en esa Ley.

Las licencias, las autorizaciones, los permisos y las concesiones, así como sus prórrogas, se otorgarán conforme al estudio previo del INCOPESCA o del MINAE, según corresponda, para cada caso particular.

Los pagos de las licencias, los permisos y las concesiones se harán anualmente. Todo lo anterior se aplicará sin perjuicio de lo establecido en el artículo 82 de la presente Ley.

Artículo 105.- Quienes posean una licencia, autorización, permiso o concesión, deberán llevar un libro de registro de operaciones de su actividad, según lo estipulado en el Reglamento de esta Ley.

Artículo 106.- Las licencias que el INCOPESCA expida se otorgarán a una embarcación específica, según se defina para cada especie, grupo de especies o zonas.

Para tales efectos, requerirá que las embarcaciones estén inscritas en el Registro Nacional de la Propiedad.

Artículo 107.- Además de los requisitos establecidos en la presente Ley o en otras disposiciones reglamentarias, los solicitantes de licencias de pesca deberán demostrar la posesión legal de los bienes necesarios para cumplir el objetivo de la solicitud.

Artículo 108.- La venta de un navío de pesca no comprende el traspaso de la licencia ni de los permisos otorgados a su favor.

En los casos de venta de la embarcación, el traspaso de licencia únicamente será posible con la autorización previa y expresa de INCOPESCA. Con tal propósito, el interesado deberá solicitar la autorización de traspaso provisional con suficiente antelación a la fecha prevista para la suscripción del contrato de venta. Se dejará constancia en ese documento, de la autorización de traspaso provisional.

Una vez inscrito el traspaso ante el Registro Nacional, el nuevo propietario del navío de pesca deberá acreditar este acto mediante certificación registral. Cumplido adecuadamente lo anterior, el INCOPESCA, mediante acto expreso, declarará autorizado el traspaso de la licencia de pesca al navío, registrado en adelante a nombre de su nuevo propietario.

El traspaso de la licencia de pesca se efectuará por el resto del plazo vigente otorgado originalmente o el plazo de la prórroga respectiva.

Cualquier hecho que afecte a un navío de pesca, tal como naufragio o destrucción significativa que implique el retiro definitivo de las operaciones, su reubicación o sustitución, deberá ponerse en conocimiento de INCOPESCA, inmediatamente después de su acontecimiento.

Artículo 109.- Para los contratos de crédito que se celebren entre los bancos del Sistema Bancario Nacional y los propietarios de embarcaciones que cuenten con licencias de pesca debidamente otorgadas por INCOPESCA, en las cuales se tenga como garantía parcial o total la embarcación sobre la cual se tiene por autorizada el uso de la licencia, el INCOPESCA podrá dar su autorización, en casos de remates de las embarcaciones, para que la licencia correspondiente sea traspasada a favor de quien resulte su adjudicatario, en condiciones iguales y por el plazo restante al otorgado originalmente.

Igualmente el Instituto podrá dar su autorización para que, en el supuesto previsto en el inciso d) del artículo 113 de esta Ley, cuando la cancelación de la licencia se dé antes del vencimiento de la obligación, dicha licencia pueda ser traspasada a favor de quien resulte adjudicatario si la embarcación es rematada; lo anterior, en las mismas condiciones y por el plazo restante al otorgado originalmente.

Para los efectos de lo contenido en los párrafos anteriores, el representante del INCOPESCA, debidamente autorizado por su Junta Directiva, podrá comparecer ante el notario público que formalice el crédito, para manifestar el consentimiento del Instituto.

El INCOPESCA reglamentará el procedimiento para otorgar las autorizaciones contempladas en el presente artículo.

Artículo 110.- El INCOPESCA llevará un registro público de las embarcaciones y las personas físicas o jurídicas que hayan obtenido una licencia, un permiso, una concesión o una autorización.

Artículo 111.- El INCOPESCA podrá otorgar, con carácter de intransferibles, permisos para las siguientes actividades:

a) Ejercer la pesca de fomento y didáctica .

b) El ejercicio de la pesca en zonas de veda o captura de especies vedadas con fines científicos y de investigación, de conformidad con el artículo 37 de esta Ley.

c) Cualquier otro que esta Ley establezca.

CAPÍTULO II
AUTORIZACIONES

Artículo 112.- El INCOPESCA podrá autorizar la realización de las siguientes actividades:

a) Utilización de artes de pesca diferentes de los autorizados, que no afecten la sostenibilidad del recurso.

b) El desembarque de productos pesqueros en territorio costarricense por parte de embarcaciones extranjeras, atendiendo criterios de oferta y demanda, de protección al consumidor y al sector pesquero nacional, en lo que resulte de su competencia.

c) Traspaso de una licencia.

d) Construcción, sustitución y ampliación de embarcaciones pesqueras.

e) Descarga de productos pesqueros por embarcaciones nacionales.

f) Modificación del área de la concesión acuícola y el cambio o sustitución de las especies autorizadas para el cultivo del proyecto acuícola.

g) Desarrollo de la actividad acuícola en aguas marinas y continentales.

h) La construcción, la remodelación o la ampliación del proyecto de acuicultura.

i) Toda otra actividad señalada en la presente Ley.

CAPÍTULO III
EXTINCIÓN DE LICENCIAS, PERMISOS Y AUTORIZACIONES

Artículo 113.- Las licencias, los permisos y las autorizaciones se extinguen por las siguientes causas:

a) Por el vencimiento del plazo, sin que medie solicitud de prórroga en forma legal.

b) La imposibilidad de realización del objeto.

c) La renuncia expresa o el abandono que realicen los interesados.

d) La cancelación de las licencias, los permisos o las autorizaciones por parte de las autoridades competentes, respetando el debido proceso.

Artículo 114.- La autoridad ejecutora procederá a cancelar las licencias, las concesiones, los permisos o las autorizaciones, con respeto del debido proceso, cuando sus titulares:

a) Pongan el ecosistema en riesgo inminente.

b) Proporcionen la información fuera de los términos y plazos que solicite el INCOPESCA o incurran en alguna falsedad al rendirla.

c) Nieguen a esa autoridad el ingreso para la inspección de las instalaciones.

d) Incumplan, sin causa justificada, las condiciones generales de orden técnico para la pesca y acuicultura, que indique el INCOPESCA.

e) Cuando transfieran estos derechos sin la debida autorización o en los casos en que sean intransferibles.

f) Incumplan en la concesión acuícola los planes de inversión y manejo ya previstos.

g) Incurran en estado de quiebra, insolvencia, concurso, disolución o liquidación del patrimonio.

h) No instalen debidamente los equipos terminales y los censores conformantes del sistema de seguimiento satelital en las embarcaciones atuneras cerqueras, en los plazos establecidos en esta Ley.

Artículo 115.- La caducidad y la revocatoria serán declaradas de acuerdo con el procedimiento establecido en el Reglamento de esta Ley. A los interesados se les otorgará la garantía del debido proceso.

TÍTULO VI
ARMADOR, PATRÓN DE PESCA O CAPITÁN

CAPÍTULO ÚNICO

Artículo 116.- Armador es quien por su cuenta realiza el aprestamiento de un barco para la navegación en el avituallamiento y contratación de pescadores. Puede ser propietario o no de la embarcación.

Patrón de pesca o capitán es quien está a bordo de la embarcación y es responsable de dirigir las faenas de pesca y la navegación.

Para todos los efectos, el capitán será considerado la máxima autoridad a bordo y el responsable por el estricto cumplimiento de la legislación pesquera vigente, so pena de las responsabilidades civiles, penales y administrativas ocasionadas en el desempeño de su puesto.

En materia administrativa y civil, el armador, el patrón de pesca y el capitán serán solidariamente responsables por el incumplimiento de la legislación pesquera, cuando se cause un daño efectivo.

Artículo 117.- Para realizar la actividad pesquera, toda embarcación deberá contar en su tripulación con un patrón de pesca, con acreditación de idoneidad que lo identifique como tal, extendida por una entidad capacitadora debidamente acreditada ante el INCOPESCA.

Asimismo el capitán, quien igualmente podrá ser a la vez patrón de pesca bajo las condiciones antes señaladas, requiere, en su condición y calidad de capitán, exhibir y acreditar conocimientos y experiencias con idoneidad suficiente en relación con el gobierno, la administración y la navegación de un barco de pesca.

Tratándose de las embarcaciones dedicadas a la pesca en pequeña escala, se tendrá de pleno derecho como patrón de pesca a quien dirija o capitanee la embarcación, en las labores o faenas de pesca. El INCOPESCA sin trámite ulterior lo acreditará como tal.

Artículo 118.- El INCOPESCA regulará, vía de reglamento, los requisitos y las condiciones necesarios que deberán cumplir los patrones de pesca o capitán de la embarcación pesquera. Igualmente establecerá un registro en relación con quienes operen como armadores, sean propietarios o no de barcos de pesca. Para los propósitos de esta Ley, el propietario y el armador serán solidariamente responsables cuando correspondan a personas jurídicas o a personas físicas diferentes.

TÍTULO VII
SANIDAD DE LOS RECURSOS HIDROBIOLÓGICOS

CAPÍTULO ÚNICO

Artículo 119.- El INCOPESCA coordinará con el MAG el establecimiento de medidas sanitarias en materia pesquera y acuícola, relativas a la prevención, el diagnóstico y el control de las enfermedades que puedan afectar los recursos hidrobiológicos.

Artículo 120.- En dicha materia, el INCOPESCA podrá realizar las siguientes acciones:

a) Recomendar a las autoridades correspondientes los medicamentos, los alimentos, las hormonas y otros insumos que no podrán utilizarse en la actividad pesquera y acuícola.

b) Promover el intercambio y la homologación de información con instituciones, nacionales e internacionales, que participen en materia de traslado y sanidad de especies acuáticas vivas.

c) Recomendar las normas relativas a cuarentenas, campañas y medidas de control sanitario tendientes a proteger los recursos hidrobiológicos.

Artículo 121.- Prohíbese la importación de recursos hidrobiológicos, cuando se arriesgue la sobrevivencia de la flora y fauna nativas o exista riesgo de introducción de parásitos o enfermedades potencialmente peligrosos para las especies existentes en el país. Asimismo, toda importación de recursos hidrobiológicos deberá ser autorizada por el MAG, previa presentación de los respectivos certificados sanitarios emitidos por las autoridades competentes del país de origen, conforme a las regulaciones internacionales vigentes y lo dispuesto en esta Ley.

TÍTULO VIII
INFRAESTRUCTURA Y FLOTA PESQUERA

CAPÍTULO ÚNICO

Artículo 122.- Entiéndese por infraestructura pesquera el conjunto de obras e instalaciones temporales o permanentes necesarias para desarrollar la actividad pesquera.

Se entenderá por flota pesquera el conjunto de embarcaciones que se utilicen para los tipos de pesca que esta Ley establezca.

Artículo 123.- Exonérase a la flota pesquera nacional, excepto a la dedicada a la pesca deportiva, de todo tipo de impuestos nacionales para la importación de embarcaciones, repuestos, motores, implementos de navegación, de pesca y sus respectivos accesorios.

En cumplimiento de lo dispuesto en el artículo 45 de la Ley N.º 7384, de 16 de marzo de 1994, RECOPE venderá el combustible (gasolina, regular y diesel) a la flota pesquera nacional, excepto para la actividad de pesca deportiva, a un precio competitivo con el precio internacional.

Artículo 124.- Las instalaciones portuarias y marinas utilizadas para el desembarco y la limpieza de las capturas, deberán cumplir los requisitos técnicos, sanitarios y de cualquier otro tipo que se consideren pertinentes. El Reglamento de esta Ley establecerá los requisitos mínimos que deben cumplir para estos efectos, de acuerdo con la legislación vigente.

Artículo 125.- Los propietarios, responsables, empleados, operadores y trabajadores en general, deberán cumplir las normas relativas al acondicionamiento y la ubicación de las instalaciones industriales pesqueras y acuícolas, así como al manejo, la conservación y la industrialización de productos, materiales sanitarios, maquinaria, equipo, accesorios y equipos de seguridad.

Artículo 126.- En esta materia, el INCOPESCA podrá:

a) Proponer los proyectos de zonas portuarias pesqueras y acuícolas e indicar el uso de las áreas marítimas y terrestres y promover, ante la autoridad competente, su integración a los planes maestros que se autoricen.

b) Propiciar la evaluación de la infraestructura pesquera y acuícola, en los puertos y en otros sitios, apoyándose en los resultados obtenidos; proponer la localización y dimensión de las obras y los servicios que requieran la flota pesquera nacional y la extranjera autorizadas, así como la actividad acuícola; promover la construcción y el mantenimiento de la infraestructura disponible.

c) Participar, en conjunto con las autoridades competentes, en el estudio de los problemas de operación y de administración de la infraestructura pesquera.

d) Fomentar la construcción y el funcionamiento de lonjas pesqueras y otros centros de acopio, con el propósito de lograr condiciones apropiadas afines con la calidad, la sanidad, la comercialización y el transporte de los productos pesqueros y acuícolas, que conlleven una mejor rentabilidad económica para los pescadores y acuicultores.

Artículo 127.- El INCOPESCA llevará un registro del sector pesquero y acuícola, que será de carácter público y comprenderá:

a) Los centros de investigación y producción pesquera y acuícola, cuyo propósito sea el estudio, el análisis y la experimentación de los recursos pesqueros y acuícolas.

b) Los datos generales de las embarcaciones pesqueras, comerciales, científicas, didácticas y deportivas.

c) Las personas físicas o jurídicas, costarricenses o extranjeras, dedicadas a la actividad pesquera y acuícola, que posean licencia, permiso o autorización emitida por el INCOPESCA.

d) Las instituciones educativas dedicadas a la enseñanza y difusión de los conocimientos sobre pesca y acuicultura.

e) El nombre y las demás calidades de las personas que se dediquen a la actividad extractora de recursos pesqueros.

f) Los astilleros dedicados a construir y a reparar embarcaciones pesqueras, las plantas industrializadoras de productos pesqueros, los centros de acopio de productos pesqueros y los acuarios dedicados a la comercialización de recursos acuáticos pesqueros.

g) Las personas físicas o jurídicas que se dediquen a las actividades de transporte, comercialización, industria y conservación poscaptura de recursos acuáticos pesqueros.

h) Los nombres y las calidades de los patrones de pesca y capitanes que están acreditados como tales.

i) El número de licencias, permisos y autorizaciones otorgadas.

j) Cualquier otra información de interés, a criterio del INCOPESCA.

Artículo 128.- Cualquier cambio que se origine en los datos otorgados al registro se hará del conocimiento del INCOPESCA, a efecto de actualizarlo o proceder a cancelarlo cuando corresponda.

TÍTULO IX
ESTADÍSTICA PESQUERA

CAPÍTULO ÚNICO

Artículo 129.- El INCOPESCA tendrá a su cargo el Sistema Estadístico Pesquero y Acuícola, que comprenderá los procesos de recolección, ordenación, digitación, análisis y divulgación de la información estadística, el cual será de carácter público y tendrá como principal objetivo servir de base para la planificación de la actividad pesquera y acuícola a nivel nacional.

Artículo 130.- Todos los sujetos a los que esta Ley les confiere un derecho o beneficio, deberán presentar los informes acerca de los datos estadísticos requeridos por el INCOPESCA para el cumplimiento de sus fines y objetivos.

TÍTULO X
DELITOS, INFRACCIONES, SANCIONES Y RECURSOS

CAPÍTULO I
DELITOS Y SANCIONES

Artículo 131.- El INCOPESCA será el encargado de aplicar las sanciones administrativas de multa y gestión de cobro contempladas en esta Ley, de conformidad con su Reglamento y según el procedimiento establecido en la Ley General de la Administración Pública.

Artículo 132.- Las autoridades de policía administrativa colaborarán con el INCOPESCA en el cumplimiento de la presente Ley.

Artículo 133.- Corresponde a las autoridades del Servicio Nacional de Guardacostas realizar los operativos tendientes a arrestar y decomisar bienes, equipo, artes de pesca o productos pesqueros utilizados para cometer delitos e infracciones contra la legislación pesquera u obtenidos como producto de tales hechos. Tanto las naves como los demás bienes serán puestos en forma inmediata a la orden de la autoridad judicial respectiva para lo que corresponda en derecho.

Esas autoridades deberán levantar el acta correspondiente en presencia de dos testigos escogidos por el interesado, quienes solo en caso de negativa serán designados por la autoridad. Si se trata de flagrancia, el acta respectiva se levantará en el lugar de los hechos y esta circunstancia se hará constar con precisión.

El Servicio Nacional de Guardacostas actuará de oficio o a instancia de los inspectores acreditados de INCOPESCA o de terceros.

Para el mejor cumplimiento de los fines de esta Ley, el INCOPESCA establecerá los convenios o los mecanismos necesarios de coordinación con el Servicio Nacional de Guardacostas. Para tal efecto, el INCOPESCA podrá afectar los recursos presupuestarios que se necesiten.

Artículo 134.- Todo hecho punible sancionado conforme a la presente Ley, tendrá como consecuencia la pérdida, en favor del INCOPESCA, de los artes de pesca que se hayan utilizado para cometer el delito.

Artículo 135.- En caso de decomiso de productos perecederos, se estará a lo dispuesto por el artículo 37 de la Ley N.º 8000, de 5 de mayo de 2000.

Artículo 136.- Será sancionado con multa de uno a sesenta salarios base, definidos en el artículo 2 de la Ley N.º 7337, de 5 de mayo de 1993, quien, al mando de una embarcación de pesca con registro y bandera nacional o extranjera, realice faenas de pesca en aguas interiores, en el mar territorial o en zona económica exclusiva, sin contar con la licencia o los registros otorgados por las autoridades costarricenses o con más de dos meses de vencida la licencia, el permiso o el registro respectivo.

En el caso de las embarcaciones definidas en el párrafo anterior, dedicadas a la pesca de atún, la multa aplicable será de un veinticinco por ciento (25%) del valor de la embarcación. El depósito de la multa podrá ser en dólares, moneda de los Estados Unidos de América, o en colones, de acuerdo con el tipo de cambio vigente a la fecha del pago efectivo.

El setenta por ciento (70%) de lo recaudado por concepto de esta multa se girará al Servicio Nacional de Guardacostas, para gastos operativos de vigilancia y patrullaje de pesca ilegal y salvamento de pescadores en aguas nacionales e internacionales, y el restante treinta por ciento (30%) al INCOPESCA. Tanto el Servicio Nacional de Guardacostas como el INCOPESCA, en procura de garantizar la transparencia en el adecuado manejo de los fondos públicos, deberán rendir un informe anual a la Contraloría General de la República, en el que incluirán el monto exacto recibido a título de cobro de cualesquiera multas, así como el monto destinado en forma exclusiva a la ejecución de sus funciones propias.

Artículo 137.- Será sancionado con pena de multa de cinco a cuarenta salarios base, definidos en el artículo 2 de la Ley N.º 7337, de 5 de mayo de 1993, quien, al mando de una embarcación de pesca con registro y bandera nacional o extranjera, realice faenas de pesca en aguas interiores, en el mar territorial o en la zona económica exclusiva con la licencia, el permiso, la concesión o la autorización vencida, caduca, suspendida o revocada siempre que el vencimiento, la caducidad, la suspensión o la revocación se hayan producido dentro de los dos meses inmediatos anteriores. De lo contrario, se aplicará lo dispuesto en el artículo 136 de esta Ley.

Con igual pena será sancionado el titular de la licencia, permiso o concesión.

Artículo 138.- Será sancionado con pena de multa de treinta a sesenta salarios base, definidos en el artículo 2 de la Ley N.° 7337, de 5 de mayo de 1993, quien esté al mando y el titular del derecho de licencia, permiso o concesión, cuando, ejerciendo actos de pesca, provoquen daño intencional a las poblaciones de recursos bentónicos, ecosistemas coralinos o rocosos y bancos de pastos.

Artículo 139.- Se impondrá pena de seis meses a dos años de prisión, a quien permita, ordene o autorice la descarga de aletas de tiburón, sin el respectivo cuerpo o vástago, en los sitios donde se descargue dicho recurso, con la finalidad de vender o comercializar dichas aletas.

Cuando las infracciones sean cometidas por parte del responsable o dueño de la embarcación extranjera en la zona económica exclusiva o el mar territorial, se les sancionará con multa de cuarenta a sesenta salarios base, de conformidad con el artículo 2 de la Ley N.° 7337, y la cancelación de la licencia de pesca. También podrán realizarse operativos sobre las embarcaciones atuneras con red de cerco a fin de asegurar que porten y tengan en buen funcionamiento los equipos de seguimiento satelital. El INCOPESCA podrá coordinar tales operativos con el Ministerio de Seguridad Pública y el Servicio Nacional de Guardacostas.

Artículo 140.- Se impondrá pena de prisión de uno a tres años a quien persiga, capture, hiera, mate, trasiegue o comercie quelonios, mamíferos marinos o especies acuáticas declaradas en peligro de extinción protegidas por convenios internacionales aplicables a Costa Rica, en el mar territorial. Si la conducta es cometida en la zona económica exclusiva por embarcaciones nacionales o extranjeras, al infractor se le impondrá una multa de cuarenta a sesenta salarios base, de conformidad con el artículo 2 de la Ley N.° 7337, sin perjuicio de lo establecido en el artículo 6 de la Ley N.° 8325.

La pena será de tres meses a dos años de prisión para quien retenga, con fines comerciales, las especies señaladas en el párrafo anterior, o comercie sus productos o subproductos.

Artículo 141.- Será sancionado con pena de multa de diez a cuarenta salarios base, definidos en el artículo 2 de la Ley N.° 7337, de 5 de mayo de 1993, quien pesque en épocas y zonas de veda o pesque especies vedadas con permiso, licencia o autorización de pesca o sin estos, en aguas interiores, en el mar territorial o en la zona económica exclusiva.

Artículo 142.- Será sancionado con pena de multa de veinte a sesenta salarios base, definidos en el artículo 2 de la Ley N.° 7337, de 5 de mayo de 1993, quien, con permiso, licencia o autorización de pesca o sin estos, utilice artes prohibidos o ilegales, al realizar faenas de pesca en aguas interiores, continentales, en el mar territorial o en la zona económica exclusiva.

Artículo 143.- Será sancionado con pena de multa de sesenta a ochenta salarios base, definidos en el artículo 2 de la Ley N.° 7337, de 5 de mayo de 1993, y cancelación de la respectiva licencia, quien realice labores de pesca en la zona económica exclusiva empleando sustancias venenosas, peligrosas, tóxicas o de cualquier naturaleza, materiales explosivos o venenosos que dañen o pongan en peligro los ecosistemas marinos o acuáticos, o la vida humana, sin perjuicio de las sanciones establecidas en el ordenamiento jurídico.

Si la falta es cometida en aguas marinas interiores, continentales o en el mar territorial, se impondrá pena de prisión de dos a diez años.

Artículo 144.- Se impondrá pena de multa de treinta a cincuenta salarios base, definidos en el artículo 2 de la Ley N.° 7337, de 5 de mayo de 1993, y cancelación de la respectiva autorización o concesión, a quien, para el desarrollo de actividades de acuicultura, cause la tala del mangle, el envenenamiento de aguas por el uso circunstante o por vertidos ilegales de aguas cargadas de desechos químicos, antibióticos y demás sustancias, productos o alimentos no autorizados por el INCOPESCA para el desarrollo del proyecto acuícola, el cuido y el cultivo de las especies, siempre y cuando no se configure un delito de mayor gravedad.

Artículo 145.- Será sancionado con pena de multa de treinta a sesenta salarios base, definidos en el artículo 2 de la Ley N.º 7337, de 5 de mayo de 1993, y cancelación del respectivo permiso, licencia, concesión o autorización, si cuenta con ellos, quien maneje, ilegalmente, deseche o introduzca en aguas interiores, en el mar territorial, en la zona económica exclusiva o en aguas continentales, especies o materiales para el control biológico o químico que pongan en peligro la conservación de los recursos acuáticos y marinos.

Si se causa un daño a los recursos acuáticos o marinos, la pena aumentará en un tercio y el responsable será obligado a resarcir el daño ambiental.

Artículo 146.- Se impondrá prisión de dos meses a dos años, si el valor de lo sustraído no excede en cinco veces el salario base, y de cuatro meses a cuatro años, si supera esa suma, a quien se apodere, ilegítimamente, de artes de pesca, maquinaria, herramientas, equipo, semilla, insumos o productos destinados y provenientes de la pesca o que se encuentren en uso para el desarrollo de la actividad acuícola.

Artículo 147.-Será reprimido con quince a noventa días multa quien, en relación con el tipo de licencia, concesión, permiso o autorización, viole las disposiciones relativas a la protección, extracción, captura o comercialización de recursos pesqueros continentales o marinos, en cuanto a tamaños, cantidades, especies y zonas autorizadas de pesca o acuicultura.

Artículo 148.- Será reprimido con veinticinco a sesenta salarios base, quien viole las disposiciones o regulaciones de naturaleza técnica para realizar las faenas o labores de pesca o acuicultura en aguas marinas jurisdiccionales, según lo exija cada tipo de licencia, permiso, autorización o concesión.

Artículo 149.- Se impondrá multa de cinco a quince salarios base, a quien incurra en las siguientes conductas:

a) Transborde o desembarque productos pesqueros en el territorio nacional, según su competencia, sin contar con la autorización del INCOPESCA, o en un sitio no autorizado expresamente por esa institución, salvo en el caso fortuito o de fuerza mayor debidamente comprobado; lo anterior sin perjuicio de lo establecido en el artículo 58 de esta Ley.

b) Destruya los nidos de tortugas marinas.

c) Utilice artes de pesca que impidan la navegación.

d) Realice la actividad pesquera sin utilizar el dispositivo excluidor de tortugas (TED), en los casos en que se requiera, de conformidad con la legislación y convenios internacionales vigentes.

En estos casos, también serán civilmente responsables el patrón de pesca y el dueño o permisionario de la embarcación.

Artículo 150.- Se impondrá multa de cinco a quince salarios base, a quien incurra en las siguientes conductas:

a) Posea, almacene, cultive, transporte, comercialice o industrialice, en forma ilegal, productos de flora y fauna acuáticos.

b) Practique la pesca en aguas interiores o jurisdiccionales con embarcaciones o artes distintos de los autorizados y registrados ante el INCOPESCA.

c) Simule actos de pesca científica y deportiva para lucrar con los productos obtenidos de las capturas. En este caso, se procederá a la cancelación del permiso respectivo.

d) Descargue en puertos costarricenses o introduzca por las fronteras productos de pesca comercial, sin la correspondiente autorización del INCOPESCA.

e) Incumpla la orden de demoler o retirar la infraestructura construida en el área de concesión acuícola.

Artículo 151.- Se impondrá multa de cinco a quince salarios base, de conformidad con el artículo 2 de la Ley N.° 7337, a quien incurra en las conductas establecidas en los incisos a), b), c), d), e), f), g), i), j), k) y l) del artículo 38 de esta Ley.

Artículo 152.- El INCOPESCA impondrá una multa de tres a diez salarios base, de conformidad con el artículo 2 de la Ley N.° 7337, de 5 de mayo de 1993, a quien realice las siguientes acciones:

a) Omita dar al INCOPESCA el aviso de arribo o la información de las extracciones, la cosecha o la recolección realizadas, pese a estar obligado a hacerlo según la normativa correspondiente.

b) No porte a bordo de las embarcaciones el documento ni las copias certificadas que acrediten la licencia, el permiso o la autorización para ejercer la pesca.

c) No acredite, en el lugar donde se desarrolla el proyecto acuícola, los documentos de la concesión o autorización que le permite ejercer la actividad.

d) No porte el libro de bitácora de pesca o no registre en él la información verdadera respecto de las actividades de operación.

e) No reporte u oculte al INCOPESCA y a las autoridades correspondientes, en un plazo de veinticuatro horas a partir de acaecido el suceso, fallas o averías que obstaculicen el funcionamiento adecuado de los equipos del sistema de seguimiento satelital, durante la permanencia en puerto, el zarpe o la faena de pesca, para embarcaciones cerqueras de atún.

Artículo 153.- Quien autorice o ejerza la actividad de pesca comercial o de pesca deportiva en las áreas silvestres protegidas indicadas en el primer párrafo del artículo 9 de esta Ley, se sancionará con multa de veinte a sesenta salarios base y la cancelación de la respectiva licencia. Si corresponde al funcionario público que autorizó el ejercicio de la pesca en estas áreas, se le aplicarán las sanciones disciplinarias, administrativas y penales respectivas, con respeto al debido proceso.

Artículo 154.-

a) Los dineros provenientes de las multas generados por la aplicación de la presente Ley, con la excepción de lo establecido en sus artículos 51 y 136, se destinarán:

1. El cincuenta por ciento (50%) al Servicio Nacional de Guardacostas para el Fondo Especial indicado en el artículo 34 de la Ley N.° 8000, de 5 de mayo de 2000.

2. El cincuenta por ciento (50%) al INCOPESCA, para el Fondo indicado en el artículo 52 de esta Ley.

b) Los dineros provenientes de los comisos por la aplicación de la presente Ley, excepto lo establecido en los artículos 51 y 136, se destinarán:

1. El setenta por ciento (70%) al Servicio Nacional de Guardacostas para el Fondo Especial indicado en el artículo 34 de la Ley N.° 8000, de 5 de mayo de 2000.

2. Un treinta por ciento (30%) al INCOPESCA para el fondo indicado en el artículo 52 de esta Ley.

Artículo 155.- Los buques o las embarcaciones utilizados para la comisión de los hechos ilícitos tipificados en la presente Ley, responderán por el pago de las multas impuestas a sus ocupantes o dueños por la trasgresión de la presente Ley. Para tales efectos, el despacho judicial que conozca la causa correspondiente ordenará, al Registro de Bienes Muebles del Ministerio de Justicia, la anotación de un gravamen judicial sobre la embarcación involucrada en los hechos ilícitos. Asimismo, el despacho judicial comunicará inmediatamente esta circunstancia a las autoridades portuarias respectivas, para que tomen las previsiones correspondientes en materia de zarpes y otros efectos.

Artículo 156.- En los casos previstos en esta sección, el juez también podrá imponer como pena accesoria:

a) La cancelación de la licencia, el permiso, la concesión o la autorización para ejercer la actividad por cuyo desempeño se cometió el delito.

b) La clausura temporal o definitiva de la empresa por cuyo desempeño se cometió el delito.

c) El incumplimiento del pago de la multa implicará el embargo de la embarcación respectiva ante el Registro Público.

Artículo 157.- Para aplicar las sanciones por la violación de normas de la presente Ley, la denominación salario base se entenderá como la contenida en el artículo 2 de la Ley N.° 7337, de 5 de mayo de 1993.

Artículo 158.- El INCOPESCA será parte interesada y tendrá legitimación procesal, penal y civil para intervenir en los procesos correspondientes.

CAPÍTULO II
RECURSOS ADMINISTRATIVOS

Artículo 159.- Contra las resoluciones dictadas por el presidente ejecutivo del INCOPESCA con fundamento en la presente Ley, podrá interponerse el recurso de revocatoria con apelación en subsidio, ante la Junta Directiva del INCOPESCA, dentro del plazo de cinco días hábiles contados a partir del día siguiente a la notificación de la resolución. Lo resuelto por la junta directiva dará por agotada la vía administrativa; todo de conformidad con las disposiciones de la Ley General de la Administración Pública.

Artículo 160.- La interposición del recurso se hará por escrito y deberá expresar el nombre y domicilio del recurrente, los agravios, los elementos de prueba que se consideren necesarios y las constancias que acrediten la legitimación del promovente. El Reglamento de la presente Ley establecerá los demás requisitos para la interposición, tramitación y sustanciación del recurso.

TÍTULO XI
DISPOSICIONES FINALES

Artículo 161.- Para garantizar el cumplimiento de esta Ley, el Estado dispondrá de los medios necesarios, a fin de ejercer la vigilancia y el control del recurso pesquero; igualmente, la vigilancia y el control de los ingresos por cánones, multas y comisiones, generados en las aguas jurisdiccionales por aplicación de esta Ley.

Artículo 162.- Para garantizar la seguridad laboral y la salud de los tripulantes de las embarcaciones, el INCOPESCA, el Ministerio de Salud y la Caja Costarricense de Seguro Social (CCSS), determinarán mediante Reglamento, las medidas necesarias para el cumplimiento de estos fines, entre los cuales necesariamente deberán incluir un botiquín de primeros auxilios y capacitación en esta materia de al menos uno de los tripulantes.

En cuanto a la capacitación, el INCOPESCA coordinará, con el INA y los colegios universitarios, la implementación de los cursos necesarios.

Artículo 163.- Las licencias o los permisos, las concesiones y las autorizaciones otorgados con anterioridad a la entrada en vigencia de la presente Ley, se mantendrán vigentes según las condiciones y los plazos establecidos en el otorgamiento.

Artículo 164.- Los permisos, las concesiones, las licencias y las autorizaciones podrán cancelarse, sin lugar a indemnizaciones por el incumplimiento de los contratos o por inobservancia de esta Ley y de su Reglamento, sin perjuicio de otras responsabilidades en que incurran los adjudicatarios.

Artículo 165.- Derógase la siguiente legislación:

a) La Ley de Pesca y Caza Marítimas, N.º 190, de 28 de setiembre de 1948.

b) El Reglamento de la Ley N.º 190, de 28 de setiembre de 1948, Decreto Ley N.º 363, de 11 de enero de 1949.

c) La Ley N.º 4582, de 4 de mayo de 1970.

d) La Ley N.º 5410, de 14 de noviembre de 1973.

e) El artículo 35 de la Ley N.º 8000, Creación del Servicio Nacional de Guardacostas, de 5 de mayo de 2000.

f) La Ley N.º 5775 y sus reformas.

g) Cualquier otra disposición que se le oponga.

Artículo 166.- Autorízase a la CCSS para que establezca convenios con las organizaciones pesqueras debidamente inscritas, a fin de que, de acuerdo con la actividad pesquera, se fijen parámetros acordes de cotización, según la actividad laboral atípica de que se trate.

Artículo 167.- El INS podrá otorgar pólizas colectivas de aseguramiento de las embarcaciones pesqueras, con las organizaciones debidamente inscritas.

Artículo 168.- En todo el texto de la Ley de Creación del Instituto de Pesca y Acuacultura, N.º 7384, se sustituye "acuacultura"por la palabra "acuicultura".

Artículo 169.- Autorízase al Ministerio de Hacienda para que cree quince puestos de inspectores, los cuales serán asignados al INCOPESCA.

Artículo 170.- El Estado brindará el apoyo en materia financiera, de salud, seguridad y bienestar social a todas las personas que se dediquen a la actividad pesquera y acuícola. Estas medidas deberán ser contempladas en el Plan Nacional de Desarrollo Pesquero y Acuícola.

Artículo 171.- El Poder Ejecutivo velará para que se incluyan al sector pesquero y acuícola, en igualdad de condiciones con los otros sectores, en cualquier negociación internacional, fideicomiso, ayuda económica y financiera que se realice para beneficio de la actividad productiva nacional, incluido el sector agropecuario.

Artículo 172.- Autorízase al INCOPESCA para que brinde, a la flota pesquera nacional, información científica suministrada por los satélites, en coordinación con las universidades estatales, a fin de mejorar el ejercicio de la actividad pesquera. Este Instituto queda autorizado, además, para que destine fondos a la adquisición de los paquetes de información de los proveedores autorizados.

Artículo 173.- Refórmase el artículo 120 del Código de Trabajo, al que se le adiciona, además, un nuevo artículo 120 bis. Los textos dirán:

"**Artículo 120.-** Todo pescador deberá firmar un contrato de enrolamiento con el armador del barco de pesca o su representante legal autorizado. Se entenderá como pescador toda persona que vaya a ser empleada o contratada a bordo de cualquier barco de pesca, en cualquier calidad, que figure en el rol de la tripulación.

El contrato de enrolamiento observará las formalidades apropiadas a su naturaleza jurídica y será redactado en términos comprensibles para garantizar que el pescador comprenda el sentido de las cláusulas del contrato.

El contrato de enrolamiento indicará el nombre del barco de pesca a bordo del cual servirá el pescador, así como el viaje o los viajes que deba emprender, si tal información puede determinarse al celebrar el contrato o, en su defecto, el estimado de las fechas de salida y de regreso a puerto, las rutas de destino y la forma de remuneración. Si el pescador es remunerado a la parte de captura o destajo, el contrato de enrolamiento indicará el importe de su participación y el método adoptado para el cálculo de ella; si es remunerado mediante una combinación de salario y a la parte de captura, se especificará su remuneración mínima en numerario, la cual no podrá ser inferior al salario mínimo legal.

El Ministerio de Trabajo y Seguridad Social será responsable de proveer los modelos impresos en sus diversas modalidades. Dichos contratos deberán extenderse en tres tantos: uno para cada parte y otro que el patrono deberá hacer llegar a la Dirección Nacional de Empleo del Ministerio de Trabajo y Seguridad Social, dentro de los quince días posteriores a su celebración, modificación, ampliación o novación.

En el contrato de enrolamiento, el armador del barco de pesca o su representante legal autorizado declarará bajo juramento, estar al día en sus obligaciones obrero patronales con la CCSS, lo cual deberá acreditar ante la Dirección Nacional de Empleo.

Asimismo, a la Dirección Nacional de Empleo le corresponde diseñar y expedir un documento de identificación, que se denominará "documento de identidad para la gente del mar", el cual contendrá los siguientes datos relativos a su titular: a) nombre completo, b) lugar y fecha de nacimiento, c) nacionalidad, d) lugar de domicilio actual, e) fotografía y f) firma e impresión del dedo pulgar. Este documento se expedirá a favor de quien lo solicite, indistintamente de su nacionalidad, y será condición necesaria para suscribir cada contrato de enrolamiento. De dichos contratos y de cada documento de identificación se llevará un registro por parte de la Dirección Nacional de Empleo.

Artículo 120 bis.- La Dirección Nacional de Empleo del Ministerio de Trabajo y Seguridad Social, en coordinación con el Consejo de Salud Ocupacional, la Dirección Nacional de Inspección de Trabajo, el Instituto Costarricense de Pesca y Acuicultura, la Dirección de Seguridad Marítima y Portuaria del Ministerio de Obras Públicas y Transportes, deberán prever todas las demás formalidades y garantías concernientes a la celebración del contrato de enrolamiento que se consideren necesarias para proteger los intereses del pescador y el adecuado cumplimiento de las obligaciones contractuales a cargo del armador del barco de pesca, en relación con esos contratos.

La Dirección de la Inspección General de Trabajo, en el ejercicio de su potestad de fiscalización, está compelida a actuar de oficio o por denuncia de parte interesada, en la estricta aplicación y fiel cumplimiento de la normativa en mención, procediendo a realizar a sus infractores las inspecciones y prevenciones que corresponda. Constatado el hecho infractor, otorgará el plazo de ley, a fin de que el empleador cese el acto prevenido y restituya las condiciones de normalidad que se extrañan. En caso de desacato, reticencia o renuencia a cumplir lo exigido, se interpondrá la acción correspondiente ante los tribunales de trabajo competentes.

El armador del barco de pesca o su representante legal, antes de suscribir el contrato de enrolamiento, deberá exigir al pescador el "documento de identidad para la gente del mar" y el certificado médico que acredite su aptitud física para el trabajo marítimo para el cual va a ser empleado.
La autoridad portuaria llevará un registro permanente de navíos de pesca y su matrícula, así como de propietarios. Igualmente mantendrá un registro de permisos y licencias de pesca por navío y su respectiva vigencia.
Para otorgar el permiso de zarpe, será necesario, además del registro anterior, haber acreditado previamente ante la autoridad portuaria la lista completa de la tripulación y de las personas abordo en general, incluso al armador, e indicar sus respectivas calidades, así como adjuntar una copia de los documentos de identidad de cada uno.
Prohíbese el empleo de niños menores de dieciséis años para prestar servicios de cualquier naturaleza a bordo de navíos de pesca; se entiende como tales todas las embarcaciones, los buques y los barcos, cualesquiera sean su clase o su propiedad, pública o privada, que se dediquen a la pesca marítima. De dicha prohibición se exceptúan los buques-escuela debidamente acreditados ante las autoridades educativas costarricenses y reconocidos en dicha condición."

Artículo 174.- Adiciónase al Código de Trabajo el artículo 198 bis, cuyo texto dirá:

"**Artículo 198 bis.-** Compete al Consejo de Seguridad Ocupacional como organismo técnico del Ministerio de Trabajo y Seguridad Social, establecer los manuales, los catálogos, las listas de dispositivos de seguridad, el equipo de protección y de la salud ocupacional de la actividad pesquera en general.
Con dicho propósito, el Consejo de Seguridad Ocupacional, en el ámbito de sus atribuciones y competencias, considerará las condiciones de seguridad de instalaciones eléctricas y fuentes de energía de emergencia para los navíos de pesca, según sus características físicas, así como también en cuanto a los componentes de los mecanismos de tracción, de carga-descarga y otros afines, como también aquellos otros relacionados con los sistemas y equipos de radiocomunicación, de detección y de lucha contra incendios, y de las condiciones de los lugares de trabajo, de alojamiento, servicios sanitarios, cocina y comedor, lugares de almacenamiento de la captura y sistemas de refrigeración y ventilación, sin omitir salidas de emergencia, vías de circulación y zonas peligrosas, calidad de pisos, mamparas, techos y puertas, control de ruido y primeros auxilios, así como todos aquellos otros extremos que contribuyan con la seguridad y mejores condiciones laborales a bordo de los navíos de pesca.
Todo armador o propietario de navíos de pesca estará obligado a adoptar, en los lugares de trabajo, las medidas para garantizar la salud ocupacional de los trabajadores, conforme con los términos del Código de Trabajo, los reglamentos de salud ocupacional en general y los específicos que se promulguen, y las recomendaciones que formulen, en esta materia, tanto el Consejo de Salud Ocupacional como las autoridades de inspección del Ministerio de Trabajo y Seguridad Social, del Ministerio de Salud o del Instituto Nacional de Seguros.
Los propietarios y armadores de las naves dedicadas a la pesca marítima con fines de lucro, en aguas territoriales costarricenses y sobre los mares adyacentes a su territorio, en una extensión de doscientas millas a partir de la misma línea y en aguas internacionales, deberán velar porque la navegación y la actividad pesquera se desarrollen sin poner en peligro la seguridad y la salud de los pescadores.
Para la navegación y para realizar las actividades pesqueras, será imprescindible que las naves o embarcaciones se mantengan en óptimas condiciones de seguridad y operatividad, y estén dotadas del equipo apropiado para los propósitos de destino y uso.

Corresponde al Ministerio de Obras Públicas y Transportes la responsabilidad en materia de navegación y seguridad.
Será responsabilidad de INCOPESCA verificar que las normas de seguridad nacionales e internacionales hayan sido certificadas por ese Ministerio, previo a todo trámite de solicitud inicial o de renovación de una licencia de pesca."

Artículo 175.- El Poder Ejecutivo reglamentará esta Ley, en un plazo de noventa días a partir de su publicación en La Gaceta.

TÍTULO XII
DISPOSICIONES TRANSITORIAS

Transitorio I.- Durante el período comprendido entre la publicación de esta Ley y la publicación de su Reglamento, se mantendrá vigente el Decreto N º 23943 MOPT-MAG, publicado en La Gaceta N º 10, de 13 de enero de 1995.

Transitorio II.- Los patrones de pesca y los capitanes de embarcaciones pesqueras, tendrán un plazo de un año para cumplir los requisitos que fije el Reglamento de esta Ley.

Transitorio III.- En un plazo de dieciocho meses, a partir de la entrada en vigencia de esta Ley, el INCOPESCA deberá instalar y poner a funcionar debidamente el sistema de seguimiento satelital y obligará a las embarcaciones atuneras con red de cerco que se registren o gocen de una licencia de pesca, a que instalen y pongan en buen funcionamiento en el mismo plazo arriba indicado, el equipo requerido del sistema satelital, bajo su supervisión.

Rige a partir de su publicación.

ASAMBLEA LEGISLATIVA.- San José, a los diez días del mes de febrero de dos mil cinco. comunícase al Poder Ejecutivo. Gerardo González Esquivel, Presidente. Carlos Herrera Calvo, Primer Secretario. Mario Calderón Castillo, Segundo Secretario

Dado en la Presidencia de la República.- San José, al primer día del mes de marzo del dos mil cinco. Ejecútese y publíquese. ABEL PACHECO DE LA ESPRIELLA. Rodolfo Coto Pacheco, Ministro de Agricultura y Ganadería. Carlos Manuel Rodríguez Echandi, Ministro del Ambiente y Energía. Fernando Trejos Ballestero, Ministro de Trabajo y Seguridad Social. Federico Carrillo Zürcher, Ministro de Hacienda. María del Rocío Sáenz Madrigal, Ministra de Salud. Randall Quirós Bustamante, Ministro de Obras Públicas y Transportes. Rogelio Ramos Martínez, Ministro de Seguridad Pública

PROCEDIMIENTO PARA LA DESCARGA DE TIBURONES POR EMBARCACIONES PESQUERAS NACIONALES Y EXTRANJERAS EN EL TERRITORIO NACIONAL

Decreto Ejecutivo Nº 34928-MAG

(Publicado en el alcance Nº 52 a La Gaceta Nº 241 del 12 de diciembre del 2008)

EL PRESIDENTE DE LA REPÚBLICA EN EJERCICIO
EL MINISTRO DE AGRICULTURA Y GANADERÍA Y LA MINISTRA DE SALUD

En ejercicio de las facultades que les confieren los artículos 140, incisos 3), 8), 18), 20) y 146, de la Constitución Política; los artículos 25, 27.1, 28 inciso 2 b) de la Ley Nº 6227 del 2 de mayo de 1978, Ley General de la Administración Pública; los artículos 40 y 175 de la Ley Nº 8436 del 01 de marzo del 2005, Ley de Pesca y Acuicultura; los artículos 5 y 6 incisos b) y j), de la Ley Nº 8495 del 6 de abril del 2006, Ley General del Servicio Nacional de Salud Animal; artículos 2,4, 7, 37, 39, 337, 345, inciso 7), 355 de la Ley Nº 5395 del 30 de octubre de 1973, Ley General de Salud; artículo 6 de la Ley Nº 5412 del 8 de noviembre de 1973, Ley Orgánica del Ministerio de Salud; y el Decreto Ejecutivo Nº 27919-MAG del 14 de junio de 1999 fecha de publicación, por medio del cual Costa Rica adopta oficialmente el Código de Conducta para la Pesca Responsable de la Organización de las Naciones Unidas para la Agricultura y la Alimentación (FAO) del 31 de octubre de 1995.

Considerando:

1º—Que la salud de la población es un bien de interés público tutelado por el Estado.

2º—Que toda persona, natural o jurídica queda sujeta a los mandatos de la Ley General de Salud, de sus Reglamentos y de las órdenes generales y particulares, ordinarias y de emergencia, que las autoridades de salud dicten en el ejercicio de sus competencias.

3º—Que el Estado ejerce la soberanía completa y exclusiva en sus aguas territoriales, en su plataforma continental y en su zócalo insular, así como una jurisdicción especial sobre los mares adyacentes a su territorio en una extensión de doscientas millas, con el fin de proteger, conservar y explotar con exclusividad todos los recursos y riquezas naturales existentes, según artículo 6 de la Constitución Política.

4º—Que la normativa en materia de pesca y acuicultura establece que solo se permitirá la pesca del tiburón cuando las especies se desembarquen en los sitios de descargue con las respectivas aletas adheridas al vástago.

5º—Que el Servicio Nacional de Salud Animal (SENASA) por disposición legal, tiene como competencias administrar, planificar, dirigir y tomar las medidas veterinarias o sanitarias pertinentes sobre el control de la seguridad e inocuidad de los productos y subproductos de origen animal, en las etapas de captura, producción, industrialización y comercialización, considerando aditivos alimentarios, residuos de medicamentos veterinarios, plaguicidas y otros contaminantes químicos, biológicos o de origen biotecnológico; asimismo, controlar y garantizar la salud de los animales domésticos, acuáticos, silvestres u otros de las diferentes especies, así como la inocuidad de los productos, subproductos y derivados para consumo humano o animal, así como establecer controles sanitarios en todas las plantas de sacrificio, proceso e industrialización.

6º—Que el Servicio Nacional de Salud Animal (SENASA), es la autoridad sanitaria competente de nuestro país en materia de definición sobre el manejo de los recursos de origen animal destinados al consumo humano, y al respecto del desprendimiento de las aletas del tiburón ha considerado que es consistente con el debido manejo, la práctica de eviscerar, cortar la cabeza y facilitar el desangrado mediante cortes longitudinales en la zona muscular adyacente a las aletas del tiburón, haciéndolas desprender en forma parcial. Conforme a la legislación nacional, el desprendimiento parcial de las aletas del tiburón cumple el objetivo de facilitar el desangrado, garantizando la inocuidad y calidad de la carne, al momento que garantiza la identificación y correspondencia entre aleta y cuerpo del Tiburón. Asimismo, existen elementos técnicos referentes al efecto nocivo de no desangrar adecuadamente el tiburón, al generarse toxinas contaminantes del producto.

7º—Que el Estado costarricense se encuentra comprometido en la lucha contra el fenómeno del Aleteo del Tiburón, práctica altamente reprochable que consiste en utilizar del tiburón las aletas y desechar el cuerpo o vástago al mar y que violenta los principios de sostenibilidad de las pesquerías y aprovechamiento integral de los recursos pesqueros, en abierta confrontación con el derecho a un ambiente sano y ecológicamente equilibrado.

8º—Que las especies de Tiburón constituyen un recurso pesquero tradicionalmente aprovechado por el Sector Pesquero Nacional de manera integral, abasteciendo el mercado interno y el mercado de exportación, tanto en su carne como en sus aletas, siendo responsabilidad consecuente del Estado, garantizar que en la explotación de este recurso no se permita la práctica del Aleteo según ha sido descrita, tanto como garantizar que el producto capturado posea el manejo idóneo que facilite el debido aprovechamiento integral del recurso, sin detrimento de la Salud Pública de los consumidores.

9º—Que el manejo del recurso tiburón a nivel mundial, ha experimentado debates profundos, producto de los cuales la más calificada conclusión ha sido el reconocer que un corte parcial de las aletas del tiburón al momento de su captura, como práctica conforme con el debido manejo del recurso tiburón, no constituye disminución o riesgo de las medidas que deben mantenerse vigentes para evitar el Aleteo del Tiburón, pues dicho corte parcial hace permanecer a las aletas adheridas en forma natural al vástago del tiburón, lo que permite sin lugar a dudas técnicas o científicas, identificar la correspondencia entre aletas y vástago. Se ha tomado nota de la Resolución CGR4.MOT035 "Política Global contra el Aleteo del Tiburón", adoptada en Barcelona, España, por la Unión Internacional para la Conservación de la Naturaleza a inicios de octubre del presente año en la que se dispuso llamar a los Estados con pesquerías que capturan tiburones, sea en actividades pesqueras dirigidas o como pesca accidental en otras pesquerías, para requerir que en el puerto de primer desembarque, los tiburones sean desembarcados solamente si sus respectivas aletas se encuentran naturalmente adheridas a sus cuerpos, permitiendo sin embargo el corte parcial de las aletas que permitan un bodegaje eficiente e identificación de las especies. Por lo tanto,

DECRETAN:

PROCEDIMIENTO PARA LA DESCARGA DE TIBURONES POR EMBARCACIONES PESQUERAS NACIONALES Y EXTRANJERAS EN EL TERRITORIO NACIONAL

Artículo 1º- La descarga de tiburones en territorio nacional, con independencia del pabellón que ondee el respectivo barco pesquero, sólo se permitirá cuando cada tiburón sea descargado con sus respectivas aletas adheridas en forma natural.

Artículo 2º- La descarga de tiburones en territorio nacional se permitirá cuando, sin desprender totalmente las aletas, se hubieren practicado cortes longitudinales en la zona muscular adyacente a las aletas del tiburón, y en la quilla o pedúnculo caudal, haciendo desprender las aletas en forma parcial, técnica que en conjunto con el eviscerado y descabezado permiten un desangrado eficiente, garantizando la inocuidad y calidad de la carne, así como la identificación y correspondencia entre aleta y cuerpo.

Artículo 3º- Toda descarga de tiburón efectuada por embarcaciones nacionales o extranjeras, sin detrimento de las competencias de otras autoridades, deberá realizarse en presencia de inspectores del Instituto Costarricense de Pesca y Acuicultura (INCOPESCA), quienes llevarán un estricto control del cumplimiento e impedirán la descarga de las piezas que no satisfagan el criterio de adherencia natural de las aletas al vástago, en los términos del presente Decreto.

Artículo 4°- Una vez concluido el proceso de la descarga del tiburón, los inspectores designados en cada caso, levantarán un informe que constituirá documento oficial de trazabilidad legal del producto e informarán a sus superiores de cualquier incidencia contraria al cumplimiento de la normativa vigente, a efecto de adoptar las acciones legales pertinentes, incluyendo la denuncia de la posible comisión de delitos, según corresponda.

Artículo 5°- El Instituto Costarricense de Pesca y Acuicultura (INCOPESCA), dispondrá conforme a su capacidad y competencia, la forma de garantizar el cumplimiento de lo normado en la Ley N° 8436 del 10 de febrero del 2005, Ley de Pesca y Acuicultura y en este Decreto.

Artículo 6°- Vigencia. Rige a partir de su publicación.

Dado en la Presidencia de la República.-San José, a los veintisiete días de noviembre del año dos mil ocho. FRANCISCO ANTONIO PACHECO FERNÁNDEZ.- El Ministro de Agricultura y Ganadería, Javier Flores Galarza.-La Ministra de Salud, María Luisa Ávila Agüero.

REGLAMENTO PARA EL PROGRAMA NACIONAL DE CERTIFICACIÓN DE CUMPLIMIENTO DE BUENAS PRÁCTICAS DE MANEJO DE PRODUCTOS PESQUEROS PARA LA EXPORTACIÓN Y MERCADO INTERNO

Acuerdo de la Junta Directiva del INCOPESCA N° AJDIP/114

(Publicado en La Gaceta N° 79 de 25 de abril de 2003)

AJDIP/114.- Puntarenas, a los veinte días del mes de marzo del dos mil tres.

Considerando:

1º—Que la actividad pesquera (extracción, desembarque, comercialización, industrialización, etc.) incide fuertemente en la economía nacional.

2º—Que es función esencial del Estado garantizar a los consumidores que los productos pesqueros destinados al comercio nacional o internacional cumplan con las normas de sanidad y calidad establecidas en el ordenamiento jurídico nacional así como los de los países que los importan.

3º—Que las buenas prácticas sanitarias y de manipulación de los recursos pesqueros y acuícolas disminuyen las pérdidas post-captura y post-cosecha de estos recursos.

4º—Que para el acceso a los mercados internacionales, los productos pesqueros exportados por Costa Rica deben cumplir con todas las normas y requisitos de los países importadores.

5º—Que el Instituto Costarricense de Pesca y Acuicultura (INCOPESCA), de acuerdo a su Ley 7384, en su capítulo II, artículo 5º se le atribuye la función de regular el abastecimiento de la producción pesquera, destinada al consumo humano en los mercados internos y el de materia prima para la industria nacional de pesca, además regular la comercialización de los productos pesqueros y acuícolas.

6º—Que la Ley 7384 de creación del INCOPESCA en su artículo 42, textualmente dice: "Corresponderán al Instituto las competencias y los recursos que las leyes anteriores le hayan asignado a otras instituciones del Estado y que formen parte de las atribuciones del INCOPESCA.

7º—Que resulta necesario establecer un Programa Nacional de Certificación de cumplimiento de buenas prácticas de manejo de productos pesqueros y acuícolas para la exportación y mercado interno, que se constituya en la normativa de las actividades vinculadas al comercio de esos productos y que facilite el cumplimiento de los compromisos internacionales y contribuya a la competitividad de las empresas nacionales dedicadas a esta actividad. Por tanto,

ACUERDA:

Emitir el siguiente:

REGLAMENTO PARA EL PROGRAMA NACIONAL DE CERTIFICACIÓN DE CUMPLIMIENTO DE BUENAS PRÁCTICAS DE MANEJO DE PRODUCTOS PESQUEROS PARA LA EXPORTACIÓN Y MERCADO INTERNO

CAPÍTULO PRIMERO
Disposiciones generales

Artículo 1º—Establecer el Programa Nacional para la Certificación de cumplimiento de buenas prácticas de manejo de productos hidrobiológicos para la exportación y mercado interno, en adelante denominado como Programa HACCP o BPM (Buenas Prácticas de Manejo). Este programa dictará las normas reglamentarias y administrativas requeridas para regular esa actividad procurando que dichas normas sean congruentes con las normas internacionales ratificadas por Costa Rica y que no exista discriminación entre los productos hidrobiológicos para consumo doméstico y los destinados a la exportación. Por medio de sus funcionarios establecerá un procedimiento para la vigilancia del mercado nacional a fin de comprobar que esos productos satisfacen los requisitos que le son aplicables.

El INCOPESCA establecerá las normas requeridas por las embarcaciones y naves dedicadas a la actividad pesquera. El programa coordinará y notificará formalmente los requisitos adicionales que deben cumplir las embarcaciones y naves pesqueras que capturen especies destinadas a la exportación y mercado nacional, además las requeridas para los puestos de recibo, transporte, plantas procesadoras para el mercado nacional y pescaderías de venta minorista.

Artículo 2º—Las Buenas Prácticas de Manejo de los productos hidrobiológicos son parte de los prerequisitos para un Programa HACCP por sus siglas en inglés, que significa Análisis de peligros y puntos críticos de control (APPCC).

Artículo 3º—El Programa BPM (Buenas Prácticas de Manejo) del INCOPESCA velará por el cumplimiento de las normas contempladas en el presente reglamento y será el responsable de garantizar a los países importadores el cumplimiento de las normas de calidad y sanidad que soliciten esos países, a nivel de Embarcaciones y Puestos de Recibo constituyéndose en la autoridad nacional competente, sin perjuicio de las facultades y competencias que legalmente corresponden al Ministerio de Salud y Ministerio de Agricultura y Ganadería.

Artículo 4º—El Programa BPM tendrá un Coordinador general, función, que recaerá en la Jefatura del Departamento de Mercadeo y será el responsable por la buena marcha del mismo. El Programa BPM tendrá un Coordinador regional de apoyo en cada oficina regional y Direcciones Regionales del INCOPESCA, estos serán los responsables, junto con las Jefaturas Regionales del cumplimiento y ejecución del Programa BPM.

Artículo 5º—El presente reglamento se aplicará a todas las embarcaciones aquí definidas, puestos de recibo o acopio, muelles privados y demás agentes de la cadena de comercialización de productos hidrobiológicos que se realicen desde territorio nacional. Los productos hidrobiológicos que quedarán sujetos a este reglamento son: Los productos pesqueros, productos de extracción, productos de aguas continentales y acuícolas. Por extensión se incluyen los subproductos obtenidos a partir de los productos mencionados.

Artículo 6º—Los productos hidrobiológicos para ser comercializados internacionalmente y en el mercado interno deberán cumplir de previo con las normas nacionales y satisfacer a juicio del Programa BPM, con las normas de sanidad y calidad requeridas por los países importadores, en el caso de la exportación.

Artículo 7º—Todos los productos hidrobiológicos para la comercialización deberán ser transportados, inspeccionados, manipulados, preparados, conforme a las disposiciones reglamentarias que se incluyen en este reglamento.

Los medios de transporte, centros de acopio, muelles privados, establecimientos de proceso y empaque, de productos hidrobiológicos para la comercialización serán registrados y autorizados previamente por el Programa BPM, sin perjuicio de las facultades que corresponden al Ministerio de Salud, Ministerio de Agricultura y Ganadería.

CAPÍTULO SEGUNDO
Definiciones

Artículo 8º—Embarcaciones pesqueras:

a) **Artesanal pequeña** (Botes, pangas y lanchas) que utilizan motor fuera borda y con autonomía de 0-3 millas caballaje menor de 30 HP.

b) **Artesanal mediana** (Lanchas que utilizan motor de caballaje mayor a 30 HP) y con una autonomía de 3-40 millas.

c) **Artesanal avanzada** (Lanchas que utilizan motor de caballaje de 250-400 HP y autonomía mayor a las 40 millas).

d) **Semiindustrial** (Barcos camaroneros y sardineros).

Artículo 9º—Se define a los recibidores primarios como el local o establecimiento donde ingresan los productos hidrobiológicos inmediatamente después de ser descargados de la embarcación. Para su operación deben contar con el permiso de funcionamiento expedido por el Ministerio de Salud e INCOPESCA, previo cumplimiento del registro de Buenas Prácticas de Manejo e Inocuidad de los Productos hidrobiológicos.

CAPÍTULO TERCERO
De las inspecciones

Artículo 10.—Toda inspección a embarcaciones, medios de transporte, centros de recibo primario, muelles privados y establecimientos de proceso solo podrá ser realizada por personal oficial del programa y deberá hacerse con uso del protocolo de inspección que al efecto se diseñe. En anexos se adjuntan las boletas o protocolos correspondientes.

Para efectos de este reglamento la inspección es la actividad por la que un oficial del programa examina productos hidrobiológicos, procesos productivos, instalaciones y sistemas, que al compararlos con los requisitos establecidos por la normativa del país importador determinan si existe o no conformidad con esa normativa y con la nacional.

Artículo 11.—Las inspecciones se harán en compañía del propietario o responsable legal del medio de transporte, embarcación, centro de recibo o muelle y establecimiento de proceso, o en quien este delegue.

Artículo 12.—El número mínimo de inspecciones anuales será preestablecido previamente por el programa y notificado al interesado. De toda inspección el funcionario deberá rendir un informe de inspección del cual se extenderá copia al interesado. En caso de existir algún aspecto critico el inspector lo hará saber de inmediato al interesado a efecto de que este tome las previsiones del caso.

Artículo 13.—El Programa deberá archivar en el expediente respectivo una copia de las inspecciones realizadas, las cuales serán archivadas y conservadas por un plazo de tres años.

Artículo 14.—Los propietarios o responsables legales de las instalaciones o medios de transporte a ser inspeccionadas, deberán brindar todas las facilidades al inspector para cumplir con sus funciones.

CAPÍTULO CUARTO
Requerimientos exigibles a las embarcaciones que capturan productos hidrobiológicos

Artículo 15.—Toda embarcación que capture productos hidrobiológicos para la exportación y el mercado nacional debe cumplir con los siguientes requisitos:

a) Inspección Técnica y Certificado de Navegabilidad al día otorgado por el Departamento de Transporte Marítimo del MOPT (Capitanía de Puerto).

b) Certificado de Matrícula otorgado por la Sección de Buques del Registro Público de la Propiedad.

c) Licencia de pesca al día otorgado por INCOPESCA.

d) Constancia de estar incluido en el Registro de Buenas Prácticas de Manejo e inocuidad de los Productos Pesqueros de INCOPESCA.

e) Permiso funcionamiento del Ministerio de Salud.

Artículo 16.—Las embarcaciones autorizadas deben cumplir con las siguientes condiciones generales:

a) La flota artesanal a pequeña escala (Botes, Pangas y Lanchas, autonomía de 0-3 millas) debe contar con lo siguiente:

1. Pisos que sean fáciles de limpiar y de desinfectar.

2. Área de manipulación o proceso del producto (Eviscerado, lavado, clasificado, etc.)

3. Área de distribución de combustibles y lubricantes.

4. Los aparatos y útiles de trabajo (baldes, cuchillos, etc.) deberán estar fabricadas con materiales resistentes a la corrosión del agua de mar, que sean fácil de limpiar y desinfectar y mantener en buen estado.

5. Deberá contar con nevera, hielera u otros equipos (de plástico o fibra de vidrio) para mantener los productos pesqueros a temperaturas que impidan la rápida descomposición.

6. La nevera y la borda deben mantenerse en buen estado de limpieza.

7. Sistema de evacuación de aguas (canales, otros).

8. El hielo a utilizar en la embarcación debe ser de calidad y con la manipulación adecuada.

9. Registros de control de temperatura del producto a bordo.

10. La tripulación o el personal que labora en la embarcación debe contar con carné de salud y curso de manipulación de alimentos o productos pesqueros.

b) La flota artesanal media (autonomía de 3-40 millas) debe contar, además de las condiciones establecidas en el inciso anterior, con las siguientes:

1. Servicio sanitario a bordo, con todas las normas de higiene que exige la normativa de Salud (Excepto aquellas que por su tamaño no permitan su instalación).

2. Lavamanos de acuerdo lo exige la normativa internacional.

3. Con área de cocina y alacena.

4. Cámara para almacenar los productos perecederos del alisto.

5. Un área especializada para el descanso de la tripulación, es decir dormitorios.

6. Tanque de almacenamiento de agua potable.

7. Tanque de almacenamiento de combustible.

8. Sistema y registros de control de roedores.

9. Sistema y registros de control de fumigación en sus embarcaciones.

10. Los dispositivos hidráulicos deberán estar dispuestos y protegidos de modo tal que un posible escape de aceite no pueda contaminar a los productos pesqueros.

c) La flota artesanal avanzada (Autonomía mayor a las 40 millas) debe contar, además de las condiciones establecidas en los incisos anteriores, con las siguientes:

1. Con área de duchas.

2. Sistema de agua de mar limpia para el lavado de los productos en alta mar. Cuando estas embarcaciones se encuentren en puerto para tal fin se debe utilizar solo el sistema de agua potable.

CAPÍTULO QUINTO
Requerimientos para recibidores primarios y/o muelles privados para carga y descarga de productos hidrobiológicos

Artículo 17.—De la ubicación: Deben estar situados preferiblemente en zonas no expuestas a inundaciones, al excesivo humo, polvo y otros contaminantes; y en sitios exentos de olores objetables.

Si hay algún plan regulador o reglamento de zonificación vigente en la zona geográfica de interés, el mismo debe respetarse.

Artículo 18.—De la infraestructura:

1. Las dimensiones del Recibidor deben ser tales que permitan la ejecución de las operaciones en relación con el volumen de pesca estimado, en un ambiente de adecuada iluminación y ventilación natural y/o artificial.

2. Los techos: deben ser construidos de material impermeable, metálico y deben estar en buenas condiciones, para evitar la contaminación del producto por agentes externos como el viento, polvo, agua de lluvia, etc.

3. Las paredes: Paredes de material impermeable de zócalo o cemento armado, liso o lujado en su parte interna, que facilite la limpieza.

4. Pisos: Deben ser de material impermeable, libres de superficies rugosas, grietas o huecos, a fin de facilitar las operaciones de limpieza y desinfección.

Los pisos deben de tener un desnivel de al menos un 2% hacia un desagüe, que permita evacuar las aguas servidas.

5. Desagües: Deben estar ubicados en posición central o lateral en el área de proceso del Recibidor. Dicho desagüe debe contar con rejillas metálicas para impedir la entrada de roedores al Recibidor.

Las dimensiones recomendadas del desagüe son las siguientes: Profundidad mínimo 15 cm, sus entradas y salidas deben estar protegidas con rejilla metálica, para impedir la entrada de roedores y la salida de desechos sólidos.

6. Deben de contar con un adecuado sistema de disposición de aguas servidas.

Artículo 19.—Facilidades generales:

1. Debe contarse con la infraestructura adecuada de almacenamiento y conservación de los productos.

2. Facilidades para el suministro de agua potable, en cantidad y presión suficientes para satisfacer los requerimientos del proceso.

3. Tiene que contar con buena iluminación, para facilitar las operaciones de mantenimiento, conservación e inspección.

4. Debe contar con servicios sanitarios adecuados. Las puertas de acceso a dichos servicios no deben estar dentro del recibidor.

5. Tiene que estar equipado con un número apropiado de lavamanos. Los lavatorios deben de contar con jabón líquido desinfectante y toallas de papel desechable para el correcto lavado y secado de las manos.

6. El Recibidor debe contar, preferiblemente, con el equipo para producir el hielo en la cantidad requerida para su proceso; para lo cual utilizará agua potable. En su defecto, debe asegurarse de que el abastecimiento de este insumo provenga de un establecimiento autorizado por el Ministerio de Salud.

7. Deben contar con una bodega para el almacenamiento de productos y materiales de uso general, que no deben mantenerse en el área de proceso. Además deberá contar con áreas específicas para el mantenimiento y reparación de motores, labores de preparación de las artes de pesca y otras actividades relacionadas.

8. En caso necesario contar con rampas para la carga y descarga del producto en condiciones adecuadas.

Artículo 20.—Equipo:

1. El equipo de los centros de acopio o cualquier otro establecimiento deben de ser construidos con materiales apropiados y fáciles de limpiar y desinfectar, deben de mantenerse en buen estado de reparación y limpieza.

2. Los implementos de trabajo tales como baldes, tablas para picar, cuchillos, bandas, chairas y otros deben ser de materiales apropiados, resistentes a la corrosión, fáciles de limpiar y desinfectar.

3. Los bines deben ser de material anticorrosivo, con tapas del mismo material, ajustadas.

4. Los recipientes deben de limpiarse y desinfectarse después de cada venta, por dentro y por fuera con agua potable.

Artículo 21.—Personal:

1. Los empleados deben vestir ropa de trabajo limpia y cómoda.

2. Su indumentaria de trabajo consiste en: cobertor de cabello y boca o mascarilla, gabacha o delantal y botas de hule, y guantes cuando sea necesario.

3. El personal asignado para el proceso debe estar capacitado con un curso de manipulación de alimentos impartido por INCOPESCA o alguna otra institución que se encuentre debidamente autorizada por el INCOPESCA o el Ministerio de Salud.

4. El encargado del Recibidor o muelle debe velar porque se cumplan las disposiciones en cuanto al uso del vestuario correcto, al no fumado, y a las buenas prácticas de manipulación de los productos por el personal a su cargo.

5. No debe permitirse personal laborando que presente heridas en sus manos, que fume o coma dentro del sitio de trabajo, o que manifieste alguna infección o enfermedad general (gastrointestinales o respiratorias).

6. El personal debe realizarse anualmente un examen microbiológico (coprocultivo) para garantizar que no es portador de enfermedades infectocontagiosas.

Artículo 22.—Condiciones generales de manejo, limpieza y desinfección:

1. Todo el establecimiento debe mantenerse en buenas condiciones de limpieza y funcionamiento, para evitar la contaminación de los productos.

2. Todos los implementos y equipos de trabajo deben ser de uso exclusivo en el establecimiento.

Se debe prever que las operaciones de proceso, almacenamiento, carga y descarga de los productos, se realice en forma rápida, evitando la contaminación física y pérdida de la cadena de frío (exposición excesiva a la luz solar, piedras, polvo, basura, arena, y otras materias extrañas), química (combustibles, desinfectantes, plaguicidas, aceites o lubricantes) y microbiológicas (bacterias y hongos asociados a superficies o manos sucias).

3. Los productos hidrobiológicos deben de ser colocados sin demora en un medio protegido y a la temperatura requerida de acuerdo a la naturaleza del producto y, donde fuera necesario, mantenerlo en hielo para transportarlo o almacenarlo.

4. El encargado del Recibidor o muelle privado debe evitar, en todo momento, el ingreso de animales domésticos o silvestres a las instalaciones del Recibidor.

CAPÍTULO SEXTO

Transporte de productos hidrobiológicos desde los centros de recibo primario y/o muelle hasta los establecimientos de proceso

Artículo 23.—El transporte de los productos hidrobiológicos deben hacerse en unidades motorizadas exclusivas para este fin, que no puedan ser utilizadas en el transporte de otros productos junto con productos hidrobiológicos. Las unidades de transporte deben contar con los permisos reglamentarios vigentes: emitidos por el Ministerio de Salud e INCOPESCA. Una vez cumplido lo anterior el programa, a solicitud del interesado procederá a incluirlo en el registro de medios de transporte autorizados para productos hidrobiológicos de exportación y mercado doméstico.

Artículo 24.—Las unidades deben estar equipadas con dispositivos adecuados para garantizar la cadena de frío necesaria para mantener en óptimas condiciones el producto. Deben tomarse los cuidados necesarios para evitar la contaminación de cualquier tipo, en los productos transportados.

Artículo 25.—Para el acarreo del producto pueden usarse neveras de material plástico apropiado o fibra de vidrio. El diseño de las neveras o bines debe prever llaves de drenado de las mismas, ubicadas a nivel de piso. Las operaciones de drenado posteriores a la descarga de los productos no podrá realizarse en carreteras ni lugares públicos, sino en sitios apropiados donde no se produzca contaminación ambiental.

Artículo 26.—Si en una misma unidad motorizada se transportan productos en varias neveras o bines, o si las neveras están divididas internamente en compartimentos, la unidad motorizada deberá prever con colector común, que permita evacuar los desechos líquidos. La superficie interna de las neveras debe ser de material liso, impermeable, fácil de limpiar y desinfectar; pintado con pintura libre de plomo y otros metales tóxicos.

Artículo 27.—Las dimensiones de la nevera deben permitir las operaciones de carga y descarga del producto desde fuera de la misma, preferiblemente su altura interna no debe exceder 1.20 metros. Se deben tomar las previsiones de seguridad en las unidades que garanticen la integridad de las personas y los productos durante el transporte.

Artículo 28.—Los bines y neveras deben ser lavados y desinfectados después de cada operación. Las unidades deben portar una guía de envío por viaje de acuerdo al formulario oficial del programa.

CAPÍTULO SÉTIMO
Requerimientos de las fábricas de hielo

Artículo 29.—El hielo que se utilice en la conservación de productos hidrobiológicos de exportación y mercado interno debe elaborarse cumpliendo las siguientes normas.

a) El agua empleada para la fabricación del hielo debe ser potable.

b) Si se utiliza sal para la elaboración de hielos modificados, ésta debe ser de calidad industrial alimentaria (sin yodo ni fluor).

c) Si el recibidor primario cuenta con facilidades para la elaboración del hielo, esta operación debe estar ubicada en las instalaciones del recibidor y debe contar con las condiciones adecuadas para fácil manejo del hielo.

d) Las cámaras deberán ser diseñadas de tal manera que impidan el ingreso de insectos, animales, y en general cualquier sólido, líquido o gas contaminante, y estar construidas con materiales anticorrosivos.

e) La máquina de hielo debe preferiblemente ser diseñada para producir hielo en escama u hojuelas.

Cuando el hielo es producido en bloques o marquetas, será obligatorio contar con una cámara colectora del hielo incorporada a la misma. El hielo puede ser recolectado dentro de la cámara en recipientes móviles de material apropiado exceptuando la madera.

f) Si el hielo es obtenido en forma de bloques, se debe contar con dispositivos construidos con material anticorrosivo, apropiados para su molienda o fragmentación similar a escamas u hojuelas, y que permita su fácil limpieza y desinfección.

g) El hielo debe manejarse higiénicamente, con los implementos necesarios y adecuados.

h) El piso de la cámara debe tener un desnivel de un 2% hacia la puerta principal, o contar con sistema de desagüe apropiado.

i) El personal que manipula el hielo debe portar guantes y vestimenta apropiada (botas de hule, gabacha y delantal).

j) Sólo deberá utilizarse el hielo que reúna las condiciones requeridas para la conservación higiénica de los productos pesqueros.

k) Cuando el Centro de Recibo no cuente con facilidades para la producción de hielo, se debe prever que este insumo provenga de una establecimiento autorizado por el Ministerio de Salud y transportado en unidades apropiadas y condiciones higiénicas (bolsas plásticas no reutilizables y selladas).

l) No se permite el transporte del hielo en bloques, contenido en bolsas de yute o plástico con aserrín.

CAPÍTULO OCTAVO
De las autorizaciones

Artículo 30.—Toda persona física o jurídica, dedicada a la captura, transporte, acopio con fines comerciales, proceso, empaque de productos hidrobiológicos para la exportación y mercado nacional deberá presentar una solicitud escrita al programa, con los requisitos que contempla este reglamento, sin perjuicio de las facultades que legalmente competen a los Ministerios de Salud y Agricultura y Ganadería.

Artículo 31.—Recibida la solicitud, el Programa verifica que se cumpla con los requisitos legales, reglamentarios y administrativos establecidos, debiendo resolver la solicitud en un plazo no mayor a diez días hábiles.

Artículo 32.—Cuando se resuelve positivamente la solicitud, el programa procede a otorgar la autorización correspondiente y un número oficial. La autorización se extiende por un periodo de un año, vencido el cual deberá renovarse. Toda autorización debe estar precedida de una inspección oficial.

Artículo 33.—En caso de ser resuelta en forma negativa, el interesado podrá establecer en un plazo máximo de tres días después de notificada la resolución el recurso de reposición ante el Presidente Ejecutivo del INCOPESCA, el cual deberá resolver en un plazo no mayor a ocho días hábiles. Contra lo resuelto por el Presidente Ejecutivo cabrá, dentro de los cinco días posteriores a la notificación recurso de apelación ante la Junta Directiva del INCOPESCA, la cual deberá resolver en forma definitiva en un plazo no mayor a ocho días hábiles. Lo resuelto por la Junta Directiva agotará la vía administrativa.

Artículo 34.—Todas las resoluciones del Programa BPM que autoricen o denieguen una autorización, en el ámbito de sus competencias, debe ser razonada y fundamentada, indicando expresamente los fundamentos de hecho y derecho que la sustentan.

CAPÍTULO NOVENO
Condiciones generales para plantas de proceso

Artículo 35.—Todo establecimiento de proceso de productos hidrobiológicos para la exportación y mercado nacional, debe contar con la autorización del programa. El programa no autorizará a ningún establecimiento si este no cuenta con el permiso sanitario de funcionamiento vigente del Ministerio de Salud y Licencia de Operación para Plantas Exportadoras de INCOPESCA y demás establecimientos para el mercado nacional. El programa le asignará un número oficial que permitirá identificar al establecimiento en todas sus exportaciones de comercio internacional y de mercado doméstico. El programa notificará oficialmente a los países importadores la lista de establecimientos autorizados en el caso de la exportación.

Artículo 36.—El Programa establecerá los requisitos administrativos que requiere un establecimiento para ser incluido en el registro de establecimientos exportadores. Será requisito esencial que el establecimiento cuente con un programa o manual de buenas prácticas de manufactura e higiene del establecimiento. Dichos planes y manuales serán aprobados anualmente por el programa y serán auditados al menos dos veces al año a efecto de verificar que se están cumpliendo correctamente, en caso de incumplimiento el programa lo excluirá de la lista para los efectos que corresponda.

Artículo 37.—El establecimiento deberá contar con la asesoría de un profesional idóneo, que asuma la responsabilidad técnica del establecimiento además de velar por el cumplimiento de las normas de sanidad y calidad establecidas en el ordenamiento nacional y el de los países importadores de los productos hidrobiológicos procesados en ese establecimiento. El Ministerio de Salud calificará y determinará la idoneidad de los profesionales a cargo de los establecimientos de acuerdo con sus atestados, estudios en la materia, experiencia profesional y conocimiento de las normas de calidad y sanidad del proceso de productos hidrobiológicos para el mercado nacional y la exportación.

Artículo 38.—Los establecimientos autorizados deben estar situados en zonas no expuestas a inundaciones, al excesivo humo, polvo y otros contaminantes; y en sitios exentos de olores objetables. Las municipalidades y el Ministerio de Salud serán los competentes para establecer la ubicación de los establecimientos. En caso de existir plan regulador o reglamento de zonificación vigente en la zona geográfica de interés, el mismo debe respetarse.

Artículo 39.—La infraestructura de los establecimientos para el proceso de productos hidrobiológicos de exportación y mercado nacional deberán cumplir con los siguientes requisitos y condiciones:

a) Dimensiones: Las dimensiones de la Planta deben ser tales que permitan la ejecución de las operaciones en relación con el volumen de pesca estimado, en un ambiente de adecuada iluminación y ventilación natural y/o artificial.

b) Los techos: deben ser construidos de material impermeable, metálico y deben estar en buenas condiciones, para evitar la contaminación del producto por agentes externos como el viento, polvo, agua de lluvia, etc.

c) Cielo raso: Deben ser de material apropiado y de fácil limpieza. Los materiales deben ser resistentes a la corrosión y al desprendimiento de materiales o residuos que contaminen los productos.

d) Las paredes: Paredes de material impermeable de zócalo o cemento armado, liso o lujado en su parte interna, que facilite la limpieza.

e) Puertas: Deben ser de material apropiado y estar bien ajustadas a sus marcos. Las puertas internas pueden ser de material plástico o metálico libre de oxidación, o bien de aluminio.

Las puertas externas no deben dar directamente a las salas de proceso.

f) Iluminación: Adecuada iluminación natural y artificial.

g) Ventanas: Cuando sean requeridas, deben ser de material apropiado (de vidrio).

h) Pisos: Deben ser de material impermeable, libres de superficies rugosas, grietas o huecos, a fin de facilitar las operaciones de limpieza y desinfección.

Los pisos deben de tener un desnivel de al menos un 2% hacia un desagüe, que permita evacuar las aguas servidas.

i) Desagües: Deben estar ubicados en posición central o lateral en las áreas de proceso. Dicho desagüe debe contar con rejillas metálicas.

Las dimensiones recomendadas del desagüe son las siguientes: Profundidad mínima 15 cm, las entradas y salidas deben estar protegidas con rejilla metálica, para impedir la entrada de roedores y la salida de desechos sólidos.

j) Deben de contar con un adecuado sistema de disposición de aguas servidas, siguiendo las disposiciones del Reglamento Nacional de Vertidos.

k) Debe contar con servicios sanitarios adecuados, separados para cada sexo, según el número de operarios o trabajadores que se mantenga en el local. (Un servicio sanitario por cada 20 personas o fracción de 20).

l) Que haya un área de vestidores una para cada sexo, con paredes y pisos impermeables y lavables, lavatorios y servicios. Las puertas no deben de abrir directamente hacia las salas de trabajo. El mecanismo de operación de la llave de los lavatorios no debe ser manual, y debe contar con toallas desechables disponibles.

Artículo 40.—El equipo de los establecimientos deberá reunir las siguientes condiciones, características y requisitos:

a) El equipo de trabajo e instrumentos tales como tablas de picar, contenedores, bandas transportadoras, cuchillos y similares, tienen que ser de materiales apropiados y fácil de limpiar y desinfectar.

b) Los recipientes para desechos deben ser sellados, de material anticorrosivo y preferiblemente con tapa; además el establecimiento debe contar con un lugar para el almacenaje de dichos contenedores si estos no se desocupan hasta el final de la jornada.

c) Cuando sea necesario se debe de contar con un equipo de refrigeración lo suficientemente potente para mantener los productos a las temperaturas necesarias.

Artículo 41.—En el establecimiento deben existir las siguientes facilidades de limpieza y desinfección de las instalaciones, equipo y utensilios:

a) En los cuartos fríos donde el pescado es almacenado debe cumplirse con las previsiones anotadas en este reglamento sobre pisos, paredes, cielo raso, puertas y adecuada iluminación.

b) Facilidades para proveer agua potable. Sin embargo, como excepción, se permite el agua no potable para la producción de vapor, contra incendios y para el enfriamiento del equipo de refrigeración. Asumiendo que las tuberías para ese propósito no presenten riesgo de contaminación de los productos. Estos tubos para agua no potable deben claramente distinguirse de los del agua potable, utilizando los colores que se indican en el Código del Uso de Colores a nivel Industrial.

Artículo 42.—Se exigirán por parte del programa las siguientes condiciones generales de higiene aplicables a los locales y equipo.

a) Pisos, paredes y estantes, cielos rasos o techos, equipos e instrumentos usados deben de mantenerse en un estado satisfactorio de limpieza y reparación, para que no sean fuente de contaminación para los productos.

b) Cuando se detecten roedores, insectos y otras plagas se deberá proceder al exterminio sistemático en los locales o en el equipo. Rodenticidas, insecticidas, desinfectantes, y otras sustancias potencialmente tóxicas, deben de almacenarse en lugares bien seguros, los cuales se deben cerrar con candado. Las áreas de los equipos que entran en contacto con los productos no pueden ser fumigadas o expuestas a plaguicidas

c) Los instrumentos y equipos de trabajo solo se deben de usar para trabajar con productos hidrobiológicos.

d) Detergentes, desinfectantes, plaguicidas y sustancias similares deben de ser aprobadas por la autoridad competente y usados de tal forma que no tengan efectos adversos sobre la maquinaria, equipo y productos.

Artículo 43.—Los condiciones generales de higiene para los empleados en los establecimientos serán las siguientes:

a) Los empleados deben vestir ropa de trabajo limpia y cómoda.

b) Su indumentaria de trabajo consiste en: cobertor de cabello y boca o mascarilla, gabacha o delantal, botas de hule, y guantes cuando sea necesario. El personal nuevo asignado para el proceso se le debe dar una capacitación básica en manipulación de alimentos según el Programa HACCP de la planta. Para el personal asignado para el manejo y preparación de productos hidrobiológicos es requerido que se laven las manos al inicio del trabajo y cuantas veces sea necesario. Las heridas de las manos se deben de cubrir con material impermeable. El encargado de Control de calidad deberá velar porque no se fume, escupa, coma o tome en los lugares de trabajo.

CAPÍTULO DÉCIMO
Condiciones generales para la manipulación de los productos hidrobiológicos

Artículo 44.—Para los productos hidrobiológicos frescos se exigen las siguientes condiciones:

a) En los lugares donde se enfrían los productos sin empacar y que no serán despachados, preparados, o procesados inmediatamente después de llegar al establecimiento, estos deben de ser almacenados con hielo, de acuerdo al tiempo que se tenga previsto su proceso.

b) Operaciones como la evisceración deben de realizarse higiénicamente. Los productos deben de lavarse completamente con agua potable inmediatamente después de dicha operación.

c) El fileteo y el lonjeado deben de ser llevados a cabo de tal manera que se evite la contaminación o descomposición de estos, y en otro lugar que no sea el usado para descabezar y eviscerar.

Los filetes y lonjas no deben de permanecer sobre las mesas de trabajo más de lo necesario para su preparación.

d) Los recipientes usados para el despacho o almacenamiento de productos pesqueros frescos deben cumplir con lo establecido en este documento.

e) A menos que se provea de facilidades para la disposición continua de la basura, esta debe de colocarse en un lugar donde no drene.

f) No se debe de permitir que la basura sea acumulada en las áreas de trabajo. Esta debe de ser removida continuamente, cada vez que los contenedores estén llenos, o al menos al final de cada día de trabajo, en los contenedores o equipo descrito en el artículo 48, párrafo b de este documento.

Los contenedores, recipientes o lugares para los deshechos no deben de constituir una fuente de contaminación para el establecimiento ni sus alrededores.

Artículo 45.—Para los establecimientos que procesan alimentos congelados se debe cumplir con lo siguiente: Un equipo de congelación lo suficientemente potente para alcanzar una rápida reducción de la temperatura (entre –25°C a –40°C), que cumplan con lo establecido en este documento. Que el equipo de mantenimiento de productos congelados sea suficiente para mantener los productos almacenados a temperaturas entre –18°C a -25°C, independientemente de la temperatura ambiental. Sin embargo, por razones técnicas relacionadas con el método de congelación y manipulación de dichos productos, para el pescado entero en salmuera mayores temperaturas que las establecidas en este documento son aceptables, aunque no se excedan de –9 °C. Las cámaras de almacenamiento deben de tener colocadas en un lugar de fácil lectura el récord de temperaturas. El sensor debe de ser colocado en el área más lejana del origen del frío, donde la temperatura en la cámara es la más alta.

Los gráficos de temperatura deben de estar disponibles para la inspección de las autoridades competentes, al menos durante el periodo en el cual los productos son almacenados.

Artículo 46.—Las condiciones y requisitos para la descongelación de productos hidrobiológicos serán las siguientes:

a) Los productos deben de descongelarse bajo condiciones higiénicas, evitándose su contaminación, deben de tener un adecuado drenaje para cualquier agua de deshielo que se produzca.

Durante la descongelación la temperatura de los productos no debe de aumentar excesivamente.

b) Después de la descongelación los productos deben de manejarse de acuerdo a los requerimientos de este reglamento.

Artículo 47.—Las condiciones y requisitos para los productos procesados son las siguientes:

a) Productos frescos, congelados y descongelados que se usen para ser procesados deben de cumplir con las normas que se indican en este reglamento.

b) Donde se lleve a cabo un proceso de tratamiento para inhibir el desarrollo de microorganismos patógenos, o si este es un factor significativo en la preservación de productos, el tratamiento debe hacerse por métodos científicamente reconocidos y aprobados. El establecimiento debe llevar un registro de los productos que se procesan y salen.

c) Para los productos que son preservados mediante el proceso de salado, ahumado, secado, o marinado, debe detallarse en su etiqueta la vida útil del producto para consumo humano, de acuerdo a Normas de Etiquetado exigidas por el país importador o las exigencias del Ministerio de Salud para el mercado doméstico.

Artículo 48.—Para los productos que han sido sujetos a esterilización en contenedores herméticamente sellados debe cumplirse con lo siguiente:

a) El agua para la preparación de las latas debe de ser potable.

b) El proceso usado en el tratamiento de calentamiento tiene que ser el apropiado, teniendo en cuenta el tiempo de calentamiento, temperatura, rellenado y tamaño del recipiente. De lo anterior hay que llevar un control debidamente documentado.

c) El tratamiento térmico debe de ser capaz de destruir o inactivar los organismos patógenos y las esporas de los microorganismos patógenos. El equipo de esterilización debe de tener los dispositivos necesarios para verificación de que los recipientes tengan un apropiado tratamiento. El agua potable se puede usar para enfriar los recipientes después de cada tratamiento de calor, sin perjudicar la presencia de cualquier aditivo químico usado de acuerdo con las buenas prácticas tecnológicas para la prevención de la corrosión del equipo y recipientes. Todo esto debe estar detallado en un Programa del Proceso Térmico previamente definido por el Establecimiento.

d) Controles adicionales deben de hacerse al azar durante la manufactura para asegurarse que los productos procesados hayan tenido el apropiado tratamiento de calor. En especial:

1. Análisis de incubación: La incubación debe de hacerse a 37°C por 7 días, o 35°C por 10 días, o otra combinación equivalente.

2. Análisis microbiológicos del contenido y los envases en el laboratorio del establecimiento o en otro apropiado.

e) Durante la producción diaria se deben de tomar muestras a intervalos determinados para asegurar la eficacia del sellado. Para ese propósito se debe de contar con un equipo apropiado para el examen correspondiente.

Los chequeos se deben de hacer en orden para asegurarse que los envases no estén dañados.

f) Todos los recipientes que tienen el tratamiento térmico bajo condiciones prácticamente idénticas, se le debe de dar una marca de identificación del lote, sobre indicaciones o marcas identificando el lote a que pertenezca.

Artículo 49.—El ahumado de productos pesqueros debe cumplir con lo siguiente:

a) El proceso de ahumado se debe llevar a cabo en lugares separados o equipados especialmente. Si fuera necesario con un sistema de ventilación para prevenir el humo y calor de la combustión, que puedan afectar otros lugares donde se almacenan o procesan otros productos. Los materiales usados para producir humo por medio de combustión de madera que haya sido pintada, barnizada, engomada o se le haya puesto algún preservante químico son prohibidos.

b) Materiales usados para producir humo deben de almacenarse lejos del lugar del ahumado, y usarse de tal forma que no contamine los productos.

c) Después del ahumado, los productos deben de enfriarse rápidamente a la temperatura requerida para su preservación antes de ser empacados.

Artículo 50.—El proceso de salado de productos pesqueros debe realizarse de acuerdo con las siguientes normas:

a) Las operaciones de salado deben de llevarse a cabo en diferentes lugares y lo suficiente distantes de otros lugares en donde se lleven a cabo otras operaciones.

b) La sal usada en el tratamiento debe de ser limpia, y almacenada de tal manera que no se contamine. Esta no debe de ser rehusada.

c) Cualquier contenedor usado para el salado o salmueras deben de estar construidos de tal forma que se evite la contaminación durante el proceso de salado o salmuera.

d) Las áreas y recipientes usados para el salado deben de limpiarse antes del uso.

Artículo 51.—El cocinado de crustáceos y moluscos en concha se realizará conforme con lo siguiente:

a) Todo cocimiento debe de ser seguido de un enfriado rápido. El agua usada debe de ser potable.

Si no son usados otros métodos de preservación, el enfriamiento se debe de continuar hasta que se aproxime a la temperatura del hielo a derretirse.

b) El desconche o descascarado deben de llevarse a cabo bajo condiciones higiénicas, evitando la contaminación de los productos.

Cuando dichas operaciones se llevan a cabo manualmente, los trabajadores deben de prestar atención al lavado de las manos y las superficies de trabajo deben de limpiarse cuidadosamente. Si se usan máquinas deben de limpiarse a intervalos frecuentes y desinfectar después de cada día de trabajo.

Después del desconche o descascarado, los productos cocinados se deben inmediatamente de congelar o mantener enhielados a una temperatura la cual impida el crecimiento de patógenos, y se deben almacenar en lugares apropiados.

c) Cada producto manufacturado debe llevar chequeos microbiológicos de la producción a intervalos regulares como lo establece la normativa existente.

Artículo 52.—Cuando se trate de procesos para obtener recortes de productos pesqueros por medios mecánicos se debe cumplir con lo siguiente:

a) No se utilizarán vísceras en el proceso mecánico de aprovechamiento de recortes de carne.

b) Las máquinas se deben de limpiar a frecuentes intervalos, al menos cada dos horas.

c) Después de recuperar mecánicamente la carne debe de congelarse inmediatamente o incorporarla en un producto que será sometido a un tratamiento de congelación o estabilización.

Artículo 53.—Durante la producción y antes de que sea destinado a consumo humano el pescado y los productos pesqueros deben ser sometidos a un control visual para detectar cualquier parásito visible. El producto que manifiesta parásitos debe ser desechado.

Artículo 54.—Los productos pesqueros deben ser sometidos a una inspección por la autoridad competente al momento del desembarque, de acuerdo a un programa de muestreo aleatorio, para establecer si son aptos para el consumo humano. Después de la primera venta este producto debe cumplir con los requerimientos de frescura mínimos establecidos por esta regulación. Si el examen organoléptico revela que el producto no es apto para consumo humano, se deben de tomar medidas para decomisarlos del mercado y desnaturalizarlos de tal forma que no se puedan usar para consumo humano, según lo establece la Ley General de Salud.

Artículo 55.—Antes que el pescado y los productos sean llevados al mercado para el consumo humano, deben ser sometidos a una inspección visual, por medio de muestreo, con el propósito de detectar cualquier parásito que sea visible. El pescado o partes del pescado que esté infestado por el parásito, y los cuales sean removidos, no se deben de colocar en mercado para el consumo humano.

Artículo 56.—El personal oficial del programa tomará las muestras para su remisión al laboratorio debidamente acreditado con el fin de mantener el control de los parámetros definidos en el presente artículo y sus límites no deben exceder las concentraciones permitidas por la legislación existente en esta materia.

a) TVB-N (nitrógeno volátil total básico) y TMA-N (nitrógeno – trimetilamina).

b) Los niveles de estos parámetros deben de especificarse para cada categoría de especies de acuerdo con el Decreto Ejecutivo que establece estos parámetros.

c) Histamina: Deben de tomarse muestras de cada lote. Este debe de llevar los siguientes requerimientos:

- El valor medio no debe de exceder de 100ppm.

- El máximo debe de ser menor a 200ppm.

Estos límites se aplican solamente para las especies de peces de las siguientes familias Escombridae y Clupeidae. Sin embargo, peces que pertenezcan a estas familias que se les esté llevando a cabo un tratamiento con enzimas sazonadoras en salmueras pueden tener niveles altos de histamina pero no más de 400 ppm.

Pueden llevarse a cabo exámenes con métodos confiables reconocidos científicamente, tales como la cromatografía líquida de alta presión (HPLC) u otros existentes y reconocidos en la normativa internacional.

d) Contaminantes presentes en el medio acuático. Los productos pesqueros no deben de tener contaminantes presentes en el medio acuático, como metales pesados y sustancias clorinadas que excedan los niveles aceptables en la dieta diaria o semanal del humano.

Se debe de establecer un sistema de monitoreo para chequear los niveles de contaminación de los productos, como lo señala el Decreto Ejecutivo correspondiente.

e) Análisis microbiológicos. Los criterios microbiológicos, planes de muestreo y métodos de análisis deben ser parte de un Programa Oficial, sistematizado de la Autoridad Competente, con el objetivo de proteger la salud pública.

Artículo 57.—Funcionarios del presente Programa y del INCOPESCA podrán investirse como autoridades del Ministerio de Salud, previa aprobación del mismo con fines de realizar funciones competencia del programa. Todos los actos relativos a la aplicación de este reglamento que realicen esos funcionarios serán calificadas como oficiales.

Artículo 58.—Ningún particular o funcionario público no investido formalmente, podrá realizar funciones oficiales a nombre del Programa.

Artículo 59.—El Programa podrá aceptar como equivalentes las medidas sanitarias o de calidad en productos hidrobiológicos que tengan establecidas otros países aún cuando difieran de las nacionales. El Programa en caso necesario, en coordinación con el Ministerio de Comercio Exterior establecerá consultas para la eventual suscripción de acuerdos bilaterales y multilaterales para reconocer la equivalencia de las normas.

CAPÍTULO UNDÉCIMO
De las sanciones

Artículo 60.—Para las embarcaciones que no cumplan con los requerimientos mínimos estipulados en el presente reglamento no se le permitirá la renovación de su licencia o se le impondrá las sanciones vigentes.

Artículo 61.—En el caso de las embarcaciones que cuenten con la licencia y si no cumplieran con los requerimientos mínimos no se les tramitará la exoneración del combustible o en su defecto se le impondrá las respectivas sanciones vigentes.

Artículo 62.—Al que incumpliere por primera vez: amonestación escrita con indicación de las anomalías y las medidas que debe implantar para corregirlas, otorgándosele un plazo de hasta tres meses para realizar los cambios o modificaciones, una vez realizados deberá comunicarlo por escrito que ha ejecutado el cambio respectivo, si necesitara un plazo adicional deberá solicitarlo por escrito ante la oficina más cercana de INCOPESCA.

Artículo 63.—Si incumpliere por segunda vez respecto a la misma anomalía: por no realizar las medidas correctivas será objetivo de suspensión de la licencia o permiso respectivo por un plazo de dos a cinco meses.

Artículo 63.—A1 que incumpliere por tercera vez: si persistiera la anomalía, a pesar de los dos incisos anteriores, será objeto de cancelación de la licencia o permiso respectivo.

Nota del Compilador: El Reglamento transcrito repite dos veces el número "63" en la numeración de sus artículos.

Artículo 64.—Los demás agentes de la cadena de comercialización (Puestos de recibo, transporte, pescaderías, plantas de proceso para mercado nacional, etc.), que no cumplan con los requerimientos mínimos se les suspenderá el permiso o licencia de operación.

Artículo 65.—El presente Reglamento deroga al aprobado mediante acuerdo de Junta Directiva A-JD-I/150-94, publicado en *La Gaceta* Nº 230 del viernes 2 de diciembre de 1994.

Artículo 66.—Rige seis meses después de su publicación en el Diario Oficial *La Gaceta*.

Puntarenas, 10 de abril del 2003.—Prof. Ligia Castro Ulate, Presidenta Ejecutiva.—Yahaira Chambers Vargas, Secretaria Junta Directiva.

REGLAMENTO DE LÍMITES MÁXIMOS MICROBIOLÓGICOS Y DE RESIDUOS DE MEDICAMENTOS Y CONTAMINANTES PARA LOS PRODUCTOS Y SUBPRODUCTOS DE LA PESCA Y DE LA ACUICULTURA DESTINADOS AL CONSUMO HUMANO

Decreto Ejecutivo Nº 34687-MAG

(Publicado en La gaceta N° 160 de 20 de agosto de 2008)

EL PRESIDENTE DE LA REPÚBLICA
Y EL MINISTRO DE AGRICULTURA Y GANADERÍA

En ejercicio de las facultades que les confiere los artículos 140, incisos 3), 8), 18) y 20), 146 de la Constitución Política y los artículos 25, 27.1, 28.2.b, de la Ley General de la Administración Pública, Nº 6227 del 2 de mayo de 1978, Ley de Fomento a la Producción Agropecuaria, que incorpora la Ley Orgánica del Ministerio de Agricultura y Ganadería, Ley Nº 7064 del 29 de abril de 1987, Ley General del Servicio Nacional de Salud Animal, Nº 8495 del 6 de abril del 2006.

Considerando:

1º- Que es responsabilidad del Servicio Nacional de Salud Animal (SENASA) del Ministerio de Agricultura y Ganadería, como autoridad competente en materia de monitorear los residuos químicos y microorganismos en los productos y subproductos de la pesca y acuicultura; el garantizar la inocuidad de los mismos y evitar con ello que la salud de los seres humanos se exponga a riesgos innecesarios.

2º- Que los productos de la pesca y la acuicultura pueden ser comercializados crudos, parcialmente cocidos, cocidos, conservados o preservados, resultando necesario monitorear la posible presencia de microorganismos y residuos con la finalidad de reducir el riesgo de contaminación al consumidor.

3º- Que es necesario establecer Límites Máximos Microbiológicos de Residuos de medicamentos y contaminantes de los productos de la pesca y acuicultura para el consumo humano.

4º- Que es responsabilidad de la autoridad competente, informar de los resultados que se obtengan del monitoreo a las partes interesadas y en caso de que se sobrepasen los límites máximos antes citados, se ordenará las acciones correctivas necesarias a fin de confirmar su cumplimiento en el tiempo y procurar que se controlen o eliminen las desviaciones en los límites permitidos. **Por tanto,**

DECRETAN:

RTCR 409: 2008
REGLAMENTO DE LÍMITES MÁXIMOS MICROBIOLÓGICOS Y DE RESIDUOS DE MEDICAMENTOS Y CONTAMINANTES PARA LOS PRODUCTOS Y SUBPRODUCTOS DE LA PESCA Y DE LA ACUICULTURA DESTINADOS AL CONSUMO HUMANO

Artículo 1º– Los límites máximos microbiológicos, residuos de medicamentos y contaminantes para los productos y subproductos de la pesca y de la acuicultura destinados al consumo humano se establecen de la siguiente manera:

1. **Objetivo y ámbito de aplicación**. Este Reglamento tiene por objetivo establecer los límites máximos permitidos para los residuos tóxicos y el recuento microbiológico en los productos y subproductos de la pesca y de acuicultura que se comercialicen para el consumo humano.

2. **Referencias**. Decreto Ejecutivo Nº 29210-MAG-MEIC-S. Reglamento técnico límites máximos permitidos para residuos tóxicos y recuentos microbiológicos para los productos y subproductos de la pesca para el consumo humano.

Decreto Ejecutivo Nº 32327-S Reglamento para la calidad de agua potable.

Ley Nº 8495 Ley General del Servicio Nacional de Salud Animal.

2. 1. Definiciones.

2.1.1. Acuicultura: Actividad de cultivo de organismos acuáticos, que incluyen peces, moluscos y crustáceos.

2.1.2. Aditivo: Es cualquier sustancia que como tal no se consume normalmente como alimento, ni tampoco se usa como ingrediente básico en alimentos, tenga o no valor nutritivo y cuya adición al alimento con fines tecnológicos (incluidos los organolépticos) en sus fases de producción, elaboración, preparación, tratamiento, envasado, empaquetado, transporte o almacenamiento, resulte o pueda preverse razonablemente que resulte directa o indirectamente por sí o sus subproductos en un componente del alimento o un elemento que afecte sus características. Esta definición no incluye los "contaminantes" o sustancias añadidas al alimento para mantener o mejorar las cualidades nutricionales.

2.1.3. Agua potable: Agua que cumple con las disposiciones de valores recomendables o máximos admisibles estéticos, organolépticos, físicos, químicos, biológicos y microbiológicos contenido en el Decreto Ejecutivo Nº 32327–S del 10 de febrero del 2005, Reglamento para la Calidad del Agua Potable".

2.1.4. Autoridad competente: Es el Servicio Nacional de Salud Animal (SENASA) del Ministerio de Agricultura y Ganadería, establecido mediante Ley Nº 8495 del 6 de abril del 2006.

2.1.5. Contaminante: Cualquier agente químico, microbiológico o biológico, u otra sustancia no añadida al alimento intencionalmente y que puedan comprometer su inocuidad o la aptitud de los alimentos.

2.1.6. Crustáceos: Artrópodos en su mayoría acuáticos, dotados de mandíbulas y antenas como el cangrejo y la langosta.

2.1.7. Especies demersales: Peces que viven en la columna de agua y se asocian con el fondo marino.

2.1.8. Especies pelágicas: Peces que todo su ciclo biológico se desarrolla en la columna de agua.

2.1.9. Frescura: Propiedad que se relaciona con el tiempo, temperatura, manejo, elaboración o las características de un alimento pesquero.

2.1.10. Inspección visual: Es un examen no destructivo de los productos pesqueros, sin utilizar medios que magnifiquen la imagen y bajo buenas condiciones de iluminación, si es necesario se puede realizar el examen iluminando la superficie inferior donde se colocan los filetes para su inspección.

2.1.11. Límite máximo microbiológico: Es el límite máximo permitido por la Autoridad Competente, basándose en la ausencia, presencia o número de microorganismos, por unidad de masa, volumen, superficie o lote.

2.1.12. Límite máximo de residuos: Es el nivel de residuo de una sustancia química autorizada por la Autoridad Competente en los productos destinados a la alimentación humana.

2.1.13. Listo para consumo: Alimentos que pueden ser adquiridos y consumidos sin ninguna preparación adicional por el consumidor.

2.1.14. Medicamento veterinario: Toda sustancia o producto naturales, sintéticos o semisintéticos y toda mezcla de esas sustancias o productos que se utilicen para el diagnóstico, prevención, tratamiento y alivio de las enfermedades o estados físicos anormales, o de los síntomas de los mismos y para el restablecimiento o modificación de funciones orgánicas en los animales, se incluyen los cosméticos. Quedan incluidos en esta definición todos los aditivos con propiedades farmacológicas como coccidiostáticos, antibióticos y promotores de crecimiento, usados en los alimentos para animales así como los plaguicidas y productos tipo cosméticos de uso veterinario y los alimentos medicados para comercializar en concentraciones terapéuticas.

2.1.15. Moluscos: Animales invertebrados de cuerpo blando, desnudo protegido por una concha; como el caracol, la ostra y la babosa.

2.1.16. Pescado fresco: Se refiere al pescado o las preparaciones a base de pescado que en su forma final, no han recibido ningún tratamiento de conservación fuera del enfriamiento.

2.1.17. Producto pesquero: Productos o derivados provenientes de la captura de la fauna marina, o bien, de la producción acuícola.

2.1.18. Prueba de bases volátiles: Prueba para la determinación del nitrógeno básico volátil en músculo de productos pesqueros frescos.

2.1.19. Residuos: Cualquier sustancia extraña, incluidos sus metabolitos que se encuentren en los productos y subproductos pesqueros, como consecuencia de la aplicación o exposición accidental, que constituyan un riesgo para la salud humana.

2.1.20. Subproducto de la pesca: Es un producto secundario, generalmente útil y derivado de un proceso realizado a los productos pesqueros.

2.2 Abreviaturas.

2.2.1 mg: miligramos.

2.2.2 µg/kg: microgramos por kilogramo.

2.2.3 ng: nanogramos.

2.2.4 pg: picogramos.

2.2.5 UFC: Unidades formadoras de colonia.

2.2.6 ppb: partes por billón.

3. Contaminantes químicos. Los productos y subproductos de la pesca y acuicultura deben cumplir con los siguientes límites máximos de contaminantes químicos.

3.1 Mercurio:

	Productos pesqueros	Nivel máximo (mg/kg)
1	Crustáceos, Cefalópodos sin vísceras y moluscos bivalvos	0,5
2	Pescados en general (a excepción de las citadas en el punto 3).	0,5

3	Atún (*Thunnus* spp, *Euthynnus* sp *y Katswounnus pelamis*), Bonito (*Sarda sarda*), Anguila (*Anguila spp*), Marlin (*Makaira spp*), Raya (*Raja spp*), Tiburones (todas las especies), Espada (*Xiphias gladius*).	1,0

3.2 Cadmio:

	Productos pesqueros	**Nivel máximo (mg/kg)**
1	Crustáceos	0,5
2	Pescados en general (a excepción de las citadas en el punto 3 y 6).	0,05
3	Sardina (*Sardina* spp) y anguila (*Anguila sp*)	0,1
4	Moluscos bivalvos	1,0
5	Cefalópodos sin vísceras	1,0
6	Espada (*Xiphias gladius*)	0,3

3.3 Plomo:

Productos pesqueros		Nivel máximo (mg/kg)
1	Crustáceos	0,5
2	Pescados en general a excepción en las citadas en el punto 3	0,3
3	Atún (*Thunnus* spp) y Bonito (*Sarda sarda*)	0,2
4	Moluscos bivalvos	1,5
5	Cefalópodos sin vísceras	1,0

3.4 Estaño:

Producto pesquero	Límite Máximo permitido (mg/kg)
Enlatados	200

3.5 Histamina: Histamina en productos de la pesca procedentes de especies de pescado asociados a un alto contenido de histidina:

Producto	NIVEL MAXIMO (mg/kg)
PESCADO HISTAMINO-PRODUCTOR*	100

* Familias Scombridae, Clupeidae, Engraulidae y Coryphaenidae.

4. Residuos de plaguicidas.

4.1 **Organoclorados**: Los productos y subproductos de la acuicultura deben cumplir con los siguientes límites de residuos de plaguicidas:

Compuesto	Límite máximo permitido
DDT	No permitido
Lindano	No permitido
Aldrín	No permitido
Endrín	No permitido
Endosulfán	No permitido

2.2 Dioxinas y PCBs. Los productos y subproductos de la pesca frescos o congelados crudos deben cumplir con los siguientes parámetros:

Compuesto	Límite máximo permitido pg/g Suma de Dioxinas	Límite máximo permitido pg/g Suma de Dioxinas y PCBs
Carne de pescado y Crustáceos.	4	8
Carne de Anguilas	4	12

5. Residuos de medicamentos veterinarios. Los productos y subproductos de la acuicultura deben cumplir con los siguientes límites máximos de residuos de medicamentos veterinarios:

Nombre del medicamento veterinario	Limite máximo permitido µg/kg
Cloranfenicol	No permitido

Furazolidona	No permitido
Nitrofurazona	No permitido
Oxitetraciclinas	100
Tetracilinas	100
Enrofloxacina	No permitido
Florfenicol	1000
Albendazole	No permitido
Fenbendazole	No permitido
Lactonas Macrocíclicas	No permitido
Oxfendazole	No permitido
Dietiletilbestrol (DES)	No permitido
Estilbenos	No permitido
Esteroides	Ningún positivo (*)
Cloranfenicol	No permitido
Nitrofuranos	No permitido

(*) Debido a que es una hormona que se utiliza en etapas tempranas o reproductivas de las actividades acuícolas que así lo requieran, pero durante el muestreo en etapas posteriores este no debe ser positivo.

6. **Características de frescura**. Los productos y subproductos de la pesca y acuicultura deben cumplir con las siguientes características de frescura:

Concentración	Especies para muestrear
25 mg de nitrógeno/100 g de carne	Especies pelágicas y demersales
35 mg de nitrógeno/100 g de carne	Especies cartilaginosas (Tiburón y Raya)
30 mg de nitrógeno/100 g de carne	Crustáceos

7. **Requisitos microbiológicos**. Los productos y subproductos de la pesca y acuicultura deben cumplir con los siguientes recuentos máximos microbiológicos permitidos.

7.1. Pescado fresco y congelado:

Parámetro microbiológico	Límite máximo permitido
Recuento total	5×10^5 ufc/g
Recuento de *Escherichia coli*	1×10^2 ufc/g
Recuento de Coliformes totales	1×10^3 ufc/g
Recuento de *Staphylococcus aureus* coagulasa positivo	1×10^3 ufc/g
Salmonella spp	Ausencia en 25 gramos
Vibrio cholerae O1	Ausencia en 25 gramos

7.2. Producto pesquero listo para consumo:

Parámetro microbiológico	Límite máximo permitido
Salmonella spp	Ausencia en 25 gramos
Listeria monocytogenes	Ausencia en 25 gramos

7.3. Crustáceos crudos congelados:

Parámetro microbiológico	Límite máximo permitido
Recuento total	5×10^6 ufc/g
Recuento de *Escherichia coli*	1×10^2 ufc/g
Recuento de Coliformes totales	1×10^3 ufc/g
Recuento de *Staphylococcus aureus* coagulasa positivo	1×10^3 ufc/g
Salmonella spp	Ausencia en 25 gramos
Vibrio cholerae O1	Ausencia en 25 gramos

7.4. Crustáceos listos para consumo:

Parámetro microbiológico	Límite máximo permitido
Salmonella spp	Ausencia en 25 gramos
E. coli	10 ufc/g

Listeria monocytogenes	Ausencia en 25 gramos

7.5 Moluscos bivalvos vivos o frescos:

Parámetro microbiológico	Límite máximo permitido
Salmonella spp	Ausencia en 25 gramos
Vibrio parahaemolyticus	Ausencia en 25 gramos

7.6 Productos pelados y descabezados de crustáceos y moluscos cocidos:

Parámetros microbiológicos	Límite máximo permitido
Staphylococcus coagulasa positiva	1000 ufc/g
E.coli	10 ufc/g
Listeria monocytogenes	Ausencia en 25 gramos
Salmonella spp	Ausencia en 25 gramos

7.7. Para conservas enlatadas se le hará esterilidad comercial.

8. Tintes o colorantes solo para acuicultura.

Tinte o colorante	Límite máximo permitido
Verde Malaquita	La sumatoria de ambos no puede superar las 2 ppb
Verde de leuco malaquita	

9. Agua potable. El agua que se utiliza en las plantas de proceso de productos pesqueros, además, de reunir las características establecidas en el Reglamento para la Calidad del Agua Potable, Decreto Ejecutivo Nº 32327-S del 10 de febrero del 2005, deberá cumplir con pruebas microbiológicas complementarias de acuerdo con los criterios que se establecen a continuación:

Parámetro microbiológico	Límite máximo permitido
Clostridium perfringens (*) incluidas las esporas	0/100 ml

Enterococcus spp	0/100 ml

(*) Este agente microbiológico solo se muestrea para aguas superficiales.

10. Aditivos:

Aditivo	Límite máximo permitido mg/kg
Bisulfito en crustáceos crudos, expresados como SO_2	100
Bisulfito en crustáceos cocidos, expresados como SO_2	50

Este aditivo debe ser declarado obligatoriamente en el empaque.

Nota: Para el caso específico de crustáceos crudos y cocidos se permiten los límites de Bisulfito indicados en esta tabla, no obstante para el resto de productos y subproductos de la pesca y acuicultura se permiten los indicados en la Norma General del CODEX para los aditivos alimentarios, CODEX STAN 192-1995 y sus revisiones.

11. Métodos de análisis: Se utilizaran los métodos para la verificación de los parámetros que se establecen en la SENASA, publicada en–2008 DG-–resolución Nº 002- La Gaceta Nº 94 del 16 de mayo del 2008.

12. Concordancias. Este Decreto concuerda con las Directivas del Codex Alimentarius, Comunidad Económica Europea y con las de la Agencia de Alimentos y Medicamentos de los Estados Unidos de América (FDA):

Directiva 95/2/ CE Aditivos alimenticios distintos de los colorantes y edulcorantes.

Directiva 96/23/CE: Relativa a las medidas de control aplicables respecto de determinadas sustancias y sus residuos en los animales vivos y sus productos.

Reglamento (CE) Nº 2406/96: Normas comunes de comercialización para determinados productos pesqueros.

Directiva 2001/22/CE: Contenidos máximos de algunos contaminantes en los productos alimenticios.

Residues of some veterinary drugs in animals and foods FAO/WHO, FAO food and nutrition paper 41/16.

Reglamento (CE) Nº 2073/2005 relativo a los criterios microbiológicos a los productos alimenticios.

Reglamento (CE) Nº 1881/2006 de la Comisión de 19 de diciembre de 2006 de la Comunidad Económica Europea.

Codex Alimentarius, Volumen 3: Residuos de medicamentos veterinarios en los alimentos.

Artículo 2º- Es obligación de todo procesador de alimentos mantener los controles de proceso para reducir los riesgos sobre la salud de las personas. Este decreto no exime al procesador de alimentos de establecer y ejecutar un programa propio de monitoreo de residuos y agentes microbiológicos.

Artículo 3º- Todo producto pesquero que se importe deberá cumplir con los límites establecidos en el presente Decreto.

Artículo 4º- En el caso de exportaciones a mercados con requerimientos que difieran a los límites establecidos en la presente disposición normativa, el SENASA debe exigir el cumplimiento de la regulación del mercado de destino en cuyo caso, deberá informar y justificar a los interesados de esos requerimientos establecidos por esos mercados destino.

Artículo 5º- Se autoriza al SENASA a actualizar la lista de principios activos de medicamentos para el uso de las especies de acuicultura, conforme se registren y aprueben por el Departamento de Registro y Control de Medicamentos Veterinarios del SENASA.

Artículo 6º- Todos aquellos productos y subproductos pesqueros que de acuerdo a los análisis realizados sobrepasen los limites fijados en el presente Decreto se les aplicará la correspondiente medida sanitaria conforme lo determinado por la Ley General del Servicio Nacional de Salud Animal (SENASA), Ley Nº 8495 del 6 de abril del 2006.

Artículo 7º- El sistema de muestreo, interpretación de resultados y metodología a ser empleada para determinar el cumplimiento de los parámetros establecidos en este Decreto se publicará en el Diario Oficial La Gaceta, mediante directriz administrativa emitida por la Dirección General del SENASA y que obligatoriamente se hará constar en la página digital de dicho organismo.

Artículo 8º- El SENASA será el encargado de velar por el cumplimiento de las disposiciones contenidas en el presente Reglamento.

Artículo 9º- Rige a partir de un mes después de su publicación en el Diario Oficial La Gaceta.

Dado en la Presidencia de República. -San José, a los nueve días del mes de julio del dos mil ocho. ÓSCAR ARIAS SÁNCHEZ. -El Ministro de Agricultura y Ganadería, Javier Flores Galarza.

REGULACIONES PARA LA CAZA MENOR Y MAYOR FUERA DE LAS ÁREAS SILVESTRES PROTEGIDAS Y, DE LA PESCA EN ÁREAS SILVESTRES PROTEGIDAS

Decreto Ejecutivo Nº 34967-MINAET

(Publicado en La Gaceta Nº 12 de 19 de enero del 2009)

EL PRESIDENTE DE LA REPÚBLICA
Y EL MINISTRO DE AMBIENTE, ENERGÍA Y TELECOMUNICACIONES

En ejercicio de las facultades que nos confieren los incisos 3) y 18) del artículo 140 y 146 de la Constitución Política, la Convención sobre el Comercio de Fauna y Flora Silvestres Amenazadas (CITES), Ley Nº 5605, del 30 de octubre de 1974, publicada el 28 de enero de 1975, los artículos 6, 12, 14,18 y 25 de la Ley de Conservación de la Vida Silvestre, Nº 7317 de 30 de octubre de 1992, publicada en *La Gaceta* Nº 235 del 7 diciembre de 1992 y los artículos 11 y 57 de la Ley de Biodiversidad, Nº 7788, de 30 de abril de 1998, publicada en *La Gaceta* 101 del 27 de mayo de 1998, y

Considerando:

1º–Que la administración de los recursos de vida silvestre, la facultad para dictar medidas y establecer procedimientos necesarios para asegurar la conservación de la diversidad biológica del país, son funciones del Ministerio de Ambiente, Energía y Telecomunicaciones (MINAET).

2º–Que la destrucción de los hábitats naturales, la cacería furtiva, la contaminación ambiental y el comercio ilegal de animales vivos o sus productos, han disminuido peligrosamente las poblaciones de algunas especies de fauna silvestre, y otras se encuentran en inminente peligro de extinción en el territorio nacional, por lo que se hace necesario establecer regulaciones para su aprovechamiento.

3º–Que algunas especies de fauna silvestre son raras o endémicas en áreas muy reducidas del territorio nacional y requieren estrictas medidas de control para asegurar su sobrevivencia.

4º–Que la Ley de Biodiversidad, Nº 7788, estableció criterios preventivo y precautorio cuando exista peligro o amenaza grave o inminente a los elementos que componen la biodiversidad y que la ausencia de certeza científica no deberá utilizarse como razón para postergar la adopción de medidas eficaces de protección. Por tanto,

DECRETAN:

REGULACIONES PARA LA CAZA MENOR Y MAYOR FUERA DE LAS ÁREAS SILVESTRES PROTEGIDAS Y, DE LA PESCA EN ÁREAS SILVESTRES PROTEGIDAS

CAPÍTULO I
La caza, la pesca y torneos en áreas silvestres protegidas

Artículo 1.- Se prohíbe la caza mayor y menor, los torneos de caza y liberación, la caza menor de aves canoras y de plumaje, la pesca en parques nacionales, "con excepción de lo establecido en el artículo 10 de la Ley del Servicio de Parques Nacionales, Nº 6084, de fecha 24 de agosto de 1977 y el inciso c) del artículo 21 de este Decreto", reservas biológicas, monumentos naturales, reservas forestales, zonas protectoras, reservas indígenas, "excepto la caza de subsistencia para los indígenas residentes", refugios de vida silvestre, "salvo cuando se trate de programas de manejo de poblaciones que realice el Sistema Nacional de Áreas de Conservación del Ministerio de Ambiente, Energía y

Telecomunicaciones", y las fincas sometidas al Régimen de pago de servicios ambientales y aquellas que se encontrasen bajo la administración de las Áreas de Conservación.

CAPÍTULO II
Prohibiciones

Artículo 2º- Se prohíbe la caza mayor y menor de las especies con poblaciones reducidas o en peligro de extinción, de conformidad con lo dispuesto en los artículos 26 y 29 del Decreto Ejecutivo Nº 32633, Reglamento a la Ley de Conservación de la Vida Silvestre, con excepción de lo que disponga técnicamente el Sistema Nacional de Áreas de Conservación (SINAC).

Artículo 3.- Queda prohibido de igual forma:

a) "Calentar" aves silvestres en jaulas con trampas o jaulas cogedoras durante los días no autorizados para la caza.

b) La caza de aves silvestres con luz artificial durante la noche, al igual que la captura de aves con pegamentos y redes de niebla.

c) La caza de todas las especies de aves silvestres residentes y migratorias en todo el territorio nacional, con excepción de las que se indiquen en el presente Decreto Ejecutivo.

d) Transportar aves canoras (aves con llamativos cantos) o de plumaje (aves con plumaje de llamativos colores) en jaulas cogedoras, echadoras o con trampas, en fechas no autorizadas para la caza.

En aquellos casos, que el administrado desee transportarlas deberá contar con el permiso de tenencia vigente y permiso de traslado de acuerdo a la Ley de Vida Silvestre y su Reglamento y al artículo 25 de este Decreto.

e) La caza de aves canoras y de plumaje, en los lugares que se indican a continuación:

1) En los distritos de Los Ángeles, Piedades Norte y San Rafael del cantón de San Ramón; la zona comprendida entre Alto Villegas del distrito de Volio del cantón de San Ramón, empezando en la Carretera que comunica Zarcero con San Ramón en el cruce a Ángeles Norte, siguiendo por este camino hasta el cruce hacia El Silencio siguiendo por este camino hasta el puente del Río Silencio, continuando por el cauce aguas abajo hasta la desembocadura en el Río Espino, continuando por la margen derecha aguas arriba hasta el puente en el camino que comunica San Luis con Barranca, de este punto continua por el camino hasta Barranca, siguiendo por la carretera que conduce a San Ramón hasta el punto inicial ubicado en Alto Villegas y el cruce a Ángeles Norte; en la zona comprendida entre la carretera que conduce de San Ramón a la Fortuna entre los ríos la Esperanza y Burro, margen izquierda hasta incluir El Bosque Eterno de los Niños en los distritos de La Tigra de San Carlos y San Isidro de Peñas Blancas del cantón de San Ramón.

2) En el distrito de Monterrey de San Carlos y en la zona comprendida entre la carretera que lleva de la Comunidad del Tanque a Monterrey de San Carlos, iniciando en el cruce a Montelimar, siguiendo por este camino a la derecha, pasando por el poblado de San Andrés, hasta el poblado de Nieves siguiendo hasta encontrarse con la carretera que conduce a los Chiles, pasando por Santa Rosa y Acapulco hasta llegar al paso del Río Chimurria, en este sitio se sigue a la izquierda sobre el camino que lleva hacia San Jorge hasta interceptar la carretera que une San Jorge con Chambacú, de este punto se sigue al sur por la carretera hacia Chambacú, y Cedros, siguiendo hasta Mirador y el cruce que lleva a Montelimar en el punto inicial.

3) En los cantones de Puriscal, Acosta, Turrubares, Mora, Dota y Tarrazú y Pérez Zeledón de la provincia de San José.

4) En el cantón de Aguirre, Parrita, Buenos Aires y Coto Brus de la provincia de Puntarenas.

5) En el cantón del Guarco de la provincia de Cartago.

6) Un kilómetro en ambas márgenes del río Virilla, en la zona comprendida entre el puente sobre la autopista General Cañas y el puente de Piedras Negras en la carretera que comunica Puriscal con Turrúcares de Alajuela.

7) Partiendo del puente sobre el Río Aranjuez en la Carretera Interamericana Norte, margen derecha siguiendo por dicha carretera hasta el punte sobre el Río Lagarto, de este punto aguas arriba por la margen derecha hasta la confluencia de la Quebrada Rodríguez, cerca de Santa Elena, de este punto siguiendo por la margen derecha aguas arriba hasta su nacimiento en el Cerro Chomogo, continuando al sur por la divisoria de aguas y los límites políticos de la provincia de Alajuela y Puntarenas hasta intersecar el Cerro Ojo de Agua, siguiendo al sur hasta el nacimiento del Río Aranjuecito, continuando aguas abajo hasta el punto inicial en el puente sobre la Carretera Interamericana Norte.

8) Se prohíbe por tiempo indefinido la caza del jilguero (Myadestes melanops) en todo el territorio nacional.

Artículo 4°- Se prohíbe la caza menor de las siguientes aves canoras, de plumaje, y otras especies silvestres en todo el territorio nacional en el período que a continuación se indica:

- Aves canoras:

a) Aguío coroniamarillo, monjito (Euphonia luteicapilla), del 1° de enero al 30 de setiembre.

b) Aguío gorgiamarillo (Euphonia hirundinacea) del 1° de enero al 30 de setiembre.

c) Euphonia menuda, canaria (Euphonia minuta) del 1° de enero al 30 de setiembre.

d) Finito gargantinegra, finito (Euphonia affinis) del 1° de enero al 30 de setiembre.

e) Gallito, semillerito cariamarillo (Tiaris olivacea) del 1° de abril al 30 de setiembre.

f) Setillero collarejo (Sporophila torqueola) del 1° de abril al 30 de setiembre.

g) Setillero garganta negra (Sporophila aurita) del 1° de abril al 30 de setiembre.

- Aves de plumaje:

a) Tangara moteada, zebra (Tangara guttata) del 1° de marzo al 30 de setiembre.

b) Tangara dorada, Juanita (Tangara icterocephata) 1° de marzo al 30 de setiembre.

c) Tangara capuchidorada, siete colores, mariposa (Tangara larvata) 1° de marzo al 30 de setiembre.

d) Gorrión común, eléctrico (Passer domesticus) del 1° de mayo al 30 agosto.

- Caza menor de aves con arma de fuego:

a) Paloma collareja (Patagioenas fasciata) durante el período comprendido del 1° de febrero al 31 de agosto.

b) Paloma alablanca (Zenaida asiática), del 1° de abril al 31 de octubre.

c) Codorniz común (Colinus leucopogon) del 1° de abril al 30 de setiembre.

d) Paloma morada (Patagioenas flavirostris, Patagioenas nigrirostris) del 1 de marzo al 30 de setiembre.

CAPÍTULO III
Autorizaciones Caza menor de aves

Artículo 5º- Se podrá cazar aves silvestres canoras y de plumaje, en las condiciones y periodos que a continuación se indican:

a) En tiempo autorizado y únicamente con una jaula cogedora por cazador.

b) El número de piezas por cazador por año está estipulado en el Artículo 4 de este Reglamento, en todo el territorio nacional, excepto lo establecido en el inciso e) del artículo 3 de este decreto.

c) Únicamente durante los días sábados, domingos y feriados autorizados por Ley, con horario de 6 a.m. a 5 p.m.

d) En caso de torneos de caza de aves y la posterior liberación de las aves capturadas, estos torneos son para un día específico en un sitio autorizado según la solicitud presentada, con un máximo de dos fechas por temporada para un sitio. Los sitios deben estar a más de 5 kilómetros de distancia uno de otro y en fechas autorizadas en el artículo 4 y 20 de este decreto.

e) Aves canoras:

a. Aguío coroniamarillo, monjito (Euphonia luteicapilla), se permite la caza de una pieza por año en el periodo comprendido del 1º de octubre al 31 de diciembre.

b. Aguío gorgiamarillo (Euphonia hirundinacea) se permite la caza de una pieza por año en el periodo comprendido del 1º de octubre al 31 de diciembre.

c. Euphonia menuda, canaria (Euphonia minuta) se permite la caza de una pieza por año en el periodo comprendido del 1º de octubre al 31 de diciembre.

d. Finito gargantinegra, finito (Euphonia affinis) se permite la caza de una pieza por año en el periodo comprendido del 1º de octubre al 31 de diciembre.

e. Gallito, semillerito cariamarillo (Tiaris olivacea) se permite la caza de dos piezas por año en el periodo comprendido del 1º de octubre al 31 de marzo.

f. Setillero collarejo (Sporophila torqueola) se permite la caza de dos piezas por año en el periodo comprendido del 1º de octubre al 31 de marzo.

g. Setillero garganta negra (Sporophila aurita) se permite la caza de dos piezas por año en el periodo comprendido del 1º de octubre al 31 de marzo.

f) Aves de plumaje:

1. Tangara moteada, zebra (Tangara guttata) se permite la caza de una pieza por año en el periodo comprendido del 1º de octubre al 28 de febrero

2. Tangara dorada, Juanita (Tangara icterocephata) se permite la caza de dos piezas por año en el periodo comprendido del 1º de octubre al 28 de febrero.

3. Tangara capuchidorada, siete colores, mariposa (Tangara larvata) se permite la caza de dos piezas por año en el periodo comprendido del 1º de octubre al 28 de febrero.

4. Gorrión común, eléctrico (Passer domesticus) se permite la caza de cinco piezas por año en el periodo comprendido del 1º de setiembre al 30 de abril.

5. Capuchino bicolor (Lonchura malaca) se permite su caza, sin límite de piezas en todo el territorio nacional, durante todo el año.

Artículo 6º- Se podrán cazar con arma de fuego, en tiempo autorizado, las siguientes especies de aves de caza menor, en un horario de 6:00 a.m. a 5:00 p.m., durante los días sábado, domingo y feriados autorizados por Ley, con un límite máximo de piezas según se indica a continuación:

a) Codorniz común (Colinus leucopogon), 10 piezas por día por cazador, en todo el territorio nacional en el período comprendido entre el 1º de octubre y el 31 de marzo.

b) Zanate (Quiscalus mexicanus), sin límite de piezas, en todo el territorio nacional, durante todo el año.

c) Paloma alablanca (Zenaida asiática), 20 piezas por día, por cazador, en todo el territorio nacional, en el período comprendido entre el 1º de noviembre y el 31 de marzo.

d) Paloma morada (Patagioenas flavirostris, Patagioenas nigrirostris), 10 piezas por día, por cazador, en todo el territorio nacional, excepto las zonas delimitadas en los artículos 10, 11, 12 y 13 de este decreto, cuando por la distribución de estas especies corresponda, en el período comprendido entre el 1° de octubre y el 29 de febrero.

e) Paloma collareja (Patagioenas fasciata), 10 piezas por día, por cazador, en el período comprendido entre el 1° de setiembre y el 31 de enero, en los siguientes lugares:

1) En fincas privadas, en ambos márgenes de la Carretera Interamericana Sur, entre el Kilómetro 34 hasta el kilómetro 39, entre el kilómetro 41 y el kilómetro 47, entre el kilómetro 52 y el kilómetro 55, entre el kilómetro 57 y el kilómetro 64 (sitio conocido como Madreselva). Únicamente a más de 50 metros del límite de la carretera y fuera de los límites de la Reserva Forestal Los Santos y el Parque Nacional Tapantí Macizo de la Muerte.

En las zonas no autorizadas (entre el kilómetro 39 al kilómetro 40, entre el kilómetro 41 al kilómetro 46, entre el kilómetro 52 al kilómetro 54, y entre el kilómetro 55 al kilómetro 56) que incluye poblados a la orilla de la carretera sólo se permitirá la caza en fincas particulares fuera de la Reserva Forestal Los Santos y el Parque Nacional Tapantí Macizo de la Muerte en sitios que se ubiquen a 1 kilómetro o más de la carretera.

2) En fincas privadas, en ambas márgenes de la carretera entre Carrizal de Alajuela y Poasito, a más de 50 metros de los límites de carretera.

3) En fincas privadas en ambas márgenes de las carreteras entre Tarbaca y Vuelta de Jorco, a más de 50 metros de los límites de carretera.

f) Paloma de castilla (Columba livia), sin límite de piezas, en todo el territorio nacional, durante todo el año.

Los extranjeros no residentes sólo podrán cazar en Guanacaste y solamente la paloma alablanca (Zenaida asiática).

CAPÍTULO IV
Zonas autorizadas para la caza

Artículo 7º- Se declaran las siguientes zonas de caza:

Zona 1. Provincia de Guanacaste

Zona 2. Provincias de Alajuela y Heredia

Zona 3. Provincias de Puntarenas y San José

Zona 4. Provincias de Cartago y Limón

La caza se permite solamente de 6 a.m. a 5 p.m. en los días autorizados.

CAPÍTULO V
De la caza menor y mayor con armas y métodos de caza autorizados en el Reglamento a la Ley de Conservación de la Vida Silvestre.

Artículo 8°- Se deberá de observar las regulaciones para las temporadas de caza, de acuerdo con las zonas declaradas en el artículo 7.

Artículo 9°- Se autoriza únicamente la utilización de un perro por cazador.

Artículo 10.- Zona 1. (Guanacaste). Se prohíbe la caza mayor y menor, con excepción de los siguientes días: 1, 2, 15 y 16 de noviembre de 2008; 4, 5, 18, 19 y 25 de julio de 2009; 1, 2, 15, y 16 de agosto de 2009; 5, 6, 19 y 20 de setiembre de 2009; 3, 4, 12, 17 y 18 de octubre de 2009; y 7, 8, 21 y 22 de noviembre de 2009, durante los cuales se permite la caza.

Además se prohíbe la caza mayor y menor en los siguientes sitios:

a) En la zona comprendida entre los siguientes puntos en la hoja cartográfica Tilarán: Partiendo del pueblo de Santa Elena de Monteverde, en el puente sobre la Quebrada Rodríguez, en la carretera que lleva a Las Nubes de Río Chiquito, margen derecha hasta el punto conocido como la Esperanza, de este lugar siguiendo el camino que lleva a San Pedro hasta intersectar el Río Chiquito, siguiendo por este cauce en la margen derecha hasta su desembocadura en la Laguna Arenal continuando por la margen derecha del camino que conduce a el Castillo, hasta la desembocadura del Río Caño Negro, siguiendo aguas arriba hasta su nacimiento, de este punto siguiendo al norte por la divisoria de aguas y los límites políticos de la provincia de Guanacaste y Alajuela hasta el Cerro Amigos.

b) En el área delimitada por la carretera y comprendida entre las siguientes poblaciones: Playa El Coco, Sardinal, San Blas, Paso Tempisque, Filadelfia, Belén, Santa Ana, Coyolillo, Portegolpe, Huacas y Brasilito; siguiendo la línea de la costa en dirección norte hasta la Playa El Coco.

c) En la zona comprendida entre el punto de las coordenadas 364,500 y 315,500 de la hoja cartográfica Murciélago N° 3048 1 sobre la Carretera Interamericana Norte, siguiendo por esta carretera hasta la ciudad de Liberia, luego siguiendo la carretera 21 del Ministerio de Obras Públicas y Transportes hasta el cruce entre el poblado de Paso Tempisque y el poblado de San Blas, comprendido en el punto de las coordenadas 364,699 y 274,509 de la hoja cartográfica Belén 3047 II, luego siguiendo la carretera hacia el poblado de San Blas hasta el poblado de Sardinal, siguiendo la carretera 151, con sentido oeste hasta su final en Playas del Coco, esta área comprende la zona del Polo Turístico Golfo Papagayo así como el área de influencia inmediata al mismo, continuando por la costa hasta el punto de coordenadas 354,500 y 302; Hoja Cartográfica Ahogados N° 3048 2, en el Cerro Carbonal, límite del Parque Nacional Santa Rosa, continuando por el límite sur de dicho parque hasta el sitio inicial en coordenadas 364,500 y 315,500 sobre la Carretera Interamericana.

d) En el área comprendida entre los siguientes puntos: de Punta Coyote, en coordenadas 193950 N 396400 E, siguiendo al noreste al camino que inicia en Caletas, en coordenadas 193950 N 397150 E. Se continúa al noreste por ese mismo camino hasta San Francisco de Coyote, en coordenadas 198650 N 399900 E. Se sigue al Noreste por el camino hasta Javillo, en coordenadas 205925 N 401725 E. Sigue al Noroeste por ese camino hasta el cruce que va hacia Quebrada Grande, en coordenadas 207375 N 396425 E, continúa luego al Noroeste por el camino hasta el cruce que va hacia Los

Ángeles, en coordenadas 209525 N 395675 E, de este cruce se continúa al Noroeste por ese camino hasta el cruce con el camino a San Ramón (Río Ora), en coordenadas 213150 N 393650 E, continúa al Noroeste por el camino a San Ramón hasta la intersección que va de Cangrejal a San Ramón en coordenadas 214275 N 389850 E. Sigue al Noreste por el camino a San Ramón hasta la intersección de este con el río Chiles en coordenadas 214300 N 389875 E, continúa al Suroeste aguas abajo del Río Chiles hasta su confluencia con el Río Ora, en coordenadas 213950 N 389600 E, continúa al suroeste aguas abajo del Río Ora hasta su desembocadura en coordenadas 205300 N 376950 E, sigue luego al Sureste por la orilla de la playa hasta el punto inicial en Punta Coyote coordenadas 193950 N 396400 E.

e) En la zona comprendida en los cerros Caballito y Quebrada Honda, área delimitada por el camino que conduce de Quebrada Honda, Caballito y Corralillo hasta encontrar el camino entre Puerto Humo y Nicoya, siguiendo por esta ruta hasta el cruce de Santa Ana, continuando por este camino pasando por los poblados de Santa Ana y Barra Honda hasta la carretera hacia Puerto Moreno, siguiendo hasta el poblado de Quebrada Honda, punto original de partida. Dicha área se encuentra ubicada en las hojas cartográficas Talolinga y Matambú, Provincia de Guanacaste.

f) En las Reservas Indígenas (excepto la caza de subsistencia que realicen los indígenas con permiso del SINAC).

g) Se exceptúa de esta prohibición al Coyote (Canis latrans).

Artículo 11.- Zona 2. (Alajuela, Heredia) Se prohíbe la caza mayor y menor, con excepción de los siguientes días: 1, 3, 4, 17 y 18 de enero de 2009; 7, 8, 21 y 22 de febrero de 2009; 7, 8, 21 y 22 de marzo de 2009; 11, 12, 25 y 26 de abril de 2009, 1, 2, 3, 16 y 17 de mayo de 2009; 1, 2, 3, 16 y 17 de enero de 2010; 6, 7, 20 y 21 de febrero de 2010; 13, 14, 27 y 28 de marzo de 2010 durante los cuales se permite la caza. Además se prohíbe la caza mayor y menor en los siguientes sitios:

a) En el cantón de Grecia y en los distritos de Piedades Norte, Los Ángeles, San Isidro de Peñas Blancas, Santiago, Piedades Sur, San Rafael y Zapotal del cantón de San Ramón; el distrito de Monterrey del cantón de San Carlos, en la zona comprendida en los distritos de Los Ángeles y Volio del cantón de San Ramón; la zona comprendida entre Alto Villegas del distrito de Volio del cantón de San Ramón, empezando en la carretera que comunica Zarcero con San Ramón en el cruce a Ángeles Norte, siguiendo por este camino hasta el puente de la Quebrada Plata continuando por el cauce aguas abajo hasta la desembocadura en el Río Espino, continuando por la margen derecha aguas arriba hasta el puente en el camino que comunica San Luis con Barranca, de este punto continua por el camino hasta Barranca, siguiendo por la carretera que conduce a San Ramón hasta el punto inicial ubicado en Alto Villegas y el cruce a Ángeles Norte; en la zona comprendida entre la carretera que conduce de San Ramón a la Fortuna entre los ríos la Esperanza y Burro, margen izquierda hasta incluir El Bosque Eterno de los Niños en los distritos de La Tigra de San Carlos y San Isidro de Peñas Blancas del cantón de San Ramón.

b) En la zona comprendida entre la carretera que conduce de San Ramón a la Fortuna entre los ríos La Esperanza y Burro, margen izquierda hasta colindar con El Bosque Eterno de los Niños en los distritos de La Tigra de San Carlos y San Isidro de Peñas Blancas del Cantón de San Ramón.

c) 100 metros en ambas márgenes del Río San Rafael en Muelle de San Carlos, entre el puente sobre la carretera que comunica la comunidad de Muelle con Pital y la desembocadura del Río San Rafael en el Río San Carlos.

d) En la zona comprendida entre la carretera que lleva de la comunidad del Tanque a Monterrey de San Carlos, iniciando en el cruce a Montelimar, siguiendo por este camino a la derecha, pasando por el poblado de San Andrés, hasta el poblado de Nieves siguiendo hasta encontrarse con la carretera que conduce a los Chiles, pasando por Santa Rosa y Acapulco hasta llegar al paso del Río Chimurria, en este sitio se sigue a la izquierda sobre el camino que lleva hacia San Jorge hasta interceptar la carretera que une San Jorge con Chambacú, de este punto se sigue al sur por la carretera hacia Chambacú, y Cedros, siguiendo hasta Mirador y el cruce que lleva a Montelimar en el punto inicial.

e) Un kilómetro en la margen derecha aguas abajo del Río Virilla, en la zona comprendida entre el puente sobre la autopista General Cañas y el Puente de Piedras Negras en la carretera que comunica Puriscal con Turrúcares de Alajuela.

f) En las Reservas Indígenas, excepto la caza de subsistencia que realicen los indígenas con permiso del SINAC.

g) Se exceptúa de esta prohibición al Coyote (Canis latrans).

Artículo 12.–Zona 3. (Puntarenas, San José). Se prohíbe la caza mayor y menor, con excepción de los siguientes días: 4, 5, 18, 19 y 25 de julio de 2009; 1, 2, 15, y 16 de agosto de 2009; 5, 6, 19 y 20 de setiembre de 2009; 3, 4, 12, 17 y 18 de octubre de 2009; y 7, 8, 21 y 22 de noviembre de 2009, durante los cuales se permite la caza. Además se prohíbe la caza mayor y menor en los siguientes sitios:

a) En la Isla San Lucas, incluyendo su área marina.

b) En la zona comprendida entre los siguientes puntos en la hoja cartográfica las Juntas: Partiendo del puente sobre el Río Aranjuez en la Carretera Interamericana Norte, margen derecha siguiendo por dicha carretera hasta el punte sobre el Río Lagarto, de este punto aguas arriba por la margen derecha hasta la confluencia de la Quebrada Rodríguez, cerca de Santa Elena, de este punto siguiendo por la margen derecha aguas arriba hasta su nacimiento en el Cerro Chomogo, continuando al sur por la divisoria de aguas y los límites políticos de la provincia de Alajuela y Puntarenas hasta intersecar el Cerro Ojo de Agua, siguiendo al sur hasta el nacimiento del Río Aranjuecito, continuando aguas abajo hasta el punto inicial en el puente sobre la Carretera Interamericana Norte.

c) En la zona comprendida entre Golfito de la provincia de Puntarenas, siguiendo por la carretera que conduce hasta Río Claro, continuando por la margen izquierda de la Carretera Interamericana Sur hasta el puente sobre el Río Térraba, en Palmar Sur, de este punto continua por la margen derecha del río hasta la Boca Coronado, para cerrar finalmente en Golfito, punto original, se exceptúa de esta prohibición la caza de patos y palomas que se realice en lagunas y áreas sembradas de arroz ubicadas fuera de áreas protegidas.

d) Un kilómetro en ambas márgenes del Río María Aguilar, en la zona comprendida entre el puente Los Anonos en la carretera vieja que comunica a San José con Escazú y la desembocadura en el Río Virilla.

e) Un kilómetro en la margen izquierda del Río Virilla, aguas abajo, en la zona comprendida entre el Puente sobre la autopista General Cañas y el puente de Piedras Negras en la carretera que comunica Puriscal con Turrúcares de Alajuela.

f) La caza de la paloma collareja en la carretera que conduce entre Vuelta de Jorco y Palmichal de Acosta, en ambas márgenes y en el Cerro El Guabal ubicado en coordenadas 205,500 latitud Norte y 51,800 longitud Oeste, Lambert Norte, Hoja Caraigres.

g) En las Reservas Indígenas, excepto la caza de subsistencia que realicen los indígenas con permiso del SINAC.

h) En los cantones de Pérez Zeledón, Mora, Santa Ana, León Cortes, Tarrazú, Dota, Puriscal, Turrubares y Acosta de la Provincia de San José; en los cantones de Parrita, Aguirre, Buenos Aires y Coto Brus de la provincia de Puntarenas, excepto lo establecido en el inciso e) del artículo 6 de este decreto, en donde se podrá cazar en los 50 metros medidos de la margen de la carretera y hasta los límites de la zona protegida, con salvedad a lo establecido en el artículo 19 de este decreto.

i) Se exceptúa de esta prohibición al Coyote (Canis latrans).

Artículo 13.- Zona 4. (Cartago, Limón). Se prohíbe la caza mayor y menor, con excepción de los siguientes días: 1, 3, 4, 17 y 18 de enero de 2009; 7, 8, 21 y 22 de febrero de 2009; 7, 8, 21 y 22 de marzo de 2009; 11, 12, 25 y 26 de abril de 2009, 1, 2, 3, 16 y 17 de mayo de 2009; 1, 2, 3, 16 y 17 de enero de 2010; 6, 7, 20 y 21 de febrero de 2010; 13, 14, 27 y 28 de marzo de 2010, durante los cuales se permite la caza. Además se prohíbe la caza mayor y menor en los siguientes sitios:

a) Los cantones de Jiménez y Turrialba, de la provincia de Cartago.

b) En el distrito de Orosí del cantón de Paraíso y el distrito de Tobosi, San Isidro y Patio de Agua del cantón del Guarco, excepto los sitios establecidos en el inciso e del artículo 6 de este decreto, en esta zona se podrá cazar luego de los 50 metros medidos de la margen de la carretera y hasta los límites de la zona protegida.

c) De conejos silvestres en los cantones: Cartago, Paraíso, La Unión, Jiménez, Alvarado y Oreamuno todos de la provincia de Cartago, con excepción de las fechas 4, 5, 12, 18 y 19 de octubre de 2009; y 1, 2, 15 y 16 de noviembre de 2009.

d) Se exceptúa de esta prohibición al Coyote (Canis latrans).

e) En las Reservas Indígenas, excepto la caza de subsistencia que realicen los indígenas con permiso del SINAC.

Artículo 14.- Se declaran como especies de caza mayor los mamíferos listados en este artículo, los cuales podrán cazarse, de acuerdo a las fechas autorizadas en el presente decreto para cada zona, excepto las zonas delimitadas en los artículos 10, 11, 12 y 13 de este Reglamento.

a) Odocoileus virginianus: Venado cola blanca; 2 machos por año.

b) Canis latrans: coyote; 4 animales por año, sujeto a temporada de caza autorizada por zona.

Artículo 15.- Se declaran como especies de caza menor los animales listados en este artículo, los cuales podrán ser cazados de acuerdo a las fechas autorizadas para cada zona, excepto en las zonas delimitadas en los artículos 10,11, 12 y 13 de este decreto:

a) Didelphis marsupialis: zorro pelón; 5 piezas por año, por cazador.

b) Didelphis virginiana: zorro pelón; 3 piezas por año, por cazador.

c) Sylvilagus brasilensis: conejo de monte; 5 piezas por año, por cazador.

d) Sylvilagus floridanus: conejo de monte; 5 piezas por año, por cazador.

e) Sciurus variegatoides: ardilla común; 10 piezas por año, por cazador.

f) Agouti paca: tepezcuintle; 1 pieza por año por cazador.

g) Dasyprocta punctata: guatuza; 2 piezas por año, por cazador.

h) Ctenosaura similis: garrobo; 8 piezas por año, por cazador.

CAPÍTULO VI
Generalidades sobre la caza mayor y menor

Artículo 16.- Tratándose de fincas privadas, los cazadores deberán obtener el correspondiente permiso por escrito del propietario registral, y fotocopia de la cédula del mismo, de conformidad con lo establecido en el artículo 32 de la Ley de Conservación de la Vida Silvestre y presentarlo en caso de requerirlo una autoridad competente.

Artículo 17.- Para cualquier actividad de cacería o captura se deberá portar la respectiva licencia.

Artículo 18.- De conformidad con lo establecido en los artículos 12, 17, 30 y 31 de la Ley de Conservación de la Vida Silvestre, Nº 7317, las Oficinas Subregionales de las Áreas de Conservación, las oficinas de Administración de los Refugios Nacionales de Vida Silvestre y otras que se establezcan con este fin en las diferentes Áreas de Conservación que conforman el Sistema Nacional de Áreas de Conservación, serán las encargadas de autorizar, emitir y suscribir o denegar las licencias de caza, así como las licencias de subsistencia.

Artículo 19.- Se define como "límite de piezas" al máximo número de animales de caza autorizado en el presente reglamento. El límite de piezas podrá ser acumulativo por días de caza en el caso de los patos, palomas y codornices. El cazador tiene la obligación de reportar el número de piezas cazadas por día, en la oficina del Área de Conservación del SINAC o a la Delegación de la Policía de Proximidad más cercana a la zona de caza visitada, quienes deberán llevar un registro detallado de los reportes proporcionados por los cazadores. Para tales efectos el Área de Conservación más cercana y sus sedes regionales mantendrán estrecha coordinación con la Policía de Proximidad para realizar los decomisos y denuncias cuando corresponda. Asimismo realizará visitas periódicas en las áreas donde se da con mayor frecuencia la cacería; y fortalecerá su programación anual para las visitas aleatorias en campo, patrullajes y puestos de control en carretera a fin de fiscalizar y llevar un control de las piezas cazadas.

Con el objetivo de mejorar el control en cuanto a la cacería de las especies por parte de la Administración, el administrado, para poder obtener un nueva licencia deberá presentar lo siguiente: 1- Si captura algún espécimen presentar original y copia del permiso de tenencia, de acuerdo al párrafo anterior 2- Si no captura, deberá entregar la licencia vencida para que el SINAC la destruya; 3- En casos de perdida de la licencia de caza deberá entregar una declaración jurada certificada indicado la causa de la pérdida del documento.

Artículo 20.- El SINAC a través de las oficinas subregionales de las diferentes Áreas de Conservación podrá autorizar la realización de torneos de caza, seguimiento de huellas o rastros y torneos de canto o exhibición de aves canoras o de plumaje en sitios o lugares preparados para tal fin de acuerdo con el artículo 51 del Reglamento a la Ley de Conservación de la Vida Silvestre, Decreto Ejecutivo Nº 32633, mediante resolución administrativa, sólo cuando se trate de:

a) Rastreo de huellas preparadas para los efectos del torneo en un día determinado; para lo cual no se autoriza el acoso, maltrato o muerte de animales silvestres.

b) Torneos de caza menor de aves canoras y de plumaje y su liberación en el mismo sitio de captura, con un máximo de dos fechas por sitio por el período autorizado, excepto en los meses de marzo, abril, mayo, junio, julio y agosto, en los cuales se prohíben los torneos de caza para proteger la fijación de parejas, territorio, anidaje y cría de polluelos. Autorizar un torneo de captura y liberación de aves canoras y de plumaje en el Área de Conservación La Amistad- Pacífico durante los periodos de caza permitidos para la zona 3.

c) Torneos de canto o exhibición de aves canoras en sitios bajo techo o cerrados y acondicionados para tal efecto. Autorizar un torneo de canto para las aves canoras en el Área de Conservación La Amistad- Pacífico, durante los períodos de caza permitidos para la zona 3, las mismas deberán encontrarse debidamente inscritas.

d) Autorizar un torneo de rastreo de huellas de mamíferos de la especie venado (*Odocoileus virginianus*) y de tepezcuintle (*Agouti paca*) en el Área de Conservación La Amistad- Pacífico, durante los períodos de caza permitidos para la Zona 3.

Para los torneos de caza menor de aves canoras y de plumaje, los participantes deberán portar y mostrar, si fuera requerido, la correspondiente licencia de caza vigente. Los torneos de caza deberán ser fiscalizados porfuncionarios del SINAC a través de las diferentes Áreas de Conservación según corresponda. Las asociaciones deberán presentar un informe sobre las aves capturadas y liberadas.

CAPÍTULO VII
Actividades de pesca deportiva en áreas protegidas

Artículo 21.- Se autoriza la pesca deportiva de:

a. Guapote (*Parachromis spp*), róbalo (*Centropomus undecimalis*), sábalo (*Megalops atlanticus)* y demás especies de peces, en, lagunas del Refugio de Fauna Silvestre de Caño Negro y el Refugio de Fauna Silvestre las Camelias, que permiten la pesca deportiva en su plan de manejo, entre el 1° de agosto del 2008 y el 31 de marzo del 2010 inclusive. Se podrá pescar con un límite de 5 peces con un tamaño mínimo de 25 cm. de longitud, por persona por día, pudiendo acumular las piezas atrapadas siempre que demuestre ante la autoridad competente la presencia en el Área hasta por tres días.

b. Gaspar (*Atractosteus tropicus*) en las lagunas del Refugio de Fauna Silvestre de Caño Negro y el Refugio de Fauna Silvestre las Camelias, entre el 1° setiembre 2008 y el 28 de febrero del 2010 inclusive. Se podrá pescar con un límite de 2 peces con un tamaño mínimo de 60 cm. de longitud, por persona por día pudiendo acumular las piezas capturadas según demuestre ante la autoridad competente la permanencia en el área hasta por tres días.

c. En Refugios de Fauna Silvestre y Parques Nacionales fuera de las fechas indicadas en incisos a y b, cuando la actividad esté contemplada en el Plan de Manejo o reglamentos de uso público y la pesca sea de subsistencia o de consumo familiar debiendo estar registrado en la Administración del Área Silvestre Protegida como residente de los poblados aledaños y requerir de la utilización del recurso pesquero para alimentación del grupo familiar.

Artículo 22.- Se prohíbe la pesca deportiva en la Laguna de Hule, ubicada en el Refugio de Fauna Mixto Bosque Alegre, Cariblanco.

Artículo 23.- De conformidad con lo establecido en los artículos 12, 17, 63 y 65 de la Ley de Conservación de la Vida Silvestre, N° 7317, las Oficinas Subregionales de las diferentes Áreas de Conservación, las oficinas de Administración de los Refugios Nacionales de Vida Silvestre y otras que se establezcan con este fin en las diferentes Áreas de Conservación que conforman el Sistema Nacional de Áreas de Conservación, serán las encargadas de autorizar, emitir y suscribir o denegar las licencias de pesca, así como las licencias de subsistencia, dentro de las áreas silvestres protegidas, cuando así lo estipule el plan de manejo.

Artículo 24.- El SINAC podrá autorizar la realización de torneos de pesca deportiva a grupos organizados, de conformidad con el artículo 51 del Reglamento a la Ley de Conservación de la Vida Silvestre, Decreto Ejecutivo N° 32633, en áreas silvestres protegidas cuando su plan de manejo lo permita, dependiendo del comportamiento de las poblaciones, mediante resolución administrativa, a través de las respectivas oficinas en las diferentes Áreas de Conservación.

CAPÍTULO VIII
De la tenencia de animales silvestres en cautiverio

Artículo 25.- De conformidad con el artículo 19 de la Ley de Conservación de la Vida Silvestre, Nº 7317, los administrados que capturen animales silvestres autorizados por el presente decreto y al amparo de la licencia correspondiente, deberán llenar y firmar un formulario oficial con las especies capturadas o cazadas con el amparo de la licencia anterior ante la Oficina subregional del Área de Conservación respectiva que corresponda, dentro del mes siguiente a la captura.

En el caso de tenencia de aves de plumaje en cautiverio en aviarios con dimensiones mínimas de 4 metros cúbicos adecuadamente acondicionados, se establece un límite de 15 aves en total por un aviario por permisionario con licencia.

Artículo 26.- Se prohíbe por tiempo indefinido, la caza o captura de las especies que no aparezcan contempladas en las listas de especies autorizadas para la caza en los artículos 4, 6, 14 y 15 de este Decreto.

Artículo 27.- Se prohíbe la venta, la tenencia temporal o permanente y la exhibición de aves silvestres canoras o de plumaje en las ferias del agricultor y establecimientos comerciales de cualquier índole.

Artículo 28.- La tenencia de aves silvestres en cautiverio deberá regirse por lo estipulado en el presente Decreto y en el Reglamento a la Ley de Conservación de la Vida Silvestre, Decreto Nº 32633.

Artículo 29.- Se exceptúa la aplicación del presente Decreto las fincas cinegéticas debidamente inscritas ante el Ministerio de Ambiente, Energía y Telecomunicaciones.

Artículo 30.- Deróguese el Decreto Ejecutivo N° 33775-MINAE publicado en *La Gaceta* Nº 108 de 06 de junio del 2007.

Artículo 31.- Rige a partir de su publicación en el Diario Oficial La Gaceta y vence el treinta y uno de marzo del 2010.

Dado en la Presidencia de la República.–San José, a las ocho horas del día seis de noviembre del dos mil ocho. ÓSCAR ARIAS SÁNCHEZ.- El Ministro de Ambiente, Energía y Telecomunicaciones, Roberto Dobles Mora.

Sección II. Importación

REGLAMENTO PARA LA EVALUACIÓN Y APROBACIÓN DE PRODUCTOS Y/O SUBPRODUCTOS DE ORIGEN ANIMAL IMPORTADOS POR COSTA RICA

Decreto Ejecutivo N° 21858-MAG

(Publicado en La Gaceta N° 49 de 11 de marzo de 1993)

EL PRESIDENTE DE LA REPÚBLICA
Y EL MINISTRO DE AGRICULTURA Y GANADERÍA,

En ejercicio de las facultades que les confiere el artículo 140, incisos 3) y 18) de la Constitución Política y con base en lo establecido en los artículos 48, incisos ch) y f) de la Ley No. 7064 de 9 de abril de 1987 y sus reformas, los artículos 2°, inciso b), 3°, inciso a) y d), 4°, 5°, 6°, 10 y 21 de la Ley No. 6243 del 2 de mayo de 1978, Ley de Salud Animal y el Artículo 19 de la Ley No. 6247 del 2 de mayo de 1978, Ley de Ganado,

Considerando:

1°- Que es función del Ministerio de Agricultura y Ganadería la vigilancia prevención, control y erradicación de enfermedades que afectan o podrían afectar las exportaciones zootécnicas de importancia económica para nuestro país.

2° -Que el Ministerio de Agricultura y Ganadería tiene la obligación de velar por la protección de la salud y el mejoramiento de la producción animal.

3°- Que es competencias del Ministerio de Agricultura y Ganadería promulgar y velar por la ejecución de las normas sanitarias que impiden la propagación de enfermedades zoonóticas que repercuten directamente en la salud de la población.

4°- Que el Ministerio de Agricultura y Ganadería a través de la Dirección de Salud y Producción Pecuaria es la institución encargada de mantener un eficiente y constante programa sanitario de todos los establecimientos o plantas de sacrificio, procesamiento y empaque de carne de las diferentes especies animal.

5°- Que es fundamental para el debido cumplimiento de la ejecución y el control de las medidas de vigilancia, inspección y cuarentena diseñar un sistema de evaluación y aprobación previa, a la llegada de los productos y/o subproductos a Costa Rica, de los programas de inspección de cada país y condiciones sanitarias de los establecimientos exportadores de esos productos.

6°- Que en ejercicio de las facultades y en cumplimiento de las obligaciones legales el Ministerio de Agricultura y Ganadería debe diseñar un sistema eficaz de control de los productos importados de origen animal con el objetivo de evitar el ingreso de productos que puedan poner en peligro o resulten perjudiciales para la salud pública o la salud animal.

7°- Que el control sobre los productos de origen animal importados debe garantizar a los consumidores la calidad y la seguridad de esos productos.

8°- Que el debido control e inspección en las importaciones de productos de origen animal garantizará a los productores e industrializadores nacionales que en el proceso de producción y elaboración de esos bienes se han aplicado normas sanitarias y de inspección equivalentes a las que se les solicita a las plantas y establecimientos de Costa Rica.

9°- Que es responsabilidad del Ministerio de Agricultura y Ganadería procurar que los productos importados sean de óptima calidad a fin de proteger el mercado nacional e internacional, al consumidor y al sistema económico y social costarricense.

Por tanto,

DECRETAN

el siguiente:

REGLAMENTO PARA LA EVALUACIÓN Y APROBACIÓN DE PRODUCTOS Y/O SUBPRODUCTOS DE ORIGEN ANIMAL IMPORTADOS POR COSTA RICA

CAPÍTULO I.
Normas generales

Artículo 1°—Evaluación y aprobación previa de sistemas de inspección veterinaria: Solamente podrán importarse productos y subproductos de origen animal provenientes de países cuyos sistemas de inspección veterinaria y/o de plantas o establecimientos estén regidos por normas equivalentes a los sistemas de inspección de Costa Rica y hayan sido evaluados y aprobados por la Dirección de Salud Animal del Ministerio de Agricultura y Ganadería (MAG).

Aún cuando se haya otorgado la aprobación del sistema de inspección veterinario, la Dirección de Salud Animal del MAG, tendrá la potestad de realizar inspecciones en las plantas o establecimientos exportadores de otros países, con el propósito de verificar el cumplimiento de las medidas sanitarias establecidas en el país exportador.

La aprobación de sistemas de inspección veterinaria y/o de plantas o establecimientos exportadores se efectuará de conformidad con lo dispuesto en la Ley de Salud Animal, el Acuerdo de Medidas Sanitarias y Fitosanitarias de la Organización Mundial del Comercio (AMSF), así como las normas, directrices y recomendaciones internacionales emitidas por la Organización Internacional de Epizootias (OIE) y el Codex Alimentarius. Adicionalmente, serán de aplicación los protocolos generales y específicos de inspección que al efecto determine la Dirección de Salud Animal del MAG

(Reformado por el Artículo 1° del Decreto Ejecutivo N° 31105-MAG de 9 de diciembre de 2002)

Informe de evaluación

Artículo 2°.- El Ministerio de Agricultura y Ganadería de Costa Rica comunicará a las autoridades competentes del país exportador, mediante un informe escrito los resultados de la evaluación, indicando en forma expresa si se aprueba o no el sistema de inspección. En aquellos casos en que no se apruebe un sistema de inspección deberá indicar cuáles aspectos administrativos, técnicos o jurídico no aprueba.

Principios y valores rectores de la evaluación

Artículo 3°.- El Ministerio de Agricultura y Ganadería deberá fundamentar la evaluación bajo dos principios fundamentales: la seguridad y confiabilidad que ofrece el sistema evaluado y la calidad higiénico sanitaria de los productos importados.

Los valores que deben prevalecer en la evaluación y aprobación de los sistemas de inspección veterinaria de acuerdo a esos principios serán: la salud pública y la salud animal.

Criterios de evaluación aprobación

Artículo 4°.- El Ministerio de Agricultura y Ganadería elaborarán un manual de normas y procedimientos establezca los criterios y parámetros para evaluar la equivalencia de los sistemas de inspección.

Revisión de sistemas

Artículo 5°.- El Ministerio de Agricultura y Ganadería evaluará globalmente los sistemas de inspección en los aspectos administrativos, jurídico y técnicos cada cinco años a efectos de verificar que se conserva la equivalencia en los sistemas.

Modificaciones

Artículo 6°.- El Ministerio de Agricultura y Ganadería comunicará a las autoridades competentes del país exportador, con el objeto de informar, los cambios que sufra la organización del sistema nuestro en lo administrativo, técnico y jurídico a efecto de que sean incorporados dentro del sistema del país exportador.

Las autoridades competentes del país exportador debe (sic) de igual manera notificar al Ministerio de Agricultura y Ganadería de los cambios que se operen en los aspectos mencionados.

Comisión evaluación

Artículo 7°.- El Ministerio de Agricultura y Ganadería integrará una comisión permanente, la cual se encargará de efectuar la evaluación de los sistemas de inspección de los países exportadores a Costa Rica.

Dicha comisión rendirá un informe al señor Ministro para que éste tome la decisión final acerca de la aprobación o no de un sistema evaluado, o de la suspensión de una aprobación otorgada con anterioridad.

CAPÍTULO II.
De la aprobación y Registro de establecimientos que exportan productos y/o subproductos de origen animal a Costa Rica

Artículo 8°—Solamente podrá importarse productos y/o subproductos de origen animal provenientes de establecimientos bajo un sistema oficial de inspección veterinaria evaluado y aprobado por Costa Rica. En los casos en que se solicite la importación de un producto de origen animal desde un país cuyo sistema no haya sido evaluado y aprobado por las autoridades del MAG, la Dirección de Salud Animal podrá autorizar la importación previa verificación mediante una visita de inspección, del cumplimiento de las medidas sanitarias que sean de aplicación.

(Reformado por el Artículo 2° del Decreto Ejecutivo N° 31105-MAG de 9 de diciembre de 2002)

Artículo 9°—Importación de productos de origen animal. De conformidad con los artículos 1 y 8 de este Reglamento, la importación de productos y/o subproductos de origen animal deberá provenir de países cuyos sistemas veterinarios o sistemas de inspección hayan sido evaluados y aprobados previamente por la Dirección de Salud Animal del MAG. En los casos en los que no se haya aprobado el sistema del país exportador, la importación sólo podrá provenir de plantas o establecimientos exportadores que hayan sido aprobados por la Dirección de Salud Animal del MAG.

Las autoridades sanitarias de los países cuyos productos de origen animal se quieran exportar a Costa Rica deberán presentar una solicitud formal a la Dirección de Salud Animal del MAG. Adicionalmente, los sujetos que deseen importar productos de origen animal procedentes de otros países, presentarán una solicitud formal a la Dirección de Salud Animal del MAG, la cual procederá a comunicar oficialmente a las autoridades sanitarias del país exportador, dicha solicitud, para los efectos correspondientes.

(Reformado por el Artículo 3° del Decreto Ejecutivo N° 31105-MAG de 9 de diciembre de 2002)

Artículo 10.—Criterios de evaluación de sistemas. La evaluación del sistema de inspección del país exportador deberá efectuarse de conformidad con las siguientes disposiciones:

a) Revisión de la documentación: las autoridades de la Dirección de Salud Animal del MAG deberán realizar una evaluación de las leyes, reglamentos, directrices y demás disposiciones que conformen el marco normativo y técnico de conformidad con el cual el país evaluado establece y aplica las medidas sanitarias y zoosanitarias correspondientes al producto que se quiera exportar a Costa Rica. En esta etapa de evaluación, las autoridades de la Dirección de Salud Animal del MAG deberán centrarse en los aspectos relacionados con: contaminación, enfermedades, procesamiento, residuos y criterios de cumplimiento. La evaluación tendrá como fin verificar que las medidas aplicadas por el país exportador en relación con los aspectos señalados anteriormente, cumplen con el nivel adecuado de protección establecido en Costa Rica, y por lo tanto, son equivalentes.

b) Revisión in situ: una vez que se ha cumplido con la etapa definida en el apartado anterior, los funcionarios designados por la Dirección de Salud Animal del MAG realizarán una visita al país exportador cuyo sistema se evalúa, con el propósito de verificar el cumplimiento de las medidas sanitarias y zoosanitarias que se consideran como equivalentes a las de Costa Rica. En esta visita, se evaluarán aspectos tales como situación física y capacidad, buenas prácticas de manufactura, aplicación de HACCP, programas sanitarios y de registros de equipo, sanidad y proceso, planta, laboratorios, programas de entrenamiento y operaciones de inspección en planta.

c) Si como resultado de esta visita se verifica que efectivamente el sistema de inspección veterinaria del país exportador es equivalente al sistema costarricense, dicho país se considerará como elegible para exportar a Costa Rica. La Dirección de Salud Animal del MAG elaborará una lista de países que se encuentren autorizados para exportar a Costa Rica.

d) La Dirección de Salud Animal del MAG revisará periódicamente los sistemas de inspección aprobados, con el propósito de garantizar que tales sistemas continúan siendo equivalentes al costarricense por cumplir con el mismo nivel de protección adecuada. La periodicidad de la revisión se determinará con base en el desempeño histórico del país exportador.

(Reformado por el Artículo 4° del Decreto Ejecutivo N° 31105-MAG de 9 de diciembre de 2002)

Artículo 11.—Comunicación oficial. El Ministerio de Agricultura y Ganadería notificará a las autoridades oficiales del país de origen acerca de la solicitud de evaluación de los sistemas de inspección veterinaria de conformidad con el artículo 9 de este Reglamento.

(Reformado por el Artículo 5° del Decreto Ejecutivo N° 31105-MAG de 9 de diciembre de 2002)

Artículo 12.—Coordinación en la inspección. Cuando sea necesario de conformidad con el artículo 9 anterior, la inspección en las plantas o establecimientos exportadores será realizada por la autoridad del MAG y será acompañado por una autoridad oficial competente del país donde está ubicado el establecimiento.

(Reformado por el Artículo 6° del Decreto Ejecutivo N° 31105-MAG de 9 de diciembre de 2002)

Informe de inspección

Artículo 13.- El inspector del Ministerio de Agricultura y Ganadería rendirá a la Comisión Evaluación un informe de inspección el cual deberá contemplar todos los aspectos que considere de interés y que se especifican en la guía de inspección para establecimientos.

En dicho informe deberá indicar con precisión los aspectos y detalles que deben de corregirse, si los hubiere.

En la parte final del informe expondrá su criterio acerca del aprobación o no del establecimiento y las condiciones bajo las cuales se extiende esa aprobación.

Validez de la aprobación

Artículo 14.- Toda aprobación de un establecimiento será válida hasta por tres años contado a partir de la notificación oficial del informe de inspección y del resultado de este.

No obstante lo anterior, dentro del plazo de autorización otorgado se podrá verificar en cualquier momento el mantenimiento de las condiciones que dieron origen a la autorización. Con base en ello el Ministerio de Agricultura y Ganadería, mediante resolución razonada, podrá de acuerdo a las circunstancias suspender temporalmente o cancelar definitivamente una aprobación otorgada a un establecimiento.

(Reformado por el Artículo 1° del Decreto Ejecutivo N° 31809-MAG del 1° de abril de 2004)

Registro de establecimientos aprobados

Artículo 15.- El Ministerio de Agricultura y Ganadería remitirá anualmente a las autoridades competentes de cada país el listado de nombres de los establecimientos aprobados por Costa Rica, previendo incluirse la ubicación exacta y el tipo de productos para el cual está autorizado para exportar. De igual forma notificará todo cambio o modificaciones al estado remitido.

Solicitud de información

Artículo 16.- El Ministerio de Agricultura y Ganadería solicitará a las autoridades competentes toda información técnica que estime pertinente.

Coordinación y notificaciones

Artículo 17. – Toda persona física o jurídica con interés en exportar o importar productos de origen animal a Costa Rica debe presentar la solicitud a la Comisión de Evaluación y de igual manera de debe notificar a las autoridades competentes del país que origen (de los productos o subproductos) con las cuales se coordinará todo lo concerniente al evaluación y aprobación.

Toda la tramitación deberá hacerlo por medio (sic) de las autoridades del Gobierno.

Artículo 18. – Tipos de inspección: los tipos de inspecciones que el MAG realiza son: inspección exhaustiva, inspección abreviado e inspección dirigida.

Una inspección exhaustiva, cubre todo en la instalación sujeta a las regulaciones. Este tipo de inspección es programada rutinariamente en las oficinas centrales.

La inspección abreviado es aquella que se concentra en las áreas que se sabe son factores críticos que tienen una influencia importante en la clasificación de la empresa como aceptable o no. Si no hay objeciones significativas, la inspección se concluye y se escribe un reporte que se discute con la gerencia. Si durante la inspección abreviada el inspector encuentra objeciones de importancia, se le ordena que realice una inspección exhaustiva.

Una inspección dirigida es la que cubre áreas específicas en la profundidad que indique el programa de cumplimiento, la asignación o las instrucciones específicas que se han dado. La mayoría de las inspecciones dirigidas se dan como respuesta al reclamo de un consumidor o alguna otra información que indique que hay un problema importante de salud pública, no un problema económico, que necesite de una solución inmediata, como: mantenimiento correctivo, modificación del proceso y/o posiblemente una anulación o cierre.

Artículo 19.- Podrán realizarse también las siguientes inspecciones:

a) Revisión de archivos: sólo implica una revisión de la papelería del importador. Esta operación se realiza para cada lote de producto regulado para determinar si se debe tomar una acción adicional. El resultado será una aprobación del producto o una inspección rápida.

b) Inspección rápida: éste es el nivel siguiente de inspección. Es un examen visual rápido para buscar daños físicos de cualquier tipo.

c) Examen de desembarque: es el examen de un producto para determinar si el producto cumple con los atributos para los cuales examina el lote. Este tipo de examen es una inspección crítica sin muestreo. Los alimentos enlatados son examinados de acuerdo a los procedimientos de muestreo que se establezcan en el manual.

CAPÍTULO III.
Procedimiento para que los países obtengan y conserven la habilitación para exportar productos cárnicos a Costa Rica

Sistemas equivalentes

Artículo 20. – La Ley de Salud Animal, el Reglamento de Inspección de Carnes y el Reglamento de Defensa Sanitaria permiten importar carne y productos de origen animal únicamente de países que tengan sistemas de inspección veterinaria con normas equivalentes a las que se aplican en las plantas costarricenses que operan bajo supervisión del Departamento de Inspección de Carnes del Ministerio de Agricultura y Ganadería.

Solicitud oficial

Artículo 21.- El funcionario de mayor categoría del Programa de Inspección de Carnes del país solicitante deberá preparar una solicitud oficial, reunir un conjunto de disposiciones reglamentarias sobre la inspección de carnes y presentar todo ello a través de cauces oficiales a la siguiente dirección: Ministerio de Agricultura y Ganadería, Dirección de Salud y Producción Pecuaria, Comisión Evaluación.

Evaluación inicial de la equivalencia de la reglamentación

Artículo 22.- Al recibir la solicitud y el Reglamento Oficial que regule las actividades de inspección de carnes en el país solicitante, la comisión de evaluación de equivalencia de la Dirección de Salud y Producción Pecuaria llevará a cabo un examen minucioso de los documentos presentados y evaluará su equivalencia con las correspondientes disposiciones reglamentarias. Se pide de ser necesario al país que trata de conseguir la habilitación que establezcan nuevas disposiciones reglamentarias o que agregue otras nuevas al reglamento vigente con el fin de que este sea equivalente al Reglamento de Costa Rica.

Costa Rica solicitará a las autoridades del país exportador mediante cuestionarios toda información que considere necesaria para evaluar el Estado sanitarios de ese país.

Verificación en el país

Artículo 23.- Una vez recibida, analizada y evaluada la información y documentación, se efectúa una verificación en el país exportador del sistema de inspección del país para ver como (sic) funciona en las plantas que vayan a ser habilitados para exportar a Costa Rica. El examinador observa las prácticas que se sigan en las operaciones y demás aspectos que considere de interés para los efectos de la verificación.

Resolución relativa a la habilitación

Artículo 24.- Una vez que el Ministerio Agricultura y Ganadería haya resuelto favorablemente en cuanto a las normas reglamentarias, el sistema de inspección nacional del país y las operaciones de la planta, se procederá a agregar en nombre del país al registro que enumera los países habilitados para exportar productos y/o subproductos de origen animal a Costa Rica.

Certificación de las plantas

Artículo 25.- Después de que se registre el país exportador el funcionario encargado de sistemas de inspección de carnes del país podrá efectuar la certificación de las plantas autorizadas. Solamente se podrán importar productos de aquellas plantas de las que funcionario de inspección de carnes del país haya certificado que cumplen las normas de Costa Rica. Otras plantas, aún cuando estén bajo la jurisdicción de un programa de inspección de carnes aprobado del país, no estarán habilitadas para exportar a Costa Rica. Por lo tanto, los requisitos de mantenimiento de normas equivalentes al programa costarricense se apliquen únicamente a las plantas de un país habilitado que hayan sido certificadas.

Aprobación de las etiquetas, envases y fórmula de los productos

Artículo 26.- Simultáneamente con los últimos trámites para conseguir que se declare habilitados para exportar a las plantas que hayan de ser certificadas solicitarán las aprobaciones por parte del Ministerio de Agricultura de Costa Rica de sus etiquetas, envases y fórmula de productos.

Verificación continua de la equivalencia de las reglamentaciones

Artículo 27.- A fin de mantener al día la equivalencia entre la reglamentación del país de que se trate y las de Costa Rica, el funcionario de inspección de carnes de mayor categoría de un país habilitado deberá informar a la Dirección de Salud Animal y Producción Pecuaria de cualquier cambio importante y modificaciones que se introduzcan en el Reglamento de Inspección de Carnes del país.

Mantenimiento de la equivalencia

Artículo 28.- Para asegurarse de que las plantas certificadas de los países habilitados mantienen normas de inspección y sanidad que sean por lo menos equivalentes a las que se aplican en las plantas de Costa Rica sometidas a inspección oficial, expertos veterinarios reexaminarán periódicamente el funcionamiento de las plantas habilitadas y discutirán con los funcionarios de inspección de carnes del país cualquier problema u otro asunto relacionado con los controles de inspección y las exportaciones.

CAPÍTULO IV.
De la Comisión de Evaluación de Equivalencia

Artículo 29.- Crease la Comisión Evaluación de Equivalencia, dependiente de la Dirección de Salud y Producción Pecuaria del Ministerio de Agricultura y Ganadería.

Artículo 30.- La Comisión estará integrada por:

a) El Jefe del Departamento de Cuarentena Animal.

b) El Jefe del Departamento de Inspección de Carnes.

c) Un abogado de la Dirección de Salud y Producción Pecuaria.

d) El Jefe de Laboratorio (LANASEVE).

Los miembros de la Comisión podrán solicitar la Asesoría de los profesionales que requieran para el mejor cumplimiento de sus funciones.

Artículo 31.- La Comisión de Evaluación de Equivalencias tendrán un carácter permanente y sesionará cuando el Director de Salud y Producción Pecuaria o alguno de sus miembros los convoque.

Artículo 32.- La Comisión tendrá la siguiente funciones:

a) Evaluar los sistemas de inspección veterinaria de los países que soliciten la habilitación para exportar productos y/o subproductos de origen animal a Costa Rica.

b) Determinar para efectos de aprobación de los sistemas de inspección el grado de equivalencia entre ese sistema desde Costa Rica.

c) Conocer y analizar los informes de inspección de establecimientos o plantas, que visiten inspectores veterinarios oficiales de Costa Rica a efectos de evaluar y determinar la aprobación o no aprobación de los establecimientos que exportan o solicitan autorización para exportar a Costa Rica.

d) Determinar la clase, tipo, condiciones de los productos o subproductos de origen animal importados por Costa Rica provenientes de establecimientos autorizados.

e) Rendir un informe detallado al Director de Salud y Producción Pecuaria y al Señor Ministro de los resultados de la evaluación de los sistemas de inspección, de los establecimientos en de los productos de origen animal importados.

f) Recomendar al Director de Salud y Producción Pecuaria la aprobación de los sistemas de inspección que se sometan a su conocimiento. También recomendará la aprobación o retiro de esta de los establecimientos autorizados para exportar productos y/o subproductos de origen animal a Costa Rica.

g) Recomendar al Director las modificaciones a las normas jurídicas que regulan las materias de su competencia.

h) Verificar en forma continua la equivalencia de los sistemas de los países que exportan a Costa Rica.

i) Cualquier otra que le sea asignada por el Director de Salud y Producción Pecuaria.

CAPÍTULO V.
Normas y criterios para evaluar la equivalencia

Artículo 33.- La aprobación que se conceda a otro país se basa fundamentalmente en la determinación de la equivalencia existente entre los sistemas de inspección de Costa Rica y el del país exportador en un primer nivel en ningún segundo nivel la equivalencia de los establecimientos procesadores extranjeros con los de Costa Rica en lo que se refiere a:

a) Instalaciones sanitarias y de la planta en general.

b) Operaciones aceptables.

c) Sistema de inspección oficial.

d) Equipo aprobado.

Artículo 34.- El procedimiento de evaluación es el siguiente:

a) Se solicita a los países de información pertinente así como las leyes, reglamentos y normas que se exigen en la operación de establecimientos.

b) Recibida la documentación, se evalúan los documentos y se determina la equivalencia con nuestro sistema, basado para ello en criterios previamente establecidos para evaluar la equivalencia.

c) Se procede a verificar en el país exportador la aplicación y problemas en la ejecución de las normas y documentos evaluados.

d) Se notifica a las autoridades competentes del país exportador los resultados de la evaluación, mediante un informe donde hará constar las observaciones y recomendaciones al sistema.

Artículo 35.- Los criterios para evaluar la equivalencia de las normas de inspección de países exportadores son los siguientes:

a) Se interpreta que las leyes y reglamento de inspección incluyen otros instrumentos jurídicos como decretos, manuales de inspección, cartas, circulares y otras disposiciones semejantes, siempre y cuando incluyan requisitos obligatorios relativos a la inspección y a las autoridades relacionadas con la actividad.

b) Las diversas órdenes administrativas, que manuales de adiestramiento, guías y otros documentos utilizados por un sistema, no se tendrán en cuenta al evaluar la equivalencia entre las dos reglamentaciones a menos que su cumplimiento sea de carácter obligatorio.

c) Los elementos del reglamento y los términos administrativos y relativos a la organización existente en Costa Rica deberán aparecer en paráfrasis en los documentos de otros países, de manera que indique la situación existente en los países exportadores. Las referencias que no sean aplicables a dichos elementos deberán explicarse.

d) Los países exportadores tienen que establecer disposiciones reglamentarias escritas en su idioma oficial y en producción oficial al español. En caso de materias del país que serán objeto de extensa reglamentación, será también aceptable que estas vayan acompañadas de un resumen preciso en español. No obstante dichos resúmenes deberán expresar con claridad el significado y el espíritu de las disposiciones reglamentarias sobre la materia y construir una base suficiente para determinar la equivalencia.

e) Es necesario que el país proporcione material por escrito sobre su reglamentación únicamente en el lo referente a las actividades que se llevan a cabo en establecimientos cuya producción se destine a la exportación a Costa Rica.

f) Además de las normas y disposiciones reglamentarias por escrito, o el lugar de ellas, los países exportadores pueden adoptar implícitamente ciertos documentos mediante referencia a los mismos, y/o explicar las razones que justifiquen ciertas diferencias o la falta de reglamentación específica.

CAPÍTULO VI.
Normas para determinar la aceptabilidad de un sistema de inspección veterinaria

Artículo 36.- Habilitación de otros países para que exporten productos a Costa Rica. Siempre que la Comisión Evaluación determine que el sistema de inspección de carnes que se aplique en algún otro país, con respecto a establecimientos que preparen productos en dicho país para su exportación a Costa Rica, garantice que dichos establecimientos y sus productos cumplen requisitos que sean por lo menos equivalentes a todos las disposiciones reglamentarias que sean aplicables a los establecimientos autorizados en Costa Rica y a sus productos, y que pueda confiar en los certificados que se exigen de las autoridades de dicho país se notificará de hecho, incluyendo el nombre de dicho país en el registro. A partir de esa fecha, los productos que se preparen en dichos establecimientos habilitados y aprobados, serán susceptibles a ser importados en Costa Rica desde dicho país después de que se hayan satisfecho los requisitos pertinentes.

Artículo 37. – Determinación de aceptabilidad:

a) La determinación de aceptabilidad de un sistema de inspección de carnes de otro país se basa en una evaluación del programa del país de acuerdo con los siguientes requisitos y procedimientos:

1) El sistema contará con un programa organizado y administrado por el gobierno nacional del país. Tal como se aplique, el sistemas deberá contar con normas que sean por lo menos equivalentes a las del sistema de inspección de Costa Rica con respecto a:

1.1) Organización y dotación de personal, a fin de garantizar una aplicación uniforme de las leyes y disposiciones reglamentarias en todos los establecimientos del sistema en los que se preparen productos para su exportación a Costa Rica.

1.2) El control y la supervisión en último término por parte del gobierno nacional de las actividades oficiales de todos los empleados o concesionarios del sistema.

1.3) La designación de inspectores competentes e idóneos.

1.4) Facultades y atribuciones de los funcionarios nacionales de inspección para aplicar las correspondientes leyes y disposiciones reglamentarias que regulen la inspección de carnes y para certificar o negarse a certificar los productos destinados a la exportación.

1.5) Servicios administrativos y técnicos adecuados.

1.6) Otros requisitos relativos a un servicio adecuado de inspección.

b) La entidad legalmente encargada del sistema y las disposiciones que esta aplique impondrán requisitos que sean por lo menos equivalentes a los que regulan el sistema de inspección organizado y mantenido en Costa Rica con respecto a:

1) Inspección ante-mortem de animales destinados al sacrificio de inspección de los métodos de sacrificio y manipulación en relación con este, que llevarán a cabo veterinarios u otros empleados o concesionarios del sistema bajo la supervisión directa de veterinarios.

2) Inspección post-mortem de canales de partes de las mismas en el momento del sacrificio, llevada a cabo por veterinarios o por los empleados o concesionarios del sistema bajo la supervisión directa de veterinarios.

3) Controles oficiales del gobierno nacional con respecto a la construcción instalaciones y equipo de los establecimientos.

4) Supervisión oficial directa y continua del sacrificio de animales y preparación de los productos, mediante la designación de inspectores a los establecimientos habilitados a fin de garantizar que no se preparen productos adulterados o mal marcados para su exportación a Costa Rica.

5) Separación completa entre los establecimientos habilitados y los establecimientos no habilitados, en mantenimiento de una sola norma de inspección y sanidad en todos los establecimientos habilitados.

6) Requisitos relativos a la sanidad en los establecimientos habilitados y a la manipulación sanitaria de los productos.

7) Controles oficiales del material rechazado hasta que este sea destruido o retirado y luego excluido del establecimiento.

8) Otros asuntos sobre los que Reglamento contenga requisitos.

c) Los países que deseen ser habilitados para exportar productos a Costa Rica podrán solicitar que se determine si reúnen los requisitos necesarios presentando ejemplares de las leyes y del Reglamento en que se base el sistema de inspección del país y la información que la Comisión pueda pedir con respecto a los asuntos enumerados en los párrafos a) y b) de esta sección. La determinación de si el país está habilitado, se basa en el estudio de los documentos y demás información presentada y en un examen inicial del sistema en funcionamiento por un representante del Ministerio utilizando los criterios enumerados en los párrafos a) y b) de esta sección. El mantenimiento de la habilitación para que un país exporte productos a Costa Rica depende de los resultados de exámenes periódicos del sistema de funcionamiento de inspección de carnes del país que lleva a cabo un representante del Ministerio, y de la presentación a su debido tiempo de los documentos y demás información relacionada con las operaciones del sistema de inspección del país, incluida la información que exige el Reglamento, según la Comisión determine que es pertinente innecesaria para efectuar la determinación que se requiere.

d) El sistema de inspección del país deberá mantener un programa de visitas periódicas de supervisión a cada uno de los establecimientos habilitados que sean por lo menos equivalentes a las del sistema de inspección de Costa Rica. Un representante del sistema de inspección del país prepara un informe por escrito con sus conclusiones respecto a los requisitos mencionados en los incisos 1) a 8) el párrafo b) de esta sección, a cuyas copias tendrá acceso de representantes del Ministerio en el momento en que efectúe el examen si dicho representante lo solicita de un funcionario del servicio de inspección de carnes del país, con la salvedad de que dichas visitas e informes no son obligatorios en lo que respecta a los establecimientos durante los periodos en que esto no funcionen o no se dediquen a preparar productos para exportación a Costa Rica.

Artículo 38.-Certificación de habilitación. Únicamente estarán habilitados para exportar sus productos a Costa Rica los establecimientos de los cuales un funcionario autorizado del sistema de inspección del país determine y certifique ante el Ministerio de Agricultura de Costa Rica que satisfacen plenamente los requisitos exigidos. La habilitación está sometida a reexamen por el Ministerio. Las certificaciones de los establecimientos deberán renovarse anualmente. A pesar de la certificación hecha por un funcionario del país, el (sic) la Comisión podrá, a su discreción, dar por terminada la habilitación de cualquier establecimiento de un país para exportar sus productos a Costa Rica si dispone de información en el sentido de que dicho establecimiento no cumple con los requisitos o si no puede obtener información actualizada relativa dicho establecimiento. La Comisión ratificará con antelación de un mes al Gobierno del país, la suspensión que se tiene intención de hacer de la habilitación de cualquier establecimiento del país para la exportación de sus productos a Costa Rica a menos que a su juicio el retraso en suspender dicha habilitación podría ser causa de que se importarán productos alterados o mal marcados.

Artículo 39.-Retirada de la certificación de habilitación. La inclusión el (sic) la lista de cualquier país conforme a esta sección podrá ser retirada siempre que la Comisión determine que sistema de inspección que mantenga dicho país no garantiza el cumplimiento requisitos que sean por lo menos equivalentes a todas las disposiciones sobre inspección, normas de construcción de edificios y demás requisitos de la Ley y el Reglamento que se aplican a los establecimientos autorizados en Costa Rica, o que no puede confiarse en los certificados exigidos de las autoridades de dicho país o que, por falta de información actualizada relativa el sistema de inspección que mantenga dicho país, se deba pedir al país que restablezca su habilitación para ser incluido en la lista.

TÍTULO II.
NORMAS ESPECÍFICAS

CAPÍTULO VII. Normas para la inspección de carnes rojas

Artículo 40.- A efectos de evaluar la equivalencia de un sistema de inspección de carnes rojas el país importador debe contar con un programa técnico de inspección que nivel legal o reglamentario tenga fundamento y que regule las materias que se hallan a este capítulo.

Artículo 41.-Definiciones y sentido en que debe utilizarse los términos. El programa del país exportador deberá tener una sección donde se defina (sic) los términos utilizados y el sentido que tienen estos.

La determinación de equivalencia se basará en la exactitud y claridad del sentido los términos utilizados.

Artículo 42.- Requisitos relativos a instalaciones sanitarias, equipo, operaciones y métodos humanos de sacrificio. En esta sección el reglamento del país exportador debe incluir normas que regulen lo siguiente:

1) Establecimientos que requieren inspección.

2) Ganado y productos que entran establecimientos autorizados.

3) Solicitud de inspección.

4) Dibujos e información que debe suministrarse; otorgamiento o rechazo de la inspección.

5) Números oficiales.

6) Examen y especificaciones para el equipo y las condiciones sanitarias previos al otorgamiento de la inspección.

7) Métodos humanitarios de sacrificio de animales.

8) Separación de establecimientos autorizados.

9) Establecimientos, condiciones sanitarias, requisitos generales.

10) Instalaciones y servicios sanitarios, requisitos específicos.

11) El equipo de poder limpiarse fácilmente, deberá ser marcado aquel que se emplee para productos no comestibles.

12) Vainas para cuchillos.

13) Las salas, compartimentos, etc., deberán estar limpios e higiénicos.

14) Las operaciones y procedimientos deberán cumplir normas sanitarias y las salas, ropas, utensilios, etc., deberán estar limpios e higiénicos.

15) Manipulación protectora de los productos.

16) Envoltura de yute para la carne.

17) Salas para el manejo y depósito de materiales no comestibles, dependencias exteriores, muelles, calzadas para vehículos, accesos, corrales, callejones, etc., materias que crían moscas, otras condiciones.

18) El digestor y demás instalaciones para los productos no comestibles se hallarán separados de las instalaciones para los productos comestibles.

19) Empleo de personas enfermas.

Artículo 43.-Programa de inspección de carnes: organización y funciones. En esta sección debe analizarse la ejecución y organización de las actividades de inspección en establecimientos autorizados con el objeto de asegurar la salubridad limpieza y autenticidad de rotulado de la carne y productos cárnicos preparados para la exportación.

Para el análisis de la reglamentación del país exportador debe evaluarse lo siguiente:

1) Organización del Programa, servicio, oficina o Departamento de Inspección de Carnes.

2) Inicio de la inspección.

3) Sanidad e instalaciones adecuadas.

4) Identificación de los inspectores.

5) Acceso de los inspectores a los establecimientos.

6) Instalaciones y servicios para los inspectores.

7) Otras instalaciones y condiciones que deben ser proporcionadas por el establecimiento.

8) Marcas dispositivos oficiales.

9) Dispositivos de marcas, control de los mismos.

10) Se prohíbe el uso de marcas oficiales si no es bajo la supervisión de un inspector eliminación de la marcas oficiales cuando se requiera.

11) Rotulación de equipo, potencias, salas y compartimentos antihigiénicos.

12) Rotulación de equipo, pasadizos, corrales o compartimentos para evitar el sacrificio o manipulación en relación con dicho sacrificio por métodos no humanitarios.

13) Retiro de la inspección, declaración política.

Artículo 44.-Inspección Ante-Mortem. En la reglamentación del país exportador debe contemplar lo siguiente:

1) Inspección ante-mortem en corrales de los establecimientos autorizados.

2) Ganado sospechoso de estar enfermo o con ciertas afecciones, identificación de los animales sospechosos, destino después del inspección post-mortem o de otra manera.

3) Ganado muerto, moribundo, lisiado, o enfermo o afectado similarmente.

4) Ganado que muestre síntomas de ciertos desórdenes metabólicos, tóxicos, nerviosos, circulatorio, desequilibrios nutricionales o enfermedades infecciosas o parasitarias.

5) Cerdos, su eliminación a causa del cólera porcino clásico.

6) Epitelioma de los ojos.

7) Ganado afectado por ántrax, limpieza y desinfección de corrales de ganado y calzadas infectados.

8) Ganado afectado de anasarca (hidropesia bovina) y edema generalizada.

9) Erisipela porcina.

10) Principios de parto.

11) Sacrificio de emergencia, inspección anterior al mismo.

12) Destino del ganado rechazado.

13) Enfermedades vesiculares.

14) Ganado sospechoso de tener residuos biológicos.

15) Marcas oficiales para los fines de la inspección ante-mortem.

Artículo 45.- Inspección post-mortem. Debe revisarse que la reglamentación del país exportador regulen lo siguiente:

a) Procedimientos:

1) Extensión y momento de la inspección post-mortem.

2) Identificación de la canal con ciertas partes separadas de la misma y con el animal del cual provienen.

3) Canales y piezas que se retendrán en ciertos casos.

4) Identificación de canales y piezas; rotulación.

5) Marca de los canales y piezas rechazadas, depósito en tanques del digestor, separación.

6) Canales y piezas aprobadas para su cocción, marcas.

7) Extracción de los cordones de espermáticos, vergajos y divertículos del prepucio.

8) Aprobación y marca de canales y piezas.

9) Antrax, los animales no serán desentrañados, eliminación de las canales afectadas, cueros, cascos, cuernos, pelo, vísceras y su contenido y sebo; manejo de la sangre y el agua hirviente de las tinas de escaldar; desinfección y limpieza generales.

10) Limpieza de las canales porcinas antes de cortarlas.

11) El esternón deberá ser partido; las vísceras abdominales y torácidas deberán ser extraídas.

12) Manejo de piezas magulladas.

13) Eliminación de los pulmones.

14) Inspección de las glándulas mamarias.

15) Contaminación de las canales, órganos y otras piezas.

16) Inspección de los riñones.

17) Conservación de la sangre de ganado como producto comestibles (*sic*).

b) Destino:

1) Destino de canales y partes enfermas o adulterados; generalidades.

2) Tuberculosis.

3) Cólera porcino.

4) Erisipela porcina.

5) Urtisipela leve (Diamond- skin Disease)

6) Artritis.

7) Aanales de ganado vacuno o afectado de anasarca o edema generalizado.

8) Actinomicosis y actinobacilosis.

9) Anaplasmosis, ántrax, piroplasmosis, hemoglobinuria bacilar bovina, carbón sintomático (gangrena enfisematosa ou "pierna negra"), lengua cianótica (azul) de las ovejas, septicemia hemorrágica, icterohematuria ovina, rinotraqueítis infeccionsa bovina, leptospirosis, catarro epizoótico maligno, morriña, púrpura hemorrágica, azoturia, encefalomielitis equina infecciosa, encefalomielitis tóxica (envenenamiento por el forraje), anemia infecciosa (fiebre de los pantanos), dirina, (enfermedades de los genitales y piernas traseras de los caballos), influenza aguda, osterporosis generalizada, muermo, cojera inflamatoria aguda, fístulas extendidas y lesiones de vacunas no cicatrizadas.

10) Neoplasmas.

11) Epitelioma de los ojos.

12) Condiciones pigmentarias; melanosis como xantosis, ocronosis, etc.

13) Raspaduras, magulladuras, abscesos, pus, etc.

14) Brucelosis.

15) Canales infectados de tal manera que su ingestión pueda producir intóxicación alimentaria.

16) Necrobacilosis, piemia y septicemia.

17) Linfademitis caseosa.

18) Ictericia.

19) Olores sexuales de los cerdos.

20) Sarna y roña.

21) cerdos afectados de urticaria, tiña tonsurante,sarna demodéctica o eritema.

22) Quistes de tenias (Cisticercus bovis) en el ganado vacuno.

23) Cerdos afectados de quistes de tenia (Cisticercus cellulosae).

24) Parásitos no transmisibles al hombre; quistes de tenia ovina; quistes hidáticos; duela del hígado (Fasciola hepática); gusanos-vejiga de modorra (coenurus cerebralis, multiceps).

25) Enflaquecimiento.

26) Sacrificio en horas anormales de animales lesionados.

27) Canales de terneritos, cerditos, cabritos, corderitos y potrillos.

28) Animales nonatos y nacidos muertos.

29) Animales asfixiados y cerdos esclavados vivos.

30) Hígados afectados de carotenosis; hígado designados como pintos, arenosos y con los capitales de y ditatados.

31) Enfermedades vesiculares.

32) Listeriosis.

33) Anemia.

34) Inflamación, degeneración o infiltración musculares.

35) Granuloma coccidioidal.

36) Olores de sustancias extrañas y de la orina.

37) Cada nivel productos derivados de la carne de ganado que haya estado expuesto a la radiación.

38) Residuos biológicos.

Artículo 46.- Elaboración de carnes. La supervisión oficial directa y continua de la preparación de productos en los establecimientos autorizados tiene la finalidad de garantizar que no se prepare un producto adulterado o mal identificado para la exportación a Costa Rica. Para la evaluación de equivalencia el reglamento del país exportador debe incluir lo siguiente:

a) En lo que se refiere a reinspección de productos; preparación, marcas y rotulación:

1) Productos y otros artículos que entren los establecimientos autorizados.

2) Reinspección, retención y destino de productos en los establecimientos.

3) Designación de lugares de recepción de productos y otros artículos para su re-inspección.

4) Muestreo de productos, agua, colorantes, productos químicos, etc., para su examen.

5) La preparación de productos debe ser oficialmente supervisada; responsabilidad de los establecimientos autorizados.

6) Requisitos concernientes a ingredientes y otros artículos usados en la preparación de productos.

7) Canales y partes aprobadas para la cocción; extracción de la manteca, grasa de cerdo clarificada o sebo.

8) Productos que deben ser marcados con marcas oficiales.

9) Productos que no deben ser sacados de los establecimientos autorizados a menos que estén marcados de acuerdo con el Reglamento.

10) Rótulos requeridos; supervisión por un inspector.

11) Información que deberá figurar en los rótulos.

12) Declaraciones en los productos envasados que requiere manipulación especial.

13) Marcas abreviada y requisitos especiales.

b) Procedimientos y requisitos especiales

1) Requisitos concernientes a procedimientos.

2) Manipulación de cierto material para elaboración mecánica.

3) Requisitos para cocción relativos a carne vacuna cocido y asada.

4) Enlatado por proceso de calentamiento y recipientes herméticamente cerrados; cierre; marcas de clave; proceso de calentamiento; incubación.

5) Tratamiento prescrito de la carne de cerdo y de los productos que contengan carne de cerdo para destruir la triquinia.

c) Ingredientes no cárnicos, residuos químicos y sustancias químicas aprobadas:

1) Rotulación de productos químicos, aditivos conservadores, cereales, especias, etc., con etiqueta de "retenido".

2) Pesticidas químicos y otros residuos en los productos.

3) Aprobación de sustancias para uso en la preparación de productos.

Artículo 47.- Aún cuando la mayor parte de los países exportadores tienen sus propios requisitos y/o restricciones en lo que se refiere a aditivos alimentarios, la fórmula de composición de los productos que se preparen para ser exportados a Costa Rica tienen que cumplir con las regulaciones de nuestro país.

Así mismo los rótulos e identificación de los productos deben ser aprobados.

Artículo 48.- Control y destino de materias no comestibles y rechazadas. En esta sección lo que se incluye son una serie de controles oficiales que obligatoriamente deben cumplirse cuando se trata de materias no comestibles, ni aptas para consumo humano o reclasadas hasta que sean destruidas o se hagan de otro modo inutilizables para el consumo humano o sean retiradas y como consecuencia excluidas del establecimiento.

Para la evaluación de equivalencia debe asegurarse que la □eglamentación del país exportador contemple lo siguiente:

1) Destino de productos rechazados en los establecimientos autorizados que tengan tanques de digestor; sellado del digestor.

2) Destino de productos rechazados en los establecimientos autorizados que tengan tanques de digestor.

3) Grasas clarificadas no comestibles preparadas en los establecimientos autorizados.

4) Las canales de ganado rechazado en la inspección ante-mortem no deben pasar a través de áreas donde haya productos comestibles.

5) Canales de animales muertos.

Artículo 49.- Probablemente el país exportador tendrá disposiciones diferentes a las de Costa Rica para el control y destino de dichas materias razón por la cual se debe comparar y evaluar por separado.

Artículo 50.- Reinspección de carne deshuesada. Este procedimiento es obligatorio para los países exportadores que preparen carne deshuesada destinada a la elaboración para exportación a Costa Rica, por lo consiguiente, en el programa de reinspección de esos países, deberá haber disposiciones reglamentarias al respecto.

En Costa Rica se establecen una serie de procedimientos y normas, que podrían ayudar a los países exportadores.

Se analiza para evaluar la equivalencia lo siguiente:

1) Definición.

2) Aplicación.

3) Instalaciones y servicios.

4) Designación del lote.

5) Procedimientos.

6) Registros.

7) Planes de muestre o y criterios de aceptaciónrechazo (*sic*).

8) Descripción y clasificación de los defectos.

Artículo 51.- Control de residuos de productos químicos y farmacéuticos. Para que un país pueda exportar carne a Costa Rica debe contar con un programa eficaz de análisis de residuos. Dicho programa deberá estar respaldado jurídicamente.

Se evalúa lo siguiente:

1) Residuos en las carnes.

2) Programa de análisis de residuos.

3) Límites oficiales de tolerancia-acción.

a) Residuos químicos potenciales.

a.1) Hidrocarburos clorados.

a.2) Organofosforados.

b.1) Metales pesados.

b.2) Sulfamidas.

b.3) Antibióticos.

b.4) Hormonas.

Artículo 52.- Control total de calidad. El país exportador deberá exigida a cada establecimiento aprobado un programa de control total de calidad que debe ser evaluado y verificado periódicamente su cumplimiento.

La evaluación y verificación del Programa de Calidad será hecha por las autoridades oficiales del país exportador.

Artículo 53. – Laboratorios oficiales. Todos los análisis químicos, biológicos, farmacéuticos deberán ser realizados en laboratorios oficiales aprobados por las autoridades del país exportador y aceptados por Costa Rica.

Artículo 54.- Control de transporte. La reglamentación del país exportador debe regular los vehículos que transportan productos cárnicos de exportación. Debiendo diseñar para ello un control de unidades de transporte en tránsito.

CAPÍTULO VIII.
Normas para la inspección de carne de aves y productos avícolas

Artículo 55.- Programa de inspección. Para esta sección será aplicable lo dispuesto en el artículo 40.

Artículo 56.-Definiciones. El país exportador debe especificar en una sección del programa o del reglamento el sentido en que se utilizan los términos y conceptos.

Artículo 57.-Programa de inspección: organización. En cuanto a la organización del Servicio de Inspección se aplicará lo dispuesto en el artículo 43 de este reglamento.

Artículo 58.- Normas de sanidad, instalaciones y procedimientos de operación. Todo establecimiento oficial debe cumplir al menos con las siguientes normas y procedimientos. Las autoridades competentes del país exportador deben tener incorporado al Reglamento normas que regulen lo siguiente:

a) Edificaciones:

- Planos.
- Cuartos y compartimentos.
- Abastecimientos de agua.
- Iluminación y ventilación.
- Equipo y utensilios.
- Acceso al equipo.
- Limpieza de cuartos y comportamientos.
- Control de insectos y roedores.
- Productos químicos.
- Limpieza e higiene del personal.

b) Operaciones y procedimientos.

- Generalidades.
- Temperaturas y procedimientos de enfriamiento y congelación.
- Tasas de inspección de aves, máximos y mínimos, sistema inspección.
- Inspección post-mortem.
- Condenación de aves de inspección ante-mortem.
- Separación de aves sospechosas.
- Cuarentena para aves enfermas.
- Aves sospechosas de tener residuos biológicos.
- Aves usadas para investigación.

Artículo 59.- Inspección post-mortem.

- Inspección postmortem: sistema inspección utilizado
- Instalaciones de cada puesto inspección
- Reinspección

- Canales retenidos para examen adicional
- Condenación de canales y sus partes: separación de aves sospechosas de tener residuos biológicos.
- Aprobación de canales y sus partes
- Generalidades: residuos biológicos
- Tuberculosis
- Enfermedades del complejo leucosis
- Septicemia o toxemia
- Aerosaculitis
- Enfermedades especiales
- Procesos inflamatorios
- Tumores
- Parásitos
- Escoriaciones
- Canales condenados
- Contaminación
- Escaldar en exceso
- Descomposición

Artículo 60.- Manejo y destrucción de productos condenados y otros productos no comestibles en establecimientos oficiales.

- Destrucción de productos de ave prohibidos.

Artículo 61.- Marcas oficiales, dispositivos y certificados de exportación, procedimientos de certificación.

- Redacción y forma de la leyenda de inspección oficial
- Sello oficial
- Etiquetas oficiales de retención y rechazo
- Etiqueta de retención oficial
- Certificados oficiales de condenación oficiales (sic) para aves, emisión y formulario
- Certificados oficiales de exportación
- Procedimientos especiales para certificar productos de aves para exportación a ciertos países

Artículo 62.- Etiquetado y recipientes.

- Recipientes de productos de ave inspeccionadas (sic) y aprobados que deben ser etiquetados
- Textos en las etiquetas de recipientes inmediatos
- Nombre del producto
- Declaración sobre condimento o colorantes artificial (sic)

- Antioxidantes, preservantes químicos y otros aditivos
- Cantidad del contenido
- Identificación de fabricante, empacadores o distribuidor
- Marcas de inspección oficial: número de establecimiento
- Indicaciones dietética
- Requisitos de la etiqueta de manejo especial
- Fecha de empacado y de procesamiento
- Textos en las etiquetas de recipientes de embarque
- Etiquetas en idiomas extranjeros
- Etiquetas o recipientes falsos o confusos
- Etiquetas o recipientes falsos o confusos, órdenes para retener su uso
- Autorización para preparar etiquetas
- Requisitos de presentar fórmulas y análisis
- Etiquetado aprobado genéricamente
- Remoción de identificaciones oficiales
- Reetiquetado de productos de aves
- Etiquetas vencidas: notificación
- Requisitos de cierre para frascos
- Materiales de empaque

Artículo 63.- Entrado de artículos a los establecimientos oficiales: inspección del procesamiento y otras reinspecciones. Requisitos de procesamiento.

- Productos de ave y otros que entran o están en establecimientos oficiales: examina son y requisitos
- Aprobación del plan de control total de calidad
- Muestreo en establecimientos oficiales
- Restricciones sobre uso de sustancias en productos de ave
- Requisitos para procesar y manejar productos de ave congelados
- Requisitos de temperatura para cocinar arrollados de ave y otros productos de ave
- Adulteración del producto por agua contaminada; procedimiento de manejo
- Preparación de productos no aptos para la alimentación humana en establecimientos oficiales
- Análisis de laboratorio, oficialización
- Detección de niveles mínimos de capacidad, porcentaje de recuperación esperados (sic) y valores de estándarización para residuos químicos

Artículo 64.- Definiciones y normas de identidad o composición.

- Normas sobre el contenido de carne de ave para ciertos productos
- Carne de aves sin hueso enlatada y alimento pediátrico o geriátricos

- Comidas de carne de ave (congeladas) y pasteles
- Arrollados de carne de ave
- Otros productos
- Normas para tipos y clases, y para cortes de carne de ave crudas
- Definición y norma para jamón de pavo

Artículo 65.- Registros e informes.

- Registros obligatorios
- Sitio para conservar los registros
- Periodo para conservar los registros
- Acceso e inspección a lo registros, instalaciones y al inventario: copia y muestreos
- El registro
- Informes requeridos
- Informes confeccionados por consignatarios sobre productos que se alega que están adulterados o desetiquetados
- Informes sobre el trabajo inspección

CAPÍTULO IX.
Normas para la inspección pescado y mariscos

Artículo 66.- De las definiciones. Reglamento del país exportador debe incluir la definición de los términos que utiliza.

Artículo 67.- Del programa inspección.

a) Autoridad competente: el país exportador deberá tener organizado un programa de Inspección Veterinaria establecimientos que procesan productos pesqueros en el cual se especifique la autoridad competente responsable del cumplimiento de ese programa.

b) El programa de inspección enumerará los productos pesqueros que están sujetos a la reglamentación.

c) Debe definir cuáles son las normas de calidad de esos productos y el método empleado para determinarlos.

Artículo 68.- Del sistema de Inspección Veterinaria. El reglamento o el programa incluirá la explicación detallada del sistema de Inspección empleado y del personal competente para realizar la inspección veterinaria.

Artículo 69.- Requisitos para el aprobación de establecimientos exportadores. La reglamentación del país exportador debe tener debidamente normado lo referente a los requisitos que debe cumplir su establecimiento aprobado para exportación.

Artículo 70.-Numeración oficial de las Plantas Exportadoras. Todas las plantas autorizadas para exportación deben estar numeradas oficialmente. Dicho número será el que permite identificar el establecimiento y sus productos. El uso del número será obligatorio.

Artículo 71.- Facilidades para las inspecciones. En el reglamento se incluirán la facilidades que requieren los inspectores oficiales para el cumplimiento de sus labores.

Artículo 72.- Manejo y de las condiciones del equipo de los pesqueros. Reglamento del país exportador debe incluir normas referentes a:

a) el equipo que utilizan los pesqueros y las especificaciones deben cumplir.

b) condiciones higiénicas para las operaciones

c) manipulación de la captura a bordo

d) regulaciones para la descarga de la captura

Artículo 73.- Del congelamiento, almacenamiento y descongelación del producto. El reglamento del país exportador deberá incluir normas que regula lo siguiente:

a) congelación de productos y métodos

b) normas de glaseado y empaque

c) indicaciones de almacenamiento

d) indicaciones para la descongelación

Artículo 74.- De las condiciones de una planta exportadora. El país exportador debe tener normas para regular:

a) edificaciones y requisitos arquitectónicos mínimos en cuanto ubicación, superficie de pisos, puertas, techos, cielos, desagües, iluminación y flujo

b) condiciones higiénicas mínimas

c) equipo, utensilios y materiales

d) forma de operación

Artículo 75.- Manipulación del producto en una planta exportadora. Deberán incluirse en el reglamento normas que regulen la manipulación del producto:

a) producto fresco

b) métodos para muestreo y análisis

c) métodos de selección de materia prima

d) producto congelado

e) producto condenado

Artículo 76.- Marcas, identificación y etiquetado y rotulación de los productos y de los empaques. Todo producto procesado en una planta exportadoras deberá utilizar marcas, etiquetas y empaques aprobados por las autoridades competentes del país exportador.

Artículo 77.- Reinspección de los productos. El país exportador debe tener reglamentado un sistema de reinspección de productos pesqueros para aplicar a:

a) productos listos para exportar

b) productos que hayan sido descongelados

c) productos devueltos

d) productos reempacados

Artículo 78.- De los certificados de exportación. El reglamento del país exportador debe especificar el procedimiento de certificación de productos para la exportación en especial indicando los requerimientos, sujetos autorizados para extenderlos, controles oficiales y jornalidades.

Artículo 79.- Del transporte de productos pesqueros. Reglamento debe incluir normas que regulen:

a) controles sobre los transportes

b) requerimiento de los vehículos

c) normas de transporte

d) equipamiento mínimo de los transportes

Artículo 80.- Productos químicos, aditivos y recibos. El programa del país exportador debe tener organizado un sistema de control de productos, químicos, aditivos y residuos al menos en:

a) control de químicos y aditivos autorizados

b) procedimiento de autorización

c) análisis de residuos: métodos empleados

Artículo 81.- Requisitos y manejo de los productos devueltos. Debe regularse el procedimiento y requisitos de los productos devueltos, en especial:

a) procedimiento para autorización de reempaque

b) procedimiento para la destrucción de productos condenados

c) controles sobre los productos devueltos

d) causas de las devoluciones o rechazos

CAPÍTULO X.
Normas para la inspección en carnes elaboradas

Artículo 82.-Definiciones y términos utilizados. Se aplicará lo dispuesto en el artículo 41 de este reglamento.

Artículo 83.-Normas de fabricación. El reglamento del país exportador debe especificar bajo que normas técnicas se van a elaborar los productos.

Artículo 84.-Personal que labora la planta.

a) Control de enfermedades

b) Aseo

c) Capacitación y preparación

d) Niveles de supervisión

Artículo 85.- Edificios e instalaciones.

1) Planta y terrenos

a) ubicación

b) planos de las edificaciones e instalaciones

c) construcción y diseño de la planta

d) iluminación

e) flujo

2) Operaciones sanitarias

a) mantenimiento general

b) sustancia y químicos utilizados para limpieza y desinfección, almacenaje de materiales tóxicos

c) control de plagas y roedores

d) desinfección de áreas que contacten los alimentos

Artículo 86.- Instalaciones y controles sanitarios.

a) suministro de agua

b) tuberías y plomería

c) evacuación de aguas negras

d) servicios sanitarios

e) instalaciones para lavado de manos y botas

f) desperdicios y basura

Artículo 87.- Equipo y utensilios.

a) aprobación

b) diseño y materiales

c) uniones y soldados

d) congeladores, cuartos fríos, controles de temperatura

e) instrumentos y controles utilizados para medir, regular o registrar las temperaturas, el H, acidez, actividad acuosa y otras condiciones que controlan o evitan la reproducción de microorganismos.

f) aire comprimido y otros gases mecánicamente introducidos a los alimentos controles para evitar la contaminación con aditivos.

Artículo 88.- Controles de producción y del Proceso.

a) procesos y controles establecidos

b) materias primas y otros ingredientes

c) operaciones de fabricación

d) bodegaje y distribución

Artículo 89.- Estándares.

a) estándares de composición

b) estándares de identificación

Artículo 90.- Procedimientos técnicos para el manipuleo y proceso.

a) la temperatura a que en se descongela la materia prima y el tiempo requerido.

b) el procedimiento utilizado para identificar lotes durante el proceso.

c) combinación tiempo/temperatura a la cual se almacena el producto antes y después de cocinarse los productos.

d) código utilizado para identificar producto terminado (si se utiliza)

e) cualquier punto crítico que pueda afectar a la calidad del producto.

f) gráficos registradores de tiempo/humedad.

Artículo 91.- Preparación del producto

a) No debe existir grandes (sic) variaciones en el peso y grosor de las piezas. Presentar las variaciones que se permiten, no más de 2 pulgadas que diferencia en la parte más delgada.

b) La solución en base a agua utilizada para inyectar o sumergir la carne debe de estar a 50 F o menos. Para reutilizarla se debe filtrar.

c) El producto no debe tardar más de 2 horas, para entrar al ciclo de cocinando; de lo contrario se debe colocar en refrigeración a 40 F o menos.

Artículo 92.- Cocinado.

a) El país exportador debe presentar la tabla con las combinaciones tiempo/temperatura mínimas, a las que el producto sea sometido.

b) Presentar la metodología para el cocinado con humedad

c) Presentar metodología para alcanzar el otorgamiento de las carnes Roasted.

d) Presentar la lista de equipo con que cuenta los establecimientos aprobados, para el registro y monitoreo de los procesos.

Artículo 93.- Enfriamiento del producto. Presentar la metodología empleada para conseguir un enfriamiento adecuado

Artículo 94.- Manejo y almacenamiento del producto.

a) Presentar programa utilizado en el manejo y almacenamiento del producto. Indicar los procedimientos técnicos para la limpieza y desinfección de equipo que tuvo contacto con materia prima. Indicar a cuantas p.p.m. se utiliza el cloro para la desinfección.

b) Presentar las facilidades con que cuentan el establecimiento (sic) para evitar la contaminación directa o indirecto del producto terminado con materia prima.

c) Presentar el programa de higiene que tiene que cumplir el personal que manejan el producto en sus diferentes etapas.

d) Presentar planos, tipo de materiales utilizados en la construcción de las áreas donde se procesa el producto.

Artículo 95.- Organización del programa. Se aplica lo dispuesto en el artículo 3º de este reglamento.

CAPÍTULO XI.
Normas en la inspección de lácteos y derivados

Artículo 96.- Definiciones y sentido en que se utiliza los términos. El reglamento del país exportador debe incluir la definición y sentido en el que se utilizan los términos de este.

Artículo 97.-Personal que labora en el establecimiento.

a) control de enfermedades

b) aseo

c) capacitación y supervisión

d) normas y niveles de supervisión

Lo relativo al Programa de Inspección oficial se aplica lo dispuesto en el art. 41.

Artículo 98.- Edificios e instalaciones.

a) planta: ubicación

b) planos de las edificaciones e instalaciones

c) construcción y diseño

d) cuartos y compartimentos

e) flujo y distribución

f) selección de materias primas y áreas de recibo

g) sección de procesos

h) sección de análisis y control de calidad

Artículo 99.- Operaciones y procesos.

a) mantenimiento general

b) sustancia y químicas (sic) utilizadas para limpieza y desinfección

c) control de plagas y roedores

d) desinfección de áreas que contacten los alimentos

e) métodos de higienización

f) controles de calidad establecidos

Artículo 100.- Instalaciones y controles sanitarios.

a) suministro de agua

b) tuberías e instalaciones eléctricas

c) evacuación de aguas negras

d) instalaciones para lavado de manos y botas

e) instalaciones para desechos, desperdicios y basuras

Artículo 101.- Equipo y utensilios.

a) aprobación

b) diseño y materiales empleados

c) controles de temperaturas

Artículo 102.- Controles de proceso y producción.

a) áreas de proceso: flujo

b) controles de tiempo/temperatura

c) operaciones y procesos

d) manipulación de materias primas

e) bodegas de almacenamiento

f) análisis de calidad

g) transporte y distribución

Artículo 103.- Procedimientos técnicos en la elaboración de productos lácteos.

a) normas de calidad

b) estándares de composición

c) controles de aditivos

d) controles de materias primas

e) aditivos, preservantes y otros

f) empaques utilizados

g) procesos de elaboración

CAPÍTULO XII.
De los subproductos

Artículo 104.- Definiciones. En forma clara y precisa debe (sic) especificarse los términos utilizados y en especial los criterios para determinar que es un subproducto.

Artículo 105.-Subproductos aptos para consumo humano. Únicamente podrán autorizarse para la exportación a Costa Rica subproductos para consumo humano que provengan de establecimientos habilitados por Costa Rica y que cumplan con las especificaciones y requisitos establecidos en el manual de procedimientos.

Artículo 106.- Subproductos para uso industrial farmacéutico y otros que no sean para consumo humano. Podrán ser importados subproductos de origen animal que sean destinados a unos (-usos- sic) distintos al consumo humano que establecimientos habilitados y no habilitados para exportar a Costa Rica, sin embargo en el último caso deberán de provenir de países cuyo sistema de inspección haya sido aprobado y que ese país se encuentre dentro del Registro de países aprobados.

CAPÍTULO XIII.
Normas para la inspección en animales vivos

Artículo 107.- Sistemas evaluados. Solamente podrán importarse animales vivos de países que hayan sido evaluados en cuanto a su estado sanitario general y libres de enfermedades exóticas.

Artículo 108.- Inspección previa. De previo a toda importación de animales vivos las autoridades del Departamento de Cuarentena Animal del Ministerio de Agricultura y Ganadería de Costa Rica determinarán los casos en que se debe inspeccionar previamente los sitios, fincas, granjas o establecimiento donde se crían y desarrollan los animales objetos de importación; utilizando para ello criterios basados en la cantidad, origen, uso o destino de los animales a importar.

Artículo 109.- Registro. El Departamento de Cuarentena Animal tendrá debidamente actualizado un registro de exportadores autorizados para exportar animales vivos a Costa Rica.

Dicho registro será notificado a las autoridades competentes del país exportador.

Artículo 110.- Certificación oficial. Todo certificado de Sanidad Animal que ampare la exportación de animales vivos debe hacer constar expresamente que proceden de establecimientos registrados y autorizados por Costa Rica.

Artículo 111.- Será aplicable a este capítulo lo dispuesto los artículos 22, 39, 40, 41 del Reglamento de Defensa Sanitaria Animal.

Artículo 112.- Se permitirán la importación de animales que hayan cumplido el período de Cuarentena en Estaciones Oficiales de los Estados Unidos a Canadá, reconocidas por Costa Rica.

TÍTULO III.
REQUISITOS NORMAS Y PROCEDIMIENTOS EN LA INSPECCIÓN DE ANIMALES PRODUCTOS Y SUBPRODUCTOS

CAPÍTULO XIV.
Requisitos generales para la importación

Artículo 113.- Certificados extranjeros de inspección veterinaria. Cada envío de Animales, Productos y Subproductos que se ofrezca para ser importado en Costa Rica deberá ir acompañado de un certificado de inspección veterinaria expedido por el funcionario que corresponda del país exportador. En el certificado se indicará el origen, destino, marcas para transporte y cantidades del producto. En el mismo se certificará, en casos de carne que ésta proviene de animales que han recibido inspección veterinaria ante-mortem y post-mortem; que es saludable, no está adulterada ni mal marcada y que fue elabora de bajo inspección continua, y que por lo demás cumple los requisitos de Costa Rica.

Artículo 114.- Normas uniformes de inspección. En el programa del país exportador debe existir la uniformidad a nivel nacional de la inspección de las importaciones y en la debida aplicación de los requisitos a fin de garantizar a los consumidores que los productos importados son tan salubres como los productos nacionales. Para lograr una mayor uniformidad y eficiencia, las operaciones de inspección de las importaciones, los resultados de las mismas, de los análisis de laboratorio y el historial de cumplimiento de los requisitos se deben reunir en un sistema de información sobre la importación.

Artículo 115.- Historial de cumplimiento. Se establece un historial de cumplimiento cuando los resultados de por lo menos las tres últimas muestras consecutivas de distintos envíos del mismo producto indican cumplimiento en los últimos seis meses. A menos que se establezca un historial de cumplimiento no se debe autorizar las distribución de los productos importados antes de conocerse los resultados de los análisis de las muestras en el laboratorio.

Artículo 116.- Muestreo estadístico. Los inspectores costarricenses inspeccionarán en el puerto de entrada muestras de cada envío. A fin de asegurarse de que se elige una muestra representativa se aplicará un muestreo estadístico a cada lote de producto que haya de inspeccionarse. Los planes de muestreo y criterios para el rechazo de productos son los mismos para los productos cárnicos importados que son producidos en Costa Rica.

Antes del *(sic)* inspección se descongelarán muestras de los productos congelados. Los inspectores que efectúan la inspección de las importaciones comprobarán las condiciones en que se encuentren los recipientes que contengan carne enlatada y abren una muestra de latas para inspeccionar el contenido. Se verificar los rótulos (etiquetas) para obtener previamente la aprobación de Costa Rica y se comprueba la exactitud de los ingredientes declarados y los pesos netos. Las muestras se presentan con carácter rutinario a laboratorios oficiales a fin de verificar el cumplimiento con la normas relativas a composición y comprobar la posible presencia de sustancias adulteradas. Las latas tomadas de muestra se someten también a períodos de incubación para determinar si hay indicios de corrupción.

Artículo 117.- Reacondicionamiento. El reacondicionamiento o reelaboración de productos insatisfactorios o de lotes defectuosos no se permitirán. Se conceden excepciones en el caso de productos en latas dañadas o con abolladuras que pueden ser extraídos y vueltos a ofrecer para ser importados y en el caso de pequeñas irregularidades en los rótulos que puedan corregirse.

Artículo 118.- Vigilancia de los residuos biológicos. Los productos cárnicos importados se inspeccionarán también para determinar la presencia de residuos como pesticidas, hormonas, metales pesados y antibióticos; tomando para tal fin muestras representativas que serán analizadas por laboratorios oficiales. Cuando se detecta la presencia de recibos en cantidades que infringen los requisitos, se establecen medidas de control especiales para manipular la carne proveniente de otros países. Los procedimientos consisten en denegar o retirar el permiso de entrada hasta que se reciba los análisis de laboratorio. Además, la vigilancia de los residuos verifica la eficacia del programa de análisis de residuos biológicos que se lleva a cabo en el país de origen.

Si se producen infracciones repetidas en relación con los residuos biológicos podrá retirarse la certificación del establecimiento o establecimientos afectados o la habilitación del país de que se trate para importar productos cárnicos en Costa Rica hasta que se haya corregido el problema.

Artículo 119.- Denegación de la entrada. Hasta que todos los exámenes y análisis de los productos importados no demuestren que estos cumple la normas de Costa Rica, no se permitirá que dichos productos participen en el comercio de Costa Rica. Los productos que no satisfagan los requisitos se mantendrán en almacén de aduanas hasta que sean retirados o destruidos para fines de consumo humano. Ocasionalmente, se podrá permitir la entrada de algunos productos a los que antes se les haya denegado para destinarlos bajo estricto control a la elaboración de alimentos para animales domésticos.

Artículo 120.- No se importará ningún producto que no cumpla con las siguientes disposiciones:

a) No se admitirá en Costa Rica ningún producto que sea ofrecido para ser importado proveniente de ningún país si dicho producto está adulterado un mal marcado o no cumple con todo lo requisitos que se aplicarían si se tratara de un producto nacional.

b) No se admitirá en Costa Rica ninguna carne fresca o curada ni ningún recorte de carne en piezas que sean demasiado pequeñas para permitir una inspección adecuada a su llegada. Las piezas o recortes no deberán ser menores de cubos de cinco centímetros de lado o piezas de tamaño equivalente.

Salvo lo dispuesto en sentido contrario, no se permitirá la entrada de productos alimenticios de carne elaborados que hayan sido preparados con piezas de carne menores que un cubo de cinco centímetros de lado o piezas de tamaño equivalente, salvo si se cumplen las condiciones siguientes:

b.1) Podrán importarse carnes molidas o picadas en recipientes rotulado de un peso neto máximo de 1.5 kilogramos.

b.2.) Podrán importarse filetes cortados, frituras de carne, rollos de carne seleccionados y formados, o productos de carne molida y formada y productos de tipo semejante en recipientes rotulado de un peso neto máximo de cinco kilogramos.

b.3) Podrán importarse salchichas y productos cárnicos enlatados en recipientes rotulados de un tamaño que sea adecuado para su venta al por menor y su distribución a los consumidores.

b.4) Podrán importarse extractos de carne en recipientes rotulado de cualquier tamaño.

c) No se permitirá importación a Costa Rica de ninguna carne o recortes de carne cocidos o parcialmente cocidos ya sea en piezas separables o moldeados en formas mayores, salvo con las siguientes condiciones:

c.1) El exportador o su agente Autorizado presentará al Departamento de Cuarentena Animal una descripción completa del procedimiento que se utilice para preparar y manipular el producto del país y durante su transporte a Costa Rica y ese departamento determinará si éste es adecuado para garantizar que el producto no este adulterado o mal marcado en el momento de ofrecerle para ser importado en Costa Rica.

c.2) El elaboradora ha instalado un sistema que se aceptable a la Comisión (una vez que ésta haya determinado que dicho sistema indicará debidamente el tipo y número de microorganismos presentes) para el análisis microbiológico del producto terminado; se somete el producto a dicho análisis y los resultados se presentan al Departamento de Cuarentena Animal y éste determina que son aceptables porque indican que el producto ha sido preparado y manipulado de una manera sanitaria.

d) Además, no se admitirá en Costa Rica ningún canal o parte de canal de ganado ofrecido para ser importado de las que se hayan extraído tejidos que vayan naturalmente adheridos a las mismas.

Artículo 121.- Idioma, firma y entrega de los certificados.

a) Todo certificado extranjeros de inspección Veterinaria estará redactado en español y en el idioma del país de origen.

b) Todo certificado extranjeros de inspección veterinaria llevará el sello oficial del organismo del gobierno nacional que tenga su cargo la inspección del producto e irá firmado y será expedido por un funcionario autorizado para firmar y expedir dichos certificados por el Gobierno nacional del país en el que se inspeccione el producto.

c) El certificado extranjero de inspección veterinaria lo entregará el destinatario, o su agente en Costa Rica al inspector del Programa en el lugar de inspección, y la inspección del producto no comenzará hasta que se efectúe dicha entrega.

Artículo 122.- El importador deberá solicitar la inspección de los productos de importación; información que se requiere.

a) Cada importador solicitará la inspección de todo producto de importación al funcionario encargado, si lo hubiere, en el puerto donde dicho producto se vaya a ofrecer para ser importado. En otro caso, la solicitud de inspección se presentará al Departamento (sic) Cuarentena Animal.

b) La solicitud deberá presentarse con la mayor antelación posible a la llegada prevista de cada envío (Mínimo tres días).

c) En cada solicitud se indicará la fecha próxima en que deba llegar el envío en el puerto de que se trate en Costa Rica, el nombre del buque u otro transportista que lo transporte, el nombre del país desde el cual se envió o se va a enviar el producto el lugar en el que se desea que se efectúe la inspección, la cantidad y tipo de producto y si se trata de un producto fresco curado, enlatado o preparado de alguna otra manera.

Artículo 123.- Productos de importación, inspección según el Programa, hora y lugar de esta solicitud de que se aprueben las instalaciones como establecimiento oficial para la inspección de productos de importación; denegación o retirada de la aprobación; números oficiales.

a) Salvo lo dispuesto en el Reglamento, todos los productos que se ofrezcan para ser importados provenientes de algún país serán inspeccionados por un inspector de Cuarentena antes de ser admitidos en Costa Rica.

b) Todos los productos que deban inspeccionarse, serán inspeccionados únicamente un establecimiento autorizado o en un establecimiento oficial para la inspección de productos de importación que haya sido aprobada por el Departamento de Cuarentena Animal se indicarán el tipo o tipos de productos que pueden ser inspeccionados en cada establecimiento oficial para la inspección de productos de importación, según la adecuación de las instalaciones para efectuar las inspecciones y manipular los productos de una manera sanitaria.

c) Los propietarios o concesionarios de instalaciones que no sean establecimientos autorizados y desee que se efectúen inspecciones de productos de importación en sus instalaciones, solicitarán al Departamento (sic) Cuarentena Animal que sus instalaciones sean aprobadas para dicho fin.

d) Todo solicitante que trate de que sus instalaciones sean aprobadas para que en ellas se efectúen inspecciones de productos de importación presentará al Jefe del Departamento de Cuarentena Animal, los planos necesarios con especificaciones a fin de determinar el cumplimiento con lo requisitos.

e) Los propietarios o concesionarios de los establecimientos en los que se vayan a efectuar inspecciones de productos de importación proporcionarán instalaciones sanitarias y equipos adecuados para el examen de dichos productos. Los requisitos relativos a la aprobación de las instalaciones se aplican a los establecimientos oficiales para la inspección de productos de importación en el mismo grado y de la misma manera que son aplicables a los establecimientos autorizados.

f) El Departamento (sic) Cuarentena Animal, estará autorizado para aprobar cualquier instalación como establecimiento oficial para la inspección de productos de importación siempre que hayan presentado una solicitud y planos de acuerdo con los requisitos de los párrafos c y d de esta sección y siempre que determine que dicha instalación cumple los requisitos que estipula el párrafo e) de esta sección. Si se determina que la instalación no satisface dicho requisitos para la inspección de productos de importación de acuerdo con las normas aplicables. A cada solicitante al que se conceda la aprobación se le comunicará ésta por escrito, especificándole los locales a los que se aplica la aprobación. Cuando se denieguen la aprobación por cualquier razón, se comunicará al solicitante la decisión y la razón en que ésta se basó.

g) Podrá retirarse la aprobación de un establecimiento oficial para la inspección de productos de importación de acuerdo con las normas aplicables si se determina que las condiciones sanitarias son tales que el producto se convierte en adulterado.

h) A cada establecimiento autorizado para la inspección de productos de importación se le asignará un número especial oficial. Dicho número se utilizará para identificar todos los productos inspeccionado y aprobados para su entrada en dicho establecimiento.

i) Se efectuará una inspección suficiente mediante muestreo de cada envío de carne fresca refrigerada o congelada procediéndose a su descongelación si fuera necesario a fin de determinar en qué condiciones en cuenta. Las normas de inspección aplicables a la carne fresca refrigerada o congelada provenientes de otros países serán las mismas que las que se utilizan para la carne refrigerada o congelada de Costa Rica.

j) En el momento en que se ofrezcan para ser importados en Costa Rica, los productos extranjeros enlatados tienen que ser saludables, sanitarias salubres y no estar adulterado siempre que se cumplan todos lo requisitos, la determinación de la aceptabilidad del producto y la condición en que se encuentren los recipientes se basará en los resultados de un examen efectuado de una muestra estadística tomada del envío de acuerdo con instrucciones dadas a los inspectores de Cuarentena. Si el examen de la muestra de revela que el producto o los recipientes no satisfacen el nivel de aceptación prescrito en las instrucciones, se denegará la entrada al envío. No obstante, según envío ha sido rechazado por defectos de los recipientes pero por lo demás es aceptable, podrá volver a ofrecerse para inspección con las siguientes condiciones:

1) Si el número y tipo de defectos de los recipientes que se encontraron en la muestra original no exceden de límites especificados para este fin en las instrucciones mencionadas.

2) Si las latas defectuosos, del envió han sido retiradas y reexportadas o destruidas bajo supervisión de un inspector.

Las muestras representativas del producto enlatado designadas por el Departamento Cuarentena Animal en instrucciones dirigidas a los inspectores del Programa se incubarán bajo supervisión de dichos inspectores manteniéndolas un mínimo de diez días a 95 + 2F. Los importadores o sus agentes proporcionarán las instalaciones necesarias para efectuar la incubación.

Artículo 124.- Productos de importación, movimiento anterior a la inspección.

a) Ningún producto que según lo dispuesto en esta parte agradecer inspeccionado se retirará, antes del inspección, del puerto de entrada en Costa Rica o si llega por buque del muelle en que haya sido descargado, a menos que sea transportado en vagones de ferrocarril, camiones u otros medios de transporte sellados o identificados con marchamos oficiales.

b) En vez del sellado y marchamado el transportista o importador podrá proporcionar y adherir a cada recipientes externo del producto un aviso en papel de color amarillo vivo, de 5 por ocho pulgadas como mínimo que contenga la siguiente leyenda en letras negras de tamaño visible:

(nombre de la empresa de transportes por camión o del transportista)

Este recipientes de carne o de productos cárnicos tiene que ser entregado intacto con inspector del Departamento (sic) Cuarentena Animal del Ministerio de Agricultura de Costa Rica.

Si después del inspección se determina que el productos aceptable, se marcará el recipiente como que ha sido inspeccionado y aprobados por funcionarios del Departamento de Cuarentena Animal.

c) No se retirará ningún vagón de ferrocarril, camión (sic) otro medio de transporte o embalaje sellado con un sello oficial del Ministerio para carne importada salvo bajo la supervisión de un inspector de Cuarentena.

d) No se trasladarán antes de la inspección ningún producto que deba ser inspeccionados de ningún puerto o, si llega en buque, del muelle en que se descargó ningún lugar que no sea el designado por esta Parte o de acuerdo con la misma como lugar en que se haya de inspeccionar.

e) No se transportará antes del inspección ningún producto que deba ser inspeccionado con arreglo a esta Parte de ningún puerto o si llega en buque del muelle en que se descargó de ninguna manera que no se estipula en esta Parte.

f) No se entregará antes de la inspección ningún producto que (sic) al destinatario o a su agente.

g) El destinatario o su agente prestarán la asistencia que los inspectores de Cuarentena puedan necesitar para manipular y marcar el producto ofrecido para ser importado.

h) En caso de accidente o una situación semejante de emergencia, el transportista podrá romper el sello oficial del Ministerio para carne importada y si fuera necesario podrá volver a cargarse los artículos en otro medio de transporte para ser trasladados a su lugar de destino. En todos esos casos el transportista comunicará inmediatamente los hechos al destinatario de Cuarentena Animal en el informe incluirá lo siguiente:

1) Carácter de la emergencia

2) Lugar en que rompieron los sellos

3) Puntos de origen y destino

4) Identidad de los medios de transportes

5) Identidad de los medios de transporte en que se hayan los artículos

6) Tipo y cantidad de los artículos

Artículo 125.- Productos de importación; el equipo y medios de transporte que se utilicen en la manipulación deberán mantenerse en condiciones sanitarias. Los compartimientos de los medios de transporte que acareen productos a Costa Rica y todos los camiones, productos plataformas, rejilla, mesas, instrumentos utensilios y demás dispositivos usados para mover y manipular cualquier producto que se ofrezca para ser importados a Costa Rica, se mantendrán en condiciones sanitarias.

Artículo 126. – Muestras; inspección de los serbios, denegación de entrada; marcas.

a) Los inspectores de cuarentena podrán tomar sin costo para Costa Rica y para ser examinadas en un laboratorio muestras de cualquier producto que pueda ser analizado de cada envío que se ofrezca para importación.

b) Los recipientes externos de todos los productos que se ofrezcan para importación provenientes de cualquier país, y que vayan acompañados de un certificado extranjero de inspección, que, al ser inspeccionado por los inspectores, se determina que no están adulterados o mal marcados y que por los demás pueden ser importados en Costa Rica, o los propios productos si no están en recipientes, serán marcados con la leyenda oficial de inspección que prescribe el Reglamento. Todos los productos que se hayan marcados en cumplimiento de esta Parte, serán admitidos en la medida en que dicha admisión esté regulada por la ley.

c) Si la inspección de la parte del producto retirada de un envío indica que el producto está adulterado o mal marcado o por alguna otra razón no puede ser admitido para importación conforme a esta Parte, se identificará el envío con expresión "Denegada la entrada a Costa Rica" si el inspector considera que dicha marca es necesaria para mantener la identidad.

Artículo 127.- Recibos y actos que se entregarán a los importadores por las muestras de productos importados. A fin de que Los importadores tengan la seguridad de que las muestras de productos de importación obtenidas para su examen en un laboratorio se (sic) exclusivamente a ese fin, los inspectores expedirán y entregarán a los importadores, o a sus agentes, recibos o oficiales por todas las muestras de productos extranjeros que se hayan obtenido.

El recibo oficial se preparará por duplicado y llevará la firma del inspector que obtenga las muestras, y en el mismo figurará el nombre del importador, el país de origen, la cantidad y tipo de producto pedido, la fecha en que se obtuvo la muestra y una declaración en el sentido de que la muestra se obtuvo para ser examinada en un laboratorio. La copia por duplicado del recibo la conservarán los inspectores encargados para el archivo de su oficina.

Artículo 128.- Productos de importación enlatados o envasados que lleven etiquetas comerciales; toma de muestras de inspección.

a) Las muestras de productos de importación enlatados o envasados que lleven en sus envases inmediatos etiquetas comerciales que no hayan sido aprobadas conforme al Reglamento, las obtendrá y enviará el inspector del Departamento de Cuarentena Animal al laboratorio para ser examinadas, y los productos se retendrán hasta que se reciba el informe del laboratorio y los resultados del examen de las etiquetas comerciales y de las marcas que aparezcan los recipientes en que se transportan.

b) Los productos de importación enlatados o envasados que lleven rótulos comerciales y otras marcas que hayan sido aprobados conforme al Reglamento serán inspeccionados para determinar su salubridad y comprobar su peso neto. Se obtendrán muestras para que sean examinadas en un laboratorio.

c) Se tomará una muestra de cada envío de productos de importación enlatados o envasados. El método para la selección de la muestra y el tamaño de la misma se prescribirá en instrucciones que se darán a los inspectores de Cuarentena Animal.

Artículo 129.- Productos extranjeros ofrecidos para ser importados; comunicación de los resultados a las aduanas; manipulación de artículos a los que se haya denegado la entrada.

a) Los inspectores de cuarentena comunicarán los resultados de la inspección de cualquier producto que haya sido inspeccionado al Director de Aduana del puerto en el que el producto se ofrezca para ser despachado por las Aduanas y pedirán al Director que deniegue la admisión de cualquier producto que sea designado " Denegada entrada a Costa Rica (sic), y que éste dé instrucciones de que dicho producto sea retirado por el destinatario dentro del plazo estipulado, a menos que el destinatario dentro de dicho plazo, ocasione la destrucción del mismo para fines del consumo humano bajo supervisión de un inspector de Cuarentena Animal, con la salvedad de que en el caso de que se deniegue la entrada a un producto exclusivamente por razón de haber sido mal marcado, el lugar de ser éste reexportado o destruido, podrá hacerse que cumpla con los requisitos bajo supervisión representante autorizado de Cuarentena. Dicho plazo específico será de 30 días que a contado desde la fecha en que se dé aviso al funcionario de Aduanas, a menos que el Jefe de Cuarentena fije un plazo distinto previa solicitud presentada al mismo. Si algún producto de esa naturaleza se destruye para fines de consumo humano o si se hace que un producto mal marcado cumpla las disposiciones de este párrafo bajo la supervisión de un inspector de Cuarentena.

b) A solicitud del Director de Aduanas del puerto en el que se ofrezca el producto para ser despachado en Aduanas, el destinatario del producto devolverá inmediatamente a su propia costa al Director todo producto que sea recibido y que ulteriormente haya sido designado "Denegada la entrada en Costa Rica" o se hayan determinado en algún sentido que no cumplía con los requisitos. Todo producto de esa naturaleza se devolverá en vagones de ferrocarril, camiones u otros medios de transporte, o embalajes atados, sellados con el sello oficial del Ministerio para carne importada, a menos que el Inspector considera que dicho sellado no es necesario debido a que se utilicen otros controles igualmente adecuados.

c) Todos los gastos que se origen por concepto de almacenamiento, acarreó y mano de obra con respecto a cualquier producto que haya sido importado en contraversión (sic) de la ley serán pagados por propietario o el destinatario, y si éstos no lo hacen se embargará dicho producto y cualquier otro producto que sea importado ulteriormente por dicho propietario o destinatario.

Artículo 130.- Marcas de los productos y rotulación de los envases inmediatos de éstos para su importación.

a) El producto que sea ofrecido por importación y que pueda ser marcado llevará, tanto si va encerrado en un envase inmediato como en otro caso el nombre del país de origen, precedido de las palabras " Producto de ", el número del establecimiento asignado por el sistema de inspección de carnes del país de que se trate y certificado por el Programa y cualesquiera otras marcas que sean necesarias para cumplir con el Reglamento. Cuando dichas marcas consistan en impresiones de sellos o hierros de marcar y se hayan hecho con tintas de marcar, dicha pinta será inocua y creará marcas permanentes. En el caso de que el nombre del país de origen aparezca como parte de una marca oficial del gobierno nacional del país dicho nombre se exhibirá de manera prominente y legisle podrán omitirse las palabras "Producto de ".

b) Además de las marcas de productos que exige el párrafo a) de esta sección, el envase inmediato de todo producto ofrecido para importación:

1) Llevará un rótulo en el que aparezca toda la información exigida por el Reglamento (excepto que, en vez de la leyenda de inspección oficial de Costa Rica se mostrará número del establecimiento asignado por el sistema de inspección de carnes del país de que se trate y certificado por el Programa y la marca oficial de inspección del sistema de inspección de carnes del país) y, además, el nombre del país de origen precedido de las palabras "Productos de", inmediatamente debajo del nombre o designación descriptiva del producto según exige el Reglamento. No obstante, el número de dicho establecimiento podrá omitirse de un rótulo que haya sido litografiado directamente en una lata si dicho número aparece litografiado o gravado en relieve en otro lugar de la lata.

2) Hará que, si dicho envase inmediato es de meta (sic) y está sellado, se grabe en relieve o se litografíe en el recipiente de metal sellado el número del establecimiento asignado por el sistema de inspección de carnes del país y certificado por el Programa, y dicho número del establecimiento no quedará cubierto ni obscurecido por ningún rótulo o por otros medios.

c) Todas las marcas y demás rótulos que se utilicen en los envases inmediatos o en relación con éstos así como las marcas privadas que aparezcan en las canales o partes de canales se presentarán para ser aprobadas, y serán aprobados según dispone Reglamento, antes de que admitan en Costa Rica productos que lleven dichas marcas, rótulos o señales. No obstante, las marcas de inspección de los sistemas de otros países que aparezcan grabadas en relieve el recipiente de metal o marcadas en las canales o partes de estas no tendrán que presentarse para ser aprobadas y los estarcidos, matrices, rótulos y marcas podrán utilizarse en envases inmediatos de gran tamaño fabricados de cartón de fibras de productos extranjeros, siempre que las marcas que hagan dichos artículos sean aplicables al producto y no sean falsas o erróneas y se utilicen con aprobación del inspector encargado.

Artículo 131. – Recipientes externos de productos de marcas y rotulación. El recipiente externo en el que se transporte a Costa Rica cualquier envase inmediato de un producto extranjero llevará en Español, y de manera destacada y elegible los siguientes:

1) El nombre o designación descriptiva del producto de acuerdo con el Reglamento.

2) El nombre del país de origen.

3) El número del establecimiento que haya sido asignado por el sistema de inspección de carne del país en haya sido certificado por el Programa.

Artículo 132.- Importaciones pequeñas para el propio consumo del importador requisitos. Todo producto que se ofrezca para ser importado en cantidades de 20 kilos o menos y que haya sido adquirido por el importado fuera de Costa Rica para su propio consumo podrá importarse de desde cualquier país sin cumplir con las disposiciones de Reglamento, pero con sujeción a los requisitos que sean aplicables conforme a otras leyes. No obstante los inspectores de Cuarentena podrán inspeccionar cualquier producto que se ofrezca para importación conforme a esta sección a fin de determinarse si pertenece a la clase de productos que pueden importarse con arreglo a este párrafo.

Artículo 133. – Devolución de productos inspeccionados y marcados en Costa Rica. Los productos inspeccionados y aprobados en Costa Rica con las correspondientes marcas que haya sido exportados otros países y luego hayan sido devueltos serán admitidos en Costa Rica sin tener que cumplir las disposiciones de esta parte previa notificación y aprobación, en casos específicos.

Artículo 134.- Los productos importados se manipularán y transportarán igual que los de origen nacional, entrada en los establecimientos autorizados; excepción.

a) Después de haber entrado en Costa Rica se considerarán y tratarán todos los productos importados como si fueran productos de origen nacional y estarán sujetos a las disposiciones pertinentes de la ley.

b) Los productos importados que hayan sido inspeccionados, aprobados y marcados conforme a esta Parte podrán, llevarse a establecimientos autorizados y mezclarse con cualquier producto, o añadirse a cualquier producto, que haya sido inspeccionado y aprobado en dichos establecimientos.

c) Los productos importados que hayan sido inspeccionados, aprobados y marcados conforme esta Parte podrán ser transportados durante la importación o ulteriormente para ser objeto de comercio.

Artículo 135.- Muestras para examen un laboratorio y fines semejantes. Las disposiciones de esta Parte no son aplicables a las muestras de productos que se destinen a examen por un laboratorio, investigaciones o fines semejantes cuando su importación haya sido autorizada por el jefe de Cuarentena en condiciones especificadas por éste en casos concretos, incluidos los requisitos de desnaturalización u otra identificación para impedir que sean utilizados para el consumo humano. No se concederá autorización para importar ningún producto en contravención de las disposiciones de otras leyes.

Artículo 136.-Importación de grasas no comestibles. No se admitirá en Costa Rica ninguna grasa no comestible, sebo no comestible u otra grasa clarificadas no comestible a menos que haya sido antes desnaturalizada, envasada en recipientes marcados, identificada y manipulada según dispone Reglamento.

Artículo 137.- Procedimientos especiales de inspección relativos a carnes fresca refrigerada o carnes deshuesada congelada que se destine a elaboración.

a) Definiciones; muestreo; normas.

1) Se entiende por carne congelada deshuesada destinada a elaboración la carne que haya sido congelada en estado fresco proveniente de bovinos, ovinos, porcinos, caprinos o equinos a la que se le haya quitado todos los huesos y haya sido cortada en pedazos o recortes, congelada en un bloque compacto de cualquier forma y sea adecuada para ser cortada en tajadas o en pedazos en la fabricación de productos alimenticios de carne. Los pedazos o recortes individuales no deberán ser de un tamaño inferior a un cubo de cinco centímetros de lado o a un trozo de tamaño equivalente. Tal como se utiliza en esta sección, el término " congelado " comprende también " fresco refrigerado ", y " lote "significa cualquier cantidad de carne congelada deshuesada destinada a elaboración proveniente de una especie, envasada de manera semejante, enviada desde un establecimiento y ofrecida para ser inspeccionada con fines de importación conforme a uno o más certificados extranjeros de inspección.

2) Se tomará muestras de todos los lotes de carne congelada y deshuesada con destino a elaboración que se importen y dichas muestras serán congeladas para ser sometidas a inspección de conformidad con este párrafo. El inspector seleccionará de cada lote el número apropiado de envases que indique el cuadro de planes de muestreo que figura el Manual de Procedimientos. La muestra total que se someterá a inspección consistirá en el número necesario de unidades de 6 kilogramos extraídas de estos envases. Las unidades seleccionadas se descongelarán totalmente y se someterán a un examen completo.

b) Lotes a los que se deniegue la entrada. Se efectuará una reinspección (que incluirá una nueva toma de muestras) de todo lote de carne congelada y deshuesada con destino a elaboración a la que se haya denegado la entrada conforme a esta sección basándose en la ealuación original de una muestra de la misma únicamente si hay una razón para poner en duda el dictamen del inspector al efectuar la evaluación.

Si, en los demás casos, se identifica por medio de marcas alguna parte de un lote al que se haya denegado la entrada como consistente en un tipo determinado de carne que sea destino de todos los demás tipos de carne del lote o va identificada por una fecha de producción o marca de turno que la distinta de todo el resto de lar (sic) carne del lote, se determinará si dicha carne del lote puede ser importada basándose en los resultados de la inspección original y de acuerdo con las normas que figuren a tal efecto en instrucciones dadas a los inspectores.

Se admitirán las partes del lote que hayan sido declaradas aceptables para importación y se denegará la entrada al resto del lote.

c) Ciertos lotes que se determina son aceptables para importación. Si tras una evaluación inicial de la muestra de algún lote de carne congelada y deshuesada destinada a elaboración se determina que el lote considerado en conjunto cumple las normas de inspección relativas a importación, pero que en dichos lote hay alguna parte identificada por marcas como consistente en un tipo determinado de carne distinta de todos los demás tipos de carne del lote o identificada por una fecha de producción o marca de turno distinta que el resto del lote, se evaluará la aceptabilidad de dicha parte del lote para ser importado basándose en los resultados de la inspección original y de acuerdo con las normas que se hayan especificado para este fin en instrucciones dadas a los inspectores. Se denegará la entrada (sic) toda parte del lote que resulte inaceptable después de efectuar dicha evaluación y se admitirá el resto del lote.

d) Lotes cuyas descargas se retrase (sic). Si una parte del lote se descarga de un buque un día y la descarga del resto del lote se retrasa más del día siguiente, podrá evaluarse por separado, a solicitud del importador y de acuerdo con normas especificadas para tal fin en instrucciones dadas a los inspectores, la aceptabilidad para importación de cada parte que vaya identificada por marcas como consistente en un tipo determinado de carne distinto de todos los demás tipos de carne del lote o identificada por una fecha de producción o marca de turno distinta del resto del lote.

CAPÍTULO XV.
Procedimiento para la importación de animales, productos y subproductos

Artículo 138.- Presentar ante el Departamento de Cuarentena Animal del Ministerio de Agricultura y Ganadería solicitud formal de autorización para importación. La solicitud deberá incluir la siguiente información:

a) Nombre, calidades, dirección del importador.

b) País de origen de los productos a importar.

c) Cantidad, tipo y descripción de los productos.

d) Puerto y fecha de arribó, especificando la vía de transporte.

e) La solicitud deberá ser presentada al menos con tres días hábiles de anticipación, personalmente por el interesado o por el representante legal en caso de ser una persona jurídica, en caso contrario dicha solicitud deberá presentarse con la firma debidamente auténtica por abogado.

f) Con la solicitud, deberá de acompañarse el formulario de "autoliquidación del TRIBUTO DE IMPORTACIÓN DE CARNE BOVINA (*sic*), establecido a favor de la Corporación Ganadera mediante el artículo 7 de la Ley Nº 7837 del 5 de octubre de 1998 y sus reformas, Ley de Creación de Corporación Ganadera, presentado ante los bancos del Sistema Bancario Nacional autorizados para su recaudación y pagado el tributo ahí indicado.

(Inciso adicionado por el Artículo 56 inciso 2) del Decreto Ejecutivo N° 34572-MAG de 18 de abril de 2008)

Artículo 138 bis.- Los días quince (15) y último de cada mes, el Departamento de Cuarentena Animal remitirá, al Área de Gestión Tributaria de la Corporación Ganadera, todas las solicitudes de autorización de Importación de Carne Bovina fresca o congelada, realizadas en los quince días inmediatos anteriores del día de entrega.

(Artículo adicionado por el Artículo 57 del Decreto Ejecutivo N° 34572-MAG de 18 de abril de 2008)

Artículo 139.- Recibida la solicitud, el Departamento de Cuarentena Animal, la revisará y en el caso de no existir restricciones extenderá un plazo máximo de 48 horas hábiles contadas a partir de la presentación de la solicitud, una autorización de importación; dicha autorización será válida por treinta días naturales a partir de su fecha de emisión.

Artículo 140.- Al arribo de los productos al puerto de desembarque, de previo o en forma concomitante al desalmacenaje un funcionario de Cuarentena del Ministerio Agricultura y Ganadería procederá a realizar un inspección de los productos importados, debiendo levantar un acta de inspección en la cual hará constar las condiciones generales en que viene el producto.

En este mismo acto, el funcionario procederá (sic) tomar la muestra y contra-muestra para los análisis de laboratorio; levantará un acta que firmarán el responsable de la importación o su representante, el funcionario de aduanas si estuviese presente y el funcionario de Cuarentena.

Artículo 141.- Cumplido lo anterior, el funcionario de Cuarentena estampará el sello de retenido a la póliza que ampara el producto, debiendo hacer las advertencias al importador de que el producto retenidos no podrá ser transportado, comercializado o utilizado hasta tanto no haya sido liberado por el Departamento de Cuarentena Animal una vez realizada la documentación y obtenido los resultados de los análisis de laboratorio.

Artículo 142.- El producto importado al momento de desembarque deberá traer la siguiente documentación:

a) Certificado de Sanidad extendido por la autoridad competente del país de origen.

b) Certificado oficial de libre venta del producto en el país de origen extendido por las autoridades competentes.

c) Certificación de las autoridades sanitarias del país (sic) origen donde se haga constar que el país exportador se encuentra libre de Fiebre Aftosa o de enfermedades exóticas.

d) Los anteriores certificados y documentos deberán ser legalizados y autenticados por la respectiva autoridad diplomática o consular de Costa Rica, acreditada en el país exportador. Si no lo tuviera la importación no podrá hacerse efectiva salvo que el país interesado colocó los gastos del o los técnicos oficiales de Costa Rica.

Artículo 143.- Los productos importados deberán provenir únicamente de países cuyos sistemas de inspección hayan sido evaluados y reconocidos por nuestro país. Además deberán ser procesados y empatados en establecimientos o plantas expresamente aprobados por Costa Rica.

Artículo 144.- Los productos importados de origen animal quedan sujetos a inspección en el momento de su arribo a Costa Rica. Aquellos envíos que no cumplan con las leyes y regulaciones quedarán detenidos. Deberán adaptarse para cumplir con la ley o ser destruidos o reexportados. A discreción del Departamento de Cuarentena a un importador podría permitírsele que su producto haga cumplir con la ley antes de que se tome una decisión final sobre su admisión. Cualquier clasificación, reprocesamiento o reetiquetación deberá ser supervisada por un inspector de cuarentena con costos a cargo del importador.

Artículo 145.- Entrada y aviso de muestreo. Es la responsabilidad del importador hacer los arreglos para el examen o evaluación y liberación de alimentos importados. Dentro del período de cinco días después de la llegada de un embarque a un puerto de entrada de Costa Rica, se deben registrar los documentos de entrada en la localización señalada por la Aduana. Una vez que el Departamento de Cuarentena Animal recibe los documentos, determinará si desea tomar muestras del embarque o no.

Si el Departamento de Cuarentena Animal decide que quiere un muestreo del embarque, se enviará un aviso de muestreo de proseguir con la importación.

Artículo 146.- Alerta de importación. Los productos en alerta de importación son aquellos productos con problemas, potenciales o que tienen una historia de importación que acuse rechazos.

Estos productos siempre deben ser muestreados.

Artículo 147.- Memorándum de entendimiento (ME). Costa Rica podrá suscribir memorándum de entendimiento con las autoridades competentes del país exportador con la finalidad de elaborar una lista de productos susceptibles de contaminación. A través del ME Costa Rica reconoce a las autoridades competentes del país exportador como responsable de garantizar la Sanidad y calidad de los productos, de modo que al ingresar a nuestro país no son muestreados ni retenidos.

Artículo 148.- Avisos de detención y de liberación. El Departamento de Cuarentena Animal enviará un aviso de detención y audiencia si el muestreo demuestra que el producto infringe las regulaciones. Por el contrario, si el muestreo demuestra conformidad con los reglamentos, se enviará un aviso de liberación.

Cualquier alimento que no ha sido liberado de la Aduana, está sujeto a un Aviso de Muestreo y Detención, puede permanecer el poder del dueño o consignatario si se despacha un bono con el fin de cubrir la liquidación de daños en caso de incumplimiento.

Artículo 149.- Aviso prohibitorio: Son órdenes emanadas de Cuarentena Animal que prohíben por completo el ingreso de país de determinados animales, productos y/o subproductos.

Artículo 150.- Aviso restrictivo. Son órdenes emanadas de Cuarentena Animal que permiten el ingreso de determinados animales, productos y/o subproductos bajo una serie de condiciones ya sea bajo un requerimiento de tratamiento o bajo un procedimiento especial de inspección.

Artículo 151.- Cada certificados de □nspección extendido por el producto que va a ser importados debe llevar, entre otras cosas:

1) El nombre y lugar de la inspección.

2) El nombre del transportista o solicitante.

3) El producto inspeccionado.

4) La cantidad de producto cubierta por el certificado.

5) Las señas principales que identifican el contenedor.

6) Las iniciales y número del vagón de ferrocarril, el número de placa de camión, el número de barco, el nombre de la aerolínea u otra identificación del embarque.

Los certificados de inspección sólo cubrirán la cantidad de producto que está haciendo importado en un puerto de ingreso por parte de un importador.

CAPÍTULO XVI.
Normas específicas para de importación

Artículo 152.-Requisitos para el importación de bovinos para cría, desarrollo y engorde.

a) Certificado veterinario oficial donde indique el número de animales debidamente identificados, inspeccionados y encontrados libres de enfermedades infecto-transmisibles y en lo que se pueda determinar no se han infectado en los últimos 30 días anteriores al embarque.

b) Test de tuberculina negativo. Solo animales de hatos libres. No podrán importarse animales provenientes de fincas afectadas. El test (sic) realizado en un plazo no mayor de 45 días anteriores al embarque.

c) Brucelosis. Solo animales de hatos libres. Pruebas de Elisa o Fijación de complemento negativas en un plazo no mayor a los treinta días anteriores al embarque.

Si provienen de hatos que vacuna en entre los 3 a 8 meses de edad, con pruebas negativas realizadas entre los últimos 30 días anteriores al embarque.

Adjuntar certificados oficiales de vacunación.

d) Leucosis Bovina. Dos pruebas negativas inmunodifusión en agar gel, a intervalos de treinta días. O bien una prueba de sonda de ADN, o pruebas de PCR, negativa.

e) Leptospirosis. Prueba negativa a las serovariedades más prevalentes con títulos no mayores a 1: 100. Si el hato es inmunizado, la vacuna aplicada, no debe ser mayor a 8 meses ni menor a 15 días anteriores al embarque.

f) Los animales deben ser negativos a IBR, o vacunados con virus muerto o termo sensible.

g) Diarrea Vírica Bovina. Animales serológicamente positivos o vacunados con virus muerto.

h) Encefalopatía Espongiforme Bovina, adjuntar certificación de país libres.

i) Parainfluenza virus (PI3): animales negativos o vacunados con virus muerto o vivo atenuado, especificando programa de vacunación empleado.

j) Paratuberculosis: solo animales de hatos libres y negativos ya sea comprueba de Johnina, Sonda, Elisa, Fijación de complemento. Realizados treinta días anteriores al embarque.

k) Trichomonas y Campylobacteriosis cultivo prepucial negativo a la tinición directa.

En caso de las hembras hacer isopado y si en la finca no se utiliza estrictamente inseminación artificial, realizar pruebas a los toros que sirven. Caso de ser alguno positivo o no se importarán de este hato.

Las pruebas dentro del lapso de 30 días anteriores al embarque y en animales reproductivamente activos.

l) Exámenes coproparasitológicos de los animales y de requerirse desparásitación específica realizarla. Además deben venir libres de parásitos externos. Todos ellos en los últimos 15 días anteriores al embarque.

ll) Vacunados contra Antrax y aplicación de Bacterina Doble Pasteurella multocida, Clostridium chavoei, clostridium septicun, en un periodo no mayor a 8 meses ni menor a 30 días anteriores al embarque.

m) Los machos deben presentar Certificados de Fertilidad Potencial.

n) Examen de salud en el Puerto de embarque confirmando que los animales se encuentran libres de enfermedades infectotransmisibles o parasitarias.

ñ) Los transportes y el equipo deben haber sido lavados y desinafectados con un producto aprobado por los servicios veterinarios del país y estar en perfecto estado de mantenimiento de limpieza.

Artículo 153.-Requisitos para la importación de bovinos para destace.

a) El importador presentará su solicitud al Departamento de Cuarentena Animal. Además deberá contar con el visto bueno del Departamento de Inspección de Carnes, del matadero al cual se enviarán los animales.

b) Este Departamento asignará un Médico Veterinario Oficial, que realizará la inspección en la finca de origen de los animales, este emitirá una recomendación de los animales a importarse. Inspección que se realiza a cargo del importador.

c) El ganado debe venir en perfecto estado de salud y limpio de parásitos externos, certificado por Médico Veterinario Oficial del país de origen.

d) No deben haber sido tratado con medicamentos que puedan dejar residuos en la carne y de riesgo para la Salud Pública, deberá constar en el Certificado Médico Veterinario Oficial.

e) En el puerto de desembarque se procederá a inspeccionar y marcar los animales, marchamar los camiones que transportan el ganado; marchamo que será roto únicamente por el Médico Veterinario encargado en la planta que los procese.

f) El Médico Veterinario del establecimiento en donde se sacrificará el ganado, tomará las muestras según lo establecido en las regulaciones. Será obligatorio el control de residuos de clorinados, antibióticos, hormonas, metales pesados, organofosforados.

La carne de los animales no podrá comercializarse hasta tanto no se tengan los resultados de los análisis hechos en el laboratorio Oficial.

Artículo 154.- Requisitos sanitarios de importación de equipos.

(Nota del compilador: Debe entenderse equinos en vez de equipos)

a) Certificado veterinario oficial de que los animales fueron inspeccionados y encontrados libres de evidencias de enfermedades infecto-transmisibles y que no se han infectado en los últimos 30 días anteriores al embarque.

b) Test de Coggins negativo realizado en un plazo no mayor a 30 días.

c) Que los animales no han salido del país en los últimos seis meses anteriores al embargo y que en el país de procedencia no se haya registrado Metritis Contagiosa Equina.

d) Vacunados contra la Encefalomielitis Equina, esta vacuna puede ser Triple o TC-83 y de un plazo no mayor de 6 meses de mi menor de 30 días anteriores al embarque. La fecha de vacunación así como de otras vacunaciones y desparasitaciones deben ser consignadas en el Certificado Oficial.

e) Que en los últimos 90 días anteriores al embarque no ha habido evidencia clínica ni se ha aislado en las caballerizas o fincas las siguientes enfermedades: Metritis Contagiosa, Durina, Muermo, Linfangitis Epizóotica, Anemia Infecciosa, Artritis Viral, Encefalitis Viral, Rinoneumonitis Viral, Rabia, Salmonela Abortus Equina, Surrá.

f) Desparasitación interna y externos consignado fechas en que fueron realizadas, producto aplicado.

g) Examen de salud realizado en el puerto de salida confirmando que se encuentran libres de enfermedades infectotransmisibles y parásitos externos.

h) En caso de proceder de países aftosos, deben traer certificación de que sus extremidades fueron desinfectadas o un carbonato de sodio al 4%.

i) Los transportes y el equipo debe haber sido lavado y desinfectado como un producto aprobado por los servicios veterinarios del país exportador y encontrarse en perfecto estado de limpieza y mantenimiento.

Artículo 155.- Importación de equinos para destace.

a) Los equinos vendrán libres de enfermedades infectocontagiosas, así como libres de mal de Cruz o Ratón (Brucelosis), libres de parásitos externos, lesiones micótidas, con excelente condición corporal. Haciendo constar estos requisitos en el certificado Médico Veterinario Oficial.

b) El camión será marchamado en el puerto de entrada y el marchamo será removido únicamente por el Médico Veterinarios del establecimiento en el que serán sacrificados los equinos.

c) El establecimiento donde se sacrifican los animales debe contar con el respectivo permiso sanitario de funcionamiento extendido por el Ministerio de Salud y Ministerio de Agricultura y Ganadería.

Artículo 156.- Importación de ovinos y caprinos.

a) En el Certificado Veterinario Oficial se hará constar los resultados negativos a las siguientes pruebas: Brucelosis, Tuberculosis, Lengua Azul por Agid Test y en caso de ser positivos aislamiento de virus.

b) Que provengan de áreas libres de Scrapie y no haber estado expuestos en los últimos 42 meses anteriores al embarque. Que no se hayan reportado casos en sus generaciones.

c) Que la finca de donde proviene los animales, que no ha habido enfermedades infectotransmisibles en los últimos seis meses anteriores al embarque.

d) Estar libre de Ectima Contagiosa, Sarna, Viruela Ovina o Caprina, Rickesttsiosis. Las pruebas deben realizarse en un laboratorio oficial, reconocido por Costa Rica, dentro de los 30 días anteriores al embarque.

Artículo 157.- Importación de porcinos.

a) El certificado Veterinario Oficial, hará constar que no se han presentado enfermedades infectotransmisibles en los últimos 60 días anteriores al embarque ni fueron expuestos a ellas.

b) Los medios de transporte utilizados deben estar limpios, desinfectados y en buen estado de mantenimiento.

c) Certificado vacunación contra Erisipela, indicando tipo de vacuna y haber sido vacunados en un periodo no menor a 15 días mi mayor a 6 meses anteriores al embarque.

d) Leptospirosis: pruebas de microaglutinación negativa 1 [200 para L. Porcina, Licterohaemorragie, L. Hardjo, L. Canícola, L. Gripotyphosa o vacunación sistemática de la piara.

e) Renitis Atrofica: Que en la explotación no se ha presentado evidencia clínica de la enfermedad.

f) Gastroenteritis Transmisible Viral: Que (sic) las granjas de donde proceden los animales no hay evidencia clínica de la enfermedad en los 30 días anteriores al embarque. Prueba negativa individual de seroaglutinación.

g) Enfermedad de Aujeszky: En el Certificado Veterinario Oficial de que proceden de granjas libres de esta enfermedad.

h) Síndrome Digenésico y Respiratorio del Cerdo: Los animales deben de proceder de piaras que en los últimos dos años no la haya diagnosticado, al igual en las granjas vecinas.

i) En el certificado veterinario se hará constar que la piara está libre de Brucelosis, Tuberculosis.

j) En caso de utilizar vacunas contra Parvovinos Porcino, esta debe realizarse en un lapso no menor de 30 días ni mayor a 6 meses del embarque.

Artículo 158.- Importación de pollitos y pavipollos. Será aplicable en esta sección lo dispuesto los artículos 107, 108, 109 y 110 de este reglamento.

a) Los siguientes términos deben entenderse como a continuación se establece:

1) Plantel avícola de incubación: Se le da esta denominación al edificio, instalaciones y equipo de incubación destinados exclusivamente a la producción y obtención de aves de un (1) días de edad.

2) Granja avícola para reproducción: Es aquella instalación que aloja aves dedicadas únicamente a la producción de huevos fértiles.

3) Granja avícola asociada para reproducción: Es aquella instalación cuyos bienes artivos (sic) pertenecen o un tercero pero que ha sido contratada por la Empresa Incubadora, teniendo esta el control directo sobre la administración, manejo y sanidad de las aves allí alojadas, dedicadas únicamente la producción de huevos fértiles.

4) Huevos fértiles: Son aquellos huevos con destino a la incubación, que cumplen a cabalidad los requisitos generales de peso, tamaño y forma, obtenidos por el cruce correcto de una reproductora hembra y un reproductor macho. Puede ser de cinco clases:

4.1 Huevos fértiles destinados a obtener aves abuelas.

4.2 Huevos fértiles destinados a obtener aves reproductoras.

4.3 Huevos fértiles destinados a obtener aves comerciales.

4.4 Huevos fértiles destinados a obtener cultivos celulares.

4.5 Huevos fértiles destinados a obtener embriones-fines cosméticos.

5) Línea: Son aquellos pies de cría o aves comerciales, que tienen nombre propio o marca registrada y que se han obtenido a través de cruzamientos entre sí por un período no menor de cinco generaciones.

6) Pie de cría: Son aquellos animales, hembras o machos clasificados como aptos para la reproducción.

6.1 Líneas Puras: Son aquellas aves provenientes de líneas genéticas que mantienen sus características genetípicas y fenotípicas cuando son cruzadas entre sí, al azar.

6.2 Líneas Abuelas: Son aquellas aves provenientes de líneas puras de cada sexo, que se utilizan en la obtención de líneas reproductoras o multiplicadoras.

6.3 Líneas reproductoras o multiplicadoras: Son aquellas aves que se obtienen del cruce de dos o más líneas abuelas.

7) Aves de un (1) día de edad: Son aquellas aves abuelas reproductoras o comerciales de primera generación, que producidas en condiciones normales de incubación, de acuerdo a la especie, no han recibido ni agua ni alimento alguno.

8) Aves comerciales de primera generación: Se entiende por aves comerciales de primera generación, el producto final del proceso de incubación de huevos fértiles, provenientes de líneas de productoras o multiplicadoras. Pueden ser de tres tipos:

8.1 Aves comerciales (livianas) para producción de huevos no fértiles destinados al consumo humano.

8.2 Aves comerciales (pollo engorde) para producción de carne destinada al consumo humano.

8.3 Aves comerciales de doble fin, o sea para producción de huevos no fértiles y carne, destinados al consumo humano.

b) Las regulaciones y términos establecidos en esta sección serán aplicables a la importación de pollitas para reproducción, pollita comercial y pollitos para engorde.

c) Los requisitos que se especifican a continuación serán aplicables a la categoría de la clasificación del inciso b).

c.1 En el Certificado Veterinario Oficial se hará constar que son aves de primera calidad, según los criterios de clasificación establecidos en Costa Rica.

c.2 Además indicar que las granjas y animales están libres de Mycoplasma Gallisepticum, Salmonella y sus variedades patógenas, Bronquitis Infecciosa, Laringotraqueitis, Encefalomielitis Aviar y Síndrome de la Baja Postura, Reovirus, Ornitosis, Anemia Infecciosa.

c.3 Recuento Bacteriológico y Micótico de incubadoras y nacedoras, hecho en el último mes anterior al embarque y refrendado por la Autoridad Sanitaria Oficial.

c.4 Además debe mencionar que proceden de estados y sus vecinos libres de Influenza Aviar y de Newcastle Velogénico Viscerotrópico. Que en los últimos tres meses anteriores al embarque no se han presentado brotes de estas enfermedades.

c.5 Las cajas donde se transportan los pollitos establecidos en el inciso b) deberán de ser nuevas con cama nueva libre de contaminación y deben incluir la siguiente:

Nombre de las aves.

Sexo.

Fecha de nacimiento.

Número de unidades de empaque.

Artículo 159.- Importación de canarios.

a) En el Certificado Veterinario Oficial se hará constar que los animales fueron vacunados contra Viruela del canario.

b) Que fueron mantenidas en estación de cuarentena por lo menos 21 día (sic) anterior al embarque.

c) Libre de signo de enfermedades infectocontagiosas.

Artículo 160.- Importación de pericos de amor. Certificado Veterinario Oficial de que están libres de Psitacosis, Newcastle, Salmonella y sus variedades patógenas. Bronquitis Infecciosa, Laringotraqueitis y Encefalitis Aviar.

Artículo 161.- Importación de aves otras ornamentales.

a) Serán consideradas aves ornamentales todas las especies incluidas en la lista publicada por la Subdirección de Vida Silvestre del Ministerio de Recursos Naturales, Energía y Minas.

b) Las aves ornamentales deberán ingresar al país en jaulas nuevas.

c) En el Certificado Veterinario Oficial se hará constar lo siguiente:

1) Que la captura de las aves fue realizado al menos 30 días anteriores al embarque.

2) Que no presentaron síntomas de enfermedades infectotransmisibles.

3) Que en los tres últimos meses anteriores al embarque no se ha presentado brote de New Castle Velogénico Viscerotrópico, en la población de aves exóticas y ornamentales.

Artículo 162.- Importación de patos, pavos, cisnes y gansos.

a) El certificado Veterinario Oficial hará constar que se encuentra libres de Hepatitis Vibriónica y Ornitosis, y Tifoidea Aviar, Cólera Aviar, New Castle y Laringotraqueitis.

b) Prueba negativa a Salmonella Pullorum.

Artículo 163.- Importación de paloma mensajeras.

a) En el Certificado Veterinario Oficial se hará constar lo siguiente:

1) Que proceden de áreas y granjas libres de Ornitosis, Salmonella Pullorum, Tifoidea y Newcastle.

2) Que el país de origen se encuentra libre de Newcastle Velogénico y Vicerotrópico e Influenza Aviar.

3) Que han estado en cautiverio por lo menos 60 días antes del embarque.

4) Venir en jaulas nuevas.

Artículo 164.- Importación de huevos. Serán aplicables las definiciones incluidas en el artículo 158, inciso a) de este reglamento.

1) Huevo Fertil:

a) Se permitirá la importación de huevo fértil proveniente de países cuyos sistemas de inspección veterinaria hayan sido evaluados y aprobados por Costa Rica y únicamente de establecimientos o planteles previamente registrados y autorizados por Costa Rica.

b) Debe tener Certificado Oficial de Origen, donde se haga constar que proceden de granjas libres de Salmonella y sus variedades patógenas, Bronquitis Infecciosa, Ornitosis Laringotraqueitis, Encefalomielitis Aviar y Síndrome de Baja Postura (Reovírus), Anemia Infecciosa. Además debe mencionar que proceden de estados y sus vecinos, libres de Influenza Aviar y de Newcastle Velogénico Vicerotrópico. Que en los últimos tres meses anteriores al embarque que no se han presentado brotes de las anteriores enfermedades.

c) El huevo fértil deberá cumplir con los siguientes requisitos en cuanto a:

Forma: Deben poseer su forma característica, rechazándose las redondas, elongadas y demás que presenten irregularidades.

Tamaño: Deberán ser apropiadas (sic) a su finalidad, descartándose los demasiado pequeños o grandes.

Peso: Se dan los siguientes pesos mínimos de acuerdo al tipo de ave, pudiéndose en un momento dado aceptar otros, los cuales deberán ser aprobados por la oficina respectiva del MAG.

Peso mínimo para aves livianas de postura: 47 gramos por unidad.

Peso mínimo para aves de engorde: 50 gramos por unidad.

Peso mínimo para aves de doble fin: 48 gramos por unidad.

d) El huevo fértil debe venir limpio y deberán tener como máximo cinco días de haber sido producido: (sic)

e) Las cajas y empaques para el transporte del huevo fértil deberán ser nuevos y de un material resistente y apropiado.

En las cajas deberán incluirse lo siguiente:

Nombre comercial del producto.

Nombre y número de Registro del Productor y exportador.

Identificación del lote.

Fecha de producción.

Número de unidades por empaque.

f) Análisis de fertilidad.

2) Huevo comercial.

a) Definición: Deberá entenderse para los efectos de este reglamento como huevo comercial el huevo utilizado en la preparación de productos para consumo humano o para consumo directo de las personas y no para ser utilizado en la reproducción o incubación.

b) Se permitirá la importación del huevo comercial que provenga de países cuyos sistemas de inspección veterinaria y estado zoosanitario general haya sido evaluado y aprobado por Costa Rica.

c) Los planteles donde se produzca huevo comercial para exportar a Costa Rica deben contar con inspección veterinaria oficial o en su defecto reconocido por las autoridades competentes del país exportador.

d) Certificado veterinario oficial que haga constar que proceden de granjas libres de Salmonella y sus variedades patógenas, Bronquitis Infecciosa, Ornitosis Laringotraqueitis, Encefalomielitis Aviar y además debe mencionar que proceden de estados y sus vecinos, libre de Influenza Aviar y de Newcastle Velogénico Vicerotrópico, y que en los últimos tres meses anteriores al embarque, no se han presentado brotes de las anteriores enfermedades.

e) El huevo comercial que se importe deberá reunir las siquientes normas de calidad:

- No se permitirá el ingreso de huevos sucios.
- Albúmina de calidad.
- Yema pigmentada (12 en la escala Roche).
- Fecha de producción de Huevo (Imprimiéndose un sello en cada huevo).

f) En el certificado Veterinario Oficial expresamente se indicará que el huevo ha sido sometido en su producción y manipuleo a normas de bioseguridad apropiados (sic).

g) Las cajas y empaque para el transporte del huevo comercial deberán ser nuevas y de un material resistente y apropiado y en las cajas debe incluirse lo siguiente:

Nombre del producto.

Número de Registro y nombre del plantel de producción.

Fecha de producción.

Número de unidades por empaque.

Peso neto.

Artículo 165.- Importación de conejos.

a) En el Certificado Veterinario Oficial se hará constar que los conejos se encuentran libres de enfermedades infectocontagiosas especialmente Mixomatosis y Tularemia, Enfermedad Viral Hemorrágica (UHD).

b) Que están libres de parásitos externos e internos especialmente Coccidiosis.

c) Deben transportarse en jaulas nuevas, individuales y limpias.

Artículo 166.- Importación de caballitos de mar. El Certificado Veterinario Oficial hará constar que proceden de criaderos libres de enfermedades infectotransmisibles.

Artículo 167.- Importación de peces de agua dulce. En el Certificado Veterinario Oficial se hará constar que:

1) Proceden de criaderos libres de Botricefalosis, Glerocircosis, Lipoides Hepática, Mixobiolosis, Micosis, Coccidiosis.

2) Que se encuentran libres de enfermedades producidas por Microsporidios y Mixosporidios como: Mixoma Cerebralis, Glugia Anómala, Henne Guya, SP, Pleistosphora SP, Cerat Omyxia Shasta, Costa Necatrix.

Artículo 168.- Importación de tortugas y nauplios (Semilla camarón). El Certificado Veterinario Oficial hará constar que proceden de depósitos o criaderos libres de enfermedades infecciosas o parasitarias.

Artículo 169.- Importación de cangrejos de río. El Certificado Veterinario Oficial hará constar que:

1) Proceden de criaderos, aguas y estanques salubres.

2) Libres de enfermedades infectocontagiosas.

Artículo 170.- Importación de bacalao seco.

a) (sic) Certificado Veterinario Oficial hará constar que el proceso de secado y almacenamiento ha sido aprobado por la autoridad sanitaria competente y que el producto se encuentra libre de radiación.

b) El producto debe venir excento de microorganismos y parásitos nocivos para el hombre.

c) Ajustarse a los requisitos fijados por (sic) Normas Codex para residuos de plaguicidas y aditivos alimentarios.

Artículo 171.- Importación de ostras.

a) En el Certificado Veterinario Oficial (sic) hará constar que:

1) Provienen de criaderos libres de enfermedades infectotransmisibles y parasitarias.

2) Libres de las siguientes enfermedades: Titus de las ostras, Peste de las ostras, Hepatitis, Raquitismo y Michinia Nelsoni (enfemedad NMX).

Artículo 172.- Importación de abejas.

a) El Certificado Veterinario Oficial hará constar que provienen de explotaciones apícolas libres de: Loque Americana y Europea, Nosemiasis, Varroasis y Acoriosis.

b) Inspectores de Cuarentena Agropecuaria tomarán muestras de abejas nodrizas y serán sometidas a alcohol de 70 grados y remitidas al Laboratorio Central para análisis de ácaros internos y externos.

c) Las jaulas que contengan el material serán incineradas en el Aeropuerto.

d) Las abejas permanecerán en cuarentena domiciliar hasta tanto sean obtenidos los resultados de los análisis de laboratorio.

Artículo 173.- Importación de miel de abeja.

a) En el Certificado Veterinario Oficial se hará constar que la miel procede de apiarios libres de Loque Americana y Europea, en el último mes anterior a la exportación.

b) Que en el país no existe Varroasis.

c) Que la cera de abeja que recubre los estañones, fue calentada por treinta minutos a cien grados centígrados.

d) Que el material de empaque que no ha estado en contacto con abejas, sustancias dañinas o pestes.

e) Se tomará (sic) las muestras para ser analizadas en el laboratorio oficial, para verificar si están libres de gérmenes patógenos.

f) Certificado toxicológico emitido o reconocido por la Autoridad Sanitaria competente del país de origen.

Artículo 174.- Importación de gelatina. Debe traer Certificado de que fue sometida a procesos de acidulación.

Artículo 175.- Importación de leche, productos lácteos y derivados.

a) Leche.

1) Queda prohibida la entrada de leches en polvo, fluidas y evaporadas y de todo producto que contenga leche proveniente de países afectados por enfermedades exóticas.

2) Se permitirá la importación de leches maternizadas, evaporadas, condensadas y esterilizadas, siempre que se importen en recipientes debidamente sellados, solamente para consumo humano.

3) Se permitirá la importación de leche fermentada y cultivo de leche, para utilizar en los diferentes procesos de maduración en la elaboración de otros productos lácteos.

4) La leche podrá importarse para consumo directo o como materia prima para diversas industrias, toda vez que reúna los requisitos mínimos de higiene, conservación, manipuleo y transporte.

5) El certificado sanitario oficial que ampara los embarques de leche cruda deberá indicar el estado de salud del hato o hatos productores y las condiciones higiénicas de la producción de la misma.

6) Se prohíbe el desalmacenaje de leches que resulten positivas a tres pruebas de rutina y una de precisión.

7) Se consideran pruebas de rutina.

a) Pruebas sensoriales (organolépticas).

a.1 Color (leches coloreadas por procesos patológicos, azules, rojas y amarillas).

a.2 Sabor (leches ácidas, arriba de 23 Dormic, leches saladas).

a.3 Olor (nauseabundo, repugnante, rancio, fermentado, podrido).

a.4 Aspecto (acuoso, viscoso, grumoso, floculento, sucio).

b) Pruebas físicas (Pruebas de plataforma).

b.1 Lactosedimentación (exenta de sedimento macroscópico).

b.2 Coagulación por etano (acidez arriba de 20 grados C.).

b.3 Lactodensímetro (Normal 1029-1033 para leches mezcladas a 15 grados C.).

c) Pruebas químicas (pruebas de laboratorio).

c.1 Análisis de presencia de nitratos y nitritos.

c.2 Análisis para determinar sustancias preservativas (formalina, bicarbonato, ácido bórico, almidón y otros).

8) Se consideran pruebas de precisión:

a) Determinación del índice de refracción.

b) Determinación del índice crioscópico.

b) Mantequilla. No se permitirá la importación procedente de países afectados por enfermedades exóticas.

c) Mantequilla artificial o margarina. El certificado sanitario deberá indicar que la leche utilizada para dar sabor, olor y sustancias emulgentes fue esterilizado (sic).

d) Caseína de la leche. No se permitirá su importación de países con enfermedades tóxicas.

e) Lactosa o azúcar de leche. Se permitirá su importación siempre que se utilice para la preparación, fabricación de medicamentos y como materia prima para la industria de conservas.

f) Quesos. Se permitirá la importación de quesos con la excepción de los llamados quesos frescos, así como los quesos Mozzarella, Cheddar y Camembert.

g) Suero de queso. Se prohíbe la importación de suero de queso.

h) Requesón. Se prohíbe la importación de requesón.

Artículo 176.- Importación de semen bovino. (sic) Ley General de Salud Animal No. 6243. Reglamento de Defensa Sanitaria Animal No. 14584-A.

1) Debe cumplir con los requisitos estipulados legalmente además:

2) Documentos que demuestren que los donantes de los que proviene el semen fueron probados o están en prueba y debidamente inscritos en una asociación de registro conocida.

3) La identificación de la pajilla, ampolla o envase de la dosis del semen deben tener:

a) Identificación del animal donante.

b) Nombre o número de registro de la estación de inseminación artificial.

c) Número de lote.

d) Fecha de envase (Puede venir en el Certificado Oficial).

e) Identificación de la raza.

4) Condición biológica del semen:

a) Volumen no menor de 0,5 cc.

b) Motilidad progresiva: no menor del 70%.

c) Densidad: un mínimo de 10 espermatozoides.

d) Morfología: no más de un 10% de espermatozoides con defectos.

5) Condición sanitaria: Debe venir acompañado de un Certificado Sanitario Oficial en el que se diga que los donantes fueron sometidos a pruebas negativas de:

a) Brucelosis

b) Tuberculosis

c) Vibriosis.

d) Lengua Azul por aislamiento o Agit Test y fijación complemento C.F.

e) Leptospirosis

f) Leucosis Bovina

g) IBR-BVD-P13

h) Tricomoniasis

i) Cualquier otra que se determine según lo reglamentado.

6) Proceder de un país libre de Encefalopatía Espongiforme Bovina.

7) El termo debe traer marchamo oficial con identificación anotada en los documentos sanitarios. Solamente será retirado por los Inspectores Oficiales de Cuarentena Animal Autorizados.

Artículo 177.- Importación de semen porcino.

a) Certificado Veterinario Oficial que hará constar que:

1) El semen fue colectado de animales negativos a las pruebas de Tuberculosis, Brucelosis, Leptospirosis.

2) Que proceden de piaras y animales libres de Ericipela, Rinitis Atrófica, Gastroenteritis Transmisible Viral, enfermedades de Aujesky y síndrome Disgenésico y Respiratorio del cerdo.

3) Colectado de establecimientos aprobados por las Autoridades Sanitarias Oficiales.

4) Deberá indicar las condiciones biológicas del semen.

b) Cada pajilla de semen deberá incluir la siguiente información: identificación del animal, fecha de colecta y número de registro.

Artículo 178.- Importación de cuero de cerdo.

a) Cueros de países libres de Fiebre Aftosa, además de lo dispuesto en el artículo 106 de este reglamento deben ser cueros curtidos.

b) Cueros de países con Fiebre Aftosa: además de lo dispuesto en el artículo 106 el cuero debe haber sido procesado bajo condiciones que garanticen la no existencia del riesgo de portar agentes infectocontagiosos propios de la especie y de otras.

Artículo 179.- Importación de corteza de cerdo. Se aplica lo dispuesto en el artículo 106 de este Reglamento.

a) Corteza de países con Fiebre Aftosa y Peste Porcina. El Certificado Veterinario Oficial hará constar que se encuentran libres de enfermedades exóticas y endémicas. Además deberá (sic) indicarse las normas empleadas en el proceso de tratamiento y fabricación.

b) Corteza de cerdo deshidratada.

Se aplica lo dispuesto en el artículo 105 de este Reglamento. Que el Certificado Veterinario Oficial haga constar que se encuentran libres de Peste Porcina Africana y Clásica, Fiebre Aftosa y demás enfermedades exóticas y endémicas.

Además deberá indicarse el proceso de cosido y tratamiento al que ha sido sometido.

Artículo 180.- Importación de pelo de cerda natural. En el Certificado Veterinario Oficial se hará constar que las cerdas naturales fueron debidamente esterilizadas con vapor y hervidas a 100 grados centígrados.

Artículo 181.- Importación de cuero bovino procesado, salado y carnaza. Se aplica lo dispuesto en el artículo 106 de este Reglamento.

a) Cueros procesados y carnaza de países libres de Fiebre Aftosa. Certificado de que proceden de un establecimiento aprobado por el Gobierno del país de origen.

b) Debe traer Certificado Oficial de que dichos cueros curtidos los manipularon en un local separado completamente de donde se manejan las pieles crudas.

El personal de proceso no debe ser el mismo que las maneja crudas. Que los embalajes del embarque no son riesgosos como portadores del Virus de la Fiebre Aftosa. Se prohibe material vegetal o animal industrializado. Solo se permite cartón o papel nuevos. Proceso mínimo aceptado es Wet Blue o Crust.

c) Importación de cueros salados. No se permitirá la importación de cueros salados que provengan de países con Fiebre Aftosa. Cuando provienen de países libres de Fiebre Aftosa deben traer Certificado Veterinario de Ante y Post-Mortem de los animales, además que los cueros no provengan de animales con síntomas de Antrax. Traer certificados que provienen de un establecimiento aprobado por la Autoridad Sanitaria Oficial del país de origen. El producto debe desembarcarlo y colocarlo en camiones herméticamente cerrados en los cuales se aplicará el tratamiento.

Artículo 182.- Importación de piel de oveja. Se aplica lo establecido en el artículo 106 de este Reglamento. El Certificado Veterinario Oficial hará constar de que:

1) La piel es curtida.

2) Que la lana ha sido sometida a proceso de lavado.

3) Ha sido sometida a tratamiento de gases de formaldehído.

Artículo 183.- Importación de cueros frescos de avestruz. Se aplica lo establecido en el artículo 106 de este Reglamento.

a) Certificado Veterinario Oficial que indique que los cueros proceden de mataderos oficialmente reconocidos.

b) Que las aves se encuentran libres de Newcastle Velogénico y Viscerotrópico, Tuberculosis, Candidiasis, Salmonelosis, Pausterelosis, Antrax, Ectoparásitos (piojos, larvas de moscas, garrapatas).

c) Bien empacados.

Artículo 184.- Importación de alimentos para animales. Se aplica lo establecido en el artículo 106 de este Reglamento.

Debe cumplir con lo estipulado en la Ley No. 6883 de Control y Registro de Alimentos para Animales (CINA).

Artículo 185.- Importación de animales disecados. Debe traer Certificado Sanitario Oficial que indique: que los animales proceden de lugares libres de enfermedades infectocontagiosas, fumigados con gases de formaldehído. De no cumplir con esto se fumiga en el puerto de ingreso.

Artículo 186.- Importación de lombrices de tierra de países con Fiebre Aftosa. Debe presentar certificación oficial Médico Veterinario que indique que la nutrición de este ser vivo no se ha realizado con productos o subproductos de origen animal. Que la zona (sic) donde proceden se encuentra aislada de explotaciones bovinas y porcinas.

Artículo 187.- Importación de semilla de pasto.

a) De países con Fiebre Aftosa. Debe traer Certificado Sanitario Oficial y autenticado por el Cónsul de Costa Rica, que indicare que el material fue producido en una zona libre de pastoreo, cosechado en un período no menor de tres meses. Que el tratamiento que recibe esté entre Ph por debajo de 5,0 o arriba de 9,0, asegurando la destrucción de virus de la Fiebre Aftosa, de lo contrario será sometido a gases de formaldehído en el puerto de ingreso. El empaque debe ser de papel o cartón.

b) De países libres de Fiebre Aftosa. Debe traer Certificado de que se encuentra libre de plagas y agentes infecciosos para los animales domésticos.

Artículo 188.- Importación de aves no voladoras.

(Nota del compilador: Artículo en blanco)

TÍTULO IV.
DISPOSICIONES VARIAS

CAPÍTULO XVII.
De la Organización Administrativa

Artículo 189.- El Ministerio de Agricultura y Ganadería designa a la Dirección de Salud Animal como el órgano oficial para la ejecución del presente reglamento.

(Reformado por el artículo 7° del Decreto Ejecutivo N° 31105-MAG de 9 de diciembre de 2002)

Artículo 190.- La Comisión de Evaluación de Equivalencias, el Departamento de Cuarentena Animal y el Departamento de Inspección de Productos de Origen Animal serán las dependencias de la Dirección de Salud y Producción Pecuaria que se encargarán directamente de ejecutar lo dispuesto en este Reglamento, sin perjuicio de otras dependencias que determine la Dirección.

Artículo 191.- La Comisión de Evaluación de Equivalencias además de las funciones asignadas en el capítulo cuarto de este Reglamento es le órgano ante el cual se presentará (sic) las solicitudes de evaluación y aprobación de sistemas de inspección Veterinaria y de preparar los cuestionarios para la evaluación del estado sanitario de los países exportadores.

Artículo 192.- El Departamento de Cuarentena Animal sin perjuicio de las funciones que se le asignen en el Reglamento a la Ley Orgánica del Ministerio de Agricultura y Ganadería será el órgano de la Dirección que se encargará de la ejecución de lo dispuesto en los capítulos (sic) XII del título II, y los capítulos XIV, XV, XVI del título III de este Reglamento.

Artículo 193.- El Departamento de Inspección de Productos de Origen Animal será el órgano de la Dirección que tendrá a cargo la ejecución y aplicación en lo dispuesto en los capítulos VII, VIII, IX, X, XI, XII, del título III de este Reglamento.

Artículo 194.- Será obligación de los Jefes de Departamentos citados en los artículos anteriores y del Coordinador de la Comisión velar por la correcta y debida aplicación de las normas de este Reglamento.

Artículo 195.- La Dirección de Salud Animal y Producción Pecuaria dotará de todos los recursos humano, financieros y administrativos a las dependencias encargadas de la ejecución del Reglamento.

Para esos efectos creará un fondo que permita atender las obligaciones derivadas de la aplicación y ejecución de este reglamento, dicho fondo será administrado en una cuenta especial de la Dirección de Salud y Producción Pecuaria. La administración y fiscalización de fondos estará sujeto (sic) a las regulaciones que al respecto gira la Contraloría General de la República.

El importador o interesado deberá asumir los gastos por concepto de transporte viáticos de personal del Ministerio de Agricultura y Ganadería designado para la inspección del establecimiento del país exportador.

Dicho fondo podrá recibir los aportes que el sector privado haga para el mejor cumplimiento de las disposiciones de este Reglamento.

Artículo 196.- Las autorizaciones que otorgue el Departamento de Cuarentena Animal para la importación de animales, productos y/o subproductos de origen animal no sustituye los permisos y autorizaciones que con fundamento en leyes especiales deban extender otras entidades públicas.

Es (sic) especial las autorizaciones establecidas en las siguientes leyes:

a) Ley de Conservación de Fauna Silvestre (Ley No. 6919 del 17 de noviembre de 1983) artículo 22 en concordancia con el artículo 40 del Reglamento a esa ley. (Decreto ejecutivo No. 15403-MAG del 10 de abril de 1984).

b) Ley para el Control de la Elaboración y Expendio de Alimentos para Animales (ley No. 6883 del 28 de julio de 1983), artículos 1° y 7°

c) Ley de Fomento Avícola y sus reformas (ley N° 4981 del 26 de mayo de 1972 y N° 5012 del 30 de junio de 1972). Artículo 11, inciso h).

d) Ley de Fomento Porcino (ley N° 6433 del 22 de mayo de 1980), artículo 8°, inciso g), 14 siguientes y concordantes.

e) Ley de Pesca y Caza Marina (ley N° 190 del 28 de septiembre 1948), artículo 14.

Asimismo la autorización del Departamento de Cuarentena Animal no sustituye las autorizaciones o permisos que deban extender el Ministerio de Salud, Comercio Exterior y el de Economía cuando así esté establecido en otras leyes.

CAPITULO XVIII.
Del manual de normas y procedimientos

Artículo 197.- La Dirección de Salud y Producción Pecuaria deberá elaborar dentro de los 3 meses posteriores a la publicación de este Reglamento un manual de normas técnicas, procedimientos administrativos y formularios que será (sic) utilizado (sic) en aplicación de este Reglamento.

Artículo 198.- Se faculta a la Comisión de Evaluación de Equivalencias, el Departamento de Cuarentena Animal y el Departamento de Inspección para que dicten los procedimientos administrativos necesarios para la debida ejecución de las normas de este Reglamento.

Artículo 199.- Tanto el Manual como los procedimientos administrativos deberán ser de conocimiento de los administrados.

Artículo 200.- la (sic) revisión de los procedimientos administrativos y del Manual de Normas deberá realizarse por lo menos una vez al año; debiendo notificarse con un mes de anticipación los cambios que se introduzca.

CAPITULO XIX.
De las regalías

Artículo 201.- No será permitido a ningún exportador, importador o administrado el pago de ninguna especie a los funcionarios de la Dirección encargados de la aplicación de Reglamento por la prestación de los servicios de inspección o de otra índole.

Artículo 202.- Todo pago que deba efectuarse se hará en las oficinas administrativas de la Dirección o en las oficinas bancarias correspondientes.

Artículo 203.- Ningún funcionarios de la Dirección, de la Comisión, del Departamento de Cuarentena Animal o del Departamento de Inspección de Productos de Origen Animal podrá aceptar dinero, o regalías por el cumplimiento de sus funciones.

Artículo 204.- Será obligatorio para los superiores jerárquicos inmediatos denunciar administrativamente los casos en que se sospecha ha existido violación de las normas de este capítulo.

Artículo 205.- Las autoridades correspondientes del Ministerio se encargarán de tramitar las denuncias que se formulen y de incoar las denuncias penales cuanto corresponda.

Artículo 206.- Aquel funcionario al que se le compruebe una o más denuncias por aceptación de dinero, regalías o dádivas será inmediatamente trasladado a otras dependencias que no tengan relación con la aplicación de este Reglamento sin perjuicio de las responsabilidades penales, civiles o administrativas en que pueda haber incurrido el funcionario.

CAPITULO XX.
Recursos administrativos

Artículo 207.- Para los efectos de este reglamento el administrado que estime que una administrativo dictado por alguna de las dependencias de la Dirección en aplicación de las normas de reglamento le causa perjuicio podrá hacer uso de los recursos de revocatoria y apelación con arreglo a lo dispuesto en la Ley General de la Administración Pública. Además tendrá en sede administrativa derecho a una audiencia con arreglo a lo dispuesto en el artículo 209 y siguientes de este Reglamento.

Artículo 208.- El Recurso del Revocatoria se interpondrá ante la dependencia de la Dirección que dictar el acto administrativo, dentro de los tres días posteriores a la notificación del acto recorrido.

Artículo 209.- El Recurso de apelación cabrá contra los actos administrativos dictados por la Comisión de Evaluación o los Jefes de los Departamentos de Cuarentena Animal o de Inspección de Productos de origen animal (sic). Este recurso será interpuesto ante el Director de Salud Animal dentro de los cinco días posteriores a la notificación del acta.

Artículo 210.- La audiencia administrativa es un recurso adicional al que tendrá derecho el administrado los siguientes casos:

a) Cuando la Comisión de Evaluación de Equivalencias no apruebe el sistema de inspección de un país exportador.

b) Cuando el Informe de Inspección de un establecimiento no será (sic) de conformidad del propietario de ese establecimiento.

c) Cuando el Departamento de Inspección de Productos de Origen Animal dicte un acto administrativo que causa perjuicio al administrado.

d) Cuando el Departamento de Cuarentena Animal rechace el ingreso de una animal, producto o su producto de ese origen.

Artículo 211.- En la audiencia administrativa estará presente la Comisión de Evaluación de Equivalencias, el Director de Salud Animal, el administrado (interesado) y sus abogados si lo estima necesario.

Artículo 212.- La Audiencia Administrativa será solicitada al Director de Salud Animal en un plazo no mayor de cinco días hábiles, que serán contados a partir de la notificación del acto impugnado.

Artículo 213.- La Audiencia tendrá por efecto inmediato que suspenderá la tramitación de los recursos de revocatoria y apelación que se hubiesen presentado contra el acto.

Artículo 214.- La Audiencia Administrativa tendrá el siguiente orden:

a) El funcionario que dictó el acto impugnado expondrá los motivos y fundamentos del acto.

b) El recurrente expondrá sus razones y argumentos de conformidad.

c) La Comisión y el Director formularán las preguntas que estimen necesarias a los expositores.

d) Una vez escuchados (sic) las argumentaciones el Director en un plazo no mayor a dos días hábiles, tomará una decisión sobre el asunto.

Artículo 215.- La audiencia Administrativa será presidida o el Director quién podrá asesorarse con los miembros de la Comisión de Evaluación de Equivalencias.

Artículo 216.- La resolución final de la Audiencia tendrá por efecto el agotamiento de la vía administrativa.

CAPITULO XXI.
Disposiciones finales

Artículo 217.- Las normas jurídicas internacionales ratificadas por Costa Rica se incorporarán en forma inmediata a este reglamento.

Artículo 218.- Las normas técnicas que se incorporen al reglamento entrarán a regir en un plazo no mayor de tres meses, plazo en el cual el país exportador debe realizar los ajustes necesarios.

Artículo 219.- Las disposiciones de este Reglamento no serán aplicables a los productos y/o subproductos de Carne Bovina que importa Costa Rica. El Poder Ejecutivo en un periodo máximo de un mes deberá dictar la normativa aplicable a la carne bovina importada.

Artículo 219 bis.- DEROGADO.

(Derogado por el artículo 1° del Decreto Ejecutivo N° 30211-MAG de 4 de marzo de 2002)

Nota del Compilador: El texto del artículo 219 bis, que había sido adicionado por el Decreto Ejecutivo N° 27200-MAG (de 29 de julio de 1998), decía: "Las disposiciones de este Reglamento y las del Reglamento de Defensa Sanitaria, decreto ejecutivo N°14584-A, no serán aplicables a la importación de leche modificadas (sic) (maternizada) enlatadas o envasadas considerados medicamentos por el Ministerio de Salud, siempre y cuando provengan de países libres de fiebre aftosa."

Artículo 220.- Las autoridades del Ministerio de Agricultura y Ganadería, salvo norma expresa que así lo autoriza, no gozan de facultades discrecionales en la aplicación y ejecución de las disposiciones de este Reglamento.

Artículo 221.- Las normas de este Reglamento son de orden público y prevalecerán ante cualquier otra de igual rango.

Artículo 222.- Este Reglamento rige a partir de su publicación.

Dado en la Presidencia de la República.- San José, a los veintiocho días del mes de septiembre de mil novecientos noventa y dos. R.A. CALDERON F.- El Ministro de Agricultura y Ganadería, Juan Rafael Lizano Sáenz.-

CREACIÓN DEL REGISTRO DE IMPORTADORES DE ANIMALES, PRODUCTOS, SUBPRODUCTOS Y DERIVADOS DE ORIGEN ANIMAL, FRESCOS O CONGELADOS, SIN PROCESAR O MÍNIMAMENTE PROCESADOS DESTINADOS PARA CONSUMO HUMANO, Y / O USO INDUSTRIAL

Decreto Ejecutivo Nº 33102-MAG

(Publicado en La Gaceta N° 134 de 12 de julio de 2006)

EL PRESIDENTE DE LA REPÚBLICA
Y EL MINISTRO DE AGRICULTURA Y GANADERÍA

Con fundamento en las atribuciones que les confieren los artículos 140, incisos 3), 8), 18) y 20) de la Constitución Política; los artículos 25, 27.1, 28.2.b de la Ley Nº 6227 del 2 de mayo de 1978, Ley General de la Administración Pública; las disposiciones de la Ley sobre Salud Animal, Ley Nº 6243 de 2 de mayo de 1978; Ley de Creación del Programa Ganadero y de Sanidad Animal, Ley Nº 7060 del 31 de marzo de 1987; la Ley General de Salud, Ley Nº 5395 del 30 de octubre de 1973; el Acta final en que se incorporan los resultados de la Ronda Uruguay de Negociaciones Comerciales Multilaterales, Ley Nº 7473 del 20 de diciembre de 1994; el Acuerdo sobre Medidas Sanitarias y Fitosanitarias de la Organización Mundial del Comercio, Ley Nº 7475 del 20 de diciembre de 1994 y el Decreto Ejecutivo Nº 32064-MAG del 15 de abril de 2004.

Considerando:

1º—Que es obligación fundamental del Ministerio de Agricultura y Ganadería el fomentar la producción pecuaria, proteger el hato nacional y dictar las medidas requeridas para ello, todo de conformidad con lo establecido en la Ley Nº 7060, de 31 de marzo de 1987, publicada en el Alcance Nº 10 a *La Gaceta* Nº 65 del 3 de abril de 1987, Ley PROGASA.

2º—Que al ser función esencial del Estado proteger la salud y la vida de las personas y animales, resulta fundamental controlar y vigilar la importación de animales, sus productos y subproductos destinados al consumo humano, consumo animal y uso industrial.

3º—Que el Acuerdo de Medidas Sanitarias y Fitosanitarias de la Organización Mundial del Comercio (el Acuerdo MSF) permite a los Miembros adoptar y aplicar las medidas necesarias para proteger la vida y la salud de las personas y los animales o para preservar los vegetales, a condición que esas medidas no se apliquen de manera que constituyan un medio de discriminación arbitrario o injustificable entre los Miembros en que prevalezcan las mismas condiciones, o una restricción encubierta al comercio.

4º—Que la difusión de enfermedades de los animales se ha aumentado por el intercambio comercial entre los países.

5º—Que es necesario modernizar y adecuar la normativa sanitaria inherente a los establecimientos y los alimentos de origen animal a las necesidades actuales de la sociedad costarricense, el comercio internacional y a los compromisos que ha adquirido el país en esta materia.

6º—Que la tendencia actual es incorporar criterios de calidad e inocuidad de los productos alimenticios en toda la cadena de producción, elaboración y distribución, cumpliéndose por ello la tendencia de controlar desde la finca a la mesa los productos alimenticios de carácter agropecuario.

7º—Que es función del Estado establecer medidas higiénicas, sanitarias y veterinarias para el almacenamiento, procesamiento, transformación, transporte y comercialización de los productos provenientes de las diferentes especies para el mercado nacional o internacional.

8º—Que es responsabilidad de los establecimientos que los productos sean de óptima calidad sanitaria, a fin de proteger el mercado nacional e internacional y al consumidor.

9º—Que es importante que las autoridades sanitarias de Salud Animal del Ministerio de Agricultura y Ganadería mantengan una supervisión sobre los sistemas de control e inspección veterinaria de los animales, productos y subproductos animales y de vigilancia epidemiológica nacional.

10.—Que a fin de evitar un doble registro en los productos procesados importados de origen animal ya existente en la Dirección de Registro y Controles del Ministerio de Salud, se hace necesaria e indispensable la creación de una nueva normativa que venga a eliminar la dualidad y que implemente los principios de Mejora Regulatoria y Simplificación de Trámites. **Por tanto,**

DECRETAN:

CREACIÓN DEL REGISTRO DE IMPORTADORES DE ANIMALES, PRODUCTOS, SUBPRODUCTOS Y DERIVADOS DE ORIGEN ANIMAL, FRESCOS O CONGELADOS, SIN PROCESAR O MÍNIMAMENTE PROCESADOS DESTINADOS PARA CONSUMO HUMANO, Y / O USO INDUSTRIAL

Artículo 1º.- Objeto. El presente reglamento tiene como objeto el establecer las condiciones y los requisitos para el Registro de importadores de animales, productos y subproductos y derivados de origen animal, frescos o congelados, sin procesar o mínimamente procesados destinados para consumo humano y/o uso industrial.

Artículo 2º.- Definiciones: Para los efectos del presente reglamento se entenderá por:

a) **Congelado**: Proceso mediante el cual se disminuye la temperatura a un producto a menos de 18ºC, temperatura esta que se mantiene durante su almacenamiento y distribución.

b) **Dirección**: Dirección de Salud Animal.

c) **Departamento**: Departamento de Cuarentena Animal.

d) **Fresco**: El que no ha sufrido modificaciones de origen físico, químico o biológico, salvo las indicadas por razones de higiene o por la separación de partes no comestibles y que puede haber sido envasado en atmósfera modificada o al vacío y sometida a refrigeración con una temperatura de 0ºC para asegurar su conservación.

e) **Instalaciones**: Local o lugar definido por el importador en donde se concentran animales, productos y subproductos de origen animal indistintamente de su lugar de procedencia.

f) **MAG**: Ministerio de Agricultura y Ganadería.

g) **Mínimamente procesados**: Producto crudo que no ha sufrido modificaciones de origen químico o biológico que modifiquen las características sensoriales en relación al producto inicial, salvo las indicadas por razones de higiene o por la separación de partes no comestibles, lavado, troceado, prensado, deshuesado, empaque y congelación.

h) SARCPC: Sistema de Análisis de Riesgo y Control de Puntos Críticos conocido como HACCP.

i) OIE. Organización Mundial de Salud Animal, conocida anteriormente como Oficina Internacional de Epizootias.

Artículo 3º.- Del Registro: Créase el Registro de importadores de animales, productos, subproductos y derivados de origen animal, frescos o congelados, sin procesar o mínimamente procesados destinados para consumo humano y/o uso industrial.

Artículo 4º.- Obligación de inscribirse: Toda persona, física o jurídica, que importe animales, productos, subproductos y derivados de origen animal, frescos o congelados, sin procesar o mínimamente procesados destinados para consumo humano y/o uso industrial, deberá previamente, estar inscrito en este Registro.

Artículo 5º.- Vigencia de la inscripción: La inscripción en el Registro, tendrá una vigencia de un año a partir de la fecha de emisión.

Vencido el plazo, las personas físicas o jurídicas inscritas no podrán realizar gestiones relacionadas con la importación hasta que se proceda a la renovación de la inscripción.

Artículo 6º.- De las solicitudes: Será función del Departamento de Cuarentena Animal de la Dirección de Salud Animal del Ministerio de Agricultura y Ganadería, aprobar o rechazar las solicitudes de inscripción que se presenten por los interesados.

Artículo 7º.- Trámite de la inscripción: Las personas físicas o jurídicas interesadas en tramitar la inscripción en el Registro deberán presentar el formulario creado para este fin debidamente completo con letra clara y legible en cual se deberá de indicar:

1) Nombre completo, domicilio, correo electrónico, números de teléfono y fax del importador. Cuando se trate de personas jurídicas aportar la certificación de personería que acredite la condición legal y facultades del solicitante, con una antigüedad no mayor a tres meses.

2) El presente formulario se acompañará de los siguientes requisitos:

a. Original y copia o bien copia certificada de la cédula de identidad o cédula jurídica, según se trate de una persona física o jurídica.

Si el trámite no se realiza directamente por el interesado o su representante legal, aquel deberá otorgar autorización debidamente autenticada o poder especial que le otorgue poder suficiente para que se realicen en su nombre aquellas gestiones necesarias para su inscripción en el Registro.

b. Indicación exacta del tipo o tipos, presentaciones, calidades y características de los productos a importar.

c. Dirección exacta, correo electrónico, números de teléfono y fax de las instalaciones donde se almacenarán los productos, subproductos y derivados de origen animal, frescos o congelados, sin procesar o mínimamente procesados destinados para consumo humano y/o industrial. Esta información se suministrará cuando la ubicación fuere diferente de la solicitada en el inciso 1.

d. Cuando se trate de animales vivos, de los regulados por el presente reglamento deberá señalar la finca o instalación en la que cumplirá el período de cuarentena.

e) Tener vigente el Permiso Sanitario de Funcionamiento del Ministerio de Salud, de los locales o bodegas de almacenamiento de los productos importados.

Cuando se trate de establecimientos regulados por el Decreto Ejecutivo Nº 29588-MAG-S, publicado en *La Gaceta* Nº 120 del 22 de junio de 2001, la Dirección de Salud Animal verificará la existencia de la correspondiente autorización de funcionamiento.

Aquellos importadores que se encuentren inscritos en el:

i) Registro de Medicamentos Veterinarios del Ministerio de Agricultura y Ganadería

ii) Registro de materias primas, premezclas y alimentos para animales del Ministerio de Agricultura y Ganadería.

iii) Registro sanitario de alimentos y notificación de la materia prima del Ministerio de Salud.

Únicamente deberán indicar, por medio de declaración jurada rendida ante el Departamento de Cuarentena Animal de la Dirección de Salud Animal, que se encuentran con la inscripción vigente ante uno de los registros citados en los apartes i, ii, y iii, con lo cual solo deberá de señalar el número de código asignado, quedando exentos del pago del canon correspondiente establecido en el artículo 19 del presente Decreto.

Artículo 8º.- Plazo para conocer la solicitud: Recibida la solicitud, el Departamento de Cuarentena Animal, tendrá un plazo de quince días hábiles para conocerla y en caso que el solicitante hubiese cumplido con los requisitos establecidos en el artículo 7 del presente Reglamento, procederá a fijar hora y fecha para realizar la inspección de las instalaciones en las que cumplirá el período de cuarentena de los animales y de almacenamiento de los productos importados, para verificar el cumplimiento de las condiciones y los requisitos sanitarios que deben cumplir los establecimientos según la actividad para la que se solicita la inscripción y según lo establece el Decreto Ejecutivo 29588-MAG-S antes citado.

Si la solicitud resultare incompleta, se le prevendrá al solicitante, por una única vez, para que en un plazo de diez días hábiles la complete, si no lo hiciere, se archivará la solicitud presentada sin especial pronunciamiento.

Artículo 9º.- Plazo para resolver: Realizada la inspección y siendo ésta satisfactoria se emitirá la resolución de inscripción en un plazo no mayor a ocho días hábiles.

En caso que las instalaciones de almacenamiento no reúnan las condiciones técnicas, se otorgará un plazo de hasta sesenta días naturales para realizar las correcciones necesarias que se indiquen en el acta de inspección y auditoría, que al efecto se levantará y notificará al interesado en el mismo momento de realizarse la inspección. Transcurrido ese plazo y a solicitud del interesado, se realizará nueva inspección para verificar el cumplimiento de las medidas ordenadas por el Departamento de Cuarentena Animal, si el interesado cumplió realizando las correcciones, se procederá a otorgar la inscripción de acuerdo con el párrafo primero del presente artículo en caso de incumplimiento se archivará la solicitud.

Cuando una solicitud no sea aprobada por esta causa, el MAG notificará mediante resolución debidamente fundamentada y en firme al interesado y al Ministerio de Salud, a fin de que este último proceda a aplicar las medidas sanitarias.

Artículo 10.- Números de establecimiento: El Departamento de Cuarentena Animal establecerá una numeración oficial de identificación de los establecimientos inscritos. El número asignado a cada establecimiento debe constar en la solicitud y autorización de importación ante el MAG.

No se asignará más de un número a cada establecimiento aprobado, los números que ya fueron usados no volverán a asignarse.

Artículo 11.- Obligación de cumplir: Todo establecimiento, una vez aprobado, deberá mantenerse en el cumplimiento de las directrices u órdenes que emita la Dirección de Salud

Animal a través del Departamento de Cuarentena Animal y cumplir con las recomendaciones e instrucciones que sean emitidas por los Médicos Veterinarios Oficiales en sus correspondientes visitas de inspección.

Artículo 12.- Plan de mejoras: En caso de incumplimiento con relación a deficiencias estructurales, el propietario o administrador del establecimiento deberá someter a consideración del Departamento de Cuarentena Animal un plan de mejoras a realizar, indicando los plazos en que las ejecutará, plazos que podrán ser disminuidos por las Autoridades Sanitarias, con la finalidad de garantizar la inocuidad de los alimentos, la salud animal y la protección del medio ambiente. Las deficiencias señaladas en los diferentes pasos serán de corrección obligatoria inmediata por el propietario o administrador del establecimiento.

Artículo 13.- Del sistema HACCP: Los establecimientos que incumplan con lo dispuesto por el Sistema de Análisis de Riesgo y Control de Puntos Críticos (SARCPC) establecido mediante Decreto Nº 26559-MAG-S del 9 de diciembre de 1997, contarán con un plazo de 15 días naturales para la corrección de las desviaciones en los puntos críticos de control o en sus registros.

Artículo 14.- Rastreabilidad: Los importadores quedan obligados a mantener registros que prueben el establecimiento de origen en donde se sacrificaron y deshuesaron los animales, cuyos productos ingresan al país y el establecimiento de destino que los comercializa en el mercado nacional, sea este al por mayor o al detalle.

Igualmente aquellos que comercialicen animales importados vivos deberán conservar copias de los documentos que prueben, la identificación del animal y los datos de los establecimientos de origen (granja, finca o zoocriadero) sea por nacimiento o por crianza y el establecimiento de destino que los comercializa en el mercado nacional para proteger la salud pública o animal.

Estos registros deberán estar disponibles para identificar los productos o animales que deban ser retirados del mercado nacional para proteger la salud pública o animal.

Artículo 15.- Acciones administrativas en caso de incumplimiento. El Departamento de Cuarentena Animal realizará, mediante el análisis y control de las actas de inspección y auditoría, una evaluación en relación con el cumplimiento de los requerimientos del presente reglamento, en caso de incumplimiento con mejoras a la infraestructura por parte del Administrado se aplicarán las siguientes acciones administrativas:

a) Otorgamiento al interesado, de un plazo de quince días hábiles, para la corrección de aquellos puntos necesarios, de conformidad con el resultado de las auditorías e inspecciones efectuadas en la misma y de cuyo resultado se dará comunicación en el mismo acto de su expedición, mediante entrega de copia al interesado, propietario, representante o encargado.

Cuando la anomalía presentada, se trate del acatamiento de un procedimiento y no implique la realización de alguna obra, el interesado deberá ajustar su proceder en un plazo máximo de tres días; si no lo hiciera, las autoridades correspondientes podrán proceder de conformidad con lo dispuesto en los incisos b) y c) siguientes, según el caso.

b) Vencido el citado plazo, sin que se hubieren practicado efectivamente las correcciones establecidas, a satisfacción de las Autoridades, se suspenderá la inscripción otorgada por un plazo máximo de hasta por seis meses.

c) Transcurrido el plazo de suspensión temporal sin que se hayan realizado las correcciones requeridas se procederá a declarar de oficio la cancelación definitiva de la inscripción otorgada en el Registro. La cancelación antes dicha, no impedirá que el establecimiento pueda ser nuevamente autorizado, para lo cual deberá acreditar a satisfacción de las autoridades, el cumplimiento de todas las regulaciones establecidas en el presente Decreto y las demás disposiciones que rigen la materia.

Artículo 16.- Comunicación al Ministerio de Salud: En caso de que no sean acatadas las recomendaciones vertidas, o incumplidos los plazos otorgados en los incisos b y c del artículo 15, el MAG comunicará al Ministerio de Salud lo correspondiente, a fin de que éste proceda conforme a la Ley General de Salud y establezca las acciones necesarias a los efectos de preservar la salud pública.

Artículo 17.- Recursos contra las decisiones: El interesado contará respecto de las anteriores medidas con los recursos de impugnación que establece la Ley General de la Administración Pública. El recurso de revocatoria procederá para actuaciones de control e inspección, deberán presentarse ante el Jefe del Departamento de Cuarentena Animal y el de apelación ante el Despacho del Ministro de Agricultura y Ganadería.

Artículo 18.- Sanciones: Las sanciones establecidas en este Decreto se aplicarán independientemente de las acciones civiles o penales que puedan establecerse contra quien o quienes hayan incurrido en la falta.

Artículo 19.- Costo del servicio: El costo del servicio de inscripción en el Registro de Importadores, será de acuerdo a lo establecido en el respectivo Decreto Ejecutivo sobre el Cobro de Servicios que al efecto emite el Ministerio de Agricultura y Ganadería.

Artículo 20.- Normativa internacional: Las recomendaciones del Códex Alimentarius y la OIE Organización Mundial de Salud Animal se aplicarán complementariamente a este Reglamento.

Artículo 21.- Toma de muestras y análisis: Conforme las regulaciones existentes, la Dirección de Salud Animal y Producción Pecuaria establecerá, según la condición sanitaria existente en el país de origen, el muestreo, las pruebas y análisis requeridos, que deban realizarse a los productos o animales importados vivos, en procura de salvaguardar la salud pública y animal.

Artículo 22.- Derogatoria: Deróguese el Decreto Ejecutivo Nº 32064-MAG del 15 de abril de 2004, publicado en *La Gaceta* Nº 210 del 27 de octubre de 2004.

Transitorio único: El Ministerio de Agricultura y Ganadería por medio del Departamento de Cuarentena Animal de la Dirección de Salud Animal tendrá un plazo perentorio de un año, a partir de la publicación del presente decreto, a fin de que celebre los convenios de coordinación interinstitucional en cumplimiento de los artículos 8º y 9º de la Ley Nº 8220, Ley de Protección al Ciudadano del Exceso de Requisitos y Trámites Administrativos y su reglamento, con el Ministerio de Salud para que este le suministre la información requerida en el inciso e) del artículo 7º respectivamente de este reglamento, mientras tanto se celebren estos convenios, el administrado deberá de aportar copia del permiso de funcionamiento otorgado por el Ministerio de Salud.

Artículo 23.- Vigencia: Rige a partir de su publicación.

Dado en la Presidencia de la República.- San José, a los dieciséis días del mes de enero del dos mil seis. ABEL PACHECO DE LA ESPRIELLA.- El Ministro de Agricultura y Ganadería, Rodolfo Coto Pacheco.

Capítulo III. Alimentación animal y medicamentos veterinarios

Sección I. Alimentación animal

LEY PARA EL CONTROL DE LA ELABORACIÓN Y EXPENDIO DE ALIMENTOS PARA ANIMALES

Ley N° 6883

(Publicada en La Gaceta N° 182 de 27 de septiembre de 1983)

LA ASAMBLEA LEGISLATIVA DE LA REPÚBLICA DE COSTA RICA

Decreta:

LEY PARA EL CONTROL DE LA ELABORACIÓN Y EXPENDIO DE ALIMENTOS PARA ANIMALES

Artículo 1º.- El Ministerio de Agricultura y Ganadería, por medio de la Dirección de Salud y Producción Pecuaria, autorizará la instalación de las fábricas productoras de alimentos para consumo animal, y regulará la importación, elaboración y expendio de materias primas, premezclas y alimentos para nutrición animal. El Ministerio de Economía y Comercio, de conformidad con lo establecido en la Ley de Protección al Consumidor, será el encargado de establecer y controlar los precios de las materias primas, premezclas y alimentos para nutrición animal.

Artículo 2º.- Créase el Registro general de materias primas, premezclas y alimentos para animales, dependiente de la Dirección de Salud y Producción Pecuaria del Ministerio de Agricultura y Ganadería. Con este objeto se adoptarán los patrones y definiciones para las materias primas, premezclas y alimentos para animales que la técnica aconseje, según se establecerá en el reglamento de esta ley.

Artículo 3º.- El Ministerio de Agricultura y Ganadería, por medio del registro citado, tendrá como atribución admitir o denegar todas las solicitudes que se le presenten, según estén o no de acuerdo con las normas de calidad, especificaciones y requisitos establecidos por esta ley y su reglamento.

Artículo 4º.- Toda materia prima, premezcla y alimento para nutrición animal que se distribuya en el país, tendrá que ir acompañado de la etiqueta de análisis garantizado, debidamente aprobada por el Ministerio de Agricultura y Ganadería.

Artículo 5º.- No podrán venderse ni registrarse las materias primas, premezclas y alimentos para animales cuando:

a) Se encuentren adulterados. Se considera adulterada una materia prima cuando la misma contenga cualquier otro material que altere las características especificadas en la norma de calidad respectiva. Se considera adulterada una mezcla para nutrición animal, cuando alguno de sus ingredientes sea sustituido por otro que no sea una materia prima previamente aceptada por el Registro, o cuando los ingredientes no se ajusten al contenido que especifica la etiqueta del análisis garantizado.

b) Se encuentren contaminadas. Se considera contaminada una materia prima o mezcla para la nutrición animal cuando contenga sustancias químicas, físicas o biológicas no aceptadas en la nutrición animal o cuando, siendo éstas aceptadas, se encuentren a niveles nocivos para los animales, según se especificará en el reglamento de esta ley.

c) El análisis de las materias primas no se ajuste a lo señalado en el artículo 2°, o cuando las mezclas para nutrición animal no se ajusten al análisis especificado en el empaque o etiqueta.

ch) Los alimentos terminados y premezclas no cumplan con el pago del impuesto señalado en el artículo 6° de esta ley.

Artículo 6°.- Se cobrará un impuesto de cero coma dos por ciento (0,2%) ad valorem por cada kilo de alimento terminado o de premezcla destinada a la nutrición animal, sean éstos importados o de fabricación nacional. Igual porcentaje se aplicará a los alimentos que se venden a granel.

Artículo 7°.- Todo fabricante o importador de alimentos terminados o de premezclas destinadas a la nutrición animal, que se encuentre sometido a las disposiciones del artículo 6°, deberá:

a) Remitir a la Dirección de Ganadería una declaración jurada de ventas, a más tardar el último día de enero y de julio de cada año, indicando la clase, volumen y valor de los alimentos vendidos. También deberá enviar adjunta la liquidación correspondiente al impuesto del semestre reportado. Los impuestos no cancelados en las fechas señaladas tendrán un recargo mensual del uno por ciento.

b) Mantener los registros necesarios, o aquellos que la Dirección de Ganadería solicite con el fin de constatar los volúmenes de alimentos y el valor de los mismos, distribuidos comercialmente.

El Ministerio de Agricultura y Ganadería tendrá acceso a estos registros cuando estime necesario los volúmenes existentes.

El incumplimiento de las disposiciones contenidas en los incisos a) y b) de este artículo dará lugar a la penalización dispuesta en el artículo 11.

Artículo 8°.- El producto del impuesto señalado en el artículo 6° se utilizará exclusivamente para financiar los mecanismos de control de esta ley y su reglamento.

Artículo 9°.- Se declara laboratorio oficial de control de calidad de alimentos, el ubicado en la Universidad de Costa Rica, que aparece como anexo en el programa MAG/BID, fundamentado en la ley N° 6240 del 2 de mayo de 1979, bajo el convenio suscrito por el Ministerio de Agricultura y Ganadería y la Universidad de Costa Rica el 2 de abril de 1982; refrendado por la Contraloría General de la República.

Artículo 10.- El Ministerio de Agricultura y Ganadería asignará los inspectores oficiales, quienes portarán credenciales y por lo tanto quedan autorizados por esta ley para lo siguiente:

a) Ingresar durante las horas laborables a las fábricas de alimentos para animales, bodegas de los mismos, plantas productoras de materias primas para alimentos de animales, almacenes de distribución de alimentos para animales, vehículos utilizados para el transporte de alimentos para animales, y todo otro local en donde se depositen materias primas y alimentos mezclados destinados al comercio.

b) Inspeccionar las instalaciones descritas en el inciso a), con el fin de constatar registros de producción, condiciones higiénicas en la elaboración de alimentos, conservación de materias primas y de ingredientes especiales, tales como vitaminas, antibióticos, minerales y otros. También podrán tomar muestras y cualquier otra medida que vaya en beneficio de la calidad de los alimentos fabricados. La toma de muestras y los análisis de laboratorio deberán realizarse de acuerdo con los métodos publicados por la Asociación Oficial de Químicos Analistas (AOAC) de los Estados Unidos de Norteamérica, u otros métodos oficialmente aprobados.

c) Los resultados de los análisis de muestras oficiales deberán ser enviados por el Ministerio de Agricultura y Ganadería al nombre que aparece en la etiqueta de garantía del envase donde se tomó la muestra.

ch) En caso de que las muestras tomadas no cumplan con los requisitos establecidos en esta ley y su reglamento, la Dirección de Salud y Producción Pecuaria decomisará los alimentos de la partida analizada, sin responsabilidad alguna; aplicará al fabricante la acusación ante los tribunales competentes y pondrá los alimentos decomisados a la orden de éstos. En el caso de que los tribunales determinen violación a esta ley ante la acusación planteada por el MAG, el Ministerio dispondrá de los mismos para su destrucción o para los fines que a bien tenga. No obstante, el fabricante podrá apelar ante el juez para que se le permita reformular el alimento, siempre y cuando proceda conforme con las disposiciones que establecerá el reglamento.

d) Cuando un inspector obtenga una muestra oficial de alimento en cualquier local que lo fabrique, almacene o distribuya, deberá entregar al propietario o persona responsable, un recibo con la descripción de la muestra obtenida, y parte de ella sellada y debidamente identificada.

e) Los inspectores del Ministerio podrán incautar los alimentos en depósito, en forma temporal, ante la sospecha de que por razones varias éstos no sean aptos para el consumo animal, mientras el laboratorio oficial realiza los análisis correspondientes, los cuales deberá hacer en un término no mayor de quince días.

Artículo 11.- Los infractores de la presente ley o su reglamento serán responsables, civil o penalmente, de acuerdo con la importancia de la infracción cometida.

Artículo 12.- Compete a los tribunales comunes el conocimiento y la sanción de las infracciones de esta ley. El procedimiento será sumario, ajustándose al título II, capítulo III, libro III del Código de Procedimientos Penales.

Artículo 13.- Serán penados con ciento cincuenta días multa quienes no cumplan con lo señalado en el artículo cuarto.

Artículo 14.- Serán penados con doscientos días multa quienes no cumplan con lo estipulado en los incisos c) y ch) del artículo 5º.

Artículo 15.- Serán penados con trescientos días multa quienes adulteren o contaminen las materias primas y los alimentos terminados, destinados a la nutrición animal.

Artículo 16.- Serán penados con doscientos días multa, quienes obstaculicen deliberadamente a los inspectores del Ministerio de Agricultura y Ganadería y del Ministerio de Economía y Comercio en el desempeño de sus funciones para el cumplimiento de esta ley y su reglamento.

Artículo 17.- Serán penados con doscientos cincuenta días multa quienes falseen la declaración jurada a que alude el artículo 7º de la presente ley.

Artículo 18.- En caso de reincidencia, las penas aquí establecidas serán elevadas al doble, a excepción de lo señalado en el artículo 15, en cuyo caso la reincidencia se sancionará con el cierre de los respectivos establecimientos, por el término de quince días.

Artículo 19.- Las infracciones a la presente ley que no tengan señaladas sanciones especiales, serán penadas con ciento cincuenta días multa y con el doble, si se tratara de reincidentes.

Artículo 20.- En el caso de no pago de la multa, ésta se convertirá en arresto mediante los cómputos establecidos en el Código Penal.

Artículo 21.- Los montos recaudados por concepto de días multa deberán ser depositados en la alcaldía correspondiente, la cual los girará a la cuenta especial a que alude el artículo siguiente de esta ley.

Artículo 22.- La Universidad de Costa Rica recaudará el setenta por ciento (70%) de los fondos por la aplicación de esta ley, por concepto del impuesto señalado en el artículo 6, tasas por servicios prestados y otros. Los fondos se depositarán en una cuenta denominada "Control de Calidad de Alimentos para Animales, Fondo Restringido Nº 181 de la Universidad de Costa Rica", cuyo control y revisión será ejercido por la Contraloría General de la República.

El Ministerio de Agricultura y Ganadería, por su parte, recaudará el treinta por ciento (30%) restante de los fondos en adjudicación a la ley citada en el párrafo anterior, y lo depositará en una cuenta denominada "Estaciones Experimentales 20232-O Programa Nº 5 del Ministerio de Agricultura y Ganadería", cuyo control y revisión será ejercido por la Contraloría General de la República.

El monto recaudado por ambas instituciones será destinado para gastos de operación del laboratorio de control por parte de la Universidad y la parte correspondiente al Ministerio de Agricultura se destinará para dar cumplimiento a esta ley.

(Modificado por el artículo 88 de la Ley de Presupuesto, N° 7097 de 18 de agosto de 1988)

Artículo 23.- Se derogan el decreto ley Nº 183 y el Nº 220 del 21 de setiembre de 1948

Artículo 24.- Rige a partir de su publicación.

Comuníquese al Poder Ejecutivo. Asamblea Legislativa.- San José, a los veintiocho días del mes de julio de mil novecientos ochenta y tres.- JORGE LUIS VILLANUEVA BADILLA, Presidente. JAVIER BOLAÑOS QUESADA, Primer Secretario. MARÍA LIDIA SÁNCHEZ VALVERDE, Segunda Secretaria

Presidencia de la República.- San José, a los veinticinco días del mes de agosto de mil novecientos ochenta y tres. Ejecútese y publíquese. LUIS ALBERTO MONGE, El Ministro de Agricultura y Ganadería, Francisco Morales Hernández

REGLAMENTO PARA EL CONTROL DE LA ELABORACIÓN Y EXPENDIO DE ALIMENTOS PARA ANIMALES

Decreto Ejecutivo N° 16899-MAG

(Publicado en La Gaceta N° 68 de 10 de abril de 1986)

EL PRESIDENTE DE LA REPÚBLICA
Y EL MINISTRO DE AGRICULTURA Y GANADERÍA.

En uso de las facultades que les confiere el artículo 140, incisos 3) y 18) de la Constitución Política y la Ley N° 6883 publicada en "La Gaceta" N° 182 del 27 de setiembre de 1983, y

Considerando:

1° - Que la nutrición equilibrada y sana de los animales es de suma importancia para el mantenimiento de sus funciones vitales y productivas.

2° - Que los alimentos que consumen los animales inciden directamente en la calidad de sus productos y subproductos que se utilizan para consumo humano, por tanto es imprescindible que la alimentación animal sea lo más equilibrada y sana.

3° - Que el creciente aumento de la población humana del país demanda un incremento en alimentos de alto valor nutritivo, como los de origen animal, para satisfacer las necesidades cada día mayores del consumo humano.

4° - Que para ello se requiere incorporar en la elaboración de piensos para animales, conocimientos biológicos modernos y así lograr métodos óptimos de producción en la industria animal.

Por tanto,

Decretan:

El siguiente

REGLAMENTO PARA EL CONTROL DE LA ELABORACIÓN Y EXPENDIO DE ALIMENTOS PARA ANIMALES

CAPÍTULO I
Definiciones y conceptos técnicos

Artículo 1°.-

a) Alimentos para animales: Significa la mezcla de dos o más materiales naturales o sintéticos no adulterados de acuerdo con el artículo 5° de la Ley, que sean utilizados como alimentos para animales y aceptados por el Registro.

b) Alimentos balanceados: Todo alimento para animales que llene adecuadamente los requisitos en términos de nutrientes para la especie y función a que se destine.

c) Materia prima: Todo material autorizado por el Registro como constituyente de un alimento para animales.

d) Premezclas concentradas: Son alimentos para animales que contienen mezclas de materias primas de origen proteico, mineral, vitamínico u otra naturaleza, que agregados a otras materias primas o alimentos para animales las completan para hacer un alimento balanceado.

e) Mezclas minerales: Son los alimentos para animales destinados a suplir elementos minerales o nutrientes inorgánicos a los animales.

f) Mezclas vitamínicas: Son los alimentos para animales destinados a suplir uno o varios nutrientes clasificados como vitaminas para los animales.

g) Suplemento de vitaminas y minerales: Son los alimentos para animales destinados a suplir minerales y vitaminas a los animales en forma directa.

h) Medicamentos: Son todas aquellas sustancias no nutritivas que se incorporan a los alimentos para la prevención o el tratamiento de las enfermedades y para promover el crecimiento o mejorar la eficiencia de conversión del alimento.

i) Aditivos: Elementos naturales o sintéticos y las mezclas de ellos que se agregan a los alimentos para animales en muy pequeñas cantidades con el objeto de corregir deficiencias en la alimentación de animales, mejorar la presentación o condiciones de conservación del alimento o provocar efectos específicos fisiológicos en los animales, para los que se destinan.

j) Alimento a pedido del cliente: Es el alimento para animales que consiste de una mezcla de materias primas que ha sido manufacturado de acuerdo con las instrucciones específicas del destinatario final.

k) Porcentaje: Significa porcentaje por peso.

l) Muestra oficial: Significa una muestra de un alimento para animales o materia prima tomada por alguno de los inspectores autorizados por el Ministerio de Agricultura y Ganadería de acuerdo con lo regulado en el artículo 10 de la Ley Nº6883.

ll) Laboratorio oficial: El designado en el artículo 9º de la Ley Nº 6883 del 27 de setiembre de 1983.

m) Alimento para su propio consumo: Son todos aquellos alimentos para animales que son fabricados por el propio productor, para ser consumido por sus animales. Estos alimentos no pueden ser distribuidos entre personas físicas o jurídicas, la responsabilidad de su efectividad la asume el productor.

n) Ministerio: Se refiere al Ministerio de Agricultura y Ganadería de Costa Rica.

o) Director: Significa la persona encargada del Programa de Registro y Control de Calidad de Alimentos para Animales, del Ministerio de Agricultura y Ganadería.

p) Registro: Será el encargado de velar administrativamente por el exacto cumplimiento de la Ley Nº 6883 del 27 de setiembre de 1983 y de este Reglamento. La sede del mismo se encuentra ubicada en la Universidad de Costa Rica, San Pedro. Laboratorio de Nutrición Animal.

q) Empaque o embalaje: Todos los materiales que se emplean para proteger el alimento para animales envasado, en su manejo y transporte.

r) Envase: Todo recipiente destinado a contener sustancias o mezcla de sustancias alimenticias para animales en cualquier estado.

s) Etiqueta: Recuadro escrito, impreso o grabado unido al recipiente que contiene un alimento para animales o materia prima.

t) Marca: Es todo signo, palabra o combinación de palabras o cualquier otro medio gráfico o material, que por sus caracteres especiales es susceptible de distinguir claramente los alimentos para animales de una persona física o jurídica de aquellos registrados por otra.

u) Nombre del alimento: Significa el nombre del alimento comercial que lo identifica, como su género, clase o uso específico.

v) Alimento o pedido del cliente o alimento fórmula-consumidor: Se refiere a la mezcla de alimentos comerciales y/o materiales que se mezclan, según las instrucciones específicas del comprador final, o de contrato de compra.

w) Emergencia: Para los efectos de este Reglamento se entenderán las calamidades de origen natural y los accidentes ferroviarios y de tránsito que obliguen la intervención de los inspectores, debidamente acreditados en horas no laborables.

CAPÍTULO II
De la Inscripción

Artículo 2º.- Toda persona física o jurídica que pretenda manufacturar y distribuir comercialmente materias primas y alimentos para animales sean éstos elaborados en el país o importados deberá inscribirlos en el Registro que al efecto crea la Ley Nº 6883.

Artículo 3º.- La solicitud de inscripción deberá hacerse en las fórmulas que el Registro provea y deberá consignarse lo siguiente:

a) Nombre y/o marca comercial si la hubiere, del producto que se desea registrar.

b) Nombre y dirección exacta y calidades personales de la persona física o jurídica que distribuye el producto.

c) El nombre y dirección exacta del domicilio de la fábrica o compañía que elabora el producto.

d) Garantía del producto a inscribirse expresando la información en los términos que lo establece el artículo 7º, inciso d) de este Reglamento.

e) Certificado de análisis microbiológico para productos y subproductos de origen vegetal o animal de alto contenido de humedad.

f) Un listado de todos los ingredientes que constituyen el alimento.

g) Si el alimento para animales o materia prima a inscribirse fuese importado, se presentará además un certificado de procedencia autenticado y constancia de que su distribución y uso en nutrición animal ha sido autorizado en el país de origen. Si el producto contiene elementos de origen animal o vegetal viable, deberá además cumplir con los requisitos que al efecto establezcan las Leyes de Salud Animal y Sanidad Vegetal. Además debe prever lo establecido en los artículos 17 y 18 de este Reglamento.

h) Adjuntar una etiqueta o proyecto de etiqueta que acompañará el alimento siguiendo las normas establecidas en los artículos 7º, 8º, 9º, 10, 11, 12, 13, 14 y 15 de este Reglamento. Una vez aprobado por el Director, una copia será enviada al solicitante.

i) Certificado sanitario de la planta, extendido por el Ministerio de Salud.

j) Las personas naturales o jurídicas que deseen instalar una fábrica de alimentos para animales deben cumplir previamente con lo establecido en los artículos 36, 37, 38 y 39 de este Reglamento.

k) Para la operación de la fábrica de alimentos para animales deberá solicitar al Registro y Control de Calidad de Alimentos lo siguiente:

(i) Inspección general una vez terminadas las instalaciones de equipos.

(ii) Certificado de funcionamiento del local.

l) Si el producto es nuevo en el campo de la nutrición y de origen nacional, se le exigirá las pruebas que sean necesarias para la comprobación de la identidad, de la calidad y de la eficacia terapéutica y nutricional, caso de tratarse de productos importados, la solicitud deberá acompañarse de documento en que se indique el número y la fecha de inscripción del producto en el país de origen, así como la última fecha correspondiente a la autorización de libre venta y uso.

ll) Cuando se trata de registrar una premezcla medicamentosa se remitirá al interesado para los trámites de inscripción al Ministerio de Salud y bastará con solicitar al interesado una certificación emitida por dicho Ministerio en que se autorice su uso.

m) Poder legalmente otorgado si la solicitud fuere hecha por medio de mandatario, salvo que la personería de éste estuviere antes acreditada en el mismo registro, en cuyo caso se indicará la fecha en que fue presentada o el expediente en el cual consta.

n) Certificación de que la marca del producto si la hubiere está inscrita en el Registro de la Propiedad Industrial.

ñ) Deberá además cumplir el solicitante en caso de alimentos registrados el requisito de publicación en el Diario Oficial de un aviso por tres veces dentro de un plazo de quince días el cual deberá contener:

a) Nombre del solicitante.

b) Nombre del representante legal si lo hubiere.

c) El nombre, clase u otra característica del producto que desea inscribirse que permita identificarlo claramente.

o) Para efectos de oposición de terceros se aplicarán supletoriamente las disposiciones del decreto Nº 4543 de 18 de marzo de 1970.

p) Cuando se solicite inscribir alimentos nuevos en nutrición animal el registrante deberá aportar resultados de investigación y análisis que demuestren que su uso en nutrición animal es seguro y eficiente.

Artículo 4º.- El Director está facultado para aprobar o denegar el registro de cualquier inscripción de alimentos para animales o materias primas que:

a) No estén de acuerdo con las disposiciones amparadas por la Ley Nº 6883, su Reglamento y demás legislación vigente referida a protección de marcas, Salud Animal y Salud Pública.

b) Se encuentran en proceso de experimentación, salvo en las condiciones y circunstancias y por el tiempo que el Registro lo autorice.

c) En caso de urgencia o de necesidad nacional, el Registro podrá autorizar la importación y uso de alimentos para animales no registrados siempre y cuando provengan de países libres de enfermedades infecto-contagiosas exóticas a nuestro medio.

d) Para fines exclusivos de investigación podrá autorizarse a las universidades estatales y al Ministerio de Agricultura y Ganadería la importación y uso de alimentos para animales, no registrados de conformidad con la legislación correspondiente.

Artículo 5º.- Todo registro será válido por cinco años contados a partir de la fecha de su otorgamiento y la solicitud de renovación deberá presentarse en el período de sesenta días anteriores al vencimiento del mismo.

La inscripción a que se refieren los artículos anteriores podrá ser cancelada por solicitud del interesado, o por el Director, si el alimento inscrito viola alguno de los artículos de las leyes mencionadas en el artículo anterior o de este Reglamento. En el caso que el solicitante no se conformare con lo resuelto por el Director, podrá hacer uso de los recursos para que tales efectos señala la Ley de la Administración Pública en los artículos 342 y siguientes.

Artículo 6º.- Todo alimento para animales y/o materia prima importado deberá etiquetarse en el idioma español, de acuerdo con lo establecido en los artículos 7º,8º,9º, 10, 11, 12, 13, 14 y 16 de este Reglamento.

CAPÍTULO III
El Formato de la etiqueta

Artículo 7º.- Los alimentos para animales, para ser distribuidos deben etiquetarse con la información descrita en este Reglamento, en una parte visible del producto y con el siguiente orden de formato:

a) Peso neto, en kilogramos.

b) Nombre comercial del producto, especie animal y función para la que se destine según se indica en el artículo 10 del Reglamento.

c) Si se usan medicamentos:

(i) La palabra "Medicado" debe aparecer directamente debajo del nombre del producto, en un tipo de letra no menor de la mitad del tipo utilizado con el nombre del producto.

(ii) El propósito del medicamento (s) usado (s).

(iii) Las indicaciones requeridas para el uso del medicamento y las precauciones que se deben tener de acuerdo con los artículos 13 y 14. Si se requiere una explicación muy detallada para el uso del medicamento, éste puede aparecer en la parte de atrás de la etiqueta, indicándose este hecho con la leyenda "Ver parte posterior de esta etiqueta".

(iv) El nombre, el producto activo del medicamento y la cantidad agregada de acuerdo con el artículo 11, incisos i) y j), de este Reglamento.

d) El certificado de análisis del alimento expresado como se señala en el artículo 11 de este Reglamento, incluyendo los siguientes puntos en el orden listado:

(i) Porcentaje máximo de humedad.

(ii) Porcentaje mínimo de proteína cruda.

(iii) Porcentaje máximo de proteína equivalente de nitrógeno no proteico cuando se agrega al alimento, como se señala en el artículo 14 de este Reglamento.

(iv) Porcentaje mínimo de extracto etéreo.

(v) Porcentaje máximo de fibra cruda.

(vi) Contenido mínimo de energía calculada.

(vii) Minerales en orden siguiente:

- Porcentaje mínimo y máximo de calcio (Ca).
- Porcentaje mínimo de fósforo (P).
- Porcentaje mínimo y máximo de sal (NaCl), cuando se ha agregado.
- Nombre y concentración de otros minerales si se garantizan en la etiqueta.
- Nombre y concentración de vitaminas si se garantizan en la etiqueta.

Excepciones:

La garantía para vitaminas o minerales no se requiere cuando el alimento para animales no representa en ninguna forma suplemento vitamínico o mineral.

Garantía para proteína cruda, proteína equivalente, energía, extracto etéreo y fibra cruda no se requiere cuando el alimento para animales se manufacture en forma de premezclas concentradas de vitaminas, minerales o mezclas minerales, vitaminas o suplementos de vitaminas y minerales, medicamentos o aditivos.

e) Materias primas: Debe indicarse el nombre común de cada materia prima utilizada en la formulación, de acuerdo con la definición oficial que hará el Registro de cada una de ellas y lo señalado en el artículo 12 de este Reglamento. El Director puede autorizar el empleo de un término colectivo para un grupo de ingredientes que desempeñan la misma función, en lugar del nombre común de cada uno de los ingredientes empleados en la confección de un alimento para animales.

f) Instrucciones de uso del alimento (si no hubiera espacio indicando con la leyenda "Ver parte posterior").

g) Nombre, dirección postal y teléfono de la empresa fabricante o persona responsable de distribuir el alimento.

h) Número de licencia extendida por el Registro de libre fabricación, distribución y uso del producto.

i) Fecha de fabricación y de vencimiento y número de lote cuando se trate de alimentos perecederos.

Artículo 8º.- Los alimentos a pedido del cliente para ser distribuidos deben ir acompañados de una etiqueta o certificado que lleve la siguiente información:

a) Nombre y dirección del fabricante o mezclador.

b) Nombre y dirección del comprador.

c) Fecha de fabricación y de vencimiento cuando se trata de alimentos perecederos.

d) El nombre del producto, especie animal y función para la que se destina, según se indica en el artículo 10 de este Reglamento.

e) El certificado de análisis del alimento de acuerdo con lo indicado en el artículo 7º, inciso d) de este Reglamento.

f) Si lleva medicamentos o nitrógeno no proteico indicar el tipo y concentración de los mismos de acuerdo con lo indicado en el artículo 7º, inciso c) y artículo 11, incisos i) y j) del Reglamento.

g) Indicaciones adecuadas para el uso del producto, cuando éste contenga medicamentos o nitrógeno no proteico, según se establece en los artículos 13 y 14 de este Reglamento.

Artículo 9º.- Las materias primas de producción nacional o importadas para ser distribuidas, enfardadas o a granel, deben estar acompañadas de una etiqueta o un certificado, respectivamente, que contenga la siguiente información:

a) Nombre y dirección del fabricante.

b) El nombre y marcas o nombres comerciales registrados no se deben usar, según el artículo 7º, inciso e).

c) El análisis de garantía de la materia prima de acuerdo con lo establecido en el artículo 7º, inciso d) de este Reglamento.

CAPÍTULO IV
Nombre del producto y/o especie animal y función para la que se destina.

Artículo 10.- La marca o nombres de los productos deben ser apropiados para el uso garantizado del producto y no deben ser engañosos.

a) Si el nombre indica que el alimento es hecho para un uso específico y se expende como un alimento balanceado, las características del alimento deben estar de conformidad con ese uso, estableciéndose como requerimientos nutritivos de las distintas especies animales, los requerimientos mínimos establecidos por la última edición anual del Consejo Nacional de Investigación de los Estados Unidos de América (NRC).

b) El nombre de marcas o nombres comerciales registrados no se deben usar en la lista de materias primas de la etiqueta. En el listado de ingredientes de la etiqueta deberán usarse únicamente los nombres genéricos de las materias primas.

c) El nombre de un alimento para animales no se debe derivar de una o más materias primas o una combinación de los nombres de éstas. omitiendo otras materias primas que componen el alimento para animales.

d) La palabra "proteína" no se puede usar en el nombre comercial de un producto cuando éste contiene agregados de nitrógeno no proteico.

e) Las materias primas que se distribuyen con fines comerciales deben llevar nombres oficiales definidos por el Registro.

f) La palabra"vitamina" o cualquier otra palabra que sugiera vitaminas, se puede usar en el nombre de un alimento para animales cuando éste ha sido formulado como un suplemento vitamínico y debe ser etiquetado con el contenido mínimo de cada vitamina declarada, de acuerdo con el artículo 11, incisos f), g) y h) de este Reglamento.

g) El término "mineralizado" no se puede usar en el nombre de un producto, excepto para sales minerales que contienen minerales trazas.

Cuando esto sucede, el producto debe estar etiquetado con el contenido de cada mineral traza, de acuerdo con lo especificado en el artículo 11, incisos c) y d) de este Reglamento.

h) Queda prohibida toda propaganda que atribuya propiedades terapéuticas no demostradas a los alimentos para animales entendiéndose por éstas aquellas curativas, preventivas y mitigantes de enfermedades, además aquellas otras sustancias promotoras de crecimiento y de eficiencia alimenticia que no estén demostradas científicamente y que puedan inducir a error o engaño al público en cuanto a la naturaleza, calidad, propiedades u origen de los mismos.

CAPÍTULO V
Expresión de los valores de la etiqueta

Artículo 11.- La etiqueta del producto constituye la certificación de garantía que ofrece el fabricante al comprador y los nutrientes que se garanticen en los alimentos para animales y materias primas deben estar expresados de la siguiente forma:

a) Los valores de humedad, proteína cruda, proteína equivalente de nitrógeno no proteico, extracto etéreo, fibra cruda, calcio, fósforo, sal (NaCl) así como cualquier otro nutriente mineral mayor, deber expresarse en porcentaje por peso de alimento tal como es vendido.

b) Los valores de energía deben expresarse en kilocalorías por kilogramo de alimento (kcal/kg), según los siguientes criterios:

(i) Para todos los animales rumiantes, cerdos, equinos, perros, gatos, peces o cualquier otro animal doméstico o de laboratorio, los valores se expresarán en términos de energía digestible. También en vacas lecheras es admisible el empleo de la energía neta, expresada en megacalorías por kilogramo (Mcal/kg).

(ii) Para todo tipo de aves los valores se expresarán en términos de energía metabolizable.

(iii) El valor de energía del alimento para animales se estimará mediante cálculo, utilizando para ello tablas de composición de alimentos conocidas o ecuaciones de regresión.

(iv) Para el cálculo del contenido de energía de las materas primas que constituyen un alimento para animales y cuyos valores de energía digerible para animales monogástricos, tales como perros, gatos, peces o cualquier otro animal doméstico o de laboratorio que no aparecen en las tablas de composición de alimentos, provisionalmente se utilizará el valor correspondiente para cerdos.

c) Los valores para los elementos minerales hierro, cobre, manganeso, zinc, yodo, cobalto, molibdemo, selenio o cualquier otro mineral considerado como traza, debe expresarse en miligramos del elemento por kilogramo del alimento.

d) Los valores para todos los elementos minerales expresados en la etiqueta deben ser los del elemento puro; nunca puede expresarse en función de compuestos con excepción de la sal que se expresa como cloruro de sodio (NaCl).

e) Cuando se exprese el contenido de calcio y sal (NaCl) en la etiqueta debe de hacerse de la siguiente forma:

(i) Cuando el mínimo es 5% o menos, el máximo no debe de exceder el mínimo por más de una unidad porcentual.

(ii) Cuando el mínimo es mayor de 5%, el máximo no puede ser mayor que el 20% del mínimo.

f) El contenido de vitaminas debe de expresarse en todos los casos en la etiqueta en miligramos por kilogramo del alimento, con excepción de:

- Vitamina A, D3 y E que deben expresarse en unidades internacionales por kilogramo.

g) Los valores de vitaminas en la etiqueta deben expresarse en términos de la vitamina pura, nunca pueden expresarse en función de compuestos, con excepción de los compuestos hidrocloruro de piridoxina, cloruro de colina, hidrocloruro de tiamina, ácido d-pantoténico o pantotenato de calcio y bisulfito de menadiona.

h) Aceites de premezclas concentradas de vitaminas que contengan vitamina A, D3 y E o mezclas de las tres pueden ser expresadas en unidades internacionales por gramo de premezcla.

i) Todos los medicamentos y aditivos que se usan en un alimento para animales deben ser expresados en miligramos por kilogramo del alimento, o en porcentaje.

j) Todos los alimentos para animales que contengan cualquier cantidad de nitrógeno no proteico agregado, se deben de etiquetar de la siguiente manera:

(i) Proteína cruda mínima,...%

(ii) (Proteína cruda de nitrógeno no proteico agregado,...% máximo

(iii) Para el cálculo de proteína cruda o equivalente a partir de nitrógeno, se utilizará el factor de 6.25.

(iv) Las materias primas, fuentes de nitrógeno no proteico, tales como urea, fosfato de amonio, nitrato de amonio, o cualquier producto amoniacado deben de expresarse así:

Nitrógeno mínimo,...%

Proteína cruda equivalente de nitrógeno no proteico, mínimo...%

k) Las materias primas fuentes de fósforo que se distribuyan para la alimentación animal, deben etiquetarse con el nombre químico del producto, el porcentaje mínimo de fósforo, el porcentaje mínimo y máximo de calcio cuando esté presente y el porcentaje máximo de flúor.

CAPÍTULO VI
De los ingredientes en la etiqueta

Artículo 12.- El nombre de cada materia prima que se usa en la formulación de un alimento para animales debe aparecer en la etiqueta según se indica en el artículo 7º, inciso e), de este Reglamento, bajo las siguientes regulaciones:

a) El nombre que se utilice es aquel que se adopte como oficial por el Registro. Hasta tanto no existan definiciones oficiales, deben de utilizarse los nombres comunes normalmente aceptados por el país.

b) El nombre de cada ingrediente debe escribirse en letras del mismo tamaño y tipo.

c) No deben aparecer referencias a la calidad de un ingrediente en el espacio destinado a la declaración de ingredientes.

d) El término "deshidratado" debe preceder el nombre de algún producto que ha sido secado artificialmente.

e) Las materias primas no requieren declaración de ingredientes.

f) Cuando la palabra "iodizado" es usada en conexión con un ingrediente, éste debe de contener no menos de 0,007% de iodo, uniformemente distribuido.

CAPÍTULO VII.
De las indicaciones para el uso de aditivos y nitrógeno no protéico

(El epígrafe de este capítulo fue modificado mediante el Decreto Ejecutivo N° 20981-MAG de 6 de enero de 1992)

Artículo 13.- Todas las etiquetas que garanticen los alimentos para animales, que contengan cualquier tipo de aditivos de uso delicado, deben consignar:

(Párrafo modificado mediante el Decreto Ejecutivo N° 20981-MAG de 16 de enero de 1992)

a) Instrucciones precisas de modo de empleo o precaución que garanticen el correcto uso del alimento.

b) Instrucciones suficientes, así como las precauciones adecuadas para el uso correcto de aquellos alimentos para animales que contengan nitrógeno no proteico agregado, según se establece en el artículo 14 de este Reglamento.

c) Instrucciones precisas para el uso correcto y efectivo de aquellos alimentos para animales, distribuidos para suplir necesidades dietéticas específicas o para suplementar o fortificar las raciones comunes con vitaminas, minerales, aditivos o cualquier otro nutriente o compuesto dietético.

(Inciso modificado mediante el Decreto Ejecutivo N° 20981-MAG de 6 de enero de 1992)

d) Indicaciones para la suspensión del alimento que contenga medicamentos tantos días antes del sacrificio del animal cuando así lo estipule el fabricante del producto o el Feed Additive Compendium o las Normales de la Comunidad Económica Europea.

CAPÍTULO VIII
El uso de nitrógeno no proteico

Artículo 14. - La urea y otras fuentes de nitrógeno no proteico para animales, se aceptan como materia prima exclusivamente en alimentos para animales rumiantes como fuente de nitrógeno no proteico.

a) Si el alimento para animales contiene más de 8 por ciento de proteína equivalente de cualquier fuente de nitrógeno no proteico, agregado como tal, o si la proteína equivalente de cualquier fuente de nitrógeno no proteico, excede un tercio de la proteína cruda total del alimento, la etiqueta debe llevar instrucciones adecuadas para el uso seguro del alimento y la siguiente leyenda:

" **PRECAUCIONES: USESE COMO SE INDICA**"

Las instrucciones para el uso y la leyenda de precaución, deben aparecer en el lugar, forma y estilo que se señala en el artículo 7o, inciso c), de este Reglamento.

b) En aquellos alimentos para animales que hayan sido formulados con medicamentos y cuyas etiquetas lleven las instrucciones señaladas en el artículo 7o, sección "c" de este reglamento, se puede incluir en la misma sección de la etiqueta, adjuntando las instrucciones para su uso y precaución.

CAPÍTULO IX
Medicamentos y Aditivos

Articulo 15.-

a) Previo a la aprobación de una solicitud para registrar un alimento o premezcla para animales, se debe determinar si se trata de una premezcla alimenticia que incluye bajas concentraciones de medicamentos a niveles no curativos, como promotores de crecimiento y eficiencia alimentaria o de una no alimenticia de alta concentración de ingredientes activos con acción terapéutica. En el caso de premezcla de acción terapéutica que debe ser posteriormente diluída (sic) para producir un alimento completo. En el caso de premezcla no alimenticia de acción terapéutica, se debe remitir al interesado para su inscripción y registro al Departamento de Inspección y Registro de Medicamentos Veterinarios, de la Dirección de Salud y Producción Pecuaria del Ministerio de Agricultura y Ganadería.

(Inciso modificado mediante el Decreto Ejecutivo N° 20981-MAG de 6 de enero de 1992)

b) Se establecen como niveles de incorporación de medicamentos y aditivos en alimentos para animales, siempre y cuando su uso se considere seguro y efectivo, los indicados en la última edición del Feed Additive Compendium, The Miller Publishing Co. USA.

CAPÍTULO X
Mal etiquetado

Artículo 16. - Se considera que un alimento para animales o materia prima, está mal etiquetado, cuando:

a) La etiqueta y su garantía no le corresponde.

b) La etiqueta que porta el alimento para animales, no cumple con lo indicado en los artículos 7o, 10, 11, 12, 13, y 14.

c) La etiqueta o certificado de garantía de las materias primas, no se ajusten a los artículos 9o, 10, 11, 12, 13, y 14 de este Reglamento.

d) La etiqueta o certificado de garantía de los alimentos a pedido de cliente, no se ajuste a los artículos 8o, 10, 11, 12, 13, y 14 de este Reglamento.

CAPÍTULO XI
Adulteraciones y contaminaciones

Artículo 17. - Un alimento para animales o materia prima se considera adulterado cuando:

a) Contiene cualquier sustancia tóxica o deteriorada que pueda causar daño a la salud animal y humana. En el caso que la sustancia sea un constituyente natural de una de las materias primas, ésta no se considera como adulterada, bajo esta norma, si la cantidad de ella en la materia prima, en el alimento para animales que ésta constituye, no representa daño para la salud animal y/o humana.

b) Contiene cualquier sustancia venenosa, o deteriorada añadida intencionalmente.

c) El alimento para animales contiene algún aditivo o sustancia clasificada como medicamento que no haya sido aprobado por el Registro del Ministerio de Salud o se encuentre a concentraciones superiores a las aprobadas.

d) Contiene materiales de origen vegetal o animal que hayan sido tratados con algún agroquímico que origine residuos o sustancias derivadas, concentraciones no tolerables en los alimentos, que puedan causar daños a los animales y seres humanos que consumen sus productos o derivados.

e) Un constituyente garantizado se omite total o parcialmente o se sustituye por otro de menor valor en un alimento para animales.

f) Su composición garantizada está por debajo o difiere significativamente del margen permisible en la formulación.

g) Una materia prima se mezcla con otro producto no autorizado por Registro.

h) Contiene semillas viables de malas hierbas o de plantas tóxicas en cantidades superiores a las permitidas por la legislación vigente o se encuentra dentro del margen tolerado pero no molido lo suficiente fino o tratado de otra manera para asegurar la destrucción de la viabilidad de estas semillas.

i) El alimento para animales contiene cáscaras, agregados de cáscaras, desperdicios, residuos, paja y otros materiales altos en fibra no autorizada por el Registro y si contiene bentonitas, tierra, arena y otras sustancias no nutritivas; y el nombre de cada uno de esos materiales no está claramente establecido en la etiqueta. Se excluye de esta cláusula la pulpa de café deshidratada, la cascarilla de algodón y bagacillo de caña, olotes de maíz y torta de palma africana.

j) Cuando contenga una o varias sustancias extrañas a su composición reconocida o autorizada.

k) Se le haya extraído total o parcialmente cualquiera de sus componentes haciéndole perder o disminuir su valor nutritivo.

l) Haya sido adicionado, coloreado o encubierto en forma de ocultar sus impurezas o disimular su inferior calidad.

ll) Se le ha agregado un aditivo alimenticio no autorizado por el Registro.

m) Se presente en envases, recipientes o envolturas no adecuadas por estimarse que pueden adicionar sustancias peligrosas al alimento o que pueden reaccionar con éste de manera que altera sus propiedades.

n) Se ha elaborado, manipulado o almacenado en establecimientos no autorizados o en condiciones inapropiadas por lo que puede haber llegado a contaminarse con materiales microorganismos que causen daños a salud animal y humana.

o) Se presente en un envase o recipiente original o bajo el nombre que no le corresponde.

p) En su rotulación o etiqueta no se incluye el contenido obligatorio reglamentario.

q) Su rotulación, o la información que lo acompaña, contenga menciones falsas, ambiguas o engañosas respecto a su identidad, composición, cualidades, utilidad o seguridad.

r) La carne, de todas las especies y sus subproductos que se destine al consumo de la población animal no provenga de animales sacrificados de conformidad con las normas reglamentarias y en establecimientos autorizados por los Ministerios de Agricultura y Ganadería y de Salubridad Pública.

Artículo 18. - Para los propósitos del artículo 5°, inciso b), de la Ley, se considera contaminado, un alimento para animales, cuando:

a) El contenido de flúor de cualquier mineral o mezcla que se va a usar directamente para la alimentación de animales excede en 0.30% para bovinos, 0.35% para ovejas, 0.45% para porcinos, 0.60% para aves y mayor de 0.50% para cualquier otra especie animal.

b) Las materias primas que contengan flúor y al agregarse eleven el contenido de flúor del alimento para animales a más de 0.009% en bovinos, 0.01% para ovejas, 0.14% para cerdos, 0.035% para aves y 0.016% para cualquier otra especie animal.

c) Las materias primas de origen vegetal o animal que hayan sido extraídas con solventes clorinados o cualquier otro solvente que deje residuos en niveles tóxicos para el animal y el hombre.

d) Una materia prima o alimento para animales están constituidos por materiales de origen vegetal o animal que se sabe contiene compuestos tóxico naturales o inhibidores nutricionales y éstos no hayan sido destruidos por un tratamiento especial, según la especie animal a que se destine, tales como las leguminosas, oleaginosas, yuca, malanga, pejibaye, que requieren un tratamiento térmico para su uso.

e) Se utiliza pulpa de café en una ración y ésta eleva el contenido de cafeína en la ración por encima de: rumiantes 0.07%, cerdos 0.02% o aves 0.015%.

f) Contiene medicamentos, hormonas, aditivos o metabolitos no autorizados por el correspondiente registro para su uso en la alimentación animal o siendo éstos autorizados sobrepasan las concentraciones permitidas.

g) Contiene microorganismos patógenos, o sus esporas que indiquen contaminación y baja higiene.

h) Contiene toxinas producidas por microorganismos a niveles que pueden causar daño al animal o a la salud del hombre que consume sus productos y derivados.

i) Contiene productos químicos o productos de degradación de éstos, tales como metales pesados y agroquímicos a niveles que pueden causar daño al animal o microorganismos a la salud del hombre que consume sus productos y derivados.

CAPÍTULO XII
Del Impuesto

Artículo 19. - Toda persona física o jurídica que fabrique y expenda o importe para la venta alimentos para animales, deberá pagar un impuesto de cero coma dos por ciento (0,2%) ad valórem por cada kilogramo de alimento terminado o de premezcla destinado a la nutrición animal, sean éstos importados o de fabricación nacional y bajo las siguientes condiciones:

a) Llenar y enviar al Director a más tardar el último día de enero y de julio de cada año, una declaración jurada de ventas, cuyo formulario será provisto por el Registro y en el que se incluye la clase, peso y el valor de los alimentos para animales fabricados en el semestre anterior (julio-diciembre, enero-junio) además de cualquier otra información que se solicita en el formulario.

b) Cancelar previo al envío de la declaración de ventas, la totalidad del impuesto correspondiente, depositando en la cuenta especial "Estaciones Experimentales-MAG", cuenta corriente número 20239-0 del Banco Nacional de Costa Rica, "Programa Control de Calidad de Alimentos para Animales" y adjuntar comprobante del depósito bancario correspondiente al Director del Registro.

(Inciso modificado por el Decreto Ejecutivo N° 17413-MAG de 5 de febrero de 1987)

c) Quién incumpla con lo establecido en los incisos anteriores a) y b) durante un semestre o se le compruebe falsedad en su declaración jurada, le serán suspendidas temporalmente las suscripciones hasta tanto no cumplan con el pago de la multa contemplada en los artículos 14, 17 y 19 y con los requisitos formales establecidos en la Ley 6883.

d) Todo alimento para animales que se importe o exporte en Costa Rica deberá pagar el impuesto señalado en el artículo 6° de la ley, que contempla las siguientes categorías:

(i) A pedido del cliente, mezcla de vitaminas, mezcla de minerales y mezcla de vitaminas y minerales, premezclas concentradas y alimento balanceado.

(ii) Todo importador de premezclas y de alimentos terminados para animales, los cuales serán destinados para la venta, deberá pagar el impuesto señalado en el artículo 6° de la ley N° 6883, precio de FOB previo a su desalmacenaje en la aduana.

La aduana debe existir el recibo de pago del impuesto efectuado en la cuenta especial "Estaciones Experimentales-MAG", cuenta corriente número 20239-0 del Banco Nacional de Costa Rica, "Programa Control de Calidad de Alimentos para Animales" como parte de los requisitos de desalmacenaje. El importador debe remitir al Director copia del comprobante del depósito correspondiente.

(Inciso modificado por el Decreto Ejecutivo N° 17413-MAG de 5 de febrero de 1987)

e) Las materias primas que se vendan para ser utilizadas en la fabricación de alimentos para animales y que se enmarquen dentro de lo establecido en los artículos 1o. inciso c) y 17 inciso g) no pagan los impuestos.

f) Para los fines de la Ley 6883 y a efectos de calcular el impuesto establecido en el artículo 6o, se entenderá el impuesto ad valórem como el precio al costo de producción final por kilo, incluyendo mano de obra, materia prima y otros costos asignados, puesto en planta y ofrecido al cliente.

g) Deberán los contribuyentes adjuntar a la declaración jurada de ventas una copia de los estados financieros, balance general, estado de pérdidas y ganancias que se presentan cuando se declara la renta conforme lo dispone el artículo 7, inciso b) de la Ley No. 6883, los cuales deberán coincidir con los libros de contabilidad que de acuerdo con la ley tengan la obligación de llevar.

h) Las disposiciones del Código de Normas y de Procedimientos Tributarios, se deben de aplicar en los casos y materias que no hayan sido expresamente previstos en la Ley y en este Reglamento.

CAPÍTULO XIII
De las publicaciones

Artículo 20. - El registro puede por lo menos una vez al año, en la forma que lo considere conveniente, publicar información técnica concerniente a la fabricación, importación y venta de alimentos para animales y materias primas, así como los resultados de los análisis de las muestras oficiales tomadas.

Asimismo el Registro y el Laboratorio Oficial efectuarán publicaciones científicas y técnicas de las investigaciones que lleve a cabo con el fin de mejorar el cumplimiento de la Ley y su Reglamento.

Artículo 21.- El Ministerio por indicaciones del Registro y mediante decreto ejecutivo establecerá:

a) El nombre oficial y las características de las materias primas autorizados que se expenda con análisis de garantía.

b) Los requisitos sanitarios mínimos y prácticas de buena manufactura que deben de cumplir las fábricas de alimentos para animales y materias primas garantizadas.

c) La nómina de aditivos e ingredientes y la proporción en que éstos deben utilizarse en la fabricación de alimentos para animales. Esta nómina podrá ser modificada por el Registro o a petición del interesado, quién deberá acompañar la respectiva solicitud con la documentación fehaciente que muestre los resultados de investigaciones que avalen sus cualidades y normas para su utilización.

CAPÍTULO XIV
De los deberes y restricciones de las personas con relación a los alimentos y otros

Artículo 22. - Aquellas personas dedicadas a la importación, elaboración y expendio de materias primas, premezclas y alimentos para nutrición animal destinados al comercio, quedan obligados a permitir la entrada inmediata a los funcionarios del Registro, debidamente identificados, a su establecimiento industrial, comercial o depósito y a los inmuebles relacionados con la actividad de su cuidado con el fin de tomar las muestras que haya menester y para inspeccionar las condiciones de la producción, tráfico, tenencia, almacenamiento o suministro de alimentos para animales.

Artículo 23. - Serán objeto de decomiso:

a) Los alimentos para animales deteriorados, adulterados y falsificados.

b) Los alimentos para animales que se elaboren, comercien, almacenen, distribuyan o suministren en forma ilegal.

c) Los alimentos para animales que contengan como contaminante semilla extraña de plantas indeseables y/o tóxicos catalogadas como tales por el Ministerio.

d) Las materias primas adulteradas.

CAPÍTULO XV
De las autoridades, sus atribuciones y ciertas medidas especiales

Artículo 24. - Corresponderá privativamente a las autoridades que asigne el Ministerio al Registro, la aplicación y control del cumplimiento de las disposiciones de la Ley No. 6883 y su Reglamento, sin perjuicio de las facultades y obligaciones que leyes especiales otorguen e impongan a otros organismos públicos dentro de sus respectivos campos de acción.

Artículo 25. - El Ministerio delegará en funcionarios del Registro para el mejor servicio y aplicación de las disposiciones de la Ley y su Reglamento, atribuciones específicas o pertinentes a su cargo.

Artículo 26. - Las autoridades mencionadas, podrán delegar en funcionarios de su dependencia, para el mejor servicio y aplicación de las disposiciones de la Ley y su Reglamento, atribuciones específicas o pertinentes a su cargo.

Artículo 27. - Las autoridades del Ministerio dentro de las atribuciones que le confiere la Ley y su Reglamento podrán dictar resoluciones o circulares ordenando medidas de carácter general, según corresponda, para la mejor aplicación y cumplimiento.

Artículo 28. - Podrán asimismo, dentro de las atribuciones mencionadas, ordenar y tomar las medidas precautorias que la Ley faculta con el fin de evitar riesgos potenciales que pudieran generar daños a la salud animal y humana.

CAPÍTULO XVI
De las inspecciones y otras diligencias

Artículo 29. - Para llevar a cabo un control efectivo del cumplimiento de las disposiciones de la Ley y de su Reglamento, de las resoluciones complementarias que las autoridades del Ministerio dicten dentro de su competencia, podrán los funcionarios dependientes del Ministerio debidamente identificados, hacer inspecciones o visitas para practicar operaciones de inspección, recoger muestras o recolectar antecedentes o pruebas en edificios comerciales y establecimientos industriales, de comercio y en cualquier lugar en el que pudiera perpetrarse infracciones a la Ley y su Reglamento y resoluciones aludidas. Tales diligencias deberán practicarse durante las horas laborales y los particulares están en la obligación de facilitarles de inmediato su colaboración. Sin embargo, en el caso excepcional en que surja una situación de emergencia que ponga en peligro la salud animal y/o humana se procederá sin apego a limitación de horario a las inspecciones y muestreos.

Artículo 30. - Las autoridades del Registro podrán solicitar el auxilio de la Fuerza Pública y de las otras autoridades administrativas, para llevar a cabo las actuaciones inherentes a su cargo para las cuales hayan sido especialmente comisionados.

Artículo 31. - Tendrán carácter de autoridad de control de alimentos los funcionarios del Ministerio que desempeñen cargos de inspección que hayan sido especialmente comisionados para la comprobación de infracciones a la Ley y a su reglamento, pudiendo formular las respectivas denuncias contra personas físicas o jurídicas por hechos o actos que involucren infracción de tales disposiciones a que constituyan delito. Para lo cual deben portar la identificación correspondiente.

Capítulo XVII
De la toma de muestras

Artículo 32.- Los funcionarios del Ministerio y los inspectores de Control de Calidad de Alimentos del Registro, debidamente identificados, ciñéndose a las normas administrativas y operativas vigentes y tratando, en todo caso, de evitar perjuicio o molestias, innecesarias, podrán retirar de los lugares inspeccionados las muestras necesarias con sus respectivas etiquetas, bajo recibo para el control del cumplimiento de las disposiciones de la ley y sus reglamentos.

Artículo 33.- Toda persona física o jurídica dedicada a la elaboración de alimentos para consumo animal que serán comercializados está obligada a entregar, en la forma que establece este Reglamento, las muestras necesarias para realizar los análisis que técnicamente se requieren para el adecuado resguardo de la salud animal y humana y como elementos prueba para la formulación y juzgamientos de las infracciones a la Ley de Registro y Control de Calidad de Alimentos para Animales y su Reglamento.

CAPÍTULO XVIII
De los laboratorios y análisis oficiales

Artículo 34.- Se declara laboratorio oficial para los efectos de practicar los análisis referidos en el presente Reglamento al Laboratorio de Nutrición Animal (LANA) ubicado en el campus de la Universidad de Costa Rica. Ese laboratorio podrá solicitar la colaboración de otros laboratorios en las instituciones del Estado, a su vez utilizar, previo permiso correspondiente, las facilidades de equipo, personal, análisis y consejo técnico de esos laboratorios, cuando así lo considere conveniente.

Artículo 35.- Los resultados dados por este laboratorio oficial y los de otras instituciones del Estado, solicitados, serán definitivos para la concesión y cancelación de permisos, autorizaciones y registros y en materia judicial constituyen pruebas conforme con la ley pertinente, no obstante si el solicitante no esta de acuerdo con lo resuelto podrá recurrir por las vías establecidas en la legislación vigente.

CAPÍTULO XIX
De la instalación y equipo de las fábricas productoras de alimentos para animales

Artículo 36.- Para los efectos de este Reglamento, se entiende por fábrica el establecimiento industrial de alimentos para animales, descubierto o cubierto destinado a la transformación, manipulación o utilización de productos naturales o a la elaboración, manipulación, transformación o utilización de productos artificiales mediante tratamiento físico, químico o biológico, manualmente o por medio de máquinas o instrumentos.

Artículo 37.- La localización y ubicación de las fábricas se regirá por la legislación vigente.

Artículo 38.- Las instalaciones de las fabricas deben tener las siguientes previsiones mínimas, de acuerdo con las prácticas de buena manufactura de los alimentos:

a) Construcción adecuada para minimizar el ingreso de roedores, aves, insectos y oras plagas.

b) Espacio suficiente para el recibo, muestreo, almacenamiento y control de ingredientes o materias primas.

c) Control de polvo, control de temperatura en cuartos donde se almacenan premezclas y medicamentos, todo ello para mantener la pureza, calidad y potencia de los productos.

Artículo 39.- Para lograr una buena manufactura de los alimentos se recomiendan las siguientes previsiones mínimas para el equipo:

a) Debe mantenerse limpio y ordenado

b) Deber ser adecuado para su propósito

c) No debe tener superficies que afecten los componentes de los alimentos

d) Deben ser razonablemente fáciles de ajustar, limpiar y mantener.

CAPÍTULO XX
De las medidas especiales

Artículo 40.- Se declaran medidas especiales, para los efectos señalados por la Ley Nº6883 la retención, el retiro del comercio o de la circulación, el decomiso la desnaturalización y la destrucción de alimentos.

Artículo 41.- La retención consiste, en mantener bajo prohibición de traslado, uso o consumo, en condiciones de seguridad y bajo sellos de la autoridad del Ministerio, alimentos para animales y materias primas de dudosa naturaleza o condición de los cuales haya antecedentes para estimar su uso o consumo nocivos o peligrosos para la salud animal en tanto se realizan las pruebas correspondientes, para determinar su naturaleza o condición. Cuando se trate de análisis proximales, éstos deberán realizarse en un plazo no mayor de quince días, salvo que la naturaleza del análisis exija un plazo mayor.

Artículo 42.- El decomiso consiste, en la pérdida que experimenta el dueño en favor del Estado de los alimentos o materias primas que han sido causa o instrumento de una infracción reglamentaria o que sean nocivos o peligrosos para la salud animal y/o humana. Las autoridades del Ministerio procederán, al decomiso de los alimentos ostensiblemente deteriorados, adulterados o falsificados.

Artículo 43.- El decomiso podrá ir seguido de la desnaturalización o destrucción de los alimentos para animales, según corresponda, de acuerdo con la naturaleza y gravedad de la infracción o del peligro que esos alimentos entrañen para la salud animal y/o humana. La desnaturalización procederá, sólo cuando sometido los alimentos al proceso que las autoridades del Ministerio determinen y realizado éste, por cuenta del propietario y bajo la vigilancia de la autoridad, puedan destinarse a un uso diferente del original sin que haya peligro alguno para la salud de los animales y/o personas a raíz de incumplimiento de la ley.

Artículo 44.- Cuando se trate de errores de formulación de los alimentos, las autoridades del Ministerio podrán permitir a los interesados proceder a la reformulación del alimento con el objeto de que se ajusten a la garantía estipulada en la etiqueta.

Artículo 45.- Si los alimentos decomisados fueren útiles serán entregados a las granjas del Estado o de las universidades, previa las formalidades del caso.

Artículo 46.- El retiro del comercio o de la circulación, de alimentos consiste en el retiro oportuno y completo que el dueño, administrador o representante legal de la empresa deberá hacer del total de las partidas de alimentos para animales o de alguna parte de éstas, si fueren identificables, cuando se haya comprobado que no reúnen los requisitos reglamentarios requeridos para circular en el comercio, o que su uso o consumo constituyen peligro para la salud animal y/o humana.

Artículo 47.- Este decreto deroga el No. 16482- MAG del 05 de agosto de 1985.

Artículo 48.- Rige a partir de su publicación.

Dado en la Presidencia de la República. -San José, a los dieciséis días del mes de diciembre de mil novecientos ochenta y cinco. LUIS ALBERTO MONGE. El Ministro de Agricultura y Ganadería, RODOLFO NAVAS ALVARADO.

REGLAMENTO PARA LA IMPORTACIÓN DE INSUMOS AGROPECUARIOS Y ALIMENTOS PARA ANIMALES PREVIAMENTE REGISTRADOS (*)

(*) Es aplicable tanto a los alimentos de origen animal, como a los de origen vegetal.

Decreto Ejecutivo Nº 28852-MAG

(Publicado en La Gaceta N° 161 de 23 de agosto de 2000)

EL PRESIDENTE DE LA REPÚBLICA
Y EL MINISTRO DE AGRICULTURA Y GANADERÍA

En uso de las potestades conferidas por el artículo 140 incisos 3) y 18) de la Constitución Política, la Ley Nº 6227 del 2 de mayo de 1978, Ley General de Administración Pública, la Ley Nº 1698 del 26 de noviembre de 1953, la Ley Nº 5292 del 9 de agosto de 1973, la Ley Nº 7472 del 20 de diciembre de 1994, Ley de Promoción de la Competencia y Defensa Efectiva del Consumidor, la ley Nº 7664 del 8 de abril de 1997, Ley de Protección Fitosanitaria; la Ley Nº 7060 del 31 de marzo de 1987, Ley de Creación del Programa Ganadero y de Sanidad Animal (PROGASA), la Ley Nº 6243 del 2 de mayo de 1978, Ley de Salud Animal y sus reformas, la Ley Nº 6883 del 25 de agosto de 1983, Ley para el Control de la Elaboración y Expendio de Alimentos para Animales.

Considerando:

1º—Que es deber del Estado proteger la salud humana y el medio ambiente.

2º—Que la responsabilidad del Estado, es velar porque la actividad agropecuaria no se vea afectada por las plagas y porque el uso de insumos agropecuarios y alimentos para animales, no afecte la salud de las personas que los consumen ni el medio ambiente.

3º—Que para el sector agropecuario es importante la reducción de costos de los insumos agropecuarios y de los alimentos para animales.

4º—Que la función del Ministerio de Agricultura es velar por el interés público en la materia que legalmente le compete. Por tanto,

Decretan:

REGLAMENTO PARA LA IMPORTACIÓN DE INSUMOS AGROPECUARIOS Y ALIMENTOS PARA ANIMALES PREVIAMENTE REGISTRADOS

Artículo 1º—Toda persona natural o jurídica podrá importar plaguicidas y fertilizantes sean productos técnicos, coadyuvantes o sustancias afines para uso en la agricultura; medicamentos veterinarios; alimentos para animales y materias primas para la elaboración de alimentos para animales; cuando cumpla con las siguientes condiciones:

a) Que la persona que va a importar esté debidamente inscrita en el Registro de Importadores No Registrantes del Ministerio de Agricultura y Ganadería, según los requisitos señalados en este Reglamento.

b) Que el producto a importar se encuentre previamente inscrito, por él mismo u otra persona, en el registro correspondiente en el Ministerio de Agricultura y Ganadería.

Artículo 2º—Créase el Registro de Importadores No Registrantes en los Departamentos respectivos del Ministerio de Agricultura y Ganadería que tienen a su cargo el registro de insumos agropecuarios o alimentos para animales.

Artículo 3º—Para inscribirse ante el Ministerio de Agricultura y Ganadería como importador no registrante, el interesado deberá presentar el formulario incorporado en el Anexo del presente Decreto. Esta solicitud podrá presentarse, directamente a los Departamentos del Ministerio, o ante la Ventanilla Única de PROCOMER para ser distribuida a los Departamentos respectivos del Ministerio de Agricultura y Ganadería.

La vigencia de dicha inscripción será por tiempo indefinido salvo que el importador solicite su cancelación.

Cualquier cambio en la información aportada por el importador para este registro deberá ser comunicado de inmediato al Ministerio de Agricultura y Ganadería.

Artículo 4º—La inscripción de insumos agropecuarios y de alimentos para animales en los respectivos Registros del Ministerio, tiene por objetivo que el Estado y los administrados, tengan conocimiento del producto a introducir o utilizar en la producción agropecuaria nacional, con el fin de determinar –mediante estudios técnicos- y así garantizar su eficacia e inocuidad para la salud humana y animal y el ambiente; pero en ningún modo pretende crear derechos exclusivos de importación, comercialización, uso u otros a favor de las personas registrantes.

Artículo 5º—La información técnica y científica suministrada por el registrante para efectos de registro en el Ministerio, se mantendrá en forma confidencial y protegida por los funcionarios del Ministerio, conforme a los artículos 8º y 9º de la Ley de Información No Divulgada, Nº 7975 del 4 de enero del 2000 y publicada en *La Gaceta* Nº 22 del 1º de febrero del 2000. Tendrán carácter público el nombre del producto, número de registro, titular del registro y toda la información incluida en la etiqueta.

Artículo 6º—Para importar un producto registrado previamente por un tercero, el producto a importar debe ser idéntico al registrado en lo referente a las siguientes características: marca comercial, casa fabricante, país de origen, ingrediente activo, concentración, formulación, ingredientes inertes, nivel de impurezas.

El Ministerio de Agricultura realizará los controles de calidad para determinar la identidad e integridad del producto a importar.

Artículo 7º—El importador no registrante deberá cumplir con todas las normas legales y reglamentarias vigentes en materia de transporte, almacenamiento, etiquetado, distribución y uso.

Artículo 8º—Sin perjuicio de lo establecido en el presente Reglamento, toda persona natural o jurídica que cumpla con los requisitos y procedimientos establecidos en los decretos que regulan los registros respectivos, podrá registrar directamente los productos.

Artículo 9º—Se derogan los artículos 29 y 33 del decreto ejecutivo Nº 24337-MAG-S del 27 de abril de 1995 "Reglamento sobre el Registro, Uso y Control de Plaguicidas Agrícolas y Coadyuvantes".

Anexo

MINISTERIO DE AGRICULTURA Y GANADERÍA

DIRECCIÓN DE PROTECCIÓN FITOSANITARIA

Y DIRECCIÓN DE SALUD ANIMAL

FORMULARIO PARA LA INSCRIPCIÓN DE IMPORTADORES PERSONAS FÍSICAS O JURÍDICAS

I. DATOS DE IDENTIFICACIÓN DEL IMPORTADOR

Nombre o razón social de la empresa:

Número de cédula de identidad o cédula jurídica:

Domicilio exacto de la persona física u oficinas de la empresa:

Números de teléfono:

Número de facsímil:

Apartado postal:

Dirección de correo Electrónico:

Señalamiento de lugar o medio para atender notificaciones:

¿Es registrante de productos? (marcar con "x") SI / NO

Detalle la actividad a la que se dedica, relacionada con plaguicidas/ fertilizantes/ medicamentos veterinarios/ alimentos para animales o materia prima para su elaboración:

Uso (s) para el (los) cual (es) dedicará sus importaciones:

II. DATOS DEL REPRESENTANTE LEGAL O ADMINISTRADOR DE LA EMPRESA

Nombre completo:

Número de cédula de identidad o documento de identidad (pasaporte, cédula de residencia, otro):

Domicilio exacto:

Ocupación o profesión Estado civil

Números de teléfono:

Número de facsímil:

Apartado postal:

Dirección de correo Electrónico:

III. DATOS DE IDENTIFICACIÓN DEL ASESOR TÉCNICO

Nombre completo:

Número de cédula de identidad o documento de identidad (pasaporte, cédula de residencia, otro):

Domicilio exacto:

Ocupación o profesión Estado civil

Número de identificación del Colegio Profesional:

Números de teléfono:

Número de facsímil:

Apartado postal:

Dirección de correo Electrónico:

IV. PERSONAS AUTORIZADAS

Son personas autorizadas para firmar documentos y/o apoderados especiales de la compañía, los siguientes:

Nombre:

Número de Cédula:

Firma:

Autenticación:

Nombre:

Número de Cédula:

Firma:

Autenticación:

DECLARACIÓN BAJO FE DE JURAMENTO

Yo: ______________________________, en mí carácter de representante legal de la empresa: ______________________________ DECLARO BAJO LA FE DE JURAMENTO que toda la información que he suministrado aquí es veraz y actualizada; siendo apercibido de las consecuencias legales con que la legislación penal castiga los delitos de perjurio y falso testimonio. ES TODO. Firmo en ____________________ a las ________ horas del día _____ del mes de __________ del año 200___.

FIRMA: ____________________

Instrucciones

1. Si se trata de personas jurídicas se debe adjuntar:

a) certificación de personería notarial o registral con antigüedad no mayor de 3 meses.

b) Copia certificada o simple junto con su original para confrontación.

2. Si es persona física se debe adjuntar copia de la cédula de identidad, certificada o simple junto con su original para confrontación.

3. Si se autoriza a personas para firmar documentos, debe:

a) Presentar la sección respectiva con las firmas autenticadas, salvo que quien es autorizado para firmar realice la gestión personalmente y firme frente al funcionario de ventanilla mostrando su cédula de identidad.

b) Si se trata de apoderados especiales, adjuntar certificación del poder especial que ostentan o copia simple con su original para confrontación.

4. Si el trámite es realizado personalmente, se prescinde de la autenticación de la firma de quienes se presenten.

Artículo 10.—Rige a partir de su publicación.

Dado en la Presidencia de la República.—San José, a los doce días del mes de agosto del dos mil.- MIGUEL ÁNGEL RODRÍGUEZ ECHEVERRÍA.—El Ministro de Agricultura y Ganadería, Alberto Dent Zeledón.—

Sección II. Medicamentos veterinarios

REGLAMENTO DE REGISTRO Y CONTROL DE MEDICAMENTOS VETERINARIOS

Decreto Ejecutivo Nº 28861-MAG

(Publicado en La Gaceta N° 161 de 23 de agosto de 2000)

EL PRESIDENTE DE LA REPÚBLICA
Y EL MINISTRO DE AGRICULTURA Y GANADERÍA

En uso de las facultades conferidas por el artículo 140, incisos 3) y 18) de la Constitución Política, la Ley Nº 6243 del 2 de mayo de 1978, Ley de Salud Animal, la Ley Nº 7060 del 31 de marzo de 1987, Ley de Creación del Programa Ganadero y de Sanidad Animal (PROGASA) y la Ley Nº 5395 del 30 de octubre de 1973, Ley General de Salud.

Considerando:

1º—Que es obligación del Estado promover y mantener estándares adecuados en el medio ambiente y en especial en la salud de población y que por tanto es necesario coordinar las acciones en materia de Salud Pública, también desde el punto de vista de la salud animal, la cual incide directamente en la salud humana.

2º—Que es obligación fundamental del Ministerio de Agricultura y Ganadería el fomentar la producción pecuaria, proteger el hato nacional y dictar las medidas requeridas para ello, todo de conformidad con lo establecido en la Ley N° 7060, del 31 de marzo de 1987, publicada en el Alcance Nº 10 a *La Gaceta* Nº 65 del 3 de abril de 1987, Ley PROGASA.

3º—Que dentro de los objetivos y funciones de la Dirección de Salud Animal está el establecer las medidas necesarias relativas al registro, importación, desalmacenaje, producción, control de calidad, almacenamiento, transporte, venta y correcta utilización de los medicamentos de uso veterinario.

4º—Que la presencia de residuos y metabolitos indeseables de los medicamentos veterinarios en los alimentos de origen animal que ingresan a la cadena alimenticia del hombre, representan un riesgo potencial para la salud pública, el medio ambiente y para las exportaciones nacionales de esos alimentos.

5º—Que el uso de los medicamentos veterinarios debe estar en concordancia con las políticas epizootiológicas dictadas por la Dirección de Salud Animal.

6º—Que es necesario modernizar y adecuar la normativa que regula a los medicamentos veterinarios a las necesidades actuales de la sociedad costarricense, el comercio internacional y a los compromisos que ha adquirido el país en esta materia. **Por tanto,**

Decretan:

El siguiente:

REGLAMENTO DE REGISTRO Y CONTROL DE MEDICAMENTOS VETERINARIOS

CAPÍTULO I.
Disposiciones Generales

Sección I.
Objeto y Definiciones

Artículo 1º—Objeto y Ámbito de Aplicación: Este Reglamento tiene por objeto regular el registro, etiquetado y control de los medicamentos veterinarios así como las entidades involucradas en dichos procedimientos.

Estos registros no otorgan, respecto de terceros, derecho alguno sobre la propiedad comercial de los productos, ni confieren ningún derecho preferente, exclusivo, absoluto u oponible en cuanto a la importación, exportación, fabricación, formulación, empaque, envase, venta o uso de estas sustancias y materiales que busca proteger. Por lo tanto, toda persona que cumpla con los procedimientos y requisitos establecidos podrá obtener el registro del producto.

Artículo 2º—Definiciones. Para los efectos de este Reglamento, se establecen las siguientes definiciones:

Biológico Veterinario: Todo material preparado a partir de microorganismos, componentes de los seres vivos, sustancias naturales o sintéticas con características semejantes a las derivadas de los seres vivos, utilizadas para el diagnóstico, prevención y tratamiento de las enfermedades de los animales.

Botiquín Veterinario: Establecimiento inscrito en el Colegio de Médicos Veterinarios y destinado, en forma restringida, únicamente al suministro de medicamentos veterinarios del grupo 4 del presente Reglamento.

Certificado de Análisis: Documento emitido por el laboratorio fabricante o por un laboratorio acreditado que certifica los resultados obtenidos del análisis de calidad de un medicamento veterinario.

Certificado de Origen: Documento que certifica el origen de un medicamento veterinario importado de un país pero fabricado en otro.

Colegio: Colegio de Médicos Veterinarios de Costa Rica.

Comisión: Comisión Nacional de Medicamentos Veterinarios.

Constatación de calidad: Conjunto de acciones que verifican la identidad, eficacia, inocuidad y pureza de los medicamentos veterinarios.

Decomiso: Pérdida de la propiedad de medicamentos veterinarios que sufre el propietario en favor del Estado, por haber sido causa o instrumento de infracción.

Departamento: Departamento de Registro y Control de Medicamentos Veterinarios del Ministerio de Agricultura y Ganadería.

Desalmacenaje: Acto mediante el cual se nacionaliza y retira de Aduanas cualquier tipo de medicamento veterinario o las materias primas para su fabricación, cumpliendo con todas las disposiciones legales correspondientes de la Dirección General de Aduanas, el Departamento de Medicamentos Veterinarios y el Departamento de Cuarentena Animal del MAG.

Dirección: Dirección de Salud y Producción Pecuaria del MAG.

Director: Director de la Dirección de Salud y Producción Pecuaria del MAG.

Droguería veterinaria: Establecimiento que legalmente inscrito ante el Colegio de Médicos Veterinarios, el Colegio de Farmacéuticos, el Ministerio de Salud y el Ministerio de

Agricultura, opera en el registro de laboratorios fabricantes y medicamentos, además de la importación, depósito, distribución y venta al por mayor de medicamentos, quedando prohibido realizar en éstos el suministro directo de medicamentos y la preparación de recetas.

Establecimientos Farmacéuticos Veterinarios: Son todos aquellos lugares en que, personas físicas o jurídicas, se dediquen a la fabricación, importación, depósito, distribución y venta al por mayor o al detalle de medicamentos veterinarios, con las restricciones que así fije la ley. Así se consideran establecimientos de este tipo las farmacias, botiquines, droguerías, laboratorios farmacéuticos y fábricas farmacéuticas.

Farmacia veterinaria: Establecimiento legalmente inscrito ante el Colegio de Médicos Veterinarios, Colegio Farmacéutico, el Ministerio de Salud y que se dedica al expendio y suministro directo al público de medicamentos.

Laboratorio Farmacéutico Veterinario o Fábrica Farmacéutica Veterinaria: Aquel que se dedica a la manipulación o elaboración de medicamentos veterinarios, de materias primas cuyo destino exclusivo sea la elaboración o preparación de los mismos y a la manipulación o elaboración de cosméticos veterinarios.

Laboratorio oficial: Laboratorio Nacional de los Servicios Veterinarios (LANASEVE), de la Dirección de Salud y Producción Pecuaria, MAG, que realiza los análisis de constatación de calidad de los medicamentos veterinarios.

Laboratorio acreditado: Laboratorio público o privado reconocido por resolución técnica razonada de la Dirección, para realizar análisis de constatación de calidad a los medicamentos veterinarios. Para los efectos de este Reglamento, sus resultados serán reconocidos por el Ministerio.

Laboratorio fraccionador: Es el que se encarga de reempacar o eenvasar un medicamento veterinario terminado, excepto biológicos e inyectables.

Límite máximo de residuos: Cantidad máxima de residuos de medicamentos veterinarios o sus metabolitos, cuya presencia en alimentos para consumo humano o animal sea oficialmente aceptado por el Ministerio.

Medicamento Deteriorado: Aquel que por cualquier causa ha perdido o disminuido su seguridad, potencia o pureza. Se presume de pleno derecho el deterioro en aquellos medicamentos que se comercien, distribuyan o suministren, vencido el plazo de duración que señala su envase o envoltura o se almacenen en condiciones técnicas no recomendadas.

Medicamento Adulterado: Aquel que:

a) Se venda bajo designación aceptada por la farmacopea oficial, y no corresponda a su definición o identidad ni satisfaga las características que la farmacopea le atribuye en cuanto a sus cualidades.

b) Se venda bajo denominación no incluida en la farmacopea oficial y no corresponda en identidad, pureza, potencia y seguridad al nombre y a las calidades con que se anuncie en su rotulación o en la propaganda.

c) El que se presente en envases o envolturas no permitidas reglamentariamente por estimarse que pueden adicionar sustancias peligrosas al medicamento o que pueden reaccionar con éste de manera que alteren sus propiedades.

d) El que contenga colorantes u otros aditivos estimados técnicamente peligrosos para ser agregados a este tipo particular de medicamento.

e) El que haya sido elaborado, manipulado o almacenado en establecimientos no autorizados o en condiciones antirreglamentarias.

Medicamento Falsificado: Se considera como tal el que se venda en un envase o envoltura original, similar o bajo nombre que no le corresponde; cuando en su rotulación o etiqueta no se incluya el contenido obligatorio reglamentario; cuando su rotulación, o la información que lo acompaña, contenga menciones falsas, ambiguas o engañosas respecto de su identidad, composición, cualidades, indicaciones, seguridad e información declarada para su registro. También se incluyen los medicamentos que se comercialicen con orígenes no registrados.

Medicamento genérico: Medicamento veterinario de fórmula simple o compuesta, presentado con nombre de fórmula o técnico general, reconocido por las farmacopeas oficiales u obras técnicas de reconocida autoridad. Este puede ser simple o puede ser una fórmula constituida por dos o más medicamentos de nombre genérico.

Medicamento con nombre o marca comercial: Medicamento que se expende con un nombre comercial o marca distintiva.

Medicamento veterinario: Toda sustancia o producto naturales, sintéticos o semisintéticos y toda mezcla de esas sustancias o productos que se utilicen para el diagnóstico, prevención, tratamiento y alivio de las enfermedades o estados físicos anormales, o de los síntomas de los mismos y para el restablecimiento o modificación de funciones orgánicas en los animales, se incluyen los cosméticos. Quedan incluidas en esta definición todos los aditivos con propiedades farmacológicas como anticoccidios, antibióticos y promotores de crecimiento, usados en los alimentos para animales así como los plaguicidas y productos tipo cosméticos de uso veterinario y los alimentos medicados para comercializar en concentraciones terapéuticas.

No se consideran medicamentos veterinarios las sustancias referidas en el párrafo anterior, cuando se utilizaren para análisis químico y químico-clínicos, o cuando sean usadas como materia prima en procesos industriales, según lo establece el artículo 104 de la Ley General de Salud.

Medicamento veterinario de uso restringido: Medicamento veterinario que por sus características especiales de uso, representa un riesgo potencial mayor para la Salud Pública o Salud Animal y debe prescribirse y venderse únicamente bajo recetario veterinario expedido y controlado por el Colegio de Médicos Veterinarios o por el Ministerio de Salud según corresponda (pertenecientes al grupo 1 y 2 de la clasificación).

Muestra física: Muestra del medicamento veterinario tal y como será vendida al público.

Ministerio: Ministerio de Agricultura y Ganadería (MAG).

Ministro: Ministro de Agricultura y Ganadería.

O.I.E.: Organismo Internacional de Epizootias.

Período de retiro: Intervalo de tiempo transcurrido entre la última administración de un medicamento veterinario a un animal, en condiciones normales de uso y el momento de sacrificio de ese animal para el consumo humano o el período durante el cual deben descartarse leche, huevos y miel, requerido para que los residuos y metabolitos del medicamento veterinario alcancen los niveles de inocuidad aceptados internacionalmente.

Plaguicida: Cualquier agente biológico, sustancia química o biológica, de uso veterinario, destinado a combatir, controlar, prevenir, atenuar, repeler o regular la acción de plagas que afecten a los animales.

Premezcla medicamentosa: Medicamento veterinario en forma de preparación destinada a administrarse a través del alimento de los animales.

Reactivos para Diagnóstico: Material compuesto de antígenos, anticuerpos, ingredientes químicos, o medios de cultivo para el diagnóstico de enfermedades en los animales, que no representan riesgos para la salud pública.

Receta Médico Veterinaria controlada: Formulario para la prescripción de un medicamento veterinario del Grupo 2.

Registrante: Persona debidamente identificada ante el Departamento que solicita el registro de un medicamento veterinario, laboratorio veterinario o droguería veterinaria en el Ministerio.

Registro: Procedimiento mediante el cual un laboratorio veterinario, droguería veterinaria o medicamento veterinario es inscrito y autorizado por el Ministerio para la fabricación, importación, distribución, venta o uso, conforme a lo que establece el presente Reglamento.

Reglamento: El presente Reglamento de Registro y Control de Medicamentos Veterinarios.

Retención: Impedimento o prohibición temporal de venta o uso, de medicamentos veterinarios, ya sea bajo sello de seguridad en el establecimiento o traslado al Ministerio, cuando haya prueba justificada de incumplimiento a lo dispuesto por la Ley Nº 6243, el presente Reglamento u otras disposiciones legales que rigen la materia.

(Modificado por el artículo 1° del Decreto Ejecutivo Nº 29762 de 26 de julio de 2001)

Sección II.
Organización del Departamento de Medicamentos Veterinarios

Artículo 3º—Creación del Departamento: Créase el Departamento Registro y Control de Medicamentos Veterinarios como una dependencia más de la Dirección, encargada de la aplicación de los procedimientos administrativos y las medidas de verificación y control de las importaciones y exportaciones de los medicamentos veterinarios.

Artículo 4º—Dirección del Departamento: El Departamento estará dirigido por un Jefe del Departamento a quien corresponderá la dirección técnica y administrativa del Departamento.

Quien ostente dicho cargo deberá ser Médico Veterinario incorporado al Colegio Profesional respectivo y acreditar que cumple con los requisitos de idoneidad y carrera administrativa que establezca el Director de Salud Animal.

Artículo 5º—Funciones del Departamento: Serán funciones del Departamento además:

a) Aprobar o rechazar razonadamente las solicitudes de registro, renovación o modificación de registro de medicamentos veterinarios que presenten los registrantes.

b) Aprobar o rechazar las solicitudes de registro y renovación de Laboratorios fabricantes, Droguerías veterinarias y botiquines veterinarios que se presenten por los interesados.

c) Emitir certificaciones, constancias y autorizaciones sobre registro de medicamentos y gestiones conexas.

d) Realizar inspecciones a los establecimientos farmacéuticos veterinarios aquí definidos, así como a los medios de transporte de los mismos para velar por el cumplimiento de las disposiciones contempladas en este Reglamento.

e) Realizar las retenciones y decomisos de los medicamentos veterinarios que incumplan con lo establecido en el presente Reglamento. En caso necesario, el inspector podrá solicitar el auxilio de la Fuerza Pública.

f) Realizar, en coordinación con el personal técnico de la Dirección, las acciones legales procedentes en los medicamentos veterinarios que incumplan lo establecido en el presente Reglamento, conforme lo dispone la Ley de Salud Animal.

g) Controlar en coordinación con la Dirección, la producción nacional y calidad de los medicamentos veterinarios del grupo dos y biológicos veterinarios, mediante las normas de control de calidad que oficialice el Ministerio.

h) Aplicar los mecanismos de verificación y control del manejo, prescripción, venta y uso de los medicamentos veterinarios de uso restringido, que hayan sido adoptados por el Ministerio.

i) Extender las autorizaciones para el desalmacenaje o exportación de medicamentos veterinarios.

j) Autorizar el reenvase o reempaque de los medicamentos veterinarios.

k) Determinar el importe de la tasa de registro que por Ley está autorizado a cobrar.

l) Organizar e impartir cursos de capacitación al personal de Droguerías y Farmacias veterinarias con el fin de mejorar la manipulación de los medicamentos veterinarios y la información técnica que dichos establecimientos transmiten al usuario.

m) Solicitar informes técnicos a la Comisión sobre aquellos asuntos que considere ameritan el dictamen facultativo no vinculante de la Comisión.

n) Dar publicidad oportuna a los cambios que se establezcan en la clasificación de medicamentos veterinarios, así como inclusiones de nuevos principios activos.

o) Las demás que el presente Reglamento y la legislación le asignen.

Artículo 6º—Presupuesto del Departamento: Los fondos recaudados en virtud de la tasa de registro, así como aquellos generados por la venta de servicios que realice el Departamento serán ingresados en los fondos separados que maneja la Dirección de Salud Animal del Ministerio.

Sección III.
De la Comisión Nacional de Medicamentos Veterinarios

Artículo 7º—Funciones de la Comisión Nacional de Medicamentos Veterinarios: El Departamento contará con un órgano asesor denominado Comisión Nacional de Medicamentos Veterinarios, que fungirá como órgano consultivo del Departamento, pero sus dictámenes no le serán vinculantes. En ejercicio de su función consultiva la Comisión se encargará de:

a) Revisar periódicamente las listas de medicamentos veterinarios de los diferentes grupos, y recomendar con carácter no vinculante, las nuevas inclusiones o exclusiones para cada grupo, sustentando su recomendación científicamente.

b) Recomendar al Departamento con carácter no vinculante, las normas de control de calidad, niveles de tolerancia de residuos, períodos de retiro y de descarte para cada medicamento veterinario particular.

c) Asesorar al Departamento sobre los asuntos técnicos y científicos que éste solicite.

d) Recomendar al Departamento con carácter no vinculante, los cambios y adecuaciones que requiera el presente Reglamento para ajustarse a la evolución técnica y científica que se produzca en el ámbito de los medicamentos veterinarios.

Artículo 8º—Integración de la Comisión: La Comisión estará integrada por los siguientes miembros, que ejercerán sus cargos de forma ad honórem.

a) El Director de la Dirección de Salud Animal o su representante, quién presidirá la Comisión.

b) Un representante del Laboratorio Nacional de Servicios Veterinarios (LANASEVE).

c) Un representante de la Cámara de Insumos Agropecuarios.

d) El Jefe del Departamento, quién será el Secretario de la Comisión.

e) Un representante del Colegio de Médicos Veterinarios.

Cada representante contará con su respectivo suplente, el cual podrá asistir a las sesiones, aún si el titular está presente. En estos casos tendrá voz sin voto.

Artículo 9º—Requisitos para la designación en la Comisión: Para ser designado como miembro de la Comisión, se debe cumplir con lo siguiente:

a) Tener conocimientos técnicos, académicos y prácticos en materia de medicamentos veterinarios.

b) Carecer de vínculo de parentesco por afinidad o consanguinidad hasta el tercer grado inclusive; vínculo laboral, profesional, de amistad íntima o enemistad, con personas físicas que directamente o mediante entidades jurídicas se dediquen o funjan con importadores, fabricantes o distribuidores de medicamentos, que se encuentren ejerciendo dicho giro al momento de su nominación. Esta restricción no operará en relación con el representante de la Cámara de Insumos Agropecuarios. Los nombramientos deberán constar en un comunicado de la Dirección de Salud Animal.

c) Ser profesional en Medicina Veterinaria.

Artículo 10.—Duración del nombramiento: Los miembros de la Comisión ocuparán sus puestos por un período de cuatro años, pudiendo ser reelectos, excepto el representante de la Cámara de Insumos Agropecuarios, quienes ocuparán el puesto por un año y no podrán ser reelectos para períodos consecutivos.

Artículo 11.—Designación de nuevos representantes: El Jefe del Departamento, tres meses antes de cumplirse el período de nombramiento de los miembros indicados en el Artículo anterior, enviará de oficio la comunicación a sus respectivas instituciones para que procedan a la designación del nuevo representante para el siguiente período.

Artículo 12.—Funciones del Presidente: Serán funciones del Presidente, presidir las sesiones ordinarias, y dirimir con doble voto los empates que se presenten en las votaciones; asimismo deberá convocar a sesiones extraordinarias cuando así lo soliciten tres miembros de la Comisión o su Secretario.

Artículo 13.—Funciones del Secretario: Serán funciones del Secretario, convocar a las sesiones ordinarias y redactar las actas, que serán firmadas por los miembros de la Comisión que estuvieren presentes.

Artículo 14.—Elección de recinto y horario de sesiones: Cada año, en la primera sesión de la Comisión, sus miembros elegirán un Vicepresidente y designarán el recinto de sesiones y el horario para sesionar. Serán funciones del Vicepresidente sustituir al Presidente en ausencia de éste.

Artículo 15.—Adopción de acuerdos y declaración de firmeza: Todos los acuerdos de la Comisión deberán ser adoptados por mayoría simple de los miembros presentes y adquirirán firmeza en la siguiente sesión, salvo aquellos acuerdos adoptados por unanimidad de votos los cuales adquieren firmeza de inmediato.

Artículo 16.—Convocatoria a sesiones: La Comisión sesionará en forma ordinaria, en lugar y hora prefijados, una vez por mes y extraordinariamente cuando así sea convocada. El quórum para sesionar estará compuesto por cuatro de sus miembros. En caso de no poder asistir, el miembro que se ausentare deberá comunicarlo al Secretario con al menos 48 horas de antelación y éste convocará entonces al suplente respectivo.

CAPÍTULO II.
De los Medicamentos Veterinarios y su Registro

Sección I.
Clasificación de Medicamentos Veterinarios para efectos de su Registro

Artículo 17.—Para los efectos de este Reglamento, se establece la siguiente clasificación de los Medicamentos Veterinarios, la cual podrá ser modificada por el Departamento a solicitud de su respectivo Jefe, quien recomendará las modificaciones necesarias a la clasificación:

Grupo 1: Medicamentos de uso restringido y sometidos a la fiscalización internacional según lo establece la Ley General de Salud e indicados en la lista emitida por la Junta Internacional de Fiscalización de Estupefacientes y Psicotrópicos y de venta exclusiva en droguerías y farmacias veterinarias.

1. Analgésicos narcóticos.

2. Leptoanalgésicos.

Grupo 2: Medicamentos de uso restringido y de venta exclusiva mediante receta Médico Veterinaria controlada en droguerías y farmacias veterinarias.

1. Anestésicos generales:

a) Inhalatorios

b) Parenterales

2. Anestésicos locales inyectables.

3. Tranquilizantes mayores y menores.

4. Relajantes musculares y gangliopléjicos.

4. (sic -5-) Autacoides.

6. Prostaglandinas.

7. Hormonas, excepto oxitocina:

a) naturales;

b) sintéticas;

c) semisintéticas.

8. Anabolizantes no implantados.

9. Biológicos (vacunas y reactivos de diagnóstico) que contengan microorganismos vivos y que constituyan riesgo de diseminación de la enfermedad. Esta condición se establecerá de manera individual en el momento del registro, según su análisis de riesgo.

10. Analépticos.

11. Antineoplásicos.

Grupo 3: Medicamentos veterinarios de venta exclusiva en establecimientos farmacéuticos veterinarios:

1. Analgésicos, antipiréticos y antiinflamatorios no esteroideos.

2. Anestésicos locales tópicos.

3. Agentes condroprotectores inyectables.

4. Antianémicos.

5. Antibióticos y otros antibacterianos.

6. Antihistamínicos.

7. Antiinflamatorios esteroideos.

8. Antimicóticos.

9. Antivirales.

10. Antihelmínticos.

11. Antiprotozoarios

12. Biológicos que contengan o no microorganismos vivos y que no constituyan riesgo de diseminación de la enfermedad (vacunas, bacterinas, toxoides, sueros hiperinmunes).

13. Colinérgicos y anticolinérgicos.

14. Diuréticos

15. Ectoparasiticidas.

16. Electrolitos parenterales.

17. Endectocidas.

18. Fármacos del aparato digestivo con efecto sistémico o que contengan ingredientes activos incluidos en el Grupo 3.

19. Fármacos de uso dermatológico, ótico y oftalmológico que contengan ingredientes activos del Grupo 3.

20. Fármacos del sistema nervioso autónomo.

21. Fármacos del tracto respiratorio.

22. Hematínicos.

23. Hemostáticos.

24. Implantes anabolizantes.

25. Inhibidores de crecimiento de ectoparásitos.

26. Jabones, champúes, collares medicados, talcos con insecticidas fosforados cuyos ingredientes activos excedan el 1.5% de concentración.

27. Medicamentos homeopáticos.

28. Reactivos de diagnóstico que contengan microorganismos vivos o muertos y que no constituyan riesgo de diseminación de la enfermedad, los cuales serán de uso exclusivo en laboratorios veterinarios debidamente acreditados.

29. Promotores de crecimiento no hormonales.

30. Soluciones dextrosadas o con aminoácidos parenterales.

31. Vitaminas y minerales de carácter terapéutico.

32. Oxitocina

Grupo 4: Está formado por Medicamentos Veterinarios de libre venta en cualquier local comercial autorizado.

1. Absorbentes.

2. Agentes condoprotectores orales.

3. Antiácidos.

4. Antisépticos y desinfectantes para uso en instalaciones pecuarias.

5. Collares cosméticos medicados.

6. Catárticos.

7. Descornadores.

8. Desodorantes, odorantes y repelentes.

9. Diluentes que no contengan principios activos.

10. Electrolitos y dextrosa orales.

11. Jabones, champúes, talcos, cosméticos medicados con una concentración de 1.5% o menos.

12. Laxantes.

13. Lubricantes obstétricos.

14. Marcadores.

15. Reactivos para diagnóstico que no represente riesgo cuarentenario.

16. Rubefacientes.

17. Ungüentos y cremas tópicas que no contengan principios activos del Grupo 3.

18. Agentes de exclusión competitiva.

Los medicamentos veterinarios del Grupo 1 sólo podrán ser prescritos y vendidos al amparo de las recetas que para ese grupo emite el Ministerio de Salud. Los medicamentos veterinarios del Grupo 2 sólo podrán ser prescritos y vendidos bajo una receta para medicamentos veterinarios de uso controlado.

(Modificado por el artículo 1° del Decreto Ejecutivo N° 29762 de 26 de julio de 2001)

Artículo 18.—El registrante podrá solicitar al Departamento, una reclasificación de un medicamento veterinario a otro Grupo, en virtud de nuevos estudios farmacológicos o por razones intrínsecas del producto. Toda solicitud en ese sentido, deberá ir acompañada de los atestados científicos que apoyen la petición.

Sección II.
De los requisitos y administración del procedimiento de registro de medicamentos veterinarios

Artículo 19.—Tipos de registro por producto. Todo medicamento veterinario que se elabore, manipule, venda, expenda, suministre en establecimientos farmacéuticos dentro del territorio nacional, deberá ser registrado en el Departamento, de conformidad con el presente Reglamento. Existen dos tipos de registro de medicamentos veterinarios que a continuación se detallan:

a) **Registro Uniforme o común de medicamentos veterinarios:** Los medicamentos veterinarios que pertenezcan a los grupos 1, 2 y 3 salvo las excepciones del Grupo 3 sujetas a registro simplificado señaladas en el inciso siguiente, tendrán un procedimiento uniforme de registro, y deberán cumplir con los requisitos dispuestos en el artículo siguiente.

b) **Registro Simplificado:** Los medicamentos veterinarios del grupo 4, así como los siguientes medicamentos pertenecientes al Grupo 3: medicamentos homeopáticos veterinarios que se comercialicen en formulaciones o presentaciones que no impliquen riesgo en relación con el efecto terapéutico esperado; los reactivos de diagnóstico señalados en el inciso 30) del Grupo 3 y los medicamentos señalados en el inciso 28) del Grupo 3; poseerán un procedimiento de registro simplificado y deberán cumplir con los requisitos que al efecto dispone este reglamento.

c) **Exención de registro:** Los medicamentos destinados a servir como muestras para registro y pruebas de campo no requerirán de registro, pero si de permiso de desalmacenaje del departamento de registro.

En caso de medicamentos veterinarios con características idénticas, es decir: marca comercial, casa fabricante, país de origen, ingrediente activo, formulación, concentración, ingredientes inertes y nivel de impurezas, a las de un producto ya registrado por un tercero, el interesado podrá importar dicho producto haciendo uso del número de registro ya asignado. El importador deberá además estar registrado en el Registro de Importadores no registrantes del Ministerio de Agricultura y Ganadería. En todo caso el Ministerio de Agricultura realizará los controles de calidad para determinar la identidad e integridad del producto a importar.

Artículo 20.—Requisitos para el Registro Uniforme: Para registrar medicamentos veterinarios sujetos al registro uniforme según el inciso a) del artículo anterior, el interesado o su representante legalmente acreditado, deberá cumplir lo siguiente:

1- Presentar la información solicitada en el Formulario Armonizado de Registro de Medicamentos Veterinarios (Formulario 1) o el Formulario Armonizado de Registro de Biológicos Veterinarios (Formulario 2), según corresponda y conforme al Decreto Nº 27529-MAG, que a continuación se detallan:

Formulario 1

MINISTERIO DE AGRICULTURA Y GANADERÍA

DIRECCIÓN DE SALUD ANIMAL

DEPARTAMENTO DE REGISTRO Y CONTROL
DE MEDICAMENTOS VETERINARIOS

TEL: (506) 260-8300 FAX: (506) 260-8291

CORREO ELECTRÓNICO protagro@sol.racsa.co.cr

Apdo. Postal. 10094-1000

Solicitud de Inscripción Armonizada

para Productos Farmacológicos Veterinarios

1. Nombre comercial del producto (Marca)

2. Clasificación (Uso Oficial Exclusivo)

3. Establecimiento-Solicitante.

3.1 Nombre

3.2 Domicilio

3.3 Número de registro oficial

3.4 Responsable técnico

3.4.1 Colegiado #

4. Establecimiento Elaborador

4.1 Nombre

4.2 Domicilio

4.3 Número de registro

5. Establecimiento Importador

5.1 Nombre

5.2 Domicilio

5.3 Número de registro oficial

5.4 Responsable técnico

5.4.1 Colegiado #

5.5 Importado desde

5.6 Empresa elaboradora

5.6.1 Domicilio

6. Establecimiento Fraccionador

6.1 Nombre

6.2 Domicilio

6.3 Número de registro

6.4 Responsable técnico

6.4.1 Colegiado #

7. Observaciones: Se indicará y describirá el método empleado en la evaluación cuali-cuantitativa de los componentes de la formulación en el producto terminado. Descripción de pruebas de eficacia biológica y/o farmacológica

8. Forma Farmacéutica y de Presentación. Características del envase, sistema de inviolabilidad y contenido del mismo (Presentaciones).

9. Fórmula Cuali-cuantitativa de Principios Activos y Componentes del Excipiente. Se emplearán las denominaciones comunes recomendadas por los Organismos Internaciones reconocidos cuando existan,, o en su defecto las denominaciones comunes usuales o las denominaciones químicas. Se expresarán los componentes en forma porcentual P/P, VV, VP, PV o en U.I. o U con correspondencias en peso o volumen.

10. Modo de Elaboración del Producto. Describir resumidamente el proceso de fabricación.

A. Para productos en forma de soluciones se indicará el peso específico de las sustancias y para aquellas vehiculizadas en agua también debe indicarse el Ph-final.

B. Para productos constituidos por emulsiones suspensiones, se indicará. La viscosidad y su peso específico.

C. Mencionar los controles de estabilidad que demuestren las condiciones de del plazo de validez declarado.

11. Métodos de control del producto terminado.

11.1 Método biológico

11.2 Método Microbiológico

11.3 Método Químico (presentar los cromatogramas cuando corresponda)

11.4 Método Físico

11.5 Método físico-Químico

12. Indicaciones de Uso

12.1 Principales y/o complementarios

12.2 Para productos antimicrobianos y antiparasitarios especificar los agentes etiológicos susceptibles

12.3 Especies de animales a las que se destina, uso específico en instalaciones, equipos, etc.

13. Vía y forma de Administración o Aplicación: Parenteral, oral, instalaciones, equipos, instrumentales u otras.

14. Preparación del producto para su Correcto Uso. Premezcla, Soluciones, Preemulsiones, Suspensiones- u otras.

15. Duración máxima de Uso Después de Su Reconstitución o Preparación.

16. Dosificación: Indicar la o las cantidades del o de los principios activos expresados en unidades de peso, volumen y/o UI por kg de peso vivo en aplicación preventiva, o curativa para las diferentes especies y edades.

16.1 Indicar la o las dosis del producto en aplicación preventiva; o curativa por peso vivo según especies y edad.

16.2 Intervalo entre dosis

16.3 Duración del tratamiento.

16.4 Márgen (sic) de seguridad

17. Farmacocinética del producto/Biodisponibilidad. Vías de absorción, distribución y eliminación de los principios activos y/o sus metabolitos.

18. Farmacodinámica del producto (Resumen).

19. Efectos Colaterales posibles (Locales y/o Generales) Incompatibilidades y Antagonismos farmacológicos.

19.1 Contraindicaciones de uso (casos en que su administración puede dar lugar efectos nocivos).

19.2 Precauciones que deben adoptarse antes, durante o después de su administración.

20. Intoxicación y sobre dosis en los Animales. Síntomas, conducta dé emergencia y antídotos

21. Intoxicación en el hombre. Se indicará tratamiento y antídoto, datos de centros toxicológicos de referencia en el país.

22. Efectos Biológicos no Deseados

22.1 Se declarará si el o los componentes activos en las condiciones indicadas de uso, no producen efectos adversos como los que a continuación se mencionan, debiéndose aportar, si existiera, la bibliografía científica al respecto

a) Carcinógenos

b) Teratógenos

c) Mutágenos

d) Resistencia en agentes patógenos

e) Discrasias sanguíneas

f) Neurotoxicidad

g) Hipersensibilidad

h) Sobre la reproducción

i) Sobre la flora normal

23. Controles sobre Residuos Medicamentos

23.1 Datos sobre Ingesta Diaria Admisible (IDA) y Límite Máximo de Residuos (LMR) en tejidos (músculo, hígado, riñón, grasa) leche, huevos y miel.

23.2 Tiempo que debe transcurrirse entre el último día del tratamiento y el sacrificio del animal para consumo humano

23.3 Tiempo que debe transcurrirse entre el último día del tratamiento y el Destino de la leche, o huevos, o miel para consumo humano (con o sin manufactura previa)

23.4 Tratándose de asociaciones medicamentos, el tiempo suspensión que se declare corresponderá al del principio activo cuyo período de restricción sea mayor.

24. Precauciones Generales

24.1 Indicar la forma adecuada de almacenamiento, transporte de eliminación de los envases que constituyan un factor de riesgo para la Salud Pública, animal y el medio ambiente.

24.2 Cuando el producto sea para administrarse en raciones o en el agua de bebida deberá indicarse: su estabilidad compatibilidad y/o tiempo de permanencia eficaz en la mezcla o en la solución.

25. Causas que pueden hacer variar la calidad del producto. Precipitaciones, disociaciones, disminución o pérdida de actividad de los principios activos, frío, calor, luz, humedad, comprensión en estibas o depósitos.

26. Conservación Correcta del Producto

27. Vencimiento (Período De Validez)

28. Etiquetas y Folletos Se adjuntarán a la presente los proyectos de impresos y los utilizados en el país fabricante

29. Trabajos Científicos y/o Monografías Se deberán adjuntar los trabajos científicos y/o monogramas relacionados con el producto. En los casos en que el Organismo Competente lo requiera se deberá incluir la traducción del sumarlo y las conclusiones de dichos trabajos en el idioma oficial respectivo.

30. La presente tiene carácter de declaración jurada.

Firma y aclaración del REGENTE VETERINARIO SOLICITANTE	Firma y aclaración del APODERADO DEL ESTABLECIMIENTO

FECHA ____________________________

- #- #-

Formulario 2

MINISTERIO DE AGRICULTURA Y GANADERÍA

DIRECCIÓN DE SALUD ANIMAL

DEPARTAMENTO DE REGISTRO Y CONTROL

DE MEDICAMENTOS VETERINARIOS

TEL: (506) 260-8300 FAX: (506) 260-8291

CORREO ELECTRÓNICO protagro@sol.racsa.co.cr

Apdo. Postal. 10094-1000

Solicitud Armonizada para Inscripción

de Productos Biológicos Veterinarios

1. Nombre comercial del producto (Marca)

2. Clasificación (Uso Oficial Exclusivo)

3. Establecimiento Solicitante.

3.1 Nombre

3.2 Domicilio

3.3 Número de registro oficial

3.4 Responsable técnico

3.4.1 Colegiado #

4. Establecimiento Elaborador.

4.1 Nombre

4.2 Domicilio

4.3 Número de registro oficial

4.4 Colegiado #

5. Establecimiento Importador

5.1 Nombre

5.2 Domicilio

5.3 Número de registro oficial

5.4 Responsable técnico

5.4.1 Colegiado #

5.5 Importado desde

5.6 Empresa elaboradora

5.6.1 Domicilio

6. Establecimiento Fraccionador

6.1 Nombre

6.2 Domicilio

6.3 Número de registro oficial

6.4 Responsable técnico

6.4.l Colegiado #

7. Observaciones

8. Forma Farmacéutica y de Presentación. Características del envase, sistema de inviolabilidad y contenido del mismo(Presentaciones)

9. Definición de Línea Biológica Antígenos vacunales, sueros terapéuticos, reactivos para diagnóstico, biotecnología e ingeniería genética.

10. Fórmula Cuali-cuantitativa – Constitución Biológica y Química. Antígeno: identificación, cantidad/título; sueros: concentración en UI; inactivantes; conservadores; estabilizadores; emulsificantes u otras sustancias.

11. Modo de Elaboración del Biológico. Describir resumidamente el proceso de fabricación y el origen y caracterización de la cepa y el test de control de la cepa amarilla.

12. Controles Sobre el Biológico. Terminado

12.1 Control de calidad y pureza

a) pruebas biológicas (indicación de la cepa)

b) pruebas físico químicas

12.2 Control de inocuidad

a) Tipo de pruebas y especie

12.3 Control de Inactividad o modificación antigénica forma de inactivación

a) Método- de modificación antigénica

12.4 Control de eficacia inmunológica y potencia

a) tipo de método y especies

12.5 Control de Adyuvantes

a) Métodos químicos

b) Métodos físico – químicos

c) Métodos biológicos

13. Especies Animales a las que se destina

14. Dosificación

Indicar la o las cantidades del producto, expresadas en unidades de volumen y/o UI animal o peso vivo (cuando corresponda), en aplicación preventiva y/o curativa o diagnóstico para las diferentes especies, edades, sexo y categorías. También se deberá especificar el intervalo entre dosis.

15. Vía de Administración y Forma de Aplicación parenteral, oral, dérmica, pulverización, escarificación, ocular, nasal u otras.

16. Preparación del Producto para su Uso Correcto de Soluciones, suspensiones u otras.

16.1 Para productos administrativos en el agua de bebida se indicará su estabilidad, compatibilidad y el tiempo de permanencia eficaz en la solución.

16.2 Se indicará el tiempo máximo de utilización después de su preparación o reconstitución

17. Tiempo necesario para Conferir Inmunidad y Duración de la Misma.

18. Efectos Colaterales (Locales y/o Generales) posibles, Incompatibilidades y Antagonismos.

18.1 Contraindicaciones y limitaciones de uso (casos en que su administración puede dar lugar a efectos nocivos).

18.2 Precauciones que deben adaptarse antes, durante o después de su administración.

19. Límite Máximo y Mínimo de Temperatura para su Correcta Conservación.

20. Vencimiento (Tiempo de Validez).

21. Precauciones Generales.

21.1 Forma de conservación adecuada

21.2 Forma método de eliminación de los envases cuando constituyen un factor de riesgo

21.3 Riesgo para la salud pública durante su manipulación.

22. Etiquetas y Folletos

Se adjuntará a la presente los proyectos de impresos y los utilizados en el país fabricante

23. Trabajos Científicos y/o Monografías.

Se deberán adjuntar los trabajos científicos y/o monografías relacionadas con el producto.

En los casos en que el Organismo Competente lo requiera se deberá incluir la traducción del sumario y las conclusiones en el idioma oficial y respectivo

24. La presente Tiene Carácter de Declaración Jurada

25. Firma y aclaración del Regente Veterinario   Firma y aclaración del apoderado del establecimiento solicitante

26. FECHA:__________________

- #- #-

2. Adjuntar certificado de Libre Venta del país de origen, del medicamento cuyo registro solicita. Este documento deberá ser consularizado y poseer una antigüedad de expedición no mayor a 1 año.

3. Certificado de la fórmula empírica o cuali-cuantitativa emitida por el fabricante en nomenclatura internacionalmente aceptada que incluya todos los componentes del producto, incluyendo aquellos del vehículo. Esta fórmula será utilizada únicamente por el Departamento para efectos de control y será mantenida de forma confidencial conforme a los artículos 8º y 9º de la Ley de Información No Divulgada, Nº 7975 del 4 de enero del 2000 y publicada en *La Gaceta* Nº 22 del 1º de febrero del 2000.

4. Original y dos copias del Certificado de análisis del producto realizado por el laboratorio de control de calidad del laboratorio fabricante o del laboratorio oficial, que debe coincidir con el método analítico indicado por el registrante en el Formulario Armonizado de Registro.

5. Una muestra física del producto.

6. Dos copias del proyecto de etiqueta, embalajes e insertos del producto, conforme con los lineamientos establecidos en este reglamento.

7. Comprobante de pago de la tasa de registro del medicamento según monto vigente.

Artículo 21.—Todo medicamento veterinario que se encuentre registrado en la F.D.A. (U. S. Food and Drugs Agency), la E.P.A. (U. S. Environmental Protection Agency) y la APHIS del U.S.D.A. (United States Department of Agriculture) sólo deberá presentar:

1. Constancia de Registro en cualquiera de las anteriores entidades, debidamente consularizada.

2. Una muestra física del producto.

3. Dos copias del proyecto de etiqueta, embalajes e insertos del producto, conforme con los lineamientos establecidos en este reglamento.

4. Método y certificado de análisis.

Esto será aplicable siempre y cuanto el medicamento vaya a ser utilizado en individuos de la misma especie para la que fueron registrados en dichas entidades (F.D.A, E.P.A., APHIS-U.S.D.A.).

(Modificado por el artículo 1° del Decreto Ejecutivo N° 29762 de 26 de julio de 2001)

Artículo 22.—Administración del Registro Unificado: El procedimiento de registro se compondrá de las siguientes etapas:

a) Presentación: Al momento de la entrega de una solicitud de registro de un medicamento veterinario sujeto a este trámite, el Departamento extenderá al solicitante, un recibo en el que se hará constar la fecha y la hora de su presentación, la lista de los documentos aportados y el número de asiento de presentación correspondiente y se anotará en el Libro de Presentaciones

b) Calificación: Una vez recibida la solicitud de registro, el Ministerio, dentro del plazo de los cinco días naturales siguientes, deberá prevenir la presentación de la documentación necesaria que no se hubiera adjuntado a la solicitud, o bien solicitar la realización de análisis o la emisión de criterio por parte de la Comisión, conforme a lo establecido en este reglamento.

Para cumplir con lo prevenido al solicitante, se le concederá un plazo de 15 días hábiles prorrogables a solicitud del interesado, y si se pidiere el criterio de la Comisión, se otorgará un plazo a dicha entidad para que se pronuncie sobre el punto objeto de consulta.

Solamente en caso de que exista probabilidad razonable de los efectos nocivos o no registrados en la farmacopea oficial del medicamento cuyo registro se solicita, por resolución fundada el Departamento podrá:

1. Solicitar estudios adicionales en los laboratorios debidamente acreditados, o ensayos de campo, o ambas. De dichos estudios se determinará si el solicitante debe o no aportar patrones analíticos o cepas de microorganismos para los análisis de constatación de calidad.

2. Solicitar el dictamen no vinculante de la Comisión Nacional de Medicamentos Veterinarios, que deberá ser rendido dentro del plazo que al efecto dispondrá el Departamento.

Se tendrán por definitivamente desistidas:

1. Las solicitudes que se encuentren incompletas, por incumplimiento en tiempo del solicitante, en cuanto la presentación de la documentación omitida en su momento y que le fuera debidamente prevenida por el Departamento.

2. Las solicitudes a las que hubieran cumplido con prevenciones fuera de tiempo sin que exista causal de justificación,

3. Las solicitudes que hubieran sido abandonadas por 6 meses, por causa imputable al solicitante del registro.

c) Decisión: Cumplidas las etapas anteriores, y dentro de los diez días naturales siguientes a la fecha en que se haya tenido por completa la solicitud, el Departamento dictará una resolución sobre la admisibilidad de la inscripción del medicamento.

Nota del Compilador: La Procuraduría General de la República, en su Dictamen N° C-229-2000 de 22 de setiembre de 2000, concluyó lo siguiente:
"**Conclusiones**. En conclusión, y con base en lo dicho, este órgano asesor considera lo siguiente:
(...)
2. En relación con el registro de medicamentos de uso veterinario, no se aplica el plazo contemplado en el numeral 22, inciso c) del Decreto N° 28861-MAG de 12 de agosto de 2000, sino el establecido en el artículo 3, párrafo tercero de la Ley de Promoción de la Competencia y Defensa Efectiva del Consumidor, N° 7472 del 20 de diciembre de 1994, plazo que se cuenta una vez transcurridos los cinco días naturales que tiene la Administración para calificar la solicitud y el administrado haya cumplido con todos los requisitos legales exigidos y las prevenciones hechas. También en relación con este mismo

decreto, es de aplicación el plazo de cinco días naturales establecidos en el numeral 24 para resolver.
3. En ambos casos, el silencio positivo sólo opera si el administrado ha cumplido con los requisitos y trámites esenciales para el dictado del acto administrativo."

____

Si acepta el registro, le otorgará al medicamento un número de registro en el Libro de Inscripciones y extenderá un certificado de registro con identificación de la información relevante al efecto.

Si lo deniega, expondrá los motivos técnicos y legales que posea al efecto, otorgando al solicitante la oportunidad de impugnar la resolución mediante los recursos de revocatoria y apelación, dentro del plazo establecido en la Ley General de la Administración Pública, Libro II, Título VIII.

Artículo 23.—Requisitos para el Registro Simplificado. Para registrar medicamentos veterinarios sujetos al registro simplificado según el inciso b) del artículo 19, de este reglamento, el interesado o su representante legalmente acreditado, deberá cumplir lo siguiente:

A. Requisitos para todos los productos:

1. Presentar una solicitud al Departamento, en la cual indique:

a) Datos de identificación completa del titular del registro. En caso de solicitar el registro una entidad jurídica, se deberá identificar tanto a su representante legal como a la entidad, mediante certificación de personería con antigüedad no mayor a 3 meses desde la fecha de emisión de la certificación.

b) Nombre, dirección y Responsable Técnico del laboratorio fabricante y de quien distribuirá el producto.

c) Indicación del lugar para atender notificaciones.

d) Descripción general del producto, fines, usos, diluciones, dosificaciones.

2. Adjuntar el Certificado de Libre Venta del país de origen. Este documento deberá ser consularizado y poseer una antigüedad de expedición no mayor a 1 año.

3. Certificado de la fórmula empírica o cuali - cuantitativa emitida por el fabricante en nomenclatura internacionalmente aceptada que incluya todos los componentes del producto, incluyendo aquellos del vehículo. Esta fórmula será utilizada únicamente por el Departamento para efectos de control y será mantenida de forma confidencial conforme a los artículos 8 y 9 de la Ley de Información No Divulgada, Nº 7975 del 4 de enero del 2000 y publicada en *La Gaceta* Nº 22 del 1º de febrero del 2000.

4. Original y copia de certificado de análisis y metodología de análisis del producto terminado.

5. Dos copias del proyecto de etiqueta, embalajes e insertos del producto, conforme con los lineamientos establecidos en este reglamento.

6. Comprobante de pago de la tasa de registro del medicamento según monto vigente.

B. Requisitos para productos específicos:

1. Los reactivos de diagnósticos que no contengan microorganismos vivos ni constituyan riesgo cuarentenario, que sean utilizados por laboratorios debidamente acreditados, deberán presentar adicionalmente:

a) Certificación sanitaria de funcionamiento del laboratorio fabricante extendida por el país de origen, consularizado.

b) Información técnica del fabricante sobre las cualidades de la prueba, tales como antígeno utilizado, anticuerpo monoclonales, sensibilidad, especificidad y valor predictivo de los resultados obtenidos.

2. Los productos cosméticos medicados, jabones, champúes, collares medicados, talcos con insecticidas fosforados cuyos ingredientes activos excedan el 1% de concentración, de igual fórmula y concentración con diferente tamaño, aroma o color se inscribirán en un solo registro; utilizando la fórmula maestra cualicuantitativa que incluya los diferentes aromas y colorantes utilizados.

(Modificado por el artículo 1° del Decreto Ejecutivo Nº 29762 de 26 de julio de 2001)

Artículo 24.—Administración del Registro Simplificado: Al momento de la entrega de una solicitud de registro de un medicamento veterinario sujeto al presente procedimiento, el Departamento extenderá al solicitante un recibo en el que se hará constar la fecha y la hora de su presentación.

Recibida la documentación respectiva el Departamento emitirá una resolución, dentro de los cinco días naturales siguientes, en la que tendrá por presentados los documentos y, de tener alguna objeción al registro, la hará patente, caso contrario ordenará tener por inscritos los productos respectivos, asignándoles el número que los identificará.

Nota del Compilador: Ver la nota al inciso c) del artículo 22 de este mismo Decreto Ejecutivo, sobre el Dictamen de la Procuraduría General de la República, N° C-229-2000 de 22 de setiembre de 2000

Artículo 25.—Desalmacenaje de Aduana: Para efectuar el desalmacenaje de aduana de un medicamento veterinario, el interesado deberá presentar autorización de desalmacenaje del Departamento, la cual deberá ser emitida por éste en un máximo de un día hábil.

Artículo 26.—Cancelación Del Registro: El Ministerio cancelará anticipadamente a su vencimiento, el registro de un medicamento veterinario, en los siguientes casos:

a) Cuando no cumpla con las normas de calidad establecidas para dicho medicamento veterinario.

b) Cuando existan razones epizootiológicas o de Salud Pública que así lo justifiquen.

c) Cuando los ensayos y pruebas aportadas no demuestren que el producto es eficaz para los fines que se indican en la solicitud de registro.

d) Cuando sea solicitado por el registrante por no tener interés en su comercialización.

En todo caso, la Departamento emitirá una resolución razonada sobre la procedencia de la cancelación del registro, la cual notificará al titular del registro en el lugar señalado al efecto, otorgándole oportunidad de defensa e impugnación de lo resuelto en los términos establecidos en la Ley General de la Administración Pública, Libro II, Título VIII.

Artículo 27.—Anotaciones Marginales: A solicitud del registrante puede ser modificado el registro de un medicamento veterinario. Para tales efectos se deberá presentar una solicitud en donde se indique la razón del cambio propuesto y se aporte la documentación pertinente. Las modificaciones deberán realizarse como anotaciones marginales al registro del medicamento.

Se consideran como anotaciones marginales los siguientes casos:

a) Cambios en los excipientes utilizados en la fabricación del medicamento veterinario.

b) Cambios en las precauciones, indicaciones o contraindicaciones.

c) Cambio del laboratorio fabricante.

d) Ampliación del país de origen del medicamento veterinario, por una misma casa fabricante.

e) Cambios de contenido o de formato en la etiqueta.

f) Cambios en la presentación.

Las modificaciones al registro de un determinado medicamento, se realizarán mediante anotación marginal al registro original. Dicha modificación conservará el número de registro correspondiente y la fecha. Este trámite se resolverá en un término no mayor de 10 días naturales.

Artículo 28.—Rectificación de errores regístrales: Los errores contenidos en los asientos del registro pueden ser materiales o de concepto.

El error material se dará cuando sin intención conocida se escriban unas palabras por otras o se omita la expresión de alguna circunstancia formal de los asientos.

El error de concepto se dará cuando sin intención conocida se alteren los conceptos contenidos en las respectivas solicitudes, variando su verdadero sentido.

Los errores materiales y de concepto serán corregidos bajo la responsabilidad del Jefe del Departamento de Registro y Control de Medicamentos Veterinarios.

Cuando en el acto de inscripción existan errores u omisiones que acarreen la nulidad absoluta y proceda su cancelación, se informará al interesado y se publicará en el Diario Oficial por única vez, practicándose posteriormente la rectificación por medio de una nueva inscripción. Dicha inscripción será válida a partir de la fecha de rectificación. Esta nulidad será declarada mediante resolución razonada por el Director de la Dirección de Salud Animal.

Los errores materiales y de concepto se rectificarán mediante un asiento nuevo en el Libro de Inscripciones, que llevará el registro en el cual se expresen las razones y se rectifique claramente el error cometido, autorizado con la firma y sello del Jefe del Departamento de Insumos Agrícolas. Dichas rectificaciones conservarán para todo efecto, su número de registro y fecha original, siempre y cuando el error sea imputable a los funcionarios encargados del registro.

Artículo 29.—Duración del Registro: El registro de todo medicamento veterinario será por un plazo de 5 años. Sin embargo, cuando se infrinja lo estipulado en este Reglamento o se demuestre que las condiciones originales de registro han variado en cuanto a eficacia, indicaciones o seguridad del producto, se procederá a exigir las correcciones necesarias o la anulación del registro.

Artículo 30.—Renovaciones: Para la renovación del registro de un medicamento veterinario, el interesado deberá seguir el siguiente procedimiento:

A. Si la información presentada como base para la obtención del registro se mantiene sin cambios, el interesado deberá presentar al Departamento una solicitud de renovación en la que debe:

a) Indicar el nombre del registrante, el nombre del medicamento cuya renovación se solicita y el número de registro que le fue asignado.

b) Adjuntar declaración jurada de que la información originalmente presentada se encuentra invariable.

c) El comprobante de pago de la tasa de registro vigente.

El Departamento deberá resolver en un plazo de tres días hábiles a partir de la presentación, completa, de dichos documentos.

B. Si la información presentada como base para la obtención del registro ha sufrido cambios, el interesado deberá presentar al Departamento una solicitud de renovación en la que debe:

a) Indicar el nombre del registrante, el nombre del medicamento cuya renovación se solicita y el número de registro que le fue asignado.

b) Presentar los documentos y pruebas que acrediten los cambios ocurridos y las consecuencias que de ellos se derivan. Deberá además adjuntar declaración jurada de que el resto de la información originalmente presentada no ha variado.

c) El comprobante de pago de la tasa de registro vigente.

El Departamento deberá resolver en un plazo de diez días hábiles a partir de la presentación completa de dichos documentos. Por una única vez el Ministerio podrá solicitar la presentación de documentos adicionales o la aclaración de alguna información contenida en la solicitud y control de calidad, si lo estima oportuno, determinando el costo del análisis oficial que deberá asumir el renovante.

Artículo 31.—Exoneración de Registro Bajo Condiciones Especiales: El Ministerio podrá, bajo circunstancias de emergencia o en cumplimiento de sus campañas sanitarias, necesidad pública o para fines de investigación, importar o autorizar la importación de medicamentos veterinarios no registrados, con la autorización de desalmacenaje del Departamento, sin perjuicio de lo dispuesto en el artículo 117 de la Ley General de Salud y sus reformas.

Sección III.
Ampliación del origen del producto

Artículo 32.—Ampliación del origen del producto: El registro de un medicamento veterinario será válido para cualquier país en donde sea fabricado, siempre y cuando mantenga las mismas características del registro original y bajo normas de reciprocidad entre los estados respectivos.

En el caso de biológicos, el Departamento podrá exigir un registro separado por país de origen si así lo considera conveniente.

Para extender un registro a orígenes adicionales al del registro original, el respectivo laboratorio fabricante del nuevo origen debe estar registrado y el registrante o su representante legalmente acreditado deberá presentar una solicitud de inscripción en la que indique.

a) Nombre del producto, fabricante, presentaciones, forma farmacéutica y aportar lo siguiente

b) Declaración del laboratorio fabricante indicando que el producto es igual al registrado originalmente. Deberá incluir la Fórmula cualicuantitativa del medicamento veterinario.

c) Certificado de Libre Venta o Certificado de Exportación, del país de origen, consularizado.

d) Etiqueta y embalaje.

e) Cancelación del registro según tarifa vigente.

CAPÍTULO III.
Del permiso de operación de establecimientos farmacéuticos veterinarios y productos que se comercializan en ellos

Sección I.
Del Permiso de Operación

Artículo 33.—Inscripción de Establecimientos Farmacéuticos Veterinarios. Los Laboratorios y Droguerías farmacéuticas veterinarias, deberán estar inscritas y aprobadas por el Departamento para su operación. Para la instalación y la operación de todos los establecimientos farmacéuticos veterinarios excepto farmacias veterinarias, se necesita la debida inscripción en el Ministerio, previa autorización y registro en el Colegio de Farmacéuticos y en el Colegio de Médicos Veterinarios.

Para ello, el interesado presentará una solicitud de registro que deberá incluir:

a) Datos de identificación y dirección completa del propietario del establecimiento farmacéutico veterinario. En caso de solicitar la inscripción una entidad jurídica, se deberá identificar tanto a su representante legal en el país, mediante certificación de personería con antigüedad no mayor a 3 meses.

b) Datos de identificación del solicitante del permiso de operación.

c) Datos de identificación del médico veterinario que asumirá la regencia.

d) Copia de la autorización y registro en los colegios de Farmacéuticos y Médicos Veterinarios.

e) Copia del certificado del permiso de funcionamiento del Ministerio de Salud.

Únicamente:

a) Si el establecimiento se dedica a la elaboración o manipulación de medicamentos de origen biológico o inyectable, deberá adjuntarse Declaración Jurada indicando que el establecimiento dispone de los elementos necesarios para realizar todas las pruebas que aseguren la identidad, eficacia, seguridad y esterilidad del producto, según corresponda y que existen los medios adecuados para la seguridad de su personal y la conservación de los cultivos y de los animales que se utilicen.

b) Si el trámite no se realiza directamente por el interesado o su representante legal, deberá adjuntarse poder especial o autorización autenticada.

c) Si el trámite se realiza en nombre de un laboratorio extranjero, el solicitante deberá presentar poder especial administrativo consularizado, otorgado a su favor por el Laboratorio fabricante, que le habilite para el registro ante el Departamento.

(Modificado por el artículo 1° del Decreto Ejecutivo N° 29762 de 26 de julio de 2001)

Artículo 34.—Vigencia del Permiso de Operación: El permiso de operación que se conceda a los establecimientos será válido por dos años, según lo establecido en el artículo 100 de la Ley General de Salud.

Es obligación de todo establecimiento veterinario mantener y colocar en un sitio visible dicha autorización. Vencido el plazo, los representantes no podrán realizar gestiones relacionadas con el registro o importación de productos sino hasta que se renueve la inscripción. El importador podrá agotar existencias de productos importados antes del vencimiento del plazo mencionado, salvo que el permiso de operación en el país de origen haya sido suspendido o eliminado por infracciones a la legislación de ese país.

Artículo 35.—Renovación del Permiso de Operación: Para renovar el registro de un establecimiento farmacéutico, se deben cumplir con los siguientes requisitos:

a) Solicitud en que se indiquen los datos de identificación del solicitante y, si existieren cambios en relación con la documentación que se presentó para el período anterior, deberá actualizarse la misma con los atestados correspondientes.

b) Datos de identificación del profesional que asumirá la regencia para el período siguiente.

c) Si las condiciones técnicas de operación no han variado, el solicitante de la renovación deberá dejar constancia de ello mediante declaración jurada ante notario público. Si estas condiciones han variado, deberá declarar en qué consistieron los cambios y sus repercusiones positivas y negativas en cuanto al sistema anterior.

d) Si el establecimiento se dedica a la elaboración o manipulación de medicamentos de origen biológico o inyectable, deberá adjuntarse Declaración Jurada indicando que el establecimiento dispone de los elementos necesarios para realizar todas las pruebas que aseguren la identidad, eficacia, seguridad y esterilidad del producto, según corresponda y que existen los medios adecuados para la seguridad de su personal y la conservación de los cultivos y de los animales que se utilicen.

Sección II.
Normas de comercialización

Artículo 36.—Acatamiento obligatorio de normas de producción y cadena de frío: Los establecimientos que fabriquen o comercialicen biológicos veterinarios de cualquier tipo deberán acatar las normas de producción y de cadena de frío que para dichos productos estipula el Ministerio.

Artículo 37.—Autorización de comercialización de medicamentos veterinarios: Toda persona física o jurídica que fabrique, importe, reempaque o reenvase medicamentos veterinarios, podrá comercializarlos únicamente si éstos están autorizados en el Departamento y si cuentan con las autorizaciones de los Colegios de Farmacéuticos y Médicos Veterinarios.

Artículo 38.—Comercialización habilitada en droguerías veterinarias: Las Droguerías veterinarias podrán vender medicamentos veterinarios así:

1. Los pertenecientes a los Grupos 1, 2 y 3, solamente a las farmacias veterinarias legalmente inscritas y que cuenten con la respectiva Regencia Veterinaria.

2. Los pertenecientes al grupo 4, a cualquier establecimiento comercial autorizado.

Artículo 39.—Del Expendio de medicamentos del Grupo 2: El Regente Veterinario de los establecimientos farmacéuticos veterinarios que comercien con medicamentos del Grupo 2, ya sea que los fabriquen, importen, reempaquen y reenvasen, deberá consignar en su Cuaderno de Bitácora la siguiente información:

1. Nombre y número de registro del producto.

2. Nombre del fabricante y distribuidor.

3. Presentaciones, cantidad fabricada, lotes producidos, ventas del producto terminado y fecha de vencimiento del producto.

4. Estado general de los productos al momento de recibirlos.

5. Nombre y firma del regente.

Asimismo deberá presentar un informe trimestral al Departamento.

Las Droguerías veterinarias que vendan medicamentos veterinarios del Grupo 2, presentarán al Departamento un informe trimestral de ventas. El informe debe contener las cantidades fabricadas, lotes producidos y ventas de producto terminado y su presentación será requisito para autorizar una nueva importación del producto.

Artículo 40.—De las normas para la venta de medicamentos del Grupo 2 a Farmacias y al público: Las Farmacias veterinarias comprarán los medicamentos veterinarios del Grupo 2 a las Droguerías veterinarias mediante una orden de compra oficial confeccionada y controlada por el Departamento.

Venderán los medicamentos del Grupo 2, únicamente contra la presentación de la respectiva receta de medicamentos veterinarios de uso restringido. La copia para la Farmacia veterinaria deberá ser archivada y custodiada por el Regente del establecimiento por un período de al menos 3 años.

Queda prohibida la venta al público, de los medicamentos veterinarios del Grupo 2 sin la presentación de la respectiva receta.

Artículo 41.—Almacenamiento de medicamentos de Grupo 2: Todos los establecimientos farmacéuticos veterinarios deberán acondicionar un compartimento apropiado que permita mantener en forma separada y bajo la custodia del Regente, los medicamentos veterinarios del Grupo 2. El Regente deberá mantener un inventario actualizado de estos medicamentos que tenga el establecimiento. En caso de biológicos del Grupo 2, deberá acondicionarse un espacio separado claramente identificado, dentro del cuarto frío o refrigerador.

Artículo 42.—De las responsabilidades en la operación de establecimientos farmacéuticos veterinarios: El Regente Veterinario, solidariamente con el propietario del laboratorio fabricante, droguería o farmacia veterinaria, son responsables de las contravenciones a las disposiciones de este Reglamento derivadas de la mala operación del establecimiento.

CAPÍTULO IV.
De las Etiquetas, Muestras y Propaganda

Artículo 43.—Obligatoriedad de La Etiqueta: Todo medicamento veterinario que se expenda en el territorio nacional, deberá contener su respectiva etiqueta que cumpla la normativa sobre etiquetado, al comercializarlo a una farmacia o establecimiento de libre venta.

Artículo 44.—Contenido de Etiqueta Común. El proyecto de etiqueta, que deberá de acompañar la solicitud de registro, será redactado en español y llevará claramente impresa la siguiente información en nomenclatura internacionalmente aceptada:

1. Nombre del producto.

2. Forma farmacéutica.

3. Vía de administración o aplicación.

4. Indicaciones terapéuticas.

5. Principios activos y su concentración.

6. Contenido neto del envase o empaque, expresado en unidades del Sistema Métrico Decimal.

7. Nombre y dirección del Laboratorio fabricante. En caso de fabricación a terceros, debe estar especificado.

8. Número de lote y fecha de expiración.

9. Requisitos para el almacenamiento y conservación.

10. Número de registro del MAG.

11. Precauciones y advertencias sobre el uso del producto, aceptadas internacionalmente.

12. Período de retiro si es necesario.

13. Antídotos recomendados e indicaciones tendientes a minimizar los efectos de una sobredosis cuando así sea requerido.

14. La frase "uso veterinario" o el destacado de la especie animal a que se destina.

Todos los medicamentos veterinarios cuyas etiquetas no cumplan con lo aquí establecido, deberán ajustar el contenido del etiquetado, para lo cual podrá colocarse una nueva etiqueta adherida (reetiquetado), autorizada por el Departamento.

El proyecto de etiqueta y etiqueta definitiva de los medicamentos del grupo 2 deberá incluir en forma clara y sobresaliente la leyenda "venta exclusiva con receta médico veterinaria controlada".

Queda prohibida la inclusión en el embalaje, etiquetas e insertos de los medicamentos de los Grupos 1 y 2, las indicaciones terapéuticas y las dosificaciones.

(Modificado por el artículo 1° del Decreto Ejecutivo N° 29762 de 26 de julio de 2001)

Artículo 45.—Requisitos de etiqueta para envases menores a cinco mililitros: Las etiquetas de envases menores a cinco mililitros, deben indicar:

- Contenido neto.
- Nombre del producto.
- Formulación.
- Número de lote y fecha de vencimiento.
- Nombre del país y laboratorio fabricante.
- En el caso de ampollas colapsibles en su embalaje primario, deberá contener: Nombre comercial, ingrediente activo, concentrado, número de lote y fabricante.

La información restante debe estar contenida en el prospecto adjunto y caja si la contiene.

Artículo 46.—Contenido de Etiqueta para Plaguicidas de uso veterinario: En las etiquetas de los plaguicidas de uso veterinario, deberá indicarse además:

1. Clase y tipo de plaguicida.

2. Condiciones de uso adecuado concordante con lo declarado en la solicitud de registro, especificando los nombres comunes y científicos de las plagas a combatir así como el modo de utilización y de aplicación en los animales, según la plaga de que se trate.

3. Método de preparar el material final de aplicaciones cuando proceda.

4. Período de retiro y suspensión.

5. Métodos para la descontaminación y destrucción de envases usados, derrames permanentes y plaguicidas no utilizados.

6. Advertencias y precauciones para el uso, relativos a la toxicidad de los ingredientes para seres humanos y animales, síntomas de intoxicación, primeros auxilios y medidas aplicables en caso de intoxicación oral, dérmica o inhalatoria cuando proceda, antídoto(s) e indicaciones para el tratamiento.

7. En mayúscula y color negro, la leyenda: "en caso de intoxicación consulte al médico y entréguele esta etiqueta".

8. Cuando proceda, la leyenda destacada que diga: "no almacenar en casas de habitación", "manténgase alejado de los niños, animales y alimentos".

9. La leyenda: "destrúyase este envase después del uso del producto".

10. La leyenda destacada que diga: "ALTO: lea esta etiqueta antes de usar el producto".

11. Indicaciones sobre medidas de protección al medio ambiente.

12. Indicaciones del equipo de protección recomendado para la aplicación del producto.

Artículo 47.—Tinta y Coloración de Etiquetas: De conformidad con la clasificación toxicológica de la Organización Mundial de la Salud y la toxicidad del producto, la etiqueta, además, llevará lo establecido en el inciso k) del artículo 11, del Decreto Ejecutivo Nº 17557-MAG-S-TSS publicado en *La Gaceta* Nº 130 del día 10 de julio de 1987, en tinta indeleble y en la coloración correspondiente.

Artículo 48.—Etiquetas de Muestras Médicas: Todo medicamento veterinario catalogado como "muestra médica veterinaria", debe tener la leyenda "MUESTRA MÉDICA" y su entrega estará sujeta a lo que dispone el artículo 140 de la Ley General de Salud.

La información incluida deberá contener al menos la lista completa de ingredientes activos, forma de administración adecuada y contraindicaciones.

Queda prohibida la venta y comercio de muestras de medicamentos veterinarios, así como la exposición de éstos en los establecimientos que comercialicen estos productos sin perjuicio de lo dispuesto en el artículo 140 de la Ley General de Salud.

Artículo 49.—Etiquetas de Productos Homeopáticos: Las etiquetas de los productos homeopáticos que no pueden demostrar su efectividad, no podrán contener indicaciones terapéuticas ni incluir la frase "producto homeopático de uso veterinario" o de uso en la especie animal a la que se destina.

Artículo 50.—Publicidad de Medicamentos Veterinarios: Ningún medicamento veterinario puede ser promocionado publicitariamente sin estar debidamente registrado en el Ministerio. La propaganda de los medicamentos veterinarios estará sujeta a lo dispuesto por el artículo 141 de la Ley General de Salud y su respectivo Reglamento.

CAPÍTULO V.
Control y Fiscalización de Medicamentos

Sección I.
De la retención y decomiso de medicamentos veterinarios

Artículo 51.—Muestras de control: El Departamento procederá a efectuar la toma de muestras aleatorias para el control de calidad posterior al registro del producto, en los expendios autorizados (Laboratorio fabricante o fraccionador, droguería veterinaria, farmacia veterinaria o cualquier otro lugar autorizado para su venta), mismo que será efectuado por el Laboratorio Oficial.

El Departamento procederá a la toma de muestras aleatorias para el control de calidad, verificación de la identidad y calidad de los medicamentos registrados, así como, para confirmar lo declarado por los registrantes en las respectivas solicitudes de registro de un medicamento veterinario y establecimiento farmacéutico veterinario. Según el sistema de muestreo previamente establecido y adoptado, el Departamento procederá a tomar las muestras correspondientes, en los lugares donde se encuentre, dejando constancia de ello por escrito, mediante el comprobante que al efecto autorizará el Departamento.

Artículo 52.—Facultad de retención. Los Profesionales y técnicos del Departamento o de los Departamentos del Servicio Zoosanitario Internacional y Servicio Zoosanitarios Nacionales, en caso de violación a las disposiciones de este Reglamento y en los casos previstos por el artículo 7º de la Ley de Salud Animal y previa identificación, podrán retener cualquier medicamento veterinario, cuando se acredite alguna de las siguientes causas:

1) Para realizar pruebas de constatación de calidad.

2) Cuando los productos se comercialicen en presentaciones no registradas,

3) Cuando los medicamentos que se encuentren registrados no cuenten con su número de registro,

4) Cuando los medicamentos incumplan con la norma de etiquetado establecida en el presente Reglamento.

(Modificado por el artículo 1° del Decreto Ejecutivo Nº 29762 de 26 de julio de 2001)

Artículo 53.—Decomiso y prohibición de promoción y venta. Los Profesionales y los Técnicos del Departamento o de los Departamentos del Servicio Zoosanitario Internacional y Servicio Zoosanitario Nacional, podrán decomisar y prohibir la promoción y venta de los medicamentos veterinarios que:

1. No estén registrados en el Departamento.

2. No cumplan con la calidad declarada en el registro o se encuentren deteriorados, adulterados o falsificados, según los resultados de fiscalización aleatoria obtenidos por el Ministerio.

3. Se comercialicen en establecimientos no autorizados.

4. Estén reenvasados o reempacados sin la autorización del Departamento.

5. Se encuentren vencidos.

6. En el etiquetado alteren la información técnica aprobada en su registro.

(Modificado por el artículo 1° del Decreto Ejecutivo Nº 29830 de 20 de setiembre de 2001)

Artículo 54.—Formalidades del Acto de Retención o Decomiso: El acto de retención o decomiso debe realizarse de acuerdo con las disposiciones legales y se deberá levantará un acta en el momento de efectuar la retención o decomiso, que deberá consignar al menos la siguiente información:

1. Lugar, fecha y hora del acto.

2. Nombre y calidades de los funcionarios que ejecutan el acto.

3. Nombre y calidades del Regente, propietario o sus representantes, del establecimiento sujeto del acto.

4. Nombre o marca, grupo, cantidad y presentaciones del medicamento veterinario sujeto de la acción.

5. Motivo que genera el acto.

El acta estará firmada por el funcionario del Departamento que realiza el decomiso o retención, así como por el propietario o el representante del establecimiento y responsable técnico.

Artículo 55.—Depósito Oficial De Los Medicamentos Retenidos: Una vez levantada el acta respectiva, el producto decomisado debe trasladarse a las instalaciones del Ministerio o bien, bajo sellos de seguridad, en el establecimiento o en el Ministerio en los casos de retención. El Regente deberá consignar en su Cuaderno de Bitácora el número e información del acta de decomiso o retención.

Artículo 56.—Recursos contra las Actuaciones del Departamento por Control y Fiscalización: El interesado contará con 15 días hábiles para apelar y ejercer los medios de impugnación que establece la Ley General de la Administración Pública. El recurso de revocatoria deberá presentarse ante el Jefe del Departamento, y el de apelación ante el Director, quienes deberán resolver también ajustándose a lo establecido en la Ley General de la Administración Pública.

Si vencido ese plazo no se presentara oposición o resueltas las infracciones el Departamento contará con 8 días hábiles para tomar las acciones legales para disponer o desechar los medicamentos retenidos, dentro de sus facultades estará la devolución o decomiso del producto retenido o la destrucción del medicamento veterinario cuando corresponda.

CAPÍTULO VI.
Disposiciones Finales y Transitorias

Artículo 57.—Normas Oficiales: Para efectos de la aplicación de este Reglamento, el Ministerio utilizará y reconocerá las metodologías analíticas y sus especificaciones contempladas en el Código de Regulaciones Federales títulos 9 y 21, en la Farmacopea de los Estados Unidos de América (USP) y en la Farmacopea Veterinaria Británica (BVC) y Codex Alimentarius.

Artículo 58.—Disposiciones Transitorias:

Transitorio I: En un plazo de 6 meses a partir de la publicación del presente Decreto, el Ministerio oficializará las normas de control de calidad de medicamentos veterinarios del grupo dos y biológicos veterinarios, que aplicará de acuerdo con lo aquí establecido.

Transitorio II: Para los efectos del artículo 5º inciso h), los mecanismos de verificación y control del manejo, prescripción, venta y uso de los medicamentos veterinarios de uso restringido, serán adoptados vía reglamento del Ministerio y publicados en el periódico oficial La Gaceta, dentro del plazo máximo de 9 meses a partir de la entrada en vigencia de este decreto.

Transitorio III: El Ministerio, al adoptar normas vinculantes que se aplicarán a la producción y a la cadena de frío para medicamentos veterinarios, las publicará en el periódico oficial *La Gaceta* y a la vez tratará de hacerlas llegar directamente a las entidades que deberán aplicarlas. En la publicación respectiva el Ministerio otorgará plazos razonables para que las empresas a las que se les van a aplicar procedan a adecuar sus procedimientos productivos y de mantenimiento de productos.

Artículo 59.—Derogatorias: Se derogan los Decretos Ejecutivos Nos. 22689-MAG del 25 de agosto de 1993, publicado en *La Gaceta* Nº 233 del 6 de diciembre de 1993, Nº 26173-MAG del 23 de mayo de 1997, publicado en *La Gaceta* Nº 139 del 21 de julio de 1997, Nº 26172-MAG del 23 de mayo de 1997, publicado en *La Gaceta* Nº 138 del 18 de julio de 1997 y el artículo 26 del Decreto Ejecutivo Nº 26431-MAG del 2 de octubre de 1997, publicado en *La Gaceta* Nº 213 del 5 de noviembre de 1997.

Artículo 60.—Vigencia: Rige a partir de su publicación.

Dado en la Presidencia de la República.-San José, a los doce días del mes de agosto del dos mil. MIGUEL ÁNGEL RODRÍGUEZ ECHEVERRÍA.-El Ministro de Agricultura y Ganadería, Alberto Dent Zeledón.

"EQUIVALENCIA DE REQUISITOS PARA EL REGISTRO DE PLAGUICIDAS Y MEDICAMENTOS VETERINARIOS" (*)

(*) Es aplicable tanto a los alimentos de origen animal, como a los de origen vegetal

Decreto Ejecutivo Nº 27529-MAG

(Publicado en la Gaceta N° 6 de 11 de enero de 1999)

El PRESIDENTE DE LA REPUBLICA
Y EL MINISTRO DE AGRICULTURA Y GANADERIA,

En uso de las facultades que les confieren el artículo 140, incisos 3) y 18) de la Constitución Política, la ley Nº 7664 del 8 de abril de 1997, Ley de Protección Fitosanitaria, la ley Nº 7475, Ley de Ejecución de los Acuerdos de la Ronda Uruguay, la ley Nº 6243, Ley de Salud Animal y la ley Nº 7060, Ley del Programa Ganadero y de Salud Animal.

Considerando:

1°—Que la producción agropecuaria en condiciones de competitividad es de vital importancia para la economía nacional, razón por la cual el Estado tiene un interés fundamental en favorecer dichas condiciones y en particular facilitar a los productores el acceso a insumos tales como aquellos empleados en la erradicación y control de plagas y enfermedades que pongan en riesgo la sanidad vegetal y la salud animal.

2°—Que también es de vital importancia para la protección del ambiente y la salud de las personas adecuar las normas internas a las exigencias del comercio internacional a efecto de que se garantice que la producción de productos agropecuarios para consumo humano resulte de mínimo o nulo impacto ambiental e inocua para la salud humana.

3°—Que los sistemas de registro de plaguicidas y medicamentos de uso veterinario son medidas legítimas de carácter fitosanitario y sanitario que pretenden garantizar el cumplimiento de los fines indicados además de facilitar los controles de calidad de dichos productos por parte de las autoridades competentes.

4°—Que el artículo 4º del Acuerdo para la Aplicación de Medidas Sanitarias y Fitosanitarias resultado de la Octava Ronda Multilateral de Negociaciones Comerciales aprobada mediante ley Nº 7473, establece que los Países Miembros de la Organización Mundial de Comercio, aceptarán como equivalentes las medidas sanitarias o fitosanitarias de otros Miembros si el Miembro exportador demuestra objetivamente al Miembro importador que sus medidas logran el nivel adecuado de protección sanitaria o fitosanitaria del Miembro importador.

5°—Que para ejercer un mejor control sobre el uso de sustancias químicas en la agricultura y medicamentos veterinarios se hace necesario establecer normas de control procurando que estas no constituyan obstáculos innecesarios o injustificados al intercambio comercial internacional y que tomen en cuenta las recomendaciones de organismos internacionales como la Organización Internacional de Epizootias, el Codex Alimentarius y la Convención Internacional de Protección Fitosanitaria. **Por tanto,**

Decretan:

Artículo 1º—El Ministerio de Agricultura y Ganadería a través del Servicio Fitosanitario del Estado y la Dirección de Salud Animal podrá de oficio o a petición de parte interesada reconocer como equivalentes el cumplimiento de requisitos armonizados de registros de plaguicidas y medicamentos veterinarios de otros países cuando dicho reconocimiento no implique riesgos innecesarios para la sanidad vegetal, la salud animal o la humana y previo cumplimiento de los requisitos que para cada caso en particular sean establecidos, así como el pago de los cánones respectivos.

Artículo 2°—Para tales fines cualquier interesado podrá solicitar dicho reconocimiento y en un plazo no mayor de quince días hábiles la autoridad competente según el artículo anterior deberá indicar los requisitos que deberán ser cumplidos para efectuar dicho reconocimiento. Una vez presentados los mismos en forma completa por el interesado la autoridad competente deberá resolver la solicitud en un plazo no mayor a treinta días hábiles indicando adicionalmente los fundamentos de hecho y de derecho que motivan su resolución.

Artículo 3°—El reconocimiento implicará el cumplimiento del requisito o los requisitos para registro del plaguicida o medicamento en cuestión. No obstante, la autoridad competente podrá emitir recomendaciones sobre el uso del producto con el fin de adecuarlo a cualquier situación propia del entorno productivo nacional que pudiere afectar su eficacia o para proteger la salud humana y el medio ambiente.

Artículo 4°—El Ministerio de Agricultura y Ganadería por medio de las autoridades correspondientes de conformidad con el artículo primero podrá emitir normas específicas para el reconocimiento de determinados requisitos con relación a productos específicos.

Artículo 5°—Rige a partir de su publicación.

Dado en la Presidencia de la República.—San José, a los quince días del mes de diciembre de mil novecientos noventa y ocho.- MIGUEL ANGEL RODRIGUEZ ECHEVERRIA.—El Ministro de Agricultura y Ganadería, Esteban R. Brenes.-

TABLA DE CONTENIDOS

Photocomposition :
Instituto de Investigación en Derecho Alimentario S.A. (INIDA)

Dépôt légal: avril 2009